Carsten Gerner-Beuerle
Die Haftung von Emissionskonsortien

Schriften zum Europäischen
und Internationalen Privat-, Bank-
und Wirtschaftsrecht

EIW Band 27

Schriften zum Europäischen und Internationalen Privat-, Bank- und Wirtschaftsrecht

EIW Band 27

De Gruyter Recht · Berlin

Carsten Gerner-Beuerle

Die Haftung von Emissionskonsortien

Eine rechtsvergleichende Untersuchung des deutschen und des US-amerikanischen Rechts

W DE G RECHT

De Gruyter Recht · Berlin

Dr. *Carsten Gerner-Beuerle*, London School of Economics and Political Science.

∞ Gedruckt auf säurefreiem Papier,
das die US-ANSI-Norm über Haltbarkeit erfüllt.

ISBN 978-3-89949-600-0

Bibliografische Information der Deutschen Nationalbibliothek

Die Deutsche Nationalbibliothek verzeichnet diese Publikation in der Deutschen Nationalbibliografie; detaillierte bibliografische Daten sind im Internet über http://dnb.d-nb.de abrufbar.

Printed in Germany
Umschlaggestaltung: Christopher Schneider, Berlin
Datenkonvertierung/Satz: WERKSATZ Schmidt & Schulz, Gräfenhainichen
Druck und Bindung: Hubert & Co., Göttingen

Meinen Eltern

Vorwort

Die vorliegende Arbeit bereitet umfassend und rechtsvergleichend das Recht der Haftung von Banken am Primärmarkt auf. Sie enthält eine Untersuchung des deutschen und US-amerikanischen Rechts im Hinblick auf die schuld- und sachenrechtlichen Vorgänge bei der Emission von Wertpapieren, die gesellschaftsrechtliche Einordnung des Emissionskonsortiums (nach deutschem Recht als Gesellschaft bürgerlichen Rechts), der einschlägigen Haftungsvorschriften, insbesondere der Prospekthaftung gem. §§ 44, 45 BörsG und section 11 Securities Act of 1933 sowie Exchange Act Rule 10b-5, und schließlich des auf die Problemlage anwendbaren Kollisionsrechts. Sie verbindet damit, was in der Literatur, soweit ersichtlich, noch nicht geschehen ist, mehrere separate Rechtsgebiete, um zu grundsätzlichen Lösungen zu gelangen.

Die Arbeit lag der Juristischen Fakultät der Humboldt-Universität zu Berlin im Sommersemester 2008 als Dissertation vor. Sie entstand während meiner Zeit als wissenschaftlicher Mitarbeiter am Institut für Bank- und Kapitalmarktrecht an der Humboldt-Universität, während eines Forschungsaufenthalts an der University of California at Berkeley, und in den ersten Jahren meiner Tätigkeit als DAAD Lektor am King's College London (University of London). Die Arbeit wurde gefördert durch ein Doktorandenstipendium der Friedrich-Naumann-Stiftung; der Forschungsaufenthalt an der University of California at Berkeley darüber hinaus durch ein Stipendium des Deutschen Akademischen Austauschdienstes (DAAD).

Die Arbeit wäre ohne die Hilfe zahlreicher Personen nicht zu realisieren gewesen. An erster Stelle möchte ich meinem Doktorvater, Herrn Prof. Dr. Eberhard Schwark, danken, und zwar sowohl für die fachliche Betreuung als auch das stets verständnisvolle, solidarische und menschlich angenehme Miteinander am Institut für Bank- und Kapitalmarktrecht und in der Zeit danach. Herrn Prof. Dr. Dr. Stefan Grundmann danke ich für die Erstellung des Zweitgutachtens. In zahlreichen Gesprächen, unter anderem mit Prof. Stephen Choi, New York University School of Law, Herrn Rechtsanwalt Vincent Meyer und Dr. Markus Käpplinger vom Institut für Bank- und Kapitalmarktrecht an der Humboldt-Universität zu Berlin, Herrn Rechtsanwalt Bernhard Ludwig, Stuttgart, Herrn Rechtsanwalt Dr. Lutz Robert Krämer, White & Case, sowie Mitarbeitern der Deutschen Bank AG, DZ Bank AG, Landesbank Baden-Württemberg, Clearstream Banking AG und Eurex Clearing AG konnten wichtige Einzelfragen geklärt und die Erfahrungen der Praxis berücksichtigt werden. Last but not least gebührt großer Dank meiner Mutter, die in unermüdlicher Arbeit und nicht nachlassender Ausdauer das nicht gerade schlanke Manuskript mehrmals zur Korrektur gelesen hat. Ihre Kritik hat diese Arbeit maßgeblich verbessert, wenn auch nicht in dem Maße, in dem sie es gerne gesehen hätte.

Englische Ausdrücke werden häufig im Original in den Text übernommen, insbesondere wenn eine Übersetzung die Bedeutung zu verfälschen droht. Eine Flexion, die nach dem Zusammenhang des (deutschen) Satzes erforderlich wäre, soll nur dann erfolgen, wenn die englische Grammatik sie zulässt. Genetivendungen bleiben damit unberücksichtigt. Stand der Rechtsprechung und Literatur sind bis Ende 2008 berücksichtigt, in Einzelfällen konnten auch Veröffentlichungen aus den ersten Monaten des Jahres 2009 eingearbeitet werden.

London, im Januar 2009 — Carsten Gerner-Beuerle

Inhaltsübersicht

Inhaltsverzeichnis

Abkürzungsverzeichnis

2d	second
A.2d	Atlantic Reporter
a.A.	anderer Ansicht
a.a.O.	am angegebenen Ort
ABA	American Bar Association
abgedr.	abgedruckt
Abl.	Amtsblatt der Europäischen Gemeinschaften
Abs.	Absatz
Abt.	Abteilung
AcP	Archiv für die civilistische Praxis
A.D.	Appellate Division
A.D., A.D.2d	Appellate Division Reports
ADHGB	Allgemeines Deutsches Handelsgesetzbuch
a.E.	am Ende
a.F.	alte Fassung
AG	Die Aktiengesellschaft, Zeitschrift für das gesamte Aktienwesen
AGB	Allgemeine Geschäftsbedingungen
AICPA	American Institute of Certified Public Accountants
AktG	Aktiengesetz
Ala., Ala. App.	Alabama, Court of Civil Appeals of Alabama
Alb. L. Rev.	Albany Law Review
ALI-ABA	American Law Institute – American Bar Association
allg.	allgemeine
A.L.R.	American Law Reports
Alt.	Alternative
Am. Econ. Rev.	American Economic Review
AMEX	American Stock Exchange
Anh.	Anhang
Anm.	Anmerkung
Ann. Rev. Banking L.	Annual Review of Banking Law
app.	appendix
App.	Court of Appeals
App. Div.	Appellate Division
ARGE	Arbeitgemeinschaft
Ariz.	Arizona
Ariz. L. Rev.	Arizona Law Review
Ark.	Arkansas

Ark. L. Rev.	Arkansas Law Review
Art.	Artikel
AT	Allgemeiner Teil
Aufl.	Auflage
Ausg.	Ausgabe
BaFin	Bundesanstalt für Finanzdienstleistungsaufsicht
BAG	Bundesarbeitsgericht
BankArch	Bank-Archiv, Zeitschrift für Bank- und Börsenwesen
BB	Der Betriebs-Berater
Bd.	Band
bearb.	bearbeitet
Bearb.	Bearbeitung
begr.	begründet
Begr.	Begründer
Bem.	Bemerkung
Beschl.	Beschluss
BGB	Bürgerliches Gesetzbuch
BGBl.	Bundesgesetzblatt
BGH	Bundesgerichtshof
BGHSt	Amtliche Sammlung der Entscheidungen des Bundesgerichtshofs in Strafsachen
BGHZ	Amtliche Sammlung der Entscheidungen des Bundesgerichtshofs in Zivilsachen
BK	Bonner Kommentar
Bkrtcy.	Bankruptcy Court
BörsG	Börsengesetz
BörsZulV	Verordnung über die Zulassung von Wertpapieren zur amtlichen Notierung an einer Wertpapierbörse
B.R.	Bankruptcy Reporter
BR-Drs.	Bundesrats-Drucksache
BT-Drs.	Bundestags-Drucksache
BuB	Bankrecht und Bankpraxis
B.U. L. Rev.	Boston University Law Review
Bus. Law.	Business Lawyer
BV	Bundesratsvorlage des Bürgerlichen Gesetzbuchs
BVerfG	Bundesverfassungsgericht
BVerfGE	Amtliche Sammlung der Entscheidungen des Bundesverfassungsgerichts
bzw.	beziehungsweise
Ca. Corp. Code	California Corporations Code
Cal., Cal. App.	California, Court of Appeal of California
Can. L. Times	Canadian Law Times
CCH	Commerce Clearing House
C.D. Cal.	United States District Court for the Central District of California

CEO	chief executive officer
CESR	Committee of European Securities Regulators
CFO	chief financial officer
C.F.R.	Code of Federal Regulations
Ch.	chapter
Cir.	Circuit (US-amerikanischer Bundesgerichtsbezirk)
Colo., Colo. App.	Colorado, Colorado Court of Appeals
Colum. L. Rev.	Columbia Law Review
Computer & Internet Law.	Computer & Internet Lawyer
COO	chief operating officer
CPA Journal	Journal of the New York State Society of Certified Public Accountants
Cyc. Corp.	Fletcher Cyclopedia of the Law of Private Corporations
d.	der
D. Colo., D. Conn., D. D.C., D. Del., D. Kan, D. Mass., D. Minn., D. Md., D. Nev., D. N.J., D. Or.	United States District Court for the District of Colorado, Connecticut, the District of Columbia, Delaware, Kansas, Massachusetts, Minnesota, Maryland, Nevada, New Jersey, Oregon
DAI	Deutsches Aktieninstitut
DB	Der Betrieb
D.C.	District of Columbia
Del. Ch.	Court of Chancery of Delaware
Del. Gen. Corp. Law	Delaware General Corporation Law
Del. Super.	Superior Court of Delaware
dens.	denselben
Dep.	Department
DePaul Bus. & Com. L.J.	DePaul Business & Commercial Law Journal
DePaul L. Rev.	DePaul Law Review
DepotG	Depotgesetz
ders.	derselbe
d.h.	das heißt
Dresd. Entw.	Dresdener Entwurf eines allgemeinen deutschen Gesetzes über Schuldverhältnisse
DTC	Depository Trust Company
DTCC	Depository Trust & Clearing Corporation
E I	Entwurf der ersten Kommission zum Bürgerlichen Gesetzbuch
E II	Entwurf der zweiten Kommission zum Bürgerlichen Gesetzbuch
ed.	edited, edition
E.D. Ark., E.D. La., E.D. Mich, E.D. Pa., E.D. Tenn.	United States District Court for the Eastern District of Arkansas, Louisiana, Michigan, Pennsylvania, Tennessee

EG	Europäische Gemeinschaft, Vertrag zur Gründung der Europäischen Gemeinschaft
EGBGB	Einführungsgesetz zum Bürgerlichen Gesetzbuch
Einl.	Einleitung
et al.	et alteri, et alterae, et altera
etc.	et cetera
et seq.	et sequentes
EU	Europäische Union
EWG	Europäische Wirtschaftsgemeinschaft
EWIV	Europäische wirtschaftliche Interessenvereinigung
EWIV-AG	Gesetz zur Ausführung der EWG-Verordnung über die Europäische wirtschaftliche Interessenvereinigung
EWIV-VO	Verordnung (EWG) Nr. 2137/85 über die Schaffung einer Europäischen wirtschaftlichen Interessenvereinigung
f., ff.	folgende, fortfolgende
F., F.2d, F.3d	Federal Reporter (Sammlung von United States court of appeals Entscheidungen)
FAZ	Frankfurter Allgemeine Zeitung
Fed. Reg.	Federal Register
Fed. R. Civ. P.	Federal Rules of Civil Procedure
Fed. Sec. L. Rep.	Federal Securities Law Reporter
Fla., Fla. App.	Florida, Court of Appeal of Florida
Fla. St. U. L. Rev.	Florida State University Law Review
FMFG	Finanzmarktförderungsgesetz
Fn.	Fußnote
Fordham Int'l L. J.	Fordham International Law Journal
Fordham L. Rev.	Fordham Law Review
fortgef.	fortgeführt
FRBNY	Federal Reserve Bank of New York
F. R. D.	Federal Rules Decisions
FS	Festschrift
F. Supp., F. Supp. 2d	Federal Supplement (Entscheidungssammlung der US district courts)
FT	Financial Times
FTC	United States Federal Trade Commission
GAAP	Generally Accepted Accounting Principles
GAAS	Generally Accepted Auditing Standards
GAO	United States Government Accountability Office
GBO	Grundbuchordnung
GbR	Gesellschaft bürgerlichen Rechts
gem.	gemäß
Geo. Wash. L. Rev.	George Washington Law Review
GesR	Gesellschaftsrecht
GG	Grundgesetz
GmbH	Gesellschaft mit beschränkter Haftung

GmbHG	Gesetz betreffend die Gesellschaften mit beschränkter Haftung
GmbHR	GmbH Rundschau. Gesellschafts- und Steuerrecht der GmbH und GmbH & Co.
Großk.	Großkommentar
GWB	Gesetz gegen Wettbewerbsbeschränkungen
Harv. L. Rev.	Harvard Law Review
Hdb.	Handbuch
HGB	Handelsgesetzbuch
h.M.	herrschende Meinung
H.R. Rep.	House of Representatives Report
hrsg.	herausgegeben
Hrsg.	Herausgeber
Hs.	Halbsatz
IAS	International Accounting Standards
IASB	International Accounting Standards Board
ICMA	International Capital Market Association
id.	ibidem
i.d.R.	in der Regel
i.E.	im Ergebnis
IFRS	International Financial Reporting Standards
Ill., Ill. App.	Illinois, Appellate Court of Illinois
Ind., Ind. App.	Court of Appeals of Indiana
Ind. L.J.	Indiana Law Journal
insb.	insbesondere
InsO	Insolvenzverordnung
Int.	internationale(s)
intern.	international (-e, -en)
InvG	Investmentgesetz
IOSCO	International Organization of Securities Commissions
Iowa App.	Court of Appeals of Iowa
IPMA	International Primary Market Association
IPO	Initial Public Offering
IPR	Internationales Privatrecht
IPRax	Praxis des Internationalen Privat- und Verfahrensrechts
i.S.	im Sinne
ISIN	International Securities Identification Number
ISMA	International Securities Market Association
i.Ü.	im Übrigen
i.V.m.	in Verbindung mit
J. Bus.	Journal of Business
J. Corp. L.	Journal of Corporation Law
J. Fin.	Journal of Finance
J. Fin. & Quant. Analysis	Journal of Financial and Quantitative Analysis
J. Law and Econ.	Journal of Law and Economics

J.L. Econ. & Org.	Journal of Law, Economics, & Organization
J. of Legal Studies	Journal of Legal Studies
JuS	Juristische Schulung
JW	Juristische Wochenschrift
JZ	Juristenzeitung
Kan., Kan. App.	Kansas, Court of Appeals of Kansas
Kap.	Kapitel
KapInHaG	Entwurf eines Gesetzes zur Verbesserung der Haftung für falsche Kapitalmarktinformationen
KG	Kommanditgesellschaft
KMRK	Kapitalmarktrechtskommentar
KWG	Gesetz über das Kreditwesen
Ky. L.J.	Kentucky Law Journal
Kz.	Kennziffer
La., La. App.	Louisiana, Court of Appeal of Louisiana
Law & Contemp. Probs.	Law and Contemporary Problems
lit.	littera (Buchstabe)
LLC	limited liability company
LLP	limited liability partnership
loc. cit.	loco citato
Mass., Mass. App.	Massachusetts, Appeals Court of Massachusetts
MarkenG	Markengesetz
MBCA	Model Business Corporation Act
m.b.H.	mit beschränkter Haftung
M.D. Fla., M.D. Tenn.	United States District Court for the Middle District of Florida, Tennessee
MDR	Monatsschrift für Deutsches Recht
Me.	Maine
Mich.	Michigan
Minn.	Minnesota
Minn. Bus. Corp. Act	Minnesota Business Corporation Act
Mio.	Millionen
Misc.	Miscellaneous Reports
Miss.	Mississippi
m.N.	mit Nachweisen
Mo., Mo. App.	Missouri, Missouri Court of Appeals
Mont.	Montana
Mrd.	Milliarden
MüKo	Münchener Kommentar
Münch.	Münchener
m.w.N.	mit weiteren Nachweisen
n.	note
Nachdr.	Nachdruck
NASAA	North American Securities Administrators Association
NASD	National Association of Securities Dealers

NASDAQ	National Association of Securities Dealers Automated Quotations System
NaStraG	Gesetz zur Namensaktie und zur Erleichterung der Stimmrechtsausübung
N.C., N.C. App.	North Carolina, Court of Appeals of North Carolina
N.C. Banking Inst.	North Carolina Banking Institute
N.C.L. Rev.	North Carolina Law Review
N.D.	North Dakota
N.D. Cal., N.D. Ga., N.D. Ill., N.D. Miss., N.D.N.Y., N.D. Ohio, N.D. Tex.	United States District Court for the Northern District of California, Georgia, Illinois, Mississippi, New York, Ohio, Texas
N.E.2d	Northeastern Reporter
Neb.	Nebraska
Neubearb.	Neubearbeitung
NJ	New Jersey
NJW	Neue Juristische Wochenschrift
NJW-RR	NJW Rechtsprechungsreport Zivilrecht
No.	number
Notre Dame L. Rev.	Notre Dame Law Review
Nr.	Nummer
N.W., N.W.2d	Northwestern Reporter
Nw. U. L. Rev.	Northwestern University Law Review
NY	New York
N.Y., N.Y.2d	New York Reports
NY Bus. Corp. Law	New York Business Corporation Law
NY Gen. Bus. Law	New York General Business Law
N.Y. Jur. 2d	New York Jurisprudence, Second
NYSE	New York Stock Exchange
N.Y. Sup.	New York Supreme Court
NZG	Neue Zeitschrift für Gesellschaftsrecht
OCC	Office of the Comptroller of the Currency
oHG	offene Handelsgesellschaft
Okla.	Oklahoma
OLG	Oberlandesgericht
Or., Or. App.	Oregon, Court of Appeals of Oregon
OTC	over the counter
p.	page
P.2d	Pacific Reporter
PartGG	Partnerschaftsgesellschaftsgesetz
Pa. Super.	Superior Court of Pennsylvania
PCAOB	Public Company Accounting Oversight Board
perm. ed.	permanent edition
PRACA	Place of the Relevant Account Approach
PRIMA	Place of the Relevant Intermediary Approach

PSLRA	Private Securities Litigation Reform Act
Pub.	Public
Q.J. Econ.	Quarterly Journal of Economics
RabelsZ	Zeitschrift für ausländisches und internationales Privatrecht (Rabels Zeitschrift)
Refs & Annos	References and Annotations
Rev.	revised
rev. ed.	revised edition
RG	Reichsgericht
RGRK	Reichsgerichtsrätekommentar
RGZ	Entscheidungen des Reichsgerichts in Zivilsachen
Rndr.	Randnummer(n)
ROHG	Reichsoberhandelsgericht
RUPA	Revised Uniform Partnership Act
s.	siehe
S.	Satz, Seite
SAS	Statement on Auditing Standards
S. Ca. L. Rev.	Southern California Law Review
S. Ct.	Supreme Court Reporter
S.D. Cal., S.D. Fla., S.D.N.Y., S.D. Tex.	United States District Court for the Southern District of California, Florida, New York, Texas
S.E.	Southeastern Reporter
SEC, S.E.C.	United States Securities Exchange Commission
Sec. Act	Securities Act 1933
Sec. Ex. Act	Securities Exchange Act 1934
Sec. Reg. L. J.	Securities Regulation Law Journal
Sess.	session
SIA	Securities Industry Association
So.2d	Southern Reporter
sog.	sogenannten
SROs	Self-Regulatory Organizations
Stan. L. Rev.	Stanford Law Review
s.u.	siehe unten
S.W.2d, S.W.3d	Southwestern Reporter
tbl.	table
Tenn.	Tennessee
Tex., Tex. App.	Texas, Court of Appeals of Texas
Transnat'l Law.	Transnational Lawyer
u.	und
u.a.	unter anderem, und andere
U. Balt. L. Rev.	University of Baltimore Law Review
UCC	Uniform Commercial Code
U. Chi. L. Rev.	University of Chicago Law Review
UCLA L. Rev.	University of California at Los Angeles Law Review
U. Ill. L. Rev.	University of Illinois Law Review

UK	United Kingdom
ULA	Uniform Laws Annotated
U. Miami L. Rev.	University of Miami Law Review
UmwG	Umwandlungsgesetz
Univ. Pa. Law Rev.	University of Pennsylvania Law Review
UPA	Uniform Partnership Act
U. Pa. J. Int'l Econ. L.	University of Pennsylvania Journal of International Economic Law
U.S.	United States, United States Reports (amtliche Entscheidungssammlung des United States Supreme Court)
USA	United States of America
U.S.C.	United States Code
U.S.C.A.	United States Code Annotated
U.S.C.C.A.N.	United States Code Congressional and Administrative News
US-GAAP	Generally Accepted Accounting Principles in the United States
u.U.	unter Umständen
UWG	Gesetz gegen den unlauteren Wettbewerb
v.	von, vom, versus
Va.	Virginia
Va. J. Int'l L.	Virginia Journal of International Law
Va. L. Rev.	Virginia Law Review
Vanderbilt L. Rev.	Vanderbilt Law Review
verf.	verfasst
VerkProspG	Wertpapier-Verkaufsprospektgesetz
VermVerkProspV	Verordnung über Vermögensanlagen-Verkaufsprospekte
vgl.	vergleiche
Vol.	Volume
vols.	volumes
Vor	Vorbemerkung
Vt.	Vermont
Wash., Wash. App.	Washington, Court of Appeals of Washington
Wash. Bus. Corp. Act	Washington Business Corporation Act
Wash. & Lee L. Rev.	Washington and Lee Law Review
Wash. L. Rev.	Washington Law Review
Wash. U. L.Q.	Washington University Law Quarterly
W.D. Ky, W.D. Mich, W.D.N.Y., W.D. Pa.	United States District Court for the Western District of Kentucky, Michigan, New York, Pennsylvania
WG	Wechselgesetz
WL	Westlaw
WM	Wertpapier-Mitteilungen
WpAIV	Verordnung zur Konkretisierung von Anzeige-, Mitteilungs- und Veröffentlichungspflichten sowie der Pflicht zur Führung von Insiderverzeichnissen nach dem Wertpapierhandelsgesetz

WpHG	Wertpapierhandelsgesetz
WpPG	Wertpapierprospektgesetz
WpÜG	Wertpapiererwerbs- und Übernahmegesetz
Wyo.	Wyoming
Yale L.J.	Yale Law Journal
z.B.	zum Beispiel
ZBB	Zeitschrift für Bankrecht und Bankwirtschaft
ZfbF	Schmalenbachs Zeitschrift für betriebswirtschaftliche Forschung
ZGR	Zeitschrift für Unternehmens- und Gesellschaftsrecht
ZHR	Zeitschrift für das gesamte Handels- und Wirtschaftsrecht
Ziff.	Ziffer
ZIP	Zeitschrift für Wirtschaftsrecht
zit.	zitiert
ZPO	Zivilprozessordnung

§ 1 Einleitung

I. Gegenstand der Untersuchung

Seit Beginn des neuen Jahrtausends befindet sich die Regulierung des Kapitalmarktes in einer Krise. In den Jahren 1997 bis 2002 mussten ca. 10 % aller börsengelisteten US-amerikanischen Gesellschaften ihre Bilanzen korrigieren.[1] Eine Reihe von Betrugsfällen und Gesellschaftsinsolvenzen in bislang nicht gekannter Größenordnung in Europa – hier seien etwa Parmalat, Flowtex oder die mit dem Zusammenbruch des Neuen Marktes der Deutschen Börse in Zusammenhang zu bringenden Unternehmen EM.TV, Comroad und Infomatec zu nennen – und Übersee – z.B. Enron, WorldCom, Global Crossing und Tyco – haben zu Verlusten in Milliardenhöhe geführt und das Vertrauen der Anleger in den Kapitalmarkt erschüttert. Sie beschäftigen bis heute die Rechtsprechung. Eine Verbesserung des Anlegerschutzes in Deutschland durch Novellierung der Börsenprospekthaftung und Einführung einer umfassenden Einstandspflicht für fehlerhafte Sekundärmarktinformationen ist vorerst gescheitert.[2] Gesetzesänderungen, die in Kraft getreten sind, begnügen sich meist mit der Regelung von Einzelfragen.[3] Die Gerichte sind dazu berufen, die Lücken zu schließen. Sie können indes nur punktuell tätig werden und müssen auf Rechtsinstitute zurückgreifen, die nicht auf die Besonderheiten des Kapitalmarkts zugeschnitten sind.[4] Hierdurch entstehen zahlreiche Friktionen; die Auslegung der Haftungstatbestände ist uneinheitlich, die Marktteilnehmer können ihr Verhalten nur schwer auf die Anforderungen der Rechtsprechung einstellen. Die Unwägbarkeiten erhöhen die Transaktionskosten; den Schaden haben letztlich das Anlegerpublikum und der Finanzstandort Deutschland zu tragen.

Diese Arbeit will die rechtlichen Strukturen des Primärmarkts untersuchen und mögliche Wege für eine Weiterentwicklung des deutschen Anlegerschutzrechts aufzeigen. Hierbei wird sie eine der, wenn nicht sogar *die* zentrale Gestalt am Primärmarkt, die Emissionsbank bzw. das aus mehreren Banken bestehende Emissionskonsortium, als Beispiel nehmen, anhand dessen die widerstreitenden und einem angemessenen Ausgleich zuzuführenden Interessen zu analysieren sind.[5] Die Ver-

---

1 *Coffee*, 84 B.U.L. Rev. 301, 302 (2004).

2 Entwurf eines Gesetzes zur Verbesserung der Haftung für falsche Kapitalmarktinformationen (KapInHaG) vom 16.08.2004 (modifizierte Fasssung vom 07.10.2004), Ende 2004 vom Bundesfinanzminister zurückgezogen.

3 Z.B. §§ 37b, 37c WpHG, eingeführt durch das 4. FMFG vom 21.06.2002, BGBl. I 2002, S. 2010.

4 Insbesondere eine Anwendung des § 826 BGB steht hier im Raum, vgl. ausführlich unten § 6 I 2 c.

5 Zur Bedeutung der Emissionsbank im Gefüge der Marktakteure vgl. § 12 I 2 und passim.

antwortlichkeit der Banken (wie auch der anderen Finanzintermediäre) bewegt sich im Spannungsfeld zwischen Anlegerschutz und übermäßigem Haftungsrisiko für die professionellen Marktteilnehmer. Ein unzureichender Anlegerschutz beschädigt, wie beim Scheitern des Neuen Marktes zu sehen war, das Vertrauen der Investoren in die Funktionsfähigkeit und Integrität des Kapitalmarkts. Er führt zu verringerter Anlegeraktivität und damit steigenden Kapitalkosten für die Emittenten. Ein unüberschaubares Haftungsrisiko andererseits vermindert die Bereitschaft der Banken, Emissionen zu begleiten, oder veranlasst sie dazu, höhere Gebühren zu fordern.[6] Auch in einem solchen Fall sind höhere Kapitalkosten die Folge. Jede Forderung nach strengeren Anlegerschutzvorschriften hat diese beiden Gesichtspunkte zu berücksichtigen und, im Rahmen des Möglichen, ein Gleichgewicht zu finden zwischen restriktiven, zum Schutz der Anleger ergangenen, und liberalen, die Kapitalaufnahme erleichternden Regelungen.

Um die Rechtsstrukturen am Primärmarkt und die Konsequenzen möglicher Rechtsänderungen erkennen und beurteilen zu können, hält es die Arbeit für erforderlich, einen auf den ersten Blick etwas ungewöhnlichen Weg zu beschreiten. Zahlreiche Abhandlungen in der deutschen Literatur haben sich mit den verschiedenen rechtlichen Aspekten des Kapitalmarkts beschäftigt – mit sachenrechtlichen Problemen wie z.B. der Eigentumslage sammelverwahrter Effekten und den Möglichkeiten ihrer Übertragung,[7] den schuldrechtlichen Beziehungen der am Markt auftretenden Akteure,[8] der gesellschaftsrechtlichen Qualifikation von Konsortien[9] und der Haftung der Intermediäre bzw. der Emittenten.[10] Soweit ersichtlich, hat jedoch bislang keine Arbeit den Versuch unternommen, diese vier Themenkomplexe zu kombinieren und auf ihre Interdependenzen hin auszuwerten. Hierdurch sind Mythen mit teilweise weitreichenden Konsequenzen entstanden, z.B. der Mythos vom Gesamthands- oder „Zwischengesamthandseigentum"[11] der Emissionskonsortien an der Emissionsware.[12] Auf die Relevanz dieser Streitfrage wird an anderer Stelle ausführlich einzugehen sein.[13] Hier soll es genügen, die Bedeutung und den Zusammenhang der vier Teilgebiete für Zwecke der vorliegenden Untersuchung zu skizzieren: (1) Voraussetzungen, Art und Umfang der Haftung der Emissionsbanken gegenüber den Anlegern und dem Emittenten stellen den Kern der Arbeit dar. (2) Die Art und der Umfang der Haftung hängen entscheidend davon ab, wie das Emissionskonsortium gesellschaftsrechtlich zu qualifizieren ist: als verpflichtungsfähiges Rechtssubjekt oder als nicht rechtsfähiger Zusammenschluss einzelner Banken? Im ersten Fall wäre ein gewisser Begründungsaufwand erforderlich, um

---

6 Vgl. die entsprechenden Erwägungen bei BGH NJW 1986, 837, 840.
7 Z.B. *Einsele*, Wertpapierrecht als Schuldrecht.
8 Z.B. *Hartwig-Jacob*, Int. Anleiheemissionen.
9 Z.B. *H.P. Westermann*, AG 1967, 285.
10 Z.B. *Assmann*, Prospekthaftung.
11 *Canaris*, Bankvertragsrecht, Rdnr. 2320; *Timm/Schöne*, ZGR 23 (1994), 113, 133.
12 *DeMeo*, Bankenkonsortien, Kap. 2, Rdnr. 269 ff.; *Ekkenga/Maas*, Wertpapieremissionen, Rdnr. 283; *Hüffer*, § 2 AktG, Rdnr. 10, § 69, Rdnr. 7; MüKo BGB/*Ulmer*, Vor § 705, Rdnr. 56; *Singhof*, Außenhaftung, S. 211 f., 216 ff.; sowie die in der vorstehenden Fußnote genannten Quellen.
13 § 5 I 1 c cc, III 1 c aa (2); § 6 II 3 a bb.

die Konsortialbanken selbst in Anspruch nehmen zu können. Im zweiten Fall stellt sich die Frage, welche Mitglieder des Konsortiums zu welchen Teilen haften. (3) Art und Umfang der Haftung bestimmen sich nach der Anspruchsgrundlage, die sich wiederum danach richtet, ob zwischen den Parteien (Emissionskonsortium und Emittent bzw. Emissionskonsortium und Anleger) ein vertragliches oder vertragsähnliches Rechtsverhältnis zustande kommt oder ob der Anspruchsteller auf außervertragliche Haftungsgründe angewiesen ist. (4) Die Qualifikation des Emissionskonsortiums als Gesellschaft (und zwar als Gesellschaft bürgerlichen Rechts) schließlich lässt sich nicht beantworten, ohne zuvor Klarheit über die Eigentumslage an den Effekten zu gewinnen, die die Banken übernehmen.

Diese noch recht allgemein gehaltenen Erwägungen werden im Folgenden präzisiert. Da es sich bei (4) um eine Vorfrage von (2) handelt, und da (2) und (3) Voraussetzungen von (1) sind, wird die Arbeit die vier Punkte in umgekehrter Reihenfolge erörtern:

(1) Effekten werden heute üblicherweise in Globalurkunden verbrieft und einer Depotbank (in Deutschland der Clearstream Banking Frankfurt) zur Sammelverwahrung übergeben. Verfügungen über einzelne Anteile geschehen sodann durch Buchungen auf Depotkonten – und zwar zum einen auf den Konten der Finanzdienstleistungsunternehmen, die mit der Wertpapiersammelbank assoziiert sind, und zum anderen auf den Depotkonten, die diese Unternehmen für ihre Kunden (die Anleger oder weitere Banken) führen. Die Verfügungen werden folglich durch eine Reihe von Intermediären vermittelt. Der Eigentümer (der Anleger) steht in der Regel weder in direktem Kontakt mit dem Besitzer, noch wechselt der (unmittelbare) Besitz an den Urkunden im Zuge der Transaktionen am Sekundärmarkt. Sollten diese Besonderheiten dazu führen, dass die Emissionsbegleiter, als Konsortium handelnd, Gesamthandseigentum erwerben, würde einiges dafür sprechen, das Konsortium als Außengesellschaft bürgerlichen Rechts anzusehen:[14] Das Konsortium (und nicht die einzelne Bank) erlangte den Anspruch auf Übereignung der Emissionsware gegen den Emittenten und schlösse das Verfügungsgeschäft mit ihm ab. Die Einordnung als Außengesellschaft hätte nach der neuen Rechtsprechung des BGH die Rechtsfähigkeit des Emissionskonsortiums und die analoge Anwendung der Vorschriften des HGB zur persönlichen Haftung der Gesellschafter für Schulden der oHG (§§ 128 ff. HGB) zur Folge.[15] Auch würde die in der Praxis übliche Beschränkung der Verantwortlichkeit für die Übernahme der Emissionsware auf die Quote der jeweiligen Konsortialbank in Konflikt zu § 69 Abs. 2 AktG stehen.[16]

(2) Das Emissionskonsortium kann gegenüber dem Emittenten oder gegenüber den Anlegern schadensersatzpflichtig werden. Das Rechtsverhältnis zum Emittenten ist vertraglicher Natur, so dass sich die Arbeit insoweit auf Ansprüche auf Erfüllung der Primärpflichten und auf Sekundäransprüche aus Vertragspflichtverlet-

---

14 So in der Tat die h.M., vgl. § 5 III 1 a aa.
15 Hierzu sogleich unter (3).
16 § 6 II 3 a bb.

zung konzentrieren kann. Mit dem Anleger gehen die Emissionsbanken häufig keine vertraglichen Beziehungen ein. Sie schalten in der Regel Verkäuferbanken oder Zeichnungsstellen in den Platzierungsprozess ein, die ihrerseits an das Anlegerpublikum herantreten. Die gesetzliche Börsenprospekthaftung gem. §§ 44, 45 BörsG ist für die Beurteilung des Haftungsrisikos der Banken im Verhältnis zum Anleger daher von ungleich größerer Bedeutung als etwaige vertragliche Ansprüche.[17]

(3) Steht der Rechtsgrund für die Haftung fest, stellt sich als nächstes die Frage, ob der geschädigte Anleger bzw. der Emittent das Konsortium oder die einzelne Konsortialbank in Anspruch nehmen kann. Konsortien zur Begleitung von Wertpapieremissionen werden nach ganz h.M. als Gesellschaften bürgerlichen Rechts angesehen.[18] Die Einhelligkeit, mit der diese Auffassung vertreten wird, steht in erstaunlich deutlichem Gegensatz zu den Interessen und Usancen der Praxis. In Konsortial- und Übernahmeverträgen wird fast ausnahmslos entweder die Rechtsform der GbR explizit ausgeschlossen[19] oder soweit modifiziert, dass alle wesentlichen Merkmale – Gesamthandsvermögen,[20] gemeinschaftliche Geschäftsführung und Vertretung, gesamtschuldnerische Haftung[21] – fehlen. Über die Zulässigkeit des Ausschlusses der gesamtschuldnerischen Haftung der Konsorten für die an den Emittenten zu leistende Einlage ist im Hinblick auf die aktienrechtlichen Kapitalerhaltungsvorschriften bereits lebhafter Streit entbrannt. Zusätzliche Signifikanz erlangt dieser Punkt durch die grundlegende Rechtsprechungsänderung des BGH zur Haftungsverfassung der GbR. Der bislang von der h.M.[22] für zulässig erachtete Ausschluss der gesamtschuldnerischen Haftung (§ 427 BGB) durch einseitige Bestimmung im Konsortialvertrag[23] ist nach den Urteilen BGHZ 142, 315[24] und BGHZ 146, 341[25] nicht mehr möglich, wenn die Gesellschaft nach außen tätig wird, d.h. wenn es sich um eine sog. Außengesellschaft handelt, die „durch Teil-

17 Zu den Rechtsverhältnissen §§ 2 II, 5, 8.
18 § 5 III 1 a aa.
19 So bestimmt z.B. Klausel 8 der Standardkonsortialverträge der International Primary Market Association (IPMA), abgedr. in BuB/*Bosch*, Rdnr. 10/253a ff.: „None of the provisions of this Agreement or any other agreement relating to the Securities shall constitute or be deemed to constitute a partnership or joint venture between the Managers or any of them, or between them (or any of them) and anyone else, and, except as specifically provided, none of the Managers shall have any authority to bind any other Manager in any way." Fast identisch ist BuB/*Groß*, Rdnr. 10/333e, § 12(1) Agreement among Underwriters.
20 Vgl. z.B. Art. 1(1) des bei BuB/*Groß*, Rdnr. 10/324 abgedruckten Mustervertrages und das bei BuB/*Groß*, Rdnr. 10/328 abgedruckte Muster eines Zeichnungsscheins.
21 Nach überkommener Auffassung (Doppelverpflichtungslehre) hafteten den Gläubigern einer GbR die Gesellschafter gesamtschuldnerisch und daneben die Gesellschaft, vgl. statt vieler Soergel/*Hadding*, 12. Aufl., § 714 Rdnr. 36 f. Zum Ausschluss der gesamtschuldnerischen Haftung bei Emissionskonsortien vgl. z.B. Art. 1(1) Übernahmevertrag, BuB/*Groß*, Rdnr. 10/324; Zeichnungsschein, BuB/*Groß*, Rdnr. 10/328.
22 BGHZ 61, 59, 67; BGH NJW 1971, 1698; 1985, 619; Soergel/*Hadding*, 11. Aufl., § 714 Rdnr. 31 ff.
23 Vgl. z.B. Klausel 9 der IPMA Standardkonsortialverträge.
24 BGH NJW 1999, 3483 = ZIP 1999, 1755 = WM 1999, 2071.
25 BGH NJW 2001, 1056 = ZIP 2001, 330 = WM 2001, 408.

nahme am Rechtsverkehr eigene Rechte und Pflichten begründet“[26]. Die Konsorten haften in einem solchen Fall kraft Gesetzes (§ 128 HGB analog) persönlich für alle Verbindlichkeiten der Gesellschaft. Die akzessorische Haftung kann nur durch individualvertragliche Vereinbarung mit dem Geschäftspartner beschränkt oder ausgeschlossen werden (vgl. § 128 Satz 2 HGB).[27] Eine formularmäßige Abbedingung des § 128 HGB verstößt grundsätzlich gegen § 307 BGB.[28] Durch eine Reihe von Folgeurteilen hat der BGH deutlich gemacht, dass die veränderte rechtliche Bewertung des Haftungsregimes bei der GbR inzwischen ständige Rechtsprechung ist.[29] Sie gilt nicht nur für die Haftung der Konsortialbanken gegenüber dem Emittenten für die zu leistende Einlage, sondern für alle in Betracht kommenden Haftungstatbestände, so z.B. die spezialgesetzliche Börsenprospekthaftung. Sämtliche Mitglieder des Emissionskonsortiums müssten mithin für den gesamten dem Anlegerpublikum entstandenen Schaden einstehen, auch wenn einzelne von ihnen nicht sorgfaltswidrig i.S. des § 45 Abs. 1 BörsG gehandelt hätten und nur mit einer kleinen Quote an der Emission beteiligt wären.[30] Die Bedeutung des Rechtsprechungswandels für die Emissionstätigkeit der Banken kann kaum überschätzt werden. Die von den Banken gewöhnlich vereinbarte teilschuldnerische Haftung wird als „einer der ‚Elementarbausteine‘“[31], als „herausragendes Kennzeichen des Emissions-Konsortiums“[32] bezeichnet, dem die Beteiligten überragende Bedeutung beimessen. Würde die zwingende gesamtschuldnerische Haftung Anwendung auf die Tätigkeit von Bankenkonsortien finden, müssten die Emissionshäuser ihre Beteiligung an Börsengängen angesichts des gestiegenen Haftungsrisikos grundlegend überdenken.

Die einschneidenden Folgen der Rechtsprechungsänderung – nicht nur für Emissionskonsortien, sondern auch andere Zusammenschlüsse in der Form der GbR, insbesondere Gelegenheitsgesellschaften oder nicht erwerbswirtschaftlich tätige Verbindungen – hat die Literatur erkannt. Es findet sich eine Reihe von Untersuchungen speziell zur Frage der Auslegung der Urteile des BGH und der möglichen Einschränkung ihrer Reichweite.[33] Keine der Arbeiten vermag die nach wie vor im Recht der GbR anzutreffenden Widersprüche aufzulösen. In der Regel beschränken sich die Lösungsvorschläge darauf, das Postulat der analogen Anwendbarkeit der §§ 128 ff. HGB für bestimmte Einzelfälle mit Ausnahmen zu versehen, ohne ein stimmiges Gesamtkonzept der Gesellschaft bürgerlichen Rechts zu entwickeln. Die vorliegende Untersuchung wird den Versuch unternehmen, die Haf-

---

26 BGHZ 146, 341, Leitsatz a.

27 Vgl. die im Text genannten Urteile sowie *Karsten Schmidt*, Gesellschaftsrecht, 4. Aufl., § 60 III 2 c.

28 BGHZ 150, 1 = BGH NJW 2002, 1642 = ZIP 2002, 851 = WM 2002, 958; OLG Stuttgart, DB 2002, 366.

29 BGHZ 154, 88 = BGH NJW 2003, 1445 = ZIP 2003, 664 = WM 2003, 830; BGHZ 154, 370 = NJW 2003, 1803 = ZIP 2003, 899 = WM 2003, 977.

30 So z.B. *Einsele*, Bank- und Kapitalmarktrecht, § 7, Rdnr. 68.

31 *Timm/Schöne*, ZGR 23 (1994), 113, 119.

32 A.a.O.

33 Längere Abhandlungen existieren z.B. von *Hasenkamp*, Haftungsbeschränkungen bei der Gesellschaft bürgerlichen Rechts; *Meschkowski*, Rechtsfähigkeit der BGB-Gesellschaft; *Schulze*, Akzessorische Haftungsverfassung; und *Weiss*, Rechtsfähigkeit.

tungsverfassung von Emissionskonsortien aus einem nach literarischer, systematischer und teleologischer Auslegung modifizierten Bild der GbR abzuleiten und auf ein dogmatisch schlüssiges Fundament zu stellen.

(4) Sind die vorstehenden Fragen geklärt, kann die Arbeit zu einer näheren Untersuchung der Haftungstatbestände übergehen. Hierbei wird sie sich auf die spezialgesetzliche Börsenprospekthaftung konzentrieren, ohne andere Haftungsinstitute, die unter Umständen eine lückenfüllende Funktion wahrnehmen, namentlich die allgemeine zivilrechtliche Prospekthaftung und die Haftung wegen unerlaubter sittenwidriger Schädigung (§ 826 BGB), zu vernachlässigen.

Lange Zeit spielte die Prospekthaftung in Deutschland keine große Rolle. Nach einigen Entscheidungen des Reichsgerichts,[34] deren letzte aus dem Jahr 1912 datiert,[35] sollte es 70 Jahre dauern, bis der BGH im Zuge des Konkurses der Beton- und Monierbau AG erstmals Gelegenheit erhielt, sich zur Haftung für Prospektmängel zu äußern.[36] Nach wie vor sind Urteile dünn gesät. Deswegen überrascht es nicht, dass die Rechtsprechung die rechtlichen Probleme im Zusammenhang mit den §§ 44 ff. BörsG bislang lediglich bruchstückhaft beleuchtet hat und zahlreiche Fragen – auch und insbesondere zur Haftung der Emissionsbanken – offen bleiben. Die Gründe sind vielfältig: Bis zur Reform der Prospekthaftung durch das 3. FMFG von 1998,[37] das unter anderem die heutigen §§ 44, 45 BörsG grundlegend umgestaltete, war das deutsche Haftungsregime veraltet. Es wurde den Bedürfnissen des modernen Wirtschaftsverkehrs nicht gerecht, stellte strenge Anforderungen an die Darlegungs- und Beweislast des Klägers und bot nur unzureichenden Anlegerschutz. Auch nutzten die deutschen Unternehmen, anders als die anglo-amerikanischen, bis Ende der 90er Jahre des letzten Jahrhunderts ganz überwiegend Bankkredite und nicht den Kapitalmarkt zur Finanzierung. Mit der Belebung des deutschen Finanzmarktes haben sich sowohl die Aktivitäten des Gesetzgebers verstärkt, der durch Erleichterung des Zugangs zum Markt und zugleich durch Ausbau des Anlegerschutzes versucht, den Finanzplatz Deutschland im internationalen Vergleich attraktiver zu gestalten, als auch die Klagen geschädigter Anleger vermehrt. Hiermit geht eine lebhafte Diskussion in der Literatur einher. Gleichwohl sind die relevanten Fragen nicht einmal ansatzweise geklärt. Die Gerichtsurteile neueren Datums beziehen sich größtenteils auf den grauen Kapitalmarkt oder den Sekundärmarkt. Auch ist es ihnen noch nicht gelungen, eine einheitliche rechtliche Struktur des Kapitalmarkts mit einem stimmigen Anlegerschutzssystem zu entwickeln. Die in der Literatur anzutreffenden Ansätze zeichnen sich ebenfalls durch zahlreiche Meinungsverschiedenheiten aus. Während auf bestimmten Gebieten gemeinsame Prinzipien zu entstehen scheinen, herrschen in anderer Hinsicht, z.B. was die Haftung der Emissionsbanken anbelangt, große Gegensätze.

---

34 Nachweise bei *Schwark*, ZGR 12 (1983), 162 (Fn. 1–3).
35 RGZ 80, 196.
36 BGH WM 1982, 862; WM 1982, 867 = NJW 1982, 2823; NJW 1982, 2827 = AG 1982, 278; AG 1982, 282.
37 BGBl. I 1998, S. 529.

Die Arbeit wird die Erörterung der Haftung von Emissionskonsortien zum Anlass nehmen, Leitlinien zur Behandlung von Intermediären am Primärmarkt zu entwickeln (die sich mitunter auch auf den Sekundärmarkt übertragen lassen). Obwohl die Untersuchung alle relevanten Tatbestandsmerkmale der einschlägigen Haftungsnormen ansprechen und für viele Streitfragen eine Lösung vorschlagen wird, können einige Überlegungen nur *de lege ferenda* ausgebreitet werden. Das deutsche Anlegerschutzrecht weist zu viele Lücken auf, als dass sich befriedigende Ergebnisse allein durch Auslegung des existierenden rechtlichen Rahmens erzielen ließen. Deswegen wird die Arbeit mit dem Hinweis enden, dass in mancherlei Beziehung der Gesetzgeber gefragt ist.

Die angesprochenen Probleme werden rechtsvergleichend – unter Berücksichtigung des US-amerikanischen Rechts – analysiert. Für diese Vorgehensweise sprechen mehrere Argumente: Zunächst handelt es sich beim US-amerikanischen Kapitalmarktrecht um das am weitesten entwickelte Rechtssystem seiner Art weltweit. Nicht nur sind die umfassenden gesetzgeberischen Aktivitäten und die Fülle an Gerichtsentscheidungen ohne Beispiel, auch hat die Diskussion in der Wissenschaft zahlreiche innovative Vorschläge hervorgebracht und einen interdisziplinären Ansatz bekannt gemacht, der neuere Erkenntnisse aus der Ökonomie, Soziologie und Psychologie berücksichtigt.[38] Auf einige der in der US-amerikanischen Lehre entwickelten Modelle und Theorien wird im Laufe der Arbeit einzugehen sein.

Zweitens nimmt die Integration der europäischen und der amerikanischen Kapitalmärkte weiter zu. US-amerikanische Investmentbanken sind seit mehreren Jahrzehnten in Europa aktiv, einige europäische Institute, aus Deutschland namentlich die Deutsche Bank, wenden sich verstärkt den USA zu.[39] Die Börsen expandieren ebenfalls – man denke an die Übernahme der Vierländerbörse Euronext durch die New York Stock Exchange, der skandinavischen Gemeinschaftsbörse OMX durch NASDAQ oder der US-Derivatebörse International Securities Exchange durch die Deutsche Börse AG.[40] Schließlich operieren die Emittenten nicht mehr unter einer einzigen Rechtsordnung. Schon seit langer Zeit sind die Auslandsanleihe, d.h. eine Anleihe, die in einem für den Emittenten fremden Markt platziert wird, und die internationale Anleihe, z.B. die Euroanleihe, die von Anfang an auf mehreren Märkten emittiert werden soll (und nicht notwendigerweise in Euro denominiert ist),[41]

38 So schon *Hopt*, Der Kapitalanlegerschutz, S. 46 f.

39 Vgl. z.B. die Neuemissionen und Transfers an der Frankfurter Wertpapierbörse 2007 (berücksichtigt bis einschließlich Juni): Von den 16 Transaktionen unter Beteiligung eines Emissionskonsortiums wirkten an fünf US-amerikanische Investmentbanken in führender Position mit.

40 Alle im Jahr 2007.

41 Zu den terminologischen Differenzen vgl. BuB/*Bosch*, Rdnr. 10/93; *Horn*, Recht der internationalen Anleihen, S. 6: Eine klassische Auslandsemission hat Verbindungen zu zwei, die internationale Emission zu mehr als zwei Staaten (die begriffliche Dichotomie ist insbesondere im Hinblick auf Anleihen geläufig: bei der klassischen Anleihe erfolgt die Begebung auf einem einzigen nationalen Markt, auf dem der Emittent nicht ansässig ist, bei der internationalen Anleihe auf mehreren Märkten).

beliebte Finanzierungsinstrumente. Größere europäische Unternehmen lassen ihre Aktien zunehmend nicht nur in ihrem europäischen Heimatmarkt, sondern auch in den USA zum Börsenhandel zu (sog. *global shares*)[42] oder platzieren sie privat bei ausgewählten institutionellen Investoren in den Vereinigten Staaten.[43] Die Zahlen der New York Stock Exchange verdeutlichen diese Entwicklung: In den Jahren von 1985 bis 2002 ist der Anteil ausländischer Unternehmen von 3,5 % auf 17 % gestiegen.[44] Heute sind an der NYSE ca. 450 internationale Emittenten gelistet, unter ihnen 17 deutsche Unternehmen.[45] Ein Studium des US-amerikanischen Kapitalmarktrechts ist mithin schon deswegen angezeigt, weil zahlreiche deutsche und europäische Emittenten und Finanzdienstleistungsunternehmen dem internationalen Anwendungsbereich der US-Gesetze unterfallen. Darüber hinaus wird die rechtsvergleichende Untersuchung wertvolle Anregungen für eine Verbesserung der deutschen Rechtslage bieten.

II. Methodik und Gang der Untersuchung

Die Arbeit bedient sich der klassischen rechtsvergleichenden Methode:[46] An eine einführende Darstellung der Grundlagen des Emissionsgeschäfts – der Beteiligten, der historischen Entwicklung und der heutigen Praxis der Emissionsbegleitung –[47] werden sich die beiden Länderberichte anschließen – zunächst der deutsche,[48] sodann der US-amerikanische.[49] Hierbei weicht die Arbeit nur insoweit vom traditionellen, rein berichtenden Aufbau ab, als sie sich einer wertenden Stellungnahme in den Länderberichten nicht ganz enthält. Zwar erfolgen üblicherweise erst im Rahmen des abschließenden Vergleichs die kritische Würdigung der untersuchten Rechtsordnungen und der Versuch einer Fortentwicklung des Rechts anhand der gewonnenen Erkenntnisse.[50] Die hier relevanten Themenkomplexe sind aber so diffizil und die umstrittenen Fragen so zahlreich, dass eine Verlagerung der Diskussion sämtlicher Streitpunkte in den letzten, den rechtsvergleichenden Teil der Arbeit diesen überladen würde. Auch erscheint es sinnvoll, die Lösung einiger Probleme auf dem Boden des nationalen Rechts vorzubereiten. Gerade bei umstrittenen Fragen sollte zunächst Klarheit über die Relevanz des Problems vor dem Hintergrund der Systematik, der Zielsetzung und der sonstigen Eigenheiten des heimi-

---

42 Das Unternehmen ist dann unter Umständen in mehreren Ländern mit derselben Aktiengattung vertreten, die jeweils in einer anderen Währung notiert, vgl. *Scott/Wellons*, International Securities Regulation, p. 56.
43 Platzierung gem. Securities Act Rule 144A, vgl. hierzu § 4 I 1 b cc.
44 *Coffee/Seligman/Sale*, Securities Regulation, p. 42. Seitdem ist er – wohl auch wegen des Sarbanes-Oxley Act (hierzu § 7) – wieder leicht zurückgegangen, beträgt aber immer noch um die 16 %.
45 Quelle: www.nyse.com at „Listed companies" (Stand: März 2007).
46 Hierzu *Zweigert/Kötz*, Einführung in die Rechtsvergleichung, § 3 V.
47 Erster Teil, §§ 2–4.
48 Zweiter Teil, §§ 5, 6.
49 Dritter Teil, §§ 7–9.
50 *Zweigert/Kötz*, a.a.O. sowie Abschnitt VI und VII.

schen Rechts gewonnen werden.[51] Das gefundene Ergebnis kann dann in einem *zweiten* Schritt auf seine Überzeugungskraft und Tragfähigkeit im internationalen Vergleich hin überprüft werden.

Bevor die Arbeit im abschließenden Teil die Rechtsvergleichung vornimmt, wird sie auf die Frage der geographischen Reichweite der jeweiligen nationalen Rechtsinstitute eingehen, d.h. auf internationalprivatrechtliche Aspekte und die mögliche extraterritoriale Anwendung der Normen.[52] Da sich die Rechtssubjekte – die Marktteilnehmer und die Betreiber der Märkte – durch die genannten Operationen über die Grenzen hinweg zwischen den Rechtsordnungen bewegen, stehen das deutsche und das US-amerikanische Recht nicht isoliert nebeneinander. Es ist Aufgabe der Wissenschaft und Praxis, den Anwendungsbereich der betroffenen Vorschriften so zu bestimmen, dass Normwidersprüche (die gleichzeitige Anwendbarkeit konkurrierender Normen aus mehreren Rechtsordnungen oder die Unanwendbarkeit aller in Betracht kommenden Vorschriften) vermieden werden.[53]

Der abschließende Teil der Arbeit wird die gewonnenen Erkenntnisse vergleichen und versuchen, das deutsche Recht dort, wo es sich als nicht sachgerecht erweist, weiterzuentwickeln.[54] Die Arbeit wählt, wiederum in rechtsvergleichender Tradition, eine funktionale Herangehensweise, d.h. sie verfolgt nicht das Ziel, die deutschen Rechtsinstitute oder Systembegriffe den US-amerikanischen gegenüberzustellen. Sie will stattdessen von den rechtlich relevanten Lebensverhältnissen und Konfliktlagen, von den *Sach*problemen, ausgehen und Gemeinsamkeiten sowie Unterschiede bei der Lösung dieser Probleme aufzeigen.[55] Deswegen wird, wer die Gliederung zum Fünften Teil der Arbeit betrachtet, vergeblich nach Haftungstatbeständen, Rechtsnormen oder *Termini technici* suchen. Er wird vielmehr einen Hinweis auf folgende Problemlagen finden, die gleichermaßen am deutschen wie am US-amerikanischen Kapitalmarkt auftreten: Inwieweit haben die Emissionshäuser Freiheit, was die Regelung der Modalitäten der Übernahme der Wertpapiere – das Verhältnis zum Emittenten und das Verhältnis der Konsortialbanken untereinander – anbetrifft, und inwieweit unterliegen sie bestimmten rechtlichen Zwängen (etwa zwingenden gesellschaftsrechtlichen Regelungen), die sie nicht abwählen können?[56] Wer sollte für Fehlinformationen am Kapitalmarkt haften?[57] Welches

51 Das gilt insbesondere für die Qualifikation des Emissionskonsortiums. Ein Rechtsvergleich ohne ausführliche Analyse der Struktur der Gesellschaft bürgerlichen Rechts – und damit des zugrunde liegenden Meinungsstreits über die Rechtsnatur der GbR, die Verpflichtung der Gesellschafter entsprechend der Doppelverpflichtungslehre oder Akzessorietätstheorie etc. – würde dem Problem nicht gerecht werden. Letztlich bleibt die Arbeit der rechtsvergleichenden Methodik auch hier treu, da sie zwar eine eigene Bewertung nicht unterlässt, diese Bewertung aber ausschließlich im Rahmen der Systembegriffe und der Methodologie des nationalen Rechts vornimmt.

52 Vierter Teil, § 10.

53 Zu Normwidersprüchen siehe *Kropholler*, Internationales Privatrecht, § 34 III.

54 Fünfter Teil, §§ 11, 12.

55 Zum Funktionalitätsprinzip in der Rechtsvergleichung *Zweigert/Kötz*, a.a.O., § 3 II, V.

56 § 11.

57 § 12 I.

Verhalten führt zu haftungsrechtlichen Folgen?[58] Was geschieht, wenn mehrere Personen haften – kann der Anleger jeden Verpflichteten auf die volle Summe in Anspruch nehmen? Kann der Anspruchsgegner von den anderen Haftungsadressaten Ersatz der geleisteten Summe verlangen?[59]

58 § 12 II.
59 § 12 III.

Erster Teil: Das Emissionsgeschäft

§ 2 Begriff des Emissionsgeschäfts. Beteiligte. Interessenlage

I. Begriff des Emissionsgeschäfts

Die Literatur definiert das Emissionsgeschäft allgemein als die Mitwirkung der Banken an der Ausgabe und Platzierung von Effekten, insbesondere von Aktien und Schuldverschreibungen.[60] Es ist damit ein Unterfall des Effektengeschäfts im weiteren Sinn (Investment Banking), das jegliche Anschaffung, Aufbewahrung, Veräußerung und Mitwirkung an der Begebung von Wertpapieren für Bankkunden zum Gegenstand hat und neben dem Emissionsgeschäft insbesondere das Depotgeschäft, das Investmentgeschäft und das Effektengeschäft im engeren (bankaufsichtsrechtlichen) Sinn (die Anschaffung und Veräußerung von Wertpapieren im eigenen Namen für fremde Rechnung am Sekundärmarkt als Teil des Finanzkommissionsgeschäfts i.S. des § 1 Abs. 1 Satz 2 Nr. 4 KWG) umfasst.[61] Im Einzelnen bestehen gewisse Differenzen. Z.B. stellen manche Stimmen in der Literatur auf die *erstmalige* Ausgabe und Platzierung neuer Titel ab, d.h. die Veräußerung neu geschaffener Wertpapiere an die ersten Anleger,[62] während andere die Platzierung schon existierender Wertpapiere (Sekundärplatzierung) in den Begriff mit einbeziehen.[63] Weitere Ansichten verlangen einschränkend, dass die Platzierung öffentlich erfolgt[64] bzw. eine große Zahl von Effekten ausgegeben wird.[65] Schließlich wird das

---

60 BuB/*Bosch*, Rdnr. 10/65; *Canaris*, Bankvertragsrecht, Rdnr. 2237; *Ekkenga/Maas*, Wertpapieremissionen, Rdnr. 1; *Hopt*, Verantwortlichkeit, Rdnr. 19; *Kümpel*, Bank- und Kapitalmarktrecht, Rdnr. 9.2; MüKo HGB/*Ekkenga*, Effektengeschäft, Rdnr. 3; Schimansky/Bunte/Lwowski/*Grundmann*, Bankrechtshandbuch, § 112, Rdnr. 1; *Schwintowski/Schäfer*, Bankrecht, § 23 Rdnr. 1; *Scholze*, Konsortialgeschäft, S. 285.

61 Zu diesen Definitionsfragen im Einzelnen Schimansky/Bunte/Lwowski/*Kümpel/Bruski*, Bankrechtshandbuch, § 104, Rdnr. 1 ff.

62 Z.B. *Canaris*, a.a.O.; *Hopt*, a.a.O.; *Kümpel*, a.a.O.; MüKo HGB/*Ekkenga*, a.a.O.; Schimansky/Bunte/Lwowski/*Grundmann*, a.a.O. BuB/*Bosch*, Rdnr. 10/1, definiert Anleger als eine Person, die eine Geldanlage beabsichtigt. Die Veräußerung an ein Kreditinstitut, das die Effekten zur zeitnahen Weiterveräußerung erwirbt, beendet mithin nicht die Platzierung mit der Folge, dass die Weiterveräußerung an den Anleger als Sekundärmarkttransaktion zu qualifizieren wäre.

63 *Schwintowski/Schäfer*, a.a.O., Fn. 3. BuB/*Bosch*, Rdnr. 10/67, und *Fredebeil*, Übernahmevertrag, S. 159, unterscheiden zwischen dem Emissionsgeschäft im engeren und im weiteren Sinn, wobei letzteres auch die Ausgabe bereits bestehender Aktien umfassen soll. *Ekkenga/Maas*, a.a.O., machen keine terminologischen Differenzierungen und rechnen beides dem Emissionsgeschäft zu.

64 *Lenenbach*, Kapitalmarkt- und Börsenrecht, Rdnr. 7.1. *Ekkenga/Maas*, a.a.O., weisen darauf hin, dass die Platzierung zumindest bei der Zweitemission öffentlich erfolgen muss: Andernfalls handele es sich nicht um ein Emissionsgeschäft, sondern eine gewöhnliche M & A-Transaktion, die den Vorschriften des WpÜG und des Kartellrechts unterfalle.

65 *Canaris*, Bankvertragsrecht, Rdnr. 2237; *Schönle*, Bank- und Börsenrecht, § 19 II 1.

Emissionsgeschäft (die Mitwirkung an der Ausgabe und Platzierung der Wertpapiere) von anderen sog. Nebengeschäften der Banken abgegrenzt, die zwar häufig zusammen mit der Verpflichtung zur Platzierung vereinbart werden, aber nicht dem eigentlichen Emissionsgeschäft zuzurechnen seien.[66]

Die Bedeutung dieser Unterschiede sollte nicht überschätzt werden. Was die rechtliche Behandlung der relevanten Konstellationen anbelangt, weichen die zitierten Meinungen nur selten voneinander ab. Von größerem Wert als semantische Feinheiten ist die funktionale Klassifizierung der Konfliktfälle, die bei der Ausgabe und Platzierung von Effekten entstehen. Rechtliche Probleme, die in sachlichem Zusammenhang stehen und sich durch den Widerstreit vergleichbarer Interessen auszeichnen, sollten unabhängig von etwaigen terminologischen Unterschieden zusammen behandelt werden, um ein kohärentes Gesamtkonzept zu erhalten. Danach ist folgendes zu berücksichtigen: Haftungsfragen können sich sowohl bei der eigentlichen Emissionsbegleitung, der Mitwirkung von Banken bei der erstmaligen Ausgabe und Platzierung der Emissionsware, als auch bei weiteren hiermit zusammenhängenden Geschäften ergeben. So können die Banken ihre Pflichten nicht nur bei Übernahme der Wertpapiere verletzen, etwa indem bestimmte Mitglieder des Konsortiums den Kaufpreis nicht vollständig an den Emittenten zahlen, sondern auch im Vorfeld der Emission bei der Beratung des Emittenten und Erstellung der Emissionsunterlagen, des weiteren nach Abschluss der Platzierung im Rahmen der Marktpflege. Schließlich stellt sich die Problemlage nicht anders dar, wenn die Banken keine neu geschaffenen (jungen) Papiere platzieren, sondern Altaktien (für Anleihen ist eine Zweitemission kaum relevant), die ein Großaktionär, z.B. die Konzernmutter, in Streubesitz überführen will. In beiden Fällen – bei der Erst- und der Zweitplatzierung – sind Beratungspflichten gegenüber dem Emittenten und gegebenenfalls gegenüber Anlegern zu erfüllen. Außerdem muss ein Wertpapierprospekt erstellt werden, der bei Fehlerhaftigkeit zu Prospekthaftungsansprüchen der Anleger führen kann.[67] Unter den Begriff des Emissionsgeschäfts soll deswegen die gesamte Tätigkeit des Emissionskonsortiums von der Vorbereitung der Emission bis zur Nachbereitung unabhängig davon gefasst werden, ob es sich um eine Erst- oder Zweitplatzierung handelt. In dreierlei Hinsicht ist der Gegenstand der Untersuchung allerdings einzugrenzen: Platzierungen an einen begrenzten Personenkreis (Privatplatzierungen) sollen außer Betracht bleiben, da Bankenkonsortien bei ihnen eine geringere Rolle spielen und der wichtigste Haftungstatbestand – die Börsenprospekthaftung gem. §§ 44, 45 BörsG – mangels Pflicht zur Veröffentlichung eines Wertapapierprospekts[68] nicht eingreift. Ebenso wenig werden, trotz der insoweit häufig anzutreffenden Einschaltung von Emissionskonsortien, Anleiheemis-

---

66 Z.B. die Einführung der Effekten in den Handel an einer Wertpapierbörse oder die Pflege des Börsenkurses nach erfolgter Einführung durch Stützungskäufe. Vgl. hierzu BuB/*Bosch*, Rdnr. 10/2.

67 § 3 Abs. 1 Satz 1, Abs. 3 WpPG. Das gilt selbst dann, wenn bereits ein Prospekt für ein früheres öffentliches Angebot oder eine bereits erfolgte Börsenzulassung verfasst wurde, die Veröffentlichung des ersten Prospekts aber mehr als zwölf Monate zurück liegt, vgl. § 9 WpPG.

68 Vgl. 3 Abs. 1 Satz 1 WpPG: Prospektpflicht nur bei öffentlichen Angeboten.

sionen der öffentlichen Hand thematisiert. Bei ihnen findet das gesamte Wertpapierprospektrecht keine Anwendung,[69] zudem ist die Ausfallwahrscheinlichkeit der öffentlichen Hand gering. Schließlich bleibt die Emissionstätigkeit am grauen Kapitalmarkt unberücksichtigt. Investmentbanken sind außerhalb der geregelten Effektenmärkte zur Begleitung von Emissionen kaum aktiv – wohl weil sie angesichts der mitunter zweifelhaften Seriosität des Emittenten um ihren Emissionskredit fürchten. Viele der zu den §§ 44, 45 BörsG anzustellenden Überlegungen lassen sich aber auf den grauen Kapitalmarkt übertragen, nachdem das Anlegerschutzverbesserungsgesetz[70] eine Prospektpflicht für nicht in Wertpapieren verbriefte Vermögensanlagen eingeführt hat und für den Fall von Prospektfehlern auf die Prospekthaftung des Börsengesetzes verweist.[71]

An dieser Stelle sei noch auf zwei Gesetzesbestimmungen hingewiesen, die das Emissionsgeschäft zwar in einer restriktiveren Weise definieren als im vorstehenden Absatz, aber gleichwohl von Bedeutung sind: § 1 Abs. 1 Satz 2 Nr. 10 KWG bezeichnet das Emissionsgeschäft seit der 6. KWG-Novelle aus dem Jahr 1997[72] als „die Übernahme von Finanzinstrumenten [i.S. des § 1 Abs. 11 KWG] für eigenes Risiko zur Platzierung oder die Übernahme gleichwertiger Garantien“. Die Übernahme für eigenes Risiko (sog. Festübernahme oder Absatzgarantie) ist eine häufige, wenn auch nicht die einzige Form der Übernahme von Effekten durch Kreditinstitute.[73] Andere Formen (insbesondere das Begebungskonsortium) fallen in der Regel unter den Begriff des Finanzkommissionsgeschäfts i.S. des § 1 Abs. 1 Satz 2 Nr. 4 KWG.[74] In beiden Fällen wird das Geschäft zum Bankgeschäft. Damit ist es gem. § 32 Abs. 1 Satz 1 KWG erlaubnispflichtig.[75] Eine weitere wichtige bankenaufsichtsrechtliche Konsequenz ergibt sich für den Fall der Übernahme für eigenes Risiko: Die übernommenen Aktien oder Schuldverschreibungen sind als risikobelastete Aktiva anzusehen und beeinflussen damit das zu gewährleistende Verhältnis zwischen haftendem Eigenkapital (§ 10 Abs. 2 Satz 2 KWG) und den gewichteten Risikoaktiva.[76] Mit anderen Worten: Der Umfang der Übernahmeverpflichtung, der

---

69 § 1 Abs. 2 Nr. 2 WpPG. Für die USA entsprechend: § 3(a)(2) Securities Act 1933.
70 BGBl. I 2004, 2630. Einzelheiten unten § 6 I 2 a.
71 Vgl. § 8f Abs. 1 VerkProspG.
72 BGBl. I 1997, 2518.
73 Vgl. hierzu und zu anderen Gestaltungsmöglichkeiten bei der Übernahme unten § 4 I 2 und II 2.
74 So Boos/Fischer/Schulte-Mattler/*Füllbier*, KWG, § 1, Rdnr. 60, 105; *Kümpel*, Bank- und Kapitalmarktrecht, Rdnr. 9.6; Schimansky/Bunte/Lwowski/*Grundmann*, Bankrechtshandbuch, § 112, Rdnr. 4. A.A. (noch zur alten Rechtslage vor der 6. KWG-Novelle) *Canaris*, Bankvertragsrecht, Rdnr. 2236; *Hopt*, Verantwortlichkeit, Rdnr. 35.
75 Auch die mit der Übernahme einhergehenden Begleitgeschäfte, z.B. das Führen von Geldkonten und Wertpapierdepots zur Abwicklung des Zahlungsverkehrs und Übertragung der Effekten, stellen erlaubnispflichtige Bankgeschäfte dar (vgl. § 1 Abs. 1 Satz 2 Nr. 1, Nr. 9 KWG: Einlagen- und Girogeschäft; unter Umständen Depotgeschäft gem. § 1 Abs. 1 Satz 2 Nr. 5 KWG).
76 Vgl. hierzu Schimansky/Bunte/Lwowski/*Grundmann*, Bankrechtshandbuch, § 112, Rdnr. 22, insbesondere Fn. 2. Die Fundstelle bezieht sich auf die Rechtslage vor Umsetzung von Basel II durch Gesetz vom 17.11.2006, BGBl. I 2006, 2606; die Neuregelung hat jedoch insoweit keine Änderungen gebracht.

wiederum von der Struktur und rechtlichen Behandlung des Emissionskonsortiums abhängt, wirkt sich auf die Eigenkapitalquote aus. Die zweite Definition – wortgleich mit § 1 Abs. 1 Satz 2 Nr. 4 und Nr. 10 KWG – findet sich in § 2 Abs. 3 Nr. 1 (Begebungskonsortium) und Nr. 5 WpHG (Übernahmen für eigenes Risiko), einer Vorschrift, die sich mit dem Begriff der Wertpapierdienstleistungen beschäftigt. Der Charakter des Emissionsgeschäfts als Wertpapierdienstleistung hat zur Folge, dass die Banken die Wohlverhaltensregeln der §§ 31 ff. WpHG zu beachten haben.

Im Englischen wird die Übernahme von Wertpapieren durch Banken zum Zweck der Platzierung *underwriting* genannt (und entsprechend das emissionsbegleitende Institut *underwriter*). Der Terminus stammt aus der Versicherungspraxis. Zur Versicherung von Frachtgut schrieb der Versicherer seinen Namen unter den des Frachtführers, nahm also ein „underwriting“ vor.[77] Die Herkunft des Begriffs verdeutlicht, dass die Funktion der Übernahme primär in der Absicherung des Emittenten bestand. Er konnte den Emissionserlös selbst dann realisieren, wenn den Banken eine vollständige Platzierung aufgrund einer Verschlechterung der Marktbedingungen nicht mehr möglich war. Diese Zweckbestimmung hat sich in der Folgezeit verschoben. Heute ist das Risiko der Konsortialbanken durch umfangreiche Rücktrittsrechte im Übernahmevertrag weitgehend minimiert.[78] Im Vordergrund steht für den Emittenten die Platzierungskraft des Emissionshauses und weniger die Bereitschaft der Bank zur Risikotragung durch frühe und unbedingte Übernahme.

Im US-amerikanischen Recht findet sich keine Definition des Emissionsgeschäfts; sie lässt sich aber aus der Bestimmung des Begriffs des underwriter ableiten, die § 2(a)(11) des Securities Act 1933, eines der großen Kapitalmarktgesetze der USA,[79] enthält: „The term ‘underwriter’ means any person who has purchased from an issuer with a view to, or offers or sells for an issuer in connection with, the distribution of any security, or participates or has a direct or indirect participation in any such undertaking, or participates or has a participation in the direct or indirect underwriting of any such undertaking ...“. Im Mittelpunkt der Bestimmung steht „the distribution of any security“, an der die Emissionsbanken unmittelbar oder mittelbar, durch Kauf oder in anderer Weise, mitwirken. Was unter einer „distribution“ zu verstehen ist, führt der Securities Act 1933 nicht aus. Rechtsprechung und Lehre haben bislang keine abschließende Klärung des Begriffs erreicht. Auf Einzelheiten muss hier nicht eingegangen werden; kurz (und vereinfachend) gesagt gilt folgendes: Ein Verkauf von Wertpapieren stellt eine *distribution* dar, mit der Folge, dass die Wertpapiere (grundsätzlich) bei der Wertpapieraufsicht (der Securities Exchange Commission – SEC) zu registrieren, ein Verkaufsprospekt zu veröffentlichen und die an dem Verkauf in irgendeiner Weise mitwirkenden Personen als underwriter anzusehen, d.h. für den Inhalt des Prospekts verantwortlich sind,[80]

---

77 *Hazen*, Securities Regulation, § 2.1[2].
78 Vgl. unten Fn. 423.
79 Ausführlich zu den Rechtsquellen des US-amerikanischen Kapitalmarktrechts unten § 7.
80 Gem. § 11(a)(5) Sec. Act.

wenn der Verkauf im Wege eines öffentlichen Angebots erfolgt.[81] Gerade diese Konstellation hat die Arbeit, wie im Zusammenhang mit dem deutschen Recht erläutert, im Blick: die öffentliche (und nicht die Privat-) Platzierung, bei der die Emissionsbanken die Effekten kaufen (§ 2[a][11] Sec. Act: „purchase[...] from an issuer") oder ohne Festübernahme beim Publikum unterbringen („[to] offer[...] or sell[...] for an issuer").

II. Beteiligte

Am Emissionsgeschäft sind drei Parteien bzw. Gruppen von Personen mit teilweise divergierenden Interessen beteiligt: der Emittent, der die zu emittierenden Papiere ausgibt, der oder die emissionsbegleitende(n) Bank(en) und die Anleger als Erwerber der Effekten.

(1) Emittent i.S. des Wertpapierrechts ist eine Person oder Gesellschaft, die Wertpapiere begibt oder zu begeben beabsichtigt.[82] Nach der gesetzlichen Definition muss es sich nicht zwingend um eine Aktiengesellschaft oder eine KGaA handeln; auch andere Kapital- oder Personengesellschaften, juristische Personen des öffentlichen Rechts und sogar natürliche Personen können bestimmte Arten von Wertpapieren, z.B. Schuldverschreibungen oder Genussscheine, begeben. Um sich des organisierten Kapitalmarktes bedienen zu können, muss der Emittent den Anforderungen des Börsengesetzes und der Börsenzulassungsverordnung genügen, d.h. unter anderem seit mindestens drei Jahren als Unternehmen bestanden haben, und Wertpapiere i.S. des Börsenrechts emittieren.[83] Der börsenrechtliche Wertpapierbegriff ist im Gesetz nicht näher bestimmt;[84] die Literatur definiert ihn in Anlehnung an das Wertpapierhandelsgesetz[85] und unter Berücksichtigung der Erfordernisse des Börsenhandels, der Fungibilität und gesteigerte Umlauffähigkeit verlangt.[86] Danach sind insbesondere Aktien, Anleihen von Industrieunternehmen (Industrieobligationen) oder juristischen Personen des öffentlichen Rechts, Options- und Genussscheine kapitalmarktfähige Papiere. Sie können zum Börsenhandel zugelassen werden, wenn die Emission die Voraussetzungen der §§ 2 ff.

---

81 Wann ein öffentliches Angebot vorliegt, ist nicht anhand von bestimmten numerischen Werten, sondern der Schutzbedürftigkeit der Adressaten des Angebots zu bestimmen, die wiederum abhängt von ihrer Erfahrung in Effektengeschäften und ihrer Kenntnis vom Emittenten. *Leading case* ist SEC v. Ralston Purina Co., 346 U.S. 119, 73 S. Ct. 981 (1953). Zur Anwendung der *Ralston Purina* Kriterien, die der Supreme Court im Hinblick auf den Begriff „public offering" in § 4(2) Sec. Act aufgestellt hat, auf § 2(a)(11) Sec. Act vgl. Gilligan, Will & Co. v. SEC, 267 F.2d 461, 466 et seq. (2d Cir. 1959).

82 § 2 Nr. 9 WpPG.

83 §§ 32 Abs. 3 Nr. 1 BörsG i.V.m. 1, 3 BörsZulV.

84 In § 2 Abs. 2 Satz 1 BörsG findet sich lediglich ein Verweis auf die Wertpapierdefinition des WpHG zur Erläuterung des Begriffs der Wertapapierbörsen.

85 §§ 2 Nr. 1 WpPG, 2 Abs. 1 WpHG.

86 Vgl. z.B. *Groß*, Kapitalmarktrecht, § 32 BörsG, Rdnr. 12. Zur Fungibilität und gesteigerten Umlauffähigkeit ausführlich *Kümpel*, Bank- und Kapitalmarktrecht, Rdnr. 9.100 ff.

BörsZulV (Mindestnennbetrag, bestimmte Stückelung, Streuung etc.) erfüllt. Anteile an Gesellschaften mit beschränkter Haftung und Personengesellschaften fallen nicht unter den börsenrechtlichen Wertpapierbegriff; für solche Emittenten bleibt, ebenso wie für natürliche Personen, der graue Kapitalmarkt, wenn auch letztere praktisch nicht als Emittenten auftreten.[87]

Aus dem Kreis der Wertpapiere im Sinne des börsenrechtlichen Wertpapierbegriffs sollen nur die beiden Standardformen – die Aktie und die Schuldverschreibung – herausgegriffen und näher untersucht werden. Auf Mischformen, z.B. Wandelschuldverschreibungen, Optionsanleihen und Gewinnschuldverschreibungen, sowie Optionsscheine, Genusscheine, Investmentzertifikate oder sonstige an Börsen gehandelte Wertpapiere[88] wird die Arbeit nicht eingehen. Die folgenden Ausführungen haben mithin, wenn sie vom Emittenten sprechen, die Aktien oder Anleihen ausgebende Kapitalgesellschaft im Sinn.

(2) Zu den Konsortialbanken: In Deutschland sieht bereits die Rechtsordnung in zwei Fällen die Mithilfe eines Kreditinstituts als Emissionshaus vor. Zum einen muss der Emittent den Antrag auf Zulassung der Papiere zum Handel im regulierten Markt zusammen mit einem Kreditinstitut, Finanzdienstleistungsinstitut oder gem. §§ 53 Abs. 1 Satz 1, 53b Abs. 1 Satz 1 KWG tätigen Unternehmen (insbesondere Kredit- oder Finanzdienstleistungsinstitute mit Sitz im Ausland und einer Zweigstelle im Inland) stellen.[89] Zum anderen kann er im häufigsten Fall der Aktienemission, der Emission nach Kapitalerhöhung gegen Bareinlagen, ein Kreditinstitut i.S. des KWG mit der Bedienung der Bezugsrechte der Aktionäre betrauen.[90] Das mittelbare Bezugsrecht weist für den Emittenten mehrere Vorteile auf – organisatorische Erleichterung, Übernahme des Platzierungsrisikos durch die Banken, sofortiger Mittelzufluss beim Emittenten, Eintragung der Kapitalerhöhung vor Abschluss der Platzierung[91] – und hat sich deswegen in der Praxis zum Regelfall entwickelt.[92] Auch außerhalb des Anwendungsbereichs des § 186 Abs. 5 AktG, etwa bei der Anleiheemission, sind die meisten der genannten Vorteile anzutreffen. Aus diesem

---

87 Weitere Einzelheiten bei *Ekkenga/Maas*, Wertpapieremissionen, Rdnr. 46. Zur (fehlenden, aber lange Zeit kontrovers diskutierten) Börsengängigkeit von GmbH-Anteilen siehe Baumbach/Hueck/*Hueck/Fastrich*, Einl., Rdnr. 20; Scholz/*H. P. Westermann*, Einl., Rdnr. 73, jeweils m.w.N. Die Ausgabe von Genussscheinen, die durch entsprechende vertragliche Gestaltung eine weitgehende Annäherung an die Mitgliedschaftsstellung erreichen, ist möglich, wenn auch in der Praxis nicht sonderlich verbreitet, vgl. Baumbach/Hueck/*Hueck/Fastrich*, § 29, Rdnr. 90. Im Übrigen können GmbHs den organisierten Kapitalmarkt zur Fremdkapitalfinanzierung (Ausgabe von Schuldverschreibungen) in Anspruch nehmen.

88 Hierzu *Ekkenga/Maas*, Wertpapieremissionen, Rdnr. 28 ff.

89 § 32 Abs. 2 Satz 1 BörsG.

90 § 186 Abs. 5 AktG.

91 Die Eintragung der Durchführung der Kapitalerhöhung kann gem. §§ 188 Abs. 2, 36 Abs. 2 AktG nur erfolgen, wenn auf jede Aktie der gem. § 36a AktG eingeforderte Betrag ordnungsgemäß eingezahlt worden ist. Die Kapitalerhöhung scheitert mithin, wenn auch nur eine Aktie nicht gezeichnet wird oder die Einzahlung nicht vollständig ist. Die Übernahme durch Emissionsbanken ermöglicht die Eintragung vor vollständiger Unterbringung der Aktien beim Anlegerpublikum.

92 Vgl. MüKo AktG/*Peifer*, § 186, Rdnr. 105.

Grund schalten Emittenten nahezu ausnahmslos Kreditinstitute zur Emissionsbegleitung ein.

Aufgrund der in den USA lange Zeit (und auch heute noch in gewissem Rahmen) bestehenden Trennung zwischen dem Einlagen-, Giro- und Kreditgeschäft (Commercial Banking) einerseits und dem Wertpapiergeschäft (Investment Banking) andererseits[93] haben sich dort mehr als in Ländern, die dem Universalbankensystem folgen, spezialisierte Investmentbanken herausgebildet, die das Emissionsgeschäft betreiben. Der Begriff des underwriter, wie ihn das Gesetz gebraucht, beschränkt sich indes nicht auf diese Banken. Die Definition in § 2(a)(11) Sec. Act, die für den gesamten Securities Act 1933 maßgeblich ist und sich damit insbesondere auch auf den Kreis der für die Fehlerfreiheit der Emissionsunterlagen verantwortlichen Personen auswirkt, geht weit über das hinaus, was dem traditionellen Verständnis von einem underwriter entspricht. Wenn das Gesetz jeden als underwriter bezeichnet, „who ... participates or has a direct or indirect participation in [the distribution of any security], or participates or has a participation in the direct or indirect underwriting of any such undertaking", erfasst es nach seinem Wortlaut zunächst einmal alle Personen, die im Rahmen eines öffentlichen Angebots Wertpapiere erwerben oder den Erwerb durch Dritte fördern, sei es auf Seiten des Emittenten als Emissionshaus, sei es auf Seiten des Anlegers als Broker, oder sei es als Anleger selbst. Diese weite Definition erklärt sich aus der Bedeutung, die der Begriff in einer weiteren Bestimmung des Securities Act 1933 erlangt: Gem. § 4(1) Sec. Act dürfen öffentliche Angebote des Emittenten und Angebote von einem underwriter, Dealer oder Broker (bezüglich der beiden letzteren existieren Ausnahmen) nur erfolgen, wenn die Wertpapiere gem. § 5 Sec. Act bei der SEC registriert sind, was wiederum die Einreichung und Offenlegung umfangreicher Informationen über den Emittenten und die Emissionsware (im sog. registration statement) voraussetzt. Hierdurch soll sichergestellt werden, dass Wertpapiere vor Veröffentlichung des registration statement und des Wertpapierprospekts nur an solche Personen veräußert werden, die aufgrund ihrer Kenntnis und Erfahrung keine zusätzliche Aufklärung über die Risiken der Transaktion benötigen. Zugleich will der Gesetzgeber gewährleisten, dass Personen, die – in welcher Funktion auch immer – an der Emission mitwirken, für die Seriosität der Emission und die vollständige und richtige Information des Käufers einzustehen haben, und dass diese Einstandspflicht nicht durch bestimmte technische Arrangements, z.B. die Einschaltung anderer Intermediäre als Investmentbanken, umgangen wird.

Gleichwohl ist die Definition, so wie sie im Gesetz enthalten ist, zu weit und wenig sachgerecht, wenn sie z.B. den gewöhnlichen Kleinanleger erfasst, der vom Emit-

---

93 Der sog. Glass-Steagall Act (amtlicher Titel: Banking Act of 1933) hat die Trennung 1933 eingeführt, der Gramm-Leach-Bliley Act (Financial Services Modernization Act of 1999) hat sie 1999 insoweit wieder aufgehoben, als Finanzholdinggesellschaften die verschiedenen Dienstleistungen (Commercial Banking, Emissions-, Effekten-, Investment-, Versicherungsgeschäft) nun unter einem Dach, wenn auch vermittelt durch getrennte Tochter- oder Schwestergesellschaften, anbieten dürfen. Weitere Einzelheiten unten § 8 III 2 b aa.

tenten bzw. einer Emissionsbank kauft und einige Zeit später verkauft. Die Vornahme notwendiger Einschränkungen und Präzisierungen oblag Rechtsprechung und Regierung (der Wertpapieraufsichtsbehörde SEC).[94] Ansatzpunkt für die einschränkende Auslegung sind die Worte „with a view to [distribution]". Erwirbt der Käufer im Hinblick auf die Platzierung, ist er underwriter, handelt er, um eine Vermögensanlage aufzubauen (die Gerichte bezeichnen dies als „investment intent"[95]), unterfällt er nicht der Definition gem. § 2(a)(11) Sec. Act. Während die Abgrenzung dem Grundsatz nach überzeugt, liegt ihre Tücke in der Anwendung auf den oft nicht eindeutig gelagerten Einzelfall. Als Faustformel nimmt die Rechtsprechung an, bei einer Haltefrist von mindestens zwei Jahren könne darauf geschlossen werden, dass der Investor die Papiere zu Anlagezwecken erworben habe.[96] Auch eine kürzere Frist führt dann nicht zur Anwendung des § 2(a)(11) Sec. Act, wenn der Investor seine Absicht zum langfristigen Vermögensaufbau darlegen kann und z.B. nachweist, dass er durch eine nachträgliche Änderung der Umstände zur kurzfristigen Veräußerung gezwungen wurde (sog. *change of circumstances exception*).[97] Die SEC hat versucht, mit dem Erlass einer Ausführungsvorschrift – Securities Act Rule 144[98] – die teilweise nicht einheitliche Rechtsprechung zu harmonisieren und Rechtssicherheit zu erhöhen. Die Vorschrift sieht vor, dass bestimmte Transaktionen, die eine Reihe von Voraussetzungen erfüllen, insbesondere erst zwei Jahre nach dem Erwerb der Effekten erfolgen,[99] in keinem Fall dazu führen, dass der Veräußerer als underwriter i.S. des § 2(a)(11) Sec. Act behandelt wird. Alle Zweifelsfragen vermochte die Bestimmung nicht zu beseitigen.[100] Ihnen muss im Rahmen der vorliegenden Arbeit nicht nachgegangen werden. Entscheidend ist, dass die hier in Frage stehenden Akteure – Mitglieder des Emissionskonsortiums – unstreitig unter den Begriff des underwriter zu subsumieren sind, da sie von vornherein die Platzierung der Effekten beim Anlegerpublikum bezwecken.[101]

Gerade bei großen Emissionen übersteigen die aufzubringenden Finanzmittel mitunter die Leistungsfähigkeit eines einzelnen Emissionshauses. Zudem ermöglicht die Kombination der Absatzkapazitäten der Banken eine großflächige und schnelle Unterbringung der Emission. Schließlich haben die Banken ein Interesse daran, das Risiko einer nicht erfolgreichen Platzierung zu verteilen. Diese Interessenlage führt

---

94 § 2(a)(11) Sec. Act enthält selbst eine Begrenzung im zweiten Halbsatz des ersten Satzes, die sich auf Verkäuferbanken bezieht, die im Wege einer Unterbeteiligung Wertpapiere von einer Konsortialbank erwerben. Vgl. hierzu unten § 9 I 1 b.

95 Z.B. Gilligan, Will & Co. v. Securities and Exchange Commission, 267 F.2d 461, 466 et seq. (2d Cir. 1959).

96 United States v. Sherwood, 175 F. Supp. 480, 483 (S.D.N.Y.1959).

97 Hierzu mit Nachweisen *Hazen*, Securities Regulation, § 4.27[3].

98 17 C.F.R. § 230.144.

99 Rule 144(k). Bei Beachtung weiterer Voraussetzungen beträgt die Frist ein Jahr, Rule 144(d)(1).

100 Vgl. *Hazen*, loc. cit.

101 Einzelheiten unten § 9 I 1 b.

dazu, dass sich Emissionsbanken häufig zu Konsortien[102] zusammenschließen. Das Emissionsgeschäft stellt damit einen (bedeutenden) Teil des bankmäßigen Konsortialgeschäfts dar, das neben der Begleitung von Emissionen die gemeinsame Kreditgewährung (Kreditkonsortialgeschäft) und die gemeinschaftliche Vornahme bestimmter Effektengeschäfte (Effektenkonsortialgeschäft) umfasst.[103] Über die Größe und Zusammensetzung von Konsortien lassen sich keine allgemeingültigen Aussagen treffen. Emissionskonsortien variieren stark und hängen vom Umfang und der Art der Emission (Aktien- oder Anleiheemission) ab. Immer übernehmen eine oder mehrere Banken, die sog. Führungsbanken (im Englischen als lead manager, co-lead managers, joint lead managers, bookrunner, joint bookrunners etc. bezeichnet), die Aufgaben der Beratung des Emittenten, Vorbereitung der Emission, Zusammenstellung des Konsortiums und generell Koordination der Aktivitäten der einzelnen Konsorten. Die Tätigkeit der übrigen (einfachen) Konsortialmitglieder (im Englischen: managers, underwriters) beschränkt sich auf die Zahlung des Übernahmepreises und Platzierung der Effekten. Unter Umständen bedienen sich die Konsorten weiterer Institute als Verkäuferbanken (selling agents). Diese Banken werden weder Mitglieder des Konsortiums, d.h. Partei des Konsortialvertrags, noch treten sie mit dem Emittenten in direkten rechtsgeschäftlichen Kontakt. Sie übernehmen einen Teil der Emission von dem Konsortium oder einzelnen Konsortialbanken im Wege einer Unterbeteiligung mit der Aufgabe, die Papiere zu platzieren.[104]

Bei Aktienemissionen sind in der Regel drei bis sechs Banken, bei großen Emissionen bis zu 20 Banken beteiligt.[105] Bei kleinen Konsortien (bis zu drei Mitglieder) übernimmt die führende Bank üblicherweise mehr als 50% der Emission, während die übrigen Konsortialbanken eine Quote von 10-30% erhalten.[106] Größere Konsortien (mehr als 10 Mitglieder) setzen sich typischerweise wie folgt zusammen: Die Konsortialführung teilen sich mehrere Banken, die jeweils 20 % der Emission übernehmen. Neben den lead managers existieren co-managers, die mit 10 % an der Emission beteiligt sind. Die Quoten der einfachen Konsortialmitglieder betragen 6–8 %. Anleiheemissionen sind durch die Beteiligung einer größeren Zahl von Emissionshäusern charakterisiert. Gewöhnlich nehmen wenigstens 6–8, häufig bis

---

102 Zum Ursprung des Begriffs: Das Fremdwort Konsortium wurde im 17. Jahrhundert aus lat. *consortium* (Teilhaberschaft, Mitgenossenschaft) entlehnt und im Sinne einer „(vorübergehenden) Vereinigung von Unternehmen" verwendet. Es leitet sich von lat. *consors* (Plural *consortes*) ab, was mit „gleichen Loses teilhaftig; Gefährte, Mitgenosse" übersetzt werden kann. Zum Begriff des Konsortialgeschäfts vgl. i.Ü. *Scholze*, Konsortialgeschäft, S. 1 ff.

103 BuB/*Bosch*, Rdnr. 10/2.

104 Hierzu BuB/*Bosch*, Rdnr. 10/42.

105 Z.B. Börsengang der Postbank AG 2004: 19 Konsortialbanken einschließlich der beiden führenden Banken. Im (seltenen) Einzelfall kann das Konsortium aus mehr als 20 Mitgliedern bestehen, so etwa beim Google-IPO 2004: 28 Banken einschließlich der beiden Konsortialführer, vgl. Final Prospectus vom 18.08.2004, File No. 333-114984, abzurufen unter http://www.sec.gov.

106 Diese und die folgenden Prozentangaben sind nur Richtwerte, je nach Ausgestaltung der Emission kann es zu Abweichungen kommen.

zu 20 Banken[107] an der Emission teil. Während die lead managers oft 80–90 % der Emission übernehmen, betragen die Quoten der co-managers 1–2 %.[108] Am Euromarkt[109] wurden früher hintereinander geschaltete Konsortien gebildet (ein underwriting consortium bestehend aus dem bzw. den lead managers und den co-managers sowie ein oder mehrere sub-underwriting Konsortien und schließlich selling groups), um das Emissionsrisiko auf mehrere Gruppen zu verteilen.[110] Inzwischen dominiert der sog. club deal (managers only deal), d.h. das Konsortium besteht aus dem lead manager und mehreren co-lead und co-managers, ohne dass einfache Konsortialmitglieder oder selling agents beteiligt sind.[111]

Diese Ausführungen gelten im Wesentlichen ebenso für Europa wie für die Vereinigten Staaten. In den Anfangstagen des Emissionsgeschäfts bevorzugte die Emissionspraxis in den USA eine drei- bzw. vierstufige Konsortialbildung: Eine einzelne Investmentbank bereitete die Emission vor und erwarb die Wertpapiere vom Emittenten (sog. *origination*).[112] Sodann verkaufte sie die Effekten an eine von ihr ausgewählte Gruppe weiterer Banken, die *original purchase group* (sog. *syndication*), wobei sie sich in der Regel selbst als *manager* an der Gruppe beteiligte. Die purchase group wiederum schaltete auf der dritten Stufe eine noch größere Gruppe von Banken ein, die *banking group*. Beide Bankenkonsortien dienten vornehmlich der Verteilung des Emissionsrisikos. Den eigentlichen Absatz führte die ursprüngliche Investmentbank, gegebenenfalls unter Mitwirkung derjenigen Mitglieder des Konsortiums, die über ein Filialnetz verfügten, durch Angestellte und beauftragte Broker-Dealer durch. Bei großen Emissionen und einer landesweit intendierten Platzierung stellten die Emissionsbanken ein weiteres Konsortium zusammen (das sog. *selling syndicate*), das die Papiere von der vorgelagerten Bankengruppe erwarb und am Markt unterbrachte.[113] Mit steuer- und kapitalmarktrechtlichen Änderungen in den Jahren 1932 und 1933 war eine Vereinfachung des mehrstufigen Aufbaus angezeigt, die zur heute üblichen Form der Übernahme durch ein einziges Konsortium mit den oben skizzierten Akteuren – Führungsbank(en) und einfache Konsortialbanken, von denen unter Umständen Verkäuferbanken (*selling group dealers, selected dealers*) im Wege einer Unterbeteiligung erwerben – führte.[114] Was die Zusammen-

---

107 U.U. aber auch wesentlich mehr, vgl. die Auflistung der Mitglieder des Bundesanleihekonsortiums bei *Scholze*, Konsortialgeschäft, S. 49 f. (auf das der Bund seit 1998 allerdings nicht mehr zurückgreift).

108 *Hopt*, Verantwortlichkeit, Rdnr. 53, beziffert die Quoten mit nur 0,1–1 %.

109 Zu Euro-Anleihen *Horn*, Recht der internationalen Anleihen, S. 7 ff.

110 *Horn*, a.a.O., S. 93, 161 ff.

111 *Hopt*, Verantwortlichkeit, Rdnr. 25.

112 Die Bank wurde dementsprechend *originating banker* oder *house of issue* genannt, vgl. US v. Morgan, 118 F. Supp. 621, 640 (S.D.N.Y. 1953).

113 Ausführlich *Loss/Seligman/Paredes*, Securities Regulation, § 2-A-2. Die Ausführungen beziehen sich lediglich auf das – den Regelfall der Emissionsbegleitung darstellende – *firm commitment underwriting*. Hierzu und zu anderen Übernahmetechniken unten § 4 I 2 und II 2.

114 Auch hierzu weitere Einzelheiten bei *Loss/Seligman/Paredes*, loc. cit.

setzung der Konsortien anbelangt, kann auf die Zahlen im vorstehenden Absatz verwiesen werden.[115]

Der Umfang der Beteiligung der Konsortialbanken ist auch aus dem Tombstone zu ersehen. Der Tombstone, eine Anzeige in den einschlägigen Publikationen, dient zur Ankündigung einer Emission oder zur Bekanntgabe des Abschlusses der Platzierung und informiert über die wesentlichen Ausstattungsmerkmale der Wertpapiere und die Zusammensetzung des Emissionskonsortiums. Die Anzeige ist in der Regel in mehrere Bereiche aufgeteilt (sog. *brackets*).[116] Im ersten bracket, auch drucktechnisch am deutlichsten hervorgehoben, ist der bzw. sind die managing underwriter(s) zu finden. Der folgende Abschnitt, *special* oder *bulge bracket* genannt, zählt alphabetisch diejenigen Banken auf, die eine besondere Rolle im Rahmen der Emissionsbegleitung spielen, ohne Führungsaufgaben zu übernehmen, z.B. indem sie sich maßgeblich mit Kapital beteiligen oder wichtige institutionelle Investoren als Klienten vorzuweisen haben, an die große Zuteilungen erfolgen sollen. Dem special bracket sind das *major bracket* und unter Umständen weitere *sub-brackets* nachgeordnet, die, wiederum in jeweils neu beginnender alphabetischer Ordnung, die sonstigen an der Emissionsbegleitung mitwirkenden Banken benennen. Aus der Stellung der Bank auf dem Tombstone kann auf die Größe ihrer Beteiligung geschlossen werden. Die Quoten der Banken des major bracket sind um circa 20 % geringer als die der bulge bracket-Banken; die Aufnahme in weitere nachrangige brackets indiziert eine entsprechende Abnahme des Umfangs der Beteiligung.[117] Die Aufteilung des Tombstone ist nicht nur für die Information der Anleger von Bedeutung; die Reputation der Bank, die gerade im Investmentbanking maßgeblichen Anteil an Erfolg oder Misserfolg der Geschäftstätigkeit hat, hängt entscheidend von der Einordnung der Konsortialbank in bestimmte brackets ab.[118] Auf die Bedeutung der Reputation für die Emissionsbanken und sich hieraus ergebende Folgerungen für die Auslegung der einschlägigen Haftungsnormen wird zurückzukommen sein.[119]

Die Emission von Anleihen oder Aktien beschränkt sich heute nur selten auf den heimischen Markt des Emittenten.[120] In Deutschland ansässige Unternehmen stre-

---

115 Informationen über die Zahl der Emissionsbanken und den Inhalt der Vereinbarung zwischen Konsortium und Emittenten geben die über die Webseite der US-amerikanischen Wertpapieraufsichtbehörde SEC (Securities Exchange Commission – http://www.sec.gov) einsehbaren Dokumente, insbesondere das *registration statement* und der Übernahmevertrag.

116 Beispiele für Tombstones mit entsprechenden brackets finden sich bei *Coffee/Seligman/Sale*, Securities Regulation, p. 115; *Cox/Hillman/Langevoort*, Securities Regulation, p. 126.

117 Loc. cit. at 216.

118 Loc. cit.

119 Insbesondere unten § 9 I 1 e bb. Nicht nur in rechtswissenschaftlicher, sondern auch in finanzwissenschaftlicher Hinsicht ist die Stellung der Emissionsbank auf dem Tombstone und ihre hierdurch aufgezeigte Reputation von Interesse. Zahlreiche Untersuchungen haben eine Korrelation zwischen dem Standing der Konsortialbank und dem Emissionspreis sowie dem Phänomen des Underpricing, d.h. der zu niedrigen Festsetzung des Platzierungspreises und hierdurch bedingter Kursanstiege unmittelbar nach Platzierung, aufgezeigt, vgl. z.B. *Carter/Manaster*, 45 J. Fin. 1045 (1990).

120 *Krämer*, Börsenzeitung Nr. 111 v. 10. Juni 2000, S. B 16.

ben oft eine Platzierung ihrer Papiere auch in Großbritannien und Frankreich, u.U. in Italien, den Niederlanden und der Schweiz an. Die Platzierung im Ausland erfolgt in den meisten Fällen nicht im Wege eines öffentlichen Angebots, sondern durch one-on-one-meetings mit institutionellen Anlegern. Insbesondere in den USA ist eine öffentliche Platzierung mit weitgehenden Publizitätspflichten verbunden und deswegen wenig attraktiv. Anleihen werden dort selten und Aktien überwiegend nach Securities Act Rule 144A[121] (Verkauf an sog. *qualified institutional buyers*) platziert. Um eine Emission in mehreren Ländern durchzuführen, bedient sich der Emittent eines internationalen Konsortiums, das in der Regel aus einer Gruppe von führenden Banken (joint global coordinators) sowie mehreren, in den verschiedenen Ländern operierenden Unterbeteiligungen besteht.

(3) Das Emissionsgeschäft zielt auf Unterbringung der Effekten am Markt, d.h. beim Anlegerpublikum, ab. Nun wäre es verkürzt, Anleger als Personen zu bezeichnen, die Wertpapiere „mit der Absicht erwerben, sie längere Zeit als Vermögensanlage zu behalten."[122] Diese Begriffsbestimmung trifft zwar auf den typischen Fall des Kleinanlegers zu, Investoren können aber neben dem langfristigen Vermögensaufbau ebenso die Realisierung kurzfristiger Gewinne durch Ausnutzung der nach einem Börsengang häufig zu verzeichnenden Kurssprünge oder Arbitragemöglichkeiten bezwecken. Während das deutsche Recht aus dieser unterschiedlichen Zwecksetzung keine Konsequenzen zieht, versucht das US-amerikanische Recht anhand des erwähnten Merkmals des „investment intent" eine Aufteilung der am Kapitalmarkt auftretenden Akteure (die nicht selbst Emittenten sind) in solche Personen zu erreichen, die dem Lager des Emittenten zuzurechnen sind (d.h. eine Primärmarkttransaktion vornehmen oder an einer solchen mitwirken), und in solche, die der Anlegerseite angehören (d.h. bei Weiterveräußerung eine Sekundärmarkttransaktion ausführen): Handelt der Erwerber ohne investment intent, wird er der Gruppe der underwriter zugeschlagen, unterliegt damit beim Weiterverkauf der Effekten den Einschränkungen des § 5 Sec. Act (grundsätzlich kein Angebot und Verkauf, bevor die Wertpapiere nicht bei der SEC registriert sind[123]) und ist Adressat mehrerer Prospekthaftungstatbestände (§§ 11, 12[a][1] Sec. Act). Handelt er mit investment intent, kann er die Effekten in der Regel ohne Beachtung zusätzlicher Publizitätserfordernisse weiterveräußern.[124]

---

121 17 C.F.R. § 230.144A. Vgl. hierzu unten § 4 I 1 b cc.

122 *Horn*, Recht der internationalen Anleihen, S. 95.

123 § 5 Sec. Act enthält mehrere abgestufte Verbotstatbestände, die davon abhängen, ob das registration statement noch nicht bei der SEC eingereicht, schon eingereicht aber noch nicht wirksam geworden, oder bereits wirksam geworden ist. Zu Einzelheiten vgl. unten § 4 I 1 b bb.

124 Die Rechtslage wird erheblich verkompliziert durch den letzten Satz von § 2(a)(11) Sec. Act, der bislang ohne Erwähnung geblieben ist: „As used in this paragraph the term 'issuer' shall include, in addition to an issuer, any person directly or indirectly controlling or controlled by the issuer, or any person under direct or indirect common control with the issuer." Zu den Hintergründen für die Regelung vgl. H.R. Rep. No. 85, 73d Cong., 1st Sess. 13–14 (1933). Die Vorschrift hat zur Folge, dass auch ein Investor, der mit investment intent gehandelt hat, dann, wenn er als Control Person anzusehen ist (Definition von „control" in Securities Act Rule 405, 17 C.F.R. § 230.405, die z.B. den Mehrheitsaktionär oder CEO umfasst) und sich eines Brokers zur Veräußerung seiner Papiere auf dem Sekundärmarkt bedient, den Restriktionen des § 5 Sec. Act

Eine weitere Differenzierung zwischen einzelnen Gruppen von Anlegern bietet sich im Hinblick auf ihre unterschiedliche Schutzbedürftigkeit an. Verallgemeinernd kann in den privaten Anleger und den gewerbsmäßig handelnden institutionellen Investor unterteilt werden.[125] Während der private Anleger nicht zwangsläufig über umfangreiche Erfahrungen in der Vornahme von Effektengeschäften verfügt und auf die allgemein zugänglichen Informationen über den Emittenten und die Emission angewiesen ist, sei es aus der Tages- oder Fachpresse, sei es aus der Feder des Emittenten selbst, der in Erfüllung der Publizitätspflichten einen Emissionsprospekt veröffentlicht, können institutionelle Investoren, z.B. Pensionskassen oder Investmentfonds, auf eine eigene Rechercheabteilung, langjährige Markterfahrung und unter Umständen eine durch frühere Geschäftsbeziehungen erworbene vertiefte Kenntnis vom Emittenten zurückgreifen. Dieser Befund hat Stimmen in der Literatur dazu veranlasst, Bereichsausnahmen zu anlegerschützenden Vorschriften für solche Investoren zu fordern.[126] Bereichsausnahmen kommen allerdings nur dort in Betracht, wo der individuelle Anlegerschutz und nicht der Institutionenschutz des Marktes im Vordergrund steht, d.h. insbesondere bei den vertraglichen oder vorvertraglichen Aufklärungs- und Beratungspflichten der Banken im Rahmen von Effektengeschäften.[127] Ist der Zweck der Vorschrift (auch) auf den Schutz der Integrität des Marktes gerichtet, lässt sich hieraus ableiten, dass der Gesetzgeber davon ausgegangen ist, ein Verstoß wirke sich nicht nur im Rahmen einer vertraglichen Beziehung aus, sondern sei geeignet, das Vertrauen des Anlegerpublikums insgesamt in das zuverlässige und integre Wirken der Marktmechanismen zu erschüttern.[128] Hierfür kommt es nicht darauf an, ob der Anleger dasselbe Informa-

---

unterliegt. Denn in einem solchen Fall ist zwar nicht er selbst underwriter, aber der Broker, der die Effekten für ihn verkauft, wenn er an einer *distribution* mitwirkt (vgl. § 2[a][11] Sec. Act: „with a view to, or ... in connection with, the distribution of any security"), d.h. wenn der Veräußerer (die Control Person) ein öffentliches Angebot vornimmt, vgl. Ackerberg v. Johnson, 892 F.2d 1328 (8th Cir. 1989). M.a.W.: Wertpapiere, in Bezug auf die kein wirksames registration statement in Umlauf ist, dürfen gem. § 5 Sec. Act nicht veräußert werden. Etwas anderes gilt gem. § 4(1) Sec. Act, wenn (unter anderem) nicht der Emittent oder ein underwriter, sondern eine andere Person die Veräußerung vornimmt. Die Ausnahmevorschrift greift jedoch nicht ein, d.h. die Veräußerung der Effekten zieht die Publizitätspflichten des § 5 Sec. Act nach sich, wenn zwar eine Person handelt, die weder Emittent noch underwriter ist, diese Person aber (1) als Control Person im obigen Sinne anzusehen ist, (2) wenn außerdem bei der Veräußerung eine andere Person mitwirkt (insbesondere ein Broker), (3) ein öffentliches Angebot stattfindet und (4) keine sonstigen Sonderregeln eingreifen (es sich nicht etwa um Effekten handelt, die gem. § 3 Sec. Act von der Pflicht zur Registrierung ausgenommen sind). Die Literatur behandelt diese Konstellation allgemein unter dem Schlagwort der „§ 4(1½) exemption", z.B. *Hazen*, Securities Regulation, § 4.30. Weitere Sonderregeln, die die unklare Rechtslage verbessern sollen, enthält die bereits erwähnte Rule 144.

125 So bereits *Hopt*, Kapitalanlegerschutz, S. 79 ff.

126 *Ekkenga/Maas*, Wertpapieremissionen, Rdnr. 67; MüKo HGB/*Ekkenga*, Effektengeschäft, Rdnr. 77, 160.

127 Für Bereichsausnahmen auch zu den §§ 31 ff. WpHG MüKo HGB/*Ekkenga*, a.a.O., Rdnr. 77, obwohl der Institutionenschutz dort eine zumindest gleichrangige Stellung einnimmt, vgl. Assmann/Schneider/*Koller*, Vor § 31 WpHG, Rdnr. 11 ff.

128 Das zeigt sich z.B. an § 31 Abs. 1 Nr. 1 WpHG, der zwar zunächst bei Ausführung der Effektenorder des Kunden eines Wertpapierdienstleistungsunternehmens relevant wird, aber als Norm des öffentlichen Aufsichtsrechts vor allem die Seriosität der professionellen Akteure am Kapitalmarkt im Blick hat. In diese Richtung auch BGH NJW 2002, 2703, 2705.

tionsniveau erreicht wie sein Vertragspartner, der als professioneller Marktteilnehmer kapitalmarktrechtliche Pflichten verletzt.

Die vorliegende Arbeit wird sich nur am Rande mit den vertraglichen bzw. vorvertraglichen Aufklärungspflichten der Emissionsbanken gegenüber den Anlegern beschäftigen. Die im WpPG geregelten Prospektpflichten, an die die spezialgesetzliche Börsenprospekthaftung gem. §§ 44, 45 BörsG anknüpft, bezwecken eine umfassende und fehlerfreie Information des gesamten Primärmarkts; sie zielen auf den Schutz des Vertrauens des Anlegerpublikums in Wertpapiere und die Steigerung der Effizienz der Kapitalmärkte ab.[129] Das unterschiedliche Informationsniveau bestimmter Anlegergruppen hat der Gesetzgeber, soweit er es für nötig hielt, bereits in § 3 Abs. 2 Satz 1 Nr. 1 WpPG aufgegriffen, indem er eine Befreiung von der Pflicht zur Veröffentlichung eines Wertpapierprospekts erteilt, wenn sich das Angebot ausschließlich an qualifizierte Anleger richtet, d.h. insbesondere an Wertpapierdienstleistungsunternehmen, Versicherungsunternehmen, Kapitalanlage- oder Investmentgesellschaften, Pensionsfonds und natürliche Personen sowie juristische Personen des Privatrechts, die in großem Umfang Geschäfte an Wertpapiermärkten durchführen oder aufgrund einer beruflichen Tätigkeit besondere Kenntnis auf dem Gebiet der Wertpapieranlage aufweisen und deswegen in einem Register für qualifizierte Anleger eingetragen sind.[130] Eine weitere Differenzierung zwischen institutionellen Investoren und Privatanlegern – etwa für Angebote, die sich nicht nur (aber auch) an qualifizierte Anleger richten und die deswegen nicht der Ausnahme gem. § 3 Abs. 2 Satz 1 Nr. 1 WpPG unterfallen – ist nicht angezeigt und soll in dieser Arbeit nicht verfolgt werden.

III. Informationsasymmetrien und Interessenkonflikte beim Emissionsgeschäft

Die vorstehende Schilderung deutet zwei strukturelle Probleme an, die – zumindest implizit – der gesamten hier interessierenden Gesetzgebung zugrunde liegen. Beim Emissionsgeschäft existieren – wie auch in weiten Teilen des sonstigen Vertrags- und Wirtschaftsrechts – verschiedenartige Informationsasymmetrien, d.h. Wissensunterschiede zwischen den an einem Rechtsverhältnis beteiligten Personen.[131] Zum einen können sich die Anleger nur schwer von der Werthaltigkeit einer Investition überzeugen, sprich: feststellen, ob es sich bei einem Wertpapier um eine gute Anlage handelt oder nicht. Die Qualität der Investition hängt von der finanziellen

129 Regierungsbegründung zum Prospektrichtlinien-Umsetzungsgesetz, vom 22. Juni 2005, BGBl. I 2005, 1698, BT-Drs. 15/4999, S. 25; Erwägungsgründe 10, 16, 18 Richtlinie 2003/71/EG, zu deren Umsetzung das WpPG ergangen ist.
130 §§ 2 Nr. 6, 27 WpPG.
131 Grundlegend *Fleischer*, Informationsasymmetrie im Vertragsrecht. Sein Werk ist allerdings etwas anders gelagert als die vorliegende Untersuchung; es widmet sich hauptsächlich der Pflicht zur Offenbarung wesentlicher Umstände gegenüber dem Vertragspartner und nicht der vorsätzlichen oder fahrlässigen Falschinformation eines weitgehend anonymisierten Marktes.

Verfassung des Emittenten, seinen Geschäftsaussichten, der Strategie des Managements und letztlich der gesamtwirtschaftlichen Entwicklung ab – alles Umstände, die nicht ohne weiteres ersichtlich sind. Auch wenn die Rechtsordnung kein allgemeines Prinzip in dem Sinne aufstellt, dass Informationsasymmetrien in jeder rechtlichen Beziehung so weit wie möglich auszugleichen wären, z. B. durch eine generelle Informationspflicht der besser informierten Partei,[132] herrscht Einigkeit, dass die Funktionsfähigkeit des Kapitalmarktes eine umfassende Aufklärung des Anlegers durch den Urheber der gehandelten Wertpapiere erfordert. Die Sonderstellung des Kapitalmarktrechts gegenüber anderen Rechtsgebieten lässt sich an mehreren Punkten festmachen: Bei Wertpapieren handelt es sich um Vertragsobjekte, deren Eigenschaften und mögliche Mängel nicht schon durch In-Augenscheinnahme zu Tage treten.[133] Hierzu ist vielmehr eine Offenlegung der Verhältnisse des Emittenten erforderlich. Anders als im Fall von Vertragsbeziehungen außerhalb der organisierten Kapitalmärkte interagieren die Vertragsparteien nur selten persönlich – fast immer fehlt es an einem direkten Kontakt zwischen Anleger und Emittent. Am Sekundärmarkt (und zu einem geringeren Maße am Primärmarkt) steht eine Reihe von Finanzintermediären zwischen dem Käufer (dem Anleger) und dem Urheber der verkauften Ware. Diese Finanzintermediäre können nicht in gleicher Weise wie der Emittent über die Effekten Auskunft geben, da auch ihnen der Einblick in emittenteninterne Vorgänge fehlt. Schließlich hat ein Fehlverhalten am Kapitalmarkt nicht nur Auswirkungen auf die rechtlichen Beziehungen zwischen dem unzureichend Informierenden und dem hierdurch geschädigten Informationsempfänger, der zu einem konkurrierenden Anbieter auf demselben Markt abwandern könnte, sondern birgt systemimmanente Gefahren: Da der Anleger kaum in der Lage ist, die Vertrauenswürdigkeit der verschiedenen Anbieter (der Emittenten) und die wertbildenden Merkmale der angebotenen Wertpapiere zu überprüfen, ist er eher geneigt, die unzureichende Information als strukturellen Defekt des Kapitalmarktes anzusehen und als Konsequenz von einem Handeln an diesem Markt überhaupt Abstand zu nehmen, als das bei Transaktionen auf Märkten mit direkter Interaktion der Fall sein wird. Um diesen Tendenzen entgegenzuwirken, hat das

---

132 Vgl. nur *Fleischer*, a.a.O., S. 577 ff., 986 ff. und passim.

133 Diese Besonderheit ist nicht nur Wertpapieren zu eigen, sondern auch zahlreichen körperlichen Gegenständen des täglichen Gebrauchs, insbesondere technischen Geräten, die vom Käufer nicht ohne Inanspruchnahme fachkundiger Hilfe auf Defekte hin untersucht werden können. *Akerlof* hat das Problem in seinem berühmten und viel zitierten Aufsatz „The Market for 'Lemons': Quality Uncertainty and the Market Mechanism", 84 Q.J.Econ. 488 (1970), aus ökonomischer Sicht untersucht und kam zu dem Ergebnis, dass die fehlende Möglichkeit des Käufers zur Überprüfung der Ware (in dem von ihm untersuchten Fall Gebrauchtwagen) zu abnehmender Qualität bis hin zum Versagen des Marktes führt: Da der Käufer die hochwertigen Produkte nicht von Produkten minderer Qualität unterscheiden kann, wird er nur bereit sein, einen der durchschnittlichen Qualität entsprechenden Preis zu zahlen. Verkäufer haben mithin keinen Anreiz, hochwertige Produkte bereit zu stellen, was ein weiteres Abnehmen der Qualität am Markt zur Folge hat (sog. *adverse selection*). Verschiedene Institutionen können Abhilfe schaffen: die Existenz von Garantien (vertragliche Vereinbarungen oder gesetzliche Gewährleistungsrechte), von Marken, die für ein bestimmtes Qualitätsniveau stehen, oder von Zertifikaten, die von staatlichen oder privaten Stellen verliehen werden und die Qualität des Produkts bestätigen (*Akerlof*, loc. cit., 499–500).

Gesetz strenge Publizitätsvorschriften entwickelt, die ein *level playing field* schaffen sollen.[134] Die Auslegung der Publizitätsvorschriften und der Haftungstatbestände hat sich an diesen Überlegungen zu orientieren.

Informationsasymmetrien zeigen sich noch in einer anderen Hinsicht, die für die Arbeit von Bedeutung sein wird: Die kapitalmarktrechtliche Informationshaftung richtet sich nicht notwendig nur an den Urheber der fehlerhaften Information. Mitunter erstreckt sie sich auf weitere Marktteilnehmer, die in einer gewissen Nähebeziehung zum Informanten stehen und ihn überwachen bzw. seine Veröffentlichungen zertifizieren sollen. Ein gutes Beispiel ist die spezialgesetzliche Börsenprospekthaftung gem. §§ 44, 45 BörsG. Gem. § 44 Abs. 1 Satz 1 BörsG haften neben dem Emittenten als dem primären Adressaten der Publizitätspflichten am Primärmarkt (unter anderem) die oder zumindest einige der Emissionsbanken, sofern ihnen hinsichtlich der Fehlerhaftigkeit der Informationen Vorsatz oder grobe Fahrlässigkeit vorzuwerfen ist (§ 45 Abs. 1 BörsG).[135] Derselbe Sorgfaltsmaßstab gilt (nach deutschem Recht) für den Emittenten. Nun werden die Emissionsbanken, auch wenn sie mit dem Emittenten im Zuge der Emissionsbegleitung zusammenarbeiten, nicht so vertraut mit seiner finanziellen und sonstigen Lage sein wie der Emittent selbst. Häufig finden die Übernahme und Platzierung der Effekten unter großem Zeitdruck statt, so dass schon aus praktischen Gründen eine eingehende Überprüfung des Unternehmens unterbleibt. Zudem sind die einzelnen Konsortialbanken in unterschiedlichem Grad an der Vorbereitung der Emission und Erstellung der Emissionsunterlagen beteiligt. Ihnen stehen demgemäß in unterschiedlichem Umfang Informationen über den Emittenten zur Verfügung. Diese abweichenden Informationsniveaus berücksichtigt das Gesetz nicht, wenn es einen einheitlichen Verschuldensmaßstab für alle Haftungsadressaten aufstellt.[136]

Die zweite strukturelle Schwierigkeit, der sich das Recht der Emissionsgeschäfte zu stellen hat, ist Konsequenz der widerstreitenden Interessen, die die drei im vorigen Abschnitt näher beschriebenen Beteiligten verfolgen. Der Emittent will die Wertpapiere erfolgreich und zu einem möglichst hohen Kurs am Markt platzieren.[137] Er wird folglich darauf bedacht sein, die Emission als lohnenswerte Investition darzustellen und die Risiken unter Hervorhebung der Gewinnaussichten in den Hintergrund treten zu lassen. Die Interessen der Anleger sind diametral entgegengesetzt. Sie wünschen eine umfassende, objektive Analyse der mit der Investition verbundenen Chancen und Risiken, um eine eigenverantwortliche, wohl informierte Anlage-

134 Zu den Publizitätspflichten unten § 6 I 2 a. Die Informationsasymmetrien zwischen Anleger und Unternehmen werden in § 12 I 1 näher diskutiert.
135 Vgl. ausführlich unter § 6 I 2 a bb.
136 Hierzu insbesondere § 12 II.
137 Marsch-Barner/Schäfer/*Meyer*, Handbuch börsennotierte AG, § 8, Rdnr. 24, weist darauf hin, dass Pauschalisierungen hinsichtlich der Interessenlage im Einzelfall einer differenzierteren Betrachtung weichen sollten. So werde etwa der Emittent darauf achten, den Platzierungspreis nicht so hoch anzusetzen, dass er sich im Sekundärmarkt nicht halten lasse, was zur Unzufriedenheit der Anleger führen würde. Dieser Einwand ist zwar richtig; gewisse entgegenlaufende Tendenzen, wie sie hier im Text skizziert sind, lassen sich aber nicht verneinen.

entscheidung treffen zu können. Den Emissionsbanken hat das Gesetz eine eigentümliche Zwischenstellung zugedacht. Sie haben, ebenso wie der Emittent, ein Interesse daran, die Emission schnell und zu einem attraktiven Preis am Markt unterzubringen, da sich ihre Vergütung als prozentuale Beteiligung am Emissionserlös darstellt und sie in vielen Fällen das Risiko der restlosen Unterbringung der Effekten tragen. Insoweit haben sie nur einen geringen Anreiz, die Emissionsunterlagen eingehend zu überprüfen und auf eine unter Umständen abschreckendkritische Darstellung zu dringen. Andererseits verlangt das Gesetz in wichtigen Fällen zwingend die Mitwirkung einer Emissionsbank, unterstellt die Bank der Prospekthaftung und bringt hiermit zum Ausdruck, was von ihr erwartet wird: als anlegerschützendes Korrektiv zu fungieren, das den Emittenten und die Emissionsunterlagen einer kritischen Überprüfung unterzieht, die Anleger warnt und notfalls durch Abstandnahme von der Emissionsbegleitung die Aufnahme des Handels mit unseriösen Papieren verhindert. Eine rechtstatsächliche Begutachtung zeigt, dass die Anleger die Banken in ebenjener Funktion wahrnehmen: Sie sind mit der an den Kapitalmarkt drängenden Gesellschaft, gerade wenn es sich um ein junges Unternehmen handelt, nicht vertraut. Die Emissionsbank kennen sie von anderen Börsengängen und vielleicht auch aus dem Einlagen- und Effektengeschäft. Sie gehen davon aus, dass die Bank mit der Unterzeichnung des Prospekts eine gewisse Gewähr für seinen Inhalt übernimmt. Der BGH hat die aus diesem Befund zu ziehenden rechtlichen Konsequenzen im Fall *Elsflether Werft* auf den Punkt gebracht: „Die emissionsbegleitende Bank setzt ihr Ansehen ein, erweckt damit beim Anlegerpublikum Vertrauen und wird in die Pflicht genommen ... Sie soll die Angaben des Emittenten überprüfen."[138] Die genauen Konturen dieser Pflicht zur Überprüfung sind freilich weitgehend ungeklärt. Das geltende Recht ist hier weiterzuentwickeln, um die aufgezeigten Interessengegensätze in einer Weise in Ausgleich zu bringen, die dem doppelten Zweck des Kapitalmarktrechts – effiziente Allokation von Ressourcen ohne Vernachlässigung des Anlegerschutzes – möglichst wirksam dient.

§ 3 Historische Entwicklung des Emissionsgeschäfts

Es ist kaum möglich, die Entstehung des Konsortial- und Emissionsgeschäfts der Banken auf einen bestimmten Zeitpunkt oder gar ein singuläres Ereignis zurückzuführen. Das Investmentbanking ist ein Ergebnis vielfältiger Entwicklungen, die teilweise bis ins Mittelalter zurückreichen und in ihrem Zusammenwirken im Laufe des 17. Jahrhunderts in Europa bzw. des 18. Jahrhunderts in den Vereinigten Staaten einen zunehmend eigenständigen, von dem traditionellen Wechsel-, Kredit- und Einlagengeschäft zu trennenden Geschäftszweig der Banken hervorbrachten, der die Annahme und Sammlung von Kapital zur Weitergabe an kapitalsuchende Personen oder staatliche Stellen zum Gegenstand hatte. Vorbedingung für die Entwicklung des Emissionsgeschäfts war das Aufkommen des Bankwesens. In seiner

138 BGHZ 139, 225, 230.

neuzeitlichen Ausprägung entstand es zuerst im Italien des 11. und 12. Jahrhunderts. Während des Frühmittelalters waren die Errungenschaften der Antike, die bereits ein recht ausgefeiltes Finanzwesen gekannt hatte, weitgehend in Vergessenheit geraten.[139] Einzig der Beruf des Geldwechslers hatte überlebt, dem angesichts zahlreicher Kleinstaaten und verschiedener Geldsysteme immer eine bedeutende Rolle zugekommen war. Mit dem Beginn der Kreuzzüge, der Zunahme des Handels und dem wachsenden Wohlstand der Städte Norditaliens nahm der Kapitalbedarf sowohl des Staates als auch privater Unternehmungen sprunghaft zu. Um der Nachfrage zu entsprechen, weiteten die Geldwechsler, in Italien *bancherii* genannt, ihre Geschäftstätigkeit aus und belebten das schon im alten Rom verbreitete Einlagen- und Kreditgeschäft. Vor allem die Lombarden – allgemein wurde dieser Begriff nicht nur zur Bezeichnung der Einwohner der Lombardei, sondern aller das aufkommende Bankgeschäft verfolgenden Kaufleute aus Mailand, Florenz, Venedig, Genua und Lucca verwendet – erarbeiteten sich einen hervorragenden Ruf. Sie unterhielten Handelsbeziehungen in ganz Europa und führten die italienischen Innovationen in Frankreich, Deutschland, den Niederlanden und England ein. Kaufleute begannen, erste Großkredite an Regierungen, unter anderem an die Könige von Frankreich und England zu vergeben, in der Regel noch unter Einsatz eigener Finanzmittel und ohne Kapital von breiten Bevölkerungsschichten aufzunehmen.[140] Öffentliche Banken traten in Erscheinung, z.B. die Banca di San Giorgio, im Jahr 1407 in Genua gegründet, die über nahezu vierhundert Jahre existierte und in einer einzigartigen Verbindung das Einlagengeschäft betrieb, übertragbare Staatsanleihen ausgab, die Eintreibung von Steuern übernahm, die der Staat zur Sicherung von Krediten an die Darlehensgeber abgetreten hatte, und schließlich mit der Verwaltung ganzer Landstriche für den Staat betraut wurde.[141]

I. Historische Entwicklung in Deutschland

In vielen überwiegend christlichen Ländern Europas, so auch in Deutschland, hinderte lange Zeit die katholische Kirche die Entwicklung eines geordneten Bankwesens, indem sie einen zunächst (ab dem vierten Jahrhundert n. Chr.) ungeschriebenen und um das Jahr 1140 in das *corpus iuris canonici* aufgenommenen Rechtssatz aufstellte, der das Zinsnehmen verbot (sog. Wucherdogma).[142] Kirche und Justiz überwachten die Einhaltung dieses Rechtssatzes über mehrere Jahrhunderte hin-

---

139 Insbesondere in Griechenland, Ägypten und im alten Rom hatten sich einige Rechtsinstitute herausgebildet, auf denen das moderne Bankrecht aufbaut, vgl. *Orsingher*, Banks of the World, p. 3 et seq.

140 *des Essars* in: History of Banking III, p. 153–54, hält eine obligatorische Kreditvergabe venezianischer Bürger an den Dogen Vital Michel im Jahr 1156 für die weltweit erste Staatsanleihe. Um die Darlehensgeber abzusichern, gewährte ihnen der Doge die Erlaubnis, ein Kreditinstitut zu eröffnen, genannt Monte Vecchio, und Schuldscheine an die Bevölkerung auszugeben. Ähnliche Institute folgten, und die Schuldscheine wurden schon bald frei gehandelt.

141 Ausführlich zur Banca di San Giorgio *des Essars*, loc.cit., p. 154–55.

142 *Koch*, Banken und Bankgeschäfte, S. 4.

weg streng; er wurde erst 1654 formell aufgehoben, ab dem 13. Jahrhundert allerdings zunehmend ausgehöhlt. Mit dem Aufkommen der großen süddeutschen Handelshäuser der Fugger, Welser, Höchstetter und anderer, der Stärkung der Stellung der Städte und der hieraus resultierenden Zunahme des Handels stieg der Bedarf an Kapital, den die Handelshäuser unter Umgehung des Wucherdogmas durch umständliche rechtliche Konstruktionen zu befriedigen suchten.[143] Es sollte indes noch einige Zeit – bis weit in das 19. Jahrhundert hinein – dauern, bis sich das Bankwesen als eigenständiger Geschäftszweig emanzipieren und von dem Warengeschäft lösen konnte, auf dem der wirtschaftliche Erfolg der Handelshäuser des Mittelalters aufbaute. Erste Bankhäuser, die sog. Privatbankiers, traten in Deutschland im 18. Jahrhundert in Erscheinung. Ihr Wirken ist mit drei Städten verbunden: Köln, Hamburg und insbesondere Frankfurt am Main. Während sich die Frankfurter Bankhäuser, unter anderem – um nur die beiden bedeutendsten zu nennen – die Häuser Bethmann und Rothschild, auf Staatsanleihen spezialisierten, bedienten die Hamburger und Kölner Bankiers, z.B. Joh. Berenberg, Gossler & Co., Abraham Schaaffhausen oder Salomon Oppenheim jun. & Cie., vornehmlich den Kapitalbedarf der Industrie.

An dieser Stelle ist es notwendig, kurz auf ein anderes Rechtsgebiet einzugehen, dem seinerseits im 19. Jahrhundert grundlegende Umwälzungen widerfuhren und das hierdurch der wachsenden Bedeutung der Finanzierung privater Unternehmen durch Bankhäuser den Boden bereitete: das Gesellschaftsrecht. Das in Deutschland zunächst ebenso wie in anderen europäischen Ländern vorherrschende Konzessionssystem wurde sukzessive gelockert, auch wenn es den ersten großen aktienrechtlichen Gesetzeswerken, z.B. dem Code de Commerce von 1807, der in den annektierten Rheinprovinzen galt, dem preußischen Aktiengesetz von 1843 und dem ADHGB von 1861, noch zugrunde lag. Trotz der nach diesen Gesetzen erforderlichen staatlichen Genehmigung erfolgte mit der aufkommenden Industrialisierung im 19. Jahrhundert die Gründung zahlreicher Aktiengesellschaften. Eine wichtige Rolle spielten die Eisenbahngesellschaften, die zur Finanzierung des Eisenbahnbaus Geschäftsanteile an das Anlegerpublikum ausgaben und den maßgeblichen Teil des Aktienkapitals in den deutschen Ländern stellten. Daneben traten Bergwerks-, Bank- und Versicherungsgesellschaften sowie – in geringerem Ausmaß – Dampfschifffahrts-, Energie-, Weberei- und vereinzelt Unternehmen der sonstigen verarbeitenden Industrie in Erscheinung. Den endgültigen Durchbruch hin zu einer liberalen Wirtschaftsordnung brachte die Abschaffung des Konzessionssystems durch die 1. Aktienrechtsnovelle zum ADHGB von 1870. Ein wahrer Boom zur Gründung von Aktiengesellschaften setzte ein, der auch das Emissionsgeschäft der Banken belebte.[144]

---

143 A.a.O., S. 7: Zur Umgehung dienten Rentenkäufe, die Beteiligung an einer Handelsgesellschaft und der Wechselkauf. Vgl. auch zur Rechtslage in England, wo Heinrich VIII bereits 1545 das Wucherdogma aufweichte und bestimmte Kreditgeschäfte zuließ, *Powell*, The Evolution of the Money Market, p. 44 et seq.

144 In Preußen verdoppelte sich die Zahl der Aktiengesellschaften sowohl im Jahr 1871 als auch 1872; die nachfolgenden Jahre waren weiter durch ein starkes Wachstum gekennzeichnet. Genaue

Eine der ersten Banken, die zur Finanzierung von Industrieunternehmen die Ausgabe von Aktien und langfristigen Anleihen betrieb, war die 1791 gegründete und seit dem Jahr 1801 in Köln angesiedelte Bank Abraham Schaaffhausen. Vor allem in den 40er Jahren des 19. Jahrhunderts finanzierte sie zahlreiche Unternehmen der Schwerindustrie, unter anderem Krupp, Hoesch und mehrere Eisenbahnen. Die Bank ist aus einem weiteren Grund erwähnenswert: 1848 geriet sie in finanzielle Schwierigkeiten. Um den Zusammenbruch des Instituts zu verhindern, der schwerwiegende Folgen für das gerade aufkommende Wirtschaftswachstum im Rheinland gehabt hätte, setzten sich Bankiers und Politiker für die Umwandlung in eine Aktiengesellschaft ein. Bis dahin hatte der preußische Staat die Zulassung von Aktienbanken abgelehnt, da nach seiner Ansicht die beschränkte Haftung nicht mit dem Schutz der Einleger zu vereinbaren war. Nun ließ er sich von der Notwendigkeit der Umgründung überzeugen, und die Bank wurde unter der Firma A. Schaaffhausen'scher Bankverein die erste Aktienbank Preußens. Nachdem die Bankiers auf diese Weise eine Auflockerung der restriktiven Haltung des Staates erstritten hatten, sah die zweite Hälfte des 19. Jahrhunderts die Gründung weiterer Kreditinstitute in der Form der Kapitalgesellschaft, z.B. 1851 der Direction der Disconto-Gesellschaft in Berlin (zunächst als Genossenschaft mit teils persönlich haftenden und teils stillen Gesellschaftern, später als Kommanditgesellschaft auf Aktien), bis zum Zusammenschluss mit der Deutschen Bank 1929 eine der finanzstärksten Banken im deutschsprachigen Raum, und der drei großen deutschen Aktienbanken, der Deutschen Bank (1870), der Commerzbank (ebenfalls 1870) und der Dresdner Bank (1872). Die alteingesessenen Privatbanken konnten die in der Gründerzeit rasant wachsenden Kapitalbedürfnisse der Industrie aufgrund ihres relativ geringen Eigenkapitals nicht befriedigen. Die Aktienbanken, durch Kapitalaufnahme beim breiten Anlegerpublikum mit größeren finanziellen Reserven ausgestattet, wurden zu den wichtigsten Kreditgebern und Emissionshäusern. Teilweise traten sie gemeinsam mit den Privatbanken auf, häufig befanden sie sich mit ihnen jedoch im Wettbewerb um Privat- und Geschäftskunden – obwohl ihre Gründung gerade auf Betreiben der Privatbankiers zustande gekommen war, die erkannt hatten, dass ein effizienter Kapitalmarkt nach finanzkräftigeren Instituten als den traditionellen Bankhäusern verlangte.[145] Die Aktienbanken konnten sich am Markt schnell durchsetzen; in einer um die Jahrhundertwende beginnenden Konsolidierungswelle übernahmen sie zahlreiche – auch bedeutende – Privatbanken, z.B.

Zahlen bei *Assmann*, Prospekthaftung, S. 55 (insbesondere Fn. 119). Einen Überblick über die Emissionstätigkeit in der Zeit bis zum ersten Weltkrieg gibt *Gömmel* in: Deutsche Börsengeschichte, S. 160 ff. Hiernach stieg das Volumen der in Deutschland ausgegebenen Anleihen von 4.260 Mio. Mark im Zeitraum 1883–87 auf 10.656 Mio. Mark in den Jahren 1909–13, das Aktienvolumen versiebenfachte sich in denselben Zeiträumen von 588 Mio. Mark auf 4329 Mio. Mark. Trotz des Gründerbooms haben Industrieobligationen während der gesamten Zeit eine vergleichsweise geringe Rolle gespielt: sie machten lediglich 13–16 % aller ausgegebenen Anleihen aus.

145 Vgl. z.B. die Gründung der Deutschen Bank, an der maßgeblich Adelbert Delbrück, Inhaber der Privatbank Delbrück, Leo & Co. aus Berlin, beteiligt war. Zur Gründung ausführlich *Seidenzahl*, 100 Jahre Deutsche Bank, S. 3 ff.

M. A. Rothschild & Söhne oder den A. Schaaffhausen'scher Bankverein (beide in der Disconto-Gesellschaft aufgegangen).

Bis zum ersten Weltkrieg hielt der deutsche Kapitalmarkt mit der internationalen Entwicklung Schritt. Das Kapitalmarktrecht wurde im Börsengesetz und im Depotgesetz von 1896 auf eine erste – wenn auch unvollkommene[146] – rechtliche Grundlage gestellt.[147] Die Großbanken beteiligten sich in Deutschland und im Ausland an Bankenkonsortien zur Finanzierung kapitalintensiver Unternehmungen. Die Deutsche Bank etwa war Mitglied von Konsortien zum Bau von Eisenbahnen in Nordamerika, der Türkei und Deutschland und übernahm mehrere Staatsanleihen, seit 1877 als Partner im Preußen-Konsortium.[148] In der Boomzeit der 80er und 90er Jahre des 19. und zu Beginn des 20. Jahrhunderts begleiteten Banken zahlreiche Aktien- und Anleihenemissionen oder bildeten Kreditkonsortien und finanzierten auf diese Weise die Expansion von Unternehmen der Schwer- und der Elektroindustrie, z. B. Siemens, AEG, RWE oder Mannesmannröhren.[149] Die Platzierung zielte auf den privaten Kleinanleger ab, institutionelle Investoren hatten sich noch nicht herausgebildet. Deswegen waren diejenigen Banken beim Wettbewerb um Mandate zur Emissionsbegleitung im Vorteil, die durch ihr Einlagengeschäft Kontakte zum breiten Anlegerpublikum aufweisen konnten. Einmal im Geschäft, sicherten sie sich bleibenden Einfluss auf ihre Mandanten und zugleich die Möglichkeit der Beschaffung gesellschaftsinterner Informationen, indem sie ihre leitenden Angestellten in die Aufsichtsräte der Industrieunternehmen entsandten.[150] Zusätzlichen Einfluss erlangten sie dadurch, dass sie große Beteiligungen an lohnenswerten Gesellschaften ins eigene Portfolio übernahmen und mitunter aktiv auf die Führung der Geschäfte einwirkten.

Gewisse Grundstrukturen der Konsortialbildung entstanden: Die Praxis unterschied zwischen der Beteiligung an der Gründergemeinschaft, die in der Regel nicht nur – bzw. nicht einmal überwiegend – aus Banken bestand, Übernahmekonsortien, d.h. Bankengruppen, die die Aktien von den Gründern erlangten, und schließlich Zusammenschlüssen, die lediglich zum Zwecke der Begebung gebildet wurden, mithin die Papiere von einer oder mehreren Banken erhielten, die ihrerseits mit

---

146 Insbesondere die restriktive Regelung der Termingeschäfte wurde den Bedürfnissen der Praxis nicht gerecht.

147 Zur Entstehungsgeschichte des Börsengesetzes vgl. *Mues*, ZBB 1997, 15; *Schulz*, AG 1996, 260.

148 *Seidenzahl*, 100 Jahre Deutsche Bank, S. 43 ff., 63 ff., 83 ff.

149 *Seidenzahl*, a.a.O., S. 119 f., gibt einen guten Überblick über die Finanzierungspraktiken während der Gründerzeit, die mit Vorauskrediten, der Ausgabe von Aktien oder Schuldverschreibungen an das Anlegerpublikum und schließlich die Gründung einer Holding- oder Trustgesellschaft, die ihrerseits Aktien ausgab, mehrere Stufen durchliefen. S. 194 ff. listen einen Großteil der Industrieemissionen auf, die die zwei größten Kreditinstitute der damaligen Zeit, die Deutsche Bank und die Disconto-Gesellschaft, in den Jahren 1900 bis 1913 begleiteten: In jedem Jahr waren die Häuser jeweils an fünf bis zehn Anleihe- und Aktienemissionen, alle in ein- oder zweistelliger Millionenhöhe, beteiligt.

150 *Seidenzahl*, a.a.O., S. 203, berichtet, dass das Vorstandsmitglieder der deutschen Bank Carl Klönne im ersten Jahrzehnt des 20. Jahrhunderts in nicht weniger als 25 Aufsichtsräten Mitglied war.

dem Emittenten in vertraglichem Kontakt stand(en).[151] Die Übernahme wiederum begegnete in zwei Erscheinungsformen – der Festübernahme und der Übernahme zum kommissionsweisen Vertrieb. Erstere zeichnete sich dadurch aus, dass die Banken die Emission entweder käuflich erwarben oder im Namen bzw. auf Rechnung des Emittenten platzierten und zusagten, die nicht untergebrachten Stücke abzunehmen.[152] Die Gemeinsamkeiten mit dem modernen Emissionsgeschäft sollten indes nicht überschätzt werden. Klare Maßgaben zur Art der Unterbringung der Effekten waren nicht selbstverständlich; häufig übernahmen die Banken ihre Quote ins Portfolio und bedienten daraus die eigenen Kunden nach Bedarf.[153]

In den 20er Jahren des 20. Jahrhunderts geriet das Wachstum des Kapitalmarkts – und damit auch die Entwicklung des Emissionsgeschäfts – ins Stocken, zunächst wegen der Nachwirkungen des ersten Weltkriegs und der Inflation, dann aufgrund der Weltwirtschaftskrise, die mit dem Börsencrash in den USA im Oktober 1929 und den durch ihn ausgelösten Kursstürzen an den europäischen Börsen ihren Anfang nahm, und schließlich aufgrund der Erschütterungen des zweiten Weltkriegs.[154] Am Ende des zweiten Weltkriegs war der Markt für Bankgeschäfte weitgehend zusammengebrochen: Das Wertpapierwesen befand sich durch Plünderungen in einem chaotischen Zustand; die Alliierten verfügten die Schließung der Berliner Banken und unterwarfen die Tätigkeit der Banken in den anderen Teilen Deutschlands restriktiven Vorschriften. Sie spalteten die Großbanken in regional operierende Kreditinstitute auf, um einer Zentralisierung des Wirtschaftslebens entgegenzuwirken.[155] Mit der Währungsumstellung und der Wertpapierbereinigung 1948/49 begann die Wirtschaft, in geordneteren Bahnen zu verlaufen.[156] Gleichwohl unterschied sich die Finanzierung deutscher Unternehmen bis in die 80er Jahre des letzten Jahrhunderts hinein grundlegend von der in anderen Industrienationen (und auch von der im Vorkriegsdeutschland), was sich auf bestimmte Eigenheiten der Kapitalbildung, insbesondere das Sparverhalten der privaten Haushalte und die steuerliche Förderung der Selbstfinanzierung der Unternehmen, sowie weitere verfehlte wirtschaftspolitische Impulse der Bundesregierung zurück-

---

151 *Heim*, Rechtsstellung des Emissionshauses, S. 17 f.
152 A.a.O., S. 7 ff. Heute wird zwischen beiden Varianten unterschieden: Übernahmekonsortium einerseits und Garantiekonsortium andererseits. Zu diesen und weiteren modernen Gestaltungsformen vgl. unten § 4 I 2.
153 *Gömmel* in: Deutsche Börsengeschichte, S. 162.
154 Eine kurze Phase der Währungsstabilisierung und Erholung des Emissionsgeschäfts begann 1926, die mit der Bankenkrise von 1931 bereits ihr Ende fand: Durch die politische Situation Deutschlands nach den Reichstagswahlen vom September 1930 beunruhigt, zog das Ausland Kredite ab und fuhr die Investitionstätigkeit zurück. Die Weltwirtschaftskrise führte zum Zusammenbruch zahlreicher Industrieunternehmen und damit zu massiven Verlusten für das Bankgewerbe. Die Jahre bis zur nationalsozialistischen Machtergreifung waren von wiederholten Bank- und Börsenschließungen gekennzeichnet. Vgl. hierzu *Bremer*, Grundzüge des deutschen und ausländischen Börsenrechts, S. 37 ff.
155 Nach kurzer Zeit zeigte sich die volkswirtschaftliche Unzweckmäßigkeit der Aufspaltung, so dass die Entflechtung 1956 rückgängig gemacht wurde. Die Nachfolgeinstitute der Großbanken schlossen sich daraufhin wieder zusammen.
156 Zu den Nachkriegsjahren vgl. *Bremer*, a.a.O., S. 44 ff.; *Rudolph* in: Deutsche Börsengeschichte, S. 293 ff.

führen lässt.[157] Das Anlegerpublikum stand dem Kapitalmarkt nach den Erfahrungen der letzten Jahrzehnte misstrauisch gegenüber. Um das Vertrauen der Investoren zurückzugewinnen, gewährte die Regierung Steuervorteile für bestimmte festverzinsliche Papiere, erreichte damit aber vor allem eine Diskriminierung der Aktie, der sich die Unternehmen zur Finanzierung so gut wie nicht mehr bedienten.[158] Industrieobligationen war kein besseres Schicksal beschieden: Nach Auslaufen der staatlichen Förderung 1954 nahm die Bedeutung zumindest der Inlandsanleihe rapide ab.[159] Zur Finanzierung griffen die Unternehmen hauptsächlich auf eigene Gewinne, Bankkredite und öffentliche Mittel zurück.[160] Unter diesen Bedingungen konnte sich das Emissionsgeschäft der Banken, anders als in Großbritannien oder den USA, nur langsam entwickeln. Der Schwerpunkt der Emissionstätigkeit bezog sich auf die Begebung von Staatsanleihen und ausländischen Industrieobligationen. Wichtige Akteure in diesem Zusammenhang waren das Preußen- bzw. (seit 1890) Reichsanleihekonsortium und sein Nachfolger, das Bundesanleihekonsortium, das sich aus zeitweise bis zu 95 Kreditinstituten unter Führung der Deutschen Bundesbank zusammensetzte und von 1952 bis 1997 sämtliche langfristigen Anleihen des Bundes übernahm.

In den 80er Jahren des letzten Jahrhunderts begannen schließlich, teilweise durch Rechtsakte auf EG-Ebene angestoßen, die für eine Modernisierung des deutschen Kapitalmarkts und Stärkung des Anlegervertrauens notwendigen Reformen. Hier sei nur auf die Ausdehnung der Kapitalmarktpublizität,[161] steuerliche Erleichterungen,[162] das Verbot des Insiderhandels,[163] die Einführung eines neuen Marktseg-

---

157 Hierzu existieren zahlreiche volkswirtschaftliche Untersuchungen, vgl. z.B. *Bornemeyer*, Die Finanzierung der westdeutschen Industrie, S. 12 ff.

158 Erwähnenswerte Ausnahmen stellten die Privatisierungen der Preussag und des Volkswagenwerks in den Jahren 1959 bzw. 1961 dar. Den eingeschalteten Bankenkonsortien gelang es, die Aktien beider Unternehmen erfolgreich am Markt unterzubringen, wobei der Bund als Eigentümer einen Sozialrabatt für Bezieher niedriger Einkommen gewährte. Das Aufkommen eines aktiven Aktienmarktes wurde indes im Keim erstickt: Schon kurz nach der Emission der VW-Aktien, nämlich mit dem Bau der Berliner Mauer, setzte eine Schwächephase am Markt ein, die bis in die 80er Jahre hinein fortdauern und im Herbst 1966 in die erste schwere Nachkriegsrezession übergehen sollte, vgl. *Rudolph*, a.a.O., S. 302, 304 f.

159 *Rudolph*, a.a.O., S. 300.

160 Instruktiv zum Wandel der Finanzierungsquellen vor und nach dem zweiten Weltkrieg *Bornemeyer*, Die Finanzierung der westdeutschen Industrie, Tabelle 7: Während die Finanzierung über den Kapitalmarkt im Zeitraum 1924–28 einen Anteil von 57 % ausmachte, sank der Prozentsatz in den Jahren 1952–56 auf 30 %.

161 Z.B. durch erweiterte Prospektpublizität (vgl. die EG-Prospektrichtlinie 80/390/EWG vom 17. März 1980, ABl. L 100 vom 17.04.1980, S. 1; weitere Einzelheiten unten § 6 I 2 a), Zwischenberichtspublizität (vgl. Richtlinie 82/121/EWG vom 15. Februar 1982 über regelmäßige Informationen, die von Gesellschaften zu veröffentlichen sind, deren Aktien zur amtlichen Notierung an einer Wertpapierbörse zugelassen sind, ABl. L 48 vom 20.02.1982, S. 26) oder Ad-hoc Publizität (vgl. Richtlinie 79/279/EWG vom 5. März 1979 zur Koordinierung der Bedingungen für die Zulassung von Wertpapieren zur amtlichen Notierung an einer Wertpapierbörse, ABl. L 66 vom 16.03.1979, S. 21, Schema C Nr. 5 und Schema D Nr. 4), umgesetzt im Börsenzulassungsgesetz vom 16. Dezember 1986, BGBl. I 1986, S. 2478.

162 Durch das 1. FMFG vom 11. Juli 1989, BGBl. I 1989, S. 1412, das unter anderem die Börsenumsatzsteuer abschaffte.

163 Zunächst im Wege der freiwilligen Selbstkontrolle in den Richtlinien der Börsensachverments (des geregelten Markts) mit erleichterten Zulassungsvoraussetzungen für kleine und mittlere Unternehmen,[164] die Schaffung eines Sekundärmarkts für Optionsgeschäfte in Gestalt der Deutschen Terminbörse (nach Fusion mit der Schweizer SOFFEX im Jahr 1998 von der Eurex AG übernommen),[165] die Errichtung einer Kapitalmarktaufsicht, des Bundesaufsichtsamts für den Wertpapierhandel (seit 2002: Bundesanstalt für Finanzdienstleistungsaufsicht),[166] und die Verbesserung des Anlegerschutzes[167] hingewiesen. Die Reformen zeigten Wirkung: Die im internationalen Vergleich geringe Börsenkapitalisierung deutscher Gesellschaften stieg; Aktienemissionen nahmen stetig zu, erreichten mit dem Internetboom der Jahre 1997 bis 2000 einen vorläufigen Höhepunkt und stellen nach Überwindung der Baisse, die der Zusammenbruch des Neuen Marktes auslöste, seit Kurzem wieder ein Wachstumssegment dar.[168] Für die international tätigen Banken ist das Investmentbanking inzwischen zu einem wichtigeren Geschäftszweig geworden als das Kredit- oder Einlagengeschäft. Die deutschen Großbanken sowie einige Landes- und Privatbanken, z. B. die WestLB und M.M. Warburg & CO aus Hamburg, sind an den internationalen Finanzplätzen vertreten und beteiligen sich an nationalen wie internationalen Emissionskonsortien. Hierbei spielen sie allerdings meist eine untergeordnete Rolle. Die US-amerikanischen Investmentbanken, die in der zweiten Hälfte des letzten Jahrhunderts, getrieben durch eine restriktive Währungspolitik der amerikanischen Notenbank und einschränkende gesetzgerberische Maßnahmen, auf den europäischen Markt für Aktien- und Anleiheemissionen drängten,[169] haben als natürliche Folge ihrer überlegenen Kapitalausstattung und Erfahrung mit der Begleitung von Emissionen sofort Leitungsaufgaben übernommen. Auch wenn ihre Dominanz seit den 1980er Jahren etwas nachgelassen hat, stammen noch heute die meisten der im bulge bracket aufgeführten Banken aus den USA; einer einzigen deutschen Investmentbank – der Deutschen Bank – ist es gelungen, durch geschickte Zukäufe, nämlich die Übernahme der traditionsreichen englischen Investmentbank Morgan Grenfell (1989) und der US-amerikanischen Bankers Trust Group (1999), eine international konkurrenzfähige Stellung zu erlangen.

---

ständigenkommission beim Bundeswirtschaftsministerium vom 13. November 1970, sodann mit Umsetzung der EG-Insiderrichtlinie 89/592/EWG vom 13. November 1989, ABl. L 334 vom 18.11.1989, S. 30, durch das 2. FMFG in Form eines gesetzlichen Verbotstatbestands (geändert durch die EG-Marktmissbrauchsrichtlinie 2003/6/EG vom 28. Januar 2003, ABl. L 96 vom 12.4.2003, S. 16, die der deutsche Gesetzgeber mit dem Anlegerschutzverbesserungsgesetz vom 28. Oktober 2004, BGBl. I 2004, S. 2630, umgesetzt hat).

164 Durch das Börsenzulassungsgesetz vom 16. Dezember 1986.

165 Die gesetzlichen Voraussetzungen sind im 1. FMFG enthalten.

166 Durch das 2. FMFG vom 26. Juli 1994, BGBl. I 1994, S. 1749, das zudem das Wertpapierhandelsgesetz schuf.

167 Z.B. durch Modernisierung der Prospekthaftung im 3. FMFG vom 24. März 1998, BGBl. I 1998, S. 529.

168 Vgl. die Primärmarktstatistik der Frankfurter Wertpapierbörse, abzufragen unter: http://deutsche-boerse.com/dbag/dispatch/de/kir/gdb_navigation/listing/50_Reports_and_Statistics.

169 Die Expansion der US-amerikanischen Investmentbanken auf den europäischen Markt war Folge weiterer Ursachen, denen hier im Einzelnen nicht nachgegangen werden kann, vgl. *Reinicke*, Banking, Politics and Global Finance, p. 39 et seq.

II. Historische Entwicklung im anglo-amerikanischen Raum

1. England

Im anglo-amerikanischen Raum entwickelte sich in kurzer Zeit ein ungleich ausgereifteres und moderneres Bankwesen als in Deutschland. Wie bereits erwähnt, führten die Lombarden das Kreditgeschäft in England ein. Edward I. hatte im Jahr 1290 jüdische Händler, die bislang Darlehen an den Staat vergeben hatten, vertrieben. Als Folge hiervon befand sich die Staatskasse nach kurzer Zeit in einer schwerwiegenden finanziellen Zwangslage, und der König nahm die Dienste der italienischen Kaufmannshäuser gerne in Anspruch. Sein Verhandlungsspielraum war so stark eingeschränkt, dass er ihnen weitgehende Befreiung von den restriktiven Ausländergesetzen gewährte. Eine einzige Bedingung stellte er: Die Kaufleute mussten in einer bestimmten Straße in London residieren, die hierdurch zu ihrem Namen kam und noch immer das Herz des Finanzplatzes London darstellt: Lombard Street.[170] Neben dem Kreditgeschäft übernahmen es die Lombarden, die sich inzwischen häufig als Goldschmiede niedergelassen hatten,[171] Wertgegenstände entgegenzunehmen und zu verwahren. Hieraus entstand das Einlagengeschäft, das zugleich auf innovative Weise einen Markt in Wertpapieren begründete: Zunächst begaben die Goldschmiede Hinterlegungsscheine, die zur Legitimation bei Rückforderung der entsprechenden Wertgegenstände dienten. Mit der Zeit gestalteten sie diese Scheine umlauffähig aus, indem sie sie auf einen bestimmten, gleich lautenden Betrag ausstellten. Die Scheine zirkulierten frei und erlangten schnell eine ebenso große Bedeutung wie Bargeld.[172] Bis zum Ende des 18. Jahrhunderts hatten zahlreiche Goldschmiede ihre Tätigkeit auf die Vornahme von Bankgeschäften verlagert und übten keine Juweliersarbeit mehr aus. Die ersten privaten Banken waren entstanden.

Die Banken befriedigten den Kapitalbedarf des Staates und der Industrieunternehmen üblicherweise, indem sie aus eigenen Finanzmitteln Darlehen gewährten. Aktiengesellschaften, die ab 1600 als sog. *chartered companies* auftraten, d.h. zu ihrer Entstehung einer königlichen Urkunde bedurften,[173] erhielten von den Gründern

---

170 Bis in die 80er Jahre des letzten Jahrhunderts hinein hatten praktisch alle im Vereinigten Königreich tätigen Banken ihren Sitz in der Lombard Street. Inzwischen hat sich neben der sog. City of London ein zweiter Finanzdistrikt etabliert: Canary Wharf.

171 *Orsingher*, Banks of the World, p. 38 et seq., stellt fest, dass nicht geklärt ist, ob die Lombarden die Goldschmiedezunft begründeten oder sich zu einem bestimmten Zeitpunkt mit den bereits existierenden Goldschmieden vereinigten. Jedenfalls übten die Goldschmiede etwa vom 14. Jahrhundert an Bankgeschäfte aus.

172 *Orsingher*, loc. cit., p. 39.

173 Die erste große kaufmännische Unternehmung, die durch royal charter am 31. Dezember 1600 inkorporiert wurde, war *The Company of Merchants of London Trading into the East Indies*, besser bekannt unter dem Namen *British East India Company*. Zahlreiche weitere private Handelsgesellschaften folgten im 17., 18. und frühen 19. Jahrhundert. Der mühselige Weg der Gesellschaftsgründung durch Einholung einer königlichen Urkunde wurde mit Erlass des ersten Aktiengesetzes, des Joint Stock Companies Act 1844, obsolet. Das Gesetz führte ein System der weitgehend automatischen Inkorporierung durch Registrierung und Erfüllung einiger formeller Voraussetzungen ein. Seit dieser Zeit beschränkt sich die Krone darauf, Gründungsurkunden an und ihren Freunden und Bekannten das notwendige Kapital. Die öffentliche Begebung von Aktien oder Anleihen fand nicht statt. Die Lage änderte sich mit der Besteigung des englischen Throns durch William III. (William von Oranien) im Jahr 1689. Mit dem König kamen zahlreiche Kaufleute, Bankiers und weitere Finanzexperten von Amsterdam, damals das weltweit führende Finanzzentrum, nach London. Sie verliehen dem englischen Finanzsystem neue Impulse und bereiteten den Weg für die Gründung der ersten Bank in der Rechtsform einer Aktiengesellschaft. Die Bank mit dem Namen *The Governor and Company of the Bank of England*, heute die Zentralbank des Vereinigten Königreichs und die einzige Notenbank für England und Wales, erhielt ihre *royal charter* am 24. Juli 1694. Ihre Aktien wurden zur öffentlichen Zeichnung aufgelegt; innerhalb weniger Tage hatten Anleger das gesamte Kapital in Höhe von £ 1.2 Mio. gezeichnet, das die Bank dem Staat sofort als Darlehen zur Finanzierung des Kriegs gegen Frankreich übertrug.[174] Auch begann der Staat damit, Anleihen öffentlich zu platzieren.[175] Kaufleute traten auf, die den Handel mit Aktien und Anleihen übernahmen und als *broggers* oder *broceurs* firmierten. Sie bewarben Emissionen per Mundpropaganda und verkauften Papiere aus dem eigenen Portfolio oder für Rechnung des Emittenten.[176] Zugleich versuchten zahlreiche mehr oder weniger seriöse private Unternehmungen, Anleihen und Geschäftsanteile an die Bevölkerung zu verkaufen.[177] Die spekulativen Geschäfte führten zu einer ersten Krise, die mit dem Platzen der sog. *South Sea bubble* 1720 viele Investoren ruiniert zurückließ.[178] Die Antwort der Regierung bestand darin, unter

---

gemeinnützige Organisationen auszugeben. Es ist erwähnenswert, dass weder die Gesellschaftsgründung durch royal charter noch diejenige durch Registrierung gemäß dem Joint Stock Companies Act 1844 zur beschränkten Haftung der Gesellschafter führte (zum Mechanismus der Gesellschafterhaftung nach Registrierung vgl. Re Sea Fire and Life Assurance Co., Greenwood's Case [1854] 3 De G. M. & G. 459). Der Limited Liability Act 1855 schließlich gestattete die Beschränkung der persönlichen Haftung auf den nicht eingezahlten Teil der Einlage, wenn die Firma der Gesellschaft die Haftungsbeschränkung durch den Zusatz „Limited" kenntlich machte.

174 Einen detaillierten Bericht zu der Entstehung der Bank of England, ihren anfänglichen Schwierigkeiten und dem beispiellosen Erfolg, den sie mit der Zeit bei der Konsolidierung der Staatsfinanzen hatte, geben *Andréadès*, History of the Bank of England, und *Rosenberg/Hopkins*, The Romance of the Bank of England.

175 Das Datum der ersten öffentlich angebotenen Staatsanleihe wird mit dem 20. Januar 1693 angegeben, vgl. *Nash*, Investment Banking in England, p. 12.

176 *Nash*, loc. cit., p. 10 et seq. Bereits im frühen 18. Jahrhundert brachten Broker regelmäßig nationale und internationale Staatsanleihen von beträchtlichem Wert beim Anlegerpublikum unter. Eine der ersten großen internationalen Staatsanleihen war ein Darlehen über £ 500,000 an den deutschen Kaiser zu 8 % im Jahr 1706, das schnell vom Markt aufgenommen wurde. Zur Finanzierung der britischen Truppen während des amerikanischen Unabhängigkeitskrieges übernahmen Broker Kriegsanleihen in Höhe von £ 104 Mio., vgl. loc. cit. at p. 14, 16.

177 *Nash*, loc. cit., p. 11, beschreibt den Fall eines Unternehmens, dessen Gesellschaftszweck es war: „to carry on a new and profitable undertaking, but no one to know what it is". Personen, die sich selbst als Broker ausgaben, verkauften die Anteile und verschwanden häufig auf Nimmerwiedersehen.

178 Ein Beispiel für das Ausmaß der spekulativen Blase bietet die *South Sea Company*, die, 1711 gegründet, eine Monopolstellung für den Handel mit Südamerika erhielt. Nachdem die Gesellschaft gezielt unsubstantiierte Gerüchte über ihre Geschäftsaussichten in Südamerika gestreut hatte, stiegen ihre an das breite Anlegerpublikum begebenen Aktien innerhalb weniger Monate von £ 128,5 auf £ 1.000, nur um in einem ebenso kurzen Zeitraum auf £ 125 zu fallen, vgl. *Loss/Seligman/Paredes*, Securities Regulation, § 1-A.

Rückgriff auf den kurz zuvor verabschiedeten *Bubble Act* (offizieller Titel des Gesetzes war der *Royal Exchange and London Assurance Corporation Act 1719*[179]) die Gründung von Gesellschaften einer strengen Kontrolle zu unterwerfen und die Auflegung von Wertpapieren zur öffentlichen Zeichnung zu verbieten. Der Bubble Act dämpfte die Entwicklung des Emissionsgeschäfts in England nicht für lange Zeit. Als mit der Beendigung des siebenjährigen französisch-englischen Kriegs 1763 der eigentliche Aufstieg des Landes zur Weltmacht in militärischer, wirtschaftlicher und wissenschaftlicher Hinsicht begann, gelangte auch das Investmentbanking zu vorher nicht gekannter Blüte. Die industrielle Revolution brachte sowohl einen erhöhten Bedarf an Kapital für die Gründung von Fabriken und Anschaffung teurer Maschinen als auch zunehmenden Wohlstand breiter Bevölkerungsschichten und damit ein Anwachsen der verfügbaren Finanzmittel mit sich. Die Bevölkerung suchte nach Möglichkeiten, ihre Ersparnisse gewinnbringend zu investieren, und traf auf Unternehmungen, die hohe Rendite versprachen. Da die industrielle Revolution in England früher einsetzte als auf dem Kontinent, d.h. in den kontinentaleuropäischen Staaten weniger liquides Kapital vorhanden war, zudem der Finanzbedarf der englischen Regierung nach Beendigung der Kriege mit Napoleon zurückging, beschränkten sich die Investitionen schon bald nicht mehr auf den nationalen Markt, sondern bestanden in der Finanzierung von Darlehen an ausländische Regierungen und von ausländischen privaten Unternehmungen, z. B. des in ganz Europa und ab 1825 in den USA stattfindenden Eisenbahnbaus. Allein in den ersten zehn Jahren nach Ende der napoleonischen Kriege belief sich der Betrag des für englische und ausländische Gesellschaften aufgenommenen Kapitals auf mehr als £ 372 Mio., während internationale Staatsanleihen mit ca. £93 Mio. zu beziffern waren.[180] Bankhäuser und Broker entstanden, die sich auf das grenzüberschreitende Investmentgeschäft spezialisierten und den Grundstein für die internationale Bedeutung des Finanzplatzes London legten.[181]

Einen weiteren Schub erhielt das Emissionsgeschäft mit der Einführung der beschränkten Haftung der Gesellschafter von Aktiengesellschaften.[182] Erst die beschränkte Haftung und damit die Kalkulierbarkeit des mit der Investition verbundenen Risikos erschloss dem Investmentgeschäft den Kleinanleger, der weder ein Interesse daran hatte, aktiv auf die Führung der Geschäfte Einfluss zu nehmen, noch über ausreichende Sachkenntnis verfügte, um die Ertragsaussichten des Unternehmens zuverlässig beurteilen zu können.[183] Die Einbeziehung des breiten Anlegerpublikums in den Prozess der Finanzierung von Industrieunternehmen und öffentlichen Stellen führte zu einem weiteren Erfordernis, das dem Emissionsgeschäft sein heutiges Gepräge gab: Die finanzierungswilligen Anlegerschichten

---

179 6 Geo. 1, Ch. 18.
180 *Nash*, loc. cit., p. 21.
181 Zu nennen ist etwa die englische Dependance des Hauses Rothschild, 1819 von Nathan Meyer Rothschild gegründet, die allein bis 1832 Darlehen in Höhe von fast £ 22 Mio. an ausländische Staaten vergab, vgl. *Nash*, loc. cit., p. 18.
182 Vgl. bereits oben Fn. 173.
183 *Nash*, loc. cit., p. 29, spricht eingängig von der „democratization of finance".

mussten erreicht werden, was weder dem Emittenten noch häufig dem auf die Beratung des Emittenten und Übernahme der Effekten spezialisierten Emissionshaus möglich war. Deswegen vollzog sich die Emission von Wertpapieren schon früh in zwei Schritten mit unterschiedlichen Akteuren. Die eigentlichen Emissionshäuser – alleine oder unter Bildung eines Konsortiums – bereiteten die Emission vor, was auch eine Prüfung der finanziellen Situation des Emittenten und Auswahl zwischen erfolgsversprechenden und weniger erfolgsversprechenden Emissionen beinhaltete, da sie sich der Notwendigkeit bewusst waren, eine gute Reputation aufzubauen bzw. zu bewahren. Sodann übernahmen sie die Effekten. In einem zweiten Schritt schalteten sie eine Reihe von Brokern ein, die über die erforderlichen Kontakte zum Anlegerpublikum im ganzen Land verfügten und die Papiere beim Investor unterbrachten. Es ist hervorzuheben, dass die Broker die Effekten in der Regel nicht von den Emissionshäusern kauften, sondern lediglich als Kommissionäre vertrieben. Wollten sich die Emissionshäuser bei einer großen oder schwierig unterzubringenden Emission absichern, bildeten sie Unterbeteiligungen, die aus anderen Investmentbanken, Versicherungsgesellschaften, Investmentfonds oder gelegentlich Brokern bestanden und für eine bestimmte Gebühr die Verpflichtung eingingen, nicht verkaufte Wertpapiere in den eigenen Bestand zu übernehmen.[184]

2. USA

a. Anfänge

Ohne die im vorstehenden Abschnitt skizzierte Entwicklung und das dem Ausland zur Verfügung gestellte britische Kapital wäre die Entstehung eines aktiven, modernen Kapitalmarkts in den USA kaum denkbar gewesen. Auch wenn die britischen Finanzdienstleistungsunternehmen für die Entwicklung des US-amerikanischen Kapitalmarkts mithin von ausschlaggebender Bedeutung waren, konnten sie ihre Vormachtstellung nicht lange halten. Der beispiellose wirtschaftliche Aufschwung in den USA Ende des 19. und im 20. Jahrhundert führte dazu, dass der US-amerikanische die europäischen Finanzmärkte schon bald überflügelte. Selbst die britische Finanzindustrie verfiel nach dem Ende des zweiten Weltkriegs in Stagnation, aus der sie erst durch den sog. Big Bang vom 27. Oktober 1986, d.h. den Abbau zahlreicher Vorschriften und Kontrollen, die den Wettbewerb an der London Stock Exchange weitgehend einschränkten, wieder geweckt werden sollte.[185] Auch ist bemerkenswert, dass die US-amerikanischen Investmentbanken trotz intensiver Interaktion mit europäischen Häusern früh einen eigenen Weg einschlugen und eine Praxis des Emissionsgeschäfts begründeten, die sich von der im vorstehenden

184 Id. at p. 71, 85 et seq. Die Schilderung soll nicht den Eindruck erwecken, der britische Primärmarkt operiere noch heute nach den dargestellten Mechanismen. Die Globalisierung der Märkte, Förderung des Wettbewerbs und rechtliche Änderungen haben die Bedeutung der Broker zurücktreten lassen und eine Konvergenz der Emissionstechniken herbeigeführt. Vgl. hierzu sogleich im Text.

185 Zum Big Bang siehe *Michie*, The London Stock Exchange, p. 543 et seq.

Abschnitt beschriebenen wesentlich unterschied. Mit zunehmender Beteiligung US-amerikanischer Emissionshäuser an internationalen Transaktionen und wachsender Bedeutung des Euro- und anderer internationaler Märkte setzte sich diese Art der Emissionsbegleitung immer mehr durch. Heute ist sie – mit entsprechenden, durch unterschiedliche kulturelle und rechtliche Rahmenbedingungen veranlassten Abweichungen im Detail – die allgemein herrschende Methode, nach der Investmentbanken Wertpapiere übernehmen und platzieren. Viele der Klauseln in den relevanten Vertragswerken – im Konsortial- und Übernahmevertrag – gehen ebenfalls auf die US-Praxis zurück und sind inzwischen zu einem so integralen Bestandteil des Emissionsgeschäfts geworden, dass sie auch von rein ausländischen (z. B. deutschen) Konsortien ohne US-amerikanische Beteiligung verwendet werden.

Die Anfänge des Emissionsgeschäfts in den USA waren indes bescheiden. Die industrielle Revolution begann erst Mitte des 19. Jahrhunderts. Kapital war zunächst kaum vorhanden, der Staat und die Unternehmer wandten sich nach Europa, um ihren Finanzbedarf zu befriedigen. Hierzu bedurften sie der Hilfe von Spezialisten, die über Kontakte in Großbritannien und anderen finanzkräftigen europäischen Staaten, z.B. Frankreich und Deutschland, verfügten. Privatbanken bildeten sich heraus, die sich auf diesen Markt konzentrierten.[186] Große europäische Bankhäuser schickten Angestellte nach New York, um Dependancen aufzubauen, z.B. Baring Brothers & Co. oder die Frankfurter und Pariser Häuser Rothschild. Wie in Europa, so konzentrierte sich in den USA das Emissionsgeschäft zunächst auf die Finanzierung des Staates und großer Unternehmungen, z.B. der Eisenbahnen, die hauptsächlich Fremd- und nicht Eigenkapital aufnahmen. Gegen Ende des 19. Jahrhunderts, als die meisten größeren Eisenbahnprojekte abgeschlossen waren, befanden sich Anleihen im Wert von knapp $10 Mrd. in Umlauf.[187] Die Emissionsbegleitung durch Banken erhielt in dieser Zeit institutionalisierte Züge: Die Emissionshäuser sahen sich nicht nur als Finanziers und Berater der Emittenten, sondern als eigenständige Institution, als Mittelsmann zwischen Emittent und Anlegerpublikum, beiden Seiten verpflichtet und in der Stellung eines Garanten, der persönlich für die Seriosität der Emission einsteht. Sie waren sich darüber im Klaren, dass das Anlegerpublikum nicht nur die Identität des Emittenten wahrnimmt, sondern auch – unter Umständen sogar vornehmlich – die des Hauses, von dem es die Effekten erwirbt bzw. das den Erwerb vermittelt. Um ihren Ruf zu wahren, bestanden sie darauf, im Verwaltungsorgan der Eisenbahnunternehmen, deren Papiere sie übernahmen, durch einen oder mehrere Direktoren vertreten zu sein. Hierdurch konnten sie zum einen auf die Geschäftstätigkeit Einfluss nehmen und problematischen Vorgängen entgegensteuern – eine Aufgabe, die sie ernst nahmen und die mitunter zum Ergeb-

---

186 Als erste US-amerikanische Privatbank, die Investmentgeschäfte vornahm, wird allgemein die Bank Prime, Ward & King angeführt, die 1826 in New York gegründet wurde und enge Kontakte zu den Baring Brothers in London unterhielt, vgl. *Carosso*, Investment Banking in America, p. 6.

187 Id. at p. 29. Dieser Betrag sollte in den folgenden Jahren noch steigen, vgl. die Zahlen in *Hickman*, Statistical Measures of Corporate Bond Financing since 1900, p. 4 et seq.

nis hatte, dass sie sich zum zeitweiligen *de facto* Geschäftsführer aufschwangen.[188] Zum anderen verdeutlichten sie auf diese Weise gegenüber dem Anlegerpublikum, dass sie an der Nachhaltigkeit des geschäftlichen Erfolges des Unternehmens interessiert waren.

In diese Zeit fiel auch die Bildung erster Konsortien. Während Kooperationen zur Übernahme von Staatsanleihen bereits Anfang des 19. Jahrhunderts zu verzeichnen waren, wurden der Zusammenschluss mehrerer Emissionshäuser bei der Übernahme von Industrieobligationen und die Verwendung von Strukturen, die denen des modernen Konsortialverhältnisses ähneln, etwa die Koordination nicht nur der Übernahme-, sondern auch der Platzierungsaktivitäten, erst ab 1870 üblich. Den Weg bereitete eine $ 2 Mio. Anleiheemission der Pennsylvania Railroad im März 1870. Für die Emission verantwortlich zeichnete das Emissionshaus Jay Cooke & Co., 1861 in Philadelphia gegründet. Jay Cooke & Co. war seit seiner Gründung mehrfach mit der landesweiten Platzierung von Staatsanleihen beim breiten Anlegerpublikum, d.h. nicht nur, wie damals üblich, bei ausgewählten Investoren, sondern auch Kleinanlegern, in Erscheinung getreten. Um das breite Publikum zu erreichen, hatte sich die Bank innovativer Methoden bedient: Sie hatte umfangreiche Werbekampagnen durchgeführt und Broker und andere Privatbanken in allen Landesteilen als Verkaufsstellen in den Platzierungsprozess eingebunden.[189] Beim Absatz der Pennsylvania Railroad Anleihe machte sie sich die gewonnenen Erfahrungen zunutze. Sie gründete ein Konsortium bestehend aus sieben weiteren Investmentbanken. Während alle Mitglieder des Konsortiums den Verkauf der Anleihe garantierten, die Emission mithin nicht vom Emittenten käuflich erwarben, sondern lediglich die Übernahme nicht platzierter Stücke zusagten, waren nur einige der Mitglieder mit der Aufgabe betraut, die Papiere beim Publikum unterzubringen.[190] Hier zeigen sich zwei Komponenten, die zum damaligen Zeitpunkt eine Neuerung darstellten und bis heute das Emissionsgeschäft der Banken charakterisieren: Die Rolle der Emissionsbegleiter als Garantiegeber für den Fall einer nicht erfolgreich verlaufenden Begebung und die personelle Trennung zwischen Übernahme und Platzierung – nicht alle Mitglieder des Konsortiums sind zwangsläufig an der Unterbringung der Effekten beteiligt, zudem muss die Übernahmequote nicht dem zur Platzierung zugewiesenen Anteil entsprechen.

Eine weitere einschneidende Entwicklung vollzog sich Ende des 19. Jahrhunderts: In den 90er Jahren traten die ersten Handelsgesellschaften am Kapitalmarkt auf. Bis dahin waren die Unternehmen überwiegend in der Rechtsform einer *partnership* oder *closely held corporation* betrieben worden. Nun begannen sie damit, Restrukturierungen durchzuführen, Aktien und Anleihen auszugeben und auf diese Weise ihren gestiegenen Kapitalbedarf zu befriedigen. Die größtenteils auf Staatsanleihen und Schuldverschreibungen von Einsenbahnunternehmen spezialisierten etablierten

---

188 Vgl. die Schilderung bei *Carosso*, loc. cit., p. 34 et seq., der als Beispiel die Beteiligung von Kidder, Preabody & Co. an der Atchison, Topeka & Santa Fe Railway anführt.
189 *Carosso*, loc. cit., p. 14 et seq.
190 Id. at p. 53.

Investmentbanken, z. B. J. P. Morgan & Co., 1894 aus der Bank Drexel, Morgan & Co. hervorgegangen und bis heute das berühmteste, zudem lange Zeit das mächtigste aller US-amerikanischen Finanzinstitute, oder Kuhn, Loeb & Co., 1867 wie so viele der Privatbanken von deutsch-jüdischen Einwanderern gegründet,[191] standen der Entwicklung zunächst zögerlich gegenüber. Sie sahen Industrieobligationen und Aktien als spekulativ an und beschränkten sich auf die Begleitung einzelner Restrukturierungen und Emissionen insbesondere der Schwerindustrie. Für kleinere, bislang wenig bekannte Investmentbanken eröffneten sich hierdurch neue Tätigkeitsfelder.

Um den Wandel zu verdeutlichen, soll die Entstehungsgeschichte zweier Emissionsbanken skizziert werden, die Vorreiter auf dem Gebiet der Finanzierung von Unternehmen des produzierenden Gewerbes, Einzelhandelsunternehmen und sonstigen kleineren Gesellschaften waren und maßgeblich dazu beitrugen, dass breite Anlegerschichten die Papiere solcher Unternehmungen als lohnenswerte und seriöse Anlage wahrnahmen:[192] Lehman Brothers und Goldman, Sachs & Co.. Lehman Brothers, 1850 von deutschen Einwanderern in Alabama gegründet, entwickelte sich schnell von einem Händler für Baumwolle und andere Rohstoffe zu einer breit aufgestellten Privatbank, die Wertpapiere übernahm und verkaufte und sonstige Finanzdienstleistungen anbot. Goldman, Sachs & Co. begann 1869 mit dem An- und Verkauf kurzfristiger Geldmarktpapiere, damals das bevorzugte Finanzierungsinstrument des mittelständischen Gewerbes und Handels. Die Bank ermutigte ihre Mandanten, vermehrt Eigenkapital zu nutzen und sich nicht an einige private Investoren zu wenden, was die bevorzugte Platzierungsmethode der etablierten Emissionshäuser darstellte, sondern an das breite Anlegerpublikum.[193] Die erste große Emission von Wertpapieren eines Unternehmens des produzierenden Gewerbes fand 1906 statt: Goldman, Sachs & Co. bereitete die Ausgabe von Effekten des Tabakfabrikanten United Cigar Manufacturers (heute: General Cigar Company) vor. Die Emission im Wert von $ 4,5 Mio. überstieg die damaligen finanziellen Kapazitäten der Bank. Bestehende geschäftliche und persönliche Kontakte zwischen Goldman, Sachs & Co. und Lehman Brothers führten zu einer informellen, mündlichen Vereinbarung, in der sich beide Häuser darauf verständigten, die Aktienausgabe gemeinsam zu begleiten. Die Emission war erfolgreich und legte nicht nur den Grundstein für eine lange Zusammenarbeit der beiden Investmentbanken, sondern gab wertvolle Impulse für die Gestaltung des Emissions- und Kon-

---

191 Ausführlich zur Entstehung von J. P. Morgan & Co. und Kuhn, Loeb & Co. US v. Morgan, 118 F. Supp. 621, 655 et seq. (S.D.N.Y. 1953). Bei dem Fall handelte es sich um eine kartellrechtliche Klage, in der 17 führenden Investmentbanken vorgeworfen wurde, durch ihre Syndizierungspraxis Vorschriften des Sherman Act verletzt zu haben. In den Urteilsgründen findet sich ein detaillierter Bericht zur Entwicklung des Emissions- und Konsortialgeschäfts in den USA. Kuhn, Loeb & Co. wurde 1977 von Lehman Brothers übernommen; das Investmentgeschäft von J. P. Morgan & Co. betreibt heute Morgan Stanley & Co., Inc.

192 Hierin waren die USA Wegbereiter, während europäische Investmentbanken die Finanzierung der mittelständischen Industrie lange vernachlässigten, vgl. *Nash*, Investment Banking in England, p. 48 et seq.

193 US v. Morgan, 118 F. Supp. 621, 637.

sortialgeschäfts in seiner modernen Form. Es wurde üblich, dass sich mehrere Investmentbanken zur Begleitung von Börsengängen zusammenschlossen, häufig in ähnlicher Zusammensetzung, was nicht nur auf wirtschaftlichen Zwängen, sondern zu einem großen Teil auf gegenseitiger Loyalität und rechtlich nicht bindenden, informellen Verpflichtungen beruhte. Eine Investmentbank, die vom Emittenten mit der Zusammenstellung eines Konsortiums betraut worden war, erwartete, von den eingeladenen Banken ebenso bei zukünftigen Emissionen berücksichtigt zu werden, die diese Banken als Konsortialführerin zu verantworten hätten.[194]

Die Erfahrung zeigte schnell, dass Schuldverschreibungen der Handelsgesellschaften, aber auch Aktien, keine risikoreichere Anlage darstellten als die Anleihen der Eisenbahnunternehmen oder des Staates. Die etablierten Emissionshäuser wandten sich verstärkt der Finanzierung von Industrieunternehmen zu. Angesichts der beschränkten finanziellen Ressourcen der einzelnen Privatbanken wurde es allgemein üblich, zum Zwecke der Emissionsbegleitung ein Konsortium zu gründen. Auch überließen es die Banken, sofern es sich nicht um eine Bezugsrechtsemission handelte, d.h. eine Kapitalerhöhung verknüpft mit einem Angebot an die Altaktionäre, nicht mehr dem Emittenten, die Papiere zu platzieren (so die traditionelle, die Garantiefunktion der Emissionsbegleiter in den Vordergrund stellende Konzeption[195]). Sie empfanden es als einfacher und gewinnbringender, beide Rollen – die der Absicherung des Emittenten und der Unterbringung der Papiere – in einer Hand zu vereinigen. Die Tätigkeit der Emissionsbegleiter erstreckte sich damit, wie heute noch, von der Vorbereitung der Emission und Beratung des Emittenten über das eigentliche underwriting bis zur Platzierung, in der Regel mit Hilfe verschiedener, sukzessive wachsender Konsortien.[196]

b. Der Investmentboom bis zum Börsencrash

Die Jahre bis zum ersten Weltkrieg stellten eine profitable und einflussreiche Zeit für die Investmentindustrie dar. Der Kapitalbedarf der Privatwirtschaft wuchs stetig, zugleich schaffte der gestiegene Reichtum der Bevölkerung ein günstiges Investitionsklima. Die Investmentbanken operierten in dieser Zeit in einem weitgehend unregulierten Raum. Sie wurden hauptsächlich als Personengesellschaften betrieben, unterlagen somit (damals) keiner staatlichen Aufsicht und mussten ihre Finanzdaten nicht veröffentlichen. Zudem existierten keine bundesstaatlichen und kaum landesrechtliche Bestimmungen zum Ablauf eines öffentlichen Angebots und zum Schutz der Anleger. Trotz dieses rechtlichen Vakuums und des geringen Haftungsrisikos, dem sich die Banken ausgesetzt sahen, scheint die Qualität der

---

194 In Großbritannien war diese Praxis weniger ausgeprägt. Aus verschiedenen Gründen übernahmen Investmentbanken Wertpapiere häufiger als in den USA alleine, vgl. *Nash*, Investment Banking in England, p. 65 et seq.

195 Sog. *old fashioned* oder *standby underwriting*. Vgl. hierzu unten § 4 I 2 b.

196 Zur Methode der Konsortialbildung in den USA in den ersten Jahrzehnten des 20. Jahrhunderts und zur sukzessiven Wandlung, der sie unterworfen war, vgl. bereits oben § 2 II sowie ausführlich *Carosso*, Investment Banking in America, p. 56 et seq.

Finanzdienstleistungen nicht gelitten zu haben:[197] Die Emissionshäuser verwandten viel Sorgfalt darauf, die Qualität einer Emission zu überprüfen, bevor sie ihre Begleitung zusagten. Bei weniger bekannten Unternehmen schreckten sie nicht davor zurück, die Betriebsstätten des Emittenten zu inspizieren, seine Bücher zu untersuchen, die Beschäftigten zu befragen und die wirtschaftliche Position der Gesellschaft durch Sachverständige zu durchleuchten – ein Prozess, der ohne weiteres zwei bis drei Monate in Anspruch nehmen konnte.[198] Durch Platzierung einer Reihe erfolgreicher Emissionen, die den Anlegern substantielle Gewinne bescherten, erarbeitete sich die Investmentindustrie einen guten Ruf. Gleichwohl zeigten sich in den Jahren vor dem ersten Weltkrieg bereits erste Defizite des regulativen Laissez-faire: Die Überkapitalisierung zahlreicher Unternehmen und die exorbitanten Gebühren der Investmentbanken erregten die Aufmerksamkeit der Presse.[199] Die Bevölkerung und die Politiker diskutierten über die zunehmende Zentralisierung des Finanzdienstleistungssektors in New York City in den Händen einiger weniger Investmentbanken, die über eine gewaltige Finanzkraft verfügten und in der Lage zu sein schienen, den Markt praktisch nach Belieben zu beeinflussen.[200] Hinzu kam, dass die Banken in den meisten Fällen einvernehmlich über die Begleitung von Emissionen disponierten, d.h. nicht in offenen Wettbewerb zueinander verfielen.[201] Dieser Befund veranlasste die Öffentlichkeit, von einem *money trust* zu sprechen, einem Kartell der Investmentbanken, das Herrschaft über die Finanzströme in den USA hätte.[202] Die Bedenken führten zur Einsetzung eines ersten parlamentarischen Untersuchungsausschusses im Jahr 1912 (sog. *Pujo Committee*), der die behauptete Monopolisierung untersuchte, allerdings zu keinen eindeutigen Ergebnissen kam und trotz einiger radikaler Reformvorschläge – z.B. der Pflicht, Emissionen nur im Wege des *competitive bidding* zu platzieren[203] oder der Trennung des Einlagen- und des Investmentgeschäfts – jedenfalls auf Bundesebene keine gesetzgeberischen Maßnahmen nach sich zog.[204]

---

197 Diese frühe Zeit des Investmentbanking wurde dementsprechend häufig als eine „era of dignity and mystery" bezeichnet, vgl. US v. Morgan, 118 F. Supp. 621, 645.

198 *Carosso*, loc. cit., p. 56.

199 Id. at p. 45, 75: Gebühren von 10 % waren keine Seltenheit; vereinzelte Berichte sprachen von Gewinnen der Emissionshäuser in Höhe von 15–20 % des Emissionserlöses.

200 Vgl. z.B. die Krise im Oktober 1907, die mehrere Bankhäuser, Trusts und die New York Stock Exchange an den Rand des Ruins brachte und die John Pierpont Morgan durch Bereitstellung von Übergangskrediten fast im Alleingang löste, id. at p. 128 et seq.

201 Vgl. die Aussagen von Otto H. Kahn, Partner der Privatbank Kuhn, Loeb & Co., die er im Rahmen der Gray-Pecora Investigation (hierzu sogleich im Text) abgab und in denen er erläuterte, dass es zur langjährigen Geschäftspraxis von Kuhn, Loeb & Co. gehörte, keine Kunden von anderen Banken abzuwerben. Die Vernehmung ist wiedergegeben in US v. Morgan, 118 F. Supp. 621, 755 et seq.

202 *Carosso*, loc. cit., p. 110.

203 Zum competitive bidding unten § 4 I 2 d, 3 c cc.

204 Vgl. zum Pujo Committee ausführlich *Carosso*, loc. cit., p. 137 et seq. Die Bundesstaaten begannen Anfang des 20. Jahrhunderts, das Emissionsgeschäft stärker zu regulieren (in den sog. *blue sky laws*, vgl. hierzu unten § 7).

Die Kritik riss nach Ende der Pujo-Untersuchung nicht ab. Verschiedene Interessengruppen – Geschäftsleute, Anleger, sogar Teile der Investmentindustrie, insbesondere die im Westen und Süden des Landes angesiedelten Bankhäuser, die schon lange die Konzentration der Investmenttätigkeit in New York City und Neuengland mit Misstrauen verfolgten – forderten eine verbesserte Transparenz und Publizität, staatliche Aufsicht und Vorschriften, um die vielfältigen existierenden Interessenkonflikte – die Vergabe von Direktorenposten durch Gesellschaften an Bankhäuser, die ihre Emissionen begleiten sollten, Insider Trading sowohl durch leitende Angestellte des Emittenten als auch Banker, Finanzierung der Investmenttätigkeit durch Mittel aus dem Einlagengeschäft – anzugehen. In der Zwischenzeit war die Investmentindustrie weiteren Wandlungen unterworfen. Nicht nur Privatbanken, auch die großen *banks of deposit* und Trusts beteiligten sich am Investmentgeschäft. Der Privatanleger rückte in das Zentrum der Aufmerksamkeit. Mit Ausnahme einiger konservativer Banken, vor allem Kuhn, Loeb & Co., die weiterhin die Abgabe der Emissionsware an institutionelle Investoren und einige ausgewählte Privatpersonen bevorzugten, führten die Emissionshäuser landesweite öffentliche Angebote durch und wandten sich in aufwendigen Marketingkampagnen, Anzeigen in der Presse oder durch Verteilung von Werbe- und Informationsschriften an das breite Anlegerpublikum.[205] Sie verfeinerten die Konsortialstruktur, die sich durch die Erteilung einer umfassenden Vollmacht an die führende(n) Bank(en), die Festsetzung eines einheitlichen Platzierungspreises und das Bemühen, den Absatz durch Pflege des Marktes zu erleichtern, auszeichnete. Damit hatten sich Merkmale herausgebildet, die von den bevorstehenden politischen und wirtschaftlichen Umwälzungen und den weitgehenden gesetzgeberischen Neuerungen grundsätzlich nicht berührt und, wie erwähnt, mit dem Einsetzen der Internationalisierung des Investmentgeschäfts in alle Welt exportiert werden sollten.

Am Ende des ersten Weltkriegs hatten sich die Vereinigten Staaten von einer Schuldner- zu einer Gläubigernation entwickelt. Das Wirtschaftswachstum war durch den Krieg nur kurz gehemmt worden und führte jetzt zu bislang nicht gekanntem Wohlstand. Breite Bevölkerungsschichten hatten durch die Zeichnung amerikanischer Kriegsanleihen (der sog. *Liberty Loans*) erste Erfahrungen mit Anlagegeschäften sammeln können und hielten nach Möglichkeiten Ausschau, ihr neu erworbenes Vermögen gewinnbringend anzulegen. Das Investmentgeschäft erlebte einen beispiellosen Boom. Der Kapitalmarkt entwickelte sich rasant und ließ die Märkte der durch den Krieg zerrütteten Staaten Europas weit hinter sich.[206] Der Aufstieg der USA zur führenden Wirtschaftsmacht war vollendet – ein Aufstieg, der den US-amerikanischen Finanzplätzen, allen voran New York City, eine über viele Jahrzehnte

---

205 *Carosso*, loc. cit., p. 96 et seq., 104–5.

206 Statistiken bei *Carosso*, loc. cit., p. 243: In den Jahren 1919 bis 1929 stieg der Wert der von der Industrie ausgegebenen Wertpapiere (Aktien und Anleihen) um mehr als das Dreifache von $ 2,7 Mrd. auf knapp $ 9,4 Mrd. Ebenso nahm die Zahl der an der New York Stock Exchange gehandelten Aktien zu: Während 1919 lediglich 317 Mio. Papiere verkauft wurden, überstieg die Zahl 1929 erstmals 1 Mrd., id. at p. 244.

hinweg, bis zum Londoner Big Bang, weltweit unangefochtene Vormachtstellung bescheren sollte.

Der Investmentboom war indes nicht nur positiv zu beurteilen: Der Wettbewerb zwischen den Banken nahm zu. Während die alteingesessenen Häuser vor spekulativen Geschäften warnten und überwiegend ihre bewährten Geschäftspraktiken beibehielten, die auf eine konservative, die Interessen der Anleger wahrende Investitionstätigkeit ausgerichtet waren,[207] versuchten andere Investmentbanken, die ungebrochene Nachfrage der Investoren zur Erzielung hoher Gewinne auszunutzen, selbst wenn das bedeutete, Effekten von zweifelhafter Qualität anzubieten.[208] Sie legten bei der Überprüfung der Emittenten großzügigere Maßstäbe an und gaben einseitige Werbeschriften heraus, die in häufig realitätsferner Weise außerordentliche Gewinne in Aussicht stellten, ohne auch nur den Versuch zu unternehmen, den Investor umfassend und objektiv über die Risiken der Anlage aufzuklären. Hinzu kam, dass viele Banken, Versicherungsgesellschaften und andere Unternehmen Investmentfonds auflegten, die häufig ihrerseits Investmenttöchter gründeten oder in andere Fondsgesellschaften investierten. Einem großen Teil der so auf den Markt geworfenen Papiere lagen keine nachhaltigen Werte zugrunde.

Im Laufe des Jahres 1929 deutete eine unruhige Kursentwicklung an, dass die Stabilität der gesamtwirtschaftlichen Lage nicht gewährleistet war. Fachleute warnten vor einem massiven Einbruch der Kurse und einem Stocken des Wirtschaftswachstums. Das Gros der Finanzindustrie tat die Hinweise noch Anfang Oktober 1929, d.h. wenige Tage vor dem großen Börsencrash, als nicht ernstzunehmend ab. Anerkannte Investmentbanker sowie Wirtschaftswissenschaftler, z.B. Irving Fisher von der Yale University, sprachen im Hinblick auf mehrere Kursstürze der jüngeren Vergangenheit von notwendigen Marktkorrekturen, die einem lang anhaltenden Wachstum und positiven Investitionsklima nicht entgegenstünden. Sie sollten Lügen gestraft werden: Von Mitte Oktober an befand sich der Markt in einer kontinuierlichen Abwärtsbewegung, die auch wiederholte Vertrauenskundgebungen der Investmentindustrie nicht aufhalten konnten. Die Katastrophe begann am Mittwoch, dem 23. Oktober, mit beträchtlichen Aktienverkäufen nervöser Anleger. Die Unruhe wuchs sich am nächsten Tag zur Panik aus: Der „Black Thursday" sah knapp 13 Mio. Aktien, die den Markt zu stetig fallenden Preisen überschwemmten. Erst das Einschreiten einer Gruppe renommierter Investmentbanker, die massive Stützungskäufe vornahm, konnte das Schlimmste verhindern und gegen Ende des

207 Z.B. konzentrierte sich J. P. Morgan & Co. weiterhin auf sichere Anlageformen, etwa Staatsanleihen und Anleihen etablierter Industrieunternehmen. Bei lediglich ca. 3 % der übernommenen Wertpapiere handelte es sich um Aktien, und auch diese platzierte die Bank nicht beim allgemeinen Anlegerpublikum, sondern bei ausgewählten, erfahrenen Investoren, vgl. *Carosso*, loc. cit., p. 256.

208 Vgl. die Schilderung von Otto H. Kahn, wiedergegeben in *Carosso*, loc. cit., p. 257: „15 American bankers sat in Belgrade, Yugoslavia, making bids, and a dozen American bankers sat in a half a dozen South or Central American States, or in Balkan States … one outbidding the other foolishly, recklessly, to the detriment of the public, compelling him to force bonds upon the public at a price which is not determined by the value of that security so much as by his eagerness to get it."

Handelstages sogar zu einer leichten Erholung der Börsenpreise beitragen. Bis zum Wochenende bewegte sich der Markt in ruhigeren Bahnen; die Presse und das Anlegerpublikum schöpften bereits Hoffnung und begannen, das entschlossene Eingreifen der Banker zu preisen. Zu früh, wie sich herausstellen sollte. Die neue Woche begann mit weiteren Aktienverkäufen in beispiellosem Umfang, die am 29. Oktober, dem „Tragic Tuesday", ihren Höhepunkt erreichten. 16,5 Mio. Aktien fanden ihren Weg auf den Markt, mehr als je zuvor an einem einzelnen Handelstag. Stützungskäufe der Bankengruppe blieben ohne jede Wirkung, bei Börsenschluss hatten die an der NYSE gelisteten Effekten $ 8–9 Mrd. an Wert eingebüßt.[209] Damit bestanden keine Zweifel mehr, dass es sich bei den Kursstürzen nicht lediglich um eine Börsenpanik und schon gar nicht um bloße Kurskorrekturen gehandelt hatte, sondern den Beginn einer ernsthaften Depression. In den nächsten zweieinhalb Jahren sanken die Kurse weiter kontinuierlich, der Dow Jones Industrial Average fiel von einem Hoch von knapp 400 Punkten kurz vor Beginn des Crashs auf ca. 40 Punkte im Juli 1932.[210] Die Verluste waren immens: Der Gesamtwert aller an der NYSE gehandelten Aktien, der am 1. September 1929 noch mit $ 89 Mrd. zu beziffern gewesen war, hatte sich bis Mitte 1932 auf $ 15 Mrd. verringert. Anleihen verloren im selben Zeitraum $ 20 Mrd. an Wert.[211] Unzählige Existenzen waren zerstört, hunderte Industrieunternehmen und Bankhäuser mussten Insolvenz anmelden, sogar einige der etablierten Privatbanken wurden an den Rand des Ruins getrieben.[212]

c. *Veränderungen in der Industrie seit der großen Depression*

Die Ereignisse des Oktobers 1929 führten der Öffentlichkeit vor Augen, dass selbst die einst mit viel Bewunderung bedachten und als so mächtig eingeschätzten Investmentbanken den Kräften des Marktes machtlos gegenüberstanden. Eine von Präsident Hoover und dem Senat im Jahr 1932 eingesetzte Untersuchungskommission (die sog. *Gray-Pecora Investigation*) sollte den vormals guten Ruf der Finanzbranche endgültig zerstören: Die Untersuchung offenbarte betrügerisches und spekulatives Handeln in schockierendem Umfang. Insider Trading und Manipulation der Börsenkurse, um Papiere in einem günstigen Investitionsklima beim Publikum unterbringen zu können, waren ebenso keine Seltenheit wie die Verbreitung falscher Mitteilungen über den Emittenten, die Bestechung von Reportern oder Redakteuren, um vorteilhafte Nachrichten zu lancieren, oder die Veröffentlichung

---

209 *Carosso*, loc. cit., p. 305.

210 Erst in den 50er Jahren des 20. Jahrhunderts erreichte der Dow Jones wieder das Niveau der Zeit vor dem Börsencrash, vgl. DAI-Kurzstudie 2/2002, S. 1, abrufbar unter http://www.dai.de/internet/dai/dai-2-0.nsf/dai_publikationen.htm.

211 *Loss/Seligman*, Fundamentals, p. 28.

212 Z.B. Kidder, Peabody & Co., 1865 gegründet und damit eine der ältesten – und auch eine der erfolgreichsten – Privatbanken des Landes (Kidder, Peabody & Co. wurde 1994 von Paine, Webber & Co. übernommen, die wiederum 2000 mit der UBS AG verschmolzen). Vgl. zu den Gründen für die Krise der Bank *Carosso*, loc. cit., p. 309 et seq.

geschönter Bilanzen.[213] Selbst in den Tagen der größten Krise profitierten einige Investmentbanker von den Kursstürzen durch ausgedehntes short selling, was ihnen Gewinne in Millionenhöhe bescherte.[214] Während sich die Privatbanken von dem Spekulationsklima nur in eingeschränktem Umfang dazu hatten verleiten lassen, mit den Standards ihrer Geschäftsethik zu brechen, legte die Untersuchung die schwerwiegendsten Verstöße bei den inkorporierten Depositenbanken und ihren Investmenttöchtern offen. Die Antwort des Gesetzgebers war eindeutig: Mit dem Glass-Steagall Act von 1933 untersagte er es Einlagebanken, das Investmentgeschäft zu betreiben.[215] Noch vor Abschluss der Gray-Percora Untersuchung erließ er zwei weitere Gesetze, die erstmals die Erbringung von Finanzdienstleistungen umfassend regelten und damit die gesamte Industrie auf eine neue gesetzliche Grundlage stellten: Den Securities Act 1933 und den Securities Exchange Act 1934. Auf den Inhalt dieser beiden Gesetze, die ihnen zugrunde liegende Philosophie und gesetzgeberische Maßnahmen neueren Datums, die für die Investmentindustrie von Bedeutung sind, wird die Arbeit an anderer Stelle eingehen.[216]

Hier soll es genügen, nochmals darauf hinzuweisen, dass sich zwar der gesetzliche Rahmen, in dem sich Investmentbanken zu bewegen haben, mit Inkrafttreten der großen Kapitalmarktgesetze entscheidend geändert hatte, die Praxis des Emissionsgeschäfts, wie sie sich in den Jahrzehnten zuvor herausgebildet hatte, aber weitgehend unbeeinflusst blieb.[217] Der Grund liegt darin, dass es dem Gesetzgeber ge-

---

213 Der H. R. Rep. No. 85, 73d Cong., 1st Sess. (1933) spricht von der völligen Aufgabe „of those standards of fair, honest, and prudent dealing that should be basic to the encouragement of investment in any enterprise“ seitens zahlreicher Emittenten und Emissionsbanken in den Jahren vor dem Börsencrash von 1929, loc. cit., p. 2. Vgl. auch das bei *Pecora*, Wall Street under Oath, p. 100, erwähnte Beispiel der National City Co., eines der größten und am meisten respektierten Finanzinstitute der damaligen Zeit, die in den Jahren 1927 und 1928 drei peruanische Staatsanleihen im Wert von insgesamt $ 90 Mio. platzierte, obwohl die unternehmensinternen Analysten die Anleihen als „an adverse moral and political risk“ eingeschätzt hatten.

214 *Pecora*, loc. cit., p. 154. Die Geschäftspraktiken der Investmentbanken waren allerdings nicht alleine für den Börsencrash verantwortlich. Entscheidenden Anteil hatte der Spekulationsrausch vieler Investoren. Ein Großteil der damaligen Investitionen erfolgte *on margin*, d.h. der Anleger erwarb die Wertpapiere auf Kredit. Der Wertpapierhändler gewährte den Kredit oftmals selbst und nahm seinerseits einen Bankkredit auf, um die Order seines Kunden ausführen zu können. Als die Börsenkurse Ende 1929 zu sinken begannen, forderten die Kreditgeber den Differenzbetrag zwischen aktuellem Kurs und Kaufpreis der Wertpapiere von den Anlegern ein. Dies verursachte eine Kettenreaktion. Die Anleger verkauften ihre Papiere, um die Kredite zurückzahlen zu können, was zu weiteren Kursverlusten und damit weiteren Rückzahlungsforderungen der Kreditgeber führte, vgl. *Cox/Hillman/Langevoort*, Securities Regulation, p. 5. Inzwischen sind solche Handelspraktiken in den USA durch § 7 Sec. Ex. Act begrenzt. Insbesondere in *emerging markets*, z. B. in China, sind spekulative Investitionspraktiken unter Aufnahme von Krediten (sog. *stagging*) aber immer noch verbreitet, vgl. FT US v. 13 Dezember 2003, p. 13.

215 Zum Glass-Steagall Act bereits oben Fn. 93. Zu den Risiken, die eine Kombination von Investment- und Commercial Banking nach Ansicht des Gesetzgebers mit sich bringt, siehe auch die Ausführungen des Supreme Court in Investment Co. Institute v. Camp, 401 U.S. 617, 629 et seq., 91 S. Ct. 1091, 1098 et seq. (1971).

216 § 7.

217 Der zeitliche Ablauf der Emissionsbegleitung hatte sich notwendigerweise den Bestimmungen des Securities Act 1933, der eine zweifache Zäsur durch Einreichung und Inkrafttreten des Registrierungsformulars vorsieht, anzupassen. Zu den drei Phasen des Emissionsgeschäfts ausführlich unten § 4 I 1 b bb.

lang, Anlegerschutz zu verwirklichen, ohne den Aufsichtsbehörden den Auftrag zu erteilen, in die Struktur der Unternehmen und der Vorgänge am Kapitalmarkt einzugreifen: Nicht der Inhalt der Kapitalmarktgeschäfte wurde zum Fokus der staatlichen Aufsicht, sondern die Pflicht, den Inhalt dem Anlegerpublikum gegenüber vollständig und objektiv offen zu legen.

Auch wenn sich das Emissionsgeschäft in seinen Grundprinzipien seit dem ersten Jahrzehnt des 20. Jahrhunderts wenig verändert hat, war die Investmentindustrie nach dem zweiten Weltkrieg zahlreichen Wandlungen unterworfen. Der Charakter der Kapitalsuchenden änderte sich: Zeichneten vormals Eisenbahnen und andere Unternehmen der Schwerindustrie für mehr als 50 % aller Anleiheemissionen und ca. 30 % der Aktienemissionen verantwortlich, spielten sie in der zweiten Hälfte des 20. Jahrhunderts nur noch eine untergeordnete Rolle.[218] An ihre Stelle traten die öffentlichen Versorgungsunternehmen, die großen Unternehmen der Konsumgüterindustrie und Investmentgesellschaften. Auch gaben die Investmentbanken ihre Zurückhaltung gegenüber der Ausgabe von Aktien kleiner, unbekannter Unternehmen auf. Die Begleitung solcher Emissionen wurde zu einer wichtigen Einnahmequelle der Banken. Auf Seiten der Kapitalgeber fanden ebenso bedeutsame Umwälzungen statt: Privatplatzierungen an ausgewählte, reiche Privatpersonen wurden zur Seltenheit, stattdessen stieg der Einfluss der institutionellen Investoren – der Versicherungsgesellschaften, Investment- und Pensionsfonds.[219] Diese Gruppe von Investoren hat wohl wie keine zweite die Praxis des Emissionsgeschäfts beeinflusst: Die üblichen Konsortialstrukturen – Bildung eines Übernahme- und eines Platzierungskonsortiums – waren nicht sachgerecht, hier zählte der persönliche Kontakt sowie die Möglichkeit, dem Kaufinteressenten vorteilhafte Konditionen anzubieten. Verfügte der Emittent bereits über Kontakte zu institutionellen Investoren, war er auf eine wesentliche Leistung der Banken nicht mehr angewiesen: das Auffinden geeigneter Anlegerschichten.[220] Auch die rechtlichen Rahmenbedingungen variieren inzwischen, je nachdem ob die Banken an das breite Anlegerpublikum oder institutionelle Investoren verkaufen. Im letzteren Fall sind in der Regel niedrigere Publizitätsstandards zu erfüllen.[221] Schließlich änderte sich die Struktur der Investmentindustrie selbst: Mit steigendem Bedarf an Kapital seitens der Emittenten, dem Erfordernis einer nationalen und internationalen Präsenz und einem immer komplexeren und kostenintensiveren regulativen Umfeld wurde der Betrieb einer kleinen Privatbank mit häufig nur einer Niederlassung in New York City und wenigen Angestellten, wie er noch Anfang des 20. Jahrhunderts üblich war,

218 Zahlen aus *Carosso*, Investment Banking in America, p. 497.
219 Im Jahr 1950 hielten institutionelle Investoren lediglich 7,2 % der öffentlich gehandelten Aktien. 2003 war der Anteil auf knapp 50 % gestiegen. Zudem zeichnen institutionelle Investoren für ca. 70 % des Handelsvolumens an Börsen verantwortlich, vgl. *Coffee/Seligman/Sale*, Securities Regulation, p. 37.
220 Im Einzelnen werden die Auswirkungen, die das Aufkommen des institutionellen Investors auf die Struktur des Emissionskonsortiums hat, im nächsten Kapitel dargestellt, vgl. insbesondere § 4 I 2 d und II 3.
221 Erleichterte Voraussetzungen enthält z.B. Securities Act Rule 144A. Siehe hierzu bereits oben § 2 II und unten § 4 I 1 b cc.

unrentabel. Zahlreiche traditionsreiche Namen der US-amerikanischen Investmentindustrie – z.B. Kuhn, Loeb & Co. oder Kidder, Peabody & Co. – gingen im Zuge von Konsolidierungswellen unter. Im Jahr 1999 lockerte der Gesetzgeber im sog. Gramm-Leach-Bliley Act das Verbot des Betreibens von Universalbanken.[222] Damit strömten die im Einlagen- oder Kreditgeschäft tätigen Großbanken auf den Markt für Investmentdienstleistungen. Die Citigroup etwa erwarb 1998 Smith Barney & Co., eine Investmentbank, die sich ihrerseits zuvor mit Harris, Upham & Co. und Salomon Brothers, ebenfalls ehrwürdige US-amerikanische Privatbanken, zusammengeschlossen hatte (inzwischen mehrheitlich an Morgan Stanley abgegeben). Die Chase Manhattan Corp. gründete im Jahr 2000 zusammen mit J. P. Morgan & Co. die Dachgesellschaft JPMorgan Chase & Co. und betreibt nun unter der Firma JPMorgan (unter anderem) das Investmentgeschäft. Ausländische Universalbanken versuchten ebenfalls, sich auf dem amerikanischen Investmentmarkt zu etablieren. Als Beispiele sind die UBS AG zu nennen, die durch Verschmelzung mit Paine, Webber & Co. auf einen Schlag einen substantiellen Anteil am Investmentgeschäft erlangen konnte, die Credit Suisse Group, die 1988 mit The First Boston Corp. zusammenging, oder die Deutsche Bank, die seit der bereits erwähnten Übernahme von Bankers Trust im Jahr 1999 ebenfalls eine gute Marktposition in den USA innehat. Schließlich führte die Subprime Krise des Jahres 2008 dazu, dass weitere Investmentbanken den Markt verließen, z. B. Lehman Brothers nach Insolvenz. Die letzten zwei bulge bracket Investmentbanken in den USA, Morgan Stanley und Goldman Sachs, haben im Zuge der Finanzkrise ihren Status als Investmentbanken aufgegeben und operieren jetzt als traditionelle Bank Holding Companies. Ohne Übertreibung kann davon gesprochen werden, dass die Ära der selbständigen US-amerikanischen Investmentbank zu Ende gegangen ist.

Weitere Veränderungen werden folgen: Das Internet stellt neue Wege für den Absatz von Wertpapieren zur Verfügung, konnte die althergebrachten Praktiken bislang allerdings nicht maßgeblich beeinflussen.[223] Nicht nur die Emittenten und Banken, auch die Börsen operieren zunehmend international – die Übernahmeaktivitäten der NYSE oder des NASDAQ Stock Market sind ein beredtes Beispiel. Die internationalen Finanzmärkte verschränken sich seit den 70er und 80er Jahren des letzten Jahrhunderts zusehends.[224] Ein grenzüberschreitender Finanzplatz ist in der EU mit der Errichtung des gemeinsamen Marktes und der Harmonisierung der kapitalmarktrechtlichen Rahmenbedingungen, z.B. der europaweiten Geltung des in einem Mitgliedstaat genehmigten Wertpapierprospekts,[225] bereits Realität ge-

222 Pub.L. 106-102, Nov. 12, 1999, 113 Stat. 1338 (Financial Services Modernization Act of 1999). Das Gesetz hebt unter anderem diejenigen Vorschriften des Glass-Steagall Act auf, die es kommerziellen Banken untersagten, sich mit im Investmentgeschäft tätigen Instituten zusammenzuschließen oder im Investmentgeschäft tätige Personen als officers, directors oder Angestellte zu beschäftigen (§§ 20, 32). Weitere Einzelheiten zum Gramm-Leach-Bliley Act in Fn. 93 und 1911.

223 Siehe auch § 4 I 3 c cc und II 3.

224 Zu den Gründen für die Globalisierung der Finanzmärkte vgl. *Reinicke*, Banking, Politics and Global Finance, p. 39 et seq.

225 Hierzu § 6 I 2 a.

worden, deutet sich in den USA in der Form von Sonderregeln, die eine Anerkennung der im Ausland erfüllten Publizitätsbestimmungen vorsehen, an[226] und ist Anknüpfungspunkt für die Vereinheitlichungsbemühungen zahlreicher internationaler Organisationen, z.B. der International Organization of Securities Commissions (IOSCO), dem International Accounting Standards Board (IASB) oder der International Capital Market Association (ICMA).[227]

§ 4 Emissionsbegleitung durch Bankenkonsortien

Die Aufnahme von Eigen- oder Fremdkapital durch Begebung von Aktien bzw. Anleihen kann durch den Emittenten selbst im Wege der Direktplatzierung (Eigenemission) oder unter Einschaltung von Kreditinstituten (Fremdemission) geschehen. Direktplatzierungen finden in der Praxis selten statt und werden allenfalls bei Emissionen von Banken oder bei Kapitalerhöhungen von Konzerntöchtern und einer Übernahme der Aktien durch das Mutterunternehmen relevant.[228] In den meisten anderen Fällen fehlt dem Emittenten der erforderliche Kontakt zum Anlegerpublikum, um eine breit gestreute und damit erfolgreiche Platzierung zu gewährleisten. Das gilt erst recht bei Auslands- und internationalen Emissionen.[229] Deswegen bedient er sich einer oder mehrerer Banken, die die zu emittierenden Papiere übernehmen, um sie unter Ausnutzung ihrer Absatzorganisation und der bestehenden Kontakte zu Privatanlegern und institutionellen Investoren entweder auf eigene Rechnung oder auf Rechnung des Unternehmens zu platzieren. Außerdem kann sich der Emittent auf diese Weise die Expertise des Kreditinstituts, das oft langjährige Erfahrung im Emissionsgeschäft aufzuweisen hat, bei der Erstellung des Börsenprospekts, Zulassung der Wertpapiere und Festsetzung des Platzierungspreises zunutze machen.

Bankenkonsortien sind in vielfältiger Weise an einer Fremdemission beteiligt. Nicht nur übernehmen und platzieren sie die Wertpapiere – was die Hauptaufgabe der Emissionsbegleiter darstellt und deswegen in der oben erwähnten Definition des Emissionsgeschäfts eine zentrale Stellung einnimmt –, sondern sie führen auch im Vorfeld beratende Tätigkeiten durch und üben zur Nachbereitung des Börsengangs die Dienste einer Zahl- und (bei Aktienemissionen) Hinterlegungsstelle aus,[230] sichern die Liquidität, indem sie gemäß den Voraussetzungen der jeweiligen

---

226 Vgl. § 4 I 1 b cc.
227 Vgl. § 6 I 2 a dd (3).
228 Schimansky/Bunte/Lwowski/*Grundmann*, Bankrechtshandbuch, § 112 Rdnr. 6.
229 Zum Unterschied zwischen Auslands- und internationalen Emissionen vgl. unten III.
230 Die Aufgabe der Hinterlegungsstelle besteht in der Verwahrung von Aktien, wenn die Satzung die Teilnahme an der Hauptversammlung von der Hinterlegung der Urkunden abhängig macht. Nach Änderung des § 123 AktG durch das UMAG vom 22.09.2005, BGBl. I 2005, 2802, hat die Relevanz des Legitimationsnachweises durch Hinterlegung deutlich abgenommen. Hiermit wollte der Gesetzgeber Missverständnissen vorbeugen, die das Erfordernis bei ausländischen Investoren hervorrief und die sich negativ auf die Attraktivität einer Anlage in deutschen Aktien auswirkten, vgl. BT-Drs. 15/5092, S. 13. Die Hinterlegung ist nun nicht mehr Grundform der

Börsenordnung die Zulassung als sog. Designated Sponsor erwirken,[231] oder gleichen Kurschwankungen durch Stützungskäufe bzw. -verkäufe aus (Kurspflege). Im Folgenden soll zunächst – jeweils getrennt für Aktien- (unter I) und Anleiheemissionen (unter II) – ein kurzer Überblick über den Ablauf des Börsengangs mit besonderer Berücksichtigung der Beteiligung der Emissionsbanken gegeben werden (unter I 1 bzw. II 1). Sodann wird die Arbeit die beiden wichtigsten Aspekte der Emissionsbegleitung, die Übernahme und Platzierung der Emissionsware, näher vorstellen (I 2 bzw. II 2 zur Übernahme, I 3 bzw. II 3 zur Platzierung). Andere Tätigkeiten der Konsortialbanken sollen zunächst ausgeklammert bleiben. Sie beinhalten zwar auch Haftungsrisiken, etwa wenn der Konsortialführerin Pflichtverletzungen bei der vorbereitenden Beratung des Emittenten unterlaufen. Der Umfang einer möglichen Inanspruchnahme aus solchen Pflichtverletzungen ist aber in der Regel überschaubarer als im Fall der Prospekthaftung oder der Haftung für die Übernahme der gesamten Emission. Sie sind deswegen für die Frage des betriebswirtschaftlichen Sinns einer Emissionsbegleitung und damit auch die Auslegung der einschlägigen rechtlichen Vorschriften unter dem Blickwinkel einer sinnvollen Regelung des Wirtschaftslebens von sekundärer Bedeutung. Zudem sind gerade Übernahme und Platzierung in rechtlicher und tatsächlicher Hinsicht von einiger Komplexität und rechtfertigen einführende Bemerkungen. Auf die sonstigen haftungsrechtlich relevanten Aktivitäten der Emissionsbanken wird, sofern angebracht, im Zusammenhang mit der Analyse der Haftungstatbestände Bezug genommen.

I. Aktienemission

Aktien werden bei Gründung einer Aktiengesellschaft, beim Börsengang einer bestehenden Aktiengesellschaft und bei Kapitalerhöhungen eines bereits börsennotierten Unternehmens emittiert. Die Emission kann sich auf neu zu schaffende oder schon bestehende Aktien beziehen. Letzteres ist z.B. beim IPO eines Unternehmens allein mit Aktien der Altaktionäre der Fall. Die Mitwirkung von Banken bei der Platzierung schon bestehender Aktien oder bei der Gründung einer Aktiengesellschaft ist in der Praxis selten.[232] Die folgende Darstellung beschränkt sich deswegen auf Kapitalerhöhungen von börsennotierten Unternehmen und IPOs unter Durchführung einer Kapitalerhöhung. Bei der Schilderung des Ablaufs einer Emission wird vom Grundfall der ordentlichen Kapitalerhöhung ausgegangen, der sich,

---

Hauptversammlungslegitimation bei Inhaberaktien, sondern muss in der Satzung vorgesehen werden (§ 123 Abs. 3 Satz 1 AktG). Selbst wenn das der Fall ist, kann der Aktionär einer börsennotierten Gesellschaft die Hinterlegung gem. § 123 Abs. 3 Satz 2 AktG durch den Nachweis des Anteilsbesitzes durch das depotführende Institut ersetzen.

231 Vgl. z.B. §§ 145 f. BörsO FWB.

232 BuB/*Groß*, Rdnr. 10/288; *deMeo*, Bankenkonsortien, 1. Kap., Rdnr. 16.

sofern deutsches Recht Anwendung findet,[233] nach den §§ 182 ff. AktG richtet. In der (deutschen) Praxis ist die Erhöhung des Grundkapitals im Wege des genehmigten Kapitals gem. §§ 202 ff. AktG häufiger anzutreffen. Sie vermeidet zeitliche Verzögerungen, die bei der ordentlichen Kapitalerhöhung dadurch entstehen, dass der Vorstand einen Hauptversammlungsbeschluss herbeiführen muss, bevor die jungen Aktien gezeichnet und ausgegeben werden können.[234] Das sonstige Verfahren entspricht dem bei der ordentlichen Kapitalerhöhung, da die §§ 185 ff. AktG gem. § 203 Abs. 1 Satz 1 AktG entsprechend anwendbar sind.

1. Ablauf

Unterschiedliche rechtliche Vorgaben in Deutschland und den USA bedingen einige Abweichungen im Detail, was Organisation und Ablauf von Wertpapieremissionen anbelangt. Deswegen erscheint es sinnvoll, eine nach Ländern getrennte Darstellung vorzunehmen.

a. Deutschland

Eine Gesellschaft, die sich zum Börsengang und/oder zur Kapitalerhöhung entschließt, muss umfangreiche Vorbereitungen treffen, die bereits Monate, oft bis zu anderthalb Jahre, vor dem Emissionstermin beginnen.[235] Bei IPOs ist in der Regel eine Restrukturierung des Unternehmens erforderlich. Die Gesellschafter müssen eine kapitalmarktfähige Satzung entwerfen, Mitarbeiterbeteiligungsmodelle entwickeln, Vorstandsverträge aushandeln und, falls erforderlich, Patente anmelden oder Lizenzen erwerben. Weitere Voraussetzungen für eine erfolgreiche Emission sind eine sorgfältige Analyse des Marktes und der Wettbewerbssituation, die Erstellung von Prognosen und Planungsprämissen für das Unternehmen, eine Untersuchung der Vermögens-, Finanz- und Ertragslage und eine Überprüfung der schon bestehenden bzw. eine Bestimmung der noch aufzubauenden Liefer- und Leistungs-

---

233 Das auf Kapitalerhöhungen anwendbare Recht bestimmt sich nach dem Gesellschaftsstatut, das in Deutschland in der Regel (d.h. außerhalb des Anwendungsbereichs der Art. 43, 48 EG) das Recht am tatsächlichen Sitz der Gesellschaft ist, sog. Sitztheorie, vgl. *Kegel/Schurig*, Internationales Privatrecht, § 17 II 1. In den USA findet dagegen die sog. Gründungstheorie Anwendung, d.h. abzustellen ist auf das Recht am Registersitz (Restatement 2d of Conflict of Laws, §§ 296 et seq.). Hat ein gesellschaftsrechtlicher Sachverhalt, über den ein deutsches Gericht zu entscheiden hat, Verbindungen zu einem anderen Mitgliedstaat der Europäischen Union, ist die Sitztheorie auch in Deutschland weitgehend unanwendbar, vgl. die bekannten Entscheidungen des EuGH in Rs. C-81/87, Slg. 1988, 5488 (Daily Mail); Rs. C-212/97, Slg. 1999, I-1459 (Centros); Rs. C-208/00, Slg. 2002, I-9919 (Ueberseering); Rs. C-167/01, Slg. 2003, I-10155 (Inspire Art); Rs. C-210/06, Slg. 2008, I-0000 (CARTESIO).

234 *Heinsius*, FS Kellermann, S. 115.

235 Jedenfalls bei IPOs beträgt die Vorbereitungszeit ein Jahr oder länger. Zum zeitlichen Ablauf einer Emission vgl. *Ekkenga/Maas*, Wertpapieremissionen, Anhang S. 355 ff.; *Krämer*, Börsenzeitung Nr. 111 v. 10. Juni 2000, S. B 16; Marsch-Barner/Schäfer/*Meyer*, Handbuch börsennotierte AG, § 8, Rdnr. 14 ff.; *Schanz*, Börseneinführung, passim, insb. § 6 Rdnr. 5, § 9 Rdnr. 12, § 10 Rdnr. 1 ff., § 12 Rdnr. 97.

beziehungen. Alle diese Maßnahmen sind einer ersten (Planungs- und Analyse-) Phase zuzuordnen, in der das Unternehmen auf den Börsengang vorbereitet wird und die Gesellschafter die Grundzüge der Emission, z.B. Umfang, Zeitpunkt und die mit der Emission verfolgten Interessen, näher konkretisieren.

In einer zweiten Phase werden Schritte zur Umsetzung des Börsengangs eingeleitet. Die Einzelheiten der Emission, z.B. Auswahl des Marktsegments und des Börsenplatzes, Methode der Platzierung, Wahl der Aktiengattung, werden festgelegt. Der Emissionsprospekt und die Zeichnungsunterlagen sind zu entwerfen. Das Unternehmen ist durch unabhängige Dritte zu bewerten (Commercial, Financial, Legal und Tax Due Diligence). Anhand dieser Bewertung und eines Vergleichs mit anderen börsennotierten Unternehmen ist die Emissionspreisspanne festzulegen. Diese Maßnahmen müssen durch kontinuierliche Öffentlichkeitsarbeit begleitet werden, um ein ausreichendes Anlegerinteresse sicherzustellen und damit ein Abrutschen des Börsenpreises nach Einführung der Aktien zu verhindern. Häufig erfolgt der Börsengang nicht nur durch öffentliches Angebot bereits bestehender Aktien, sondern unter gleichzeitiger Durchführung einer Kapitalerhöhung. In diesem Fall muss der Vorstand grundsätzlich (wenn die §§ 182 ff. AktG Anwendung finden) die Hauptversammlung einberufen (§§ 121, 123 AktG), einen Beschlussvorschlag bekannt machen (§ 124 Abs. 3 Satz 1 AktG), einen entsprechenden Beschluss der Hauptversammlung, grundsätzlich mit Dreiviertel-Mehrheit, erwirken (§ 182 Abs. 1 AktG) und schließlich nach erfolgter Zeichnung und Leistung der Mindesteinlagen (§§ 188 Abs. 2 i.V.m. 36 Abs. 2, 36a AktG) die Durchführung der Kapitalerhöhung zur Eintragung in das Handelsregister anmelden (§ 188 AktG).

In einer dritten Phase ist die eigentliche Börseneinführung zu betreiben. Nach Zulassung der Aktien zum Börsenhandel (§ 32 BörsG) und Zuteilung an die Emissionsbanken oder direkt die Anleger erfolgt die Aufnahme der Erstnotiz (§ 38 BörsG). Innerhalb von üblicherweise 30 Tagen nach Einführung der Aktien sind, falls erforderlich, Maßnahmen zur Kursstabilisierung vorzunehmen (sog. Greenshoe). Es ist zu beachten, dass die einzelnen Phasen mitunter ineinander übergehen. Die Eintragung der Kapitalerhöhung erfolgt häufig kurz vor der Entscheidung der Zulassungsstelle über den Antrag auf Zulassung, der wiederum der Beendigung der Preisbildung durch Festlegung des Platzierungspreises und anschließender Zuteilung der Effekten an die Anleger unmittelbar vorausgeht. Um die Zuteilung schnell abwickeln zu können, hat die öffentliche Auflegung zur Zeichnung der Effekten (sofern sich die Parteien für eine solche Platzierungsmethode entscheiden) bereits vor der Eintragung der Kapitalerhöhung begonnen.[236] Den reibungslosen

236 Weitere Einzelheiten unter 3 im Zusammenhang mit den verschiedenen Platzierungsverfahren. Zur Veranschaulichung des gedrängten Zeitplans mag die chronologische Aufschlüsselung einer Aktienemission bei *Ekkenga/Maas*, a.a.O., herangezogen werden. Hier sollen nur die Tage T−1, T0 und T+1 herausgegriffen werden (Bezugspunkt T0 ist in der Praxis gewöhnlich die Eintragung der Kapitalerhöhung in das Handelsregister; Zeitangaben sind im Folgenden selbstverständlich lediglich exemplarisch): Am Tag T−1 schließen die Banken und der Emittent den Übernahmevertrag ab. Am folgenden Tag (T0) vormittags zeichnen die Emissionsbanken die Aktien zum Nennwert (zu den Gründen für und zur Zulässigkeit der Zeichnung zum Nennwert

Ablauf und die Koordination der einzelnen Schritte versuchen Emittent und Emissionsbegleiter dadurch zu gewährleisten, dass sie in enger Abstimmung mit dem Registergericht und der Zulassungsstelle handeln, z.B. dem Registerrichter alle Entwürfe der Zeichnungsunterlagen vorlegen.[237]

Im Fall der reinen Kapitalerhöhung einer bereits börsennotierten Gesellschaft sind vergleichbare Vorbereitungen zu treffen. Das Unternehmen ist zu bewerten und zu präsentieren, bevor die eigentliche Börseneinführung bestehend aus Übernahme der Aktien durch die Konsortialbanken, Zuteilung, Zulassung zum Börsenhandel und Aufnahme in die bestehende Notierung erfolgen kann.

Um die geschilderten Aufgaben bewältigen zu können, benötigt das Unternehmen eine Vielzahl von Spezialisten. Es stellt deswegen frühzeitig ein Börseneinführungsteam zusammen, dem neben Rechtsanwälten, Steuerberatern, Wirtschaftsprüfern und Marketingunternehmen auch die konsortialführende Bank angehört. Bei ihr handelt es sich nicht notwendigerweise um die Hausbank[238] des Emittenten. In der Regel veranstaltet der Emittent mehrere Monate[239] vor der Platzierung Beauty Contests, in denen er Banken zu Präsentationen einlädt und die Bank(en) mit dem (den) attraktivsten Angebot(en) als Federführer bzw. führende Gruppe auswählt.[240] Die rechtlichen Beziehungen zwischen Emittent und Konsortialführung sind in einer Mandatsvereinbarung, dem sog. Letter of Engagement oder Letter of Intent,[241] geregelt. In der Mandatsvereinbarung verpflichtet sich die führende Bank dazu, den Emissionsprozess zu strukturieren, den Emittenten hinsichtlich jeglicher finanzieller Aspekte der Emission zu beraten, Unternehmensanalysen zu erstellen (Durchführung einer Financial und Legal Due Diligence), ein emissionsbegleitendes Bankenkonsortium zusammenzustellen, Unternehmenspräsentationen und sonstige Marketingmaßnahmen zu organisieren, die Platzierungsdokumente[242] zu entwerfen, die Preisspanne, den Emissionspreis und das Emissionsvolumen festzulegen und schließlich das Zulassungsverfahren zu betreiben. Im Gegenzug verpflichtet sich das Unternehmen dazu, dem Bankenkonsortium eine Platzierungs- und Bör-

---

vgl. *Technau*, AG 1998, 445, 447 ff. und unten Fn. 400) und zahlen den vereinbarten Betrag auf das Konto des Emittenten ein. Die Eintragung der Durchführung der Kapitalerhöhung in das Handelsregister erfolgt um 12 Uhr, sofort danach liefert die Konsortialführerin die Globalurkunde, in der die Effekten verbrieft sind, bei der Sammelbank ein, so dass sie im Effektengiroverkehr übertragen werden können. Daraufhin entscheidet die Zulassungsstelle über den Antrag auf Zulassung der Papiere zum Handel. Der Emittent und die Emissionsbegleiter setzen den Platzierungspreis fest und teilen die Effekten am nächsten Tag (T+1) zu.

237 *Fredebeil*, Übernahmevertrag, S. 196; *Technau*, a.a.O., 447.

238 Zu diesem Begriff und seinen rechtlichen Implikationen vgl. *Hopt*, Verantwortlichkeit, Rdnr. 106 ff.

239 Angaben aus der Praxis schwanken zwischen vier und sechs Monaten.

240 *Schanz*, Börseneinführung, § 9 Rdnr. 4 ff., 12 ff., zu den maßgeblichen Kriterien bei der Auswahl.

241 Muster bei BuB/*Groß*, Rdnr. 10/323a.

242 Diese sind der deutsche Verkaufs- und Börsenzulassungsprospekt sowie für den Fall, dass zugleich eine Platzierung und Vermarktung der Aktien in den USA nach SEC-Rule 144A gewünscht ist, die entsprechende englischsprachige Dokumentation (Offering Circular).

seneinführungsprovision zu zahlen und alle Kosten und Auslagen zu ersetzen.[243] Der Engagement Letter enthält hingegen keine Verpflichtung der Bank(en) zur späteren Übernahme der Aktien und des Emittenten zur tatsächlichen Durchführung der Emission.

Aus dem Mandatsschreiben wird nur die Federführerin verpflichtet. Die weiteren Konsortialbanken sind nicht an der Planung und Organisation der Börseneinführung, der Festlegung des Emissionspreises oder der Beratung des Emittenten beteiligt. Üblicherweise kontaktiert die Konsortialführerin sie erst wenige Tage vor Beginn der Platzierungsphase und bietet die Teilnahme am Konsortium an. Sobald sich das Konsortium zusammengefunden hat, schließt die führende Bank den Übernahmevertrag im Namen aller Mitglieder mit dem Emittenten ab und zeichnet die Aktien.

Bei kleineren Emissionen entwarfen und unterschrieben die Beteiligten in Deutschland bislang mitunter keinen förmlichen Konsortialvertrag. Stattdessen sendete die Konsortialführerin den Konsortialmitgliedern ein Einladungsschreiben (sog. Invitation Telex)[244] zu, in dem knapp die wesentlichen Punkte zusammengefasst waren, die sie mit dem Emittenten ausgehandelt hatte, u.a. Umfang der Emission und beabsichtigte Quote der angesprochenen Banken, oder dem der Übernahmevertrag bzw. eine Anlage mit den technischen Einzelheiten der Emission beigefügt war.[245] Waren die Banken dazu bereit, bei der Platzierung mitzuwirken, sendeten sie der Konsortialführerin eine kurze Bestätigung zurück und bevollmächtigen sie zur Übernahme der Aktien und Stellung des Zulassungsantrags in ihrem Namen. Die Internationalisierung des Emissionsgeschäfts hat dazu geführt, dass die Parteien heute zunehmend – jedenfalls bei größeren Emissionen – umfassende, dem US-amerikanischen Vorbild entsprechende Konsortialverträge verwenden, die sehr detaillierte Regelungen enthalten können.[246] Auf die rechtliche Beurteilung wirkt sich die unterschiedliche Technik der Syndizierung nur dann aus, wenn das Einladungsschreiben nicht alle Teilnehmer des Konsortiums mit ihren Quoten auflistet und keine Koordinierung des Zusammenwirkens der verschiedenen Emissionsbanken erfolgt. In einem solchen Fall kann nicht davon ausgegangen werden, dass ein

---

243 Die Platzierungsprovision setzt sich in der Regel aus einer Managementprovision, die an die führende(n) Bank(en) zu zahlen ist, einer Übernahme- und einer Verkaufsprovision, die an alle Konsortialbanken zu zahlen sind, zusammen, vgl. Ziff. 7 a) aa) des bei BuB/*Groß*, Rdnr. 10/323a abgedruckten Letter of Engagement. Sie berechnet sich als Prozentsatz des Platzierungspreises; Übernahme- und Platzierungspreis sind – anders als bei Anleiheemissionen – identisch. Die Platzierungsprovision beträgt ca. 2–6 % des Emissionsvolumens (hiervon fallen ca. 30 % für die Managementprovision an, 20 % für die Übernahmeprovision und 50% für die Verkaufsprovision), *Fredebeil*, Übernahmevertrag, S. 192 f. Verpflichten sich die Banken zur Durchführung des Zulassungsverfahrens, erhalten sie zusätzlich eine Börseneinführungsprovivion, Ziff. 7 a) bb) Letter of Engagement, BuB/*Groß*, Rdnr. 10/323a; Ziff. II Übernahmevertrag, BuB/*Groß*, Rdnr. 10/325,.

244 Muster bei BuB/*Groß*, Rdnr. 10/333a bzw. 10/333d (internationales Konsortium).

245 Beispiel für eine solche Anlage zum Einladungsschreiben bei BuB/*Groß*, Rdnr. 10/333b.

246 Beispiel für Deutschland bei BuB/*Groß*, Rdnr. 10/333e; für die USA bei *Bloomenthal*, Going Public Handbook II, app. 3.

multilaterales Konsortium[247] mit allen beteiligten Banken entsteht, das als Gesellschaft bürgerlichen Rechts zu qualifizieren sein könnte.[248] Im Übrigen ist die rechtliche Konstruktion, zumindest für hier interessierende Zwecke, vergleichbar: Die Verpflichtung der einzelnen Mitglieder des Konsortiums ist in der Regel auch im Einladungsschreiben nach Quoten aufgeschlüsselt und die gesamtschuldnerische Haftung ausgeschlossen.[249]

b. USA

Das öffentliche Angebot von Aktien in den USA lässt sich nur vor dem Hintergrund des – komplexen – rechtlichen Rahmens verstehen, wie ihn der US-amerikanische Gesetzgeber und die Wertpapieraufsicht entworfen haben. Wertpapiere dürfen – mit gewissen Ausnahmen – nur dann öffentlich angeboten werden, wenn der Emittent sie bei der SEC registriert.[250] Bereits vor Beginn des öffentlichen Angebots stellen die einschlägigen Regelwerke strenge Anforderungen an das Verhalten des Emittenten und der Emissionsbegleiter und unterwerfen die Kommunikation zwischen den Beteiligten, die Kontaktaufnahme mit potentiellen Anlegern und die Gestaltung der Emissionsunterlagen zahlreichen Restriktionen und Kautelen. Nach einigen einführenden Bemerkungen zu den vom US-amerikanischen Gesetzgeber verwendeten Begriffen (unter aa) ist deswegen auf die Regelungstechnik des zentralen Primärmarktgesetzes der USA, des Securities Act 1933, und der von der Wertpapieraufsicht (SEC) erlassenen Ausführungsbestimmungen einzugehen (unter bb). Abschließend (unter cc) werden zwei Sonderfälle der Registrierung erwähnt: *shelf registration* und das internationale Angebot.

aa. Terminologie: registration statement und prospectus

Oben[251] wurden zwei Dokumente erwähnt, die der Erfüllung der Publizitätspflichten des Emittenten dienen: das *registration statement* und der *prospectus*.[252] Das registration statement übernimmt die Funktion des Wertpapierprospekts i.S. des § 5 WpPG. Es muss von der SEC gebilligt werden, bevor das öffentliche Angebot beginnen kann, und hat folgende vier Kategorien von Informationen zu enthalten: Informationen über den Emittenten (Name, Registersitz und Sitz der Hauptverwaltung,

---

247 In der Literatur teilweise als Einheitsvertragskonsortium bezeichnet, z.B. *DeMeo*, Bankenkonsortien, 1. Kap., Rdnr. 85; *Ekkenga/Maas*, Wertpapieremissionen, Rdnr. 61.

248 Es entsteht allerdings (soweit die Voraussetzungen des § 705 BGB erfüllt sind, was unten, § 5 III, näher zu untersuchen ist) eine GbR zwischen der Konsortialführerin und der von ihr angesprochenen Bank (von *Ekkenga/Maas*, a.a.O., Rdnr. 60, „bilaterales Einzelkonsortium" genannt), die im Fall einer bloßen Unterbeteiligung, d.h. des Kaufs eines Teils der Emission von der Konsortialführerin mit der Maßgabe, ihn zu platzieren, als Innengesellschaft, im Fall des gemeinsamen rechtsgeschäftlichen Handelns gegenüber dem Emittenten (z.B. des gemeinsamen Abschlusses des Übernahmevertrags) nach überkommener Dogmatik (hierzu ebenfalls mehr unter § 5 III) als Außengesellschaft in Erscheinung tritt.

249 Vgl. z.B. BuB/*Groß*, Rdnr. 10/333b.

250 Vgl. bereits oben § 2 II. Ausgenommen sind bestimmte Wertpapiere (§ 3 Sec. Act), z.B. solche von öffentlichen Körperschaften, und bestimmte Transaktionen (§ 4 Sec. Act).

251 § 2 III.

252 Das Gesetz stellt an verschiedener Stelle auf beide Begriffe ab, z.B. in § 5 Sec. Act.

Beschreibung der Geschäftstätigkeit, Analyse der finanziellen Situation, Nennung der Personen mit maßgeblichen Aktienbeteiligungen am Emittenten, Vergütung der *officers* und *directors* etc.), über die Emission (unter anderem: erwarteter Gewinn und seine voraussichtliche Verwendung, Kosten, Angabe der Risikofaktoren, die mit der Investition verbunden sind, Name, Adresse, Quote und Vergütung der Emissionsbanken), die zu emittierenden Wertpapiere (Umfang der Emission, Beschreibung der an die Effekten gebundenen Rechte, voraussichtlicher Platzierungspreis oder Methode seiner Berechnung) und schließlich zahlreiche Exponate, die der Emittent beizubringen hat (Bilanz, Gewinn- und Verlustrechnung, jeweils von einem unabhängigen Wirtschaftsprüfer geprüft, Verträge mit den Emissionsbanken, z.B. der Übernahmevertrag, Rechtsgutachten der Anwälte zur Gesetzmäßigkeit der Emissionsware, Gründungsurkunde und Satzung).[253]

Die SEC stellt mehrere Formulare bereit, die näher darlegen, in welcher Form zu veröffentlichen und was unter den allgemein gehaltenen Begriffen des Gesetzes zu verstehen ist.[254] Der Umfang der Veröffentlichungspflichten und damit der Aufwand für den Emittenten hängen davon ab, welches Formular für ihn in Betracht kommt. Der Hintergrund der Differenzierung ist folgender: Börsengelistete Unternehmen unterliegen bereits dem Publizitätsregime des Securities Exchange Act 1934 und müssen in Jahres-, Vierteljahres- und weiteren Berichten über zahlreiche Umstände informieren, die auch in das registration statement einfließen.[255] Die erneute Aufbereitung und Veröffentlichung dieser Informationen gemäß dem Securities Act 1933 würde den Emittenten in zeitlicher und finanzieller Hinsicht belasten, ohne das Informationsniveau der Anleger maßgeblich zu erhöhen. Deswegen hat die SEC den Unternehmen in gewissen – zunächst engen, inzwischen immer weiter gezogenen – Grenzen die Möglichkeit eröffnet, Teile des registration statement durch Bezugnahme auf die entsprechenden, gemäß dem Securities Exchange Act 1934 verbreiteten Unterlagen zu ersetzen. Hier zeigt sich die Bedeutung

253 § 7(a) Sec. Act i.V.m. Schedule A (Emissionen eines privaten Unternehmens) bzw. B (Emissionen einer ausländischen Regierung) im Anhang zum Securities Act 1933.

254 Die Ermächtigungsbefugnis zum Erlass solcher Ausführungsvorschriften ergibt sich aus §§ 7(a) und 19(a) Sec. Act. Näher zu den Kompetenzen der Aufsichtsbehörde § 7.

255 Vgl. §§ 12, 13, 15[d] Sec. Ex. Act. Zur Erfüllung der Veröffentlichungspflichten der §§ 12, 13 Sec. Ex. Act hat die SEC gem. § 13(b)(1) Sec. Ex. Act eigene Formulare entwickelt (unter anderem Form 10-K für Jahresberichte, 17 C.F.R. § 249.310; Form 10-Q für Quartalsberichte, 17 C.F.R. § 249.308a; Form 8-K für bestimmte außergewöhnliche Ereignisse, 17 C.F.R. § 249.308). Die Formulare sehen die Veröffentlichung von Informationen vor, die oben unter der Rubrik der emittentenbezogenen Umstände erwähnt wurden. Sowohl die gemäß dem Securities Exchange Act 1934 als auch die gemäß dem Securities Act 1933 erlassenen Formulare beziehen sich auf zwei weitere Ausführungsvorschriften der SEC, Regulation S-K (17 C.F.R. 229) und S-X (17 C.F.R. 210), die detaillierte Maßgaben zur Art und Weise der Offenlegung der einzelnen Positionen enthalten. Regulation S-X behandelt Finanzdaten, Regulation S-K sonstige Informationen. Soweit sich die beiden Arten von Formularen überschneiden (nämlich in Bezug auf emittentenbezogene Angaben) existieren mithin keine inhaltlichen Unterschiede zwischen der Veröffentlichung gemäß Securities Exchange Act 1934 und der gemäß Securities Act 1933 (die jeweiligen Veröffentlichungspflichten waren nicht immer aufeinander abgestimmt, vgl. hierzu und zu Regulation S-K und S-X sogleich im Text sowie unten § 9 I 1 e bb).

der verschiedenen Formulare: Das Standardformular, Form S-1,[256] steht allen Unternehmen zur Verfügung, d.h. auch solchen, die nicht Adressaten der Sekundärmarktpublizität Securities Exchange Act 1934 sind. Im Gegenzug lässt es die Einbeziehung von Berichten des Exchange Act durch Verweis – sofern der Emittent solche Berichte veröffentlicht hat (d.h. sog. *reporting issuer* ist) – nur unter bestimmten Voraussetzungen zu.[257] Unternehmen, die seit mindestens einem Jahr dem Publizitätsregime des Securities Exchange Act 1934 unterstehen, ihren Pflichten ordnungsgemäß nachgekommen sind, pünktlich Dividenden oder Zinsen an Aktionäre bzw. Anleihegläubiger gezahlt haben und eine Marktkapitalisierung von mindestens $ 75 Mio. aufweisen (sog. *seasoned issuers*), können sich Form S-3[258] bedienen und müssen damit nur die einschlägigen transaktionsbezogenen Informationen in das registration statement aufnehmen. Im Jahr 2005 stellte die SEC im Rahmen einer umfangreichen Novellierung des Regelwerks für den Primärmarkt für eine weitere Gruppe von Emittenten Sonderregelungen auf: die sog. *well-known seasoned issuers* (WKSIs).[259] Sie erfüllen die vorstehend erwähnten, in Form S-3 enthaltenen Voraussetzungen und verfügen zudem über eine Börsenkapitalisierung von mindestens $ 700 Mio.[260] Für WKSIs sieht Form S-3 zusätzliche Erleichterungen und Ausnahmen vom Registrierungsprozess vor.[261]

Das zweite wichtige Emissionsdokument ist der prospectus. Er dient der Information der Anleger und muss ihnen grundsätzlich zusammen mit dem Verkaufsangebot, spätestens bei Lieferung der Effekten ausgehändigt werden.[262] § 10 Sec. Act legt fest, welche Informationen der Verkaufsprospekt zu enthalten hat. Hierzu verweist die Vorschrift auf die Bestimmungen zum registration statement und die von der SEC entwickelten Formulare, nimmt aber gewisse Informationen von der Pflicht zur Reproduktion im Prospekt aus. Der prospectus stellt damit letztlich den ersten Teil des registration statement dar.[263]

Heute sind sowohl inländische als auch ausländische Unternehmen dazu verpflichtet, die Unterlagen in elektronischer Form bei der SEC einzureichen.[264] Sie werden mit Hilfe eines Datenverarbeitungssystems (EDGAR – *Electronic Data Gathering, Analysis, and Retrieval System*) aufbereitet, in das Internet eingestellt und sind in der Regel innerhalb von 30 Minuten für jedermann gebührenfrei zugänglich.[265]

256 17 C.F.R. § 239.11.
257 Form S-1, General Instructions VII und Item 12.
258 17 C.F.R. § 239.13. Die – hier vereinfacht wiedergegebenen – Voraussetzungen für die Verwendung von Form S-3 finden sich in General Instructions I.
259 Securities Offering Reform, SEC Release No. 8591 vom 3. August 2005, 2005 WL 1692642.
260 Die genauen Regeln sind etwas komplexer, vgl. Securities Act Rule 405, 17 C.F.R. § 230.405.
261 Form S-3, General Instructions I. D.
262 § 5(b) Sec. Act.
263 Vgl. Form S-1: Das registration statement besteht aus zwei Teilen, Part I – Information Required in Prospectus (Item 1–12A) und Part II – Information not Required in Prospectus (Item 13–17). Ebenso Form S-3. Zu den Offenlegungsposten in Part II zählen insbesondere einige der oben als vierte Kategorie erwähnten Exponate, die der Emittent beizubringen hat (Finanzdaten gehören aber in den Prospekt).
264 Regulation S-T – General Rules and Regulations for Electronic Filings, 17 C.F.R. § 232.100.
265 Über die Webseite der SEC, www.sec.gov.

bb. Registrierung

Die zentrale, allerdings recht verschachtelt aufgebaute, Bestimmung des Securities Act 1933 zur Registrierungspflicht ist § 5. Er ist für das Verständnis des gesamten US-amerikanischen Primärmarktrechts maßgeblich, beeinflusst wie keine andere Vorschrift den tatsächlichen Ablauf der Übernahme und Platzierung und zieht für den Fall des Zuwiderhandelns aufsichtsrechtliche Maßnahmen und Schadensersatzansprüche der Anleger nach sich.[266] Die Bestimmung bedingt eine Dreiteilung des Verfahrens zur Durchführung von Emissionen in die sog. *prefiling period* (bis zur Einreichung des registration statement bei der SEC), die *waiting period* (nach Einreichung und vor Wirksamwerden des registration statement) und die *posteffective period* (nach Wirksamwerden). Diese Dreiteilung ergibt sich aus den Verboten, die § 5 Sec. Act aufstellt (sog. *gun jumping rules*):

(1) Vor der Einreichung des registration statement dürfen die Adressaten des § 5 Sec. Act keine Kauf- oder Verkaufsangebote abgeben,[267] folglich erst recht keine Transaktion durchführen und Wertpapiere auf die Anleger übertragen.[268] Die Parteien konzentrieren sich auf die Vorbereitung der Emission. Der Emittent und die zukünftige Konsortialführerin nehmen Kontakt auf. Die Initiative für diesen Kontakt geht nicht notwendigerweise vom Emittenten aus. Da die Emission von Wertpapieren für Investmentbanken finanziell attraktiv ist, gehen sie oftmals aktiv auf Unternehmen zu und versuchen, sie für eine Emission zu gewinnen.[269] Die Suche nach einer Emissionsbank erübrigt sich auch dann, wenn – wie häufig bei großen Gesellschaften – bereits Verbindungen zu einer Investmentbank bestehen.[270] Die Konsortialführerin wird mündlich oder in einem letter of intent mit der Begleitung des Börsengangs betraut. Ohne bindende Übernahmeverpflichtungen für die Bank zu begründen, legen Emittent und Konsortialführerin die Merkmale der zu platzierenden Wertpapiere, Größe der Emission, Form der Übernahme (firm commitment oder best efforts underwriting[271]), Vergütung der Konsortialbanken und Preisspanne sowie Methode der Preisbestimmung fest. Die Konsortialführerin führt Unternehmensanalysen durch, bereitet den Emittenten auf die Erfüllung der gesetzlichen Publizitätspflichten vor, stimmt die vorzunehmenden Marketing-Maßnahmen mit ihm ab und erstellt zusammen mit dem Rechtsbeistand des Emittenten das Registrierungsformular. Diese Vorbereitungen nehmen gewöhnlich mehrere Monate in Anspruch.

Die Reichweite der Verbote des § 5 Sec. Act während dieser Phase (insbesondere: „it shall be unlawful … to offer … any security"[272]) macht die Definition von *offer* in § 2(a)(3) Sec. Act deutlich: „The term 'offer to sell', 'offer for sale', or 'offer' shall in-

---

266 Insbesondere § 12(a)(1) Sec. Act. Hierzu unten § 9 I 2.
267 § 5(c) Sec. Act.
268 § 5(a) Sec. Act.
269 *Bloomenthal*, Going Public Handbook I, § 3:01 [1][4](c).
270 *Bloomenthal*, Going Public Handbook I, § 3:01 [1][4](c)(v), spricht von mitunter „almost historic relationships."
271 Dazu sogleich unter 2.
272 § 5(c) Sec. Act.

clude every attempt or offer to dispose of, or solicitation of an offer to buy, a security or interest in a security, for value." Zunächst war die SEC streng auf die Einhaltung des Tatbestands bedacht. Sie hielt jegliche Kommunikation für unzulässig, die geeignet erschien, den Markt auf die Aufnahme von Wertpapieren vorzubereiten.[273] Das Verbot galt für Emittenten, Emissionsbanken und Dealer[274] und begann, sobald sich der Emittent „*in registration*" befand.[275] Folge war, dass Unternehmen selbst bei Abhaltung von Analystenveranstaltungen oder Pressemitteilungen über operative Entscheidungen oder geschäftliche Ereignisse einen Verstoß gegen § 5 Sec. Act befürchteten, sobald die Kommunikation eine zeitliche Nähe zur avisierten Platzierung aufwies.[276] Schon bald zeigte sich, dass dieses rigide Regime den Bedürfnissen der Praxis und den Gegebenheiten eines auf modernen Kommunikationsmitteln basierenden Kapitalmarktes nicht gerecht wurde.

Die SEC hat deswegen versucht, die Restriktionen durch *safe harbor* Ausführungsvorschriften zu lockern. So lassen z.B. einige Bestimmungen (unter detaillierten Voraussetzungen) die Veröffentlichung von Analystenberichten durch Broker und Dealer über einen Emittenten *in registration* zu.[277] Auch darf der Emittent (nicht aber ein Dritter, d.h. auch kein Emissionsbegleiter, sofern er nicht im Auftrag des Emittenten handelt) die Emission ankündigen und insbesondere Anzahl und Art der zu emittierenden Papiere sowie den voraussichtlichen Emissionszeitpunkt (jedoch nicht die Namen der Emissionsbegleiter) bekannt geben.[278] Im Rahmen der Securities Offering Reform 2005 hat die SEC weitere Ausnahmen verabschiedet: Nun sind generell alle Mitteilungen erlaubt, die der Emittent (oder ein Dritter in seinem Auftrag; wiederum erfasst die Ausnahme nicht die Emissionsbegleiter) mehr als 30 Tage vor der Einreichung der Registrierungsunterlagen veröffentlicht und die sich nicht auf die Emission beziehen, sofern er angemessene Vorkehrungen trifft, um die weitere Verbreitung der Mitteilungen während der 30-Tages-Frist zu unterbinden.[279] Well known seasoned issuers und reporting companies sind nicht an die

---

273 Vgl. Release No. 3844 vom 8. Oktober 1957, 1957 WL 3605, p. 2: „[T]he publication of information and statements, and publicity efforts, generally, made in advance of a proposed financing, although not couched in terms of an express offer, may in fact contribute to conditioning the public mind or arousing public interest in the issuer or in the securities of an issuer in a manner which raises a serious question whether the publicity is not in fact part of the selling effort."

274 D.h. alle Personen, die nicht gem. § 4 Sec. Act vom Anwendungsbereich des § 5 Sec. Act ausgenommen waren. Eine Ausnahme existiert lediglich gem. § 2(a)(3) 3rd Sentence Sec. Act im Hinblick auf Verhandlungen zwischen dem Emittenten und den Emissionsbegleitern, die vernünftigerweise schon vor Erstellung und Einreichung der Registrierungsunterlagen beginnen müssen. Es ist zu beachten, dass sich diese Ausnahme nicht auf Verkäuferbanken oder sonstige an der Emission mitwirkende Personen bezieht, die nicht dem Emissionskonsortium angehören.

275 Die SEC hat nicht genau definiert, was unter diesem Begriff zu verstehen ist. Sie formuliert in SEC Release No. 5009 vom 7. Oktober 1969, 1969 WL 96374, n. 4: „'In registration' is used herein to mean the entire process of registration, at least from the time an issuer reaches an understanding with the broker-dealer which is to act as managing underwriter until the completion of the offering".

276 Vgl. z.B. In re Carl M. Loeb, Rhoades & Co., 38 S.E.C. 843 (1959).

277 Securities Act Rules 137–139, 17 C.F.R. §§ 230.137–230.139.

278 Rule 135, 17 C.F.R. § 230.135.

279 Rule 163A, 17 C.F.R. § 230.163A.

30-Tages-Frist gebunden, müssen aber zusätzliche Voraussetzungen beachten.[280] Ausländische Unternehmen können Pressekonferenzen im Ausland abhalten und dort Informationen an die Presse weitergeben, wenn sie ihre Effekten nicht nur in den USA, sondern auch im Ausland platzieren wollen.[281]

(2) Nach Eingang der Registrierungsunterlagen bei der SEC beginnt die Kommission damit, die Materialien auf Fehlerfreiheit und Vollständigkeit zu überprüfen (*waiting period*). Abhängig von den Informationen, die über den Emittenten verfügbar sind, und der Qualität der eingereichten Unterlagen benötigt sie unterschiedlich lange, um die Prüfung durchzuführen, mindestens aber einen Monat, nicht selten über drei Monate.[282]

Die Konsortialführerin stellt während dieses Zeitraums das Konsortium zusammen, d.h. sie schickt potentiellen Mitgliedern Einladungsschreiben zu, denen das registration statement und eine Grobfassung des Übernahmevertrags (des *underwriting agreement*) beigefügt sind. In dem Konsortialvertrag (agreement among underwriters), für den oft Blankoformulare verwendet werden, legen die Banken die Quoten der Konsorten fest und ermächtigen die Konsortialführerin, sie in Verhandlungen mit dem Emittenten zu vertreten, im Namen des Konsortiums alle Handlungen vorzunehmen, die zur Börseneinführung der Wertpapiere erforderlich sind, und nach Börseneinführung Stabilisierungsmaßnahmen durchzuführen.[283] Die Aufteilung der Emission im Konsortialvertrag bestimmt das von den einzelnen Konsortialbanken übernommene Risiko, ist aber – wie auch in Deutschland – nicht maßgeblich für den Umfang der ihnen später tatsächlich zugewiesenen Quote. Die Konsortialführerin hat das Recht, bei der Allokation am Tag des closing von der Risikoverteilung abzuweichen.[284] Insbesondere Investmentbanken ohne eigenes

---

280 In Rules 163 und 168 niedergelegt, 17 C.F.R. §§ 230.163, 230.168. Z.B. hat sich die Veröffentlichung auf sog. *factual business information* zu beschränken, wie sie in den Securities Exchange Act Berichten enthalten ist, Rule 168(a).

281 Rule 135e, 17 C.F.R. § 230.135e.

282 Vgl, die Tabelle bei *Cox/Hillman/Langevoort*, Securities Regulation, p. 162: Zwischen Einreichung und Wirksamwerden des registration statement vergehen 32 bis 105 Tage. Einzelheiten zum Billigungsverfahren, insbesondere zur Praxis der SEC, einen sog. *letter of comment* abzugeben, der, soweit erforderlich, Modifikationen nahe legt, und der Emittenten, das automatische Wirksamwerden des registration statement gem. § 8(a) Sec. Act (20 Tage nach Einreichung) durch ein sog. *delaying amendment* zu verhindern, um der SEC ausreichend Zeit zur sorgfältigen Prüfung zu geben und sie nicht dazu zu zwingen, bei Unklarheiten ein förmliches Verfahren gem. § 8(b) Sec. Act (sog. *refusal order*) einzuleiten, vgl. *Poliakoff*, 17 U. Balt. L. Rev. 40 (1987).

283 Die Voraussetzungen, unter denen Stabilisierungsmaßnahmen zulässig sind, sind in Regulation M (17 C.F.R. §§ 242.100–242.105) der SEC über Marktmanipulation detailliert dargelegt (*colling-off period*: Rules 101, 102 – die an der Platzierung beteiligten Institute dürfen eine bestimmte Anzahl von Tagen vor der Preisfestsetzung keine Geschäfte – mit Ausnahme der zur Platzierung erforderlichen Transaktionen – über die zu emittierenden Effekten abschließen; *stabilization*: Rule 104). NASD Rule 2710(c)(6)(B)(x), die für Mitglieder der National Association of Securities Dealers verbindlich ist, stellt weitere Voraussetzungen für *overallotment options* (Greenshoes) auf.

284 *Loss/Seligman/Paredes*, Securities Regulation, § 2-A-2.

Filialnetz bevorzugen häufig eine Beteiligung lediglich in Form der Risikoübernahme oder beschränken sich auf den Verkauf der Effekten an einige ausgewählte Investoren.

Dem Emittenten und den Emissionsbanken ist es weiterhin untersagt, Wertpapiere zu verkaufen[285] Die Abgabe von Angeboten zum Kauf oder Verkauf von Effekten ist zwar zulässig,[286] gleichwohl sind Verkaufbemühungen nur eingeschränkt möglich. § 5(b) Sec. Act verlangt, dass Wertpapierprospekte den Voraussetzungen des § 10 Sec. Act zu genügen haben.[287] Die Tragweite der Vorschrift erschließt sich, wenn sie im Zusammenhang mit der Definition von *prospectus* in § 2(a)(10) Sec. Act gelesen wird: „The term 'prospectus' means any prospectus, notice, circular, advertisement, letter, or communication, written or by radio or television, which offers any security for sale or confirms the sale of any security". § 5(b) Sec. Act untersagt mithin jedes Angebot von Wertpapieren (unter der Voraussetzung, dass das Angebot schriftlich oder über das Radio oder Fernsehen erfolgt), es sei denn, die Parteien bedienen sich eines förmlichen Verkaufsprospekts. Die Vorschrift spiegelt die Auffassung des historischen Gesetzgebers wider, Verkaufsbemühungen zum Schutz des Anlegerpublikums nur bei Offenlegung aller relevanten Informationen und auch dann grundsätzlich nur nach umfassender Prüfung durch die SEC zuzulassen.[288] Für die Entwicklung des Primärmarktes waren diese Vorgaben hinderlich. Einen ersten Schritt in Richtung Liberalisierung stellte die Verabschiedung von § 10(b) Sec. Act im Jahr 1954 dar, der bei der Abgabe von Verkaufsangeboten (nicht aber bei der Lieferung der Effekten nach abgeschlossener Transaktion[289]) nicht die Wiedergabe sämtlicher in § 10(a)(1) Sec. Act aufgelisteter Informationen verlangt (sog. *preliminary prospectus*, wegen des früher in roter Farbe auf dem Deckblatt enthaltenen Hinweises, dass es sich nicht um ein Verkaufsangebot handelt, auch *red herring* genannt,[290] oder *summary prospectus*[291]). § 2(a)(10) Sec. Act selbst bringt gewisse Erleichterungen, indem die Norm in Unterabsatz (b) Mitteilungen von der Definition des Verkaufsprospekts ausnimmt, die lediglich die Emission ankündigen und sich auf die Nennung der Stelle beschränken, bei der ein vollständiger Verkaufsprospekt erhältlich ist, sowie der Personen, von denen die Wertpapiere erworben werden können.[292]

---

285 § 5(a) Sec. Act.

286 § 5(c) Sec. Act greift nicht mehr ein.

287 § 5(b) Sec. Act lautet wörtlich: „[A]ny prospectus ... [shall meet] the requirements of section 10".

288 Bis zur Novellierung im Jahr 1954 war § 5 Sec. Act noch strenger gefasst und gestattete schriftliche Angebote erst nach Wirksamwerden des registration statement und nur in der Form eines *final prospectus* i.S. des § 10(a) Sec. Act.

289 Vgl. § 5(b)(1) Sec. Act einerseits (Abgabe von Verkaufsangeboten) und § 5(b)(2) Sec. Act andererseits (Lieferung nach abgeschlossener Transaktion).

290 Rule 430, 17 C.F.R. § 230.430. Der preliminary prospectus muss keine preisbezogenen Informationen enthalten.

291 Rule 431, 17 C.F.R. § 230.431. Nähere Informationen zum Inhalt des summary prospectus enthalten die jeweiligen Registrierungsformulare, z.B. Form S-1 und S-3.

292 Das ist der bereits erwähnte sog. *tombstone*. Gem. Rule 134 (17 C.F.R. § 230.134), der Ausführungsvorschrift zu § 2(a)(10)(b) Sec. Act, hat die SEC die Liste zulässiger Informationen in einer

Lange Zeit war problematisch, ob bzw. unter welchen Voraussetzungen der Emittent und die Emissionsbegleiter Informationen an potentielle Investoren weitergeben durften, die nicht Bestandteil des registration statement und damit des prospectus waren, z.B. Analystenberichte (solche zusätzlichen Informationen werden als *free writing* bezeichnet). Auch hier hat die Securities Offering Reform zu einer Lockerung der gesetzlichen Anforderungen geführt.[293] Gemäß den neuen Regeln sind die meisten non-reporting und unseasoned issuers *nach* Einreichung des registration statement zur Bekanntgabe zusätzlicher Informationen befugt, wenn sie gleichzeitig oder zuvor einen Prospekt übersenden, der den Voraussetzungen des § 10 Sec. Act entspricht;[294] seasoned issuers sind zudem von dem Erfordernis der Übersendung eines gesetzlichen Prospekts befreit.[295] Road shows und Kontakte mit den Medien gelten ebenfalls als free writing prospectus.[296] Schließlich können die Parteien mündliche Angebote zum Verkauf der Emissionsware abgeben, ohne die Maßgaben des § 5(b)(1) Sec. Act beachten zu müssen.[297]

(3) Das Wirksamwerden des registration statement berechtigt zur rechtlich bindenden Zuteilung und Weiterübertragung der Effekten (*posteffective period*). Kurz – innerhalb weniger Stunden[298] – vor Wirksamwerden des registration statement unterzeichnet die Konsortialführerin den Übernahmevertrag im eigenen Namen sowie im Namen der Mitkonsorten.[299] Parallel hierzu schließen die Parteien den Konsortialvertrag ab.[300] Während nach alter Rechtslage spätestens zu diesem Zeitpunkt

---

solchen Vorankündigung ausgeweitet. Die Parteien können nun unter anderem auch eine kurze Beschreibung der Geschäftstätigkeit des Emittenten aufnehmen und die Merkmale der Wertpapiere genauer darlegen. In Abgrenzung zum Tombstone wird eine solche Veröffentlichung allgemein als *identifying statement* bezeichnet. Ein Beispiel findet sich bei *Coffee/Seligman/Sale*, Securities Regulation, p. 114.

293 Rules 164 und 433, 17 C.F.R. §§ 230.164, 230.433.

294 Rule 433(b)(2)(i). Ein Prospekt i.S. des § 10 Sec. Act muss nur dann übersendet werden, wenn das free writing auf Veranlassung des Emittenten oder eines Emissionsbegleiters geschieht; andernfalls richtet sich die Zulässigkeit nach Rule 433(b)(2)(ii). Gem. Rule 433(c)(2)(i) hat der free writing prospectus darauf hinzuweisen, dass der vollständige Prospekt über die Webseite der SEC oder eine anzugebende gebührenfreie Telefonnummer vom Emittenten oder den Emissionsbegleitern bezogen werden kann. Das free writing ist als Wertpapierprospekt i.S. der Prospekthaftung anzusehen und führt zur Schadensersatzpflicht gem. § 12(a)(2) Sec. Act, wenn es irreführende Angaben enthält.

295 Rule 433(b)(1) (seasoned issuers), Rule 163 (well-known seasoned issuers).

296 Road shows: Rule 433(d)(8) i.V.m. Rule 405 (Definition von *written communication* und *graphic communication*). Kontakte mit den Medien: Rule 433(f).

297 Vgl. die Definition von „prospectus" in § 2(a)(10) Sec. Act. Die mündliche Kommunikation darf nicht mit Hilfe des Radios oder Fernsehens stattfinden.

298 *Loss/Seligman*, Fundamentals, p. 68.

299 Die Mitglieder des Emissionskonsortiums sind in ihren Transaktionen mit dem Emittenten nicht an die Verbote des § 5(a) Sec. Act gebunden, vgl. § 2(a)(3) 2nd Sentence Sec. Act. Die Vorschrift spricht zwar nur von „preliminary negotiations and agreements", soll nach dem Willen des Gesetzgebers aber gerade auch den Übernamevertrag erfassen, vgl. *Coffee/Seligman/Sale*, Securities Regulation, p. 92–93 m.N. Voraussetzung ist, dass sich die Bank „in privity of contract with an issuer" befindet. Hieraus ergibt sich eine Beschränkung der Ausnahme auf die Mitglieder des Emissionskonsortiums; Banken, die im Wege der Unterbeteiligung vom Konsortium erwerben, können sich nicht auf § 2(a)(3) 2nd Sentence Sec. Act berufen.

300 *Coffee/Seligman/Sale*, Securities Regulation, p. 72–73.

der Platzierungspreis feststehen musste (und die Parteien, um das Marktrisiko gering zu halten, üblicherweise mit der SEC vereinbarten, dass sie das registration statement am Tag der Einreichung des Nachtrags mit der Preisfestsetzung für wirksam erklären sollte), können die Beteiligten seit 1987 den Preis, die genaue Zusammensetzung des Emissionskonsortiums, Höhe der Übernahmegebühren und weitere Umstände, die vom Platzierungspreis abhängen, offen lassen.[301] Voraussetzung ist lediglich, dass sie den endgültigen Emissionspreis innerhalb von 15 Tagen nach Wirksamwerden der Registrierung in der Form eines Nachtrags zum *Prospekt*[302] bekannt geben.[303]

Am closing date – üblicherweise eine Woche nach Abschluss des Übernahmevertrags – liefert der Emittent die Wertpapiere. In der Regel wird nur ein Teil der Quote einer jeden Konsortialbank unmittelbar zu ihren Gunsten verbucht (sog. *re-*

---

301 Rule 430A, 17 C.F.R. § 230.430A. Anstelle des Platzierungspreises müssen sie gem. Item 501(b)(11) Regulation S-K die in Item 501(b)(10) Regulation S-K vorgesehenen Hinweise abdrucken.

302 Rule 430A(a)(3). Dass die Bekanntgabe in der Form eines Nachtrags zum Prospekt (und nicht zum registration statement) erfolgen darf, ist von großer Bedeutung: Die Börsenprospekthaftung gem. § 11 Sec. Act verlangt, dass das registration statement unrichtig ist. Maßgeblicher Zeitpunkt hierfür ist sein Wirksamwerden. Nachträge zum registration statement sind gem. § 8(c) Sec. Act (weitere Einzelheiten zur Einreichung von Nachträgen: Rules 470–479, 17 C.F.R. §§ 230.470–230.479) ihrerseits von der SEC für wirksam zu erklären und legen damit einen neuen Zeitpunkt für die Haftung gem. § 11 Sec. Act fest, vgl. SEC Release No. 6383 vom 3. März 1982, 1982 WL 90370, p. 29; *Cox/Hillman/Langevoort*, Securities Regulation, p. 212; *Hazen*, Securities Regulation, § 7.3[10]; *Jacobs*, Disclosure and Remedies Under the Securities Laws, § 3:27. Das bedeutet: Sämtliche Umstände, die nach (erstmaligem) Wirksamwerden des registration statement eintreten und es fehlerhaft werden lassen, müssen von den Haftungsadressaten des § 11 Sec. Act im Nachtrag berichtigt werden; andernfalls lösen sie Haftungsfolgen aus. Allgemein gilt, dass die Parteien wesentliche Änderungen (*fundamental changes*) nicht lediglich im Prospekt vermerken dürfen (im Wege eines *prospectus supplement*, eines sog. *sticker*), sondern (falls eine Pflicht zur Aktualisierung besteht, was nur in bestimmten Konstellationen der Fall ist, z.B. gem. Rule 415[a][2], 17 C.F.R. § 230.415, oder um der Haftung gem. § 12[a] Sec. Act für fehlerhafte Verkaufsprospekte zu entgehen) als Nachtrag zum registration statement bei der SEC einreichen müssen, vgl. Item 512(a)(1)(ii) Regulation S-K (shelf registration); Irving Bank Corp. v. Bank of New York Co., Inc., 692 F. Supp. 172, 176 et seq. (S.D.N.Y. 1988); SEC Release No. 6276, vom 23. Dezember 1980, 1980 WL 21018, p. 18; Release No. 6383 vom 3. März 1982, 1982 WL 90370, p. 29; *Jacobs*, loc. cit., § 3:11, § 3:16, n. 63. Hiervon macht Rule 430A(a)(3) nun eine Ausnahme. Abs. (b) der Vorschrift bestimmt außerdem, dass die zunächst ausgelassenen und dann gem. Rule 424(b) nachgereichten Informationen als Teil des registration statement gelten, wie es sich zum Zeitpunkt seines Wirksamwerdens darstellte, d.h. die Haftung gem. § 11 Sec. Act. kann nur an diesen Zeitpunkt anknüpfen (so auch Item 512[i][1] Regulation S-K, auf das Rule 430A[a][1] verweist). Preisbezogene Festsetzungen, die der Emittent nach Ablauf der 15-Tages-Frist trifft, sind dagegen gem. Rule 430A(a)(3) a.E. im Wege eines Nachtrags zum registration statement auszuführen, was gem. Rule 430A(a)(2) i.V.m. Item 512(i)(2) Regulation S-K zur Folge hat, dass der Nachtrag als neues, erst jetzt wirksam gewordenes registration statement anzusehen ist. Der Vollständigkeit halber ist hinzuzufügen, dass Rule 430A(a) auch eine Veränderung des Emissionsvolumens oder der im Prospekt anzugebenden Preisspanne ohne Nachtrag zum registration statement gestattet, wenn die Änderung nicht wesentlich ist, d.h. 20 % nicht übersteigt.

303 Gem. Rule 424(b)(1), 17 C.F.R. § 230.424(b)(1). Rule 430A enthält weitere Voraussetzungen, unter denen der Emittent von der Vorschrift Gebrauch machen darf, vgl. insbesondere Abs. (a)(1) und (2).

tention).[304] Die restlichen Effekten hält die Konsortialführerin auf einem Sonderkonto. Im Laufe des Platzierungsverfahrens teilt sie Wertpapiere von diesem Konto den einzelnen Konsortialbanken[305] oder institutionellen Anlegern zu, die unmittelbar von der führenden Bank zu kaufen wünschen (*allocation* und *reallocation*).[306] Mitunter schaltet sie, um die Platzierung der Wertpapiere zu beschleunigen, eine selling group ein, deren Mitglieder gewöhnlich nicht dem Konsortium angehören (ihm aber angehören können). Die Verkäuferbanken erwerben die Effekten zu einem Preis, der unter dem Platzierungspreis liegt, aber über dem Preis, zu dem die Konsortialbanken die Wertpapiere übernommen haben, und verpflichten sich dazu, sie zum Platzierungspreis weiter zu veräußern.[307]

Die Abwicklung des Anlegergeschäfts hat sich an Exchange Act Rule 15c6-1[308] zu orientieren: Grundsätzlich müssen die Emissionsbanken die Effekten spätestens am dritten Tag nach Abschluss des Kaufvertrags (T+3) liefern, sofern die Parteien nicht explizit etwas anderes vereinbaren.[309] Zusammen mit den Wertpapieren ist dem Anleger ein *final prospectus*[310] zu übersenden.[311] Die während der waiting period existierenden Beschränkungen im Hinblick auf die Kommunikation mit dem Anlegerpublikum dauern auch in dieser Phase der Wertpapierbegebung an. Beteiligte an der Emission, die ihre Öffentlichkeitsarbeit mit Hilfe von free writing Materialien fortsetzen möchten, müssen mithin weiter die oben dargestellten Voraussetzungen beachten.

cc. Sonderfälle: shelf registration und das internationale Angebot

Auf zwei Sonderfälle der Registrierung soll kurz eingegangen werden: die sog. *shelf registration* (unter [1]) und das Procedere bei Inanspruchnahme des US-amerikanischen Kapitalmarkts durch ausländische Emittenten (unter [2]).

(1) Die Möglichkeit der shelf registration – das Gesetz spricht von *„delayed or continous offering and sale of securities"*[312] – ist in Securities Act Rule 415 vorgesehen. Der Emittent kann seine Wertpapiere sofort registrieren und über einen längeren Zeitraum hinweg oder zu einem zunächst noch ungewissen späteren Zeitpunkt auf den Markt bringen, ohne erneut sämtliche Emissionsunterlagen bei der SEC einreichen und das Registrierungsverfahren durchlaufen zu müssen. Diese Vorgehensweise

---

304 In der Regel zwischen 25 % und 75 %, vgl. *Loss/Seligman/Paredes*, Securities Regulation, § 2-A-2.
305 Die Faktoren, nach denen die Verteilung innerhalb des Konsortiums erfolgt, sind vielfältig. Die Höhe der Zuteilung kann vom Prestige der Konsortialbank, ihrer Absatzorganisation, bestehenden Geschäftsbeziehungen zur Konsortialführerin und nicht zuletzt den Wünschen des Emittenten abhängen.
306 SEC Release No. 17371 vom 12. Dezember 1980, 1980 WL 22136, p. 4.
307 *Loss/Seligman/Paredes*, Securities Regulation, loc. cit.
308 17 C.F.R. § 240.15c6-1.
309 Rule 15c6-1(a). Abs. (d) der Vorschrift (firm commitment underwriting) gestattet den Emissionsbegleitern mehr Freiheit. Einzelheiten bei *Bloomenthal*, Going Public Handbook I, § 3:40.
310 Prospekt i.S. des § 10(a) Sec. Act.
311 § 5(b)(2) Sec. Act. Hier greifen allerdings weitgehende Ausnahmen ein, vgl. Rule 172, 17 C.F.R. § 230.172.
312 Rule 415, 17 C.F.R. § 230.415.

weist zahlreiche Vorteile auf: Sie gewährleistet Flexibilität – das Unternehmen ist in der Lage, auf Veränderungen am Markt zu reagieren und kurzfristig Kapital zur Durchführung von Akquisitionen aufzunehmen oder eine günstige Zinsentwicklung zu nutzen.[313] Sie spart Beratungs- und Druckkosten, da der Emittent nur *ein* registration statement aufsetzen muss.[314] Schließlich verstärkt die Neuregelung den Wettbewerb zwischen den Emissionsbanken, lockert überkommene Geschäftsbeziehungen zwischen Emittent und Bank und führt zu niedrigeren Übernahmegebühren.[315] Der Emittent kann die Emission weitgehend selbst vorbereiten und zur Platzierung Angebote verschiedener Investmentbanken einholen, um die Papiere an die Bank(en) mit den besten Konditionen abzugeben (sog. *bought deal* bzw. *competitive bidding*).[316] Besteht ein ausreichendes Interesse institutioneller Investoren, kann er auch ganz auf die Einschaltung von Emissionsbanken verzichten.[317] Gleichwohl ist die Entwicklung nicht nur positiv zu beurteilen. Die Emissionsbanken können innerhalb der kurzen Zeit, die der Emittent zur Durchführung der Emission benötigt – häufig ist es ihm möglich, innerhalb von ein oder zwei Tagen Gebote interessierter Übernahmekonsortien auszuwerten, die Verträge abzuschließen und die Effekten zu liefern – kaum den Emittenten und die Emissionsunterlagen mit der Sorgfalt überprüfen, die notwendig wäre, um etwaige Prospektfehler zu entdecken. Da die Emissionsbegleiter nach US-amerikanischem Recht (und auch nach deutschem) Adressaten der Börsenprospekthaftung sind, hat die unzureichende Überprüfung schwerwiegende haftungsrechtliche Implikationen.[318]Auf diese Problematik wird im Zusammenhang mit der Analyse der einzelnen Haftungstatbestände und ihrer Sorgfaltsanforderungen zurückzukommen sein.[319]

---

313 SEC Release No. 6499 vom 17. November 1983, 1983 WL 408321, p. 4.

314 Id.

315 In den Jahren 1993–1995 betrug die Provision der Emissionsbanken im Durchschnitt 5 % des Emissionserlöses für Unternehmen, die die Voraussetzungen von Rule 415 erfüllten, von der Möglichkeit einer shelf registration aber keinen Gebrauch machten, und 4,6 % für Unternehmen, die Aktien „for the shelf" registrieren ließen. Sie war damit um ein bis zwei Prozentpunkte niedriger als bei gewöhnlichen Emissionen, s. Report of the Advisory Committee on the Capital Formation and Regulatory Processes, abgedr. unter 1996–1997 Fed. Sec. L. Rep. (CCH) ¶85.834, app. A, tbl. 1.

316 Hierzu unten 2 d und II 2. Das Phänomen des bought deal existierte zwar schon in der Zeit vor Rule 415, es hat durch die Neuerungen aber an Bedeutung gewonnen, vgl. *Cox/Hillman/Langevoort*, Securities Regulation, p. 199.

317 Trotz dieser Konsequenzen spielen Investmentbanken und traditionelle Formen der Übernahme bei der Emission von Wertpapieren in den USA weiterhin eine bedeutende Rolle, vgl. *Johnson/McLaughlin*, Corporate Finance, p. 58 et seq., mit Nachweisen zur Befürchtung der Investmentbanken, durch den Erlass von Rule 415 bei der Emission übergangen zu werden.

318 Aus diesem Grund sah sich die Regelung zunächst vehementer Kritik seitens der Investmentbanken ausgesetzt. Um den Bedenken zu begegnen und eine ausreichende und zuverlässige Information des Anlegerpublikums zu gewährleisten, hat die SEC die Anwendbarkeit von Rule 415 vorwiegend auf Unternehmen beschränkt, die fortlaufenden Publizitätspflichten unterliegen, vgl. SEC Release No. 6499 (1983), p. 1 et seq., und sogleich im Text.

319 § 9 I 1 e bb.

Zu den Einzelheiten der Registrierung *for the shelf*: Die SEC war ursprünglich der Auffassung, Wertpapiere seien unmittelbar im Anschluss an die Registrierung zu platzieren. Das leitete sie aus dem letzten Satz von § 6(a) Sec. Act ab, der besagt: „A registration statement shall be deemed effective only as to the securities specified therein as proposed to be offered". Der Wortlaut der Vorschrift gibt diese Auslegung nicht zwingend her. Die SEC argumentierte mit dem Sinn und Zweck der Registrierungspflicht: Die Ausgabe von Wertpapieren habe zu unterbleiben, wenn das zugrunde liegende registration statement aktuelle Entwicklungen nicht reflektieren könne.[320] Das Verbot erwies sich schnell als nicht sachgerecht, so dass die Kommission sukzessive bestimmte, zunächst eng gefasste, Ausnahmen zuließ.[321] Im Jahr 1983 weitete sie die Möglichkeit zur Registrierung for the shelf auf alle Unternehmen aus, die zur Verwendung des Anmeldeformulars S-3 berechtigt sind,[322] und konsolidierte die Bestimmungen in der neu geschaffenen Rule 415. Eine weitere umfassende Novellierung nahm sie in der Securities Offering Reform 2005 vor: Während Form S-3 Unternehmen bis dato nur dann von Rule 415 Gebrauch machen durften, wenn sie eine vollständige Veräußerung der Effekten innerhalb der nächsten zwei Jahre realistischerweise erwarten konnten,[323] ist jetzt auch die Registrierung einer größeren Menge an Wertpapieren gestattet.[324] Die Emittenten sind lediglich dazu verpflichtet, ihre Unterlagen in gewissen Zeitabständen zu aktualisieren[325] und wesentliche Änderungen (*fundamental changes*) durch einen Nachtrag zum registration statement bekannt zu geben.[326] Sie können Informationen, die ihnen im Zeitpunkt der Einreichung des registration statement nicht bekannt sind (z.B. über den Platzierungspreis) auslassen und später als Nachtrag veröffentlichen.[327] Die Nachträge gelten als Teil des registration statement und lösen damit die Börsenprospekthaftung gem. § 11 Sec. Act aus, sollten sie unvollständig oder fehlerhaft sein.[328] Für den Emittenten und die Emissionsbanken besteht eine

---

320 Shawnee Chiles Syndicate, 10 S.E.C. 109, 113 (1941).

321 Sog. *traditional forms of shelf registration*, heute in Rule 415(a)(1)(i) bis (ix) zu finden.

322 Rule 415(a)(1)(x).

323 Rule 415(a)(2) a.F.

324 Unter anderem in Fällen der Registrierung gem. Rule 415(a)(1)(x) muss der Emittent die Effekten allerdings nach drei Jahren erneut registrieren, vgl. Abs. (5) der Vorschrift.

325 Rule 415(a)(3) i.V.m. Item 512(a)(1)(i) Regulation S-K.

326 Rule 415(a)(3) i.V.m. Item 512(a)(1)(ii) Regulation S-K. Die SEC sieht Änderungen als wesentlich (fundamental) an, wenn sie „major and substantial" (SEC Release No. 6334 vom 6. August 1981, 1981 WL 30767, p. 12) sind. Damit ist der Begriff enger als das Markmal der *materiality*, das im Zusammenhang mit der Börsenprospekthaftung begegnen wird (§ 9 I 1 d), wie die SEC a.a.O. deutlich macht: „Material changes that can be accurately and succinctly stated in a short sticker [to the prospectus] would continue to be permitted [and do not require the filing of a post-effective amendment to the registration statement]. While many variations in matters such as operating results, properties, business, product development, backlog, management and litigation ordinarily would not be fundamental, major changes in the issuer's operations, such as significant acquisitions or dispositions, would require the filing of a post-effective amendment." Bei Item 512(a)(1)(iii) Regulation S-K (change to the plan of distribution) kommt es indes wieder darauf an, dass die Information „material" ist.

327 Rule 430B(a), (d), 17 C.F.R. § 230.430(a), (d). Für well-known seasoned issuers existieren Sonderregeln, vgl. Satz 2 von Abs. (a).

328 Rules 430B(e), (f)(1), 430C(a), abhängig von der Art der shelf registration.

wichtige Besonderheit: In bestimmten Fällen[329] wird als Zeitpunkt des Inkrafttretens des registration statement für Zwecke der Prospekthaftung das Datum angesehen, an dem der Nachtrag in das registration statement einbezogen wird.[330] Das hat zur Folge, dass die genannten Parteien für Fehler im gesamten registration statement (jedenfalls in dem Teil, der sich auf die emittierten Wertpapiere bezieht) – nicht nur in den als Nachtrag eingereichten Unterlagen – haften, und zwar auch dann, wenn das Registrierungsformular ursprünglich fehlerfrei war und erst durch ein nachträglich eingetretenes Ereignis unrichtig geworden ist.[331]

(2) Internationale Emittenten,[332] die den US-amerikanischen Kapitalmarkt in Anspruch nehmen, unterliegen grundsätzlich denselben Publizitätspflichten wie heimische Unternehmen. Sie müssen ihre Wertpapiere mithin, wenn sie ein öffentliches Angebot durchführen, bei der SEC registrieren. Sonstige Transaktionen, die in den USA stattfinden, sind ebenfalls nur dann zulässig, wenn die Wertpapiere registriert sind oder der Emittent (bzw. der Verkäufer am Sekundärmarkt) sich einer der Ausnahmen gem. §§ 3, 4 Sec. Act bedienen kann. Für die Registrierung der Effekten ausländischer Unternehmen hat die SEC zwei gesonderte Formulare entwickelt, Form F-1 und F-3.[333] Sie stellen die Gegenstücke der Formulare S-1 und S-3 dar, d.h. F-3 setzt (unter anderem) voraus, dass der Emittent seit mindestens einem Jahr den Publizitätspflichten des Securities Exchange Act 1934 unterliegt und eine weltweite Marktkapitalisierung von mindestens $ 75 Mill. aufweist.[334] In den letzten Jahrzehnten ist die SEC zunehmend großzügiger geworden, was die Veröffentlichungspflichten ausländischer Emittenten betrifft. So müssen die Finanzdaten z.B. nicht in Übereinstimmung mit US GAAP aufbereitet sein, sofern der Emittent die Abweichungen erläutert.[335] Auch andere Informationen, etwa zur Vergütung der Leitungsorgane, müssen ausländische Unternehmen nicht in dem Umfang beibringen wie US-amerikanische.[336]

Um den inländischen Markt weiter zu öffnen, hat die SEC im Jahr 1990 Securities Act Rule 144A[337] verabschiedet, eine Vorschrift, die einen liquiden Sekundärmarkt für unregistrierte ausländische Wertpapiere begründen soll. Zwar unterliegt der Emittent, der seine Papiere privat platziert, keinen Registrierungspflichten.[338] Der Käufer ist aber aufgrund der Weite der Definition in § 2(a)(11) Sec. Act als underwriter anzusehen, wenn er die Effekten nicht zu Anlagezwecken, sondern zur Wei-

---

329 Insbesondere shelf registration gem. der Generalklausel für alle Form S-3 Unternehmen, Rule 415(a)(1)(x).
330 Rule 430B(f)(2). Für die sonstigen Haftungsadressaten des § 11 Sec. Act gilt die Haftungsausweitung grundsätzlich nicht, vgl. Rule 430B(f)(3)-(5).
331 SEC Release No. 8591 vom 3. August 2005, 2005 WL 1692642, p. 85. Vgl. zu dieser Problematik bereits oben Fn. 302.
332 Definition in Rule 405 (*foreign issuer* und *foreign private issuer*).
333 17 C.F.R. § 239.31 und 17 C.F.R. § 239.33.
334 Form F-3, General Instructions I.
335 Vgl. Item 10(e) Regulation S-K.
336 Item 402(a)(1)(ii) Regulation S-K.
337 17 C.F.R. § 230.144A.
338 § 4(2) Sec. Act.

terveräußerung erwirbt. Er hat damit die Verbote des § 5 Sec. Act zu beachten.[339] Will er die Wertpapiere nicht registrieren, muss er sie grundsätzlich zwei Jahre lang halten.[340] Ausländische Emittenten sahen sich gezwungen, ihre Papiere mit einem Abschlag zu vertreiben, um für die fehlende Liquidität zu entschädigen. Folge war, dass sie sich zur Kapitalaufnahme vermehrt anderen Märkten zuwandten.[341] Rule 144A schafft hier Abhilfe: Der Weiterverkauf unterliegt keinen Einschränkungen, sofern es sich bei dem Käufer um einen *qualified institutional buyer*, z.B. eine Investment- oder Versicherungsgesellschaft, einen *trust fund* oder Dealer handelt.[342] Die Veröffentlichungspflichten des Emittenten sind minimal und bestehen nur auf Anfrage des Käufers oder Verkäufers.[343] Die Einführung von Rule 144A war dafür verantwortlich, dass der Markt für Privatplatzierungen in den USA in den 90er Jahren des letzten Jahrhunderts sprunghaft wuchs, wobei ausländische Emittenten, auf die Rule 144A nicht beschränkt ist, eine maßgebliche Rolle spielten. Heute gleichen Privatplatzierungen gem. Rule 144A zusehends öffentlichen Angeboten, die eine große Publizität nach sich ziehen und von Ratingagenturen verfolgt werden.[344] Internationale Unternehmen kombinieren die Platzierung über Rule 144A häufig mit einer Emission in ihrem Heimatstaat.

Der Handel mit Papieren eines ausländischen Emittenten in den USA kann zudem in praktischer Hinsicht Probleme bereiten. Ein US-amerikanischer Investor, der ein im Ausland gelistetes Papier erwirbt, muss einen global custodian einschalten, der zusätzliche Gebühren erhebt. Dividenden fallen in Fremdwährung an und müssen in US-Dollar umgewandelt werden. Abhängig vom Recht am Sitz des Sammelverwahrers kann das Clearing und Settlement mit Risiken behaftet sein.[345] Alle diese Faktoren lassen eine Investition aus der Sicht des US-amerikanischen Anlegers wenig attraktiv erscheinen. Hinzu kommt, dass Aktien ausländischer Emittenten häufig als Inhaber- und nicht – wie in den USA üblich – als Namenspapiere ausgestaltet sind, was die Kommunikation mit den US-amerikanischen Aktionären[346]

---

339 Für ihn streitet die *private placement exemption* des § 4(2) Sec. Act nicht. Vgl. § 4(1) Sec. Act einerseits: § 5 Sec. Act findet auf den Emittenten, den underwriter und Dealer Anwendung; und § 4(2) Sec. Act andererseits: Das gilt nicht *für den Emittenten*, wenn er eine Privatplatzierung vornimmt.

340 In diesem Fall bestimmt Rule 144, dass er nicht als Beteiligter einer Emission zu qualifizieren ist („shall be deemed not to be engaged in a distribution", Rule 144[b]), folglich nicht als underwriter handelt und nicht Adressat der Pflichten aus § 5 Sec. Act ist. Vgl. hierzu bereits oben § 2 II.

341 *Scott/Wellons*, International Securities Regulation, p. 42.

342 Rule 144A bedient sich folgender Technik, um dieses Ergebnis zu erreichen: Abs. (b) der Bestimmung nimmt Verkäufer von der Definition des underwriter i.S. des § 2(a)(11) Sec. Act aus, wenn sie die in Abs. (d) aufgezählten Voraussetzungen erfüllen. Abs. (d)(1) verlangt, dass Verkäufe nur an qualified institutional buyers erfolgen. Daneben sind die Maßgaben der Unterabsätze (2)–(4) zu beachten. Einzelheiten zur Definition des *qualified institutional buyer* in Rule 144(a)(1). Insbesondere muss der Käufer über ein Wertpapierportfolio im Wert von mindestens $ 100 Mill. verfügen.

343 Rule 144A(d)(4).

344 *Scott/Wellons*, loc. cit., p. 45.

345 *Velli*, 17 Fordham Int'l L. J. S38, S41 et seq. (1994).

346 Siehe zu Einzelheiten *Saunders*, 17 Fordham Int'l L. J. 48, 51 et seq. (1993).

und die Erfüllung bestimmter Publizitätspflichten[347] erschwert. Aus diesen Gründen wird der ausländische Emittent die Papiere üblicherweise hinterlegen und über eine US-amerikanische Depotbank American Depositary Receipts (ADRs) ausgeben.[348] ADRs sind von dem Basiswert zu trennende, in US-Dollars denominierte Wertpapiere.[349] Sie werden wie sonstige inländische Effekten gehandelt; Dividenden werden in US-Dollar ausgezahlt und Transaktionen über die US-amerikanischen Clearing- und Settlement-Systeme abgewickelt. Die Emission von ADRs entbindet freilich nicht von der Erfüllung der Publizitätspflichten des Securities Act 1933 und des Securities Exchange Act 1934. ADRs sind gemäß Form F-6[350] zu registrieren. Das Formular verlangt Angaben zu den Basiswerten und den sie repräsentierenden ADRs sowie der Depotvereinbarung. Informationen zum Emittenten sind nicht erforderlich (der Emittent ist auch nicht zwangsläufig derjenige, der die ADR-Programme auflegt[351]), das Unternehmen muss aber in der Regel reporting issuer i.S. des Securities Exchange Act 1934 sein, damit von Form F-6 Gebrauch gemacht werden kann.[352] Darüber hinaus muss der Emittent die Basiswerte, d.h. die ausländischen Effekten, gesondert gemäß den üblichen Bestimmungen (Form F-1 oder F-3) registrieren, wenn er ADRs in den USA anbieten will und keine Ausnahmevorschrift (z.B. Rule 144A) in Anspruch nehmen kann.[353] ADRs machen einen bedeutenden Teil des US-amerikanischen Kapitalmarkts aus – heute existieren ca. 2.000 Programme im Wert von insgesamt $1 Bill., die von Unternehmen aus mehr als 70 Ländern aufgelegt wurden.

---

347 Vgl. z.B. Item 201 Regulation S-K, Instructions No. 5. Siehe zu den Schwierigkeiten der Daimler-Benz AG bei der Erlangung eines Börsenlisting in den USA *Scott/Wellons,* loc. cit., p. 37.

348 Z.B. sind von den 17 an der NYSE gelisteten Deutschen Unternehmen nur zwei – Daimler und Deutsche Bank – mit ihren Stammaktien zugelassen.

349 Vgl. die Definition von „security" in § 2(a)(1) Sec. Act: „any note, stock ... or ...receipt for ... any of the foregoing."

350 17 C.F.R. § 239.36.

351 ADR-Programme begegnen in zwei Formen: als sog. *sponsored facilities,* die der Emittent der Basiswerte initiiert, und als *unsponsored facilities,* die (üblicherweise) professionelle Marktteilnehmer ohne Mitwirkung des Emittenten auflegen, da sie ein Interesse des heimischen Markts an den ausländischen Effekten erkennen, vgl. SEC Release No. 6894 vom 23. Mai 1991, 1991 WL 294145, p. 2 et seq. Im Fall der sponsored facilities hat neben der Depotstelle der Emittent das Registrierungsformular F-6 zu unterzeichnen, im Übrigen unterzeichnet es nur die Depotstelle, vgl. Signatures in Form F-6, Instructions No. 1.

352 Form F-6, General Instructions I.A.(3).

353 Dieses Erfordernis ist zwar nicht ausdrücklich in den einschlägigen Regularien festgeschrieben, es wird aber allgemein aus Form F-6, General Instructions I.A.(2) abgeleitet, wo es heißt: „Form F-6 may be used ... if ... [t]he deposited securities are offered or sold in transactions registered under the Securities Act or in transactions that would be exempt therefrom if made in the United States". Obwohl ADRs selbständige Wertpapiere darstellen, sieht die SEC in der Ausgabe von ADRs mithin ein Angebot der Basiswerte (der Emittent bringt seine Papiere *in der Form von ADRs* auf den US-amerikanischen Markt). Folge ist die Pflicht zur Registrierung sowohl der ADRs als auch der zugrunde liegenden Effekten. Die Registrierungspflicht für den Emittenten gilt nicht, wenn ein Käufer, um das ADR-Programm aufzulegen und die ADRs öffentlich zu vertreiben (unsponsored facility), die Effekten auf dem Sekundärmarkt durch eine Transaktion erwirbt, die von den Anforderungen des § 5 Sec. Act ausgenommen ist. In diesem Fall muss nur der Käufer Form F-6 einreichen. Vgl. zum Ganzen SEC Release No. 6894, 1991 WL 294145, p. 10; *Lander,* US Securities Law for International Financial Transactions, § 8:18; *Saunders,* 17 Fordham Int'l L. J. 48, 62–63.

Fraglich ist, wann die Verbote des § 5 Sec. Act eingreifen, wenn der Emittent nicht bewusst am US-amerikanischen Kapitalmarkt handelt, etwa das öffentliche Angebot im Ausland durchführt, und einige Wertpapiere ihren Weg in die USA finden. Mit dieser Problematik beschäftigt sich SEC Regulation S (Rules 901–905).[354] Rule 901 der Regulation S beschränkt für Zwecke des § 5 Sec. Act (aber nur für Zwecke dieser Vorschrift) die Bedeutung der Begriffe „offer", „offer to sell" etc. auf solche Transaktionen, die in den USA stattfinden. Wann eine Transaktion in den USA erfolgt, richtet sich nach Rules 903 (für Primärmarkttransaktionen, d.h. Verkäufe durch den Emittenten und die an der Platzierung beteiligten Institute) und 904 (für Sekundärmarkttransaktionen). Regulation S unterteilt die Emittenten in drei Kategorien. Handelt es sich um einen ausländischen Emittenten, für dessen Effekten in den USA kein wesentlicher Markt existiert (*no substantial US market interest*)[355] oder der seine Platzierungsbemühungen auf einen einzelnen ausländischen Markt beschränkt (*overseas directed offering*), d.h. nur die Anleger eines bestimmten Staates anspricht und die Emission entsprechend den dort geltenden Gesetzen strukturiert,[356] müssen der Emittent und die Emissionsbanken § 5 Sec. Act unter zwei Voraussetzungen nicht beachten: Erstens nehmen sie eine sog. *offshore transaction* vor – die Emission richtet sich ausschließlich an Anleger außerhalb der USA, zudem wird die Zeichnungsofferte im Ausland abgegeben.[357] Zweitens dürfen sie keine Verkaufsaktivitäten in den USA entfalten.[358] Um letztere Voraussetzung zu erfüllen, haben sie dafür Sorge zu tragen, dass Werbemaßnahmen weitgehend auf das Ausland beschränkt bleiben. Z.B. ist sicherzustellen, dass keine Anzeigen in Zeitungen platziert werden, die auch in den USA über eine größere Auflage verfügen.[359] Für Emit-

---

354 17 C.F.R. §§ 230.901–230.905.

355 Rule 903(b)(i). Definition von „substantial US market interest" in Rule 902(j) (z.B. ist market interest zu bejahen, wenn – bei der Aktienemission – mindestens 20% des Handels mit den fraglichen Wertpapieren über US-amerikanische Börsen oder elektronische Handelssysteme abläuft und der Umsatz in keinem einzelnen anderen Land 55% oder mehr des gesamten Handelsvolumens ausmacht).

356 Rule 903(b)(ii). Der Emittent und die Emissionsbanken können sich nicht darauf berufen, dass sie ein overseas directed offering vorgenommen haben, wenn sie wussten oder hätten wissen müssen, dass ein erheblicher Teil der Emission über Sekundärmarkttransaktionen in die USA zurückfließen würde, vgl. SEC Release No. 6863 vom 24. April 1990, 1990 WL 311658, p. 16.

357 Rule 903(a)(1) i.V.m. Rule 902(h). Ob sich die Emission ausschließlich an Personen im Ausland richtet, kann schwierig festzustellen sein, wenn das Angebot über das Internet verbreitet wird. Hier gibt SEC Release No. 7516 vom 23. März 1998, 1998 WL 128173, Hinweise. Ein ausländischer Emittent und seine Emissionsbanken sollten folgende Vorkehrungen treffen, wenn sie sichergehen wollen, dass die Emission nicht in den Anwendungsbereich von § 5 Sec. Act fällt: „The Web site [shall] include[…] a prominent disclaimer making it clear that the offer is directed only to countries other than the United States. … The Web site offeror [shall] implement[…] procedures that are reasonably designed to guard against sales to U.S. persons in the offshore offering. For example, the offeror could ascertain the purchaser's residence by obtaining such information as mailing addresses or telephone numbers (or area code) prior to the sale." SEC Release No. 7516, loc. cit., p. 4, 6. Bei inländischen Emittenten erwartet die SEC grundsätzlich mehr, nämlich dass der Emittent und die Banken ihre Webseiten mit einem Passwort schützen, das sie nur nach Überprüfung des ausländischen Wohnsitzes des Kaufinteressenten übermitteln, id. at 7.

358 Rule 903(a)(2) i.V.m. Rule 902(c).

359 Einzelheiten in Rule 902(c).

tenten der zweiten Kategorie – ausländische Anleiheemittenten; außerdem ausländische Aktien- oder inländische Anleiheemittenten, die den Publizitätspflichten des Securities Exchange Act 1934 unterliegen (jeweils vorausgesetzt, dass sie nicht der ersten Kategorie zuzuordnen sind) – gelten strengere Anforderungen: Sie (sowie die in den Verkaufsprozess eingeschalteten Banken) müssen zusätzlich unter anderem gewährleisten, dass während der ersten 40 Tage nach Ende der Zeichnungsfrist keine Personen zu den Käufern gehören, die ihren Wohnsitz in den USA haben (sog. *US persons*).[360] Nochmals verschärften Voraussetzungen sind alle sonstigen Emittenten und die für sie handelnden Emissionsbanken unterworfen, da die SEC davon ausgeht, dass mangels umfassender Informationen über den Emittenten (der in der Regel nicht reporting issuer ist) hier das Schutzbedürfnis des Anlegerpublikums am größten ist.[361] Sollte keine der safe harbor Bestimmungen von Regulation S einschlägig sein (weil z.B. Verkaufsbemühungen in den USA entfaltet wurden), sind die Registrierungspflichten des Securities Act 1933 gleichwohl nicht anwendbar, wenn die Verbindung in die USA *de minimis* ist.[362] Die Gerichte machen die Geltung des § 5 Sec. Act davon abhängig, ob das betreffende Verhalten geeignet ist, das Interesse der Anleger an den unregistrierten Papieren zu wecken und damit einen Markt für die Effekten zu begründen.[363]

Es ist zu beachten, dass die vorstehenden Ausführungen nur den territorialen Anwendungsbereich der *Publizitätspflichten* näher bestimmen. Aus der fehlenden Pflicht zur Registrierung der Effekten lässt sich nicht schließen, dass irreführende Angaben im Zusammenhang mit der Platzierung oder dem Verkauf auf dem Sekundärmarkt keine Schadensersatzhaftung nach sich ziehen. Sowohl die SEC als auch die Rechtsprechung betonen, dass den Haftungstatbeständen der Kapitalmarktgesetze (sofern sie nicht an die Registrierung bzw. die Nichtbeachtung der Verbote des § 5 Sec. Act anknüpfen[364]) ein weiter gefasster räumlicher Geltungsbereich zukommt als den Veröffentlichungspflichten.[365] Auf die genaue internationale Reich-

---

360 Rule 903(b)(2)(ii). Zur Berechnung der 40-Tages-Frist (sog. *distribution compliance period*) vgl. Rule 902(f). Definition von „US person" in Rule 902(k). Zu weiteren Voraussetzungen vgl. Rule 903(b)(2)(i) und (iii). Der Emittent und die Banken müssen etwa darauf hinweisen, dass die Effekten nicht entsprechend dem Securities Act 1933 registriert sind und deswegen grundsätzlich nicht an Personen in den USA verkauft werden dürfen.

361 SEC Release No. 6863, 1990 WL 311658, p. 22. Die Voraussetzungen finden sich in Rule 903(b)(3).

362 Z.B. wenn das Verkaufsangebot an eine einzelne Person geht, die sich zufällig in den USA aufhält, so im Fall Europe and Overseas Commodity Traders, S.A. v. Banque Paribas London, 147 F.3d 118 (2d Cir. 1998).

363 Vgl. Europe and Overseas Commodity Traders, S.A. v. Banque Paribas London, loc. cit. at 126: „[T]he registration provisions should apply to those offers of unregistered securities that tend to have the effect of creating a market for unregistered securities in the United States; and by 'creating a market' we do not mean to imply that the conduct must be directed at a large number of people."

364 So z.B. § 12(a)(1) Sec. Act.

365 Europe and Overseas Commodity Traders, S.A. v. Banque Paribas London, loc. cit. at 123; Consolidated Gold Fields PLC v. Minorco, S.A., 871 F.2d 252, 262 (2d Cir. 1989); Bersch v. Drexel Firestone, Inc., 519 F.2d 974, 986 (2d Cir. 1975); SEC Release No. 6863, 1990 WL 311658, p. 5.

weite dieser Bestimmungen ist an späterer Stelle einzugehen.[366] Hier kann indes bereits festgehalten werden, dass, wenn die Pflicht zur Registrierung zu bejahen ist, Verstöße haftungsrechtliche Folgen zeitigen, und zwar auch für den ausländischen Emittenten und die ausländische Emissionsbank.[367]

2. Übernahme

Die verschiedenen Formen der Übernahme von Wertpapieren durch Bankenkonsortien lassen sich danach unterscheiden, ob die Banken in die Stellung als Inhaber der Papiere eintreten (genauer: Inhaber des im Wertpapier verbrieften Rechts und Eigentümer der Wertpapierurkunden werden) und die Effekten auf eigene Rechnung veräußern, oder ob sie die Papiere in offener bzw. verdeckter Stellvertretung für den Emittenten absetzen. Im ersteren Fall tragen die Banken das Risiko, die Effekten nicht vollständig am Markt unterbringen und später nur unter Verlust abgeben zu können. Bei einem Handeln als Kommissionäre verbleibt das Absatzrisiko hingegen beim Emittenten, sofern die Emissionsbanken die vollständige Platzierung nicht durch eine schuldrechtliche Vereinbarung garantieren. Die Absatzvermittlung lässt sich nicht als Übernahme bzw. underwriting im eigentlichen Sinn verstehen, da ihr das charakteristische Merkmal der Absicherung des Emittenten

---

366 § 10 III.

367 Bei der Auflage von ADR-Programmen ist die Rechtslage komplizierter – um nicht zu sagen: in fast schon mystischer Weise vernebelt. Ursprung des Problems ist folgende Anweisung in Form F-6: „The legal entity created by the agreement for the issuance of ADRs shall sign the registration statement as registrant. The depositary may sign on behalf of such entity, but the depositary for the issuance of ADRs itself shall not be deemed to be an issuer, a person signing the registration statement, or a person controlling such issuer“, Signatures in Form F-6, Instructions No. 1. Hiermit will die SEC zum Ausdruck bringen, dass der Verwahrer zwar Form F-6 zu unterzeichnen hat, aber nicht als Emittent der ADRs anzusehen ist. Emittent ist die fiktionale Entität, die die Parteien durch Abschluss des Verwahrvertrags und Vereinbarung der Ausgabe von ADRs begründen. Zweck dieser Konstruktion ist es, der Depotbank den Rückgriff auf § 3(a)(2) Sec. Act (keine Pflicht zur Registrierung von Wertpapieren, die von einer Bank ausgegeben werden) zu verwehren. Da auch der Emittent der Basiswerte nicht Emittent der ADRs ist (nicht er, sondern die Depotbank, bei der er die Basiswerte hinterlegt, stellt die ADRs aus; im Übrigen ist die Mitwirkung des Emittenten für die Begründung des ADR-Programms, wie erwähnt, nicht erforderlich), existiert kein Emittent – jedenfalls kein Emittent in der Form eines tatsächlich vorhandenen Rechtssubjekts. Damit kann kein Emittent für etwaige Falschangaben in Form F-6 verantwortlich gemacht werden (gem. § 11[a][1] Sec. Act), so ausdrücklich SEC Release No. 6894, 1991 WL 294145, p. 16 (die Sichtweise der SEC – aus der fehlenden Emittentenstellung sei zu schließen, dass die Depotbank und der Emittent der Basispapiere nicht gem. § 11[a][1] Sec. Act haftbar sein könnten – ist allerdings nicht zwingend, da die Vorschrift nicht den Emittenten, sondern – allgemeiner formuliert – den Unterzeichner des registration statement für verantwortlich hält). Ob die Depotbank und die beim Absatz der ADRs mitwirkenden Emissionsbanken als underwriter gem. § 11(a)(5) Sec. Act oder aus anderem Rechtsgrund (z.B. gem. § 10[b] Sec. Ex. Act, Exchange Act Rule 10b-5) haften, ist ungeklärt, hierzu *Spoors*, 6 Transnat'l Law. 181, 202 et seq. (1993). Zumindest bei Registrierung der zugrunde liegenden Wertpapiere greifen die üblichen Regeln ein: Falschangaben, die in dem *hierzu* verwandten Registrierungsformular (Form F-1 oder F-3) enthalten sind, führen nach den in § 9 I zu untersuchenden allgemeinen Grundsätzen zur Haftung sowohl des Emittenten als auch der Emissionsbanken.

fehlt.[368] Sie sollte deswegen besser als Form der *Beteiligung* von Banken an der Emission von Wertpapieren bezeichnet werden.

Hier soll eine Unterteilung in vier Grundformen der Beteiligung im Übernahmestadium erfolgen. Die Ausführungen gelten, mit kleinen Unterschieden, sowohl für das Emissionsgeschäft in Deutschland als auch in den USA.

a. Begebungskonsortium

Beim Begebungskonsortium verkaufen die Emissionsbanken die Effekten im eigenen Namen, aber für Rechnung des Emittenten, und verpflichten sich zu nachhaltigen Unterbringungsbemühungen (kommissionsweise Platzierung oder *best efforts underwriting*). In der angloamerikanischen Praxis sind unterschiedliche Ausgestaltungen des best efforts underwriting bekannt: *straight*, *minimum/maximum* und *all or nothing offerings*. Das straight best efforts underwriting stellt keine Mindestanforderungen hinsichtlich der Anzahl der zu verkaufenden Effekten auf. Gelingt es den Emissionsbanken nicht, die Emission vollständig zu platzieren, erhalten sie die ihnen zugesagte Kommission für die verkauften Papiere, die restlichen Effekten verbleiben beim Emittenten. Bei minimum/maximum arrangements muss eine bestimmte Mindestanzahl von Effekten während einer näher bezeichneten Zeitspanne verkauft werden, andernfalls ist die gesamte Emission gescheitert. Der Kaufpreis wird zunächst treuhänderisch verwahrt und bei Erreichen des Mindestwertes an den Emittenten ausgezahlt. Gelingt es den Konsortialbanken nicht, die erforderliche Zahl an Effekten abzusetzcn, werden die bereits abgeschlossenen Wertpapiergeschäfte rückabgewickelt. Bei all or nothing underwritings ist Voraussetzung für eine wirksame Übernahme der vollständige Verkauf aller Papiere.[369] Minimum/

---

368 Siehe hierzu oben § 2 I.

369 *Cox/Hillman/Langevoort*, Securities Regulation, p. 121–22. In den USA sind Fälle aufgetreten, in denen bei einer minimum/maximum oder all or nothing Vereinbarung die Verkaufzahlen nicht erreicht wurden, Emittent und underwriter aber vorgaben, die erforderliche Stückzahl verkauft zu haben, um den bereits erzielten Emissionserlös und die Kommission nicht zurückgeben zu müssen. Gerichte haben entschieden, dass dieses Verhalten die antifraud Bestimmungen der §§ 17(a) Securities Act und 10(b) Securities Exchange Act verletzt, vgl. SEC v. First Pacific Bancorp., 142 F.3d 1186 (9th Cir. 1998); Banc One Capital Partners Corp. v. Kneipper, 67 F.3d 1187 (5th Cir. 1995); C.E. Carlson v. SEC, 859 F.2d 1429 (10th Cir. 1988); A.J. White & Co. v. SEC, 556 F.2d 619 (1st Cir. 1977); SEC v. Manor Nursing Centers, Inc., 458 F.2d 1082 (2d Cir. 1972), sowie Gomez v. Huntington Trust Co., N.A., 129 F. Supp. 2d 1116 (N.D. Ohio 2000) (Vertragsverletzung). Die SEC hat in der 1962 erlassenen Rule 10b-9 bestimmt, dass es einen „manipulative or deception device" darstellt, Wertpapiere aufgrund einer all or nothing oder minimum/maximum Vereinbarung zu verkaufen, aber nicht den Voraussetzungen einer solchen Vereinbarung (sofortige Rückgewähr des Kaufpreises, wenn nicht ein genau bezifferter Erlös während eines vorher festgelegten Zeitraums erzielt wird; treuhänderische Verwahrung des Erlöses entsprechend Rule 15c2-4) zu folgen. In Deutschland sind, soweit ersichtlich, vergleichbare Fälle noch nicht aufgetreten. Eine Haftung wäre gem. §§ 44, 45 BörsG möglich. Zwar ist für die Beurteilung der Unrichtigkeit des Prospekts grundsätzlich der Zeitpunkt der Veröffentlichung (spätestens bei erstmaligem öffentlichen Angebot der Wertpapiere) maßgeblich, vgl. Assmann/Schütze/*Assmann*, Kapitalanlagerecht, § 6, Rdnr. 108. Zu diesem Zeitpunkt steht noch nicht fest, ob die all or nothing bzw. minimum/maximum Vereinbarung eingehalten werden kann. Die Änderung der Übernahmekonditionen stellt aber einen Umstand dar, der für den Anleger von wesentlicher Bedeutung ist, so dass

Maximum und all or nothing Vereinbarungen sollen gewährleisten, dass die Gesellschaf ausreichend Kapital erhält, um erfolgreich zu wirtschaften. Sie rechtfertigen damit einen höheren Emissionspreis als straight best efforts underwritings.[370]

b. *Garantiekonsortium*

Zu einer anderen Risikoverteilung als beim Begebungskonsortium kommt es, wenn die Konsortialbanken zusagen, die nicht abgesetzten Papiere zu einem fest vereinbarten Kurs zu erwerben (Garantiekonsortium, in den USA *old fashioned* oder *standby underwriting* genannt). In Deutschland und den USA wird von Garantiekonsortien, die dem Ursprung des underwriting als Instrument der Versicherungspraxis am nächsten kommen, nur selten Gebrauch gemacht.[371] Bedeutung erlangen sie in den USA bei Bezugsrechtsemissionen.[372] Die Konsortialbanken verpflichten sich, die von den Altaktionären nicht gezeichneten Aktien zu übernehmen. Da Bezugsrechte nach den Gesellschaftsrechten eines (des größeren) Teils der Bundesstaaten der USA nur bestehen, wenn die Satzung sie vorsieht, und nach den Gesellschaftsrechten des anderen Teils ohne weitere Voraussetzungen in der Satzung abbedungen werden können,[373] ist die Anzahl von Bezugsrechtsemissionen allerdings gering.

c. *Übernahmekonsortium*

Das Übernahmekonsortium (Festübernahme oder *firm commitment underwriting*) unterscheidet sich in seinen wirtschaftlichen Folgen nicht vom Garantiekonsortium. Die Bank bzw. das Bankenkonsortium übernimmt die Emission vom Emittenten käuflich und setzt sie auf eigene Rechnung und eigenes Risiko ab, und zwar entweder unmittelbar durch Verkauf an Investoren oder unter Zwischenschaltung einer weiteren Gruppe von Banken, der selling group. In Deutschland und den USA wird das Übernahme- in der Regel mit dem Begebungskonsortium kombiniert: die Emissionsbanken übernehmen die Wertpapiere fest und verpflichten sich dazu, Absatzbemühungen zu entfalten (sog. Einheitskonsortium).[374]

Diese Art der Emissionsbegleitung ist bei Aktienemissionen in beiden untersuchten Ländern die am weitesten verbreitete Methode. Sie ist zudem die einzige Konstruktion, die zu einer Übernahme im eigentlichen Sinn (Erwerb des Mitgliedschaftsrechts, das in der Aktie verbrieft ist, und des Eigentums an der Urkunde) führt.

Emittent und Emissionsbegleiter eine Aktualisierungspflicht gem. § 16 WpPG trifft. Zur Dauer der Aktualisierungspflicht siehe Schwark/*Schwark*, KMRK, §§ 44, 45 BörsG, Rdnr. 29, und unten § 6 I 2 a dd (3).

370 Vgl. SEC v. First Pacific Bancorp., 142 F.3d 1186, 1191.

371 Zu den Gründen, die für eine Absatzgarantie anstelle einer Festübernahme sprechen können, vgl. BuB/*Bosch*, Rdnr. 10/81.

372 *Loss/Seligman*, Fundamentals, p.64.

373 Vgl. z.B. § 6.30(a) Model Business Corporation Act, § 204(a)(2) Ca. Corp. Code, § 102(b)(3) Del. Gen. Corp. Law und § 622(b)(2) NY Bus. Corp. Law einerseits (keine *preemptive rights*, wenn nicht vereinbart); § 413(1) Minn. Bus. Corp. Act, Ch. 23B.06.300 Wash. Bus. Corp. Act andererseits (grundsätzlich preemptive rights).

374 BuB/*Bosch*, Rdnr. 10/80.

d. *Auktionsverfahren*

Die vorstehend geschilderten Formen der Beteiligung von Banken an Emissionen zeichnen sich dadurch aus, dass Emittent und Emissionsbank die Konditionen der zu übernehmenden Wertpapiere aushandeln (*negotiated deals*). Erst kurz vor Beginn der Platzierung und lange nachdem der Emittent der Konsortialführerin das Mandat zur Betreuung der Börseneinführung erteilt hat, stehen die Emissionsbedingungen und insbesondere der Platzierungspreis fest. Im Gegensatz hierzu finden bei Auktionsverfahren (im Englischen als *competitive bidding* bezeichnet[375]) keine Verhandlungen statt. Der Emittent fordert zur Abgabe von Geboten auf, in denen der Übernahmepreis anzugeben ist, und überträgt die Emission an den Bieter mit dem höchsten Gebot. Schließen sich Banken zur Teilnahme am Bieterverfahren und späteren Platzierung der Wertpapiere zu Konsortien zusammen, bestehen mit Ausnahme des Zustandekommens des Übernahmevertrags keine wesentlichen Unterschiede zum firm commitment underwriting. Competitive bidding soll laut einiger empirischer Untersuchungen für den Emittenten vorteilhaft sein, da ein Wettbewerb der Emissionsbanken höhere Übernahmegebote und niedrigere Provisionen als bei negotiated deals zur Folge habe.[376]

Die rechtlichen Rahmenbedingungen in den USA, insbesondere die Möglichkeit der shelf registraiton gemäß Securities Act Rule 415, haben die Verbreitung des bought deal begünstigt.[377] Gleichwohl ist festzustellen, dass jedenfalls Aktien überwiegend nach herkömmlichen Methoden begeben werden. Ein Grund hierfür ist darin zu sehen, dass mit den Vorteilen des competitive bidding – Verkauf der gesamten Emission oder einer Tranche an den höchsten Bieter kurz vor der Platzierung – die Begleitung der Emission bis zu diesem Datum durch die Banken, d.h. vor allem die finanzielle Beratung und der Aufbau bzw. die Pflege von Kontakten zu potentiellen Investoren, wegfällt. Sowohl die Banken als Käufer der Papiere als auch der Emittent werden daher nur dann ein Interesse daran haben, im Wege des bought deal vorzugehen, wenn (institutionelle) Investoren in ausreichender Zahl bereit stehen, um die Emissionsware zu erwerben. Das wird nur bei großen und hinreichend bekannten Unternehmen der Fall sein. Die Banken fürchten ein andernfalls zu hohes

---

375 Die Terminologie ist nicht immer ganz eindeutig. Wörtlich übersetzt begegnen Auktionsverfahren als *Amercian auction* oder *Dutch auction* (die Verfahren variieren, was die Methode der Preisbestimmung anbelangt; Näheres hierzu unter 3 c cc). Häufig wird das Auktionsverfahren (competitive bidding) mit dem *bought deal* in Verbindung gebracht, den zunächst einmal nur kennzeichnet, dass die Emissionsbank die Emission nicht von den ersten vorbereitenden Maßnahmen an betreut, sondern die zur Platzierung zur Verfügung stehenden (d.h. für die USA: die bereits registrierten) Effekten als Block übernimmt, vgl. oben 1 b und *Loss/Seligman/Paredes*, Securities Regulation, § 2-A-5. Competitive bidding und bought deal gehen oft Hand in Hand, da sich mehr als eine Bank bzw. ein Konsortium um die Emission bemühen mag. Angesichts dieser Nähe sollen die Begriffe im Folgenden als Synonyme verwandt werden. Wenn der Text vom bought deal spricht, ist damit eine Übernahme im Wege des competitive bidding gemeint, das wiederum auf der amerikanische Auktion basiert.

376 *Ederington*, 31 J. Fin. 17, 26 et seq. (1976); *Fabozzi/West*, 16 J. Fin. & Quant. Analysis 323, 324 et seq. (1981); *Kidwell/Marr/Thompson*, 19 J. Fin. & Quant. Analysis 183, 185 et seq. (1984). Vgl. auch Fn. 315.

377 Siehe oben 1 b cc.

Emissionsrisiko, und der Emittent möchte sich der vollständigen Unterbringung seiner Aktien sicher sein.[378] In Deutschland ist der bought deal noch weniger verbreitet als in den USA.[379] In den letzten Jahren lassen sich aber einige größere Kapitalerhöhungen von etablierten Unternehmen (z.B. Deutsche Lufthansa AG) verzeichnen, in denen der Emittent zusammen mit einer beratend an der Vorbereitung der Emission mitwirkenden Bank potentielle Emissionsbegleiter zur Abgabe von Geboten aufforderte, anhand derer er den Platzierungs- bzw. Bezugspreis festsetzte.[380]

3. Platzierung

Zur Platzierung von Wertpapieren stehen Emittent und Emissionsbanken verschiedene Techniken zur Verfügung. Zunächst ist zwischen der öffentlichen und der privaten Platzierung zu unterscheiden.[381] Der Emittent bietet die Effekten öffentlich an, wenn er sich an eine unbestimmte Vielzahl potentieller Investoren wendet. Bei der Privatplatzierung hingegen richtet sich das Angebot an einen individuell bestimmten, dem Emittenten bekannten Kreis von Anlegern.[382] Gewöhnlich handelt es sich bei den Investoren um Investmentfonds, Versicherungsgesellschaften oder private Großanleger.[383] Vereinzelt wird eine dritte Kategorie, die sog. halböffentliche Platzierung, gebildet,[384] der allerdings keine eigenständige rechtliche Bedeutung zukommt. Sie bezieht sich auf Emissionen, die insofern zwischen der öffentlichen und der privaten Platzierung stehen, als sie sich zwar an das Publikum richten, d.h. ein öffentliches Angebot darstellen,[385] aber keine Prospektpflicht auslösen, z.B. weil sie einzig qualifizierte Anleger anvisieren.[386] Hier soll nur die öffentliche Platzierung näher dargestellt werden, die über die Börse, durch freihändigen Verkauf oder durch Auflegung zur Zeichnung vorgenommen werden kann.

a. Platzierung über die Börse

Die Platzierung über die Börse erfolgt sukzessive über einen längeren Zeitraum hinweg zu dem am jeweiligen Tag geltenden Börsenpreis. Sie ist heute wenig gebräuchlich; praktiziert wird sie gelegentlich bei Daueremissionen, d.h. der Ausgabe von

---

378 *Cox/Hillman/Langevoort*, Securities Regulation, p. 124.
379 Vgl. *Schanz*, Börseneinführung, § 9 Rdnr. 34.
380 Einzelheiten bei Marsch-Barner/Schäfer/*Meyer*, Handbuch börsennotierte AG, § 8, Rdnr. 37.
381 Siehe § 2 I.
382 Die Unterscheidung knüpft an das Wertpapierprospektrecht an, das grundsätzlich nur für öffentliche Angebote von Wertpapieren gilt (vgl. § 3 Abs. 1 Satz 1 WpPG). Es gibt eine Definition des Begriffs des öffentlichen Angebots (§ 2 Nr. 4 WpPG), die allerdings nicht alle Zweifelsfragen zu beseitigen vermag. Näheres zu diesem Problem bei *Groß*, Kapitalmarktrecht, § 2 WpPG, Rdnr. 8 ff., und unten § 6 I 2 a.
383 *Hopt*, Verantwortlichkeit, Rdnr. 106 ff.
384 Z.B. *Horn*, Recht der internationalen Anleihen, S. 96 ff.
385 In Deutschland: i.S. des § 2 Nr. 4 WpPG.
386 In Deutschland: Ausnahme von der Pflicht zur Veröffentlichung eines Prospekts gem. § 3 Abs. 2 Satz 1 Nr. 1 WpPG. In den USA: Kein Prospektzwang gem. § 4(2) Sec. Act.

Commercial Papers (unbesicherten Geldmarktpapieren, die in Deutschland in der Regel als Inhaberschuldverschreibungen, im anglo-amerikanischen Rechtskreis als *promissory notes* ausgestaltet werden[387]), nicht aber bei der Begebung von Aktien.[388]

b. Freihändiger Verkauf

Die Platzierung durch freihändigen Verkauf zeichnet sich dadurch aus, dass sie, anders als die noch zu besprechende Auflegung zur öffentlichen Zeichnung (Subskription), keinen zeitlichen Restriktionen unterliegt, etwa einer Zeichnungsfrist, innerhalb derer alle Anträge zum Erwerb der Papiere abgegeben worden sein müssen, und nicht nach einem vorher zwischen dem Emittenten und den Emissionsbegleitern festgelegten Zuteilungsverfahren erfolgt. Die Konsortialbanken haben freie Hand, wie und wann sie ihre Quote platzieren. Auch diese Emissionstechnik spielt bei Aktienemissionen keine Rolle.[389]

c. Auflegung zur Zeichnung

Die Auflegung zur öffentlichen Zeichnung ist die in den USA und in Deutschland bei weitem gebräuchlichste Form der Platzierung von Aktien. Sie kann wiederum unterteilt werden in das Festpreis-, das Bookbuilding- und das Tender- bzw. Auktionsverfahren. Hauptunterscheidungsmerkmal der drei Verfahren ist die Methode der Preisfindung. Während der Platzierungspreis beim Festpreisverfahren schon vor Beginn der Zeichnungsfrist feststeht, wird er beim Bookbuilding erst unmittelbar vor Zuteilung der Aktien bestimmt. Hieraus ergeben sich allerdings nur geringe Unterschiede, was den Ablauf der Emission und den Zeitpunkt des Abschlusses von Übernahme- und Zeichnungsvertrag anbelangt: Sowohl beim Festpreis- als auch beim Bookbuildingverfahren übernehmen die Konsorten die Aktien nicht zum Platzierungspreis, sondern zum Nennbetrag. Sie müssen somit nicht bis zur Festlegung des Platzierungspreises – beim Bookbuildingverfahren bis zum Ende der Zeichnungsfrist – warten, um sich vertraglich zu binden. Gleichwohl unterzeichnen sie die Vertragswerke aus Gründen der Risikominimierung in beiden Fällen so spät wie möglich, d.h. beim Bookbuildingverfahren kurz vor der Platzierung, die ihrerseits dem Ende der Bookbuilding-Periode unmittelbar nachfolgt.[390]

Die Begebung von Effekten durch Abhaltung einer Auktion ist von dem oben erwähnten Auktionsverfahren in der Übernahmephase abzugrenzen. Die Verfahren verfolgen nicht nur unterschiedliche Ziele – Optimierung der Übernahmebedingungen zugunsten des Emittenten einerseits, Festlegung eines marktgerechten Platzierungspreises andererseits –, sondern operieren, wie zu zeigen sein wird, auf

---

387 Vgl. zu Geldmarktpapieren unten II.
388 BuB/*Bosch*, Rdnr. 10/82.
389 *Kümpel*, Bank- und Kapitalmarktrecht, Rdnr. 9.34. Anders bei der Anleiheemission, vgl. hierzu unten II 3.
390 BuB/*Groß*, Rdnr. 10/279.

der Basis verschiedener Mechanismen.[391] Auch die Platzierung im Wege einer Auktion führt nicht zwangsläufig zu einer grundlegenden Modifikation des Ablaufs der Emissionsbegleitung. In seiner üblichen Ausgestaltung, der sog. *Dutch auction*,[392] legt der Emittent, ähnlich wie beim Bookbuilding- und Festpreisverfahren, den Platzierungspreis fest, nachdem potentielle Investoren während eines bestimmten Zeitraums Gelegenheit hatten, Gebote abzugeben. Ein wichtiger Unterschied besteht indes: Die Bedeutung der Emissionsbanken ist geringer als bei traditionellen Formen der Platzierung; unter Umständen kommt der Emittent sogar ganz ohne Konsortium aus.

aa. Festpreisverfahren

Das Festpreisverfahren musste nach alter Rechtslage in Deutschland bei reinen Bezugsrechtsemissionen durchgeführt werden, da § 186 Abs. 2 Satz 1, Abs. 5 Satz 2 AktG a.F. die genaue Bezifferung des Ausgabepreises vorschrieb.[393] Die Vorschrift ist durch Art. 1 Nr. 22 TransPuG vom 19.07.2002[394] umgestaltet worden. Nun genügt die Bekanntmachung der Grundlagen für die Festlegung des Ausgabebetrags, sofern der Vorstand spätestens drei Tage vor Ablauf der Bezugsfrist den endgültigen Ausgabepreis gesondert bekannt gibt. Nach der Rechtsänderung hat das Festpreisverfahren, das Nachteile bei der Preisbestimmung aufweist, weitgehend an Bedeutung verloren.[395] Deswegen soll es hier nur kurz vorgestellt werden. Der Emittent und das Konsortium (bzw. die Konsortialführerin) ermitteln den Bezugspreis entweder vor Abschluss des Übernahmevertrags oder zeitnah vor Beginn der Bezugsfrist, indem sie den aktuellen Börsenpreis des Unternehmens zugrunde legen und einen Abschlag vornehmen.[396] Die Konsortialführerin zeichnet und übernimmt die Aktien für sich selbst sowie in Vertretung der Mitglieder des Bankenkonsortiums[397] und zahlt für Rechnung der Konsorten mindestens 25 % des Nennbetrages auf einem Sonderkonto[398] ein. Sie überreicht den Zeichnungsschein

---

391 Das kommt in der Literatur mitunter nicht deutlich zum Ausdruck, vgl. Marsch-Barner/Schäfer/*Meyer*, Handbuch börsennotierte AG, der in § 8, Rdnr. 28 f. und 36 ff. beide Formen von Auktionsverfahren bespricht, ohne die konzeptionellen Unterschiede zu verdeutlichen.

392 Zur Dutch auction sogleich unter cc.

393 So die ehemals h.M.; vgl. zur alten Rechtslage *Groß*, ZHR 162 (1998), 318, 333.

394 BGBl. I 2002, 2681.

395 *Ekkenga/Maas*, Wertpapieremissionen, Rdnr. 126.

396 Die Höhe des Abschlags hängt von dem Ergebnis umfassender Unternehmensanalysen, der Bewertung vergleichbarer Unternehmen, der Marktlage und der Stabilität des Börsenkurses ab und kann bis zu 25% betragen, vgl. *Schwintowski/Schäfer*, Bankrecht, § 15 Rdnr. 73.

397 So zumindest die Vertragsgestaltung des bei BuB/*Groß*, Rdnr. 10/325, abgedruckten Beispiels einer Kapitalerhöhungsofferte, s. dort Ziff. I 1. Absatz. Im Übernahmevertrag ist explizit festgehalten, dass die Mitglieder des Konsortiums in Höhe ihrer Quote Alleineigentum an den Effekten erlangen, s. a.a.O., 2. Absatz.

398 Umstritten ist, ob die Einlage auch dann zur freien Verfügung des Vorstands gem. § 36 Abs. 2 AktG steht, wenn der Nennbetrag auf ein Konto eingezahlt wird, das bei einer Konsortialbank geführt wird. Das ist jedenfalls unter der Voraussetzung zu bejahen, dass das Kreditinstitut keinen Zugriff auf den eingezahlten Betrag oder einen Teil des Betrags hat. Deswegen wird in der Praxis vereinbart, dass das Sonderkonto provisionsfrei ist. Vgl. zu dieser Problematik ausführlich Großk. AktG/*Röhricht*, § 36, Rdnr. 108, und zur abweichenden Auffassung KK AktG/*Lutter*, § 188, Rdnr. 12 jeweils m.N.

und die sonstigen zur Eintragung der Kapitalerhöhung erforderlichen Unterlagen dem Emittenten. Nach Eintragung der Durchführung der Kapitalerhöhung in das Handelsregister bieten die Konsortialbanken die übernommenen Aktien den Altaktionären innerhalb einer Frist, die gem. § 186 Abs. 1 Satz 2 AktG mindestens zwei Wochen betragen muss, zum Bezug an.[399] Am letzten Tag der Bezugsfrist zahlt die Konsortialführerin den noch ausstehenden Teil des Nennbetrags sowie die Differenz zwischen dem Ausgabe- und dem Bezugspreis (Aufgeld) für Rechnung der Konsorten auf dem Sonderkonto ein[400] und überträgt das Guthaben dem Emittenten.[401] Nicht bezogene Aktien sind von den Konsortialbanken nach Ablauf der Bezugsfrist durch Platzierung am Markt nach Weisung des Emittenten mindestens zum Bezugspreis oder mangels Weisung bestmöglich und interessenwahrend zu verwerten. Auch den hierbei anfallenden Erlös führt die Konsortialführerin für Rechnung der Konsorten an den Emittenten ab.[402]

bb. Bookbuilding

Beim Festpreisverfahren besteht die Gefahr, den Platzierungspreis zu niedrig oder zu hoch anzusetzen, da die Parteien nur schwer abschätzen können, wie der Markt die neuen Aktien bewerten wird. Diese Gefahr wird mit Hilfe des Bookbuilding-Verfahrens verringert. Die Anleger werden dazu aufgefordert, Kaufangebote abzugeben, die sich innerhalb einer bestimmten Preisspanne halten müssen. Am Ende der Bookbuilding-Periode werden die eingegangenen Angebote ausgewertet, um einen Platzierungspreis zu ermitteln, der dem Marktwert der Aktie so weit wie möglich entspricht. Das Bookbuilding-Verfahren wird in Deutschland seit Mitte der 90er Jahre des letzten Jahrhunderts praktiziert; bereits vor der Rechtsänderung durch das TransPuG hatte es das Festpreisverfahren bei IPOs und Kapitalerhöhungen unter Bezugsrechtsausschluss gem. § 186 Abs. 3 Satz 4 AktG weitgehend verdrängt.[403] In den USA lässt sich eine ähnliche Lage feststellen: Die ganz

---

399 Ziff. I 3. Absatz des bei BuB/*Groß*, Rdnr. 10/325, abgedruckten Mustervertrags.

400 Die Vereinbarkeit dieser Vorgehensweise mit § 36a AktG ist fraglich. Die hM akzeptiert die Zeichnung zu pari, da für die Bestimmung des Ausgabebetrags i.S. des § 36a AktG nur der zwischen den Konsorten und dem Emittenten abgeschlossene Zeichnungsvertrag maßgebend sei, nicht aber ein hiervon unter Umständen abweichender Kaufpreis, den das Konsortium von den Altaktionären oder sonstigen Anlegern verlange, vgl. BuB/*Groß*, Rdnr. 10/295, 10/316d; Großk. AktG/*Wiedemann*, § 186 AktG Rdnr. 202; *Hüffer*, § 186 AktG Rdnr. 48; KK AktG/*Lutter*, § 186 AktG Rdnr. 107; *Wiedemann*, WM 1979, 990, 991 ff.; a.A. *Immenga*, FS Beusch, S. 413, 416 ff.; *Schippel*, FS Steindorff, S. 249, 256 ff. (Agio bei wirtschaftlicher Betrachtungsweise als Einlage i.S. des § 36a AktG anzusehen, die gegenüber der AG zu leisten sei).

401 Dies geschieht regelmäßig am 3. Börsentage nach Ablauf der Bezugsfrist, vgl. Ziff. I 7. Absatz Mustervertrag., BuB/*Groß*, Rdnr. 10/325.

402 Ziff. I 8. Absatz Mustervertrag, BuB/*Groß*, Rdnr. 10/325.

403 Von den an der Frankfurter Wertpapierbörse in den Jahren 1997 bis 2002 durchgeführten 439 Börsengängen (amtlicher und geregelter sowie Neuer Markt ohne Freiverkehr) wurde nur in 12 Fällen das Festpreisverfahren angewandt, vgl. Factbook Deutsche Börse 1997–2002. Das Festpreisverfahren ist indes nicht völlig verschwunden – im Jahr 2004 kam es an der FWB immerhin zweimal zur Anwendung, 2005 einmal und 2006 viermal, vgl. die Primärmarktstatistik/-Börsengänge der FWB, abrufbar unter http://deutsche-boerse.com. Zu den Vorteilen des Bookbuilding-Verfahrens siehe *Gravenhorst*, Platzierungsverfahren bei Aktienemissionen, S. 43 f.

überwiegende Zahl von Börsengängen findet unter Verwendung des Bookbuildingverfahrens statt.

Im Einzelnen gilt für ein auf den deutschen Markt zugeschnittenes Bookbuilding-Verfahren: Die erste Phase des Bookbuilding, die Pre-Marketing-Phase, dient der Durchführung von Unternehmenspräsentationen und anderen Werbemaßnahmen, um den Bekanntheitsgrad des Emittenten zu steigern und Investor-Relations aufzubauen (präsentierendes Pre-Marketing).[404] Das Unternehmen entwickelt in Zusammenarbeit mit der Konsortialführerin eine Equity-Story. Die Analysten der Bank erstellen Research-Berichte über die gegenwärtige wirtschaftliche Situation und zukünftige Entwicklung des Unternehmens, die institutionellen und größeren Investoren zugänglich gemacht werden. Die Investoren äußern eigene Bewertungsvorstellungen, anhand derer Unternehmen und Konsortialführung eine ungefähre Preisspanne und das voraussichtliche Emissionsvolumen bestimmen (determinierendes Pre-Marketing).[405]

An die Pre-Marketing- schließt sich die Marketing-Phase an, in der die Aktien auf der Grundlage des zuvor ermittelten Preisrahmens gezielt vermarktet werden. Zu diesem Zweck veranstalten Unternehmen und Konsortialführerin – bei größeren Emissionen unter Mitwirkung weiterer Konsortialbanken – Road-Shows oder führen Einzelgespräche (one-on-one-meetings) mit potentiellen Investoren. Sie veröffentlichen ein Verkaufsangebot[406] und bestimmen eine Zeitspanne, die in der Regel zwischen zwei und zehn Arbeitstagen[407] beträgt und innerhalb der die Anleger bei den Konsortialbanken Kaufangebote abgeben können (Order-Taking-Period). Die eingehenden Kaufangebote werden an den Bookrunner (die konsortialführende Bank) weitergeleitet, der sie in einem Orderbuch sammelt. Kurz vor Ende der Bookbuildingperiode schließt die Konsortialführerin im eigenen Namen sowie im Namen der Konsorten den Übernahmevertrag ab, zeichnet die Aktien zum Nennbetrag (§ 185 AktG),[408] übergibt der Gesellschaft den Zeichnungsschein und überweist 25 % des Nennbetrags auf ein von ihr eingerichtetes Sonderkonto.[409] Daraufhin meldet die Gesellschaft die Durchführung der Erhöhung des Grundkapi-

---

404 Vgl. *Willamowski*, Bookbuilding, Rdnr. 153 ff.

405 *Willamowski*, Bookbuilding, Rdnr. 165, 177.

406 Zur rechtlichen Qualifizierung dieses „Verkaufsangebots" vgl. *Groß*, ZHR 162 (1998), 318, 323 f.

407 *Schanz*, Börseneinführung, § 10 Rdnr. 87; bei großen Emissionen länger, vgl. z.B. den ersten Börsengang der Telekom: Zeichnungsfrist vom 22.10. bis 14.11.1996; Börsengang Infineon: 21.02. bis 10.03.2000; Deutsche Post: 30.10. bis 16.11.2000.

408 Art. 1(1) des bei BuB/*Groß*, Rdnr. 10/324 abgedruckten Mustervertrags (ebenso der Mustervertrag Rdnr. 10/326). Im Regelfall zeichnet die Konsortialführerin nur im eigenen Namen und nicht im Namen des Konsortiums oder der Konsortialmitglieder (vgl. aber Art. 1[1] des Mustervertrags, Rdnr. 10/324, und den Vorschlag für einen Zeichnungsschein bei BuB/*Groß*, Rdnr. 10/328 f.: Zeichnung durch die Konsortialführerin für sich und als Vertreterin der Konsorten). Die anderen Konsortialbanken kaufen die Aktien dann von der Konsortialführerin, dazu sogleich näher.

409 Art. 1(2) Mustervertrag.

tals zur Eintragung in das Handelsregister an.[410] Nachdem die Eintragung erfolgt ist, zahlt die Konsortialführerin die restlichen 75 % des Nennbetrags ein.[411] Die Gesellschaft ist dazu verpflichtet, der Konsortialführerin Zug um Zug gegen Einzahlung des restlichen Nennbetrags eine (oder mehrere) Globalurkunde(n), in der (in denen) die Mitgliedschaftsrechte verbrieft sind, zu übergeben.[412] Die Konsortialführerin liefert die Globalurkunde(n) bei der Clearstream Banking AG ein, so dass die Aktien im Effektengiroverkehr übertragen werden können,[413] und stellt im Namen der Konsorten den Antrag auf Zulassung der Wertpapiere zum Börsenhandel.[414] Am Ende der Bookbuilding-Phase wertet der Bookrunner das Orderbuch aus und ermittelt einen Platzierungspreis, den er mit dem Emittenten vereinbart.[415] Er (der Bookrunner) legt die Quoten der Konsortialbanken fest und teilt die Aktien am folgenden Tag zu.[416] Die Banken kaufen die Aktien von der Konsortialführerin zum Platzierungspreis. Für den gesamten Vorgang der Übernahme sind die gesamtschuldnerische Haftung und das Gesamthandseigentum – teilweise auch das Miteigentum nach Bruchteilen – ausgeschlossen.[417] Die Kaufverträge kommen mit der Zuteilung zustande, wobei die Konsortialführerin berechtigt ist, von der im Übernahmevertrag zunächst festgelegten Partierung abzuweichen, wenn einzelne Banken mehr bzw. weniger Kaufaufträge als vorhergesehen vermittelt haben (reallocation). Die Zahlung des Platzierungspreises an die Konsortialführerin erfolgt Zug um Zug gegen Übertragung der Aktien.[418] Die Konsortialbanken haben die Aktien

---

410 Gem. Art. 1(3) Mustervertrag ist die Gesellschaft hierzu umgehend nach Übergabe der Zeichnungsunterlagen durch die Konsortialführerin verpflichtet. Gem. § 188 Abs. 3 Nr. 1 AktG kann die Anmeldung erst nach der Zeichnung erfolgen. Gem. §§ 188 Abs. 2, 36 Abs. 2, 36 a AktG müssen darüber hinaus mindestens 25% des Nennbetrags auf die Aktien eingezahlt worden sein und zur freien Verfügung der Gesellschaft stehen.

411 Art. 1(3) Mustervertrag.

412 Art. 3(1) Mustervertrag. Die neuen Aktienurkunden können gem. § 191 AktG erst nach Eintragung der Kapitalerhöhung ausgegeben werden. Handelt es sich um Inhaberaktien, was in Deutschland immer noch, wenn auch nicht mehr in dem Umfang wie noch vor einigen Jahren, der Regelfall ist, muss außerdem gem. § 10 Abs. 2 AktG der volle Ausgabebetrag eingezahlt sein. Zur Verbriefung ist es erforderlich, dass Gesellschaft und Aktionär einen Begebungsvertrag abschließen, in dem sich die Parteien darüber einigen, dass der Aktionär Eigentümer des Papiers sein soll, vgl. MüKo AktG/*Heider*, § 10 Rdnr. 8.

413 Art. 3(1) Mustervertrag.

414 Der Antrag kann wegen § 48 Abs. 2 Nr. 7 BörsZulV erst nach Einlieferung der Sammelurkunde bei der Clearstream Banking AG gestellt werden. Dem Antrag sind ein Entwurf des Zulassungsprospekts oder ein gebilligter Prospekt und weitere Unterlagen beizufügen (§ 48 Abs. 2 BörsZulV). Die rechtzeitige Stellung des Zulassungsantrags ist wichtig, da Zulassung und Einführung erst nach Ablauf der Fristen der §§ 50, 52 BörsZulV erfolgen können (vgl. hierzu etwa BuB/*Groß*, Rdnr. 10/324 Präambel [F] Mustervertrag: Die Konsortialbanken haben bereits vor Abschluss des Übernahmevertrags zusammen mit der Gesellschaft die Zulassung der Papiere zum Börsenhandel einzuleiten).

415 Die Preisfestsetzung erfolgt unmittelbar vor der beabsichtigten Zuteilung, vgl. Präambel (H), Art. 3(3) Mustervertrag.

416 Die Konsortialbanken können vereinbaren, dass keine Buchung für die Konsorten, sondern unmittelbar für die Anleger erfolgen soll. In diesem Fall werden die Konsortialbanken (mit Ausnahme der führenden Bank) nicht Eigentümer der Aktien.

417 Art. 1(1) Mustervertrag.

418 Art. 3(3) Mustervertrag.

unverzüglich, d.h. jedenfalls am Tag der Zuteilung an sie selbst, an die Anleger weiterzugeben.[419] Die Konsortialführerin ist dazu verpflichtet, der Gesellschaft den Unterschiedsbetrag zwischen dem Ausgabe- und dem Platzierungspreis spätestens eine vertraglich näher bestimmte Anzahl an Bankarbeitstagen nach Abschluss der Platzierung zu überweisen.[420]

Die geschilderten Vorgänge spielen sich im Laufe weniger Tage ab. Die Aufnahme der Börsennotierung findet oft bereits am Tag nach Ende des Bookbuilding statt. Kann der Bookrunner das Orderbuch nicht über Nacht auswerten, entscheiden sich die Beteiligten häufig für eine Wochenendlösung, d.h. sie bestimmen Donnerstag oder Freitag als Ende des Bookbuilding, legen den Platzierungspreis am Sonntag fest, teilen die Aktien am selben oder am Morgen des folgenden Tages zu[421] und beantragen die Börseneinführung für Montag.[422] Durch die späte Unterzeichnung des Übernahmevertrags minimieren die Konsortialbanken ihr Risiko, da sie bis zu diesem Zeitpunkt bei einer Verschlechterung der Marktbedingungen mangels Rechtspflicht in der Mandatsvereinbarung von der Übernahme der Wertpapiere Abstand nehmen können.[423]

In den USA sind die Parteien durch die Vorschriften des § 5 Sec. Act in ihrer Gestaltungsfreiheit etwas eingeschränkter. Die Analyse der einzelnen Tatbestände des § 5 Sec. Act hat gezeigt, dass der Emittent und die Emissionsbegleiter während der waiting period – und in diese Phase fällt das Bookbuilding – nicht nach Belieben mit den Anlegern kommunizieren können. Sie sind aber durch die Ausführungsvorschriften der SEC dazu befähigt, Road Shows zu veranstalten, Analystenberichte und andere Werbeschriften institutionellen Investoren zugänglich zu machen etc.,

---

419 Art. 3(3), 2(3) Mustervertrag.

420 Art. 3(4) Mustervertrag.

421 Die Aktien dürfen gem. § 38 Abs. 2 BörsG erst nach vollständiger Zuteilung eingeführt werden. Preisfestsetzung, Zuteilung und Einführung sollten innerhalb kurzer Zeit stattfinden, um die Anleger nicht mit dem Preisrisiko zu belasten, vgl. *Groß*, ZHR 162 (1998), 318, 335 f.

422 Vgl. z.B. die Emission der Postbank: Zeichnungsfrist vom 07.06. bis zum 18.06.2004 (Freitag), Aufnahme der Börsennotierung (wie zunächst geplant) am darauf folgenden Montag (21.06.2004; nach Ende der offiziellen Zeichnungsfrist wegen mangelnder Nachfrage Verschiebung des Börsengangs um zwei Tage). Ähnlich verfuhren Deutsche Börse (Ende des Bookbuilding am Freitag, den 02.02.2001, Erstnotiz am Montag, den 05.02.) und Deutsche Post (Ende des Bookbuilding am Donnerstag, den 16.11.2000, Notizaufnahme am Montag, den 20.11.).

423 Eine weitere Risikoverminderung wird dadurch erreicht, dass sich die Banken im Übernahmevertrag gewöhnlich weitgehende Rücktrittsrechte (sog. market out clauses) einräumen lassen. So bestimmen die Verträge häufig, dass die Banken zum Rücktritt berechtigt sind, wenn nach Auffassung der Konsortialführerin eine kursrelevante Verschlechterung der wirtschaftlichen Situation der Gesellschaft oder ein Ereignis eingetreten ist, das auf die Platzierungsmärkte nachteilige Auswirkungen hat. Diese Vertragspraxis konterkariert die Grundkonzeption des Übernahmekonsortiums, nämlich das Risiko vom Emittenten auf die Konsortialbanken zu übertragen. Deswegen ist die Klausel eng auszulegen und ein unbeschränktes Ermessen der Konsortialführerin hinsichtlich der Beurteilung der kursrelevanten nachteiligen Veränderung abzulehnen. Vgl. zur rechtlichen Zulässigkeit nach deutschem Recht *Fredebeil*, Übernahmevertrag, S. 264 ff., und zur Rechtslage in den USA Walk-In Medical Centers, Inc. v. Breuer Capital Corp., 818 F.2d 260, und First Boston Corp., SEC No-Action Letter No. 85-415, Fed. Sec. L. Rep. (CCH) ¶78.152: Eine Klausel, die *jede* nachteilige Entwicklung des Marktes als Rücktrittsgrund zulässt, ist in einem firm commitment underwriting unzulässig.

sofern sie die free writing Bestimmungen von Rules 164 und 433 befolgen.[424] Auch können sie Zeichnungsangebote der Anleger einholen, und zwar entweder schriftlich, was die gleichzeitige oder vorherige Übersendung eines Verkaufsprospekts gem. § 10 Sec. Act erfordert,[425] oder mündlich, sofern sie beachten, dass das Angebot erst nach Wirksamwerden des registration statement angenommen werden kann.[426] Die mündliche Aufforderung zur Abgabe von Angeboten setzt nach dem gesetzgeberischen Modell der §§ 2(a)(10), 5(b)(1) Sec. Act nicht voraus, dass dem Anleger bereits zu diesem Zeitpunkt ein Verkaufsprospekt zur Verfügung gestellt wird. Erst wenn der Emittent die Annahme des Zeichnungsangebots bestätigt oder die Effekten liefert, muss er den Prospekt beifügen.[427] Um diese Schutzlücke zu schließen, hat die SEC Exchange Act Rule 15c2-8(b)[428] erlassen. Die Bestimmung sieht vor, dass es für Zwecke des § 15(c)(2) Securities Exchange Act, der sich mit der Aufsicht über Broker und Dealer beschäftigt, eine betrügerische Handlung darstellt, dem Anleger nicht wenigstens 48 Stunden vor der Benachrichtigung über die Annahme seines Angebots einen Prospekt zu übermitteln (vorausgesetzt, bei dem Emittenten handelt es sich nicht um einen reporting issuer). Unter „Broker" und „Dealer" i.S. der Rule 15c2-8(b) sind die Emissionsbanken und etwaige weitere Verkäuferbanken zu verstehen.[429] Die Konsortialführerin trifft die Pflicht, die Mitglieder des Emissionskonsortiums und die Verkäuferbanken mit einer ausreichenden Anzahl an vorläufigen und endgültigen Prospekten zu versorgen, so dass sie ihren Pflichten nachkommen können.[430]

cc. Auktionsverfahren

Der Ablauf von Auktionsverfahren, die beim breiten Anlegerpublikum oder einem ausgewählten Kreis größerer Investoren zur Preisbestimmung dienen, variiert; zwei Methoden sind von Bedeutung: das bereits erwähnte competitive bidding (auch amerikanische Auktion genannt) und die sog. *Dutch auction*.[431] Beiden Verfahren ist gemein, dass Investoren dem Emittenten bzw. der Emissionsbank Gebote übermitteln, in denen sie die Anzahl der zu erwerbenden Wertpapiere und den Preis

424 Siehe oben 1 b.
425 Vgl. Rule 134(d), 17 C.F.R. § 230.134. Die Zeichnungsaufforderung (sog. *borker's card*) muss den Hinweis enthalten, dass der Anleger das Angebot jederzeit widerrufen kann, bis er nach dem Wirksamwerden des registration statement von der Annahme des Angebots in Kenntnis gesetzt wird.
426 § 5(a)(1) Sec. Act.
427 § 5(b)(1) bzw. (2) Sec. Act.
428 17 C.F.R. § 240.15c2-8(b).
429 Vgl. Abs. (a) der Vorschrift.
430 Rule 15c2-8(g), (h).
431 *Dorton*, 71 Va. L. Rev. 1381, 1384 (1985). Der Name „holländische Auktion" geht auf die Methode der Versteigerung von Tulpenzwiebeln in den Niederlanden im 17. Jahrhundert zurück. Für das Emissionsgeschäft ist die Dutch auction von dem Ökonomen William Vickrey, Nobelpreis für Wirtschaftswissenschaften 1996, fruchtbar gemaht worden. In Deutschland empfehlen z.B. die Grundsätze für die Zuteilung von Aktienemissionen an Privatanleger der Börsensachverständigenkommission beim Bundesfinanzministerium vom 07.06.2000 die Verwendung der Dutch auction, vgl. die Begriffsbestimmungen der Grundsätze.

angeben, den sie zu zahlen bereit sind. Nach Ende der Zeichnungsfrist teilen Emittent und Bank, beginnend mit dem höchsten Gebot, die gewünschte Anzahl an Papieren zu. Die nächst niedrigeren Gebote werden so lange berücksichtigt, bis alle Papiere platziert sind. Während der Emittent die Wertpapiere beim competitive bidding zu den jeweils gebotenen (höchsten) Preisen veräußert (was voraussetzt, dass eine Differenzierung hinsichtlich des Preises zulässig ist), legt er bei der Dutch auction einen einheitlichen Emissionspreis fest, indem er als Höchstgrenze den Preis des niedrigsten noch berücksichtigten Gebots heranzieht und je nach Marktlage und finanzieller Situation des Unternehmens einen Abschlag vornimmt.[432]

Auktionsverfahren werden zwar seit der ersten Hälfte des letzten Jahrhunderts in Deutschland und den USA zur Begebung von öffentlichen Anleihen genutzt und seit den 1980er Jahren auch zur Begebung von Industrieanleihen.[433] Bei Aktienemissionen ist das Auktionsverfahren indes noch wenig verbreitet. Es wird als Möglichkeit, das Monopol der Konsortialbanken zu brechen, einen höheren Platzierungspreis zu erzielen und die hohen Gebühren der Banken zu vermeiden, immer wieder in Erwägung gezogen, gerade von Internetunternehmen und bei Emissionen über das Internet.[434] Da es jedoch insbesondere für unbekannte Unternehmen, die ohne Mithilfe von Investmentbanken nur schwer ein ausreichendes Anlegerinteresse hervorrufen können, auch Risiken birgt, konnte es sich bislang nicht durchsetzen.[435] Immerhin lassen sich einige Internetemissionen aus den USA verzeichnen, in denen das Auktionsverfahren durchaus erfolgreich und ohne Konsortium im herkömmlichen Sinn angewendet worden ist. Um den entstehenden Markt

---

432 Vgl. zu Dutch auctions *Dorton*, loc. cit., 1384 et seq. Auktionsverfahren, die Gebote zu einem einheitlichen Preis berücksichtigen, weisen gegenüber *discriminatory auctions* (amerikanischen Auktionen) folgenden Vorteil auf: Der Anleger weiß häufig nicht, welchen Wert andere Investoren den Effekten zuschreiben. Setzt er sein Gebot zu hoch an, läuft er Gefahr, eine – aus seiner Sicht – überbewertete Emission zu erwerben (sog. *winner's curse*). Er wird deswegen zögern, für die Effekten entsprechend seiner tatsächlichen Einschätzung zu bieten. Dieses Problem vermeidet die Dutch auction. Finanzwissenschaftler argumentieren, dass sie zu einer genaueren Ermittlung des Preises führt, den Investoren zu zahlen bereit sind, und zu einem höheren Emissionserlös im Vergleich zur amerikanischen Auktion. Die Untersuchungen sind in der Praxis nicht ohne Widerhall geblieben: Die US Treasury etwa hat ihr Verfahren zur Begebung von Staatsanleihen von einer discriminatory auction auf die Dutch auction umgestellt (Einzelheiten unten II 3). Siehe zur gesamten Problematik, auch zu Nachweisen aus der finanzwissenschaftlichen Literatur, *Brealey/Myers/Allen*, Corporate Finance, p. 396. Die Schilderung macht deutlich, dass die Benennung der Auktionsverfahren als amerikanisch bzw. holländisch irreführend ist: Die amerikanische Auktion ist gerade in den USA auf dem Rückzug; dort bedient sich sowohl der öffentliche als auch der private Sektor immer häufiger der holländischen Variante.

433 Hierzu sogleich unter II 3.

434 *Rice*, 18 No. 5 Computer & Internet Law. 19, 25 (2001). Vgl. auch FT US v. 24 Oktober 2003, p.1, 15.

435 FT US v. 24 Oktober 2003, p. 16 („Don't bank on a new era"). Soweit ersichtlich, ist es in Deutschland erst zu zwei Börseneinführungen von Aktien unter Anwendung des Auktionsverfahrens gekommen, nämlich im Fall der Trius AG im Jahr 2000 und der Hydrotec AG im Jahr 2001. Im Sekundärmarkt erfolgt die Preisfeststellung seit langem durch Verfahren, die der Dutch auction entsprechen: Einheitskursverfahren im Präsenzhandel, vgl. hierzu *Lenenbach*, Kapitalmarkt- und Börsenrecht, Rdnr. 3.35 ff., und Auktionsverfahren im elektronischen Handel, hierzu *Beck*, WM 1998, 417, 426 f.

bedienen zu können, haben sich zudem Investmentbanken gebildet, die auf Internetauktionen spezialisiert sind[436] und deren Provisionen um bis zu 50 % unter denen etablierter Emissionshäuser liegen.[437]

Bislang existieren keine Untersuchungen darüber, ob durch Auktionsverfahren bei IPOs tatsächlich, wie oft angeführt, eine verlässlichere Preisbestimmung erfolgt und underpricing vermieden wird. Bei Internetauktionen ist außerdem fraglich, ob nach Durchführung der Emission und Platzierung bei größtenteils privaten Investoren ein ausreichend liquider Markt entsteht, der eine verlässliche Kursentwicklung zu gewährleisten vermag.[438] Der bislang größte unter Verwendung einer Dutch auction vollzogene Börsengang, der IPO von Google im August 2004, mit dem ursprünglich eine Kapitalaufnahme von $ 2,7 Mrd.[439] anvisiert war, hat jedenfalls nur teilweise die Erwartungen erfüllt. Im Vorfeld sah sich Google gezwungen, sowohl die als Anhaltspunkt für die Bieter festgesetzte Preisspanne (ursprünglich $ 108–$ 135) als auch das Emissionsvolumen (auf $ 1,66 Mrd.[440]) zu reduzieren. Der Platzierungspreis betrug letztlich $ 85, jedoch schon kurz nach Notierungsaufnahme wurden die Aktien für weit mehr als $ 100 gehandelt, was indiziert, dass underpricing in keiner Weise verhindert werden konnte. Im Übrigen bediente sich Google eines Emissionskonsortiums herkömmlicher Provenienz, das die Aktien fest übernahm, um sie dann entsprechend der von Google festgelegten Methodik zuzuteilen.

---

436 Z.B. der Online-Broker Wit Capital, 1996 gegründet (inzwischen von Charles Schwab übernommen), oder das 1998 gegründete Bankhaus WR Hambrecht + Co, siehe http://www.wrhambrecht.com, http://www.openipo.com, zu deren Unternehmensphilosophie es gehört, ein transparentes Verfahren zu gewährleisten, das allen Bietern die gleichen Konditionen gewährt (holländische Auktion). WR Hambrecht + Co war in den Jahren 1999–2008 bei insgesamt 28 Aktienemissionen im (holländischen) Auktionsverfahren über das Internet Lead Manager oder Co-manager.

437 *Cox/Hillman/Langevoort*, Securities Regulation, p. 125. Auch etablierte Investmentbanken versuchen, das Internet als Absatzweg zu nutzen. Während sie reinen Internetemissionen noch ablehnend gegenüberstehen, nehmen sie Online-Emissionshäuser in ihre Konsortien auf, um einen Teil der Emission über das Internet zu platzieren und auf diesem Weg insbesondere private Anleger anzusprechen. So ist etwa seit einigen Jahren der Online-Broker Wit Capital in Konsortien anzutreffen, die von den traditionellen Investmentbanken, z.B. JP Morgan oder Goldman Sachs, geführt werden.

438 Insbesondere über das Internet vorgenommene Direktplatzierungen waren nicht sehr erfolgreich und begegnen vielfältigen Bedenken, vgl. *Olson* et al., SF05 ALI-ABA 763, 771 et seq. (2000); *Rice*, 18 No. 5 Computer & Internet Law. 19, 22. Zu Argumenten für das Auktionsverfahren siehe *Dorton*, 71 Va. L. Rev. 1381, 1389 et seq.; *Murray*, 9/10/02 Wall St. J. A4.

439 Genauer: $ 2.718.281.828, vgl. die bei der SEC am 29.04.2004 eingereichte Registrierungsform S-1, File No. 333-114984, abzurufen unter http://www.sec.gov. Hierbei handelt es sich um einen mathematischen Scherz – der Emissionsbetrag ergibt sich, wenn man die Eulersche Zahl *e*, die Basis des natürlichen Logarithmus, mit 1.000.000.000 multipliziert.

440 Vgl. Final Prospectus vom 18.08.2004, File No. 333-114984, abzurufen unter http://www.sec.gov.

II. Anleiheemission

Im US-amerikanischen Raum ist der Anleihemarkt wirtschaftlich von ungleich größerer Bedeutung als der Aktienmarkt. 2006 standen einer Ausgabe von Industrieanleihen im Wert von ca. 3.100 Milliarden US-Dollar beispielsweise Aktienemissionen im Wert von ca. 190 Milliarden US-Dollar gegenüber.[441] Noch nicht berücksichtigt sind hierbei Staatsanleihen des Bundes, der Länder und der Gemeinden, die den Wert von Effekten, die von Unternehmen ausgegeben werden, bei weitem übersteigen.[442] In Deutschland stellt sich die Lage ähnlich dar, wenn auch die Unterschiede nicht so gravierend sind, da Industrieobligationen als Finanzierungsmittel weniger beliebt sind als in den USA:[443] Im Jahr 2006 begaben (inländische) Unternehmen Anleihen im Wert von € 30 Mrd. und Aktien im Wert von € 9 Mrd.[444] Die Größe des Anleihemarktes wird erst wirklich deutlich, wenn man den Absatz aller Emittenten betrachtet: Insgesamt wurden 2006 festverzinsliche Wertpapiere im Wert von ca. € 926 Mrd. aufgelegt (zuzüglich € 69 Mio. von ausländischen Emittenten), die sich aus besagten Industrieobligationen, Bankschuldverschreibungen (€ 622 Mrd.) und Anleihen der öffentlichen Hand (€ 273,8 Mrd.) zusammensetzen.[445]

Es wurde bereits klargestellt, dass die vorliegende Arbeit – soweit eine abweichende Vorgehensweise für das Verständnis nicht zwingend erforderlich ist – nur die Ausgabe von Wertpapieren durch private Unternehmen und nicht durch die öffentliche Hand thematisieren wird. An dieser Stelle ist eine weitere Eingrenzung angezeigt: Industrieobligationen können in Geldmarktpapiere (sog. Commercial Papers, d.h. Inhaberschuldverschreibungen mit kurzer Laufzeit von einigen Tagen bis zu – in der Regel – nicht mehr als zwei Jahren) und Anleihen mit einer Laufzeit von mehreren Jahren unterteilt werden. Die Differenzierung ist wichtig, da sich die Emissionstechnik in vielerlei Hinsicht unterscheidet: Geldmarktpapiere werden üblicherweise an wenige ausgesuchte institutionelle Investoren begeben, Anleihen zielen auf das breite Anlegerpublikum ab. Dementsprechend erfolgt die Platzierung im ersten Fall privat, im zweiten öffentlich. Darüber hinaus werden Anleihen in einer einzelnen Emission abgesetzt, Geldmarktpapiere dagegen im Rahmen eines zeit-

---

441 Aktuelle Statistiken und Angaben zu den vorangegangenen Jahren sind auf der Webseite der Securities Industry Association (SIA), www.sia.com/research, erhältlich. Die hier verwendeten Zahlen stammen aus den Selected Industry Statistics.

442 *Cox/Hillman/Langevoort*, Securities Regulation, pp. 2–3.

443 Vgl. zur unterschiedlichen Finanzierungskultur *Kung*, 26 U. Pa. J. Int'l Econ. L. 409, 415 et seq. (2005).

444 2005: Anleihen im Wert von € 24,4 Mrd. und Aktien im Wert von € 13,8 Mrd.

445 2005: Anleihen im Wert von ca. € 989 Mrd. zuzüglich € 600 Mio. von ausländischen Emittenten. Quelle: Kapitalmarktstatistiken der Deutschen Bundesbank; als Beiheft zum Monatsbericht der Bank verlegt oder unter http://www.bundesbank.de/volkswirtschaft/vo_beihefte_kapitalmarktstatistik.php abrufbar. In der obigen Statistik umfassen Industrieobligationen auch Schuldverschreibungen in der Form von Wandel- und Optionsschuldverschreibungen. Unter Anleihen der öffentlichen Hand sind Anleihen, Kassenobligationen, Landesobligationen, Schatzanweisungen, Schuldbuchforderungen, Bundesschatzbriefe und Bundesobligationen zu verstehen.

lich unbegrenzten Programms (Daueremissionen). Die Emission von Geldmarktpapieren arrangiert eine einzelne Bank (die allerdings weitere Kreditinstitute, sog. Händler oder Platzeure, einschaltet[446]) auf Kommissionsbasis, an der Emission von Anleihen sind häufig Konsortien beteiligt. Die folgenden Ausführungen gehen von Anleihen mit längerer Laufzeit aus.

1. Ablauf

Der Ablauf einer Anleiheemission weist in seiner Grundstruktur einige Gemeinsamkeiten mit dem der Aktienemission auf. Er zeichnet sich, bedingt durch die weniger komplexen rechtlichen Rahmenbedingungen und die nicht erforderliche Restrukturierung des Emittenten, allerdings durch einen strafferen Zeitplan und eine kürzere Vorbereitungsphase aus.[447] Der Emittent mandatiert in der Regel wenige Wochen vor der Emission zunächst nur die Konsortialführerin, mit der er die wichtigsten Emissionsbedingungen bespricht.[448] Abhängig vom Volumen der Emission und der Bekanntheit des Emittenten können Marketingmaßnahmen notwendig sein. Die Beteiligten organisieren Roadshows und Pressekonferenzen und bereiten die Vertragswerke und sonstigen Emissionsunterlagen (den Börsenprospekt etc.) vor. Ein bis vier Wochen vor Beginn des eigentlichen Verkaufs (und der Fixierung des Emissionspreises) stellt die Konsortialführerin das Konsortium zusammen, indem sie die potentiellen Konsorten – häufig bei der ersten Kontaktaufnahme per Telefon – zur Emissionsbegleitung einlädt. Wenige Stunden später bestätigt sie die Syndizierung in förmlicher Weise durch Telefax, das die wichtigsten Emissionsbedingungen, soweit feststehend, enthält und die Quoten der Konsortialmitglieder bekannt gibt.[449] Kurz ein Wort zur Terminologie: In der kontinentaleuropäischen und englischen Praxis werden die einfachen Konsortialbanken üblicherweise „Manager" genannt, Mitglieder von Unterbeteiligungen, sofern solche gebildet werden, „underwriter" und die Konsortialführerin „Lead Manager".[450] Das stimmt nicht mit der Bezeichnung der Beteiligten bei Aktienemissionen überein; dort pflegt der Begriff „Manager" bzw. „managing underwriter" die führende Bank zu kennzeichnen, während die sonstigen Mitglieder des Konsortiums als „under-

---

446 Musterverträge bei BuB/*Bosch*, Rdnr. 10/254 ff. Zur Technik der Begebung von Commercial Papers vgl. *Kümpel*, Bank- und Kapitalmarktrecht, Rdnr. 14.28 ff.

447 Allgemein zum zeitlichen Ablauf BuB/*Bosch*, Rdnr. 10/216; *Graaf*, Euromarket Finance, p. 56 et seq. Die rechtlichen Rahmenbedingungen sind insbesondere insoweit weniger komplex, als nicht die gesellschaftsrechtlichen Besonderheiten, etwa die Voraussetzungen des § 186 AktG, zu beachten sind. Die kapitalmarktrechtlichen Anforderungen an Anleihe- und Aktienemissionen sind indes weitgehend vergleichbar. Die im obigen Kapitel (I 1 b bb) dargestellten umfänglichen Regularien bei einer Registrierung gemäß dem Securities Exchange Act 1933 gelten mithin auch hier.

448 Abweichende Konstruktionen, die eine abgewandelte Risikoverteilung widerspiegeln, sind möglich, vgl. sogleich unter 2 und 3 im Zusammenhang mit den verschiedenen Übernahme- und Platzierungsformen.

449 Beispiel für ein Einladungstelex bei BuB/*Bosch*, Rdnr. 10/240.

450 Vgl. z. B. den IPMA-Standardkonsortialvertrag bei BuB/*Bosch*, Rdnr. 10/253a.

writer" begegnen. In den USA andererseits halten die Parteien häufig auch bei Anleiheemissionen an der überkommenen Unterscheidung zwischen underwriters – den einfachen Konsortialmitgliedern – und lead underwriters bzw. book-runners – den Führungsbanken – fest.

Nach Bildung des Konsortiums beginnt die *offering period*: Die Banken bieten die Effekten – zunächst auf der Grundlage vorläufiger Angebotsbedingungen – den Investoren an, um das Interesse des Marktes zu ermitteln (sog. *launch*).[451] Bereits während dieses Zeitraums (d.h. vor Abschluss des Übernahmevertrags) findet ein Handel mit den Anleihen statt (als Handel per Erscheinen auf dem grauen Kapitalmarkt unter dem Vorbehalt der tatsächlichen Begebung). Gegen Ende der Angebotsphase legen der Emittent und die Banken die Einzelheiten der Emission fest und fixieren den Platzierungspreis und Zinssatz (*pricing day*). Sobald die Emissionsbedingungen feststehen, unterzeichnen sie den Übernahmevertrag (damit beginnt das eigentliche, sprich: rechtlich bindende Angebot[452]), stellen den Antrag auf Börsenzulassung und valutieren einige Tage später die Emission (*closing*). Hierzu überweist die Konsortialführerin für Rechnung aller Emissionsbanken den Emissionserlös auf ein Konto des Emittenten. Der Emittent überträgt die Effekten im Gegenzug auf die Emissionsbanken, indem er den Begebungsvertrag mit ihnen abschließt und die Wertpapierurkunde(n) an sie (bzw. an die Konsortialführerin, die für das gesamte Konsortium handelt) ausliefert, sofern es die Konsortialführerin nicht übernommen hat, die Drucklegung der Effekten selbst zu veranlassen. Die Banken (bzw. die Konsortialführerin) hinterlegen die Urkunde(n) bei einer Wertpapiersammelbank, so dass die Titel im Wege des Effektengiroverkehrs weiter übertragen werden können.[453] Anlässlich der Begebung der Effekten schließen die bzw. einzelne der Konsortialbanken weitere emissionsbegleitende Verträge mit dem Emittenten ab, z.B. die Vereinbarung, als Zahlstellen die Anleihe zu bedienen und Zins- und Tilgungsleistungen abzuwickeln[454] oder bei besicherten Anleihen als Treuhänder die Sicherungsrechte für die Anleihegläubiger zu halten und zu verwalten.[455] Zum Absatz ziehen sie je nach Bedarf weitere Verkäuferbanken hinzu (sog. *selling group*) oder vergeben Unterbeteiligungen, um das eigene Emissionsrisiko zu reduzieren. Kurz nach, gegebenenfalls auch schon vor Abschluss des Übernahmevertrags erfolgt schließlich die Börsenzulassung.

Die Vertragswerke bei Anleiheemissionen zeichnen sich durch eine weitgehende Standardisierung aus, wie sie bei Aktienemissionen trotz auch dort anzutreffender wesentlicher Gemeinsamkeiten nicht zu finden ist. Das Einladungstelex bezieht sich in der Regel – bei internationalen Konsortien fast ausnahmslos, aber auch bei inländischen Emissionen vermehrt – auf Musterverträge, die insbesondere die

---

451 *Graaf*, Euromarket Finance, p. 59.
452 Deswegen wird der Tag der Unterzeichnung des Übernahmevertrags – gewöhnlich der Tag nach dem pricing day – auch *offering day* genannt, vgl. *Graaf*, loc. cit., p. 61.
453 Zu den Einzelheiten unten § 5 I 2 b.
454 Muster einer Zahlstellenvereinbarung bei BuB/*Bosch*, Rdnr. 10/251.
455 Muster eines Treuhandvertrags bei BuB/*Bosch*, Rdnr. 10/252.

International Capital Market Association (ICMA), eine 1984 unter dem Namen International Primary Market Association (IPMA)[456] gegründete Vereinigung weltweit führender, international operierender Emissionsbanken, herausgibt.[457] In dem Einladungstelex verpflichten sich die Konsorten, mit Abschluss des Übernahmevertrags zugleich die Geltung des Konsortial-Mustervertrags anzuerkennen. Die ICMA-Musterverträge enthalten, wie im anglo-amerikanischen Rechtskreis üblich, vergleichsweise detaillierte Regelungen zum Innenverhältnis der Konsorten, etwa zu den Befugnissen der Konsortialführerin, den Folgen der Nichterfüllung seitens einer Konsortialbank, der Wahl des anwendbaren Rechts, Stabilisierungsmaßnahmen, Haftungsfreistellung und Rückgriffsmöglichkeiten bei Inanspruchnahme der führenden Bank. Die Vergütung der Banken wird, anders als bei Aktienemissionen, nicht im Konsortial- oder Übernahmevertrag als Prozentsatz des Emissionserlöses festgelegt. Sie ergibt sich daraus, dass die Banken die übernommenen Effekten zu einem höheren Preis als dem Übernahmepreis veräußern.[458] Im Allgemeinen sind die Provisionen niedriger als bei der Übernahme von Aktien, da wegen der hohen Volatilität des Aktienmarktes die Risiken dort größer sind.[459]

2. Übernahme

Die Schilderung des zeitlichen Ablaufs einer (klassischen) Anleiheemission zeigt, dass die Festsetzung der Emissionsbedingungen erst relativ spät erfolgt: längere Zeit (mitunter bis zu vier Wochen[460]) nach Beginn der Angebotsphase und unmittelbar vor dem Abschluss des Übernahmevertrags und Verkauf der Effekten. Erst zu diesem Zeitpunkt weiß der Emittent, wie hoch der Emissionserlös sein wird, den er erwarten kann. Die vorab mit dem Konsortium besprochenen Einzelheiten der Emission sind provisorischer Natur und werden von den Parteien bis zur Eingehung der vertraglichen Verpflichtungen (bis zum *signing day*) den geänderten Marktbedingungen angepasst. Dementsprechend wird diese Art der Emissions-

---

456 Die IPMA schloss sich im July 2005 mit der International Securities Market Association (ISMA) zusammen, um die ICMA zu bilden.

457 IPMA Handbook, Appendix D, abgedr. bei BuB/*Bosch*, Rdnr. 10/253a ff.

458 Z.B. Art. 2 Abs. 1 des bei BuB/*Busch*, Rdnr. 10/241 abgedruckten Mustervertrags für Pfandbriefemissionen. Vgl. auch *Canaris*, Bankvertragsrecht, Rdnr. 2250; *DeMeo*, Bankenkonsortien, 3. Kap., Rdnr. 90; *Lenenbach*, Kapitalmarkt- und Börsenrecht, Rdnr. 7.79; Schimansky/Bunte/Lwowski/*Grundmann*, Bankrechtshandbuch, § 112 Rdnr. 72.

459 Übernahme- und Verkaufsprovision zusammen entsprechen ca. 1–2,5 % des Gesamtnennbetrags der Emission, abhängig von der Größe der Emission, der Laufzeit der Anleihe und dem Bekanntheitsgrad des Emittenten (d.h. der Schwierigkeit, die Anleihe zu vermarkten). Zu einem Vergleich von underwriting spreads in ausgewählten größeren Emissionen aus der jüngeren Vergangenheit siehe *Brealey/Myers/Allen*, Corporate Finance, p. 399 (Aktienemissionen: zwischen 5 % und 7 %, Anleiheemissionen: zwischen 0,625 % und 1,75 %; andere Untersuchungen nehmen für den Aktienmarkt noch höhere Provisionen an, z.B. *Ghosh*, Pricing and Performance of IPOs in the US, p. 84, der für die Jahre 1990–1999 und Emissionen über die NYSE, NASDAQ und das Internet einen gross spread von durchschnittlich 7,01–9,87 % errechnet hat).

460 So BuB/*Busch*, Rdnr. 10/216. *Graaf*, Euromarket Finance, p. 60, gibt an, die Angebotsphase dauere üblicherweise bis zu zwei Wochen.

begleitung *negotiated deal* oder – wegen des zunächst auf indikativer Basis durchgeführten Angebots – *open-priced offering* genannt. Zwar übernehmen die Banken die Emission in aller Regel fest (die im Zusammenhang mit der Aktienemission vorgestellten Übernahmeformen begegnen auch hier – gemäß der obigen Terminologie handelt es sich somit um ein Übernahme- bzw. Einheitskonsortium), aufgrund der verzögerten Preisfestsetzung trägt der Emittent aber lange das Marktrisiko.[461]

Im Laufe der 80er Jahre des letzten Jahrhunderts lockerten sich die überkommenen Strukturen, die durch vergleichsweise enge Bindungen zwischen Emittent und Emissionsbank geprägt waren. Eine neue Technik der Emissionsbegleitung bildete sich heraus, die dem oben erwähnten Auktionsverfahren entspricht,[462] im vorliegenden Zusammenhang aber unter der Bezeichnung *bought deal* oder – in Abgrenzung zum open-priced offering – *fixed-price* bzw. *pre-priced offering* bekannt ist.[463] Um das Risiko von Kursänderungen auf die Emissionsbegleiter zu übertragen, sind Emittenten dazu übergegangen, Angebote von potentiellen Konsortialbanken einzuholen. Die Bank bzw. das Konsortium mit dem attraktivsten Angebot, d.h. mit demjenigen Angebot, bei dem für den Emittenten die niedrigsten Kosten bis zur Fälligkeit anfallen, erhält den Zuschlag. Der Emissionspreis steht bei Angebotsbeginn fest; der oben aufgezeigte Ablauf verschiebt sich geringfügig. Die abweichende Gestaltung führt allerdings nicht zu einer vollständigen Verlagerung des Risikos, da die Banken das rechtlich bindende Angebot erst (und nur dann) abgeben, wenn sie die Papiere im Anschluss unverzüglich platzieren können.[464]

In den USA ist die Preisfindung durch Auktion seit längerem das bevorzugte Modell zur Begebung von Anleihen. Am Euro-Anleihemarkt war die offene Preisgestaltung vorherrschend, inzwischen hat sich auch dort der bought deal durchgesetzt. Zudem hat das Auktionsverfahren die Entwicklung hin zur Bildung von Konsortien bestehend nur aus managers ohne Unterbeteiligungen (underwriters) gefördert (sog. *club deal*), die heute in Europa die übliche Art der Syndizierung bei Anleiheemissionen darstellt.[465]

3. Platzierung

Während sich das Bookbuilding-Verfahren auf dem Markt für Aktienemissionen eindeutig durchgesetzt hat, spielt es bei der Platzierung von Anleihen keine große

---

461 Die Preisfestsetzung ist nicht etwa verzögert im Vergleich zur Aktienemission; dort schließen die Banken, wie dargestellt, den Übernahmevertrag ebenfalls sehr spät ab und können bis dahin von der Emissionsbegleitung Abstand nehmen. Sie erfolgt aber verzögert im Hinblick auf den Zeitpunkt der Zusammenstellung des Konsortiums und des Beginns des Angebots.

462 Vgl. I 2 d.

463 BuB/*Bosch*, Rdnr. 10/92; *Hartwig-Jacob*, Int. Anleiheemissionen, S. 56 ff.

464 *Hopt*, Verantwortlichkeit, Rdnr. 26. Die Banken sichern sich zusätzlich durch die Aufnahme der bereits erwähnten market out Klauseln ab, vgl. Fn. 423.

465 *Hopt*, a.a.O., Rdnr. 25. Die Minimierung des Emissionsrisikos (durch Platzierung sofort nach Übernahme) erfordert schnelles und flexibles Handeln der Konsortialbanken und damit eine schlanke Konsortialstruktur.

Rolle.[466] Demgegenüber erfreuen sich zwei Verfahren großer Beliebtheit, auf die der Emittent von Aktien nur selten zurückgreift. Welche der beiden Methoden zur Anwendung gelangt, hängt zu einem gewissen Grad davon ab, wie die Parteien im Übernahmestadium vorgegangen sind – auch hier kann mithin, wie schon bei der Aktienemission, nicht eindeutig zwischen den Phasen der Übernahme und Platzierung getrennt werden.

Die Anleiheemission klassischer (europäischer) Prägung zeichnet sich dadurch aus, dass der Emittent den Konsortialbanken die Emissionsware zum freihändigen Verkauf überträgt.[467] Die Parteien legen – wie dargestellt, kurz vor dem Verkauf der Papiere – den Emissionspreis fest. Der Preisfestsetzung kommt allerdings nur Indizwirkung zu. Sie dient als Grundlage für die Berechnung des von den Konsortialbanken zu entrichtenden Übernahmepreises (der dem provisorischen Platzierungspreis unter Einbeziehung eines Abschlags in Höhe der Emissionsvergütung entspricht).[468] Bei der Platzierung ihrer Quote haben die Banken freie Hand. Sie können insbesondere Preisnachlässe gewähren, was sie bei der Abgabe an wichtige institutionelle Investoren häufig tun. Mit dem Aufkommen des bought deal griff die Einräumung vorteilhafter Konditionen zugunsten bestimmter Investoren zunächst weiter um sich. Um sich im Wettbewerb um die Begleitung von Emissionen durchzusetzen, schlugen die Konsortialbanken dem Emittenten Angebotsbedingungen vor, zu denen sie die Effekten nur mit Mühe absetzen konnten. Sie sahen sich deswegen gezwungen, Anlegern weitreichende Zugeständnisse zu machen. Die Folgen waren sowohl für die Banken nachteilig, die oft ihre gesamte Provision an die Investoren weitergaben, als auch für die Emittenten, deren Effekten nicht nachhaltig am Markt unterkamen.[469] Die Beteiligten suchten nach Wegen, den Missständen zu begegnen, und begannen, in Europa ein Verfahren einzuführen, das seine Ursprünge auf dem US-amerikanischen Inlands-Anleihemarkt hat: das sog. *fixed price reoffering*. Es nimmt eine Stellung zwischen bought deal und open-priced offering ein. Mit letzterem weist es Gemeinsamkeiten auf, weil die Banken während einiger Tage vor der Fixierung der Angebotsbedingungen die Möglichkeit haben, das Interesse des Marktes zu testen und Kaufofferten einzuholen (das Verfahren kennt mithin eine offering period, die der beim negotiated deal grundsätzlich entspricht, allerdings kürzer ist). Die endgültigen Angebotsbedingungen legen sie im Zusammenwirken mit dem Emittenten fest.[470] Auf die Phase der Platzierung wirkt sich das fixed price reoffering aus, weil die Banken die Effekten während einer bestimmten Zeit nach der Einladung – in der Regel nicht mehr als 24 Stunden – nur zum vereinbarten Wiederverkaufspreis absetzen können. Dann hebt die Konsortial-

466 BuB/*Bosch*, Rdnr. 10/86. Zwar bedient sich der Emittent mitunter des Bookbuilding, um den Platzierungspreis zu ermitteln; sowohl in Deutschland als auch den USA stellen solche Platzierungsmethoden aber die Ausnahme dar.

467 *Kümpel*, Bank- und Kapitalmarktrecht, Rdnr. 9.34.

468 BuB/*Bosch*, Rdnr. 10/221.

469 Vgl. *Graaf*, Euromarket Finance, p. 55–56, 64.

470 Diese Charakteristika sind strukturell der Übernahmephase zuzuordnen.

führerin die Bindung auf (sog. *breaking of the syndicate*). Die Art und Weise der nachfolgenden Platzierung stehen im Ermessen der Konsorten.[471]

Die zweite Technik der Platzierung, auf die häufig zurückgegriffen wird, ist das Tender- bzw. Auktionsverfahren.[472] Traditionell werden im Auktionsverfahren sowohl in Deutschland als auch den USA Anleihen der öffentlichen Hand veräußert.[473] Im Einzelnen variieren die Gestaltungsformen. Als Beispiel sei das Verfahren zur Begebung von Treasury bills durch die US-amerikanische Regierung angeführt. Das Finanzministerium lässt zwei verschiedene Arten von Geboten zu: sog. competitive bids, die sowohl die Rendite (*yield*) als auch die Anzahl der zu erwerbenden Papiere angeben, und noncompetitive bids, die nur die Anzahl nennen. Zunächst berücksichtigt es alle noncompetitive bids und teilt dann die restlichen Papiere den competitive bidders zu, wobei es bei den Geboten mit der niedrigsten Rendite beginnt und in aufsteigender Reihenfolge vorgeht. Sämtliche Bieter erhalten die Papiere zu einer Rendite, die dem höchsten noch angenommenen Gebot entspricht. Damit handelt es sich bei dem Verfahren um eine Dutch auction, wenn auch die Berücksichtigung der Gebote im Vergleich zur Aktienemission gleichsam umgekehrt verläuft.[474]

Die Deutsche Bundesbank folgt nicht dem Beispiel der US-amerikanischen Regierung. Nachdem sie sich dazu entschlossen hatte, zum 01.01.1998 auf das nicht mehr als wettbewerbsfähig empfundene Bundesanleihekonsortium zu verzichten, begibt sie Bundesanleihen, Bundesobligationen, Bundesschatzanweisungen und unverzinsliche Schatzanweisungen des Bundes nun unter Abhaltung von Auktionen.[475] Hierbei akzeptiert sie die Gebote zum jeweils genannten Kurs bzw. der jeweils genannten Rendite, d.h. sie bedient sich der amerikanischen Variante des Auk-

---

471 *Graaf*, loc. cit., p. 64–65.
472 Siehe bereits I 3 c cc.
473 *Hopt*, Verantwortlichkeit, Rdnr. 30; *Loss/Seligman/Paredes*, Securities Regulation, § 2-A-4. Bis zum Jahr 1994 war das Auktionsverfahren in den USA gem. Rule U-50 für alle Gesellschaften, die in den Anwendungsbereich des Public Utilities Holding Companies Act fielen, zwingend vorgeschrieben. Zweck der Regelung war, im Bereich der Daseinsvorsorge das Bankenmonopol aufzubrechen und hohen Übernahmeprovisionen entgegenzuwirken. Die Vorschrift war seit ihrem Erlass sehr umstritten, insbesondere weil die rigiden Verfahrensvorschriften ein Verschieben der Emission bei schlechten Marktbedingungen nicht zuließen, und ist, obwohl sie tatsächlich niedrigere Provisionen zur Folge hatte, inzwischen aufgehoben worden, vgl. *Loss/Seligman/Paredes*, Securities Regulation, loc. cit. m. N. Zur Entstehungsgeschichte s. *Busby*, 50 Yale L. J. 1071 (1941).
474 Wie bereits oben, Fn. 432, angedeutet, hat die US-amerikanische Regierung nicht immer auf diese Weise die Treasury bills vergeben. Zur alten Lage vgl. *Dorton*, 71 Va. L. Rev. 1381, 1387 m. N.: Die competitive bidders hatten den von ihnen jeweils gebotenen Preis zu zahlen (d.h. es kam zu einer diskriminierenden Preisgestaltung), während für die noncompetitive bidders ein einheitlicher Preis maßgeblich war, nämlich der Median der competitive bids.
475 Vgl. Monatsbericht der Deutschen Bundesbank vom Dezember 1997, S. 28. Um genau zu sein, müsste das Verfahren dem vorstehenden Kapitel zur Übernahme zugeordnet werden, da – anders als im Fall der US Treasury bills – nicht Privatpersonen, sondern nur Kreditinstitute, Wertpapierhandelsunternehmen und Wertpapierhandelsbanken gemäß § 1 Abs. 1, Abs. 3 d Satz 2 und 3 KWG (sowie einige vergleichbare weitere Institute) am Bieterverfahren teilnehmen können (Voraussetzung ist Mitgliedschaft in der „Bietergruppe Bundesemissionen"). Um die Unterschiede zum US-Auktionsverfahren aufzeigen zu können, soll die Darstellung trotzdem an dieser Stelle erfolgen.

tionsverfahrens. Gebote, die unter dem niedrigsten akzeptierten Kurs bzw. über der höchsten akzeptierten Rendite liegen, fallen aus.[476]

In den 80er Jahren des letzten Jahrhunderts begannen in den USA auch private Unternehmen damit, Anleihen im Auktionsverfahren zu begeben. Den Anfang machte Exxon 1982 mit einer $ 135 Mio. Anleihe, die das Unternehmen im Wege einer Dutch auction platzierte.[477] Inzwischen ist das Auktionsverfahren zur Begebung von Industrieobligationen keine Seltenheit mehr; mitunter verzichten die Unternehmen ganz auf die Einschaltung klassischer Bankenkonsortien und wenden sich direkt bzw. über das Internet an institutionelle Investoren und andere Anleger.[478] In Deutschland ist ein solcher Trend noch nicht zu verzeichnen; die Platzierung von Industrieobligationen erfolgt überwiegend nach den beschriebenen herkömmlichen Mustern.

Entschließt sich der Emittent, die Effekten im Auktionsverfahren, aber mit Hilfe eines Emissionskonsortiums zu begeben, sind die oben besprochenen Übernahmeformen mit den verschiedenen Techniken zur Platzierung zu kombinieren. Die Art der Übernahme – kommissionsweise oder fest – hat keinen Einfluss auf das Platzierungsverfahren, das entsprechend den Vereinbarungen der Parteien in beiden Fällen entweder dem amerikanischen oder dem holländischen Muster folgen oder anstelle einer Auktion den freihändigen Verkauf vorsehen kann. Für die vorliegende Untersuchung bedeutet das: Die zu diskutierenden Probleme, die vor allem beim Übernahmekonsortium auftreten, werden weniger durch die Art der Platzierung als vielmehr die Art der Übernahme determiniert.

---

476 Verfahrensregeln für Tender bei der Begebung von Bundesanleihen, Bundesobligationen, Bundesschatzanweisungen und Unverzinslichen Schatzanweisungen des Bundes vom April 2005, abrufbar unter http://www.bundesbank.de/download/kredit/kredit_tenderverfahren.pdf.

477 Siehe hierzu die Stellungnahme der SEC, 1977–1978 Fed. Sec. L. Rep. (CCH) ¶81.171, ¶81.198.

478 Hier tritt wiederum das Bankhaus WR Hambrecht + Co (vgl. bereits Fn. 436) hervor, das Anleiheemissionen von so bekannten Unternehmen wie Ford Motor Credit und Dow Chemical mit Hilfe einer holländischen Auktion platziert hat. Wichtiger als für Anleihen mit mittlerer oder langer Laufzeit ist das Internet allerdings für Short Term Notes (STN), d.h. insbesondere Commercial Papers und Certificates of Deposit. Internetplattformen, auf denen institutionelle Investoren unter Ausklammerung des Finanzintermediärs auf Emissionen bieten, haben auf diesem Markt eine große Bedeutung erlangt, siehe z. B. https://mm.sungard.net.

Zweiter Teil: Verantwortlichkeit der Emissionsbanken nach deutschem Recht

§ 5 Rechtsverhältnisse beim Emissionsgeschäft nach deutschem Recht

Beim Emissionsgeschäft sind vier Rechtsverhältnisse zu unterscheiden: das Rechtsverhältnis zwischen Emittent und Emissionsbank(en), zwischen Emittent und Anleger, zwischen Bank(en) und Anleger und schließlich, wenn mehr als eine Bank an der Emissionsbegleitung beteiligt ist, das Rechtsverhältnis der Banken untereinander. Die rechtlichen Verhältnisse unterstehen größtenteils unterschiedlichen Regeln, so dass nicht von einer einheitlichen Rechtsnatur des Emissionsgeschäfts gesprochen werden kann.[479] Mit Ausnahme der Rechtsbeziehungen zwischen dem Emittenten und den Anlegern, die für die vorliegende Untersuchung nicht relevant sind, sollen die verschiedenen Verhältnisse rechtlich eingeordnet und die sich aus ihnen ergebenden Rechte und Pflichten kurz beschrieben werden. Die Darstellung beschränkt sich, was Aktienemissionen anbelangt, auf Kapitalerhöhungen von börsennotierten Unternehmen und IPOs unter Durchführung einer Kapitalerhöhung. Des Weiteren stellt sie größtenteils auf das Übernahmekonsortium als Regelfall der Beteiligung von Banken an der Übernahme von Wertpapieren ab.[480]

I. Rechtsverhältnis zwischen den Emissionsbanken und dem Emittenten

Dem Rechtsverhältnis zwischen den Emissionsbanken und dem Emittenten liegen verschiedene Vertragswerke zugrunde. Wie ausgeführt, tritt der Emittent zunächst mit der Konsortialführerin in Vertragsbeziehungen ein, indem er sie in der Man-

---

479 *Kümpel*, Bank- und Kapitalmarktrecht, Rdnr. 9.176.

480 Beim Begebungskonsortium übernehmen die Banken die Wertpapiere, wie erwähnt, nicht fest, sondern verkaufen sie für Rechnung des Emittenten. Sie treten somit als Kommissionäre auf, die mit dem Emittenten einen Kommissionsvertrag und mit den Anlegern – sofern sie nicht in Stellvertretung für den Emittenten handeln – Kaufverträge abschließen. Das gilt sowohl für die Aktien- als auch die Anleiheemission, vgl. *Canaris*, Bankvertragsrecht, Rdnr. 2243 ff.; *Scholze*, Konsortialgeschäft, S. 290; a.A. *Lenenbach*, Kapitalmarkt- und Börsenrecht, Rdnr. 7.114 (Kommissionsverhältnis zwischen Anleger und Bank, vgl. hierzu unten II). Da die Wertpapiere zur Entstehung gelangen müssen, bevor sie an die Anleger verkauft werden können, umfasst der Kommissionsvertrag die Verpflichtung der jeweiligen Emissionsbank, bei Verkauf der Effekten an Anleger im Fall der Aktienemission der emittierenden Aktiengesellschaft beizutreten bzw. im Fall der Anleiheemission mit dem Emittenten einen Begebungsvertrag abzuschließen. Insoweit gelten die folgenden Ausführungen entsprechend.

datsvereinbarung mit der Organisation und Betreuung des Börsengangs betraut. Rechtsgeschäftliche Beziehungen zu den anderen Konsortialbanken entstehen mit Abschluss des Übernahmevertrags. Bei Aktienemissionen ist vom Übernahmevertrag der Zeichnungsvertrag zu unterscheiden, der den Erwerb der Mitgliedschaftsrechte und die Lieferung der Aktienurkunden zum Gegenstand hat. Diese Vertragswerke werden im Folgenden, beginnend mit den für Aktienemissionen relevanten Vereinbarungen (Mandatsvereinbarung unter 1 a, Übernahmevertrag unter 1 b, Zeichnungsvertrag unter 1 c), sodann im Hinblick auf Mandatsvereinbarung (unter 2 a) und Übernahmevertrag bei der Anleiheemission (unter 2 b), behandelt.

1. Aktienemission

a. Mandatsvereinbarung

Die Mandatsvereinbarung stellt eine entgeltliche Geschäftsbesorgung gem. §§ 675 ff. BGB dar. Vertragspartner sind der Emittent und die Konsortialführerin. Die wesentlichen Rechte und Pflichten von Bank und Emittent wurden bereits oben erörtert.[481] Hervorzuheben ist die Beratungspflicht der Konsortialführerin, die sich auf alle rechtlichen und finanziellen Aspekte des Börsengangs erstreckt. Insbesondere hat die Konsortialführerin ihre Expertise hinsichtlich der Wahl eines günstigen Emissionszeitpunkts, der Festlegung eines angemessenen Platzierungspreises und der Erstellung der Platzierungsdokumente einzubringen.[482]

b. Übernahmevertrag

Den Übernahmevertrag[483] handelt die Konsortialführerin mit dem Emittenten aus. Die übrigen Konsortialbanken haben keinen Einfluss auf den Inhalt des Vertrages. Kurz vor Beginn der Platzierungsphase fragt die Konsortialführerin bei den anderen Banken an, ob Interesse besteht, an der Emission teilzunehmen, und setzt die Konsortialbanken von den Konditionen der geplanten Übernahme in Kenntnis.[484] Daraufhin schließt sie den Übernahmevertrag ab, wobei sie üblicherweise sowohl im eigenen Namen als auch im Namen der anderen im Vertrag einzeln aufgelisteten Banken handelt.

aa. Qualifizierung der vertraglichen Beziehung

Bei der Übernahme junger Aktien erwerben die Konsortialbanken keine bereits existierenden Rechtspositionen. Die Mitgliedschafsrechte müssen zunächst geschaffen und verbrieft werden. Sie entstehen in der Person der ersten Aktionäre – der Konsortialbanken – originär. Der Übernahmevertrag ist in einem solchen Fall

---

481 § 4 I 1 a.
482 Vgl. z. B. Ziff. 1 a des bei BuB/*Groß*, Rdnr. 10/323a, abgedruckten Letter of Engagement.
483 Beispiele für Übernahmeverträge bei BuB/*Groß*, Rdnr. 10/324 ff.; *Lenenbach*, Kapitalmarkt- und Börsenrecht, Rdnr. 7.72.
484 Ausführlich oben § 4 I 1 a.

mithin nicht als Kaufvertrag zu qualifizieren, sondern als Vertrag *sui generis* zur Schaffung der Mitgliedschaftsrechte zugunsten der Emissionsbanken. Da die Mitgliedschaft durch Abschluss eines korporationsrechtlichen Beitrittsvertrags, des sog. Zeichnungsvertrags, entsteht,[485] lässt sich der Übernahmevertrag auch als Verpflichtungsvertrag zum Abschluss des Beitrittsvertrags bezeichnen.[486] Er hat aber gewöhnlich nicht nur den Beitritt zur Aktiengesellschaft, sondern auch die der Zeichnung nachfolgende Unterbringung der Aktien bei Anlegern, bei Bezugsrechtsemissionen das Bezugsangebot an Altaktionäre, Stabilisierungsmaßnahmen oder das Betreiben der Börsenzulassung zum Gegenstand.[487] Diese Maßnahmen betreffen die Vermögensinteressen des Emittenten und beruhen auf einer weitgehend selbständigen Tätigkeit der Emissionsbanken. Der Übernahmevertrag weist insoweit mithin geschäftsbesorgungsrechtliche Elemente auf.[488]

bb. Rechte und Pflichten

Der Übernahmevertrag begründet die (Hauptleistungs-)Pflicht der Emissionsbanken, zu einem bestimmten Datum eine näher bezeichnete Stückzahl neuer Aktien zum Nennbetrag zu zeichnen und zu bezahlen sowie die Differenz zwischen dem Nennwert und dem Platzierungspreis am Abrechnungstag (üblicherweise nach Abschluss der Platzierung) an den Emittenten abzuführen.[489] Im Regelfall verpflichtet sich nur die Konsortialführerin zur Zeichnung. Zwar ist auch eine Verpflichtung aller Konsorten denkbar. Die Konsortialführerin würde dann bei Abschluss des Zeichnungsvertrages – ebenso wie beim Übernahmevertrag – in Vertretung der Konsortialbanken handeln und im Zeichnungsschein die jeweiligen Quoten der Konsorten angeben.[490] Diese Vorgehensweise ist aber, soweit ersichtlich, insbesondere bei internationalen Konsortien unüblich.[491] Im Fall der Verpflichtung aller Konsorten enthält der Übernahmevertrag in der Regel eine Klausel, die die gesamtschuldnerische Haftung der Emissionsbanken (§ 427 BGB) ausschließt und eine teilschuldnerische Einstandspflicht gem. § 420 BGB für die Zeichnung und Bezahlung der Effekten statuiert.[492] Beim Einheitskonsortium trifft die Banken darüber hinaus

---

485 Hinzukommen muss die Eintragung der Kapitalerhöhung im Handelsregister gem. § 189 AktG (bzw. bei Gründung einer AG die Eintragung der Gesellschaft gem. § 39 AktG): erst zu diesem Zeitpunkt entstehen die Mitgliedschaftsrechte, vgl. *Hüffer*, § 189, Rdnr. 3; KK AktG/*Lutter*, § 189, Rdnr. 4, und unten c bb.

486 So *Canaris*, Bankvertragsrecht, Rdnr. 2244.

487 Vgl. Präambel (E), (F), Art. 2(3), 4 des bei BuB/*Groß*, Rdnr. 10/324, abgedruckten Mustervertrags, für Bezugsrechtsemissionen a.a.O., Rdnr. 10/325, Ziff. I.

488 *Canaris*, Bankvertragsrecht, Rdnr. 2244.

489 Z.B. Art. 3(4) Übernahmevertrag, BuB/*Groß*, Rdnr. 10/324. Die Zulässigkeit dieses sog. zweistufigen Verfahrens ist nicht ganz unumstritten, vgl. zu Nachweisen *Technau*, AG 1998, 445, 448 ff. und bereits oben Fn. 400. Einzelheiten zum zeitlichen Ablauf am Beispiel des Bookbuilding-Verfahrens (Zahlung von 25 % des Ausgabebetrags – Eintragung der Durchführung der Kapitalerhöhung – daraufhin Zahlung der ausstehenden 75 % – Aushändigung der Aktienurkunden – Platzierung – Abführung der Differenz zwischen Emissionserlös und Ausgabebetrag an den Emittenten) ebenfalls oben unter § 4 I 1 a.

490 So das bei BuB/*Groß*, Rdnr. 10/328 abgedruckte Muster eines Zeichnungsscheins.

491 Vgl. *Technau*, AG 1998, 445, 446.

492 *DeMeo*, Bankenkonsortien, 3. Kap., Rdnr. 63.

die Pflicht, die Aktien beim Publikum zu platzieren. Die Platzierungspflicht besteht sowohl gegenüber den Mitkonsorten[493] als auch gegenüber dem Emittenten, der häufig eine Berücksichtigung bestimmter Anlegerschichten zur Erzielung von Liquidität wünscht und deswegen ein Interesse daran hat, dass die Emission vollständig und auf eine vorher festgelegte Weise untergebracht wird. Obwohl sich die Banken gemeinsam zur Platzierung verpflichten, erfüllen sie die Pflicht nicht im Namen oder für Rechnung des Konsortiums, sondern im eigenen Namen und für eigene Rechnung.

Weitere Nebenleistungspflichten, z.B. die Pflicht der Banken zur Herbeiführung der Börsenzulassung, entstehen nur, wenn sie ausdrücklich vereinbart sind.[494] Kurspflegemaßnahmen sind in der Regel alleinige Aufgabe der Konsortialführung.[495] Sie müssen ebenfalls ausdrücklich vereinbart werden. Haben die Konsortialbanken bei Bezugsrechtsemissionen gegenüber dem Emittenten die Verpflichtung übernommen, die zu emittierenden Aktien zunächst den Altaktionären gem. § 186 Abs. 5 AktG zum Bezug anzubieten, handelt es sich beim Übernahmevertrag um einen Vertrag zugunsten Dritter gem. § 328 BGB.[496] Die Altaktionäre erlangen einen Anspruch gegen die Konsortialbanken auf Abschluss eines Kaufvertrags bezüglich der ihnen zustehenden Aktien, der neben den Anspruch des Emittenten gegen die Banken auf Wahrnehmung der Bezugsrechte der Aktionäre tritt.

Der Emittent ist zur Vergütung der Emissionsbanken verpflichtet, d.h. zur Leistung einer Provision für Übernahme und Verkauf der Papiere sowie – falls geschuldet – für das Betreiben der Börseneinführung. Die Führungsbank erhält zudem eine Managementprovision.[497] Darüber hinaus hat der Emittent den Banken die entstandenen Kosten zu ersetzen, insbesondere die Kosten und Gebühren für die Rechtsanwälte und Wirtschaftsprüfer, alle Kosten im Zusammenhang mit dem Druck und der Einreichung der Angebotsunterlagen und Übersendung des Wertpapierprospekts an die Erwerber, Werbekosten und schließlich die mit der Zulassung der Aktien zum Handel verbundenen Gebühren.[498] Häufig ist die Konsortialführerin dazu berechtigt, die vom Emittenten zu tragenden Provisionen und Kosten von dem an ihn abzuführenden Emissionserlös abzuziehen.[499] Diese Vorgehensweise ist aktienrechtlich zulässig, sofern die Verrechnung nicht dazu führt, dass der Nennwert der Aktien nicht mehr gedeckt ist.[500] Sobald die Durchführung der Kapitalerhöhung in das Handelsregister eingetragen worden ist, tritt neben den Vergütungsanspruch ein Anspruch auf Übertragung der Aktienurkunden – entweder in

493 A.A. BuB/*Bosch*, Rdnr. 10/33, 44.
494 Schimansky/Bunte/Lwowski/*Grundmann*, Bankrechtshandbuch, § 112 Rdnr. 77; a.A. *Canaris*, Bankvertragsrecht, Rdnr. 2257.
495 Schimansky/Bunte/Lwowski/*Grundmann*, Bankrechtshandbuch, § 112 Rdnr. 88.
496 *Lenenbach*, Kapitalmarkt- und Börsenrecht, Rdnr. 7.90.
497 Siehe bereits oben § 4 I 1 a. Ein Beispiel für eine solche Provisionsvereinbarung findet sich bei Art. 9(1) Übernahmevertrag, BuB/*Groß*, Rdnr. 10/324.
498 Vgl. Art. 9(2) Übernahmevertrag, BuB/*Groß*, Rdnr. 10/324.
499 Z.B. Art. 3(4) Übernahmevertrag.
500 Andernfalls wäre das Saldierungsverbot gem. § 66 Abs. 1 Satz 2 AktG betroffen. Vgl. zu dieser Problematik *Ekkenga/Maas*, Wertpapieremissionen, Rdnr. 361.

der Form einer Globalurkunde oder (heute selten) von Einzelstücken.[501] Nicht nur die Verpflichtung der Banken, auch ihre Berechtigung ist gem. § 420 BGB ausgestaltet, d.h. die Banken sind Teilgläubiger der Ansprüche auf Vergütung, Übereignung und Lieferung der Effekten.[502]

Es ist zu beachten, dass sich aus dem Übernahmevertrag keine Pflicht zur Durchführung der Emission ableiten lässt – allein schon deswegen nicht, weil der Beschluss zur Erhöhung des Grundkapitals eine autonome gesellschaftsinterne Entscheidung darstellt, die nicht von außen erzwungen werden kann. Deswegen erlangen die Konsortialbanken aus dem Übernahmevertrag auch keine dinglichen Rechtspositionen. Insbesondere entsteht kein Anwartschaftsrecht, das rechtsgeschäftlich übertragen werden könnte, da die Rechtsposition der Banken auf Beitritt zur AG nicht hinreichend gesichert ist.[503]

Der Übernahmevertrag enthält in der Regel weitere umfangreiche Verpflichtungen und Gewährleistungen sowohl des Emittenten als auch der Konsortialbanken, z.B. ein Garantieversprechen der Gesellschaft, in dem sie die Fehlerfreiheit der Angebotsunterlagen, die Prüfung der Jahresabschlüsse nach bestimmten Grundsätzen, die ordnungsgemäße Errichtung der Gesellschaft und Ausgabe der Aktien, das Unterlassen von Kurspflege- oder sonstigen manipulativen Tätigkeiten am Kapitalmarkt zum Zwecke der Förderung des Absatzes der Platzierungsaktien etc. zusagt.[504] Auch verpflichtet sie sich dazu, alle notwendigen Änderungen der Emissionsunterlagen vorzubereiten, gegebenenfalls Berichtigungen des Börsenprospekts gem. § 45 Abs. 2 Nr. 4 BörsG vorzunehmen und während eines bestimmten Zeitraums nach Börseneinführung (in der Regel zwölf Monate) ohne Zustimmung der Konsortialführerin keine weiteren Aktien auszugeben oder zu verkaufen (sog. *Lock-up-Garantie*).[505] Im Gegenzug versprechen die Banken beispielsweise, im Ausland (vor allem in den USA) bestehende Verkaufbeschränkungen zu beachten.[506] Schließlich sieht der Übernahmevertrag die Pflicht des Emittenten vor, die Emissionsbanken bei Inanspruchnahme – etwa wegen fehlerhafter Angaben im Prospekt – freizustellen.[507] Den Gewährleistungen kommt in erster Linie deswegen Bedeutung zu, weil sie die Freistellungsansprüche der Banken auslösen.[508] Auch gehen die Banken die Verpflichtung zur Übernahme der Aktien unter der aufschiebenden Bedingung ein, dass sämtliche Zusicherungen des Emittenten im Zeitpunkt der Zeichnung vollständig und richtig sind.[509]

---

501 Art. 3(1) Übernahmevertrag, BuB/*Groß*, Rdnr. 10/324. Dieser Anspruch ist nicht vertraglicher, sondern gesetzlicher Natur, vgl. unten c bb.

502 *DeMeo*, Bankenkonsortien, 3. Kap., Rdnr. 89.

503 Vgl. sogleich unter c bb.

504 Art. 5(1) Übernahmevertrag, BuB/*Groß*, Rdnr. 10/324.

505 Art. 5(2) Übernahmevertrag. Zur Zulässigkeit der letztgenannten Verpflichtung im Hinblick auf die Beschlussautonomie der Hauptversammlung des Emittenten kritisch *Ekkenga/Maas*, Wertpapieremissionen, Rdnr. 375, 379 ff. Ausführlich *Fredebeil*, Übernahmevertrag, S. 234 ff.

506 Art. 7 Übernahmevertrag, BuB/*Groß*, Rdnr. 10/324.

507 Zur Zulässigkeit dieser Freistellungsvereinbarung ausführlich unten § 6 II 4 b und § 12 III.

508 Art. 8(1) Übernahmevertrag, BuB/*Groß*, Rdnr. 10/324.

509 Art. 10(1)(a) Übernahmevertrag.

c. *Zeichnungsvertrag*

aa. Qualifizierung der vertraglichen Beziehung

Der Zeichnungsvertrag ist ein korporationsrechtlicher Vertrag über den Beitritt zur AG.[510] Durch Zeichnung gibt der Zeichner ein Angebot auf Abschluss des Zeichnungsvertrags ab, das vom Emittenten angenommen werden kann, aber nicht muss. Die Zeichnung neuer Aktien hat bei der ordentlichen Kapitalerhöhung bzw. der Erhöhung des Grundkapitals im Wege des genehmigten Kapitals durch schriftliche Erklärung im so genannten Zeichnungsschein zu erfolgen, der dem Emittenten zu übergeben ist (§§ 185, 203 Abs. 1 Satz 1 AktG). Der Emittent nimmt das im Zeichnungsschein enthaltene Angebot durch Willenserklärung an, die in der Zuteilung der Aktien gesehen werden kann und gem. § 151 Satz 1 BGB nicht zugehen muss.

Von der Zeichnung neuer ist die Zeichnung schon bestehender Aktien zu unterscheiden. Mit Eintragung der Kapitalerhöhung in das Handelsregister und Ausgabe der Aktienurkunden (üblicherweise Übergabe der Globalurkunde an die Konsortialführerin) sind die neuen Aktien entstanden. Zeichnet zunächst nur die Konsortialführerin, handelt es sich beim Erwerb von ihr durch die Konsortialbanken um einen Zweiterwerb. Auch die Anleger schließen – entgegen dem allgemeinen Sprachgebrauch – keinen Zeichnungsvertrag ab, wenn sie Aktien aus einer Neuemission zeichnen, sondern einen Kaufvertrag über die Aktienurkunden und das in ihnen verbriefte Mitgliedschaftsrecht.[511]

bb. Rechte und Pflichten

Mit Annahme des Zeichnungsangebots durch den Emittenten erlangt der Zeichner einen Anspruch auf Beitritt zur AG. Der Anspruch steht unter dem Vorbehalt, dass die AG die Kapitalerhöhung vollzieht, d.h. den Kapitalerhöhungsbeschluss vor Anmeldung und Eintragung der Durchführung der Kapitalerhöhung nicht abändert oder aufhebt. Die Gesellschaft macht sich nicht schadensersatzpflichtig, wenn sie sich dazu entscheidet, die Kapitalerhöhung abzubrechen.[512] Da ein Abbruch jederzeit möglich ist, erlangen die Zeichner kein Anwartschaftsrecht. Die von ihnen erworbene rechtliche Position, die als rechtliche Erwartung[513] oder als durch die Eintragung der Kapitalerhöhung aufschiebend bedingtes Mitgliedschaftsrecht[514] bezeichnet werden kann, ist nicht rechtsgeschäftlich übertragbar (§ 191 AktG), aber vererblich.[515]

---

510 KK AktG/*Lutter*, § 185 Rdnr. 5.
511 Vgl. unten II.
512 KK AktG/*Lutter*, § 185 Rdnr. 34; zu den Rechten der Zeichner bei Scheitern der Kapitalerhöhung vgl. a.a.O. Rdnr. 13 ff.
513 KK AktG/*Lutter*, § 191, Rdnr. 2.
514 *Westermann*, AG 1967, 285, 286; missverständlich *Canaris*, Bankvertragsrecht, Rdnr. 2244, der von der Entstehung des (zukünftigen) Mitgliedschaftsrechts im Zusammenhang mit dem Abschluss des Übernahmevertrags spricht.
515 KK AktG/*Lutter*, § 191, Rdnr. 2.

Die Zeichner haben außerdem einen Anspruch auf Verbriefung ihrer Mitgliedschaftsrechte. Der Anspruch kann im Zeichnungs- bzw. Übernahmevertrag erwähnt sein,[516] es handelt sich aber nicht um einen vertraglichen, sondern einen gesetzlichen Anspruch, den z.B. die §§ 10 Abs. 5, 213 Abs. 2 AktG voraussetzen. Er entsteht im Zeitpunkt der Eintragung der Gesellschaft bzw. der Kapitalerhöhung im Handelsregister, auch wenn die Einlage noch nicht vollständig geleistet wurde.[517] Die Gesellschafter können den Anspruch gem. § 10 Abs. 5 AktG in der Satzung einschränken, d.h. der Aktionär kann – je nach Vereinbarung – weder Einzelverbriefung der Aktien noch Ausstellung einer Mehrfachurkunde über seinen Anteil verlangen. Durch § 10 Abs. 5 AktG wollte der Gesetzgeber dem Emittenten allerdings nicht die Möglichkeit eröffnen, Wertrechte zu schaffen. Erforderlich ist nach wie vor eine Verbriefung zumindest der Gesamtheit der Mitgliedschaftsrechte in einer Globalurkunde.[518] Da der Aktionär ein Interesse an der erhöhten Handelbarkeit seines Anteils durch Verbriefung hat, ist ihm ein diesbezüglicher Anspruch – gerichtet auf Ausstellung der Globalurkunde – auch bei Ausschluss der Einzel- oder Sammelverbriefung seines Anteils zuzubilligen.[519]

cc. Erfüllung

Der Emittent erfüllt seine Verpflichtungen aus dem Zeichnungsvertrag, indem er Wertpapiere im gezeichneten Umfang an die Konsortialbanken ausgibt. An dieser Stelle ist zu untersuchen, ob das Konsortium als solches oder die einzelnen Konsortialbanken Inhaber der Wertpapiere werden und von welcher Art ihre Berechtigung ist. Hierzu ist es erforderlich, die dinglichen Abläufe, die zur Erfüllung der Pflichten aus dem Zeichnungsvertrag beitragen, ausführlich darzustellen. Dabei soll nicht nur die Rolle der Konsortialbanken, sondern auch die der Anleger als Erwerber der Effekten beleuchtet werden. Zwar gehören diesbezügliche Fragen thematisch in den Abschnitt über die Rechtsbeziehungen zwischen den Emissionsbanken und den Anlegern,[520] sie sollen aber, zumindest in gewissem Umfang, in die Erörterung der vorliegenden Problematik einbezogen werden, um eine zusammenhängende Diskussion zu ermöglichen.

(1) Entstehung der Aktien

Wie gezeigt, ist zwischen der Entstehung des Mitgliedschaftsrechts und seiner Verbriefung in einer Aktienurkunde zu unterscheiden. Unter dem Wort „Aktie" versteht man sowohl die Mitgliedschaft als auch die Urkunde. Diese zweifache Bedeu-

---

516 Z.B. Art. 3 Übernahmevertrag, BuB/*Groß*, Rdnr. 10/324.
517 Großk. AktG/*Brändel*, § 10 Rdnr. 23; MüKo AktG/*Heider*, § 10 Rdnr. 13.
518 Begr. Beschlussempfehlung BT-Drs. 13/10038, S. 25. Vgl. auch *Seibert*, DB 1999, 267, 269. § 10 Abs. 5 AktG ist durch das Gesetz zur Kontrolle und Transparenz im Unternehmensbereich (KonTraG) vom 27.04.1998 (BGBl. I, S. 786) neu gefasst worden.
519 So auch *Hüffer*, § 10 AktG, Rdnr. 11; MüKo AktG/*Heider*, § 10 Rdnr. 58; Münch. Hdb. GesR IV/*Wiesner*, § 12 Rdnr. 4 f.; zum Interesse des Aktionärs an der Verbriefung vgl. KK AktG/*Kraft*, § 10 Rdnr. 8 (alte Rechtslage).
520 Siehe unten II.

tung[521] korrespondiert mit den Ansprüchen des Zeichners einerseits auf Beitritt zur Aktiengesellschaft und andererseits auf Ausgabe der Aktienurkunde. Der Anspruch auf Beitritt wird durch Eintragung der Gesellschaft bzw. der Kapitalerhöhung in das Handelsregister erfüllt. Im Zeitpunkt der Eintragung entstehen die neuen Mitgliedschaftsrechte.[522]

Der Anspruch auf Verbriefung kann erst nach Eintragung der Gesellschaft bzw. der Kapitalerhöhung bedient werden (§§ 41 Abs. 4 Satz 1, 191 Satz 1 AktG). Die Ausgabe der Urkunden folgt somit der Entstehung der Mitgliedschaftsrechte zeitlich nach und hat keine konstitutive, sondern nur deklaratorische Wirkung in Bezug auf die Mitgliedschaft.[523] Der Emittent kann seiner Verpflichtung entweder durch Ausstellung von Einzelurkunden, d.h. durch Verbriefung jedes Mitgliedschaftsrechts in einer einzelnen Urkunde, von Mehrfachurkunden über z.B. 100 Mitgliedschaftsrechte oder schließlich einer Globalurkunde nachkommen. Des Weiteren hat er – im Rahmen der gesetzlichen Grenzen (insbesondere der §§ 10 Abs. 2 Satz 1, 53a AktG) – die Wahl, Inhaber- oder Namensaktien auszugeben. Die Aktionäre erwerben das Eigentum (im Fall einer Globalurkunde das Miteigentum) nach h.M. durch Ausstellung und Übergabe der Urkunde und Einigung mit dem Emittenten, dass das Eigentum an der Urkunde übergehen und sie nunmehr das Mitgliedschaftsrecht verkörpern soll (Begebungsvertrag).[524] Das gilt unabhängig davon, ob es sich um Inhaber- oder Namensaktien handelt. Im Fall einer Namensaktie ist weder für den Erwerb des Mitgliedschaftsrechts noch des Eigentums an der Urkunde die gem. § 67 Abs. 1 Satz 1 AktG vorgeschriebene Eintragung des Aktionärs in das Aktienregister der Gesellschaft notwendig oder ausreichend.[525] Der Begebungsvertrag hat die Verbindung von Mitgliedschaft und Urkunde zur Folge, was für die Übertragung[526] und die Legitimation des Inhabers bzw. des namentlich Genannten und des im Aktienregister Eingetragenen[527] von Bedeutung ist. Die Begebung (Verbindung) ist nur dann wirksam, wenn der materielle Gehalt des Mitgliedschaftsrechts und der Inhalt der Urkunde (Nennbetrag, Stimmrecht, bei Namensaktien Name des Berechtigten) übereinstimmen.[528] Unrichtigkeiten können sich angesichts des nur dekla-

521 Allgemein wird dem Wort „Aktie" sogar eine dreifache Bedeutung beigemessen, vgl. *Hueck/Windbichler*, Gesellschaftsrecht, § 25 Rdnr. 6 ff.

522 Großk. AktG/*Wiedemann*, § 189 Rdnr. 13.

523 Allgemeine Meinung, vgl. RGZ 31, 17, 22; 52, 417, 423; BGH WM 1991, 1880, 1881; MüKo AktG/*Heider*, § 10 Rdnr. 7 m.w.N.

524 *Hueck/Canarais*, Recht der Wertpapiere, § 25 II 2; KK AktG/*Lutter*, § 67 Rdnr. 3 (Namensaktie), Anh. § 68 Rdnr. 9 (Inhaberaktie) m.w.N. Die abweichende Auffassung (z.B. RGZ 85, 327, 330; 94, 61, 64) will dem Aktionär das Eigentum, was Namensaktien anbelangt, entsprechend § 952 BGB bereits bei Ausstellung der Urkunde zusprechen.

525 Die Eintragung ist gem. § 68 Abs. 2 AktG Voraussetzung für die Ausübung der Aktionärsrechte, hat aber keinen Einfluss auf die materielle Rechtslage. Deswegen ist es zulässig, einen Dritten (z.B. die Depotbank) als sog. Legitimations-Aktionär einzutragen, den die wahren Inhaber der Aktien zur Ausübung ihrer Rechte ermächtigen (Ermächtigungstreuhand), vgl. hierzu MüKo AktG/*Bayer*, § 67 Rdnr. 21 m.N.

526 Vgl. hierzu sogleich unter (2).

527 Zur Legitimationswirkung vgl. z.B. MüKo AktG/*Heider*, § 10 Rdnr. 27 ff., 35.

528 Großk. AktG/*Brändel*, § 10 Rdnr. 20.

ratorischen Charakters der Urkunde nicht auf die Mitgliedschaft auswirken. Ebenso wenig führt die Ausgabe der Urkunde an einen materiell nicht an der AG Beteiligten und nicht gem. §§ 362 Abs. 2, 407 Abs. 1 BGB zum Empfang Berechtigten dazu, dass das Mitgliedschaftsrecht auf den Urkundsinhaber übergeht oder ein zusätzlicher Anteil entsteht. Auch ein gutgläubiger Erwerb gem. §§ 932 ff. BGB (Inhaberaktie) bzw. Art. 16 Abs. 2 WG (Namensaktie) ist nach h.M. nicht möglich, wenn das Mitgliedschaftsrecht nicht mit der Aktie verbunden ist.[529]

(2) Übertragung der Aktien

(a) Übertragung des unverbrieften Mitgliedschaftsrechts

Die unverbriefte Mitgliedschaft kann gem. §§ 413, 398 BGB durch formlose Einigung übertragen werden.[530] Die Eintragung im Aktienregister ist nur für Namensaktien nach Verbriefung von Bedeutung, und auch dann nur im Verhältnis zwischen Aktionär und Gesellschaft, vgl. § 67 Abs. 2 AktG.

(b) Übertragung des verbrieften Mitgliedschaftsrechts

Die Voraussetzungen der Übertragung des verbrieften Mitgliedschaftsrechts hängen davon ab, ob die Gesellschaft Namens- oder Inhaberpapiere ausgibt. Die Namensaktie ist Orderpapier. Sie wird gem. § 68 Abs. 1 Satz 1 AktG durch Indossament übertragen, wobei der Inhaber das Papier auch blankoindossieren kann.[531] Zusätzlich fordert die h.M. unter Berufung auf die Rechtsprechung zum Wechselrecht[532] die Einigung der Parteien über den Eigentumsübergang und die Übergabe der Urkunde gem. §§ 929 ff. BGB.[533] Als weitere Möglichkeit des rechtsgeschäftlichen Übergangs kommt formlose Abtretung des Mitgliedschaftsrechts gem. §§ 413, 398 BGB in Betracht.[534] Das Eigentum an der Urkunde folgt dann der Mitgliedschaft gem. § 952 Abs. 2 BGB.[535] Die Eintragung im Aktienregister ist für den Rechtserwerb, wie schon bei der Begründung der Rechte, in beiden Fällen nicht notwendig, sondern dient lediglich der Legitimation gegenüber der Gesellschaft.

Inhaberaktien werden als Inhaberpapiere durch Übereignung der Urkunde nach sachenrechtlichen Grundsätzen (§§ 929 ff. BGB) übertragen. Teilweise schlägt die

---

529 Vgl. KK AktG/*Lutter*, Anh. § 68 Rdnr. 10, und zur Gegenansicht *Hueck/Canarais*, Recht der Wertpapiere, § 25 III 2 b, jeweils m.N.

530 RGZ 86, 154, 155; KG JW 1927, 2434, 2435; Großk. AktG/*Brändel*, § 10 Rdnr. 11; KK AktG/*Kraft*, § 10 Rdnr. 4.

531 § 68 Abs. 1 Satz 2 AktG i.V.m. Art. 13 Abs. 2 WG.

532 BGH NJW 1958, 302; BGH WM 1975, 947, 948 (das Recht aus dem Papier folgt dem Recht am Papier).

533 MüKo AktG/*Bayer*, § 68 Rdnr. 3; *Hüffer*, § 68 AktG, Rdnr. 4; KK AktG/*Lutter*, § 68 Rdnr. 7; a.A. *Huber*, FS Flume, Bd. II, S. 83, 88 f. (zum Wechselrecht); *Zöllner*, Wertpapierrecht, § 14 I 1 b; *ders.*, FS L. Raiser, S. 249, 278 f. (nur Einigung i.S. eines Begebungsvertrags erforderlich).

534 Allg. Meinung, z.B. *Gursky*, Wertpapierrecht, S. 126; *Hueck/Windbichler*, Gesellschaftsrecht, § 30 Rdnr. 1. Umstritten ist, ob hierbei auch Übergabe der Urkunde erforderlich ist, so BGH NJW 1958, 302, 303; vgl. zum Meinungsstand *Hüffer*, § 68 AktG, Rdnr. 3 m.N.

535 *Gursky*, a.a.O.

Literatur vor, eine Übertragung durch formlose Zession des Mitgliedschaftsrechts unter Anwendung des § 952 Abs. 2 BGB auch hier zuzulassen, da das Verkörperungselement bei Effekten weitgehend in den Hintergrund getreten sei.[536] Angesichts der Möglichkeit, Namensaktien im Wege des Effektengiroverkehrs[537] zu übertragen, stellt das Übergabeerfordernis indes kein Hemmnis dar, wenn auch das Dogma, Inhaberpapiere könnten nur durch Übereignung der Urkunde übertragen werden, nicht zwingend ist.[538]

Die Rechtslage ist komplizierter, wenn der Emittent Aktien bei einer Bank zur Verwahrung hinterlegt. Hier soll nur auf die Sammelverwahrung gem. §§ 5 ff. DepotG eingegangen werden, die seit dem Zweiten Finanzmarktförderungsgesetz die Regelform der Verwahrung von Wertpapieren darstellt und die Sonderverwahrung (Streifbandverwahrung) gem. § 2 DepotG als kostengünstigere und abwicklungstechnisch einfachere Alternative weitgehend verdrängt hat.[539] Zwar ist die Übertragung sammelverwahrter Wertpapiere in erster Linie für Transaktionen auf dem Sekundärmarkt relevant. Die Platzierung einer Emission ist indes erst mit Einlieferung der Urkunden bei der Wertpapiersammelbank und Übereignung an die Zeichner im Effektengiroverkehr abgeschlossen. Im Hinblick hierauf ist eine Beschäftigung mit den Mechanismen der Verfügung über Sammeldepotanteile auch bei der Untersuchung von Primärmarkttransaktionen geboten.

Als Verwahrer kommen alle Personen in Betracht, die Wertpapiere im Betrieb ihres Gewerbes unverschlossen zur Verwahrung annehmen (§ 1 Abs. 2 DepotG), also insbesondere Kreditinstitute. Die Depotbank kann die Wertpapiere einer staatlich anerkannten Wertpapiersammelbank i.S. des § 1 Abs. 3 DepotG zur Sammelverwahrung anvertrauen (§ 5 Abs. 1 Satz 1 DepotG) oder in Streifbandverwahrung nehmen. Sammelverwahrung durch die Depotbank selbst (sog. Haussammelverwahrung) ist nur zulässig, wenn der Hinterleger eine ausdrückliche und schriftliche Ermächtigung erteilt (§ 5 Abs. 1 Satz 2 DepotG).[540] Mittlerweile einzige deutsche Wertpapier-

---

536 *Hueck/Canarais*, Recht der Wertpapiere, § 1 I 5 b; Münch. Hdb. GesR IV/*Wiesner*, § 14 Rdnr. 4; *Zöllner*, FS L. Raiser, S. 249, 277 ff.

537 Unter Effektengiroverkehr wird der „buchmäßige stückelose Verkehr mit Wertpapieren auf der Grundlage der Girosammelverwahrung" verstanden, vgl. MüKo BGB/*K. Schmidt*, § 747 Rdnr. 21, und zur Girosammelverwahrung unten (Fn. 540).

538 So auch *Baumbach/Hefermehl/Casper*, WPR, Rdnr. 34; *Mentz/Fröhling*, NZG 2002, 201, 202; MüKo BGB/*Hüffer*, Vor § 793 Rdnr. 14, § 793 Rdnr. 18 f.; Staudinger/*Marburger*, Vor § 793 Rdnr. 7, § 793 Rdnr. 20; a.A. MüKo BGB/*Füller*, § 952 Rdnr. 8; KK AktG/*Lutter*, Anh. § 68 Rdnr. 15 mit dem Argument, auch Eigentum sei ein Recht, nach der Gegenansicht müsste damit auch ein Stuhl nach §§ 398 ff. BGB übertragen werden können. Das ist nicht überzeugend, da bei Inhaber- bzw. Orderpapieren gerade zwei Rechte in Rede stehen, nämlich das verkörperte (Forderung oder Mitgliedschaft) und dasjenige an der Verkörperung (Eigentum).

539 Vgl. BuB/*Decker*, Rdnr. 8/47 f.

540 Die Sammelverwahrung durch eine Wertpapiersammelbank wird auch als Girosammelverwahrung bezeichnet. Hierdurch wird der Tatsache Ausdruck verliehen, dass die Wertpapiertransaktionen nicht durch Lieferung effektiver Stücke, sondern durch Kontoübertragungen abgewickelt werden, was bei der Haussammelverwahrung ausgeschlossen und gem. § 24 Abs. 1 Halbs. 2 DepotG generell nur bei ausdrücklicher und schriftlicher Zustimmung des Kommittenten zulässig ist.

sammelbank ist die im Jahr 2000 aus einer Fusion hervorgegangene Clearstream Banking AG, eine Tochter der Deutschen Börse AG. Die Clearstream Banking AG wickelt täglich mehr als 250.000 Transaktionen auf den verschiedensten Märkten ab und verwahrt Effekten im Wert von ca. € 8,7 Billionen.[541]

Die Vorschriften des Depotgesetzes zur Sammelverwahrung (§§ 5 bis 9 DepotG) beziehen sich zunächst auf Einzelurkunden, die der Verwahrer ungetrennt von seinen eigenen oder den Beständen Dritter aufbewahrt. Sie finden gem. § 9a Abs. 2 DepotG auf die Einlagerung einer Sammelurkunde entsprechende Anwendung. Der Verwahrer muss die Urkunde einer Wertpapiersammelbank übergeben.[542] Die Einlieferung von Wertpapieren beim Sammelverwahrer hat zur Folge, dass der Inhaber im Zeitpunkt des Eingangs kraft Gesetzes sein Eigentum verliert und Miteigentum nach Bruchteilen an allen zum Sammelbestand gehörenden Papieren derselben Art erlangt.[543] Es entsteht eine Bruchteilsgemeinschaft i.S. der §§ 1008 ff., 741 ff. BGB, die Vorschriften des bürgerlichen Rechts werden aber durch die §§ 6 ff. DepotG überlagert und weitgehend verdrängt. Die Besonderheiten des Bruchteilseigentums i.S. des Depotgesetzes[544] zeigen sich z.B. daran, dass dem hinterlegenden Eigentümer ein Anteil an jedem einzelnen der in Sammelverwahrung befindlichen Papiere zusteht,[545] er aber, sollen Sinn und Zweck der Sammelverwahrung nicht vereitelt werden, entgegen § 747 Satz 1 BGB nicht über diesen Anteil, sondern nur über seinen Anteil am Gesamtbestand (oder einen Bruchteil davon) verfügen darf.[546] Auch ist, wie sich aus § 7 DepotG ergibt, der Anspruch auf Aufhebung der Bruchteilsgemeinschaft (§§ 749 ff. BGB) ausgeschlossen. Der gesetzliche Eigentumserwerb findet in gleicher Weise bei der Einlieferung von Einzel- wie Sammelurkunden statt. Globalurkunden stehen folglich gem. § 9a Abs. 2 i.V.m. § 6 DepotG im Miteigentum all jener, deren Rechte in der Urkunde verbrieft sind.[547]

Erwirbt der Anleger Aktien, die zur öffentlichen Zeichnung aufgelegt sind, kontrahiert er entweder mit einer der Konsortialbanken oder mit einer Verkäuferbank, die

---

541 Quelle: Deutsche Börse Group, Geschäftsbericht 2005.
542 § 9a Abs. 1 Satz 1 Halbs. 1 DepotG.
543 § 6 Abs. 1 Satz 1 DepotG.
544 Von *Heinsius/Horn/Than*, DepotG, § 6 Rdnr. 16 als Bruchteilseigentum „eigener Art“ bezeichnet; *Lenenbach*, a.a.O, Rdnr. 5.29, geht noch weiter und spricht von einer „eigenständige[n] Form der Rechtsgemeinschaft.“
545 So auch *Canaris*, Bankvertragsrecht, Rdnr. 2117; dagegen *Lenenbach*, a.a.O., Rdnr. 5.26, 5.28 (nur Anteil am gesamten Sammelbestand).
546 BuB/*Decker*, Rdnr. 8/50a; *Canaris*, a.a.O., Rdnr. 2115; a.A. *Heinsius/Horn/Than*, DepotG, § 6 Rdnr. 22; *Opitz*, DepotG, §§ 6–8 Bem. 11.
547 *Canaris*, a.a.O., Rdnr. 2129, führt aus, dass die in der Urkunde „verbrieften Einzelrechte als Miteigentumsanteile i.S. von § 6 Dep[ot]G anzusehen sind“. Das ist missverständlich. Bei der Globalurkunde ist, ebenso wie bei Einzelurkunden, zwischen den verbrieften Einzelrechten (z.B. den Mitgliedschaften) und dem (Mit-) Eigentum an der Urkunde zu unterscheiden, wenn auch die verbrieften Rechte mit Begründung des Miteigentums in gleicher Weise wie jenes mehreren gemeinschaftlich zustehen (Bruchteilsgemeinschaft). Die Vorschriften des Depotgesetzes beziehen sich nur auf die Übertragung des Miteigentumsanteils an der Urkunde (dem das verbriefte Recht folgt), wie sich aus den §§ 6, 8, 13, 24 Abs. 2 Satz 1 DepotG ergibt, die von „Eigentum“ bzw. „Miteigentum“ sprechen. A.A. wohl *Lenenbach*, a.a.O., Rdnr. 5.35.

in den Platzierungsprozess eingebunden ist.[548] Im Gegensatz hierzu sind Transaktionen auf dem Sekundärmarkt dadurch gekennzeichnet, dass der Anleger keine Kenntnis von der Person des Verkäufers hat. In der Regel steht er nur mit seiner Depotbank in Kontakt, die als Kommissionärin handelt[549] und den Auftrag des Kunden im eigenen Namen ausführt. Gleichwohl weist die Abwicklung[550] von Primär- und Sekundärmarkttransaktionen Gemeinsamkeiten auf. Auf dem Sekundärmarkt übernimmt die Eurex Clearing AG seit Frühjahr 2003 die Rolle eines zentralen Kontrahenten (Central Counterpart), d.h. sie ist als Käufer bei jedem Verkauf und als Verkäufer bei jedem Kauf von girosammelverwahrten Aktien[551] zwischengeschaltet.[552] Am Ende eines Handelstags übermittelt sie den mit ihr verbundenen Wertpapiersammelbanken (u.a. der Clearstream Banking AG) Netto-Lieferinstruktionen. Die Clearstream Banking AG nimmt entsprechende Umbuchungen auf den Depotkonten der an den Transaktionen (als Kommissionäre) beteiligten Banken vor. Daraufhin stellt der zentrale Kontrahent den Depotbanken einen (Brutto-)Lieferreport zur Verfügung, der die ausgeführten Geschäfte auflistet. Anhand des Reports aktualisieren die Banken ihre Kundendepots.[553] Am Primärmarkt obliegt es gewöhnlich der Konsortialführerin, die Kaufaufträge der Anleger zu sammeln und auszuwerten. Am Ende der Zeichnungsfrist teilt sie die Effekten den Konsortialbzw. Verkäuferbanken zu[554] und veranlasst die notwendigen Umbuchungen auf den Konten der Banken beim Wertpapiersammelverwahrer. Die Konsortial- und

---

548 Zur Rechtsnatur dieses Vertrags vgl. ausführlich unter II.

549 Nr. 1 Abs. 1 SBW.

550 Die Praxis unterteilt die Abwicklung von Effektengeschäften in Clearing und Settlement. Unter Clearing wird die Bestimmung der sich aus der Transaktion ergebenden Rechte und Pflichten von Käufer und Verkäufer verstanden. Im Settlement gleicht die Clearstream Banking AG die Lieferinstruktionen der Parteien ab und veranlasst Eigentumsübergang und Zahlung durch Buchung der verkauften Papiere auf das Konto der Käuferbank und Gutschrift des Gegenwerts auf dem Konto der Verkäuferbank (vgl. Nrn. 9, 42 AGB Clearstream).

551 In das sog. Equity-Clearing der Eurex Clearing AG sind nur Geschäfte in girosammelverwahrten deutschen Aktien einbezogen, die über XETRA handelbar sind, vgl. IV 1 (1) AGB Eurex Clearing.

552 IV 1.1.3 (2) AGB Eurex Clearing. Wesentliche Aufgabe des zentralen Kontrahenten ist eine Reduktion der von der Wertpapiersammelbank zu verarbeitenden Lieferinstruktionen, was dadurch erreicht wird, dass die Eurex Clearing AG die im Verhältnis zwischen ihr und den Clearing-Mitgliedern (den Depotbanken) begründeten gegenseitigen und gleichartigen Ansprüche auf Geldzahlung bzw. Lieferung von Wertpapieren gem. §§ 387 ff. BGB aufrechnet. Im Ergebnis bleibt damit nur eine Nettoforderung oder -verbindlichkeit je Wertpapiergattung bestehen (vgl. I 1.2.3 AGB Eurex Clearing.), die der zentrale Kontrahent der Wertpapiersammelbank meldet und die die Sammelbank durch Vornahme entsprechender Umbuchungen auf den Konten der Depotbanken bedient. Hierdurch ist es gelungen, das Handelsvolumen um 35% von 24,1 Mio. Transaktionen im Mai 2003 auf 15,7 Mio. ein Jahr später zu senken. Weitere Gründe für die Einführung des zentralen Kontrahenten waren die Gewährleistung von Anonymität auch während der Geschäftsabwicklung (sog. Post-Trade-Anonymität) und die Verlagerung des Kontrahentenrisikos.

553 Diese Darstellung ist sehr vereinfacht. Vgl. zur Abwicklung von Sekundärmarkttransaktionen unter Einschaltung des zentralen Kontrahenten ausführlich *Horn*, WM 2002, Sonderbeilage Nr. 2, 4 ff. Im Übrigen siehe zur Erfüllung des Effektenkommissionsgeschäfts *Kümpel*, Bank- und Kapitalmarktrecht, Rdnr. 10.67 ff.

554 Zum genauen Procedere, insbesondere beim Festpreis- und Bookbuildingverfahren, vgl. oben § 4 I 3.

Verkäuferbanken verbuchen die ihnen zugewiesenen Effekten auf den Depotkonten der Kunden, die Zeichnungsangebote abgegeben haben.

Die geschilderten Vorgänge lassen sich rechtlich als Übertragung von Anteilen an einem Sammelbestand qualifizieren. Der Erwerb des Eigentums an in Sammelverwahrung genommenen Wertpapieren vollzieht sich entweder nach den depotgesetzlichen Spezialvorschriften (§§ 18 Abs. 3, 24 Abs. 2 DepotG) oder gem. §§ 929 ff. BGB.[555] Die h.M. wendet, zumindest was Effektengeschäfte auf dem Sekundärmarkt anbelangt, § 929 Satz 1 BGB an.[556] § 929 Satz 1 BGB ermöglicht eine einfachere Abwicklung der Transaktion als andere Formen der Eigentumsübertragung und bietet einen verbesserten Schutz des gutgläubigen Erwerbers.[557] Insbesondere letzterem Punkt misst die h.M. große Bedeutung bei: Es sei zu erwarten, dass die Bereitschaft der Anleger, am Kapitalmarkt zu investieren, ohne die Möglichkeit gutgläubigen Erwerbs nachlasse und damit der Kapitalmarkt geschädigt werde.[558] Diese Sichtweise entspricht dem Willen der Beteiligten, der in den Allgemeinen Geschäftsbedingungen der Clearstream Banking AG[559] und des zentralen Kontrahenten[560] zum Ausdruck kommt.[561] Auf Primärmarkttransaktionen lässt sich das Modell dennoch, wie zu zeigen sein wird, nicht übertragen. Stattdessen ist auf die §§ 929 Satz 1, 930 BGB zurückzugreifen. [1] Einigung und [2][a] Übergabe bzw. [b] Übergabesurrogat stellen sich wie folgt dar:

[1] Der Anleger gibt das Angebot auf Abschluss des Einigungsvertrags mit Zeichnung der Aktien ab. Die Annahme durch die Konsortial- bzw. Verkäuferbank erfolgt stillschweigend bei Zuteilung der Effekten, also Buchung der Wertpapiere auf dem Depotkonto des Anlegers. Die Einigung ist im Zeitpunkt der Buchung vollzogen, auch wenn der Anleger hiervon keine Kenntnis hat (§ 151 Satz 1 BGB). Bis zur Vollendung des Erwerbstatbestands (durch Buchung, hierzu sogleich) ist das Einigungsangebot frei widerruflich.[562] Damit gehen dingliche Einigung und Abschluss des schuldrechtlichen Grundgeschäfts konform.[563] Dass die zeitlich erste Willens-

---

555 Zur Geltung der §§ 929 ff. BGB neben den depotgesetzlichen Spezialnormen vgl. schon RGZ 139, 114, 116 f.

556 BuB/*Decker*, Rdnr. 8/69, 8/336 ff.; *Heinsius/Horn/Than*, DepotG, § 6 Rdnr. 35; *Kümpel*, Bank- und Kapitalmarktrecht, Rdnr. 11.347; *Lenenbach*, a.a.O., Rdnr. 5.56 ff.; *Mentz/Fröhling*, NZG 2002, 201, 206; MüKo BGB/*K. Schmidt*, § 747 Rdnr. 21.

557 Gutgläubiger Erwerb ist zwar auch bei Verfügungen über Sammeldepotanteile gem. §§ 930 oder 931 BGB möglich, aber unter Umständen mit Komplikationen verbunden, vgl. zu Einzelheiten *Canaris*, Bankvertragsrecht, Rdnr. 2020 Abs. 2; *Kümpel*, Bank- und Kapitalmarktrecht, Rdnr. 11.358 ff.

558 *Horn*, WM 2002, Sonderbeilage Nr. 2, 7; *Lenenbach*, a.a.O., Rdnr. 5.71.

559 Nr. 8 Abs. 1 AGB Clearstream.

560 IV 2.1.1 Abs. 3, 4 AGB Eurex Clearing.

561 Die AGB legen, wenn sie von einem Übergang des Mitbesitzes durch Umstellung von Besitzmittlungsverhältnissen sprechen, eine Übereignung gem. § 929 Satz 1 BGB zugrunde. Vgl. hierzu im Einzelnen sogleich im Text.

562 MüKo BGB/*Quack*, § 929 Rdnr. 99.

563 Vgl. BuB/*Groß*, Rdnr. 10/266 f.: Zeichnung als Kaufantrag und Zuteilung als Annahme. Der Kaufantrag ist bis zur Annahme widerruflich, da § 145 BGB nicht einschlägig bzw. stillschweigend abbedungen ist.

erklärung von dem Verfügungsempfänger stammt, ist unerheblich, da das Einigungsangebot von jedem der Beteiligten erklärt werden kann.[564]

[2][a] Das Depotgeschäft zeichnet sich dadurch aus, dass grundsätzlich mehrere Besitzmittlungsverhältnisse i.S. des § 871 BGB hintereinander geschaltet sind. Zum einen mittelt die Wertpapiersammelbank als unmittelbare Besitzerin ihren Kunden, den Depotbanken, den Besitz.[565] Zum anderen besitzen die Depotbanken als mittelbare (Fremd-)Besitzer erster Stufe für die Anleger, bei denen es sich somit um mittelbare (Eigen-)Besitzer zweiter Stufe handelt.[566] Geschäfte auf dem Sekundärmarkt werden durch Umstellung der Besitzmittlungsverhältnisse abgewickelt.[567] Erfolgt die Transaktion zwischen Kunden derselben Depotbank, ändert die Bank ihren Besitzwillen dahingehend, dass sie nunmehr für den Erwerber besitzen will. Nach außen gibt sie die Umstellung des Besitzwillens durch Belastung des Depotkontos des Veräußerers und Gutschrift auf dem Konto des Erwerbers kund. Sind Kunden verschiedener Depotbanken an der Verfügung beteiligt, muss zusätzlich die Wertpapiersammelbank das zwischen ihr und der Verkäuferbank bestehende Besitzmittlungsverhältnis in Höhe der zu übertragenden Sammeldepotanteile auf die Käuferbank umstellen.[568]

[b] Bei Primärmarkttransaktionen lässt sich eine Übertragung durch Umstellung von Besitzmittlungsverhältnissen nicht bewirken. Übergabe i.S. des § 929 Satz 1 BGB setzt zwar nicht voraus, dass der Erwerber unmittelbaren Besitz erlangt,[569] wohl aber, dass der Veräußerer jeglichen Besitz verliert.[570] Die Emissionsbank kann diese Voraussetzung nur dann erfüllen, wenn sie die Wertpapiersammelbank anweist, das zu ihr bestehende Besitzmittlungsverhältnis zu beenden und nunmehr für den Anleger zu besitzen. Eine solche Vorgehensweise ist unpraktikabel und verkompliziert die Abwicklung von Sekundärmarkttransaktionen. Um nachfolgende Verfügungen gem. § 929 Satz 1 BGB vornehmen zu können, woran die Beteiligten ein Interesse haben, müsste die Wertpapiersammelbank ihren Besitzmittlungswillen jeweils auf den Erwerber umstellen. Üblicherweise rechnet die Eurex Clearing AG die gegenseitigen und gleichartigen Ansprüche miteinander auf und erteilt der

---

564 MüKo BGB/*Quack*, § 929 Rdnr. 45.

565 Gem. Nr. 2 AGB Clearstream dürfen nur Kredit- und Finanzdienstleistungsinstitute ein Konto bei der Clearstream Banking AG eröffnen. Anleger müssen also immer eine Depotbank zwischenschalten, bei der sie ein Wertpapierkonto unterhalten. Die Depotbank ist Zwischenverwahrer i.S. des § 3 Abs. 2 Satz 1 DepotG, die Clearstream Banking AG Drittverwahrer i.S. des § 3 Abs. 1 DepotG.

566 Unter Umständen sind weitere Zwischenverwahrer involviert, z.B. wenn die Depotbank kein eigenes Konto bei der Wertpapiersammelbank unterhält. Hierdurch verlängert sich die Besitzkette, die rechtliche Beurteilung ändert sich aber nicht.

567 Vgl. zur Zulässigkeit der Übergabe durch Umstellung von Besitzmittlungsverhältnissen BGHZ 92, 280, 288; BGH NJW 1959, 1536, 1539; 1986, 1166 f.; *Baur/Stürner*, Sachenrecht, § 51 Rdnr. 14; MüKo BGB/*Quack*, § 929 Rdnr. 133; Palandt/*Bassenge*, § 929 Rdnr. 16.

568 Diese Darstellung berücksichtigt nicht das von der Eurex Clearing AG durchzuführende Nettingverfahren. Vgl. hierzu *Horn*, WM 2002, Sonderbeilage Nr. 2, 4 ff.; *Kümpel*, Bank- und Kapitalmarktrecht, Rdnr. 11.376 ff.

569 RGZ 137, 23; BGH WM 1976, 153, 154; vgl. aber auch BGH WM 1979, 773.

570 RGZ 99, 208, 209 f.; 137, 23, 24 f.

Wertpapiersammelbank Lieferinstruktionen nur in Höhe des nicht aufrechenbaren Betrags.[571] Hinsichtlich aller anderen Geschäfte ist eine Mitwirkung der Wertpapiersammelbank nicht erforderlich. Die Übertragung erfolgt, indem die Depotbank ihren Besitzwillen ändert, d.h. die notwendigen Zu- und Abbuchungen auf den Konten ihrer Kunden vornimmt. Bei Bestehen eines Besitzmittlungsverhältnisses unmittelbar zwischen Wertpapiersammelbank und Anleger wäre eine Aufrechnung im Verhältnis zentraler Kontrahent und Depotbank nicht möglich. Die Eurex Clearing AG müsste die Wertpapiersammelbank jeweils über Transaktionen unterrichten, damit diese den Besitz für den erwerbenden Anleger mitteln könnte. Das widerspricht dem mit Einführung des zentralen Kontrahenten verfolgten Ziel, das von der Clearstream Banking AG abzuwickelnde Liefervolumen zu reduzieren. Außerdem wäre es mit technischen Schwierigkeiten und einem unverhältnismäßigen Aufwand verbunden, bei der Buchung und Belieferung von Wertpapiergeschäften danach zu unterscheiden, ob der Anleger ein Besitzmittlungsverhältnis mit der Clearstream Banking AG oder seiner Depotbank eingegangen ist. Ist eine Umstellung des zwischen der Emissionsbank und der Wertpapiersammelbank bestehenden Besitzmittlungsverhältnisses zugunsten des zeichnenden Anlegers mithin nicht sinnvoll, bleibt die Konsortialbank also mittelbarer Besitzer, bietet sich eine Übereignung gem. §§ 929 Satz 1, 930 BGB an. Die Konsortialbank begründet ein Besitzmittlungsverhältnis mit dem Anleger.[572] Damit entsteht mehrstufiger mittelbarer Besitz i.S. des § 871 BGB. Die Besitzkette erstreckt sich von dem Anleger über die Depotbank bis zur Wertpapiersammelbank. Die oben dargestellten Bedenken der Literatur gegen eine Übereignung gem. §§ 929 Satz 1, 930 BGB greifen bei Transaktionen auf dem Primärmarkt nicht durch. Der Anleger kann davon ausgehen, dass die Bank, bei der er Aktien zeichnet, zur Verfügung über die Papiere befugt ist. Die bei Sekundärmarktgeschäften gesteigerte Bedeutung der Möglichkeit gutgläubigen Erwerbs ist hier weder aus objektiven noch subjektiven (anlegerpsychologischen) Gründen gegeben.

Der Erwerb mittelbaren Besitzes setzt gem. § 868 BGB voraus, dass [1] unmittelbarer und mittelbarer Besitzer ein Rechtsverhältnis eingehen, vermöge dessen ersterer letzterem gegenüber auf Zeit zum Besitz berechtigt ist. Aus der Formulierung des Gesetzes ergibt sich, dass ein Moment zeitlicher Begrenzung die tatsächliche Herrschaft des unmittelbaren Besitzers über die Sache kennzeichnet, während die fehlende Einwirkungsmöglichkeit des mittelbaren Besitzers nur vorübergehender Natur ist. Deswegen fordert die heute ganz h.M.,[573] dass [2] dem mittelbaren Besitzer ein Herausgabeanspruch zusteht, der zwar betagt oder bedingt, aber nicht „für

---

571 Vgl. zum Nettingverfahren oben Fn. 568 m.N.

572 Mittelbarer Besitz des Veräußerers (der Konsortialbank) ist ausreichend, um eine Verfügung gem. §§ 929 Satz 1, 930 BGB vornehmen zu können, vgl. BGHZ 111, 142, 145; Jauernig/*Jauernig*, § 930 Rdnr. 2; Soergel/*Hensler*, § 930 Rdnr. 7.

573 BGHZ 10, 81, 87; *Baur/Stürner*, Sachenrecht, § 7 Rdnr. 43; Palandt/*Bassenge*, § 868 Rdnr. 6; Soergel/*Stadler*, § 868 Rdnr. 7, 10; Staudinger/*Bund*, § 868 Rdnr. 15 ff.; a.A. *Wieling*, AcP 184 (1984), 439, 445 ff.

jede Zeit und endgültig ausgeschlossen“[574] sein darf. Der Herausgabeanspruch kann sich aus dem Besitzmittlungsverhältnis oder dem Gesetz ergeben, etwa bei unwirksamem Besitzmittlungsverhältnis aus § 812 Abs. 1 Satz 1 Alt. 1 oder § 985 BGB. [3] Schließlich muss der Besitzmittler in Anerkennung des fremden Eigentums und des Herausgabeanspruchs besitzen, d.h. sog. Fremdbesitzerwillen haben.[575]

Zu [1]: Beim Depotgeschäft ergibt sich das Besitzmittlungsverhältnis aus dem zwischen Anleger und Depotbank bzw. Depot- und Wertpapiersammelbank abgeschlossenen Depotvertrag, einem gemischttypischen Vertrag mit Elementen des Verwahrungs- (§§ 688 ff. BGB) und Geschäftsbesorgungsvertrags (§§ 675 ff. BGB).[576] Das Besitzmittlungsverhältnis ist hinreichend konkret, da der Verwahrer bestimmte Rechte und Pflichten im Hinblick auf die Verwahrung der Wertpapiere übernimmt.[577]

Zu [2]: Anleger bzw. Depotbank haben grundsätzlich einen Anspruch gegen ihren jeweiligen Vertragspartner (Depotbank bzw. Wertpapiersammelbank) auf jederzeitige Herausgabe der hinterlegten Wertpapiere aus § 695 BGB. Das Depotgesetz modifiziert diesen Anspruch allerdings in erheblichem Umfang. Gem. § 7 Abs. 1 Hs. 2 DepotG kann der Hinterleger im Fall der Sammelverwahrung nicht die tatsächlich eingelieferten Stücke zurückfordern. Stattdessen gewährt ihm das Depotgesetz einen Anspruch auf Herausgabe einer Anzahl von Wertpapieren in Höhe des Nennbetrags oder der Stückzahl der hinterlegten Effekten (§7 Abs. 1 Hs. 1 DepotG).[578] Daneben bejaht die h.M. einen Rückforderungsanspruch des Anlegers unmittelbar gegen die Wertpapiersammelbank in entsprechender Anwendung der §§ 546 Abs. 2, 604 Abs. 4 BGB.[579] Auf den Eigentümer findet die Vorschrift des § 7 Abs. 1 Hs. 1 DepotG gem. § 8 DepotG entsprechende Anwendung. Stimmen in der Literatur sind – entgegen der h.M.[580] – der Auffassung, mit Hilfe der genannten Ansprüche ließe sich kein mittelbarer Besitz von Anleger und Depotbank begründen.[581] Der schuldrechtliche Anspruch des Miteigentümers auf Aufhebung der Bruchteilsgemeinschaft gem. §§ 749 ff. BGB ist, wie erwähnt, ausgeschlossen. Außerdem seien die Ansprüche aus §§ 546 Abs. 2, 604 Abs. 4 analog, 695, 985 BGB

---

574 BGHZ 10, 81, 87.
575 BGH NJW 1955, 499.
576 *Canaris*, Bankvertragsrecht, Rdnr. 2089.
577 Vgl. z.B. die Nrn. 20 ff. AGB Clearstream über die Verwaltung der hinterlegten Wertpapiere. Kritisch zum Erfordernis des bestimmten Besitzmittlungsverhältnisses MüKo BGB/*Joost*, § 868 Rdnr. 14.
578 Vgl. zu Einzelheiten *Heinsius/Horn/Than*, DepotG, § 7 Rdnr. 9 ff.
579 *Canaris*, a.a.O., Rdnr. 2119, 2163; *Kümpel*, Bank- und Kapitalmarktrecht, Rdnr. 11.201; *Opitz*, Depotgesetz, §§ 6 - 8, Bem. 25; *Schönle*, Bank- und Börsenrecht, § 21 II 2; *Schwintowski/Schäfer*, Bankrecht, § 17 Rdnr. 19. A.A. *Einsele*, WM 2001, 7, 11; MüKo HGB/*Einsele*, Depotgeschäft, Rdnr. 81.
580 BGH WM 1997, 1136; OLG Karlsruhe WM 1999, 2451, 2455; *Canaris*, a.a.O., Rdnr. 2020; *Habersack/Mayer*, WM 2000, 1678, 1680; *Heinsius/Horn/Than*, DepotG, § 6 Rdnr. 33; *Horn*, WM 2002, Sonderbeilage Nr. 2, 13; *Kümpel*, a.a.O., Rdnr. 11.197; *Lenenbach*, Kapitalmarkt- und Börsenrecht, Rdnr. 5.31, 5.61; MüKo BGB/*K. Schmidt*, § 1008 Rdnr. 30; RGRK/*Kregel*, § 868 Rdnr. 13; *Schwintowski/Schäfer*, a.a.O., § 17 Rdnr. 11 ff.
581 *Einsele*, Wertpapierrecht als Schuldrecht, S. 65 ff.; *dies.*, WM 2001, 7, 11; MüKo HGB/*Einsele*, Depotgeschäft, Rdnr. 90 f.

verdrängt oder gem. §§ 7, 8 DepotG modifiziert, jedenfalls nicht selbständig durchsetzbar. Die depotrechtlichen Auslieferungsansprüche gem. §§ 7 Abs. 1 Hs. 2, 8 DepotG seien auf die Herausgabe bestimmter, von dem Sammelverwahrer auszuwählender (vgl. § 6 Abs. 2 DepotG) Stücke gerichtet. Verwahre die Wertpapiersammelbank keine Einzelstücke, sondern eine Globalurkunde, könne sie die Auslieferung gem. § 9a Abs. 3 Satz 1 DepotG während des zur Herstellung der einzelnen Papiere erforderlichen Zeitraums verweigern. Da sich die §§ 7 Abs. 1 Hs. 2, 8 DepotG auf noch nicht individualisierte – unter Umständen noch nicht einmal hergestellte – Einzelurkunden bezögen, könnten sie folglich keine tatsächliche Sachherrschaft am Sammelbestand vermitteln. Damit korrelierten Objekt der Herausgabeansprüche und Objekt der Wertpapierverfügungen nicht, was die Übereignung unter Begründung oder Umstellung von Besitzmittlungsverhältnissen unmöglich mache.[582] Im Übrigen weist die Literaturmeinung darauf hin, dass, unabhängig von der rechtlichen Beurteilung der §§ 7 Abs. 1 Hs. 2, 8 DepotG, mittelbarer Besitz jedenfalls dann nicht vorliege, wenn der Emittent eine sog. Dauer-Globalurkunde ausgebe, d.h. wenn er nicht dazu verpflichtet sei, die Sammelurkunde zu einem bestimmten Zeitpunkt durch Einzelurkunden zu ersetzen, weil der Verbriefungsanspruch des Aktionärs gem. § 10 Abs. 5 AktG ausgeschlossen sei.[583] Für diesen Fall bestimme § 9a Abs. 3 Satz 2 DepotG nämlich, dass der Hinterleger Auslieferung einzelner Wertpapiere nicht verlangen kann.

Der dargestellten Meinung ist zuzugeben, dass mittelbarer Besitz am Sammelbestand auf Basis der §§ 7 Abs. 1 Hs. 2, 8 DepotG nur schwer mit den Grundsätzen des allgemeinen Sachenrechts in Einklang zu bringen ist, da Besitz (auch mittelbarer) begriffsnotwendig als Bezugsobjekt eine bestimmte, bereits existierende Sache voraussetzt.[584] Auch kann der Rückgewähranspruch des Hinterlegers aus § 695 BGB nach Eingang der Wertpapiere beim Sammelverwahrer nicht mehr auf Herausgabe der eingelieferten Stücke gerichtet sein, soll die Funktionsfähigkeit der Sammelverwahrung nicht beeinträchtigt werden. Gleichwohl geht der Anspruch weder unter, noch wird er durch § 7 Abs. 1 DepotG verdrängt.[585] Er bleibt – wenn auch in modifizierter Form – bestehen, was rechtsdogmatisch wie folgt zu begründen ist: Da sich

---

582 *Einsele*, Wertpapierrecht als Schuldrecht, S. 85; *Koller*, DB 1972, 1857, 1861.

583 *Einsele*, a.a.O., S. 72 ff., insb. 75. Die überwiegende Ansicht (z.B. *Canaris*, a.a.O., Rdnr. 2021 a, 2124 f.; *Habersack/Mayer*, WM 2000, 1678, 1680; *Lenenbach*, a.a.O., Rdnr. 5.73; *Mentz/Fröhling*, NZG 2002, 201, 210, jeweils m.w.N.), die, dieser Argumentation folgend, mittelbaren Besitz bei Globalurkunden verneint (i.Ü. aber bejaht), will für die Übereignung gem. § 929 Satz 1 BGB entsprechend der für besitzlose Sachen entwickelten Grundsätze die dingliche Einigung genügen lassen (a.A. *Habersack/Mayer*, WM 2000, 1678, 1682: Übertragung gem. §§ 413, 398 BGB). Dann ist gutgläubiger Erwerb allerdings nur möglich, wenn man rechtsfortbildend die Depotbuchung als Rechtsscheinsträger anerkennt (so *Canaris*, a.a.O., Rdnr. 2028).

584 *Kümpel*, WM 1980, 422, 430, und *Opitz*, Depotgesetz, §§ 6–8, Bem. 25, die mittelbaren Besitz über §§ 7 Abs. 1 Hs. 1, 8 DepotG bejahen, sprechen von einer „gelockerten Identität" zwischen dem Gegenstand des Herausgabeanspruchs und der herauszugebenden Sache. Diese Sichtweise kann allenfalls durch Verweis auf die Besonderheiten des Depotgesetzes gerechtfertigt werden, die allgemeine sachenrechtliche Grundsätze modifizierten.

585 So aber i.E. *Canaris*, a.a.O., Rdnr. 2119; *Einsele*, a.a.O., S. 85 f.; *Lenenbach*, a.a.O., Rdnr. 5.30; MüKo HGB/*Einsele*, Depotgeschäft, Rdnr. 79.

das ursprüngliche Alleineigentum an den eingelieferten Wertpapierurkunden gem. § 6 Abs. 1 Satz 1 DepotG in Miteigentum an allen zum Sammelbestand gehörenden Effekten derselben Art umwandelt, kann der Verwahrer gegen den Anspruch des Hinterlegers einwenden, gem. § 688 BGB insoweit zur Aufbewahrung berechtigt und verpflichtet zu sein, als die Wertpapiere im Miteigentum anderer Hinterleger stehen. Die Erfüllung des Herausgabeanspruchs ist ihm mithin unmöglich (rechtliche Unmöglichkeit i.S. des § 275 Abs. 1 BGB).[586] Nach Sinn und Zweck des § 275 Abs. 1 BGB, der den Leistungsanspruch aufrechterhalten will, „soweit" er noch erfüllt werden kann, erlischt die Forderung aus § 695 BGB aber nicht, sondern besteht i.H. des Miteigentumsanteils des Gläubigers fort. Die Erfüllung des solcherart modifizierten Anspruchs ist nicht (naturgesetzlich) unmöglich, da der Gläubiger im Zusammenwirken mit den übrigen Hinterlegern, denen ein entsprechender Anspruch zusteht, Rückgabe der Wertpapierurkunden an alle gemeinschaftlich verlangen kann. Das gleiche Ergebnis lässt sich durch analoge Anwendung des § 6 Abs. 1 Satz 1 DepotG erzielen. Entsprechend den eigentumsrechtlichen Vorgängen bei Einlieferung der Wertpapiere wandelt sich der Herausgabeanspruch in einen allen Teilhabern am Sammelbestand gemeinschaftlich i.S. der §§ 741 ff. BGB zustehenden Anspruch um. Die Bruchteilsgemeinschaft unterliegt allerdings nicht den Bestimmungen über die Mitgläubigerschaft (§ 432 BGB), da das Recht jedes Gläubigers, Leistung an alle fordern zu können, mit Zweck und Funktion der Sammelverwahrung unvereinbar wäre. Die Hinterleger können vielmehr nur alle zusammen die Leistung geltend machen.[587]

Dieses Ergebnis ist sachgerecht. Es gibt keinen Grund, den Miteigentümern den Anspruch auf Herausgabe der verwahrten Urkunde(n) zu entziehen. Zweck der depotgesetzlichen Regelungen ist es, die effiziente und kostengünstige Abwicklung von Kapitalmarkttransaktionen zu ermöglichen, nicht aber, die Aufhebung der Sammelverwahrung zu verhindern, obwohl die Gesellschafter kein Interesse mehr an ihr haben.[588] § 7 Abs. 1 DepotG ersetzt nicht den etwa verdrängten § 695 BGB, sondern die §§ 749 ff. BGB. Abgesehen davon, dass er in den Fällen des § 9a Abs. 3 Satz 2 DepotG ausgeschlossen ist, regelt er einen anderen Sachverhalt als § 695 BGB, nämlich das Ausscheiden eines Teilhabers aus der Bruchteilsgemeinschaft ohne Aufhebung der Gemeinschaft.[589]

---

586 § 7 Abs. 1 a.E. DepotG hat nach dieser Interpretation keinen konstitutiven, sondern nur deklaratorischen Charakter. So auch *Heinsius/Horn/Than*, DepotG, § 7 Rdnr. 10.

587 MüKo BGB/*Bydlinski*, Vor § 420 Rdnr. 14, bezeichnet eine solche Mehrheit von Gläubigern als gemeinschaftliche Gläubigerschaft; *Larenz*, Schuldrecht I, § 36 I b, fasst sie mit den Fällen des § 432 BGB als gemeinschaftliche Forderungen zusammen. Anders *Einsele*, Wertpapierrecht als Schuldrecht, S. 86, die eine Gläubigermehrheit in der beschriebenen Form wohl ablehnt.

588 So auch *Koller*, DB 1972, 1857, 1861: Herausgabeanspruch für Fälle der Auflösung oder Funktionsunfähigkeit der Wertpapiersammelbank.

589 *Heinsius/Horn/Than*, DepotG, § 6 Rdnr. 25, § 7 Rdnr. 1; ähnlich *Canaris*, a.a.O., Rdnr. 2119; Schimansky/Bunte/Lwowski/*Gößmann/Klanten*, Bankrechtshandbuch, § 72 Rdnr. 86: § 7 Abs. 1 Hs. 1 DepotG trete an die Stelle der §§ 749 ff. BGB, wandele aber zugleich den Anspruch aus § 695 BGB ab. Die hier vertretene Ansicht verkennt nicht, dass § 7 DepotG deswegen in das Gesetz aufgenommen wurde, weil der Anspruch aus § 695 BGB nach Verlust des Sondereigentums nicht mehr

Entsprechende Erwägungen sind im Hinblick auf den Anspruch aus § 985 BGB angezeigt. Der Ausschlussgrund der §§ 8 i.V.m. 7 Abs. 1 Hs. 2 DepotG ist gegenstandslos, soweit die Vindikation in Rede steht. Der Herausgabeanspruch gem. § 985 BGB bezieht sich mit Eingang der Wertpapiere beim Sammelverwahrer und damit Untergang des Alleineigentums nicht mehr auf Herausgabe der eingelieferten Stücke. Hierfür bedarf es keiner gesonderten gesetzlichen Anordnung. Die Regelungen des Depotgesetzes entfalten aber insoweit Wirkung, als die Miteigentümer die grundsätzlich bestehende Befugnis, gem. §§ 1011, 432 BGB Herausgabe an alle Teilhaber zu verlangen, nach Sinn und Zweck der Sammelverwahrung nur geltend machen können, wenn sie gemeinschaftlich handeln. Im Übrigen gilt das in Bezug auf § 695 BGB Ausgeführte. Es ist kein Grund dafür ersichtlich, den Anspruch aus §§ 8, 7 Abs. 1 Hs. 1 DepotG an die Stelle der Vindikation treten zu lassen, den Eigentümern die Vindikation also in Fällen des § 9a Abs. 3 Satz 2 DepotG ersatzlos abzuerkennen.[590] Ebenso wie § 7 Abs. 1 Hs. 1 DepotG löst § 8 DepotG systematisch die §§ 749 ff. BGB ab, andere dingliche Ansprüche bestehen aber weiter, soweit sie nicht zu den §§ 7, 8 DepotG in Widerspruch stehen.[591] Übertragen auf Sammelurkunden bedeutet das: Die Aktionäre haben einen gemeinschaftlich auszuübenden Anspruch auf Herausgabe der Urkunde. *Dieser* Anspruch ist nicht gem. § 9a Abs. 3 Satz 2 DepotG gesperrt, denn die Vorschrift spricht nur davon, dass die Auslieferung von „einzelnen Wertpapieren" nicht verlangt werden könne. Die Verwendung des Plurals zeigt, dass sich der Ausschluss nicht auf die Globalurkunde selbst bezieht.[592]

Als Ergebnis ist festzuhalten, dass die Hinterleger – Depotbanken und Anleger – Ansprüche auf Herausgabe der hinterlegten Wertpapiere gem. §§ 695, 985 BGB haben.[593] Diese Ansprüche vermögen mittelbaren Besitz i.S. des § 868 BGB zu begründen. Zwar können die Gläubiger ihre Ansprüche nur verwirklichen, wenn sie zusammenwirken. Der Herausgabeanspruch muss aber nicht sofort durchsetzbar sein, sofern nur die Durchsetzbarkeit bei Eintritt bestimmter Bedingungen und zu einem bestimmten Zeitpunkt gegeben ist.[594] Auch ist unschädlich, dass die jedem

---

durchsetzbar ist (vgl. amtl. Begr., abgedruckt bei *Opitz*, Depotgesetz, §§ 6–8). Gleichwohl steht § 7 DepotG dem § 749 BGB näher, da er der Sache nach die (teilweise) Auseinandersetzung einer Bruchteilsgemeinschaft betrifft.

590 A.A. BuB/*Decker*, Rdnr. 8/52 a: inhaltliche Umgestaltung des § 985 BGB durch §§ 8, 7 Abs. 1 DepotG.

591 *Heinsius/Horn/Than*, DepotG, § 8 Rdnr. 1; Schimansky/Bunte/Lwowski/*Gößmann/Klanten*, Bankrechtshandbuch, § 72 Rdnr. 88.

592 Zweifelnd *Mentz/Fröhling*, NZG 2002, 201, 209.

593 Ähnlich BuB/*Decker*, Rdnr. 8/100 a (in Bezug auf Dauer-Globalurkunden). Zur Bejahung mittelbaren Besitzes nicht nur bei Girosammelverwahrung an effektiven Stücken (so die h.M., vgl. oben Fn. 580), sondern auch an Globalurkunden kommen auch *Horn*, WM 2002, Sonderbeilage Nr. 2, 13; *Schwintowski/Schäfer*, a.a.O., § 17 Rdnr. 14, allerdings mit abweichender Begründung (keine Ansprüche aus §§ 695, 985 BGB, aber §§ 5–8 sowie 9a DepotG setzten nach Zweck und Systematik des Gesetzes mittelbaren Besitz voraus).

594 A.A. *Einsele* Wertpapierrecht als Schuldrecht, S. 86, die der Auffassung ist, mittelbarer Besitz entstehe nicht, wenn die Eigentümer den Anspruch auf Herausgabe nur gemeinschaftlich geltend machen können. Für diese Ansicht finden sich jedoch keine Anhaltspunkte in der Systematik des Gesetzes. Was den unmittelbaren Mitbesitz anbelangt, ist es z.B. unbestritten, dass die Mitbesit-

Gläubiger zustehende Berechtigung nur einen Bruchteil des Forderungsrechts umfasst. Es ist allgemein anerkannt, dass zur Übertragung des Miteigentums der Übergang eines dem Eigentumsanteil entsprechenden „Bruchteils“[595] des Besitzes auf den Erwerber genügt.[596]

Zu [3]: Da Depot- bzw. Wertpapiersammelbank für ihren jeweiligen Vertragspartner besitzen wollen, haben die Hinterleger mittelbaren Mitbesitz erster (Depotbank) bzw. zweiter Stufe (Anleger) an den sammelverwahrten Wertpapieren erlangt. Hieraus folgt, dass Depotbank bzw. Anleger das Miteigentum gem. §§ 929 Satz 1 (Sekundärmarkttransaktionen), 930 (Primärmarkttransaktionen) oder 931 BGB (hierzu sogleich) durch Einigung und Übertragung des Mitbesitzes, Einräumung mittelbaren Mitbesitzes zugunsten des Erwerbers oder Abtretung ihres Anteils an dem in Bruchteilsgemeinschaft stehenden Herausgabeanspruch übertragen können.[597]

Abschließend ist darauf einzugehen, wie sich die sonstigen Möglichkeiten der Übereignung zu den §§ 929 Satz 1, 930 BGB verhalten. Die Konsortialbank kann, um die gezeichneten Wertpapiere zu liefern, den Herausgabeanspruch, der ihr gegen die Wertpapiersammelbank zusteht (Übereignung gem. §§ 929 Satz 1, 931 BGB), oder das verbriefte Recht, dem das (Mit-) Eigentum an der Urkunde gem. § 952 BGB folgt, an den Erwerber abtreten. Die Übereignung durch Abtretung des Herausgabeanspruchs hätte gem. § 870 BGB zur Folge, dass wiederum ein Besitzmittlungsverhältnis zwischen der Wertpapiersammelbank und dem Anleger entsteht, was zu den dargestellten Komplikationen bei der Abwicklung nachfolgender Verfügungen gem. § 929 Satz 1 BGB führt. Auch bei Abtretung des Mitgliedschaftsrechts wäre eine Anwendung des § 929 Satz 1 BGB auf Sekundärmarkttransaktionen

---

zer auch dann tatsächliche Sachherrschaft haben, wenn sie den Besitz nur gemeinschaftlich ausüben können (sog. qualifizierter oder gesamthänderischer Mitbesitz, vgl. hierzu *Baur/Stürner*, Sachenrecht, § 7 Rdnr. 79 f.). Die Auffassung *Einseles* wird auch, soweit ersichtlich, in der Rechtsprechung nicht vertreten.

595 „Bruchteil“ wird hier im untechnischen Sinn verstanden, da es sich beim Besitz nicht um ein Recht i.S. des § 741 BGB, sondern ein tatsächliches Verhältnis handelt. Gleichwohl existieren Parallelen zwischen der rechtlichen Behandlung des Mitbesitzes und des Miteigentums, vgl. *Wilhelm*, Sachenrecht, Rdnr. 184.

596 BGH WM 1974, 19, 20; Staudinger/*Wiegand*, § 929 Rdnr. 95, § 930 Rdnr. 10; *Westermann*, Sachenrecht, § 40 II 1. A.A. *Einsele*, a.a.O. (in Bezug auf § 931 BGB). Da jeder der Miteigentümer gem. §§ 1011, 432 BGB allein Herausgabe verlangen könne, die Hinterleger hingegen nur gemeinschaftlich, stelle § 695 BGB nicht „das besitzrechtliche Pendant zum Miteigentum“ dar. Diese Auffassung überzeugt nicht. Eigentum i.S. des § 6 Abs. 1 Satz 1 DepotG zeichnet sich gerade dadurch aus, dass § 1011 BGB nicht gilt. Im Übrigen ist nicht ersichtlich, wieso die Übertragung des Miteigentums gem. § 931 BGB davon abhängen soll, dass der Herausgabeanspruch des Veräußerers entsprechend der Vindikation des (Mit-)Eigentümers ausgestaltet ist. Zwischen Miteigentum und Mitbesitz besteht auch dann weitgehende Kongruenz, wenn der Besitzer die tatsächliche Gewalt nur im Zusammenwirken mit anderen ausüben kann, was sich z.B. daran zeigt, dass die Verwaltung den Miteigentümern grundsätzlich gemeinschaftlich zusteht (§ 744 Abs. 1 BGB) und sie nur gemeinschaftlich über die Sache verfügen dürfen (§ 747 Satz 2 BGB).

597 So schon RGZ 139, 114, 117 (Übertragung von Miteigentum am Sammelbestand durch Abtretung des Herausgabeanspruchs oder Einräumung mittelbaren Mitbesitzes).

nur praktikabel, wenn der Erwerber zuvor ein Besitzmittlungsverhältnis mit der Depotbank begründete. Die §§ 929 Satz 1, 930 BGB gewährleisten mithin als einziger Übereignungstatbestand des bürgerlichen Rechts, dass Wertpapiergeschäfte, die der Anleger nach der Zuteilung vornimmt, entsprechend dem in den AGB der Clearstream Banking AG und der Eurex Clearing AG vorgesehenen Modell abgewickelt werden können.

Der Sondertatbestand des § 24 Abs. 2 DepotG,[598] der das Eigentum an Sammeldepotanteilen mit Eintragung des Übertragungsvermerks im Verwahrungsbuch des Kommissionärs (d.h. mit Buchung zugunsten des Anlegers[599]) kraft Gesetzes auf den Erwerber übergehen lässt, gilt für die Einkaufskommission, also den Regelfall der Sekundärmarkttransaktion, und darüber hinaus gem. § 31 DepotG in entsprechender Anwendung für Festpreisgeschäfte.[600] Die Zeichnung neuer Aktien durch den Anleger weist die Charakteristika eines Festpreisgeschäfts auf,[601] so dass der Bestimmung grundsätzlich auch bei Transaktionen auf dem Primärmarkt Bedeutung zukommt. Gleichwohl greift § 24 Abs. 2 DepotG im vorliegenden Fall nicht ein. Gem. Abs. 2 Satz 1 a.E. zeitigt die Vorschrift nur dann Rechtsfolgen, wenn das Eigentum nach den Bestimmungen des bürgerlichen Rechts nicht schon vor Buchung auf den Anleger übergegangen ist. Der Eigentumserwerb gem. §§ 929 Satz 1, 930 BGB ist mit Gutschrift der Wertpapiere auf dem Depotkonto des Anlegers erfüllt, also zu dem Zeitpunkt, den § 24 Abs. 2 DepotG als maßgeblich für den Eigentumsübergang erklärt. Fallen Übertragung und gesetzlicher Erwerb zusammen, tritt § 24 Abs. 2 DepotG entgegen dem Wortlaut, aber nach der ratio der Norm, ebenfalls zurück. Der Anleger bedarf nur dann des Schutzes der Vorschrift, wenn der Übereignungstatbestand bei Buchung noch nicht abgeschlossen ist.[602]

(3) Subsumtion

(a) Rechtslage vor Verbriefung der Mitgliedschaftsrechte

Die Konsortialführerin zeichnet die neuen Aktien häufig nur im eigenen Namen. In diesem Fall wird zunächst nur sie Inhaberin der Mitgliedschaftsrechte. In einem zweiten Schritt veräußert sie die Aktien entsprechend den Zuteilungsquoten an die Konsortialmitglieder. Auf schuldrechtlicher Seite geschieht das durch Abschluss von Kaufverträgen, auf dinglicher Seite durch Verfügung über die Mitgliedschafts-

598 Der zweite im Depotgesetz vorgesehene gesetzliche Erwerbstatbestand, § 18 Abs. 3 DepotG, spielt nur für sonderverwahrte Wertpapiere eine Rolle und ist hier deswegen irrelevant.
599 *Heinsius/Horn/Than*, DepotG, § 24 Rdnr. 19, 23.
600 Festpreisgeschäfte haben den in der Vorschrift noch genannten Eigenhandel abgelöst, vgl. Nr. 9 Sonderbed. Wertpapiergeschäfte und MüKo HGB/*Einsele*, Depotgeschäft, Rdnr. 94 m.w.N.
601 Hierzu unter II.
602 Ähnlich *Heinsius/Horn/Than*, DepotG, § 24 Rdnr. 37. Auch bei Sekundärmarktransaktionen spielt die Vorschrift letztlich keine Rolle. Da der Kommissionär im Zeitpunkt der Eintragung regelmäßig noch keinen mittelbaren Besitz und somit kein Eigentum erlangt hat, sind die Voraussetzungen des Eigentumserwerbs gem. § 24 Abs. 2 DepotG nicht erfüllt (vgl. Satz 1 Hs. 1 der Vorschrift). Siehe hierzu mit ausführlicher Begründung *Einsele*, WM 2001, 7, 12; *Horn*, WM 2002, Sonderbeilage Nr. 2, 12, 21.

rechte gem. §§ 413, 398 BGB bzw., wenn die Mitgliedschaften schon verbrieft sind, über die Urkunde(n) gem. § 929 Satz 1.[603] Die Konsortialbanken werden (alleinige) Inhaber einer näher bezeichneten Anzahl von Mitgliedschaften. Der Bestimmtheitsgrundsatz steht einer solchen Verfügung nicht entgegen. Zwar legt die Konsortialführerin nicht fest, auf welche der Mitgliedschaftsrechte sich die jeweilige Verfügung bezieht. Eine Bestimmung des Verfügungsgegenstands im Sinne einer Individualisierung ist aber nur dann möglich, mithin auch nur dann erforderlich, wenn über (Teile) eine(r) Mehrheit von Sachen oder Rechten verfügt wird, deren einzelne Komponenten unterscheidbar sind. Die Mitgliedschaftsrechte im hier interessierenden Fall sind inhaltlich identisch. Damit genügt zur Wahrung des Bestimmtheitsgrundsatzes die Festlegung des jedem Konsorten zustehenden Anteils durch summenmäßige Fixierung.[604]

Eine in der Literatur vorgeschlagene Alternative, die sich in der Praxis indes, soweit ersichtlich, noch nicht durchgesetzt hat, ist die Zeichnung sowohl im eigenen als auch im Namen der Mitglieder des Konsortiums.[605] Dann kommt der Zeichnungsvertrag nach dem Willen der Parteien mit allen Konsortialbanken (nicht aber dem Konsortium als solchem) zustande, die Banken erwerben einen Anspruch auf Verschaffung der Mitgliedschaften als Teilgläubiger i.S. des § 420 2. Alt. BGB[606] und bei Eintragung der Gesellschaft bzw. der Kapitalerhöhung die Mitgliedschaftsrechte entsprechend ihren jeweiligen Verpflichtungen.

Zeichnet, was in der Praxis ebenfalls häufig geschieht, die Konsortialführerin in Vertretung für das Konsortium (und nicht in Vertretung für die einzelnen Konsorten, die auch nicht mit ihrer jeweiligen Beteiligung im Zeichnungsschein aufgeführt sind),[607] läge es nahe, das Konsortium selbst als Vertragspartner des Emittenten anzusehen und ihm die neu entstehenden Mitgliedschaftsrechte zuzuweisen. Eine solche Interpretation widerspricht jedoch dem eindeutig erklärten Parteiwillen. Zum einen bringt die Konsortialführerin im Übernahmevertrag üblicherweise zum Ausdruck, dass sie nicht in Vertretung für das Konsortium, sondern für die einzelnen Konsortialmitglieder handeln will.[608] Auch enthält entweder der Über-

---

603 Eine Verfügung gem. §§ 929 Satz 1, 930 BGB ist problematisch, da die führende Bank dann – jedenfalls wenn sie das Eigentum hinsichtlich eines Teils der Emission behält – zugleich Fremd- und Eigenbesitzer wird, vgl. hierzu unten (b).

604 Die Konstellation ist vergleichbar mit der teilweisen Abtretung einer teilbaren Forderung, die nach ganz h.M. zulässig ist. Kritisch hierzu MüKo BGB/*Roth*, § 398 Rdnr. 65 f. (Aufteilung führe zur Bildung einer Gesamthandsgemeinschaft).

605 BuB/*Groß*, Rdnr. 10/328 f.

606 Sie bilden keine Bruchteilsgemeinschaft i.S. der §§ 741 ff. BGB, denn der Anspruch auf Begründung der Mitgliedschaftsrechte und ihre Verbriefung in Urkunden ist nicht lediglich ideell, sondern real teilbar. Hieran ändert sich auch nicht deswegen etwas, weil bei Erfüllung des Anspruchs häufig (nämlich wenn die Mitgliedschaften in einer Globalurkunde oder ungetrennten Einzelstücken verbrieft werden) eine Bruchteilsgemeinschaft entsteht. Vgl. zur Abgrenzung Bruchteilsgemeinschaft und Teilgläubigerschaft *Larenz*, Schuldrecht I, § 36 I a, b; MüKo BGB/*K. Schmidt*, § 741 Rdnr. 43.

607 Z.B. BGHZ 118, 83, 85: Die Konsortialführerin zeichnete „für das unter ihrer Führung stehende Bankenkonsortium“.

608 Siehe oben b.

nahmevertrag selbst oder eine Anlage zum Vertrag eine Auflistung der Konsortialmitglieder samt Quoten.[609] Zum anderen schließen die Konsorten im Übernahmevertrag oder Zeichnungsschein die Bildung von Gesamthandseigentum aus.[610] Wäre die Erklärung der Emissionsbanken im Zeichnungsvertrag so zu deuten, dass das Konsortium als Gesellschaft Berechtigter werden soll, würde die Klausel leer laufen. Denn die Gesellschaft kann nicht Vertragspartnerin und damit aus dem Zeichnungsvertrag Anspruchsberechtigte werden, ohne dass der solcherart erlangte Anspruch zur Bildung von Gesellschafts- und damit Gesamthandsvermögen führte.[611] Der Anspruch steht entweder der Gesellschaft zu (dann ist er gesamthänderisch gebunden) oder den Gesellschaftern (mit der Folge, dass die Konsorten Teilgläubiger gem. § 420 2. Alt. BGB werden). Die Parteien bevorzugen letztere Gestaltungsmöglichkeit. Eine entsprechende Auslegung des Zeichnungsvertrags ist zulässig. Zwar unterliegt die Zeichnung von Aktien den Formerfordernissen des § 185 AktG. Sie kann nur in einem Zeichnungsschein erfolgen, der die in § 185 Abs. 1 Satz 3 AktG aufgelisteten Angaben (sog. genereller Inhalt) enthält. Diese Angaben können nicht im Wege der Auslegung ergänzt oder korrigiert werden.[612] Sind sie unvollständig oder fehlerhaft, ist der Zeichnungsschein gem. § 185 Abs. 2 AktG nichtig. Die Willenserklärung des Zeichners, aus der sich die Vertragsparteien[613] und der Umfang der Beteiligung (§ 185 Abs. 1 Satz 1 AktG) ergeben müssen (individueller Inhalt des Zeichnungsscheins), ist hingegen, wie jede Willenserklärung, auslegungsfähig, wobei außerhalb des Zeichnungsscheins liegende Umstände herangezogen werden können.[614] Die Verwendung des Wortes „Konsortium" ist, wie sich aus § 133 BGB ergibt, nicht von ausschlaggebender Bedeutung für die Bestimmung des Vertragspartners des Emittenten. Der Emittent als Erklärungsempfänger kennt zumindest den Übernahmevertrag (in der Regel nicht den Konsortialvertrag), aus dem sich die Zusammensetzung des Konsortiums ergibt. Ihm ist bewusst, dass die Emissionsbanken ein Interesse daran haben, das Gesamthandseigentum auszuschließen und nicht als Gesellschaft nach außen zu handeln. Gem. §§ 133, 157 BGB muss er die im Zeichnungsschein enthaltene Willenserklärung mithin so verstehen, dass die Konsortialführerin in Vertretung des Konsortiums im Sinne einer Mehrheit selbständig Rechte und Pflichten übernehmender Konsortialmitglieder handelt und nicht eine rechtlich eigenständige Gesellschaft verpflichten will.[615]

---

609 Vgl. z.B. BuB/*Groß*, Rdnr. 10/324, Art. 1(1) Satz 3 i.V.m. Anlage I des Mustervertrags; 10/325; 10/326, Art. 1(1)(a) i.V.m. Anlage I des Mustervertrags.

610 BuB/*Groß*, Rdnr. 10/324, Art. 1(1) Satz 2, Art. 2(2) Satz 3; 10/325; 10/326, Art. 2(4); 10/328 f.

611 Hierzu ausführlich unten III 1 c aa (2).

612 Großk. AktG/*Wiedemann*, § 185 Rdnr. 17.

613 RGZ 85, 284, 287 stellt klar, dass aus dem Zeichnungsschein ersichtlich sein muss, wer Erklärender und wer Erklärungsempfänger ist.

614 RGZ 85, 284, 287 f.; 118, 269, 272; MüKo AktG/*Peifer*, § 185, Rdnr. 13; Großk. AktG/*Wiedemann*, § 185 Rdnr. 23; *Hüffer*, § 185 AktG, Rdnr. 9; KK AktG/*Lutter*, § 185 Rdnr. 38.

615 So auch BuB/*Groß*, Rdnr. 10/316b.

(b) Rechtslage nach Verbriefung der Mitgliedschaftsrechte

(aa) Verbriefung in Einzelurkunden

Gibt die Gesellschaft, was in der Praxis inzwischen die Ausnahme darstellt, Einzelurkunden aus, gilt folgendes: Ist nur die Konsortialführerin Partei des Zeichnungsvertrags und hat sie die Effekten noch nicht an die Konsortialbanken weiter übertragen, schließt der Emittent den Begebungsvertrag ebenfalls nur mit ihr ab. Bei Übergabe der Wertpapierurkunden erwirbt die führende Bank Eigentum an den Papieren. Sie liefert die Urkunden an die Clearstream Banking AG und übereignet sie im Wege des Effektengiroverkehrs (d.h. gem. § 929 Satz 1 BGB)[616] an die Konsortialbanken entsprechend ihren Quoten. Im Übrigen ist davon auszugehen, dass der Emittent den Begebungsvertrag – wie schon den Zeichnungsvertrag – mit den einzelnen Konsortialbanken abschließen will.

Bei einer solchen Vorgehensweise ergeben sich zwei Probleme. Zunächst ist fraglich, ob das sachenrechtliche Bestimmtheitsgebot gewahrt ist. Sollen die Wertpapierurkunden nämlich, was der Regelfall ist, an die Konsortialführerin geliefert werden, steht im Zeitpunkt der Einigung und Übergabe noch nicht fest, welche nummernmäßig individualisierbaren Papiere welcher Konsorte erwerben soll. Daraus wird abgeleitet, dass nur das Konsortium als solches den Übernahmevertrag abschließen und Eigentümerin der Effekten werden könne.[617] Unmittelbar in Verbindung hiermit steht folgende Problematik: Für eine Übereignung der Wertpapiere an die Konsortialbanken ist neben dem Abschluss des Begebungsvertrags die Übergabe der Urkunden erforderlich. Zwar kann die Konsortialführerin bei Abschluss des Begebungsvertrags in Vertretung für die Konsorten handeln. Auch kann in dem Konsortialvertrag gewöhnlich die Vereinbarung eines konkreten Besitzmittlungsverhältnisses zwischen führender Bank und Konsortialbanken gesehen werden, jedenfalls wenn die Konsortialführerin ausdrücklich oder konkludent die Verpflichtung übernimmt, die Urkunden für die Mitglieder des Konsortiums entgegenzunehmen und bei der Wertpapiersammelbank einzuliefern.[618] Hat die führende Bank einen Teil der Emission selbst zu Eigentum übernommen und trennt sie die an die Konsortialbanken zu übertragenden Effekten nicht räumlich vom Eigenbestand, führt die geschilderte Konstruktion aber dazu, dass sie sowohl unmittelbaren Eigen- als auch Fremd(mit-)besitz an den Urkunden erlangt. Der BGH[619] und die

---

616 Vgl. hierzu ausführlich oben (2) (b).

617 So *Canaris*, Bankvertragsrecht, Rdnr. 2318; *Singhof*, Außenhaftung, S. 211 f.; *Timm/Schöne*, ZGR 23 (1994), 113, 133.

618 Das ist in der Regel der Fall, vgl. z.B. BuB/*Groß*, Rdnr. 10/333e, § 8.

619 BGHZ 85, 263 ff. = NJW 1983, 568 f.; WM 1986, 23 ff. Vgl. zu möglichen Implikationen dieser Entscheidungen für den Effektengiroverkehr *Habersack/Mayer*, WM 2000, 1678, 1680 f. (Unzulässigkeit des Nebeneinanders von *mittelbarem* Eigen- und Fremdbesitz der Depotbank an sammelverwahrten Effekten bejahend) und *Horn*, WM 2002, Sonderbeilage Nr. 2, 15 f. (Unzulässigkeit verneinend).

h. L.[620] halten ein solches Nebeneinander von Eigen- und Fremdbesitz auf derselben Besitzstufe für unzulässig. Möglich sei allein die Einräumung gesamthänderischen mittelbaren Mitbesitzes (hier der Konsortialführerin und der übrigen Mitglieder des Konsortiums), den die führende Bank für die Gesamthand mittle.[621] Die Zitate implizieren, dass das Konsortium als Gesamthandsgemeinschaft Partei des Begebungsvertrags und damit Eigentümerin der Effekten werden muss.

Ob es geboten ist, die Rechtsprechung auf den vorliegenden Sachverhalt zu übertragen, erscheint zweifelhaft. Der BGH hatte nämlich nur darüber zu entscheiden, ob der unmittelbare Eigenbesitzer durch Einräumung mittelbaren Mitbesitzes wirksam über eine Sache verfügen kann (im Fall BGHZ 85, 263 ff. trat der Gläubiger einen Teil einer Briefgrundschuld ab und ersetzte die gem. §§ 1192 Abs. 1, 1154 Abs. 1 Satz 1 BGB erforderliche Übergabe des Grundschuldbriefs dadurch, dass er dem Erwerber mittelbaren Mitbesitz am ungeteilten Brief einräumte). Aus der Natur des unmittelbaren wie des mittelbaren Besitzes als tatsächliche Herrschaft einer Person über einen körperlichen Gegenstand[622] folgt, dass der Besitzer (auch der Mitbesitzer) immer den ganzen Gegenstand besitzt und sich sein Besitzwille nicht auf einen ideellen Bruchteil beziehen kann.[623] Zur Verfügung i.S. der §§ 929–931 BGB auch über ein Teilrecht ist somit Übertragung des (zumindest Mit-)Besitzes hinsichtlich der gesamten Sache erforderlich. Im Hinblick hierauf kommt dem Urteil im Fall BGHZ 85, 263 ff. eine gewisse Überzeugungskraft zu, wenn es die Übereignung gem. §§ 929 Satz 1, 930 BGB an der Beschränkung des Besitzmittlungsverhältnisses auf den zu übertragenden Teil der Grundschuld[624] scheitern lässt.[625] Die hier zu behandelnde Konstellation ist allerdings anders gelagert.

---

620 Erman/*Wenzel*, § 1154 Rdnr. 8; MüKo BGB/*Joost*, § 866, Rdnr. 10 (gestufter Mitbesitz); § 868 Rdnr. 10 (gleichstufiger Eigen- und Fremdbesitz des Besitzmittlers); *Westermann*, Sachenrecht, § 11 II 2.

621 BGH NJW 1983, 568.

622 So die h.M., die im Fall des mittelbaren Besitzes auch von „vergeistigter Sachherrschaft“ spricht. Nach a.A. fehlt es beim mittelbaren Besitz an der Sachherrschaft. Vgl. zum Streitstand Staudinger/*Bund*, § 868 Rdnr. 5.

623 So schon RGZ 13, 172, 179.

624 Die Parteien hatten vereinbart, dass „die abtretende Bausparkasse wegen der noch valutierten Grundschuld Eigenbesitzerin bleiben und nur an dem nicht mehr valutierten Teil den Besitz für die Bekl. [die Erwerberin] vermitteln wollte …“; vgl. BGH NJW 1983, 568.

625 Dieses Ergebnis ist aber schon dann nicht mehr zwingend, wenn die Parteien nicht, wie im Fall BGHZ 85, 263 ff., klarstellen, nur in Höhe eines Teils des Verfügungsgegenstands mittelbaren Besitz begründen zu wollen, sondern das Besitzmittlungsverhältnis auf die gesamte Sache erstrecken (der BGH würde die Übereignung auch in diesem Fall für unwirksam halten, vgl. das obiter dictum in BGHZ 85, 263, 265). Wie zu zeigen sein wird, ist es mit der Natur des Besitzes als tatsächlicher Herrschaftsbeziehung zu einer Sache ohne weiteres vereinbar, dem Erwerber mittelbaren Eigenbesitz an der gesamten Sache einzuräumen (also Fremdbesitzerwillen hinsichtlich der gesamten Sache zu haben), ohne den eigenen unmittelbaren Eigenbesitz an (also Eigenbesitzerwillen hinsichtlich) der gesamten Sache aufzugeben. Dann ließe sich das Ergebnis des BGH nur damit begründen, dass § 930 BGB zur Vereinbarung des Besitzkonstituts eine Aufgabe des Eigenbesitzes des Veräußerers erfordere (so in der Tat BGHZ 85, 263, 266 und BGH WM 1987, 23, 24). Eine solche Einschränkung der Vorschrift, die im Gegensatz zu den §§ 929, 931 BGB gerade keine Aufgabe des Besitzes auf Veräußererseite verlangt, lässt sich dem Gesetz aber nicht entnehmen.

Die Konsortialführerin verfügt nicht an die Konsortialbanken. Die Mitglieder des Konsortiums haben ihr vielmehr im Konsortialvertrag die Verwaltung eines Vermögensgegenstands anvertraut, der durch Verfügung eines Dritten (des Emittenten) an die Konsortialbanken in Bruchteilsgemeinschaft übergehen soll. Der Dritte überträgt den Besitz am gesamten Verfügungsobjekt und nicht bloß einen ideellen Bruchteil daran. Er handelt folglich im Einklang mit den von der Rechtsprechung zu den §§ 929–931 BGB entwickelten Grundsätzen. Es wäre formalistisch, von den Teilhabern der Bruchteilsgemeinschaft zu verlangen, einen außerhalb der Gemeinschaft stehenden Dritten mit der Entgegennahme der zu übergebenden Sache(n) zu beauftragen. Auch hätte die Anwendung der Rechtsprechung auf Bruchteilsgemeinschaften zur Folge, dass die Teilhaber die im Miteigentum stehenden Sachen nie an einen der Miteigentümer vermieten oder verleihen könnten. Es muss deswegen genügen, wenn ein Teilhaber unmittelbaren Besitz begründet, den er den übrigen Teilhabern mittelt.[626]

Diese Lösung lässt sich dogmatisch gut begründen. Die Haupteinwände des BGH gegen die Zulässigkeit gleichzeitigen Eigen- und Fremdbesitzes sind die folgenden: Zum einen sei die für mittelbaren Besitz unabdingbare Voraussetzung, der Besitzmittler müsse zeitlich begrenzt besitzen, nicht erfüllt, da er den Herausgabeanspruch des (vermeintlichen) mittelbaren Besitzers als Eigenbesitzer nicht erfüllen müsse.[627] Der Oberbesitzer habe somit keine Herrschaftsbeziehung zur Sache. Zum anderen könne der unmittelbare Besitzer nicht zugleich als Eigen- und als Fremdbesitzer besitzen, da seine Sachherrschaft nicht teilbar sei.[628] Beide Argumente können nicht überzeugen. Macht der mittelbare Besitzer seinen Herausgabeanspruch[629] geltend, ist der Besitzmittler dazu verpflichtet, ihm unmittelbaren Besitz einzuräumen, und zwar, je nach Ausgestaltung des Besitzverhältnisses, entweder in der Form, dass die Besitzer die Sachherrschaft nur gemeinschaftlich ausüben können (qualifizierter Mitbesitz) oder dass der jetzige mittelbare Besitzer ohne Mithilfe des Besitzmittlers auf die Sache zugreifen kann (schlichter Mitbesitz).[630] Der Besitzmittler erkennt die Rechtsstellung des mittelbaren Besitzers an, da er, soweit diesem ein umfassenderes Recht zukommt (d.h. soweit das dem mittelbaren Besitzer zustehende Miteigentum reicht), für ihn besitzen will. Dass eine weitergehende Anerkennung der übergeordneten Stellung des mittelbaren Besitzers (im Sinne der Bereitschaft, ihm bei Geltendmachung des Herausgabeanspruchs den unmittelbaren *Allein*besitz zu übertragen) nicht erforderlich ist, ergibt sich schon daraus, dass der mittelbare Besitzer nur Miteigentümer ist. Es ist nicht ersichtlich, inwiefern die Mitberechtigung des Besitzmittlers an dem Besitzgegenstand eine Einwen-

---

626 So z.B. auch *Westermann*, Sachenrecht, § 11 II 2, der im Übrigen, d.h. hinsichtlich der Zulässigkeit des Nebeneinanders von Eigen- und Fremdmitbesitz, der Rechtsprechung folgt.

627 Letzteres spricht der BGH nicht explizit aus, vgl. BGHZ 85, 263, 265. Der Einwand, der Besitz des unmittelbaren Besitzers sei nicht zeitlich begrenzt, ist aber nur dann erheblich, wenn das Herausgabeverlangen des mittelbaren Besitzers nicht erfüllt werden muss.

628 BGHZ a.a.O.

629 Im Fall BGHZ 85, 263 ff. ergab sich der Anspruch aus § 695 BGB.

630 So auch *Baur*, NJW 1967, 22, 23; *Baur/Stürner*, Sachenrecht, § 7 Rdnr. 80, die den gestuften Mitbesitz aber wohl immer als Fall des qualifizierten Mitbesitzes ansehen.

dung gegen den Anspruch aus dem Besitzmittlungsverhältnis darstellen oder auf sonstige Weise die Herrschaftsbeziehung des mittelbaren Besitzers verhindern soll. Mittelbarer Besitz scheitert somit nicht an einer fehlenden zeitlichen Begrenzung des Besitzrechts des unmittelbaren Besitzers.

Der Einwand, auf der gleichen Stufe, d.h. in der Person des Besitzmittlers, könnten Eigen- und Fremdbesitz nicht zusammentreffen, da der unmittelbare Besitz *eine* räumliche Beziehung zwischen Sache und Besitzer darstelle, diese Beziehung aber nicht durch zwei Besitzwillen – einen auf Zeit und einen auf Dauer ausgerichteten – verwirklicht werden könne,[631] greift ebenfalls nicht durch. Selbstverständlich ist es niemandem möglich, eine Sache zweimal zu besitzen, sprich zwei Beziehungen der tatsächlichen Gewalt zur selben Zeit über ein- und denselben Besitzgegenstand zu begründen. Das erkennt auch die hier vertretene Ansicht an. Der unmittelbare Besitzer will die tatsächliche Herrschaft über eine bestimmte Sache ausüben. Insoweit kann man von einem ungeteilten Besitzwillen sprechen, der auf einen bestimmten Besitzgegenstand gerichtet ist. Die Vorstellung, *Eigen-* oder *Fremd*besitzer zu sein, bezieht sich hingegen auf die Eigentumslage. Da eine Sache zu ideellen Bruchteilen im Eigentum mehrerer stehen kann, kann auch der Wille des Besitzers dahin gehen, nicht als Voll-, sondern als nur zu einem bestimmten Bruchteil berechtigter Miteigentümer, im Übrigen als Nichteigentümer (d.h. als Fremdbesitzer) zu besitzen. Der Wille, die tatsächliche Gewalt über eine Sache (als ganze) auszuüben, und die Vorstellung, nur zu einem bestimmten Bruchteil an ihr berechtigt zu sein, sind zwei verschiedene Dinge, die sich nicht ausschließen.[632]

Aus diesen Überlegungen ergibt sich, dass die Konsortialführerin bei Entgegennahme der Effekten sowohl Eigen- als auch Fremdmitbesitz der Konsortialbanken begründet. Die Übergabe an einen Besitzmittler genügt für eine wirksame Übereignung bzw. Begebung der Aktienurkunden.[633] Die Mitglieder des Konsortiums erlangen Miteigentum nach Bruchteilen an den ungetrennten effektiven Stücken, wobei sich der Anteil der Banken in Abänderung des § 742 BGB nach der jeweils übernommenen Quote richtet. Hieraus folgt zugleich, dass der Bestimmtheitsgrundsatz gewahrt ist. Entgegen Stimmen in der Literatur[634] ist es nicht erforderlich, die nummernmäßig zu individualisierenden Papiere den Konsorten zuzuweisen oder eine gesamthänderische Berechtigung des Konsortiums als Gesellschaft bürgerlichen Rechts zu konstruieren. Aufgrund der anteiligen Berechtigung der Emissionsbanken an jeder Wertpapierurkunde ist eine Zuordnung der Eigentumsrechte zu bestimmten einzelnen Sachen ohne weiteres möglich.

Auch wer der vorstehenden Argumentation nicht zu folgen vermag und die Bildung einer Bruchteilsgemeinschaft ablehnt, kann dem Willen der Parteien, die Effekten nicht als Gemeinschaft zur gesamten Hand zu erwerben, Geltung verschaffen. Es ist

---

631 Vgl. zu diesem Argument ausführlich *Hummel*, MDR 1967, 967, 968.
632 I.E. ebenso *Baur/Stürner*, a.a.O.; Soergel/*Mühl*, § 866 Rdnr. 4; Staudinger/*Bund*, § 866 Rdnr. 21.
633 Palandt/*Bassenge*, § 929 Rdnr. 12.
634 Siehe oben Fn. 260.

davon auszugehen, dass die Beteiligten die Einigung zum Abschluss des Begebungsvertrags, die in oben beschriebener Weise bei Aushändigung der Wertpapiere an die Konsortialführerin zustande kommt, antizipieren. Um einen Verstoß gegen den Bestimmtheitsgrundsatz zu vermeiden, kann angenommen werden, dass die Übergabe erst dann erfolgen soll, wenn die Papiere den einzelnen Emissionsbanken zugeordnet werden können, also in der Regel nach Einlieferung bei der Clearstream Banking AG und Gutschrift auf den Konten der Konsortialbanken.[635] Die Übergabe erfolgt in diesem Fall durch Verschaffung mittelbaren Besitzes, den die Sammelbank den Konsorten mittelt. Bis zur Buchung behält der Emittent das Eigentum an den Urkunden. Eine solche Interpretation entspricht dem Parteiinteresse und ist deswegen Konstruktionen vorzuziehen, die zu einer gesamthänderischen Bindung führen.[636]

(bb) Verbriefung in Sammelurkunden

Üblicherweise stellt die Gesellschaft eine Globalurkunde aus. Wie dargelegt, kann sie Globalurkunden – ebenso wie Einzelurkunden – entweder als Inhaber- oder Namenspapiere ausgestalten. Bei Inhaberpapieren ergeben sich keine Schwierigkeiten hinsichtlich der Subsumtion. Zeichnet nur die Konsortialführerin, erlangt sie, entsprechend ihrer Stellung als Inhaberin der Mitgliedschaftsrechte, bei Ausgabe der Urkunde und Abschluss des Begebungsvertrags das Eigentum am Papier. Im Zeitpunkt des Eingangs der Urkunde bei der Wertpapiersammelbank wandelt sich das Eigentum bürgerlichen Rechts in Eigentum i.S. des § 6 DepotG um. Die Clearstream Banking AG schreibt der Konsortialführerin das gesamte Emissionsvolumen gut. Die Konsortialführerin, die online mit dem elektronischen Clearingsystem der Wertpapiersammelbank (CASCADE) verbunden ist, veranlasst die Übertragung der Miteigentumsanteile an die Konsortial- und Verkäuferbanken.[637] Anlegern, die Depotkonten bei ihr unterhalten, überweist sie die gezeichneten Aktien direkt, was ohne Mitwirkung der Wertpapiersammelbank durch interne Buchung geschieht.

Zeichnet die Konsortialführerin in Vertretung für die Emissionsbanken, schließt sie auch den Begebungsvertrag für die Konsorten ab und mittelt ihnen bei Übergabe der Urkunde den Besitz. Ein Nebeneinander von Eigenbesitz der führenden Bank

---

635 Ähnlich *Hueck/Canaris*, Recht der Wertpapiere, § 25 II 2.
636 Es ist unverständlich, wie ein Teil der Literatur davon ausgehen kann, dass die Schaffung von Gesamthandseigentum dem (mutmaßlichen) Willen der Konsorten entspreche, die eine abredewidrige Verfügung der Konsortialführung befürchteten und deswegen ein Interesse an der dinglichen Bindung des § 719 BGB hätten (z.B. *Ekkenga/Maas*, Wertpapieremissionen, Rdnr. 283). Nicht nur bestimmen Übernahmevertrag und Zeichnungsschein in aller Regel etwas anderes und sind auch die Haftungsfolgen nicht im Interesse der Banken, ohnehin hat die Konsortialführerin die Befugnis, eine Repartierung nach eigenem Ermessen vorzunehmen, vgl. oben § 4 I 3 c bb. Den Emissionsbanken steht nach dem Konsortialvertrag kein Anspruch auf Übertragung des Eigentums an einer bestimmten Anzahl an Effekten zu. Sie erhalten die Übernahmeprosivion entsprechend ihrer im Vertrag festgelegten Quote und die Verkaufsprovision entsprechend der ihnen von der Konsortialführerin zugeteilten Zahl an Wertpapieren.
637 *Heinsius/Horn/Than*, DepotG, § 9a Rdnr. 26.

und Fremdbesitz der übrigen Mitglieder des Konsortiums ist aus den oben genannten Gründen zulässig. Auch hinsichtlich des Bestimmtheitsgrundsatzes ergeben sich keine Bedenken.[638] Die Konsortialbanken erwerben Miteigentum an der Globalurkunde, das sich nach Einlieferung beim Sammelverwahrer gem. §§ 9a Abs. 2 i.V.m. 6 Abs. 1 Satz 1 DepotG in Sammelbestandsanteile umwandelt, die auf die Anleger weiterübertragen werden können. Die Clearstream Banking AG schreibt der Konsortialführerin häufig auch in diesem Fall, d.h. wenn die führende Bank nicht alleinige Berechtigte ist, das gesamte Emissionsvolumen gut. Diese Vorgehensweise ändert nichts an der dinglichen Rechtslage. Für den gesetzlichen Eigentumserwerb durch die bisherigen Eigentümer, die Konsortialbanken als Parteien des Begebungsvertrags, ist es unerheblich, auf wessen Namen das Depot lautet.[639] Die Konstellation ist vergleichbar mit einer Übereignung unter Übergabe der Sache an einen Dritten. Der Dritte (die führende Bank) mittelt den Eigentümern (den Konsortialbanken) den Besitz. Besitzmittlungsverhältnis ist der Konsortialvertrag. Diesem Besitzmittlungsverhältnis vorgeschaltet ist ein weiteres Besitzmittlungsverhältnis, nämlich das zwischen Wertpapiersammelbank und Konsortialführerin, so dass mehrstufiger mittelbarer Besitz i.S. des § 871 BGB entsteht. Die Wertpapiersammelbank ist in der Regel nicht darüber informiert, ob die Konsortialführerin oder die Konsortialbanken Berechtigte sind. Die Kenntnis von der Person des Eigenbesitzers ist auch nicht erforderlich. Mittelbarer Besitz ist zu bejahen, wenn der Besitzmittler in einem Verhältnis der in § 868 BGB bezeichneten Art für einen anderen besitzen will und dem anderen ein Herausgabeanspruch zusteht. Ob der mittelbare Besitzer für einen anderen oder für sich als Eigentümer besitzt, muss nicht Gegenstand des Besitzwillens sein. Sollen Sammeldepotanteile an Kunden der Konsortialbanken übereignet werden, veranlasst die Konsortialführerin die Buchung der Effekten zugunsten des Depotkontos der entsprechenden Emissionsbank, die die Übereignung durch interne Gutschrift auf dem Konto des Anlegers vollzieht. Die Anweisung an die Wertpapiersammelbank zur Umbuchung der Wertpapiere vom Konto der Konsortialführerin auf das Konto des Konsorten, sprich zur Umstellung des Besitzmittlungsverhältnisses, ist für die Verfügung an den Kunden der Emissionsbank gem. §§ 929 Satz 1, 930 BGB zwar nicht notwendig. Trotzdem ist sie sinnvoll, um nachfolgende Sekundärmarktgeschäfte ohne Einschaltung der Konsortialführerin bedienen zu können.

Im Zuge der Änderung der §§ 67, 68 AktG durch das Gesetz zur Namensaktie und zur Erleichterung der Stimmrechtsausübung – Namensaktiengesetz (NaStraG) vom 18.01.2001[640] hat die Namensaktie, insbesondere für große Aktiengesellschaften,

---

638 Die Situation ist vergleichbar mit der Ausgabe effektiver Stücke. Insoweit sei auf die ausführliche Diskussion im vorstehenden Kapitel verwiesen. Hält man gestuften Mitbesitz für unzulässig, erfolgt die Übergabe erst nach Einlieferung bei der Wertpapiersammelbank und Buchung. Die Einigung ist dann antizipiert.

639 *Heinsius/Horn/Than*, DepotG, § 6 Rdnr. 15.

640 BGBl. I S. 123 ff. Hierzu *Seibert*, ZIP 2001, 53 ff.; *Preissler*, WM 2001, 113 ff.

erheblich an Bedeutung gewonnen.[641] Sie ermöglicht eine bessere Pflege der Beziehungen zwischen Aktionär und Gesellschaft und ist die in den USA übliche Form der Aktie; sie wird deswegen von Gesellschaften bevorzugt, die ein Listing an der NYSE oder einem der NASDAQ Markets anstreben.[642] Gewöhnlich blankoindossiert der Emittent die Papiere, um freie Handelbarkeit i.S. des § 5 Abs. 1 BörsZulV und Vertretbarkeit i.S. des § 91 BGB zu erreichen, was Voraussetzung für die Zulassung der Wertpapiere zum Börsenhandel (§ 32 Abs. 3 Nr. 1 BörsG) und zur Girosammelverwahrung (§§ 1 Abs. 1, 5 Abs. 1 Satz 1 DepotG, Nr. 46 Abs. 1 AGB Clearstream) ist.[643] Die Globalurkunde lautete früher häufig auf die Clearstream Banking AG. Die Literatur[644] hält eine solche Vorgehensweise für sinnvoll, da die Aktionäre im Zeitpunkt der Einlieferung der Urkunde bei der Wertpapiersammelbank in der Regel noch nicht feststehen,[645] die Urkunde also nicht auf sie ausgestellt werden kann, und der Sammelverwahrer ohnehin die treuhänderische[646] Wahrnehmung von Eigentümerrechten übernimmt.[647] Folge ist allerdings das Auseinanderfallen von (ursprünglicher) materieller Berechtigung (je nach Ausgestaltung des Zeichnungsscheins Mitgliedschaft nur der Konsortialführerin oder aller Emissionsbanken) und Berechtigung laut Urkunde. Da das Interesse der Beteiligten auf eine wirksame Verbindung von Mitgliedschaft und Urkunde abzielt, um eine Übertragung der Aktien im Effektengiroverkehr zu ermöglichen, ist die Einigung der Konsortialbanken mit der Wertpapiersammelbank über die Einlieferung der Globalurkunde in diesem Fall gem. §§ 133, 157 BGB dahingehend auszulegen, dass die Konsorten ihr die Mitgliedschaftsrechte gem. §§ 413, 398 BGB übertragen. Des Weiteren ist davon auszugehen, dass der Emittent, auch wenn er die Globalurkunde der Konsortialführerin übergibt,[648] den Begebungsvertrag nicht mit ihr, sondern mit der Clearstream Banking AG abschließen will. Wenn der Emittent nicht selbst mit der

---

641 Von den DAX-Unternehmen haben in den letzten Jahren z.B. DaimlerChrysler, Deutsche Bank, Deutsche Telekom und Siemens auf Namensaktien umgestellt. Zur Zeit (2007) sind zwölf der 30 DAX-Unternehmen mit Namensaktien notiert.

642 Sofern das Listing nicht über ADRs erfolgen soll, vgl. hierzu ausführlich oben § 4 I 1 b cc.

643 Auch vinkulierte Namensaktien erfüllen bei Blankoindossierung die Voraussetzungen der §§ 32 Abs. 3 Nr. 1 BörsG, 5 Abs. 1, Abs. 2 Nr. 2 BörsZulV, vgl. Schwark/*Heidelbach*, KMRK, § 30 BörsG Rdnr. 10, § 5 BörsZulV Rdnr. 3, es sei denn, die Genehmigungspraxis der Gesellschaft führt zu einer Einschränkung der Handelbarkeit. Für diesen Fall behalten sich die Wertpapierbörsen die Rücknahme der Börsenzulassung vor.

644 *Heißel/Kienle*, WM 1993, 1909, 1912; *Kümpel*, Bank- und Kapitalmarktrecht, Rdnr. 11.193; *Lenenbach*, Kapitalmarkt- und Börsenrecht, Rdnr. 5.46; MüKo AktG/*Bayer*, § 68 Rdnr. 7; *Than/Hannöver*, Die Namensaktie, S. 279, 289. Zum technischen Hintergrund der Einbeziehung vinkulierter Namensaktien in die Girosammelverwahrung vgl. *Jütten*, Die Bank 1997, 112 f.

645 Die Bookbuildingspanne endet oft erst nach Einlagerung der Sammelurkunde.

646 Hierbei handelt es sich um eine unechte (auch genannt Ermächtigungs-)Treuhand, bei der die Anleger (Mit-)Eigentümer der verwahrten Wertpapiere bleiben. Zur Abgrenzung zwischen echter und unechter Treuhand vgl. *Larenz/Wolf*, BGB AT, § 46 Rdnr. 34, sowie zur Ermächtigungstreuhand bei der Sammelverwahrung *Canaris*, Bankvertragsrecht, Rdnr. 2036; *Einsele*, Wertpapierrecht als Schuldrecht, S. 553 ff.; *Peters*, Wertpapierfreies Effektensystem, S. 104 ff. m.w.N.

647 Z.B. Nr. 30 Abs. 3 AGB Clearstream. Diese Bestimmung übernimmt fast wörtlich Nr. 23 Abs. 2 Satz 1 AGB DKV.

648 So z.B. Art. 3(1) Übernahmevertrag, BuB/*Groß*, Rdnr. 10/324.

Wertpapiersammelbank in Kontakt steht, vertritt ihn die Konsortialführerin beim Abschluss.[649]

Die Praxis ist von einer Ausstellung auf den Namen der Wertpapiersammelbank inzwischen abgerückt. Heute lautet die Globalurkunde üblicherweise auf den Namen des Leadmanagers oder eines sonstigen treuhänderisch einzutragenden Erstaktionärs.[650] Auch in diesem Fall entsteht kein Gesamthandseigentum an der Globalurkunde. Einzig bei Ausgabe der Aktien auf den Namen des Emissionskonsortiums soll das Konsortium als solches Eigentümerin der Urkunde werden. Der Abschluss des Begebungsvertrags erfolgt dann durch das Konsortium,[651] das als rechtsfähige Gesellschaft Mitgliedschaft und Wertpapiereigentum erlangt. Von dieser Möglichkeit wird in der Praxis jedoch, soweit ersichtlich, kein Gebrauch gemacht.[652]

2. Anleiheemission

a. *Mandatsvereinbarung*

Was die Rechtsnatur der Mandatsvereinbarung und die sich aus ihr ergebenden Rechte und Pflichten anbelangt, ergeben sich keine grundlegenden Unterschiede zur Aktienemission. Es kann mithin auf oben verwiesen werden.[653]

b. *Übernahmevertrag*

Die Rechtsnatur des Übernahmevertrags ist umstritten. Während ihn die h.M. als Kaufvertrag[654] bzw. gemischttypischen Vertrag mit kauf-, darlehens- und geschäftsbesorgungsrechtlichen Elementen[655] qualifiziert, lassen sich in der Literatur Stimmen finden, die von einer darlehensrechtlichen Einordnung[656] ausgehen. Sie wenden gegen die Kaufvertragskonstruktion ein, dass Gegenstand des Übernahmevertrags die zukünftige, gegen den Emittenten (den Schuldner) gerichtete Forde-

---

649 Zu der Frage, worin der Abschluss des Begebungsvertrags zu sehen ist, vgl. *Hueck/Canarais*, Recht der Wertpapiere, § 25 II 2.

650 Diese Vorgehensweise widerspricht Nr. 48 Abs. 2 Satz 2 AGB Clearstream, nach der vinkulierte Namensaktien auf den Namen der Clearstream Banking AG lauten *müssen*. Die Vorschrift soll in nächster Zeit der neuen Praxis angepasst werden.

651 In diesem (hypothetischen) Fall müsste das Konsortium selbst die Aktien auch gezeichnet und somit die Mitgliedschaftsrechte erworben haben, denn andernfalls wäre es erforderlich, die Mitgliedschaften zunächst auf das Konsortium zu übertragen, um ein Auseinanderfallen von materieller Berechtigung und Inhalt der Urkunde zu vermeiden.

652 Unzutreffend *Singhof*, Außenhaftung, S. 211, Fn. 385.

653 1 a.

654 RGZ 28, 29, 30; 104, 119, 120; *Horn*, Recht der internationalen Anleihen, S. 137 ff. (der aber auch hervorhebt, dass der Übernahmevetrag kaufvertragsfremde Elemente enthalte und insoweit *sui generis* sei, a.a.O., 139); *Schönle*, Bank- und Börsenrecht, § 19 II 2 a (1).

655 Kaufähnlicher Vertrag: *Hopt*, Verantwortlichkeit, Rdnr. 38; *Hartwig-Jacob*, Int. Anleiheemissionen, S. 120; *Kümpel*, Bank- und Kapitalmarktrecht, Rdnr. 9.189; Vertrag sui generis mit Kauf-, Darlehens- und/oder Geschäftsbesorgungselementen: *Lenenbach*, Kapitalmarkt- und Börsenrecht, Rdnr. 7.80; MüKo BGB/*Ulmer*, Vor § 705, Rdnr. 42; *Schwintowski/Schäfer*, Bankrecht, § 23 Rdnr. 66.

656 *Canaris*, Bankvertragsrecht, Rdnr. 2243; *Westermann*, AG 1967, 285, 286.

rung sei, eine Forderung aber nicht vom Schuldner selbst veräußert werden könne.[657] Richtig ist, dass der Schuldner keine gegen ihn gerichtete Forderung an einen Dritten übertragen kann, da ihm hierfür die Rechtsinhaberschaft fehlt. Inhalt des Übernahmevertrags ist aber nicht der Verkauf einer bestehenden oder zukünftigen Forderung, sondern das Versprechen des Emittenten, zugunsten der Konsortialbanken durch Ausstellung der Wertpapierurkunde und Abschluss des Begebungsvertrags[658] Schuldverschreibungen zur Entstehung zu bringen.[659] Diese Vereinbarung hat darlehensrechtlichen Charakter, kann aber auch als kaufähnlich angesehen werden, da sich der Emittent dazu verpflichtet, den Konsortialbanken gegen Zahlung des Übernahmepreises eine Rechtsposition zu verschaffen, und die Banken eine Abnahmepflicht trifft, die sie dadurch erfüllen, dass sie das Angebot des Emittenten auf Schaffung der verbrieften Forderungen an-[660] und die Wertpapierurkunden entgegennehmen. Darüber hinaus weist sie geschäftsbesorgungsrechtliche Elemente auf, wenn die Konsortialbanken zur Börseneinführung, Übernahme des Zahlstellendienstes oder Vornahme von Kurspflegemaßnahmen verpflichtet sind. Deswegen ist es wenig sinnvoll, den Übernahmevertrag als reinen Darlehensvertrag und die Begründung der Forderung aus der Schuldverschreibung als Leistung an Erfüllungs Statt zu qualifizieren, die den Anspruch auf Darlehensrückzahlung gem. § 364 Abs. 1 BGB zum Erlöschen bringt.[661] Der Übernahmevertrag ist vielmehr ein Verpflichtungsvertrag zur Schaffung und Übernahme der Effekten, der keinem der gesetzlich geregelten Vertragstypen zuzuordnen ist.

Hauptleistungspflichten der Parteien sind bei der Festübernahme auf Seiten des Emittenten die Schaffung der Emissionsware und auf Seiten der Banken die Zahlung des Übernahmepreises sowie Übernahme der Effekten. Der Emittent erfüllt seine Vertragspflichten, indem er die Wertpapierurkunde errichtet. Wie bereits angedeutet, ist darüber hinaus nach h.M. (sog. Vertragstheorie) die Begebung der Urkunde durch Abschluss eines entsprechenden Vertrags erforderlich.[662] Dem Begebungsvertrag kommt eine Doppelnatur zu: Einerseits begründet er die im Wert-

---

657 *Canaris*, Bankvertragsrecht, Rdnr. 2243.
658 Hierzu sogleich im nächsten Absatz.
659 Vgl. Art. 1, 2 und 3 des bei BuB/*Bosch*, Rdnr. 10/241, abgedruckten Muster-Übernahmevertrags: Der Emittent verpflichtet sich, eine näher bezeichnete Anleihe zu begeben, die Konsortialbanken verpflichten sich, die Anleihe zu übernehmen und Zug um Zug gegen Gutschrift des Gesamtnennbetrags der Emission auf ihrem Konto bei der Clearstream Banking AG den Kapitalbetrag der Anleihen dem Emittenten zu überweisen.
660 Im Übernahmevertrag ist die Pflicht zum Abschluss des Begebungsvertrags nicht explizit geregelt. Sie ist aber Bestandteil der Übernahmeverpflichtung, da die Schuldverschreibungen andernfalls nicht entstehen, so auch *Lenenbach*, Kapitalmarkt- und Börsenrecht, Rdnr. 7.73. Der Vertragsschluss erfolgt konkludent durch die Übergabe der Globalurkunde an die Banken (Angebot des Emittenten) und Annahme der Urkunde durch sie bzw. – falls der Emittent die Urkunde direkt an die Clearstream Banking AG liefert – durch Buchung der Emission auf dem Konto der Banken.
661 So *Canaris*, Bankvertragsrecht, Rdnr. 2243. Zum Verhältnis von Schuldverschreibung und Kausalverhältnis allgemein *Hueck/Canaris*, Recht der Wertpapiere, § 24 I 3 (Schuldverschreibung ist regelmäßig ein Unterfall des abstrakten Schuldversprechens gem. § 780 BGB).
662 *Hueck/Canarais*, Recht der Wertpapiere, § 3 I 2; *Larenz*, Schuldrecht II, 12. Aufl., § 60 II (S. 500); Staudinger/*Marburger*, Vor §§ 793 ff., Rdnr. 18 m.w.N.

papier verbriefte Forderung (insoweit ist er als schuldrechtlich zu qualifizieren: Aussteller und erster Nehmer einigen sich über die Entstehung der verbrieften Forderung in der Person des Nehmers), andererseits dient er als Verfügungsgeschäft der Übertragung des Eigentums an der Wertpapierurkunde auf den ersten Nehmer. Um die Inhaberschuldverschreibungen zur Entstehung gelangen zu lassen, schließt der Emittent mithin den Begebungsvertrag mit den Konsortialbanken (genauer: mit der führenden Bank, die in Vertretung für alle Konsorten handelt) ab.[663] Er liefert sodann entweder eine interimistische Globalurkunde an die Konsortialführerin, die er innerhalb einer bestimmten Frist gegen die endgültigen Einzel- bzw. Mehrfachurkunden auszutauschen hat, damit diese entsprechend den Zuteilungsquoten an die Mitglieder des Konsortiums verteilt werden können, oder – und das ist heute zunehmend der Fall – er verbrieft die gesamte Emission in einer Dauerglobalurkunde, die er selbst oder die Konsortialführerin bei einer Wertpapiersammelbank hinterlegt.[664] Im letzteren Fall erwerben die Konsortialbanken ihre Quote im Wege des Effektengiroverkehrs, d.h. durch Buchung der Papiere auf ihrem Konto bei der Sammelbank.

Die Weiterübertragung der Anleihen erfolgt, da es sich um Inhaberpapiere handelt, gem. §§ 929 ff. BGB. Die Anleger erwerben folglich gem. §§ 929 Satz 1, 930 BGB (Primärmarkttransaktionen) bzw. § 929 Satz 1 BGB (Sekundärmarkttransaktionen), wobei in der Praxis wiederum Buchungen im Effektengiroverkehr die erforderlichen rechtlichen Bedingungen herbeiführen.[665] Es zeigt sich somit, dass weitgehende Gemeinsamkeiten mit der Rechtslage bei Aktienemissionen bestehen. Die obigen Ausführungen zur dinglichen Rechtslage nach Abschluss des Zeichnungs- und Begebungsvertrags durch die Konsortialführerin einer Aktienemission (die im eigenen Namen oder in Vertretung für das Konsortium handelt)[666] gelten entsprechend für die Inhaberschaft des in der Anleihe verbrieften Rechts und das Eigentum an der Anleiheurkunde. Entgegen einer in der Literatur verbreiteten Auffassung[667] entsteht zu keinem Zeitpunkt eine gesamthänderische Berechtigung. Insbesondere wurde dargelegt, dass der Verweis auf das sachenrechtliche Bestimmtheitsprinzip[668] das Erfordernis der Annahme von Gesamthandsvermögen nicht zu begründen vermag. Dem in der Regel anzutreffenden Willen der Parteien, keine gesamthänderischen Bindungen einzugehen,[669] kann mit den Mechanismen des deutschen Sachenrechts ohne weiteres zur Geltung verholfen werden.

---

663 *Lenenbach*, Kapitalmarkt- und Börsenrecht, Rdnr. 2.5.
664 *Hartwig-Jacob*, Int. Anleiheemissionen, S. 79 ff.
665 Vgl. bereits oben 1 c cc (2) (b).
666 1 c cc (3). Dort wurde auch ausgeführt, dass ein Auftreten in Vertretung für das Konsortium als Handeln im Namen der einzelnen Konsorten auszulegen ist.
667 Z.B. *Canaris*, Bankvertragsrecht, Rdnr. 2318; *DeMeo*, Bankenkonsortien, 3. Kap., Rdnr. 98 f.; *Hartwig-Jacob*, a.a.O., S. 81.
668 *Canaris*, a.a.O.; *DeMeo*, a.a.O., Rdnr. 99.
669 Z.B. Art. 2(2) des bei BuB/*Bosch*, Rdnr. 10/241, abgedruckten Muster-Übernahmevertrags: „Die Banken sind weder Gesamtschuldner noch Gesamtgläubiger. Sie erwerben die Pfandbriefe je einzeln in der Form von Miteigentumsanteilen an der Sammelurkunde, nicht als Gesamthandseigentum."

II. Rechtsverhältnis zwischen den Emissionsbanken und den Anlegern

Allgemein wird davon gesprochen, dass der Anleger Aktien oder Anleihen aus einer Emission zeichnet, wenn er gegenüber einer Konsortial- oder Verkäuferbank ein Angebot auf Erwerb der Wertpapiere abgibt. Hierbei handelt es sich nicht um eine Zeichnung im technischen Sinn, d.h. i.S. des § 185 AktG. Durch die Zeichnungserklärung des Anlegers sollen die Wertpapiere nicht geschaffen werden; sie sind vielmehr bereits zuvor durch Eintragung der Gesellschaft oder Durchführung der Kapitalerhöhung bzw. Ausstellung der Urkunde und Abschluss des Begebungsvertrags in der Person der Emissionsbanken (die bei der Aktienemission mit Kapitalerhöhung die eigentlich Zeichnenden sind) zur Entstehung gelangt. Der Erwerb durch die Anleger ist mithin im Regelfall nicht originärer, sondern abgeleiteter Natur.

Was die rechtliche Qualifikation des Anlagegeschäfts anbelangt (so es denn ohne Zwischenschaltung eines Drittinstituts – einer Zeichnungsstelle oder Verkäuferbank auf Seiten des Emissionskonsortiums oder eines Finanzdienstleistungsinstituts als Kommissionär auf Seiten des Anlegers – erfolgt), unterscheidet die Literatur häufig zwischen dem Erwerb von einem Übernahme- und einem Begebungskonsortium.[670] Im ersteren Fall soll der Anleger durch Kaufvertrag erwerben, da die Banken hier bereits Inhaber der Wertpapiere sind, im letzteren Fall soll es sich um einen Kommissionsvertrag handeln. Überzeugender ist es, in beiden Fällen vom Abschluss eines Kaufvertrags auszugehen.[671] Auch wenn die Abgrenzung zwischen Kauf- und Kommissionsvertrag nicht immer eindeutig ist und von den Umständen des Einzelfalls abhängt,[672] sprechen mehrere Kriterien für die kaufvertragliche Konstruktion: Sowohl bei der Festübernahme als auch der kommissionsweisen Platzierung (der Begriff sagt nur aus, dass die Banken hier als Kommissionäre des Emittenten, aber nicht notwendigerweise als Kommissionäre der Anleger, handeln[673]) schließen die Parteien ein Festpreisgeschäft ab (Kauf zum Platzierungspreis). Auch muss die Bank kein Ausführungsgeschäft vornehmen, um sich die Wertpapiere zunächst selbst zu verschaffen, sondern bedient den Anleger aus der ihr zugewiesenen Quote. Das Handeln der Bank auf eigene Rechnung (Festübernahme) oder auf Rechnung des Emittenten (kommissionsweise Platzierung) ist demgegenüber für das Verhältnis zum Anleger von keiner Bedeutung.[674]

---

670 *Kümpel*, Bank- und Kapitalmarktrecht, Rdnr. 9.318; *Lenenbach*, a.a.O., Rdnr. 7.112, 7.114.
671 So z.B. *Canaris*, a.a.O., Rdnr. 2245; *Hopt*, Verantwortlichkeit, Rdnr. 42; Schimansky/Bunte/Lwowski/*Grundmann*, Bankrechtshandbuch, § 112, Rdnr. 123
672 Zur Abgrenzung vgl. Baumbach/Hopt/*Hopt*, § 383, Rdnr. 7.
673 Schimansky/Bunte/Lwowski/*Grundmann*, a.a.O., hält eine solche Doppelstellung des Kommissionärs generell für unzulässig.
674 Ein anderes Ergebnis ist auch dann nicht angezeigt, wenn nur die Konsortialführerin Eigentümerin der Effekten wird, z.B. indem sie bei der Aktienemission als einzige zeichnet, und die Konsortialbanken dazu verpflichtet sind, die Papiere von ihr zu kaufen, vgl. Art. 1(4) des bei BuB/*Groß*, Rdnr. 10/324 abgedruckten Muster-Übernahmevertrags. Auch in diesem Fall kauft der Anleger von der Konsortialbank zu einem festen Preis. Die Konsortialbank geht, wenn sie das Vertragsangebot annimmt, die Pflicht zur Übereignung der Papiere ein und nicht lediglich die

Der Vertrag kommt – jedenfalls bei der Platzierung durch Auflegung zur öffentlichen Zeichnung, die in Deutschland (und den USA) den Regelfall darstellt – zustande, indem der Anleger eine bestimmte Anzahl an Effekten zeichnet (Angebot) und die Konsortialbank die Papiere dem Anleger zuteilt (Annahme).[675] Sofern der Anleger nicht ausdrücklich etwas anderes vereinbart, umfasst seine Willenserklärung auch den Kauf nur eines Teils der gezeichneten Papiere, da allgemein bekannt ist, dass eine Repartierung insbesondere bei Aktienemissionen häufig erforderlich ist.[676] Vertragspartner des Anlegers ist nicht das gesamte Konsortium, sondern die Konsortialbank, der er seinen Kaufauftrag erteilt hat. Nimmt nicht die Konsortialbank, sondern die Konsortialführerin die Zuteilung an die Anleger vor, ist davon auszugehen, dass sie das Angebot auf Abschluss des Kaufvertrags in Vertretung für die jeweilige Konsortialbank annimmt, bei der der Anleger gezeichnet hat.[677]

Der Kauf ist primär Rechtskauf, aber in der Regel – wenn Verbriefung erfolgt[678] – auch Sachkauf, denn der Besitz der Wertpapierurkunde ist zur Geltendmachung des Rechts bei Inhaber- und Orderpapieren (und um solche handelt es sich überwiegend bei Aktien und Schuldverschreibungen) erforderlich.[679] Aus dem Vertrag ergibt sich die Pflicht der Emissionsbank zur Übertragung des Rechts und Übereignung sowie Verschaffung des Besitzes an der Urkunde. Die Anleger verpflichten sich zur Entrichtung des Platzierungspreises. Auch wenn die Bank zugleich im Verhältnis zum Emittenten als Platzierungsinstitut handelt und – anders als im typischen Fall des Effektengeschäfts – keinen Kommissionsvertrag abschließt, stellt der Verkauf an den Anleger ein gewöhnliches Effektengeschäft dar.[680] Die Bank treffen die üblichen

---

Verpflichtung, sich sorgfältig um die Ausführung des Kaufauftrags des Anlegers zu bemühen. Die Übereignungspflicht kann dadurch erfüllt werden, dass die Konsortialführerin die Papiere unmittelbar zugunsten des Anlegers gutschreibt, ohne dass die Konsortialbank Durchgangseigentum erwirbt.

675 Siehe z.B. Art. 2(3) Übernahmevertrag, BuB/*Groß*, Rdnr. 10/324. Die Auflegung zur Zeichnung ist lediglich eine invitatio ad offerendum, da die Bank sich andernfalls bei Überzeichnung der Emission Schadensersatzansprüchen ausgesetzt sehen würde, vgl. *Groß*, ZHR 162 (1998), 318, 323. Ausführlich zum Zeichnungsvertrag bereits oben I 1 c.

676 *Groß*, a.a.O., 331; a.A. *Schücking*, Münch. Hdb. GesR I, § 32, Rdnr. 94. Zu den Auswirkungen einer Änderung der Verkaufsparameter im Laufe der Zeichnungsfrist vgl. ausführlich *Groß*, a.a.O., 325 ff. *Schücking*, a.a.O., leitet aus § 242 BGB ab, dass die Entscheidung über die Zuteilung – und damit auch über eine etwaige Repartierung – nach sachlichen Gesichtspunkten erfolgen müsse. Das widerspricht aber der Vertragsfreiheit und wird auch nicht von den „Grundsätzen für die Zuteilung von Aktienemissionen an Privatanleger" der Börsensachverständigenkommission beim Bundesministerium der Finanzen (abgedruckt in *Kümpel/Hammen/Ekkenga*, Kapitalmarktrecht, Kz. 240; vgl. hierzu auch *Kümpel*, Bank- und Kapitalmarktrecht, Rdnr. 9.36 ff.), denen ohnehin keine Bindungswirkung zukommt, verlangt. Ein Mindestmaß an Transparenz erreicht nunmehr die EG-Prospektverordnung, vgl. unten § 6 I 2 a dd (2).

677 Vgl. Art. 2(3) Übernahmevertrag, BuB/*Groß*, Rdnr. 10/324, der vorsieht, dass die Konsorten die Konsortialführerin dazu ermächtigen können, die Zuteilung für sie vorzunehmen.

678 Das ist etwa bei Wertrechten staatlicher Emittenten nicht der Fall.

679 Vgl. Palandt/*Putzo*, § 453, Rdnr. 1, 10.

680 Allgemeine Meinung, vgl. nur *Canaris*, Bankvertragsrecht, Rdnr. 2246; *Ekkenga/Maas*, Wertpapieremissionen, Rdnr. 463.

von der Rechtsprechung entwickelten Aufklärungs- und Beratungspflichten.[681] Auch die Wohlverhaltensregeln der §§ 31 ff. WpHG sind anwendbar.[682]

III. Rechtsverhältnis der Emissionsbanken untereinander

Das Rechtsverhältnis zwischen den Konsortialbanken wird durch den Konsortialvertrag ausgestaltet. Der Konsortialvertrag beschränkt sich mitunter, vor allem bei inländischen Aktienemissionen, auf wenige Vorschriften und regelt die gegenseitigen Rechte und Pflichten der Banken nur unvollständig, so dass die Beteiligten auf gesetzliche Bestimmungen oder Marktusancen zurückgreifen müssen. Die Konsortialführerin schickt den Emissionsbanken häufig lediglich ein Einladungsschreiben, dem entweder der Übernahmevertrag oder ein Termsheet, das die wesentlichen Punkte der Emission zusammenfasst, beigefügt ist. Anhand des Einladungsschreibens und der Anlagen entscheiden die Konsortialbanken, ob sie an der Emission teilnehmen wollen. Eine Verhandlung über die einzelnen Bestimmungen des Konsortialvertrags oder die Konditionen der Übernahme erfolgt nicht.[683] Im Einladungsschreiben[684] legt die führende Bank die gewünschte Zusammensetzung des Konsortiums fest, teilt dem potentiellen Mitglied die zu übernehmende Quote mit und umreißt den Zeitplan. Bei Anleiheemissionen führt sie außerdem die wichtigsten Anleihebedingungen auf. Die weiteren Einzelheiten, z.B. Ausgabebedingungen, Höhe der Provision, Verfahren bei Bezugsrechtsemissionen, Zeichnung, Übernahme und Lieferung der Papiere, kann die Konsortialbank technischen Richtlinien oder ähnlichen Anlagen zum Einladungsschreiben[685] entnehmen. Folgt der Konsortialvertrag US-amerikanischer Prägung, was heute bei einer internationalen Zusammensetzung des Konsortiums und großen Emissionen zunehmend der Fall ist, oder verweist das Einladungsschreiben auf einen Mustervertrag, z.B. die ICMA-Musterverträge für Anleiheemissionen, enthält er ins einzelne gehende Bestimmungen, die alle Eventualitäten der Emissionsbegleitung behandeln sollen. Sie beschäftigen sich z.B. – für die vorliegende Untersuchung von besonderer Bedeutung – mit den Befugnissen der Konsortialführerin gegenüber den anderen Konsortialbanken, Folgen

---

681 Der BGH unterscheidet zwischen Aufklärungs- und Beratungspflichten. Beratungspflichten entstehen durch Abschluss eines Beratungsvertrags (auch stillschweigend durch Aufnahme des Beratungsgesprächs, BGHZ 100, 117, 118 f.; 123, 126, 128). Aufklärungs- und Hinweispflichten ergeben sich als Nebenpflichten aus dem (beabsichtigten) Effektengeschäft (§ 241 Abs. 2 BGB) bzw. aus Gesetz (§ 31 Abs. 2 Satz 1 Nr. 2 WpHG; zur Rechtsnatur der Verhaltensregeln des WpHG [nach h.M. öffentlich-rechtlich] und zu ihrem Verhältnis zu § 241 Abs. 2 BGB vgl. *Kümpel*, Bank- und Kapitalmarktrecht, Rdnr. 16.536 ff.; Schwark/*Schwark*, KMRK, Vor § 31 WpHG, Rdnr. 5 ff.). Sie sind weniger weitgehend als die Beratungspflichten; ihr Umfang hängt von der Person des Anlegers, insbesondere seiner Erfahrung mit Effektengeschäften der jeweiligen Art, und den weiteren Umständen des Einzelfalles ab, BGHZ 117, 135, 142 f.

682 Schimansky/Bunte/Lwowski/*Grundmann*, Bankrechtshandbuch, § 112, Rdnr. 2.

683 Vgl. zum Ablauf der Syndizierung ausführlich oben § 4 I 1 a.

684 Beispiele bei BuB/*Bosch*, Rdnr. 10/240, 244 (Anleiheemission), BuB/*Groß*, Rdnr. 10/333a, d (Aktienemission).

685 Vgl. z.B. BuB/*Groß*, Rdnr. 10/333b, c (für Aktienemissionen).

der Vertragsverletzung durch eine Emissionsbank (insbesondere die nicht vollständige Übernahme und Bezahlung der Effekten), die Verantwortung für Maßnahmen zur Nachbereitung der Emission und die Verteilung des Haftungsrisikos innerhalb des Konsortiums für den Fall der Inanspruchnahme einer Konsortialbank (Ausgleichs- bzw. Freistellungsansprüche). Es ist zu betonen, dass die Kautelen mit den weitreichendsten rechtlichen Auswirkungen, die in den folgenden Abschnitten zum Ausgangspunkt der Analyse genommen werden, nicht nur in den umfangreichen Konsortialverträgen US-amerikanischer Provenienz, sondern schon in den meisten Einladungsschreiben zu finden sind: die Abbedingung der Rechtsform der GbR und die Vereinbarung teil- anstelle gesamtschuldnerischer Haftung für die Übernahmeverpflichtung sowie sonstige vertragliche und gesetzliche Verbindlichkeiten.

1. Qualifizierung der vertraglichen Beziehung

Während in den 70er und 80er Jahren des letzten Jahrhunderts weitgehende Einigkeit darüber zu bestehen schien, dass es sich bei Emissionskonsortien um Gesellschaften bürgerlichen Rechts handelte,[686] wird die Diskussion im Zuge der zunehmenden Bedeutung und Internationalisierung des Emissionsgeschäfts und im Hinblick auf die neue Rechtsprechung des BGH zur GbR sowie die in der Praxis herrschenden Usancen, die mit den §§ 705 ff. BGB nur schwer in Einklang zu bringen sind,[687] inzwischen wieder kontrovers geführt. Im Folgenden sind zunächst (unter a) die in der Literatur vertretenen Meinungen darzustellen. Hierbei sollen auch die Rechte und Pflichten, die sich für die Emissionsbanken nach der jeweiligen Ansicht aus dem Konsortialvertrag ergeben, sowie die haftungsrechtlichen Implikationen kurz angesprochen werden. An die Darstellung des Meinungsstands werden sich eine ausführliche Kritik (unter b) sowie die Erarbeitung eines eigenen Lösungsvorschlags (unter c) anschließen.

a. *Meinungsstand*

aa. Rechtsfähige Gesellschaft bürgerlichen Rechts

Die weit überwiegende Auffassung ordnet Emissionskonsortien weiterhin als Gesellschaften bürgerlichen Rechts ein, und zwar, angesichts ihrer Vertragsbeziehungen zum Emittenten, als rechtsfähige Außengesellschaften.[688] Vereinzelt wird be-

686 *Canaris*, Bankvertragsrecht, Rdnr. 2248, sprach im Jahr 1981 von einer Einordnung als GbR nach „wohl unbestrittener Ansicht."

687 Vgl. hierzu schon oben § 1 und sogleich im Text.

688 RGZ 56, 206, 207 f.; BGHZ 118, 83, 99; aus der Literatur so erstmals *Sydow*, ZHR 19 (1874), 427, 440, sowie in neuerer Zeit Baumbach/Hopt/*Hopt*, (7) Bankgeschäfte Y/2 f.; *Canaris*, Bankvertragsrecht, Rdnr. 2321; *DeMeo*, Bankenkonsortien, 2. Kap., Rdnr. 3, 3. Kap., Rdnr. 47; *Einsele*, Bank- und Kapitalmarktrecht, § 7, Rdnr. 10; Erman/*H. P. Westermann*, Vor § 705, Rdnr. 46 f.; *Hadding*, ZGR 30 (2001), 712, 741 (implizit); *Hopt*, Verantwortlichkeit, Rdnr. 49; *ders.*, FS Kellermann, S. 181, 195; *Kümpel*, Bank- und Kapitalmarktrecht, Rdnr. 9.295 ff.; *Lenenbach*, Kapitalmarkt- und Börsenrecht, Rdnr. 7.18, 7.21; MüKo BGB/*Ulmer*, Vor § 705, Rdnr. 54; *Schönle*, Bank- und Börsenrecht, § 19 II 4 b; *Schwark*, FS Hadding, S. 1117, 1122; Schwark/*Schwark*, KMRK, §§ 44, 45 BörsG, Rdnr. 10; *Schwin-*

tont, Konsortien könnten sich auch als Innengesellschaften konstituieren, nämlich dann, wenn die Konsortialführung den Übernahmevertrag allein mit dem Emittenten abschließt und die Effekten im Innenverhältnis an die Konsorten weitergibt.[689] Im Übrigen hebt die h.M.[690] hervor, dass es sich um Gelegenheitsgesellschaften handele, da der Zweck des Zusammenschlusses in der Begleitung einer einzelnen Emission bestehe. Auch wenn Konsortien häufig in identischer oder weitgehend identischer Besetzung aufträten und für denselben Emittenten tätig würden (so z.B. das ehemalige Bundesanleihekonsortium), bestünden keine – und seien es ungeschriebenen – rechtserheblichen Bindungen, die über die jeweilige Emission hinausgingen.[691] Somit könne die Tätigkeit von Emissionskonsortien nicht auf Vornahme einer unbestimmten Vielzahl von Geschäftsabschlüssen gerichtet sein, was Voraussetzung für das Bestehen einer Dauergesellschaft sei.[692] Die Einordnung als Gesellschaft bürgerlichen Rechts wird unter anderem damit begründet, dass sie in der „Tradition der historischen Vorgaben“[693] stehe. Wissenschaft und Praxis qualifizierten die Rechtsbeziehungen der Konsortialbanken untereinander im 19. Jahrhundert zunächst als kaufvertraglich. Mit Einführung des ADHGB setzte sich die Auffassung durch, dass diese Konstruktion dem Willen und den Interessen der Beteiligten nicht entspreche und die Vorschriften über die Gelegenheitsgesell-

---

towski/Schäfer, Bankrecht, § 23, Rdnr. 27 f.; *Singhof*, Außenhaftung, S. 76 ff.; *Timm/Schöne*, ZGR 23 (1994), 113, 118 f., 133; *H. P. Westermann*, AG 1967, 285, 287, der den Begriff der gesellschaftsrechtlichen Typendehnung geprägt hat. Zweifelnd im Fall einer vertraglichen Abbedingung der Rechtsform der GbR Ebenroth/Boujong/Joost/*Groß*, BankR VII, Rdnr. 16, 30. RGRK/*v. Gamm*, Vor § 705, Rdnr. 6, und Soergel/*Hadding*, 12. Aufl., Vor § 705, Rdnr. 47 f., ordnen Emissionskonsortien als Gesellschaften bürgerlichen Rechts ein, ohne eine Einteilung nach Außen- bzw. Innengesellschaften vorzunehmen. Ihre Definition der Außengesellschaft zugrunde gelegt, vgl. RGRK/*v. Gamm*, a.a.O., Rdnr. 5; Soergel/*Hadding*, a.a.O., Rdnr. 28, ist aber anzunehmen, dass sie Übernahmekonsortien als solche bezeichnen würden. Auch Beck Hdb. AG/*Harrer*, § 23, Rdnr. 170; *Horn*, Intern. Anleihen, S. 189 ff.; *Schanz*, Börseneinführung, § 9, Rdnr. 27, sprechen nicht explizit von Außengesellschaften, qualifizieren Emissionskonsortien aber als Gesellschaften bürgerlichen Rechts. Eine Sonderstellung nimmt Münch. Hdb. GesR I/*Schücking*, § 32, Rdnr. 45 ff., ein, der Emissionskonsortien zwar als Außengesellschaften ansieht, aber ihre Rechtsfähigkeit mangels Gesamthandsvermögen verneint (a.a.O., Rdnr. 47).

689 Z.B. *Lenenbach*, a.a.O., Rdnr. 7.22; Münch. Hdb. GesR I/*Schücking*, § 26, Rdnr. 49; Schwark/*Schwark*, a.a.O.; *Schwintowski/Schäfer*, a.a.O., § 23, Rdnr. 27; *H. P. Westermann*, AG 1967, 285, 287 (Außenkonsortien als Regelfall, Innenkonsortien seien zwar denkbar, hätten aber keine große Bedeutung mehr).

690 Vgl. den überwiegenden Teil der in Fn. 688 Genannten, z.B. *DeMeo*, a.a.O., 1. Kap., Rdnr. 86, 2. Kap., Rdnr. 3, 60; *Hopt*, a.a.O.; *Schönle*, a.a.O. Zweifelnd *Assmann*, ZHR 152 (1988), 371, 375 (Fn. 14) m.w.N.

691 A.A. *Kümpel*, a.a.O., Rdnr. 9.316: zwischen den einzelnen Emissionen könne ein gesellschaftsrechtlicher Vorvertrag bestehen, aus dem sich ein Anspruch der ehemaligen Konsortialmitglieder auf Berücksichtigung zu gleichen Konditionen bei der Bildung neuer Konsortien ergebe; Münch. Hdb. GesR I/*Schücking*, § 26, Rdnr. 58 f.: weitere GbR als Dachgesellschaft mit dem Zweck, bei Bedarf des Emittenten ein neues Konsortium zu bilden.

692 Nach diesem Kriterium wird allgemein die Abgrenzung zwischen Gelegenheits- und Dauergesellschaft vorgenommen, vgl. MüKo BGB/*Ulmer*, Vor § 705, Rdnr. 87 f. Damit findet der Begriff der Dauergesellschaft seine Entsprechung in der Definition des Handelsgewerbes i.S. des § 1 HGB. Emissionskonsortien, die sich zur Begleitung einer unbestimmten Anzahl von Emissionen zusammenfinden, wären folglich offene Handelsgesellschaften.

693 *Singhof*, Außenhaftung, S. 72.

schaft (Art. 266–270 ADHGB) den sachgerechteren Regelungsrahmen darstellten.[694] Nachdem die §§ 705 ff. BGB an die Stelle der Art. 266 ff. ADHGB traten, war es nur konsequent, die Konsorten als Gesellschafter einer GbR zu beurteilen.

Nach h.M. ergeben sich die folgenden Konsequenzen: Der Führungsbank (bzw. den führenden Banken, wenn mehrere die Leitung des Konsortiums übernommen haben) wird im Konsortialvertrag die Geschäftsführung gem. § 710 BGB übertragen.[695] Zugleich ist die Konsortialführerin zur Vertretung der Konsorten befugt, was sich aus § 714 BGB ergibt und in der Regel ausdrücklich im Vertrag festgeschrieben ist.[696] Die vertraglich vereinbarten Befugnisse der führenden Bank sind weitreichend: Sie wird dazu ermächtigt, jegliche Handlungen vorzunehmen, die erforderlich sind, um die Verpflichtungen aus dem Übernahmevertrag ordnungsgemäß zu erfüllen.[697] Sie kann die Angebotsbedingungen oder die Bestimmungen des Übernahmevertrags jederzeit abändern[698] und hat relative Freiheit, was die Zuteilung der Effekten anbelangt. Insbesondere kann sie bei der Allokation von den im Einladungsschreiben festgesetzten Quoten abweichen. Das gilt in jedem Fall, wenn sie den Konsorten eine geringere als die übernommene Anzahl zuweisen will.[699] Unter bestimmten Voraussetzungen ist sie außerdem dazu befugt, ohne Zustimmung der Emissionsbanken über die Quote hinauszugehen.[700] Wertpapiere, die ein Konsortialmitglied in Verletzung seiner Pflichten nicht übernimmt, kann sie unter den übrigen Banken aufteilen oder Dritten anbieten (sog. step-up-default-Klausel).[701] Die rechtliche Zulässigkeit dieser umfassenden Zuständigkeitszuweisung ist fraglich, wenn Konsortien als Gesellschaften bürgerlichen Rechts eingeordnet werden. Handlungen, die die Grundlagen der Gesellschaft oder die Beziehung der Gesellschafter zueinander betreffen, z.B. die Erhöhung oder Herabsetzung der Beiträge oder eine wesentliche Abänderung der Emissionsbedingungen, gehören nicht zur Geschäftsführung und sind damit nicht von der Vertretungsmacht i.S. des § 714 BGB umfasst.[702] Grundsätzlich ist für solche Geschäfte die Gesamtheit der Gesellschafter zuständig. Die Übertragung der Befugnis auf einen oder mehrere Geschäftsführer ist lediglich im Ausnahmefall und unter engen Voraussetzungen möglich.[703] Der BGH hat sie, was die Veränderung der Beitragshöhe anbelangt, bis-

---

694 *Sydow*, ZHR 19 (1874), 427, 436 ff.
695 Zu den Aufgaben der Konsortialführerin in Wahrnehmung ihrer Geschäftsführungsbefugnis vgl. oben § 4 I 1 a, 3 c bb.
696 Vgl. z.B. Klausel 4 IPMA-Standardkonsortialvertrag, abgedr. bei BuB/*Bosch*, Rdnr. 10/253a, b; § 1 Agreement among Underwriters, abgedr. bei BuB/*Groß*, Rdnr. 10/333e.
697 Klausel 4 IPMA-Standardkonsortialvertrag; § 1(3) Agreement among Underwriters.
698 § 1(3)(b) Agreement among Underwriters.
699 § 2(4) Agreement among Underwriters.
700 § 2(5), (7) Agreement among Underwriters.
701 Klausel 3 IPMA-Standardkonsortialvertrag; § 4 Agreement among Underwriters.
702 Ganz h.M., z.B. RGZ 162, 370, 372; BGHZ 76, 160, 164; *Hueck/Windbichler*, Gesellschaftsrecht, § 8 Rdnr. 1; *Kraft/Kreutz*, Gesellschaftsrecht, S. 117 f.
703 Vgl. MüKo BGB/*Ulmer*, § 709, Rdnr. 10; Münch. Hdb. GesR I/*v. Ditfurth*, § 7, Rdnr. 5; Soergel/*Hadding*, 12. Aufl., § 709, Rdnr. 12; Staudinger/*Habermeier*, § 709, Rdnr. 2.

lang nur in Bezug auf Publikumsgesellschaften anerkannt, die eine Sonderstellung einnehmen und mit Bankenkonsortien nicht zu vergleichen sind.[704]

Gem. § 713 BGB bestimmen sich die weiteren Rechte und Pflichten der geschäftsführenden Bank nach Auftragsrecht. Aus dieser Vorschrift i.V.m. § 665 BGB leiten Stimmen in der Literatur ein Weisungsrecht der Konsorten durch gemeinsamen Gesellschafterbeschluss ab.[705] Auch insoweit widerspricht die gesetzliche Regelung der Kompetenzverteilung im Emissionskonsortium bzw. kehrt sie geradezu um, da die führende Bank über Einzelheiten der Emissionsbegleitung eigenverantwortlich entscheidet und die Konsorten anweisen kann, Maßnahmen zu ergreifen, die sie im Zusammenhang mit der Übernahme und Platzierung für erforderlich hält.

Die Emissionsbanken sind dazu verpflichtet, den Gesellschaftszweck zu fördern (§ 705 BGB). In der Regel besteht die Aufgabe des Konsortiums neben der Übernahme der Effekten in der Platzierung und Börseneinführung, unter Umständen auch der nachfolgenden Kurspflege. Es ist umstritten, ob hieraus eine gegenüber den Mitkonsorten bestehende Pflicht der einzelnen Emissionsbank abzuleiten ist, sich um die Unterbringung der Wertpapiere zu bemühen.[706] Eine solche Pflicht besteht, wenn die Platzierung Gesellschaftszweck ist. Ein bestimmtes Ziel wird zum Gesellschaftszweck, wenn die Parteien ein gemeinsames Interesse an seiner Erreichung haben und es deswegen zum Vertragsinhalt erheben.[707] Das Interesse an der Platzierung nicht nur der jeweiligen Quote, sondern der gesamten Emission ist allen Konsortialmitgliedern gemein,[708] da sich der erfolgreiche Ablauf des Börsengangs auf das Prestige und Standing der beteiligten Banken auswirkt und über ihre zukünftigen Geschäftsaussichten entscheidet. Die Platzierung wird somit jedenfalls dann zum Vertragsinhalt, wenn sie der Übernahme- oder Konsortialvertrag als Ziel erwähnt.[709] Die Konsorten schulden indes keinen Platzierungs*erfolg*, sondern nur nachhaltige Unterbringungsbemühungen.[710]

Die Gesellschafter partizipieren am Gewinn und Verlust der Gesellschaft, und zwar nach der Grundregel des § 722 BGB zu gleichen Teilen. Hiervon weichen die Konsortialverträge ausnahmslos ab. Bei Anleiheemissionen übernehmen die Konsortialbanken die Effekten in der Regel zu einem niedrigeren Preis als dem Platzierungs-

---

704 BGH NJW 1979, 419 f. (Beitragserhöhung); 1983, 1117 f. (Beitragsherabsetzung).
705 *Hopt*, Verantwortlichkeit, Rdnr. 51; Schimansky/Bunte/Lwowski/*Grundmann*, Bankrechtshandbuch, § 112 Rdnr. 97.
706 Ablehnend z.B. BuB/*Bosch*, Rdnr. 10/33, 44, der sich zwar gegen eine Qualifizierung des Emissionskonsortiums als GbR ausspricht, die gegenseitige Pflicht zur Entfaltung von Platzierungsbemühungen aber wohl unabhängig von der Frage der Rechtsnatur verneint, sofern sie nicht ausdrücklich im Konsortialvertrag vereinbart ist.
707 Zu den Voraussetzungen für die Vergemeinschaftung des Gesellschaftszwecks vgl. MüKo BGB/*Ulmer*, § 705, Rdnr. 142, 148; Staudinger/*Habermeier*, § 705, Rdnr. 17; sowie unten c aa (1).
708 A.A. BuB/*Bosch*, a.a.O. Im Übrigen liegt die vollständige Platzierung der Emission auch im Interesse des Emittenten.
709 Das ist z.B. bei den bei BuB/*Groß*, Rdnr. 10/324, 326, abgedruckten Musterübernahmeverträgen in Präambel (E) bzw. (G) der Fall. Weiter *Hartwig-Jacob*, Vertragsbeziehungen, S. 86 ff., der eine Platzierungspflicht wohl auch ohne entsprechende vertragliche Zwecksetzung annimmt.
710 Vgl. schon oben § 4 I 2 a, c.

preis.[711] Ihr Gewinn – die Differenz zwischen Übernahme- und Verkaufspreis – ist zum einen von der übernommenen Quote, zum anderen vom Platzierungserfolg abhängig. Auch bei Aktienemissionen berechnet sich die Gewinn- und Verlustverteilung nicht nach Kopfteilen. Die Vergütung – ein bestimmter Prozentsatz des Bruttoemissionserlöses[712] – richtet sich nach der Zahl der übernommenen Effekten,[713] ein Verlust entsteht den Banken dann, wenn sie ihre Quote nicht vollständig platzieren können. Diese Vereinbarungen sind unabhängig davon zulässig, ob Emissionskonsortien als Gesellschaften bürgerlichen Rechts qualifiziert werden, da es sich bei § 722 BGB um dispositives Recht handelt.[714]

Für rechtsgeschäftliche und gesetzliche Verbindlichkeiten sollen die Emissionsbanken nach der vertraglichen Konzeption üblicherweise nicht gesamt-, sondern teilschuldnerisch in Höhe ihrer Quote haften.[715] Um dieses Ergebnis zu erreichen, weisen die Parteien im Übernahmevertrag auf die anteilige Verpflichtung hin und führen die einzelnen Konsortialmitglieder mit ihren Quoten auf. Darüber hinaus verpflichtet sich häufig nur die führende Bank zur Zeichnung der Papiere und verkauft sie im Innenverhältnis an die Konsorten weiter.[716] Für den Fall der Nichterfüllung der Übernahmepflicht durch eine Bank lässt sich die Führungsbank die Befugnis einräumen, die nicht übernommenen Effekten auf die Mitkonsorten zu verteilen. Die Mitkonsorten stehen teilschuldnerisch (pro rata) für den zusätzlichen Anteil ein, und zwar im Innenverhältnis gegenüber der Konsortialführerin[717] und bei entsprechender Vereinbarung im Übernahmevertrag auch im Außenverhältnis gegenüber dem Emittenten.[718] Die sonstigen im Übernahmevertrag festgeschriebenen Leistungen, z.B. die Verpflichtung zur Platzierung der Effekten in einer bestimmten Art und Weise, etwa unter Beachtung lokaler Restriktionen, oder zur Freistellung der Gesellschaft von Schäden und Haftungsverbindlichkeiten, die auf Fehlinformationen des jeweiligen Konsorten zurückgehen, schulden die Emissionsbanken ebenfalls teilschuldnerisch.[719] Ähnliches gilt in Bezug auf gesetzliche Ver-

711 Vgl. § 4 II 1.
712 Vgl. § 4 I 1 a.
713 Vgl. z.B. Art. 9(1) bzw. 8(1) der Muster-Übernahmeverträge, abgedr. bei BuB/*Groß*, Rdnr. 10/324, 326.
714 MüKo BGB/*Ulmer*, § 722, Rdnr. 5.
715 Vgl. zu Anleiheemissionen z.B. Art. 2(2) bzw. 2(1) der Übernahmeverträge, abgedr. bei BuB/*Bosch*, Rdnr. 10/241, 245; Klausel 2 der IPMA-Standardkonsortialverträge, abgedr. a.a.O., Rdnr. 10/253a, b; zu Aktienemissionen Art. 1(1) bzw. Präambel, Art. 2(4) der Übernahmeverträge, abgedr. bei BuB/*Groß*, Rdnr. 10/324, 325, 326.
716 Gleichwohl treten die Konsortialbanken, wie erwähnt, nach außen auf, werden Partei des Übernahmevertrags und gehen gegenüber dem Emittenten eigene Verpflichtungen (wenn auch nicht die Verpflichtung zur Übernahme der Effekten) ein.
717 Z.B. Klausel 3 IPMA-Standardkonsortialvertrag, BuB/*Bosch*, Rdnr. 10/253a, b; § 4 Agreement among Underwriters, BuB/*Groß*, Rdnr. 10/333e.
718 Z.B. Art. 11(2) Übernahmevertrag, BuB/*Groß*, Rdnr. 10/324.
719 Z.B. Art. 8(3) Übernahmevertrag, BuB/*Groß*, Rdnr. 10/324: „Jede Konsortialbank verpflichtet sich als Teilschuldner, ... die Gesellschaft ... von jeglichen Verlusten, Ansprüchen, Schäden und Haftungsverbindlichkeiten freizustellen, ... die aus ... unrichtigen Angaben in den Angebotsunterlagen entstehen[, die] ... von der betreffenden Konsortialbank ... zur Verfügung gestellt wurde[n].“

bindlichkeiten: Im Außenverhältnis soll nach der Intention der Parteien nur derjenige haften, dem schuldhaftes Verhalten anzulasten ist. Vorschriften, die eine Einstandspflicht für Mitkonsorten begründen können, werden abbedungen.[720] Im Innenverhältnis vereinbaren die Konsortialbanken bei Inanspruchnahme eines Konsortialmitglieds – häufig der führenden Bank, die gewöhnlich am finanzkräftigsten ist und im Mittelpunkt des Anlegerinteresses steht – eine Beitragspflicht entsprechend der übernommenen Quoten.[721]

Werden Emissionskonsortien als Außengesellschaften angesehen, lassen sich diese Vertragsbestimmungen größtenteils nicht mit geltendem Recht in Einklang bringen. Nach inzwischen gefestigter Rechtsprechung des BGH[722] sind die §§ 128 ff. HGB auf Gesellschaften bürgerlichen Rechts, die nach außen tätig werden, anzuwenden. Folge ist, dass die Emissionsbanken dem Emittenten als Gesamtschuldner für die Übernahme und Bezahlung der Emission haften (vgl. § 128 Satz 1 HGB), und zwar unabhängig davon, ob nur die Konsortialführerin oder alle Emissionsbanken anteilig die Effekten übernehmen, sofern nur die Konsorten Mitglieder der Außengesellschaft, d.h. Parteien des Übernahmevertrags sind. Die vorstehend erwähnte konsortialvertragliche Bestimmung, nach der die Banken den nicht übernommenen Teil der Emission im Verhältnis ihrer jeweiligen Quoten zu erwerben haben, hätte im Außenverhältnis zum Emittenten keine Wirkung.[723] Auch die weiteren Pflichten der Emissionsbanken wären nicht als Teil-, sondern als Gesamtschulden zu qualifizieren. Die Banken wären dazu gezwungen, die ordnungsgemäße Vertragserfüllung durch ihre Mitkonsorten zu überwachen und dem Emittenten bei Schlechterfüllung gegebenenfalls Schadensersatz zu leisten.[724] Die weitreichendsten und am wenigsten vorhersehbaren Folgen ergeben sich im Hinblick auf gesetzliche Verbindlichkeiten, insbesondere die Prospekthaftung gem. §§ 44, 45 BörsG, 13 VerkProspG. Sofern haftungsbegründende Handlungen der Gesellschaft zuzurechnen sind, könnten die Anleger bei Geltung der h.M. alle Mitglieder des Konsortiums auf die volle Haftungssumme in Anspruch nehmen, so gering die Beteiligung des Konsorten und so unmaßgeblich seine Mitwirkung an der Pflichtverletzung auch wären.[725]

---

720 Insbesondere bestimmen die Banken vermehrt, dass zwischen ihnen keine Gesellschaft bürgerlichen Rechts entstehen soll, vgl. § 12(1) Agreement among Underwriters, BuB/*Groß*, Rdnr. 10/333e; Klausel 8 IPMA-Standardkonsortialvertrag, BuB/*Bosch*, Rdnr. 10/253a.

721 Die genaue Ausgestaltung der Beitragspflicht variiert. Mitunter lässt sich die Konsortialführerin weitgehend von jeglicher Haftung freistellen, u.U. selbst für grob fahrlässiges eigenes Handeln. Mitunter steht allen Konsorten – nicht nur der (bzw. den) führenden Bank(en) – ein Anspruch auf pro rata Beteiligung der Mitkonsorten zu, vgl. z.B. Klausel 9 IPMA-Standardkonsortialvertrag, abgedr. Bei BuB/*Bosch*, a.a.O.; § 10 Agreement among Underwriters, abgedr. bei BuB/*Groß*, a.a.O. Die Zulässigkeit dieser Ausgleichspflichten wird unten, § 6 II 4 a, besprochen.

722 BGHZ 142, 315 = NJW 1999, 3483; BGHZ 146, 341 = NJW 2001, 1056; BGHZ 150, 1 = NJW 2002, 1642; BGHZ 154, 88 = NJW 2003, 1445; BGHZ 154, 370 = NJW 2003, 1803.

723 Das gilt mit dem Vorbehalt, dass die Emissionsbanken versuchen können, in einzelvertraglicher Abrede mit dem Emittenten den Geltungsbereich des § 128 HGB einzuschränken.

724 Das ergibt sich nicht schon aus der Natur der Gesamtschuld (vgl. § 425 Abs. 2 BGB), aber aus § 128 HGB.

725 Hierzu ausführlich unten § 6 II 2 a.

Die undifferenzierte Haftungsüberleitung wird von einigen Vertretern der h.M. als unangemessen empfunden.[726] Um den Umständen des Einzelfalls besser gerecht zu werden, regen sie an, die vom BGH für geschlossene Immobilienfonds und Bauherrengemeinschaften anerkannte Ausnahme von einer zwingenden Anwendung der §§ 128 ff. HGB auf Bankenkonsortien zu übertragen[727] oder die akzessorische Haftung davon abhängig zu machen, dass den Gründern andere geeignete Gesellschaftsformen zur Verfügung standen, mit deren Hilfe sich eine Haftungsbeschränkung hätte erreichen lassen.[728] Andere sind der Auffassung, zumindest die Prospekthaftung werde nicht von § 128 HGB erfasst, da die Prospekterstellung keine durch das Konsortium geschuldete Hauptverbindlichkeit sei.[729] Teilweise schließlich wird darauf hingewiesen, dass eine einseitige Beschränkung der Haftung auf das Gesellschaftsvermögen auch im Rahmen des § 128 HGB möglich sei, und zwar durch Begrenzung der Vertretungsmacht des handelnden Gesellschafters auf eine Verpflichtung der Gesellschaft.[730] Gelinge es dem Gesellschafter nicht, eine entsprechende Haftungsbeschränkung mit dem Vertragspartner zu vereinbaren, hänge die Verpflichtung der Gesellschaft – und damit die akzessorische Haftung der Gesellschafter – gem. § 177 Abs. 1 BGB von der Genehmigung des Vertretenen ab. Verweigere die Gesellschaft die Genehmigung, sei lediglich der handelnde Gesellschafter den Gläubigern gegenüber verantwortlich (§ 179 BGB). Um eine Benachteiligung der Gläubiger zu vermeiden, könne die zur Beschränkung der Vertretungsmacht in den Gesellschaftsvertrag aufgenommene Klausel – obwohl es sich insoweit eigentlich nicht um eine Vertragsbedingung handele, die *einer anderen Partei* gestellt werde, sondern eine gesellschaftsinterne Vereinbarung[731] – an den §§ 305 ff. BGB gemessen und unter Umständen gem. §§ 307 Abs. 2 Nr. 1, 306 a BGB für unwirksam erklärt werden.[732]

---

726 Vgl. nur Schwark/*Schwark*, KMRK, §§ 44, 45 BörsG, Rdnr. 10: „… Ausgestaltung der Konsortien … zu vielfältig" für eine generelle Anwendung des § 128 HGB.

727 Claussen/*Ekkenga*, Bank- und Börsenrecht, 4. Aufl., § 6, Rdnr. 316; *Ekkenga/Maas*, Wertpapieremissionen, Rdnr. 356; *Lenenbach*, a.a.O., Rdnr. 7.32.

728 *Wössner*, ZIP 2003, 1235, 1236 ff. (ohne Bezug auf Emissionskonsortien), der der Auffassung ist, BGHZ 142, 315, 322 f., sei in diesem Sinne zu verstehen; in diese Richtung ebenfalls MüKo BGB/*Ulmer*, § 714, Rdnr. 61.

729 *Ekkenga/Maas*, Wertpapieremissionen, Rdnr. 473 (allerdings widersprüchlich, vgl. a.a.O., Rdnr. 475: der Auffassung, dass keine unbeschränkte persönliche Haftung der Konsorten analog § 128 HGB in Betracht komme, könne „in dieser Allgemeinheit nicht gefolgt werden"). Ähnlich *Liappis*, System der Haftung der Banken bei Aktienemissionen, S. 68 ff., der in dogmatisch nicht nachvollziehbarer Weise die §§ 44 ff. BörsG als lex specialis offensichtlich des gesamten Haftungsrechts der GbR ansieht. Zur Kritik an dieser Ansicht vgl. auch unten § 6 II 2 a bb.

730 *Canaris*, ZGR 33 (2004), 69, 96 ff. Damit lässt sich ein ähnliches Ergebnis erzielen wie vormals unter Geltung der Doppelverpflichtungstheorie, vgl. hierzu Soergel/*Hadding*, 11. Aufl., § 714, Rdnr. 29 ff.

731 Vgl. zu diesem Problem die Nachweise bei C. *Schäfer*, ZIP 2003, 1225, 1233 (Fn. 81).

732 Vgl. hierzu auch unten Fn. 777.

bb. Gesellschaft bürgerlichen Rechts ohne Rechtsfähigkeit

(1) Keine Rechtsfähigkeit

Nach vereinzelt vertretener Auffassung[733] sind Emissionskonsortien zwar als Gesellschaften bürgerlichen Rechts zu beurteilen, indes kommt ihnen – und das soll wohl trotz der neuen Rechtsprechung des BGH gelten[734] – weder Rechtsfähigkeit noch Teilrechtsfähigkeit zu. Die sich hieraus ergebenden Rechtsfolgen unterscheiden sich fundamental von den vorstehend dargestellten. Das Konsortium als solches kann nicht Vertragspartner des Emittenten werden, stattdessen handelt die führende Bank in Vertretung für die einzelnen Konsorten, die nach der gesetzlichen Grundregel des § 427 BGB gesamtschuldnerisch haften, wenn nicht – was im Fall von Emissionskonsortien ausnahmslos geschieht – die Vorschrift abbedungen wird. Auch die gesetzliche Haftung trifft die Konsortialbanken nicht als Gesamtschuldner.[735] Das einzelne Konsortialmitglied muss lediglich für denjenigen Schaden aufkommen, den es selbst schuldhaft verursacht. Eine Zurechnung für fremdes Verschulden lässt sich nur schwer begründen: Die Anwendung des § 278 BGB wird überwiegend mit der Begründung abgelehnt, die Konsortialführerin handele bei Erstellung des Börsenprospekts nicht als Erfüllungsgehilfin der Mitkonsorten.[736] Ob die Konsortialführerin als Verrichtungsgehilfin anzusehen ist und somit eine Haftung der Emissionsbanken gem. § 831 BGB in Betracht kommt, ist ebenfalls sehr

---

733 *Canaris*, Bankvertragsrecht, Rdnr. 2248, 2263; *Claussen*, Bank- und Börsenrecht, 3. Aufl., § 9, Rdnr. 307, 314, der von einer „GbR sui generis" spricht (in Claussen/*Ekkenga*, 4. Aufl., § 6, Rdnr. 314 ff., wohl aufgegeben); *Grunewald/Schlitt*, Einführung in das Kapitalmarktrecht, § 9 IV; Habersack/Mülbert/Schlitt/*Schücking*, Unternehmensfinanzierung, § 26, Rdnr. 28; Münch. Hdb. GesR I/*Schücking*, § 32, Rdnr. 47; so wohl auch Staudinger/*Noack*, § 427, Rdnr. 45, für die Gelegenheitsgesellschaft, ohne indes explizit auf Emissionskonsortien einzugehen.

734 So explizit Habersack/Mülbert/Schlitt/*Schücking*, a.a.O.; *Grunewald/Schlitt*, a.a.O. (da die Bildung von Gesamthandseigentum ausgeschlossen sei, könne das Emissionskonsortium als GbR nicht rechtsfähig sein); und zumindest implizit *Claussen*, 3. Aufl., a.a.O. *Canaris* hingegen differenziert – auf Grundlage der überkommenen Lehre von der fehlenden Verpflichtungsfähigkeit der GbR (sog. traditionelle Gesamthandslehre, vgl. Fn. 912) – zwischen der Stellung der einzelnen Konsortialbanken als Vertragspartner des Emittenten und der gesamthänderischen Bindung der ihnen zustehenden Ansprüche auf Lieferung der Emission. Während das Konsortium mangels Rechtsfähigkeit nicht Partei des mit dem Emittenten abgeschlossenen Vertrags werden könne (a.a.O., Rdnr. 2263), erlangten die Konsorten keine eigenen Ansprüche gegen den Emittenten. Vielmehr bestehe ein gesamthänderisch gebundener Anspruch, d.h. ein Anspruch des Konsortiums (a.a.O., Rdnr. 2318). Nach Ansicht von *Canaris* handelt es sich bei Emissionskonsortien somit – entsprechend der oben dargestellten h.M. – um Außengesellschaften bürgerlichen Rechts, die er unter Berücksichtigung der neuen Rechtsprechung des BGH als rechtsfähig einordnen dürfte (vgl. auch *seine* Ausführungen in ZGR 33 [2004], 69 ff., insb. 103).

735 Anderes gilt bei der Prospekthaftung gem. § 44 Abs. 1 Satz 1 BörsG. Gleichwohl ist der Meinungsstreit auch im Hinblick auf §§ 44, 45 BörsG von Bedeutung: Der Prospektverantwortliche haftet gem. § 45 Abs. 1 BörsG bei leichter Fahrlässigkeit oder fehlendem Verschulden nicht. Erfolgt eine akzessorische Haftung analog § 128 HGB, kommt es auf das Verschulden des Mitkonsorten nicht an, sofern nur eine Bank vorsätzlich oder grob fahrlässig gehandelt hat. Vgl. hierzu ausführlich unten § 6 II 2 a, insbesondere cc.

736 *Hopt*, Verantwortlichkeit, Rdnr. 55; Schwark/*Schwark*, KMRK, §§ 44, 45, Rdnr. 11.

strittig.[737] Schließlich scheidet eine Zurechnung analog § 31 BGB mangels Zurechnungssubjekts (rechtsfähiger GbR) aus.[738] Im Übrigen fehlt es an einer Vorschrift, die eine Überleitung der Haftung des – rechtlich wie auch immer zu qualifizierenden – Zusammenschlusses der Emissionsbanken auf die Konsorten (entsprechend § 128 HGB) erlauben würde. Auf diese Fragen wird in anderem Zusammenhang zurückzukommen sein.[739]

Den oben[740] dargestellten Konflikt zwischen den umfassenden Geschäftsführungs- und Vertretungsbefugnissen der führenden Bank sowie der fehlenden Einflussmöglichkeit der Konsorten einerseits und der gesetzlichen Regelung des Gesellschaftsverhältnisses andererseits vermag diese Meinung unter Hinweis auf die *sui-generis* Natur des Emissionskonsortiums zu lösen. De facto handelt es sich bei emissionsbegleitenden Konsortien nach dieser Ansicht mithin weitgehend um schuldrechtliche Gebilde.[741] Lediglich im Hinblick auf die Pflicht zur Förderung des Gesellschaftszwecks, d.h. die gegenüber den Mitkonsorten bestehende Pflicht zur Übernahme und Unterbringung der Emission, verbleibt dem Gesellschaftsrecht eine gewisse, wenn auch in der Praxis geringe, Bedeutung.

(2) Strukturelemente einer organisierten Rechtsperson

Eine weitere Ansicht will die Rechtsfähigkeit der GbR davon abhängig machen, ob Strukturelemente einer organisierten Rechtsperson – Handlungsorganisation, Haftungsverband und Identitätsausstattung – vorhanden sind.[742] Weist die GbR aufgrund der Vertretungsregelung (Einzel- und nicht Gesamtvertretung), der Vermögensorganisation (gesamthänderisch gebundenes Gesellschaftsvermögen) und des Auftretens nach außen (unter einem Gesellschaftsnamen und nicht unter dem Namen der Gesellschafter) eine gewisse Nähe zur Körperschaft auf, ist sie rechtsfähig. Da die genannten Elemente beim Emissionskonsortium nicht bzw. nur teilweise vorhanden sind, wäre es somit zwar als BGB-Gesellschaft zu qualifizieren, würde aber als Rechtssubjekt ausscheiden.[743] Die Konsequenzen wären ähnlich wie nach der vorstehenden Ansicht: Insbesondere hinsichtlich der wichtigen Frage der Haftung hätte die vertragliche Regelung (Teilschuld) rechtlich Bestand, eine analoge Anwendung der §§ 31 BGB, 128 HGB käme nicht in Betracht.

---

737 Dafür *Groß*, Kapitalmarktrecht, §§ 44, 45, Rdnr. 83; BuB/*Bosch*, Rdnr. 10/145, 10/147 (analoge Anwendung); dagegen *Hopt*, a.a.O., Rdnr. 116; Schwark/*Schwark*, Kapitalmarktrechtskommentar, §§ 44, 45, Rdnr. 11.
738 Zur Anwendbarkeit des § 31 BGB auf die GbR BGH NJW 2003, 1445, 1446 f.
739 Siehe unten § 6 II 2.
740 Unter aa.
741 Das macht auch *Claussen*, 3. Aufl., a.a.O., Rdnr. 307, deutlich, wenn er feststellt, es handele sich um „ein GbR-Konstrukt …, das nach Vertragsrecht lebt."
742 So insbesondere *John*, Die organisierte Rechtsperson, S. 72 ff., 150 ff., 230 ff.; *Breuninger*, BGB-Gesellschaft als Rechtssubjekt, S. 30 ff. und passim. Jetzt auch *Ulmer*, AcP 198 (1998), 113, 126 ff.; *ders.*, ZIP 2001, 585, 593 f.
743 So *Breuninger*, a.a.O., S. 167 ff.

cc. Gemischttypischer Vertrag

Eine dritte Meinung sieht das Konsortialverhältnis als gemischttypischen Vertrag an, der sowohl gesellschafts- als auch schuld-, insbesondere kaufrechtliche Elemente enthalte.[744] Ein gesellschaftsrechtliches Verhältnis bestehe nur, wenn entweder der Erfolg (der Zweck des Zusammenschlusses) oder die Mittel, d.h. im Fall der Übernahme und Platzierung einer Emission die Effekten, vergesellschaftet seien. Nach diesen Grundsätzen bildeten die Beteiligten bei Übernahme und Bezahlung der Wertpapiere eine GbR. Die Aushandlung der Emissionsbedingungen, die Beratung des Emittenten sowie die Kurspflege seien hingegen allein Aufgabe der Konsortialführerin und damit nicht vergesellschaftet. Gleiches gelte, wenn die führende Bank als Sicherheitentreuhänderin für die Anleihegläubiger auftrete. Schließlich fehle es bei der Platzierung an einer gemeinsamen Zwecksetzung oder gebundenen Mitteln: Die Konsorten setzten die Wertpapiere auf eigenes Risiko ab; die Effekten stünden im Zeitpunkt der Platzierung im Alleineigentum der jeweiligen Bank. Die Prospekterstellung soll indes, auch wenn sie – wie im Regelfall – durch die Konsortialführerin alleine (in Zusammenarbeit mit dem Emittenten) erfolgt, zum Bereich der gesellschaftsrechtlich verfassten Aufgaben gehören.[745]

Was Haftungsfragen anbelangt, hat diese Meinung zur Folge, dass Konsorten für das Fehlverhalten einer anderen Emissionsbank lediglich im (eng begrenzten) gesellschaftsrechtlich verfassten Bereich einzustehen haben. Nur insoweit kommt eine Zurechnung fremden Verschuldens gem. §§ 31 BGB, 128 HGB oder § 278 BGB in Betracht.

dd. Mehrheit paralleler Kaufverträge

Schließlich wird die Ansicht vertreten, bei Emissionskonsortien handele es sich nicht um eine gesellschafts-, sondern eine rein schuldrechtliche Verbindung, und zwar eine „Mehrheit paralleler Kaufverpflichtungen."[746] Es bestehe ein Geflecht von rechtlich selbständigen Verträgen zwischen den einzelnen Emissionsbanken und dem Emittenten auf der einen sowie den Anlegern auf der anderen Seite, das nicht zu einer – wie auch immer gearteten – personenrechtlichen Gemeinschaft führe. Als Begründung verweisen Vertreter dieser Meinung auf die internationale, insbesondere anglo-amerikanische Praxis und die entsprechenden Klauseln in den Konsortial- und Übernahmeverträgen, die fast ausnahmslos wesentliche Merkmale

---

744 *Grundmann*, FS Boujong, S. 159, 164 ff.; Schimansky/Bunte/Lwowski/*Grundmann*, Bankrechtshandbuch, § 112 Rdnr. 88 und passim.

745 So müssen die Ausführungen bei Schimansky/Bunte/Lwowski/*Grundmann*, a.a.O., Rdnr. 99, wohl verstanden werden.

746 So ROHG 17, 197, 201; heute noch BuB/*Bosch*, Rdnr. 10/33 f.; *Ekkenga/Maas*, Wertpapieremissionen, Rdnr. 265; Marsch-Barner/Schäfer/*Meyer*, Handbuch börsennotierte AG, § 8, Rdnr. 194; wohl auch *Hartwig-Jacob*, Vertragsbeziehungen, S. 159, der ausführt, eine Qualifizierung von Emissionskonsortien als Gesellschaften bürgerlichen Rechts komme nicht in Betracht, wenn die Konsortialbanken vertraglich Abweichendes vereinbarten, ohne allerdings auf die Zulässigkeit einer solchen Klausel und die sich hieraus ergebenden rechtlichen Alternativen einzugehen.

der Gesellschaft bürgerlichen Rechts abbedingen bzw. die Rechtsform der GbR insgesamt ausschließen.

b. Kritik

aa. Rechtsfähige Gesellschaft bürgerlichen Rechts

Die Einordnung von Emissionskonsortien als rechtsfähige (Außen-)Gesellschaften bürgerlichen Rechts begegnet Bedenken. Sie wirkt vor dem Hintergrund der Funktion und vertraglichen Konzeption von Bankenkonsortien gezwungen. Insbesondere drei Argumente lassen sich hierfür anführen.

(1) Zunächst kommt der Konsortialführerin eine grundlegend andere Stellung zu als dem Geschäftsführer einer GbR. Während der Geschäftsführer *nach* Einigung aller Gesellschafter im Gesellschaftsvertrag mit der Geschäftsführungsbefugnis betraut wird, ist die Konsortialführerin die Initiatorin des Konsortiums, die den Kreis der Mitglieder eigenverantwortlich bestimmt, ihm die maßgeblichen Vorschriften zum Innen- und Außenverhältnis vorgibt und sich umfassende Befugnisse einräumen lässt. Die Zulässigkeit dieser Zuständigkeitsverlagerung ist, wie ausgeführt, problematisch.[747] Selbst wenn die Zuweisung keinen rechtlichen Bedenken begegnet, weil sie keine Grundlagenfragen umfasst, entspricht das Kompetenzmodell der §§ 705 ff. BGB nicht der Struktur, die Emissionskonsortien gewöhnlich zugrunde liegt. Bei der GbR ist die Gesamtheit der Gesellschafter für alle Gesellschaftsangelegenheiten originär zuständig. Diese Zuständigkeit bleibt nach Übertragung der Geschäftsführung subsidiär bzw. „verdeckt"[748] erhalten und kann in Fällen relevant werden, die der Gesellschaftsvertrag nicht berücksichtigt oder in denen die Entscheidung des Geschäftsführers nicht rechtzeitig eingeholt werden kann. Im Gegensatz hierzu steht die umfassende Zuständigkeit bei Emissionskonsortien originär der Führungsbank zu und nicht den (zunächst noch gar nicht bekannten) Gesellschaftern. Auch im Übrigen stellt die Parteivereinbarung eine Umkehrung der gesetzlichen Lage dar: Die Konsorten haben entgegen §§ 713, 665 BGB kein Weisungsrecht gegenüber der Konsortialführerin und können ihr die Geschäftsführungsbefugnis entgegen § 712 Abs. 1 BGB nicht entziehen.[749] Letzteres ergibt sich, auch wenn der Konsortialvertrag dazu – wie in der Regel – schweigt, schon daraus, dass die Konsorten lediglich eine untergeordnete Rolle ausfüllen, während der Emittent die Emissionsbedingungen mit der führenden Bank ausgehandelt hat und sich nun auf ihre Mitwirkung verlässt.

(2) Auch im Hinblick auf die zunehmende Internationalisierung des Emissionsgeschäfts, d.h. die vermehrte Beteiligung internationaler Investmentbanken an deutschen Börsengängen, ist die gesellschaftsrechtliche Qualifikation i.S. der Einordnung des Konsortiums als rechtsfähige Außen-GbR nicht sachgerecht: Die

747 Oben a aa.
748 So *Wiedemann*, ZGR 25 (1996), 286, 292.
749 Es ist umstritten, ob § 712 Abs. 1 BGB abdingbar ist. Bejahend die h.M., vgl. Soergel/*Hadding*, 12. Aufl., § 712, Rdnr. 5; Staudinger/*Habermeier*, § 712, Rdnr. 6, jeweils m.w.N.

Heimatrechte der Banken lassen eine vertragliche Konstruktion mit der oben dargestellten Verteilung von Verantwortungsbereichen überwiegend zu.[750] Die Beteiligten gehen vom Bestehen einer entsprechenden Möglichkeit nach deutschem Recht aus. Die mit der Qualifikation als GbR verbundene Rechtsunsicherheit würde Investitionen am inländischen Markt erschweren und zu einem wahrscheinlichen Nachlassen der Investitionstätigkeit führen. Das wäre auch für deutsche Emittenten nachteilig, die Teile der Emission häufig im Ausland platzieren möchten und hierzu auf die Expertise und die Kundenkontakte internationaler Investmentbanken angewiesen sind.

(3) Schließlich führt die neue Rechtsprechung des BGH zur GbR im Hinblick auf Haftungsfragen, die für die Praxis von besonderer Bedeutung sind, zu erheblichen Problemen. Das signifikant höhere Haftungsrisiko wirkt sich vor allem auf Banken mit geringer Quote nachteilig aus: Sie können auf die gesamte Haftungssumme in Anspruch genommen werden, ihre Provision, die sich an der Quote ausrichtet und auf der Grundlage einer teilschuldnerischen Verantwortlichkeit kalkuliert ist, deckt ein solches Risiko nicht ab. Für diese Banken wird eine Beteiligung an der Emission folglich unrentabel werden, falls es ihnen nicht gelingt, eine höhere Provision auszuhandeln.[751] Auch Befürworter einer gesellschaftsrechtlichen Einordnung von Emissionskonsortien erkennen das und halten die unterschiedslose Anwendung des § 128 HGB auf alle Außengesellschaften bürgerlichen Rechts für nicht sachgerecht. Die oben bereits teilweise angesprochenen Lösungsvorschläge lassen sich vornehmlich in zwei Gruppen einteilen. Einige Stimmen lehnen die Rechtsprechungsänderung als solche ab[752] bzw. erklären sie schlicht für verfassungswidrig (unter [a]).[753] Andere akzeptieren zwar die analoge Anwendung des § 128 HGB, versuchen aber, die Reichweite der Analogie zu begrenzen (unter [b]).[754]

(a) Die Verfassungswidrigkeit der neuen Rechtsprechung wird damit begründet, dass sie die Grenzen zulässiger Rechtsfortbildung[755] überschreite und folglich ein Judizieren *contra legem* darstelle, das gegen Art. 20 Abs. 3 GG verstoße. Wie sich insbesondere aus § 105 Abs. 1 HGB ergebe, gehe das Gesetz davon aus, dass es sich bei oHG und GbR um zwei grundsätzlich unterschiedliche Gesellschaftsformen handele: Die eine bezwecke den Betrieb eines Handelsgewerbes, die andere gerade nicht. Dieser Wertung müsse Rechnung getragen werden; die Regelungen zur oHG dürften mithin nicht in so weitgehendem Maße auf die GbR übertragen werden,

---

750 Das gilt jedenfalls für den in diesem Zusammenhang besonders wichtigen anglo-amerikanischen Rechtskreis. Vgl. zum US-amerikanischen Recht unten § 8 III 3.

751 Zu den Auswirkungen auf Rückstellungsbildung und die Eigenkapitalquote gem. § 10 KWG vgl. *Timm/Schöne*, ZGR 23 (1994), 113, 116 f.

752 *Heil*, NZG 2001, 300, 301 ff.; *Peifer*, NZG 2001, 296, 297; *Boin*, GmbHR 2001, 513 ff. Ablehnend auch *Altmeppen*, NJW 2003, 1553, 1556 ff., soweit die Analogie Deliktsschulden erfasst.

753 *Canaris*, ZGR 33 (2004), 69, 117 f.; *Stürner*, JZ 2002, 1108, 1109. Dagegen *Altmeppen*, NJW 2004, 1563 f.

754 Vgl. die oben Fn. 727 und 728 Genannten. Außerdem *Schulze*, Akzessorische Haftungsverfassung, S. 246 f.

755 Zu ihren Voraussetzungen vgl. *Larenz*, Methodenlehre, S. 370 ff. (gesetzesimmanente Rechtsfortbildung) und S. 413 ff. (gesetzesübersteigende Rechtsfortbildung).

dass keine signifikanten Unterschiede mehr zwischen den beiden Gesellschaftsformen bestünden. Die Grenze des verfassungsrechtlich Zulässigen sei noch nicht bei analoger Anwendung des § 128 HGB auf rechtsgeschäftlich begründete Verbindlichkeiten der Gesellschaft überschritten, denn insoweit sei eine Gesetzeslücke durch die Anerkennung der Rechtsfähigkeit der GbR entstanden. Eine Lücke lasse sich hingegen nicht in Bezug auf die akzessorische Haftung der Gesellschafter für deliktische Verbindlichkeiten und die Haftung des Beitretenden (§ 130 HGB) bejahen.[756] Darüber hinaus liege ein Verstoß gegen Art. 9 Abs. 1 und 12 Abs. 1 GG vor, da die Übertragung des Haftungsregimes der §§ 128–130 HGB auf Gesellschaften bürgerlichen Rechts aller Art – so auch Zusammenschlüsse Kleingewerbetreibender und Gelegenheitsgesellschaften – die Vereinigungs- und Berufsfreiheit in unverhältnismäßiger Weise beeinträchtige.[757]

Bei genauer Betrachtung der dargestellten Ansicht lassen sich zwei Begründungsstränge unterscheiden: Zum einen das Argument, eine analoge Anwendung der §§ 125 ff. HGB dürfe nicht dazu führen, dass die vom Gesetz vorausgesetzte Divergenz zwischen oHG und GbR entfalle, zum anderen die Annahme, es fehle an einer Gesetzeslücke über den oben erwähnten Umfang hinaus.[758] Vorab ist zu bemerken, dass die Bedeutung der Formel des Art. 20 Abs. 3 GG (Bindung der Rechtsprechung an „Gesetz und Recht") höchst umstritten ist.[759] Es ist keineswegs selbstverständlich, dass ein Judizieren contra legem einen Verstoß gegen Art. 20 Abs. 3 GG darstellt.[760] Unabhängig von dieser Frage sprechen die besseren Argumente dafür, die Rechtsprechungsänderung als zulässige Rechtsfortbildung anzusehen. Eine Gesetzeslücke besteht, wenn das Gesetz in einem Bereich, für den es eine vollständige Regelung anstrebt, Unvollständigkeiten aufweist.[761] Ist die gesetzliche Regelung indes „nach Wortlaut, Systematik und Sinn abschließend" oder hat der Gesetzgeber bewusst eine bestimmte Frage keiner Regelung unterworfen (sog. beredtes Schweigen), scheidet richterliche Rechtsfortbildung aus.[762] Was die Haftung der Gesell-

---

756 *Canaris*, ZGR 33 (2004), 69, 80 ff., 117 f. (außerdem gegen eine analoge Anwendung der Vertretungsregeln der §§ 125, 126 HGB).

757 *Canaris*, a.a.O., 118 ff.

758 *Canaris* kann nicht zugestimmt werden, wenn er ausführt, die Einebnung der Unterschiede zwischen GbR und oHG verstoße gegen § 105 HGB, aus der Vorschrift sei somit der Umkehrschluss zu ziehen, eine Gesetzeslücke bestehe zumindest nicht in einem Umfang, der die analoge Anwendung der §§ 125, 126, 128–130 HGB zuließe und damit alle wesentlichen Differenzen beseitige (a.a.O., 117). Beide Punkte sind streng zu trennen: die Verfassungswidrigkeit kann sich daraus ergeben, dass die Rechtsfortbildung nicht mit § 105 HGB in Einklang steht, weil sie die Verschiedenheit zwischen GbR und oHG in einem zu weitgehenden Maße nivelliert, oder dass keine Gesetzeslücke existiert. Von der Verfassungswidrigkeit der Ausfüllung einer (vermeintlichen) Lücke in einer bestimmten Weise lässt sich aber noch nicht darauf schließen, dass keine Lücke vorhanden ist.

759 Vgl. z.B. BK GG/*Wernicke*, Art. 20, Anm. II 3 e.

760 Vgl. *Larenz*, Methodenlehre, S. 428, der als Beispiel für eine zulässige Rechtsfortbildung contra legem die Anerkennung der aktiven Parteifähigkeit von Gewerkschaften entgegen § 50 ZPO (seit BGHZ 50, 325) anführt.

761 Im Einzelnen bestehen in der Literatur gewisse Unstimmigkeiten, wie Gesetzeslücken festzustellen sind, vgl. *Larenz*, Methodenlehre, S. 370 ff. m.N.

762 Vgl. z.B. BVerfGE 65, 182, 191.

schafter für rechtsgeschäftlich begründete Gesellschaftsschulden anbelangt, ist durch die Anerkennung der Rechtsfähigkeit der GbR eine Lücke entstanden, da die insoweit vom Gesetz vorgesehene Regelung der §§ 714, 427 BGB nicht mehr passt.[763] Nichts anderes gilt in Bezug auf gesetzliche Verbindlichkeiten. Grundsätzlich – wenn zwischen Parteien keine engeren als lediglich schuldrechtliche Beziehungen bestehen – kommt eine Haftung für gesetzlich begründete Verbindlichkeiten eines anderen nach der Konzeption des BGB nicht in Betracht.[764] Verneint man die Rechtsfähigkeit der GbR, betont man mithin den Charakter der Gesellschaft als eines schuldrechtlichen und weniger als eines personenrechtlichen Verhältnisses, ist das Fehlen von entsprechenden Bestimmungen nur folgerichtig. Wird die GbR hingegen, wie die oHG, als rechtsfähige personenrechtliche Verbindung eingeordnet, stellt sich die Frage, ob hinsichtlich der Behandlung gesetzlich begründeter Gesellschaftsschulden nicht eine Parallele zu anderen Gesellschaftsformen zu ziehen ist.[765] Das Fehlen von Haftungsregeln lässt sich auch nicht damit begründen, hier zeige sich ein beredtes Schweigen des Gesetzgebers: Der historische Gesetzgeber ging bis zum Entwurf der zweiten Kommission davon aus, dass es sich bei der GbR um einen losen, rein schuldrechtlichen Zusammenschluss handelt. Auf diesem Verständnis beruhen unter anderem die Vorschriften zur Vertretung der Gesellschaft und das Haftungsregime, die nach Umstellung auf das Gesamthandsprinzip nicht angepasst wurden.[766] Auch wollte der Gesetzgeber eine Entscheidung über das Wesen der gesamten Hand ausdrücklich Rechtsprechung und Lehre überlassen.[767] Er hatte mithin keine Veranlassung, eine solidarische Haftung für gesetzlich begründete Gesellschaftsschulden entsprechend dem bei der oHG gewählten Modell in Betracht zu ziehen.

Zu dem zweiten Einwand – die Analogie ebne die Eigenständigkeit der GbR gegenüber der oHG in unzulässiger Weise ein – ist folgendes anzuführen: Der BGH hat (bislang) lediglich die Vorschriften der §§ 128–130 HGB auf die GbR angewandt. Unterschiede zwischen den Gesellschaftsformen bestehen insbesondere noch im Hinblick auf die Vertretungs- sowie die Buchführungs- und Bilanzierungsregeln der §§ 125 f., 238 ff. HGB.[768] Außerdem, und das ist der eigentlich entscheidende Unterschied, bezieht sich die Analogie nicht auf die GbR „als solche", sondern auf eine bestimmte Form der Gesellschaft bürgerlichen Rechts, nämlich die Außengesellschaft. Diese Einschränkung führt – jedenfalls bei sachgerechter Interpretation und Anwendung – dazu, dass keineswegs unterschiedslos Zusammenschlüsse jeder

---

763 Ob darüber hinaus eine Gesetzeslücke im Hinblick auf Vertretungsfragen entstanden ist, wie zum Teil in der Literatur angenommen wird (z. B. *C. Schäfer*, ZIP 2003, 1225, 1233 f.), ist für die vorliegende Problematik irrelevant und soll deswegen nicht untersucht werden.

764 Z. B. beruhen die §§ 831, 832 BGB auf einer schuldhaften Verletzung eigener Pflichten. Vgl. auch *Flume*, Personengesellschaft, § 16 IV 6.

765 Damit ist noch nichts darüber ausgesagt, ob die Parallele *tatsächlich* und wenn ja, *wie* sie zu ziehen ist, sprich: wie die Gesetzeslücke auszufüllen ist. Es ist lediglich entschieden, *dass* eine Lücke existiert.

766 Ausführlich unten c bb (1).

767 Protokolle II, S. 2437 f. = Mugdan II, S. 990.

768 *Canaris*, ZGR 33 (2004), 69, 81 ff., hält das – durchaus überzeugend – für nicht ausreichend.

Art dem Haftungsregime der oHG unterstellt werden, seien sie den Personengesellschaften des Handelsrechts vergleichbar oder nicht. Es verbleibt vielmehr, wie zu zeigen sein wird,[769] Raum für sachgerechte Differenzierungen, so dass nicht die Gefahr besteht, die GbR könne zum „rohe[n] große[n] Bruder"[770] der oHG werden. Die Grenze zur Verfassungswidrigkeit ist durch die Rechtsprechungsänderung mithin weder deswegen überschritten, weil es an einer Gesetzeslücke fehlt, noch weil oHG und GbR entgegen § 105 Abs. 1 HGB keine wesentlichen Unterschiede mehr aufweisen.

Im Übrigen ist die analoge Anwendung des § 128 HGB zum Schutz des Rechtsverkehrs grundsätzlich zu begrüßen: Die Beschränkung der Haftung auf das Gesellschaftsvermögen würde angesichts fehlender Kapitalaufbringungs- und -erhaltungsvorschriften zu einer erheblichen Gläubigergefährdung führen. Dieser Gefahr ist sich auch die hier besprochene Ansicht bewusst. Sie versucht, Abhilfe durch Konstruktion einer Verhaltenshaftung der Gesellschafter für die Aufbringung und Erhaltung des Gesellschaftsvermögens zu schaffen. Der Rechtsgrund und die Voraussetzungen, unter denen eine solche Haftung bestehen soll, bleiben indes unklar.[771]

In systematischer Hinsicht ist die Ausdehnung des Anwendungsbereichs des § 128 HGB ebenfalls überzeugend: Aufgrund des eng gefassten Begriffs des Handelsgewerbes in §§ 1 ff. HGB unterfallen zahlreiche Zusammenschlüsse mit wirtschaftlicher Zielsetzung nicht den Vorschriften zur oHG, obwohl sie eine strukturelle Vergleichbarkeit mit Handelsgesellschaften aufweisen und wie diese unternehmerisch tätig sind. Die unterschiedliche haftungsrechtliche Behandlung solcher Zusammenschlüsse einerseits und der oHG bzw. KG andererseits lässt sich nicht rechtfertigen.[772]

Der hier vorgestellte Begründungsansatz stellt keine petitio principii dar, d.h. keinen logischen Schluss, der als Begründung eine These anführt, die ihrerseits noch des Beweises bedarf.[773] Im Fall einer Analogie besteht der Begründungsvorgang

---

769 Siehe unter c, insbesondere bei aa (2) und bb (3).

770 *Canaris*, a.a.O., 77.

771 Bezeichnend *Canaris*, a.a.O., 105 f., 113, der davon spricht, dass die Haftung „an eine schuldhafte Pflichtverletzung anknüpfen und dem Erfordernis der Kausalität Rechnung tragen ... müsste", jedoch keine Maßstäbe dafür anbringt, wann eine Entnahme aus dem Gesellschaftsvermögen als Pflichtverletzung anzusehen ist und wann sie kausal zu einer Gläubigerbenachteiligung führt.

772 Hierbei soll nicht verkannt werden, dass andererseits viele Zusammenschlüsse in der Form einer GbR existieren, die gerade keine strukturelle Vergleichbarkeit mit der oHG bzw. KG aufweisen, z.B. weil sie nicht erwerbswirtschaftlich tätig sind. Diese Arbeit wird versuchen, die Eigenheiten der GbR zu berücksichtigen und sachgerechte Kriterien zur Differenzierung zu entwickeln, vgl. c aa (2) und c bb (3) und passim.

773 So *Canaris*, a.a.O., 94 f., 112, dem jedoch selbst ein Zirkelschluss unterläuft, wenn er behauptet, gegen eine analoge Anwendung des § 128 HGB spräche „die Wertung der lex lata, dass die Haftung der oHG-Gesellschafter besonders ‚streng' ist, die der Mitglieder einer GbR dagegen grundsätzlich weniger ‚streng'." Denn ob das Haftungsmodell der oHG auf die GbR zu übertragen ist, soll ja gerade erst durch die Frage nach der Zulässigkeit der Analogie beantwortet werden. M.a.W.: Ob sich die Haftungsregime von oHG und GbR unterscheiden oder nicht, ist Folge der Billigung der Analogie, aber nicht ihre Voraussetzung.

darin, einen planwidrig ungeregelten mit einem hinreichend ähnlichen, gesetzlich geregelten Sachverhalt in Beziehung zu setzen. § 128 HGB bezweckt den Schutz der Gläubiger vor einem möglicherweise vermögenslosen Schuldner, mithin einen Ersatz für die bei der Personengesellschaft fehlenden Kapitalaufbringungs- und -erhaltungsvorschriften.[774] Es ist unbestritten, dass sich diese Problemlage in gleicher Weise bei der GbR wie den Personengesellschaften des Handelsrechts findet. Die Argumentation geht mithin keineswegs von einer unbewiesenen These aus.[775]

(b) Auch diejenigen Vorschläge, die grundsätzlich eine Erstreckung des Anwendungsbereichs des § 128 HGB auf die GbR anerkennen, in Einzelfällen – u.a. für Emissionskonsortien – aber eine Ausnahme zulassen wollen,[776] vermögen keine dogmatisch schlüssige Lösung zu liefern. Ausnahmen lassen sich entweder durch eine Reduktion der Analogie zu § 128 HGB (unter [aa]) oder die Annahme entsprechender vertraglicher Abreden (unter [bb]) begründen.[777] Auf beide Wege ist im Folgenden einzugehen.

---

774 Die ratio legis des § 128 HGB ist allerdings umstritten. Wie hier die h.M., z.B. BGH NJW 2003, 1803, 1804; Großk. HGB/*Habersack*, § 128, Rdnr. 1; a.A. *Canaris*, a.a.O., 111. Weitere Nachweise zu dieser Problematik bei *Altmeppen*, NJW 2003, 1553, 1555 (Fn. 29).

775 Die Frage, ob die zwischen GbR einerseits und oHG sowie KG andererseits verbleibenden Unterschiede – namentlich der Betrieb bzw. das Fehlen des Betriebs eines Handelsgewerbes – der Übertragung der gesetzlichen Wertung des § 128 HGB auf die GbR generell oder zumindest in Einzelfällen entgegenstehen, ist in diesem Zusammenhang zunächst zurückzustellen. Hierzu siehe c bb (2).

776 Insbesondere *Lenenbach*, Kapitalmarkt- und Börsenrecht, Rdnr. 7.32.

777 Im Hinblick auf rechtsgeschäftliche Schulden besteht eine weitere, wenn auch praktisch wenig relevante (vgl. *Flume*, Personengesellschaft, § 16 IV 4) Möglichkeit grundsätzlich darin, die Vertretungsmacht des handelnden Gesellschafters zu begrenzen (vgl. bereits oben a aa). Wie *Canaris*, ZGR 33 (2004), 69, 88 ff., und MüKo BGB/*Ulmer*, § 714, Rdnr. 68 f., gezeigt haben, führt die Erteilung der Vollmacht nur für den Fall, dass es dem Gesellschafter gelingt, mit dem Geschäftspartner eine Beschränkung der Haftung auf das Gesellschaftsvermögen zu vereinbaren, auch bei Geltung der Akzessorietätstheorie zu einem Ausschluss der Gesellschafterhaftung: Die Privatautonomie gebietet, dass der Vertretene den Bestand der Vollmacht im Innenverhältnis davon abhängig machen kann, dass der Vertreter im Außenverhältnis einen Vertrag bestimmten Inhalts abschließt, z.B. unter Beschränkung der Haftung auf einen Teil des Vermögens des Vertretenen. Gelingt ihm das nicht, handelt er als Vertreter ohne Vertretungsmacht, was gem. § 177 BGB zur Folge hat, dass der Vertrag mit dem Geschäftspartner schwebend unwirksam ist. Eine Abrede im Innenverhältnis führt mithin zu einer Haftungsbeschränkung, ohne dass eine entsprechende Vereinbarung mit dem Vertragspartner geschlossen worden wäre. Diese Folge könnte dadurch umgangen werden, dass die Begrenzung der Vertretungsmacht in bestimmten Fällen als eine unangemessene Benachteiligung des Vertragspartners analog § 307 Abs. 2 Nr. 1 BGB angesehen wird (analoge Anwendung, weil sich die AGB-Kontrolle nicht [nur] auf eine etwaige Haftungsbeschränkung im Vertrag mit dem Geschäftspartner bezieht, sondern auf die Begrenzung der Vertretungsmacht, bei der es sich um ein Gesellschaftsinternum und keine einem anderen gestellte Vertragsbedingung i.S. des § 305 Abs. 1 BGB handelt; die Anwendbarkeit der §§ 305 ff. BGB aus diesem Grund ganz ablehnend *Heinrichs*, NJW 1997, 1407, 1408; Staudinger/*Schlosser*, § 305b, Rdnr. 45 f.). Das schlägt *Canaris*, a.a.O., 100 ff., für den Regelfall vor und will Ausnahmen – in Anlehnung an die sogleich im Text darzustellende Rechtsprechung des BGH, allerdings mit abweichender Begründung – insbesondere bei geschlossenen Immobilienfonds und Gesellschaften mit ideeller Zwecksetzung, aber auch beim Emissionskonsortium, zulassen. Der BGH ist einen anderen Weg gegangen: Er hält eine Haftungsbeschränkung durch einseitigen Akt der Gesellschaft grundsätzlich nicht für möglich. Die Begrenzung der Haftung werde im Außenverhältnis nur dann wirksam, wenn die Parteien sie in den individuell ausgehandelten Vertrag aufnähmen, (aa) Der BGH erstreckt die zwingende gesamtschuldnerische Haftung der Gesellschafter für rechtsgeschäftlich begründete oder gesetzliche Gesellschaftsschulden auf Außengesellschaften aller Art.[778] Er differenziert nicht danach, ob die GbR unternehmerisch tätig ist oder ideelle Zwecke verfolgt, ob sie auf Dauer angelegt oder eine Gelegenheitsgesellschaft ist, ob sie mit oder ohne Identitätsausstattung auftritt, ob sie sich auf die Verwaltung von Vermögen beschränkt oder erwerbswirtschaftlich handelt. Eine Ausnahme hat er lediglich für Bauherrengemeinschaften angenommen: Die künftigen Wohnungseigentümer haften für die Herstellungskosten (Aufbauschulden), nicht aber die Verwaltungskosten, nur anteilig entsprechend dem Wert der jeweiligen Wohnung (Teilschuldnerschaft gem. § 420 BGB).[779] Der BGH hat dieses Ergebnis im Grundsatzurteil BGHZ 75, 26 – durchaus sachgerecht – mit der besonderen Interessenlage begründet, die in diesen Fällen besteht. Der Vertragspartner der Wohnungseigentümer – der Bauhandwerker – kann vernünftigerweise nicht erwarten, dass die Besteller, die einen Bauauftrag gemeinschaftlich vergeben, die Kosten der Herstellung der Wohnanlage gesamtschuldnerisch tragen wollen. Ein solches Haftungsrisiko „würde regelmäßig weit über das den einzelnen Wohnungseigentümern wirtschaftlich und sozial Zumutbare hinausgehen."[780] Die Zweifelsregelung des eigentlich anwendbaren § 427 BGB ist deswegen widerlegt. Nach der neuen Rechtsprechung kann diese Begründung keinen Bestand haben, da die Gesamtschuld nicht aufgrund der gemeinschaftlichen Verpflichtung mehrerer zu einer teilbaren Leistung (§ 427 BGB) entsteht, sondern kraft Gesetzes (§ 128 Satz 1 HGB). Der BGH bietet im Folgeurteil BGHZ 150, 1, dem bereits die Akzessorietätstheorie zugrunde liegt, keine Erklärung für die Fortgeltung der Rechtsprechung.[781] Teile der Literatur schlagen folgendes vor, um das Ergebnis des BGH dogmatisch zu untermauern: Der handelnde Gesellschafter verpflichte in diesen Fällen nicht die Gesellschaft, sondern nur die Gesellschafter, und zwar als

---

BGHZ 142, 315, 320 ff. Als Begründung hierfür beruft sich das Gericht, a.a.O., 319, auf einen „allgemeinen Grundsatz des bürgerlichen Rechts und des Handelsrechts, dass derjenige, der als Einzelperson oder in Gemeinschaft mit anderen Geschäfte betreibt, für die daraus entstehenden Verpflichtungen mit seinem gesamten Vermögen haftet, solange sich aus dem Gesetz nichts anderes ergibt oder mit dem Vertragspartner keine Haftungsbeschränkung vereinbart wird." Ob ein solcher Grundsatz existiert und dazu führt, dass entgegen § 177 Abs. 1 BGB die Gesellschaft haftet (und damit akzessorisch auch die Gesellschafter), erscheint indes zweifelhaft, vgl. die Ausführungen bei *Canaris*, a.a.O., 91 ff.; *Petersen/Rothenfußer*, GmbHR 2000, 757, 762 f.; *Ulmer*, ZGR 29 (2000), 339, 346 f.; *dems.*, ZIP 1999, 554, 556. Andere wollen den Begründungsmangel in dem Urteil des BGH dadurch heilen, dass sie § 126 Abs. 2 HGB analog heranziehen (*C. Schäfer*, ZIP 2003, 1225, 1233 f.), eine unwiderlegliche Vermutung für die Vertretungsbefugnis der Geschäftsführer bei einem Tätigwerden im Geschäftsbereich annehmen (*Wiedemann*, JZ 2001, 661, 664) oder den Rechtsgedanken des § 128 Satz 2 HGB fruchtbar machen (*Schöpflin*, Der nichtrechtsfähige Verein, S. 403 f., 426: es liege in der Eigenart der Akzessorietät, dass sie nicht einseitig durch die Gesellschafter ausgeschlossen werden könne). Vgl. hierzu auch unten c bb (2).

778 BGHZ 146, 341 = NJW 2001, 1056 (rechtsgeschäftlich begründete Verbindlichkeiten); BGHZ 154, 88 = NJW 2003, 1445 (gesetzliche Verbindlichkeiten). Im Übrigen gilt die Haftung auch für Altschulden, die vor dem Beitritt des Gesellschafters entstanden sind, vgl. BGH NJW 2003, 1803 = ZIP 2003, 899 (Analogie zu § 130 HGB).

779 BGHZ 150, 1, 6 = NJW 2002, 1642; Fortführung von BGHZ 75, 26.

780 BGHZ 75, 26, 28.

781 Näher zur Rechtsprechung des BGH in Bezug auf Bauherrengemeinschaften unten c bb (3).

Teilschuldner.[782] Eine solche Konstruktion ist sachgerecht, aber davon abhängig, dass das Auftreten des Gesellschafters nach allgemeinen Auslegungsgrundsätzen in diesem Sinn gewertet werden kann.[783] Außerdem hat sie den Nachteil, dass sie nur für rechtsgeschäftlich begründete Verbindlichkeiten eine akzeptable Lösung bietet, nicht aber z.B. für die hier besonders interessierende Haftung gem. §§ 44, 45 BörsG.

Eine weitere Möglichkeit, das Ergebnis des BGH konstruktiv zu begründen, ist die Reduktion der Analogie zu § 128 HGB für Bauherrengemeinschaften. Es ist indes nicht ersichtlich, auf welche Kriterien der BGH die Reduktion – sofern es sich nach seiner Auffassung um eine solche handelt – stützen will. Einen vergleichbaren Fall, den vermögensverwaltenden geschlossenen Immobilienfond, beurteilt das Gericht anders.[784] Um ein verallgemeinerungsfähiges Abgrenzungskriterium zu gewinnen, könnte man daran denken, die Analogie von einer weitgehenden strukturellen Vergleichbarkeit der Gesellschaft mit der oHG bzw. KG abhängig zu machen. Die akzessorische Gesellschafterhaftung ließe sich etwa auf unternehmerisch tätige[785] oder – weniger weitgehend, d.h. auch die Gelegenheitsgesellschaft erfassend – erwerbswirtschaftlichen Zwecken dienende Gesellschaften[786] beschränken. Bei genauerem Hinsehen erweist sich die Entwicklung einer überzeugenden Trennlinie jedoch als problematisch, und zwar nicht nur, weil den Begriffen des Unternehmens und der erwerbswirtschaftlichen Zielsetzung deutliche Konturen fehlen:[787] Publikumspersonengesellschaften etwa können erwerbswirtschaftlich tätig sein; trotzdem ist weitgehend unbestritten, dass eine unbeschränkbare akzessorische Haftung aller Gesellschafter unangemessen ist.[788] Andererseits ist durchaus fraglich, ob bzw. wann Gelegenheitsgesellschaften mit den Personengesellschaften des Handelsrechts vergleichbar sind: Soll die Analogie z.B. bei jeder Gesellschaft, die die Voraussetzungen des Gewerbebegriffs des § 1 Abs. 2 HGB mit Ausnahme des auf Dauer eingerichteten Gewerbetriebs erfüllt, bejaht werden? Wenn nein, existiert eine zeitliche Grenze, ab der die Vergleichbarkeit so groß ist, dass sie eine analoge Anwendung des § 128 HGB gebietet? Klar erscheint, dass die Anwendung des § 128 HGB zumindest im Hinblick auf manche Gelegenheitsgesellschaften, etwa die häufig

---

782 *Karsten Schmidt*, Gesellschaftsrecht, 4. Aufl., § 60 III 1 a (Beispiel Nr. 33).

783 Das ist z.B. der Fall, wenn der handelnde künftige Wohnungseigentümer (oder ein Vertreter) bei der Auftragsvergabe ein Verzeichnis aller Bauherren mit Bezifferung der Höhe der jeweiligen Miteigentumsanteile übersendet, wie in BGHZ 75, 26 geschehen. Vgl. aber auch BGHZ 76, 86: Teilschuldnerische Haftung, obwohl der Baubetreuer im Werkvertrag die einzelnen Bauherren weder namentlich noch mit ihrer Quote aufführte.

784 Vgl. hierzu sogleich im Text.

785 Z.B. unter Rückgriff auf den von *Karsten Schmidt*, Handelsrecht, § 4 I 2 b, entwickelten Unternehmensbegriff: Merkmale sind Selbständigkeit, die Ausübung einer anbietenden und entgeltlichen rechtsgeschäftlichen Tätigkeit am Markt sowie Planmäßigkeit und Ausrichtung auf Dauer. Eine solche GbR wird mitunter als Mitunternehmer-BGB-Gesellschaft bezeichnet, d.h. Gesellschaft mit nichtgewerblichem Unternehmen oder mit kleingewerblichem bzw. Land- und Forstwirtschaftsunternehmen, die nicht im Handelsregister eingetragen ist, vgl. *Karsten Schmidt*, Gesellschaftsrecht, § 58 II 4 a; *dens.*, NJW 2001, 993, 1002. Ablehnend *Habersack*, BB 2001, 477, 478.

786 Das zieht MüKo BGB/*Ulmer*, § 714, Rdnr. 62, in Betracht.

787 Zu den Schwierigkeiten der Bestimmung einer erwerbswirtschaftlichen Tätigkeit vgl. z.B. BGH NJW 1994, 392, 393.

788 Vgl. MüKo BGB/*Ulmer*, § 714, Rdnr. 66.

über einen langen Zeitraum hinweg tätigen Arbeitsgemeinschaften im Baugewerbe, gerechtfertigt ist. Aufgrund dieser Unsicherheiten hat es der BGH in seinen Grundsatzurteilen zum Haftungsregime der GbR abgelehnt, die Analogie zur oHG auf einen bestimmten Typus von Außengesellschaft zu beschränken.[789]

Ebenso unbefriedigend ist der Vorschlag, die akzessorische Haftung davon abhängig zu machen, dass den Gründern eine andere geeignete Gesellschaftsform zur Verfügung stand, die eine Haftungsbeschränkung zugelassen hätte, d.h. insbesondere für Freiberufler die Partnerschaftsgesellschaft (§ 8 Abs. 2 PartGG) und für Gesellschafter einer Handelsgesellschaft i.S. des § 105 Abs. 1 HGB oder einer kleingewerblichen bzw. vermögensverwaltenden Gesellschaft gem. § 105 Abs. 2 HGB die KG.[790] Zunächst wirft dieser Lösungsansatz die Frage auf, was unter einer *geeigneten* anderen Gesellschaftsform zu verstehen ist. Die Beteiligten haben grundsätzlich immer die Möglichkeit, auf Kapitalgesellschaften zurückzugreifen, um der persönlichen Haftung zu entgehen;[791] unter Umständen ist die Wahl der GmbH oder AG lediglich unpraktisch. Bei der Frage geht es also letztlich darum, wann den Parteien ein Rückgriff auf Gesellschaften mit beschränkter persönlicher Haftung *zumutbar* ist. Insbesondere bei Gelegenheitsgesellschaften lassen sich hierfür nur schwer klare Kriterien finden; es kommt wieder auf die Dauer des Zusammenschlusses und den Umfang der gemeinschaftlich übernommenen Verpflichtungen an.[792] Abgesehen von diesen Schwierigkeiten führt die vorgeschlagene Abgrenzung zu willkürlichen Ergebnissen: Bauherrengemeinschaften und geschlossene Immobilienfonds sind nicht auf die Rechtsform der GbR angewiesen; Kapital- oder Kommanditgesellschaften (über § 105 Abs. 2 HGB) stellen geeignete Alternativen dar.[793] Auch ideelle Verbindungen haben oftmals die Möglichkeit, auf andere Rechtsformen auszuweichen, z.B. den Idealverein gem. § 21 BGB.[794] In allen diesen Fällen wäre folglich die akzessorische Haftung zu bejahen.[795] Andererseits wären Parteien, die sich nur für kurze Zeit zu erwerbswirtschaftlichen Zwecken zusammenschließen, vor einer

---

789 BGHZ 142, 315; 146, 341.

790 Vgl. zu Vertretern dieser Ansicht oben Fn. 728.

791 Rechtsanwälten z.B. steht sowohl die Gründung einer GmbH (§ 59 c Abs. 1 BRAO) als auch einer AG (BGH Beschluss v. 10.01.2005, AnwZ [B] 27/03 u. 28/03) offen.

792 *Wössner*, ZIP 2003, 1235, 1237, will wohl nur die Gesellschafter einer „auf kurze Dauer angelegten und spontan gegründeten“, nicht aber jeder Gelegenheitsgesellschaft von der akzessorischen Haftung ausnehmen. Er geht indes nicht darauf ein, wann eine Gesellschaft von „kurzer“ Dauer und wann sie „spontan“ gegründet ist.

793 Das erkennt auch *Wössner*, a.a.O., der Bauherrengemeinschaften und Immobilienfonds folgerichtig als nicht privilegierungsbedürftige Gesellschaften einordnet, für deren Schulden die Gesellschafter akzessorisch hafteten.

794 Die Haftung ist beim Idealverein nach ganz h.M. entgegen § 54 Satz 1 BGB, der wegen seines nicht mehr vertretbaren rechtspolitischen Zwecks nur eingeschränkt angewandt wird, sogar dann auf das Vereinsvermögen beschränkt, wenn der Verein nicht im Vereinsregister eingetragen ist (hinzu tritt in diesem Fall lediglich die Handelndenhaftung gem. § 54 Satz 2 BGB), vgl. BGH NJW 1957, 1186 f.; NJW 1979, 2304, 2306 (für den Verein mit wirtschaftlicher Zwecksetzung); aus der Literatur Staudinger/*Weick*, § 54 Rdnr. 53 m.w.N.

795 Differenzierend MüKo BGB/*Ulmer*, § 714, Rdnr. 61, der nur bei Zusammenschlüssen zur Verfolgung erwerbswirtschaftlicher Ziele nach der Möglichkeit des Ausweichens auf haftungsprivilegierte Gesellschaftsformen fragen will.

analogen Anwendung des § 128 HGB bewahrt, selbst wenn sie nach außen unter einem gemeinsamen Namen auftreten[796] und Gläubigern gegenüber den Eindruck vermitteln, es handele sich um eine auf Dauer angelegte Unternehmung. Für sie wird die Gründung einer Kapitalgesellschaft nämlich häufig nicht sinnvoll sein, während die KG in der Regel mangels Betriebs eines Handelsgewerbes ausscheidet.[797]

Die Reduktion der Analogie in Einzelfällen bietet demnach keinen überzeugenden Lösungsansatz. Sie führt zu einer Kasuistik, die der Rechtssicherheit in höchstem Maße abträglich ist, und lässt sich methodisch nur schwer begründen. Auch wäre sie für den hier interessierenden Fall – die Haftung von Emissionskonsortien – nur bedingt von Nutzen: Bankenkonsortien sind weder mit Bauherrengemeinschaften vergleichbar, noch fehlt es an einer erwerbswirtschaftlichen Zweckverfolgung. Die Mehrzahl der oben vorgestellten Abgrenzungskriterien würde dem Problem der gesamtschuldnerischen Haftung aller Konsortialmitglieder somit nicht abhelfen.

(bb) Stimmiger ist das Abstellen auf vertragliche Vereinbarungen zur Begründung des Ausschlusses der gesamtschuldnerischen Haftung. § 128 HGB ist abdingbar, wofür allerdings, wie sich aus Satz 2 der Vorschrift ergibt, eine entsprechende Klausel im Gesellschaftsvertrag nicht genügt. Erforderlich ist vielmehr eine Vereinbarung mit dem Gläubiger, die grundsätzlich auch stillschweigend getroffen werden kann.[798] In seiner jüngeren Rechtsprechung hat der BGH die Möglichkeit der Gesellschafter, auf diesem Wege eine Haftungsbeschränkung herbeizuführen, erheblich eingeschränkt: In seinem Urteil vom 27. September 1999,[799] das eine GbR zum Betrieb einer Recyclinganlage betraf, stellte das Gericht fest, dass die Haftung für Gesellschaftsschulden „nicht durch einen entsprechenden Namenszusatz [im Fall: GbR mbH] oder einen anderen, den Willen, nur beschränkt zu haften, verdeutlichenden Hinweis" begrenzt werden kann. Eine konkludente Abbedingung des § 128 HGB lässt sich somit nicht schon dann annehmen, wenn die Gesellschafter auf die beschränkte Haftung hinweisen und der Vertragspartner nicht widerspricht. In der Entscheidung vom 21. Januar 2001[800] bestätigte und präzisierte der BGH seine

796 So regelmäßig bei Arbeitsgemeinschaften im Baugewerbe, vgl. § 2.1 Mustervertrag (1987) des Hauptverbands der deutschen Bauindustrie. Rechtsprechung und h.L. gehen dementsprechend – unabhängig von der Dauer der ARGE – von der akzessorischen Haftung analog § 128 HGB aus, vgl. BGHZ 146, 341; Staudinger/*Peters*, § 631, Rdnr. 23.

797 So zumindest die bis vor kurzem ganz h.M., vgl. zur ARGE BGHZ 146, 341; 86, 300; 72, 267; 64, 122. Nunmehr differenzierend OLG Dresden, DB 2003, 713, 714: Die wirtschaftliche Entwicklung erfordere, „dass der Gewerbebegriff weniger stark als bislang durch das Zusammentreffen formalisierter Kriterien definiert wird und mehr Raum für eine funktionale und zweckorientierte Betrachtung verbleibt. Hiervon ausgehend können – je nach Lage des Falles – Arbeitsgemeinschaften gewerblich tätig ... sein." Ebenso OLG Frankfurt, Beschl. v. 10.12.2004 – 21 AR 138/04 (LS in ZIP 2005, 1559): oHG, wenn die ARGE in einem kaufmännisch eingerichteten Betrieb ein Bauvorhaben von erheblichem Umfang ausführt (LS 3). Kritisch zur Entscheidung des OLG Dresden *Karsten Schmidt*, DB 2003, 703 ff.

798 Baumbach/Hopt/*Hopt*, § 128, Rdnr. 38.

799 BGHZ 142, 315. Dem BGH folgend OLG Stuttgart, NZG 2002, 84 f.

800 BGHZ 150, 1.

Rechtsprechung: Eine formularmäßige Haftungsbeschränkung ist wegen Verstoßes gegen § 307 BGB unwirksam, zum Ausschluss der persönlichen Haftung bedarf es einer individualvertraglichen Abrede mit dem Geschäftspartner. Eine Ausnahme erkannte das Gericht für geschlossene Immobilienfonds an.[801] Aufgrund der besonderen Interessenlage – Gesellschafter sehen die Beteiligung an Immobilienfonds als reine Kapitalanlage an, eine persönliche Haftung für das gesamte Emissionsvolumen ist ihnen nicht zumutbar und wird vom Rechtsverkehr auch nicht erwartet – genüge der formularmäßige Haftungsausschluss, sofern er gem. § 305 Abs. 2 BGB wirksam in den Vertrag mit der anderen Partei einbezogen werde.[802] In einem solchen Fall ist also – das erwähnt der BGH zwar nicht eindeutig, aber so ist seine Entscheidung zu verstehen – davon auszugehen, dass die vorformulierte Vertragsbedingung den Geschäftspartner nicht unangemessen i.S. des § 307 Abs. 2 BGB[803] benachteiligt. Dieses Modell ist sachgerecht und bietet das notwendige Maß an Flexibilität, um auf verschiedene Erscheinungsformen der GbR eingehen zu können. Es lässt sich z.B. auf Bauherrengemeinschaften oder Gesellschaften mit ideeller Zwecksetzung übertragen, sofern die Gesellschafter nur deutlich machen, dass sie nicht persönlich haften wollen, und ein (unter Umständen stillschweigend erklärtes) Einverständnis des Vertragspartners angenommen werden kann.[804] Die Konstruktion weist allerdings das Problem auf, dass sie auf gesetzliche Verbindlichkeiten keine Auswirkungen hat.[805] Für die Zwecke der vorliegenden Untersuchung bietet sie mithin ebenfalls keine vollends befriedigende Lösung.

Es bleibt festzuhalten, dass die Einordnung von Emissionskonsortien als Gesellschaften bürgerlichen Rechts schwerwiegende Haftungsimplikationen nach sich zieht, die sich nicht ohne weiteres durch restriktive Interpretation der Rechtsprechung des BGH, Reduktion der Analogie zu § 128 HGB oder vertragliche Abreden beseitigen lassen.

bb. Gesellschaft bürgerlichen Rechts ohne Rechtsfähigkeit

Auch die Klassifizierung von Emissionskonsortien als „Gesellschaften bürgerlichen Rechts *sui generis*", hinsichtlich derer die gesetzlichen Vorschriften zur GbR keine Anwendung finden, ist nicht stichhaltig. So wird zwar einerseits betont, dass ein Numerus Clausus der Gesellschaftsformen bestehe und die Emissionsbanken somit

---

801 In dem vom BGH entschiedenen Fall sah der Gesellschaftsvertrag des beklagten Immobilienfonds vor, dass die Gesellschafter gegenüber Gesellschaftsgläubigern nur mit dem Gesellschaftsvermögen hafteten.
802 BGHZ 150, 1, 5 f.
803 Einschlägig ist wohl am ehestens die Nr. 1 des Abs. 2: Nach der neuen Rechtsprechung des BGH ist ein wesentlicher Grundgedanke der Regelungen zur Außengesellschaft bürgerlichen Rechts die persönliche Haftung der Gesellschafter. So auch MüKo BGB/*Ulmer*, § 714, Rdnr. 65; *Ulmer*, ZGR 29 (2000), 339, 348; ähnlich *Canaris*, ZGR 33 (2004), 69, 100.
804 Zu den für eine Interessenabwägung gem. § 307 Abs. 2 BGB maßgeblichen Kriterien vgl. MüKo BGB/*Ulmer*, § 714, Rdnr. 66.
805 Ein vertraglicher Ausschluss der gesetzlichen Haftung lässt sich nur durch nachträglichen Erlassvertrag erreichen (MüKo BGB/*Ulmer*, § 714, Rdnr. 63). Für die Prospekthaftung mit ihrer häufig großen Zahl an Anspruchsberechtigten ist das weder praktikabel noch realistisch.

keinen Einfluss auf die rechtliche Qualifikation ihres Zusammenschlusses hätten,[806] andererseits aber eben doch eine Gesellschaftsform *sui generis* angenommen, die entgegen der Rechtslage bei der GbR nicht rechtsfähig sei, kein Gesamthandsvermögen bilde und keine gesamtschuldnerische Haftung nach sich ziehe.[807] Eine dogmatisch tragfähige Begründung hierfür fehlt völlig.[808]

Die Verknüpfung von Rechtsfähigkeit und dem Vorhandensein bestimmter Strukturelemente einer organisierten Rechtsperson, erstmals im Jahr 1977 vorgeschlagen,[809] konnte sich ebenfalls nicht durchsetzen. Auch wenn ihr im Ansatz eine gewisse Überzeugunkskraft zukommt und sie in bestimmten Fällen (z.B. dem Emissionskonsortium) zu sachgerechten Ergebnissen führt, ist eine trennscharfe Unterteilung in rechtsfähige und nicht rechtsfähige Gesellschaften anhand der angeführten Abgrenzungsmerkmale nicht immer möglich.[810] Zudem fehlt es mitunter an der sachlichen Rechtfertigung der Ab- bzw. Zuerkennung der Rechtsfähigkeit, was bei einem Abstellen auf größtenteils formale Kriterien nicht überraschen kann.[811]

cc. Gemischttypischer Vertrag

Die dritte der oben näher dargestellten Auffassungen versteht es, die strengen Folgen des Gesellschaftsrechts zu vermeiden, indem sie nur Teile der konsortialvertraglichen Verpflichtungen als genuin gesellschaftsrechtlich ansieht. Unklar bleibt allerdings, wieso sie die Vereinbarung zwischen den Konsortialbanken als gemischttypischen Vertrag qualifiziert.[812] Ein gemischttypischer Vertrag liegt vor, wenn Ele-

---

806 *Claussen*, Bank- und Börsenrecht, 3. Aufl., § 9 Rdnr. 307.
807 *Claussen*, a.a.O., Rdnr. 314.
808 Es ist bezeichnend, dass *Claussen*, a.a.O., lediglich lapidar vermerkt, Emissionskonsortien stellten Zusammenschlüsse gem. §§ 705 ff. BGB, „natürlich ohne eigene Rechtspersönlichkeit und ohne eigene Teilrechtsfähigkeit“, dar.
809 *John*, Die organisierte Rechtsperson. Weitere Vertreter dieser Ansicht finden sich in Fn. 742.
810 Vgl. z.B. *Breuninger*, BGB-Gesellschaft als Rechtssubjekt, S. 195, der Arbeitsgemeinschaften im Baubereich angesichts der in der Regel vorhandenen Handlungsorganisation und Identitätsausstattung als Rechtsträger anerkennt, andererseits wegen der beschränkten Dauer des Zusammenschlusses Einschränkungen beim Umfang der Rechtsfähigkeit für geboten hält.
811 Z.B. *Breuninger*, a.a.O., S. 161 ff., der konstatieren muss, dass Bauherrengemeinschaften häufig unter einem Namen auftreten und über eine Handlungsorganisation verfügen, die durch einen Baubetreuer repräsentiert wird. Das offensichtlich als unangmessen empfundene Ergebnis, dass die Bauherrengemeinschaft Träger der Rechte und Pflichten aus den Bauverträgen wird, will er dadurch abwenden, dass er die Bezeichnung, unter der die Bauherrengemeinschaft im Rechtsverkehr auftritt, nicht als „selbständige Identitätsausstattung eines Bauherrn in Gestalt der BGB-Gesellschaft“ (a.a.O., S. 161), sondern als Abkürzung für die einzelnen Gesellschafter wertet. In ähnlicher Weise interpretiert er die gemeinsame Handlungsorganisation nicht als Vertretung der verselbständigten GbR, sondern „der Bauherren in [nicht rechtsfähiger] BGB-Gesellschaft“ (a.a.O., S. 162). Eine solche Auslegung der Abgrenzungskriterien ist rein ergebnisorientiert und nivelliert jeden Rechtssicherheit gewährleistenden Rechtssatz. Die Arbeit wird das Problem unten, c bb (3), im Zusammenhang mit der Abgrenzung zwischen Innen- und Außengesellschaft wieder aufgreifen. Vgl. dort zu weiteren Beispielen und Einzelheiten.
812 Schimansky/Bunte/Lwowski/*Grundmann*, Bankrechtshandbuch, § 112, Rdnr. 88 ff., ist wohl so zu verstehen, dass der Konsortialvertrag neben gesellschaftsrechtlichen Elementen Merkmale eines Absatzvertrags und einer Bruchteilsgemeinschaft enthält.

mente verschiedener gesetzlich geregelter Vertragstypen miteinander kombiniert werden, d.h. wenn sich die vertraglich vereinbarten Leistungen oder Bestandteile einer Leistung mehreren Vertragstypen zuordnen lassen.[813] Es ist unbestritten, dass das Konsortialgeschäft – als Ganzes betrachtet – aus mehreren, rechtlich unterschiedlich zu qualifizierenden Verträgen besteht, die nicht nur gesellschaftsrechtlicher Natur sind. Der Konsortialvertrag als einzelnes Rechtsverhältnis ist demgegenüber nur dann ein gemischttypischer Vertrag, wenn er neben Merkmalen eines Gesellschaftsvertrags (Einigung auf einen gemeinsamen Zweck und die Art seiner Verwirklichung)[814] Leistungspflichten enthält, die zu anderen Vertragstypen gehören. Viele der konsortialvertraglichen Regelungen, etwa die Bestimmungen zur Übernahme der Effekten und zu den Absatzbemühungen der Emissionsbanken, verlangen den Abschluss weiterer schuld-, insbesondere kaufrechtlicher Rechtsgeschäfte. Sie begründen indes nicht selbst diese anderstypischen Obligationen, sondern verkörpern Aspekte der gesellschaftsrechtlichen Förderpflicht. Um die Reichweite der Förderpflicht zu ermitteln, ist danach zu fragen, welche Zwecke die gesellschaftsrechtliche Verbindung verfolgt (nur Übernahme oder auch Platzierung der Wertpapiere und unter Umständen Kurspflege). Diese Frage ist nicht auf die Weise zu beantworten, dass *a priori* eine Unterteilung in bestimmte gesellschaftsrechtlich verfasste und nicht gesellschaftsrechtlich verfasste Bereiche vorzunehmen wäre.[815] Vielmehr kommt es auf die Vereinbarung der Parteien an, denen es überlassen bleibt, den Gesellschaftszweck weit oder eng zu fassen. Der Konsortialvertrag ist mithin auszulegen. Wenn er detaillierte Regelungen zu einem bestimmten Punkt, etwa der Platzierung, enthält,[816] ist davon auszugehen, dass dieser Punkt Teil der gemeinschaftlichen Zwecksetzung ist.[817] Enthält er keine solchen Regelungen (und sind sie auch nicht durch – unter Umständen ergänzende – Vertragsaus-

---

813 *Larenz/Canaris*, Schuldrecht II/2, § 63 I 1 (Unterteilung in Typenkombination – die Elemente der mehreren gesetzlich geregelten Vertragstypen beziehen sich auf unterschiedliche Bestandteile der Leistung – und Typenverschmelzung – eine einzige Leistung steht zwischen zwei oder mehr Vertragstypen).

814 Hier soll zunächst nur hypothetisch davon ausgegangen werden, dass durch den Zusammenschluss von Emissionsbanken tatsächlich eine GbR entsteht, um auf das Problem des gemischttypischen Gesellschaftsvertrags eingehen zu können. Zu der Frage, ob bzw. wann das Emissionskonsortium als GbR zu qualifizieren ist, vgl. unten c aa (1).

815 So Schimansky/Bunte/Lwowski/*Grundmann*, a.a.O., Rdnr. 89 ff. (gesellschaftsrechtlich verfasste Bereiche) und Rdnr. 101 ff. (nicht gesellschaftsrechtlich verfasste Bereiche).

816 Vgl. z.B. § 2 Agreement among Underwriters, abgedr. bei BuB/*Groß*, Rdnr. 10/333e. Selbst ohne detaillierte Regelung im Konsortialvertrag spricht die Vermutung dafür, dass die Platzierung Bestandteil der gesellschaftsrechtlichen Förderpflicht ist, da in aller Regel die vollständige und in bestimmter Weise durchgeführte Unterbringung der Effekten Voraussetzung für den Erfolg der Emission ist, vgl. I 1 b bb.

817 Das gilt selbst dann, wenn nur die Konsortialführerin handeln soll, z.B. bei Kurspflegemaßnahmen (a.A. Schimansky/Bunte/Lwowski/*Grundmann*, a.a.O., Rdnr. 102). Indem sich die Emissionsbanken auf eine bestimmte Vorgehensweise zur Erreichung eines bestimmten Ziels einigen, machen sie dieses Ziel zu einem gemeinsamen. Im Übrigen wird die Handlung einer (etwa der führenden) Bank regelmäßig zugleich die Rechtsstellung der Mitkonsorten beeinflussen, vgl. zu Kurspflegemaßnahmen z.B. § 6 Agreement among Underwriters, abgedr. bei BuB/*Groß*, Rdnr. 10/333e, was ebenfalls dafür spricht, dass die entsprechende Tätigkeit zum gesellschaftsrechtlich verfassten Bereich gehört.

legung zu gewinnen), fehlt eine Vergesellschaftung. In beiden Fällen stellt die Konsortialvereinbarung keinen gemischttypischen Vertrag dar.

Ein weiterer Nachteil der Meinung besteht darin, dass klare Kriterien für eine Abgrenzung zwischen dem gesellschaftsrechtlich und dem nicht gesellschaftsrechtlich verfassten Bereich fehlen. So soll z. B. die Prospekterstellung zu den gemeinschaftlichen Aufgaben gehören, nicht hingegen die Platzierung oder sonstige Handlungen der Emissionsbanken, die zeitlich nach Zuteilung der Effekten erfolgen (z. B. Kurspflege).[818] Sowohl an der Prospekterstellung als auch der Kurspflege sind die Konsorten indes nur eingeschränkt beteiligt. Hinsichtlich des Prospektinhalts hat die Konsortialführerin eine ebenso umfassende Entscheidungsbefugnis wie hinsichtlich des Ob und Wie der Vornahme von Kurspflegemaßnahmen. Andererseits sind beide Tätigkeiten Voraussetzung für das Gelingen der Emission. Auch machen sich die Konsorten die Handlungen der führenden Bank in beiden Fällen zu eigen – zum einen durch Unterzeichnung des Prospekts, zum anderen durch Einräumung einer entsprechenden Befugnis zugunsten der Emissionsführerin im Konsortialvertrag.[819] Die Differenzierung erscheint deswegen willkürlich. Gleichfalls kann es nicht überzeugen, die Übernahme immer dem gesellschaftsrechtlich verfassten Bereich zuzuweisen, die Platzierung hingegen nie. Zwar kann die Konsortialführerin auf die Modalitäten der Übernahme weitgehend Einfluss nehmen, während die Konsorten bei der Platzierung in der Regel relative Freiheit genießen.[820] Die Selbständigkeit der Parteien bei Erreichung eines bestimmten Ziels führt aber nicht dazu, dass das Ziel unweigerlich als Gesellschaftszweck ausscheidet. Die Gesellschafter müssen sich lediglich über grundsätzliche Fragen der Zweckerreichung einigen. Das geschieht in den einschlägigen Vertragswerken auch bezüglich der Platzierung: Die Emissionsbanken unterliegen lokalen Verkaufsbeschränkungen.[821] Außerdem nimmt der Emittent darauf Einfluss, welche Investorenschichten anzusprechen sind (institutionelle Investoren, Privatanleger etc.), da er häufig eine bestimmte Verteilung der Emission erreichen will.

Wird die Unterscheidung im Wege der Auslegung des Konsortialvertrags vorgenommen, ergeben sich dagegen klare Abgrenzungsmerkmale: So sind z. B. die Aushandlung der Emissionsbedingungen und die Beratung des Emittenten schon deswegen nicht vergesellschaftet, weil sie vor Syndizierung erfolgen. Ein Fehlverhalten der führenden Bank kann den Mitkonsorten also zumindest nicht nach gesell-

---

818 Schimansky/Bunte/Lwowski/*Grundmann*, a.a.O., Rdnr. 99, 102 f.

819 Fehlt die Einräumung einer solchen Befugnis, ist die Kurspflege unter Umständen nicht mehr vom Gesellschaftszweck umfasst. Das führt aber, wie ausgeführt, nicht dazu, dass der Gesellschaftsvertrag zu einem gemischttypischen Vertrag wird.

820 Hierauf stützt Schimansky/Bunte/Lwowski/*Grundmann*, a.a.O., Rdnr. 103, die Abgrenzung. Als weiteres Argument dafür, die Platzierung nicht dem gesellschaftsrechtlich verfassten Bereich zuzuordnen, führt er an, dass die Wertpapiere in dieser Phase der Emissionsbegleitung im Alleineigentum der Konsorten stünden (a.a.O., Rdnr. 87, 103). Es ist indes nicht ersichtlich, wieso die dingliche Rechtslage für die Frage der Vergesellschaftung eine Rolle spielt.

821 Vgl. Einladungstelex für Pfandbriefemission, abgedr. bei BuB/*Bosch*, Rdnr. 10/240; Art. 3 Übernahmevertrag, BuB/*Bosch*, Rdnr. 10/245; Richtlinien für Aktienemission, BuB/*Groß*, Rdnr. 10/323b.

schaftsrechtlichen Gesichtspunkten zugerechnet werden.[822] Die Börseneinführung (und damit auch Prospekterstellung) ist hingegen in aller Regel vom Zweck der Konsortialbildung umfasst. Bei Platzierung und Kurspflege kommt es auf die jeweilige Abfassung des Gesellschaftsvertrags und die Intentionen der Parteien an.

dd. Mehrheit paralleler Kaufverträge

Eine kaufrechtliche Konstruktion weist den Vorteil auf, dass sie weitgehend dem Willen der Parteien entspricht und die oben dargestellten Friktionen zwischen den vertraglichen Regelungen und den gesetzlichen Vorgaben vermeidet. Insbesondere vermag sie der Vereinbarung der teilschuldnerischen Haftung zur Wirksamkeit zu verhelfen und umgeht die strengen Rechtsfolgen, die der BGH an das Bestehen einer Außengesellschaft bürgerlichen Rechts knüpft, namentlich die analoge Anwendung des § 128 HGB. Auch spricht gegen eine Qualifizierung von Emissionskonsortien als rein schuldrechtliche Verbindung – anders als Teile der Literatur anführen[823] – nicht, dass ein Konsortium ohne gesellschaftsrechtliche Mitwirkungs- und Treuepflichten nicht funktionsfähig wäre. Zum einen lassen sich Treuepflichten und Pflichten zur Förderung des Gesellschaftszwecks als – unter Umständen typenfremde – Nebenpflichten der Verträge zum Kauf der Wertpapiere konstruieren. Zum anderen ergeben sich bestimmte Sorgfaltsanforderungen an die Emissionsbanken[824] schon aus den gesetzlichen Haftungstatbeständen, z.B. § 45 Abs. 1 BörsG. Das eigentliche Problem besteht aber darin, dass die Vertragsfreiheit im Gesellschaftsrecht eingeschränkt ist (sog. Numerus Clausus der Gesellschaftsformen).[825] Verwirklichen die Parteien die Merkmale, die das Gesetz in § 705 BGB an die Entstehung einer Gesellschaft bürgerlichen Rechts knüpft, sind entgegenstehende Vertragsklauseln unwirksam.[826] Auf die Frage, ob die gesetzlichen Merkmale einer GbR verwirklicht sind, ist im nächsten Kapitel einzugehen. An dieser Stelle bleibt festzuhalten, dass zumindest der Begründungsansatz der hier besprochenen Ansicht – keine GbR, da die Parteien abweichende Vereinbarungen getroffen haben – nicht tragfähig ist.

---

822 So i.E. auch *Canaris*, Bankvertragsrecht, Rdnr. 2266; *Hopt*, Verantwortlichkeit, Rdnr. 54; Schimansky/Bunte/Lwowski/*Grundmann*, a.a.O., Rdnr. 102.

823 *Hopt*, Verantwortlichkeit, Rdnr. 52.

824 *Hopt*, a.a.O., nennt als Beispiel eine u.U. erforderliche Bonitätskontrolle des Emittenten.

825 Allgemeine Meinung, vgl. nur *Hueck/Windbichler*, Gesellschaftsrecht, § 1 Rdnr. 5.

826 Das übersieht BuB/*Bosch*, Rdnr. 10/37, der der Auffassung ist, die Frage, ob Emissionskonsortien BGB-Gesellschaften sind, sei obsolet, wenn die Banken vertraglich das Gegenteil vereinbaren. Unverständlich auch *Ekkenga/Maas*, Wertpapieremissionen, Rdnr. 265, die ausführen: „Wenn aber die Parteien einig sind, dass Gesellschaftsrecht nicht gelten soll, so ist das normative Festhalten am gesellschaftsrechtlichen Modell mit den Methoden rechtstypologischer Vertragszuordnung schlechterdings nicht vereinbar."

c. *Lösung*

aa. Rechtsnatur von Emissionskonsortien

Zunächst (unter [1]) ist zu untersuchen, ob der Zusammenschluss mehrerer Banken zu einem Emissionskonsortium das Entstehen einer Gesellschaft bürgerlichen Rechts zur Folge hat, oder ob sich das Verhältnis der Emissionsbanken untereinander in schuldvertraglichen Beziehungen erschöpft. Stellen Emissionskonsortien zwingend Gesellschaften bürgerlichen Rechts dar, schließt sich (unter [2]) die Frage an, ob es sich um Innen- oder Außengesellschaften handelt. Wie dargelegt, hat der BGH über die Rechtsfähigkeit und das Haftungsregime der Außengesellschaft bürgerlichen Rechts abschließend entschieden, wenn auch Einzelheiten unklar bleiben, insbesondere im Hinblick auf die Abgrenzung zwischen den beiden Formen der GbR und die Möglichkeit der Gesellschafter, die Haftung auf das Gesellschaftsvermögen zu begrenzen oder im Sinn einer teilschuldnerischen Verantwortlichkeit zu modifizieren. Die Urteile treffen zudem keine Aussage darüber, nach welchen Vorschriften sich die Haftung der Gesellschafter einer Innengesellschaft bestimmt und welche Rechtsnatur einer solchen GbR zukommt.[827] Sollten Emissionskonsortien als Innengesellschaften zu qualifizieren sein, sind diese Fragen näher zu erörtern und die einschlägigen Rechtsregeln auf das vorliegende Problem anzuwenden (unter [3]).

(1) Emissionskonsortien als Gesellschaften bürgerlichen Rechts

Gem. § 705 BGB entsteht eine Gesellschaft bürgerlichen Rechts, wenn sich zwei oder mehr Personen gegenseitig verpflichten, die Erreichung eines gemeinsamen Zwecks (unter [a]) in einer bestimmten Weise zu fördern (unter [b]), ohne dass der Zweck auf den Betrieb eines Handelsgewerbes gerichtet ist (unter [c]). Sind diese Voraussetzungen erfüllt, gebietet der Grundsatz des Numerus Clausus der Gesellschaftsformen, dass die Parteien unabhängig von ihren Vorstellungen als Gesellschafter einer GbR anzusehen sind (unter [d]).

(a) Erstes konstituierendes Element der Gesellschaft bürgerlichen Rechts ist die Verfolgung eines gemeinsamen Zwecks. Als Zweck kommt jedes erlaubte wirtschaftliche oder ideelle Ziel in Betracht.[828] Beim Emissionskonsortium ist der Zweck – je nach Ausgestaltung der Verpflichtungen im Übernahmevertrag – in der kommissionsweisen Unterbringung (Begebungskonsortium), dem garantierten Er-

---

827 Diese Fragen sind für die Innengesellschaft nicht etwa irrelevant, wie z.B. *Singhof,* Außenhaftung, S. 116 f. behauptet. Er ist der Auffassung, „die Frage nach der Rechtsträgerschaft" (und damit auch nach dem Verhältnis von Gesellschafts- und Gesellschafterschuld) stelle sich für Innengesellschaften nicht, da der GbR mangels Teilnahme am Rechtsverkehr keine Rechte und Pflichten entstehen könnten. Diese Einschätzung ist korrekt, was rechtsgeschäftliche Verbindlichkeiten im Verhältnis zu Dritten anbelangt, übersieht aber, dass auch Innengesellschaften Gläubiger von Ansprüchen gegen die Gesellschafter und von gesetzlichen Ansprüchen gegen Dritte sowie Schuldner gesetzlicher Verbindlichkeiten werden können, falls sie rechtsfähig sind und, sofern erforderlich (d.h. insbesondere bei Haftung aus Delikt), Zurechnungsvorschriften eingreifen.

828 BGHZ 135, 387, 389; BGH NJW 1982, 170, 171; *Böhmer,* JZ 1994, 982, 983; Erman/*H. P. Westermann,* § 705, Rdnr. 30; *Hueck/Windbichler,* Gesellschaftsrecht, § 5 Rdnr. 3.

werb (Garantiekonsortium) oder der Übernahme und Platzierung (Einheitskonsortium) von Wertpapieren zu sehen. Unter Umständen sollen nach der Vereinbarung der Parteien weitere Ziele, z.B. Börseneinführung und Kurspflege, vom Gesellschaftszweck umfasst sein.[829]

Der Zweck muss ein gemeinsamer bzw. überindividueller sein, d.h. ein solcher, der der Gesellschaft und nicht den Gesellschaftern zuzurechnen ist. In Abgrenzung zu anderen rechtsgeschäftlichen Verbindungen verfolgen die Beteiligten einer GbR keinen Eigenzweck und haben sich auch nicht dazu verpflichtet, einen Fremdzweck, nämlich den ihrer Vertragspartner, zu fördern. Eine solche Gestaltung wäre unter Umständen als partiarisches Darlehen oder Geschäftsbesorgung zu qualifizieren, jedenfalls nicht als Gesellschaft. Die Abgrenzung zwischen individuellem und überindividuellem Zweck bereitet freilich einige Schwierigkeiten. Die h.M. ist der Auffassung, die Verfolgung gleichartiger oder gleichgerichteter Interessen allein genüge nicht,[830] die Parteien müssten ihre (zumindest teilweise) inhaltlich übereinstimmenden Vorstellungen über die Ziele des Zusammenschlusses durch Vereinbarung gegenseitiger Förderpflichten zum Vertragsinhalt erheben. Andererseits sei eine einheitliche Motivation ebenso wenig erforderlich wie die Abwesenheit weiterer, individueller Ziele, die die Gesellschafter neben dem gemeinsamen Zweck zu erreichen suchten.[831] Entscheidend für die Vergemeinschaftung ist somit weniger das Interesse des einzelnen Gesellschafters am Erfolg bzw. Ziel, als vielmehr die vertragliche Einigung über seine Herbeiführung, der die zu erbringenden Leistungen dienen sollen.[832] Dieses Kriterium ermöglicht eine genauere Abgrenzung als die Frage nach einer „Interessenverflechtung“,[833] einer besonderen „Vertrauensgrundlage“ zwischen den Beteiligten[834] oder der Verwirklichung eines von allen verfolgten Interesses durch den vertraglich bezweckten Erfolg.[835] Die Motive sprechen ebenfalls für eine solche Auslegung, indem sie betonen, „[a]us der Gemeinsamkeit des vereinbarten Zweckes folgt, dass im Wesen der Gesellschaft die Anteilnahme eines jeden Gesellschafters an diesem Zwecke liegt.“[836] Die gemeinsame Anteil-

---

829 So auch *DeMeo*, Bankenkonsortien, 2. Kap., Rdnr. 23.
830 Hierzu bereits OLG München, NJW 1968, 1384, 1385.
831 BGH NJW 1951, 308; WM 1959, 1433; 1965, 795; 1976, 1307, 1308 f.; *Flume*, Personengesellschaft, § 3 I; MüKo BGB/*Ulmer*, § 705, Rdnr. 148; Soergel/*Hadding*, 12. Aufl., § 705, Rdnr. 36; Staudinger/*Habermeier*, § 705, Rdnr. 17. Zu abweichenden Meinungen vgl. *Böhmer*, JZ 1994, 982, 983 ff. m.N.
832 Kritisch hierzu *Böhmer*, JZ 1994, 982, 984, der die Vermengung von gemeinsamem Zweck und Förderpflicht bemängelt. Es ist indes nicht ersichtlich, wieso die Vereinbarung der Förderung eines bestimmten Zwecks nicht zugleich dazu beitragen kann, dass dieser Zweck ein gemeinsamer wird (so auch Staudinger/*Habermeier*, a.a.O.).
833 RGRK/*v. Gamm*, Vor § 705, Rdnr. 1 (außerdem sei eine Würdigung der gesamten Umstände nach Sinn und Zweck des Vertrags vorzunehmen).
834 LG Stuttgart, NJW 1963, 1927, 1928.
835 Nach dieser Ansicht ist also zwischen dem Ziel zu trennen, das von allen Gesellschaftern verfolgt wird, aber nicht selbst vertraglich vereinbart ist, und dem vertraglich bezweckten Erfolg, vgl. *Böhmer*, a.a.O., 985.
836 Motive II, S. 594 = Mugdan II, S. 332. Darüber hinaus leiten die Motive aus der gemeinsamen Anteilnahme allerdings ab, dass eine Beteiligung aller Gesellschafter am Gewinn zu den Wesenmerkmalen der GbR gehöre; vgl. hierzu sogleich im Text.

nahme wiederum setze voraus, dass der Gesellschaftsvertrag die Gesellschafter zur Erbringung von Beiträgen verpflichte.

Damit wird deutlich, dass der in der Literatur vereinzelt erhobene Einwand, Übernahme und Platzierung lägen vor allem im Interesse der einzelnen Konsortialbank, wohingegen der eigentliche Zweck des Emissionskonsortiums – Risikoverteilung und Zusammenlegung von Kapital – keinen gemeinsamen Zweck i.S. des § 705 BGB darstelle,[837] nicht durchgreift: Es ist richtig, dass die bloße Streuung von Risiko oder Kombination von Kapital nicht schon dazu führt, dass eine GbR entsteht.[838] Die Vereinbarung der Emissionsbanken geht aber darüber hinaus: Die Banken verpflichten sich im Konsortialvertrag, durch die Übernahme (und unter Umständen Platzierung, Börseneinführung etc.) der Wertpapiere zum Gelingen der Emission beizutragen. Damit erheben sie dieses Ziel (erfolgreiche Durchführung der Emission) zum Inhalt des Gesellschaftsvertrags und zu einem Zweck, der ihnen allen gemeinsam ist. Die Erzielung von Gewinn als weitergehender (sog. End-)Zweck der Emissionsbegleitung ist nicht Gegenstand der inhaltlich übereinstimmenden Vorstellungen der Konsorten und der von ihnen im Zusammenwirken zu erfüllenden Förderpflichten,[839] sondern allenfalls ihres gleichgerichteten Interesses, und somit nicht Gesellschaftszweck. Das hindert indes nicht die Gründung der GbR, sofern vorgelagerte Zwecke den Ansprüchen des § 705 BGB genügen.[840]

Lange Zeit war umstritten, ob ein gemeinsamer Zweck voraussetzt, dass alle Gesellschafter am Gewinn der Gesellschaft partizipieren.[841] Im Hinblick auf Emissionskonsortien wäre eine solche Bedingung durchaus problematisch: Das Konsortium erwirtschaftet keinen Gewinn, den die Gesellschafter nach Abschluss der Börsenbegleitung gem. § 721 Abs. 1 BGB verteilen könnten. Üblicherweise sehen die Konsortialverträge vielmehr (im Fall der Festübernahme) folgende Konstruktion vor: Bei Aktienemissionen zahlt der Emittent als Provision einen Betrag, der einem be-

---

837 In diesem Sinne BuB/*Bosch*, Rdnr. 10/33.

838 Z.B. RGRK/*v. Gamm*, Vor § 705, Rdnr. 1: Eine Vereinbarung, die der Risikoverteilung dient, begründet ohne die Festlegung weiterer Pflichten noch keinen gemeinsamen Zweck. Vgl. hierzu auch RGZ 73, 286, 287.

839 Die Vorstellungen der Konsorten würden nur dann inhaltlich übereinstimmen, wenn sie sich auf die Gewinnung ein und desselben Geldbetrags bezögen, der nicht notwendigerweise den Gesellschaftern in ihrer gesamthänderischen Verbundenheit zustehen, aber von ihnen allen für die Gesellschaft erwirtschaftet werden müsste. Im Fall des Emissionskonsortiums haben die Banken lediglich die *gleichartige* Vorstellung, jeweils einen bestimmten (aber nicht denselben) Gewinn zu erzielen.

840 Allgemeine Meinung, vgl. *Fikentscher*, FS Westermann, S. 87, 94 f. m.N.

841 So, wie erwähnt, bereits die Motive zum Ersten Entwurf, siehe oben Fn. 836 und RGZ 95, 147, 149: Der Gewinn müsse ein gemeinschaftlicher werden. Vgl. aus der neueren Literatur *Schulze-Osterloh*, Der gemeinsame Zweck der Personengesellschaften, S. 37, 49, 66 und passim: Das erzielte Ergebnis müsse die Beteiligten sowohl in positiver als auch in negativer Hinsicht gleichartig treffen. Bei Gesellschaften mit wirtschaftlicher Zwecksetzung sei hierfür eine Gewinn- und Verlustbeteiligung erforderlich, bei nichtwirtschaftlicher Zwecksetzung die Verwirklichung gleichartiger Interessen. Ähnlich *Fikentscher*, FS Westermann, S. 87, 106: Es genügten nicht inhaltlich übereinstimmende, sondern nur *gemeinsame* Zweckvorstellungen, was voraussetze, dass das Ergebnis (d.h. die materiellen oder immateriellen Vorteile des Zusammenschlusses) unter den Gesellschaftern aufgeteilt werden soll.

stimmten Prozentsatz des Platzierungspreises multipliziert mit der Anzahl der an die Banken verkauften Aktien entspricht.[842] Dieser Betrag wird unter den Konsorten entsprechend dem übernommenen Anteil an der Emission aufgeteilt.[843] Übernahme- und Platzierungspreis sind identisch. Die Bank erzielt erst dann einen Gewinn (und zwar in Höhe der auf die jeweils verkaufte Aktie entfallenden Verkaufsprovision), wenn es ihr gelingt, Papiere zu platzieren.[844] Bei Anleiheemissionen erwerben die Konsortialbanken die Schuldverschreibungen mit einem Abschlag auf ihren Nennwert.[845] Die Erzielung von Gewinn – der sich nach der Differenz zwischen dem Übernahme- und dem Platzierungskurs bemisst – setzt mithin wiederum den Weiterverkauf an das Anlegerpublikum voraus. Das Ob und der Umfang des Gewinns hängen in beiden Fällen von den Absatzbemühungen der einzelnen Emissionsbank ab und nicht von der Tätigkeit des Konsortiums als Ganzem. Die Emissionsbank trägt das Risiko und profitiert von einer erfolgreichen Platzierung. Der erwirtschaftete Gewinn ist folglich nicht als gemeinschaftlicher der Gesellschaft, sondern als Gewinn des jeweiligen Gesellschafters anzusehen. Hieraus ergibt sich, dass keine Beteiligung am Gewinn und Verlust der Gesellschaft (der als solcher gar nicht existiert) erfolgt.[846] Die Gewinn- oder Verlustbeteiligung ist indes, wie die inzwischen h.M. anerkennt, nicht Wesensmerkmal der GbR.[847] Weder stellt das Gesetz eine solche Voraussetzung auf – auch wenn es, wie z.B. die §§ 721, 722 BGB zeigen, von ihr als dem Normalfall ausgeht –, noch ist sie sachlich geboten. Das lässt sich insbesondere, wie *Flume*[848] gezeigt hat, anhand der Personengesellschaften des Handelsrechts veranschaulichen. Entscheidend für die Existenz einer oHG ist der Betrieb eines Handelsgewerbes unter gemeinschaftlicher Firma (§ 105 Abs. 1 HGB). Ist diese Voraussetzung erfüllt, darüber hinaus die Gesellschaft in das Handelsregister eingetragen, hat der Rechtsverkehr, der in der Regel keinen Einblick in das Innenverhältnis der oHG haben wird, keine Veranlassung, die wirksame Gesellschaftsgründung zu bezweifeln. Er ist schutzwürdig in seinem Vertrauen darauf, dass er mit einer rechts-, partei- und insolvenzfähigen Einheit kontrahiert. Die Gegenansicht würde unter Außerachtlassung dieser Interessenlage zur Unwirksamkeit zahlreicher Personengesellschaften des Handelsrechts führen – z.B. kommt es bei der GmbH & Co KG nicht selten vor, dass die Komplementärin von der Gewinn-

---

842 Z.B. Art. 9 Übernahmevertrag, abgedr. bei BuB/*Groß*, Rdnr. 10/324.

843 Das gilt jedenfalls für die Verkaufsprovision als einen Teil der Gesamtprovision, vgl. § 7(1)(c) Agreement among Underwriters, abgedr. bei BuB/*Groß*, Rdnr. 10/333e. Anders lässt sich im Hinblick auf Übernahme- und Börseneinführungsprovision argumentieren.

844 Siehe hierzu oben Fn. 243.

845 Vgl. z.B. Art. 2 Abs. 1 des bei BuB/*Busch*, Rdnr. 10/241 abgedruckten Mustervertrags für Pfandbriefemissionen.

846 Dieses Ergebnis kann schon aus den vorstehenden Ausführungen zum Zweck des Emissionskonsortiums abgeleitet werden: Gesellschaftszweck ist nicht die Erzielung von Gewinn (das ist, wie gezeigt, zwar Individual- und Endzweck der Beteiligung jedes Konsorten, aber eben nicht *gemeinsamer* Zweck), sondern lediglich die erfolgreiche Börsenbegleitung.

847 BGH NJW 1987, 3124, 3125; Erman/*H. P. Westermann*, § 705, Rdnr. 32; *Flume*, Personengesellschaft, § 3 II; *Hueck/Windbichler*, Gesellschaftsrecht, § 5 Rdnr. 4; MüKo BGB/*Ulmer*, § 705, Rdnr. 150; Soergel/*Hadding*, 12. Aufl., § 705, Rdnr. 36; Staudinger/*Habermeier*, § 705, Rdnr. 17.

848 A.a.O.

beteiligung ausgeschlossen ist.[849] Im Übrigen ist nicht ersichtlich, welche Vorteile sich durch die Voraussetzung der Gewinn- und Verlustbeteiligung erzielen ließen. Abgrenzungsprobleme zum Schenkungs- oder Garantievertrag bestehen jedenfalls auch so nicht, da es bei diesen Verträgen an einer gemeinsamen Zwecksetzung und der Vereinbarung von Förderpflichten fehlt.

Entgegen *Flume* gelten diese Grundsätze sowohl für die Außen- als auch die Innengesellschaft bürgerlichen Rechts. Das Argument, da es bei der Innengesellschaft „ein gemeinsames Geschehen in der Weise, dass die Gesellschaft als Personengemeinschaft im Rechtsverkehr auftritt, nicht [gebe], [könne] die Gemeinsamkeit des Zwecks nur über das Ergebnis hergestellt werden“[850], ist nicht durchgreifend: Die Parteien können ohne weiteres bestimmte Förderpflichten zur Verfolgung eines Zwecks (der damit zum gemeinsamen wird) vereinbaren, ohne dass diese Pflichten ein gemeinschaftliches Auftreten (als Gesellschaft) nach außen beinhalten.

Teilweise wird die Auffassung vertreten, die Vergemeinschaftung setze eine gewisse Mindestorganisation des Personenverbands voraus.[851] Es bedürfe „einer, wenn auch nur losen Gemeinschaftsorganisation zwischen den Beteiligten, die den Gesellschaftswillen [verkörpere] und jedem Beteiligten gewisse Einwirkungs- und Kontrollmöglichkeiten [gebe].“[852] Aus dem Gesetz lässt sich ein solches Erfordernis nicht ableiten. Die GbR zeichnet sich gerade dadurch aus, dass sie einen formlosen Zusammenschluss darstellt, zu dessen rechtswirksamer Begründung es weder der Feststellung einer Satzung, noch der Errichtung von Gesellschaftsorganen, der Eintragung in das Handelsregister oder der Bestimmung eines Namens bedarf. Kontroll- und Einwirkungsrechte, die den Gesellschaftern gewöhnlich gem. § 716 Abs. 1 BGB zustehen, sind weitgehend dispositiv (§ 716 Abs. 2 BGB) und begründen ebenfalls kein Wesensmerkmal der GbR.[853]

Geklärt ist schließlich, dass der Zweck kein dauernder sein muss, sondern auch vorübergehender Natur sein und in der Herbeiführung eines einmaligen Erfolges bestehen kann (sog. Gelegenheitsgesellschaft).[854] Emissionskonsortien bilden sich zur Begleitung eines bestimmten Börsengangs. Mit Abschluss der Platzierung (bzw. unter Umständen der Kurspflege) ist der vereinbarte Zweck erreicht. Damit endet die Gesellschaft (§ 726 BGB). Auch wenn sich Emissionskonsortien häufig in nicht oder nur geringfügig veränderter Besetzung wieder zusammenfinden, reicht der gemeinsame Zweck nicht über die Begleitung der jeweiligen Emission hinaus, da die Konsortialführerin nicht die rechtsverbindliche Pflicht trifft, bei Zusammen-

---

849 Erman/*H. P. Westermann*, a.a.O.

850 *Flume*, a.a.O., § 3 IV.

851 BGH NJW 1951, 308; OLG München NJW 1968, 1384, 1385; RGRK/*v. Gamm*, Vor § 705, Rdnr. 1.

852 RGRK/*v. Gamm*, a.a.O.

853 Darüber hinaus weist MüKo BGB/*Ulmer*, § 705, Rdnr. 152, zurecht darauf hin, dass die Kontrollrechte i.S. des § 716 BGB allenfalls Rechtsfolge, nicht aber Entstehungsvoraussetzung der GbR sind.

854 *Böhmer*, JZ 1994, 982, 983; MüKo BGB/*Ulmer*, § 705, Rdnr. 144; Soergel/*Hadding*, 12. Aufl., Vor § 705, Rdnr. 27; Staudinger/*Habermeier*, Vor § 705, Rdnr. 66 f.

stellung eines neuen Konsortiums auf dieselben Mitglieder zurückzugreifen.[855] Demnach sind Konsortien allenfalls (unter den weiteren Voraussetzungen des § 705 BGB) als Gelegenheitsgesellschaften zu qualifizieren.[856]

Als Zwischenergebnis lässt sich festhalten, dass Investmentbanken, die sich zur Begleitung eines Börsengangs zu einem Konsortium zusammenschließen, einen gemeinsamen Zweck i.S. des § 705 BGB verfolgen.

(b) Die Förderpflicht ist für das Entstehen der GbR ebenso wesentlich wie die mit ihr eng zusammenhängende gemeinsame Zwecksetzung. Sie dient insbesondere der Abgrenzung zur schlichten Rechtsgemeinschaft[857] und kann in der Leistung einer Einlage oder eines sonstigen materiellen oder immateriellen Beitrags, z.B. einer Unterlassung oder der Vornahme einer Handlung, bestehen.[858] Die bloße Mitberechtigung an einem Gegenstand ohne Pflicht zur Förderung eines darüber hinausgehenden gemeinsamen Zwecks begründet auch dann keine Gesellschaft, wenn sie auf einer vertraglichen Vereinbarung beruht, die als Gesellschaftsvertrag interpretiert werden könnte. Dieses Abgrenzungskriterium erscheint zunächst einfach handhabbar, bei genauerer Untersuchung ergeben sich jedoch einige Schwierigkeiten. Problematisch sind insbesondere Fälle, in denen sich die Parteien einzig zum Erwerb eines Vermögensgegenstands zur gesamten Hand zusammenschließen oder einen Gegenstand, der im gesamthänderischen Eigentum steht, als Gesellschaft bürgerlichen Rechts halten und verwalten wollen. Die inzwischen h.M. bejaht zwar jeweils die Zulässigkeit der Gründung einer GbR: Im ersteren Fall sei der Erwerb der gemeinsame Zweck, die Förderpflicht bestehe im Beitrag zu den Erwerbskosten,[859] im letzteren Fall genüge das Halten und Verwalten als Gesellschaftszweck.[860] Unklar ist aber, wie die Abgrenzung zwischen den §§ 705 ff. BGB und den §§ 741 ff. BGB zu erfolgen hat, wenn die Parteien keine gesamthänderische Bindung wollen, d.h. als Bruchteilsberechtigte einen Gegenstand erwerben bzw. halten und verwalten. Denn in diesem Fall kann nicht argumentiert werden, der Er-

855 A.A. *Kümpel* und Münch. Hdb. GesR I/*Schücking*, vgl. den Nachweis in Fn. 691.

856 So die ganz h.M., z.B. BGHZ 118, 83, 99; *DeMeo*, Bankenkonsortien, 2. Kap., Rdnr. 61 ff.; *Hopt*, Verantwortlichkeit, Rdnr. 49; *Karsten Schmidt*, Gesellschaftsrecht, § 58 II 1. Zweifelnd *Assmann*, ZHR 152 (1988), 371, 375 (Fn. 14): Da sich die Zusammensetzung von Emissionskonsortien langfristig kaum ändere, müsse eine Revision der gesellschaftsrechtlichen Einordnung (Dauergesellschaft, d.h. angesichts der erwerbswirtschaftlichen Zielsetzung oHG) in Erwägung gezogen werden.

857 D.h. Bruchteilsgemeinschaft i.S. der §§ 741 ff. BGB. Gesamthandseigentum können die Parteien außerhalb des Anwendungsbereichs der Vorschriften zu den gesetzlich vorgesehenen Gesamthandsgemeinschaften durch vertragliche Vereinbarung nicht begründen, da im BGB insoweit ein Numerus Clausus existiert, vgl. *Karsten Schmidt*, AcP 182 (1982), 481, 506; Staudinger/*Langhein*, § 741, Rdnr. 205 m.w.N.

858 Zu den Begrifflichkeiten (Einlage, Beitrag etc.) vgl. Staudinger/*Habermeier*, § 706, Rdnr. 2 m.N.

859 OLG Düsseldorf, BB 1973, 1325, 1326; Staudinger/*Langhein*, § 741, Rdnr. 212.

860 BGH NJW-RR 1991, 422, 423; NJW 1982, 170, 171 (Ehegattengesellschaft); Erman/*H. P. Westermann*, § 705, Rdnr. 30; *Flume*, Personengesellschaft, § 3 III; MüKo BGB/*Ulmer*, § 705, Rdnr. 145; *Karsten Schmidt*, NJW 1996, 3325 f.; *ders.*, Gesellschaftsrecht, § 58 IV 3 b; a.A. noch OLG Düsseldorf, BB 1973, 1325.

werb und das Halten von Eigentum für die Gesamthand stelle „per se“ den gemeinsamen Zweck dar.[861] Teilweise wird gefordert, „der gemeinschaftliche Erwerb [müsse] zu einem gemeinschaftlichen Zweck [erfolgen], der über den Erwerbsakt hinausreich[e],“[862] bzw. zusätzlich zu der „gemeinsamen Verwaltung [müsse eine] weitere Zweckverfolgung vereinbart“[863] werden, damit von einer Gesellschaft gesprochen werden könne. Diese Ansicht zwingt indes zur Differenzierung zwischen der über den Erwerb und das Halten bzw. Verwalten hinausgehenden Zwecksetzung i.S. des § 705 BGB und der Vereinbarung einer bloßen Verwaltungs- und Benutzungsregelung gem. § 745 BGB, was zu häufig nicht einleuchtenden Unterscheidungen führt.[864] Hinsichtlich der Verwaltung und Benutzung eines Vermögensgegenstands ist es deswegen sinnvoller, auf den Willen der Parteien abzustellen: Beabsichtigen sie, die Verwaltung in Gesellschaft bürgerlichen Rechts durchzuführen, ist bereits hierin ein hinreichender Gesellschaftszweck zu sehen, und zwar unabhängig davon, ob sie den Gegenstand zur gesamten Hand oder in Bruchteilszuständigkeit halten. Treffen sie hingegen keine Aussagen über die Gründung einer Gesellschaft (und sind solche auch nicht aus den Umständen des Falls abzuleiten), bestimmt sich das Verhältnis der Parteien untereinander nach den §§ 741 ff. BGB. Die Vorschriften zur GbR scheiden allerdings nicht etwa deswegen aus, weil es an einem gemeinsamen Zweck und an Förderpflichten fehlt, sondern weil kein Gesellschaftsvertrag abgeschlossen wurde. Der Erwerb eines Gegenstands andererseits stellt in jedem Fall, d.h. unabhängig vom Parteiwillen und der zu begründenden dinglichen Zuständigkeit (zur gesamten Hand oder in Bruchteilsgemeinschaft), einen über die §§ 741 ff. BGB hinausgehenden Zweck dar, da sich die Vereinbarung der Parteien insoweit nicht in einer bloßen Verwaltungs- und Benut-

---

861 *Flume*, a.a.O.

862 RGRK/*v. Gamm*, § 741, Rdnr. 4. Ähnlich *Larenz*, Schuldrecht II, 12. Aufl., § 61 I: Eine Gesellschaft entstehe, „wenn der gemeinschaftliche Erwerb nur das Mittel zur Erreichung eines weiteren, gemeinsam zu verfolgenden Zweckes“ sei. Sei der Zweck hingegen mit dem Erwerb erreicht (z.B. soll verhindert werden, dass ein Dritter das Eigentum erlangt), liege eine schlichte Rechtsgemeinschaft (Bruchteilsgemeinschaft) vor. Auch Erman/*H. P. Westermann*, Vor § 705, Rdnr. 4, fordert, dass der Erwerb „Gegenstand vorher zu erfüllender vertraglicher Pflichten [gewesen sein muss], die als Förderungspflichten auch nach Begründung des gemeinsamen Vermögens fortbestehen“.

863 Soergel/*Hadding*, 12. Aufl., § 741, Rdnr. 2. In dieselbe Richtung Palandt/*Sprau*, § 705, Rdnr. 20: zu der gemeinschaftlichen Verwaltung müsse die Absicht der Gewinnerzielung oder Vermögensbildung kommen.

864 *Flume*, a.a.O., z.B. zeigt, dass die Abgrenzung in der Regel willkürlich ist: Vereinbarungen zur Erhaltung des Vermögensgegenstands fallen ohne weiteres unter den Begriff der Verwaltungsregelung i.S. des § 745 BGB (vgl. Staudinger/*Langhein*, § 744, Rdnr. 7: „jede Maßnahme rechtlicher oder tatsächlicher Natur, die der Erhaltung oder Verbesserung des gemeinschaftlichen Gegenstands ... dienen soll“). Zugleich stellen sie einen im Sinn der vorstehenden Ansicht darüber hinausgehenden Zweck dar, indem sie die Vermögensinteressen der Beteiligten wahren und unter Umständen – bei zu erwartender Wertsteigerung – die Erzielung eines Gewinns ermöglichen sollen. Diese Überlegung macht deutlich, dass eine Differenzierung, wie sie etwa Palandt/*Sprau*, a.a.O., vorschlägt, nicht weiterhilft: Es ist kaum eine Investition vorstellbar, die nicht der Bildung eigenen Vermögens dient.

zungsregel i.S. des § 745 BGB erschöpft. Er kann mithin nur im Wege der GbR verfolgt werden.[865]

Konsortialbanken sind im Fall des Einheitskonsortiums nicht nur gemeinschaftlich an den Wertpapieren berechtigt, sondern darüber hinaus verpflichtet, weitere Ziele (z.B. die Platzierung) zu verfolgen. Angesichts dieser Förderpflichten geht die Vereinbarung unzweifelhaft über eine bloße Rechtsgemeinschaft hinaus (sie tritt indes nicht *an die Stelle* der Bruchteilsgemeinschaft: eine solche existiert, wie gezeigt,[866] in jedem Fall hinsichtlich der übernommenen Effekten; sie kann ohne weiteres neben einem gesellschaftsrechtlichen Verhältnis bestehen[867]). Nicht so eindeutig ist die Rechtslage beim reinen Übernahmekonsortium. Die Verpflichtung der Konsorten beschränkt sich auf die Übernahme der Wertpapiere, d.h. die Schaffung von Bruchteilszuständigkeit an der Emission. Nach der hier vertretenen Auffassung ist der Erwerb der Effekten als Gesellschaftszweck i.S. des § 705 BGB anzusehen, den die Konsorten durch Zahlung ihrer Quote im Konsortialvertrag zu fördern versprechen. Aber auch wenn man der abweichenden Meinung folgt und einen über den Erwerb und das Halten der Emission hinausgehenden Zweck fordert, sprechen die besseren Argumente für eine Qualifikation des Konsortiums als gesellschaftsrechtliches Verhältnis: Zum einen soll die Emission eben nicht nur verwaltet, sondern auf dem Markt untergebracht werden. Zwar sind die Mitglieder eines Übernahmekonsortiums nicht verpflichtet, die Papiere weiterzuveräußern, sie werden das aber in aller Regel nach Maßgabe wirtschaftlicher Zweckmäßigkeit tun.[868] Zum anderen treffen die Emissionsbanken – auch beim reinen Übernahmekonsortium – weitergehende Pflichten, die zum Gelingen des Börsengangs beitragen sollen und nicht als bloße Verwaltungsregelungen i.S. der §§ 744, 745 BGB qualifiziert werden können, z.B. Restriktionen für den Verkauf der Effekten. Schließlich beruht die gemeinschaftliche Berechtigung an der Emission weniger auf der Vereinbarung der Parteien – die oft sowohl Gesamthands- als auch Bruchteilseigentum ausschließen und von Alleineigentum der Konsorten ausgehen – als vielmehr auf den Besonderheiten der Sammelverwahrung gem. §§ 5 ff. DepotG, d.h. einem gesetzlichen Entstehungstatbestand. Die vertragliche Vereinbarung hat nicht den gemeinschaftlichen Gebrauch (§ 743 Abs. 2 BGB) oder die gemeinschaftliche Verwaltung (§ 744 BGB) eines Vermögensgegenstands zum Inhalt, sondern die Begleitung des Börsengangs des Emittenten durch Übernahme und Verwertung der Emission. Die Interessenlage ist somit eine grundsätzlich andere als bei der Bruchteilsgemeinschaft.

Hieraus folgt, dass Konsortialbanken sowohl im Fall des Übernahme- als auch des Einheitskonsortiums Förderpflichten i.S. des § 705 BGB übernehmen, die eine engere als die in den §§ 741 ff. BGB vorgesehene Verbindung entstehen lassen.

---

865 Ähnlich Staudinger/*Langhein*, § 741, Rdnr. 219. Besteht der Zweck der Gesellschaft einzig in dem Erwerb des Vermögensgegenstands, der in Bruchteilsgemeinschaft gehalten werden soll, endet die GbR gem. § 726 BGB mit dem Erwerb und setzt sich als Bruchteilsgemeinschaft fort.

866 Vgl. zur dinglichen Lage im Hinblick auf die Wertpapiere ausführlich oben I 1 c cc.

867 MüKo BGB/*K. Schmidt*, § 741, Rdnr. 4.

868 BuB/*Busch*, Rdnr. 10/76.

(c) Fraglich ist, ob Emissionskonsortien, auch wenn sie nur für eine bestimmte Zeit tätig werden, ein Handelsgewerbe betreiben und somit gem. § 105 Abs. 1 HGB als oHG anzusehen sind. Das Handelsgewerbe i.S. der §§ 1 Abs. 2, 105 Abs. 1 HGB wird traditionell definiert als jede selbständige, planmäßige (d.h. auf Dauer ausgerichtete), entgeltliche Tätigkeit eines Anbieters am Markt, die auf Gewinnerzielung gerichtet ist und nicht zu den freien Berufen gehört, es sei denn, das Unternehmen erfordert nach Art oder Umfang keinen in kaufmännischer Weise eingerichteten Geschäftsbetrieb.[869] Das Element der Planmäßigkeit und Dauer verlangt nicht, dass der Unternehmer die Absicht hat, das Gewerbe auf unbegrenzte oder auch nur längere Zeit zu betreiben. Entscheidend ist vielmehr, dass er den Abschluss einer unbegrenzten Zahl von Geschäften mit beliebigen Dritten anstrebt, um so eine „berufsmäßig fließende Einnahmequelle“[870] zu erlangen. Seine Absicht „muss nicht auf ein einzelnes oder mehrere einzelne Geschäfte gerichtet sein, sondern auf einen ... Kreis von Geschäften als Ganzes.“[871] Wie ausgeführt, bestehen unter Konsortialbanken keine rechtsverbindlichen Pflichten, die über den jeweiligen Börsengang hinausreichen. Die Untersuchung hat sich deswegen auf die einzelne Emissionsbegleitung zu beschränken. Die Banken kontrahieren mit dem Emittenten und mit Anlegern (letzteres ist nur relevant, wenn die Platzierung vom Gesellschaftszweck umfasst ist, d.h. beim Einheitskonsortium). In beiden Fällen steht die Anzahl der vorzunehmenden Geschäfte von vornherein fest: Die Vertragsbeziehungen mit dem Emittenten erschöpfen sich im Übernahmevertrag. Die Kaufverträge zur Platzierung der Wertpapiere sind durch die Zahl der übernommenen Effekten begrenzt, darüber hinaus sind mit Ablauf der Zeichnungsfrist in der Regel Anzahl und Identität der Vertragspartner bekannt, so dass sich die Absicht der Banken nicht auf die Vornahme fortlaufender, sondern lediglich bestimmter einzelner Geschäfte bezieht. Emissionskonsortien entfalten folglich keine auf Dauer angelegte Tätigkeit im Sinn der herkömmlichen Definition.

In jüngerer Zeit sind Rechtsprechung und Lehre vom traditionellen Verständnis des handelsrechtlichen Gewerbebegriffs teilweise abgerückt. Sie sind zunehmend der Auffassung, die Voraussetzung des planmäßigen und auf Dauer angelegten Tätigwerdens zur Erzielung eines Gewinns dürfe nicht schematisch verstanden werden: Einer Gelegenheitsgesellschaft fehle nicht zwangsläufig das Merkmal der planmäßigen Tätigkeit, jedenfalls dann nicht, wenn die „unternehmerische Betätigung ... in zentralen Bereichen jener von Gewerbebetrieben herkömmlicher Prägung ... angenähert ist.“[872] Insbesondere bei Gesellschaften, die zur Abwicklung von Großprojekten gegründet worden seien und Leistungen von erheblicher wirtschaftlicher und finanzieller Bedeutung zu erbringen hätten, komme eine Gleichstellung mit

---

869 Z.B. BGHZ 33, 321, 324; 63, 32, 33; 74, 273, 276; Großk. HGB/*Brüggemann*, § 1, Rdnr. 5 ff.; Großk. HGB/*Ulmer*, § 105, Rdnr. 23. Einzelheiten sind umstritten, insbesondere das Erfordernis der Gewinnerzielungsabsicht (hierzu *Hopt*, ZGR 16 [1987], 145, 172 ff.).

870 BGHZ 33, 321, 324.

871 RGZ 66, 48, 51; 74, 150. Ähnlich RGZ 38, 18, 20. Vgl. auch Baumbach/Hopt/*Hopt*, § 1, Rdnr. 13 m.w.N.

872 OLG Dresden, DB 2003, 713, 714; Baumbach/Hopt/*Hopt*, a.a.O.

der oHG in Betracht.[873] Unabhängig von ihrer Zulässigkeit sollte die Rechtsfortbildung indes nicht auf die vorliegende Konstellation angewandt werden. Emissionskonsortien entfalten ihre Tätigkeit – anders als Arbeitsgemeinschaften im Baugewerbe – nur über einen relativ begrenzten Zeitraum hinweg: Von der Bildung des Konsortiums bis zur Platzierung der Wertpapiere vergehen oft nur wenige Tage. Auch benötigen sie zur Durchführung der Emission keinen in kaufmännischer Weise eingerichteten Geschäftsbetrieb. Es kommt weder zu einer Zusammenführung von personellen Ressourcen noch betrieblichen Anlagen. Bankenkonsortien stellen einen weitgehend informellen Zusammenschluss dar, der handelsrechtlichen Organisationsformen herkömmlicher Art nicht nahe steht. Eine Qualifikation als oHG ist damit nicht gerechtfertigt.[874]

(d) Aus den vorstehenden Ausführungen ergibt sich, dass die für eine Gesellschaft bürgerlichen Rechts konstituierenden Voraussetzungen des § 705 BGB im Fall des Emissionskonsortiums erfüllt sind. Zu untersuchen ist noch, wie sich in Konsortial- und Übernahmeverträgen häufig enthaltene Klauseln auswirken, die das Entstehen einer GbR nach dem Willen der Banken verhindern sollen.[875] Nach allgemeiner Meinung herrscht im Gesellschaftsrecht zum Zweck des Gläubiger-, Arbeitnehmer- und (in geringerem Maß) Minderheitenschutzes ein Rechtsformzwang, der die Privatautonomie einschränkt.[876] Die Einschränkung ist zwar nicht absolut, z.B. halten Rechtsprechung und Lehre Typenvermischung (etwa die GmbH & Co. KG[877]) und Typendehnung[878] für zulässig. Auch stehen den Parteien für einen zu verfolgenden Zweck grundsätzlich verschiedene Gesellschaftsformen zur Verfügung, zwischen denen sie wählen können. Sie haben indes nicht die Möglichkeit, eine bestimmte Gesellschaftsform durch Vertrag abzubedingen, wenn sie die Voraussetzungen erfüllen, an die das Gesetz ihre Entstehung knüpft. Relevant wird das insbesondere für die GbR und die oHG, da es insoweit nicht auf eine Registereintragung ankommt: Verfolgen die Parteien einen gemeinsamen Zweck auf vertraglicher Grund-

---

873 In dem vom OLG Dresden entschiedenen Fall ging es um eine Dach-Arbeitsgemeinschaft im Baugewerbe, die sich laut Gesellschaftsvertrag als GbR verstand, angesichts ihres längerfristigen Tätigwerdens und eines Auftragsvolumens im Wert von mehr als 40 Mio. DM aber als oHG eingeordnet wurde.

874 Ganz h.M, vgl. zu Emissionskonsortien oben a aa, insbesondere Fn. 690 und zur Einordnung von Gelegenheitsgesellschaften (Arbeitsgemeinschaften) als GbR BGHZ 61, 338, 340 ff.; 64, 122 ff.; 72, 267, 271; 86, 300, 307; 146, 341, 342 ff. Eine Vergleichbarkeit von Emissionskonsortien mit Handelsgesellschaften in Erwägung ziehend *Assmann*, ZHR 152 (1988), 371, 375 (Fn. 14).

875 Z.B. Klausel 8 der IPMA-Standardkonsortialverträge, abgedr. bei BuB/*Bosch*, Rdnr. 10/253a ff.; § 12 Agreement among Underwriters (Aktienemission), abgedr. bei BuB/*Groß*, Rdnr. 10/333e.

876 Erman/*H. P. Westermann*, § 705, Rdnr. 29; MüKo BGB/*Ulmer*, § 705, Rdnr. 22; *Karsten Schmidt*, Gesellschaftsrecht, 4. Aufl., § 5 II 3. Zu den Gründen für den Rechtsformzwang vgl. ausführlich *Wiedemann*, ZGR-Sonderheft 13 (1998), 5, 7 ff.

877 Seit RGZ 105, 101 anerkannt.

878 Das Emissionskonsortium ist solch ein Fall der Typendehnung, wie *Westermann*, AG 1967, 285 ff., gezeigt hat. Zu der vormals umstrittenen, jetzt im negativen Sinn entschiedenen Frage, ob sog. typenbildende Merkmale der Vertragsfreiheit im Gesellschaftsrecht Grenzen setzen, vgl. *Wiedemann*, Gesellschaftsrecht I, § 1 IV 1 b aa m.N.

lage bzw. betreiben sie gemeinschaftlich ein Handelsgewerbe, entsteht unabhängig von ihrem Willen die Personengesellschaft.[879]

Der Abschluss des Konsortialvertrags hat somit zur Folge, dass die Emissionsbanken in einer Gesellschaft bürgerlichen Rechts (in Form der Gelegenheitsgesellschaft) verbunden sind. Der oben erörterten Ansicht,[880] die es zulässt, dass die Konsorten ihre schuldrechtlichen Beziehungen unter Abbedingung der §§ 705 ff. BGB als Mehrheit paralleler Kaufverträge ausgestalten, ist nicht zu folgen.

(2) Emissionskonsortien als Innengesellschaften

Die Abgrenzung zwischen Außen- und Innengesellschaften bürgerlichen Rechts ist von großer Bedeutung für die Haftungsverfassung des Emissionskonsortiums. Der BGH hat in seinen Grundsatzurteilen zur Rechtsfähigkeit der GbR betont, dass die analoge Anwendung der §§ 128 ff. HGB nur bei der nach außen hervortretenden Gesellschaft in Betracht kommt.[881] Wie dargestellt, qualifiziert die ganz h.M. Emissionskonsortien als Außengesellschaften.[882] Ob diese Einordnung gerechtfertigt ist, wird Gegenstand der folgenden Ausführungen sein. Zunächst (unter [a]) sind Kriterien zur Abgrenzung zu entwickeln. Im Anschluss versucht die Untersuchung, allgemeine Grundsätze zur Systematisierung verschiedener Erscheinungsformen der Gesellschaft bürgerlichen Rechts aufzustellen (unter [b]). Schließlich sind die gefundenen Ergebnisse auf Emissionskonsortien anzuwenden (unter [c]).

(a) Die Urteile des BGH zur Haftung der GbR enthalten keine Aussage darüber, was die Außen- von der Innengesellschaft unterscheidet. BGHZ 146, 341 stellt lapidar fest, soweit die Gesellschaft eigene Rechte und Pflichten begründe, sei sie rechtsfähig (und damit Adressat der §§ 128 ff. HGB).[883] Hierbei handelt es sich offensicht-

---

879 Vgl. z.B. BGHZ 10, 91, 97; 22, 240, 245; 32, 307, 310 (jeweils zur oHG); *Flume*, Personengesellschaft, § 13 III; *Hueck/Windbichler*, § 12, Rdnr. 13. Eine stärkere Berücksichtigung des Parteiwillens befürworten *Battes*, AcP 174 (1974), 429 ff., und *Wiedemann*, FS Westermann, S. 585, 596 ff., allerdings nur im Hinblick auf die Typenverfehlung, d.h. die objektive Gründung einer anderen als der gewollten Gesellschaft, z.B. GbR anstatt oHG, was auf den hier zu beurteilenden Fall nicht übertragbar ist.

880 Siehe a dd.

881 Explizit insbesondere BGHZ 146, 341 (Leitsatz a und Gründe); 150, 1 (Leitsatz c und Gründe).

882 Nachweise oben Fn. 688.

883 BGHZ 146, 341, 343. Der BGH führt aus, die GbR sei rechtsfähig, „ohne juristische Person zu sein." Der juristischen Person komme im Gegensatz zur GbR Rechtsfähigkeit „als solcher" zu, d.h. nicht nur als Gruppe ihrer gesamthänderisch verbundenen Mitglieder, a.a.O., 347. Der sachliche Gehalt dieser Unterscheidung ist unklar. Sowohl im Fall der Gesamthandsgesellschaft als auch der juristischen Person ist der Personenverband (und nicht das Mitglied) Rechtsträger. Ob der Verband Träger von Rechten und Pflichten „als solcher" ist oder als Gesamtheit natürlicher oder juristischer Personen, ist eine willkürliche terminologische Differenzierung. Kapitalgesellschaften sind grundsätzlich ebenso Zusammenschlüsse von Personen wie Personengesellschaften (wenn auch unabhängiger vom Mitgliederbestand), und letztere sind nach der neuen Rechtsprechung des BGH ebenso von ihren Mitgliedern zu trennende Rechtssubjekte wie erstere (vgl. aber zu einer weiterhin möglichen Erklärung des Unterschieds zwischen Gesamthandsgesellschaft und juristischer Person *Flume*, Personengesellschaft, § 7 und passim, sowie ihm folgend *Altmeppen*, NJW 2004, 1563, 1564: die Gesamthandsgesellschaft vermittele Verpflichtungen, die sie eingehe, lich um eine petitio principii, die für die Abgrenzung nicht brauchbar ist. Ältere Urteile betonen, dass es bei Innengesellschaften an einer gemeinsamen Vertretung fehlt, d.h. nach außen ein Gesellschafter in Erscheinung tritt, der die Geschäfte im eigenen Namen (oder im Namen eines anderen Gesellschafters, jedoch nicht im Namen der Gesellschaftergesamtheit), aber für Rechnung der Gesellschaft abschließt. Entscheidendes Merkmal wäre danach somit das Vorliegen bzw. Fehlen einer Vertretung der *sämtlichen* Gesellschafter.[884]

In der Literatur ist die Abgrenzung umstritten.[885] Häufig wird formuliert, Außengesellschaften nähmen am Rechtsverkehr teil, während Innengesellschaften nicht nach außen in Erscheinung träten.[886] Mitunter finden sich folgende Präzisierungen: Für eine Teilnahme am Rechtsverkehr sei es nicht ausreichend, dass die Gesellschaft nach außen erkennbar werde. Vielmehr müsse sie „als Gesamthand (Gruppe)“ auftreten, d.h. „als solche“ über Vertreter bzw. ihre Organe rechtsgeschäftlich tätig werden bzw. nach Gesellschaftszweck und Organisation auf die Teilnahme am Rechtsverkehr ausgerichtet sein.[887] Manche verlangen neben der Teilnahme am Rechtsverkehr eine eigene Identitätsausstattung als Voraussetzung für das Entstehen einer rechtsfähigen Außengesellschaft. Sie sei zu bejahen, wenn sich die Gesellschaft durch eine feste Organisationsstruktur bzw. sog. identifikationsstiftende Merkmale auszeichne, d.h. unter einem Namen auftrete, durch bestellte Geschäftsführer handele, über eine Haftungsgrundlage verfüge, von einem Verwaltungssitz

---

automatisch an alle ihre Mitglieder, weil sie eben nicht von ihren Mitgliedern rechtlich verselbständigt sei; zu einer Reihe weiterer Unterschiede siehe *Karsten Schmidt*, Gesellschaftsrecht, § 8 IV; *Ulmer*, ZIP 2001, 585, 588; *dens.*, AcP 198 [1998], 113, 122; *Wiedemann*, JZ 2001, 661, 663; für die Aufgabe der Unterscheidung *Raiser*, AcP 194 [1994], 495, 503 ff.: alle rechtsfähigen Verbandsformen seien der juristischen Person zuzurechnen; *ders.*, AcP 199 [1999], 104 ff.). In dieser Arbeit wird aus den vorstehenden Gründen auch bei der GbR davon gesprochen, dass sie „als solche“ Trägerin von Rechten und Pflichten sein kann (so auch *Karsten Schmidt*, NJW 2001, 993, 997).

884 RGZ 166, 160, 163; BGHZ 12, 308, 314; BGH NJW 1960, 1851 f.; WM 1973, 296 f.; OLG München NJW 1968, 1384, 1386.

885 Bezeichnend *Wiedemann*, JZ 2001, 661, 663, der von einer „Grauzone zwischen den echten Innengesellschaften und den selbständigen Außengesellschaften“ spricht; und *Karsten Schmidt*, NJW 2001, 993, 1001: Abgrenzung „als Rechtsanwendungsaufgabe beklemmend.“ Kritisch zum Sinn der Unterscheidung *Steckhan*, Innengesellschaft, S. 129 und passim.

886 Erman/*H. P. Westermann*, Vor § 705, Rdnr. 28, § 705, Rdnr. 67; *Grunewald*, Gesellschaftsrecht, Rdnr. 1.A.105; *Hueck/Windbichler*, § 2, Rdnr. 14; *Kraft/Kreutz*, Gesellschaftsrecht, S. 97, 110 f.; MüKo BGB/*Ulmer*, § 705, Rdnr. 275, 305; RGRK/*v. Gamm*, Vor § 705, Rdnr. 5; Soergel/*Hadding*, 12. Aufl., Vor § 705, Rdnr. 28.

887 Z.B. Bamberger/Roth/*Timm/Schöne*, § 705, Rdnr. 133, 139; MüKo BGB/*Ulmer*, Vor § 705, Rdnr. 91, § 705, Rdnr. 253, 279 (siehe aber auch die folgende Fußnote); Palandt/*Sprau*, § 705, Rdnr. 33; *Weiss*, Rechtsfähigkeit, S. 182 f. Ähnlich *Geibel*, WM 2007, 1496, der verschiedene Kriterien kombiniert. Ausgehend von der These, Rechtsfähigkeit sei nur dann anzunehmen, wenn sie „zur Beantwortung bestimmter Rechtsfragen [...] zwingend erforderlich ist“ (a.a.O., 1497), bejaht er das Entstehen einer rechtsfähigen GbR, wenn die Gesellschaft „als solche am Rechtsverkehr durch bestimmte Organe teilnehmen kann und teilnimmt *und entweder* (1) Gesellschaftsvermögen vorhanden ist *und* die Gesellschaft vom Gesellschafterbestand derart unabhängig ist, dass neue Gesellschafter eintreten können, ohne dass hierdurch der Gesellschaftszweck entfällt, *oder* (2) die Gesellschaft ein Gewerbe betreibt *oder* (3) die Gesellschaft aus der identitätswahrenden Umwandlung einer Kapital- oder Personenhandelsgesellschaft entstanden ist.“ A.a.O., 1499.
Zu weiteren Einzelheiten vgl. unten Fn. 906.

oder Geschäftslokal aus operiere o.ä.[888] Andere wollen Außen- und Innengesellschaft danach abgrenzen, ob die bei der Außen-GbR eingreifende akzessorische Haftung analog §§ 128 ff. HGB den Gesellschaftern zugemutet werden könne, was aber eine Argumentation vom Ergebnis her darstellt und die Abgrenzung jeglichen dogmatischen Inhalts entleert.[889] Teilweise wird vorgeschlagen, die Differenzierung danach vorzunehmen, ob die Gesellschafter ein Sondervermögen begründeten oder nicht. Innengesellschaften könnten nur entstehen, wenn jegliche gesamthänderische Bindung fehle. Sei dies nicht der Fall, liege zwingend eine Außengesellschaft vor.[890] Die inzwischen wohl h.M. ist anderer Auffassung. Sie behauptet einerseits, das Fehlen von Gesamthandsvermögen spreche nicht a priori gegen eine Außengesellschaft,[891] und andererseits, eine Innengesellschaft setze nicht notwendig voraus, dass die Gesellschafter kein Sondervermögen bildeten.[892] Im Einzelnen besteht auch innerhalb der h.M. einige Unklarheit. Insbesondere existieren Lösungen, die bei der Außengesellschaft Sondervermögen voraussetzen, bei der Innengesellschaft hingegen nicht sein Fehlen,[893] oder, gerade umgekehrt, die Außengesellschaft mit oder ohne Gesellschaftsvermögen zulassen, die Innengesellschaft aber nur ohne.[894] Die abweichende Meinung hält sowohl Außen- als auch Innengesellschaft mit oder ohne Gesellschaftsvermögen für denkbar.[895] Schließlich unterscheiden einzelne Vertreter der h.M. zwischen der Innengesellschaft im engeren und der im weiteren Sinn[896] bzw. der echten und der unechten Innengesellschaft.[897] Bei der

---

888 MüKo BGB/*Ulmer*, § 705, Rdnr. 254, 306; *Ulmer*, ZIP 2001, 585, 593 f., *ders.*, AcP 198 (1998), 113, 118, 126; und *Wiedemann*, JZ 2001, 661, 663, die durch die zusätzliche Voraussetzung insbesondere Gelegenheitsgesellschaften, bei denen eine akzessorische Gesellschafterhaftung allgemein als nicht sachgerecht empfunden wird, vom Anwendungsbereich der §§ 128 ff. HGB ausnehmen wollen.

889 *Schulze*, Akzessorische Haftungsverfassung, S. 290 f.

890 *Flume*, Personengesellschaft, § 1 III; *Karsten Schmidt*, Gesellschaftsrecht, § 58 II 2 b; *ders.*, JuS 1988, 444 f.; Staudinger/*Habermeier*, Vor § 705, Rdnr. 63, § 705 Rdnr. 59 ff.; *Timm*, NJW 1995, 3209, 3216. Auch BGHZ 126, 226, 234 ff.; BGH NJW 1982, 99, 100; WM 1965, 793, 794; RGZ 166, 160, 163, deuten an, dass die Gründung einer Außengesellschaft mit der Bildung von Gesamthandsvermögen einhergeht, bei der Innengesellschaft ein solches hingegen fehlt. BGH WM 1973, 296, 297, führt aus, bei einer Innengesellschaft sei der Gesellschafter nur schuldrechtlich so gestellt, als ob er gesamthänderisch an Vermögensgegenständen beteiligt sei, die Mitgesellschaftern gehörten.

891 BGHZ 24, 279, 293; RGZ 92, 341, 342; 142, 13, 20 f.; OLG München NJW 1968, 1384, 1385; Erman/*H. P. Westermann*, Vor § 705, Rdnr. 28; *Hueck/Windbichler*, Gesellschaftsrecht, § 5 Rdnr. 10; *Kraft/Kreutz*, Gesellschaftsrecht, S. 110; MüKo BGB/*Ulmer*, § 705, Rdnr. 254, 266, relativierend aber a.a.O., Rdnr. 269; Soergel/*Hadding*, 12. Aufl., Vor § 705, Rdnr. 28. So wohl auch Bamberger/Roth/*Timm/Schöne*, § 705, Rdnr. 133, 140 (die Außengesellschaft bilde „regelmäßig“ [also nicht immer] ein Gesamthandsvermögen), wenn auch mit „erhebliche[n] Bedenken“, vgl. a.a.O., Rdnr. 137.

892 Erman/*H. P. Westermann*, § 705, Rdnr. 67, § 718 Rdnr. 2; MüKo BGB/*Ulmer*, § 705, Rdnr. 280; Soergel/*Hadding*, 12. Aufl., Vor § 705, Rdnr. 28, § 718, Rdnr. 9; *Westermann*, Vertragsfreiheit, S. 201 ff.; *Wiedemann*, Gesellschaftsrecht II, § 7 I 4 a).

893 MüKo BGB/*Ulmer*, § 705, Rdnr. 269, 280 (mit gewissen Einschränkungen, vgl. Fn. 899).

894 *Hueck/Windbichler*, Gesellschaftsrecht, § 5 Rdnr. 9 f.

895 So die überwiegende Ansicht, vgl. die sonstigen in Fn. 891 und 892 Genannten.

896 Erman/*H. P. Westermann*, Vor § 705, Rdnr. 28; MüKo BGB/*Ulmer*, § 705, Rdnr. 284 f.; *Wiedemann*, Gesellschaftsrecht II, § 7 I 4 a), der die Innengesellschaft im weiteren Sinn auch als unselbständige Außengesellschaft bezeichnet.

897 Staudinger/*Habermeier*, § 705, Rdnr. 59, 61. Die unechte Innengesellschaft bezeichnet *Habermeier* als eine „auf Binnenbeziehungen beschränkte Außengesellschaft“.

jeweils erstgenannten existiere ein Gesellschaftsvermögen, bei der letztgenannten nicht.

Zunächst ist festzuhalten, dass ein bloß tatsächliches – d.h. nicht notwendig rechtserhebliches – Hervortreten bzw. Erkennbarwerden der GbR nicht dazu führt, dass eine Außengesellschaft entsteht.[898] Ein solches Abgrenzungsmerkmal wäre ohne jegliche Konturen, da unklar ist, für wen die Außengesellschaft erkennbar sein muss: Für Geschäftspartner oder jegliche außerhalb der Gesellschaft stehenden Personen? Im letzteren Fall wären Innengesellschaften kaum denkbar, da in den allermeisten Fällen Dritte, z.B. die Angehörigen der Gesellschafter, über die gemeinsame Zweckverfolgung informiert sein werden. Das Abstellen auf Geschäftspartner ist ebenfalls nicht eindeutig: Soll es nur auf tatsächliche Vertragsabschlüsse ankommen oder genügt die Aufnahme von Vertragsverhandlungen unter Hinweis auf die Existenz der Gesellschaft? Und wird die GbR *erga omnes* zur Außengesellschaft oder nur gegenüber denjenigen, die Kenntnis von ihr haben?

Gleichfalls spielt es für die Unterscheidung zwischen Innen- und Außengesellschaft keine Rolle, ob die GbR Gesellschaftsvermögen bildet oder nicht. Der Grund hierfür ist freilich nicht darin zu sehen, dass auch die Innengesellschaft notwendig über Gesamthandsvermögen verfügt, wie eine verbreitete Ansicht in der Literatur betont. Sie ist der Auffassung, selbst bei Übernahme von Vermögensgegenständen in Bruchteilsgemeinschaft oder treuhänderischer Übertragung an einen Gesellschafter unterlägen immer noch die Sozialansprüche, insbesondere der Anspruch auf Förderung des Gesellschaftszwecks gem. § 705 BGB, der gesamthänderischen Bindung.[899] § 718 BGB ist in Bezug auf Sozialansprüche ebenso abdingbar wie in Bezug auf alle sonstigen Vermögenswerte, die Dritte oder die Gesellschafter der GbR zukommen lassen.[900] Vereinbaren die Parteien Entsprechendes, entfällt eine gesamthänderische Bindung sowohl im Verhältnis zu Dritten als auch im Innenverhältnis. Die Gesellschafter sind dann z.B. nicht der Gesellschaft, sondern den Mitgesellschaftern gegenüber, die eine Mitgläubigergemeinschaft gem. § 432 BGB bilden,[901] dazu ver-

---

898 Ganz h.M., z.B. BGH NJW 1960, 1851, 1852; Bamberger/Roth/*Timm/Schöne*, § 705, Rdnr. 139; Erman/*H. P. Westermann*, § 718, Rdnr. 2; *Hadding*, ZGR 30 (2001), 712, 715; MüKo BGB/*Ulmer*, § 705, Rdnr. 276; Palandt/*Sprau*, § 705, Rdnr. 33; Soergel/*Hadding*, 12. Aufl., Vor § 705, Rdnr. 29.

899 Bamberger/Roth/*Timm/Schöne*, § 705, Rdnr. 113; *Hadding*, ZGR 30 (2001), 712, 715; MüKo BGB/*Ulmer*, § 705, Rdnr. 269, 280, der aber selbst wieder Einschränkungen macht: „(Außen-) Gesellschaften ohne jedes Gesamthandsvermögen … sind … in seltenen Ausnahmefällen denkbar" (a.a.O., Rdnr. 269). In Bezug auf Emissionskonsortien vertreten diese Auffassung u.a. *Canaris*, Bankvertragsrecht, Rdnr. 2318; *DeMeo*, Bankenkonsortien, 2. Kap., Rdnr. 272; Schimansky/Bunte/Lwowski/*Grundmann*, Bankrechtshandbuch, § 112 Rdnr. 94; *Westermann*, AG 1967, 285, 290.

900 Erman/*H. P. Westermann*, § 718, Rdnr. 2; *Flume*, Personengesellschaft, § 1 III, IV.

901 Die Geltung des § 432 BGB bedeutet, dass die Gesellschafter – anders als bei Anwendbarkeit der §§ 718, 719 BGB, die § 432 BGB in Bezug auf Gesamthandsforderungen einschränken – über ihre Mitberechtigung an Ansprüchen, die zum Gesellschaftsvermögen gehören, grundsätzlich selbständig verfügen können (auch wenn sie unter Umständen schuldrechtlich dazu verpflichtet sind, die Verfügung zu unterlassen). Die Berechtigung steht den Gesellschaftern somit in Bruchteilsgemeinschaft gem. §§ 741 ff. BGB zu, vgl. *Larenz*, Schuldrecht I, § 36 I b m.N. Der Anspruch auf Förderung des Gesellschaftszwecks ist allerdings, da untrennbar mit der Mitgliedschaft verknüpft und nicht ohne Inhaltsänderung i.S. des § 399 BGB abtretbar, nur zusammen mit dieser übertragbar (vgl. auch § 717 Satz 1 BGB).

pflichtet, die zugesagten Beiträge zu leisten. Damit beschränkt sich der Zusammenschluss auf rein schuldrechtliche Beziehungen und weist keinen personenrechtlichen Einschlag auf. Innengesellschaften verfügen folglich nicht notwendig über Gesamthandsvermögen. *Flume*[902] geht darüber hinaus: Er argumentiert, Außenbeziehungen seien nicht nur die Beziehungen der GbR zu außerhalb des Kreises der Gesellschafter stehenden Dritten, sondern jegliche Beziehungen, die die GbR als Gruppe, d.h. als von den Gesellschaftern zu trennendes Rechtssubjekt, zu anderen Rechtssubjekten aufnehme. Von der Gesellschaft als Gruppe zu trennende Rechtssubjekte seien auch die Gesellschafter. Sind die Sozialansprüche gesamthänderisch gebunden, d.h. stehen sie der Gesellschaft als Gruppe zu, entsteht nach Ansicht *Flumes* mithin auch dann eine Außengesellschaft, wenn die Gesellschafter nicht weiter im Rechtsverkehr für die Gesamthand auftreten. Hieraus folgt, dass eine Innengesellschaft mit Gesellschaftsvermögen nicht denkbar ist. Die Außengesellschaft ist zwingend Gesamthandsgesellschaft, die Innengesellschaft rein schuldrechtliches Rechtsverhältnis entsprechend der römischrechtlichen Sozietät.

Auch wenn Klarheit und dogmatische Kohärenz für die Lösung *Flumes* sprechen, zeigen die Ausführungen, dass der Streit um die Vermögensfähigkeit der Innengesellschaft letztlich Definitionsfrage ist.[903] Es dürfte unbestritten sein, dass die Rechtsprechung die analoge Anwendung der §§ 128 ff. HGB auf Außengesellschaften im Sinne *Flumes*, die sich in Beziehungen zu ihren Gesellschaftern erschöpfen, nicht intendierte. Um ein stimmiges System der Gesellschaft bürgerlichen Rechts zu entwickeln, das in Haftungsfragen nicht auf einen speziellen Begriff der Außengesellschaft zurückgreifen muss, ist es deswegen sinnvoller, die Beziehungen zu den Gesellschaftern selbst dann nicht dem Außenverhältnis zuzuordnen, wenn die Gesellschaft als Gesamthand verfasst ist. Damit steht fest, dass Innengesellschaften Gesamthandsvermögen bilden können, aber nicht müssen. Aus dem Vorliegen bzw. Nichtvorliegen von gesamthänderisch gehaltenen Gegenständen lassen sich folglich keine Aussagen über die Art der GbR ableiten.[904] Für dieses Ergebnis sprechen auch Gesichtspunkte des Verkehrsschutzes: Dem Geschäftspartner der Gesellschafter ist in der Regel nicht bekannt, ob die GbR mit Gesamthandsvermögen ausgestattet ist oder nicht. Er wäre damit, machte man die Rechtsfähigkeit von diesem Merkmal abhängig, häufig nicht über die Identität seines Vertragspartners – rechtsfähige Gesellschaft oder einzelne Gesellschafter – informiert und müsste zunächst Nachforschungen anstellen, um den Anspruchsgegner bzw. Passivlegitimierten zu ermitteln.[905]

Entscheidende Voraussetzung für das Entstehen einer Außengesellschaft ist mithin die Teilnahme am Rechtsverkehr. In welcher Form sie zu erfolgen hat, ist indes nicht geklärt. Die in der Literatur vertretenen Auffassungen verwenden, wie bereits ange-

902 Personengesellschaft, § 1 III.
903 So auch Staudinger/*Habermeier*, § 705, Rdnr. 58.
904 Zu der in diesem Zusammenhang nicht mehr entscheidungserheblichen Frage, ob die Außengesellschaft zwingend Gesellschaftsvermögen aufweist, vgl. in diesem Kapitel unter (b).
905 So auch *Ulmer*, ZIP 2001, 585, 592.

deutet, unterschiedliche Ansätze. Sie stellen insbesondere auf die Art des Auftretens nach außen,[906] die Organisationsstruktur der Gesellschaft (Vorhandensein einer eigenen Identitätsausstattung),[907] den Gesellschaftszweck[908] und die sonstigen Vereinbarungen im Gesellschaftsvertrag (Bestimmungen zur Vertretung der Gesellschaft)[909] ab. Ob die Gesellschaft Rechte aus der Teilnahme am Rechtsverkehr erwirbt, ist dagegen irrelevant, da die Außen-GbR nach überwiegender Ansicht kein Gesamthandsvermögen bilden muss. Die Gesellschafter können stattdessen Bruchteilszuständigkeit i.S. der §§ 741 ff. BGB vereinbaren oder einen der Gesellschafter als Treuhänder einsetzen.[910]

Diese Ansätze sind entweder ungenau oder schlicht verfehlt. Unter der Prämisse, dass die (Außen-)Gesellschaft bürgerlichen Rechts rechtsfähig ist, wovon hier angesichts der gefestigten höchstrichterlichen Rechtsprechung ausgegangen wird und was im Übrigen auch die Vertreter der Literaturmeinungen nicht bestreiten, führen

---

906 Bamberger/Roth/*Timm/Schöne*, § 705, Rdnr. 139: Außengesellschaft, wenn „die Gesellschaft ‚als solche' am Rechtsverkehr teilnimmt. Dies ist der Fall, wenn ein Gesellschafter im Namen der Gesellschaft auftritt"; Beck Hdb. Personengesellschaften/*Stengel*, § 3, Rdnr. 247: Außengesellschaft, wenn die Gesellschaft als Gesamthand am Rechtsverkehr mit Dritten teilnimmt; Erman/*H. P. Westermann*, Vor § 705, Rdnr. 28: Außengesellschaft, wenn „eine gemeinsame Zuständigkeit für die durch das Handeln des oder der Vertreter entstandenen Verbindlichkeiten begründet werden soll"; *Hadding*, ZGR 30 (2001), 712, 714 f.: Außengesellschaft, wenn „der Gesellschaftszweck zu seinem Erreichen [erfordert], dass die Gesellschaft ihrerseits am Rechtsverkehr teilnimmt"; wortgleich *Hasenkamp*, Haftungsbeschränkungen, S. 44 f.; MüKo BGB/*Ulmer*, Vor § 705, Rdnr. 91 und § 705, Rdnr. 253, 279: Außengesellschaft, wenn die Gesamthand „als solche über organschaftliche Vertreter am Rechtsverkehr teilnimmt"; Innengesellschaft, wenn der geschäftsführende Gesellschafter nach dem Vertragsinhalt im eigenen Namen handeln soll (selbst dann, wenn die Gesellschafter im Einzelfall gemeinschaftlich tätig werden, solange das nicht zu einer Änderung des Charakters der Gesellschaft führt); Palandt/*Sprau*, § 705, Rdnr. 33: Außengesellschaft, wenn die Gesellschaft „durch ihre Vertreter am Rechtsverkehr teilnimmt", Innengesellschaft, wenn „die Rechtsmacht, mit Wirkung für ‚die Gesellschaft' (und damit im wirtschaftlichen Ergebnis alle Gesellschafter) nach außen rechtsgeschäftlich zu handeln, entgegen § 714 ausgeschlossen" ist; RGRK/*v. Gamm*, Vor § 705, Rdnr. 5: „Die Außengesellschaft tritt nach außen im Rechtsverkehr in Erscheinung; bei ihr werden die Geschäfte von vertretungsberechtigten Gesellschaftern abgeschlossen, so dass dadurch alle Gesellschafter in ihrer Gesamtheit berechtigt und verpflichtet werden"; Soergel/*Hadding*, 12. Aufl., Vor § 705, Rdnr. 28: Außengesellschaft, wenn sie „als solche am Rechtsverkehr mit Dritten teilnehmen soll, so dass sie nach außen als Personenvereinigung in Erscheinung tritt"; Staudinger/*Habermeier*, § 705, Rdnr. 58: Innengesellschaft, wenn „den Geschäftsführern die Vertretung der Gesellschaft im Rechtsverkehr untersagt ist und sie stattdessen beispielsweise nur im eigenen Namen oder im Namen eines Gesellschafters auftreten dürfen"; *Westermann*, Vertragsfreiheit, S. 188 f.: Eine Gesellschaft, deren Geschäfte ein Außengesellschafter gewöhnlich in seinem Namen für Rechnung der Gemeinschaft abschließt, wird nicht durch einmalige Vertretung aller Gesellschafter zur Außengesellschaft. Entscheidend ist das Gesamtbild, ob also der Gesellschaftszweck überwiegend durch Außen- oder durch Eigengeschäfte des Geschäftsführers verfolgt wird.

907 MüKo BGB/*Ulmer*, § 705, Rdnr. 306; *Ulmer*, AcP 198 (1998), 113, 126 ff.; *Wiedemann*, ZGR 25 (1996), 286, 299.

908 *Weiss*, Rechtsfähigkeit, S. 182 f.

909 BGH WM 1966, 31, 32; Beck Hdb. Personengesellschaften/*Stengel*, a.a.O.; Erman/*H. P. Westermann*, Vor § 705, Rdnr. 28; *Hadding*, a.a.O.; *Hasenkamp*, a.a.O.; *Singhof*, Außenhaftung, S. 116; Staudinger/*Habermeier*, § 705, Rdnr. 61.

910 Vgl. oben Fn. 895.

sie zu Widersprüchen. Sie verlangen für die Teilnahme am Rechtsverkehr in der Regel ein Auftreten der Gesellschafter im Namen der GbR. Handeln die Gesellschafter mit Vertretungsmacht, wirken ihre Willenserklärungen unmittelbar für und gegen die Gesellschaft (§ 164 Abs. 1 BGB). Die (mithin Außen-, folglich rechtsfähige) GbR wird berechtigt und verpflichtet. Kommen die aus dem Rechtsgeschäft fließenden Rechte der GbR zu, kann keine Bruchteilsgemeinschaft entstehen: § 741 BGB setzt voraus, dass ein Recht mehreren gemeinschaftlich zusteht und keine Sonderregeln eingreifen. Sieht man die Gesellschaft als von den Gesellschaftern zu trennendes Rechtssubjekt an, fehlt es an der Voraussetzung der Berechtigung mehrerer. Sieht man sie primär als Personenverband an, stellt man – anders als bei der juristischen Person – also das personale Substrat in den Vordergrund, was auch bei Anerkennung der Rechtsfähigkeit der GbR möglich ist,[911] ließe sich zwar argumentieren, die Rechtszuständigkeit sei eine gemeinschaftliche. Es ist allerdings zu bedenken, dass die inzwischen ganz h.M. – und so auch die Vertreter der vorgenannten Auffassungen – die Rechtsfähigkeit der Gesellschaft bürgerlichen Rechts mit dem Gesamthandsprinzip begründet. Der GbR kommt im Gegensatz zu anderen, nicht rechtsfähigen Personenmehrheiten deswegen Rechtsfähigkeit zu, weil sich die Gesellschafter in gesamthänderischer Verbundenheit zusammengeschlossen haben. Die *hierdurch* (durch die gesamthänderische Bindung) entstehende Gruppe ist Zuordnungssubjekt des Gesellschaftsvermögens.[912] M.a.W.: Die Rechtszuständigkeit der Gesellschaft knüpft an die gesamthänderische Verbundenheit der Gesellschafter an.[913] Ein Handeln der Gesellschafter im Namen der Gesellschaft bedeutet folglich

---

911 Vgl. Fn. 883.

912 Sog. Gruppenlehre (auch als Einheitstheorie bezeichnet). Zu den Hauptpositionen des über Jahrzehnte hinweg geführten Meinungsstreits, Gesamthand als vermögensrechtlicher Zusammenschluss einer Mehrheit von Personen, die zwar in ihrer Verbundenheit, aber als Vielzahl von Personen Träger der Rechte und Pflichten sind (traditionelle Gesamthandslehre, auch als Vielheitstheorie bezeichnet), bzw., wie hier vertreten, als personenrechtlicher Zusammenschluss, d.h. verselbständigte Einheit bzw. eigenständiges Rechtssubjekt, vgl. exemplarisch einerseits *Hueck*, Gesellschaftsrecht, 19. Aufl., § 3 II; *Larenz*, BGB AT, 7. Aufl., § 9 II 6; *Zöllner*, FS Gernhuber, S. 563, 566 ff.; *dens.*, FS Kraft, S. 701, 704 ff.; und andererseits *Flume*, Personengesellschaft, § 4 II, § 5; *dens.*, ZHR 136 (1972), 177 ff., insb. 184 ff.; MüKo BGB/*Ulmer*, § 705 Rdnr. 302; *Karsten Schmidt*, Gesellschaftsrecht, § 60 II 1. Letztere Ansicht geht zurück auf *v. Gierke*, Deutsches Privatrecht Bd. 1, §§ 79, 80, insbesondere § 80 V 4. Zu weiteren Nachweisen siehe *Hueck*, FS Zöllner, S. 275, 277 (Fn. 8, 9).

913 Instruktiv *v. Gierke*, Deutsches Privatrecht Bd. 1, § 80 V: „2. Durch die gesamte Hand wird stets eine personenrechtliche Verbundenheit bewirkt. Das personenrechtliche Band verleiht dem Gemeinschaftsverhältnisse unter den Gesamthändern die besonderen Züge, die es von einem Gemeinschaftsverhältnisse unter getrennten Personen unterscheiden. ... 4. Kraft der gesamten Hand ist die verbundene Personenmehrheit als solche rechtsfähig. Sie kann Rechte und Pflichten haben, die zwar keiner von den verbundenen Personen verschiedenen Verbandsperson, ebenso wenig aber den einzelnen Gemeinern für sich zustehen. ... [I]hre Personeneinheit [bedeutet] nur die Zusammenfassung von Personen in einer bestimmten [nämlich der gesamthänderischen] Verbundenheit ... 5. Kraft der gesamten Hand ist verbundene Personenmehrheit als solche auch handlungsfähig.“ Ähnlich *Flume*, Personengesellschaft, § 4 II: „Das Gesamthandsprinzip besagt, ... dass es ... eine Rechtszuständigkeit für alle Gesamthänder zusammen, für die Gesamthänder in ihrer Verbundenheit, d.h. für die Gesamthand als Personengemeinschaft, als Gruppe, gibt.“ *Karsten* nichts anderes als die Begründung von gesamthänderisch gebundenen Rechten und Gesamthandsschulden. Damit treten die §§ 741 ff. BGB gegenüber den Vorschriften zur GbR zurück. Vertretung der rechtsfähigen (d.h. Außen-)Gesellschaft unter Vereinbarung von Bruchteilseigentum ist nicht möglich.

Das Postulat, die Außengesellschaft müsse kein Gesellschaftsvermögen bilden, ist somit nur dann richtig, wenn ein Auftreten der Gesellschafter, das nicht im Namen der Gesellschaft erfolgt, als Teilnahme der GbR am Rechtsverkehr qualifiziert werden kann, wenn also die oben erwähnten Kriterien – eigene Identitätsausstattung und Organisationsstruktur – unabhängig von einer rechtsgeschäftlichen Bindung der GbR die Einordnung als Außengesellschaft rechtfertigen. Ein solcher Ansatz ist ebenso wenig sinnvoll wie der bereits abgelehnte Vorschlag, auf das Bekanntwerden der gemeinsamen Zweckverfolgung abzustellen.[914] Zum einen führt er zu großer Rechtsunsicherheit:[915] Als Merkmale, die Außengesellschaften kennzeichnen, werden eine „über die Gesellschaft als bloßes Schuldverhältnis hinausgehende, zum Auftreten nach außen erforderliche Organisation“[916], insbesondere das Vorhanden-

---

Schmidt, Gesellschaftsrecht, § 8 IV 2 a: Die Gesamthandsgesellschaft ist „zwar ein Rechtsträger, aber sie lebt nur im Verbund der Gesamthänder.“

Der Ursprung der Verwirrung in der Literatur ist wohl darin zu sehen, dass § 718 Abs. 1 BGB, der in Verbindung mit §§ 719, 738 BGB das Gesamthandsprinzip in das Recht der GbR einführt, abdingbar ist, ohne sich ausdrücklich *gegen* die Rechtssubjektivität der Gesamthandsgesellschaft auszusprechen. Wer nun annimmt, die Gesamthandsgesellschaft bürgerlichen Rechts sei rechtsfähig, kann nicht ein Handeln für diese rechtfähige Gesellschaft bejahen und zugleich den Ausschluss von Gesamthandsvermögen zulassen. Die rechtsfähige GbR existiert nicht außerhalb der gesamthänderischen Bindung ihrer Gesellschafter. Deswegen ist es nicht möglich, einen Vertrag für die Außen- (d.h. Gesamthands-)Gesellschaft abzuschließen und zu vereinbaren, die Ansprüche aus diesem Vertrag sollten den Gesellschaftern persönlich nach Bruchteilen zustehen, im Sinn einer Abrede zugunsten Dritter (MüKo BGB/*Ulmer*, § 705, Rdnr. 267). Die Außengesellschaft ist identisch mit den Gesellschaftern in ihrer gesamthänderischen Verbundenheit (zu beachten ist, dass gleichwohl nicht die Gesamthänder – als natürliche Personen – Rechtsträger sind, sondern die Gesellschaft, und zwar als Gesamthandsgesellschaft, d.h. nicht etwa als juristische Person, sondern als Mehrzahl von natürlichen Personen in einer bestimmten Verbundenheit). Ein Vertrag, der nicht für die Gesellschafter in dieser Verbundenheit abgeschlossen wird, ist folglich kein Vertrag, der für die Gesellschaft abgeschlossen wird. Wer sich von dieser Abhängigkeit zwischen Rechtsfähigkeit und Gesamthand lösen will, dem bleibt nur übrig, die (Außen-)GbR der juristischen Person gleichzustellen, denn neben den natürlichen Personen, den Gesamthandsgemeinschaften bzw. -gesellschaften und den juristischen Personen kennt das deutsche Recht keine Rechtssubjekte. Hierfür ist aber ein Tätigwerden des Gesetzgebers erforderlich. Gleiches gilt im Übrigen für die Gesamthandsgesellschaften des Handelsrechts.

Zur Illustration der teilweise nicht schlüssigen Argumentation der Literatur folgendes Beispiel: MüKo BGB/*Ulmer*, § 705, führt aus, die Außengesellschaft entsteht, wenn ihre Organe für sie als Gesamthand (Gruppe) handeln (Rdnr. 303). Handeln die Gesellschafter im Namen der Gesellschaft als Gesamthand, entstehen Gesamthandsforderungen (Rdnr. 265). Die Außengesellschaft setzt indes (mit Ausnahme der Sozialansprüche) laut *Ulmer* kein Gesamthandsvermögen voraus (Rdnr. 267 ff.).

914 Er wird dementsprechend – soweit ersichtlich – auch von denjenigen Stimmen in der Literatur, die eine Außengesellschaft ohne Gesamthandsvermögen für möglich halten, nicht explizit vertreten, vgl. die oben in Fn. 906 angeführten Zitate.

915 Bezeichnend Erman/*H. P. Westermann*, Vor § 705, Rdnr. 28 unter Bezug auf die h.M.: „Nicht unbedenklich ist [die …] stark einzelfallabhängige[…] Unterscheidung“.

916 MüKo BGB/*Ulmer*, § 705, Rdnr. 254.

sein von Gesellschaftsorganen, die Bildung von Gesamthandsvermögen und ein gemeinsamer Name genannt.[917] Von diesen Voraussetzungen soll nur die erste begriffsnotwendig sein.[918] Alle genannten Merkmale können jedoch auch bei der Innengesellschaft vorliegen. Es ist unbestritten, dass sich die Innengesellschaft ebenso eine Organisation geben, z.B. einen Gesellschafter zum Geschäftsführer bestellen kann, wie die Außengesellschaft.[919] Gesamthandsvermögen ist bei ihr ebenfalls nicht nur im Ausnahmefall vorhanden. Einen gemeinsamen Namen schließlich werden die Gesellschafter wohl nicht verwenden, wenn sie nicht beabsichtigen, unter diesem Namen am Rechtsverkehr teilzunehmen. Theoretisch ist die Ausstattung der Innengesellschaft mit einer eigenen Identität aber durchaus möglich. Darüber hinaus ist unklar, wann die Indizwirkung der Kriterien so stark ist, dass eine Außengesellschaft entsteht – lässt sich z.B. bereits dann von einer festen Organisationsstruktur sprechen, wenn die Gesellschafter einen Geschäftsführer bestellt haben, oder ist die Bildung zusätzlicher Gesellschaftsorgane (Gesellschafterversammlung, Beirat) bzw. das Vorhandensein weiterer sog. identifikationsstiftender Merkmale (Name, Verwaltungssitz, Geschäftslokal, gemeinsame Betriebsstätten) erforderlich? In der Literatur finden sich hierzu keine klaren Aussagen.[920] Zum anderen ist nicht anzunehmen, dass die h.L. die Anerkennung der Rechtsfähigkeit der GbR unabhängig von ihrer Beteiligung an Rechtsgeschäften intendierte: Wenn der Erwerb von Rechten und Pflichten nicht in Frage steht, kommt es gerade nicht auf die Rechts- oder Parteifähigkeit an. Auch verliert eine der wichtigsten Folgen, die der BGH an die Rechtsfähigkeit der Außengesellschaft knüpft, die Haftung der Gesellschafter analog §§ 128 ff. HGB, an Bedeutung, da es gewöhnlich an einer Verbindlichkeit der Gesellschaft fehlt. Schließlich ist es nicht selbstverständlich, dass (und außerdem unklar, wann und unter welchen Bedingungen) der handelnde Gesellschafter die erworbenen Rechte und übernommenen Pflichten im Innenverhältnis an die Gesellschaft weitergibt.[921] Unterbleibt eine Übertragung auf die Gesellschaft, wäre die Folge, dass einem Personenverband, der weder Rechtsgeschäfte abschließt noch Vermögenswerte erlangt, Rechtsfähigkeit zugesprochen wird.

Einzig überzeugend ist somit die folgende Lösung: Die GbR wird zur Außengesellschaft, wenn die Gesellschafter Rechtsgeschäfte in Vertretung für die Gesellschaft

---

917 MüKo BGB/*Ulmer*, a.a.O.; *Ulmer*, ZIP 2001, 585, 593 f.; *ders.*, AcP 198 (1998), 113, 126; *Wiedemann*, JZ 2001, 661, 663.

918 MüKo BGB/*Ulmer*, a.a.O.

919 Vgl. z.B. BGH NJW 1960, 1851.

920 Kritisch auch *Habersack*, BB 2001, 477, 478 f., der die Rechtsfähigkeit aller nach außen auftretenden Gesellschaften bürgerlichen Rechts bejaht, und *Hadding*, ZGR 30 (2001), 712, 717. Die fehlende Rechtssicherheit wird eindrucksvoll dadurch illustriert, dass *Ulmer*, ZIP 2001, 585, 593 f., Emissionskonsortien als „höherstufige", d.h. Außengesellschaften, einordnet, obwohl sie kein einziges der von ihm genannten Kriterien aufweisen.

921 Grundsätzlich ist der geschäftsführende Gesellschafter verpflichtet, das aus der Geschäftsbesorgung Erlangte an die Gesellschaft zu übertragen (§§ 713, 667 BGB). Diese Pflicht kann jedoch im Gesellschaftsvertrag abbedungen werden.

abschließen (§ 164 Abs. 1 BGB).[922] Hierdurch entstehen gesamthänderisch gebundene Rechte bzw. Gesamthandsschulden. Im Übrigen ist sie Innengesellschaft.[923] Damit steht zugleich fest, dass es für die Abgrenzung in erster Linie auf den Inhalt der Vereinbarungen ankommt, die die Gesellschafter in Verfolgung des Gesellschaftszwecks mit Dritten treffen. Schon aus allgemeinen Regeln der Rechtsgeschäftslehre und dem Grundsatz der Privatautonomie folgt, dass sie frei entscheiden können, ob sie bei Abschluss der Außengeschäfte als eigenständige (natürliche oder juristische) Personen handeln, d.h. im eigenen Namen oder in Vertretung für andere Gesellschafter und lediglich im Innenverhältnis auf Rechnung der Gesamthand (falls eine solche existiert) tätig werden (Innengesellschaft), oder ob sie im Namen der GbR auftreten (Außengesellschaft).[924] Weitere Umstände, z.B. die Organisationsstruktur der GbR, erlangen nur dann Bedeutung, wenn es an einer eindeutigen Erklärung der Gesellschafter fehlt. In diesem Fall ist der Vertrag mit dem Dritten gem. §§ 133, 157 BGB auszulegen, um die Partei des Rechtsgeschäfts – Gesellschaft oder Gesellschafter – zu bestimmen.[925] Gleiches gilt für den Gesellschaftsvertrag. Da vom Empfängerhorizont her auszulegen ist,[926] können gesellschaftsinterne Bestimmungen allenfalls dann – und in jedem Fall nur als Indiz zur Gewährleistung der zutreffenden Auslegung des Außengeschäfts – berücksichtigt werden, wenn sie dem Geschäftspartner bekannt sind.[927] § 720 BGB zwingt zu keiner anderen Beurteilung: Nach inzwischen allgemeiner Meinung impliziert die Vorschrift nicht, dass es für die Zugehörigkeit einer Forderung zum Gesamthandsvermögen irrelevant ist, ob dem Vertragspartner die gesamthänderische Verbundenheit der Gesellschafter bekannt ist oder nicht, sofern nur der handelnde Gesellschafter den Willen hat, für die Gesamthand zu erwerben. Der Verweis des § 720 BGB auf

---

922 Zu der Frage, was ein Handeln in Vertretung für die Gesellschaft ausmacht, siehe sogleich unter (aa) im selben Kapitel.

923 Hier werden die Begriffe Außen- und Innengesellschaft noch im Sinne der h.M. verwendet. Zu einer präziseren Terminologie vgl. sogleich im Text.

924 So zwar auch *Wiedemann*, ZGR 25 (1996), 286, 299, der aber gleichwohl nur dann eine rechtsfähige Außengesellschaft annimmt, wenn die Gesellschaft einen eigenen Namen führt und über eine Zuständigkeitsordnung verfügt. Deutlicher im Sinne der hier vertretenen Lösung *ders.*, Gesellschaftsrecht II, § 7 I 4 a aa.

925 Es soll nicht verkannt werden, dass eine Auslegung unter Berücksichtigung der Begleitumstände und Interessenlage auch bei klaren und eindeutigen Parteivereinbarungen keineswegs entbehrlich ist und unter Umständen eine vom Wortlaut abweichende Interpretation des Geschäftswillens nahe legen kann, vgl. Staudinger/*Singer*, § 133, Rdnr. 48 m.N. Entscheiden sich die Parteien nach dem Wortlaut eindeutig für eine Außen- bzw. Innengesellschaft, wird eine andere Beurteilung aber nur ausnahmsweise in Betracht kommen, z.B. wenn die Rechtsfolgen wesentliche Interessen einer Partei beeinträchtigen und von den Beteiligten nicht vorhergesehen wurden. Die Auslegung erübrigt sich in Fällen des Geschäfts für den, den es angeht: Ist es für den Vertragspartner ohne Bedeutung, ob er mit der Gesellschaft oder den Gesellschaftern kontrahiert, ist einzig der Wille der Gesellschafter maßgeblich.

926 Ständige Rechtsprechung bei empfangsbedürftigen Willenserklärungen, z.B. BGHZ 36, 30, 33; 47, 75, 78; 103, 275, 280.

927 Gleichwohl stellt die h.M., wenn sie dem Parteiwillen überhaupt Bedeutung beimisst, offensichtlich primär auf die im Gesellschaftsvertrag getroffenen Vereinbarungen ab, vgl. die Nachweise oben Fn. 909. Wie hier *Flume*, Personengesellschaft, § 1 IV. Weitere Einzelheiten zur Auslegung sogleich im Text.

§ 718 Abs. 1 Alt. 2 BGB (originärer Erwerb für die Gesellschaft) ist vielmehr weitgehend ohne Relevanz. Gegenstände gelten nur dann als durch die Geschäftsführung für die Gesellschaft (§ 718 Abs. 1 Alt. 2 BGB) erworben, wenn die Gesellschafter im Namen der Gesamthand handeln.[928]

Mit Hilfe des hier vorgeschlagenen Ansatzes ist eine klare und sachgerechte Abgrenzung – und damit auch eine interessengerechte Beschränkung des Anwendungsbereichs der zwingenden akzessorischen Haftung gem. §§ 128 ff. HGB – möglich. Um den Willen der Parteien zu ermitteln, sind die von der Rechtsprechung entwickelten Auslegungsregeln heranzuziehen. Danach sind Erklärungen anhand der Bedeutung der verwendeten Worte sowie ihrer Stellung im Gesamtzusammenhang des Textes zu interpretieren. Außerhalb der Erklärung stehende Begleitumstände sind ebenso zu berücksichtigen wie die Interessen der Parteien, der Zweck der Regelung und die Grundsätze von Treu und Glauben.[929] Auch andere Vertragswerke, die mit dem auszulegenden Rechtsgeschäft in Zusammenhang stehen, sind von Bedeutung, wenn sie dem Erklärungsempfänger bekannt sind. Durch ihre klaren Vorgaben gewährleisten die Auslegungsregeln weitgehende Rechtssicherheit bei der Ermittlung des Parteiwillens. Damit wird es in den meisten Fällen ohne größere Schwierigkeiten möglich sein, zwischen Innen- und Außengesellschaften zu unterscheiden.[930] Zugleich erlaubt dieser Ansatz flexible Lösungen, wenn Personenverbände nach außen tätig werden, eine akzessorische Haftung gem. §§ 128 ff. HGB den Interessen der Gesellschafter aber offensichtlich zuwiderläuft und auch nicht zum Schutz des Vertragspartners geboten ist: Im Rahmen zulässiger (unter Umständen ergänzender) Vertragsauslegung kann häufig davon ausgegangen werden, dass nicht die GbR (mit der Folge akzessorischer Haftung), sondern bestimmte Gesellschafter Vertragspartner sein sollen. Auch entscheiden diejenigen über die Ausgestaltung des Haftungsregimes, die am besten beurteilen können, ob die Vorteile eines Auftretens als GbR (Möglichkeit, im Rechtsverkehr unter einem gemeinsamen Namen zu handeln, gesamthänderisch gebundene Haftungsgrundlage etc.) die Nachteile der akzessorischen Haftung überwiegen: die Gesellschafter.[931]

---

928 Vgl. MüKo BGB/*Ulmer*, § 720, Rdnr. 2; Soergel/*Hadding*, 12. Aufl., § 720, Rdnr. 2, jeweils m.N.; a.A. RGRK/*v. Gamm*, § 720, Rdnr. 2.

929 Zu den Auslegungsregeln ausführlich *Flume*, Rechtsgeschäft, § 16. Die Relevanz der Grundsätze von Treu und Glauben ist umstritten. Die Rechtsprechung begründet mit ihnen vor allem die Unbeachtlichkeit einer Willenserklärung, die in Widerspruch mit dem tatsächlichen Verhalten des Erklärenden steht (*protestatio facto contraria non valet*), z.B. BGH MDR 2000, 956, 957; BGHZ 95, 393, 399; a.A. weite Teile der Literatur, die hierin eine Verletzung des Grundsatzes der Vertragsfreiheit sehen, vgl. Staudinger/*Singer*, § 133, Rdnr. 59 m.N.

930 Zur Anwendung auf den vorliegenden Problemkomplex siehe am Ende dieses Kapitels unter (c).

931 Z.B. ist im Fall der Bauherrengemeinschaft davon auszugehen, dass die Gesellschafter nicht akzessorisch haften, deswegen nicht als GbR am Rechtsverkehr teilnehmen wollen. So auch *Karsten Schmidt*, Gesellschaftsrecht, § 60 III 1 a (Beispiel Nr. 33). Aus der Entscheidung BGHZ 150, 1 geht hingegen nicht hervor, auf welcher Grundlage die persönliche akzessorische Haftung der Gesellschafter von Bauherrengemeinschaften und geschlossenen Immobilienfonds beschränkt werden kann. Vgl. zu diesem Problemkomplex mit weiteren Einzelheiten bb (2) und bb (3).

Da die Gesellschafter auch bei der in Anlehnung an Literatur und Rechtsprechung als Innengesellschaft bezeichneten GbR zur Verfolgung eines gemeinsamen Zwecks am Rechtsverkehr teilnehmen (nur eben nicht als Gesamthand, sondern als Einzelpersonen), d.h. unter Verwirklichung aller Tatbestandsmerkmale des § 705 BGB nach außen tätig werden, erscheint die Dichotomie Außen-/Innengesellschaft unglücklich gewählt. Entscheidender Unterschied zwischen beiden Arten der GbR ist, dass die Gesellschaft im einen Fall als Gesamthand verfasst ist, im anderen als reines Schuldverhältnis.[932] In beiden Fällen ist sie jedoch vollwertige GbR i.S. des § 705 BGB, und in beiden Fällen tritt sie nach außen hervor. Auch wenn die Frage nach dem Vorliegen einer Außengesellschaft weiterhin von Relevanz ist, da die Rechtsprechung hiervon die Anwendung der §§ 128 ff. HGB abhängig macht, ist es deswegen einleuchtender, die Zweiteilung Gesamthandsgemeinschaft/rein schuldrechtliches Gesellschaftsverhältnis in den Vordergrund zu stellen und von der personenrechtlichen einerseits und der schuldrechtlichen andererseits[933] oder, was hier geschehen soll, von der kollektivistischen und der individualistischen GbR zu sprechen.[934] Die §§ 705 ff. BGB umfassen mithin zwei in entscheidenden Bereichen (insbesondere der Haftungsverfassung[935]) unterschiedlichen Regelungen unterstehende und deswegen weitgehend selbständige Gesellschaftsformen:[936] Die individualistische GbR, eine rein schuldrechtliche Verbindung (die auch, jedoch un-

---

932 Das ist kein Widerspruch zu der oben vertretenen Auffassung, auch die Innengesellschaft könne Gesamthandsvermögen bilden, d.h. über ein reines Schuldverhältnis hinausgehen. Bei genauer Betrachtung sind in einem solchen Fall nämlich zwei Rechtsverhältnisse zu unterscheiden: Die nach außen unter Abbedingung jeglicher gesamthänderischer Bindung tätig werdende GbR und die nur im Innenverhältnis existierende Gesamthandsgesellschaft als eigentliche Innengesellschaft. Mit dem (schuldrechtlichen) Außenverhältnis (das unter Hinwegdenken des Gesamthandsvermögens immer noch die Voraussetzungen des § 705 BGB erfüllt), hat das Gesamthandsvermögen nichts zu tun. Beides sollte deswegen strikt getrennt werden. Diese Parallelität von bzw. Trennung zwischen Gesamthand und schuldrechtlichem Rechtsverhältnis existiert im Übrigen, wie *Flume*, Personengesellschaft, § 1 III, gezeigt hat, in gleicher Weise bei der in Literatur und Rechtsprechung als Außengesellschaft bezeichneten GbR. Auch aufgrund dieser Missverständlichkeiten, die den Begriffen Innen- und Außengesellschaft innewohnen, ist eine Modifikation der Termini angezeigt.

933 So *Flume*, a.a.O., § 1 III, § 2 I, II, § 4 III.

934 Diese Begriffswahl will bewusst Assoziationen mit der heute insbesondere noch von *Hueck* und *Zöllner* (Nachweise Fn. 912) vertretenen sog. individualistischen oder traditionellen Auffassung von der fehlenden Rechtssubjektivität der GbR hervorrufen, da ein Auftreten der Gesellschafter als individualistische GbR im hier verstandenen Sinn zu weitgehend identischen Rechtsfolgen führt. Zu beachten ist aber, dass nach der vorliegenden Ansicht ein individualistisches Tätigwerden, das eine Verpflichtung des Gesamthandsvermögens zum Ziel hat, im Gegensatz zur traditionellen Sichtweise nicht möglich ist. Die Gesellschafter können lediglich im Innenverhältnis Gegenstände dem Gesamthandsvermögen zuwenden.

935 Siehe unten (3).

936 Die historische Auslegung der §§ 705 ff. BGB bestätigt diese Auffassung, vgl. unten bb (1). Die beiden Arten der Gesellschaft bürgerlichen Rechts unterfallen freilich in vielen Punkten auch denselben Regelungen. Die Vorschriften zur Geschäftsführung und Vertretungsmacht (§§ 709 ff. BGB) z.B. sind sowohl auf individualistische wie auch kollektivistische GbR anwendbar. Sie passen auf erstere sogar wesentlich ungezwungener als auf letztere (vgl. etwa die Formulierung in § 714 BGB: „die anderen *Gesellschafter* … zu vertreten“ [Hervorhebung durch den Verf.]), da sie auf den Entwurf der ersten Kommission zurückgehen, die die GbR noch als rein schuldrechtliches Verhältnis verstand.

genau, als Innengesellschaft bezeichnet werden könnte), und die kollektivistische GbR, die als Außen- und Innengesellschaft begegnen kann und, als Außengesellschaft, zu einer gesamthänderischen Bindung und Berechtigung der Gesellschafter gegenüber Dritten führt.[937] Die Gesellschafter haben die Wahl zwischen diesen beiden Gesellschaftsformen. Der Rechtsformzwang im Gesellschaftsrecht spricht nicht gegen die Zulässigkeit einer solchen Wahlmöglichkeit: Die Privatautonomie der Parteien ist nur insoweit eingeschränkt, als sie die Entstehung einer Personengesellschaft bei gemeinsamer Zweckverfolgung i.S. des § 705 BGB nicht verhindern können. Ob sie den Gesellschaftszweck in der Rechtsform einer individualistischen oder kollektivistischen GbR verfolgen, bleibt jedoch ebenso ihnen überlassen, wie es Gewerbetreibenden offen steht, ihr Handelsgewerbe in Form einer oHG oder KG zu betreiben, und wie es Inhabern eines kleingewerblichen oder vermögensverwaltenden Unternehmens möglich ist, eine Eintragung gem. § 105 Abs. 2 HGB zu veranlassen oder nicht.[938]

Abgrenzungsschwierigkeiten lassen sich indes auch bei Anwendung der vorstehenden Formel nicht ganz vermeiden. Insbesondere stellen sich die folgenden Fragen: Was ist unter dem „Handeln für die Gesellschaft" bzw. dem „Auftreten als Personenverband" (d.h. der Vertretung der Gesellschaft „als solcher") zu verstehen – muss der Gesellschafter im Namen der Gesellschaft handeln? Genügt ein Handeln im Namen der Gesellschaftergesamtheit, wenn die Gesellschaft nicht unter einem Namen auftritt, oder ist ein Handeln für die Gesellschafter in ihrer gesamthänderischen Verbundenheit erforderlich (unter [aa])? Wann entsteht die kollektivistische GbR und wann wird sie zur Außengesellschaft – in dem Zeitpunkt, in dem sie erstmals Rechte erwirbt und Pflichten eingeht, in dem der geschäftsführende Gesellschafter handelt oder die Gesellschafter beschließen, den Gesellschaftszweck durch rechtsgeschäftliches Auftreten nach außen in Vertretung der Gesellschaft zu verfolgen (unter [bb])? Wie ist zu verfahren, wenn die Gesellschafter teilweise im Namen der Gesellschaft und teilweise im Namen der Gesellschafter handeln – entsteht zunächst eine kollektivistische GbR, die sich dann in eine individualistische umwandelt? Greifen die von der Rechtsprechung zur Außengesellschaft entwickelten Regeln auch dann ein, wenn die Gesellschafter nachfolgende Rechtsgeschäfte, die der Erreichung des Gesellschaftszwecks dienen, im eigenen Namen vornehmen (unter [cc])? Welche Relevanz kommt den von der Literatur häufig zur Abgrenzung herangezogenen Merkmalen, insbesondere dem Vorliegen bzw. Fehlen einer eigenen Identitätsausstattung, zu (unter [dd])?

(aa) Der wichtigste noch zu präzisierende Punkt ist die Frage, unter welchen Voraussetzungen eine Vertretung der kollektivistischen Gesellschaft, d.h. ein Auftreten im Rechtsverkehr für die Gesellschaft „als solche", anzunehmen ist. Die Lage ist in

937 Die Begriffe individualistische und kollektivistische GbR können mithin nur eingeschränkt mit Innen- und Außengesellschaft gleichgesetzt werden. Sowohl individualistische als auch kollektivistische GbR können als Innen- oder Außengesellschaft in Erscheinung treten. Zu Einzelheiten siehe im selben Kapitel unter (b).
938 Ebenso *Flume*, a.a.O, § 1 III.

der Regel eindeutig, wenn sich die GbR eines Namens bedient – was ohne weiteres zulässig ist[939] – und der (bzw. die) vertretungsbefugte(n) Gesellschafter in diesem Namen handeln.[940] Gerade bei zeitlich begrenzten Zusammenschlüssen wird es aber häufig an einem Namen fehlen.[941] Eine verbreitete Ansicht in der Literatur ist der Auffassung, die Gesellschaft trete in einem solchen Fall bereits dann „als solche" im Rechtsverkehr auf, wenn die Gesellschafter gemeinschaftlich handelten oder ein Gesellschafter in Vertretung für *alle* bzw. als gem. § 714 BGB vertretungsberechtigter Geschäftsführer tätig werde.[942] Nach diesen Grundsätzen wären Emissionskonsortien als Außengesellschaften einzuordnen, da die Konsortialführerin gewöhnlich zur Vertretung befugt ist und den Übernahmevertrag im Namen aller Emissionsbanken abschließt.[943] Die ältere Rechtsprechung des BGH scheint diese Ansicht zu stützen. Das Gericht stellte 1960 fest, eine Innengesellschaft setze voraus, dass der geschäftsführende Gesellschafter (einen solchen könne es auch bei der Innengesellschaft geben) nach außen im Namen des *anderen* Gesellschafters (die GbR bestand im entschiedenen Fall nur aus zwei Gesellschaftern) auftrete. Er dürfe nicht im Namen der Gesellschaft oder *aller* Gesellschafter handeln, da andernfalls eine Außengesellschaft entstehe.[944] Diese Formulierung erklärt sich daraus, dass die GbR 1960 noch nicht als rechtsfähig anerkannt war, eine Verpflichtung der Gesellschaft somit nicht anders als durch ein Handeln der bzw. für die Gesellschaftergesamtheit, die nichts anderes darstellte als „die Gesellschaft", erreicht werden konnte.[945] Im Hinblick auf die nunmehr h.M., die Außengesellschaften bürgerlichen Rechts als (zunächst teil-, jetzt praktisch vollumfänglich) rechtsfähig ansieht,[946] ist nicht die Gesellschaftergesamtheit, sondern die GbR als von ihr zu

---

939 Vgl. z.B. Staudinger/*Habermeier*, Vor § 705, Rdnr. 23 m.N.

940 Eine andere Beurteilung ist nur dann gerechtfertigt, wenn besondere Umstände darauf hinweisen, dass die Gesellschafter individualistisch berechtigt und verpflichtet sein wollen, z.B. wenn sie mit dem Geschäftspartner einen Ausschluss der gesamthänderischen Bindung vereinbart haben. Zu weiteren Einzelheiten vgl. unten (dd) und (c).

941 Während Arbeitsgemeinschaften im Baugewerbe bisweilen unter einem Namen am Rechtsverkehr teilnehmen (so z.B. im Fall BGHZ 146, 341), ist das bei Emissionskonsortien fast nie der Fall.

942 RGRK/*v. Gamm*, Vor § 705, Rdnr. 5; *Singhof*, Außenhaftung, S. 117 (explizit für Emissionskonsortien); Erman/*H. P. Westermann*, Vor § 705, Rdnr. 28 (es komme darauf an, dass „Rechtsbeziehungen begründet werden sollen, die *alle* Gesellschafter treffen" [Hervorhebung durch den Verf.]); so offenbar auch Palandt/*Sprau*, § 705, Rdnr. 33.

943 So demgemäß die h.M., vgl. oben Fn. 688. Die Literatur ist indes nicht frei von Widersprüchen. So ordnet z.B. MüKo BGB/*Ulmer* Emissionskonsortien entsprechend der h.M. als Außengesellschaften ein (§ 705, Rdnr. 279), erklärt aber andererseits, für die Beantwortung der Frage, ob die Gesellschaft „als solche" vertreten werde, komme es auf die Vereinbarungen im Gesellschaftsvertrag an (Vor § 705, Rdnr. 54). Der Konsortialvertrag bestimmt im Regelfall jedoch gerade, dass keine Vertretung der GbR erfolgen soll; häufig wird die Rechtsform der GbR sogar, wie gezeigt, ausdrücklich abbedungen.

944 BGH NJW 1960, 1851.

945 Z.B. BGHZ 23, 307, 313.

946 Die Rechtsprechung begann 1979 damit, die Verpflichtungsfähigkeit der GbR zu bejahen – zunächst freilich, ohne sich explizit für die Rechtsfähigkeit auszusprechen und ohne weitere Konsequenzen zu ziehen (BGHZ 72, 267, 271; 74, 240, 242; 78, 311, 313 [Mitgliedschaft in einer GmbH zulässig, auf die Rechtsfähigkeit komme es hierbei nicht an]). Mit der Zeit wurde der BGH jedoch deutlicher (BGHZ 79, 374, 377 [Kompetenz zur Genehmigung eines schwebend unwirktrennender Rechtsträger entscheidendes Zuordnungsobjekt. Damit kann es nicht darauf ankommen, ob der nach außen auftretende Gesellschafter Rechtsgeschäfte für einen oder mehrere Mitgesellschafter (im Gegensatz zur Gesellschaftergesamtheit) abschließt, sondern ob er für die Gesellschafter (einzelne oder sämtliche) oder die (kollektivistische) Gesellschaft handeln will. Die Entscheidung des BGH, die deutlich macht, dass auch Innengesellschaften am Rechtsverkehr teilnehmen, sofern die Teilnahme „indirekt", d.h. über die Gesellschafter erfolgt, ist mithin wie folgt weiterzuentwickeln: Das rechtsgeschäftliche Tätigwerden nach außen führt selbst dann nicht zur Entstehung einer Außengesellschaft (im Sinne der h.M.), wenn der Geschäftsführer im Namen der Gesellschaftergesamtheit handelt, solange er deutlich macht, dass die Gesellschafter nicht in ihrer gesamthänderischen Verbundenheit (d.h. als kollektivistische Gesellschaft), sondern individuell (d.h. als individualistische GbR) berechtigt und verpflichtet sein sollen.[947] Die Zulässigkeit – bzw. sogar Gebotenheit – einer solchen Differenzierung zwischen gesamthänderischer und individualistischer Verpflichtung ergibt sich wiederum aus dem Grundsatz der Vertragsfreiheit: Wer eine vertragliche Verpflichtung eingeht, entscheidet zugleich über die Adressaten der Verpflichtung, und zwar entweder durch ausdrückliche Vereinbarung mit dem Vertragspartner, die den Kreis und die Identität der Verpflichteten zum Inhalt hat, oder durch Hinweis auf den Vertretenen gem. § 164 Abs. 1 BGB.[948]

---

samen Vertrags an die Gesellschafterstellung geknüpft]) und erkannte 1991 die Fähigkeit der GbR an, „als Teilnehmer am Rechtsverkehr grundsätzlich, d.h. soweit nicht spezielle rechtliche Gesichtspunkte entgegenstehen, jede Rechtsposition ein[zu]nehmen" (BGHZ 116, 86, 88 [Mitgliedschaft in einer Genossenschaft]; vgl. auch 118, 83, 99 [Mitgliedschaft in einer AG]; 136, 254, 257 [Scheckfähigkeit]; BGH NJW 1998, 376 [Mitgliedschaft in einer anderen GbR]). Ausdrücklich bestätigte der BGH die Rechtsfähigkeit (allerdings nur der Außengesellschaft) schließlich im Jahr 2001 in BGHZ 146, 341: „Die (Außen-) Gesellschaft bürgerlichen Rechts besitzt Rechtsfähigkeit, soweit sie durch Teilnahme am Rechtsverkehr eigene Rechte und Pflichten begründet" (Leitsatz a). Umstritten war auch nach dem Grundlagenurteil des BGH noch längere Zeit die Grundbuchfähigkeit der GbR, vgl. BayObLG DNotZ 2004, 378; NJW 2003, 70; OLG Celle, ZIP 2006, 620 (ablehnend); inzwischen bejahend BGH ZIP 2006, 2128; OLG Stuttgart, ZIP 2007, 419; aus der Literatur vgl. *Geibel*, WM 2007, 1496, 1502; *Ulmer/Steffek*, NJW 2002, 330 ff. m.N. Geklärt ist nicht, ob die GbR persönlich haftender Gesellschafter einer oHG oder KG werden kann (bejahend für die Stellung als Kommanditist BGHZ 148, 291, 293 ff.; so jetzt ausdrücklich § 162 Abs. 1 Satz 2 HGB). Zur Markenfähigkeit vgl. ablehnend BGH DB 2000, 2117, zur Stellung als Verwalter nach dem Wohnungseigentumsgesetz ablehnend BGH WM 2006, 786.

947 Ähnlich *Karsten Schmidt*, Gesellschaftsrecht, § 60 I 2 a (der allerdings nicht die Konsequenz zieht, die nach außen auftretende individualistische Gesellschaft als ebensolche zu beurteilen, sondern betont: „[w]as sich im Außenverhältnis abspielt, ist allgemeines Zivilrecht" [in Abgrenzung zu gesellschaftsrechtlichen Grundsätzen]), und wohl auch MüKo BGB/*Ulmer*, § 718, Rdnr. 18; *Ulmer*, ZIP 2001, 585, 592 (für eine Berechtigung bzw. Verpflichtung der Gesellschaft bedürfe es der Offenlegung des Organhandelns der Gesellschafter bzw. der zwischen ihnen bestehenden gesamthänderischen Verbindung); *Wiedemann*, Gesellschaftsrecht II, § 7 I 4 a) (der von einer sog. unselbständigen Außengesellschaft spricht, wenn die Gesellschafter nach außen in Erscheinuung treten, aber nicht die Gesellschaft als solche).

948 Das gilt selbstverständlich mit der Maßgabe, dass die empfangsbedürftigen Willenserklärungen der Gesellschafter zum Schutz des Rechtsverkehrs aus der Sicht des Geschäftspartners auszulegen sind (so die ständige Rechtsprechung, z.B. BGHZ 103, 275, 280; BGH NJW 1992, 1446). Vgl. auch unten (dd).

(bb) Die kollektivistische Gesellschaft wird in dem Zeitpunkt begründet, in dem die Gesellschafter den Gesellschaftsvertrag abschließen, ohne Gesamthandsvermögen auch für das Innenverhältnis auszuschließen, d.h. ohne zu vereinbaren, dass die Sozialansprüche nicht der Gesellschaft, sondern den Gesellschaftern als Bruchteilsberechtigten gegen jeden Mitgesellschafter zustehen sollen. Hierdurch wird sie nach h.M. und hier vertretener Auffassung aber noch nicht zur Außengesellschaft. Die Außengesellschaft entsteht, wenn ein oder mehrere vertretungsbefugte Gesellschafter im Namen der Gesellschaft bzw. für die Gesellschaftergesamtheit in ihrer gesamthänderischen Verbundenheit rechtsgeschäftlich handeln.[949] Beispiele sind die Vornahme von Verpflichtungs- oder Verfügungsgeschäften für die GbR mit Dritten, d.h. mit außerhalb des Kreises der Gesellschafter stehenden Personen, oder die Begründung von Mitgliedschaftsrechten, etwa in einer AG oder GmbH. Auch Geschäfte mit den eigenen Gesellschaftern können dazu führen, dass die GbR als Außengesellschaft anzusehen ist, sofern die Gesellschafter nicht in ihrer Funktion als Mitglieder der GbR handeln, sondern sog. Drittgeschäfte vornehmen, d.h. eine Leistung versprechen, die sich nicht auf bereits gesellschaftsrechtlich geschuldete Beiträge i.S. des § 706 BGB bezieht.[950] In diesem Fall stehen die Gesellschafter der Gesamthand wie jeder andere Dritte gegenüber.

Fraglich ist, ob die kollektivistische GbR bereits dann zur Außengesellschaft wird, wenn die Gesellschafter den Gesellschaftsvertrag in der Absicht schließen, den gemeinsamen Zweck durch gesamthänderisches Auftreten nach außen zu verfolgen, oder erst dann, wenn sie das erste Außengeschäft vornehmen. Die praktische Relevanz dieses Problems sollte nicht überschätzt werden. Haftungsfragen können sich vor dem ersten rechtsgeschäftlichen Handeln kaum stellen. Sie sind allenfalls in Bezug auf gesetzliche Verbindlichkeiten denkbar, z.B. wenn die Gesellschafter bei tatsächlichem Tätigwerden in Verfolgung des Gesellschaftszwecks eine unerlaubte Handlung begehen. In einem solchen Fall erscheint es formalistisch, die Entstehung der Außengesellschaft – mit den Haftungsfolgen analog §§ 128 ff. HGB – vom noch nicht erfolgten Vertragsschluss abhängig zu machen. Eine Besserstellung des Gesellschafters, der vor erstmaligem rechtsgeschäftlichen Auftreten für die Gesellschaft eine unerlaubte Handlung vornimmt, gegenüber demjenigen, der das Delikt danach begeht, ist nicht gerechtfertigt. Die Außengesellschaft entsteht folglich mit Abschluss des Gesellschaftsvertrags, sofern die Gesellschafter bereits zu diesem Zeitpunkt die Absicht haben, den Gesellschaftszweck durch Berechtigung und Verpflichtung der Gesamthand zu verfolgen.

(cc) Handeln die Gesellschafter teilweise im Namen der Gesellschaft und teilweise im eigenen Namen, begründen sie sowohl eine kollektivistische als auch eine individualistische GbR. Es kommt nicht, wie teilweise in der Literatur vertreten,[951] auf das

---

949 D.h. eine juristische Sekunde bevor die Gesellschaft Rechte erwirbt oder Verbindlichkeiten eingeht. Darauf kommt es aber nur an, wenn die GbR nicht schon als Rechtssubjekt bestand (was hier für die kollektivistische Innengesellschaft vertreten wird, vgl. unten [b]), da Rechtserwerb die Existenz des Rechtsträgers voraussetzt.

950 Hierzu MüKo BGB/*Ulmer*, § 705, Rdnr. 202 f., § 706, Rdnr. 5.

951 Insbesondere *Westermann*, Vertragsfreiheit, S. 188 f.

Gesamtbild an mit der Folge, dass bei Verfolgung des Gesellschaftszwecks überwiegend durch Außengeschäfte *eine* GbR in Form der Außengesellschaft entsteht, auf die sich das gesamte Geschehen bezieht. Es ist nicht ersichtlich, wieso den Gesellschaftern die Wahl genommen werden sollte, bei jedem Rechtsgeschäft erneut zu entscheiden, in welcher Form sie am Rechtsverkehr teilnehmen wollen. Haben sie eine Außengesellschaft begründet, können sie trotzdem einzelne der Zweckverfolgung dienende Geschäfte als Einzelpersonen vornehmen. Alles andere wäre eine nicht zu rechtfertigende Einschränkung der Privatautonomie. Ein Abstellen auf das Gesamtbild ist im Übrigen kaum praktikabel, da die Gesellschafter die Art des Auftretens für die Zukunft modifizieren können, das Gesamtbild also notwendig entweder ein unvollständiges ist oder zu einer Beurteilung ex post zwingt. Letzteres hätte zur Folge, dass die rechtlichen Konsequenzen des Auftretens der Gesellschafter zunächst nicht feststehen bzw. unter Umständen rückwirkend verändert werden. Eine Berücksichtigung der Vereinbarung im Gesellschaftsvertrag kann hier in gewissem Umfang Abhilfe schaffen und Aufschluss darüber geben, welche Art von GbR die Gesellschafter beabsichtigen: Sieht der Gesellschaftsvertrag keine Vertretungsmacht des Geschäftsführers zur Vornahme von Außengeschäften (d.h. zum Handeln im Namen der Gesamthand) vor, soll eine Innengesellschaft entstehen.[952] Der Inhalt des Gesellschaftsvertrags kann aber aus Gründen des Verkehrsschutzes nur dann erheblich sein, wenn der Vertragspartner ihn kennt. Auch das Gesamtbild wird dem Geschäftspartner oft verschlossen sein. Seine Interessen lassen sich mithin nur bei einem Abstellen auf das einzelne Rechtsgeschäft wahren.

Dogmatische Probleme entstehen durch das Nebeneinander von individualistischer und kollektivistischer Gesellschaft nicht.[953] Was rechtsgeschäftlich begründete Verbindlichkeiten anbelangt, ergibt sich bereits aus den Parteivereinbarungen, ob für Gesellschaft oder Gesellschafter gehandelt wird. Damit steht zugleich für alle Beteiligten erkennbar fest, welche Rechtsregeln eingreifen. Schwieriger ist die Behandlung von gesetzlichen Verbindlichkeiten, insbesondere solchen aus Delikt. Da bei der kollektivistischen GbR eine Haftungsüberleitung analog § 128 HGB in Betracht kommt, bei der individualistischen hingegen nicht,[954] ist jeweils zu fragen, welcher Gesellschaft die anspruchsbegründende Handlung zuzurechnen ist. Hierzu ist nach der engsten Verbindung zu suchen. Steht die Handlung eher in Zusammenhang mit

---

952 MüKo BGB/*Ulmer*, § 705, Rdnr. 279, will bei entsprechender Vereinbarung im Gesellschaftsvertrag eine Innen-GbR auch dann annehmen, wenn der geschäftsführende Gesellschafter im Einzelfall nach außen für die Gesellschaft auftritt, solange sich hierdurch nicht der Gesellschaftsvertrag und damit der Charakter der Gesellschaft ändert. Grundsätzlich zustimmend Erman/*H. P. Westermann*, Vor § 705, Rdnr. 28, aber mit der Einschränkung, dass bei „einverständliche[m] Abweichen des oder der Handelnden von der gesellschaftsvertraglich vereinbarten Handhabung als Innengesellschaft … ein ‚Rechtsformwechsel' von einer Innen- in eine Außengesellschaft … nicht auszuschließen" sei.

953 So auch *Flume*, Personengesellschaft, § 1 III: Gestalten die Gesellschafter „das Gesellschaftsverhältnis teils als Gesamthandsgesellschaft, teils als bloß schuldrechtliches Rechtsverhältnis der Gesellschafter untereinander [aus,] … ist die Gesellschaft teils Innen- und teils Außengesellschaft."

954 BGHZ 154, 88. Zu Einzelheiten siehe unten (3).

der Tätigkeit, die als kollektivistische GbR verfolgt wurde, untersteht sie den auf sie anwendbaren Vorschriften, im Übrigen den für die individualistische GbR maßgeblichen Bestimmungen.

(dd) Die von der h.M. häufig zur Abgrenzung zwischen Innen- und Außengesellschaft herangezogenen Merkmale – das Auftreten unter einem gemeinsamen Namen, Regelungen über die Vertretung der Gesellschaftergesamtheit, ein gemeinsamer Haftungsverband und sonstige Strukturelemente einer organisierten Rechtsperson – dienen als Indizien bei der Ermittlung der „Person“[955] des Erklärenden bzw. Erklärungsempfängers, wenn Gesellschafter Willenserklärungen zur Verfolgung des Gesellschaftszwecks abgeben oder empfangen. Auf sie kommt es nur an, wenn sich der Wille der Gesellschafter nicht bereits aus ihren Erklärungen ableiten lässt. Da Voraussetzung für eine Verpflichtung der Gesellschaft „als solcher“, und damit für die Anwendbarkeit der §§ 128 ff. HGB, die gesamthänderische Bindung der Gesellschafter ist, sind ihre Erklärungen eindeutig, wenn sie die Worte „als Gesamthandsgesellschaft“, „in gesamthänderischer Bindung“ etc. verwenden. Gleichfalls sind sie eindeutig, wenn sie die gesamthänderische Bindung ausschließen oder Bruchteils- bzw. Alleinzuständigkeit der bzw. eines Gesellschafters vereinbaren.

Wird nicht deutlich, ob die Gesellschafter als Einzelpersonen oder in gesamthänderischer Verbundenheit verpflichtet sein wollen, sind ihre Erklärungen unter Berücksichtigung der Begleitumstände auszulegen. Dritte können in der Regel davon ausgehen, mit einer als solches rechtsfähigen, mithin kollektivistisch verfassten Gesellschaft bürgerlichen Rechts zu kontrahieren, wenn der handelnde Gesellschafter als Vertreter der GbR (und nicht der einzelnen, auch einzeln namentlich aufgeführten Gesellschafter) auftritt, wenn er den Vertrag z.B. für die GbR unter Nennung ihres Namens abschließt,[956] oder wenn sonstige Umstände darauf hindeuten, dass die Gesellschaft eine kollektivistische ist, etwa die dauernde Teilnahme am Rechtsverkehr, ein eingerichteter Betrieb mit ständigen Geschäftsstätten etc. In einem solchen Fall gilt die Erklärung als im Namen der Gesellschaft als solcher abgegeben. Der Gesellschafter kann analog § 164 Abs. 2 BGB nicht anfechten, wenn er das Geschäft für die Gesellschafter als Einzelpersonen abschließen wollte.[957] Handelt er mit Vertretungsmacht, entsteht auch bei Ausschluss jeglichen Gesamthandsvermögens im Innenverhältnis eine kollektivistische Außengesellschaft. Organschaftliche Vertretungsmacht gem. § 714 BGB wird bei Gründung einer individualistischen GbR nur ein Handeln für die Gesellschafter als Einzelpersonen und nicht für die Gesamthand umfassen. Kraft Rechtsscheins kann Vertretungsmacht aber zu be-

---

955 Der GbR (auch der rechtsfähigen) wird allgemein die Rechtspersönlichkeit abgesprochen (vgl. bereits oben Fn. 883). Gleichwohl können Willenserklärungen für und gegen sie wirken, wenn ihr Rechtsfähigkeit zukommt.

956 Vgl. aber auch das Gegenbeispiel unten bb (3) (Abifeier-GbR) und BGHZ 76, 86, 90: Obwohl die Bauherren im Außenvertrag nicht einzeln namentlich aufgeführt waren und der Baubetreuer lediglich im Namen der „Bauherrengemeinschaft Stadtmitteprojekt M.“ handelte, bejahte der BGH (noch unter Annahme fehlender Rechtsfähigkeit der GbR) die teilschuldnerische Haftung der Gesellschafter.

957 BGHZ 36, 30, 33 f.

jahen sein. Die Grundsätze der Anscheins- und Duldungsvollmacht sind auf § 714 BGB entsprechend anwendbar.[958]

Der Ausschluss jeglicher gesamthänderischer Bindung im Innenverhältnis deutet in der Regel darauf hin, dass die Gesellschafter eine individualistische Verpflichtung im Außenverhältnis anstreben, auch wenn sie das nicht explizit zum Ausdruck bringen. Die Vereinbarungen im Gesellschaftsvertrag sind allerdings nur beachtlich, wenn sie dem Geschäftspartner bekannt sind. Andererseits kann aus dem Vorliegen von Gesamthandsvermögen nicht abgeleitet werden, dass eine kollektivistische Außengesellschaft existiert: Die Gesellschafter können beschließen, den gemeinsamen Zweck trotz gesamthänderisch gebundenen Vermögens in Gestalt einer rein schuldrechtlichen GbR zu verfolgen. In diesem Fall tritt neben die Gesamthandsinnengesellschaft eine individualistische Außengesellschaft.

(b) Zusammenfassend lässt sich folgende Struktur der Gesellschaft bürgerlichen Rechts entwerfen: [1] Eine Gesellschaft bürgerlichen Rechts, die als Gesamthandsgesellschaft verfasst ist (hier: kollektivistische GbR) kann [a] als solche, d.h. als Trägerin von Rechten und Pflichten, am Rechtsverkehr teilnehmen. Die h.M. bezeichnet sie in diesem Fall als Außengesellschaft. Sie ist laut Rechtsprechung und stark überwiegender Lehre rechtsfähig (nach Ansicht mancher abhängig vom Vorliegen weiterer Voraussetzungen, z.B. einer eigenen Identitätsausstattung). Nach hier vertretener Ansicht ist die Rechtsfähigkeit uneingeschränkt zu bejahen. [b] Nimmt sie nicht am Rechtsverkehr teil, wird sie nach h.M. als Innengesellschaft bezeichnet. Auch eine solche könne ein Gesellschaftsvermögen bilden, z.B. bei Übertragung von Vermögenswerten durch die Gesellschafter an die Gesamthand. Die Rechtsprechung hat sich nicht zur Rechtsfähigkeit der kollektivistischen Innengesellschaft geäußert. In der Literatur finden sich in der Regel ebenfalls keine klaren Aussagen, sondern allenfalls Andeutungen, die Rechtsfähigkeit nahe legen.[959] Um die Stimmigkeit des Systems der §§ 705 ff. BGB zu gewährleisten, sollte die Rechtsfähigkeit auch der nicht nach außen hervortretenden Gesamthand bejaht werden: Es ist nicht ersichtlich, wieso die am Rechtsverkehr teilnehmende Gesamthand Träger von Rechten sein kann, im Fall der gesamthänderischen Innengesellschaft jedoch die Gesellschafter die Berechtigten sind. Eine andere Beurteilung hätte zur Folge, dass sich die Rechtszuordnung änderte, wenn die zunächst als Gesamthand auftretenden Gesellschafter fortan im eigenen Namen handelten, was nicht sachgerecht und dogmatisch wenig überzeugend ist. Auch zeigt die von *v. Gierke* und *Flume* entwickelte dogmatische Begründung, dass die Gesamthand i.S. der §§ 705 ff. BGB um ihrer selbst willen rechtsfähig ist und nicht, weil bestimmte weitere Voraussetzungen vorliegen.[960] Eine andere Frage ist es, ob die bei der Außengesellschaft befür-

---

958 Soergel/*Hadding*, 12. Aufl., § 714, Rdnr. 20.

959 Z.B. MüKo BGB/*Ulmer*, § 705, Rdnr. 284: Eine Außenhaftung der Gesamthand scheide bei der Innengesellschaft im weiteren Sinn (d.h. der Innengesellschaft mit Gesellschaftsvermögen) „im Regelfall“ aus. Selbst eine Haftung im Ausnahmefall setzt aber Rechtsfähigkeit der Gesamthand voraus. Deutlicher Staudinger/*Habermeier*, § 705, Rdnr. 61: Die auf Binnenbeziehungen beschränkte Außengesellschaft ist „von vornherein auch rechtsfähig“.

960 Vgl. oben Fn. 913.

wortete analoge Anwendung der §§ 128 ff. HGB generell auf die kollektivistische GbR auszudehnen ist. In der Regel wird dieser Frage, wie schon oben ausgeführt,[961] keine große praktische Bedeutung zukommen, da rechtsgeschäftliche Beziehungen zur Gesellschaft ohne Handeln der Gesellschafter in ihrem Namen nicht denkbar sind, eine Haftung der Gesellschafter für Gesellschaftsschulden somit nicht in Rede steht. Probleme kann allenfalls die Behandlung gesetzlicher Rechtsverhältnisse bereiten. Hierauf ist im Zusammenhang mit der Haftungsverfassung der Innengesellschaft einzugehen.[962]

[2] Eine Gesellschaft bürgerlichen Rechts, die nicht als Gesamthandsgesellschaft verfasst ist (hier: individualistische Gesellschaft) kann [a] nicht „als solche" am Rechtsverkehr teilnehmen, denn wenn sie Trägerin von Rechten würde, erlangte sie zugleich ein Gesellschaftsvermögen. Sie kann mithin niemals Außengesellschaft in dem Sinn sein, wie die h.M. diesen Begriff versteht (Teilnahme der GbR „als solcher" am Rechtsverkehr). Die h.M. ist gleichwohl abweichender Auffassung und hält eine Außengesellschaft ohne Gesellschaftsvermögen für denkbar. Nach hier vertretener Ansicht lässt sich auch die individualistische GbR als Außengesellschaft verstehen, allerdings nicht deswegen, weil die Gesellschaft „als solche" Rechte erwirbt und Pflichten eingeht, sondern weil die Gesellschafter (in rein schuldrechtlicher Verbindung zur Verfolgung eines Zwecks i.S. des § 705 BGB) nach außen tätig werden. Rechtsfähig ist die individualistische GbR selbst dann nicht, wenn die Gesellschafter auf diese Weise handeln. [b] Eine gänzlich fehlende Teilnahme der GbR am Rechtsverkehr (d.h. auch nicht durch im eigenen Namen oder im Namen von einzelnen Mitgesellschaftern auftretende Gesellschafter) wird in der Praxis selten vorkommen, ist aber denkbar, nämlich wenn sich der Gesellschaftszweck durch rein tatsächliches Handeln verwirklichen lässt. Haftungsfragen und Fragen nach der Rechtsfähigkeit des Zusammenschlusses stellen sich in diesem Fall in der Regel nicht.

(c) Die vorstehenden Überlegungen zugrunde gelegt, ergibt sich Folgendes für die hier zu behandelnde Problematik: Außenbeziehungen der Emissionsbanken existieren im Verhältnis zum Emittenten und zu Anlegern. Die Rechtsbeziehungen zum Emittenten werden durch die Mandatsvereinbarung, den Übernahme- und (bei der Aktienemission) den Zeichnungsvertrag bestimmt. An der Mandatsvereinbarung sind nur die Konsortialführerin und der Emittent beteiligt. Die Emissionsbank schließt die Vereinbarung im eigenen Namen und nicht im Namen oder im Auftrag des Konsortiums ab, das zu diesem Zeitpunkt noch gar nicht existiert.[963] Insoweit nimmt das Konsortium mithin nicht am Rechtsverkehr teil.

Bei Abschluss des Übernahmevertrags handelt die Konsortialführerin im Namen der Emissionsbanken, wobei die Banken in aller Regel einzeln namentlich sowie mit

961 Siehe unter (a) (bb).
962 Unten (3).
963 Vgl. BuB/*Groß*, Rdnr. 10/323a.

ihrer Quote aufgelistet werden.[964] Üblicherweise sind die gesamtschuldnerische Haftung und das Gesamthandseigentum ausdrücklich ausgeschlossen.[965] Eine vergleichbare Regelung findet sich häufig im Konsortialvertrag.[966] In manchen Konsortialverträgen, insbesondere solchen, die aus dem anglo-amerikanischen Raum übernommen wurden (z.B. die ICMA-Standardverträge), bedingen die Banken darüber hinaus die Gesellschaftsform der GbR ab.[967] Aus der Tatsache, dass die Banken im Übernahmevertrag unmissverständlich zum Ausdruck bringen, sich nicht in gesamthänderischer Verbundenheit verpflichten zu wollen, ergibt sich bereits, dass sie nicht im Rechtsverkehr für die Gesellschaft „als solche", sondern als rein schuldrechtlicher Zusammenschluss handeln. Selbst wenn der Übernahmevertrag eine so eindeutige Erklärung nicht enthalten sollte, ist kein anderes Ergebnis angezeigt. Objektive Merkmale und die Interessenlage sprechen gegen die Annahme einer kollektivistischen Außengesellschaft: Bankenkonsortien sind lose Zusammenschlüsse, die zur Begleitung einer einzelnen Wertpapieremission nicht auf Dauer angelegt sind, keine feste Organisationsstruktur aufweisen, keine Haftungsgrundlage und keine gemeinsamen Betriebsstätten bilden. Sie treten nicht unter einem Namen auf. Das Handeln der Konsortialführerin „für ein unter [ihrer] Federführung stehendes Bankenkonsortium"[968] deutet nicht an, dass sie die Verpflichtung eines von den Konsortialbanken zu trennenden Rechtssubjekts anstrebt, sondern lässt sich ebenso gut als Hinweis auf die einzelnen Mitglieder des Konsortiums verstehen. Die Interessenlage ist eindeutig: Für die Banken würden die Rechtsfolgen der §§ 128 ff. HGB ein erhebliches Haftungsrisiko bedeuten, das angesichts der Emissionsvolu-

---

964 Beispiel aus BuB/*Bosch*, Rdnr. 10/241 (Übernahmevertrag für Pfandbriefemission): „(Name der Emittentin) | ... und | (Name der Banken) | ... vereinbaren folgendes: | ... Art. 2 (Übernahme und Verkauf der Pfandbriefe) | (1) Jede der Banken übernimmt die auf sie entfallenden Pfandbriefe ..., und zwar: [es folgt die Auflistung der Banken und Quoten]." BuB/*Bosch*, Rdnr. 10/245 (Übernahmevertrag für DM-Auslandsanleihe): „The undersigned, | ... [Name des Emittenten] | and | A-Bank Aktiengesellschaft ... | B-Bank Aktiengesellschaft | Silberberg International | hereinafter called the „Managers", | agree as follows: | ... Article 2 (Subscription and Sale of the Bonds) | (1) The Managers severally and not jointly agree to subscribe for the Bonds ... | (2) Amongst themselves, the Managers are committed to subscribe for the Bonds up to the following respective amounts: ... [es folgt die Auflistung der Banken und Quoten]." BuB/*Groß*, Rdnr. 10/324 (Übernahmevertrag bei IPO mit Kapitalerhöhung): „Übernahmevertrag ... | zwischen | (1) X-Aktiengesellschaft ... | und | (5) den in Anlage I zu diesem Vertrag genannten Kreditinstituten ...".

965 So auch im Fall BGHZ 118, 83. Zu Beispielen vgl. BuB/*Bosch*, Rdnr. 10/241, Art. 2(2) Übernahmevertrag: „Die Banken sind weder Gesamtschuldner noch Gesamtgläubiger. Sie erwerben die Pfandbriefe je einzeln in der Form von Miteigentumsanteilen an der Sammelurkunde, nicht als Gesamthandseigentum." Ähnlich Rdnr. 10/245, Art. 2(1) Subscription Agreement, und BuB/*Groß*, Rdnr. 10/324, Art. 1(1) Übernahmevertrag: „Die gesamtschuldnerische Haftung und das Gesamthandseigentum unter den Konsortialbanken sind ausgeschlossen."

966 BuB/*Bosch*, Rdnr. 10/253a, Klausel 2 IPMA-Standardkonsortialvertrag: „The Securities will as between the Managers be severally underwritten by the Managers in the amounts set out in the Commitment Telex." BuB/*Groß*, Rdnr. 10/333e, § 2(1) Agreement among Underwriters: „The Underwriters shall in accordance with each Underwriter's Commitment severally but not jointly procure purchases for, or purchase for their own account, and procure payment for or pay for the Offered Shares ...".

967 BuB/*Bosch*, Rdnr. 10/253a, Klausel 8 IPMA-Standardkonsortialvertrag; BuB/*Groß*, Rdnr. 10/333e, § 12(1) Agreement among Underwriters.

968 So in BGHZ 118, 83, 99.

mina häufig finanziell kaum zu bewältigen wäre. Die Interessen des Emittenten werden durch die fehlende gesamtschuldnerische Haftung hingegen nur unwesentlich beeinträchtigt, da er mit solventen, umfassend regulierten Gesellschaften kontrahiert. Schließlich weisen die im Konsortialvertrag enthaltenen Bestimmungen, die gesellschaftsrechtliche Bindungen ausschließen, darauf hin, dass keine kollektivistische Außengesellschaft entstehen soll. Sie sind zwar aus zwei Gründen nicht ohne weiteres beachtlich: Dem Emittenten ist der genaue Wortlaut des Konsortialvertrags nicht bekannt; außerdem können die Banken die Entstehung einer Gesellschaft bürgerlichen Rechts nicht verhindern, wenn die Voraussetzungen des § 705 BGB erfüllt sind. Trotzdem sind sie für die Auslegung des Übernahmevertrags wichtig. Zum einen lässt sich aus der Abbedingung der Rechtsform der GbR ableiten, dass die Gesellschafter den Einfluss des Gesellschaftsrechts so weit zurückdrängen möchten wie möglich. Da ihnen die individualistische GbR größere Flexibilität bei der Ausgestaltung der Rechtsbeziehungen gewährt als die Gesamthandsgesellschaft, insbesondere die §§ 128 ff. HGB nicht anwendbar sind, ist davon auszugehen, dass sie, hätten sie den Rechtsformzwang des Gesellschaftsrechts bedacht, diese Form der GbR gewählt hätten. Zum anderen wird dem Emittenten in aller Regel bewusst sein, dass die Konsortialbanken keine gesellschaftsrechtlichen Bindungen intendieren, da dies der allgemeinen Vertragspraxis entspricht.[969] Der Übernahmevertrag ist folglich entsprechend dem hypothetischen Parteiwillen und unter Berücksichtigung der Verkehrssitte gem. §§ 133, 157 BGB in der Weise zu ergänzen, dass die Konsortialführerin bei Abgabe der Willenserklärung nicht für die Emissionsbanken in ihrer gesamthänderischen Verbundenheit, sondern als Einzelpersonen auftritt.

Entsprechendes gilt im Hinblick auf den Zeichnungsvertrag: Die Konsortialführerin zeichnet die Aktien häufig im eigenen Namen und gibt sie im Innenverhältnis an die Mitglieder des Konsortiums weiter. In einem solchen Fall ist es offensichtlich, dass das Konsortium nicht nach außen tätig wird. Auslegungsschwierigkeiten entstehen ebenfalls nicht, wenn die führende Bank im Namen der Mitglieder des Konsortiums handelt und die gesamtschuldnerische Haftung sowie das Gesamthandseigentum im Zeichnungsschein ausschließt.[970] Handelt die führende Bank „für das Konsortium“, greifen die in Bezug auf den Übernahmevertrag angestellten Erwägungen. Wenn nicht aus dem Zeichnungsschein, so wird in den meisten Fällen zumindest aus den sonstigen Vertragswerken deutlich werden, dass die Banken die Aktien nicht als Gesamthandsgesellschaft zeichnen wollen.[971]

Die schuldrechtlichen Beziehungen zum Emittenten führen somit nicht dazu, dass das Emissionskonsortium am Rechtsverkehr teilnimmt und hierdurch zur kollektivistischen Außengesellschaft wird. Eine Teilnahme am Rechtsverkehr wäre aber dann zu bejahen, wenn die Gesamthand im Zuge der sachenrechtlichen Abwicklung

969 So auch *Canaris*, Bankvertragsrecht, Rdnr. 2316.
970 So z. B. in dem bei BuB/*Groß*, Rdnr. 10/328 abgedruckten Zeichnungsschein.
971 Zur Bestimmung des Vertragspartners beim Zeichnungsvertrag vgl. bereits oben I 1 c cc (3) (a).

der Verpflichtungsgeschäfte zu irgend einem Zeitpunkt während der Emissionsbegleitung von einem außerhalb des Kreises der Gesellschafter stehenden Dritten einen Vermögensgegenstand erhält. Genau das ist nach Ansicht eines Teils der Literatur[972] bei Übereignung der Wertpapiere vom Emittenten an die Emissionsbanken der Fall: Es werde „nicht festgelegt, welche – nummernmäßig zu individualisierenden! – Papiere welchem Konsorten gehören sollen."[973] Aufgrund des sachenrechtlichen Spezialitätsprinzips käme deswegen nicht eine Übereignung an die jeweilige Konsortialbank, sondern nur an das Konsortium als Gesamthandsgesellschaft in Betracht. Die Untersuchung hat jedoch gezeigt, dass auf Basis der geltenden Rechtsordnung eine Übereignung an die einzelnen Konsorten durchaus möglich ist. Das Konsortium muss nicht als Gesamthandsgemeinschaft Partei des Begebungsvertrags und Eigentümerin der Effekten werden.[974]

Die Rechtsbeziehungen zum Anleger bestehen in kaufvertraglichen Beziehungen zwischen Konsortialbank und Investor. Eine Teilnahme des Konsortiums als solchem am Rechtsverkehr kommt schon deswegen nicht in Betracht, weil die jeweilige Emissionsbank im eigenen Namen und auf eigenes Risiko handelt.[975]

Abschließend sind die Innenbeziehungen des Konsortiums kurz zu betrachten. Wie erwähnt, bedingen die Konsorten gewöhnlich nicht nur im Übernahme-, sondern auch im Konsortialvertrag die Entstehung jeglichen Gesamthandseigentums ab. Weder die übernommenen Wertpapiere noch die zur Zahlung des Übernahmepreises bereitgestellten Mittel werden gesamthänderisches Gesellschaftsvermögen. Angesichts des meistens klar zum Ausdruck kommenden Willens, gesellschaftsrechtliche Beziehungen weitgehend zu vermeiden, ist anzunehmen, dass den Banken darüber hinaus alle weiteren Rechte, insbesondere die Förderpflicht gem. § 705 BGB, nicht als Gesamthand, sondern in Bruchteilsgemeinschaft zustehen sollen. Obige Ausführungen haben gezeigt, dass eine solche Bestimmung zulässig ist.[976]

Bei Emissionskonsortien handelt es sich mithin um rein schuldrechtliche Zusammenschlüsse zur Verfolgung eines gemeinsamen Zwecks i.S des § 705 BGB,[977] die nach hier vertretener Ansicht als individualistische Außengesellschaften zu bezeichnen sind, nach herkömmlicher Auffassung (unter Anwendung der hier vorgeschlagenen Abgrenzungsmethode) als Innengesellschaften.

(3) Haftung bei der individualistischen GbR und der Innengesellschaft

Da individualistische Gesellschaften kein Gesellschaftsvermögen bilden, kann es kein Nebeneinander von Gesellschaftsschuld und Gesellschafterschuld geben. Haf-

972 *Canaris*, a.a.O., Rdnr. 2318; *Singhof*, Außenhaftung, S. 211 f.; *Timm/Schöne*, ZGR 23 (1994), 113, 133.
973 *Canaris*, a.a.O.
974 Ausführlich oben I 1 c cc (3) (b).
975 BuB/*Bosch*, Rdnr. 10/30; BuB/*Groß*, Rdnr. 10/319.
976 Siehe am Anfang dieses Abschnitts unter (a).
977 Das Fehlen des personenrechtlichen Elements erkannte bereits *H. P. Westermann*, AG 1967, 285, 291 f., ohne allerdings hieraus Konsequenzen zu ziehen.

tungsadressaten sind nur die Gesellschafter, mangels Rechtssubjektivität und Haftungsmasse aber nicht die Gesellschaft. Die §§ 718–720, 738 BGB sind nicht anwendbar. Ebenso steht außer Frage, dass die analoge Anwendbarkeit der §§ 128 ff. HGB ausscheidet. In den Vorschriften zur GbR finden sich keine Bestimmungen zur Haftung der Gesellschafter. Das gilt im Übrigen auch für die Gesamthandsgesellschaft: §§ 718, 719 BGB setzen lediglich das Gesamthandsprinzip fest. Der Gesetzgeber wollte sich einer Aussage zum Wesen der Gesamthand enthalten und regelte die Haftung der Gesellschafter deswegen nur lückenhaft.[978] Der ursprünglich hierfür vorgesehene § 642 des ersten Entwurfs, der eine Berechtigung und Verpflichtung der Gesellschafter zu gleichen Teilen vorsah, wurde von der zweiten Kommission gestrichen, da er mit dem Gesamthandsprinzip unvereinbar und durch Einführung des jetzigen § 427 BGB überholt sei.[979] Diese Überlegung ist auch heute von Bedeutung: Sofern die Gesellschaft nicht als Gesamthand verfasst ist, betrifft das rechtsgeschäftliche Handeln der Gesellschafter in Verfolgung des Gesellschaftszwecks genau den Fall der §§ 427, 431 BGB.[980] Die Gesellschafter verpflichten sich (in der Regel, vgl. § 714 BGB) gemeinschaftlich zu einer Leistung und haften somit als Gesamtschuldner. Bei teilbarer Leistung stellt die Anordnung der Gesamtschuldnerschaft eine widerlegliche Vermutung dar. Aus der Interessenlage kann sich ergeben, dass teilschuldnerische Haftung gewollt ist. Das Verschulden eines Gesellschafters in Erfüllung der Verbindlichkeit der individualistischen GbR ist den Mitgesellschaftern gem. § 425 Abs. 2 BGB im Zweifel nicht zuzurechnen.[981] Für gesetzliche Verbindlichkeiten hat nur derjenige Gesellschafter einzustehen, in dessen Person sich der gesetzliche Tatbestand verwirklicht. § 31 BGB lässt sich nicht analog heranziehen, da eine rechtsfähige Gesellschaft, zu deren Lasten das Fehlverhalten des Geschäftsführers wirken könnte, nicht existiert.

Innengesellschaften können entweder als Gesamthandsgesellschaften oder rein schuldrechtliche Rechtsverhältnisse verfasst sein. Bei Innengesellschaften, die ein Gesellschaftsvermögen aufweisen, stellt sich die Rechtslage wie folgt dar: Die kollektivistische Innengesellschaft ist nach hier vertretener Auffassung rechtsfähig, darüber hinaus ist eine Haftungsmasse vorhanden. Ein Nebeneinander von Gesellschaftsschuld und Gesellschafterschuld wäre mithin denkbar. Gleichwohl ist die Rechtsprechung des BGH, die die Anwendbarkeit der §§ 128 ff. HGB auf Außengesellschaften begrenzt, sinnvoll. Im Fall der Innengesellschaft handeln die Gesellschafter eben gerade nicht rechtsgeschäftlich für die kollektivistische GbR, sondern wollen sich individualistisch verpflichten. Neben der kollektivistischen Innengesellschaft existiert eine individualistische Außengesellschaft. Hinsichtlich der Haftungsfolgen des rechtsgeschäftlichen Auftretens nach außen ist einzig auf letztere abzustellen, da entsprechend dem Willen der Gesellschafter, der hier maßgeblich

---

978 Vgl. unten bb (1).
979 Protokolle II, S. 2428 = Mugdan II, S. 987.
980 Ähnlich (für nicht unternehmerisch am Markt tätige Gesellschaften) Staudinger/*Noack*, § 427, Rdnr. 45.
981 Vgl. zu Beispielen, in denen in Abweichung von der Auslegungsregel Gesamtwirkung geboten ist, Palandt/*Grüneberg*, § 425, Rdnr. 14 ff.

ist, kein Handeln „für“ die Innengesellschaft vorliegt. Die Rechtsfolgen bemessen sich folglich nach den vorstehenden Grundsätzen zur individualistischen Gesellschaft. Im Fall gesetzlicher Tatbestände ist die Beurteilung nur teilweise eine andere: Die mit Sondervermögen ausgestattete Innengesellschaft kann gesetzliche Ansprüche gegen Dritte erlangen, z.B. bei Beschädigung ihrer Vermögenswerte[982] oder im Fall der Eingriffs- oder Verwendungskondiktion. Wird eine gesamthänderisch gebundene Rechtsposition beeinträchtigt, ist der Schadensersatz- bzw. Bereicherungsanspruch ebenfalls gesamthänderisch gebunden. Durch ihre Rechtsbeziehungen zu einem außerhalb des Kreises der Gesellschafter stehenden Dritten wird die kollektivistische Innen- zur kollektivistischen Außengesellschaft. Die vom BGH aufgezeigten Rechtsfolgen (§§ 128 ff. HGB) greifen ein, aber nur insoweit, als nachfolgende Handlungen der Gesellschafter in Verbindung mit der Erlangung von Schadensersatz oder der Herausgabe der Bereicherung stehen (z.B. Vornahme einer unerlaubten Handlung bei Durchsetzung des Anspruchs der GbR).[983] Andernfalls wird es in der Regel am erforderlichen Zurechnungszusammenhang fehlen: Es ist jeweils zu fragen, ob der Gesellschafter als Organ der kollektivistischen oder individualistischen GbR tätig war. Im Hinblick auf die eigentliche Zweckverfolgung haben die Parteien weiterhin die Wahl, individualistisch oder kollektivistisch aufzutreten. Wiederum existieren zwei strikt voneinander zu trennende Gesellschaften: die kollektivistische (ehemals Innen-, nunmehr) Außengesellschaft und die individualistische GbR. Folge der Erlangung des gesetzlichen Anspruchs seitens der Gesamthand ist nicht etwa die Entstehung einer einheitlichen Außengesellschaft und die Anwendbarkeit der §§ 128 ff. HGB auf den gesamten Sachverhalt. Gleiches gilt bei einem *gegen* die GbR gerichteten gesetzlichen Anspruch (etwa durch unbewusste, nicht zweckgerichtete Vermehrung des Gesamthandsvermögens durch einen Dritten): Die GbR wird zur kollektivistischen Außengesellschaft. Die von der Rechtsprechung entwickelten Rechtsfolgen greifen nur in Bezug auf solche Verhältnisse und Handlungen der Gesellschafter ein, die in Zusammenhang mit den Rechtsbeziehungen zum Inhaber des gesetzlichen Anspruchs stehen. Für Bereicherungsschulden haften z.B. sämtliche Gesellschafter analog § 128 HGB,[984] für unerlaubte Handlungen, die ein Gesellschafter in Verfolgung des mit Hilfe der individualistischen Gesellschaft zu erreichenden Zwecks begeht, hingegen nur der Handelnde.

Im Fall von Emissionskonsortien bestimmt sich das Haftungsregime mithin nach allgemeinem Schuldrecht und nicht nach den §§ 128 ff. HGB. Entscheidende Vorschrift ist § 427 BGB, der bei gemeinschaftlicher Verpflichtung zu einer teilbaren Leistung gesamtschuldnerische Haftung anordnet, sofern sich nicht aus der Parteivereinbarung oder Interessenlage etwas anderes ergibt. Eine gemeinschaftliche

982 Beispiel nach Staudinger/*Habermeier*, § 705, Rdnr. 61.

983 § 128 HGB erfasst auch gesetzliche Verbindlichkeiten, vgl. BGHZ 154, 88, 94 f.

984 Die Gesellschafter sind nur über § 128 HGB und nicht schon deswegen als Bereicherungsschuldner anzusehen, weil die Mehrung des Gesellschaftsvermögen zu einer Mehrung des Vermögenswerts des Gesellschaftsanteils führt. Eine solche Vermehrung – sofern sie überhaupt vorliegt – wirkt sich nämlich erst nach Auseinandersetzung aus, vgl. Soergel/*Hadding*, 12. Aufl., § 714, Rdnr. 41 m.N.

Verpflichtung ist anzunehmen, wenn mehrere einen gemeinsamen Vertrag abschließen, z.B. durch einen gemeinsamen Vertreter,[985] oder getrennte Verträge, die aufeinander bezogen sind, etwa weil sich die Parteien auf dieselbe Leistung verpflichten und jeder mit der Verpflichtung des anderen rechnet.[986] Im Verhältnis zwischen Emissionsbanken und Anlegern fehlt es hieran, so dass § 427 BGB schon aus diesem Grund ausscheidet. Gegenüber dem Emittenten ist die Voraussetzung erfüllt, da die Konsortialführerin bei Vornahme der jeweiligen Rechtsgeschäfte als Vertreterin für alle Konsorten handelt. Die Auslegungsregel des § 427 BGB kann indes durch vertragliche Vereinbarung ausgeschlossen werden, was gewöhnlich im Übernahmevertrag geschieht.[987] Haben die Parteien (ausnahmsweise) keine ausdrückliche Abrede getroffen, ist zu fragen, welche Art der Haftung – gesamt- oder teilschuldnerisch – nach den Umständen des Einzelfalls und unter Berücksichtigung der Verkehrsauffassung interessengerechter ist. Hierbei ist insbesondere auf die Risiko- und Leistungsbereitschaft der Schuldner und die Schutzbedürftigkeit des Gläubigers abzustellen.[988] Die gesamtschuldnerische Haftung würde gerade für Emissionsbanken mit kleiner Quote ein Haftungsrisiko darstellen, das in keinem Verhältnis zum erwarteten Gewinn steht. Die zur Abdeckung des Risikos zu bildenden Rückstellungen wären so erheblich, dass sie eine Teilnahme am Börsengang mitunter unrentabel machten. Diese Sachlage ist dem Emittenten einsichtig. Demgegenüber erscheint das Unternehmen auch bei teilschuldnerischer Haftung ausreichend geschützt, da Übernahme- bzw. Konsortialvertrag bei Ausfall eines Konsorten in der Regel vorsehen, dass die anderen Emissionsbanken die Papiere anteilig entsprechend ihren Quoten übernehmen.[989] Hieraus folgt, dass auch ohne ausdrücklichen Ausschluss die Zweifelsregelung des § 427 BGB widerlegt ist. Konsortialbanken haften somit grundsätzlich als Teilschuldner gem. § 420 BGB.[990]

bb. Überprüfung des vorläufigen Ergebnisses

Im Folgenden ist das hiernach vorläufig gefundene Ergebnis im Wege einer historischen (unter [1]), systematischen (unter [2]) und teleologischen Auslegung (unter [3]) zu überprüfen. Abschließend wird das Endergebnis zusammenfassend (unter cc) und sodann im Hinblick auf seine praktischen Auswirkungen (unter 2) dargestellt.

(1) Historische Auslegung

Es herrscht Einigkeit, dass das Recht der Gesellschaft bürgerlichen Rechts eines der kompliziertesten Gebiete des besonderen Gesellschaftsrechts ist.[991] Gründe hierfür

---

985 Staudinger/*Noack*, § 427, Rdnr. 9 m.w.N.
986 RGZ 70, 405, 410; BGH NJW 1959, 2160, 2161.
987 Siehe oben I 1 b bb.
988 BGH NJW 1959, 2160, 2161 f.
989 Z.B. Klausel 3 IPMA-Standardkonsortialvertrag, BuB/*Bosch*, Rdnr. 10/253a; § 4 Agreement among Underwriters, BuB/*Groß*, Rdnr. 10/333e.
990 Zur Anwendung dieses Grundsatzes im Einzelnen unten § 6 II.
991 So z.B. *Karsten Schmidt*, Gesellschaftsrecht, § 58 I 1 b. Hierzu passend, ist der GbR von namhaften Stimmen in der Literatur ein „rätselhaftes“ (*Hommelhoff*, ZIP 1998, 8) bzw. „unbekanntes“

sind die Vielzahl möglicher Erscheinungsformen der GbR und der fragmentarische Charakter der §§ 705 ff. BGB. Eine Untersuchung der Entstehungsgeschichte der §§ 705 ff. BGB wird zeigen, dass der Gesetzgeber zunächst von einer rein schuldrechtlichen (in Abgrenzung zu einer personenrechtlichen) Verbindung der Gesellschafter ausging. Er übernahm nachträglich das Gesamthandsprinzip, ohne es hinreichend mit den bestehenden Vorschriften abzustimmen, und war sich seiner Bedeutung für das Wesen der GbR nicht bewusst. Es blieb Rechtsprechung und Literatur überlassen, die Rechtsnatur der Gesamthand mit ihren Auswirkungen auf Verfassung und Rechtsfähigkeit der Gesellschaft bürgerlichen Rechts zu diskutieren und das gefundene Ergebnis mit den Vorschriften der §§ 705 ff. BGB in Einklang zu bringen. Folge waren eine uneinheitliche Rechtsprechung und bis heute nicht ganz überwundene, seit mehreren Jahrzehnten teilweise mit Erbitterung geführte Theorienstreite. Eine ausführliche Darstellung der verschiedenen Meinungen muss nicht erfolgen.[992] Nach der neuen gefestigten Rechtsprechung des BGH[993] ist der Streit zumindest für die Praxis entschieden. Die Untersuchung wird sich deswegen darauf beschränken, die Entstehung der §§ 705 ff. BGB von den Vorentwürfen zum BGB bis zum Entwurf der Zweiten Kommission, der mit nur geringen Änderungen Gesetz wurde, darzustellen und sich hieraus ergebende Auslegungsmöglichkeiten insoweit kurz zu umreißen, als sie im Licht der neuen Rechtsprechung von praktischer Relevanz sein können.

Im Dresdener Entwurf eines allgemeinen deutschen Gesetzes über Schuldverhältnisse von 1866 (Dresd. Entw.)[994] ist die Gesellschaft bürgerlichen Rechts (dort als gemeine Gesellschaft bezeichnet und in den Artikeln 769 ff. geregelt) als reines Schuldverhältnis ausgestaltet. Die Begründung des Entwurfs betont, dass nicht die in kollektiver Einheit der Gesellschafter zusammengefasste Gesellschaft, sondern die Gesellschafter selbst im Rechtsverkehr auftreten und Träger von Rechten und Pflichten werden.[995] Dementsprechend sieht der Entwurf weder die rechtsgeschäftliche Verpflichtung der Gesellschaft bzw. (zwingend) der Gesamtheit der Gesellschafter als Folge des Auftretens eines Gesellschafters im Rechtsverkehr zur Führung von Gesellschaftsangelegenheiten noch die Bildung eines Gesellschaftsvermögens bei Einbringung von Sachen der Gesellschafter oder Abschluss von Geschäften mit Dritten vor. Handelt der Geschäftsführer rechtsgeschäftlich im Außenverhältnis, werden die übrigen Gesellschafter nur nach Maßgabe der Vorschriften zur Stellvertretung berechtigt und verpflichtet (Art. 794 Dresd. Entw.). Bei gemeinschaftlicher Verpflichtung haften die Gesellschafter nicht etwa gesamt-

---

Wesen (*Ulmer*, AcP 198 [1998], 113) attestiert worden. *Flume*, Personengesellschaft, § 4 III, spricht von einer „Mystifizierung" der Gesamthand, *Weber-Grellet*, AcP 182 (1982), 316, von einem „Mysterienspiel".

992 Vgl. zu Nachweisen oben Fn. 912.

993 BGHZ 146, 341, 344 ff. sowie die sonstigen in § 1 genannten Urteile.

994 Text abgedruckt bei *v. Kübel*, Vorentwürfe, Schuldrecht Teil 3, S. 1 ff.

995 *v. Kübel*, a.a.O., S. 31 f.: Gesellschaft als „abgekürzter Ausdruck für die Personen der Gesellschafter"; sowie a.a.O., S. 132: „Auch nach außen bildet die Gesellschaft keine von den Gesellschaftern verschiedene Person."

schuldnerisch, sondern pro rata, und zwar entsprechend ihrem Anteil am Gewinn und Verlust der Gesellschaft.[996] Das Gesellschaftsvermögen ist den einzelnen Gesellschaftern zugewiesen: Art. 771 Dresd. Entw. spricht davon, dass eingebrachte Sachen zum gemeinschaftlichen Eigentum der Gesellschafter bestimmt sein können. Zwar bestehen insoweit auf den ersten Blick keine wesentlichen Unterschiede zu den §§ 706 Abs. 2 Satz 1, 718 Abs. 1 BGB, die ebenfalls das gemeinschaftliche Eigentum bzw. Vermögen der Gesellschafter erwähnen. Die unterschiedliche Konzeption zeigt sich aber an Art. 772 Dresd. Entw. respektive § 719 BGB. Der Dresdener Entwurf verlangt zur Verschaffung gemeinschaftlichen Eigentums die Übertragung des Miteigentums auf die Mitgesellschafter. Eine dem § 719 BGB entsprechende Vorschrift, die den Anteil am Gesellschaftsvermögen der Verfügungsbefugnis des Gesellschafters entzieht, fehlt. Damit bringt der Entwurf zum Ausdruck, dass kein vom Vermögen der Gesellschafter zu trennendes Sondervermögen gebildet wird, mithin auch keine verselbständigte Gesellschaft im Sinne einer – je nach Standpunkt – dinglich gebundenen, aber den Gesellschaftern zuzuordnenden Vermögensmasse (traditionelle Gesamthandslehre) bzw. kraft gesamthänderischer Bindung rechtsfähigen, d.h. als Rechtssubjekt existierenden Personengemeinschaft (Einheitstheorie) entstehen soll. Folglich existieren Rechtsbeziehungen nur im Verhältnis der Gesellschafter untereinander bzw. zu Dritten. Sozialansprüche (z.B. Art. 769 Dresd. Entw.) sind ebenso wenig einem von den Gesellschaftern zu trennenden Rechtssubjekt zugeordnet wie Ansprüche gegen Dritte, die einer oder mehrere Gesellschafter durch rechtsgeschäftliches Handeln im Außenverhältnis begründen. Bei der Regelung der gemeinen Gesellschaft bleibt der Dresdener Entwurf indes nicht stehen. Die Redaktoren waren sich bewusst, dass ein Bedürfnis des Wirtschaftsverkehrs nach Gesellschaften bestand, die „nach ihrem nicht an die Person der jeweiligen Gesellschafter geknüpften und über deren unmittelbares Interesse hinausgehenden Zwecke nicht blo[ß] eine vorübergehende Verbindung gewisser Personen, sondern einen festeren und dauernden, vom Wechsel der Gesellschafter unabhängigen Bestand voraussetzen und im Verkehr als ein einheitliches Ganzes erscheinen, handeln und sich obligieren."[997] Als Beispiel nannten sie solche Zusammenschlüsse, mit Hilfe derer zwar kein Handelsgewerbe i.S. des HGB ausgeübt wurde, die aber dennoch eine gefestigte Organisationsstruktur aufwiesen, einen Geschäftsnamen hatten und „hinsichtlich des Umfanges ihrer Unternehmungen und ihres Rechtsverkehrs mit Dritten hinter den Handelsgesellschaften nicht zurückstehen."[998] Deswegen fügten sie Art. 810 Dresd. Entw. ein, der sog. Erwerbsgesellschaften zu Kollektivgesellschaften erklärt, d.h. mit eigener Rechtspersönlichkeit ausstattet und weitgehend den Vorschriften des HGB zur offenen Handelsgesellschaft unterstellt. Voraussetzung für die Anwendbarkeit der Bestimmungen des HGB ist (neben der Vereinigung zum Zweck des Erwerbs) das Auftreten unter

---

996 Art. 795 Dresd. Entw. und *v. Kübel*, a.a.O., S. 134 f.
997 *v. Kübel*, a.a.O., S. 285.
998 *v. Kübel*, a.a.O., S. 286.

einem gemeinschaftlichen Namen.[999] Auch wenn das Gesetz oder die Protokolle keine Definition des Begriffs „Erwerb" enthalten, stellen letztere klar, dass Art. 810 Dresd. Entw. nicht auf Vereinigungen zur Vornahme einer unbestimmten Vielzahl von Geschäften beschränkt ist.[1000] Die Bestimmung geht demnach in jedem Fall weiter als die geltende Rechtslage, die die Wahl des oHG-Statuts (durch Eintragung der Firma des Unternehmens in das Handelsregister) vom Betrieb eines (Klein-)-Gewerbes oder der Verwaltung eigenen Vermögens abhängig macht (§ 105 Abs. 2 HGB). Abschließend lässt sich somit festhalten, dass der Dresdener Entwurf einerseits eine Gesellschaft etabliert, die weitgehend dem Modell der römischrechtlichen *societas*,[1001] eines rein schuldrechtlich konzipierten Zusammenschlusses, folgt (gemeine Gesellschaft i.S. der Art. 768 ff. d.E.), andererseits eine sog. Kollektivgesellschaft vorsieht, die Rechtssubjekt ist und den Vorschriften des HGB über die offene Handelsgesellschaft untersteht (offene Erwerbsgesellschaft i.S. des Art. 810 d.E.). Die Gesellschafter haben – unter der Voraussetzung, dass der Zusammenschluss jeweils auf gemeinschaftlichen Erwerb ausgerichtet ist – die Wahl zwischen beiden Gesellschaftsformen, indem sie entweder unter einem Gesellschaftsnamen auftreten (dann offene Erwerbsgesellschaft) oder nicht (dann gemeine Gesellschaft).

Im Entwurf der ersten Kommission aus dem Jahr 1887 (E I) ist die Gesellschaft bürgerlichen Rechts (dort nicht mehr als gemeine Gesellschaft bezeichnet[1002]) in den §§ 629–659 E I geregelt. Sie basiert, wie schon die gemeine Gesellschaft des Dresdener Entwurfs, auf der gemeinrechtlichen (römischrechtlichen) Sozietät und erschöpft sich in einem obligatorischen Rechtsverhältnis der Vertragsparteien untereinander.[1003] Im Rechtsverkehr tritt nicht die Gesellschaft, sondern der Gesellschafter auf. Er wird nach allgemeinen Grundsätzen, insbesondere solchen des Stell-

---

999 Der Text des Art. 810 Dresd. Entw. lautet in Auszügen: „Wollen bei einer Erwerbsgesellschaft, welche nicht Handels- oder Aktiengesellschaft ist, die Gesellschafter unter einem gemeinschaftlichen Namen (Gesellschaftsnamen) auftreten, so finden auf eine solche Gesellschaft die Vorschriften des allgemeinen deutschen Handelsgesetzbuches über die offene Handelsgesellschaft … Anwendung …"

1000 *v.* Kübel, a.a.O., S. 287 f. Die erste Kommission stand dieser Vorschrift ablehnend gegenüber, vgl. *Jakobs/Schubert*, Beratung des BGB, S. 358, 362; Motive II, S. 632 f. = Mugdan II, S. 353 f. Sie ging davon aus, die Vorschriften des HGB, insbesondere über das Handelsregister, die Handelsfirma und die Führung von Handelsbüchern, passten nicht auf die Gelegenheitsgesellschaft, und beschränkte den Verweis auf das HGB deswegen in mehreren Vorentwürfen auf Gesellschaften „zum Zweck des Erwerbs durch gewerbsmäßigen Geschäftsbetrieb." Gleichwohl lag dem Entwurf die Auffassung zugrunde, die Vorschriften des Gesellschaftsrechts seien angesichts der engen Definition des Handelsgewerbes in Art. 271, 272 ADHGB ohne die Regelung des Art. 810 Dresd. Entw. bzw. seiner Nachfolgevorschriften unvollständig, vgl. hierzu sogleich im Text. Im Übrigen ist zu berücksichtigen, dass der Reichsgesetzgeber die Regelung einer Reihe von Zusammenschlüssen dem Landesgesetzgeber überlassen wollte bzw. mangels Gesetzgebungskompetenz musste (z.B. Zusammenschlüsse zu wissenschaftlichen oder land- und forstwirtschaftlichen Zwecken, zur Förderung der Kunst etc.), vgl. Motive II, S. 592 f. = Mugdan II, S. 331. Auch aus diesem Grund geht der Verweis in Art. 810 Dresd. Entw. und Nachfolgevorschriften nicht über die Erwerbsgesellschaft hinaus.

1001 Zur societas *Kaser*, Röm. Privatrecht, 1. Abschnitt, § 133, 2. Abschnitt, § 267.

1002 Zur Terminologie s. Motive II, S. 593 f. = Mugdan II, S. 332.

1003 Motive II, S. 591, 594 = Mugdan II, S. 330, 332.

vertretungsrechts (vgl. § 640 E I), berechtigt und verpflichtet. Handeln mehrere Gesellschafter in Person oder durch einen Vertreter, ist die Berechtigung bzw. Verpflichtung eine anteilige (§ 642 E I), d.h. die Gesellschafter sind als Teilschuldner bzw. -gläubiger i.S. des § 420 BGB (§ 320 E I)[1004] anzusehen.[1005] Das Gesellschaftsvermögen steht den Gesellschaftern ebenfalls anteilig zu. An eingebrachten Sachen ist ihnen gem. § 631 Abs. 3 E I gemeinschaftliches Eigentum zu verschaffen. Hiermit ist nicht Eigentum der Gesellschaft oder die Begründung geschlossenen (dinglich gebundenen) Sondervermögens gemeint, sondern, wie sich aus § 631 Abs. 4 E I und den Protokollen[1006] ergibt, Miteigentum der Gesellschafter. Zwar darf der Gesellschafter über seinen Anteil an den zum Gesellschaftsvermögen gehörenden Gegenständen gem. § 645 Abs. 1 E I nicht verfügen. Hierbei handelt es sich jedoch – anders als im Fall des § 719 BGB – nicht um eine dinglich wirkende Verfügungsbeschränkung, sondern eine bloß schuldrechtliche Verpflichtung gegenüber den Mitgesellschaftern.[1007] Die Kommission sah kein praktisches Bedürfnis für die Einführung eines Veräußerungsverbots. § 659 E I, die Nachfolgevorschrift des Art. 810 Dresd. Entw., sei weit genug gefasst, um alle Zusammenschlüsse, für die ein dinglich gebundenes Sondervermögen von Relevanz sei, nämlich Gesellschaften, die für gewisse Dauer am Erwerbsleben teilnehmen und eine organisierte Struktur aufweisen, den Vorschriften des HGB über die offene Handelsgesellschaft zu unterstellen. Die §§ 629 ff. E I bezögen sich in erster Linie auf „gewöhnliche" Gesellschaften, die „einfache Verhältnisse" zum Gegenstand hätten und deswegen keines geschlossenen Vermögens bedürften.[1008] Bezeichnend für die Bedeutung, die § 659 E I in diesem System zukommt, ist die Begründung, mit der die Kommission den Antrag, Art. 810 Dresd. Entw. zu streichen und eine Erledigung der Materie der Revision des Handelsgesetzbuchs vorzubehalten, ablehnte. Die Redaktoren gingen davon aus, dass die Beschlüsse zu den sonstigen Bestimmungen über die Gesellschaft bürgerlichen Rechts ohne Aufnahme einer dem § 659 E I / Art. 810 Dresd. Entw. entsprechenden Regelung anders hätten ausfallen müssen. Im Übrigen stehe „die Angemessenheit, wenn nicht Notwendigkeit einer Vorschrift der beregten Art [fest], weil ohne diese ... das bisher beschlossene Gesellschaftsrecht an einer Unvollständigkeit leiden und – namentlich wegen seiner Bestimmungen über das Gesellschaftsvermögen – zur Befriedigung eines dringenden praktischen Bedürfnisses nicht ausreichen würde."[1009] Eine Gesellschaft bürgerlichen Rechts müsse deswegen einer offenen Handelsgesellschaft gleichstehen, wenn die Gesellschafter dies wünschten, selbst

---

1004 Im ersten Entwurf fehlte eine dem § 427 BGB entsprechende Vorschrift.

1005 Berechtigung bzw. Verpflichtung nach Kopfteilen, vgl. *Jakobs/Schubert*, a.a.O., S. 278 f. Was die gemeinschaftliche Berechtigung anbelangt, liegt allerdings wohl Mitgläubigerschaft gem. § 432 BGB (§ 339 E I) näher, vgl. hierzu auch Motive II, S. 610 f. = Mugdan II, S. 341 (zu § 641 E I).

1006 Motive II, S. 599 = Mugdan II, S. 335.

1007 § 645 Abs. 1 E I lautet: „Ein Gesellschafter ist *gegenüber den übrigen Gesellschaftern* verpflichtet, sich bis zur Auseinandersetzung der Verfügung über den ihm zustehenden Anteil an den in Folge des Gesellschaftsvertrages gemeinschaftlich erworbenen Gegenständen zu enthalten" (Hervorhebung durch den Verf.).

1008 *Jakobs/Schubert*, Beratung des BGB, S. 290; Motive II, S. 615 = Mugdan II, S. 344.

1009 Abgedr. bei *Jakobs/Schubert*, a.a.O., S. 356.

wenn ihr Zweck nicht auf den Betrieb eines Handelsgewerbes gerichtet sei. Nur auf diese Weise könnten Lücken im Gesellschaftsrecht vermieden werden.[1010]

Die zweite Kommission gestaltete die Vorschriften über das Gesellschaftsvermögen (§§ 645, 631 Abs. 4 E I) grundlegend um. Sie gelangte zu der Überzeugung, eine Regelung der Gesellschaft nach den Grundsätzen der gesamten Hand, eines aus dem Familienrecht stammenden deutschrechtlichen Instituts,[1011] entspreche den Interessen der Gesellschafter eher als die anteilige Mitberechtigung an den zum Gesellschaftsvermögen gehörenden Gegenständen. Die dem Miteigentum eignende freie Verfügbarkeit über den Anteil berge die Gefahr, dass die Gesellschafter das Gesellschaftsvermögen zerstörten und damit die Erreichung des Gesellschaftszwecks vereitelten.[1012] Die Gegenansicht war der Auffassung, die Bestimmungen über die Gesellschaft bürgerlichen Rechts (§§ 645–675 des zweiten Entwurfs [E II]) zielten in erster Linie auf Verhältnisse von kürzerer Dauer ab, für die kein praktisches Bedürfnis nach einer gesamthänderischen Bindung bestehe, während sich auf längere Dauer bestimmte Zusammenschlüsse als offene Handelsgesellschaften oder Erwerbsgesellschaften i.S. des § 675 E II (§ 659 E I) sachgerechter erfassen ließen.[1013] Sie konnte sich nicht durchsetzen, und die Kommission änderte die §§ 645, 631 Abs. 4 E I i.S. des heutigen § 719 BGB ab. Eine grundlegende Revision der übrigen Vorschriften des Titels über die Gesellschaft bürgerlichen Rechts im Hinblick auf das neu eingefügte Gesamthandsprinzip blieb aus. Z.B. traf die Kommission keine Entscheidung darüber, ob die Gesellschaft selbst als rechtsfähige Einheit, die Gesellschafter persönlich oder sowohl Gesellschaft als auch Gesellschafter, entsprechend den Regelungen zur oHG, haften sollten.[1014] Der zweite Entwurf begnügt sich mit der später auch Gesetz gewordenen Bestimmung des § 640 E I (§ 654 E II, § 714 BGB) und der ersatzlosen Streichung des mit dem Gesamthandsprinzip nicht in Einklang zu bringenden § 642 E I. Dem überwiegenden Teil der Vorschriften der §§ 645 ff. E II liegt damit weiterhin das Modell der Gesellschaft bürgerlichen Rechts als eines

1010 *Jakobs/Schubert*, a.a.O.

1011 Zur Geschichte des Rechtsinstituts der gesamten Hand vgl. *Gierke*, Deutsches Privatrecht Bd. 1, § 80 III.

1012 Protokolle II, S. 2439 = Mugdan II, S. 990; Denkschrift II, S. 85 = Mugdan II, S. 1260.

1013 Protokolle II, S. 2443 = Mugdan II, S. 992.

1014 Vgl. zu § 642 E I oben aa (3). Die Entstehungsgeschichte des § 427 BGB spricht dafür, dass der Gesetzgeber die Vorschrift auf das Handeln von GbR-Gesellschaftern anwenden wollte, vgl. *Huber*, FS Lutter, S. 107, 116 ff. Das setzt allerdings voraus, dass die Gesellschaft nicht rechtsfähig ist, denn andernfalls stellt sich wiederum das Problem, in welchem Verhältnis Gesellschafts- zu Gesellschafterschuld steht. Im Übrigen ließe sich angesichts der Zweifelsregelung in § 427 BGB (keine gesamtschuldnerische Haftung, wenn die Verkehrserwartung anders ist, vgl. Staudinger/*Noack*, § 427, Rdnr. 3) kaum begründen, wieso Gesellschafter die unbeschränkte persönliche Haftung nicht sollten ausschließen können, a.A. *Huber*, a.a.O. Jedenfalls lässt sich hierfür nicht der „allgemeine[…] Grundsatz des bürgerlichen Rechts und des Handelsrechts, dass derjenige, der als Einzelperson oder in Gemeinschaft mit anderen Geschäfte betreibt, für die daraus entstehenden Verpflichtungen mit seinem gesamten Vermögen haftet, solange sich aus dem Gesetz nichts anderes ergibt oder mit dem Vertragspartner keine Haftungsbeschränkung vereinbart wird“ (BGHZ 142, 315, 319) ins Feld führen, vgl. schon oben Fn. 777.

schuldrechtlichen Verhältnisses zugrunde.[1015] Was die Erwerbsgesellschaft des ersten Entwurfs anbelangt, übernahm die zweite Kommission in § 675 E II eine dem § 659 E I – mit gewissen Änderungen – entsprechende Vorschrift. Die Bestimmung fand jedoch keinen Eingang in das Gesetzbuch, sondern wurde, nachdem sie in der Bundesratsvorlage (BV) noch enthalten war (§ 728), im Justizausschuss mit der nicht ohne Kritik gebliebenen Begründung gestrichen, die Ausdehnung des Kaufmannsbegriffs bzw. des Begriffs des Handelsgewerbes im Entwurf des revidierten Handelsgesetzbuchs[1016] vermöge die meisten der für § 728 BV relevanten Fälle zu erfassen.[1017]

Die zweite Kommission war der Ansicht, „eine Stellungnahme zu der wissenschaftlichen Streitfrage über das Wesen der gesammten Hand" sei zu vermeiden.[1018] In der Literatur ließ sich lange Zeit keine Einigkeit darüber erzielen, wie das Institut der gesamten Hand zu konstruieren sei und welche Auswirkungen sich hieraus für die GbR ergäben. Seit Ende des letzten Jahrhunderts hat sich die Auffassung durchgesetzt, dass der Gesamthand Rechtssubjektivität zukommt. Diese sachlich gerechtfertigte[1019] und nunmehr auch vom BGH übernommene Meinung lässt sich kaum mit den §§ 705 ff. BGB, 50, 736 ZPO in Einklang bringen (vgl. beispielhaft § 706 Abs. 2 BGB: eingebrachte Sachen werden im Zweifel gemeinschaftliches Eigentum der *Gesellschafter*, oder § 714 BGB: Ermächtigung des Geschäftsführers zur Vertretung der anderen *Gesellschafter*),[1020] was darauf hindeutet, dass der Reichsgesetzgeber, auch wenn er die dogmatische Einordnung der Gesamthand Rechtsprechung und Wissenschaft überlassen wollte, zumindest nicht ihre Rechtsfähigkeit in Erwägung zog, vielmehr lose, nicht auf lange Dauer angelegte Zusammenschlüsse als Normalfall der GbR ansah.[1021] Dies führt dazu, dass die Vorschriften des 16. Titels nicht alle Fallgestaltungen, für die sie relevant werden, sachgerecht erfassen. Wo sie auf den Gesellschafter abstellen und etwa die persönliche Teilnahme am Rechtsverkehr anstelle einer Teilnahme als Organ bzw. Vertreter der Gesellschaft regeln (§§ 709, 714 BGB) oder einen gegen alle Gesellschafter gerichteten Titel als Voraus-

---

1015 Anschaulich ist die Formulierung von *Flume*, Personengesellschaft, § 1 II, dass „die Formierung des Gesellschaftsvermögens als Gesamthandsvermögen ... nur darüber [über die Regelung der Gesellschaft als eines Schuldverhältnisses der Gesellschafter untereinander] gestülpt, nicht aber wirklich dem Rechtsverhältnis der Gesellschaft eingefügt worden" sei.

1016 Das ADHGB von 1861 wurde neu gefasst, da die Kodifizierung des BGB eine Vielzahl von Vorschriften überflüssig machte. Das Reichsjustizamt stellte 1895 einen ersten Entwurf vor, der nach näherer Beratung durch eine Sachverständigenkommission am 7.4.1897 als Handelsgesetzbuch für das Deutsche Reich vom Reichstag angenommen wurde und am 1.1.1900 in Kraft trat. Die wesentliche Neuerung des revidierten HGB lag nicht in einer Ausweitung der enumerativen Definition der Handelsgeschäfte (§§ 271, 272 ADHGB) durch § 1 a.F. HGB, sondern in der Einführung des § 2 a.F. HGB, vgl. hierzu *Schubert/Schmiedel/Krampe*, Quellen zum HGB, Bd. 1, S. 32 ff.

1017 Bericht vom 11.10.1895 von *Heller*, abgedr. bei *Jakobs/Schubert*, a.a.O., S. 364.

1018 Insbesondere war umstritten, ob auch bei gesamthänderischem Eigentum ein Quoteneigentum der Gesamthänder an den einzelnen Vermögensstücken besteht, vgl. Protokolle II, S. 2437 f. = Mugdan II, S. 990.

1019 Vgl. z.B. BGHZ 146, 341, 345 f., sowie die Argumente bei *Karsten Schmidt*, Gesellschaftsrecht, § 8 III 4 d.

1020 Ausführlich hierzu *Karsten Schmidt*, NJW 2001, 993, 996 f.

1021 So auch MüKo BGB/*Ulmer*, Vor § 705, Rdnr. 86 f. (GbR als „instabiles Institut").

setzung der Zwangsvollstreckung in das Gesellschaftsvermögen verlangen (§ 736 ZPO), wo sie für den Erwerb eines Grundstücks durch die GbR die Eintragung aller Gesellschafter in das Grundbuch fordern (§ 47 GBO)[1022] und bei einer Klage der bzw. gegen die Gesellschaft die Gesellschafter als notwendige (Aktivprozess) bzw. einfache (Passivprozess) Streitgenossen ansehen,[1023] werden sie den Bedürfnissen des Wirtschaftsverkehrs häufig nicht gerecht, insbesondere wenn Unternehmer mangels Ausübung eines Gewerbes i.S. des § 1 HGB nicht auf die Gesellschaftsformen der oHG oder KG zurückgreifen können, gleichwohl eine auf Dauer angelegte, organisierte Einheit zur Teilnahme am Wirtschaftsleben[1024] verwenden und deswegen ein Interesse an der Vermögens-, Rechts-, Parteifähigkeit etc. der Organisationseinheit haben. Wo die Vorschriften andererseits die Bildung eines gesamthänderisch gebundenen Vermögens vorsehen, können sie – unter Zugrundelegung der h.M. von der Rechtssubjektivität der Gesamthand mit ihren Folgen analog §§ 128 ff. HGB – zu ungewollten und unangemessenen Ergebnissen führen, wenn die Parteien die haftungsrechtlichen Konsequenzen ihres Auftretens als Außengesellschaft bürgerlichen Rechts nicht berücksichtigen und auch nicht berücksichtigen müssen, da ihre Tätigkeit nicht mit der Ausübung eines Handelsgewerbes vergleichbar ist. Um diese Konfliktsituation zu beheben, ist es sinnvoll, zwei Gesellschaftsformen – individualistische und kollektivistische GbR – anzuerkennen und den Parteien die Möglichkeit der Wahl zuzubilligen. Eine solche Auslegung berücksichtigt die Entstehungsgeschichte der §§ 705 ff. BGB, indem sie sowohl dem Modell von der GbR als eines reinen Schuldverhältnisses als auch einer (rechtsfähigen) personenrechtlichen Vereinigung, die beide im Gesetz angelegt sind, zur Geltung verhilft. Zugleich beachtet sie, dass mit den Regelungen zur Erwerbsgesellschaft in Art. 810 Dresd. Entw., §§ 659 E I, 675 E II, 728 BV ursprünglich eine Vervollständigung des im BGB enthaltenen Gesellschaftsrechts durch Anwendung der handelsrechtlichen Bestimmungen über die oHG beabsichtigt war. Der Streichung des § 728 BV wurde zwar durch Ausdehnung des Kaufmannsbegriffs im Handelsgesetzbuch teilweise Rechnung getragen. Entgegen der Ansicht der zweiten Kommission gelingt es den §§ 705 ff. BGB aber nicht, allen sonstigen (d.h. nicht handelsgewerblichen) Zusammenschlüssen einen befriedigenden und abschließenden rechtlichen Handlungsrahmen zur Verfügung zu stellen. Insbesondere werden die Vorschriften des BGB

1022 Zur Grundbuchfähigkeit der GbR selbst vgl. Fn. 946.
1023 So die vormals h.M., vgl. z.B. BGHZ 80, 222, 227; Baumbach/Lauterbach/*Hartmann*, 59. Aufl., § 50 Rdnr. 12; Stein/Jonas/*Bork*, § 50 Rdnr. 17; Zöller/*Vollkommer*, 22. Aufl., § 50 Rdnr. 26, jeweils m.w.N. Der BGH hält die Parteifähigkeit der GbR seit BGHZ 146, 341 in konsequenter Anwendung des § 50 Abs. 1 ZPO für die notwendige prozessrechtliche Folge der Anerkennung der Rechtsfähigkeit, vgl. a.a.O. 348.
1024 Diese Definition ist nicht als Voraussetzung für eine Gleichstellung der GbR mit den Personengesellschaften des Handelsrechts zu missverstehen. Sie soll lediglich zum Ausdruck bringen, dass auch außerhalb des handelsrechtlichen Gewerbebegriffs Wirtschaftsaktivität entfaltet wird, die strukturell mit der Ausübung eines Handelsgewerbes vergleichbar ist, z.B. freiberufliche Tätigkeiten. Insoweit könnten auch die von *Karsten Schmidt*, Handelsrecht, § 4 I, oder *Raisch*, Geschichtliche Voraussetzungen, S. 181 ff., entwickelten Begriffe des Unternehmens bzw. Unternehmers als Illustration herangezogen werden.

nicht nur für die sog. „gewöhnlichen“,[1025] d.h. nicht am Erwerbsleben teilnehmenden und nicht auf Dauer angelegten Gesellschaften relevant. Unter § 705 ff. BGB fallen vielmehr auch unternehmerisch tätige, unter Umständen die Vornahme einer unbestimmten Vielzahl von Geschäften bezweckende Verbindungen. Um sie sachgerecht beurteilen zu können, bedarf es, wie von § 728 BV beabsichtigt, einer Anwendung der Vorschriften über die oHG. Auch wenn diese Ausführungen einer pauschalen Übertragung der §§ 105 ff. HGB auf kollektivistische Gesellschaften bürgerlichen Rechts nicht das Wort reden wollen, macht die historische Auslegung deutlich, dass sich eine Anwendung bestimmter einzelner Normen bzw. Normkomplexe, wie in den jüngeren Urteilen des BGH sukzessive geschehen, nicht nur mit dem Gesetz vereinbaren lässt, sondern – soweit die kollektivistische GbR in Frage steht – zur Lückenfüllung geradezu geboten ist.

(2) Systematische Auslegung

Die Systematik des Gesetzes kann Aufschlüsse über die Zulässigkeit und Reichweite der vom BGH (und ihm folgend der h. L.) propagierten Analogie geben. Im Einzelnen ist zu untersuchen, ob die analoge Anwendung der §§ 128 ff. HGB als solche (unter [a]), die Differenzierung zwischen nichtrechtsfähigen und rechtsfähigen Gesellschaften bürgerlichen Rechts (unter [b]) und die Beschränkung des Anwendungsbereichs der akzessorischen Haftung in der hier vorgeschlagenen Weise – durch Wahl zwischen kollektivistischer und individualistischer GbR und hierdurch Möglichkeit der Modifizierung der gesamtschuldnerischen Haftung – (unter [c]) in systematischer Hinsicht überzeugend sind.

(a) Die Analogie des BGH ist vor allem mit der Begründung kritisiert worden, sie stehe nicht mit dem System des Personengesellschaftsrechts in Einklang: oHG und GbR seien zwei eigenständige Gesellschaftsformen, an die das Gesetz unterschiedliche Rechtsfolgen knüpfe. Das Haftungsregime der oHG auf die Außengesellschaft bürgerlichen Rechts zu übertragen, hieße die Unterschiede zwischen beiden Gesellschaftsformen in verfassungswidriger Weise zu nivellieren.[1026] An dieser Ansicht ist richtig, dass der rechtliche Rahmen von kollektivistischer Außengesellschaft und oHG durch analoge Anwendung der §§ 128 ff. HGB weitgehend angeglichen wird. Verbleibende Unterschiede, insbesondere die Buchführungs- und Bilanzierungsregeln der §§ 238 ff. HGB, fallen gegenüber dem vereinheitlichten Haftungsregime kaum ins Gewicht. Gleichwohl fügt sich die Ausdehnung des Anwendungsbereichs der §§ 128 ff. HGB und die Unterscheidung zwischen kollektivistischer und individualistischer GbR gut in das bestehende Personengesellschaftsrecht ein und bewegt sich im Rahmen zulässiger Rechtsfortbildung:

Gesetzesfortbildung im Wege der Analogie setzt voraus, dass das Gesetz eine Lücke aufweist. Die Lücke ist in Übereinstimmung mit der Systematik und Teleologie des

---

1025 So die Terminologie der ersten Kommission, siehe oben Fn. 1008.
1026 *Canaris*, ZGR 33 (2004), 69, 117 f.

Gesetzes auszufüllen,[1027] indem die für einen Tatbestand A im Gesetz vorgesehene Regel auf den ungeregelten Tatbestand B übertragen wird. Die Übertragung ist nur zulässig, wenn die Tatbestände „in den für *die rechtliche Bewertung* maßgebenden Hinsichten übereinstimmen."[1028] Wie oben erläutert, existiert eine Regelungslücke.[1029] Fraglich ist, ob die Tatbestände hinreichend ähnlich sind, um eine analoge Anwendung der §§ 128 ff. HGB zu rechtfertigen. Sinn und Zweck der akzessorischen Gesellschafterhaftung ist der Schutz der Gläubiger vor einem unter Umständen vermögenslosen Schuldner, der keinen Kapitalaufbringungs- und -erhaltungsvorschriften untersteht. Das ist für die (Außen-)GbR ebenso relevant wie für die oHG: Die Gesellschafter der kollektivistischen Außengesellschaft nehmen am Rechtsverkehr teil und begründen Verbindlichkeiten für die Gesamthand. Das Gesellschaftsvermögen ist nicht gesichert, Gläubigerschutz mithin nicht gewährleistet.

Gegen die pauschale Übertragung des Haftungsregimes lässt sich einwenden, das Gesetz bringe durch Unterscheidung zwischen oHG und GbR zum Ausdruck, dass eben nur der im Betrieb eines Handelsgewerbes bestehende Gesellschaftszweck zu den strengen Folgen der §§ 128 ff. HGB führen soll. Das ist insoweit überzeugend, als die generelle Anwendung der Vorschriften über die oHG auf alle Gesellschaften bürgerlichen Rechts mit dem System des Personengesellschaftsrechts kaum in Einklang zu bringen ist. Andererseits hat die historische Auslegung gezeigt, dass sich der Gesetzgeber der Unzulänglichkeiten der §§ 705 ff. BGB bewusst war. Er strich die in der Bundesratsvorlage noch vorgesehene Öffnungsvorschrift für das HGB nur deswegen, weil er davon ausging, dass die anstehende Revision des Handelsgesetzbuchs den Kaufmannsbegriff und den Begriff des Handelsgewerbes weit genug ausdehnen würde, um alle relevanten Fallgestaltungen den Vorschriften über die oHG zu unterstellen.[1030] Wie sich in den folgenden Jahrzehnten zeigte, war die Rechtslage jedoch nicht befriedigend. Insbesondere der Ausschluss der freien Berufe führte dazu, dass langfristige, erwerbwirtschaftlich tätige Zusammenschlüsse von den flexibleren Bestimmungen der §§ 705 ff. BGB profitieren konnten, ohne dass die unterschiedliche Behandlung im Vergleich zur oHG gerechtfertigt gewesen wäre. Die Anwendung der §§ 128 ff. HGB auf *manche* Gesellschaften bürgerlichen Rechts sprengt somit keineswegs die Systematik des Gesetzes. Im Hinblick auf Personenverbände, die nicht nur vorübergehend erwerbswirtschaftlich tätig werden, ist die Vergleichbarkeit der Sachverhalte ohne weiteres gegeben.

Feststehende Kriterien zur Abgrenzung zwischen Gesellschaften bürgerlichen Rechts, die nach Handelsrecht, und solchen, die nach den §§ 714, 427 BGB zu beurteilen sind, lassen sich allerdings, wie gezeigt, nur schwer finden. Angesichts der hier vorgeschlagenen flexibeln Abgrenzung unter Berücksichtigung des Partei-

1027 Hier soll die Zulässigkeit der Analogie nur anhand der Systematik des Gesetzes untersucht werden. Zur Teleologie siehe sogleich unter (3).
1028 *Larenz*, Methodenlehre, S. 381 (Hervorhebung im Original).
1029 Vgl. aa (3) sowie hier (bb) unter (1).
1030 Oben (1).

willens sind sie auch nicht erforderlich. Schon die Parteien werden dafür Sorge tragen, dass nur solche Zusammenschlüsse den §§ 128 ff. HGB unterfallen, bei denen eine gewisse Nähe zur oHG besteht. Je kürzer der Bestand der Gesellschaft sein soll, je weniger die Gesellschafter untereinander verbunden sind und auf den Eindruck eines einheitlichen Unternehmens Wert legen, desto eher werden sie beschließen, nach außen als Einzelpersonen aufzutreten, die sich zwar unter Umständen gemeinschaftlich verpflichten, aber nicht gesamthänderisch, sondern als Teilschuldner haften. Je mehr sie von einer gemeinsamen Betriebsstätte aus operieren, häufigen Kundenkontakt haben, Vermögenswerte für die Gesellschaftergesamtheit erwerben oder veräußern, desto sinnvoller wird es für sie sein, als rechtsfähige (d.h. Gesamthands-) Gesellschaft tätig zu werden. Andernfalls könnten sie, um nicht den Eindruck eines Handelns für die Gesamthand zu erwecken, nicht unter einem gemeinsamen Namen auftreten, müssten die gesamthänderische Bindung in allen Außenverträgen abbedingen und die Haftungsverfassung genau ausgestalten.[1031] Auch könnten sie nicht als GbR klagen, sich nicht als GbR an anderen Personen- oder Kapitalgesellschaften beteiligen, keine Schecks oder Wechsel als GbR ausstellen und kein Einzelkonto errichten. Dauerschuldverhältnisse mit der Gesellschaft müssten bei jedem Mitgliederwechsel neu abgeschlossen werden. Ein Zusammenschluss als individualistische GbR wird somit nur dann praktikabel sein, wenn sich die Gesellschafter nicht erwerbswirtschaftlich betätigen wollen oder den Gesellschaftszweck durch eine begrenzte Zahl an Rechtsgeschäften erreichen können, d.h. bei Gelegenheitsgesellschaften. In den übrigen Fällen, in denen sie als Gesamthandsgesellschaft in Erscheinung treten werden, ist eine Gleichstellung mit der oHG gerade angebracht.

Bereits die erste Kommission zur Erarbeitung des BGB erkannte diesen Aspekt. Zu § 659 E I, der den Gesellschaftern die Möglichkeit eröffnen sollte, die Gesellschaft nach ihrem Willen den Vorschriften des HGB über die oHG zu unterstellen, führten die Redaktoren in Erwiderung auf das Bedenken, die handelsrechtlichen Bestimmungen passten nicht auf alle Gesellschaften bürgerlichen Rechts, aus: "... es werde sich dies [die Entscheidung der Gesellschafter, die Vorschriften über die oHG für anwendbar zu erklären] nur zutragen bei umfangreichen Unternehmungen, denen Spekulationen zum Grunde liegen, die den kaufmännischen Spekulationen verwandt seien, so daß das Unternehmen sowohl nach Innen als nach Außen eine Art von kaufmännischem Betriebe ergeben werde, mithin wieder kein Grund bestehe, die Anwendbarkeit der ... fraglichen Vorschriften auszuschließen."[1032]

Es lässt sich mithin festhalten, dass nach hier vertretener Auffassung weiterhin signifikante Unterschiede zwischen den einzelnen Personengesellschaften bestehen – auch wenn die Trennlinie weniger zwischen GbR und oHG als vielmehr zwischen individualistischer Gesellschaft bürgerlichen Rechts auf der einen und kollektivisti-

1031 Pauschale Hinweise, z.B. „GbR mbH", würden nicht genügen, da die Haftung nicht beschränkt, sondern nur hinsichtlich des Zuordnungssubjekts (einzelne oder alle Gesellschafter als Teil- oder Gesamtschuldner) angepasst werden kann.
1032 *Jakobs/Schubert*, Beratung des BGB, S. 360.

scher GbR sowie Handelsgesellschaft auf der anderen Seite verläuft. Die §§ 705 ff. BGB werden nicht jeglichen Gehalts entleert. Die analoge Anwendung der §§ 128 ff. HGB auf die kollektivistische GbR steht mit dem System des Personengesellschaftsrechts folglich durchaus in Einklang.

(b) Die Differenzierung zwischen rechtsfähiger und nicht rechtsfähiger Gesellschaft bürgerlichen Rechts ist im Gesetz angelegt. Zunächst ergibt sich aus den Vorschriften der §§ 705 ff. BGB, dass die GbR ursprünglich als loser Zusammenschluss von vorübergehender Dauer konzipiert war, der ohne Rechtssubjektivität auskommen konnte.[1033] Wie bereits erwähnt, sprechen die §§ 714, 718 Abs. 1 BGB nicht von der Gesellschaft, sondern den Gesellschaftern. § 721 BGB sieht die einmalige Gewinn- und Verlustverteilung nach Auflösung der Gesellschaft als Regelfall an (Abs. 1) und trifft lediglich in Absatz 2 eine abweichende Bestimmung für Dauergesellschaften. § 726 BGB impliziert, dass die GbR in der Regel zur Erreichung eines bestimmten, umgrenzten Zwecks gegründet wird. Andererseits zielt das Gesamthandsprinzip auf eine längerfristige Bindung des Gesellschaftsvermögens ab. Auch ist § 705 BGB so weit gefasst, dass eben nicht nur Gelegenheitsgesellschaften, sondern zahlreiche auf Dauer angelegte Unternehmungen in den Regelungsbereich des 14. Titels fallen.

Außerhalb der §§ 705 ff. BGB stehende Regelungen bestätigen, dass sowohl rechtsfähige als auch nicht rechtsfähige Gesellschaften bürgerlichen Rechts existieren. Aus § 14 Abs. 2 BGB,[1034] der im Jahr 2000 zur Umsetzung der EG-Verbraucherschutzrichtlinien[1035] in das BGB aufgenommen wurde, lässt sich schließen, dass es neben den rechtsfähigen auch nicht rechtsfähige Personengesellschaften gibt. Letztere können angesichts der §§ 124 Abs. 1, 161 Abs. 2 HGB, 7 Abs. 2 PartGG, Art. 1 Abs. 2 EWIV-VO, § 1 EWIV-AG nur Gesellschaften bürgerlichen Rechts (oder stille Gesellschaften gem. §§ 230 ff. HGB, die BGB-Gesellschaften sind) sein. Auf der anderen Seite legen die §§ 191 Abs. 2 Nr. 1, 202 Abs. 1 Nr. 1 UmwG,[1036] 11 Abs. 2 Nr. 1 InsO, 7 Nr. 3 MarkenG nahe, dass Gesellschaften bürgerlichen Rechts existieren, denen Rechtsfähigkeit (wenn auch nicht Rechtspersönlichkeit) zukommt. Die §§ 705 ff. BGB müssen folglich beide Formen der GbR enthalten, die rechtsfähige und die nicht rechtsfähige. Da sich die außerhalb des BGB geregelten (rechtsfähigen) Personengesellschaften ohne Ausnahme durch das Vorhandensein von Gesamthandsvermögen auszeichnen, auch z.B. die vom Umwandlungsgesetz erfassten Gesellschaften bürgerlichen Rechts notwendig Gesamthandsgesellschaften sind, ist es nur folgerichtig, eine entsprechende Differenzierung im Rahmen der §§ 705 ff.

1033 Vgl. Staudinger/*Habermeier*, Vor § 705, Rdnr. 66.

1034 Hierauf bezieht sich auch der BGH, BGHZ 146, 341, 343, 347.

1035 85/577/EWG, 87/102/EWG, 93/13/EWG, 94/47/EG, 97/7/EG, 1999/44/EG.

1036 Hierzu *Mülbert*, AcP 199 (1999), 39, 63 ff. (alle Erscheinungsformen der GbR seien rechtsfähig, sofern es sich nicht um Innengesellschaften auf rein schuldrechtlicher Basis handele); *Timm*, NJW 1995, 3209, 2310 ff.; *Wiedemann*, ZGR 25 (1996), 286, 290 f. (§ 191 Abs. 2 Nr. 1 UmwG mache eine Unterscheidung zwischen vertraglichen und organisierten Gesellschaften bürgerlichen Rechts unumgänglich, wobei letztere Rechtsträger seien).

BGB für maßgeblich zu erklären, was hier mit der Unterscheidung zwischen individualistischer und kollektivistischer GbR geschehen ist.[1037]

Zu Widersprüchlichkeiten führt die Anerkennung der Rechtsfähigkeit der kollektivistischen GbR allerdings im Hinblick auf die Bestimmungen zum nichtrechtsfähigen Verein. Gem. § 54 Satz 1 BGB finden auf Vereine, „die nicht rechtsfähig sind," die Vorschriften über die GbR Anwendung. Nichtrechtsfähige Vereine sind jedoch nach ganz. h.M. Gesamthandsgemeinschaften, was bei konsequenter Anwendung der Regelungen zur GbR ihre Rechtsfähigkeit nach sich zieht.[1038] Dieser Widerspruch lässt sich nur schwer damit erklären, dass § 54 Satz 1 BGB lediglich die fehlende Rechtsfähigkeit *nach den §§ 21–23 BGB*, d.h. als juristische Person meint.[1039] Zum einen macht der Gesetzeswortlaut nicht deutlich, dass er zwischen mehreren Arten von Rechtsfähigkeit unterscheiden will. Zum anderen legt die Vorschrift nahe, dass Vereine existieren, die nicht (auch nicht nach anderen Vorschriften als den §§ 21–23 BGB) rechtsfähig sind. Das ist – jedenfalls nach hier vertretener Auffassung, die von der Rechtsfähigkeit *aller* Gesellschaften bürgerlichen Rechts mit Gesamthandsvermögen ausgeht – aber nicht der Fall. § 54 Satz 1 BGB ist für die systematische Auslegung indes nur bedingt von Nutzen, da er von Rechtsprechung und Literatur aufgrund seines zumindest im Hinblick auf den Idealverein nicht mehr vertretbaren rechtspolitischen Zwecks nur sehr eingeschränkt für anwendbar gehalten wird. Die Rechtsprechung geht z.B. davon aus, dass Verbindlichkeiten des Idealvereins lediglich das Vereinsvermögen, nicht aber die Mitglieder treffen.[1040] Auch auf den wirtschaftlichen Verein wendet sie entgegen § 54 Satz 1 BGB nicht nur das Recht der GbR, sondern zugleich Vereinsrecht an.[1041] Der nichtsrechtsfähige (Ideal- oder wirtschaftliche) Verein kann nach allgemeiner Ansicht ebenso „Zuordnungssubjekt privatvertraglicher Rechte und Pflichten"[1042] sein wie der rechtsfähige.[1043] Aufgrund der umfassenden richterlichen Rechtsfortbildung – und der Tatsache, dass der Gesetzgeber die Rechtsnatur der GbR zur Zeit der Schaffung des Verweises anders beurteilte als die heute h.M. – kann § 54 Satz 1 BGB mithin nicht als Argument gegen die Anerkennung der Rechtsfähigkeit der Gesamthandsgesellschaft dienen. Vielmehr ist zu konstatieren, dass die Regelungen zur GbR und zum nichtsrechtsfähigen Verein in gleicher Weise durch die vom Gesetzgeber nicht vorausgesehene dogmatische Entwicklung, der sich die Rechtsfigur der gesamten Hand ausgesetzt sah, relativiert wurden.[1044]

1037 Ähnlich *Timm*, NJW 1995, 3209, 2316.
1038 Palandt/*Ellenberger*, § 54, Rdnr. 7; *Karsten Schmidt*, NJW 2001, 993, 1002 f. Weitere Nachweise bei *Hadding*, ZGR 30 (2001), 712, 729 (Fn. 79).
1039 *Hadding*, a.a.O., 728. So auch BGHZ 146, 341, 347
1040 Vgl. die Nachweise oben Fn. 794. Mitglieder wirtschaftlicher Vereine haften nach Gesellschaftsrecht, d.h. akzessorisch (BGH NJW 2001, 748, 750).
1041 BGH NJW 1979, 2304, 2305.
1042 BGH NJW 2001, 748, 749.
1043 Nachweise bei *Stoltenberg*, MDR 1989, 494, 495 ff.
1044 In diesem Sinne auch *Karsten Schmidt*, a.a.O.

(c) Wie dargestellt, ist die uneingeschränkte akzessorische Haftung der Gesellschafter aller BGB-Gesellschaften nicht sachgerecht. Fraglich ist, ob sich die Möglichkeiten der Haftungsbeschränkung, die im Recht anderer Personenverbände vorgesehen sind, auf die GbR übertragen lassen.

Die Partner der Partnerschaftsgesellschaft haften ähnlich den Gesellschaftern der oHG als Gesamtschuldner für Verbindlichkeiten der Partnerschaft (§ 8 Abs. 1 PartGG). In Abweichung von der Rechtslage bei der oHG sieht § 8 Abs. 2 PartGG für berufliche Fehler die Haftung nur der Handelnden vor, wenn einzelne Partner mit der Bearbeitung eines Auftrags befasst waren. Auf die GbR lässt sich die Vorschrift indes nur eingeschränkt anwenden, da sie „gerade den besonderen Verhältnissen und legitimen Bedürfnissen der freien Berufe Rechnung tragen soll“[1045]. Im Hinblick auf Zusammenschlüsse, die ideelle Zwecke verfolgen oder nur für begrenzte Zeit tätig werden, hilft sie mithin nicht weiter, obwohl insbesondere bei ihnen die akzessorische Haftung häufig verfehlt ist.

Auch die Beschränkung der akzessorischen Haftung auf einen oder mehrere persönlich haftende Gesellschafter, während die anderen Gesellschafter lediglich mit ihrer Einlage haften (Analogie zu § 171 Abs. 1 HGB), führt im hier interessierenden Zusammenhang nicht zu stimmigen Ergebnissen: Eine Vergleichbarkeit mit der KG lässt sich nur dann bejahen, wenn die nicht persönlich haftenden Gesellschafter von der Geschäftsführung (§ 164 HGB) und Vertretung (§ 170 HGB) ausgeschlossen sind, ihnen mithin primär die Stellung eines Anlegers zukommt. Das wird bei vielen Gesellschaften bürgerlichen Rechts, bei denen ein Bedürfnis nach Begrenzung des Anwendungsbereichs der §§ 128 ff. HGB besteht, z.B. den Gelegenheitsgesellschaften des Alltags, nicht der Fall sein. Darüber hinaus ist der Schutz des Rechtsverkehrs bei der KG nur deswegen gewahrt, weil die Bezeichnung der Kommanditisten und der Betrag ihrer Einlage in das Handelsregister einzutragen sind (§ 162 HGB), die Haftsumme folglich ohne weiteres ersichtlich ist. Hieran fehlt es bei der GbR. Allenfalls über § 176 Abs. 1 Satz 1 letzter Hs. HGB ließe sich eine Haftungsbeschränkung bei entsprechendem Hinweis an den Gläubiger begründen.[1046] Wiederum ist aber zu verlangen, dass die beschränkt haftenden Gesellschafter mit Kommanditisten vergleichbar sind, d.h. der Gesellschaftsvertrag ähnlich wie bei der KG ausgestaltet ist.

Schließlich kann das Vereinsrecht nicht fruchtbar gemacht werden. Die Haftung des nichtrechtsfähigen Idealvereins ist zwar nach h.M. (mit Ausnahme der Handelndenhaftung gem. § 54 Satz 2 BGB) auf das Vereinsvermögen beschränkt. Diese Haftungsbeschränkung stellt aber ihrerseits eine richterliche Rechtsfortbildung dar, die mit dem Wortlaut des § 54 Satz 1 BGB nicht in Einklang zu bringen und, was

---

1045 BGHZ 154, 370, 377. Das Gericht zieht dementsprechend eine Analogie nur für den Zusammenschluss Angehöriger der freien Berufe in Betracht (im entschiedenen Fall hatten sich die Beklagten zu einer Rechtsanwaltssozietät in Form einer GbR zusammengeschlossen). Ähnlich MüKo BGB/*Ulmer*, § 714, Rdnr. 67: keine Gesetzeslücke; *Mülbert*, AcP 199 (1999), 39, 96: „nicht verallgemeinerungsfähige Sonderbestimmung“.

1046 Str., siehe hierzu *Mülbert*, AcP 199 (1999), 39, 96 ff.

ihre dogmatische Herleitung anbelangt, umstritten ist.[1047] Der rechtsfähige Verein untersteht dem Registerrecht der §§ 55 ff. BGB, ihm kommt eine grundsätzlich andere Stellung zu als der Gesellschaft bürgerlichen Rechts. Er kann deswegen ebenfalls nicht als Vorbild dienen.

Die hier vertretene Lösung hingegen entspricht einerseits (in Bezug auf die individualistische GbR) den ursprünglich für die Haftung bei der Gesellschaft bürgerlichen Rechts vorgesehenen §§ 420 ff. BGB, andererseits (in Bezug auf die kollektivistische GbR) dem Haftungsregime bei der Grundform der Personenhandelsgesellschaften, der oHG. Sie fügt sich somit am zwanglosesten in das System des Personengesellschaftsrechts ein.

(3) Teleologische (auch: ökonomische) Auslegung

Eine jede Erörterung der rechtlichen Verfassung der Gesellschaft bürgerlichen Rechts stößt unweigerlich auf Schwierigkeiten, da „das Recht der bürgerlich-rechtlichen Gesellschaft für eine Vielzahl von Personenverbindungen bereitgestellt ist, die von klein- und nicht kaufmännischen Erwerbsgesellschaften bis hin zu Gelegenheitsgesellschaften reichen und sich nach Art, Größe, Personenkreis, Organisation, Zwecken, ideeller und wirtschaftlicher Bedeutung in hohem Grad voneinander unterscheiden können."[1048] Es ist allgemeine Auffassung, dass eine Vereinheitlichung des Haftungsrechts des gesamten Personengesellschaftsrechts aus diesem Grund „weder möglich noch sachgerecht" ist und insbesondere „die unterschiedslose Strenge der handelsrechtlichen Haftungsbestimmungen wenig [zur Vielgestaltigkeit der Erscheinungsformen passt und ...] dem Interesse der beteiligten Gesellschafter häufig nicht gerecht"[1049] wird. Literatur und Rechtsprechung haben zahlreiche Versuche unternommen, Kriterien zu entwickeln, mit denen sich einzelfallgerechte Ergebnisse erzielen lassen, ohne den Schutz der Gläubiger der Gesellschaft zu vernachlässigen. Der BGH stellt letzteres in den Vordergrund, geht jedoch zu weit, wenn er alle Außengesellschaften dem Regime der §§ 128 ff. HGB unterstellt. Die in der Literatur vorgeschlagenen Methoden zur Beschränkung des Anwendungsbereichs der §§ 128 ff. HGB können ebenfalls nicht vollends überzeugen. Die angeführten Kriterien – feste Organisationsstruktur, eigene Identitätsausstattung, erwerbswirtschaftliche oder unternehmerische Betätigung – weisen keine klaren Konturen auf und sind zu starr, um alle Fallgestaltungen sachgerecht zu erfassen. Aufgrund der Unschärfe und fehlenden Flexibilität, an der für eine Vielzahl von Sachverhalten geschaffene Rechtsregeln zwangsläufig leiden, entstehen Kosten für die Gesellschafter und die Volkswirtschaft: Zum einen macht Rechtsunsicherheit zusätzliche Rechtsberatung erforderlich und erschwert die Rechtsverfolgung. Diese zusätzlichen Kosten können reduziert werden, wenn die Gesellschafter selbst bestimmen, ob sie als individualistische oder kollektivistische GbR am Rechtsverkehr teilnehmen. Da sich die Rechtsform aus dem Vertrag mit dem Geschäftspartner ergibt, ist Rechtssicherheit in den meisten Fällen gewährleistet.

1047 Vgl. Staudinger/*Weick*, § 54, Rdnr. 51 ff. m.N.
1048 So der BGH noch 1979, vgl. BGHZ 74, 240, 243.
1049 BGHZ a.a.O., 242 f.

Zum anderen führt das erhöhte Haftungsrisiko dazu, dass Marktteilnehmer bei gegebener Renditeerwartung häufiger eine negative Investitionsentscheidung treffen. Die Wahl zwischen individualistischer und kollektivistischer GbR würde es den Gesellschaftern ermöglichen, die mit der Investition verbundenen Haftungsrisiken besser abzuschätzen und ein für sie optimales Investitionsumfeld zu schaffen. Als individualistische GbR können sie die rechtsgeschäftlichen Beziehungen so ausgestalten, dass nur diejenigen Gesellschafter verpflichtet werden, die das Risiko vertraglicher Inanspruchnahme tragen wollen. Im Gegenzug können sie im Innenverhältnis eine Pflicht zur Kompensation festlegen. Eine Verantwortlichkeit aus Gesetz kommt grundsätzlich nur für eigenes Handeln in Betracht.

Schließlich ist es sinnvoller, die Gesellschafter entscheiden zu lassen, ob die Vorteile, die sich aus einer Teilnahme am Rechtsverkehr als kollektivistische Außengesellschaft ergeben (Individualisierbarkeit des Unternehmens und Identifikation durch Verwendung eines Namens; Prozessfähigkeit des Verbands; dinglich gebundene Vermögensmasse etc.) die hiermit verbundenen Nachteile (akzessorische Haftung) aufwiegen.[1050] Gesetze und allgemeine Rechtsregeln können hier nur pauschale Aussagen treffen, aber nicht beurteilen, was im Einzelfall geeigneter ist. Die Möglichkeit individueller Vertragsgestaltung schafft ein für Investitionen positives rechtliches Umfeld, setzt darüber hinaus durch verminderte Beratungskosten Mittel frei, die in die eigentliche Geschäftstätigkeit investiert werden können, und bewirkt folglich eine Senkung der Transaktionskosten und eine effizientere Allokation von Ressourcen.

1050 Hier geht es mithin um nichts anderes als die Gründe, die bereits *Coase* in seinem Aufsatz The Nature of the Firm, 4 Economica 386 (1937), dafür verantwortlich gemacht hat, dass sich Unternehmen herausbilden: Transaktionen werden dann nicht mehr über den Markt, sondern durch Organisation und Koordination innerhalb eines Unternehmens abgewickelt, wenn die Kosten der Inanspruchnahme des Marktes (*Coase* formuliert: „[the] cost[s] of using the price mechanism", id. at 390; ein Konzept, das heute unter dem Begriff der Transaktionskosten bekannt ist) die Kosten der Organisation übersteigen. Sicherlich sind sowohl die individualistische als auch die kollektivistische Gesellschaft bürgerlichen Rechts Unternehmen i.S. der Coase'schen *firm*. Sie repräsentieren aber unterschiedliche organisatorische Integrationsstufen: Die individualistische Gesellschaft steht Markttransaktionen näher, da für eine Vielzahl von gesellschaftlichen Operationen gesonderte Verträge abzuschließen sind. Man denke etwa an den Eintritt eines neuen Gesellschafters, was, wenn er aus den zuvor abgeschlossenen Verträgen berechtigt und verpflichtet sein soll, eine Novation aller dieser Rechtsgeschäfte erfordert. Die kollektivistische Gesellschaft zeichnet sich demgegenüber durch eine verfestigte Organisationsstruktur aus, z.B. (in der Regel) die Übertragung der Geschäftsführung auf einen Gesellschafter und die Existenz von Gesellschaftsorganen, und setzt damit den Schwerpunkt auf ein entscheidendes Merkmal von Unternehmen – etwas, das *Coase* umschreibt mit den Worten: „allowing some authority (an 'entrepreneur') to direct resources", id. at 392. Genauso wie sich keine klare Grenzlinie ziehen lässt zwischen Coase'schen Markttransaktionen und Unternehmen (id., n. 1), der Übergang vielmehr fließend ist, stehen dem Produzenten bzw. Anbieter nicht lediglich die Alternativen Markt und Unternehmen zur Beschaffung eines Produktionsfaktors zur Verfügung, sondern verschiedene Arten von Unternehmen, die sich (unter anderem) im Hinblick auf ihre Organisationsintensität unterscheiden. Für die Wahl zwischen diesen Unternehmensformen ist wiederum ausschlaggebend, auf welchem Weg sich die Faktorbeschaffung am kostengünstigsten umsetzen lässt.

Die Gläubiger der Gesellschaft andererseits sind ausreichend geschützt. Die Problematik, die den BGH dazu veranlasst hat, die §§ 128 ff. HGB auf die Gesellschaft bürgerlichen Rechts anzuwenden, nämlich die Möglichkeit der einseitigen Beschränkung der Haftung auf ein nicht durch Kapitalschutzvorschriften gesichertes Gesellschaftsvermögen, wird hier nicht relevant. Der Gläubiger kann immer auf Personen zurückgreifen, die mit ihrem Privatvermögen haften – entweder (bei der kollektivistischen Außengesellschaft) über § 128 HGB oder (bei der individualistischen GbR) direkt aus Vertrag bzw. Gesetz. Verpflichten die Gesellschafter das Gesellschaftsvermögen, greift die akzessorische Haftung ein, verpflichten sie es nicht, haftet der Handelnde (oder der bzw. die Vertretenen) persönlich und unmittelbar nach allgemeinem Schuldrecht. Das hier vorgeschlagene Verständnis der §§ 705 ff. BGB stellt mithin eine sachgerechte Möglichkeit dar, die Interessen der Beteiligten in Ausgleich zu bringen.

Unangemessene Ergebnisse sollten sich durch diesen Ansatz besser vermeiden lassen als nach Maßgabe der anderen Methoden zur Haftungsbegrenzung. Gerade diejenigen Zusammenschlüsse, bei denen auch die h.M. die akzessorische Haftung für nicht gerechtfertigt hält, können geeigneten Rechtsregeln unterstellt werden. Bei dem bereits angesprochenen Problem der Bauherrengemeinschaften z.B. deutet die allen Beteiligten bekannte Interessenlage darauf hin, dass die Bauherren persönlich und nicht als Gesamthandsgesellschaft Vertragspartner werden und somit als Teilschuldner entsprechend ihren Miteigentumsanteilen gem. § 420 BGB haften wollen: Die andernfalls einschlägige gesamtschuldnerische Haftung gem. §§ 128 ff. HGB würde außer Verhältnis zur Beteiligung des Bauherren stehen und das ihm wirtschaftlich Zumutbare übersteigen.[1051] Aufgrund dieser Interessenlage hat der BGH bereits vor längerem entschieden, dass Vertragspartner des Werkunternehmers die einzelnen Bauherren sind, selbst wenn der Baubetreuer die Verträge für die unter einem Namen auftretende Bauherrengemeinschaft abschließt und die Bauherren dem Werkunternehmer weder namentlich noch mit ihrer Quote bekannt sind.[1052] Während diese Sichtweise zunächst angesichts der von der Rechtsprechung nicht anerkannten Rechtsfähigkeit der GbR selbstverständlich war,[1053] behielt sie der BGH auch bei, nachdem sich die Auffassung durchgesetzt hatte, die Gesellschaft bürgerlichen Rechts könne „als Teilnehmer am Rechtsverkehr grundsätzlich ... jede Rechtsposition einnehmen“[1054]. Dogmatisch begründete der BGH seine Auffassung damit, dass der Begriff „Bauherrengemeinschaft“ bei sachgerechter Auslegung der

---

1051 Zu den Gründen für die teilschuldnerische Haftung der Bauherren bereits oben b aa (3) (b) (aa) und BGHZ 75, 26, 28 f.

1052 Z.B. BGHZ 76, 86, 87: Der Baubetreuer erteilte den Auftrag im Namen der „Bauherrengemeinschaft Stadtmitteprojekt M. vertreten durch die C.-Bau KG [Baubetreuer] ...“. Eine solche Kurzbezeichnung genüge, da „[d]ie Mitglieder der Bauherrengemeinschaft ... unschwer über die für das örtlich genau bezeichnete Bauvorhaben abgeschlossenen Erwerbs- und Betreuungsverträge zu ermitteln [sind]. Ob die Mitglieder bei Abschluss des Bauvertrags schon alle feststanden, ist ... unerheblich. Ferner brauchte in dem Werkvertrag keineswegs die Quote festgelegt zu werden, zu der der einzelne ‚Bauherr‘ den Werklohn schuldete.“

1053 BGHZ a.a.O.

1054 BGHZ 116, 86, 88.

Willenserklärung des Baubetreuers gem. §§ 133, 157 BGB auf eine Vertretung der Bauherren als Gemeinschaft nach Bruchteilen gem. §§ 741 ff. BGB und nicht als Gesamthandsgesellschaft hinweise.[1055] Bauherrengemeinschaften stellten einen „bloß losen Zusammenschluss der Bauherren“[1056] dar. Lediglich im Innenverhältnis bildeten die Bauherren eine Gesellschaft bürgerlichen Rechts. Diese Rechtsprechung bestätigte der BGH nach der Entscheidung für die Akzessorietätstheorie in BGHZ 150, 1: Auch wenn die Bauherrengemeinschaft im Rechtsverkehr als Außengesellschaft bürgerlichen Rechts auftrete, hafteten die Gesellschafter für Herstellungskosten nur anteilig.[1057] Dem BGH ist im Ergebnis zuzustimmen, die Begründung kann jedoch nicht überzeugen: Der Zusammenschluss mehrerer Personen zur gemeinsamen Errichtung eines Bauwerks erfüllt nach allgemeiner Meinung den Tatbestand des § 705 BGB.[1058] Die Gesellschaft nimmt gewöhnlich (insbesondere unter Zugrundelegung der Kriterien, von denen Rechtsprechung und h.L. das Entstehen einer Außengesellschaft abhängig machen) am Rechtsverkehr teil, da der Baubetreuer für die Bauherren „als Bauherrengemeinschaft“ handelt. Es ist somit nicht ganz korrekt, von einer Innengesellschaft zu sprechen, die nach außen als Bruchteilsgemeinschaft auftritt. Auch nach außen handelt eine GbR, die zur Verfolgung des Gesellschaftszwecks Verträge eingeht, aber eben nicht als Gesamthand, sondern unter individualistischer Verpflichtung der Gesellschafter. Nach hier vertretener Ansicht ergibt sich dieses Ergebnis durch Unterscheidung zwischen kollektivistischer und individualistischer Gesellschaft. Versteht man die Äußerung des BGH in BGHZ 150, 1, 6 in diesem Sinn, ergänzt man demgemäß: „... wenn eine solche Bauherrengemeinschaft im Verkehr als *individualistische* Außengesellschaft ... auftritt“, entstehen keine dogmatischen Probleme.

Gleiches gilt für geschlossene Immobilienfonds in der Rechtsform der GbR. Die Auslegung kann ergeben, dass Investoren, die ihre Beteiligung in der Regel als bloße Kapitalanlage verstehen, nur persönlich, und zwar mit einem ihrer Geschäftsbeteiligung entsprechenden Anteil, verpflichtet werden sollen. Alternativ kann die Beschränkung der Haftung auf das Fondsvermögen bei einem Auftreten als Gesamthand nach der Rechtsprechung des BGH durch Verwendung entsprechender formularmäßiger Vertragsbedingungen i.S. der §§ 305 ff. BGB erfolgen.[1059]

Bei Gelegenheitsgesellschaften des Alltags, z.B. Fahr- oder Wettgemeinschaften, ergeben sich ebenfalls interessengerechte Lösungen. In der Regel werden die Gesellschafter nicht ausdrücklich auf die nicht intendierte gesamthänderische Bindung hinweisen. Die Interessenlage ist aber eindeutig: Wer sich etwa an einer Fahrgemeinschaft beteiligt, rechnet nicht damit, für rechtsgeschäftliche Verbindlichkeiten des bzw. der anderen in Anspruch genommen zu werden. Er möchte schon gar

1055 BGH NJW 1992, 1881, 1882. In dem Fall hatte der Baubetreuer im Namen der „Bauherrengemeinschaft K.“ (ohne Auflistung der einzelnen – namentlich zunächst noch gar nicht feststehenden – Bauherren) gehandelt.

1056 BGH a.a.O.

1057 BGHZ 150, 1, 6.

1058 Vgl. zur Abgrenzung Bruchteilsgemeinschaft und GbR oben aa (1) (b).

1059 BGHZ 150, 1, 5 f.

nicht als Beifahrer für Unfallschäden haften, die Mitgesellschafter verursachen. Geschäftspartner sind sich, sofern sie überhaupt Einblick in die Existenz der Fahrgemeinschaft als rechtsverbindlicher Gesellschaft bürgerlichen Rechts haben, darüber im Klaren, dass sie nicht mit einer rechtsfähigen GbR kontrahieren, sondern mit den jeweiligen Einzelpersonen. Auch Konstellationen wie das von *Canaris* gebildete „Schreckszenario" einer Abiturfeier, die drei Absolventen unter der Bezeichnung „Wilhelms-Gymnasium-Abifeier-GbR"[1060] organisieren, führen nicht zu unangemessenen Ergebnissen. Zunächst erscheint das Beispiel wenig praxisrelevant. Sollten Abiturienten aber tatsächlich beschließen, die Organisation der Abiturfeier unter Gründung einer (kollektivistischen) GbR zu verfolgen, dann wohl nur, weil und nachdem sie sich über die rechtlichen Implikationen informiert haben. Haben sie es unterlassen, sich über die Rechtsfolgen der Gesellschaftsgründung zu unterrichten, ist nicht ersichtlich, wieso der Rechtsverkehr, der legitime Erwartungen an das Kontrahieren mit einer (ausdrücklich als solcher bezeichneten!) GbR knüpft, für das unbedachte Verhalten voll geschäftsfähiger Gesellschafter soll einstehen müssen. Im Übrigen führt das Auftreten „als GbR" nach hier vertretener Lösung nicht notwendigerweise zur Entstehung einer kollektivistischen Außengesellschaft. Die Auslegung der Willenserklärungen der Beteiligten kann ergeben, dass keine gesamthänderische Verpflichtung gewollt ist. Im Beispielsfall liegt ein solcher Schluss jedenfalls dann nahe, wenn dem Geschäftspartner der begrenzte, nicht erwerbswirtschaftliche Zweck des Zusammenschlusses und die fehlende Geschäftserfahrung der Gesellschafter bekannt sind.

Allenfalls bei dauerhaft eingerichteten, unter einem Namen auftretenden und mit Gesellschaftsvermögen ausgestatteten, aber ideelle Zwecke verfolgenden BGB-Gesellschaften kann es zu Friktionen kommen: Die Gesellschafter werden häufig für die GbR handeln, d.h. gerade das Gesellschaftsvermögen verpflichten wollen. Eine akzessorische Haftung ist indes nicht gerechtfertigt, da von Gesellschaftern, die ein gemeinnütziges Ziel verfolgen, in der Regel nicht erwartet werden kann, über die eingesetzten Mittel hinaus mit ihrem Privatvermögen zu haften.[1061] Hier besteht die Möglichkeit, entweder die Analogie zu §§ 128 ff. HGB einzuschränken[1062] oder mit *Flume*[1063] davon auszugehen, dass die besondere Interessenlage für den Rechtsverkehr offensichtlich ist. Niemand kann bei gemeinnütziger Tätigkeit mit einer unbeschränkten persönlichen Bindung der Gesellschafter rechnen. Deswegen sind die Willenserklärungen der Parteien auch ohne ausdrückliche Abrede so auszulegen, dass die Haftung vertraglich auf das Gesellschaftsvermögen beschränkt

---

1060 *Canaris*, ZGR 33 (2004), 69, 74.

1061 So z. B. in dem berühmten Fall des „Breslauer Brunnens", OLGE 32, 362: Die Gesellschafter hatten sich dazu bereit erklärt, zugunsten der Allgemeinheit einen Brunnen zu bohren. Das OLG Breslau lehnte die persönliche Gesellschafterhaftung mit der Begründung ab, der Rechtsverkehr nehme in einem solchen Fall an, dass die Gesellschafter nur für die von ihnen repräsentierten Mittel Verpflichtungen eingehen wollten.

1062 Bei einer Einschränkung der Analogie nur für den Fall der gemeinnützige Zwecke verfolgenden Gesellschaft sollten sich die oben, b aa (3) (b) (aa), kritisierten Unwägbarkeiten vermeiden lassen.

1063 Personengesellschaft, § 16 IV 5. Ähnlich MüKo BGB/*Ulmer*, § 714, Rdnr. 66.

sein soll. Eine solche Lösung entspricht dem Gerechtigkeitsempfinden und der Rechtslage beim Idealverein, bei dem die Haftung ebenfalls auf das Vereinsvermögen begrenzt ist.[1064] Letzteres ist von Bedeutung, da sich die Abgrenzung zwischen Gesellschaft und nichtrechtsfähigem Verein häufig nicht klar durchführen lässt.[1065]

cc. Ergebnis

Historische, systematische und teleologische Auslegung bestätigen mithin, dass die §§ 705 ff. BGB zwei Gesellschaftsformen beinhalten: Die individualistische GbR, identisch mit der römischrechtlichen societas, und die Gesamthandsgesellschaft.

2. Rechte und Pflichten

Die Pflichten der Konsorten im Innenverhältnis bestimmen sich größtenteils nach den gegenüber dem Emittenten eingegangenen Obligationen. Die Konsortialbanken sind zur Förderung des Gesellschaftszwecks und folglich nicht nur im Verhältnis zum Emittenten, sondern auch untereinander zur Übernahme der Quote und ihrer Bezahlung verpflichtet.[1066] Sie schulden jedenfalls dann Unterbringungsbemühungen, wenn die Vertragswerke die Platzierung als Ziel des Konsortiums erwähnen (wenn es sich also um ein Einheits- und nicht nur ein reines Übernahmekonsortium handelt). Nicht erforderlich ist, dass der Konsortialvertrag selbst die Unterbringungsverpflichtung erwähnt. Verpflichten sich die Konsorten im Übernahmevertrag gegenüber dem Emittenten zur Platzierung, lässt sich eine entsprechende Bindung im Wege der ergänzenden Vertragsauslegung auch im Verhältnis der Emissionsbanken untereinander herleiten.[1067] Im Übrigen kann hinsichtlich der Pflichten der Konsortialbanken auf die Darstellung der h.M. verwiesen werden, die mit einer – wenn auch entscheidenden – Ausnahme zu identischen Ergebnissen wie die hier vertretene Ansicht kommt.[1068] Der (entscheidende) Unterschied besteht, wie inzwischen deutlich geworden sein sollte, in der Art und dem Umfang der Haftung der Emissionsbanken. Die praktischen Auswirkungen der vorliegenden Auffassung werden in einem der folgenden Kapitel ausführlich besprochen und den Konsequenzen der h.M. gegenübergestellt.[1069]

In einer Hinsicht kann die entwickelte Lösung den Widerspruch zwischen Gesetzeslage und von den Parteien gewählter Konstruktion nicht ganz auflösen: Die umfassende Zuständigkeitsverlagerung auf die Konsortialführerin, insbesondere ihre Befugnis, die Quoten eigenverantwortlich zu modifizieren, greift in die Kompetenzen

---

1064 Oben Fn. 794.
1065 Vgl. zur Abgrenzung MüKo BGB/*Ulmer*, Vor § 705, Rdnr. 13 ff.
1066 So auch Schimansky/Bunte/Lwowski/*Grundmann*, Bankrechtshandbuch, § 112 Rdnr. 92.
1067 So auch *Canaris*, Bankvertragsrecht, Rdnr. 2308. Es kann dahinstehen, ob die Unterbringungspflicht in diesem Fall vom Gesellschaftszweck umfasst ist (ablehnend *Canaris*, und zwar nicht nur für den hier besprochenen Fall, sondern generell, d.h. selbst wenn die Pflicht zur Platzierung im Konsortialvertrag erwähnt wird, vgl. a.a.O., Rdnr. 2323) oder als Nebenpflicht oder nachwirkende Vertragspflicht aus § 242 BGB abgeleitet wird.
1068 1 a aa.
1069 § 6 II.

der Gesamtheit der Gesellschafter für Grundlagengeschäfte ein.[1070] Jedenfalls dann hält sich das Ermessen der führenden Bank im Rahmen ihrer Geschäftsführungsbefugnis, wenn es engen Grenzen unterworfen ist, wenn z. B. – was häufig der Fall ist – der Konsortialvertrag bestimmt, in welcher Weise, in welchem Umfang und unter welchen Voraussetzungen die Quoten der Konsorten zu erhöhen sind.[1071] Sind weitergehende Änderungen erforderlich, insbesondere solche, für die nicht bereits im Konsortialvertrag Vorsorge getroffen wurde und die grundsätzliche Fragen der Übernahme oder Platzierung betreffen, ist allerdings ein einstimmiger Beschluss aller Gesellschafter erforderlich.[1072]

Das Fehlen einer Weisungsbefugnis der Konsorten gegenüber der führenden Bank steht hingegen im Einklang mit der Sicht der h. M. zu §§ 713, 665 BGB. Nach überwiegender Auffassung lässt sich die Regelung des § 665 BGB, der den Beauftragten den Weisungen des Auftraggebers unterwirft, nur eingeschränkt auf das Verhältnis zwischen Geschäftsführer und Gesellschafter übertragen. Die Stellung des geschäftsführenden Gesellschafters einer GbR zeichnet sich durch Eigenständigkeit aus. Außerhalb des Anwendungsbereichs des § 709 BGB bzw. mangels einer entsprechenden ausdrücklichen Regelung im Gesellschaftsvertrag soll der Geschäftsführer keinen Weisungen der Gesellschafterversammlung unterliegen.[1073] Folglich ist den Stimmen in der Literatur entgegenzutreten, die ein Weisungsrecht der Konsorten durch gemeinsamen Gesellschafterbeschluss annehmen.[1074] Ein solches Weisungsrecht würde auch den Besonderheiten des Emissionskonsortiums nicht gerecht werden, das nur aufgrund der Weite des § 705 BGB den Vorschriften zur Gesellschaft bürgerlichen Rechts unterfällt, in vielerlei Hinsicht aber nicht mit dem typischen Fall der GbR konform geht. Die zentrale Rolle der Konsortialführerin ergibt sich schon aus den beschriebenen Faktizitäten des Emissionsgeschäfts; sie sollte in der rechtlichen Kompetenzverteilung ihre Entsprechung finden. Die Betonung des schuldrechtlichen Charakters der individualistischen GbR (im Gegensatz zum personenrechtlichen Charakter der kollektivistischen Gesellschaft), als die das Emissionskonsortium nach dem vorliegenden Konzept anzusehen ist, spricht zusätzlich dafür, bei der Modifikation des gesetzlichen Grundmodells größere Flexibilität zuzulassen.

1070 Vgl. bereits oben 1 a aa.
1071 Vgl. z. B. § 2(5) Agreement among Underwriters, abgedr. bei BuB/*Groß*, Rdnr. 10/333e: Die Konsortialführerin kann die Quote ohne Zustimmung der Emissionsbank nur erhöhen, wenn (a) ein Mitkonsorte seine Quote nicht vollständig übernommen hat (wobei die Erhöhung eine bestimmte, vorher festgelegte prozentuale Grenze nicht übersteigen darf und pro rata erfolgen muss, § 4[2]) oder (b) die Erhöhung nicht mehr als 25% der Quote beträgt und insbesondere darauf beruht, dass die Gesamtzahl der zu emittierenden Wertpapiere aufgestockt wird.
1072 Zu Einzelheiten vgl. Schimansky/Bunte/Lwowski/*Grundmann*, a.a.O., Rdnr. 98.
1073 Bamberger/Roth/*Timm/Schöne*, § 713, Rdnr. 4; Erman/*H. P. Westermann*, § 713, Rdnr. 2; MüKo BGB/*Ulmer*, § 713, Rdnr. 6 f.; RGRK/*v. Gamm*, § 713, Rdnr. 2; Staudinger/*Habermeier*, § 713, Rdnr. 5.
1074 Vgl. Fn. 705.

§ 6 Haftung nach deutschem Recht

Eine Verantwortlichkeit der Emissionsbanken bzw. des Konsortiums kann sowohl dem Emittenten als auch den Anlegern gegenüber bestehen und sich aufgrund Vertrags oder aus außervertraglichen Tatbeständen ergeben. Im Folgenden soll zunächst ein Überblick über die in Betracht kommenden Haftungstatbestände gegeben werden (unter I). Im Anschluss daran ist auf die Frage einzugehen, ob nur die handelnde(n) Bank(en) oder sämtliche Mitglieder des Konsortiums haften und ob es sich um eine teil- oder gesamtschuldnerische Haftung handelt (unter II).

I. Haftungstatbestände

1. Haftung gegenüber dem Emittenten

Die Verantwortlichkeit der Emissionsbanken gegenüber dem Emittenten richtet sich in erster Linie nach dem jeweiligen Vertragstyp, insbesondere nach den vereinbarten Emissionsvertragsbedingungen. Der Emittent hat (bei der Festübernahme) aus dem Übernahmevertrag einen Anspruch auf Zahlung des Übernahmepreises sowie Übernahme der Effekten. Sonstige Pflichten, etwa zum Betreiben des Zulassungsverfahrens, zur Platzierung in einer bestimmten Weise oder zur Vornahme von Marktpflegemaßnahmen, können, ebenso wie die Hauptleistungspflichten, bei Nicht- oder Schlechterfüllung Schadensersatzansprüche gem. §§ 280 ff. BGB nach sich ziehen, sofern dem Emittenten ein Schaden entsteht. Das dürfte bei der Festübernahme eher unwahrscheinlich sein,[1075] kann aber z. B. dann eintreten, wenn der Emittent aufgrund unzureichender Stabilisierung das Vertrauen der Anleger verliert und Kapital in Zukunft nur unter erhöhten Kosten aufnehmen kann.

Relevanter dürfte die Verletzung von Beratungspflichten im Vorfeld der eigentlichen Emission sein. Umfangreiche Pflichten zur Beratung ergeben sich aus der Mandatsvereinbarung. Bei Verletzung der, wie erwähnt, als entgeltliche Geschäftsbesorgung zu qualifizierenden Vereinbarung kommt ein Schadensersatzanspruch gem. § 280 Abs. 1 BGB in Betracht. Dieser Anspruch richtet sich nicht gegen das gesamte Konsortium, sondern – zunächst (sprich: mangels einer Zurechnungsvorschrift, etwa §§ 31, 278 BGB) – nur gegen die am Vertrag beteiligten Emissionsbegleiter, d.h. die führende(n) Bank(en). Ob sich hieran im Hinblick auf die Rechtsnatur des Emissionskonsortiums als (nach h.M. rechtsfähige) Gesellschaft bürgerlichen Rechts etwas ändert, ist unten zu untersuchen.[1076]

1075 So auch *Canaris*, Bankvertragsrecht, Rdnr. 2249.
1076 II 3 b.

2. Haftung gegenüber dem Kapitalanleger

Veräußert eine Emissionsbank die übernommenen Effekten ohne Zwischenschaltung eines weiteren Kreditinstituts, hat sie die gegenüber dem Anleger bestehenden vertraglichen Leistungs- und Sorgfaltspflichten zu beachten. Sie haftet z.B. für fehlerhafte Beratung beim Effektenkauf. Ein weit größeres Haftungsrisiko bedeutet für die Konsortialbank aber die gesetzliche Haftung. Eine solche kann sich beim Vertrieb von Wertpapieren vor allem nach den Grundsätzen der Prospekthaftung ergeben. Daneben finden sich auch im Aktienrecht Publizitäts- und Haftungsnormen, die allerdings einen eingeschränkten Anwendungsbereich haben (z.B. §§ 46, 47 Nr. 3 AktG für Gründer und Gründergenossen gegenüber der Gesellschaft oder § 399 AktG für Falschangaben von Gründern oder Mitgliedern der Verwaltung). Schließlich kommt eine Haftung aus Delikt in Betracht, z.B. gem. §§ 823 Abs. 2 BGB i.V.m. 264a StGB, § 826 BGB. Die folgenden Abschnitte konzentrieren sich auf die gesetzlich geregelte (unter a) sowie die allgemeine zivilrechtliche Prospekthaftung (unter b) und eine mögliche Haftung gem. § 826 BGB (unter c) – allesamt Haftungstatbestände, bei denen noch viele ungeklärte Fragen bestehen. Im Anschluss werden kurz vertragliche Anspruchsgründe erwähnt (unter d). Die aktienrechtlichen Haftungstatbestände sind für Emissionsbanken von geringer Bedeutung.[1077]

a. Börsenprospekthaftung

Das Wertpapierprospektrecht ist im Jahr 2005 grundlegend umgestaltet worden. Die Neuerungen gehen vor allem auf Europarecht zurück, und zwar auf die Prospektrichtlinie,[1078] die der Gesetzgeber hauptsächlich im Wertpapierprospektgesetz vom 22. Juni 2005[1079] umgesetzt hat, und die auf der zweiten Stufe des Lamfalussy-Verfahrens[1080] erlassene EG-Prospektverordnung.[1081] Europarecht verlangt in zwei Fällen die Veröffentlichung eines Prospekts: Wenn ein Wertpapier öffentlich angeboten[1082] oder zum Handel an einem Markt i.S. von Art. 1 Abs. 13 Richtlinie

1077 Aber vgl. BGH AG 1988, 333 (Kerkerbachbahn): Haftung der Emissionsbank gem. §§ 823 Abs. 2 BGB i.V.m. 399 Abs. 1 Nr. 4 AktG i.V.m 27 StGB bei vorsätzlicher Beihilfeleistung zum Kapitalerhöhungsschwindel des Vorstandsvorsitzenden des Emittenten. Aus neuerer Zeit zum Kapitalerhöhungsschwindel BGH ZIP 2005, 2012.

1078 Richtlinie 2003/71/EG des Europäischen Parlaments und des Rates vom 4. November 2003 betreffend den Prospekt, der beim öffentlichen Angebot von Wertpapieren oder bei deren Zulassung zum Handel zu veröffentlichen ist, ABl. L 345 vom 31.12.2003, S. 64.

1079 Die Umsetzung erfolgte durch das Prospektrichtlinie-Umsetzungsgesetz vom 22. Juni 2005, BGBl. I 2005, 1698, deren Artikel 1 das Wertpapierprospektgesetz schafft.

1080 Vgl. zum Lamfalussy-Verfahren die Entschließung des Europäischen Rates vom 23.03. 2001 über eine wirksamere Regulierung der Wertpapiermärkte in der Europäischen Union, Abl. C 138 vom 11.05.2001, S. 1; Entschließung des Europäischen Parlaments zu der Umsetzung der Rechtsvorschriften im Bereich der Finanzdienstleistungen vom 05.02.2002, ABl. C 284 E vom 21.11.2002, S. 15.

1081 Verordnung (EG) Nr. 809/2004 der Kommission vom 29. April 2004, ABl. L 149 vom 30.04.2004, S. 1, in der Fassung vom 16.06.2004, ABl. L 215, S. 3. Die korrigierte Fassung wurde neu veröffentlicht in ABl. L 186 vom 18.07.2005, S. 3.

1082 Art. 3 Abs. 1 Richtlinie 2003/71/EG.

93/22/EWG zugelassen werden soll.[1083] Für die Zulassung zum Börsenhandel im regulierten Markt geben §§ 32 Abs. 3 Nr. 2 i.V.m. § 3 Abs. 3 WpPG die europarechtliche Anforderung wieder. Für Wertpapiere i.S. des § 2 Nr. 1 WpPG, die nicht zum Handel zugelassen, aber öffentlich angeboten (d.h. auch: in den regulierten Markt oder den Freiverkehr einbezogen und öffentlich angeboten[1084]) werden sollen, enthält § 3 Abs. 1 Satz 1 WpPG die Pflicht zur Veröffentlichung eines Prospekts. Ausnahmen gelten für bestimmte Wertpapiere (§ 1 Abs. 2 WpPG), Angebote, die sich an bestimmte Anleger richten, in großer Stückelung oder zu einem Gesamtverkaufspreis von weniger als € 100.000 erfolgen (§ 3 Abs. 2 Satz 1 WpPG), sowie in weiteren Sonderfällen (§ 4 Abs. 1 und 2 WpPG). Platzieren Emissionsbanken die Wertpapiere, müssen die Voraussetzungen der Ausnahmetatbestände des § 3 Abs. 2 Satz 1 WpPG im Hinblick auf die endgültige Platzierung, d.h. das Angebot an die Anleger, und nicht das Verhältnis Emittent und Konsortialbank, vorliegen (§ 3 Abs. 2 Satz 3 WpPG).[1085]

Das Gesetz sieht erstmals eine Definition des öffentlichen Angebots vor: Gem. § 2 Nr. 4 WpPG handelt es sich hierbei um eine Mitteilung an das Publikum in jedweder Form, die ausreichende Informationen über die Angebotsbedingungen enthält, um den Anleger in die Lage zu versetzen, über den Kauf zu entscheiden. Diese Definition soll laut Gesetzesbegründung an dem Begriffsverständnis, wie es nach herrschender Meinung vor der Änderung bestand, nichts ändern.[1086] Damit lösen die

1083 Art. 3 Abs. 3 Richtlinie 2003/71/EG. Die Vorschrift spricht von der Zulassung zum Handel an einem „geregelten Markt", den Art. 2 Abs. 1 lit. j der Richtlinie als Markt i.S. von Art. 1 Abs. 13 Richtlinie 93/22/EWG definiert. Der Begriff entspricht damit dem regulierten Markt i.S. des § 32 BörsG, der die Zweiteilung der Marktsegmentierung in amtlichen und geregelten Markt ablöst (vgl. BT-Drs. 16/4028, S. 87; zur alten Rechtslage, nach der „geregelter Markt" i.S. der Richtlinie sowohl den amtlichen als auch den geregelten Markt i.S. der §§ 49 ff. BörsG a.F. umfasste, siehe BT-Drs. 15/4999, S. 25). Der deutsche Umsetzungsakt von Richtlinie 2003/71/EG andererseits bezeichnet den geregelten Markt i.S. von Art. 2 Abs. 1 lit. j der Richtlinie als „organisierten Markt"; die Definition in § 2 Nr. 16 WpPG orientiert sich an § 2 Abs. 5 WpHG, der ebenfalls Art. 1 Abs. 13 Richtlinie 93/22/EWG umsetzt.

1084 Die Einbeziehung zum Handel in den regulierten Markt oder Freiverkehr als solche und Mitteilungen aufgrund des Handels ohne zusätzliche Werbemaßnahmen stellen kein öffentliches Angebot dar, so ausdrücklich § 2 Nr. 4 a.E. WpPG. Das WpPG findet in diesem Fall nur Anwendung, wenn nicht bereits zuvor, z.B. im Rahmen der anderweitigen Zulassung gem. § 33 Abs. 1 Nr. 1 lit. a BörsG, ein Prospekt nach den Vorschriften des WpPG veröffentlicht worden ist.

1085 § 3 Abs. 2 WpPG stellt des weiteren klar, dass die spätere Weiterveräußerung von Wertpapieren, die zunächst unter einen der Ausnahmetatbestände des § 3 Abs. 2 Satz 1 WpPG fallen, als gesondertes Angebot anzusehen ist. Hiermit wird das nach alter Rechtslage kontrovers diskutierte Problem angesprochen, ob der Emittent und die Emissionsbanken ihre Anbietereigenschaft i.S. des § 3 Abs. 1 Satz 1 WpPG verlieren (und damit nicht mehr zur Veröffentlichung eines Prospekts verpflichtet sind), wenn sie die Papiere unter Geltung einer der Ausnahmen veräußern und der Erwerber sie öffentlich anbietet. Einer abschließenden Lösung führt die Neuregelung die Streitfrage nicht zu. Es dürfte weiterhin darauf ankommen, ob der Emittent (bzw. der Emissionsbegleiter) versucht, die Weiterveräußerung zu verhindern, oder ob er sie fördert oder zumindest voraussieht und in Kauf nimmt. Zum Streitstand nach alter Rechtslage vgl. Assmann/Lenz/Ritz/*Ritz*, § 1 VerkProspG, Rdnr. 86 f. m. N.; zur neuen Rechtslage *Schäfer*, ZGR 35 (2006), 40, 59 f.

1086 BT-Drs. 15/4999, S. 28. Zur problematischen Bestimmung des Begriffs „öffentlich" vgl. Assmann/Lenz/Ritz/*Ritz*, § 1 VerkProspG, Rdnr. 39 ff.; Schwark/*Heidelbach*, KMRK, § 1 VerkProspG, Rdnr. 17. Die Einführung der Ausnahmeregelung des § 3 Abs. 2 Satz 1 Nr. 2 WpPG – keine

Übermittlung von Bezugsrechtsangeboten sowie die Veröffentlichung von Werbeschriften weiterhin keinen Prospektzwang aus,[1087] auch wenn der Wortlaut des § 2 Nr. 4 WpPG bei ausreichend detaillierter Werbung eine andere Beurteilung zuließe, da eine konkrete Zeichnungsmöglichkeit nicht bestehen muss.[1088] Die Aufforderung zur Abgabe von Angeboten im Rahmen des Bookbuilding-Verfahrens stellt andererseits, wie nach alter Rechtslage, ein öffentliches Angebot dar.[1089] Weitere durch die Prospektrichtlinie sowie die EG-Prospektverordnung bedingte und im WpPG umgesetzte Neuerungen bestehen in Modifizierungen des Billigungs- und Zulassungsverfahrens,[1090] detaillierten Anforderungen an den Inhalt des Prospekts (die EG-Prospektverordnung enthält mehrere Schemata und Module, die abhängig vom Emittenten und von der Art der zu emittierenden Wertpapiere Mindestangaben festlegen[1091]) und die Art der Veröffentlichung sowie die Anerkennung der in einem Mitgliedsstaat der EU gebilligten Prospekte in den anderen Mitgliedsstaaten (Art. 17, 18 Richtlinie 2003/71/EG bzw. §§ 17, 18 WpPG, sog. europäischer Pass für Wertpapiere).[1092]

Für bestimmte, nicht in Wertpapieren im Sinne des Wertpapierprospektgesetzes verbriefte Anlageformen (Kapitalanlagen des grauen Kapitalmarkts, insbesondere Anteile an Publikumspersonengesellschaften und GmbHs) besteht seit der Änderung des Verkaufsprospektgesetzes durch das Anlegerschutzverbesserungsgesetz[1093] eine Prospektpflicht, wenn die Anteile öffentlich angeboten werden (§ 8f Abs. 1 VerkProspG). Das Verkaufsprospektgesetz regelt Inhalt (§ 8g VerkProspG i.V.m. der Vermögensanlagen-Verkaufsprospektverordnung[1094]), Prüfung (§ 8i VerkProspG) und Veröffentlichung des Verkaufsprospekts (§§ 9 ff. VerkProspG) unab-

---

Prospektpflicht, wenn sich das Angebot an weniger als 100 nicht qualifizierte Anleger richtet – kann nicht so gedeutet werden, dass alle Angebote an 100 oder mehr Personen öffentlich sind. Die Öffentlichkeit hängt, entsprechend der Rechtslage vor Inkrafttreten des WpPG (h.M.), nicht von der Überschreitung einer bestimmten zahlenmäßigen Grenze, sondern der Schutzbedürftigkeit der Adressaten ab, so auch *Holzborn/Israel*, ZIP 2005, 1668, 1669 (Fn. 31). Eine solche Lösung entspricht dem Willen des europäischen Gesetzgebers, vgl. Erwägungsgrund 16 Richtlinie 2003/71/EG.

1087 So auch die Gesetzesbegründung a.a.O.

1088 *Groß*, Kapitalmarktrecht, § 2 WpPG, Rdnr. 13, fordert weiter eine konkrete Erwerbsmöglichkeit.

1089 Die Zeichnungsaufforderung ist zwar als invitatio ad offerendum zu qualifizieren, der Begriff des Angebots i.S. des WpPG ist aber nicht mit dem des Antrags gem. §§ 145 ff. BGB identisch, sondern muss autonom unter Berücksichtigung des Schutzzwecks des Prospektrechts ausgelegt werden, vgl. BT-Drs. 11/6340, S. 11.

1090 Im Zuge der Umsetzung ist die Kompetenz der Zulassungsstelle zur Prüfung des Prospekts gem. § 30 Abs. 3 Nr. 3 BörsG a.F. weggefallen, um eine doppelte Prüfung (durch BaFin gem. § 13 WpPG und Zulassungsstelle) zu vermeiden, vgl. Beschlussempfehlung und Bericht des Finanzausschusses, BT-Drs. 15/5373, S. 51; Stellungnahme des Bundesrates, BR-Drs. 85/05(B), S. 12 f.

1091 Erweiterung und Modifizierung der in Richtlinie 2001/34/EG vom 28. Mai 2001, berichtigte Fassung veröffentlicht in ABl. L 217 vom 11.08.2001, S. 18, enthaltenen Schemata.

1092 Zu Einzelheiten *Holzborn/Israel*, ZIP 2005, 1668.

1093 BGBl. I 2004, 2630.

1094 BGBl. I 2004, 3464.

hängig von den im WpPG und der EG-Prospektverordnung niedergelegten Anforderungen.

Die Prospektpflicht wie auch die freiwillige Erstellung eines Wertpapierprospekts (die dem Emittenten, Anbieter oder Zulassungsantragsteller auch bei Eingreifen einer der Ausnahmen des § 1 Abs. 2 Nr. 2 bis 5 WpPG gem. § 1 Abs. 3 WpPG unbenommen ist) ziehen bei Unrichtigkeit oder Unvollständigkeit des Prospekts Haftungsfolgen nach sich. Für den gem. § 32 Abs. 3 Nr. 2 BörsG zu erstellenden Börsenprospekt finden sich diese Folgen in §§ 44–47 BörsG (sog. spezialgesetzliche Börsenprospekthaftung). Außerdem verweist § 13 VerkProspG für Wertpapiere, die nicht zum Handel an einer inländischen Börse zugelassen sind, aber für die gem. § 3 Abs. 1 Satz 1 WpPG ein Wertpapierprospekt erstellt wurde, und für Vermögensanlagen i.S. des § 8f VerkProspG mit leichten Änderungen auf die §§ 44 bis 47 BörsG. Fehlt ein Prospekt ganz, sieht § 13a VerkProspG nunmehr die Pflicht zur Leistung von Schadensersatz vor.[1095] Sonderregeln existieren im Investmentrecht, das einen eigenen Prospekthaftungsanspruch in § 127 InvG kennt. Die vorliegende Untersuchung wird sich auf die spezialgesetzliche Börsenprospekthaftung gem. §§ 44, 45 BörsG konzentrieren.

Das Prospekt*haftungs*recht basiert nicht auf europarechtlichen Vorgaben.[1096] Die Prospektrichtlinie enthält lediglich die allgemein gehaltene Maßgabe, dass eine – wie auch immer geartete – Prospekthaftung für den Emittenten oder seine Verwaltungs-, Management- bzw. Aufsichtstellen, den Anbieter, Zulassungsantragsteller oder Garantiegeber bestehen müsse und die verantwortlichen Personen im Prospekt zu nennen seien (Art. 6 Richtlinie 2003/71/EG).[1097] Außerdem schreibt die Richtlinie vor, dass die Haftung grundsätzlich nicht lediglich auf Angaben in der Zusammenfassung (§ 5 Abs. 2 WpPG) oder auf ihrer Übersetzung beruhen dürfe.[1098] Die Ausgestaltung der Voraussetzungen und Rechtsfolgen der Prospekthaftung bleibt mithin weitgehend dem nationalen Gesetzgeber überlassen, was zu großen Unterschieden innerhalb der Europäischen Union geführt hat. Auch lassen sich aus der Richtlinie nur wenige Erkenntnisse zur Auslegung der §§ 44, 45 BörsG gewinnen.

aa. Anspruchsberechtigung

Der Anleger kann Ansprüche gem. §§ 44, 45 BörsG geltend machen, wenn er nachweist, dass er die Wertpapiere nach Veröffentlichung des Prospekts und innerhalb der Frist des § 44 Abs. 1 Satz 1 BörsG (sechs Monate nach erstmaliger Einführung

---

1095 Zu den Voraussetzungen des Anspruchs gem. § 13a VerkProspG, insbesondere zur Frage, wen Verschulden trifft und wer als Anbieter bei Fehlen eines Prospekts anzusehen ist, vgl. *Schäfer*, ZGR 35 (2006), 40, 43, 48 ff.

1096 Vgl. *Fleischer*, Gutachten F für den 64. Deutschen Juristentag 2002, S. F 75: Die Prospekthaftung sei eine eurparechtliche *terra incognita*.

1097 Umgesetzt in § 5 Abs. 3 und 4 WpPG.

1098 Art. 6 Richtlinie 2003/71/EG a. E. Diese Bestimmung hat der deutsche Gesetzgeber in § 45 Abs. 2 Nr. 5 BörsG umgesetzt.

der Wertpapiere) entgeltlich[1099] erworben[1100] hat. Die sechsmonatige Frist enthebt ihn von der Notwendigkeit, Ausführungen zur haftungsbegründenden Kausalität zu machen, d.h. die Ursächlichkeit des fehlerhaften Prospekts für die Anlageentscheidung nachzuweisen. Ein solches Erfordernis würde zumindest für den durchschnittlichen (Klein-)Anleger, der den Zulassungsprospekt selten ausführlich studiert, ein großes Hindernis darstellen. Vor Einführung der zeitlichen Begrenzung gem. § 44 Abs. 1 Satz 1 BörsG und der Beweislastumkehr in § 45 Abs. 2 Nr. 1 BörsG durch das 3. FMFG behalf sich die Rechtsprechung mit dem Konzept der sog. Anlagestimmung, um dem Investor eine Beweiserleichterung zu verschaffen. Die Gerichte gingen davon aus, dass die Prospektangaben zumindest von Fachkreisen aufgenommen, verarbeitet und über Veröffentlichungen bzw. Anlageempfehlungen indirekt an die Anleger weitergegeben würden. Hieraus leiteten sie die tatsächliche Vermutung der Ursächlichkeit des Prospektmangels für die Anlageentscheidung ab, die von dem Beklagten erschüttert werden musste.[1101] Die Vermutung bestand nur für eine gewisse Zeit; laut BGH endete sie spätestens nach einem Jahr, unter Umständen früher, wenn neue Informationen in Umlauf kamen, z.B. Unternehmensdaten oder Konjunkturwerte, die Angaben im Prospekt in den Hintergrund treten ließen.[1102] Der Gesetzgeber entschied sich für die starre und relative kurze Frist von sechs Monaten, um für alle Marktteilnehmer Rechtssicherheit herbeizuführen und die Kosten der Kapitalaufnahme für den Emittenten gering zu halten.[1103]

Noch aus einem anderen Grund hielt der Gesetzgeber des 3. FMFG die Begrenzung der Haftung für geboten. In zweierlei Hinsicht weitet die Gesetzesänderung die Haftung gem. §§ 44, 45 BörsG erheblich aus: Zum einen ist es nicht erforderlich, dass der Erwerber im Besitz der Wertpapiere ist; er kann den Ersatzanspruch auch dann geltend machen, wenn er sich der Papiere in der Zwischenzeit entledigt hat. Nachfolgende Erwerber können sich neben dem ursprünglichen Inhaber auf §§ 44, 45 BörsG berufen, sofern sie das Erwerbsgeschäft in der Frist des § 44 Abs. 1 Satz 1 BörsG abgeschlossen haben. Zum anderen müssen zwar weiterhin die Wertpapiere des Anspruchstellers aufgrund des fehlerhaften Prospekts zum Börsenhandel zugelassen worden sein (§ 44 Abs. 1 Satz 1 BörsG). Lassen sich alte und junge Stücke nicht nach Ausstattungsmerkmalen oder in sonstiger Weise, z.B. durch unterschiedliche Dividendenberechtigung oder die Wertpapierkennnummer, unterscheiden, muss der Kläger die Verbindung zwischen der Emission und seinen Papieren aber nicht

1099 BT-Drs. 13/8933, S. 76. Andernfalls würde die Rechtsfolge des § 44 BörsG – Erstattung des Erwerbspreises (Abs. 1) bzw. Zahlung des Unterschiedsbetrags zwischen Erwerbs- und Veräußerungspreis (Abs. 2) – leer laufen. Das Merkmal der Entgeltlichkeit ist nicht ganz unproblematisch. Vgl. zu Friktionen und möglichen Modifikationen Schwark/*Schwark*, KMRK, §§ 44, 45 BörsG, Rdnr. 37.

1100 Es ist auf den Zeitpunkt des schuldrechtlichen Verpflichtungsgeschäfts abzustellen, BT-Drs. 13/8933, S. 77. Unerheblich ist, ob der Erwerber das Geschäft über die Börse oder außerbörslich abschließt, Schwark/*Schwark*, a.a.O., Rdnr. 35.

1101 RGZ 80, 196, 204 f.; BGHZ 139, 225, 233 (Elsflether Werft); OLG Frankfurt, WM 1994, 291, 298 (Bond I).

1102 BGHZ 139, 225, 234.

1103 BT-Drs. 13/8933, S. 77.

nachweisen (§ 44 Abs. 1 Satz 3 BörsG). Durch diese beiden Änderungen ist es nicht mehr gewährleistet, dass die Haftung auf den Gesamtbetrag der Emission begrenzt ist. Die kurze Frist des § 44 Abs. 1 Satz 1 BörsG wirkt hier als Korrektiv.[1104]

bb. Haftungsadressaten

Prospektverantwortlich sind diejenigen, die für den Prospekt die Verantwortung übernommen haben (sog. Prospekterlasser gem. § 44 Abs. 1 Satz 1 Nr. 1 BörsG, hierzu unter [1]) oder von denen der Erlass des Prospekts ausgeht (sog. Prospektveranlasser gem. § 44 Abs. 1 Satz 1 Nr. 2 BörsG, unter [2]). Die Reichweite der beiden Tatbestände, die nicht gerade als Muster an Klarheit bezeichnet werden können, und ihre Bedeutung für Emissionskonsortien sind noch nicht abschließend geklärt.

(1) § 44 Abs. 1 Satz 1 Nr. 1 BörsG

Für den Prospekt übernimmt die Verantwortung, wer ihn unterzeichnet (unter [a]) oder durch ausdrückliche und im Prospekt enthaltene Erklärung für seinen Inhalt einstehen will (unter [b]).[1105] Fraglich ist, ob daneben noch weitere Personen als Prospekterlasser angesehen werden können (unter [c]). Unter (d) wird eine Zusammenfassung gegeben.

(a) Sollen Wertpapiere zum Handel im regulierten Markt zugelassen werden, richtet sich die Pflicht zur Veröffentlichung eines Prospekts an den Zulassungsantragsteller (§ 3 Abs. 3 WpPG). Er hat den Prospekt auch zu unterzeichnen (§ 5 Abs. 3 Satz 2 WpPG). Die Frage, wer Zulassungsantragsteller ist, regelt § 32 Abs. 2 Satz 1 BörsG. Gemäß dieser Vorschrift ist die Zulassung von dem Emittenten zusammen mit einem Kreditinstitut, Finanzdienstleistungsinstitut oder einem gem. §§ 53 Abs. 1 Satz 1, 53b Abs. 1 Satz 1 KWG tätigen Unternehmen, das die Voraussetzungen des § 32 Abs. 2 Satz 2 BörsG erfüllt, zu beantragen. Hieraus ergibt sich, dass neben dem Emittenten zumindest eine der emissionsbegleitenden Banken zur Unterzeichnung verpflichtet und damit gem. § 44 Abs. 1 Satz 1 Nr. 1 BörsG verantwortlich ist.[1106] In der Regel wird die Konsortialführerin das Zulassungsverfahren betreiben; häufig, aber keineswegs immer,[1107] sind auch die anderen

1104 A.a.O.
1105 So die Begründung zum 3. FMFG, BT-Drs. 13/8933, S. 78, und die allgemeine Meinung in der Literatur, z.B. Assmann/Schütze/*Assmann*, Handbuch des Kapitalanlagerechts, § 6, Rdnr. 222; *Ellenberger*, Prospekthaftung, S. 24; *Lenenbach*, Kapitalmarkt- und Börsenrecht, Rdnr. 8.94; Schwark/*Schwark*, KMRK, §§ 44, 45 BörsG, Rdnr. 8. Vom Gesetz zwingend vorgeschrieben ist diese zweiteilige Definition freilich nicht. Die Systematik des § 5 Abs. 3 und 4 WpPG scheint vielmehr nahe zu legen, dass die Unterzeichnung allein noch nicht zur Übernahme der Verantwortlichkeit führt: Andernfalls wäre Abs. 4 Satz 2 überflüssig, der verlangt, dass das Kreditinstitut, das den Zulassungsantrag stellt (und den Prospekt deswegen gem. Abs. 3 Satz 2 unterzeichnen muss), eine entsprechende Erklärung abzugeben hat. Die Gesetzesbegründung macht indes deutlich, dass Abs. 4 Satz 2 nur klarstellende Funktion hat, vgl. BT-Drs. 15/4999, S. 31.
1106 Zu Ausnahmen vgl. § 32 Abs. 2 Satz 3 BörsG.
1107 Vgl. z.B. OLG Frankfurt, WM 1994, 291, 293 (Bond I): Unterzeichnung nur durch die Konsortialführerin.

Konsortialbanken daran beteiligt, da sie sich hiervon eine positive Publizität versprechen.[1108]

Sollen die Wertpapiere nicht zum Handel zugelassen oder sollen sie in den regulierten Markt gem. § 33 BörsG bzw. den Freiverkehr gem. § 48 BörsG i.V.m. den Richtlinien der Börsen einbezogen werden, ist der Anbieter der Wertpapiere verpflichtet, einen Wertpapierprospekt gemäß den Anforderungen des WpPG und der EG-Prospektverordnung zu veröffentlichen (§ 3 Abs. 1 Satz 1 WpPG) und zu unterzeichnen (§ 5 Abs. 3 Satz 1 WpPG), wenn er ein öffentliches Angebot anstrebt. Vergleichbares gilt, wenn es sich um Vermögensanlagen i.S. des § 8f VerkProspG handelt: Die Pflicht zur Veröffentlichung und Unterzeichnung des Verkaufsprospekts richtet sich an den Anbieter (§ 8f Abs. 1 Satz 1 VerkProspG, § 2 Abs. 4 VermVerkProspV). Für Wertpapiere, die außerhalb eines organisierten Marktes gehandelt werden, nimmt der Begriff des Anbieters mithin eine zentrale Stellung ein. In § 2 Nr. 10 WpPG findet sich eine Definition: Anbieter ist jede Person oder Gesellschaft, die Wertpapiere öffentlich anbietet. Dem Eindruck einer gewissen Zirkularität kann man sich angesichts dieser Begriffsbestimmung nicht verschließen. Die Gesetzesbegründung enthält nähere Ausführungen, kann die Unklarheiten aber nicht beseitigen: Anbieter sei, wer für das öffentliche Angebot die Verantwortung trage und den Anlegern gegenüber nach außen erkennbar als Anbieter auftrete. Emittent und Anbieter seien nicht zwangsläufig identisch, insbesondere wenn sich der Emittent eines Übernahmekonsortiums bediene.[1109] Bei der Einschaltung von Verkäuferbanken oder anderen Vermittlern komme die Stellung als Anbieter demjenigen zu, der „die Verantwortung für die Koordination der Vertriebsaktivitäten“[1110] innehabe. Die Erklärungen lassen offen, ob neben dem Koordinator der Vertriebsaktivitäten, der bei einer Fremdemission in der Regel die Konsortialführerin sein wird, weitere Personen, insbesondere die übrigen Mitglieder des Emissionskonsortiums und der Emittent selber, als Anbieter anzusehen sind. Zudem legt die Gesetzesbegründung eine Differenzierung zwischen Übernahme- und anderen Konsortien, z.B. Begebungskonsortien, nahe, ohne auf die rechtliche Relevanz dieser Unterscheidung einzugehen.

Auch die Literatur ist sich über den Begriff nicht ganz im Klaren. Sie legt den Schwerpunkt, jedenfalls was die Rolle des Emittenten anbelangt, weniger auf das Auftreten nach außen als Anbieter als vielmehr auf die Veranlassung des Angebots.

1108 Die Vereinbarungen im Übernahme- bzw. Konsortialvertrag variieren, vgl. z.B. die bei BuB/*Groß*, Rdnr. 10/324, Präambel (F); 10/325, Ziff. II; 10/326, Präambel (K); 10/333a (Verpflichtung aller Banken, das Zulassungsverfahren zusammen mit der Gesellschaft zu betreiben), und bei BuB/*Bosch*, Rdnr. 10/245, Art. 8 (Verpflichtung nur der Konsortialführerin), abgedruckten Klauseln. Auch bei internationalen Emissionen beteiligen sich mitunter nicht alle Banken am Zulassungsverfahren, insbesondere wenn Unterbeteiligungen gebildet werden, die für die Börseneinführung und Platzierung in einzelnen Ländern zuständig sind.

1109 BT-Drs. 15/4999, S. 29. Wortgleich ist die Bekanntmachung des Bundesaufsichtsamts für den Wertpapierhandel zum Wertpapier-Verkaufsprospektgesetz vom 06.09.1999, S. 4 (veröffentlicht in BAnz Nr. 177 vom 21.09.1999, S. 16180).

1110 A.a.O.

Deswegen qualifiziert sie den Emittenten unabhängig von seinem Kontakt zum Anlegerpublikum und der Art der Platzierung – Eigen- oder Fremdemission, Verwendung eines Übernahme- oder Begebungskonsortiums – bei der Neuemission immer als Anbieter. Ohne ihn komme es erst gar nicht zum Angebot.[1111] Dieser Sichtweise ist zuzustimmen. Beim Anleger wird in der Regel, auch wenn er mit einer Bank oder einem Broker-Dealer kontrahiert, die Vorstellung im Vordergrund stehen, Papiere eines bestimmten Emittenten im Rahmen *seiner* Emission zu erwerben. Der Emittent lässt sich deswegen nach allgemeinem Sprachgebrauch und Verständnis des Begriffs als Anbieter bezeichnen. Eine solche Beurteilung ist auch der Sache nach gerechtfertigt, da von dem Emittenten die Emissionstätigkeit ausgeht und er Art und Weise des Angebots sowie das Ob und Wie der Zwischenschaltung weiterer Personen (mit-)bestimmt. Er ist als sachnächster Beteiligter maßgeblich an der Erstellung des Wertpapierprospekts beteiligt. Er verfügt über alle relevanten Informationen und kann die Fehlerfreiheit und Vollständigkeit des Prospekts am besten beurteilen.

Umstritten ist, wie die Rolle der Konsortialbanken und etwaiger weiterer in den Platzierungsprozess eingebundener Personen, z.B. Verkäuferbanken oder Broker-Dealer, zu beurteilen ist. Manche differenzieren danach, ob die Banken das Platzierungsrisiko übernehmen, d.h. Mitglieder eines Übernahmekonsortiums sind (dann Anbieter), oder sich lediglich zur kommissionsweisen Unterbringung verpflichten (dann keine Anbieter).[1112] Teile der Literatur wollen die Stellung als Anbieter davon abhängig machen, dass die Banken nach außen in Erscheinung treten, wobei sie nicht immer deutlich machen, worin die Außenwirkung zu bestehen hat: Genügt jedes Handeln, das nach außen, d.h. dem Anleger gegenüber, sichtbar wird?[1113] Ist zu verlangen, dass die Bank rechtsgeschäftlich tätig wird und durch Abschluss von Kaufverträgen tatsächlich Effekten am Markt platziert?[1114] Andere wieder beurteilen pauschal alle Konsortialbanken – aber wohl nur die Mitglieder des Übernahme- bzw. Begebungskonsortiums, nicht Unterbeteiligungen oder Verkäuferbanken – als Anbieter.[1115] Eine letzte Ansicht schließlich will sämtliche am Vertrieb mitwirken-

---

1111 So zu § 1 VerkProspG a.F. Assmann/Lenz/Ritz/*Ritz*, § 1 VerkProspG, Rdnr. 84; *Ellenberger*, Prospekthaftung, S. 24; *Schäfer*, ZIP 1991, 1557, 1563; Schwark/*Heidelbach*, KMRK, § 1 VerkProspG, Rdnr. 33. Die Neuregelung will das Begriffsverständnis gemäß Verkaufsprospektgesetz ausweislich der Gesetzesbegründung nicht hinterfragen, vgl. BT-Drs. 15/4999, S. 29. Zur neuen Rechtslage *Groß*, Kapitalmarktrecht, § 2 WpPG, Rdnr. 27. Die Gesetzesbegründung scheint allerdings den Emittenten nicht als Anbieter verstehen zu wollen, wenn nicht er, sondern eine andere Person, z.B. die Emissionsbank, die Verantwortung für die Koordination der Vertriebsaktivitäten trägt, a.a.O. Problematisch bleibt, wie nach alter Rechtslage, ob der Emittent seine Stellung als Anbieter behält, wenn er zunächst ohne Prospekt privat platziert und einer der Erwerber ein öffentliches Angebot vornimmt. Vgl. hierzu *Groß*, a.a.O.

1112 Das klingt in der Gesetzesbegründung und der Bekanntmachung der BaFin an (Fn. 1109). Ausdrücklich in diesem Sinne Bekanntmachung der BAWe vom 15.04.1996, BAnz Nr. 82 vom 30.04.1996, S. 5069 ff. (inzwischen aufgehoben).

1113 So Schwark/*Heidelbach*, KMRK, § 1 VerkProspG, Rdnr. 36.

1114 In diese Richtung wohl *Groß*, a.a.O., Rdnr. 26.

1115 Assmann/Lenz/Ritz/*Ritz*, § 1 VerkProspG, Rdnr. 85; Schäfer, ZIP 1991, 1557, 1563.

den Personen unabhängig von der Art der Mitwirkung und dem Innenverhältnis (d.h. auch Unterbeteiligungen) in die Haftung einbeziehen.[1116]

Letztere Ansicht ist nur schwer mit der Gesetzesbegründung in Einklang zu bringen, die ausdrücklich auf den Koordinator der Vertriebsaktivitäten abstellt und nicht pauschal alle Personen erfassen will, die Teil der Vertriebsorganisation sind. Eine so weitgreifende Haftung wäre auch nicht sinnvoll, da die weiter unten in der Vertriebskette eingeschalteten Verkäuferbanken und Vermittler, die ihre Beteiligung von den Emissionsbanken erwerben, nicht in Kontakt zum Emittenten stehen, somit weder Einfluss auf die Prospektgestaltung haben, noch die Fehlerfreiheit und Vollständigkeit des Prospekts gut einschätzen können. Sie könnten ein erhöhtes Haftungsrisiko folglich nur durch höhere Provisionen abfedern, was die Kosten der Kapitalaufnahme für den Emittenten steigern und den Zugang zum Kapitalmarkt erschweren würde. Personen, die in Unterbeteiligungen an der Platzierung mitwirken, sind damit keine Anbieter und nicht zur Unterzeichnung des Prospekts verpflichtet.

Was die Mitglieder des Emissionskonsortiums anbelangt, ist zunächst festzuhalten, dass das Auftreten nach außen nicht entscheidungserheblich sein kann. Das Merkmal verliert seine Bedeutung, wenn es so verstanden wird, dass jegliche nach außen wirkende Tätigkeit, die dem Anleger gegenüber den Eindruck hervorruft, das Institut sei mit der Emission assoziiert, die Stellung als Anbieter begründet. In der Regel treten alle Emissionsbanken früher oder später im Laufe des Platzierungsverfahrens in der Öffentlichkeit auf – wenn nicht schon bei der Road Show oder Pressekonferenzen, so doch zumindest durch Nennung in Zeitungsanzeigen oder im Tombstone.[1117] Selbst wenn das nicht der Fall sein sollte, sind die Emissionsbanken im Prospekt aufzuführen.[1118] Der Anleger ist sich mithin bewusst, welche Institute an der Emission mitwirken. Versteht man das Kriterium der Außenwirkung enger und verlangt einen rechtsgeschäftlichen Kontakt mit weiteren Personen, seien es Anleger oder andere Kreditinstitute, die eine Unterbeteiligung bilden, leidet es an einer gewissen Willkür. Ob die jeweilige Emissionsbank an der Platzierung als solcher beteiligt ist, hängt von der Zuteilung ab, welche die Konsortialführerin mit Abschluss des Bookbuilding-Verfahrens vornimmt. Die Partierung orientiert sich nicht notwendigerweise an den im Übernahmevertrag festgelegten Quoten. Mitunter werden Banken gar nicht berücksichtigt, z.B. wenn das Interesse institutioneller Investoren so stark ist, dass die Konsortialführerin ihnen einen Großteil der

---

1116 *Hopt*, Verantwortlichkeit, Rdnr. 137. Vgl. aber auch Baumbach/Hopt/*Hopt*, (14) BörsG § 44, Rdnr. 3: Haftung aller Konsortialbanken, jedoch nicht bei reinen Innenkonsortien und Unterbeteiligungen.

1117 Unterstellt der Tombstone wird vor Abschluss des Platzierungsverfahrens veröffentlicht, was nicht immer geschieht.

1118 Das gilt sowohl bei Festübernahme als auch kommissionsweiser Platzierung und auch dann, wenn die Banken nicht die Verantwortung für den Inhalt des Prospekts übernehmen und ihn nicht unterzeichnen, vgl. Anhang III, Nr. 5.4, Anhang V, Nr. 5.4 Verordnung (EG) Nr. 809/2004.

Emission unmittelbar zuteilen kann.[1119] Die Teilnahme an der Platzierung sagt mithin nichts darüber aus, wie umfassend die Bank an der Prospekterstellung beteiligt war und wie intensiv sie im Vorfeld auf das Anlegerpublikum eingewirkt hat. Es fehlt folglich an einer sachlichen Rechtfertigung für eine Differenzierung anhand dieses Merkmals.

Die Unterscheidung zwischen Banken, die das Platzierungsrisiko übernehmen, und solchen, die nur im Rahmen eines Begebungskonsortiums an der Emission beteiligt sind, ist ebenfalls nicht sinnvoll. In beiden Fällen können die Banken maßgeblich an der Organisation der Emission und Erstellung des Prospekts mitwirken, in beiden Fällen können sie gegenüber dem Anleger tätig werden. Eben das sind die Faktoren, auf die sich die innere Begründung der Haftung gem. §§ 44, 45 BörsG zurückführen lässt: Die Mitarbeit der Banken an der Abfassung des Wertpapierprospekts, ihr hierbei erlangtes Wissen von der Geschäfts- und Finanzlage des Emittenten, das sie in die Lage versetzt, Prospektmängel zu erkennen und zu beheben, und schließlich die Inanspruchnahme von Vertrauen, das ihr das Anlegerpublikum aufgrund der Mitwirkung an der Emission entgegenbringt.[1120] Diese Kriterien lassen sich im Rahmen einer schematischen Abgrenzung zur Bestimmung der Prospektverantwortlichkeit nicht ausreichend differenziert erfassen. Es erscheint sachgerechter, ihnen bei der Prüfung des Verschuldens Rechnung zu tragen und z.B. an Banken, die im Einzelfall weniger intensiv in die Emissionsbegleitung eingebunden sind, geringere Anforderungen zu stellen.[1121] Solche Überlegungen sind in erster Linie für die Auslegung des § 44 Abs. 1 Satz 1 Nr. 1 (und auch Nr. 2) BörsG relevant, sie müssen aber zugleich das Verständnis der §§ 3 Abs. 1 Satz 1, 5 Abs. 3 Satz 1 WpPG, 8f Abs. 1 Satz 1 VerkProspG, 2 Abs. 4 VermVerkProspV beeinflussen, die sich, indem sie die Pflicht zur Veröffentlichung und Unterzeichnung des Prospekts statuieren, auch mit der Übernahme der Verantwortung für seinen Inhalt beschäftigen. Als Ergebnis lässt sich festhalten, dass für Zwecke der genannten Vorschriften sämtliche Mitglieder des Emissionskonsortiums unabhängig von der Art des Konsortiums (Übernahme-, Einheits-, Begebungs- oder Garantiekonsortium) als Anbieter anzusehen sind.

Ist die Stellung als Anbieter nach den vorstehenden Kriterien zu bejahen, entfällt die Verantwortlichkeit für den Prospekt nicht schon deshalb, weil der Beteiligte den Prospekt entgegen § 5 Abs. 3 Satz 1 WpPG nicht unterzeichnet. Zwar will das Gesetz durch Nennung der Verantwortlichen im Prospekt mit Namen und Funktionen, bei juristischen Personen außerdem mit Firma und Sitz (§ 5 Abs. 4 Satz 1 WpPG), Rechtssicherheit erreichen und den geschädigten Anleger in die Lage versetzen, seine Ansprüche effektiv zu verfolgen. Die Nichtbefolgung dieser Publizitätsanforderungen darf aber nicht zur Rechtsverkürzung beim Investor führen.

1119 Vgl. bereits oben § 4 I 3 c bb.
1120 BGHZ 139, 225, 230 (Elsflether Werft).
1121 Weitere Einzelheiten hierzu unten ee (2) und § 12 II.

(b) Der zweite Teil der oben gegebenen Definition, das Einstehen für den Inhalt des Prospekts durch ausdrückliche und im Prospekt enthaltene Erklärung, zielt auf § 5 Abs. 4 Satz 1 WpPG bzw. § 3 VermVerkProspV ab. Nach diesen Vorschriften müssen die verantwortlichen Personen die Erklärung abgeben, dass ihres Wissens die Prospektangaben richtig und vollständig sind.[1122] Neben den aus anderem Rechtsgrund zur Übernahme der Verantwortung verpflichteten Personen, d.h. jedenfalls dem Anbieter und Zulassungsantragsteller, können weitere Beteiligte durch freiwillige Abgabe der Erklärung die Einstandspflicht für den Inhalt des Prospekts begründen. Nach bestrittener, aber überzeugender Ansicht kann die freiwillige Übernahme der Verantwortung auf einzelne Prospektabschnitte beschränkt werden.[1123]

(c) Über die beiden genannten Fälle hinaus (Unterzeichnung gem. §§ 5 Abs. 3 Satz 1 WpPG, 2 Abs. 4 VermVerkProspV und Erklärung gem. §§ 5 Abs. 4 Satz 1 WpPG, 3 VermVerkProspV) hält ein Teil der Literatur solche Personen für gem. § 44 Abs. 1 Satz 1 Nr. 1 BörsG verantwortlich, die im Prospekt namentlich genannt werden und deren Nennung einen Vertrauenstatbestand schafft.[1124] Die Literatur kann sich auf die Entscheidung des BGH im Fall *Elsflether Werft* stützen.[1125] Dort hatte die beklagte Emissionsbank in einer von ihr unterzeichneten Nachschrift zum Unternehmensbericht, dessen Veröffentlichung gem. § 73 Abs. 1 Nr. 2 BörsG a. F. Voraussetzung für die Zulassung zum geregelten Markt war, Angaben zur Emission und zur erfolgten Börsenzulassung gemacht. Der BGH wandte sich gegen die Vorinstanz, die Prospekthaftungsansprüche mangels Unterzeichnung des Unternehmensberichts selbst abgelehnt hatte. Er betonte, den Bericht erlasse, „wer nach außen erkennbar die Verantwortung dafür“[1126] übernehme. Das sei „ohne Rücksicht darauf, ob sie als Mitverfasserin des Berichts aufgetreten oder darin als mitverantwortlich aufgeführt [sei], auch die emissionsbegleitende Bank, die zusammen mit dem Emittenten die

---

1122 Die Pflicht ergibt sich außerdem aus Anhang I, Nr. 1, Anhang III, Nr. 1, Anlage IV, Nr. 1, Anlage V, Nr. 1 etc. Verordnung (EG) Nr. 809/2004. Die Erklärung lautet üblicherweise etwa wie folgt: „Die Gesellschaft und die Konsortialbanken übernehmen gemäß § 44 Börsengesetz die Verantwortung für den Inhalt dieses Börsenzulassungsprospekts und erklären hiermit, dass ihres Wissens die Angaben in diesem Prospekt zum ... [Zeitpunkt der Billigung des Prospekts oder Einführung der Effekten] richtig und zutreffend sind und dass keine wesentlichen Angaben ausgelassen worden sind.“

1123 So *Groß*, Kapitalmarktrecht, §§ 44, 45 BörsG, Rdnr. 36 f. Dieses Ergebnis ist schon deswegen unabweisbar, weil die unmittelbar anwendbare EG-Prospektverordnung, Verordnung (EG) Nr. 809/2004, eine solche Möglichkeit zulässt, vgl. u.a. Anhang I, Nr. 1, Anhang III, Nr. 1. A.A. Assmann/Lenz/Ritz/*Assmann*, § 13 VerkProspG, Rdnr. 48; *Kümpel*, Bank- und Kapitalmarktrecht, Rdnr. 9.367; *Lenenbach*, Kapitalmarkt- und Börsenrecht, Rdnr. 8.95; Vortmann/*Hauptmann*, Prospekthaftung und Anlageberatung, § 3, Rdnr. 54, 55.

1124 *Groß*, Kapitalmarktrecht, 2. Aufl., § 77 BörsG, Rdnr. 2; in der 3. Aufl. aufgegeben: § 55 BörsG, Rdnr. 1; *Ekkenga/Maas*, Wertpapieremissionen, Rdnr. 472; *Hopt*, Verantwortlichkeit, Rdnr. 90; *Schanz*, Börseneinführung, § 13, Rdnr. 106; Schwark/*Schwark*, KMRK, §§ 44, 45 BörsG, Rdnr. 8. Wohl noch weitgehender BuB/*Bosch*, Rdnr. 10/126, der die zwei genannten Alternativen nur als Beispielsfälle versteht und allgemein alle diejenigen als Prospekterlasser i. S.d. § 44 Abs. 1 Satz 1 Nr. 1 BörsG ansieht, die erkennbar die Verantwortung für den Prospekt übernehmen.

1125 BGHZ 139, 225 = NJW 1998, 3345 = NZG 1998, 774 = WM 1998, 1772 = ZIP 1998, 1528.

1126 BGHZ 139, 225, 229.

Zulassung der Wertpapiere ... beantragt"[1127]. Zur richtigen Einordnung der Entscheidung ist zu berücksichtigen, dass der Antrag auf Zulassung zum geregelten Markt nach alter Rechtslage nicht die Unterzeichnung des Unternehmensberichts durch einen Emissionsbegleiter, sondern nur durch den Emittenten voraussetzte (§ 73 Abs. 1 Nr. 2 BörsG a.F.). Nun hat das Gesetz die beiden Marktsegmente des amtlichen und geregelten Markts im sog. regulierten Markt vereinigt und einheitliche Bestimmungen zur Zulassung von Wertpapieren zum Börsenhandel geschaffen. § 32 Abs. 3 Nr. 2 BörsG verweist auf § 5 Abs. 3 Satz 2 WpPG, der Unterzeichnung des Prospekts durch die Zulassungsantragsteller (neben dem Emittenten ein Emissionsbegleiter i.S. des § 32 Abs. 2 BörsG) verlangt. Eine ausweitende Auslegung, um auch solche Emissionsbegleiter zu erfassen, die an der Zulassung der Effekten zum Handel mitwirken (insbesondere durch Stellung des Antrags), ohne die einzureichenden Dokumente zu unterschreiben (und auf solche Personen zielte die Entscheidung des BGH vor allem ab[1128]), ist nicht mehr erforderlich.[1129]

Noch schwerer wiegt ein rechtspolitisches Argument: Wann der an der Emission Beteiligte „nach außen erkennbar die Verantwortung"[1130] übernimmt, wann seine Nennung im Prospekt einen „Vertrauenstatbestand"[1131] schafft, ist nicht ohne weiteres feststellbar. Klare Konturen fehlen, was zu Unsicherheit über die Reichweite der Haftungsregeln führt und sowohl das Vertrauen der Anleger in die Integrität des Marktes beschädigt als auch höhere Kosten für die professionellen Marktteilnehmer verursacht.[1132] Ohnehin stellt die Auslegung des § 44 Abs. 1 Satz 1 Nr. 1 BörsG entsprechend den vom BGH aufgestellten Kriterien eine Fiktion dar: Der Emissionsbegleiter will gerade nicht die Verantwortung für die Richtigkeit des Prospekts übernehmen, denn sonst hätte er eine Erklärung gem. §§ 5 Abs. 4 Satz 1

1127 A.a.O. Etwas weiter OLG Frankfurt, AG 1997, 333 (Sachsenmilch), ebenfalls zu § 77 BörsG a.F.: Die Emissionsbank haftet auch ohne Unterzeichnung, wenn sie durch die Gestaltung des Verkaufsprospekts, in den sie den Unternehmensbericht aufnimmt, zum Audruck bringt, dass sie die Verantwortung für den Bericht übernimmt.

1128 Vgl. a.a.O., 230 f.: „Als emissionsbegleitende Bank hat die Beklagte ... bei der Stellung des Antrags auf Zulassung der neuen Aktien zum Börsenhandel im geregelten Markt mitgewirkt. Sie unterliegt *daher* der Unternehmensberichtshaftung ..., ohne dass es auf die Mitunterzeichnung des Berichts ankommt" (Hervorhebung durch den Verfasser).

1129 Für diesen eingeschränkten Wirkungsbereich der Rechtsprechung – nur bei Zulassung zum (alten) geregelten Markt – spricht auch die Behandlung des Urteils in der Literatur. So betont z.B. *Schwark* einerseits (noch für die Rechtslage vor Erlass des WpPG), dass die Emissionsbegleiter bei Zulassung zum geregelten Markt auch ohne Unterzeichnung des Prospekts hafteten (wenn sie im Prospekt genannt werden, ist hinzuzufügen), a.a.O., Rdnr. 8. Andererseits will er die Konsortialmitglieder nicht haften lassen, wenn sie (wohl bei Zulassung zum Handel im ehemaligen amtlichen Markt) den Prospekt nicht unterzeichnet haben, a.a.O., Rdnr. 10. Ebenso jetzt *Groß*, Kapitalmarktrecht, §§ 44, 45 BörsG, Rdnr. 32.

1130 BGHZ 139, 225, 229.

1131 *Groß*, Kapitalmarktrecht, 2. Aufl., § 77 BörsG, Rdnr. 2; *Schanz*, Börseneinführung, § 13, Rdnr. 106.

1132 Die Beseitigung dieser Hindernisse war Hauptgrund für die Modernisierung der Börsenprospekthaftung im 3. FMFG, vgl. BT-Drs. 13/8933. Der europäische Gesetzgeber betont ebenfalls, dass bei der Regelung des Prospektrechts einerseits der effektive Schutz des Anlegers und andererseits die Senkung der Kapitalkosten und Verbesserung des Zugangs zum Kapital im Vordergrund stehen, siehe Erwägungsgrund 41 der Richtlinie 2003/71/EG.

WpPG, 3 VermVerkProspV abgegeben. Sieht man die bloße Nennung im Prospekt, verbunden mit der auch für den Anleger erkennbaren Möglichkeit, auf den Inhalt bestimmend einzuwirken, als ausreichend für die Begründung der Stellung als Prospekterlasser an, müssten neben den Mitgliedern des Emissionskonsortiums (und zwar gemäß den Maßgaben von BGH und Literatur wohl nur diejenigen Mitglieder, die eine zentrale Rolle einnehmen – hieße das: nur die führenden Banken?) konsequenterweise auch die in den Dokumenten erwähnten Organmitglieder – zumindest diejenigen in herausgehobener Stellung, d.h. vor allem der Vorstandsvorsitzende – und der Abschlussprüfer, dessen Bestätigungsvermerk enthalten ist, verantwortlich sein (letzterer für den Finanzteil).[1133]

(d) Zusammenfassend ist folgendes zur Auslegung des § 44 Abs. 1 Satz 1 Nr. 1 BörsG zu sagen: Während eine Börsenprospekthaftung Dritter (neben dem Emittenten und den Anbietern der Wertpapiere) *de lege ferenda* durchaus sinnvoll erscheint,[1134] ist jedenfalls der Weg über § 44 Abs. 1 Satz 1 Nr. 1 BörsG *de lege lata* nicht zu empfehlen. Der Wortlaut des Gesetzes und seine Systematik, insbesondere das Zusammenspiel von § 44 Abs. 1 Satz 1 Nr. 1 BörsG und § 5 Abs. 3 und 4 WpPG, legen nahe, dass nur Anbieter, Zulassungsantragsteller und weitere Personen, die ausdrücklich eine entsprechende Erklärung abgeben, die Verantwortung für den Prospekt übernehmen.

Bei Zulassung der Wertpapiere zum Handel im regulierten Markt kommt es für die Haftung der Emissionsbanken darauf an, ob sie den Prospekt unterzeichnen. Eine Pflicht zur Unterzeichnung besteht nur für denjenigen Emissionsbegleiter, der den Zulassungsantrag stellt. In aller Regel ist die Konsortialführerin mit der Durchführung des Zulassungsverfahrens betraut. Sie handelt bei Stellung des Antrags entweder für sich oder in Vertretung für alle Emissionsbanken. Ist letzteres der Fall, haben sämtliche Banken den Prospekt zu unterzeichnen (§ 5 Abs. 3 Satz 2 WpPG) und sind somit für seinen Inhalt verantwortlich, im Übrigen nur die Konsortialführerin.[1135] Die Mitwirkung an der Prospekterstellung hingegen hat keine Auswir-

1133 Die Verantwortlichkeit von Experten, insbesondere Abschlussprüfern, gem. § 44 Abs. 1 Satz 1 Nr. 1 oder 2 BörsG wird in der Tat diskutiert (z.B. Bosch, ZHR 163 [1999], 274, 279 ff.; *Groß*, Kapitalmarktrecht, §§ 44, 45 BörsG, Rdnr. 36 f., *ders.*, AG 1999, 199, 201), nach ganz überwiegender Ansicht aber abgelehnt, vgl. *Assmann*, AG 2004, 435 ff.; Assmann/Lenz/Ritz/*Assmann*, § 13 VerkProspG, Rdnr. 50; Assmann/Schütze/*Assmann*, Handbuch des Kapitalanlagerechts, § 6, Rdnr. 224; Baumbach/Hopt/*Hopt*, (14) BörsG § 44, Rdnr. 4; Derleder/Knops/Bamberger/*Bartz*, Hdb. Bankrecht, § 58, Rdnr. 87; *Ellenberger*, Prospekthaftung, S. 28; *Kümpel*, Bank- und Kapitalmarktrecht, Rdnr. 9.367; Schwark/*Schwark*, KMRK, §§ 44, 45 BörsG, Rdnr. 9, 12.

1134 Zu den Gründen und genauen Umrissen einer solchen Haftung vgl. unten § 12 I.

1135 So wohl auch die h.M.: Verantwortlichkeit der Konsortialmitglieder nur bei Unterzeichnung des Prospekts, z.B. *DeMeo*, Bankenkonsortien, Kap. 4, Rdnr. 7; *Groß*, Kapitalmarktrecht, §§ 44, 45 BörsG, Rdnr. 33 f.; *Keunecke*, Prospekte im Kapitalmarkt, Rdnr. 95; *Lenenbach*, Kapitalmarkt- und Börsenrecht, Rdnr. 8.94; Schimansky/Bunte/Lwowski/*Grundmann*, Bankrechtshandbuch, § 112, Rdnr. 53; Schwark/*Schwark*, KMRK, §§ 44, 45 BörsG, Rdnr. 10. Im Einzelnen existieren einige Ungereimtheiten: Assmann/Schütze/*Assmann*, Handbuch des Kapitalanlagerechts, § 6, Rdnr. 222, ist der Auffassung, neben der Unterzeichnung kämen auch andere Kundgebungstatbestände der Verantwortungsübernahme in Betracht, etwa wenn durch Prospekterklärung der Eindruck hervorgerufen werde, alle Konsortialbanken seien für den Prospekt verantwortlich.

kungen auf die Haftung gem. § 44 Abs. 1 Satz 1 Nr. 1 BörsG: Eine Emissionsbank, die den Prospekt nicht unterzeichnet, ist auch dann nicht gemäß dieser Vorschrift verantwortlich, wenn sie den Entwurf maßgeblich mitbestimmt.[1136] Andererseits haftet die unterzeichnende Bank auch ohne jegliche weitere Beteiligung an der Vorbereitung und Durchführung der Emission. Strebt der Emittent nicht die Zulassung zum regulierten Markt an, ist der Kreis der Verantwortlichen nach hier vertretener Auffassung weiter und umfasst, wiederum unabhängig von Art und Intensität der Mitwirkung an der Emission, stets alle Konsortialbanken.

Zu beachten ist, dass auch bei Verantwortlichkeit aller Emissionsbanken die Banken Haftungsadressaten sind und nicht das Konsortium als solches. Das wird in der Literatur häufig lediglich behauptet und nicht begründet.[1137] Eine Begründung ist aber erforderlich, wenn man, wie inzwischen die ganz h.M., von der Rechtsfähigkeit der GbR ausgeht und ihr das zum Schadensersatz führende Verhalten der Gesellschafter analog § 31 BGB zurechnet. Nach hier vertretener Auffassung ergibt sich die fehlende Passivlegitimation des Konsortiums aus seiner Qualifikation als individualistische GbR. Auf Einzelheiten wird im entsprechenden Zusammenhang einzugehen sein.[1138]

Käufer von Konsortialquoten[1139] oder sonstige Vermittler sind in beiden Fällen (Börsennotierung einerseits, außerbörslicher Handel bzw. Einbeziehung in den regulierten Markt oder Freiverkehr andererseits) keine Haftungsadressaten, es sei denn,

---

Assmann erklärt indes nicht, worin solche Prospekterklärungen bestehen könnten. Die bloße Nennung im Prospekt reicht wohl nicht aus, da andernfalls die Banken immer haftbar wären. *Ellenberger*, Prospekthaftung, will einerseits die Emissionsbank ohne Unterzeichnung dann haften lassen, wenn sie die Zulassung der Wertpapiere beantragt (was nach alter Rechtslage bei Antrag auf Zulassung zum geregelten Markt nicht mit der Pflicht zur Unterzeichnung verbunden war, vgl. § 51 Abs. 1 Nr. 2 BörsG a.F.) (S. 25), andererseits das Konsortialmitglied schon dann, wenn es nach außen auftritt (S. 26), bzw. (Haftung gem. § 44 Abs. 1 Satz 1 Nr. 2 BörsG) selbst ohne Auftreten nach außen (S. 26). *Ekkenga/Maas*, Wertpapieremissionen, Rdnr. 472, bejahen die Haftung der Kreditinstitute, die den Zulassungsantrag stellen, auch dann, wenn sie den Prospekt nicht mit unterzeichnen (was nach neuer, dort auch zitierter, Rechtslage aber immer der Fall ist), und die Haftung der sonstigen Konsorten bei Unterzeichnung oder Erklärung gem. § 5 Abs. 4 Satz 1 WpPG, sprechen dann aber davon, dass gem. § 44 Abs. 1 Satz 1 Nr. 2 BörsG jeder belangt werden könne, der den Prospektinhalt (mit-)gestalte. Für die Haftung aller Banken unabhängig von der Unterzeichnung *Schanz*, Börseneinführung, § 13, Rdnr. 106 f. (unter der Voraussetzung des Setzens eines Vertrauenstatbestands durch die Bank, was bei Nennung im Prospekt auch ohne Unterschrift gegeben sei; keine Haftung von Unterbeteiligungen trotz Nennung, da sie nicht in die Prospekterstellung involviert seien, was allerdings auch auf die Mehrzahl der Konsortialbanken zutrifft); *Schlüter*, Börsenhandelsrecht, Rdnr. G.688 (mit der Begründung, dass alle Emissionsbanken ein eigenes geschäftliches Interesse an der Emission hätten, was aber für § 44 Abs. 1 Satz 1 Nr. 1 BörsG ohne Relevanz ist).

1136 Nach Teilen der Literatur kommt eine Haftung gem. § 44 Abs. 1 Satz 1 Nr. 2 BörsG in Betracht. Vgl. hierzu sogleich im Text.

1137 Z.B. *Groß*, Kapitalmarktrecht, §§ 44, 45 BörsG, Rdnr. 33.

1138 Unter II.

1139 Hiermit sind nicht die Konsortialbanken gemeint, die zwar regelmäßig von der Konsortialführerin die Wertpapiere käuflich erwerben, aber als Vertragspartner des Konsortialvertrags in die Börsenbegleitung eingebunden sind. Für sie gelten die Maßgaben der vorstehenden Absätze. Der Begriff spielt auf Institute an, die von einer der Konsortialbanken deren Quote (oder einen Teil der Quote) erwerben, d.h. eine Unterbeteiligung bilden.

sie unterzeichnen den Prospekt, ohne zum Ausdruck zu bringen, nicht für den Inhalt einstehen zu wollen, oder geben eine Erklärung gem. §§ 5 Abs. 4 Satz 1 WpPG, 3 VermVerkProspV ab.[1140] Andererseits lässt die bloße Nennung der Verkäuferbank bzw. des Broker-Dealers im Prospekt nicht darauf schließen, dass der Genannte für den Prospekt die Verantwortung übernehmen will.[1141]

(2) § 44 Abs. 1 Satz 1 Nr. 2 BörsG

Der Erlass des Prospekts geht von denjenigen aus, die hinter dem Prospekt stehen, auch wenn sie nicht formell die Verantwortung durch Unterzeichnung oder entsprechende Erklärung übernehmen.[1142] Hierdurch sollen Haftungslücken geschlossen und die tatsächlichen Urheber der Emissionsunterlagen erreicht werden. Hauptkriterium für die Verantwortlichkeit gem. § 44 Abs. 1 Satz 1 Nr. 2 BörsG ist laut Gesetzesbegründung ein eigenes wirtschaftliches Interesse an der Emission.[1143] Beispiele sind die Konzernmuttergesellschaft, auf deren Anweisung eine Finanzierungstochter Wertpapiere emittiert, sowie der Großaktionär oder Vorstandsvorsitzende, der maßgeblich an der Erstellung des Prospekts beteiligt ist.[1144]

Das Merkmal des eigenen wirtschaftlichen Interesses hat Teile der Literatur dazu veranlasst, Emissionsbanken, die sich von der Emissionsbegleitung eine Platzierungs- und Börseneinführungsprovision versprechen, als Prospektveranlasser zu qualifizieren.[1145] Bei richtigem Verständnis der Gesetzesbegründung zielt § 44 Abs. 1 Satz 1 Nr. 2 BörsG aber wohl auf solche Personen ab, die erstens in herausgehobener Stellung auf Inhalt und Veröffentlichung des Prospekts Einfluss nehmen (alles andere wäre auch nicht mit dem Gesetzeswortlaut vereinbar, denn andernfalls würde der Erlass des Prospekts nicht von ihnen ausgehen) und zweitens ein wirtschaftliches Interesse an der Emission *selbst* haben, eben weil sie mit dem Emittenten in gewisser Weise assoziiert sind.[1146] Eine indirekte oder mittelbare Beteiligung am Emissionserlös, z.B. in Form einer Provision, begründet kaum die „tatsächliche Urheberschaft" und lässt den Begünstigten nicht als „hinter dem Prospekt stehend" erscheinen. Im Übrigen würde eine solche Auslegung den Kreis potentieller Prospektveranlasser zu weit ziehen: Mit welcher Begründung kann zwischen den Emissionsbanken und weiteren Verkäuferbanken bzw. Unterbeteiligungen unterschieden werden, die ebenfalls eine Provision – letztlich aus dem Emissionserlös – für die Platzierung der Effekten erhalten? Schließlich: Auch Rechtsanwälte, Wirt-

---

1140 Das ist in der Praxis die Ausnahme.

1141 So auch *Groß*, Kapitalmarktrecht, §§ 44, 45 BörsG, Rdnr. 34; Marsch-Barner/Schäfer/*Krämer*, Handbuch börsennotierte AG, § 10, Rdnr. 346; Schwark/*Schwark*, KMRK, §§ 44, 45 BörsG, Rdnr. 10; Vortmann/*Hauptmann*, Prospekthaftung und Anlageberatung, § 3, Rdnr. 51.

1142 Schwark/*Schwark*, KMRK, §§ 44, 45 BörsG, Rdnr. 9.

1143 BT-Drs. 13/8933, S. 78. Dies geht zurück auf die Formulierung von *Schwark*, §§ 45, 46 BörsG, 1. Aufl., Rdnr. 3.

1144 BT-Drs. 13/8933, S. 78.

1145 *Ekkenga/Maas*, Wertpapieremissionen, Rdnr. 472; *Ellenberger*, Prospekthaftung, S. 26; Hopt/Voigt/*Ehricke*, Prospekt- und Kapitalmarktinformationshaftung, S. 226, der offensichtlich Abs. 1 Satz 1 Nr. 2 auf die Zulassungsantragsteller anwenden will.

1146 Dieser Interpretation entsprechen die von der Gesetzesbegründung gewählten Beispiele.

schaftsprüfer und sonstige Sachverständige, die zum Gelingen der Emission beitragen und für ihre Mitarbeit Gebühren in Rechnung stellen, die der Emittent aus dem Emissionserlös begleicht, wären nur schwer vom Kreis der Haftungsadressaten auszunehmen.[1147]

Die Emissionsbanken erfüllen keine der beiden genannten Voraussetzungen. Allenfalls die Konsortialführerin ist maßgeblich an der Erstellung des Prospekts beteiligt, doch auch bei ihr fehlt es am wirtschaftlichen Interesse an der Emission selbst. Ein Ausweichen auf § 44 Abs. 1 Satz 1 Nr. 2 BörsG ist nach hier vorgeschlagener Auslegung mithin nicht möglich, um die Haftung der Konsortialbanken zu begründen.[1148]

cc. Prospekt

§§ 44, 45 BörsG beziehen sich zunächst auf Zulassungsprospekte gem. §§ 32 Abs. 3 Nr. 2 BörsG i.V.m. § 3 Abs. 3 WpPG. Es macht keinen Unterschied, ob es sich um einen vollständigen Prospekt oder einen Basisprospekt i.S. des § 6 WpPG handelt. Darüber hinaus gelten §§ 44, 45 BörsG gem. § 13 VerkProspG für Wertpapierprospekte i.S. des § 3 Abs. 1 Satz 1 WpPG und Verkaufsprospekte i.S. der §§ 8f ff. VerkProspG. Schließlich stellt § 44 Abs. 4 BörsG schriftliche Darstellungen, aufgrund deren Veröffentlichung der Emittent von der Pflicht zur Veröffentlichung eines Prospekts befreit wurde, Börsenprospekten gleich. Diese Bestimmung bezog sich

---

1147 Lehnt man die hier vorgeschlagene enge Interpretation ab und verlangt kein eigenes wirtschaftliches Interesse an der Emission, was allerdings, wie gezeigt, mit der historischen Auslegung kaum zu vereinbaren ist, ließe sich eine Haftung von Personen, die Materialien für die Erstellung des Prospekts beisteuern, gut begründen: Insbesondere der Wirtschaftsprüfer erstellt einen umfangreichen und signifikanten Teil des Prospekts, den Finanzteil. Er ist für den Inhalt dieses Prospektteils verantwortlich, Fehler und Auslassungen fallen in seine Risikosphäre. Es wäre deswegen nur folgerichtig, ihn für die Richtigkeit des Finanzteils einstehen zu lassen (wie erwähnt, kann sich die Haftung nach richtiger Ansicht auf einen Teil des Prospekts beschränken, was, sofern die Haftung dem Grundsatz nach bejaht wird, nicht nur bei freiwilliger Übernahme der Verantwortlichkeit, sondern auch Fällen wie dem hier dargestellten gelten sollte, vgl. oben Fn. 1123). Hierfür spricht auch die Pflicht nach neuem Prospektrecht, diejenigen Teile des Prospekts, die von Sachverständigen erstellt wurden, durch Nennung von Namen, Geschäftsadresse und Qualifikationen mit dem Verfasser in Bezug zu setzen und die ausdrückliche Billigung des Berichts bzw. der Erklärung durch den Sachverständigen zu verlangen, Anhang I, Nr. 23.1, Anhang III, Nr. 10.3, Anhang V, Nr. 7.3 Verordnung (EG) Nr. 809/2004. A.A. Assmann/Lenz/Ritz/*Assmann*, § 13 VerkProspG, Rdnr. 50: „Erforderlich ist eine gewisse, über die bloße Prospektanfertigung hinausgehende Veranlassung der Umstände, welche die Erstellung und Veröffentlichung des Prospekts veranlasst haben.“ Nach dieser Ansicht wäre auch die erste der oben genannten Voraussetzungen beim Wirtschaftsprüfer nicht erfüllt. Fundstellen zur Haftung von Experten finden sich in Fn. 1133.

1148 In der Literatur wird die Bedeutung von § 44 Abs. 1 Satz 1 Nr. 2 BörsG für Konsortialbanken mitunter durch Verweis auf die Großbank illustriert, die, um nicht ihren eigenen Emissionskredit zu riskieren, eine kleinere Bank zur Emissionsbegleitung vorschiebt, vgl. *Hopt*, Verantwortlichkeit, Rdnr. 136; *Keunecke*, Prospekte im Kapitalmarkt, Rdnr. 94. Nach vorliegender Auffassung würden solche Banken in der Tat weder gem. § 44 Abs. 1 Satz 1 Nr. 1 noch Nr. 2 BörsG haften. Dieses Beispiel ist für die Praxis allerdings nicht relevant, da die Banken großen Wert darauf legen, in der Öffentlichkeit als Begleiter einer erfolgreichen Emission wahrgenommen zu werden, was gerade ihren Emissionskredit für zukünftige Geschäfte aufbaut.

vor Erlass des Prospektrichtlinie-Umsetzungsgesetzes nach herrschender, wenn auch bestrittener, Ansicht auf prospektersetzende Informationsschriften i.S. der §§ 45 Nr. 1, 45 a Abs. 1 Nr. 3–5 BörsZulV a.F., nicht hingegen auf Fälle, in denen der Emittent aus einem anderen Grund von der Prospektpflicht befreit war, z.B. weil er eine Kapitalerhöhung von weniger als 10 % des bereits an derselben Börse zum Handel zugelassenen Kapitals durchführen wollte (Ausnahme gem. § 45 Abs. 1 Nr. 3b BörsZulV a.F.), und zu Informationszwecken freiwillig einen Prospekt veröffentlichte.[1149] Die Ausnahmen von der Prospektpflicht im Hinblick auf bestimmte Wertpapiere finden sich nun in § 4 Abs. 1 und 2 WpPG. Nach neuer Rechtslage steht die Befreiung nicht mehr im Ermessen der Zulassungsstelle, sondern tritt kraft Gesetzes ein, wenn bestimmte, einem Wertpapierprospekt gleichwertige Dokumente, z.B. ein Verschmelzungsbericht i.S. des § 8 UmwG (Befreiung gem. § 4 Abs. 2 Nr. 4 WpPG), verfügbar sind. Fehlerhaftigkeit dieser Dokumente führt zur Haftung gem. §§ 44, 45 BörsG. Hinsichtlich anderer, freiwilliger Mitteilungen im Rahmen öffentlicher Angebote ist der Meinungsstreit nach wie vor relevant.

Werbeschriften fallen nach allgemeiner Meinung ebenso wenig in den Anwendungsbereich der Prospekthaftungsvorschriften[1150] wie Bezugsangebote,[1151] Analystenberichte, Finanzberichte gem. §§ 37v ff. WpHG., Informationen entsprechend der Unterrichtungspflichten gem. § 42 Abs. 1 BörsG in Verbindung mit einer Börsenordnung oder Mitteilungen, die der Emittent aufgrund der Veröffentlichungspflichten des Wertpapierhandelsgesetzes (§§ 15, 15a, 25, 26 WpHG) gemacht hat.[1152] Die genauen Grenzen der gesetzlichen Börsenprospekthaftung und ihr Verhältnis zur ungeregelten, allgemeinen zivilrechtlichen Prospekthaftung, insbesondere die ergänzende Geltung letzterer für die vorstehenden, nicht von §§ 44, 45 BörsG erfassten kapitalmarktrechtlichen Mitteilungen, ist höchst umstritten. Da sich die Haftung der Investmentbanken im hier interessierenden Zusammenhang hauptsächlich aus der Veröffentlichung eines fehlerhaften Zulassungsprospekts i.S. der §§ 32 Abs. 3 Nr. 2 BörsG, 3 Abs. 3 WpPG ergeben wird, erscheint es vertretbar, die Zweifelsfragen zunächst auszuklammern. Gleichwohl ist zu beachten, dass potentiell anlegerschädigendes Verhalten der Banken nicht nur in der Mitarbeit am Emissionsprospekt bestehen kann, sondern auch in anderen emissionsbezogenen Mitteilungen, z.B. Analystenberichten über den Emittenten. Hierauf wird im Zusammenhang mit der allgemeinen zivilrechtlichen Prospekthaftung zurückzukommen sein.[1153]

1149 Vgl. zum Streitstand *Groß*, Kapitalmarktrecht, §§ 44, 45 BörsG, Rdnr. 26 f. (werden noch nicht zum Börsenhandel zugelassene Effekten, deren Zulassung prospektfrei erfolgen könnte, aufgrund eines freiwilligen Informationsmemorandums zugelassen, greift die Börsenprospekthaftung; Informationsmemoranden für die Umplatzierung von bereits zugelassenen Effekten sind hingegen keine Prospekte i.S. des § 44 Abs. 1 BörsG); Schwark/*Schwark*, KMRK, §§ 44, 45 BörsG, Rdnr. 15; Schwark/*Heidelbach*, KMRK, § 45 BörsZulV, Rdnr. 15, jeweils m.w.N.

1150 Es ist aber § 15 WpPG zu beachten.

1151 BGH NJW 1982, 2827, 2828 (BuM).

1152 Schwark/*Schwark*, KMRK, §§ 44, 45 BörsG, Rdnr. 16.

1153 Unter b.

dd. Unrichtigkeit oder Unvollständigkeit

§ 44 Abs. 1 Satz 1 BörsG setzt voraus, dass für die Beurteilung der Wertpapiere wesentliche Angaben im Prospekt unrichtig oder unvollständig sind. Im Zusammenhang mit diesem Tatbestandsmerkmal bestehen mehrere Probleme, die auch für die Haftung der Emissionsbanken von Bedeutung sind. Zunächst ist umstritten, welcher Adressatenhorizont als Maßstab für die Beurteilung der Unrichtigkeit bzw. Unvollständigkeit heranzuziehen ist (unter [1]). Des Weiteren stellt sich die Frage, was unter „Angaben im Prospekt" zu verstehen ist und wann die Angaben für die Beurteilung der Wertpapiere wesentlich sind (unter [2]). Schließlich ist das Merkmal der „Unrichtigkeit" oder „Unvollständigkeit" näher zu bestimmten (unter [3]).

(1) Anlegerhorizont

Die Rechtsprechung verlangt, dass ein „durchschnittliche[r] Anleger, der zwar eine Bilanz zu lesen versteht, aber nicht unbedingt mit der in eingeweihten Kreisen gebräuchlichen Schlüsselsprache vertraut"[1154] ist, in die Lage versetzt wird, die finanzielle Situation des Emittenten und die mit der Emission verbundenen Risiken anhand der Prospektangaben richtig einzuschätzen. Die Literatur lehnt den Ansatz der Rechtsprechung fast einhellig mit der Begründung ab, er enthalte einen Widerspruch in sich: Der durchschnittliche Anleger sei eben nicht imstande, eine Bilanz zu lesen.[1155] Sie hat eine Vielzahl abweichender Vorschläge hervorgebracht, die teilweise restriktiver sind, d.h. Fachwissen des Investors bzw. Beratung durch Sachkundige voraussetzen,[1156] teilweise zwar nicht nach einem sachverständigen Vermögensanleger, aber doch einem verständigen und zugleich kritikfähigen Leser fragen, der die Finanzinformationen ausführlich studiert,[1157] teilweise auf den unkundigen und nicht sachverständig beratenen Anleger abstellen, zu dessen Gunsten der Prospekterlasser Bilanz und Gewinn- und Verlustrechnung interpretieren müsse,[1158] und schließlich vereinzelt danach differenzieren, ob sich die Emission an institutionelle und Großanleger oder das allgemeine Anlegerpublikum richtet.[1159]

Der Meinungsstreit hat durch die Gesetzesänderung im Zuge von Prospektrichtlinie und EG-Prospektverordnung an Bedeutung verloren. Während der Prospekt nach alter Rechtslage „in einer Form abgefasst sein [musste], die sein Verständnis

---

1154 BGH NJW 1982, 2823, 2824 (BuM); OLG Frankfurt, WM 1994, 291, 295 (Bond I). Zustimmend *Ellenberger*, Prospekthaftung, S. 34.
1155 Nachweise zur Kritik bei Assmann/Lenz/Ritz/*Assmann*, § 13 VerkProspG, Rdnr. 23 (Fn. 39).
1156 *Wittmann*, DB 1980, 1579, 1583. So auch LG Düsseldorf, WM 1981, 102, 106 (BuM).
1157 Schwark/*Schwark*, KMRK, §§ 44, 45 BörsG, Rdnr. 19.
1158 *Canaris*, Bankvertragsrecht, Rdnr. 2279. In diese Richtung zunächst auch *Schwark*, Anlegerschutz, S. 192 (der Prospekt müsse „stets ein Mehr an Publizität gegenüber der laufenden Unternehmensberichterstattung enthalten"). Gegen die zusätzliche, über die (nach alter Fassung der BörsZulV) gesetzlichen Mindestanforderungen hinausgehende, Verpflichtung des Prospekterlassers wendete sich die h.L., vgl. *Groß*, Kapitalmarktrecht, 2. Aufl., §§ 45, 46 BörsG, Rdnr. 25, 29; *Lenenbach*, Kapitalmarkt- und Börsenrecht, Rdnr. 8.84; Schwark/*Schwark*, KMRK, a.a.O., Rdnr. 19; *Schwark*, ZGR 12 (1983), 162, 169 f.; Vortmann/*Hauptmann*, Prospekthaftung und Anlageberatung, § 3, Rdnr. 62.
1159 *Hopt*, Verantwortlichkeit, Rdnr. 185.

und seine Auswertung erleichtert“[1160], fordert § 5 WpPG in Umsetzung von Art. 5 Richtlinie 2003/71/EG nunmehr die Aufnahme sämtlicher Angaben in „leicht analysierbarer und verständlicher Form“ (Abs. 1 Satz 1), darüber hinaus die Erstellung einer Zusammenfassung, die „kurz und allgemein verständlich“ die wesentlichen Merkmale und Risiken der Emission wiedergeben muss (Abs. 2 Satz 2). Die Erläuterung der Finanzinformationen (*Management Discussion and Analysis* – MD & A) war bislang nicht verpflichtend, sie wird nun sowohl im Bilanzrecht (Neufassung der §§ 289, 315 HGB durch das Bilanzrechtsreformgesetz vom 04.12.2004[1161]) als auch (für Aktienemissionen) im Prospektrecht gefordert.[1162] Der Prospekterlasser muss Risikofaktoren[1163] offen legen[1164] und erweiterte Angaben über den Emittenten machen, etwa wichtige Ereignisse in der Entwicklung der Geschäftstätigkeit, die Investitionen, Haupttätigkeitsbereiche und Märkte beschreiben, auf denen der Emittent operiert.[1165] Diese Ausführungen machen deutlich, dass die Funktion des Prospekts nach der Konzeption der Prospektrichtlinie und EG-Prospektverordnung weniger in einer Reproduktion technischer Daten als vielmehr der Information aller Anleger durch *beschreibende* Darstellung des Emittenten, seiner Geschäfts- und Finanzlage, der Effekten und Risiken der Anlage besteht.[1166] Vollständigkeit und Fehlerfreiheit des Prospekts sind somit aus Sicht des durchschnittlichen, über keine Fachkenntnisse auf dem Gebiet der Wertpapieranlage verfügenden, Anlegers zu beurteilen, dem die Finanzinformationen i.S. von Anhang I, Nr. 20 Verordnung (EG) Nr. 809/2004 und der anderen Anhänge nicht ohne weiteres zugänglich sind.

(2) Wesentliche Angaben

Der Begriff der Angaben in § 44 Abs. 1 Satz 1 BörsG bezieht sich nicht nur auf Tatsachen, sondern auch Prognosen und Werturteile.[1167] Zwar sind Prognosen notwendig von spekulativem Charakter und nur *ex post* voll nachprüfbar. Es lässt sich aber feststellen, ob sie *ex ante* im Hinblick auf den zugrunde liegenden Sachverhalt

---

1160 § 13 Abs. 1 Satz 1 BörsZulV a. F.

1161 BGBl. 2004 I, 3166. Die Neufassung der §§ 289, 315 HGB war zur Umsetzung der Modernisierungsrichtlinie (2003/51/EG) und der Fair-Value-Richtlinie (2001/65/EG) erforderlich geworden.

1162 Anhang I, Nr. 9, Anhang X, Nr. 9 Verordnung (EG) Nr. 809/2004: Angaben zur Geschäfts- und Finanzlage (*Operating and Financial Review*), die zusätzlich zu geprüften historischen (insbesondere Bilanz und Gewinn- und Verlustrechnung) sowie pro-forma Finanzinformationen (Anhang I, Nr. 20 Verordnung [EG] Nr. 809/2004) beizubringen sind.

1163 Definiert in Art. 2 Nr. 3 Verordnung (EG) Nr. 809/2004 als alle „Risiken, die für die jeweilige Situation des Emittenten und/oder der Wertpapiere spezifisch und für die Anlageentscheidung wesentlich sind.“ Die Pflicht zur Aufdeckung von Risiken durch warnende Hinweise wurde von Teilen der Literatur unter Geltung der alten Rechtslage abgelehnt, vgl. *Hopt*, Verantwortlichkeit, Rdnr. 185; Schwark/*Schwark*, a.a.O., Rdnr. 20.

1164 Anhang I, Nr. 4, Anhang III, Nr. 2, Anhang IV, Nr. 4, Anhang V, Nr. 2, Anhang VII, Nr. 3, Anhang IX, Nr. 3, Anhang X, Nr. 4, Nr. 31.3, Anhang XI, Nr. 3, Anhang XII, Nr. 2, Anhang XIII, Nr. 2, Anhang XVI, Nr. 2, Anhang XVII, Nr. 2 Verordnung (EG) Nr. 809/2004.

1165 Anhang I, Nr. 5, 6 Verordnung (EG) Nr. 809/2004.

1166 Vgl. auch Erwägungsgründe 16, 18–21 Richtlinie 2003/71/EG.

1167 BT-Drs. 13/8933, S. 76 und ganz h.M. seit BGH NJW 1982, 2823, 2826 (BuM). Aus der Literatur vgl. z.B. Assmann/Lenz/Ritz/*Assmann*, § 13 VerkProspG, Rdnr. 28 m.N.

objektiv gerechtfertigt waren.[1168] Ein übermäßiges Haftungsrisiko entsteht hierdurch für den Prospekterlasser nicht. Ihm muss zugestanden werden, die Zukunftsentwicklung – sofern sachlich vertretbar – positiv darzustellen und die Ertragslage optimistisch einzuschätzen.[1169] Im Übrigen ist er nicht dazu verpflichtet, Gewinnprognosen oder -schätzungen abzugeben, sondern kann den Prospekt ohne entsprechende Angaben veröffentlichen.[1170] Andererseits ist die Stellung des Anlegers dadurch abgesichert, dass der Emittent, wenn er sich für die Abgabe von Prognosen entscheidet, die Annahmen erläutern muss, auf denen sie beruhen, und den Bericht eines unabhängigen Wirtschaftsprüfers beifügen muss, der ihre ordnungsgemäße Erstellung und die Übereinstimmung der verwendeten Rechnungslegungsgrundlage mit der übrigen Rechnungslegungsstrategie des Emittenten überprüft.[1171]

Werturteile[1172] sind entsprechend zu beurteilen. Sie lassen sich gewöhnlich auf bestimmte Tatsachen zurückführen, auf die sich der Emittent als Grundlage seiner Bewertung bezieht. Sie müssen im Hinblick auf diese Tatsachen vertretbare Schlussfolgerungen darstellen. Unrealistische Einschätzungen und Spekulationen ohne Substanz geben Anlass zu Haftungsfolgen.

Die herrschende Ansicht in Rechtsprechung und Literatur bezeichnet Angaben unter Verweis auf den Zweck der Prospektpflicht – den Anleger in die Lage zu ver-

---

1168 BT-Drs. 13/8933, S. 76.

1169 Schwark/*Schwark*, KMRK, §§ 44, 45 BörsG, Rdnr. 23. Aus der Entscheidung des BGH in NJW 1982, 2823 ff. (BuM) ergibt sich nichts anderes, auch wenn der Gerichtshof eine „zurückhaltende Beurteilung" (a.a.O., 2825) anmahnt und von der Erforderlichkeit eines „deutlichen Vorbehalt[s]" und des „Hinweis[es] auf jene Risiken" (a.a.O., 2826) spricht, die mit einer Prognose einhergehen. Ein Teil der Literatur leitet aus der Entscheidung eine generelle Pflicht zur Zurückhaltung bei Prognosen ab, etwa Assmann/Lenz/Ritz/*Assmann*, § 13 VerkProspG, Rdnr. 39; *Hopt*, Verantwortlichkeit, Rdnr. 156; aus der Zeit vor BuM bereits *Canaris*, Bankvertragsrecht, Rdnr. 2279. Ein Konflikt zur hier vertretenen Ansicht lässt sich bei richtiger Bewertung des Urteils vermeiden. Der BGH forderte Zurückhaltung deswegen, weil die bisherige Ertragsentwicklung und prekäre finanzielle Lage des Unternehmens im konkreten Fall keinen Anlass für eine positivere Einschätzung der Geschäftsentwicklung boten, sprich: eine optimistische Prognose nicht „ausreichend durch Tatsachen gestützt und kaufmännisch vertretbar" (a.a.O.) war, sondern „objektiv unberechtigte Erfolgserwartungen" (a.a.O., 2825) weckte. „In einem *solchen* Fall" (a.a.O, 2826; Hervorhebung durch den Verfasser) muss der Prospekt Warnhinweise enthalten. Anderes wird hier nicht vorgeschlagen: Der Emittent kann die Tatsachen zu seinen Gunsten interpretieren, er muss sich aber an ebenjene Tatsachen halten. Noch einmal in den Worten des BGH: Schlussfolgerungen müssen auf „nachgeprüften Tatsachen [und] ... einer sorgfältigen Analyse aller ... maßgebenden Voraussetzungen beruhen" (a.a.O.), es darf sich nicht um „bloße[...] Mutmaßungen" (a.a.O.) handeln. Vgl. aber auch OLG Frankfurt, ZIP 1999, 1005, 1006 (MHM Mode): Verletzung des Gebots der Zurückhaltung durch „überschwänglich positive Darstellung" des Erwerbs einer Unternehmensbeteiligung trotz struktureller Schwächen des abhängigen Unternehmens.

1170 Anhang I, Nr. 13 Verordnung (EG) Nr. 809/2004. Zum Unterschied zwischen „Prognose" und „Schätzung" vgl. Art. 2 Nr. 10, 11 Verordnung (EG) Nr. 809/2004. CESR hat Richtlinien für die Erstellung einer Gewinnprognose bzw. -schätzung herausgegeben, vgl. CESR/05-054b Para. 38 et seq.

1171 Anhang I, Nr. 13.1, 13.2 Verordnung (EG) Nr. 809/2004. Eine solche Rechtspflicht empfahl *Hopt*, Verantwortlichkeit, Rdnr. 156, bereits 1991.

1172 Bei Prognosen handelt es sich um Werturteile; der Begriff des Werturteils ist aber insoweit weiter, als er nicht nur zukunftsgerichtete Äußerungen, sondern auch subjektive Einschätzungen der gegenwärtigen Lage umfasst.

setzen, die mit der Investition verbundenen Chancen und Risiken richtig einzuschätzen – dann als wesentlich für die Beurteilung der Wertpapiere, wenn davon auszugehen ist, dass ein durchschnittlicher, verständiger Prospektleser sie bei der Entscheidung über die Vornahme der Effektentransaktion berücksichtigen wird.[1173] Als Beispiel werden üblicherweise die sogenannten wertbildenden Faktoren der Wertpapiere angeführt, d.h. insbesondere die Darstellung der Finanzlage und der Geschäftsaussichten des Emittenten.[1174] Auch die nach neuer Rechtslage zwingend in den Prospekt aufzunehmenden Risikofaktoren und Angaben des Managements zur Geschäfts- und Finanzlage sind von wesentlicher Bedeutung, da sie häufig bei der Willensbildung des Anlegers im Vordergrund stehen. Schließlich sind die in Anhang III, V, XII und XIII zur EG-Prospektverordnung aufgeführten Mindestangaben zur Emission und den zu emittierenden Wertpapieren größtenteils als wesentlich anzusehen. Hier sind zunächst die Angaben über die Wertpapiere selbst zu nennen, bei Aktien z.B., ob es sich um Dividendenwerte handelt, ob die Papiere ein Stimmrecht gewähren, ob Vorzugsrechte oder Beschränkungen der freien Übertragbarkeit (Vinkulierung) bestehen,[1175] bei Anleihen der nominale Zinssatz, Fälligkeitstermine, Rendite und Methode ihrer Berechnung, Vertretung der Anleihegläubiger etc.[1176] Darüber hinaus verlangt die EG-Prospektverordnung in wesentlich detaillierterer Weise als vormals die Börsenzulassungsverordnung Informationen über das Angebotsverfahren, die Platzierung und den angestrebten Sekundärhandel. So sind z.B. die Kategorien potentieller Investoren und die Tranchen darzustellen, die für die verschiedenen Kategorien vorgesehen sind.[1177] Der Prospekterlasser hat die Zuteilungsmethode, Grundsätze einer möglichen Repartierung und etwaige Vorzugsvereinbarungen (z.B. friends and family-Programme) offen zu legen.[1178] Er muss die Methode der Preisfestsetzung,[1179] Mehrzuteilungsoptionen[1180] und

---

1173 BGHZ 115, 213, 222 f.; *Assmann*, Prospekthaftung, S. 319; Assmann/Lenz/Ritz/*Assmann*, § 13 VerkProspG, Rdnr. 25; *Lenenbach*, Kapitalmarkt- und Börsenrecht, Rdnr. 8.89; Schwark/*Schwark*, KMRK, §§ 44, 45 BörsG, Rdnr. 24; Vortmann/*Hauptmann*, Prospekthaftung und Anlageberatung, § 3, Rdnr. 64. Die Gesetzesbegründung formuliert: „Entscheidend ist ..., ob sich im konkreten Fall bei einer ordnungsgemäßen Angabe die für die Beurteilung der Wertpapiere relevanten maßgeblichen tatsächlichen oder rechtlichen Verhältnisse verändern würden." BT-Drs. 13/8933, S. 76.

1174 Andererseits ist nicht jeder Fehler in einer Bilanzposition zwangsläufig wesentlich, vgl. *Groß*, Kapitalmarktrecht, §§ 44, 45 BörsG, Rdnr. 68. Weitere Beispiele für fehlende Wesentlichkeit sind die fehlerhafte Angabe einer Zahlstelle (BT-Drs. 13/8933, S. 76) oder die geringe Abweichung der Zahl der Beschäftigten des Emittenten (Anhang I, Nr. 17 Verordnung [EG] Nr. 809/2004).

1175 Anhang III, Nr. 4 Verordnung (EG) Nr. 809/2004.

1176 Anhang V, Nr. 4 Verordnung (EG) Nr. 809/2004.

1177 Anhang III, Nr. 5.2.1–5.2.3 Verordnung (EG) Nr. 809/2004 (Aktienemissionen; für Anleiheemissionen finden sich entsprechende, allerdings weniger detaillierte, Vorschriften in Anhang V, Nr. 5.2).

1178 Anhang III, Nr. 5.1, 5.2 Verordnung (EG) Nr. 809/2004. Kriterien, nach denen das Zuteilungsverfahren zu gestalten ist, enthalten auch die – nicht rechtsverbindlichen (zur Rechtsnatur siehe Schwark/*Heidelbach*, KMRK, § 37 BörsG, Rdnr. 24) – Grundsätze für die Zuteilung von Aktienemissionen an Privatanleger der Börsensachverständigenkommission beim Bundesfinanzministerium vom 07.06.2000, vgl. insbesondere Art. 3, 4 (Veröffentlichungspflichten), Art. 12 (Zuteilungsverfahren) der Grundsätze.

1179 Anhang III, Nr. 5.3, Anhang V, Nr. 5.3 Verordnung (EG) Nr. 809/2004.

1180 Anhang III, Nr. 5.2.5 Verordnung (EG) Nr. 809/2004.

andere Stabilisierungsmaßnahmen[1181] beschreiben (letzteres nur für Aktienemissionen). Zudem genügt es nicht, die Banken, die sich zur Übernahme bzw. bestmöglichen Unterbringung der Emission verpflichtet haben, im Prospekt aufzuzählen.[1182] Vielmehr sind ihre Quoten, der Gesamtbetrag von Übernahme- und Platzierungsprovision und die wesentlichen Bestimmungen des Übernahmevertrags bekannt zu geben.[1183] Die Rechtsänderungen führen mithin zu einer erheblichen Steigerung der Transparenz und gleichen die deutschen bzw. europäischen Vorschriften internationalen Standards an.[1184] Eine andere Frage ist es, ob alle genannten Angaben bei ihrem Fehlen oder ihrer Fehlerhaftigkeit Haftungsfolgen nach sich ziehen. Der durchschnittliche Anleger wird seine Investitionsentscheidung nicht nur von der Bonität des Emittenten und den Rahmenbedingungen der Emission (der Gesamtsumme, dem Platzierungspreis, den Merkmalen der Wertpapiere), sondern auch Aspekten der Zuteilung, insbesondere der Aussicht, Berücksichtigung bei der Emission zu finden oder seinen Antrag noch nachträglich ändern zu können, abhängig machen. Aus dem Emissionserlös zu zahlende Provisionen, etwa an die Emissionsbanken, haben Einfluss auf die Werthaltigkeit der Anlage. Aus der Tatsache einer Festübernahme bzw. kommissionsweisen Platzierung lassen sich (wenn auch nur bedingt) Rückschlüsse auf die Seriosität und den Erfolg der Emission ziehen. Die Verpflichtung zur Vornahme von Kurspflegemaßnahmen beeinflusst den zu erwartenden Börsenkurs. Alle diese Umstände sind mithin für die Beurteilung der Wertpapiere wesentlich. Es ist allerdings zu beachten, dass sich pauschale Lösungen verbieten. Geringfügige Abweichungen, z.B. bei der Angabe des Endtermins für Stabilisierungsmaßnahmen, der Märkte, auf denen Wertpapiere der gleichen Kategorie bereits zum Handel zugelassen sind, oder der Intermediäre im Sekundärmarkt, können im Einzelfall ohne Relevanz sein.

Auf ein in dogmatischer Hinsicht eigentümliches Ergebnis, zu dem die oben dargestellte Bestimmung des Begriffs der wesentlichen Angaben führt, sei kurz hingewiesen. Stellt man auf die Maßgeblichkeit der fehlerhaften Information für die Beurteilung der Wertpapiere ab, geht das Tatbestandsmerkmal vollständig in der haftungsbegründenden bzw. -ausfüllenden Kausalität auf. Eine Angabe, die nicht wesentlich ist, wird den Anleger in aller Regel nicht dazu veranlassen, die Effekten zu kaufen oder zu verkaufen, und wird in jedem Fall nicht zu einer Minderung des

---

1181 Anhang III, Nr. 6.5 Verordnung (EG) Nr. 809/2004. Nach alter Rechtslage war umstritten, ob Stabilisierungsmaßnahmen immer (Vortmann/*Hauptmann*, Prospekthaftung und Anlageberatung, § 3, Rdnr. 69) oder nur dann im Prospekt anzugeben waren, wenn sie aufgrund der langen Zeitdauer, der hohen Kurspflegegebühr oder sonstiger Besonderheiten, z.B. der Personalunion der Gesellschafter des Instituts, das die Kurspflege durchführt, und der Großaktionäre des Emittenten, ungewöhnlich waren (so BGHZ 123, 106, 116; aus der Literatur z.B. *Groß*, Kapitalmarktrecht, 2. Aufl., §§ 45, 46 BörsG, Rdnr. 29).

1182 So § 15 Abs. 1 Nr. 12 BörsZulV a.F. für die Übernahme oder garantierte Unterbringung.

1183 Anhang III, Nr. 5.4, Anhang V, Nr. 5.4 Verordnung (EG) Nr. 809/2004.

1184 Vgl. zum US-amerikanischen Recht, das sich durch vergleichbar umfassende Offenlegungsstandards auszeichnet, bereits oben § 4 I 1 b bb.

Börsenpreises der Papiere führen.[1185] Die Nennung des Merkmals in § 44 Abs. 1 Satz 1 BörsG hat nur insoweit eigenständige Bedeutung, als sie die Beweislastumkehr in § 45 Abs. 2 Nr. 1 BörsG wieder teilweise rückgängig macht. Der Kläger muss darlegen und beweisen, dass der Prospektfehler zumindest objektiv (d.h. aus der Sicht eines durchschnittlichen Anlegers) dazu geeignet war, die Wertschätzung der Effekten zu beeinflussen. Ob er selbst im konkreten Fall auf die Richtigkeit der Information vertraute, wird vermutet und ist gegebenenfalls vom Beklagten zu widerlegen. Über die Tragweite der Voraussetzung lässt sich mithin streiten; sie bürdet dem Kläger aber keine übermäßige Beweislast auf, da sich die Wesentlichkeit in der Regel anhand von einfach festzustellenden Tatsachen – nämlich den Prospektangaben – darlegen lassen wird. Schwierigkeiten bereiten häufig erst der Nachweis, dass der Kläger tatsächlich aufgrund der unrichtigen Angabe erworben hat, und die Begründung des Ursachenzusammenhangs zwischen dem eingetretenen Kursverlust und dem Prospektfehler.

(3) Unrichtigkeit oder Unvollständigkeit

Das Gesetz unterscheidet zwischen dem unrichtigen und dem unvollständigen Prospekt. Auch wenn beide Merkmale ineinander übergehen – ein unrichtiger Prospekt ist insoweit unvollständig, als bestimmte wahrheitsgemäße Angaben nicht enthalten sind, und ein unvollständiger Prospekt ist unrichtig, weil die Auslassung beim Prospektleser falsche Vorstellungen über bestimmte Umstände hervorruft[1186] – und die Unterscheidung wegen der Angleichung des Verschuldensmaßstabs durch das 3. FMFG keine rechtliche Relevanz mehr hat, sollen sie hier der Übersichtlichkeit halber getrennt besprochen werden (Unrichtigkeit unter [a], Unvollständigkeit unter [b]). Hieran schließt sich eine Erörterung zweier Einzelprobleme an: der Frage, welche Auswirkungen Interessenkonflikte der Emissionsbank auf ihre Verpflichtung haben, einen vollständigen und fehlerfreien Prospekt herauszugeben (unter [c]), und bis zu welchem Zeitpunkt der Wertpapierprospekt auf einem aktuellen Stand zu halten ist (unter [d]).

(a) Tatsachen sind unrichtig, wenn sie nicht der Wahrheit entsprechen. Bei Prognosen und anderen Werturteilen stellen Rechtsprechung und h.L. darauf ab, ob der Emittent die zugrunde liegenden Tatsachen umfassend berücksichtigt und vertretbare Schlussfolgerungen zieht. Ein Prospekt ist nicht nur dann fehlerhaft, wenn einzelne Angaben unzutreffend sind, sondern auch, wenn er im Hinblick auf Zusammenstellung und Präsentation und Betonung bestimmter Umstände einen

---

1185 Diese Doppelung existiert auch im US-amerikanischen (sog. *materiality*, z.B. in §§ 11[a], 12[a][2] Sec. Act, Rule 10b-5[b] zum Securities Exchange Act 1934, hierzu unten § 9 I 1 d), nicht aber z.B. im englischen Recht: § 90 Financial Services and Markets Act 2000 verzichtet gerade deswegen auf Wesentlichkeit (*materiality*), weil diesem Merkmal neben der haftungsausfüllenden Kausalität keine eigenständige Bedeutung zugemessen wird, vgl. *Gleeson* in: *Bloomenthal/Wolff*, International Capital Markets and Securities Regulation, § 36:49.

1186 Die Gesetzesbegründung bezeichnet die Unvollständigkeit als Unterfall der Unrichtigkeit und hält die gesonderte Erwähnung des unvollständigen Prospekts wegen seiner Bedeutung in der Praxis für geboten, BT-Drs. 13/8933, S. 76.

irreführenden Gesamteindruck vermittelt oder so unübersichtlich gestaltet ist, dass relevante Informationen von anderen Angaben überlagert und leicht übersehen werden können.[1187] Die EG-Prospektverordnung schreibt eine bestimmte Reihenfolge für die in den Prospekt aufzunehmenden Angaben vor, die verpflichtend ist.[1188] Halten sich die Prospektverantwortlichen nicht an die Reihenfolge, ist der Prospekt nicht billigungsfähig und – falls trotzdem Billigung erfolgt – unrichtig. Das wird allerdings wohl nur dann zu einer Schadensersatzpflicht führen, wenn einzelne Abschnitte, z.B. die Risikofaktoren, aufgrund der neuen Anordnung zwischen den sonstigen Informationen untergehen.

Der Prospekt muss aktuell sein. Die EG-Prospektverordnung betont, dass nicht nur geprüfte historische Finanzinformationen, d.h. für die letzten drei Geschäftsjahre insbesondere die Bilanz, Gewinn- und Verlustrechnung, Übersicht der Eigenkapitaländerungen und Kapitalflussrechnung,[1189] und pro forma Finanzinformationen,[1190] aufzunehmen sind, sondern auch Zwischeninformationen, die wesentliche Veränderungen in der Finanzlage des Emittenten reflektieren.[1191]

(b) Um vollständig zu sein, muss der Prospekt gemäß der Grundregel des § 5 Abs. 1 WpPG alle Angaben enthalten, die notwendig sind, um ein abschließendes und zutreffendes Bild des Emittenten und der Emission zu vermitteln. Die EG-Prospektverordnung listet in den Anhängen die Mindestangaben auf, die – sofern nichts Gegenteiliges erwähnt wird (so für Gewinnprognosen und -schätzungen) – zwingend aufzunehmen sind (vgl. auch § 7 WpPG). Fehlen Mindestangaben, ist der Prospekt unvollständig, falls nicht eine der gesetzlichen Ausnahmen gem. § 6 (sog. Basisprospekt; insbesondere für Daueremissionen von Schuldverschreibungen[1192]) oder § 8 Abs. 1 WpPG (keine Angabe von Emissionspreis oder -volumen) eingreift, die BaFin die Auslassung der Angaben gestattet (§ 8 Abs. 2 WpPG)[1193] oder das Merkmal nicht auf den Emittenten anwendbar ist[1194] (z.B. der Emittent keine Forschung betreibt[1195]). Unvollständigkeit führt aber nur dann zur Prospekthaftung, wenn die

---

1187 BGH NJW 1982, 2823 (BuM). Siehe auch *Hopt*, Verantwortlichkeit, Rdnr. 153.
1188 Art. 25 (Prospekte) bzw. 26 (Basisprospekte) Verordnung (EG) Nr. 809/2004. Nur die in Art. 25 Abs. 1 und 2 sowie Art. 26 Abs. 2 Verordnung (EG) Nr. 809/2004 festgelegte Grobgliederung (den Detailangaben sind ein Inhaltsverzeichnis, eine Zusammenfassung und die Angabe der Risikofaktoren voranzustellen) ist zwingend.
1189 Anhang I, Nr. 20.1 Verordnung (EG) Nr. 809/2004, der insoweit IAS 1 entspricht.
1190 Anhang I, Nr. 20.2 Verordnung (EG) Nr. 809/2004.
1191 Anhang I, Nr. 20.6, 20.9 Verordnung (EG) Nr. 809/2004. Hierzu CESR/05-054b Para. 98 et seq.
1192 Zum Inhalt des Basisprospekts siehe Art. 22 Verordnung (EG) Nr. 809/2004.
1193 Auch wenn die BaFin Auslassungen gestattet, muss der Prospekt immer noch zutreffend und umfassend über den Emittenten und die Wertpapiere informieren. Das ist für Angaben, die den Emittenten betreffen, in § 8 Abs. 2 Nr. 2 WpPG ausdrücklich vorgeschrieben, muss aber auch für Angaben gelten, deren Verbreitung dem öffentlichen Interesse zuwiderläuft (§ 8 Abs. 2 Nr. 1 WpPG), ebenso *Hopt*, a.a.O., Rdnr. 161. So ist wohl auch die Gesetzesbegründung zu verstehen, die klarstellt, dass die Gestattung des Verzichts auf bestimmte Angaben Prospekthaftungsansprüche nicht ausschließt, BT-Drs. 15/4999, S. 33.
1194 Erwägungsgrund 24 Verordnung (EG) Nr. 809/2004.
1195 Anhang I, Nr. 11 Verordnung (EG) Nr. 809/2004.

Auslassungen wesentlich sind. Andererseits können im Einzelfall zusätzliche Informationen erforderlich sein, auch wenn alle Mindestangaben aufgeführt sind.[1196] In welcher Ausführlichkeit und welchem Umfang der Emittent die einzelnen Mindestangaben abzuarbeiten hat, kann nicht mit Allgemeinverbindlichkeit angegeben werden. Nach dem Grundsatz des § 5 Abs. 1 WpPG kommt es darauf an, dass er nicht durch zu knappe Darstellung falsche Vorstellungen hervorruft. Weiterführende Anhaltspunkte bieten Empfehlungen, Richtlinien und internationale Standards, die zwar die gesetzlichen Voraussetzungen nicht modifizieren können, aber Auslegungshilfe gewähren und anzeigen, welcher Grad an Detailfülle und Ausführlichkeit im Regelfall angemessen ist. Zu nennen sind insbesondere die Veröffentlichungen des Committee of European Securities Regulators (CESR)[1197], einer der im Zuge der Umsetzung der Lamfalussy-Richtlinien geschaffenen Kommissionen, der International Organization of Securities Commissions (IOSCO),[1198] auf deren Standards sich die Prospektrichtlinie ausdrücklich bezieht und auf denen die EG-Prospektverordnung beruht,[1199] der International Capital Market Association (ICMA), die sich auf allen Stufen am Lamfalussy-Verfahren beteiligt,[1200] und der Bundesanstalt für Finanzdienstleistungsaufsicht (BaFin).[1201]

Einige Beispiele für Prospektfehler (Unrichtigkeit und Unvollständigkeit) aus der Rechtsprechung: Der Emittent schöpft „bis an die Grenze des Erlaubten und vielleicht schon darüber hinaus alle Möglichkeiten aus[...], das Bilanzbild zu ‚verbessern'."[1202] Diese bilanziellen Maßnahmen, in Verbindung mit der positiven Beschreibung der Geschäftsentwicklung und Zukunftsaussichten des Unternehmens, rufen ein positives Gesamtbild hervor, das der tatsächlichen Sachlage nicht entspricht.[1203] Der Prospekt sagt einen Sanierungserfolg voraus, der von dem Eintritt ungewisser Voraussetzungen abhängt, ohne auf die Unwägbarkeiten hinzuweisen.[1204] Er geht nicht auf einen Übernahmeversuch ein, der erhebliche finanzielle Risiken mit sich bringt,[1205] und erwähnt strategische Unternehmensbeteiligungen nur am Rand, obwohl sie einen maßgeblichen Teil der Aktivitäten des Emittenten

---

1196 Vgl. § 13 Abs. 3 WpPG.

1197 Z.B. CESR's recommendations for the consistent implementation of the European Commission's Regulation on Prospectuses n° 809/2004 vom 10.02.2005, CESR/05-054b.

1198 Vor allem die International Disclosure Standards for Cross-Border Offerings and Initial Listings by Foreign Issuers vom September 1998.

1199 Art. 7 Abs. 3 Richtlinie 2003/71/EG; Erwägungsgrund 2 Verordnung (EG) Nr. 809/2004; vgl. außerdem 20 Abs. 1 und 3 sowie Erwägungsgrund 22 der Richtlinie zur Bedeutung der IOSCO-Standards.

1200 Instruktiv ist z.B. IPMA Response to CESR Consultation on Level 3 of the Prospectus Directive vom 18.10.2004.

1201 Noch zur alten Rechtslage z.B. Bekanntmachung des Bundesaufsichtsamtes für den Wertpapierhandel zum Wertpapier-Verkaufsprospektgesetz und zur Verordnung über Wertpapier-Verkaufsprospekte vom 06.09.1999, veröffentlicht in BAnz Nr. 177 vom 21.09.1999, S. 16180.

1202 BGH NJW 1982, 2823, 2825 (BuM).

1203 A.a.O., 2824 f. Ebenso OLG Frankfurt, WM 1994, 291, 295 (Bond I).

1204 OLG Düsseldorf, WM 1984, 586, 592 (BuM II).

1205 OLG Frankfurt, WM 1994, 291, 296 f. (Bond I).

ausmachen.[1206] Im Prospekt findet sich kein Hinweis auf die Anfechtungsklage gegen den Kapitalerhöhungsbeschluss, auf dem die Emission der Aktien beruht.[1207] Die Tatsache, dass eine Forderung von erheblichem wirtschaftlichen Gewicht gegen eine Tochtergesellschaft ungesichert ist, wird verschwiegen.[1208] Der Anleger kann dem Prospekt erst nach Abgleich mehrerer Angaben und Durchführung von Rechengängen entnehmen, in welcher Höhe seine Investition in das Anlageobjekt fließt und in welchem Umfang sie für Aufwendungen außerhalb der Anschaffungs- und Herstellungskosten (sog. weiche Kosten) verwendet wird.[1209] Kapitalanlagegesellschaften müssen in ihren Verkaufsprospekten über Anlageziele und Anlagepolitik informieren und umfassend über Risiken aufklären, z.B. bei spekulativen Anlagen in Termingeschäften oder Neuemissionen auf das Verlustrisiko hinweisen.[1210] Negative Analystenbewertungen oder Herabstufungen durch Rating-Agenturen sind nicht im Prospekt wiederzugeben, sie wirken sich aber insoweit aus, als der Prospekterlasser sie überprüfen und das Ergebnis seiner Nachforschungen bei Abfassung des Prospekts berücksichtigen muss.[1211]

(c) In der Literatur wird kontrovers diskutiert, ob die Bank auch dann die Aufnahme bestimmter Angaben in den Prospekt zu veranlassen hat, wenn sie aus anderem Rechtsgrund zur Geheimhaltung verpflichtet ist, z.B. aufgrund des Bankgeheimnisses (vgl. Nr. 2 AGB Banken[1212]) oder weil das Insiderhandelsverbot (§ 14 Abs. 1 Nr. 2 WpHG) einer Weitergabe der Informationen entgegensteht. Das Spek-

---

1206 A.a.O., 295 f.

1207 BGHZ 139, 225, 231 f. (Elsflether Werft).

1208 OLG Frankfurt, ZIP 1999, 1005, 1006 (MHM Mode). Das Gericht sah es als entscheidend an, dass die Forderung (9 Mio. DM) zum einen im Verhältnis zum Eigenkapital der Tochtergesellschaft (15 Mio. DM), zum anderen im Hinblick auf die Kapitalausstattung des Emittenten signifikant war.

1209 BGH ZIP 2006, 893, 894 (zur allgemeinen zivilrechtlichen Prospekthaftung).

1210 BGH ZIP 2005, 808 (Julius Bär Creative Fonds II) (zu § 20 KAGG a.F., jetzt § 127 InvG). Der Verkaufsprospekt enthielt eine Beschreibung der spekulativen Anlagestrategie und folgenden, optisch hervorgehobenen, Warnhinweis: „Auch bei sorgfältigster Auswahl der Wertpapiere kann nicht ausgeschlossen werden, dass Verluste durch Vermögensverfall von Ausstellern eintreten. … Es kann keine Zusicherung gemacht werden, dass die Ziele der Anlagepolitik erreicht werden" (a.a.O., 809). Unter diesen Umständen hielt der BGH den Prospekt für fehlerfrei, obwohl der (vorübergehende) Anlageschwerpunkt (im Fall Aktien des Neuen Marktes) nicht ausdrücklich benannt wurde.

1211 Sie sind mithin primär für die Frage von Bedeutung, ob der Prospektverantwortliche schuldhaft gehandelt hat, vgl. OLG Frankfurt, WM 1994, 291, 297 (Bond I). Missverständlich die Vorinstanz, LG Frankfurt, WM 1992, 1768, 1772: Die Emissionsbank sei „rechtlich gehalten, [negative Analystenberichte oder Pressestimmen] als einen wichtigen Anlagefaktor zu offenbaren … [E]ine Angabe, die ein wesentliches Contra zu einer möglichen Anlageentscheidung darstellt, [dürfe] nicht einfach weggelassen werden." Nach Ansicht des LG sind zudem Down-Ratings in den Prospekt aufzunehmen. Die Literatur lehnt eine solche Verpflichtung ganz überwiegend ab, vgl. nur Assmann/Lenz/Ritz/*Assmann*, § 13 VerkProspG, Rdnr. 37 m.N. Sie wird auch von anderen Gerichten nicht gefordert.

1212 Zur Geltung der AGB Banken im kaufmännischen Verkehr siehe OLG Hamm, WM 1984, 1600, 1602 (bejahend); zur Geltung im Verhältnis Emittent und Emissionsbank *DeMeo*, Bankenkonsortien, Kap. 3, Rdnr. 55 ff. (i.E. ablehnend; das Bankgeheimnis ergibt sich aber auch ohne Vereinbarung der AGB Banken als Nebenpflicht aus dem Rechtsverhältnis zwischen Bank und Kunde, vgl. *Kümpel*, Bank- und Kapitalmarktrecht, Rdnr. 2.143 m.N.).

trum der Meinungen reicht von einem absoluten Vorrang der Prospektierungspflicht[1213] bis hin zu einer grundsätzlichen Anerkennung von Geheimhaltungsinteressen, wobei der Konflikt zur Offenbarungspflicht durch eine Güterabwägung im Einzelfall zu lösen sei.[1214] Die Rechtsprechung hat über die Frage bislang nicht abschließend entschieden. Es finden sich lediglich Andeutungen, z.B. „mag eine Emissionsbank schon aus Gründen der Geheimhaltung im allgemeinen nicht verpflichtet sein, die genaue Höhe [von] Betriebsverluste[n] ... im Prospekt zu offenbaren."[1215] Das wird aber sofort wieder eingeschränkt: Die Bank müsse „durch eine entsprechend vorsichtige Darstellung der Ertragslage insgesamt zu vermeiden suchen, dass bei einem Prospektleser der irrige Eindruck [entstehe], er habe es mit einem [finanziell gesunden] Unternehmen zu tun"[1216].

Das Gesetz regelt das Problem zumindest indirekt in der bereits angesprochenen Vorschrift des § 8 Abs. 2 Nr. 2 WpPG: Die BaFin kann gestatten, dass Mindestangaben nicht in den Prospekt aufgenommen werden müssen, wenn ihre Verbreitung dem Emittenten einen erheblichen Schaden zufügen würde. Die Gestattung steht unter der Voraussetzung, dass die Nichtveröffentlichung das Publikum nicht über wesentliche Umstände im Zusammenhang mit der Emission täuscht. Damit zeigt die Vorschrift zweierlei: Zum einen dürfen nicht die Prospektverantwortlichen über Aufnahme oder Nichtaufnahme bestimmter (wesentlicher) Umstände entscheiden, sondern ist alleine die Bundesanstalt hierfür zuständig. Das kann die Weitergabe vertraulicher Tatsachen an die BaFin bedingen. Einer solchen Weitergabe stehen schutzwürdige Interessen des Emittenten nicht entgegen, da die Beschäftigten der BaFin gem. § 22 WpPG dazu verpflichtet sind, über Geschäfts- und Betriebsgeheimnisse sowie andere vertrauliche Informationen Stillschweigen zu bewahren. Verletzen sie die Verschwiegenheitspflicht, kann der Emittent gem. § 839 BGB i.V.m. Art. 34 GG Schadensersatz verlangen.[1217] Auch die Emissionsbank ist dazu befugt, die erforderlichen emittentenbezogenen Informationen an die BaFin zu übermitteln. Hat sie die Erstellung des Wertpapierprospekts und Einreichung der Unterlagen bei der Bundesanstalt übernommen, wird der Emittent in der Regel mit der Weitergabe einverstanden, die Bank mithin nicht an schuldrechtliche Geheim-

---

1213 *Canaris*, Bankvertragsrecht, Rdnr. 2279; *Ellenberger*, Prospekthaftung, S. 22 f.; Schwark/*Schwark*, KMRK, §§ 44, 45 BörsG, Rdnr. 30.

1214 Assmann/Lenz/Ritz/*Assmann*, § 13 VerkProspG, Rdnr. 36; Vortmann/*Hauptmann*, Prospekthaftung und Anlageberatung, § 3, Rdnr. 69, unter Verweis auf BGH WM 1991, 85, wo das Gericht den Konflikt zwischen der gegenüber dem Kunden bestehenden Pflicht zur Aufklärung vor Risiken und dem Bankgeheimnis durch Güterabwägung löst.

1215 BGH NJW 1982, 2823, 2825 (BuM). Noch deutlicher die Vorinstanz, OLG Düsseldorf, WM 1981, 960, 965: „Einerseits findet die Publizitätspflicht des Vorstandes einer Aktiengesellschaft ihre Grenze in der Wahrung der Betriebs- und Geschäftsgeheimnisse der Gesellschaft (§ 404 AktG). Andererseits kann die Angabe von Einzelheiten der Liquiditätslage und der Finanzierung einer Gesellschaft dazu führen, dass dieser ein erheblicher Schaden entsteht. ... Deshalb kann es nicht Aufgabe eines Börsenprospekts sein, sämtliche Einzelheiten der Liquiditätslage in schwarzmalerischer Weise mitzuteilen".

1216 BGH a.a.O.

1217 Vgl. Schwark/*Beck*, KMRK, § 8 WpHG, Rdnr. 19, zur Parallelvorschrift des § 8 WpHG.

haltungspflichten[1218] gebunden sein.[1219] Spricht er sich gegen eine Weitergabe aus, muss sich die Bank allerdings hieran halten.[1220] Sie ist nicht kraft gesetzlicher Anordnung von der Verschwiegenheitspflicht befreit, da § 8 Abs. 2 WpPG die Erteilung von Auskünften nicht gebietet, sondern nur ermöglicht.[1221] Gleichfalls greift das Insiderhandelsverbot bei Benachrichtigung der BaFin nicht ein. Die Mitteilung einer Insiderinformation ist nicht unbefugt i.S. des § 14 Abs. 1 Nr. 2 WpHG, da sie erforderlich ist, damit die Bundesanstalt ihre Tätigkeit ausüben kann.[1222]

Zum anderen macht das Gesetz deutlich, dass das Interesse des Publikums an umfassender Information im Vordergrund steht.[1223] Der Prospekt muss in jedem Fall – unabhängig von etwaigen konkurrierenden Interessen und einer Gestattung der Nichtveröffentlichung einzelner Angaben durch die BaFin – ein zutreffendes und umfassendes Bild aller wesentlichen Umstände vermitteln. Tut er das nicht, haften die Verantwortlichen gem. §§ 44, 45 BörsG.[1224]

Es ergeben sich somit folgende Verhaltensmöglichkeiten der Emissionsbanken: Eine Weitergabe vertraulicher Informationen an die BaFin ist zulässig, wenn der Emittent einverstanden ist. Verweigert die BaFin die Gestattung gem. § 8 Abs. 2 WpPG und erfolgt deswegen die Veröffentlichung, ist das Insiderhandelsverbot schon deswegen nicht betroffen, weil die Angabe nicht mehr unter den Begriff der Insiderinformation i.S. des § 13 Abs. 1 Satz 1 WpHG (Information über nicht öffentlich bekannte Umstände) fällt.[1225] Auch das Bankgeheimnis und sonstige Verschwiegenheitspflichten sind angesichts der Einwilligung des Emittenten nicht verletzt. Zu einem Konflikt kommt es, wenn der Emittent die Veröffentlichung ablehnt und eine Umschreibung der relevanten Umstände nicht möglich ist. Eine Aufnahme in

---

1218 Z.B. das Bankgeheimnis oder eine entsprechende ausdrückliche Vereinbarung in der Mandatsvereinbarung bzw. dem Übernahmevertrag, vgl. etwa Ziff. 2 d) des bei BuB/*Groß*, 10/323a, abgedruckten Letter of Engagement: Verpflichtung zur Geheimhaltung von vertraulichen Informationen, von denen die Bank im Rahmen der Emissionsbegleitung Kenntnis erlangt

1219 Vgl. Nr. 2 Abs. 1 Satz 2 Alt. 2 AGB Banken.

1220 Zu den möglichen Reaktionen der Emissionsbank vgl. sogleich im Text.

1221 Auskunftsersuchen der BaFin, z.B. gem. § 4 Abs. 3 WpHG, gehen dem Bankgeheimnis oder sonstigen schuldrechtlichen Verschwiegenheitspflichten vor, vgl. Baumbach/Hopt/*Hopt*, (7) BankGesch, Rdnr. A/11. Vgl. auch Nr. 2 Abs. 1 Satz 2 Alt. 1 AGB Banken.

1222 Vgl. Schwark/*Schwark*, KMRK, § 14 WpHG, Rdnr. 39. Auch die Weitergabe von Insiderinformationen durch den Emittenten an die Bank, um ihr die Durchführung der due diligence zu ermöglichen, ist nicht unbefugt, Schwark/*Schwark*, a.a.O., Rdnr. 41.

1223 So ausdrücklich BT-Drs. 15/4999, S. 33.

1224 BT-Drs. 15/4999, S. 33.

1225 Sämtliche der Veröffentlichungsmöglichkeiten des § 14 Abs. 2 WpPG, zwischen denen der Emittent die Wahl hat, stellen Öffentlichkeit i.S. der Insiderhandelsvorschriften her. Für Zwecke des § 13 WpHG genügt es, dass eine unbestimmte Anzahl von Personen die Möglichkeit der Kenntnisnahme hat, BT-Drs. 12/6679, S. 46, was auch dann der Fall ist, wenn der Prospekt zur Ausgabe an das Publikum bereitgehalten wird (§ 14 Abs. 2 Nr. 2 WpPG). In der Praxis wird der Prospekt heute nahezu immer ins Internet eingestellt. Im Hinblick auf diese Rechtslage greift das teilweise in der Literatur anzutreffende Bedenken gegen die Zulässigkeit der Offenlegung von Insiderinformationen im Prospekt (z.B. *Hopt*, Verantwortlichkeit, Rdnr. 201 f.) nicht durch. Ebenso wenig ist ersichtlich, wie eine Güterabwägung zur Einschränkung des Umfangs der in den Prospekt aufzunehmenden Angaben zugunsten der weitergehenden Geheimhaltung von Insiderinformationen führen kann (so Assmann/Lenz/Ritz/*Assmann*, § 13 VerkProspG, Rdnr. 36).

den Prospekt durch die Emissionsbank würde das Bankgeheimnis und die vertraglich vereinbarte Pflicht zur Geheimhaltung verletzen.[1226] Andererseits ist der Prospekt bei Nichtveröffentlichung nicht billigungsfähig bzw. – unterstellt, die Aufsichtsbehörde billigt ihn, weil sie keine Kenntnis von dem Fehlen oder der Fehlerhaftigkeit der Angaben hat oder die Billigung irrtümlich vornimmt – unvollständig. Dann macht sich die Bank schadensersatzpflichtig, wenn die Informationen wesentlich für die Beurteilung der Wertpapiere sind. Sie kann der Schadensersatzpflicht nur entgehen, indem sie von der Emissionsbegleitung Abstand nimmt.[1227] Zu einer Abwägung der widerstreitenden Interessen kommt es jedenfalls, anders als von der Literatur teilweise gefordert, zu keinem Zeitpunkt.[1228]

Andere Interessenkonflikte können daraus resultieren, dass die Bank neben der bei jeder Emissionsbegleitung bestehenden finanziellen Beteiligung weitere Belange verfolgt. Ein Beispiel ist die Vereinbarung mit dem Emittenten, einen Teil des Emissionserlöses zur Rückführung von Kreditverbindlichkeiten zu verwenden, die der Konsortialbank gegenüber bestehen. Nach alter Rechtslage war umstritten, ob solche Interessenkonflikte im Wertpapierprospekt offen gelegt werden müssen.[1229] Der BGH hat für einen ähnlich gelagerten Fall, die Durchführung von Kurspflegemaßnahmen durch einen Emissionsbegleiter, dessen Gesellschafter ausschließlich aus den Mitgliedern des Vorstands des Emittenten bestanden, die zugleich seine Hauptaktionäre waren, eine Pflicht zur Bekanntgabe im Prospekt angenommen.[1230] Die EG-Prospektverordnung verlangt nunmehr sowohl genaue Beschreibung jeglicher Interessenkonflikte, die für die Emission von wesentlicher Bedeutung sind,[1231] als auch Schilderung der Verwendung der Erträge, insbesondere wenn sie zur Begleichung von Schulden eingesetzt werden sollen.[1232] Diese strengen Publizitätsanforderungen sprechen dafür, Beteiligungen der Emissionsbanken auch dann anzugeben, wenn es sich um übliche Arrangements handelt, etwa die Vereinbarung zur Rückführung einer Kreditverbindlichkeit.

1226 Eine Ausnahme vom Bankgeheimnis bzw. der vertraglichen Verschwiegenheitspflicht setzt voraus, dass der Bank die Beachtung dieser Pflichten unzumutbar ist (§ 242 BGB). Das ist ausnahmsweise z.B. dann anzuerkennen, wenn sie andernfalls in ihrer Rechtsverfolgung gehindert ist oder sich der Verurteilung durch ein ausländisches Gericht ausgesetzt sieht, vgl. *Kümpel*, Bank- und Kapitalmarktrecht, Rdnr. 2.174 ff. Das pekuniäre – nicht rechtliche – Interesse an der vollständigen Durchführung der Emissionsbegleitung begründet keine Unzumutbarkeit. Der Bank steht aus der Mandatsvereinbarung nicht einmal ein Anspruch auf tatsächliche Begleitung der Emission zu. Demgegenüber kann die Veröffentlichung der vertraulichen Informationen für den Emittenten gravierende Folgen haben.

1227 Im Ergebnis ebenso Baumbach/Hopt/*Hopt*, § 347, Rdnr. 32; *Hopt*, Verantwortlichkeit, Rdnr. 202; Schwark/*Schwark*, KMRK, §§ 44, 45 BörsG, Rdnr. 30.

1228 Mit Ausnahme der in Fn. 1226 angestellten Überlegung.

1229 Für Kreditrückführung bejahend *Hopt*, Verantwortlichkeit, Rdnr. 219; grundsätzlich ablehnend BuB/*Bosch*, 10/127; nach den Umständen des Einzelfalls differenzierend Vortmann/*Hauptmann*, Prospekthaftung und Anlageberatung, § 3, Rdnr. 74.

1230 BGHZ 123, 106, 116 (Hornblower Fischer). Zur prospektierungspflichtigen personellen Verflechtung von Emittent und einer Beraterfirma vgl. OLG Frankfurt, ZIP 1999, 1005, 1007 (MHM Mode).

1231 Anhang III, Nr. Nr. 3.3, Anhang V, Nr. 3.1 Verordnung (EG) Nr. 809/2004.

1232 Anhang III, Nr. Nr. 3.4, Anhang V, Nr. 3.2 Verordnung (EG) Nr. 809/2004.

(d) Problematisch ist schließlich, auf welchen Zeitpunkt zur Beurteilung der Fehlerfreiheit und Vollständigkeit des Prospekts abzustellen ist, d.h. ob und wie nachträgliche Veränderungen wesentlicher Umstände zu berücksichtigen sind. Drei Fälle können unterschieden werden: Die Veränderung tritt zwischen Einreichung des Prospekts bei der BaFin und Billigung, nach Billigung, aber vor Einführung der Wertpapiere in den Handel, oder nach Börseneinführung ein. Bei Veränderungen vor Billigung des Prospekts sollte der Prospekterlasser (der Emittent oder die Emissionsbank) einen entsprechenden berichtigenden Nachtrag – der nicht als Nachtrag i.S. des § 16 WpPG zu verstehen ist und deswegen nicht den dort aufgeführten Erfordernissen unterliegt – bei der BaFin einreichen. Für den Zeitraum zwischen Billigung und Schluss des öffentlichen Angebots bzw. Einführung oder Einbeziehung in den Handel bestimmt § 16 Abs. 1 WpPG, dass ein Nachtrag zum Prospekt zu veröffentlichen ist.[1233] Die Vorgängerbestimmungen, § 52 Abs. 2 BörsZulV a.F. und § 11 VerkProspG a.F., waren Gegenstand eines Meinungsstreits zur Zeitdauer der Aktualisierungspflicht. § 11 VerkProspG a.F. sah vor, dass Veränderungen während der Dauer des öffentlichen Angebots unverzüglich zu veröffentlichen seien. § 52 Abs. 2 BörsZulV a.F. verlangte einen Nachtrag, wenn sich seit der Veröffentlichung des Prospekts wesentliche Umstände verändert hatten, gab aber – anders als § 11 VerkProspG a.F. – keinen Zeitpunkt für das Ende der Pflicht zur Aktualisierung, etwa die Einführung der Papiere zum Börsenhandel, an. Hieraus schloss ein Teil der Literatur, dass der Emittent (bzw. die Emissionsbank) auch nach Börseneinführung während des gesamten Platzierungsprozesses[1234] durch die Einreichung von Nachträgen für einen aktuellen Prospekt zu sorgen hätte.[1235] Der BGH tendierte in dieselbe Richtung.[1236] Gegen diese Ansicht sprach bereits nach alter Rechtslage Art. 23

1233 Zum Verhältnis zwischen Nachtragspflicht und § 15 WpHG vgl. BT-Drs. 15/4999, S. 36.

1234 Die Platzierung ist zwar häufig kurz (in der Regel einen Tag) vor Aufnahme der Notierung mit der Zuteilung der Effekten beendet (bei Zulassung zum Handel im regulierten Markt und Auflegung zur öffentlichen Zeichnung ist das gem. § 38 Abs. 2 BörsG Pflicht), es sind aber auch Fälle denkbar, in denen sie später abgeschlossen wird (insbesondere bei Daueremissionen, vgl. hierzu sogleich im Text).

1235 Assmann/Schütze/*Assmann*, Handbuch des Kapitalanlagerechts, § 6, Rdnr. 113; *Hopt*, Verantwortlichkeit, Rdnr. 209; Schimansky/Bunte/Lwowski/*Grundmann*, Bankrechtshandbuch, § 112, Rdnr. 41. Noch weiter *Ellenberger*, Prospekthaftung, S. 17–20, der aus § 45 Abs. 2 Nr. 4 BörsG fehlerhaft eine *Pflicht* zur Berichtigung ableitet und sowohl Emittent als auch Emissionsbegleiter für Änderungen, die innerhalb von sechs Monaten nach Einführung der Wertpapiere eintreten (Frist aus § 44 Abs. 1 Satz 1 BörsG), haften lassen will (a.a.O., 20). A.A. *Lenenbach*, Kapitalmarkt- und Börsenrecht, Rdnr. 8.92; Schwark/*Schwark*, KMRK, §§ 44, 45 BörsG, Rdnr. 29: Pflicht zur Einreichung von Nachträgen bis zur Börseneinführung.

1236 BGHZ 139, 225, 232 f. (Elsflether Werft). In dem Fall ging es um einen von Anfang an unrichtigen Unternehmensbericht, von dessen Fehlerhaftigkeit die beklagte Emissionsbank erst nach Zulassung der Aktien zum Handel im geregelten Markt erfahren hatte. Der Gerichtshof war der Auffassung, eine Aktualisierungspflicht könne auch nach Börsenzulassung bestehen (BGH: „jedenfalls bis zum Ablauf der Zeichnungsfrist“, a.a.O., 232, die aber nur selten nach der Börseneinführung endet, vgl. oben Fn. 1234). Dem BGH ist insoweit zuzustimmen, als es für die Haftung keinen Unterschied macht, ob der Prospekt nachträglich unrichtig wird oder von Anfang an fehlerhaft war und der Prospektverantwortliche von dem Fehler lediglich später erfährt. Sofern er (1) Adressat der Pflicht zur Einreichung eines Nachtrags ist, trotzdem (2) keinen Nachtrag einreicht und (3) hierbei schuldhaft i.S. des § 45 Abs. 1 BörsG handelt, d.h. vor dem Ende der Aktualisierungspflicht (hierzu sogleich im Text) Kenntnis oder grob fahrlässige Unkenntnis von dem der Börsenzulassungsprospekt-Richtlinie, der § 52 Abs. 2 BörsZulV a.F. zugrunde lag und im Gegensatz zur deutschen Vorschrift Nachträge nur für Änderungen zwischen der Fertigstellung des Prospekts und dem Beginn der amtlichen Notierung vorschrieb.[1237] Dem entsprechen nun Art. 16 Abs. 1 Prospektrichtlinie und § 16 Abs. 1 Satz 1 WpPG, die den Meinungsstreit beendet haben dürften.[1238]

Eine längere Aktualisierungspflicht würde im Übrigen das Haftungsrisiko bei Emissionen im Rahmen von Angebotsprogrammen unverhältnismäßig erhöhen. Insbesondere im Commercial Papers (CP) Markt kommt es zur kontinuierlichen oder wiederholten Begebung von diskontierten Schuldverschreibungen über einen längeren Zeitraum hinweg, d.h. auch nach Börseneinführung.[1239] Nach der oben dargestellten Ansicht müssten die Emissionsbanken den Emittenten während der gesamten Laufzeit des Programms beobachten, seine finanzielle Lage untersuchen und gegebenenfalls Nachträge zum Prospekt vornehmen, um einer Haftung zu entgehen. Das ist nicht nur unpraktikabel, da die Banken nach Abschluss der Emissionsvorbereitung keinen Einblick mehr in unternehmensinterne Vorgänge haben, sondern würde auch den Sinn und Zweck von CP-Programmen – dem Emittenten eine flexible Finanzierungsmöglichkeit bei niedrigen Kosten zur Verfügung zu stellen – konterkarieren. Die Emissionsbanken übernehmen in der Regel nicht das Platzierungsrisiko, sondern verpflichten sich nur zu nachhaltigen Unterbringungs-

---

Prospektmangel hat, haftet er gem. §§ 44, 45 BörsG. A.A. OLG Frankfurt, ZIP 2004, 1411, 1413 (EM.TV II) (noch zur alten Rechtslage): Die Aktualisierungspflicht endet mit der Notierung.

1237 Richtlinie 80/390/EWG vom 17.03.1980, Abl. L 100 vom 17.04.1980, S. 1.

1238 So auch *Groß*, Kapitalmarktrecht, § 16 WpPG, Rdnr. 5. Noch deutlicher war die vom Bundesrat vorgeschlagene Fassung, nach der die Nachtragspflicht für neue Umstände gelten sollte, die vor dem endgültigen Schluss des öffentlichen Angebots oder der Einführung oder Einbeziehung in den Handel gelten sollte, je nachdem, *welches Ereignis früher eintritt*, BR-Drs. 85/05(B), S. 6. Die Begründung hebt hervor, dass die Gesetzesänderung Belastungen für die Emissionspraxis mit sich bringe: Das Billigungsverfahren führe zu einer zeitlichen Verzögerung, und das Widerrufsrecht rufe Unsicherheit hervor. Es sei wichtig, diese Belastungen dadurch abzufedern, dass die Nachtragspflicht „in jedem Fall mit der Eröffnung des Handels an einem organisierten Markt" (a.a.O., S. 7) ende. Spätestens ab diesem Zeitpunkt sei der Anleger durch die zahlreichen Berichtspflichten des Emittenten (vgl. § 10 Abs. 1 WpPG) ausreichend geschützt. Die Bundesregierung versteht die letztlich erlassene Vorschrift in der vom Bundesrat vorgeschlagenen Weise, vgl. Beschlussempfehlung und Bericht des Finanzausschusses, BT-Drs. 15/5373, S. 50. Dagegen eine längere Dauer der Aktualisierungspflicht auch nach neuer Rechtslage erwägend Assmann/Schütze/*Assmann*, Handbuch des Kapitalanlagerechts, § 6, Rdnr. 112 f. Schimansky/Bunte/Lwowski/*Grundmann*, Bankrechtshandbuch, § 112, Rdnr. 41, wendet seine Argumentation aus der Vorauflage (zu §§ 52 BörsZulVO, 11 VerkProspG) unreflektiert auf § 16 WpPG an und nimmt eine Nachtragspflicht an, solange Anlageentscheidungen ausstehen.

1239 Da CPs in der Regel privat platziert werden, muss die Zuteilung nicht gem. § 38 Abs. 2 BörsG vor Aufnahme der Notierung beendet sein. Die Prospektpflicht entfällt gem. § 2 Nr. 1 WpPG, wenn die CPs wegen ihrer geringen Laufzeit als Geldmarktinstrumente und damit nicht Wertpapiere i.S. des WpPG anzusehen sind. Aus der Natur als Privatplatzierung ergibt sich zudem, dass auch bei einer Laufzeit von mehr als zwölf Monaten kein Wertpapierprospekt erstellt werden muss, wenn der Emittent keine Börsennotierung anstrebt. Gleichwohl wird die Börseneinführung häufig sinnvoll sein, vgl. *Kümpel*, Bank- und Kapitalmarktrecht, Rdnr. 14.36. Der Prospekt nimmt die Form eines Basisprospekts i.S. des § 6 WpPG an (Voraussetzung ist, dass die zu emittierenden Effekten die Anforderungen gem. § 6 Abs. 1 Nr. 1 oder 2 i.V.m. § 2 Nr. 5, 12 WpPG erfüllen).

bemühungen (Begebungskonsortium). Sie erhalten deswegen vergleichsweise niedrige Prämien, insbesondere keine Übernahmeprämie. Ein gesteigertes Haftungsrisiko würde entweder die Teilnahme an CP-Platzierungen unattraktiv gestalten oder eine Erhöhung der Gebühren erfordern.

Es lässt sich mithin festhalten, dass die Pflicht zur Aktualisierung bzw. Berichtigung des Prospekts durch Einreichung eines Nachtrags gem. § 16 WpPG besteht, wenn der Prospekt zunächst fehlerfrei war und bis zu dem in § 16 Abs. 1 Satz 1 WpPG genannten Zeitpunkt (Schluss des öffentlichen Angebots, wenn der Emittent keine Zulassung zum Handel im regulierten Markt anstrebt, andernfalls Einführung in den Handel) durch neue Umstände unrichtig wird. Gleiches gilt, wenn er von Anfang an einen Fehler aufwies und die Prospektverantwortlichen den Fehler nach Billigung, aber vor dem Zeitpunkt des § 16 Abs. 1 Satz 1 WpPG erkennen.[1240] Die Frage, wer Adressat der Aktualisierungspflicht ist, d.h. bei Unterlassen der Aktualisierung gem. §§ 44, 45 BörsG haftet, beantwortet nunmehr § 16 Abs. 1 Satz 2 WpPG ausdrücklich: der Anbieter oder Zulassungsantragsteller. Die Vorschrift spielt auf die schon in Satz 1 und § 3 Abs. 1 Satz 1, Abs. 3 WpPG vorgenommene Zweiteilung an. Bei einem öffentlichen Angebot, aber keiner Einführung in den Handel, muss der Anbieter den Prospekt veröffentlichen. Ihn trifft damit auch die Nachtragspflicht. Das bedeutet nach hier vertretener Auslegung, dass sämtliche Emissionsbanken bis zum Schluss des öffentlichen Angebots oder der Einbeziehung in den regulierten Markt oder den Freiverkehr auf Prospektaktualität zu achten haben und andernfalls Schadensersatz leisten müssen. Bei beabsichtigter Zulassung der Wertpapiere zum Handel an einem organisierten Markt sind lediglich die Zulassungsantragsteller bis zur Einführung zur Einreichung von Nachträgen verpflichtet.

ee. Verschulden

Der Verschuldensmaßstab ist für alle Prospektverantwortlichen einheitlich: Gem. § 45 Abs. 1 BörsG kann nicht in Anspruch genommen werden, wer die Unrichtigkeit bzw. Unvollständigkeit des Prospekts nicht gekannt hat, sofern die Unkenntnis nicht auf grober Fahrlässigkeit beruht. Aus der negativen Formulierung ergibt sich eine Beweislastumkehr. Hiermit wollte der Gesetzgeber dem Umstand Rechnung tragen, dass der Prospektfehler in der Regel der Sphäre des Prospektverantwortlichen zuzuordnen ist, in die der Anleger keinen Einblick hat. Müsste er das Verschulden des Haftungsadressaten nachweisen, wäre ihm die Durchsetzung des Anspruchs nahezu unmöglich.[1241]

1240 Nach alter Rechtslage war umstritten, ob §§ 52 Abs. 2 BörsZulV a.F., 11 VerkProspG a.F. auch anfängliche Prospektfehler erfassen, die erst nachträglich festgestellt werden, vgl. Assmann/Lenz/Ritz/*Ritz*, § 11 VerkProspG, Rdnr. 8 ff. § 16 Abs. 1 Satz 1 WpPG bezieht diesen Fall jetzt explizit mit ein.
1241 So die Regierungsbegründung, BT-Drs. 13/8933, S. 80.

Der einheitliche Sorgfaltsmaßstab führt zu dem Problem, ob bzw. wie die bei der Emissionsbegleitung existierenden Informationsasymmetrien zu berücksichtigen sind. Für den Emittenten wird die Vollständigkeit und Fehlerfreiheit der Emissionsunterlagen gewöhnlich wesentlich einfacher und mit größerer Präzision festzustellen sein als für die Konsortialbanken. Auch im Verhältnis der Emissionsbanken untereinander bestehen häufig beträchtliche Unterschiede, was die Einbindung in die Emissionsbegleitung und damit die Kenntnis von unternehmensbezogenen, nicht öffentlich bekannten Umständen anbelangt, die für eine sorgfältige Überprüfung der Emissionsunterlagen unabdingbar ist. Auf dieses Problem soll im Anschluss an eine kurze Erörterung des Begriffs der groben Fahrlässigkeit (unter [1]) näher eingegangen werden, vgl. unter (2). Abschließend (unter [3]) ist zu untersuchen, in welchem Umfang sich die Prospektverantwortlichen auf Angaben verlassen können, die Dritte, z.B. die Wirtschaftsprüfer des Emittenten, erstellen und die zur Aufnahme in den Prospekt vorgesehen sind.

(1) Grobe Fahrlässigkeit

Die Rechtsprechung versteht unter grober Fahrlässigkeit im Allgemeinen „ein Handeln, bei dem die erforderliche Sorgfalt nach den gesamten Umständen in ungewöhnlich großem Maße verletzt worden ist und bei dem dasjenige unbeachtet geblieben ist, was im gegebenen Fall jedem hätte einleuchten müssen“.[1242] Der Gesetzgeber begründet die Beschränkung der Haftung auf grobe Fahrlässigkeit damit, dass die Prospekthaftung angesichts des Verzichts auf das Erfordernis eines rechtsgeschäftlichen Kontakts eines Korrektivs bedürfe. Auch befürchtet er, ein strengerer Haftungsmaßstab könnte zu einer Verminderung der Bereitschaft von Kredit- oder Finanzdienstleistungsinstituten führen, Emissionen zu begleiten.[1243] Teile der Literatur halten die Haftungsbegrenzung für rechtspolitisch verfehlt.[1244] Sie weisen darauf hin, dass sie nicht internationalen Standards entspreche[1245] und systemwidrig sei: Bei der Emissionsbegleitung handele es sich um eine entgeltliche berufliche Leistung. In solchen Fällen werde nach der Konzeption des deutschen

---

1242 Z.B. BGHZ 10, 14, 16; 89, 153, 161.

1243 BT-Drs. 13/8933, S. 80. Der Regierungsbegründung zustimmend BuB/*Bosch*, Rdnr. 10/130; *Groß*, Kapitalmarktrecht, 2. Aufl., §§ 45, 46 BörsG, Rdnr. 74 (Haftungsbeschränkung sei für die Attraktivität des Finanzplatzes Deutschland wichtig); *Kümpel*, Bank- und Kapitalmarktrecht, Rdnr. 9.363.

1244 Baumbach/Hopt/*Hopt*, (14) BörsG § 45, Rdnr. 1; *Ellenberger*, Prospekthaftung, S. 58 f.; *Grundmann/Selbherr*, WM 1996, 985, 986 ff.; *Hopt*, Verantwortlichkeit, Rdnr. 168 ff.; Hopt/Voigt/*Hopt/Voigt*, Prospekt- und Kapitalmarktinformationshaftung, S. 82 ff.; Hopt/Voigt/*Schäfer*, a.a.O., S. 176 f. (in Bezug auf die Haftung des Wirtschaftsprüfers, was aber ebenso für die Emissionsbanken gilt); *Köndgen*, AG 1983, 120, 128: „systemwidrige[...] Konzession des Gesetzgebers an die Emissionshäuser“. *Fleischer*, Gutachten F für den 64. Deutschen Juristentag 2002, S. F 61 f., weist darauf hin, dass der Wahl zwischen einfacher und grober Fahrlässigkeit keine große praktische Bedeutung zukommen dürfte. Da eine genaue Grenzziehung nicht möglich sei, entfalte schon die Haftung bei grober Fahrlässigkeit eine ausreichende Anreizwirkung.

1245 *Fleischer*, a.a.O., S. F 60 f.; *Hopt*, a.a.O., Rdnr. 168; Hopt/Voigt/*Hopt/Voigt*, a.a.O.

Zivilrechts gewöhnlich schon bei leichter Fahrlässigkeit gehaftet.[1246] *De lege lata* ist das Festhalten an grober Fahrlässigkeit jedenfalls unabweisbar.[1247] Von einer Systemwidrigkeit kann nach den jüngsten Aktivitäten des Gesetzgebers auf dem Gebiet des Kapitalmarktrechts ohnehin kaum mehr gesprochen werden. Sowohl Schadensersatz wegen der Veröffentlichung falscher Insiderinformationen (bzw. der unterlassenen Veröffentlichung von Ad-hoc-Mitteilungen) gem. §§ 37b, 37c WpHG als auch die Haftung für die Angebotsunterlage gem. § 12 WpÜG setzen (nur) grobe Fahrlässigkeit voraus. Der Entwurf des KapInHaG weicht hiervon nicht ab. Die vorgesehenen Haftungserweiterungen – die Haftung für fehlerhafte oder unterlassene öffentliche Bekanntmachungen oder Mitteilungen gem. § 37a WpHG-E, die Prospekthaftung der Mitglieder des Leitungs-, Verwaltungs- oder Aufsichtsorgans des Emittenten gem. § 44 Abs. 1 Satz 1 Nr. 3 BörsG-E und der für Teile des Prospekts verantwortlichen Dritten gem. § 44a BörsG-E – stehen allesamt unter dem Vorbehalt des zumindest grob fahrlässigen Handelns.

(2) Individuelle Bestimmung der Sorgfaltsanforderungen

Das Emissionsgeschäft weist mehrere Besonderheiten auf, die es nicht als sachgerecht erscheinen lassen, an alle Beteiligten inhaltsgleiche Sorgfaltsanforderungen zu stellen. In den Kreis der Haftungsadressaten der §§ 44, 45 BörsG fallen nach h.M. insbesondere zwei Personen bzw. Personengruppen: der Emittent und die emissionsbegleitenden Institute. Diese beiden Adressaten(-gruppen) nehmen schon nach der Konzeption des Gesetzgebers unterschiedliche Funktionen wahr. Der Emittent ist der Initiator des Börsengangs bzw. des öffentlichen Angebots. Er stellt den Zulassungsantrag und gibt die Wertpapiere aus. Die in die Emissionsunterlagen aufzunehmenden Angaben betreffen größtenteils seine rechtliche Struktur, Finanz-, Geschäfts- und Ertragslage, sowie die Ausstattungsmerkmale der Effekten und Bedingungen des Angebots. Er weist die größte Sachnähe auf und ist am intimsten mit den relevanten Informationen vertraut. Daneben ist die Mitwirkung der Emissionsbanken am Zulassungsverfahren erforderlich (§ 32 Abs. 2 Satz 1 BörsG), weil dem Emittenten in der Regel die notwendigen Erfahrungen und Kenntnisse zur Erfüllung der Zulassungsfolgepflichten fehlen.[1248] Auch stellt die Einschaltung des Emissionsbegleiters und seine zwingende Übernahme der Verantwortung für den Inhalt des Prospekts (§ 5 Abs. 4 Satz 2 WpPG) eine zusätzliche Absicherung für den Anleger dar.[1249] Nicht vom Gesetz gefordert, aber wegen der größeren Expertise

---

1246 *Grundmann/Selbherr*, a.a.O., 989. Ähnlich *Canaris*, Bankvertragsrecht, Rdnr. 2280 (die Haftungsbegrenzung sei „dem geltenden Recht sonst fremd“), der sich allerdings von seiner in der 1. Aufl. vertretenen Auffassung löst und angesichts der Besonderheiten der Prospekthaftung, insbesondere des fehlenden rechtsgeschäftlichen Kontakts, i.E. keine Systemwidrigkeit sieht, vielmehr vorschlägt, die Haftungsmilderung auf andere Bereiche auszudehnen, in denen es an einem rechtsgeschäftlichen Kontakt fehlt.

1247 Zu Überlegungen *de lege feranda* vgl. unten § 12 II 1.

1248 Der Emissionsbegleiter hat unter anderem die laufende Beratung des Emittenten bei der Gestaltung der börsenrechtlichen Publizität zu übernehmen und die börsenmäßige Lieferbarkeit der Wertpapiere zu gewährleisten, vgl. BT-Drs. 13/7143, S. 27.

1249 Das hebt z.B. BGHZ 139, 225, 230 (Elsflether Werft), hervor.

der Emissionsbank üblich, ist die Unterstützung bei der Vorbereitung des Börsengangs (bzw. öffentlichen Angebots) in der oben ausführlich dargestellten Weise.[1250] Einer solcherart an der Emission mitwirkenden Bank (hierbei handelt es sich, wie erwähnt, gewöhnlich nicht um alle Mitglieder des Konsortiums, sondern nur die führenden Institute) kommt mithin sowohl nach der Wertung des Gesetzes als auch aufgrund der praktischen Handhabung eine gewisse Nähebeziehung zum Emittenten zu. Gleichwohl ist hervorzuheben, dass eine noch so sorgfältige Prüfung der Finanzdaten des Unternehmens und ein noch so enger Kontakt zu seiner Geschäftsführung der Emissionsbank nicht dasselbe Insiderwissen verschaffen wird wie den Angestellten des Emittenten. Noch deutlicher wird die Informationsasymmetrie bei Einbeziehung der sonstigen Mitglieder des Konsortiums: Da die Konsortialführerin das Konsortium in der Regel erst kurz vor der Übernahme und jedenfalls zu einem Zeitpunkt zusammenstellt, zu dem der Prospekt bereits abgefasst und die due diligence Prüfung des Emittenten durchgeführt worden ist, haben die übrigen Konsortialbanken schon aus Zeitgründen kaum Gelegenheit, die Fehlerfreiheit der Emissionsunterlagen nachzuprüfen, abgesehen davon, dass ihnen das Wissen über den Emittenten fehlt, das die Konsortialführerin im Rahmen der Emissionsvorbereitung erlangt.

In Gesetzgebung, Rechtsprechung und Wissenschaft herrscht Einigkeit, dass die informationellen Differenzen zu berücksichtigen sind. Auf welche Weise und mit welchen praktischen Konsequenzen das zu geschehen hat, ist freilich umstritten. Im Folgenden sollen die drei Quellen (Gesetzgebung unter [a], Rechtsprechung unter [b] und Wissenschaft unter [c]) näher beleuchtet werden. Das Kapitel schließt mit einigen bewertenden Anmerkungen (unter [d]).

(a) Die Regierungsbegründung zum 3. FMFG gibt die grobe Richtung vor, indem sie betont, dass die an den Emittenten zu stellenden Sorgfaltsanforderungen strenger sind als diejenigen, welche die Emissionsbegleiter treffen. Die Verpflichtung der Konsortialbanken beschränke sich primär auf die Überprüfung der Richtigkeit und Vollständigkeit der vom Emittenten vorgelegten Daten. Eine Prüfungsintensität vergleichbar der des Emittenten könne allenfalls dann entstehen, wenn konkrete Anhaltspunkte für die Unrichtigkeit oder Unvollständigkeit der Informationen vorlägen.[1251]

(b) In der Rechtsprechung finden sich nur wenige Hinweise. Das Reichsgericht wendete grundsätzlich unterschiedliche Sorgfaltsmaßstäbe auf den Emittenten und die Emissionsbegleiter an.[1252] Zwar bejahte es eine Prüfungspflicht der Emissionsbanken. Allgemeingültige Regeln zu ihrem Umfang, insbesondere zu der Frage, ob sich die Banken auf das Studium der vom Emittenten zur Verfügung gestellten Unterlagen beschränken könnten oder weitergehende Aktivitäten entfalten, z. B. eine Bestandsaufnahme im Unternehmen vornehmen müssten, ließen sich

---

1250 § 4 I 1 a.
1251 BT-Drs. 13/8933, S. 80.
1252 RG BankArch 1910/11, 123; RGZ 80, 196, 199.

nach seiner Ansicht nicht aufstellen: „[A]llein die Umstände in jedem einzelnen Falle [können] über das Maß der vom Emissionshaus anzuwendenden Sorgfalt entscheiden“[1253]. Auch in einigen neueren Entscheidungen klingt an, dass der Sorgfaltsmaßstab von der Stellung des Haftungsadressaten abhängt. Das OLG Frankfurt hat in seiner Bond-Entscheidung einen Vergleich zwischen den Prüfungspflichten der Zulassungsstelle und der Emissionsbank angestellt und betont, da die Emissionsbank in der Regel den besseren Informationsstand habe, sei von ihr eine höhere Prüfungsintensität zu verlangen.[1254]

(c) Die Diskussion in der Literatur kreist um zwei Fälle: die Entwicklung eines differenzierten Haftungsmaßstabs zum einen im Verhältnis Emittent und Emissionsbank (unter [aa]), zum anderen im Verhältnis der Emissionsbanken untereinander (unter [bb]).

(aa) Die Wissenschaft ist sich zunächst insoweit einig, als die an den Emittenten und die Emissionsbegleiter zu stellenden Sorgfaltsanforderungen nicht identisch sind. Da der Emittent näher an der Information sei, träfen ihn die höheren Anforderungen.[1255] Mitunter findet sich die Formulierung, für ihn stelle die Entlastungsmöglichkeit des § 45 Abs. 1 BörsG eine *probatio diabolica* dar.[1256] Der Emittent wird sich nach Auffassung der h.L. bei Vorliegen eines Prospektmangels mithin jedenfalls dann kaum entlasten können, wenn der Fehler eine Angabe betrifft, die seiner Sphäre zuzuordnen ist, d.h. wenn es sich um emittenten- oder angebotsbezogene Informationen handelt.

Die Vorschläge zur Konkretisierung der Sorgfaltsanforderungen an die Emissionsbanken sind weniger einheitlich. Generell wird hervorgehoben, die bloße Bestätigung, die Prospektangaben stammten vom Emittenten, genüge nicht. Vielmehr müssten die Konsortialbanken die Angaben, soweit möglich und zumutbar, selbst

---

1253 RGZ a.a.O. Im Fall ging es um die Frage, ob die Emissionsbank dann grob fahrlässig handelt, wenn sie die vom Emittenten gemachten Angaben „über die Buchführung und Lagerbestände als wahr unterstellt und nicht in eine Prüfung der Bestände eintritt“ (a.a.O., 198). Da sich ihr Zweifel an der Finanzlage des Emittenten, wie sie im Prospekt dargestellt war, hätten aufdrängen müssen, bejahte das Gericht grobe Fahrlässigkeit. Weiter zu dieser Entscheidung unten (3) (b).

1254 OLG Frankfurt, WM 1994, 291, 297 (Bond I).

1255 *Ellenberger*, Prospekthaftung, S. 43 f.; *Fleischer*, Gutachten F für den 64. Deutschen Juristentag 2002, S. F 62; *Groß*, Kapitalmarktrecht, §§ 44, 45 BörsG, Rdnr. 76 f.; *ders.*, AG 1999, 199, 206; *Keunecke*, Prospekte im Kapitalmarkt, Rdnr. 99; *Köndgen*, AG 1983, 120, 126 (der Emittent sei als einziger „in einem umfassenden Sinne verantwortlich für Richtigkeit und Vollständigkeit des Prospektes“); *Kümpel*, Bank- und Kapitalmarktrecht, Rdnr. 9.364, *Lenenbach*, Kapitalmarkt- und Börsenrecht, Rdnr. 8.103; *Sittmann*, NZG 1998, 490, 494; Schwark/*Schwark*, KMRK, §§ 44, 45 BörsG, Rdnr. 45; Vortmann/*Hauptmann*, Prospekthaftung und Anlageberatung, § 3, Rdnr. 104. So i.E. auch Schimansky/Bunte/Lwowski/*Grundmann*, Bankrechtshandbuch, § 112, Rdnr. 59, der zwar davon spricht, dass der Sorgfaltsmaßstab für alle Unterzeichner des Prospekts „im Grundsatz gleich“ ist, Verschulden aber ablehnt, wenn Prüfungsschritte unzumutbar sind (so treffe die gewöhnliche Konsortialbank z.B. keine Pflicht, nochmals selbst an den Emittenten heranzutreten).

1256 *Fleischer*, a.a.O.; *Groß*, a.a.O., Rdnr. 77. Ähnlich *Köndgen*, a.a.O.: Der Emittent ist „bis zur Garantiehaftung verantwortlich“.

nachprüfen.[1257] Die Differenzen beginnen bei der Frage nach Art und Umfang der zumutbaren Kontrolle. Teilweise ist man der Auffassung, die Pflicht zur Durchführung eigener Nachforschungen, etwa der Vornahme einer due diligence oder der Bitte an die Geschäftsführung zur Erteilung weiterer Auskünfte, entstehe nur dann, wenn konkrete Anhaltspunkte die Fehlerhaftigkeit des Prospekts nahe legten.[1258] Solche Anhaltspunkte könnten sich daraus ergeben, dass die Prospektangaben in sich unstimmig seien, oder auf externen Faktoren beruhten, etwa negativen Presseberichten, die in offensichtlichem Widerspruch zu dem vom Prospekt gezeichneten Gesamtbild stünden.[1259] Im Übrigen sei die Prüfungspflicht „auf die Erkenntnisquelle Prospekt“[1260] beschränkt. Diese Ansicht läuft, jedenfalls sofern keine Warnhinweise vorliegen, auf eine schlichte Plausibilitätskontrolle der Prospektangaben hinaus.[1261]

Die abweichende Ansicht verlangt immer, d.h. nicht nur bei Anhaltspunkten für Prospektmängel, eine eigene, eingehende Nachforschung durch die Emissionsbegleiter.[1262] Zwar sei die Durchführung einer due diligence und Kontrolle der Buch-

---

1257 Z.B. *Hopt*, Verantwortlichkeit, Rdnr. 198; *Lenenbach*, a.a.O.; Marsch-Barner/Schäfer/*Krämer*, Handbuch börsennotierte AG, § 10, Rdnr. 349; Schwark/*Schwark*, a.a.O.; *Schwark*, ZGR 12 (1983), 162, 173; Vortmann/*Hauptmann*, a.a.O., Rdnr. 105.

1258 *Groß*, a.a.O., Rdnr. 79 f.; *Keunecke*, a.a.O.; *Kort*, AG 1999, 9, 18; *Kümpel*, a.a.O., Rdnr. 9.364, Schwark/*Schwark*, a.a.O., Rdnr. 45 ff. Unklar *Ellenberger*, Prospekthaftung, S. 47, der einerseits hervorhebt, mit der Stellung der Emissionsbank sei es nicht vereinbar, ihr lediglich eine Plausibilitätskontrolle abzuverlangen, es andererseits aber ausreichen lässt, dass „die Bank die Emittentenangaben durch ihre Emissionsabteilung auf Richtigkeit und Vollständigkeit überprüft“ (a.a.O.), ohne eine due diligence durchzuführen oder externe Sachverständige einzuschalten. Wenn hiermit gemeint ist, dass die Banken keine externe Nachforschung (etwa durch Übersendung eigener Angestellter oder unabhängiger Anwälte bzw. Wirtschaftsprüfer an den Emittenten, um Gespräche zu führen und die Bücher zu prüfen) anstellen müssen, bedeutet dieser Test letztlich doch nicht mehr als eine Plausibilitätskontrolle.

1259 Darauf weist auch das OLG Frankfurt, WM 1994, 291, 297 (Bond I) hin.

1260 *Groß*, a.a.O., Rdnr. 82. Ähnlich *Kort*, a.a.O.: „Bei der Bejahung von Überprüfungs- und Nachforschungspflichten der emissionsbegleitenden Bank über die Erkenntnisquelle ‚Prospekt‘ bzw. ‚Unternehmensbericht‘ hinaus ist äußerste Zurückhaltung geboten.“

1261 Aus den Ausführungen der oben in Fn. 1258 Genannten wird nicht immer ganz deutlich, ob sich die Prüfungspflicht nur dann auf eine bloße Plausibilitätskontrolle beschränkt, wenn Angaben eines sachverständigen Dritten in Rede stehen, oder ob generell eine Pflicht zur eigenen Nachforschung abgelehnt wird (*Groß*, a.a.O., Rdnr. 81, und Schwark/*Schwark*, a.a.O., Rdnr. 46 und 48, beziehen sich zunächst nur auf die Überprüfung des Jahresabschlusses und anderer Informationen von Sachverständigen; weiter indes in *Groß*, a.a.O., Rdnr. 82; Schwark/*Schwark*, a.a.O., Rdnr. 45). Ausführlich zu der Frage, inwieweit der Verlass auf die Angaben sachverständiger Personen entlastet, unten § 12 II 2.

1262 *Hopt*, Verantwortlichkeit, Rdnr. 191; Marsch-Barner/Schäfer/*Krämer*, Handbuch börsennotierte AG, § 10, Rdnr. 350; Schimansky/Bunte/Lwowski/*Grundmann*, Bankrechtshandbuch, § 112, Rdnr. 57; Vortmann/*Hauptmann*, Prospekthaftung und Anlageberatung, § 3, Rdnr. 105. So wohl auch *Ekkenga/Maas*, Wertpapieremissionen, Rdnr. 473, sich zur Begründung von Nachforschungspflichten auf *Groß*, Kapitalmarktrecht, 2. Aufl., §§ 45, 46 BörsG, Rdnr. 51, beziehend, der solche Pflichten grundsätzlich aber gerade ablehnt; und *Fleischer*, a.a.O., S. F 65, der von einer „sorgfältige[n] Überprüfung“ spricht. Nicht ganz eindeutig *Lenenbach*, Kapitalmarkt- und Börsenrecht, Rdnr. 8.103, der zwar ebenfalls Überprüfungs- und Nachforschungspflichten bejaht, dann aber feststellt, nur „bei Zweifel[n habe die Bank] Auskünfte vom Emittenten einzuholen und gegebenenfalls einen Sachverständigen einzuschalten, der im Unternehmen eine Prüfung vornimmt“ (a.a.O.). Bei unbekannten Unternehmen seien die Prospektangaben dagegen immer führung nicht zwangsläufig erforderlich, vielmehr komme es auf die Umstände des Einzelfalls an, insbesondere darauf, ob die Emissionsbegleiter über Vorkenntnisse verfügten und es sich bei dem Emittenten um eine etablierte und finanzstarke Gesellschaft oder ein junges, unbekanntes Unternehmen handele. Die Entsendung eines Sachverständigen in das Unternehmen, um vor Ort und in Gesprächen mit der Geschäftsführung die Angaben des Emittenten zu verifizieren, sei aber im Regelfall angemessen und zumutbar.[1263] Ebenso könne sich die Einholung von Gutachten der Rechtsberater und comfort letters der Wirtschaftsprüfer anbieten.[1264] Sprächen konkrete Anhaltspunkte für die Fehlerhaftigkeit bzw. Unvollständigkeit des Prospekts, erhöhten sich die Sorgfaltsanforderungen noch einmal.[1265]

(bb) Noch umstrittener ist die Frage, ob – zusätzlich zu der unterschiedlichen Behandlung des Emittenten einerseits und der Emissionsbanken andererseits – innerhalb der Gruppe der Konsortialbanken verschiedene Haftungsmaßstäbe zur Anwendung gelangen. Im Wesentlichen lassen sich drei Meinungen unterscheiden. Auf der einen Seite des Meinungsspektrums steht eine Auffassung, die von allen Mitgliedern des Emissionskonsortiums verlangt, die von der Konsortialführerin erstellten Angaben zu überprüfen.[1266] Hierbei will sie offensichtlich auf denselben Sorgfaltsmaßstab zurückgreifen, der auch für die führende Bank gilt. Die gewöhnlichen Emissionsbanken hafteten nämlich „de facto bei Fehlverhalten der Konsortialführung durchweg“[1267], da sie in der Praxis eben nicht dieselben Untersuchungen durchführten wie der Manager.

Die Gegenposition[1268] weist darauf hin, dass eine umfassende Prüfung durch alle Emissionsbanken nicht praktikabel sei und der im Konsortium vereinbarten Arbeitsteilung widerspreche. Sie fordert deswegen nur von der Konsortialführerin eine intensivere Prüfung der Emissionsunterlagen. Die sonstigen Mitglieder des Emissionskonsortiums könnten sich mit einer Plausibilitätskontrolle des Prospektes begnügen – und zwar wohl auch dann, wenn die Konsortialführerin nach den oben erwähnten Grundsätzen zusätzliche Nachforschungen durchführen muss, weil

---

„eingehend und kritisch“ (a.a.O.) zu prüfen. Relativierend *Köndgen*, AG 1983, 120, 127, der eine „stichprobenweise aber planmäßige“ Überprüfung der Angaben des Emittenten durch die Bank verlangt, die die Informationen „nicht durchweg für bare Münze nehmen“ dürfe.

1263 Schimansky/Bunte/Lwowski/*Grundmann*, a.a.O.; *Hopt*, a.a.O., Rdnr. 192.

1264 Marsch-Barner/Schäfer/*Krämer*, a.a.O.

1265 *Ekkenga/Maas*, a.a.O.; Marsch-Barner/Schäfer/*Krämer*, a.a.O., Rdnr. 351; Vortmann/*Hauptmann*, a.a.O., Rdnr. 107.

1266 *Ellenberger*, Prospekthaftung, S. 48 f.; *Köndgen*, AG 1983, 120, 127; Schimansky/Bunte/Lwowski/*Grundmann*, Bankrechtshandbuch, § 112, Rdnr. 99. Letztere Quelle ist nicht ganz eindeutig, da sie an anderer Stelle (a.a.O., Rdnr. 59) hervorhebt, die gewöhnliche Konsortialbank treffe keine Pflicht, nochmals selbst an den Emittenten heranzutreten. Die von der Konsortialführung erstellten Angaben werden sich indes kaum abschließend überprüfen lassen, ohne in direkten Kontakt zum Emittenten zu treten.

1267 Schimansky/Bunte/Lwowski/*Grundmann*, a.a.O., Rdnr. 99.

1268 BuB/*Bosch*, 10/146; *Ekkenga/Maas*, a.a.O.; *Groß*, Kapitalmarktrecht, §§ 44, 45 BörsG, Rdnr. 83 f.; *ders.*, AG 1999, 199, 207; *Keunecke*, Prospekte im Kapitalmarkt, Rdnr. 99; Marsch-Barner/Schäfer/*Krämer*, Handbuch börsennotierte AG, § 10, Rdnr. 348.

konkrete Anhaltspunkte auf Prospektmängel hinweisen.[1269] Darüber hinaus treffe die Konsorten die Pflicht, die führende Bank bei Erfüllung ihrer (weitergehenden) Pflichten zu überwachen. Diese Pflicht ergebe sich aus einer analogen Anwendung des § 831 BGB. Die Konsortialführerin nehme die Stellung eines Verrichtungsgehilfen ein, da sie zahlreiche Tätigkeiten im Rahmen der Emissionsbegleitung für die anderen Emissionsbanken ausübe.[1270] Diese Auffassung führt dazu, dass die Emissionsbanken trotz Fehlverhaltens der Konsortialführerin nicht haften, wenn sie darlegen können, dass sie zum einen die Plausibilität des Prospekts überprüft und zum anderen ihrer Überwachungspflicht Genüge getan haben (Rechtsgedanke des § 831 Abs. 1 Satz 2 BGB). Darüber hinaus, so wird vorgetragen, scheide die Haftung der weiteren Konsortialbanken selbst dann aus, wenn sie den Prospekt nicht auf seine Plausibilität hin untersucht und die führende Bank nicht ordnungsgemäß kontrolliert hätten, sofern nur die Konsortialführerin alle erforderlichen Prüfungen vorgenommen habe: Die Pflichtverletzung wirke sich in diesem Fall nicht kausal auf den Eintritt des Schadens aus, da die Erfüllung der Pflicht nur die Stimmigkeit des Prospektes bzw. das sorgfältige Handeln der führenden Bank gezeigt hätte.[1271]

Eine vermittelnde Ansicht schließlich spricht jeder Emissionsbank eigene Sorgfalts- und Kontrollpflichten zu, die, auch wenn sie im Regelfall keine Kontaktaufnahme mit dem Emittenten und Nachforschung an Ort und Stelle verlangten, sich doch nicht in einer bloßen Überprüfung der Plausibilität des Prospekts erschöpften.[1272] Vielmehr müsse es zu einer „ernsthaften Kontrolle des Verhaltens der Konsortialführerin“[1273] kommen. Die Konsortialmitglieder fänden sich in einer aktiven Rolle wieder, die von ihnen verlange, zumindest bei konkretem Anlass, d.h. ungewöhnlichen Umständen wie z.B. einer verschachtelten Konzernstruktur, auf die Konsortialführung zuzugehen, Nachfragen zu stellen und unter Umständen eigene Sachverständige einzuschalten. Ein routinemäßiges due diligence Treffen, wie es die führende Bank mitunter (wenn auch in Deutschland nur in Ausnahmefällen) kurz

---

1269 So ist *Groß*, Kapitalmarktrecht, §§ 44, 45 BörsG, Rdnr. 83 f., zu verstehen.

1270 BuB/*Bosch*, Rdnr. 10/147; *Groß*, a.a.O., Rdnr. 83; *ders.*, AG 1999, 199, 207. A.A. *Ekkenga/ Maas*, a.a.O.: § 831 BGB sei nicht anwendbar, deswegen bestünde auch keine Pflicht zur Überwachung der Konsortialführung.

1271 *Groß*, Kapitalmarktrecht, a.a.O., Rdnr. 84; *ders.*, AG 1999, a.a.O. Diese Beurteilung ist – auch auf dem Boden der besprochenen Ansicht – fehlerhaft. Es ist zwar richtig, dass der Ursachenzusammenhang zwischen dem Sorgfaltspflichtverstoß und dem Erfolg bzw. Schaden grundsätzlich zu verneinen ist, wenn letzterer auch bei sorgfaltsgemäßem Verhalten eingetreten wäre (sog. Beachtlichkeit rechtmäßigen Alternativverhaltens, z.B. in § 831 Abs. 1 Satz 2 BGB a.E.). Im Fall der §§ 44, 45 BörsG ist die Rechtslage aber eine andere: Kausalität ist keine Anspruchsvoraussetzung; sie entfaltet nur insoweit Bedeutung, als der Anspruch entfällt, wenn der Prospektverantwortliche nachweist, dass der Anleger die Effekten nicht aufgrund des Prospekts erworben (§ 45 Abs. 2 Nr. 1 BörsG) oder der Prospektmangel nicht zu einer Minderung des Börsenpreises der Wertpapiere beigetragen hat (Nr. 2). Die Ursächlichkeit des Sorgfaltspflichtverstoßes für den Schaden ist gem. § 45 Abs. 2 Nr. 1 und Nr. 2 BörsG irrelevant.

1272 *Hopt*, Verantwortlichkeit, Rdnr. 118 ff.; Schwark/*Schwark*, KMRK, §§ 44, 45 BörsG, Rdnr. 11 So wohl auch Assmann/Lenz/Ritz/*Assmann*, § 13 VerkProspG, Rdnr. 94, der die von ihm vorgeschlagene Lösung allerdings ebenso auf *Hopt* wie auf *Groß* (Fn. 1268) zurückführt und den genauen Umfang der Kontrollpflichten offen lässt.

1273 *Hopt*, a.a.O., Rdnr. 119.

vor der Platzierung mit den anderen Konsorten zur Besprechung und Durchsicht der Angebotsunterlagen abhalte, genüge den Anforderungen jedenfalls nicht.[1274] Zudem sei zu beachten, dass die von anderen Stimmen in der Literatur vorgeschlagene Zweiteilung zur Ermittlung des anwendbaren Sorgfaltsmaßstabs – Trennung zwischen der Konsortialführung einerseits und den einfachen Konsortialmitgliedern andererseits – zu schematisch sei. Die Kontrollpflichten seien nach Umfang und Intensität von der Größe und Kompetenz der jeweiligen Emissionsbank sowie ihrer Stellung im Konsortium abhängig. Bei größeren Banken, die maßgeblich an der Emission beteiligt seien, könne danach eine volle Bonitätskontrolle des Emittenten unter Hinzuziehung von Analysten angebracht sein.[1275]

(d) Hier soll keine abschließende Stellungnahme zu dem Meinungsstreit erfolgen. Gerade in diesem Zusammenhang ist eine rechtsvergleichende Analyse sinnvoll. US-amerikanische Kapitalmarktaufsicht, Rechtsprechung und Lehre versuchen seit langem, sachgerechte Vorgaben zur Berücksichtigung des unterschiedlichen Informationsniveaus der Beteiligten zu entwickeln. Die in der deutschen Literatur vorhandenen Ansätze sind deswegen im fünften Teil der Arbeit im Licht dieser Erkenntnisse zu bewerten und fortzuentwickeln.[1276]

Einige Vorüberlegungen allgemeiner Art mögen zunächst genügen. Die Darstellung der verschiedenen Auffassungen zeigt, dass die Unterschiede weniger struktureller Art sind als vielmehr in, wenn auch entscheidenden, Detailfragen bestehen. Regierungsbegründung, Rechtsprechung und Literatur bürden den emissionsbegleitenden Banken allesamt gewisse Kontrollpflichten auf. Auch herrscht Einigkeit, dass eine Abstufung der Sorgfaltsanforderungen, die sich nach der Rolle des jeweiligen Akteurs richtet, Vorteile aufweist. Umstritten ist indes, ob sich die Banken bei der Überprüfung auf die Emissionsunterlagen beschränken können oder weitergehende Pflichten (zur aktiven Nachforschung) haben, ob sie nur bei konkretem Anlass (Verdachtsmomenten) oder in jedem Fall aktiv tätig werden müssen,[1277] und inwieweit die einfachen Konsortialmitglieder anders als die Konsortialführung zu behandeln sind.

Zunächst ist zu untersuchen, ob die befürwortete individuelle Bestimmung der Fahrlässigkeit, unter anderem abhängig von der Kenntnis der Banken vom Emittenten, angesichts der gesetzlichen Definition und der Rechtsprechung zum Fahrlässigkeitsbegriff zulässig ist. Bedenken könnten deswegen angebracht sein, weil der Maßstab der Fahrlässigkeit nach allgemeiner Meinung grundsätzlich kein indi-

---

1274 Assmann/Lenz/Ritz/*Assmann*, a.a.O.; *Hopt*, a.a.O.

1275 *Hopt*, a.a.O., Rdnr. 120.

1276 § 12 II.

1277 Was unter „Verdachtsmomenten“ oder „konkreten Anhaltspunkten“ zu verstehen ist, scheint ebenfalls ungeklärt zu sein. Manche spielen auf Unstimmigkeiten in den Prospektunterlagen oder konkrete Hinweise auf finanzielle Schwierigkeiten an, denen sich der Emittent ausgesetzt sieht, z.B. Herabstufung des Kredit-Ratings oder Presseberichte (vgl. Fn. 1258). Andere verstehen diese Begriffe weiter und möchten bereits bei ungewöhnlichen Umständen, z.B. der Abhängigkeit des Emittenten von einer einzigen Lizenz (*Hopt*, Verantwortlichkeit, Rdnr. 119), eine Pflicht zur aktiven Nachforschung annehmen.

vidueller, sondern ein objektiv-abstrakter ist.[1278] Das zeigt schon § 276 Abs. 2 BGB, der von der *im Verkehr erforderlichen* Sorgfalt spricht. Eine gewisse Relativierung des einheitlichen, objektiven Maßstabs erreicht die Rechtsprechung dadurch, dass sie nach Verkehrskreisen, insbesondere verschiedenen Berufsgruppen, differenziert und fragt, welche Anforderungen nach der Anschauung des betroffenen Verkehrskreises gewöhnlich gestellt werden.[1279] Fehlende Kenntnis, Unerfahrenheit, seelische Erregungszustände, Ermüdung oder ähnliche, an die Individualität des Handelnden anknüpfende, Umstände berücksichtigt sie nicht, sofern sich nicht aus einer vertraglichen Vereinbarung der Beteiligten anderes ergibt.[1280] Die Beispiele machen deutlich, dass die Rechtsprechung, wenn sie sich gegen eine Individualisierung des Sorgfaltsmaßstabs wendet, an die subjektive Vorwerfbarkeit der Erfolgsverursachung denkt, die sie im Zivilrecht (jedenfalls bei der einfachen Fahrlässigkeit[1281]) für fehl am Platz hält.[1282] Sie will hingegen nicht die Berücksichtigung objektiver Umstände ausschließen, die einer individuellen Situation eigen sind. Mit anderen Worten: Die Sorgfaltsanforderungen an den Handelnden sind verobjektiviert; welches Verhalten diesen Anforderungen entspricht, kann indes nur im Hinblick auf die Besonderheiten der jeweiligen Situation beurteilt werden. Unter diesem Blickwinkel ist entscheidend für die Differenzierung weniger die tatsächliche Kenntnis der jeweiligen Emissionsbank von den Verhältnissen des Emittenten als vielmehr ihre Stellung im Konsortium und Nähe zum Unternehmen, die ihr die *Möglichkeit* zur schnellen und sicheren Kenntnis*erlangung* verschafften[1283] Folglich

---

1278 Mit diesem Argument lehnt z.B. *Ellenberger*, Prospekthaftung, S. 48, die Anwendung unterschiedlicher Sorgfaltsmaßstäbe auf Konsortialführung und einfache Emissionsbanken ab. Ähnliche Einwände hat BuB/*Bosch*, Rdnr. 10/146.

1279 Z.B. BGHZ 22, 304; 26, 268 (Bank); 142, 345 (Broker); 89, 178 (Rechtsanwalt); 113, 297, 301 ff. (Heilpraktiker); BGH NJW 2001, 1786 (Arzt).

1280 Vgl. z.B. BGHZ 17, 69, 71 f.; BGH MDR 1959, 33; NJW 2001, 1786, 1787. Zur Berücksichtigung individueller Elemente bei der einfachen Fahrlässigkeit siehe übersichtsartig Staudinger/*Löwisch*, § 276, Rdnr. 28 ff. m.N.

1281 Für grobe Fahrlässigkeit verlangt die Rechtsprechung, dass das Verhalten nicht nur objektiv besonders schwerwiegend die erforderliche Sorgfalt verletzt, sondern auch subjektiv in hohem Maß unentschuldbar ist, vgl. BGH NJW 1985, 2648; 1986, 2838, 2839.

1282 Vgl. BGHZ 24, 21, 27; BGH NJW 1994, 2232, 2233; 2001, 1786, 1787.

1283 Die tatsächliche Kenntnis von bestimmten Informationen über den Emittenten hat insoweit Bedeutung für die Frage, ob die Emissionsbank fahrlässig handelt, als besondere Kenntnisse und Fähigkeiten nach h.M. (vgl. z.B. BGH NJW 1987, 1479) zu einer Verschärfung der Sorgfaltsanforderungen führen, d.h. die Bank auch dann haftet, wenn sie gemäß den allgemeinen Grundsätzen keine Nachforschungen anstellen muss, die Prospektabteilung den Prospektfehler aber aufgrund anderweitig bankintern vorhandener Informationen hätte erkennen können. Die h.M. (*Hopt*, Verantwortlichkeit, Rdnr. 204 f.; Marsch-Barner/Schäfer/*Krämer*, Handbuch börsennotierte AG, § 10, Rdnr. 351; Schwark/*Schwark*, KMRK, §§ 44, 45 BörsG, Rdnr. 50; *Schwark*, ZGR 12 (1983), 162, 176 f.; Vortmann/*Hauptmann*, Prospekthaftung und Anlageberatung, § 3, Rdnr. 107) will Informationen, die etwa die Kreditabteilung im Rahmen einer Kreditgewährung erhalten hat, der Bank zurechnen. Die Emissionsbank trifft mithin immer die Pflicht, sich zumindest im eigenen Haus nach zusätzlichen Informationen zum Emittenten zu erkundigen. Das auch bankintern geltende Bankgeheimnis – sofern man ein solches annimmt (so z.B. BuB/*Weber*, Rdnr. 2/851 f.; *Kümpel*, Bank- und Kapitalmarktrecht, Rdnr. 2.160; Schimansky/Bunte/Lwowski/*Bruchner/Krepold*, Bankrechtshandbuch, § 39, Rdnr. 21 ff.) und nicht das Wissen eines Mitarbeiters generell allen anderen Mitarbeitern des Instituts zurechnet (z.B. *Canaris*, Bankvertragsrecht, Rdnr. 106;

steht es mit der Rechtsprechung im Einklang, an die einzelnen Konsortialbanken abhängig von ihrer Rolle im Rahmen der Emissionsbegleitung unterschiedliche Anforderungen zu stellen, die sich aber in jedem Fall daran orientieren müssen, was typischerweise von einer Bank in der konkreten Position erwartet werden kann.

Die Individualisierung der Sorgfaltsanforderungen ist sachgerecht. Auf die wesentlichen Unterschiede in der Stellung von Emittent, Konsortialführung und einfacher Konsortialbank und ihrer Vertrautheit mit den Prospektangaben wurde bereits hingewiesen. Auch die praktischen Schwierigkeiten, die sich für die Konsortialbanken – die gewöhnlichen Mitglieder des Konsortiums noch mehr als die Konsortialführerin – bei der Überprüfung der Fehlerfreiheit und Vollständigkeit der Emissionsunterlagen ergeben, haben die vorangegangenen Kapitel aufgezeigt. Diesen Unterschieden ist bei der Bestimmung der Sorgfaltsanforderungen Rechnung zu tragen. Zu hohe Anforderungen an die Emissionsbanken erhöhen zwangsläufig die Kosten der Kapitalaufnahme, indem entweder die Banken von der Emissionsbegleitung Abstand nehmen oder das erhöhte Haftungsrisiko mit höheren Gebühren auffangen.[1284] Übersteigen diese Kosten den Schaden, der Anlegern durch die geringere Prüfungsintensität seitens der Konsortialbanken möglicherweise zusätzlich entsteht (d.h. die Differenz zwischen dem Schaden, den Anleger bei Festlegung extensiver Prüfungs- und Nachforschungspflichten für alle Emissionsbanken möglicherweise erleiden, und dem Schaden, mit dem bei abgestuften Sorgfaltsanforderungen zu rechnen ist), müssen sich die Verfechter eines einheitlichen, auf alle Beteiligten anwendbaren Maßstabs die Frage gefallen lassen, ob eine solche Lösung gesamtwirtschaftlich sinnvoll ist.[1285] Diese Überlegungen machen deutlich, dass Ausgangs-

---

tendenziell auch BGHZ 135, 202, allerdings nur zur Wissenszurechnung innerhalb der an der Abwicklung eines Geschäftsvorfalls beteiligten Abteilung[en]) – müsse angesichts der großen Bedeutung der Prospekterstellung für die Investoren zurücktreten (a.A. *Groß*, Kapitalmarktrecht, §§ 44, 45 BörsG, Rdnr. 79). Das Wissen eines im Aufsichtsrat des Emittenten vertretenen Bankmitarbeiters sei der Emissionsbank indes nicht zuzurechnen, da hier die aktienrechtliche, strafbewehrte Verschwiegenheitspflicht des Aufsichtsratsmitglieds (§§ 116, 93 Abs. 1 Satz 2, 404 AktG) entgegenstehe (a.A. *Ellenberger*, Prospekthaftung, S. 54 f.).

1284 Eingängig *Fleischer*, Gutachten F für den 64. Deutschen Juristentag 2002, S. F 65: „Wer von allen alles verlangt, verlangt letztlich vom Einzelnen nicht genug und befördert überdies eine wohlfahrtsmindernde Vervielfältigung von Informationsanstrengungen."

1285 Hier kann auf die von dem US-amerikanischen Bundesrichter Learned Hand entwickelte Formel zur Schadensvermeidung im Deliktsrecht verwiesen werden, vgl. United States v. Carroll Towing, 159 F.2d 169 (2d Cir. 1947) und ausführlich *Schäfer/Ott*, Lehrbuch der ökonomischen Analyse des Zivilrechts, S. 158 f. Die teilweise ablehnende Haltung gegenüber diesem Ansatz in der (nicht nur deutschen) Literatur (z.B. *Dworkin*, 9 J. of Legal Studies 191 [1980]; *Schwark*, Wirtschaftsordnung und Sozialstaatsprinzip, S. 11 und passim; Staudinger/*Löwisch*, § 276, Rdnr. 49) ist zwar ernst zu nehmen, hebt sie doch hervor, dass die auf einer reinen Kosten-Nutzen-Analyse basierende Auslegung von Rechtsnormen (so etwa *Posner*, 8 J. of Legal Studies 103 [1979]), auch wenn sie unter Umständen ein für die Volkswirtschaftslehre befriedigendes Ergebnis hervorzubringen vermag, allgemeine Gerechtigkeitserwägungen, die auf dem Gebiet der Rechtswissenschaft, mitunter auf Kosten von Effizienzgesichtspunkten, einen hohen Stellenwert genießen (z.B. den Grundsatz *neminem laede*, vgl. nur *Kant*, Die Metaphysik der Sitten, S. 44), nur unzureichend berücksichtigt. Gleichwohl wäre es verfehlt, ökonomische Ansätze schlicht als zu weitgehend (so Staudinger/*Löwisch*, a.a.O.) abzutun. Sie können vielmehr für zahlreiche Fallgestaltungen wertvolle Einblicke liefern, die zur Auslegung der Rechtsnormen (zusammen mit anderen Faktoren) punkt einer Konkretisierung der Sorgfaltsanforderungen der Einzelfall sein muss, und zwar eine Berücksichtigung der Kosten, die der jeweiligen Emissionsbank dadurch entstehen, dass sie bestimmte Kontrollmaßnahmen ergreift, und der Vorteile, die solche zusätzlichen Maßnahmen im Hinblick auf die Entdeckung von Prospektfehlern bringen. Damit ist auch schematischen Lösungen eine Absage zu erteilen, die etwa die Pflicht der Emissionsbanken auf eine Plausibilitätskontrolle der Emissionsunterlagen beschränken wollen, sofern nicht konkrete Verdachtsmomente vorliegen, oder pauschal zwischen der Konsortialführung und den sonstigen Mitgliedern des Konsortiums, die (abgesehen von einer Überprüfung der Plausibilität) lediglich Überwachungspflichten träfen, trennen möchten.

(3) Übernahme von Angaben Dritter

Die Emissionsbanken verlassen sich bei der Erstellung des Prospekts zu einem großen Teil auf die Mitwirkung weiterer Personen. Dabei kann es sich entweder um den Emittenten selbst handeln, der die Banken mit den Angaben zu seiner Geschäfts- und Finanzlage versorgt, oder um sachverständige Dritte, z.B. Rechtsanwälte, Wirtschaftsprüfer, Ingenieure oder andere technische Sachverständige, die einen Teil der Emissionsunterlagen abfassen oder in den Prospekt aufzunehmende Informationen zur Verfügung stellen. Die Konsortialbanken haben häufig nicht die Ressourcen, um alle diese Angaben zu überprüfen, abgesehen davon, dass eine umfassende Nachforschung den Börsengang wesentlich verzögern und verteuern würde. Es stellt sich mithin die Frage, bis zu welchem Grad das Vertrauen auf die Richtigkeit und Vollständigkeit der Informationen sorgfaltsgemäß ist und welche Maßnahmen die Emissionsbanken vorzunehmen haben, um in einem solchen Fall dem Vorwurf der groben Fahrlässigkeit zu entgehen. Der im Verhältnis zum Emittenten einschlägige Sorgfaltsmaßstab, d.h. der Umfang der Pflicht zur Überprüfung der von ihm vorgelegten Informationen, ist bereits oben diskutiert worden. Auch wurden die Pflichten näher beleuchtet, die den einfachen Mitgliedern des Emissionskonsortiums verbleiben, nachdem die Konsortialführerin ihre Aufgaben erfüllt hat. Hier ist der noch fehlende Aspekt zu besprechen: welche Bedeutung für die Konkretisierung der Sorgfaltsanforderungen des § 45 Abs. 1 BörsG der Tatsache zukommt, dass bestimmte Angaben mit besonderem Sachverstand erstellt wurden und deswegen von nicht Sachverständigen nur schwer überprüft werden können. Wieder ist zwischen der Gesetzesbegründung (unter [a]), den (spärlichen) Fundstellen in der Rechtsprechung (unter [b]) und den in der Literatur vertretenen Meinungen zu unterscheiden (unter [c]). Auch hier soll eine abschließende Stellungnahme dem fünften Teil der Arbeit vorbehalten bleiben.

---

herangezogen werden sollten, um ein sachgerechtes und Ressourcen wahrendes Resultat zu erzielen (so auch Palandt/*Heinrichs*, § 276, Rdnr. 19). Gerade im Kapitalmarktrecht haben ökonomische Erwägungen auch für Zwecke der Rechtswissenschaft ihre Berechtigung. Hier steht weniger die konfliktträchtige Interaktion von zwei oder mehr Individuen im Vordergrund, für die Grundsätze wie *neminem laede* von besonderer Bedeutung sind, als vielmehr das regelmäßig ohne rechtsgeschäftlichen Kontakt stattfindende Betreiben eines Marktes, das schon *per definitionem* der effizienten Güterallokation dient.

(a) Die Regierungsbegründung zum 3. FMFG geht nicht explizit auf die Übernahme von Angaben sachverständiger Dritter ein. Sie erwähnt lediglich beiläufig, dass den Emissionsbegleitern im Gegensatz zum Emittenten ausschließlich die vom Unternehmen oder von dritter Seite zur Verfügung gestellten Informationen zugänglich seien.[1286] Hieraus lässt sich nicht ableiten, dass Kontrollpflichten hinsichtlich dieser Angaben bestünden.[1287] Im Gegenteil deuten die Ausführungen darauf hin, dass die Konsortialbanken – anders als den Emittenten – aufgrund ihrer informationellen Schlechterstellung keine weitgehenden Pflichten zur Überprüfung und Nachforschung treffen.

Nach alter Rechtslage stellte das Börsengesetz ausdrücklich klar, dass die Haftung nicht dadurch ausgeschlossen wird, „dass der Prospekt die Angaben als von einem Dritten herrührend bezeichnet" (§ 45 Abs. 2 BörsG a.F.). Das 3. FMFG hat die Vorschrift ersatzlos gestrichen; die Regierungsbegründung enthält keine Ausführungen zu der Änderung. Auch wenn die Streichung den Schluss nahe legen mag, dass die Ersatzpflicht nun durch Delegation der Prospekterstellung auf einen Dritten beschränkt werden kann, ist zu beachten, dass sich die Zielsetzung der Prospekthaftungsvorschriften, insbesondere ihre anlegerschützende Komponente, nicht geändert hat.[1288] Deswegen erscheint es unwahrscheinlich, dass der Gesetzgeber die Reichweite der §§ 44, 45 BörsG letztlich den Prospektverantwortlichen zur Disposition überlassen wollte. Eindeutige Erkenntnisse bringt die historische Auslegung jedenfalls nicht hervor.

(b) Das bereits angesprochene Urteil des Reichsgerichts in RGZ 80, 196 gibt trotz seines Alters einen ersten aufschlussreichen Einblick in die Problematik: In dem Fall hatte sich die beklagte Emissionsbank auf das Gutachten eines Sachverständigen zu den Bilanzen des Emittenten gestützt.[1289] Das Gericht war der Auffassung, dass kein allgemeiner Grundsatz des Inhalts bestünde, die Emissionsbegleiter seien immer zur Nachprüfung der Buchführung verpflichtet. Andererseits könne eine Pflicht zur Nachforschung, etwa durch Entsendung eines Sachverständigen in das Unternehmen, nicht generell verneint werden.[1290] Im entschiedenen Fall sah das Gericht das Unterlassen des Emissionsbegleiters als grob fahrlässig an. Hierzu stützte es sich zum einen darauf, dass das Emissionshaus bereits aus vorangegangen Geschäftsbeziehungen mit dem Emittenten einen schlechten Eindruck von dessen Finanzlage gewonnen hatte. Zum anderen hatte der beauftragte Sachverständige das Gutachten erstellt, ohne an Ort und Stelle im Unternehmen die Finanzdaten zu überprüfen.[1291] Die Bond-Entscheidung des OLG Frankfurt spricht die Problematik ebenfalls zumindest kurz an: Die beklagte Emissionsbank könne sich jedenfalls

1286 BT-Drs. 13/8933, S. 80.
1287 So aber *Ellenberger*, Prospekthaftung, S. 50.
1288 BT-Drs. 13/8933, S. 54 f.
1289 Die Bilanzen waren, der damaligen Rechtslage entsprechend, nicht durch einen unabhängigen Wirtschaftsprüfer, sondern nur den Aufsichtsrat und die Generalversammlung des Emittenten geprüft worden, vgl. RGZ 80, 196, 199. Hierzu auch *Schwark*, ZGR 12 (1983), 162, 173.
1290 RGZ a.a.O.
1291 RGZ, a.a.O., 200.

dann nicht auf die von Wirtschaftsprüfern testierte Bilanz berufen, wenn die sich hieraus ergebenden Angaben „ersichtlich unzureichend [seien], um den Anlegern ein zutreffendes Bild zu vermitteln und ... vor dem Hintergrund der der Beklagten bekannten Tatsachen der Ergänzung"[1292] bedürften, sprich: die Ergänzungsbedürftigkeit „offen zutage"[1293] liege. Ähnlich das OLG Frankfurt einige Jahre später: „Von der emittierenden Bank kann erwartet werden, dass sie mit ihrem eigenen Fachpersonal den Unternehmensbericht in seinen Einzelheiten überprüft und jedenfalls bei Widersprüchen und fehlender Plausibilität auf Klärung und Korrektur dringt."[1294]

(c) Die Literatur ist insoweit zunächst einheitlicher Auffassung, als sie keine Überprüfung der Angaben technisch-naturwissenschaftlicher Sachverständiger verlangt.[1295] Hier ist der Emissionsbank eine Verifizierung in der Regel ohne Hinzuziehung weiterer externer Experten unmöglich. Auch herrscht Einigkeit, wenn der Dritte, von dem das Emissionshaus die Angaben übernimmt, nicht als Sachverständiger handelt. In einem solchen Fall kann die Bank ihre Prospektverantwortung nicht durch den bloßen Hinweis delegieren, die Informationen stammten von einem Dritten und seien nicht weiter nachgeprüft worden.[1296]

Problematischer ist die Beurteilung von Testaten und Gutachten der Wirtschaftsprüfer und Rechtsanwälte. Die überwiegende Auffassung gestattet es den Emissionsbanken, solche Angaben nach Kontrolle ihrer Plausibilität grundsätzlich ohne weitergehende Nachforschung in den Prospekt aufzunehmen.[1297] Etwas anderes soll nur dann gelten, wenn Zweifel an der Fehlerfreiheit bestehen oder die Banken eine nicht qualifizierte Person ausgewählt haben (Haftung aufgrund Auswahlverschuldens).[1298] Teilweise macht die Literatur die Zulässigkeit des Verzichts auf eine unabhängige Überprüfung davon abhängig, dass die vom Sachverständigen stammenden Prospektteile unter Nennung seines Namens eindeutig identifiziert wer-

---

1292 OLG Frankfurt, WM 1994, 291, 298 (Bond I).

1293 A.a.O.

1294 OLG Frankfurt, ZIP 1999, 1005, 1007 (MHM Mode). In diese Richtung ebenfalls BGH WM 1982, 862, 864: kritische Wüdigung des Jahresabschlusses.

1295 Z.B. *Canaris*, Bankvertragsrecht, Rdnr. 2280a; *Ellenberger*, Prospekthaftung, S. 53; *Köndgen*, AG 1983, 120, 127; Schwark/*Schwark*, KMRK, §§ 44, 45 BörsG, Rdnr. 49.

1296 Vgl. nur *Hopt*, Verantwortlichkeit, Rdnr. 200. Daran sollte sich nach neuem Prospektrecht nichts ändern. Zwar verlangt die EG-Prospektverordnung bei der Übernahme von Angaben Dritter, die nicht Sachverständige sind, die Bestätigung, dass die Angaben korrekt wiedergegeben wurden, und die Nennung der Quelle der Informationen, vgl. Anhang I, Nr. 23.2, Anhang III, Nr. 10.4, Anhang V, Nr. 7.4 Verordnung (EG) Nr. 809/2004. Hieraus lässt sich aber nicht ableiten, dass die Prospektverantwortlichen über die korrekte Wiedergabe hinaus keine Kontrollpflichten treffen.

1297 Assmann/Lenz/Ritz/*Assmann*, § 13 VerkProspG, Rdnr. 93; *Canaris*, a.a.O.; *Ekkenga/Maas*, Wertpapieremissionen, Rdnr. 474; *Ellenberger*, Prospekthaftung, S. 50, 52; *Fleischer*, Gutachten F für den 64. Deutschen Juristentag 2002, S. F 65 f.; *Groß*, Kapitalmarktrecht, §§ 44, 45 BörsG, Rdnr. 81; *Hopt*, a.a.O., Rdnr. 195; Marsch-Barner/Schäfer/*Krämer*, Handbuch börsennotierte AG, § 10, Rdnr. 349; Schimansky/Bunte/Lwowski/*Grundmann*, Bankrechtshandbuch, § 112, Rdnr. 58; Schwark/*Schwark*, KMRK, §§ 44, 45 BörsG, Rdnr. 46 ff. (Plausibilitätskontrolle schließe die Prüfung ein, ob die aus dem Zahlenwerk gezogenen Schlussfolgerungen ein ungerechtfertigt positives Gesamtbild abgäben); *Schwark*, ZGR 12 (1983), 162, 173 f.

1298 Z.B. *Hopt*, a.a.O., Rdnr. 194; Schwark/*Schwark*, KMRK, a.a.O.

den, damit der Anleger die Angaben richtig einordnen, ihre Qualität einschätzen und hierauf seine Investitionsentscheidung stützen kann.[1299] Die EG-Prospektverordnung hat diese Kautel inzwischen zur Pflicht erhoben und verlangt nicht nur die Angabe des Namens und der Geschäftsadresse des Experten, sondern auch seiner Qualifikation und etwaiger wesentlicher Interessen am Emittenten.[1300] Soweit ersichtlich, wird nicht thematisiert, ob der Beitrag des Sachverständigen bestimmte formelle Voraussetzungen erfüllen, etwa eine Prüfung der Rechnungslegung entsprechend HGB, IAS/IFRS[1301] oder US-GAAP darstellen muss, damit sich die Emissionsbanken entlastend auf ihn berufen können. Zumindest manche Stimmen lehnen ein Verschulden der Konsorten ab, wenn sie im Hinblick auf das Rechtsgutachten einer namhaften Anwaltskanzlei oder den comfort letter des Wirtschaftsprüfers, d.h. Äußerungen, die keinen speziellen formellen Anforderungen zu genügen haben, auf die Richtigkeit und Vollständigkeit des Prospekts vertrauen.[1302]

Teile der Literatur schlagen, insbesondere was den Abschlussprüfer angeht, eine andere Auslegung vor. Sie weisen darauf hin, dass die Tätigkeit des Abschlussprüfers nicht allein oder auch nur überwiegend dem Anlegerschutz diene und gerade die Bewertungsvorschriften des Aktiengesetzes dem Unternehmen zu viel Spielraum einräumten, als dass der Anleger ohne weitere Erläuterung beim Studium des geprüften Jahresabschlusses ein zutreffendes Bild von der Finanzlage des Emittenten erhalten könne.[1303] Es sei Aufgabe der Emissionsbanken, die Angaben durch eigene Finanzanalysten nachzuprüfen und den Anleger zu warnen, wenn der Emittent aggressive Bilanzierungsmethoden verwende oder von der Möglichkeit einer kosmetischen Bereinigung der Bilanz Gebrauch mache.[1304]

ff. Einwendungen gem. § 45 Abs. 2 BörsG

§ 45 Abs. 2 BörsG stellt eine Reihe weiterer Einwendungen auf, die den Anspruch des Anlegers entfallen lassen, wenn der Prospektverantwortliche das Vorliegen ihrer Voraussetzungen nachweist. Nr. 1 und 2 der Vorschrift beschäftigen sich mit der Kausalität zwischen der Veröffentlichung des Prospekts und dem Erwerb der Wertpapiere (haftungsbegründende Kausalität, Nr. 1) sowie dem Prospektmangel und der Minderung des Börsenpreises der Effekten (haftungsausfüllende Kausalität,

---

1299 *Hopt*, a.a.O., Rdnr. 193.
1300 Anhang I, Nr. 23.1, Anhang III, Nr. 10.3, Anhang V, Nr. 7.3 Verordnung (EG) Nr. 809/2004.
1301 Vgl. Verordnung (EG) Nr. 1606/2002 vom 19.07.2002 betreffend die Anwendung internationaler Rechnungslegungsstandards, ABl. L 243 vom 11.09.2002.
1302 Schwark/*Schwark*, KMRK, §§ 44, 45 BörsG, Rdnr. 45. So wohl auch Marsch-Barner/Schäfer/*Krämer*, a.a.O., Rdnr. 350. Schimansky/Bunte/Lwowski/*Grundmann*, a.a.O., hat dieses Problem im Blick, wenn er hervorhebt, dass der Verweis auf die Angaben eines Sachverständigen nur dann befreiend wirkt, wenn seine Einschaltung gesetzlich vorgesehen ist. Zum üblichen Inhalt und der üblichen Form von comfort letters vgl. *Landmann*, Die Haftung für Comfort Letters, S. 75 ff. *Landmann*, a.a.O., S. 95 ff., untersucht auch mögliche Schadensersatzansprüche des Emittenten, der Emissionsbanken und der Anleger gegen den Aussteller des comfort letter (nach deutschem und US-amerikanischem Recht).
1303 *Köndgen*, AG 1983, 120, 127.
1304 A.a.O.

Nr. 2). Zweck der Bestimmungen ist vor allem eine Umkehr der Beweislast für Umstände, die nach Ansicht des Gesetzgebers der Sphäre des Haftungsadressaten zuzuordnen sind bzw. über die der Anleger nur unter Schwierigkeiten Informationen erlangen kann.[1305] Nr. 3 schließt den Anspruch aus, wenn der Erwerber die Unrichtigkeit oder Unvollständigkeit des Prospekts beim Erwerb kannte. Ausweislich der Gesetzesbegründung handelt es sich hierbei um eine Sonderregelung der Frage des Mitverschuldens, die § 254 BGB im Rahmen der Haftungsbegründung verdrängt. Der Anspruchsgegner kann mithin z.B. nicht einwenden, der Anleger habe in spekulative Papiere investiert und sei deswegen für den Schaden mitverantwortlich.[1306] Nr. 4 gibt den Prospektverantwortlichen die Möglichkeit, den Fehler zu korrigieren. Erfolgt die Korrektur in der vorgegebenen Form, d.h. durch Veröffentlichung einer deutlich gestalteten Berichtigung im Jahresabschluss, Zwischenbericht, in einer Ad-hoc Mitteilung oder ähnlichen Bekanntmachung, entfallen Schadensersatzansprüche aufgrund nachfolgender Erwerbsgeschäfte unabhängig davon, ob der Erwerber die Berichtigung kannte oder nicht.[1307] Nr. 5 schließlich dient der Umsetzung von Art. 6 Abs. 2 der Prospektrichtlinie, der bestimmt, dass Fehler in der gem. § 5 Abs. 2 WpPG erforderlichen Zusammenfassung grundsätzlich keine Prospekthaftungsansprüche nach sich ziehen dürfen (Ausnahme: § 45 Abs. 2 Nr. 5 a.E. BörsG).

Hier soll etwas genauer nur auf Kausalitätsfragen (Nr. 1 und 2) eingegangen werden. Der Ursachenzusammenhang zwischen der Veröffentlichung des Prospekts und dem Kaufentschluss des Anlegers musste nach früherem Recht (vor dem 3. FMFG) vom Anspruchsteller dargelegt und gegebenenfalls bewiesen werden. Da sich die Anleger häufig zur Investition entschließen, ohne zuvor den Wertpapierprospekt sorgfältig studiert zu haben, schränkte dieses Erfordernis die Möglichkeit zur Erlangung von Schadensersatz beträchtlich ein. Zur Beweiserleichterung verwies die Rechtsprechung, wie bereits erwähnt, auf das Konzept der sog. Anlagestimmung.[1308] Hierauf kommt es gem. § 45 Abs. 2 Nr. 1 BörsG n.F. zunächst nicht mehr an. Umstritten ist allerdings, ob es sich bei der Gesetzesänderung um die Kodifizierung der tatsächlichen Vermutung der Anlagestimmung oder eine gesetzliche Vermutung i.S. des § 292 ZPO handelt. Eine tatsächliche Vermutung führt nicht zur Umkehr der Beweislast, der Beklagte muss lediglich die ernsthafte Möglichkeit eines atypischen Geschehensablaufs nachweisen (sog. Erschütterung des Beweises

---

1305 BT-Drs. 13/8933, S. 80.

1306 A.a.O. Vgl. auch OLG Frankfurt, WM 1994, 291, 298 (Bond I). Anderes gilt für die Berechnung des Schadensumfangs. Hier ist ein mitwirkendes Verschulden des Anlegers nach allgemeiner Ansicht zu berücksichtigen, z.B. wenn er die Papiere unter Marktpreis verkauft. Die Pflicht, zur Schadensminderung die Effekten schnellstmöglich zu veräußern, wenn der Börsenkurs aufgrund des Prospektmangels sinkt, besteht indes nach h.M. nicht. Da auch der Erwerber Prospekthaftungsansprüche geltend machen könnte, ließe sich hierdurch der Gesamtschaden nicht verringern, vgl. *Ellenberger*, Prospekthaftung, S. 67 f.; Schwark/*Schwark*, KMRK, §§ 44, 45 BörsG, Rdnr. 67; Vortmann/*Hauptmann*, Prospekthaftung und Anlageberatung, § 3, Rdnr. 119. A.A. *Sittmann*, NZG 1998, 490, 495.

1307 BT-Drs. 13/8933, S. 80.

1308 Nachweise in Fn. 1101.

des ersten Anscheins), um die Notwendigkeit für den Kläger zu begründen, den vollen Beweis zu führen.[1309] Gesetzliche Vermutungen bewirken hingegen einen Wechsel der Beweislast. Kann der Kläger darlegen, dass die gesetzliche Vermutung eingreift (hier: dass er die Wertpapiere innerhalb der sechsmonatigen Frist des § 44 Abs. 1 Satz 1 BörsG erworben hat), obliegt dem Gegner der Beweis des Gegenteils; die bloße Erschütterung der Vermutung ist nicht ausreichend.[1310] Die Literatur tendiert dazu, die zur Anlagestimmung entwickelten Grundsätze auf § 45 Abs. 2 Nr. 1 BörsG zu übertragen. Danach soll der Prospektverantwortliche der Haftung entgehen können, indem er z.B. darlegt, dass negative Berichte über den Emittenten oder ungünstige Geschäftsdaten im neuen Jahresabschluss die positive Anlagestimmung beendet haben.[1311] Diese Ausführungen sind wohl so zu verstehen, dass die genannten Umstände (die das Ende der Anlagestimmung hervorrufen) die ernsthafte Möglichkeit implizierten, der Anleger habe aus anderen Gründen als aufgrund des Prospekts gekauft. Das passt nicht so recht zum Inhalt des Gesetzestextes, der zur Widerlegung der Vermutung nicht auf eine vom Prospekt erzeugte Anlagestimmung abstellt, sondern auf den Prospekt selbst, sprich: auf die Kenntnis des Prospekts.[1312] Auch handelt es sich nach der Kodifizierung eben nicht mehr um eine tatsächliche, sondern eine gesetzliche Vermutung, für die § 292 ZPO gilt. Überzeugender ist es deswegen, den vollen Beweis des Gegenteils zu verlangen.[1313]

Eine weitere gesetzliche Vermutung stellt § 45 Abs. 2 Nr. 2 BörsG für die haftungsausfüllende Kausalität auf. Hier ist unstreitig, dass der Haftungsadressat zur Widerlegung der Vermutung den vollen Beweis des Gegenteils gem. § 292 ZPO zu führen hat. Er muss nachweisen, dass der Prospektmangel nicht zu einer Minderung des Börsenpreises beigetragen hat.[1314] Insoweit sind die Voraussetzungen der gesetzlichen Börsenprospekthaftung strenger als die anderer Haftungsinstitute. So ist der BGH beispielsweise der Auffassung, Schutzzweck der allgemeinen zivilrechtlichen Prospekthaftung sei nicht die Integrität des Werts einer Vermögensanlage (d.h. die Vermeidung seiner negativen Beeinflussung durch fehlerhafte Prospektangaben), sondern die Dispositionsfreiheit des Anlegers.[1315] Der Ursachenzusammenhang ist mithin schon dann gegeben, wenn der Anleger die Beteiligung ohne die fehlerhafte Angabe nicht erworben hätte. Ob der Prospektfehler kausal für eine Minderung des

---

1309 BGH NJW 1983, 1380, 1381.
1310 BGHZ 16, 217, 227 f.
1311 *Ellenberger*, Prospekthaftung, S. 40 f.; Vortmann/*Hauptmann*, Prospekthaftung und Anlageberatung, § 3, Rdnr. 123; Unentschlossen *Lenenbach*, Kapitalmarkt- und Börsenrecht, Rdnr. 8.100.
1312 Auch wenn man die Grundsätze zum Anscheinsbeweis auf § 45 Abs. 2 Nr. 1 BörsG überträgt und eine Erschütterung des Anscheins durch den Gegner ausreichen lässt, müsste sich der Nachweis der möglichen atypischen Folge auf die Kenntnis des Prospekts seitens des Anlegers beziehen. Der Gegner müsste also die ernsthafte Möglichkeit aufzeigen, dass der Anleger den Prospekt nicht kannte und aus anderen, hiermit nicht in Verbindung stehenden Gründen erworben hat.
1313 So auch die Regierungsbegründung, die von einer Umkehr der Beweislast spricht, vgl. BT-Drs. 13/8933, S. 76, und Hopt/Voigt/*Ehricke*, Prospekt- und Kapitalmarktinformationshaftung, S. 239 f.
1314 Vgl. nur Hopt/Voigt/*Ehricke*, a.a.O., S. 240; Vortmann/*Hauptmann*, a.a.O., Rdnr. 124.
1315 BGHZ 123, 106, 111 ff. (Hornblower Fischer).

Werts der Anlage war, ist irrelevant. Mit anderen Worten: Der Schaden liegt bereits in der Beteiligung als solcher, nicht erst in dem Wertverlust. Die abweichende Konzeption der Börsenprospekthaftung wird von manchen Stimmen in der Literatur als misslich empfunden.[1316] Angesichts der eindeutigen Regelung des § 45 Abs. 2 Nr. 2 BörsG lässt sich der Ansatz der Rechtsprechung aber nicht übertragen.[1317]

gg. Rechtsfolge

Der Anspruch richtet sich auf Übernahme der Wertpapiere gegen Erstattung des Erwerbspreises, der Höhe nach begrenzt durch den ersten Ausgabepreis, zuzüglich der mit dem Erwerb verbundenen üblichen Kosten (§ 44 Abs. 1 Satz 1 BörsG). Hat der Erwerber die Effekten zwischenzeitlich weiterveräußert, kann er den Unterschiedsbetrag zwischen dem Erwerbs- und dem Veräußerungspreis, wiederum zuzüglich der üblichen Kosten, verlangen (§ 44 Abs. 2 Satz 1 BörsG). Der Gesetzgeber hielt die Begrenzung der Haftung auf den ersten Ausgabepreis für sinnvoll, da die Prospektangaben gerade im Hinblick auf diesen Betrag getroffen worden seien, d.h. als Grundlage der entsprechenden Preisfindung dienten. Der nachfolgende, unter Umständen höhere Erwerbspreis sei dagegen von vielerlei Faktoren abhängig; es sei deswegen unbillig, dem Emittenten das Risiko steigender Kurse aufzuerlegen.[1318] Hier zeigen sich einmal mehr Friktionen mit konkurrierenden Ansprüchen: Wird ein Erwerbsgeschäft nicht über §§ 44, 45 BörsG, sondern §§ 826 oder 823 Abs. 2 BGB i.V. mit der Verletzung eines Schutzgesetzes rückabgewickelt, hält die Rechtsprechung den durch die irreführende Information veranlassten Erwerb für das schädigende Ereignis und gewährt unter Anwendung der Grundsätze des § 249 Abs. 1 BGB Ersatz für den aufgewendeten Kaufpreis unabhängig von seinem Verhältnis zum Ausgabepreis.[1319] Die Anordnung des Gesetzes in § 44 Abs. 1 Satz 1, Abs. 2 Satz 1 BörsG ist indes eindeutig; eine Übertragung des Ansatzes der Gerichte zu §§ 826, 823 Abs. 2 BGB auf die spezialgesetzliche Börsenprospekthaftung verbietet sich. Letztlich dient die Begrenzung neben den bereits angesprochenen, durch das 3. FMFG eingeführten, Änderungen[1320] der Überschaubarkeit des Haftungsrisikos und damit der Risikokapitalförderung.[1321]

Die Bestimmung des Anspruchsumfangs im Einzelnen ist weitgehend unproblematisch.[1322] Lediglich auf ein Sonderproblem soll kurz eingegangen werden, das auftritt, wenn sich der Anspruch aus Prospekthaftung gegen einen Emittenten richtet,

---

1316 Z.B. Schwark/*Schwark*, KMRK, §§ 44, 45 BörsG, Rdnr. 55.
1317 So die ganz h.M., vgl. nur *Groß*, Kapitalmarktrecht, §§ 44, 45 BörsG, Rdnr. 68.
1318 BT-Drs. 13/8933, S. 78.
1319 Vgl. nur BGHZ 160, 149, 153 (Infomatec II).
1320 Oben aa und passim. Die Begrenzung des Anspruchsumfangs auf den Ausgabepreis geht selbst nicht auf das 3. FMFG zurück. Auch wenn § 46 Abs. 2 BörsG in der Fassung vor dem 3. FMFG nicht eindeutig formuliert war, nahm die h.L nach alter Rechtslage ein Wahlrecht des Schuldners zwischen Erstattung des Erwerbs- und des Ausgabepreises an, vgl. *Canaris*, Bankvertragsrecht, Rdnr. 2286 m.N.
1321 BT-Drs. 13/8933, S. 78.
1322 Vgl. zu Einzelheiten, insbesondere zur Bestimmung des Ausgabe- und Erwerbspreises bei Mehrfachnotierung, Daueremissionen oder Optionsscheinen, die Gesetzesbegründung, a.a.O., 78 f.

der Aktien ausgegeben hat: Führt die Prospekthaftung dazu, dass die Gesellschaft die Wertpapiere übernehmen muss, entsteht ein Konflikt zu §§ 71 ff. AktG, die den Erwerb eigener Aktien nur in bestimmten Fällen zulassen, zu denen die Erfüllung einer gesetzlichen Verpflichtung nicht gehört. Zudem könnte die Erstattung des Erwerbspreises bzw. des Unterschiedsbetrags zwischen Erwerbs- und Veräußerungspreis als Rückgewähr der geleisteten Einlage an den Aktionär gedeutet werden und würde damit gegen § 57 Abs. 1 Satz 1 AktG verstoßen. Das Problem ist ausführlich erörtert worden, die von Rechtsprechung und (noch) h.L. präferierte Lösung hinlänglich bekannt: Bei originärem Erwerb durch Zeichnung junger Stücke oder Ausübung eines Bezugsrechts kommt dem Grundsatz der Kapitalerhaltung und Verbot der Einlagenrückgewähr (§§ 57, 71 ff. AktG) im Hinblick auf die Bestandskraft des Zeichnungsvertrags der Vorrang zu. Handelt es sich um abgeleiteten Erwerb, z.B. über die Börse (sog. Umsatzgeschäft), gelten die §§ 44, 45 BörsG ohne Einschränkung.[1323] Weitere Uneinigkeit herrscht bei der Frage, wie zwischen originärem und

---

1323 Diese Auffassung geht auf das Reichsgericht zurück. Während es in RGZ 54, 128, 130 ff. zunächst den Standpunkt vertrat, dass der Aktionär „aus seiner Eigenschaft als Gesellschafter" (a.a.O., 131) keine Ansprüche außer den im Aktienrecht normierten gegen die Gesellschaft geltend machen könne, und sämtliche Ansprüche, die sich auf seine Beteiligung gründeten, d.h. die wegen des Erwerbs der Mitgliedschaftsrechte entstanden seien (z.B. weil der Aktionär durch betrügerisches Handeln des Vorstands zur Zeichnung veranlasst wurde), den Aktionärsrechten (den Rechten, die sich aus der Eigenschaft des Aktionärs als Gesellschafter ergeben und die nur im Rahmen des Aktienrechts, unter Verdrängung allgemeiner bürgerlich-rechtlicher Grundsätze, geltend gemacht werden können) und nicht den Gläubigerrechten zurechnete, präzisierte es in RGZ 71, 97, 98 ff.: Erlange der Aktionär seine Beteiligung durch Zeichnung oder Ausübung des Bezugsrechts – beides Vorgänge, durch welche „die notwendige Grundlage für die demnächst in das Leben und den Verkehr tretende Aktiengesellschaft geschaffen" (a.a.O., 99), d.h. das tatsächliche Vorhandensein des Grundkapitals sichergestellt werde –, müsse „das Interesse des Einzelnen … zurücktreten gegenüber dem Interesse, das die Allgemeinheit daran hat, dass die Kapitalgesellschaft so, wie im Handelsregister eingetragen und demnächst öffentlich bekannt gemacht wird, wirklich ins Leben getreten ist" (a.a.O.). Existiere die Gesellschaft hingegen bereits, könne „der Gesetzgeber weder im Allgemeinen noch im Speziellen eine Vorsorge dagegen treffen, dass die Aktiengesellschaft bei ihrer Betätigung im Verkehrsleben keine Einbuße an ihrem Grundkapitale erleidet. … Tritt sie durch ihre Organe mit [den Aktionären] in rechtsgeschäftlichen Verkehr oder wird sie ihnen aus unerlaubten Handlungen der Organe verpflichtet, so ist sie zur Erfüllung ihrer Verbindlichkeiten ihnen gegenüber wie gegenüber jedem Dritten verbunden" (a.a.O., 100). Diese differenzierende Sichtweise bestätigte das Gericht in RGZ 88, 271, 272. Aus neuerer Zeit ebenso OLG München, ZIP 2005, 901, 903 (Comroad); OLG Frankfurt, ZIP 1999, 1005, 1007 f. (MHM Mode). Die Literatur folgt der Rechtsprechung größtenteils, zeigt aber in Einzelheiten abweichende Ansätze. Die h.M. will beim abgeleiteten Erwerb einen Zugriff auf das Grundkapital zulassen, beim originären Erwerb die Haftung hingegen auf das freie Vermögen beschränken, z.B. Großk. AktG/*Henze*, § 57, Rdnr. 22 f.; Schwark/*Schwark*, §§ 44, 45 BörsG, Rdnr. 13; vgl. auch allgemein hierzu *Zöllner/Winter*, ZHR 158 (1994), 59, 78 (Anspruch des Zeichners gegen die AG bei nichtiger Kapitalerhöhung bejahend, sofern die Zahlung aus dem das Grundkapital übersteigenden Nettovermögen geleistet werden kann). Teilweise werden Schadensersatzansprüche beim originären Erwerb unter Hinweis auf die Bestandskraft des Zeichnungsvertrags generell, d.h. unabhängig vom Vorhandensein von freiem Vermögen, abgelehnt, vgl. *Fredebeil*, Übernahmevertrag, S. 223 f. Für eine Beschränkung auf das freie Vermögen sowohl beim originären Erwerb als auch bei Umsatzgeschäften *Schwark*, FS Raisch, S. 269, 289; *Veil*, ZHR 167 (2003), 365, 395 (zu §§ 37b, 37c WpHG). Unter Hinweis auf die Natur der §§ 57, 71 ff. AktG als jüngere Vorschriften den allgemeinen Vorrang des Kapitalerhaltungsrechts befürwortend KK AktG/*Lutter*, § 71, Rdnr. 69. Zu Stimmen, die einen uneingeschränkten Vorrang der Prospekthaftung vertreten, vgl. Fn. 1338.

abgeleitetem Erwerb zu unterscheiden ist, insbesondere, wenn Emissionsbanken die Aktien Altaktionären gem. § 185 Abs. 5 Satz 1 AktG zum Bezug anbieten bzw. zur Platzierung beim Anlegerpublikum fest übernehmen.[1324] Der Meinungsstreit muss hier nicht in aller Ausführlichkeit dargestellt werden. Die Arbeit will sich auf einige Gedanken und den Hinweis auf eine Entwicklung in der neueren Rechtsprechung beschränken, die für den Streit von Bedeutung sein kann. Im Rahmen der Comroad- und EM.TV-Verfahren haben die Gerichte deutlich gemacht, dass die aktienrechtlichen Gläubigerschutzvorschriften der §§ 57, 71 ff. AktG der Geltendmachung deliktischer Ansprüche wegen vorsätzlicher Bilanzfälschung und Veröffentlichung bewusst unrichtiger Ad-hoc-Mitteilungen (§ 826 BGB und Verletzung von Schutzgesetzen i.S. von § 823 Abs. 2 BGB) nicht entgegenstehen.[1325] Die Entscheidungen können zwar nicht ohne weiteres auf den hier interessierenden Sachverhalt übertragen werden: Zum einen hatten die Kläger die Wertpapiere in Umsatzgeschäften erworben; die Gerichte konnten eine Entscheidung zum Meinungsstreit deswegen dahinstehen lassen. Zum anderen betonten sie, dass das Integritätsinteresse des Anlegers an Wiederherstellung des Zustands, der ohne das schädigende Ereignis bestehen würde, jedenfalls bei vorsätzlich sittenwidrigem oder strafbarem Handeln des Vorstands der beklagten Aktiengesellschaft den aktienrechtlichen Grundsätzen der Kapitalerhaltung bzw. Vermögensbindung vorgehe – bei einem Verhalten also, das nicht Voraussetzung des Anspruchs gem. §§ 44, 45 BörsG ist.[1326] Gleichwohl machten die Gerichte in *obiter dicta* deutlich, dass sie einen Vorrang der §§ 57, 71 ff. AktG nicht nur bei abgeleitetem, sondern auch originärem Erwerb in Zweifel ziehen.[1327] Diese Sicht ist zu begrüßen. Sie entspricht nicht nur

---

1324 Für originären Erwerb der von den Banken kaufenden Anleger: *Schwark*, FS Raisch, S. 269, 287; Schwark/*Schwark*, KMRK, §§ 44, 45 BörsG, Rdnr. 13. In diesem Fall kann allerdings nicht mit der Bestandskraft des Zeichnungsvertrags argumentiert werden, um den Vorrang der Kapitalerhaltungsvorschriften zu begründen, da der Zeichnungsvertrag nicht mit den klagenden Anlegern, sondern den Emissionsbanken zustande kommt. Ohnehin führen die §§ 44, 45 BörsG von einem formal-juristischen Standpunkt aus betrachtet nicht zur Rückabwicklung des Zeichnungsvertrags, sondern stellen einen hiervon zu trennenden, rechtlich unabhängigen Schadensersatzanspruch dar, insoweit zutreffend *Groß*, Kapitalmarktrecht, §§ 44, 45 BörsG, Rdnr. 15; MüKo AktG/*Bayer*, § 57, Rdnr. 28 (dagegen *Fleischer*, Gutachten F für den 64. Deutschen Juristentag 2002, S. F 73: „[d]ogmaitsch allzu subtil"). Für abgeleiteten Erwerb: *Assmann*, Prospekthaftung, S. 332; Großk. AktG/*Henze*, § 57, Rdnr. 24; *Krämer/Baudisch*, WM 1998, 1161, 1169.

1325 BGH ZIP 2008, 410, 411 (Comroad VII); ZIP 2008, 407, 408 (Comroad VI); ZIP 2007; 1560, 1561 (Comroad IV); ZIP 2007, 681 (Comroad I); ZIP 2007, 326, 327 (Comroad III), Bestätigung von ZIP 2005, 1270, 1272 f. (EM.TV). Vgl. aber auch LG Bonn, ZIP 2007, 1267: Das Gericht legt die Urteile des BGH einschränkend aus (kein genereller Vorrang der Prospekthaftung) und nimmt einen Verstoß gegen den Grundsatz der Kapitalerhaltung an, wenn der Emittent bei Umplatzierung gegenüber dem abgebenden Aktionär die Prospekthaftung übernimmt. Hierzu kritisch *Fleischer*, ZIP 2007, 1969, 1974 ff.; siehe auch unten II 4 b.

1326 BGH ZIP 2005, 1270, 1273; OLG Frankfurt, AG 2006, 584, 586. Am deutlichsten OLG Frankfurt, AG 2005, 401, 403: Es sei „zu bedenken, dass Ansprüche aus § 826 BGB ein besonders schwer wiegendes Fehlverhalten des Verpflichteten und dementsprechend ein besonderes Schutzbedürfnis des Berechtigten voraus [setzten]".

1327 Z.B. bezieht sich BGH, a.a.O., 1273, auf die Äußerungen des historischen Gesetzgebers, die „eindeutig in die Richtung auf eine uneingeschränkte Haftung der Aktiengesellschaft" wiesen. Hierzu sogleich im Text und folgende Fußnote. Spindler/Stilz/*Cahn/Senger*, AktG, § 57, Rdnr. 46, interpretieren den BGH ebenso wie hier. Das OLG Frankfurt, AG 2005, 401, 403, macht der historischen,[1328] systematischen[1329] und teleologischen[1330] Auslegung, sondern auch allgemeinen Gerechtigkeitserwägungen, und zwar dem Gebot, wesentlich Gleiches gleich zu behandeln, das seinen Ausdruck in Art. 3 Abs. 1 GG gefunden hat: Wenn das Reichsgericht in seiner Grundsatzentscheidung RGZ 71, 97 hervorhebt, der Aktionär stehe beim Umsatzgeschäft „der Gesellschaft ... in seiner Eigenschaft als Gläubiger gegenüber, und die Gesellschaft kann seine Eigenschaft als Gläubiger und seine sich daraus ergebenden Rechte nicht dadurch beseitigen oder unwirksam machen, dass sie geltend macht, er sei zugleich ihr Gesellschafter"[1331], wenn es weiter ausführt: „der von ihm beanspruchte Schadensersatz ist nicht nur rechtlich, son-

---

sich ökonomische Erwägungen der Literatur (Überbetonung des Gläubigerschutzes zum Nachteil des Anlegerschutzes erschwere Zugang zu den Investoren und damit die Kapitalaufnahme) und rechtspraktische Erwägungen des Reichsgerichts (die Feststellung eines Bilanzüberschusses, aus dem sich ein Schadensersatzanspruch gegen die Gesellschaft ohne Verstoß gegen § 57 AktG befriedigen lasse, könne im Prozess zu Problemen führen, vgl. RGZ 88, 187, 189) zu eigen, die in gleicher Weise im Zusammenhang mit §§ 44, 45 BörsG ihre Berechtigung haben.

1328 Zu §§ 44, 45 BörsG BT-Drs. 13/8933, S. 78: „Die in § 45 [jetzt § 44 BörsG] getroffenen Regelungen enthalten ... abschließende Spezialregelungen, die [§§ 57 Abs. 1 Satz 1, 71 ff. AktG] ... vorgehen." Zu § 15 Abs. 6 Satz 2 WpHG BT-Drs. 12/7918, S. 102: „Ein Haftungsausschluss in Fällen betrügerischer oder sittenwidriger Schädigung Dritter wäre mit den Grundsätzen unserer Rechtsordnung nicht vereinbar und stellte eine sachlich nicht vertretbare Bevorzugung des Emittenten gegenüber anderen Unternehmen dar".

1329 §§ 44, 45 BörsG sind sowohl im Vergleich zu §§ 57, 71 AktG die spezielleren als auch angesichts der grundlegenden Modifizierung, die sie im 3. FMFG erfahren haben, die jüngeren Vorschriften. Sie gehen damit nach den Auslegungsgrundsätzen *lex specialis derogat legi generali* und *lex posterior derogat legi priori* den aktienrechtlichen Bestimmungen vor, so auch *Groß*, Kapitalmarktrecht, §§ 44, 45 BörsG, Rdnr. 14; a.A. KK AktG/*Lutter*, § 71, Rdnr. 69. Zudem hätten andere Vorschriften, die eine Haftung des Emittenten anordnen, insbesondere die §§ 37b, c WpHG, nach der Gegenansicht nur einen sehr eingeschränkten Anwendungsbereich.

1330 Die Haftung für Falschinformationen ist ein integraler Bestandteil der Publizität am Kapitalmarkt. Sie vervollständigt die Publizitätspflichten, indem sie ihre Durchsetzung verbessert, vor Nichtbefolgung abschreckt und geschädigten Anlegern Ersatz bietet. Sie steigert die Akzeptanz von und das Vertrauen in Kapitalmärkte und verringert damit die Kosten der Aufnahme von Kapital, was letztlich auch den Gläubigern des Emittenten zugute kommt. Zugleich führt die Verfügbarkeit einer großen Menge an zutreffenden Informationen über die Marktteilnehmer zu einer effizienten Allokation von Ressourcen, da die Anleger ihr Kapital nutzenmaximierend einsetzen können. Aus diesen Gründen ist es erforderlich, dass gerade die Quelle der Informationen, der Emittent, der Prospekthaftung ausgesetzt ist. Ähnlich *Fleischer*, Gutachten F für den 64. Deutschen Juristentag 2002, S. F 73 f.; Schwark/*Zimmer*, KMRK, §§ 37b, 37c WpHG, Rdnr. 13. Diese für einen generellen Vorrang der Prospekthaftung sprechenden Argumente sieht auch Großk. AktG/*Henze*, § 57, Rdnr. 20, hält sie aber wegen der Bestandskraft des Zeichnungsvertrags nicht für übertragbar auf den originären Erwerb (a.a.O., Rdnr. 22).

Darüber hinaus ist bei der Abwägung zwischen Kapitalerhaltung und Kapitalmarkteffizienz zu berücksichtigen, dass zunehmend angezweifelt wird, ob das Erfordernis eines Mindestgrundkapitals für den Gläubigerschutz eine sinnvolle Funktion erfüllt. Dementsprechend geht die Entwicklung auf europäischer Ebene hin zu einer gelockerten Kapitalbindung und mehr Flexibilität bei der Kapitalbildung und -erhaltung, vgl. Richtlinie 2006/68/EG zur Änderung der zweiten Gesellschaftsrechtsrichtlinie (Richtlinie 77/91/EWG) vom 6. September 2006, ABl. L 264 vom 25.09.2006, S. 32; den Bericht der Hochrangigen Expertengruppe auf dem Gebiet des Gesellschaftsrechts über moderne gesellschaftsrechtliche Rahmenbedingungen in Europa vom 04.11. 2002, S. 84 ff. (http://ec.europa.eu/internal_market/company/docs/modern/report_de.pdf); sowie übersichtsartig Hopt/Voigt/ *Hopt/Voigt*, Prospekt- und Kapitalmarktinformationshaftung, S. 63 f.

1331 A.a.O., 100.

dern auch wirtschaftlich etwas anderes als die auf das Grundkapital ... geleistete Einlage"[1332], und schließlich feststellt, dass Umsatzgeschäfte „zwar in ihrem Effekte gleichfalls eine Beteiligung an der Aktiengesellschaft herbeiführen"[1333], aber die „außerhalb des Gesellschaftsrechts stehende Haftung [gem. §§ 44, 45 BörsG] nicht dadurch außer Wirksamkeit gesetzt werden [kann], dass der Aktionär durch den Ankauf der Aktien Gesellschafter der Aktiengesellschaft wird"[1334], wird deutlich, dass kein grundlegender Unterschied zwischen dem originären und dem abgeleiteten Erwerb besteht. In beiden Fällen stellt der Erwerb der Mitgliedschaft das schädigende Ereignis dar und will der Anleger seine Aktionärsstellung im Wege der Naturalrestitution[1335] oder Prospekthaftung rückgängig machen.[1336] In beiden Fällen ist die Einlage vor dem Erwerb der Mitgliedschaftsrechte geleistet worden, die Gesellschaft, um mit den Worten des Reichsgerichts zu sprechen, ins Leben getreten (bzw. die Kapitalerhöhung wirksam geworden) und kommt es erst danach durch Geltendmachung eines mit dem Vorgang der Kapitalaufbringung in keinem *rechtlichen* Zusammenhang stehenden Schadensersatzanspruchs zu einer möglichen Minderung des Grundkapitals (sofern kein freies Vermögen zur Begleichung des Anspruchs vorhanden ist). Einzig in einem Aspekt unterscheiden sich Zeichnung und Umsatzgeschäft: Während in dem einen Fall (originärer Erwerb) ein direkter rechtsgeschäftlicher Kontakt zwischen der Gesellschaft und dem Anleger existiert,[1337] der zu einer gewissen zeitlichen und sachlichen Konnexität von Kapitalaufnahme und Anteilserwerb führt, sind in dem anderen Fall (abgeleiteter Erwerb) weitere Personen zwischengeschaltet, so dass der Prospekthaftungsgläubiger nicht mit dem Inferenten identisch ist und der Erwerb der Mitgliedschaft (durch Übertragung der Aktie in Erfüllung des Sekundärmarktgeschäfts) zeitversetzt nach Abschluss der Kapitalaufnahme erfolgt. Hierbei handelt es sich aber um einen lediglich formalen Unterschied, dem in wirtschaftlicher Hinsicht keine Bedeutung zukommt. Die Schlechterstellung des Aktionärs, der die Aktien aufgrund einer betrügerischen oder sonst deliktischen Handlung im Rahmen der Schaffung der Mitgliedschaftsrechte erwirbt, gegenüber demjenigen, der nach Entstehung der Rechte – unter Umständen nur kurze Zeit später und aufgrund derselben deliktischen Handlung – von einem Dritten kauft, ist willkürlich und nicht gerechtfertigt. Will man mit dem Gläubiger-

1332 A.a.O.

1333 A.a.O. Das Reichsgerichte will die Umsatzgeschäfte, wenn schon nicht nach ihrem Effekt, so doch „ihrem Wesen nach" (a.a.O.) von unter dem Gesellschaftsrecht stehenden Rechtsakten abgrenzen, da sie auf den Erwerb von Wertobjekten gegen Entgelt gerichtet seien, a.a.O., 100 f. Auch der originäre Erwerb kann aber durchaus als Erwerb eines Wertobjekts (der Mitgliedschaft) gegen Entgelt (die Einlage) verstanden werden.

1334 A.a.O., 101.

1335 BGHZ 160, 149, 153 (Infomatec II); BGH ZIP 2005, 1270, 1273 f. (EM.TV).

1336 So ausdrücklich bereits *Schwark*, FS Raisch, S. 269, 275: „Gesellschaftsrechtlich und unter dem Gesichtspunkt der Vermögensbindung macht es keinen Unterschied, ob die Gesellschaft Einlagen zurückzahlt oder Aktien erwirbt, die vom Veräußerer auf dem Sekundärmarkt erworben wurden."

1337 Nicht einmal diese Unterscheidung ist stichhaltig, wenn man mit *Schwark*, FS Raisch, S. 269, 287; Schwark/*Schwark*, KMRK, §§ 44, 45 BörsG, Rdnr. 13, die bei der Fremdemission von dem eingeschalteten Bankenkonsortium kaufenden Anleger den originär Erwerbenden zurechnet.

schutz Ernst machen, sind Schadensersatzansprüche gegen die Gesellschaft beiden Gruppen von Aktionären zu versagen. Orientiert man sich an der historischen, systematischen und teleologischen Auslegung, ist §§ 44, 45 BörsG und vergleichbaren deliktischen Ansprüchen in beiden Fällen der Vorrang einzuräumen.[1338]

Für die Haftung der Emissionsbanken entfaltet die Problematik in noch einem anderem Zusammenhang Relevanz: bei der Frage, ob die Banken, wenn sie von den Anlegern gem. §§ 44, 45 BörsG in Anspruch genommen werden, einen Freistellungsanspruch gegen den Emittenten geltend machen können. Hierauf wird zurückzukommen sein.[1339]

b. *Allgemeine zivilrechtliche Prospekthaftung*

Die allgemeine zivilrechtliche Prospekthaftung wird gewöhnlich unterteilt in die sog. eigentliche und die uneigentliche Prospekthaftung (auch: Prospekthaftung im engeren und im weiteren Sinn).[1340] Letztere ist ein Anwendungsfall des § 311 Abs. 2 und 3 BGB. Sie richtet sich entweder an den Vertragspartner, der die Pflichten aus einem Beratungsvertrag durch Übergabe des fehlerhaften Prospekts nicht ordnungsgemäß erfüllt, oder an Dritte, die § 311 Abs. 3 BGB in den Kreis der Haftungsadressaten aufnimmt, wenn sie bei Abschluss des Geschäfts in besonderem Maße persönliches Vertrauen für sich in Anspruch nehmen und dadurch die Vertragsverhandlungen oder den Vertragsschluss erheblich beeinflussen. Die Vorschrift hat insbesondere die Eigenhaftung von Vertretern und Verhandlungsgehilfen im Sinn,

---

1338 So i.E. auch Baumbach/Hopt/*Hopt*, (14) BörsG § 44, Rdnr. 5; *Baums*, ZHR 167 (2003), 139, 167; *Ellenberger*, Prospekthaftung, S. 75 f.; *Groß*, Kapitalmarktrecht, §§ 44, 45 BörsG, Rdnr. 14; Hopt/Voigt/*Hopt/Voigt*, Prospekt- und Kapitalmarktinformationshaftung, S. 64 f. (die ebenso wie *Baums*, a.a.O., 170, zur Wahrung des Gläubigerschutzes vorschlagen, Prospekthaftungsansprüche im Insolvenzverfahren mit einem Nachrang gem. § 39 Abs. 1 InsO auszustatten); *Kümpel*, Bank- und Kapitalmarktrecht, Rdnr. 9.391; Marsch-Barner/Schäfer/*Krämer*, Handbuch börsennotierte AG, § 10, Rdnr. 344; MüKo AktG/*Bayer*, § 57, Rdnr. 28 f.; K. Schmidt/Lutter/*Fleischer*, AktG, § 57, Rdnr. 40; Vortmann/*Hauptmann*, Prospekthaftung und Anlageberatung, § 3, Rdnr. 116. Zu §§ 37b, 37c WpHG ebenso Schwark/*Zimmer*, KMRK, §§ 37b, 37c WpHG, Rdnr. 11 ff. Zögerlich *Fleischer*, Gutachten F für den 64. Deutschen Juristentag 2002, S. F 73 ff., der erwägt, das Grundkapital prospekthaftungsfest auszugestalten, diese Möglichkeit wegen der negativen Folgen für den Anlegerschutz aber letztlich ablehnt.

1339 Unten II 4 b.

1340 Die Unterscheidung ist insbesondere für Verjährungsfragen von Bedeutung. Beginnend mit BGHZ 83, 222, 227, wendete der BGH die kurze sechsmonatige Verjährungsfrist der §§ 20 Abs. 5 KAGG a.F., 12 Abs. 5 AuslInvestmG a.F. auf die Prospekthaftung im engeren Sinn an und die Regelverjährung von (damals) 30 Jahren, wie grundsätzlich auch sonst bei Ansprüchen aus c.i.c., auf die Prospekthaftung im weiteren Sinn (vgl. zu weiteren Einzelheiten und Ausnahmen von der vorstehenden Regel BGHZ 111, 314, 323; 115, 213, 217, 224; 126, 166, 171 ff.: bei Bauherrenmodellen immer lange Verjährung; ebenso für Bauträgermodelle: BGH NJW 2001, 436, 438; BGH NJW 2004, 3706, 3709: lange Verjährungsfrist bei Inanspruchnahme persönlichen Vertrauens, auch wenn das Verschulden auf Prospektmängeln beruht). Nach Änderung der Rechtslage hat sich die Differenz zwischen den beiden Verjährungsfristen zwar verringert, die spezialgesetzliche Verjährung gem. §§ 46 BörsG, 127 Abs. 5 InvG ist auf ein Jahr ab Kenntniserlangung (maximal drei Jahre) angehoben, die regelmäßige Verjährungsfrist gem. § 195 BGB auf drei Jahre verkürzt worden, zu Konflikten kann es aber nach wie vor kommen, so dass die Unterscheidung weiterhin von Belang ist.

erfasst aber auch weitere Personen, die z.B. aufgrund ihrer außergewöhnlichen Sachkunde oder Zuverlässigkeit Gewähr für die Richtigkeit und Vollständigkeit der Erklärungen übernehmen und das ihnen entgegengebrachte Vertrauen nutzen, um den Inhalt des Vertrags in ihrem Sinn zu gestalten, oder die ein eigenes wirtschaftliches, nicht nur mittelbares, Interesse am Vertragsgegenstand haben (sog. Sachwalter).[1341]

Den Emissionsbanken kommt nicht schon kraft ihrer Beteiligung an der Emission eine solche Stellung zu. Zwar geben sie durch Übernahme der Papiere zu erkennen, an der Seriosität der Emission keine Zweifel zu haben, und erfüllen damit in den Augen der Anleger eine Art Zertifizierungsfunktion. Nach ständiger Rechtsprechung setzt die Sachwalterhaftung aber voraus, dass der Dritte i.S. des § 311 Abs. 3 BGB in die Vertragsverhandlungen in der Weise eingebunden ist, dass er, wenn schon nicht als Vertreter auftretend, so doch durch eigenes oder ihm zurechenbares Handeln einen besonderen Vertrauenstatbestand schafft und das Verhalten des Verhandlungsgegners maßgeblich bestimmt.[1342] Die Neuregelung des § 311 Abs. 3 BGB greift diese Voraussetzung auf, indem sie die erhebliche Beeinflussung des Vertragsschlusses oder der Vertragsverhandlungen fordert. Im Einzelfall mögen Konsortialbanken eine Rolle einnehmen, die den gesetzlichen Anforderungen gerecht wird, etwa wenn sie bei Platzierung der übernommenen Papiere unmittelbar mit den Anlegern verhandeln. Dann greifen die von der Rechtsprechung entwickelten Grundsätze zur anleger- und anlagegerechten Aufklärung ein.[1343] Pauschal und im Verhältnis zu sämtlichen Zeichnern lässt sich die Sachwalterhaftung der Emissionsbanken aber nicht begründen.[1344]

1341 Der BGH formuliert (NJW 1997, 1233): „Sachwalter … ist, wer, ohne Vertragspartner oder dessen Vertreter zu sein, auf der Seite eines Vertragspartners an dem Zustandekommen des Vertrages beteiligt ist und dabei über das bei der Anbahnung von Geschäftsbeziehungen immer vorauszusetzende normale Verhandlungsvertrauen hinaus in besonderem Maße Vertrauen für sich persönlich in Anspruch nimmt und auf diese Weise dem anderen Vertragspartner eine zusätzliche, gerade von ihm persönlich ausgehende Gewähr für Bestand und Erfüllung des in Aussicht genommenen Rechtsgeschäfts bietet … Gleiches gilt, wenn der Dritte wegen eines eigenen unmittelbaren wirtschaftlichen Interesses dem Verhandlungsgegenstand besonders nahe steht, also wirtschaftlich betrachtet gleichsam in eigener Sache verhandelt". Zum wirtschaftlichen Eigeninteresse vgl. mit weiteren Einzelheiten BGHZ 126, 181, 183 ff.

1342 Z.B. BGHZ 56, 81, 85: Haftung einer Partei, die „sich selbst bei den Verhandlungen im Hintergrund hält und eigene Beziehungen zu dem Verhandlungsgegner nur mittelbar über den von [ihr] betreuten Verhandlungspartner insofern herstellt, als [sie] zu dem beabsichtigten Vertragsschluss [ihre] Zustimmung erteilt, diese [ihre] Erklärung dem anderen Teil zur Kenntnis gebracht wird, für ihn auch maßgeblich ist und ihn zum Abschluss des Vertrags bestimmt."

1343 Vgl. oben § 5 II.

1344 Siehe auch BGH NJW 1995, 1213, 1214 f. Die besondere Funktion, berufliche Stellung oder Qualifikation des Dritten (im Fall war der Beklagte Rechtsanwalt und handelte als Betreuer des Vertretenen) begründet allein noch kein besonderes Vertrauensverhältnis gegenüber dem Vertragspartner des Geschäftsherrn: Auch wenn „in typisierender Betrachtungsweise der beruflichen Stellung und Qualifikation regelmäßig eine maßgebliche und ausschlaggebende Bedeutung für die Willensentschließung des anderen Teils zukommt" (a.a.O., 1214), ist für die Sachwalterhaftung gem. §§ 280 i.V.m. 311 Abs. 3 BGB „eine zusätzliche, von [dem Dritten] *persönlich* ausgehende Gewähr für die Seriosität … des Geschäfts" (a.a.O., 1215; Hervorhebung durch den Verfasser) zu verlangen.

Die eigentliche bürgerlich-rechtliche Prospekthaftung findet ihre Grundlage ebenfalls in den Grundsätzen zur culpa in contrahendo,[1345] geht aber über sie hinaus, indem sie sich nicht auf persönliches, sondern typisiertes Vertrauen stützt.[1346] Anlass für die Entwicklung des Rechtsinstituts waren die Geschehnisse auf dem grauen Kapitalmarkt der 70er und 80er Jahre des letzten Jahrhunderts in Deutschland, der einen weitgehend rechtsfreien Raum darstellte.[1347] In den ersten Urteilen hatte sich der BGH mit Publikums-Kommanditgesellschaften zu beschäftigen, d.h. mit Gesellschaften, die auf Aufnahme einer Vielzahl von Kommanditisten gerichtet sind und mit (zweifelhaften) Steuersparmodellen hohe Gewinne versprechen.[1348] Tritt ein Investor in die KG ein, schließt er einen Aufnahmevertrag mit allen Gesellschaftern, vertreten durch den Verhandlungsführer (in der Regel den Komplementär oder seinen Vertreter), ab. Ein Verschulden bei Vertragsverhandlungen, z.B. die unzureichende Aufklärung über die Risiken der Beteiligung, müsste mithin zunächst in diesem Verhältnis Schadensersatzansprüche nach sich ziehen. Hiervon weicht der BGH in seiner Rechtsprechung zur allgemeinen zivilrechtlichen Prospekthaftung ab. Da das Gros der Gesellschafter einer Publikums-KG die Beteiligung lediglich zu Kapitalanlagezwecken erwirbt und weder Einfluss auf die Führung der Geschäfte ausübt (angesichts der Stellung als Kommanditist auch nicht ausüben darf), noch an der Herausgabe des fehlerhaften Prospekts beteiligt ist, sehen die Gerichte nicht (zwangsläufig) die Vertragspartner (und jedenfalls nicht *alle* Gesellschafter, die Kommanditisten einbegriffen) als Haftungsadressaten an, sondern die für die Vertragsverhandlungen verantwortlichen Vertreter und

---

1345 Vgl. z.B. BGHZ 71, 284, 286 f. Die Literatur stimmt dieser dogmatischen Einordnung teilweise zu, z.B. *Ellenberger*, Prospekthaftung, S. 95; so wohl auch *Hopt*, Verantwortlichkeit, Rdnr. 100 (Fn. 133). Ähnlich *Canaris*, Bankvertragsrecht, Rdnr. 2293 f., 2277 f., der die allgemeine zivilrechtliche Prospekthaftung auf eine Analogie zu §§ 44, 45 BörsG stützen will (jedenfalls wenn es an einem rechtsgeschäftlichen Kontakt fehlt, da dann die Haftung aus c.i.c. nicht in Betracht komme), d.h. sie ebenso wie die spezialgesetzliche Prospekthaftung als (der c.i.c. nahe stehende) kraft Gesetzes eintretende Vertrauenshaftung ansieht. Diese Konstruktion zwingt ihn allerdings dazu, auch die Einschränkungen der §§ 44, 45 BörsG auf das ungeregelte Haftungsinstitut zu übertragen, a.a.O., Rdnr. 2294. *Köndgen*, AG 1983, 85, 91 ff., versteht den Prospekt als rechtsgeschäftliche Erklärung, die vom Anleger angenommen werde, was zur Vertragshaftung führe. Wieder andere, insbesondere *Assmann*, Prospekthaftung, S. 252 ff.; *Lenenbach*, Kapitalmarkt- und Börsenrecht, Rdnr. 9.32, schlagen eine deliktische Einordnung vor: Schadensersatz wegen der Verletzung kapitalmarktbezogener Informationsverkehrspflichten.

1346 So explizit BGHZ 123, 106 (Hornblower Fischer), 109; 83, 222, 224 f. Vgl. zur Herleitung auch BGHZ 72, 382, 387; 79, 337, 341 und unten Fn. 1350.

1347 Vgl. etwa *Hopt*, Verantwortlichkeit, Rdnr. 98, der von wildwestähnlichen Verhältnissen spricht. Eine allgemeine Prospektpflicht für öffentliche Angebote von Wertpapieren – und damit eine Haftung für Prospektfehler – ist in Deutschland erst durch Umsetzung der EG-Wertpapierverkaufsprospektrichtlinie vom 17. April 1989 (Richtlinie 89/298/EWG vom 17. April 1989, Abl. L 124 vom 05.05.1989, S. 8) durch das Wertpapier-Verkaufsprospektgesetz vom 13.12.1990 (BGBl. I 1990, 2749) eingeführt worden. Eine weitere Reglementierung des grauen Kapitalmarkts hat das Anlegerschutzverbesserungsgesetz (siehe oben § 6 I 2 a) erreicht, das Prospektpflicht und Prospekthaftung gem. § 8f Abs. 1 VerkProspG auf bestimmte nicht in Wertpapieren verbriefte Vermögensanlagen erstreckt, nämlich insbesondere Anteile an Publikumspersonengesellschaften, GmbH-Anteile, Genossenschaftsanteile, stille Beteiligungen an den genannten Gesellschaften, Anteile an Treuhandvermögen oder an sonstigen geschlossenen Fonds (Einzelheiten in der Regierungsbegründung, BT-Drs. 15/3174, S. 42).

1348 Grundlegend BGHZ 71, 284; 72, 382; 79, 337.

weitere Personen, die besonderes Vertrauen in Anspruch nehmen. Zum Kreis der Haftenden gehören danach vor allem die Initiatoren, Gründer und Gestalter der KG, die nicht zwangsläufig mit dem Komplementär identisch sein müssen, vielmehr, wenn es sich bei ihm um eine GmbH handelt, häufig die hinter der Gesellschaft stehenden natürlichen Personen sind.[1349] Sie haften für Prospekte der KG (oder des Komplementärs), sofern sie bei der Erstellung mitgewirkt oder zumindest der Verbreitung zugestimmt haben.[1350] Darüber hinaus können die Anleger Sachverständige in Anspruch nehmen, soweit die von ihnen vorbereiteten Gutachten oder sonstigen Erklärungen einen Fehler enthalten und der Prospekt sie mit ihrer Zustimmung als Verantwortliche für die Erklärung identifiziert.[1351] Schließlich kommen weitere Personen als Prospektverantwortliche in Betracht, etwa Banken, die die Kapitalanlage des Investors kreditfinanzieren,[1352] oder Treuhandkommanditisten, sofern sie maßgeblich auf die Prospektgestaltung Einfluss nehmen.[1353]

1349 Die Konstruktion mit einer GmbH als Komplementär wird häufig bei Publikumspersonengesellschaften gewählt, vgl. z.B. BGHZ 71, 284.

1350 BGHZ 71, 284, 287. Zunächst verlangte der BGH für die Haftung zudem, dass die Hintermänner „nach außen als diejenigen in Erscheinung [treten], deren Tätigkeit und Zuverlässigkeit die Verwirklichung der im Prospekt genannten ... Objekte gewährleistet", BGHZ 71, 284, 288. Später rückte er von dem Erfordernis eines unmittelbaren Kontakts zwischen den haftenden Gründern und dem Anleger (das war in BGHZ 71, 284, 291 noch gegeben) oder auch nur der bloßen Erkennbarkeit der Garantenstellung immer mehr ab. In BGHZ 72, 382 stellte er fest, dass auch Gründerkommanditisten haften, wenn sie eine im Vergleich zu anderen Kommanditisten herausgehobene Stellung einnehmen und z.B. als Gesellschafter der Komplementär-GmbH oder Mitglied des Beirats der KG Einfluss auf die Führung der Geschäfte der Gesellschaft ausüben (fehlt das Merkmal des maßgeblichen Einflusses, kommt die Haftung als Prospektverantwortlicher nur ausnahmsweise in Betracht, vgl. BGHZ 79, 337, 348 f.). Zwar führte der Prospekt die Hintermänner in diesem Fall noch namentlich und unter Angabe ihres Berufs als Kaufmann und Steuerbevollmächtigter auf (BGHZ 72, 382, 385), das Gericht hob aber bereits hervor, dass dem Anleger nicht alle den Vertrauenstatbestand begründenden Umstände (beispielsweise die Möglichkeit der Einflussnahme auf die Geschäftsführung) bekannt sein müssen, BGHZ 72, 382, 387. Noch deutlicher wurde es in BGHZ 79, 337, 342: Für die Haftung sei es unerheblich, „ob die Personen, für die die Garantenstellung daraus erwächst, dass sie für die Geschicke der Gesellschaft und damit für die Herausgabe des Prospekts verantwortlich sind, sowie ihre Bedeutung und ihr Einfluss in dem Prospekt offenbart werden oder den Beitrittsinteressenten vor oder bei den Vertragsverhandlungen sonst bekannt geworden sind; als Anknüpfungspunkt genügt die Tatsache dieser Tätigkeit und Verantwortung." Hier zeigt sich, dass an die Stelle des persönlichen Vertrauens, das die Vertragspartei ihrem Verhandlungspartner entgegenbringt, ein Vertrauen tritt, das Personen in bestimmten Stellungen „kraft Amtes oder Berufes ... oder auf[grund] einer besonderen Fachkunde oder einer allgemein anerkannten und hervorgehobenen beruflichen und wirtschaftlichen Stellung" (a.a.O., 341; bestätigt in BGHZ 83, 222, 223 f.) typischerweise innehaben.

1351 BGHZ 77, 172, 176 f. Das Gericht verlangt, dass die Sachverständigen „mit Rücksicht auf ... ihre Eigenschaft als berufsmäßige Sachkenner eine Garantenstellung einnehmen", a.a.O. Haftung ohne namentliche Nennung ist möglich, wenn der Sachverständige in dem Prospekt „faktisch hervorgetreten" (BGHZ 111, 314, 320), d.h. anhand der Angaben ohne Schwierigkeiten zu identifizieren ist. In jedem Fall übernehmen Experten nicht die Gewähr für den gesamten Prospekt, sondern nur für die von ihnen erstellten Angaben.

1352 BGHZ 93, 264, 266.

1353 Die Nennung im Prospekt als Treuhänder ohne besondere Einflussnahme auf den Inhalt des Prospekts genügt nicht, BGH NJW 1995, 1025. Aus dem Treuhandvertrag kann sich aber die Pflicht zur Aufklärung über Risiken ergeben, a.a.O., 1025 f. Außerdem muss sich der Treuhänder das Verschulden der Publikums-KG zurechnen lassen, wenn sie für ihn bei Abschluss des Treuhandvertrags handelt, BGHZ 84, 141, 143 ff.

Später hat der BGH diese Prinzipien auf andere Anlageformen des grauen Kapitalmarktes ausgedehnt, und zwar auf Bauherrenmodelle,[1354] Bauträgermodelle,[1355] Mischformen,[1356] geschlossene Immobilienfonds,[1357] Spekulationsfonds[1358] und den Erwerb von Aktien außerhalb des Anwendungsbereichs der spezialgesetzlichen Prospekthaftung.[1359]

Überträgt man die Maßgaben der Rechtsprechung auf die hier relevanten Fallgestaltungen, lässt sich eine Einstandspflichten der Banken – vorausgesetzt, die allgemeine zivilrechtliche Prospekthaftung findet bei der Ausgabe von Wertpapieren i.S. des § 1 WpPG Anwendung[1360] – gut begründen. Jedenfalls diejenigen Banken, die sich federführend an der Prospekterstellung beteiligen, sind mit den von der Rechtsprechung für verantwortlich gehaltenen Personen, etwa den geschäftsführenden Gesellschaftern des Komplementärs der Publikumspersonengesellschaft oder dem Vorstandsvorsitzenden des Emittenten, der den Verkaufsprospekt entwirft,[1361] vergleichbar. Sie würden mithin unabhängig davon haften, ob sie den Prospekt unterzeichnet hätten und deswegen als Prospekterlasser i.S. des § 44 Abs. 1 Satz 1 Nr. 1 BörsG anzusehen wären. Außerdem ließe sich an eine Verantwortlichkeit der Emissionsbanken für weitere Äußerungen denken, die sie im Zuge der Emissionsbegleitung abgeben und deren Inhalt sie gestalten, z.B. Werbeschriften oder Anzeigen in Zeitungen.[1362]

Voraussetzung für die Haftung ist neben der Passivlegitimation des in Anspruch genommenen (d.h. seiner Prospektverantwortlichkeit), dass eine als Prospekt zu qualifizierende Mitteilung einen Fehler aufweist, der für die Willensbildung des Anlegers von wesentlicher Bedeutung ist, dass der Prospektmangel für die Anlageentscheidung und den Schaden ursächlich war und schließlich der Haftungsadressat schuldhaft gehandelt hat. In Abweichung von § 45 Abs. 1 BörsG trägt der geschädigte Anleger für diese Umstände (mit Ausnahme des Verschuldens) die Beweislast. Die Rechtsprechung ist insoweit allerdings recht großzügig. Was die haftungsbegründende Kausalität anbelangt, genügt es, wenn der Investor behauptet, er hätte das Anlagegeschäft in Kenntnis der wahren Sachlage nicht abgeschlossen. Der Prospektverantwortliche hat dann diese Behauptung zu entkräften.[1363] Der Sache nach handelt es sich hierbei um eine tatsächliche Vermutung, auch wenn der BGH das

---

1354 BGHZ 111, 314, 317.
1355 BGH NJW 2001, 436 f.
1356 BGHZ 115, 213, 218 f. (sog. Hamburger Modell).
1357 BGH NJW 2001, 1203.
1358 BGH NJW 1995, 1025.
1359 BGHZ 123, 106 (Hornblower Fischer).
1360 Siehe am Ende dieses Abschnitts.
1361 So in BGHZ 123, 106.
1362 Die Literatur diskutiert in der Tat die Erstreckung der allgemeinen zivilrechtlichen Prospekthaftung auf solche Äußerungen, hierzu sogleich im Text.
1363 BGHZ 79, 337, 346; 115, 213, 223; 123, 106, 114 f.; BGH WM 1991, 1543, 1545.

nicht immer ganz deutlich macht.[1364] Der Schaden liegt bereits im Abschluss der Kapitalanlage.[1365] Der Anleger muss nicht darlegen, dass die Verminderung des Wertes der Anlage gerade auf dem pflichtwidrig verschwiegenen oder falsch dargestellten Umstand beruht; der Haftungsadressat kann sich aber entlasten, indem er nachweist, dass der Schaden auch bei pflichtgemäßer Aufklärung entstanden wäre.[1366] Die Verantwortlichkeit ist nicht auf grobe Fahrlässigkeit und Vorsatz beschränkt, es gilt der Verschuldensmaßstab des § 276 BGB.[1367] Da die allgemeine zivilrechtliche Prospekthaftung (jedenfalls nach Ansicht der Rechtsprechung) auf der Verletzung einer schuldrechtlichen Pflicht beruht, trifft den Verpflichteten gem. § 280 Abs. 1 Satz 2 BGB die Beweislast für fehlendes Verschulden.[1368]

Problematisch und näherer Erläuterung bedürftig ist die Frage, welcher Anwendungsbereich der allgemeinen zivilrechtlichen Prospekthaftung neben den §§ 44, 45 BörsG verbleibt. Weitgehend unumstritten ist lediglich, dass die ungeregelte Prospekthaftung nicht eingreift, wenn die Haftung eines Prospektverantwortlichen i.S. des § 44 Abs. 1 Satz 1 BörsG für Wertpapierprospekte des WpPG oder Verkaufsprospekte des VerkProspG (oder für prospektersetzende Informationsschriften gem. § 44 Abs. 4 BörsG)[1369] in Rede steht.[1370] Zwei der weniger eindeutigen Fälle

---

1364 So auch *Ellenberger*, Prospekthaftung, S. 98; *Emmerich*, JuS 1994, 77. Vortmann/*Eyles*, Prospekthaftung und Anlageberatung, § 2, Rdnr. 83, nimmt für die allgemeine zivilrechtliche Prospekthaftung im weiteren Sinn eine Beweislastumkehr an und geht bei der Prospekthaftung im engeren Sinn davon aus, dass zugunsten des Klägers die Beweiswürdigungsregeln des Anscheinsbeweises eingreifen. Diese Unterscheidung findet sich nicht in den Urteilen des BGH (auch nicht in dem in Bezug genommenen Urteil BGH NJW 1990, 2461, 2463, das entgegen Vortmann/*Eyles*, a.a.O., zur Prospekthaftung im engeren Sinn ergangen ist). Im Übrigen ist zu bedenken, dass die Rechtsprechung, wenn sie von Beweislastumkehr spricht, ohne sich auf einen gesetzlichen Wechsel der Beweislast zu stützen, häufig nur auf eine entsprechende Würdigung des Beweises gem. § 286 ZPO anspielt. Zu einer Beweislastumkehr kommt es nur, wenn vom Gesetz so angeordnet, vgl. hierzu *Zimmermann*, § 286 ZPO, Rdnr. 29.

1365 Oben a ff.

1366 BGH NJW 1990, 2461, 2463 unter Hinweis auf BGHZ 61, 118, 122; 64, 46, 51 f., und den richterrechtlichen Grundsatz, dass derjenige, der eine vertragliche Hinweis- oder Aufklärungspflicht verletzt, die Beweislast dafür trägt, dass der andere Teil bei pflichtgemäßer Aufklärung ebenso gehandelt hätte und der Schaden damit in jedem Fall eingetreten wäre.

1367 Ständige Rechtsprechung, z.B. BGHZ 71, 284, 291. Die Literatur fordert vermehrt eine Angleichung der zivilrechtlichen und der gesetzlichen Prospekthaftung, um ein einheitliches Haftungssystem für Kapitalmarktkommunikationen zu erreichen, vgl. *Fleischer*, Gutachten F für den 64. Deutschen Juristentag 2002, S. F-55 ff. Ob hierzu der Haftungsmaßstab der gesetzlichen Prospekthaftung (zumindest *de lege ferenda*) auf einfache Fahrlässigkeit ausgedehnt (so *Fleischer*, a.a.O., S. F-60 ff; *Grundmann/Selbherr*, WM 1996, 985, 986 ff.; *Köndgen*, AG 1983, 120, 128) oder die zivilrechtliche Prospekthaftung auf grobe Fahrlässigkeit beschränkt werden sollte (vgl. die Überlegungen bei *Canaris*, Bankvertragsrecht, Rdnr. 2280, 2294; die Argumente von *Canaris* ablehnend *Hopt*, Verantwortlichkeit, Rdnr. 100), ist indes umstritten.

1368 So auch *Lenenbach*, Kapitalmarkt- und Börsenrecht, Rdnr. 9.36; Vortmann/*Eyles*, Prospekthaftung und Anlageberatung, § 2, Rdnr. 87. A.A. wohl *Ellenberger*, Prospekthaftung, S. 98: tatsächliche Vermutung. Die Rechtsprechung hat bei der Verletzung von Auskunfts- oder Beratugspflichten bereits vor der Schuldrechtsreform eine Beweislastumkehr angenommen, vgl. BGH WM 1987, 495, 497.

1369 Die investmentrechtliche Prospekthaftung gem. § 127 InvG für Prospekte i.S. des § 42 InvG bleibt hier außer Betracht.

1370 BT-Drs. 13/8933, S. 81; OLG Bremen AG 1997, 420, 421 (Elsflether Werft); OLG Frankfurt, sollen hier herausgegriffen werden: Personen, die nicht als Prospekterlasser oder -veranlasser in Erscheinung treten, haften nach Ansicht mancher auch dann gemäß den aufgezeigten ungeschriebenen Grundsätzen, wenn es um Fehler in einem Börsenzulassungs- oder einem anderen nach dem WpPG oder VerkProspG erstellten Prospekt geht.[1371] Zudem wollen Stimmen in der Literatur auf die allgemeine zivilrechtliche Prospekthaftung zurückgreifen, um fehlerhafte Angaben zu erfassen, die sich in Zeitungsanzeigen, Merkblättern, Mitteilungen im Internet, Emails und unter Umständen sogar mündlichen Erklärungen finden und Wertpapiere des geregelten Kapitalmarkts oder sonstige, auf nicht geregelten Kapitalmärkten gehandelte, Kapitalanlagen betreffen.[1372] Die Rechtsprechung tendiert hingegen da-

---

WM 1997, 361, 363; BuB/Bosch, Rdnr. 10/136; *DeMeo*, Bankenkonsortien, 4. Kap., Rdnr. 8; *Groß*, Kapitalmarktrecht, § 47 BörsG, Rdnr. 3; *Kümpel*, Bank- und Kapitalmarktrecht, Rdnr. 9.405; *Lenenbach*, Kapitalmarkt- und Börsenrecht, Rdnr. 9.26; Schäfer/*Schäfer*, 1. Aufl., § 48 BörsG a.F., Rdnr. 7; Schwark/*Schwark*, KMRK, §§ 44, 45 BörsG, Rdnr. 73; Vortmann/*Eyles*, Prospekthaftung und Anlageberatung, § 2, Rdnr. 13; Vortmann/*Hauptmann*, a.a.O., § 3, Rdnr. 136; *Waldeck/Süßmann*, WM 1993, 361, 367; *Graf von Westphalen*, BB 1994, 85, 87 f. Kritisch *Hopt*, Verantwortlichkeit, Rdnr. 100 (Fn. 133), der *de lege lata* an einer Anwendbarkeit der allgemeinen zivilrechtlichen Prospekthaftung auf Börsenprospekte (und damit konsequenterweise wohl auch sonstige Prospekte des WpPG und Prospekte des VerkProspG) zweifelt, sie aber *de lege ferenda* für wünschenswert hält. Abweichend *Canaris*, Bankvertragsrecht, Rdnr. 2289, 2294, und Schimansky/Bunte/Lwowski/*Grundmann*, Bankrechtshandbuch, § 112, Rdnr. 49: ungeregelte Prospekthaftung neben §§ 44, 45 BörsG anwendbar (zur Klarstellung muss hinzugefügt werden, dass *Canaris* die auf der c.i.c. fußende allgemeine zivilrechtliche Prospekthaftung nur bei rechtsgeschäftlichem Kontakt [der Inanspruchnahme persönlichen Vertrauens] heranzieht – bei dem auch nach h.M. Anspruchskonkurrenz zu bejahen ist, vgl. die Nachweise bei Schwark/*Schwark*, KMRK, a.a.O., Fn. 232 – und im Übrigen die §§ 44, 45 BörsG analog anwenden, d.h. nicht den Kreis der Prospektverantwortlichen oder den Prospektbegriff ausdehnen, sondern lediglich Fallgestaltungen erfassen will, die nicht – auf die heutige Rechtslage übertragen – unter das WpPG oder das VerkProspG fallen).

1371 Palandt/*Heinrichs*, 66. Aufl., § 280, Rdnr. 54. Inzwischen anders: Palandt/*Grüneberg*, 68. Aufl., § 311, Rdnr. 68.

1372 Die h.M. definiert als Prospekt i.S. der allgemeinen zivilrechtlichen Prospekthaftung alle marktbezogenen schriftlichen Erklärungen, die für die Beurteilung einer Kapitalanlage wesentliche Angaben enthalten oder den Eindruck eines solchen Inhalts erwecken, Assmann/Schütze/*Assmann*, Handbuch des Kapitalanlagerechts, § 6, Rdnr. 67, 135; *Groß*, Kapitalmarktrecht, § 47 BörsG, Rdnr. 5; Hopt/Voigt/*Ehricke*, Prospekt- und Kapitalmarktinformationshaftung, S. 195 f.; *Langenbucher*, Aktien- und Kapitalmarktrecht, § 14 Rdnr. 83; *Lenenbach*, Kapitalmarkt- und Börsenrecht, Rdnr. 9.27; Schäfer/Hamann/*Hamann*, §§ 44, 45 BörsG, Rdnr. 46; Schimansky/Bunte/Lwowski/*Siol*, Bankrechtshandbuch, § 45, Rdnr. 49; Vortmann/*Eyles*, Prospekthaftung und Anlageberatung, § 2, Rdnr. 57. Im Einzelnen bestehen einige Differenzen. Z.B. wird teilweise zusätzlich gefordert, dass mit der Erklärung eine Verkaufsofferte unterbreitet wird (Vortmann/*Eyles*, a.a.O.), dass sie den Verkauf einer Kapitalanlage anregen soll (*Groß*, a.a.O., Rdnr. 5 f.; *Lenenbach*, a.a.O.; Folge ist, dass Erklärungen, die in Erfüllung kapitalmarktrechtlicher Publizitätserfordernisse abgegeben werden, in der Regel nicht unter den Prospektbegriff fallen; a.A. Baumbach/Hopt/*Hopt*, (14) § 47 BörsG, Rdnr. 4; *Schäfer*, ZIP 1987, 953, 958; Schwark/*Schwark*, KMRK, §§ 44, 45 BörsG, Rdnr. 16; *Schwark*, NJW 1987, 2041, 2045; differenzierend Hopt/Voigt/*Ehricke*, a.a.O., S. 196 ff.), dass sie an einen unbegrenzten, regelmäßig sogar unbestimmten, Adressatenkreis gerichtet ist (Hopt/Voigt/*Ehricke*, a.a.O., S. 195; Schäfer/Hamann/*Hamann*, a.a.O.; Schimansky/Bunte/Lwowski/*Siol*, a.a.O., Rdnr. 48) oder mehr als nur minimale Informationen enthält, was Zeitungsanzeigen, Serienbriefe, Handzettel, Ad-hoc Mitteilungen (in Bezug auf letztere kommt die ungeregelte Prospekthaftung ohnehin nur bei Altfällen in Betracht, da § 37c WpHG nun einen spezialgesetzlichen Haftungstatbestand vorsieht; a.A. offensichtlich *Buck-Heeb*, Kapitalmarktrecht, Rdnr. 494) und ähnliche Informationen aus dem Prospektbegriff herausnimmt (für Ad-hoc hin, die ungeregelte Prospekthaftung nicht anzuwenden, wenn sich die fehlerhaften (aber nicht notwendigerweise in einem Prospekt gemäß dem WpPG oder dem VerkProspG enthaltenen) Angaben auf ein börsennotiertes oder öffentlich angebotenes Wertpapier oder eine öffentlich angebotene Vermögensanlage i.S. des § 8f Abs. 1 VerkProspG beziehen.[1373] Beide Fälle sind für diese Untersuchung von Bedeutung, da nicht notwendigerweise alle Banken als Prospektverantwortliche gem. § 44 Abs. 1 Satz 1 BörsG zu qualifizieren sind und die vom Konsortium – etwa im Rahmen von Werbeveranstaltungen – herausgegebenen zusätzlichen Informationsschriften ebenso unvollständig oder fehlerhaft sein können wie der Wertpapierprospekt selbst.

Der Wortlaut des § 47 Abs. 2 BörsG spricht gegen die Zulässigkeit der allgemeinen zivilrechtlichen Prospekthaftung, wenn der Anwendungsbereich der §§ 44, 45 BörsG eröffnet ist: Weitergehende Ansprüche sollen nur dann unberührt bleiben, wenn sie auf Verträgen (hiermit ist nicht die vertragsähnliche Haftung aufgrund der Inanspruchnahme typisierten Vertrauens gemeint[1374]) oder vorsätzlichen unerlaubten Handlungen beruhen. Diese Auslegung bestätigt die Gesetzesbegründung zum 3. FMFG mit dem Argument, das Haftungsrisiko für die Prospektverantwortlichen müsse überschaubar gehalten werden.[1375] Noch deutlicher kommt der Wille des

---

Mitteilungen ausdrücklich BGH NJW 2004, 2664, 2665 [Infomatec]: die Information müsse den Anspruch erheben, eine „umfassend informierende Beschreibung zu sein"; vgl. auch BGH WM 1989, 1715, 1717; NJW 1981, 2810, 2811; *Groß*, a.a.O., Rdnr. 6; *Langenbucher*, a.a.O., § 14 Rdnr. 83; Schimansky/Bunte/Lwowski/*Siol*, a.a.O., Rdnr. 49; i.E. auch *Köndgen*, AG 1983, 85, 92; Schäfer/Hamann/*Hamann*, a.a.O., Rdnr. 60 ff.; a.A. *Lenenbach*, a.a.O.; Vortmann/*Eyles*, Prospekthaftung und Anlageberatung, § 2, Rdnr. 58). Strittig ist des Weiteren, ob Bezugsangebote, die im Zusammenhang mit einem Börsenprospekt veröffentlicht werden, in den Anwendungsbereich der zivilrechtlichen Prospekthaftung fallen. Ablehnend BGH NJW 1982, 2827, 2828; Schwark/*Schwark*, a.a.O., obwohl nach h.M. auch der Prospektbegriff der §§ 44, 45 BörsG nicht erfüllt ist; bejahend *Assmann* in: Köndgen, Neue Entwicklungen im Bankhaftungsrecht, S. 55, 67; *ders.*, WM 1983, 138, 139 f.; *ders.*, Prospekthaftung, S. 313, 375, 388. Mündliche Erklärungen scheiden jedenfalls nach allgemeiner Ansicht aus (vgl. aber die Überlegungen bei *Fleischer*, Gutachten F für den 64. Deutschen Juristentag 2002, S. F-57; *Hopt*, Verantwortlichkeit, Rdnr. 150: mündliche Prospekthaftung sei dem deutschen Recht nicht gänzlich fremd, wie § 399 Abs. 1 Nr. 3 AktG zeige). Um bei modernen Kommunikationsmitteln keine Regelungslücke entstehen zu lassen, soll sich die Haftung auf fehlerhafte Informationen in E-mails und Internetauftritten erstrecken, *Fleischer*, a.a.O; *Groß*, a.a.O, Rdnr. 5; Hopt/Voigt/*Ehricke*, a.a.O., S. 198.

Die angegebenen Fundstellen machen das Konkurrenzverhältnis zur spezialgesetzlichen Prospekthaftung nicht immer ganz deutlich. Die wohl h.M. sieht die allgemeine zivilrechtliche Prospekthaftung nur dann als verdrängt an, wenn das fehlerhafte Dokument als Prospekt i.S. der §§ 44 Abs. 1 Satz 1, Abs. 4 BörsG, 13 Abs. 1 VerkProspG zu qualifizieren ist. Im Übrigen, d.h. auch wenn sich die Angaben auf ein Wertpapier beziehen, für das ein Prospekt gemäß dem WpPG oder dem VerkProspG im Umlauf ist, haften die Prospektverantwortlichen nach den Grundsätzen zur bürgerlich-rechtlichen Prospekthaftung (die unter Umständen neben die Haftung aus §§ 44, 45 BörsG, 13 VerkProspG tritt), vgl. *Fleischer*, a.a.O; S. F-56; *Groß*, a.a.O., Rdnr. 4; Schäfer/Hamann/*Hamann*, a.a.O., Rdnr. 46, 60 ff.; Vortmann/*Hauptmann*, a.a.O., § 3, Rdnr. 137.

1373 BGHZ 160, 134 (Infomatec I). In dem Fall hat der BGH die Entscheidung letztlich dahinstehen lassen, da er die streitgegenständliche Ad-hoc Mitteilung bereits nicht als Prospekt i.S. der Prospekthaftungsgrundsätze ansah.

1374 Vgl. BT-Drs. 13/8933, S. 81.

1375 A.a.O.

historischen Gesetzgebers bei Berücksichtigung des Anlegerschutzverbesserungsgesetzes zum Ausdruck. Er entschied sich bewusst dagegen, die spezialgesetzliche Prospekthaftung auf sämtliche Anlageformen auszudehnen, um Überregulierung zu vermeiden.[1376] Auch betont die Gesetzesbegründung die Notwendigkeit der Bestimmtheit und des klar abgegrenzten Anwendungsbereichs des Prospektrechts, was bei der ungeregelten bürgerlich-rechtlichen Prospekthaftung – wie schon die zahlreichen Streitfragen deutlich machen – gerade nicht gewährleistet ist.[1377] Die systematische Auslegung führt ebenfalls zu einem eindeutigen Ergebnis: Ein Rückgriff auf die allgemeine zivilrechtliche Prospekthaftung würde die haftungsbeschränkenden Kautelen der spezialgesetzlichen Haftungstatbestände, z.B. den begrenzten Kreis der Prospektverantwortlichen gem. § 44 Abs. 1 Satz 1 Nr. 1 und 2 BörsG oder die verminderten Sorgfaltsanforderungen gem. § 45 Abs. 1 BörsG, umgehen und damit die sorgfältige Abwägung des Gesetzgebers zwischen Anlegerschutz und Förderung der Kapitalaufnahme konterkarieren. Das gilt zunächst für Fälle eines direkten Konflikts, d.h. die Haftung für fehlerhafte Angaben in einem Prospekt i.S. der §§ 44 Abs. 1 Satz 1, Abs. 4 BörsG, 13 Abs. 1 VerkProspG. Auch wer die spezialgesetzlichen Tatbestände nicht als ausreichend ansieht, wird angesichts der klaren Gesetzeslage nicht auf ungeregelte Institute zurückgreifen dürfen, etwa um leicht fahrlässiges Handeln zu sanktionieren oder die Beiträge Dritter zu erfassen, die weder Prospekterlasser noch Prospektveranlasser sind. Für indirekte Konfliktfälle (die Verbreitung fehlerhafter Informationen, die zwar in anderen Schriften als Prospekten gem. §§ 44 Abs. 1 Satz 1, Abs. 4 BörsG, 13 Abs. 1 VerkProspG enthalten sind, sich aber auf Kapitalanlagen i.S. der §§ 1 WpPG, 8f VerkProspG beziehen, für die eine Prospektpflicht gem. §§ 3 Abs. 1, Abs. 3 WpPG, 8f Abs. 1 VerkProspG besteht und keine der Ausnahmen der §§ 3 Abs. 2, 4 WpPG, 8f Abs. 2 VerkProspG eingreift[1378]) ist Ähnliches zu konstatieren: Das eindeutige Auslegungsergebnis kann nicht mit dem Hinweis darauf abgetan werden, andere Schriftstücke als Prospekte i.S. des WpPG und des VerkProspG seien nicht vom Anwendungsbereich der §§ 44, 45 BörsG umfasst; die ungeregelte Prospekthaftung somit nicht gem. § 47 Abs. 2 BörsG verdrängt.[1379] Der Gesetzgeber wollte eben nur bestimmte

1376 BT-Drs. 15/3174, S. 41.

1377 A.a.O.

1378 Nach vorliegender Ansicht liegt ein indirekter Konfliktfall, der die im Text erörterten Konkurrenzprobleme aufwirft (wohingegen das Fehlen eines Konfliktfalls zur uneingeschränkten Anwendbarkeit der allgemeinen zivilrechtlichen Prospekthaftung führt), immer dann vor, wenn die Kapitalanlage nur aufgrund eines Prospekts öffentlich angeboten werden darf. Es ist indes irrelevant, ob die fehlerhafte Information des Kapitalmarkts (in anderen Schriftstücken als Prospekten i.S. des WpPG und des VerkProspG) zu einer Zeit erfolgt, zu der tatsächlich ein gültiger Prospekt in Umlauf ist. Die Frage der Konkurrenz von spezialgesetzlicher und ungeregelter Prospekthaftung ist eine grundsätzliche, deren Beantwortung sich nicht abhängig von der Gültigkeitsdauer des Wertpapierprospekts (§ 9 WpPG: zwölf Monate nach Veröffentlichung) ändert. Mit anderen Worten: Der indirekte Konflikt endet nicht mit Ablauf der Gültigkeit des Prospekts, so dass auch bei späteren Falschmeldungen, z.B. in Erfüllung der Sekundärmarktpublizität, nicht ohne weiteres die allgemeine zivilrechtliche Prospekthaftung herangezogen werden kann.

1379 So z.B. *Groß*, Kapitalmarktrecht, § 47 BörsG, Rdnr. 4; Schäfer/Hamann/*Hamann*, §§ 44, 45 BörsG, Rdnr. 60.

Mitteilungen, die einzelne, näher umschriebene Personen im Zuge der Börseneinführung oder des öffentlichen Angebots eines Wertpapiers (bzw. eines Vermögensanteils i.S. des § 8f Abs. 1 VerkProspG) abgeben, der Prospekthaftung unterwerfen. § 47 Abs. 2 BörsG macht deutlich, dass eine fehlerhafte Information des Primärmarkts, die nicht im Rahmen einer vertraglichen Sonderbeziehung erfolgt, im Übrigen nur bei vorsätzlichem Handeln zur Haftung führen soll. Schwerer wiegt allerdings ein weiteres Argument desjenigen Teils der Literatur, der für eine Anwendbarkeit der bürgerlich-rechtlichen Prospekthaftung neben §§ 44, 45 BörsG plädiert: Sieht man die spezialgesetzliche Prospekthaftung als abschließend an, kommt es zu beträchtlichen Haftungslücken. Zwar müssten die Beteiligten die Fehlerfreiheit des Emissionsprospekts sicherstellen, irreführende Angaben in Werbeveröffentlichungen, die ebenso der Information und Willensbildung des Anlegers dienen, blieben aber ohne privatrechtliche Sanktion.[1380] Indes ist dieses Argument mehr rechtspolitischer als positivrechtlicher Natur. Der an Wortlaut, Gesetzgebungsgeschichte und Systematik orientierte Befund ist unabweisbar: Neben der Prospekthaftung bleibt (abgesehen von vertraglichen Ansprüchen) Raum nur für die vorsätzliche Deliktshaftung. Eine allgemeine Informationshaftung am Primärmarkt, so wünschenswert sie auch für fahrlässige Handlungen sein mag, hat der Gesetzgeber (jedenfalls im Anwendungsbereich von WpPG und VerkProspG) nicht vorgesehen.[1381] Diese Entscheidung kann nur vom Gesetzgeber selbst korrigiert und sollte schon gar nicht durch Rückgriff auf ein Rechtsinstitut umgangen werden, dessen Grenzen und Voraussetzungen nicht klar definiert sind.[1382]

c. *Haftung aus Delikt*

Während die Konkurrenz zwischen der allgemeinen zivilrechtlichen und der spezialgesetzlichen Prospekthaftung zahlreiche ungelöste Fragen aufwirft, haben Schadensersatzansprüche wegen vorsätzlicher sittenwidriger Schädigung gem. § 826 BGB neben der Haftung aus §§ 44, 45 BörsG nach allgemeiner Ansicht Bestand.[1383] Die Vorschrift hat in den letzten Jahren insbesondere für die fehlerhafte

---

1380 Dieses Argument stellen *Fleischer*, Gutachten F für den 64. Deutschen Juristentag 2002, S. F-56, und Vortmann/*Hauptmann*, Prospekthaftung und Anlageberatung, § 3, Rdnr. 137, in den Vordergrund. Der BaFin stehen bei unrichtigen oder irreführenden Angaben in Werbeanzeigen die Befugnisse gem. § 15 Abs. 6 WpPG zu.

1381 Gleiches gilt im Übrigen für den Sekundärmarkt.

1382 Wenn man der h.L. folgt, müsste zumindest die Begrenzung der Haftung auf Vorsatz und grobe Fahrlässigkeit auf die ungeregelte Prospekthaftung übertragen werden, um ein stimmiges Haftungssystem zu erreichen. Der Gesetzgeber hat unmissverständlich zum Ausdruck gebracht, dass die Verletzung gesetzlicher Kapitalmarktinformationspflichten nur bei grober Fahrlässigkeit zur Haftung führen soll, vgl. bereits oben a ee (1).

1383 Andere (vorsätzliche) deliktische Haftungstatbestände, z.B. gem. §§ 823 Abs. 2 BGB i.V.m. 263, 264a StGB oder über § 830 Abs. 2 BGB (Beihilfe zur vorsätzlichen sittenwidrigen Schädigung durch den Emittenten bzw. ein Mitglied seiner Verwaltung; Haftung wegen Beihilfe setzt ebenfalls die Vornahme der Unterstützungshandlung zumindest mit dolus eventualis voraus, vgl. BGH AG 1988, 333, 334 [Kerkerbachbahn]), kommen ebenfalls in Betracht. Die Untersuchung wird sich auf § 826 BGB konzentrieren, da zum einen die anderen Vorschriften in rechtlicher Hinsicht keine allzu großen Probleme bereiten und zum anderen § 826 BGB eine wichtige Rolle bei der im abschließenden Teil der Arbeit vorzunehmenden Rechtsvergleichung spielen wird.

Information des Sekundärmarkts, z. B. durch irreführende Ad-hoc Mitteilungen, an Bedeutung gewonnen und steht mit einigen der größten Wirtschaftsprozesse Deutschlands in Zusammenhang. Zu nennen sind Namen wie *Infomatec*, *Comroad* und *EM.TV*[1384] – Fälle, in denen Vorstandsmitglieder mitunter frei erfundene Umsatz- und Gewinnzahlen veröffentlichten, hierdurch den Börsenkurs ihrer Unternehmen in die Höhe trieben und durch Verkauf eigener Beteiligungen Gewinne in Millionenhöhe realisierten. Der BGH bediente sich des § 826 BGB, um ein zum damaligen Zeitpunkt (mit Ausnahme der Börsenprospekthaftung) praktisch nicht existentes und auch nach Einführung der §§ 37b, c WpHG nur rudimentär vorhandenes System der Haftung für Fehlinformationen am Kapitalmarkt weiterzuentwickeln und zumindest die größten Lücken im Anlegerschutz durch Gewährung von Ansprüchen gegen die Gesellschaft[1385] und natürliche Personen[1386] zu schließen.[1387]

Die Wahl des § 826 BGB ist wohl mehr aus der Not geboren als durch praktische Erwägungen, sprich die besondere Geeignetheit der Norm für die zivilrechtliche Sanktionierung von Fehlinformationen des Primär- oder Sekundärmarkts, bedingt. Andere geeignete Haftungstatbestände des Kapitalmarktrechts oder des Deliktrechts, z. B. eine den Art. 1382, 1383 Code Civil vergleichbare Generalklausel, die das französische Recht sowohl bei Prospektfehlern als auch sonstigen irreführenden Mitteilungen der Kapitalmarktteilnehmer fruchtbar macht, existieren in Deutschland nicht. Andererseits fügt sich die Vorschrift nur schwer in das System eines modernen Kapitalmarktrechts ein, das die Erleichterung der Kapitalaufnahme und zugleich Gewährleistung eines effektiven Anlegerschutzes zum Ziel hat. Zum einen steigert sie durch Einführung des unbestimmten Tatbestandsmerkmals der Sittenwidrigkeit die Rechtsunsicherheit, zum anderen stellt sie hohe Anforderungen an den Anleger, der vorsätzliches Handeln von Personen nachweisen muss, in deren Tätigkeitsbereich er keinen Einblick hat. In eindeutigen Fällen, so den oben genannten Verfahren, beweist die Vorschrift ausreichende Flexibilität, um geschädigten Anlegern Rechtsschutz zukommen zu lassen. Sie wird indes – selbst unter

---

1384 Infomatec: BGHZ 160, 134 = NJW 2004, 2664 = ZIP 2004, 1599 (Infomatec I); BGHZ 160, 149 = NJW-Spezial 2004, 220 = ZIP 2004, 1593 (Infomatec II); BGH NJW 2004, 2668 = ZIP 2004, 1593 (Infomatec III). EM.TV: BGH ZIP 2007, 1407 (Kausalität); BGHSt 49, 381 = NJW 2005, 445 = ZIP 2005, 78 (Strafbarkeit falscher Ad-hoc Mitteilungen gem. § 400 Abs. 1 Nr. 1 AktG); BVerfG ZIP 2006, 1096 (Verfassungsmäßigkeit der Strafbarkeit gem. § 400 Abs. 1 Nr. 1 AktG); BGH NJW 2005, 2450 = ZIP 2005, 1270; OLG Frankfurt, AG 2004, 510; OLG Stuttgart, ZIP 2006, 511; OLG München ZIP 2006, 1247. Comroad: BGH WM 2007, 683 = ZIP 2007, 681 (Comroad I); WM 2007, 684 = ZIP 2007, 679 (Comroad II); WM 2007, 486 = ZIP 2007, 326 (Comroad III); WM 2007, 1557 = ZIP 2007, 1560 (Comroad IV); WM 2007, 1560 = ZIP 2007, 1564 (Comroad V); WM 2008, 395 = ZIP 2008, 407 (Comroad VI); WM 2008, 398 = ZIP 2008, 410 (Comroad VII); OLG Frankfurt, AG 2005, 401; OLG München, ZIP 2005, 901; ZIP 2005, 1141; OLG Frankfurt, AG 2006, 584; OLG Düsseldorf, ZIP 2006, 1677 (Haftung des D&O Versicherers bei arglistiger Täuschung durch den Vorstand); LG München I, ZIP 2005, 1144; ZIP 2006, 1586. Übersicht über den Stand der Rechtsprechung bei *Unzicker*, WM 2007, 1596.

1385 Z. B. BGH NJW 2005, 2450 (EM.TV).

1386 Z. B. BGHZ 160, 149 (Infomatec II).

1387 Kritisch zu diesem Schritt *Kort*, AG 2005, 21, 24 ff.

Berücksichtigung der durchaus anlegerfreundlichen Rechtsprechung des BGH – schnell an ihre Grenzen stoßen, wenn es nicht mehr um klar manipulative Verhaltensweisen und die Verbreitung offensichtlich unwahrer Informationen geht, und wenn der Investor eine andere Person als den Urheber dieser „frei erfundenen"[1388] Angaben oder fingierten Umsätze[1389] in Anspruch nehmen möchte.[1390]

Zu den Voraussetzungen des Anspruchs gem. § 826 BGB im Einzelnen: Der Anspruchsgegner hat Schadensersatz zu leisten, wenn er (1) gegen die guten Sitten (2) vorsätzlich verstößt und (3) hierdurch kausal (4) einen Schaden beim Anspruchsteller verursacht.

Zu (1): Sittenwidrigkeit wird bekanntlich definiert als Verstoß gegen das Anstandsgefühl aller billig und gerecht Denkenden,[1391] wobei „sich die besondere Verwerflichkeit des Verhaltens aus dem verfolgten Ziel, den eingesetzten Mitteln, der zutage tretenden Gesinnung oder den eingetretenen Folgen ergeben" kann.[1392] Der BGH hatte wenige Probleme, die Sittenwidrigkeit in den entschiedenen Fällen, in denen eine „grob unrichtige"[1393] Ad-hoc Mitteilung Gegenstand des Streits war, zu bejahen: „[D]ie direkt vorsätzliche unlautere Beeinflussung des Sekundärmarktpublikums ... verstößt derart gegen die Mindestanforderungen im Rechtsverkehr auf dem Kapitalmarkt, dass ein Ausgleich der durch sie bei den einzelnen Marktteilnehmern verursachten Vermögensschäden geboten erscheint."[1394] Damit kommt es nicht darauf an (was aber in der zitierten Entscheidung ebenfalls zutraf), dass der Schädiger mit der fehlerhaften Mitteilung eigene finanzielle oder anderweitige Interessen verfolgt, etwa die Steigerung des Wertes seiner Beteiligung an dem Unternehmen, auf das sich die Mitteilung bezieht.[1395]

1388 BGHZ 160, 149, 155.
1389 So geschehen im Fall Comroad, z.B. OLG München, ZIP 2005, 1141: Der Vorstandsvorsitzende der Comroad AG erfand Geschäftsbeziehungen mit einem nicht existierenden Unternehmen in Hongkong, fingierte Rechnungen aus Geschäften mit diesem Unternehmen und gab in mehreren Ad-hoc Mitteilungen Umsatz- und Gewinnsteigerungen von 400 % und mehr im Vergleich zum Vorjahreszeitraum bekannt, die auf den Rechnungen basierten.
1390 Etwa die Emissionsbegleiter. Vgl. hierzu weitere Überlegungen im Rahmen der Rechtsvergleichung, § 12 I 3 b.
1391 Motive II, S. 727 = Mugdan II, S. 406; RGZ 48, 114, 124 f.
1392 BGHZ 160, 149, 157.
1393 A.a.O.
1394 A.a.O.
1395 Hierauf deuten auch andere Entscheidungen hin, z.B. OLG München, ZIP 2005, 1141, 1142 (Comroad), die – auch wenn die Täter die falschen Mitteilungen herausgaben, um sich zu bereichern – nicht auf das Vorliegen eines etwaigen Eigennutzens abstellen, sondern das Faktum der unlauteren Beeinflussung des Anlegerpublikums als tatbestandsverwirklichende Handlung ansehen. Aus der Literatur ebenso *Fleischer*, DB 2004, 2031, 2033 f.; *Krause*, ZGR 31 (2002), 799, 823; *Schwark*, FS Hadding, S. 1117, 1132 A.A. *Rützel*, AG 2003, 69, 73, unter Verweis auf OLG München, AG 2003, 106, 107 (Infomatec II – vom BGH aufgehoben); *Spindler*, WM 2004, 2089, 2092 (eigennütziges Handeln sei zu verlangen, damit die Voraussetzungen des § 826 BGB nicht völlig erodierten). *Kort*, AG 2005, 21, 25, interpretiert die Entscheidung in BGHZ 160, 149 offensichtlich dahingehend, dass der BGH die Sittenwidrigkeit von dem Zusammentreffen zweier Merkmale abhängig macht: der Verfolgung eines unlauteren Zwecks und der Anwendung unlauterer Mittel.

Höchstrichterlich ist bislang nicht entschieden, ob auch das Unterlassen einer Pflichtmitteilung zur Haftung gem. § 826 BGB führen kann. Den wichtigen Fall der unterlassenen Ad-hoc Mitteilung erfasst jetzt § 37b WpHG. Die Vorschrift behandelt allerdings nur die Verantwortlichkeit des Emittenten und lässt Ansprüche aufgrund vorsätzlicher unerlaubter Handlungen ausdrücklich unberührt (§ 37b Abs. 5 WpHG). In anderem Zusammenhang hat der BGH die Sittenwidrigkeit einer Schädigung durch Unterlassen bejaht, wenn das Tun nicht nur aufgrund einer allgemeinen Rechtspflicht oder einer vertraglichen Pflicht gefordert ist, sondern einem sittlichen Gebot entspricht.[1396] Die überwiegende Ansicht in der Literatur hält die Nichtbeachtung einer Veröffentlichungspflicht jedenfalls dann für ethisch verwerflich, wenn der Verpflichtete mit seinem Schweigen die Erlangung eines Vorteils bezweckt, z.B. den Verkauf des Eigenbestands zu einem hohen Börsenkurs ermöglichen will.[1397]

Zu (2): Der Täter muss vorsätzlich gehandelt haben. Hierzu genügt es, dass er die Schädigung des Anlegers zumindest für möglich hält und billigend in Kauf nimmt (bedingter Vorsatz).[1398] Zu beachten ist, dass die Rechtsprechung zwischen dem möglicherweise eintretenden Schaden und den die Sittenwidrigkeit begründenden Umständen trennt: Die Anforderung vorsätzlichen Handelns beschränkt sich auf die Schädigung des Dritten, der Täter muss jedoch nicht die Tatsachen kennen, aus denen sich die Sittenwidrigkeit seines Verhaltens ergibt, z.B. die grobe Unrichtigkeit der für den Kapitalmarkt bestimmten Information.[1399] Diese Unterscheidung hat in der Rechtsprechung im Hinblick auf die Haftung für fehlerhafte Gutachten und andere (in der Regel, aber nicht notwendigerweise, schriftliche) Auskünfte Bedeutung erlangt, auf die dritte Personen vertrauen, die mit dem Gutachter in keinem rechtsgeschäftlichen Kontakt stehen und deswegen keine vertraglichen oder vertragsähnlichen Ansprüche geltend machen können. Die Gemeinsamkeiten mit der hier interessierenden Konstellation sind offensichtlich: In beiden Fällen bringt eine Partei Informationen in Umlauf, die andere Personen – wie der Infor-

---

1396 BGH NJW 2001, 3702. Einzelheiten bei Staudinger/*Oechsler*, § 826, Rdnr. 92.

1397 So *Fleischer*, DB 2004, 2031, 2034; *Krause*, ZGR 31 (2002), 799, 824 f.; Möllers/Rotter/*Möllers/Leisch*, Ad-hoc-Publizität, § 15, Rdnr. 26. A.A. *Rützel*, AG 2003, 69, 73. Weitere Nachweise zum Streitstand bei *Fleischer*, ZIP 2005, 1805, 1806.

1398 BGHZ 160, 149, 156: Der Täter muss „die Richtung, in der sich sein Verhalten zum Schaden irgendwelcher anderer auswirken könnte, und die Art des möglicherweise eintretenden Schadens“ voraussehen.

1399 Ausgangspunkt der Rechtsprechung und Leitentscheidung für diesen Problemkomplex ist das bekannte Urteil des Reichsgerichts in RGZ 72, 175. In dem Fall ging es um einen Arzt, der auf Veranlassung der Frau und der Verwandten des Klägers den Kläger für geisteskrank erklärte, um ihn entmündigen zu lassen. Zwar handelte er hierbei nicht wider besseres Wissen, aber ohne den Kläger ausreichend untersucht zu haben. Das Reichsgericht machte deutlich: „Ein doloses, arglistiges Handeln wird zur Annahme eines Verstoßes wider die guten Sitten nicht erfordert; auch die Außerachtlassung der im Verkehr erforderlichen Sorgfalt kann in besonders gearteten Fällen einen solchen Verstoß enthalten, und auch hierbei kann sich der Handelnde ebenso gut der Möglichkeit des Eintritts einer Vermögensschädigung bewusst sein, wie in dem Falle arglistigen Handelns“, a.a.O., 176.

mant weiß – zur Grundlage von Vermögensdispositionen nehmen.[1400] Es ist mithin sinnvoll, auf die einschlägigen Gerichtsurteile näher einzugehen. Zunächst ist festzuhalten, dass ein bloß fahrlässiges Verkennen der Fehlerhaftigkeit der Auskunft noch nicht die Haftung begründet. Der Informant muss sich vielmehr, wie der BGH gewöhnlich betont, „durch nachlässige Ermittlungen zu den Grundlagen [der Mitteilungen] oder gar durch ‚ins Blaue' gemachte Angaben [der Pflicht zur sorgfältigen Informationserlangung] leichtfertig entledigt und damit eine Rücksichtslosigkeit gegenüber dem Adressaten [der Mitteilung] und den in seinem Informationsbereich stehenden Dritten an den Tag gelegt [haben], die angesichts der Bedeutung, die [die Mitteilung] für deren Entschließungen hatte, und der von ihm in Anspruch genommenen Konsequenz als gewissenlos bezeichnet werden muss"[1401]. Leichtfertig und gewissenlos ist ein Verhalten insbesondere dann, „wenn der Handelnde damit einen eigenen Vorteil ohne Rücksicht auf die Belange Dritter sucht …, wenn er sich über bereits geltend gemachte Bedenken hinwegsetzt oder es ihm aus sonstigen Gründen gleichgültig ist, ob und gegebenenfalls welche Folgen sein leichtfertiges Verhalten hat."[1402] Dieser Grundsätze hat sich der BGH bedient, um die Haftung eines Wirtschaftsprüfers zu bejahen, der bewusst oder leichtfertig ein unrichtiges Gutachten über die Kreditwürdigkeit eines Unternehmens erstellt,[1403] eines Rechtsanwalts, der mündliche Erklärungen über die Zahlungsfähigkeit seines Mandanten abgibt, deren Fehlerhaftigkeit für ihn ohne weiteres hätte erkennbar sein müssen,[1404] oder eines Steuerbevollmächtigten, der ins Blaue hinein falsche Zahlen über Umsatz und Gewinn der Gesellschaft mitteilt, für die er tätig ist.[1405]

Zu (3): Neben dem Nachweis des Vorsatzes stellt die Begründung des ursächlichen Zusammenhangs zwischen der fehlerhaften Mitteilung und dem Kaufentschluss die größte Hürde für den Anleger dar. Grundsätzlich kommen dem geschädigten Investor keine Beweiserleichterungen zugute. Weder will der BGH die Beweislastumkehr des § 45 Abs. 2 Nr. 1 BörsG auf den Anspruch gem. § 826 BGB übertragen, noch den zu §§ 45, 46 BörsG a. F. entwickelten Gedanken der Anlagestimmung heranziehen. Zwar schließt er nicht aus, dass sich aus den fehlerhaften Angaben, abhängig von ihrer Tragweite, im Einzelfall eine positive Anlagestimmung ent-

---

1400 An der Übertragbarkeit der Rechtsprechung auf den kapitalmarktrechtlichen Kontext zweifelnd *Fleischer*, ZIP 2005, 1805, 1806.
1401 BGH NJW 1991, 3282, 3283.
1402 A.a.O.
1403 BGH NJW 1956, 1595: Haftung nicht nur dem Auftraggeber, sondern auch Dritten gegenüber. Ähnlich BGH NJW 1973, 321, 322 (die Haftung im Ergebnis aber ablehnend).
1404 BGH NJW 1972, 678, 680.
1405 BGH NJW 1986, 180, 181. Vgl. im Übrigen BGH NJW 1992, 3167, 3174 f. (IBH/Scheich Kamel – unrichtige Auskunft eines Aktionärs über die Absicht zur Beteiligung an einer Kapitalerhöhung; Sittenwidrigkeit bejaht, „wenn die Auskunft für die Entschließung des Empfängers – für den Auskunftgeber erkennbar – von Bedeutung ist und dieser unter Verfolgung eigener Interessen in dem Bewusstsein einer möglichen Schädigung des Empfängers handelt", a.a.O.); NJW 1987, 1758 f. (Haftung des Steuerberaters); NJW 1980, 2460, 2461 (arglistige Täuschung bei Abgabe einer Zusicherung ohne jede sachliche Grundlage); NJW 1979, 1599, 1600 (falsche Bankauskunft).

wickeln kann.[1406] Angesichts der vielfältigen Einflüsse am Kapitalmarkt könne aber nicht davon ausgegangen werden, dass punktuelle Informationen, die – anders als etwa der Zulassungsprospekt – nicht dazu bestimmt und geeignet seien, über das Unternehmen umfassend zu informieren, nach der Lebenserfahrung üblicherweise zu einer verstärkten Investitionstätigkeit führten. Sie lösten mithin keinen typischen Geschehensablauf aus, wie er für den Anscheinsbeweis Voraussetzung wäre.[1407] Damit streitet nicht generell innerhalb eines bestimmten festen Zeitraums eine Vermutung des Ursachenzusammenhangs zugunsten des Anlegers. Der Anleger hat jeweils zu beweisen, dass ihn die fehlerhafte Mitteilung zur Vornahme der Transaktion veranlasst hat (was positive Kenntnis von der Mitteilung voraussetzt), oder dass die Information alleine oder im Zusammenwirken mit anderen Faktoren einen solchen Einfluss auf die Marktteilnehmer ausgeübt hat (etwa aufgrund ausführlicher Berücksichtigung in der Fachpresse oder in Analystenberichten), dass eine Anlagestimmung entstanden ist, von der er sich hat leiten lassen.

Die Untergerichte haben zwei innovative Ansätze entwickelt, um die Beweisschwierigkeiten für die Anleger zu mindern. Das OLG Frankfurt hat in einem Urteil aus dem Jahr 2006 bei fehlerhafter Information in einem Börsenzulassungsprospekt keinen Nachweis der haftungsbegründenden oder -ausfüllenden Kausalität verlangt. Voraussetzung sei lediglich, dass der Kläger darlege, die Wertpapiere des Emittenten wären bei Offenlegung des verschwiegenen Umstands bzw. Korrektur der fehlerhaften Angabe nicht zum Handel zugelassen worden – sei es, weil der Emittent eine gesetzliche Zulassungsvoraussetzung nicht erfüllte, sei es, weil er aufgrund schlechter Finanzdaten keine Emissionsbank gefunden hätte, die bereit gewesen wäre, den Börsengang zu begleiten.[1408] In einem solchen Fall komme es weder „auf eine angebliche Verkaufsstimmung ...[noch] die Kausalität unzutreffender [Angaben ...] für die Kaufentscheidungen des Klägers und dessen Kenntnis der Verlautbarungen“[1409] an. Der erforderliche Ursachenzusammenhang sei schon deswegen zu bejahen, weil es ohne die unrichtigen Angaben mangels Börseneinführung nicht zum Kauf des Anlegers und damit auch zu keinem Schaden gekommen wäre. Der BGH hat die Argumentation des OLG Frankfurt nicht akzeptiert. Er ist der Auffassung, die Führung des Kausalitätsnachweises durch die reine Bedingungstheorie (conditio-sine-qua-non Formel) greife zu kurz. Vielmehr sei ergänzend auf den Schutzzweck der Norm abzustellen, der im Fall der sog. Informationsdeliktshaftung gem. § 826 BGB im Schutz der Integrität der Willensentschließung des potentiellen Anlegers bestehe. Hieraus folge, dass der Anleger in jedem Einzelfall den konkreten Ursachenzusammenhang zwischen der fehlerhaf-

---

1406 In diese Richtung auch *Fleischer*, ZIP 2005, 1805, 1807: „Je mehr [der] werbende Charakter [der Mitteilung] in den Fordergrund tritt, desto eher ist man geneigt, in ihr ein prospektähnliches Verkaufsinstrument zu erblicken, das geeignet ist, eine prospektähnliche Anlagestimmung zu erzeugen.“ Darüber hinaus wird es für die Darlegungslast des Anlegers darauf ankommen, in welchem zeitlichen Abstand zur Falschinformation er die Transaktion vorgenommen hat, *Fleischer*, a.a.O., 1807 f.

1407 BGHZ 160, 134, 145 ff.

1408 OLG Frankfurt, AG 2006, 584.

1409 A.a.O., 585.

ten Kapitalmarktinformation und seinem Willensentschluss darzulegen habe.[1410] Die Sichtweise des BGH ist durch das Bemühen gekennzeichnet, den Tatbestand des § 826 BGB sachgerecht einzugrenzen. Wie die Grenzen zu ziehen sind, lässt sich allerdings nicht durch Verweis auf einen vorab feststehenden Schutzzweck des § 826 BGB begründen; vielmehr ist der Schutzzweck zunächst im Lichte der widerstreitenden Interessen der Betroffenen (hier der Teilnehmer am Kapitalmarkt) zu definieren. Wer den Anleger umfassend schützen möchte, der kann dem Tatbestand der vorsätzlichen sittenwidrigen Schädigung entgegen dem BGH einen weiten Schutzzweck zuschreiben, etwa das Vertrauen in die Integrität des Börsenzulassungsverfahrens und die Marktpreisbildung.[1411]

In einer Reihe anderer Entscheidungen bejahten einige Untergerichte bei besonders schwerwiegenden Falschinformationen (die Urteile sprechen von „extremen Fällen betrügerischen Verhaltens"[1412], z.B. der kontinuierlichen Verbreitung erfundener Umsatzzahlen in mehreren in kurzen Abständen herausgegebenen Ad-hoc Mitteilungen), die sich maßgeblich auf die Kursentwicklung der Effekten auswirkten, den Ursachenzusammenhang mit dem recht lapidaren Argument, es könne kein Zweifel bestehen, dass die Kaufentscheidung des Klägers angesichts des bei korrekter Information niedrigeren Kursniveaus anders ausgefallen wäre.[1413] Hiermit näherten sie sich *de facto* der US-amerikanischen *fraud on the market* Theorie an, auch wenn sie nicht explizit auf diesen Ansatz zur Begründung der Kausalität eingingen.[1414] Der BGH hat auch diesen Vorstoß unter Hinweis auf seine *Infomatec*-Rechtsprechung unterbunden: Das Erfordernis des Nachweises der konkreten Kausalität entfalle selbst bei „extrem unseriöser Kapitalmarktinformation"[1415] nicht. Die fraud on the market Theorie führe „zu einer uferlosen Ausweitung des ohnehin offenen Haftungstatbestands der vorsätzlichen sittenwidrigen Schädigung"[1416] und sei deswegen nicht auf § 826 BGB anzuwenden. Ähnlich wie die im vorstehenden Absatz besprochene Argumentation des BGH, so stellt auch diese Begründung kaum mehr

---

1410 BGH ZIP 2008, 407, 408 f. (Comroad VI); ZIP 2008, 410, 411 f. (Comroad VII). Kritisch zum Ansatz des OLG Frankfurt auch *Unzicker*, WM 2007, 1596, 1599.

1411 Einen solchen Schutzzweck lehnt der BGH in ZIP 2008, 407, 409 explizit ab. Die enge Auslegung des Gerichts ist aber nicht zwingend. Es ist Anliegen der Schutzzwecklehre, die in Frage stehenden Interessen in Ausgleich zu bringen, Staudinger/*Schiemann*, § 249, Rdnr. 27. Auf Grundlage der erforderlichen Interessenabwägung ist zu bestimmen, welche Art der Schadensherbeiführung die Norm verhindern will. § 826 BGB kann ohne weiteres in der Weise ausgelegt werden, dass Zweck die Wahrung der Integrität des Marktes ist, d.h. dass jegliches Verhalten, das die Integrität verletzt, die Pflicht zum Ersatz des entstandenen Schadens begründet. Ähnlich kritisch zum engen Schutzzweck des BGH *Leuschner*, ZIP 2008, 1050, 1058.

1412 So LG München I, ZIP 2006, 1586 (Comroad).

1413 OLG München, ZIP 2005, 1141, 1142 f. (Comroad).

1414 Hierzu Fn. 2295 und § 12 I 3 b. Die Argumentation insbesondere des OLG München ist bezeichnend: Zur Begründung des Ursachenzusammenhangs stellte es weniger auf die Kenntnis des Anlegers als vielmehr darauf ab, dass der Börsenpreis der Wertpapiere von den unzutreffenden Meldungen beeinflusst worden war und den Emittenten die Pflicht traf, durch Berichtigung eine Kurskorrektur herbeizuführen, vgl. OLG München, a.a.O., 1143.

1415 BGH ZIP 2008, 407, 409 (Comroad VI); ZIP 2008, 410, 411 (Comroad VII). Siehe auch BGH ZIP 2007, 326 (Comroad III); ZIP 2007, 679, 680 (Comroad II); ZIP 2007, 681, 682 (Comroad I).

1416 BGH ZIP 2007, 326. Im Folgenden bejahte der Senat aber aus anderen Gründen den Kausalzusammenhang.

als eine Leerformel dar. Entscheidend ist die Frage, ob eine allgemeine Haftung für Fehlinformationen am Kapitalmarkt gewünscht ist oder nicht. Wenn ja, dann ist die expansive Auslegung des Tatbestands des § 826 BGB sinnvoll und notwendig. Einer uferlosen Ausweitung kann der Rechtsanwender durch entsprechende Konturierung der anderen Tatbestandsmerkmale begegnen. Wenn nein, wenn mithin Schadensersatz nur entsprechend der hergebrachten Grundsätze gewährt werden soll, die ein unmittelbares Einwirken auf die Willensbildung des Geschädigten fordern,[1417] ist § 826 BGB für viele Fälle der Schädigung am Kapitalmarkt nicht brauchbar, der Ansatz des BGH aber folgerichtig. In jedem Fall sollte der Sinn einer kapitalmarktrechtlichen Informationshaftung zum Ausgangspunkt der Überlegungen genommen werden und nicht eine hiervon losgelöste gesetzessystematische Interpretation.

Stimmen in der Literatur haben die vom BGH abweichende, extensivere Sicht der Untergerichte begrüßt und damit begonnen, die Reichweite einer umfassenden Haftung für Fehlinformationen auf der Basis des § 826 BGB zu diskutieren. Sie schlagen Beweiserleichterungen für Anleger vor, die auf der fraud on the market Theorie aufbauen.[1418] Hierbei machen sie allerdings nicht immer deutlich, dass das Abstellen auf die Integrität des Marktpreises einen liquiden, semi-effizienten Kapitalmarkt voraussetzt.[1419] Das wird in Deutschland hinsichtlich der meisten Werte des DAX der Fall sein, bedarf bei Werten des TecDAX, MDAX und SDAX aber einer näheren Untersuchung.[1420] Was den Gegenstand der vorliegenden Unter-

---

1417 Vgl. die Nachweise bei Palandt/*Sprau*, § 826, Rdnr. 20, 30 und passim.

1418 Vgl. z.B. *Baums*, ZHR 167 (2003), 139, 183, der die tatsächliche Vermutung aufstellen möchte, dass sich wesentliche Falschinformationen sofort auf den Kurs des Wertpapiers auswirken und der Anleger bei Vornahme der Transaktion auf die Integrität des Börsenpreises vertraut. Es obliegt dann dem Beklagten, einen atypischen Geschehensablauf, d.h. das Ausbleiben einer Kursreaktion, darzulegen.

1419 Zur Kapitalmarkteffizienz grundlegend *Fama*, 25 J. Fin. 383 (1970); *ders.*, 46 J. Fin. 1575 (1991). Zu den drei Formen der Markteffizienz (*strong*, *semi-strong* und *weak*) vgl. auch *Brealey/Myers/Allen*, Corporate Finance, p. 337. Nebenbei sei bemerkt, was einiges Licht auf die Aktualität der deutschen Forschung zur Effizienzmarkthypothese und die Zeitgemäßheit der Rechtsprechung wirft, dass *Gilson/Kraakman*, 70 Va. L. Rev. 549–50 (1984), bereits vor mehr als 20 Jahren sagen konnten: „Of all recent developments in financial economics, the efficient capital market hypothesis ('ECMH') has achieved the widest acceptance by the legal culture. It now commonly informs the academic literature on a variety of topics; it is addressed by major law school casebooks and textbooks on business law; it structures debate over the future of securities regulation both within and without the Securities and Exchange Commission; it has served as the intellectual premise for a major revision of the disclosure system administered by the Commission; and it has even begun to influence judicial decisions and the actual practice of law. In short, the ECMH is now the context in which serious discussion of the regulation of financial markets takes place."

1420 Vgl. *Zimmer/Cloppenburg*, ZHR 171 (2007), 519, 539 f. Die oben, Fn. 1418, erwähnte Vermutung kann beispielsweise nicht für alle Wertpapiere gelten, da die sofortige (manche Studien sprechen von fünf bis zehn Minuten, vgl. die Nachweise bei *Brealey/Myers/Allen*, loc. cit., p. 339) Einpreisung neuer Informationen nur bei ausreichender Liquidität erfolgt. Die Liquiditätsdifferenzen des deutschen Finanzmarktes illustrieren die Kassamarktstatistiken der Deutschen Börse AG, die z.B. zeigen, dass der Umsatz in Stück bei den DAX-Werten im Durchschnitt fast das Zehnfache des Umsatzes bei den MDAX-Werten beträgt. Deswegen muss der Kläger zum Nachweis der die Vermutung auslösenden Tatsachengrundlage grundsätzlich auch Ausführungen zur semistarken Effizienz des Marktes in dem konkreten Wertpapier machen.

suchung betrifft, ist zudem eine weitere wichtige Einschränkung zu machen: Bei Fehlinformationen am Primärmarkt ist besonders sorgfältig zu prüfen, ob das Papier bereits in einem semi-effizienten Markt gehandelt wird. Für unrichtige Angaben im Emissionsprospekt ist die Anwendbarkeit der fraud on the market Theorie danach in der Regel zu verneinen: Die Festsetzung des Platzierungspreises erfolgt nicht aufgrund von Marktbewegungen, sondern durch die Emissionsbanken und den Emittenten, so dass der Anleger nicht geltend machen kann, der Preis spiegele alle öffentlich verfügbaren Informationen wider.[1421] Auf die mögliche Einpreisung von unrichtigen Angaben kann es aber ankommen, wenn sich der Platzierungspreis bei einer Kapitalerhöhung am Kurs der bereits ausgegebenen Wertpapiere orientiert. Auch kann die fraud on the market Theorie einen Anleger begünstigen, der kurze Zeit nach Einführung der Papiere zu einem Kurs kauft, der durch Äußerungen der Emissionsbegleiter und des Emittenten beeinflusst worden ist.[1422]

Zu (4): Der Schaden ist nach Ansicht der Rechtsprechung nicht erst in dem Wertverlust der Effekten nach Bekanntwerden der wahren Sachlage zu sehen, sondern schon in dem Erwerb der Vermögensposition, d.h. der Beeinträchtigung der Dispositionsfreiheit des Investors durch Belastung mit einer ungewollten Verpflichtung.[1423] Der Erwerber hat die Wahl zwischen Naturalrestitution in Form der Erstattung des gezahlten Kaufpreises gegen Rückgabe der Wertpapiere an den Emittenten oder den sonst Haftungsverpflichteten[1424] und Ersatz der Differenz

1421 In den USA ist das Problem der Reichweite der fraud on the market Theorie am Primärmarkt in einigen Entscheidungen diskutiert worden, vgl. z.B. Freeman v. Laventhol & Horwath, 915 F.2d 193, 198–99 (6th Cir. 1990): „The rationale supporting the fraud on the market presumption of reliance does not apply when securities are not traded in an efficient market. … In fact, the price of newly issued securities is set primarily by the underwriter and the offeror, not by the market." Abweichend Shores v. Sklar, 647 F.2d 462, 470–71 (5th Cir. 1981): Wären die Wertpapiere bei Offenlegung aller maßgeblichen Umstände überhaupt nicht börsenfähig oder absetzbar gewesen, ist der Anleger auch dann anspruchsbefugt, wenn er die fehlerhaften Emissionsunterlagen nicht gelesen hat. Hieran anknüpfend Ockerman v. May Zima & Co., 27 F.3d 1151, 1159–60 (6th Cir. 1994): „[I]nvestors should be able to rely on the fact that local governments would not authorize, underwriters would not finance and brokers would not offer to sell bonds they knew were unmarketable. … There are at least two possibilities. One view, economic unmarketability, holds that a security is unmarketable if no investor would buy it because, assuming full disclosure, the security is patently worthless. Second, a security is legally unmarketable if, absent fraud, a regulatory agency or the issuing municipality would have been required by law to prevent or forbid the issuance of the security. Under both theories of unmarketability, it is argued that the investment decision is caused by fraud because but for the fraud, the security could not have been proposed, issued, or sold." Die in den beiden letzten Entscheidungen angewandte Konstruktion wird in Abgrenzung zur fraud on the market Theorie „fraud created the market theory" genannt. Sie geht in dieselbe Richtung wie der Ansatz des OLG Frankfurt, Fn. 1408, das danach fragt, ob es ohne die unrichtigen Angaben zur Börseneinführung hätte kommen können.

1422 So z.B. im Fall Lentell v. Merrill Lynch & Co., Inc., 396 F.3d 161 (2d Cir. 2005) geschehen, vgl. insbesondere id. at 166 et seq.

1423 BGHZ 160, 149, 153 (Infomatec II); BGH ZIP 2005, 1270, 1272 (EM.TV).

1424 Wird der Anleger durch irreführende Meldungen zum Halten seiner Papiere veranlasst, kann er ebenfalls Naturalrestitution verlangen. Vgl. zu dieser Fallvariante sogleich im Text und zur Rechtsfolge der Naturalrestitution im Speziellen (hypothetischer Verkaufspreis gegen Überlassung der noch vorhandenen Effekten) BGH ZIP 2005, 1270, 1273 f.

zwischen dem Kaufpreis und dem hypothetischen Transaktionspreis, wie er bei Unterlassung der Fehlinformation zur Zeit des Erwerbs bestanden hätte.[1425] Hat der Anleger die Effekten mittlerweile verkauft, bleibt es beim Differenzschaden. Die Literatur verlangt mitunter eine generelle Beschränkung des Ersatzes auf den Differenzschaden, da dem Haftungsadressaten mit der Naturalrestitution nicht nur die Pflicht zum Ausgleich des Schadens auferlegt werde, der durch den unzutreffend gebildeten Kurs entstanden ist, sondern darüber hinaus das allgemeine Kursrisiko.[1426] Diese Einschränkung ist erwägenswert, um das Haftungsrisiko in überschaubarem Rahmen zu halten, wurde von der Rechtsprechung aber bislang nicht aufgegriffen, wohl weil die Gerichte den sittenwidrig Handelnden nicht als schutzwürdig ansehen.

Auf zwei weitere Probleme, die sich bei einem Rückgriff auf § 826 BGB stellen, sei nur kurz hingewiesen: Bei Inanspruchnahme des Emittenten entsteht ein Konflikt mit den aktienrechtlichen Grundsätzen zur Kapitalerhaltung. Auf diesen Konflikt ist die Arbeit bereits im Zusammenhang mit der börsenrechtlichen Prospekthaftung eingegangen, wobei auch die zu § 826 BGB ergangenen, für eine Lösung des Konflikts zugunsten des Anlegerschutzes sprechenden, Gerichtsurteile neueren Datums erwähnt wurden.[1427] Problematisch ist zudem, wie der Fall zu beurteilen ist, dass der Anleger aufgrund der fehlerhaften Information nicht etwa kauft, sondern von einem Verkauf seiner Wertpapiere absieht bzw. durch eine übertrieben negative Mitteilung den ins Auge gefassten Erwerb nicht durchführt. Die §§ 37b, c WpHG gewähren für diese Fälle keinen Schadensersatzanspruch, verlangen vielmehr, dass der Anspruchsteller eine Transaktion durchgeführt hat.[1428] Teile der Literatur wollen diese Einschränkung verallgemeinern, da die untätigen Anleger keinen Schaden erlitten hätten und die Ersatzpflicht danach begrenzt werden müsse, dass nicht jeder auch nur potentielle Investor einen Anspruch anmelden könne.[1429] Diese Ansicht kann nicht überzeugen. Nach allgemeinen Grundsätzen des Schadensrechts erleidet auch derjenige einen Schaden, der an einer Abwärtsbewegung am Markt teilnimmt, die er bei ordnungsgemäßer Information vermieden hätte. Zudem macht die Rechtsprechung deutlich, dass der Schaden des Anlegers bei Fehlinformationen des Kapitalmarkts schon in der ansonsten unterbliebenen Investitions- oder Desinvestitionsentscheidung liegt.[1430] Folgerichtig bejahen die Gerichte die Aktivlegitimation von Anlegern, die wegen der unerlaubten Handlung eines Marktteilnehmers von ihrer Verkaufsabsicht Abstand nehmen.[1431] Ein Aus-

---

1425 Zur Berechnung des Differenzschadens BGH a.a.O., 1274 f.

1426 Vgl. *Fleischer*, ZIP 2005, 1805, 1809; und zur Parallelproblematik bei §§ 37b, c WpHG Schwark/*Zimmer*, KMRK, §§ 37b, 37c WpHG, Rdnr. 86 ff. m.w.N.

1427 Oben a gg.

1428 Hopt/Voigt/*Ehricke*, Prospekt- und Kapitalmarktinformationshaftung, S. 281 f.; Schwark/*Zimmer*, a.a.O., Rdnr. 75, jeweils m.w.N.

1429 Hopt/Voigt/*Hopt/Voigt*, a.a.O., S. 111; Möllers/Rotter/*Möllers/Leisch*, Ad-hoc-Publizität, § 14, Rdnr. 57.

1430 So i.E. auch *Fleischer*, Gutachten F für den 64. Deutschen Juristentag 2002, S. F 107; *ders.*, ZIP 2005, 1805, 1808.

1431 BGH ZIP 2005, 1270, 1273 f. (EM.TV); OLG Stuttgart, ZIP 2006, 511, 512 f. (EM.TV).

ufern der Haftung vermeiden sie dadurch, dass sie strenge Anforderungen an die Darlegungs- und Beweislast des Klägers stellen. Der Investor muss nachweisen, dass er den Verkauf „zu einem bestimmten Zeitpunkt [vor der Fehlinformation] fest beabsichtigte[...]“[1432]. Eine tatsächliche Vermutung in Form einer Haltestimmung kann er sich in dieser Konstellation nicht zunutze machen.[1433]

Eine Anwendung der dargestellten Grundsätze auf die hier interessierende Problemlage ergibt Folgendes: Angesichts der relativen Weite des Tatbestands kommt § 826 BGB nicht nur bei Fehlinformationen im Zusammenhang mit Sekundär-, sondern auch Primärmarkttransaktionen in Betracht. Zudem ist der Kreis der Haftungsadressaten potentiell unbeschränkt – neben der Gesellschaft, die sich das Fehlverhalten ihrer Organmitglieder über § 31 BGB zurechnen lassen muss, und den Mitgliedern des Vorstands können weitere Marktteilnehmer, z.B. sämtliche Mitglieder des Emissionskonsortiums (nicht nur die gem. § 44 Abs. 1 Satz 1 Nr. 1 und 2 BörsG verantwortlichen), Verkäuferbanken oder Experten, in Anspruch genommen werden, wenn sie vorsätzlich gegen die guten Sitten verstoßen haben. Schließlich haften Gehilfen des Täters gem. § 830 Abs. 2 BGB unter der Voraussetzung, dass sie die Haupttat bewusst gefördert, d.h. physisch oder psychisch unterstützt haben. In konsequenter Anwendung der zu § 830 Abs. 2 BGB ergangenen Rechtsprechung dürften die Konsortialbanken mithin schon dann verantwortlich sein, wenn sie die Emission in Kenntnis des Prospektmangels begleiten, da sie durch Übernahme und Mitwirkung an der Platzierung die sittenwidrige Schädigung der Anleger durch den Emittenten erleichtern bzw. häufig überhaupt erst ermöglichen.[1434] Gleiches gilt für Unterbeteiligungen, sollten sie über die Prospektfehler informiert sein, und Experten, die zur Prospekterstellung beitragen.[1435]

Im Übrigen sind die Konsortialbanken auch ohne positive Kenntnis vom Prospektmangel aufgrund täterschaftlichen Verstoßes gegen die guten Sitten zur Leistung von Schadensersatz verpflichtet, wenn sie die Schädigung der Anleger zumindest für möglich halten und billigend in Kauf nehmen und sich ihrer Pflicht zur Überprüfung des Prospekts leichtfertig entledigen. Eine Pflicht zur Überprüfung der Prospektangaben trifft zunächst, wie sich aus § 5 Abs. 3, Abs. 4 WpPG ergibt, die Unterzeichner. Aus §§ 44, 45 BörsG kann abgeleitet werden, dass außerdem die Prospektverantwortlichen i.S. des § 44 Abs. 1 Satz 1 Nr. 1 und 2 BörsG die Vollständig-

---

1432 BGH a.a.O.

1433 OLG Stuttgart a.a.O., 513: „[D]ie Entscheidung, ob das bereits zuvor getätigte Engagement mit Verlust abgeschlossen oder im Glauben auf eine Besserung fortgesetzt wird, [ist] von vielfältigen rationalen wie irrationalen Faktoren abhängig und daher nicht typisierbar“.

1434 Vgl. LG Hanau, WM 1996, 1540, 1542: Haftung einer Bank, der bekannt ist, dass ihr Kunde das Girokonto zur Abwicklung betrügerischer Anlagegeschäfte benutzt.

1435 Die Rechtsprechung legt nahe, dass der Experte bei Kenntnis selbst für solche Fehler haftet, die nicht in dem von ihm erstellten Teil des Prospekts enthalten sind, da sein Beitrag die Verwirklichung des Tatbestands des § 826 BGB fördert. Experten sind – anders als die Konsortialbanken – allerdings nicht notwendigerweise mit dem gesamten Prospektinhalt vertraut. Deswegen dürfte der Nachweis vorsätzlichen Handelns bei Fehlern, die außerhalb des Sachverständigengutachtens liegen, Schwierigkeiten bereiten.

keit und Fehlerfreiheit der Angaben sicherzustellen haben.[1436] Unabhängig von diesen gesetzlichen Bestimmungen sollte die Pflicht zur Nachprüfung des Prospektinhalts allen Mitgliedern des Emissionskonsortiums auferlegt werden, da sie eine gewisse Gewähr für die Seriosität der Emission übernehmen.[1437] Diese Pflicht verletzen die Banken in einer gegen die guten Sitten verstoßenden Weise, wenn sie sich, wie der BGH in anderem Zusammenhang (Haftung des Wirtschaftsprüfers) festgestellt hat, überhaupt nicht um den Prospektinhalt kümmern, „gewissenlos über erkannte Bedenken hinweg[setzen] oder auf eine unerlässliche eigene Prüfung bewusst“[1438] verzichten. Wann und in welchem Umfang die eigene Prüfung unerlässlich ist, hängt von der Stellung der Emissionsbank im Konsortium ab. Hier können die für die Konkretisierung des Verschuldensmaßstabs gem. § 45 Abs. 1 BörsG herausgearbeiteten Kriterien fruchtbar gemacht werden.[1439] Es ist aber zu berücksichtigen, dass § 826 BGB mehr als grobe Fahrlässigkeit verlangt. Für ein leichtfertiges oder rücksichtsloses, mithin einen Verstoß gegen die guten Sitten begründendes, Verhalten wird einiges sprechen, wenn Zweifel an der Korrektheit der Prospektangaben bestehen, etwa finanzielle Probleme des Emittenten bekannt sind, die Banken den Bedenken indes nicht nachgehen, um die Emission in einer für sie kosteneffizienten Weise schnell abzuwickeln, oder wenn die Konsortialführerin eine völlig unzureichende Prüfung vornimmt, z. B. keine eigenen Ermittlungen anstellt, sondern sich vollständig auf mündliche Angaben der Geschäftsleitung des Emittenten verlässt.

d. Vertragliche Haftung

Schließlich können sich die Emissionsbanken vertraglichen Ansprüchen der Anleger ausgesetzt sehen. Allerdings stehen Investoren nur ausnahmsweise mit den Emissionsbanken in direktem rechtsgeschäftlichen Kontakt, nämlich wenn sie bei einem Mitglied des Konsortiums zeichnen. In diesem Fall erwerben sie, wie oben ausgeführt, die Effekten kaufvertraglich. Das Effektengeschäft – und um ein solches handelt es sich[1440] – schließt nach ständiger Rechtsprechung umfangreiche Auf-

---

1436 Nach hier vertretener Auffassung geht der Kreis der Prospektverantwortlichen i.S. des § 44 Abs. 1 Satz 1 BörsG, was die Emissionsbanken anbelangt, nicht über den der Unterzeichner hinaus, vgl. oben a bb. Bei anderen Gruppen von Haftungsadressaten können sich aber Unterschiede ergeben.

1437 Ausführlich hierzu im fünften Teil der Arbeit, § 12 I 1 und 2.

1438 BGH NJW 1973, 321, 322. Vgl. auch NJW 1979, 1599, 1600: Die Sittenwidrigkeit einer falschen Bankauskunft „ist darin begründet, dass die Bank das Vertrauen in ihre Seriosität, das sie allgemein im Wirtschaftsleben bei der Bankkundschaft genießt, missbraucht, um auf Kosten anderer eigene Vorteile zu verfolgen.“

1439 Oben a ee (2), (3) und unten § 12 II.

1440 *Ekkenga/Maas*, Wertpapieremissionen, Rdnr. 463, weisen darauf hin, dass die Konsortialbanken hier eine Doppelfunktion wahrnehmen. Zum einen handeln sie im Auftrag des Emittenten als Emissionsbank, zum anderen gegenüber dem Kunden als Effektenbank. Grundlegende Probleme ergeben sich daraus nicht, insbesondere ist eine solche Doppelfunktion zulässig. Es ist allerdings zu beachten, dass die Banken einem Interessenkonflikt ausgesetzt sind: Im Interesse des Emittenten sind sie an schneller und dauerhafter Platzierung interessiert, im Interesse des Anlegers haben sie auf mögliche Risiken der Investition hinzuweisen. Diese mehrfache Verantwortlichkeit entlastet nicht (vgl. *Hopt*, Verantwortlichkeit, Rdnr. 103 ff. unter Hinweis auf BGHZ klärungs- und Beratungspflichten der Banken ein.[1441] Bei schuldhafter Verletzung steht dem Anleger ein Anspruch gem. § 280 Abs. 1 BGB zu.[1442] Der Anspruch richtet sich nicht gegen das Konsortium, sondern die jeweilige am Kaufvertrag beteiligte Bank, ist aber unter Umständen im Hinblick auf die neue Rechtsprechung zur GbR dem Konsortium zuzurechnen.[1443]

II. Art der Haftung

Fraglich ist, ob die Konsorten gesamtschuldnerisch oder teilschuldnerisch haften, inwieweit sie ihre Haftung beschränken können und ob ihnen Ausgleichs- bzw. Freistellungsansprüche gegen den Emittenten zustehen. Die Beantwortung hängt zu einem großen Teil davon ab, wie das Haftungsregime der Gesellschaft bürgerlichen Rechts ausgestaltet ist. Dieser Problematik ist die Arbeit bereits ausführlich nachgegangen.[1444] Hier sollen die Konsequenzen der gefundenen Lösung im Hinblick auf die verschiedenen Haftungstatbestände näher untersucht werden. Zunächst sollen eine Zusammenfassung der Rechtslage, wie sie vor den Grundlagenurteilen des BGH zur Haftung bei der GbR nach h. L. zu beurteilen war, der durch die Urteile bedingten Änderungen und ihrer Behandlung nach hier vorgeschlagener Auffassung in das Thema einführen (unter 1). Im Anschluss daran sind die Haftung der Emissionsbanken gegenüber dem Kapitalanleger (unter 2) und dem Emittenten (unter 3), die jeweils eigene Probleme aufwerfen, zu beleuchten. Abschließend thematisiert die Arbeit die Zulässigkeit von Freistellungsvereinbarungen im Übernahme- und Konsortialvertrag, mit Hilfe derer die Emissionsbanken häufig versuchen, das Haftungsrisiko zu verlagern (unter 4).

1. Überblick

Bis zur Änderung der Rechtsprechung des BGH zur GbR in den Urteilen BGHZ 142, 315 und 146, 341 stellte sich die Rechtslage wie folgt dar: Die Rechtsprechung hielt die Gesellschaft bürgerlichen Rechts zunächst nicht für rechtsfähig. Sie habe weder

---

NJW 1980, 1629). Die Banken haben mithin trotz ihrer Nähe zum Emittenten allen Anforderungen zu genügen, die üblicherweise an Effektengeschäfte gestellt werden, z. B. den Kunden umfassend aufzuklären und zu beraten. Ein Verstoß gegen das Verbot der Weitergabe von Insiderinformationen (zur Lösung des Konflikts zwischen Insiderhandelsverbot und Anlageberatung im Allgemeinen siehe Schwark/*Schwark*, KMRK, § 14 WpHG, Rdnr. 61 ff.) wird nicht auftreten, da alle für die Anlageentscheidung wesentlichen Angaben in den Prospekt aufzunehmen sind und damit ihren Charakter als Insiderinformation verlieren, vgl. oben I 2 a dd (3) (c).

1441 Vgl. bereits oben § 5 II.

1442 Die Verletzung der Wohlverhaltensregeln der §§ 31, 32 WpHG, die in diesem Zusammenhang anwendbar sind, hat außerdem deliktische Ansprüche zur Folge, da die Vorschriften nach h. M. als Schutzgesetze i. S. des § 823 Abs. 2 BGB zu qualifizieren sind, vgl. Schwark/*Schwark*, KMRK, Vor § 31 WpHG, Rdnr. 9.

1443 Hierzu sogleich im Text unter II.

1444 § 5 III 1 c aa (3).

ein Gesellschaftsvermögen im eigentlichen Sinne noch Gesellschaftsschulden als solche; sie sei nicht partei- oder konkursfähig; Forderungen aus einer Verpflichtung, die der vertretungsberechtigte Geschäftsführer namens der Gesellschaft eingehe, richteten sich nicht gegen die Gesellschaft, sondern nur gegen die Gesellschafter selbst, die sowohl mit ihrem Privatvermögen als auch dem gesamthänderisch gebundenen Gesellschaftsvermögen hafteten.[1445] In den folgenden Jahren rückte der BGH von dem Verständnis der Gesellschaft bürgerlichen Rechts als eines rein schuldrechtlichen Zusammenschlusses mehrerer Personen mit einem ihnen gemeinschaftlich zugeordneten Sondervermögen, das der in der Literatur vereinzelt immer noch vertretenen sog. traditionellen Lehre entspricht,[1446] ab und erkannte sukzessive an, dass die GbR selbst im Rechtsverkehr bestimmte Rechtspositionen einnehmen könne.[1447] Diese von der Verpflichtungsfähigkeit der GbR ausgehende Ansicht (sog. Gruppenlehre[1448]) gelangte auch in der Literatur Anfang der 80er Jahre des letzten Jahrhunderts zur Vorherrschaft. Sie zeigte sich in zwei Spielarten: der nunmehr vom BGH übernommenen Akzessorietätstheorie[1449] und der von Rechtsprechung und Wissenschaft zunächst präferierten Lehre von der Doppelverpflichtung.[1450] Letztere ging davon aus, dass der geschäftsführungsbefugte Gesellschafter kraft organschaftlicher Vertretungsmacht die GbR als Rechtssubjekt und „im Zweifel" (§ 714 BGB) darüber hinaus kraft gesellschaftsvertraglicher Vollmacht die anderen Gesellschafter vertrat. Durch rechtsgeschäftliches Handeln im Außenverhältnis entstanden mithin zum einen Gesamthandsschulden der Gesellschaft, zum anderen inhaltsgleiche Ansprüche gegen die Gesellschafter, die als Gesamtschuldner hafteten.[1451] Da die Verpflichtung der Gesellschafter auf der Reichweite der gesellschaftsvertraglichen Vertretungsmacht beruhte, § 714 BGB eine Zweifelsregelung darstellt und eine dem § 126 Abs. 2 HGB vergleichbare Bestimmung im Recht der GbR fehlt, konnten die Gesellschafter ihre Haftung auf die Einlage beschränken, indem sie die Vertretungsmacht des geschäftsführenden Gesellschafters im Gesellschaftsvertrag auf die Verpflichtung der GbR mit ihrem gesamthänderisch gebundenen Vermögen begrenzten. Die Zustimmung des Vertragspartners war zur Wirksamkeit der Haftungsbeschränkung nicht erforderlich; die Erteilung, Begrenzung oder der Widerruf der Vollmacht ist grundsätzlich ein Akt des Innenverhältnisses zwischen Vertretenem und Vertreter.[1452] Um den Rechtsverkehr zu schützen, verlangte der BGH lediglich, dass die Beschränkung nach einer Prüfung für Dritte erkennbar war.[1453] Die üblicherweise zugunsten von Emissionsbanken in den Vertragswerken festgelegte (rechtsgeschäftliche) Haftung als Teilschuldner (§ 420 BGB)

1445 BGHZ 23, 307, 313 (1957).
1446 Nachweise zu Vertretern der traditionellen Lehre in Fn. 912.
1447 Einzelheiten zu dieser Entwicklung in Fn. 946.
1448 Zu Vertretern dieser Ansicht vgl. Fn. 912.
1449 Nachweise bei *Karsten Schmidt*, Gesellschaftsrecht, § 60 III 2.
1450 Nachweise bei MüKo BGB/*Ulmer*, § 714, Rdnr. 3; Soergel/*Hadding*, 12. Aufl., § 714 Rdnr. 10.
1451 Soergel/*Hadding*, 11. Aufl., § 714, Rdnr. 29 ff. (in der 12. Aufl. trotz Rechtsprechungswandels des BGH nicht aufgegeben, vgl. dort § 714, Rdnr. 29).
1452 Soergel/*Hadding*, 11. Aufl., § 714, Rdnr. 32.
1453 BGHZ 61, 59, 67; 113, 216, 219; BGH ZIP 1990, 715, 716.

ließ sich nach dieser Rechtsauffassung ohne weiteres durch eine entsprechende Ausgestaltung der Geschäftsführungs- und Vertretungsbefugnis der Konsortialführerin erreichen. Die bei Emissionskonsortien anzutreffende Besonderheit, dass nicht das Konsortium als Gesellschaft verpflichtet werden soll (was mangels Gesellschaftsvermögens auch keinen Sinn machen würde), sondern nur die Gesellschafter, ändert an der Zulässigkeit der Konstruktion nichts. Dem Emittenten als Vertragspartner ist der Übernahmevertrag mit seinen Bestimmungen zur beschränkten Haftung der Konsortialbanken bekannt, die Beschränkung der Vollmacht ist mithin entsprechend den Vorgaben des BGH erkennbar.[1454]

Bei gesetzlichen Verbindlichkeiten, z.B. der Prospekthaftung, war die Rechtslage noch eindeutiger. Grundsätzlich haftete nur derjenige Gesellschafter, der durch eigenes Handeln einen gesetzlichen Tatbestand verwirklichte (die §§ 278, 831 BGB sollen hier zunächst außer Betracht bleiben).[1455] Daneben kam eine Haftung der Gesellschaft in Betracht, wenn ihr das Handeln des Gesellschafters zuzurechen war. In Literatur und Rechtsprechung war umstritten, ob auf § 31 BGB als mögliche Zurechnungsnorm auch bei der GbR zurückgegriffen werden konnte. Während die h.L. eine analoge Anwendung der Vorschrift befürwortete,[1456] lehnte sie der BGH mit der Begründung ab, dass die GbR zu wenig körperschaftlich organisiert sei.[1457] Unabhängig vom Ausgang des Meinungsstreits waren die nicht handelnden Gesellschafter jedenfalls nicht persönlich verantwortlich. Auch wenn die Gesellschaft für den verursachten Schaden einstehen musste, fand keine Überleitung der Haftung auf die Gesellschafter entsprechend § 128 HGB statt. Für die Prospekthaftung blieb es demnach bei der Anordnung des § 44 Abs. 1 Satz 1 BörsG: Als Gesamtschuldner hafteten nicht notwendigerweise alle Mitglieder des Konsortiums, sondern nur diejenigen, die den Tatbestand der §§ 44, 45 BörsG verwirklichten, d.h. (unter anderem) als Prospektverantwortliche auftraten und nicht nachweisen konnten, dass ihnen weder Vorsatz noch grobe Fahrlässigkeit anzulasten war.

Mit der Entscheidung BGHZ 142, 315[1458] begann der BGH, auf die Linie der in der Literatur bereits verbreiteten, aber nicht als herrschende Meinung zu bezeichnenden Akzessorietätstheorie umzuschwenken. Zunächst noch ohne ausdrücklich auf die Natur der Haftung der Gesellschafter oder auf § 128 HGB einzugehen, beschloss er, dass – unabhängig von einer etwaigen Erkennbarkeit der Haftungsbeschränkung für den Gläubiger – die wirksame Begrenzung der Haftung auf das Gesell-

---

1454 Zur Zulässigkeit der teilschuldnerischen Haftung der Konsortialbanken nach alter Rechtslage (noch unter Ablehnung der Rechtssubjektivität der GbR) vgl. z.B. *Canaris*, Bankvertragsrecht, Rdnr. 2265 f.

1455 Soergel/*Hadding*, 11. Aufl., § 714 Rdnr. 38 ff.

1456 Die Frage war auch noch nach den Grundlagenurteilen des BGH bis zur Entscheidung in BGHZ 154, 88 nicht abschließend geklärt. Vgl. zum Meinungsstand Baumbach/Hopt/*Hopt*, 31. Aufl., § 124, Rdnr. 25; *Karsten Schmidt*, Gesellschaftsrecht, § 60 II 4; MüKo BGB/*Ulmer*, § 705, Rdnr. 218; Soergel/*Hadding*, § 31, Rdnr. 7; Staudinger/*Weick*, § 31, Rdnr. 45.

1457 BGHZ 45, 311, 312 = NJW 1966, 1807. Für die oHG dagegen bejahend in RGZ 17, 93, 95 f.; 32, 32, 35 f. (schon vor Inkrafttreten des BGB); 76, 35, 48; BGH NJW 1952, 537, 538.

1458 BGH NJW 1999, 3483 = ZIP 1999, 1755 = WM 1999, 2071.

schaftsvermögen „nicht durch einen entsprechenden Namenszusatz oder einen anderen, den Willen, nur beschränkt zu haften, verdeutlichenden Hinweis erreicht werden“[1459] könne. Die persönliche Haftung der Gesellschafter mit ihrem Privatvermögen für Verbindlichkeiten der Gesellschaft bestehe „kraft Gesetzes“[1460]. In der Folgeentscheidung BGHZ 146, 341,[1461] in der es um die Parteifähigkeit – und dieser Frage vorgeschaltet die Rechtssubjektivität – der Gesellschaft bürgerlichen Rechts ging, wurde das Gericht deutlicher: Nach ausführlicher Analyse der Entstehungsgeschichte der §§ 705 ff. BGB und der Nachteile, die eine nur schuldrechtliche Qualifikation des Gesellschaftsverhältnisses mit sich bringt, verkündete es, dass „die Frage der rechtlichen Einordnung der Gesellschafterhaftung ... nunmehr in Konsequenz der Anerkennung der beschränkten Rechtsfähigkeit der Gesellschaft bürgerlichen Rechts im Sinne einer akzessorischen Haftung der Gesellschafter für die Gesellschaftsverbindlichkeiten zu entscheiden [ist]. ... [D]as Verhältnis zwischen Gesellschafts- und Gesellschafterhaftung [entspricht] damit der Rechtslage in den Fällen der akzessorischen Gesellschafterhaftung gemäß §§ 128 f. HGB bei der OHG.“[1462] Das nächste Urteil, BGHZ 150, 1,[1463] betraf einen Spezialfall, nämlich die Haftung der Gesellschafter von geschlossenen Immobilienfonds und Bauherrengemeinschaften. Es ist bereits oben besprochen worden.[1464] Die letzten beiden in dieser Reihe zu nennenden Entscheidungen festigten die eingeleitete Rechtsprechungsänderung und rundeten das neu entworfene Haftungsregime der GbR ab. Bis zum Urteil BGHZ 154, 88[1465] war umstritten, ob die (nach BGHZ 146, 341 nunmehr unabweisbare) Erstreckung des Anwendungsbereichs des § 128 HGB auf die Gesellschaft bürgerlichen Rechts nur rechtsgeschäftlich begründete oder auch deliktische Verbindlichkeiten erfasste. Eine Mindermeinung wollte § 128 HGB nicht auf deliktische Ansprüche anwenden.[1466] Als Begründung führte sie an, im Deliktsrecht gelte der allgemeine Grundsatz, dass eine Haftung für fremdes Verschulden nicht erfolge.[1467] Auch sei es nicht Sinn und Zweck des § 31 BGB, dem Deliktsopfer weitere natürliche Personen als Schuldner zuzuweisen, sondern lediglich eine weitere Vermögensmasse (das Gesellschaftsvermögen), zu der der Täter in einer besonderen Beziehung stehe.[1468] Haftungsadressaten des § 31 BGB seien mithin nur der Handelnde und die Gesellschaft. Die schon damals h.M.[1469] war anderer Auffassung. Sie nahm die Auslegung des § 128 HGB (und nicht die des § 31 BGB)

1459 BGHZ 142, 315, 318.

1460 A.a.O.

1461 BGH NJW 2001, 1056 = ZIP 2001, 330 = WM 2001, 408.

1462 BGHZ 146, 341, 358.

1463 BGH NJW 2002, 1642 = ZIP 2002, 851 = WM 2002, 958.

1464 § 5 III 1 b aa (3) (b) (aa). Vgl. in diesem Zusammenhang auch KG ZIP 2005, 1029.

1465 BGH NJW 2003, 1445 = ZIP 2003, 664 = WM 2003, 830.

1466 *Altmeppen*, NJW 1996, 1017, 1021 ff.; *ders.*, NJW 2003, 1553, 1555 ff.; *Baumann*, JZ 2001, 895, 901; *Canaris*, ZGR 33 (2004), 69, 111; *Flume*, Personengesellschaft, § 16 IV 6, *ders.*, FS H. Westermann, S. 119, 143; *C. Schäfer*, ZIP 2003, 1225, 1227 f.

1467 *Flume*, Personengesellschaft, a.a.O.

1468 *Altmeppen*, a.a.O.

1469 Baumbach/Hopt/*Hopt*, § 128, Rdnr. 2; MüKo BGB/*Ulmer*, § 714, Rdnr. 38; *Karsten Schmidt*, NJW 2003, 1897, 1900 f.; *Schwark*, FS Heinsius, S. 753, 764; Großk. HGB/*Habersack*, § 128, Rdnr. 10.

zum Ausgangspunkt ihrer Überlegungen und hob hervor, dass die Vorschrift den Schutz von Gläubigern bezwecke, denen aus anderem Rechtsgrund (hier § 31 BGB) eine Haftungsmasse zur Verfügung gestellt werde, die durch keinerlei Kapitalaufbringungs- oder -erhaltungsregeln gesichert sei. Der Gläubiger eines Anspruchs aus Gesetz sei aber ebenso schutzbedürftig wie der einer rechtsgeschäftlichen Forderung. Daher gelte die akzessorische Haftung unabhängig vom Rechtsgrund.[1470] Der BGH bestätigte zunächst, dass die Annahme der Verantwortlichkeit der Gesellschaft für zum Schadensersatz verpflichtendes Handeln des geschäftsführenden Gesellschafters analog § 31 BGB bei Anerkennung der Rechtssubjektivität der Gesellschaft bürgerlichen Rechts nur konsequent sei.[1471] Zur Reichweite der akzessorischen Haftung gem. § 128 HGB hatte er folgendes zu sagen: „Es gibt keinen überzeugenden Grund, ... [die persönliche Haftung der Gesellschafter] auf rechtsgeschäftlich begründete Verbindlichkeiten zu beschränken ... Für die Ausdehnung auf gesetzliche Verbindlichkeiten spricht insbesondere der Gedanke des Gläubigerschutzes ...: anders als bei rechtsgeschäftlicher Haftungsbegründung können sich die Gläubiger einer gesetzlichen Verbindlichkeit ihren Schuldner nicht aussuchen; dann aber muss erst recht wie bei vertraglichen Verbindlichkeiten das Privatvermögen der Gesellschafter als Haftungsmasse zur Verfügung stehen. Die ausnahmslose Haftung für gesetzliche Verbindlichkeiten ist zudem im Modell der akzessorischen Haftung angelegt; ohne sie bliebe die Rechtssubjektivität der Gesellschaft bürgerlichen Rechts unvollkommen."[1472] In BGHZ 154, 370[1473] schließlich stellte er klar, dass „als Konsequenz des akzessorischen Haftungsprinzips"[1474] der in eine GbR eintretende Gesellschafter für die vor seiner Mitgliedschaft begründeten Verbindlichkeiten der Gesellschaft persönlich und als Gesamtschuldner mit den Altgesellschaftern einzustehen habe.[1475] Damit findet nun auch § 130 HGB auf die GbR Anwendung.

Die nachteiligen Folgen der neuen Rechtslage für die Haftung der Emissionsbanken sind bereits oben aufgezeigt worden. Die Konsorten hafteten kraft Gesetzes (§ 128 HGB analog) persönlich zum einen für sämtliche rechtsgeschäftlichen Verbindlichkeiten, die ein Gesellschafter in Vertretung für das Konsortium eingeht. Zum anderen wären sie für Verletzungen einer vertraglichen oder vorvertraglichen Pflicht ver-

---

1470 Zu weiteren Argumenten vgl. *Karsten Schmidt*, a.a.O.
1471 BGHZ 154, 88, 94.
1472 A.a.O., 94 f.
1473 NJW 2003, 1803 = ZIP 2003, 899 = WM 2003, 977.
1474 BGHZ 154, 370, 372.
1475 A.a.O., 373 f.: „Die persönliche Haftung aller Gesellschafter in ihrem jeweiligen personellen Bestand entspricht dem Wesen der Personengesellschaft und ihren Haftungsverhältnissen, weil die Gesellschaft kein eigenes, zu Gunsten ihrer Gläubiger gebundenes garantiertes Haftkapital besitzt. ... Dabei kann die Rechtsordnung konsequenterweise nicht bei einer Haftung nur der Altgesellschafter Halt machen. Denn mit dem Erwerb seiner Gesellschafterstellung erlangt auch ein neu eintretender Gesellschafter dieselben Zugriffsmöglichkeiten auf das Gesellschaftsvermögen wie die Altgesellschafter, was angesichts der Komplementarität von Entnahmefreiheit und persönlicher Haftung sinnvollerweise nur durch Einbeziehung der Neugesellschafter in dasselbe Haftungsregime, dem auch die Altgesellschafter unterliegen, kompensiert werden kann." Zu weiteren Argumenten vgl. *Ulmer*, ZIP 2001, 585, 598; *Karsten Schmidt*, NJW 2001, 993, 999; *Habersack*, BB 2001, 477, 482.

antwortlich, die ein geschäftsführungsbefugter Gesellschafter in Ausführung der ihm zustehenden Verrichtungen (§ 31 BGB) verübt. Darüber hinaus würden alle sonstigen gesetzlichen Gesellschaftsschulden, etwa solche aus Prospekthaftung, auf die Gesellschafter übergeleitet (unterstellt, dass § 31 BGB hier anwendbar ist[1476]). Die hier vorgeschlagene Auffassung führt zu interessengerechteren Ergebnissen: Wenn es sich bei Emissionskonsortien um individualistische (Außen-)Gesellschaften bürgerlichen Rechts handelt, richtet sich die Haftung für rechtsgeschäftliche Verbindlichkeiten nach § 427 BGB. Die gemäß der Vorschrift im Zweifel eingreifende gesamtschuldnerische Haftung ist in der Regel durch eine teilschuldnerische ersetzt, wobei es hierfür letztlich auf die Auslegung der von den Emissionsbanken abgeschlossenen Rechtsgeschäfte (d.h. vor allem des Übernahmevertrags mit dem Emittenten) aus Empfängersicht ankommt. Gesetzliche Verbindlichkeiten treffen nicht das Konsortium als Gesellschaft bürgerlichen Rechts – was nicht daran liegt, dass es eine solche Gesellschaft nicht gäbe, sondern dass ihr keine Rechtssubjektivität zukommt. Für diese Verbindlichkeiten haben diejenigen Emissionsbanken einzustehen, die den Haftungstatbestand verwirklicht haben.

2. Haftung gegenüber dem Kapitalanleger

Für die Emissionsbanken ist im Verhältnis zum Kapitalanleger insbesondere die Börsenprospekthaftung von Bedeutung (unter a). Daneben kommen vertragliche Schadensersatzansprüche in Betracht, die sich z.B. aus einer Verletzung der Beratungspflichten bei der Anlageentscheidung ergeben können (unter b).

a. Prospekthaftung

Gem. § 44 Abs. 1 Satz 1 BörsG haften mehrere Prospektverantwortliche als Gesamtschuldner. Die zwingende gesamtschuldnerische Haftung analog § 128 HGB kann mithin in zweierlei Hinsicht zu einer Haftungsverschärfung führen: Zum einen ist der Kreis der nach der neuen Rechtsprechung akzessorisch haftenden Gesellschafter weiter als der gem. §§ 44, 45 BörsG Verantwortlichen, wenn nicht alle Mitglieder des Emissionskonsortiums zu den Haftungsadressaten des § 44 Abs. 1 Satz 1 Nr. 1 und 2 BörsG zählen. Das ist, wie gezeigt, durchaus möglich, da nicht immer alle Banken den Zulassungsprospekt unterzeichnen. Zum anderen – und das dürfte der praktisch wichtigere Fall sein – ist folgende Problematik zu bedenken: Die Emissionsbanken können sich gem. § 45 Abs. 1 BörsG exkulpieren, wenn sie nachweisen, dass sie die Unrichtigkeit bzw. Unvollständigkeit der Prospektangaben nicht kannten und auch nicht hätten kennen müssen. Die gesamtschuldnerische Haftung ändert daran nichts, wie sich aus § 425 Abs. 2 BGB ergibt.[1477] Eine solche Exkulpationsmöglichkeit sieht § 128 HGB nicht vor. Unter den Voraussetzungen, dass erstens die Konsortialführerin nicht ohnehin als Erfüllungs- oder Verrichtungsgehilfin der

1476 Hierzu siehe unten 2 a bb.
1477 Vgl. auch *Canaris*, Bankvertragsrecht, Rdnr. 2287; Schwark/*Schwark*, KMRK, § 45 Rdnr. 69.

Emissionsbanken anzusehen ist, letztere mithin gem. §§ 278 oder 831 BGB für das zum Schadensersatz führende Handeln der führenden Bank einzustehen haben (unter aa), zweitens das Fehlverhalten der Konsortialführerin dem Konsortium, als Außengesellschaft i.S. der Rechtsprechung des BGH verstanden, zuzurechnen wäre, somit der Anwendungsbereich der §§ 31 BGB, 128 HGB eröffnet ist (unter bb), und drittens der anzuwendende Sorgfaltsmaßstab im Hinblick auf einerseits führende Bank und andererseits sonstige Emissionsbanken verschieden ist, d.h. Konstellationen vorstellbar sind, in denen den Konsortialbanken der Entlastungsbeweis gem. § 45 Abs. 1 BörsG gelingt, während die Konsortialführerin haftet (unter cc), führen die hier vertretene Auffassung und die h.M., die Emissionskonsortien als rechtsfähige Außengesellschaften ansieht, zu unterschiedlichen Ergebnissen.

aa. Haftung der Konsortialbanken für fremdes Verschulden bzw. als Geschäftsherren

Ist die Konsortialführerin als Erfüllungsgehilfin der übrigen Mitglieder des Emissionskonsortiums anzusehen, sind Pflichtverletzungen, die sie in Erfüllung der Verbindlichkeiten aus einem bestehenden Schuldverhältnis begeht, den sonstigen Emissionsbanken gem. § 278 BGB zuzurechnen (hier unter [1] zu untersuchen). Eine Einstandspflicht für das Fehlverhalten der führenden Bank kann sich des Weiteren aus § 831 BGB ergeben, falls die Konsortialführerin als Verrichtungsgehilfin handelt und den Konsorten ein Sorgfaltspflichtverstoß bei ihrer Auswahl oder Überwachung anzulasten ist (unter [2]). Zu beachten ist, dass die folgenden Ausführungen auf eine Zurechnung gegenüber den Konsortialbanken und nicht dem Konsortium als rechtsfähige Gesellschaft abstellen, d.h. die hier vertretene Auffassung, die Emissionskonsortien Rechtsfähigkeit abspricht, zugrunde legen, um Unterschiede zur h.M. herauszuarbeiten. Es sei nur kurz angemerkt, dass sich an den Argumenten grundsätzlich nichts ändern würde, wenn die Untersuchung die (rechtsfähige) Gesellschaft zum Gegenstand nähme.

(1) Teile der Literatur bejahen die Anwendbarkeit des § 278 BGB, wenn die führende Bank im vertraglichen Bereich tätig wird, z.B. die Börseneinführung aufgrund einer entsprechenden Verpflichtung gegenüber dem Emittenten betreibt oder Gelder einzieht bzw. weiterleitet.[1478] Auch im vorvertraglichen Bereich wird eine Zurechnung gem. § 278 BGB angedacht, jedenfalls wenn die Konsortialführerin mit „Verhandlungsvollmacht" der übrigen Konsorten auftritt.[1479] Auf den Meinungsstreit muss an dieser Stelle nicht eingegangen werden, da die Konsortialführerin jedenfalls bei Erstellung des Prospekts nicht in Erfüllung von Verbindlichkeiten handelt, die den Emissionsbanken gegenüber den Anlegern obliegen. Man-

---

1478 Schimansky/Bunte/Lwowski/*Grundmann*, Bankrechtshandbuch, § 112, Rdnr. 99; differenzierend *DeMeo*, Bankenkonsortien, 5. Kap., Rdnr. 65 ff. (bei Gesamtschuld Zurechnung, bei Teilschuld nicht). Ablehnend *Hopt*, Verantwortlichkeit, Rdnr. 54 f.; Schwark/*Schwark*, KMRK, §§ 44, 45 BörsG, Rdnr. 11.

1479 *DeMeo*, Bankenkonsortien, 5. Kap., Rdnr. 62 ff., spricht in diesem Fall von einem „Vorgründungs-Konsortium", dass aber bei Emissionskonsortien in der Praxis nur selten vorkommt.

gels eines vertraglichen oder (bis zur Entstehung der Prospekthaftungsansprüche) gesetzlichen Schuldverhältnisses zwischen den Konsortialbanken und Anlegern ist § 278 BGB unanwendbar.[1480]

(2) Näher liegt das Abstellen auf § 831 BGB, wie es die Literatur in der Tat teilweise vorschlägt.[1481] Die Stimmen, die eine Anwendung des § 831 BGB befürworten, wollen hiermit allerdings weniger eine Ausweitung der Haftung auf solche Konsortialbanken erreichen, die nicht an der Prospekterstellung beteiligt sind, als vielmehr die für die prospektverantwortlichen Banken maßgeblichen Sorgfaltsanforderungen reduzieren. So sollen die gewöhnlichen Mitglieder des Konsortiums nicht grob fahrlässig i.S. des § 45 Abs. 1 BörsG handeln, wenn sie die Konsortialführung bei der Erfüllung der Prospektpflichten überwachen.[1482] Konsequent weitergedacht, hätte die analoge Anwendung des § 831 BGB aber wohl eher den gegenteiligen Effekt. Zum einen wären sämtliche Mitglieder des Konsortiums, nicht nur die gem. § 44 Abs. 1 Satz 1 Nr. 1 und 2 BörsG verantwortlichen, bei fehlgeschlagener Exkulpation dem Risiko der Prospekthaftung ausgesetzt. Zum anderen ist zu bedenken, dass § 831 Abs. 1 BGB eine Haftung für vermutetes Verschulden aufstellt. Der Geschäftsherr kann sich entlasten, wenn er nachweist, dass er bei der Auswahl und – über den Wortlaut der Vorschrift hinaus, die Sorgfaltspflichten des Geschäftsherrn ansonsten nur annimmt, wenn er Vorrichtungen und Geräte zu beschaffen oder die Ausführung der Verrichtung zu leiten hat – Überwachung des Verrichtungsgehilfen die erforderliche Sorgfalt beachtet hat.[1483] Der Umfang der Sorgfaltsanforderungen hängt von den mit der Verrichtung verbundenen Gefahren ab;[1484] jedenfalls kennt § 831 BGB keine Beschränkung der Einstandspflicht auf grob fahrlässige Pflichtverletzungen. Was die Überwachung der Konsortialführerin anbelangt, wäre § 831 BGB folglich sogar strenger als § 45 Abs. 1 BörsG. Im Übrigen verdrängt § 831 BGB nicht etwa andere Haftungstatbestände (etwa die §§ 44, 45 BörsG), sondern tritt neben sie.[1485]

1480 Anderes kann sich ergeben, wenn die Konsortialführerin im Verhältnis zwischen Konsortium und Emittenten Pflichten aus dem Übernahmevertrag verletzt. Dieser Punkt wird unten, 3 b, thematisiert.

1481 *Groß*, Kapitalmarktrecht, §§ 44, 45 BörsG, Rdnr. 83; BuB/*Bosch*, Rdnr. 10/145, 10/147. In Betracht kommt lediglich die analoge Anwendung der Vorschrift, da § 831 BGB die Verwirklichung des objektiven Tatbestands einer unerlaubten Handlung durch den Verrichtungsgehilfen voraussetzt, die §§ 44, 45 BörsG aber nach h.M. als Fall einer „zwischen Vertrag und Delikt stehenden" (Schwark/*Schwark*, KMRK, §§ 44, 45 BörsG, Rdnr. 7), kraft Gesetzes eintretenden Vertrauenshaftung zu qualifizieren sind, vgl. z.B. *Canaris*, Bankvertragsrecht, Rdnr. 2277; *Ellenberger*, Prospekthaftung, S. 9 f.; *Groß*, a.a.O., Rdnr. 9. Weitere Nachweise und ausführliche Besprechung bei Vortmann/*Hauptmann*, Prospekthaftung und Anlageberatung, § 1, Rdnr. 57 ff.

1482 Siehe oben I 2 a ee (2) (c) (bb).

1483 Die Rechtsprechung legt § 831 BGB in der Weise aus, dass sich der Geschäftsherr nicht nur bei der erstmaligen Auswahl der Eignung und Zuverlässigkeit des Verrichtungsgehilfen vergewissern, sondern im Zeitpunkt der Beauftragung zur konkreten Verrichtung immer noch hiervon überzeugt sein muss. Damit besteht eine Pflicht zur fortlaufenden Überwachung, vgl. BGHZ 8, 239, 243.

1484 Vgl. Erman/*Schiemann*, § 831, Rdnr. 17.

1485 Ganz h.M., z.B. Erman/*Schiemann*, a.a.O., Rdnr. 4. A.A. offensichtlich *Groß*, a.a.O.; BuB/*Bosch*, a.a.O., ohne allerdings für die Überlagerung der Haftung gem. §§ 44, 45 BörsG durch § 831 BGB eine dogmatische Begründung zu liefern.

Eine Verschärfung der Haftung der Konsortialbanken über § 831 BGB scheidet indes aus, weil sich die Vorschrift nach richtiger Ansicht nicht auf das Verhältnis von Konsortialführung und gewöhnlicher Konsortialbank übertragen lässt.[1486] § 831 BGB setzt voraus, dass die führende Bank von den Konsorten zu einer Verrichtung bestellt worden ist. Verrichtungsgehilfe ist, wer von den Weisungen des Geschäftsherrn abhängig ist, so dass der Geschäftsherr „die Tätigkeit des Handelnden jederzeit beschränken oder entziehen oder nach Zeit und Umfang bestimmen kann."[1487] Die Konsortialbanken haben keine Möglichkeit, in dieser Weise auf das Tätigwerden der führenden Bank einzuwirken; letzterer fällt vielmehr – unter Umständen nach Abstimmung mit dem Emittenten – die Entscheidungsbefugnis hinsichtlich aller für die Übernahme und Platzierung wesentlichen Fragen zu. In der Regel sind die Entscheidungen schon getroffen, bevor das Konsortium zusammentritt.[1488] Auch wählt die Konsortialführerin die zur Emissionsbegleitung heranzuziehenden sonstigen Mitglieder des Konsortiums aus und wird nicht etwa umgekehrt von ihnen mit der Betreuung des Börsengangs bzw. des öffentlichen Angebots betraut. Die Konsortialführerin kommt mithin in keiner Weise dem Bild des Verrichtungsgehilfen nahe, wie es § 831 BGB zugrunde liegt. Dieses Ergebnis entspricht der Rechtsprechung des BGH zum Geschäftsführer der GbR[1489] – und genau das ist die führende Bank.

bb. Akzessorische Haftung der Konsortialbanken

Eine akzessorische Haftung der Emissionsbanken setzt voraus, dass (1) das Fehlverhalten der einzelnen Konsortialbank dem Konsortium (als Außengesellschaft i.S. der Rechtsprechung des BGH verstanden) gem. § 31 BGB zuzurechnen ist und (2) die Verbindlichkeit des Konsortiums analog § 128 HGB alle Banken trifft.

(1) Wie erwähnt, hat der BGH die grundsätzliche Anwendbarkeit des § 31 BGB auf die Gesellschaft bürgerlichen Rechts nunmehr ausdrücklich bestätigt.[1490] Das sagt freilich noch nichts darüber aus, ob die Voraussetzungen des § 31 BGB im konkreten Fall der Verletzung von Prospektpflichten durch die Konsortialführerin erfüllt sind. Gem. § 31 BGB ist (a) die Gesellschaft („[d]er Verein") für den Schaden eines Dritten verantwortlich, wenn (b) „der Vorstand, ein Mitglied des Vorstands oder ein anderer verfassungsmäßig berufener Vertreter" die zum Schadensersatz verpflichtende

---

1486 *Hopt*, Verantwortlichkeit, Rdnr. 116; Schwark/*Schwark*, KMRK, §§ 44, 45 BörsG, Rdnr. 11.
1487 BGHZ 45, 311, 313.
1488 Aus diesem Grund kann auch nicht argumentiert werden, da die Gesellschafter gem. §§ 713, 665 BGB ein Weisungsrecht gegenüber der Konsortialführerin durch gemeinsamen Gesellschafterbeschluss hätten, könnten sie ihre Tätigkeit jederzeit beschränken oder in eine bestimmte Richtung lenken. Abgesehen davon, dass § 665 BGB nach zutreffender Auffassung zumindest in einer Konstellation wie der des Emissionskonsortiums kein Weisungsrecht gewährt (vgl. oben § 5 III 2), können die Konsortialbanken auf die Tätigkeit der Prospekterstellung keinen Einfluss nehmen, da sie zum Zeitpunkt der Zusammenstellung des Konsortiums üblicherweise bereits abgeschlossen ist.
1489 BGHZ 45, 311, 313. Vgl. auch RGRK/*v. Gamm*, § 713, Rdnr. 2.
1490 Fn. 1471.

Handlung vorgenommen hat und (c) dies „in Ausführung der ihm zustehenden Verrichtungen" geschah.

(a) Da § 31 BGB die Grundform der Körperschaften, den Verein bürgerlichen Rechts,[1491] betrifft, ergibt sich recht zwanglos die Erstreckung seines Anwendungsbereichs auf andere Körperschaften, insbesondere die Kapitalgesellschaften, bei denen eine dem § 31 BGB entsprechende Regelung fehlt. Gleichfalls ist seit langem anerkannt, dass die Vorschrift auf Personenhandelsgesellschaften anzuwenden ist, die mit Rechtsfähigkeit ausgestattet sind und über handlungsfähige Organe verfügen.[1492] Für die Gesellschaft bürgerlichen Rechts wird nun gefordert, dass sie, ähnlich wie die Personengesellschaften des Handelsrechts, ein verselbständigtes Gesellschaftsvermögen und eine von den Gesellschaftern unterscheidbare Organstruktur aufweisen müsse, um von § 31 BGB erfasst zu sein.[1493] Die für eine Analogie erforderliche Vergleichbarkeit der Tatbestände sei jedenfalls dann gegeben, „wenn die GbR über eine bloße Gelegenheitsgesellschaft hinaus auf gewisse Dauer angelegt ist und wenn abweichend von § 709 [BGB] nicht alle Gesellschafter gemeinschaftlich ... für die Gesellschaft tätig werden, sondern die Geschäftsführung entweder als Einzelbefugnis ausgestaltet oder einem Teil der Gesellschafter anvertraut ist."[1494] Die Erfüllung dieser Voraussetzungen ist bei Emissionskonsortien keineswegs eindeutig. Insbesondere spricht gegen die Vergleichbarkeit mit Personenhandelsgesellschaften, dass Bankenkonsortien in der Regel als Gelegenheitsgesellschaften auftreten. Andererseits weisen sie schon aufgrund ihrer wirtschaftlichen Bedeutung und des zumindest für gewisse Zeit fortdauernden Bestands – von der Bildung des Konsortiums über die Börseneinführung, Durchführung des Bookbuilding und Zuteilung der Papiere bis zur Erfüllung der Zulassungsfolgepflichten – bedeutende Unterschiede zur paradigmatischen Gelegenheitsgesellschaft (etwa der Fahrgemeinschaft) auf.[1495] Außerdem erscheint es nach Sinn und Zweck des § 31 BGB nicht zwingend geboten, die analoge Anwendung der Vorschrift davon abhängig zu machen, dass die Gesellschaft eine dauerhafte Tätigkeit i.S. des Handelsrechts ausübt.[1496] § 31 BGB beruht auf dem Gedanken, dass eine verpflichtungsfähige, mit einem Sondervermögen ausgestattete Einheit zwangsläufig nur durch ihre Organe (ihre Repräsentanten) am Rechtsverkehr teilnehmen kann. Bedient sie

---

1491 *Karsten Schmidt*, Gesellschaftsrecht, § 23 I 1 b: „die Urform aller privatrechtlichen Körperschaften".

1492 Z.B. BGH NJW 1952, 537, 538; RGZ 76, 35, 48 (gewohnheitsrechtlicher Satz).

1493 Z.B. *Hadding*, ZGR 30 (2001), 712, 726; MüKo BGB/*Ulmer*, § 705, Rdnr. 263 f.

1494 MüKo BGB/*Ulmer*, a.a.O., Rdnr. 264.

1495 Zu weiteren Beispielen für Gelegenheitsgesellschaften vgl. MüKo BGB/*Ulmer*, Vor § 705, Rdnr. 34 f. In der Literatur wird zudem darauf hingewiesen, dass Emissionskonsortien, wenn nicht unter rechtlichen, so doch unter wirtschaftlichen Gesichtspunkten einer Dauergesellschaft nahe kommen, da sich ihre Zusammensetzung von Emission zu Emission mitunter nur geringfügig ändert, vgl. *Assmann*, ZHR 152 (1988), 371, 375 (Fn. 14).

1496 So auch *Assmann*, ZHR 152 (1988), 371, 378 ff. Zur Definition einer auf Dauer angelegten Tätigkeit i.S. des § 1 Abs. 1 HGB vgl. RGZ 74, 150 (Tätigkeit nicht auf den Abschluss eines einzelnen oder mehrerer einzelner Geschäfte gerichtet, sondern „auf einen Kreis für die Dauer unternommener Geschäfte als Ganzes").

sich natürlicher Personen zur Wahrnehmung ihrer Aufgaben, soll sie auch für die in Verrichtung der Aufgaben verursachten Schäden einstehen müssen.[1497] Mehr als die Dauer des Zusammenschlusses ist für eine analoge Anwendung des § 31 BGB mithin die rechtliche Verselbständigung des Verbands und das Auftreten durch Repräsentanten nach außen entscheidend.

Zieht man diese Kriterien heran, zeigt sich, dass eine Anwendung des § 31 BGB auf Emissionskonsortien gerechtfertigt ist. Bei Bankenkonsortien zur Emissionsbegleitung handelt es sich (jedenfalls unter Zugrundelegung der h.M.) um rechtsfähige (da Außen-)Gesellschaften bürgerlichen Rechts. Die Bildung eines Gesellschaftsvermögens ist zwar weitgehend ausgeschlossen, zumindest teilweise kommt es aber – wiederum nur auf dem Boden der h.L. – zur gesamthänderischen Bindung bestimmter Vermögenswerte (nämlich der Sozialansprüche,[1498] nach einigen Stimmen darüber hinaus auch der Forderungen des Konsortiums gegen den Emittenten und der Rechte an den in einer Globalurkunde verbrieften Effekten[1499]). Schließlich vereinbaren die Emissionsbanken im Konsortialvertrag in aller Regel Alleingeschäftsführungsbefugnis der Konsortialführerin, so dass eine von der Gesamtgeschäftsführungsbefugnis des § 709 BGB abweichende, der Lage bei den Personengesellschaften des Handelsrechts angenäherte Organstruktur vorhanden ist.

(b) § 31 BGB stellt eine Repräsentationshaftung für Organverschulden auf. Die handelnde Emissionsbank muss deswegen grundsätzlich Organ der Gesellschaft sein. Heute ist anerkannt, dass auch Personengesellschaften Organe haben, durch die sie handeln.[1500] Der Organbegriff ist allerdings nicht abschließend geklärt. Überwiegend werden Organe als Personen definiert, die befugt sind, den Willen einer als (teil-)rechtsfähig anerkannten Einheit zu bilden und in die Tat umzusetzen.[1501] Danach ist bei der GbR jedenfalls der geschäftsführungsbefugte und vertretungsberechtigte Gesellschafter als Organ zu bezeichnen. Teilweise wird vorgeschlagen, auch bei fehlender organschaftlicher Vertretung oder Geschäftsführung die Organstellung dann zu bejahen, wenn der Gesellschafter die Willensbildung der Gesellschaft maßgeblich beeinflussen kann.[1502] Wer dieser Ansicht nicht zu folgen vermag,[1503] hat die Möglichkeit, den nicht geschäftsführungsbefugten Gesellschafter unter den Begriff des verfassungsmäßig berufenen Vertreters (§ 30 BGB) zu fassen, den die Rechtsprechung weit auslegt und auch auf leitende Angestellte anwen-

---

1497 Vgl. zur Ratio des § 31 BGB Erman/*H. P. Westermann*, § 31, Rdnr. 1.

1498 *Canaris*, Bankvertragsrecht, Rdnr. 2318; *DeMeo*, Bankenkonsortien, Kap. 2, Rdnr. 272; *Hopt*, Verantwortlichkeit, Rdnr. 51; Schimansky/Bunte/Lwowski/*Grundmann*, Bankrechtshandbuch, § 112, Rdnr. 94; *H. P. Westermann*, AG 1967, 285, 290.

1499 *Canaris*, a.a.O.; *DeMeo*, a.a.O., Kap. 2, Rdnr. 273 ff.; *Hopt*, a.a.O.; MüKo BGB/*Ulmer*, Vor § 705, Rdnr. 55.

1500 Vgl. *Bergmann*, Die fremdorganschaftlich verfasste OHG, KG und GbR, S. 66 f.

1501 MüKo BGB/*Ulmer*, § 705, Rdnr. 256; Soergel/*Hadding*, § 26, Rdnr. 3; Staudinger/*Coing*, Vor § 21, Rdnr. 50.

1502 Ausführlich *Bergmann*, a.a.O., S. 64 f.

1503 So z.B. MüKo BGB/*Reuter*, § 31, Rdnr. 27

det.[1504] Was die Konsortialführerin anbelangt, ist die Rechtslage eindeutig: Sie ist allein geschäftsführungsbefugt und vertretungsberechtigt und folglich nach allen Meinungen Organ des Emissionskonsortiums.

(c) Des weiteren verlangt § 31 BGB ein Handeln in Ausführung der dem Organ bzw. sonst verfassungsgemäß berufenen Vertreter zustehenden Verrichtungen. Hiermit ist gemeint, dass das Handeln des Organs „in den ihm zugewiesenen Wirkungskreis"[1505] fallen, d.h. ein nicht nur zeitlicher und örtlicher, vielmehr „innerer Zusammenhang zwischen dem Handeln und dem allgemeinen Rahmen der ihm übertragenen Obliegenheiten ... erkennbar"[1506] sein muss. Ein Fehlverhalten der Konsortialführerin im Rahmen der Prospekterstellung steht mit den von ihr bei der Börsenbegleitung zu erfüllenden Pflichten in einem solch engen Zusammenhang. Die Tatsache, dass die führende Bank den Großteil der zur Prospekterstellung erforderlichen Arbeiten bereits vor Zusammenstellung des Emissionskonsortiums leistet und sie deswegen nicht als Verrichtungsgehilfin der Konsorten bezeichnet werden kann, darf nicht dazu verleiten, auch ein Handeln in Ausführung der Verrichtungen i.S. des § 31 BGB zu verneinen. Der Begriff des Verrichtungsgehilfen ist an weitere Voraussetzungen geknüpft, insbesondere an eine gewisse Abhängigkeit des Gehilfen vom Geschäftsherrn, die im Verhältnis zwischen Konsortialführung und sonstigen Mitgliedern des Konsortiums nicht besteht.

Zwar ist die Pflicht zur Erstellung des Wertpapierprospekts in der Regel Bestandteil der Mandatsvereinbarung.[1507] Sie richtet sich folglich nicht an das Konsortium, sondern den oder die Vertragspartner des Letter of Engagement, d.h. die führende(n) Bank(en), die zur Erfüllung dieser Pflichten zunächst nicht in ihrer Funktion als Organ des (noch nicht existierenden) Emissionskonsortiums handelt (handeln). Die Prospektpflichten enden indes nicht mit Zusammentritt des Konsortiums. Das Konsortium verspricht im Übernahmevertrag gewöhnlich, die Zulassung der Wertpapiere zum Börsenhandel zu betreiben und die Effekten am Markt zu platzieren. Die Börseneinführung bzw. das öffentliche Angebot setzen die Veröffentlichung eines Prospekts voraus, vgl. §§ 32 Abs. 3 Nr. 2 BörsG, § 3 Abs. 1 Satz 1, Abs. 3 WpPG. Mit der Pflicht zur Veröffentlichung des Prospekts ist zugleich, wie sich aus §§ 44 Abs. 1 Satz 1 BörsG, § 13 Abs. 1 VerkProspG ergibt, das Erfordernis verbunden, seine Fehlerfreiheit und Vollständigkeit sicherzustellen. Für die Gewährleistung dieser Anforderungen hat nach der konsortiumsinternen Aufgabenverteilung vor allem

---

1504 Voraussetzung ist, dass dem Vertreter „bedeutsame, wesensmäßige Funktionen der juristischen Person zur selbständigen, eigenverantwortlichen Erfüllung zugewiesen sind", BGHZ 49, 19, 21. Vgl. auch BGHZ 13, 198, 203; BGH BB 1956, 770, 771; BGH WM 1956, 826; 1970, 633, 634; BGH VersR 1962, 664. Diese Urteile ergingen allerdings im Hinblick auf die Haftung von juristischen Personen; bei Personenhandelsgesellschaften wird wegen der Haftung der Gesellschafter mit ihrem Privatvermögen eine eingeschränkte Auslegung befürwortet, vgl. MüKo BGB/*Reuter*, § 31, Rdnr. 25: Haftung leitender Angestellter beschränkt auf das Sondervermögen.

1505 BGHZ 98, 148, 152.

1506 A.a.O. Ähnlich BGHZ 49, 19, 23.

1507 Vgl. z.B. Ziff. 1 a) jj) Letter of Engagement, abgedr. bei BuB/*Groß*, Rdnr. 10/323a.

die führende Bank Sorge zu tragen. Bei der Erstellung und Veröffentlichung des Prospekts handelt sie mithin im Rahmen der ihr übertragenen Obliegenheiten.[1508]

Als Zwischenergebnis lässt sich festhalten, dass § 31 BGB auf Emissionskonsortien anwendbar ist und im konkreten Fall der Verletzung von Prospektpflichten durch die Konsortialführerin dazu führt, dass das Konsortium für den Schaden verantwortlich ist, der Anlegern durch den Prospektmangel entsteht (alles unter der Voraussetzung, dass Bankenkonsortien als rechtsfähige Außengesellschaften bürgerlichen Rechts zu qualifizieren sind).

(2) Als nächstes ist zu prüfen, ob § 128 HGB in der vorliegenden Konstellation eingreift und zu einer akzessorischen, gesamtschuldnerischen Haftung der Mitglieder des Emissionskonsortiums führt, die als unmittelbare und primäre Einstandspflicht neben die Haftung des Konsortiums tritt. § 128 HGB erfasst nach höchstrichterlicher Rechtsprechung bei analoger Anwendung auf die GbR nicht nur rechtsgeschäftlich begründete, sondern auch gesetzliche, insbesondere deliktische Verbindlichkeiten.[1509] Von vielen wird die strenge akzessorische Haftung der Konsortialbanken als nicht sachgerecht empfunden. Auf einige der Alternativvorschläge, die zwar die grundsätzliche Anwendbarkeit des § 128 HGB anerkennen, die Analogie aber im Einzelfall beschränken möchten, ist die Arbeit bereits eingegangen.[1510] Teile der Literatur gehen darüber hinaus und tragen vor, bei Schadensersatzansprüchen handele es sich nicht um Verbindlichkeiten der Gesellschaft i.S. des § 128 HGB, da die Prospekterstellung keine durch das Konsortium geschuldete Hauptverbindlichkeit darstelle.[1511] Wenn damit gemeint sein sollte, dass das Konsortium die Prospekterstellung nicht schuldet und deswegen keine Zurechnung analog § 31 BGB erfolgen kann, wurde dieser Einwand oben widerlegt. Wenn die Betonung auf *Haupt*verbindlichkeit liegt, ist die Argumentation vollends nicht nachvollziehbar. Ob es sich bei der Prospekterstellung um eine Haupt- oder Nebenleistung handelt, macht keinen Unterschied. Entscheidend ist, dass die Verletzung der Pflicht zur Veröffentlichung eines fehlerfreien Wertpapierprospekts, die ohnehin nichts mit der gegenüber dem Emittenten bestehenden Verpflichtung zur Prospekterstellung zu tun hat, der Gesellschaft zuzurechnen ist und angesichts der Reichweite des § 128 HGB zur Haftung aller Emissionsbanken führt.

cc. Sorgfaltsmaßstab

Nach ganz überwiegender Ansicht ist der Sorgfaltsmaßstab des § 45 Abs. 1 BörsG kein einheitlicher. An die einfachen Mitglieder des Konsortiums sind geringere An-

---

1508 So auch *Einsele*, Bank- und Kapitalmarktrecht, § 7, Rdnr. 11 f., 68; *Schwintowski/Schäfer*, Bankrecht, § 23 Rdnr. 54 f.; a.A. Habersack/Mülbert/Schlitt/*Mülbert/Steup*, Unternehmensfinanzierung, § 33, Rdnr. 63, die der Auffassung sind, die Prospektunterzeichnung stelle „keine Tätigkeit im Geschäftskreis des Konsortiums“ dar, ohne hierfür eine weitere Begründung zu liefern. Ebenso Habersack/Mülbert/Schlitt/*Habersack*, Kapitalmarktinformation, § 28, Rdnr. 28.
1509 BGHZ 154, 88, 94 f. = NJW 2003, 1445, 1446.
1510 § 5 III 1 b aa (3) (b).
1511 *Ekkenga/Maas*, Wertpapieremissionen, Rdnr. 173.

forderungen zu stellen als an die führende Bank.[1512] Damit ist es durchaus möglich, dass den gewöhnlichen Konsortialbanken der Entlastungsbeweis gem. § 45 Abs. 1 BörsG gelingt, während die Konsortialführerin haftet. Es ist zu rekapitulieren: Die Konsortialbanken haben nicht schon aufgrund der §§ 278, 831 BGB für das Fehlverhalten der Konsortialführerin bei der Prospekterstellung einzustehen. Stellen Emissionskonsortien rechtsfähige Außengesellschaften bürgerlichen Rechts dar, ergibt sich die Einstandspflicht aller Mitglieder des Konsortiums aber daraus, dass die GbR für das zur Schädigung der Anleger führende Verhalten der führenden Bank analog § 31 BGB verantwortlich ist und § 128 HGB eine akzessorische Haftung der Gesellschafter für die Gesellschaftsverbindlichkeiten anordnet. Hieraus folgt, dass unter Zugrundelegung des herrschenden Verständnisses von der Rechtsnatur der GbR nicht nur der Anwendungsbereich der §§ 44, 45 BörsG über den Kreis der Prospektverantwortlichen des § 44 Abs. 1 Satz 1 Nr. 1 und 2 BörsG hinaus ausgedehnt, sondern auch die Entlastungsmöglichkeit des § 45 Abs. 1 BörsG nivelliert wird.

Die hier vertretene Auffassung vermeidet unangemessene Ergebnisse: Da der individualistischen Außengesellschaft, derer sich die Emissionsbanken bedienen, keine Rechtsfähigkeit zukommt, scheidet schon die Zurechnung einer zum Schadensersatz verpflichtenden Handlung der Konsortialführerin analog § 31 BGB aus. Für die Prospekthaftung verbleibt es bei der Regel des § 45 Abs. 1 BörsG. Jede Bank, die nachweist, dass sie den Prospektfehler nicht kannte und hierbei nicht grob fahrlässig handelte, entgeht der Schadensersatzpflicht. Das Verschulden anderer Konsorten wird ihr gem. § 425 Abs. 2 BGB nicht zugerechnet.[1513] Die übrigen Banken haften gem. § 44 Abs. 1 Satz 1 BörsG als Gesamtschuldner, woran auch etwaige auf eine teilschuldnerische Haftung abzielende Vereinbarungen im Übernahme- oder Konsortialvertrag nichts ändern.

b. Haftung für fehlerhafte Beratung

Auf eine mögliche Haftung der Emissionsbanken für fehlerhafte Beratung des Anlegers soll nur kurz eingegangen werden, da nicht zwangsläufig alle Emissionsbanken in rechtsgeschäftlichem Kontakt zu den Anlegern stehen.

Nehmen die Banken Effektengeschäfte vor, treffen sie die von der Rechtsprechung entwickelten Aufklärungs- und Beratungspflichten. Bei schuldhafter Verletzung dieser Pflichten müssen sie Anlegern gem. § 280 Abs. 1 BGB den entstandenen Schaden ersetzen. Fraglich ist, ob – eine Pflichtverletzung unterstellt – die zum Schadensersatz verpflichtende Handlung dem Emissionskonsortium analog § 31 BGB zugerechnet werden kann, so dass alle Konsorten für die fehlerhafte Anlagenberatung einer Bank einzustehen haben. § 31 BGB erfasst nach h.M. auch Handlungen,

---

1512 I 2 a ee (2) (c) (bb).

1513 Bei unerlaubten Handlungen wirkt das Verschulden eines Gesamtschuldners – anders als im Fall von Vertragsverletzungen – nach ganz h.M. nicht gem. § 425 Abs. 1 BGB zu Lasten der anderen, da sich die Gesamtschuldner nicht zum Zweck der Begehung des Delikts zusammengetan haben, vgl. z.B. Erman/*Ehmann*, § 425, Rdnr. 16.

die zu Ersatzpflichten innerhalb eines rechtsgeschäftlich begründeten Rechtsverhältnisses führen.[1514] Entscheidend für die Zurechnung ist, ob die Banken bei Vornahme des Anlagegeschäfts als Organ oder verfassungsmäßig berufene Vertreter „in Ausführung der [ihnen] zustehenden Verrichtungen" (§ 31 BGB) gehandelt haben. An der Organstellung der einfachen Emissionsbanken lässt sich deswegen zweifeln, weil sie generell kaum Einfluss auf die Art und Weise der Emissionsbegleitung nehmen können und selbst bei der Platzierung gewöhnlich gewissen Restriktionen unterliegen, etwa eine Repartierung durch die Konsortialführerin hinzunehmen und die festgelegten Zuteilungskriterien (Aufteilung in Tranchen, Vorzugsbehandlung bestimmter Kategorien von Anlegern, Mindesteinzelzuteilung etc.) zu berücksichtigen haben. Unter Umständen weist die Konsortialführerin die Emissionsbank konkret an, einzelne (insbesondere institutionelle) Anleger in einem näher bezeichneten Umfang zu bedienen. Andererseits platzieren die Konsorten die ihnen zugeteilte Quote (abgesehen von den aufgezeigten Restriktionen) nach eigenem Ermessen. Ist die Unterbringung der Wertpapiere Gesellschaftszweck, was beim Regelfall des Übernahme- oder Begebungskonsortiums zu bejahen ist, haben die Emissionsbanken mithin die Befugnis, Maßnahmen zur Erreichung dieses Zwecks vorzunehmen – genau das wird aber als Geschäftsführungsbefugnis bezeichnet.[1515] Demgemäß spricht die Literatur von einer „nach Tätigkeitsbereichen gespaltene[n] Geschäftsführungsbefugnis"[1516]: Während der Konsortialführung üblicherweise Alleingeschäftsführung bei der Organisation der Emission, dem Betreiben der Börsenzulassung und anderen Aspekten (z. B. der Marktpflege) zukommt, handeln alle Banken als Geschäftsführer, wenn sie ihre Quote unterbringen.[1517] Es liegt mithin nahe, die einfachen Konsortialbanken bei Tätigwerden in diesem Bereich, zumindest solange ihre Entscheidungsbefugnis nicht völlig von der der führenden Bank überlagert wird, ebenso wie die Konsortialführerin als Gesellschaftsorgane anzusehen.[1518]

Die weitere Voraussetzung des § 31 BGB, das Handeln in Ausführung der den Organen zustehenden Verrichtungen, muss konsequenterweise nach denselben Grundsätzen beurteilt werden: Ist die Platzierung als Pflicht im Übernahmevertrag vereinbart worden, gehört sie damit zum Gesellschaftszweck, besteht ein innerer Zusammenhang zwischen der Verletzung der Aufklärungs- bzw. Beratungspflichten gegenüber dem potentiellen Zeichner und dem allgemeinen Rahmen der dem Konsorten in seiner Funktion als Organ übertragenen Obliegenheiten. Folglich muss das Konsortium für die Pflichtverletzung einstehen, was wiederum die akzes-

---

1514 *Karsten Schmidt*, Gesellschaftsrecht, § 10 IV 3; Palandt/*Ellenberger*, § 31, Rdnr. 2; Soergel/*Hadding*, § 31, Rdnr. 13; a. A. RGZ 122, 351, 359; Staudinger/*Weick*, § 31, Rdnr. 3: § 278 BGB.

1515 Z. B. Erman/*H. P. Westermann*, § 709, Rdnr. 5.

1516 *Canaris*, Bankvertragsrecht, Rdnr. 2311.

1517 *Canaris*, a. a. O.; Schimansky/Bunte/Lwowski/*Grundmann*, Bankrechtshandbuch, § 112, Rdnr. 103; *H. P. Westermann*, AG 1967, 285, 290.

1518 A. A. *DeMeo*, Bankenkonsortien, Kap. 5, Rdnr. 21.

sorische Gesellschafterhaftung analog § 128 HGB auslöst.[1519] Auch hier bietet die Qualifizierung von Emissionskonsortien als individualistische Außengesellschaften bürgerlichen Rechts Abhilfe.[1520]

3. Haftung gegenüber dem Emittenten

a. *Haftung für die Einlageforderung*

In der Regel beschränken die Parteien die Haftung der Emissionsbanken für die Bezahlung des Übernahmepreises im Übernahmevertrag auf die jeweils von ihnen

---

1519 Schimansky/Bunte/Lwowski/*Grundmann*, a.a.O., Rdnr. 101 ff., will die Platzierung nicht dem gesellschaftsrechtlich verfassten Bereich des Konsortialverhältnisses zuordnen, was zur Unanwendbarkeit des § 31 BGB und damit zur Vermeidung der akzessorischen Haftung führen würde. Diese Ansicht ist bereits oben, § 5 III 1 a cc und b cc, besprochen und abgelehnt worden.

1520 Die vorliegende Ansicht bietet freilich nur dann Abhilfe, wenn die Konsorten bei der Platzierung nicht als in Erfüllung einer Verbindlichkeit der anderen Emissionsbanken handelnd angesehen werden (was dazu führen würde, dass die anderen Banken ein Verschulden des handelnden Konsorten gem. § 278 BGB oder nach den Grundsätzen der Gesamtschuld zu vertreten hätten). Das entspricht der ganz h.M. (vgl. die Nachweise in Fn. 1572) und lässt sich auch unter Berücksichtigung der (alten) Rechtsprechung (die auf der Basis der Doppelverpflichtungstheorie argumentierte und hier von Bedeutung ist, da auf Emissionskonsortien die Akzessorietätstheorie, wie gezeigt, keine Anwendung findet) gut begründen. Wenn die Gesellschafter nach außen als Einheit auftreten, es dem Vertragspartner gleichgültig ist, von wem er seine Leistung empfängt, und er davon ausgeht, mit allen zu kontrahieren, nimmt der BGH an, dass der handelnde Gesellschafter nicht nur sich, sondern auch alle Mitgesellschafter verpflichten will (BGHZ 56, 355, 359; 70, 247, 249 f.; 97, 273, 276 ff.; BGH NJW 1990, 827, 828). Die Mitgesellschafter haften als Gesamtschuldner für die vertraglichen Primärpflichten. Zudem ergebe sich aus der Natur des Schuldverhältnisses in einem solchen Fall in Abweichung von § 425 Abs. 2 BGB eine Einstandspflicht aller Gesellschafter für das schuldhafte Handeln der anderen (d.h. Gesamtwirkung, vgl. BGHZ 56, 355, 361 f.; 70, 247, 251 f.; 97, 273, 279). Diese Rechtsfolgen bejaht der BGH unter anderem bei Ärzten in einer Gemeinschaftspraxis (BGHZ 97, 273, 276), Steuerberatern (BGH NJW 1990, 827, 828) oder Anwälten einer Sozietät (BGHZ 56, 355; nach neuer Rechtsprechung: BGH NJW 2007, 2490) bzw. Bürogemeinschaft, die nach außen den Eindruck einer Sozietät erweckt (BGHZ 70, 247, 249), und Unternehmensgruppen, die mit einem Immobilienprojekt befasst sind (BGH NJW 2000, 3275, 3276). Bei der Platzierung von Wertpapieren sind die von der Rechtsprechung maßgeblich herangezogenen Kriterien – Auftreten als Einheit, Erwartung des Vertragspartners, mit allen Gesellschaftern zu kontrahieren etc. – nicht gegeben. Der Kunde zeichnet bei seiner Bank; er hat nicht den Eindruck, den Kaufvertrag mit allen Mitgliedern des Konsortiums abzuschließen. Damit wird nur seine Bank Vertragspartner; es bestehen keine auf Lieferung der verkauften Effekten gerichteten Verbindlichkeiten der anderen Banken, in deren Erfüllung sie (die erste Bank) bei der Platzierung handeln könnte.

Eine kurze dogmatische Anmerkung sei erlaubt: In der geschilderten Konstellation kann die (hypothetische) Zurechnung entweder im Hinblick auf das Handeln der Platzierungsbank als Erfüllungsgehilfin oder deswegen angedacht werden, weil sie zusammen mit den anderen Banken als Gesamtschuldnerin für die Pflicht zur Lieferung der Effekten einstehen muss. Manche wollen auch im Verhältnis der Gesamtschuldner untereinander § 278 BGB anwenden (OLG Hamm, NJW 1970, 1791, 1792 f.; *Müller*, NJW 1969, 903, 906), andere begründen die Zurechnung damit, dass die Vermutung des § 425 Abs. 2 BGB widerlegt sei (BGHZ 97, 273, 279). Im Ergebnis macht die Herleitung keinen Unterschied. Bezeichnend Erman/*Ehmann*, § 427, Rdnr. 21, der von „kaum voneinander zu trennen[den]“ Zurechnungskriterien spricht. Vgl. auch *Beuthien*, DB 1975, 773, 774: Gerade durch § 278 BGB ergebe sich „ein anderes“ i.S. des § 425 Abs. 1 BGB.

übernommene Quote.[1521] Die Banken haften mithin als Teilschuldner. Die Unvereinbarkeit dieser Abrede mit der neuen Rechtsprechung des BGH zum Haftungsregime der GbR wurde erwähnt. Nach hier vertretener Auffassung, die §§ 420 ff. auf die Verantwortlichkeit der Gesellschafter anwendet, hätte das vertragliche Arrangement hingegen Bestand, da die Zweifelsregelung des § 427 BGB durch Vereinbarung der Parteien außer Kraft gesetzt werden kann. Selbst ohne abweichende Übereinkunft ergibt sich aufgrund der auch dem Emittenten ersichtlichen Interessenlage, dass die Banken nur gem. § 420 BGB verpflichtet sein wollen.[1522] Unangemessene Ergebnisse lassen sich allerdings – anders als bei der Prospekthaftung – auch auf dem Boden der h.M. vermeiden. Zwar sind Modifikationen der akzessorischen Gesellschafterhaftung im Innenverhältnis Dritten gegenüber gem. § 128 Satz 2 HGB unwirksam. Es steht dem Dritten (dem Gläubiger) aber frei, zugunsten der Gesellschafter auf die strenge Haftung des § 128 HGB zu verzichten oder sie zu beschränken und z.B. durch eine teilschuldnerische Einstandspflicht zu ersetzen. Voraussetzung für den Verzicht bzw. die Einschränkung ist eine ausdrückliche oder stillschweigende[1523] Vereinbarung zwischen den Parteien. Es muss sich mithin der rechtsgeschäftliche Wille des Gläubigers feststellen lassen, die gesetzlichen Vorgaben abzuändern. Die bloße Kenntnis von den Abreden der Gesellschafter genügt nicht.[1524] Auch wenn der Übernahmevertrag § 128 HGB nicht erwähnt, macht die

---

1521 Z.B. Art. 2(1), (2) Übernahmevertrag, BuB/*Bosch*, Rdnr. 10/241; Art. 2 Übernahmevertrag, a.a.O., Rdnr. 10/245; Art. 1(1) Übernahmevertrag, BuB/*Groß*, Rdnr. 10/324; Rdnr. 10/325 (am Anfang); Art. 1(1)(a) Übernahmevertrag, a.a.O., Rdnr. 10/326. Üblicherweise wird für den Fall, dass ein Konsortialmitglied die von ihm übernommene Quote nicht bezahlen kann, eine Nachschusspflicht festgelegt. Auch die Nachschusspflicht richtet sich nach der übernommenen Quote; sie besteht häufig nur im Innenverhältnis (Vereinbarung im Konsortialvertrag, z.B. Klausel 3 IPMA-Standardkonsortialvertrag, BuB/*Bosch*, Rdnr. 10/253a, 10/253b; § 4 Agreement among Underwriters, BuB/*Groß*, Rdnr. 10/333e), unter Umständen auch im Außenverhältnis (Anspruch des Emittenten aus dem Übernahmevertrag, vgl. Art. 11[2] Übernahmevertrag, BuB/*Groß*, Rdnr. 10/324; Art. 10[2] Übernahmevertrag, a.a.O., Rdnr. 10/326). Für Nachschusspflicht im Innenverhältnis entsprechend § 735 BGB auch ohne ausdrückliche Vereinbarung im Konsortialvertrag *Canaris*, Bankvertragsrecht, Rdnr. 2306; MüKo BGB/*Ulmer*, Vor § 705, Rdnr. 54. *Timm/Schöne*, ZGR 23 (1994), 113, 139 f., lehnen eine analoge Anwendung des § 735 BGB ab, wollen aber die quotale Nachschusspflicht als (zumindest konkludente) Nebenpflicht aus dem Konsortialvertrag herleiten, die auch einen Anspruch zugunsten des Emittenten gewähre. Nicht nur handelt es sich hierbei um eine bloße Fiktion, da sich die Banken eben gerade nicht dazu verpflichtet haben, für den Ausfall eines Mitkonsorten aufzukommen (das gilt umso mehr, als Treu und Glauben und die Verkehrssitte [§ 157 BGB] schon gar nicht nahe legen, dass die Banken dem Emittenten das Recht einräumen wollen, den ausstehenden Betrag zu fordern [Konsortialvertrag als echter Vertrag zugunsten Dritter gem. § 328 Abs. 1 BGB]), auch steht § 707 BGB entgegen. Diese Vorschrift untersagt (mangels abweichender Vereinbarung) die Erhöhung des Beitrags, wenn er der Höhe nach festgelegt ist. Das ist in der vorliegenden Konstellation der Fall; insoweit unverständlich *Timm/Schöne*, a.a.O., 140, die der Auffassung sind, die Quote der Emissionsbanken sei nicht festgelegt.

1522 Siehe oben § 5 III 1 c aa (3).

1523 BGH BB 1971, 975: Schulderlass zwischen Gläubiger und Gesellschafter als Vereinbarung i.S. des § 128 Satz 2 HGB, die sich nicht auf die Verbindlichkeit der Gesellschaft auswirkt.

1524 Vgl. zur Abdingbarkeit von § 128 HGB Baumbach/Hopt/*Hopt*, § 128, Rdnr. 38; Großk. HGB//*Habersack*, § 128, Rdnr. 16 und auch BGHZ 142, 315, 320 ff.; BGHZ 150, 1, 3 ff.: formularmäßige Abbedingung der unbeschränkten gesamtschuldnerischen Haftung stellt grundsätzlich eine unangemessene Benachteiligung des Vertragspartners und damit einen Verstoß gegen § 307 BGB dar; zum Ausschluss des § 128 HGB bedarf es einer Individualvereinbarung.

Abbedingung der gesamtschuldnerischen Haftung deutlich, dass die Gesellschafter nicht akzessorisch haften sollen. Der Emittent ist nicht nur über diese Kautel informiert, er ist vielmehr Partei des Vertrags, in dem sie festgeschrieben wird. Obgleich Übernahmeverträge in der Praxis weitgehend übereinstimmen, handelt es sich bei ihren Klauseln nicht um vorformulierte Vertragsbedingungen i.S. des § 305 Abs. 1 Satz 1 BGB, da der Emittent den genauen Inhalt des Vertrags in Verhandlungen mit der Konsortialführerin abstimmt. Die Anforderungen der Rechtsprechung an einen wirksamen Ausschluss des § 128 HGB sind mithin erfüllt.

Problematischer ist die Vereinbarung der teilschuldnerischen Haftung bei der Aktienemission im Hinblick auf gesellschaftsrechtliche Vorgaben. Auch hier spielt die Rechtsnatur des Emissionskonsortiums, wie zu zeigen sein wird, eine wichtige Rolle. Die Diskussion kreist um zwei Bestimmungen: § 185 Abs. 2 und 3 AktG (Beschränkungen der Verpflichtung des Zeichners im Zeichnungsschein), hier unter aa zu diskutieren, und § 69 Abs. 2 AktG (Rechtsgemeinschaft an einer Aktie), unter bb.

aa. Der Streit zu § 185 Abs. 2, Abs. 3 AktG nahm seinen Ausgang mit einem Urteil des BGH aus dem Jahr 1992, das im Rahmen der gerichtlichen Aufbereitung der Insolvenz der Beton- und Monierbau AG erging.[1525] Die Entscheidung beschäftigt sich hauptsächlich mit Fragen der verdeckten Sacheinlage und nimmt insoweit eine für Emissionsbanken durchaus vorteilhafte Position ein.[1526] Der Stein des Anstoßes[1527] findet sich in einer kurzen Passage gegen Ende des Urteils. Dort erwähnt der Zweite Zivilsenat, fast nebenbei, dass die Mitglieder eines Emissionskonsortiums gegenüber dem Emittenten als Gesamtschuldner für ihre Einlageverpflichtungen einzustehen hätten. Eine Haftungsbeschränkung auf das Gesamthandsvermögen oder einen der Beteiligung der jeweiligen Bank an der Emission entsprechenden Betrag sei nicht vereinbar mit „dem Zweck der aktienrechtlichen Kapitalschutzvorschriften, die Aufbringung und Erhaltung des Grundkapitals ... zu sichern."[1528] Das Gericht begründet seine Entscheidung recht lapidar in drei Schritten: Die Teilschuldvereinbarung stelle eine Beschränkung des Zeichnungsscheins i.S. des § 185 Abs. 2 AktG dar. Der Zeichnungsschein sei gem. § 185 Abs. 3 AktG nicht unverbindlich (die Beschränkung gilt aber als nicht geschrieben[1529]), da die Konsorten durch Entgegennahme der Aktien ihre Aktionärsrechte ausgeübt hätten und die Kapitalerhöhung eingetragen worden sei. Mangels anderweitiger

1525 BGHZ 118, 83 (BuM III). Weitere Urteile in diesem Zusammenhang: LG Düsseldorf, WM 1981, 102 (BuM I); BGH NJW 1982, 2827 (BuM I); OLG Düsseldorf, WM 1984, 586, 592 (BuM II); BGH NJW 1995, 2486 (BuM IV).
1526 Vgl. zum sog. Bankenprivileg unten 4 b aa.
1527 Das Urteil sah sich wegen der im Text sogleich darzustellenden Ausführungen umfassender Kritik ausgesetzt, vgl. nur *Groß*, AG 1993, 108, 116 ff; Schimansky/Bunte/Lwowski/*Grundmann*, Bankrechtshandbuch, § 112, Rdnr. 104; *Timm/Schöne*, ZGR 23 (1994), 113, 123 ff.; ausführliche Analyse bei *Singhof*, Die Außenhaftung von Emissionskonsorten für Aktieneinlagen, S. 170 ff.
1528 BGHZ 118, 83, 100.
1529 Großk. AktG/*Wiedemann*, § 185, Rdnr. 57.

Vereinbarung hafteten die Konsorten damit entsprechend § 427 BGB als Gesamtschuldner.[1530]

Diese Argumentation ist schon nach herkömmlichem Verständnis von Emissionskonsortien als rechtsfähigen Außengesellschaften bürgerlichen Rechts und auf Grundlage der bis BGHZ 142, 315 anerkannten Haftungsverfassung der GbR nicht überzeugend. Es ist bereits fraglich, ob die Teilschuldvereinbarung eine Beschränkung i.S. des § 185 Abs. 2 AktG darstellt, also im Zeichnungsschein *enthalten* ist. Dagegen spricht, dass die Vereinbarung häufig eben nicht in den Zeichnungsschein aufgenommen wird,[1531] sondern Bestandteil des Übernahmevertrags ist.[1532] Auch wenn man, was durchaus nicht fern liegend ist, die Erklärung der zeichnenden Konsortialbanken im Wege der Auslegung um die im Übernahmevertrag enthaltenen, die Haftung beschränkenden Klauseln ergänzt[1533] oder an Stelle von § 185 Abs. 3 AktG dessen Abs. 4 heranzieht und die Vereinbarung der Teilschuldnerschaft als außerhalb[1534] des Zeichnungsscheins liegende Beschränkung qualifiziert,[1535] vermag die Begründung des BGH mit ihrem Hinweis auf den Zweck der Kapitalschutzvorschriften eine zwingende gesamtschuldnerische Haftung nicht zu rechtfertigen. Dem Gericht ist zwar zuzugestehen, dass die – nach damaliger Rechtsauffassung noch durch interne Vereinbarung mögliche – Beschränkung der Haftung der Gesellschafter auf ein unter Umständen unzureichendes Gesellschaftsvermögen die Kapitalaufbringung gefährden kann und damit den Interessen der Gesellschaftsgläubiger zuwiderläuft. Insoweit kann sich die Entscheidung des BGH auf vorangegangene Urteile[1536] und die Zustimmung der Literatur[1537] stützen. Bei Übernahme der Emission durch ein Bankenkonsortium steht aber nicht die Beschränkung der Haftung auf ein – ohnehin nicht vorhandenes – Gesellschaftsvermögen in Rede. Vielmehr sollen die Konsorten unbeschränkt mit ihrem gesamten Vermögen haften, wenn auch nur für die von ihnen übernommene Quote. Diese Konstellation ist vergleichbar mit der Zeichnung durch mehrere Zeichner. Es ist selbstverständlich, dass

---

1530 BGHZ a.a.O.

1531 Vgl. das Muster bei KK AktG/*Lutter*, § 203, Rdnr. 65; s. aber auch BuB/*Groß*, Rdnr. 10/328 f.: ausdrücklicher Ausschluss der gesamtschuldnerischen Haftung im Zeichnungsschein.

1532 (Unter anderem) aus diesem Grund lehnen *Timm/Schöne*, a.a.O., 124, das vom BGH gefundene Ergebnis ab.

1533 Vgl. zur Ergänzung der Zeichnungserklärung durch Auslegung Großk. AktG/*Wiedemann*, § 185, Rdnr. 23.

1534 *Hüffer*, § 185 AktG, Rdnr. 22, definiert „außerhalb" als „mündlich erklärt oder schriftlich außerhalb des Zeichnungsscheins festgelegt".

1535 *Timm/Schöne*, a.a.O., sind der Auffassung, „Beschränkung" i.S. des § 185 Abs. 4 AktG beziehe sich nur auf Vereinbarungen, die „Inhalt und Ausmaß der Zeichnung betreffen", nicht aber auf solche, die sich auf die Verpflichtungen des Zeichners aus dem Zeichnungsvertrag beziehen. Diese Ansicht findet im Gesetz keine Stütze und wird, soweit ersichtlich, in der Literatur sonst nicht vertreten. Insbesondere ist das von *Timm/Schöne* angeführte Zitat (Geßler/Hefermehl/Eckardt/Kropff/*Hefermehl/Bungenroth*, § 185, Rdnr. 85) verkürzt wiedergegeben und wird hierdurch irreführend.

1536 BGHZ 78, 311, 316 f. (Gründung einer GmbH). Vgl. hierzu sogleich im Text.

1537 *Flume*, FS L. Raiser, S. 27, 38; *Hohner*, NJW 1975, 718, 720; KK AktG/*Kraft*, § 2, Rdnr. 23; MüKo BGB/*Ulmer*, Vor § 705, Rdnr. 56.

die Zeichner, auch wenn ihre Willenserklärungen auf einem Zeichnungsschein zusammengefasst sind,[1538] nur für die von ihnen jeweils übernommenen Einlagepflichten einzustehen haben.[1539] Eine gesamtschuldnerische Haftung für alle Einlageverpflichtungen lässt sich aus § 185 AktG oder den Grundsätzen der Kapitalaufbringung nicht begründen. Die Richtigkeit des gefundenen Ergebnisses zeigt ein Vergleich der Schuldenkumulation mit der Teilschuld. Als Schuldenkumulation wird die Verpflichtung mehrerer gegenüber einem Gläubiger aus unterschiedlichen Schuldverhältnissen bezeichnet.[1540] Kumulierte Schulden weisen, was den Umfang der Haftung und somit die Sicherung des Gläubigers anbelangt, keine Unterschiede zur Teilschuld auf.[1541] Deswegen ist es inkonsequent, Gläubigerinteressen im Fall einer teilschuldnerischen Verpflichtung als gefährdet anzusehen, im Fall einer Schuldenkumulation hingegen nicht.[1542]

bb. Die Entscheidung des BGH enthält einen weiteren, wenn auch ein wenig verklausulierten Begründungsstrang: Unter Verweis auf ein früheres Urteil desselben Senats betont das Gericht, die gesamtschuldnerische Haftung sei nicht nur im Hinblick auf § 185 Abs. 3 AktG zwingend geboten, sondern schon aufgrund der aktienrechtlichen Kapitalschutzvorschriften. Die Literatur bringt diese Bemerkung mit § 69 AktG in Verbindung, der in Absatz 2 anordnet, dass mehrere an einer Aktie Berechtigte für Leistungen auf die Aktie als Gesamtschuldner haften.[1543] Sie hält die Einwände des BGH grundsätzlich für berechtigt. Ihre Argumentation verläuft wie folgt: Die jungen Aktien gelangten bei Ausgabe einer Globalurkunde, wie dies dem Regelfall entspreche, ins gesamthänderische Eigentum des Konsortiums. Damit sei der Tatbestand des § 69 AktG erfüllt, die Beschränkung der Haftung auf die Quote mithin unzulässig.[1544] In diesem Zusammenhang begegnet mitunter der Begriff des „Zwischengesamthandseigentums“.[1545] Er soll zum Ausdruck bringen, dass die gesamthänderische Bindung des Eigentums an den Aktienurkunden nur von kurzer Dauer ist, da die Konsortialführerin unmittelbar nach Lieferung der Globalurkunde durch den Emittenten Depotbuchungen zugunsten der Mitglieder des

---

1538 Das ist ohne weiteres zulässig, vgl. Großk. AktG/*Wiedemann*, § 185, Rdnr. 14; *Hüffer*, § 185 AktG, Rdnr. 7.

1539 Eine Ausfallhaftung für die Einlageverpflichtung der Mitgesellschafter kennt das Gesetz nur im Rahmen der §§ 46 Abs. 4, 69 Abs. 2 AktG. Zu letzterer Vorschrift sogleich im Text. Anders im GmbH-Recht: § 24 GmbHG.

1540 So *Selb*, Handbuch des Schuldrechts Bd. 5, S. 6 ff., 16 ff.

1541 Zu Unterschieden in anderer Hinsicht vgl. *Selb*, a.a.O., S. 19 f.

1542 I.E. ebenso *Groß*, AG 1993, 108, 116; *Timm/Schöne*, ZGR 23 (1994), 113, 125; ähnlich Großk. AktG/*Brändel*, § 2, Rdnr. 28.

1543 Schimansky/Bunte/Lwowski/*Grundmann*, Bankrechtshandbuch, § 112, Rdnr. 104; *Singhof*, Außenhaftung, S. 196; *Timm/Schöne*, ZGR 23 (1994), 113, 125 ff.

1544 *Hüffer*, § 2 AktG, Rdnr. 10, § 69, Rdnr. 7; MüKo BGB/*Ulmer*, Vor § 705, Rdnr. 56; *Singhof*, Außenhaftung, S. 211 f, 216 ff.; *Timm/Schöne*, a.a.O., 133. Zweifelnd Schimansky/Bunte/Lwowski/*Grundmann*, a.a.O. (Fn. 9), da § 69 Abs. 1 AktG von der Rechtsgemeinschaft an *einer* Aktie und nicht einer Mehrheit von Aktien spreche.

1545 *Canaris*, Bankvertragsrecht, Rdnr. 2320; *Timm/Schöne*, a.a.O., 133.

Konsortiums veranlasse und hierdurch „Alleineigentum“[1546] bzw. „quotales Alleineigentum“[1547] (genauer müsste es heißen: Miteigentum nach Bruchteilen) entstehe. Mit dem Übergang der Berechtigung vom Konsortium auf die einzelnen Emissionsbanken ende die Haftung als Gesamtschuldner gem. § 69 Abs. 2 AktG[1548] bzw. bestehe als Vormannhaftung in den Grenzen des § 65 AktG fort.[1549] Um die nachteiligen Folgen der zumindest für einen gewissen Zeitraum bestehenden gesamtschuldnerischen Haftung abzuwenden, schlagen Teile der Literatur vor, die Mitgliedschaftsrechte nicht in einer einzigen, sondern in mehreren (Teil-)Globalurkunden zu verbriefen, die sich an der Höhe der jeweiligen Quote zu orientieren hätten und unmittelbar im Verhältnis Emittent und einzelne Emissionsbank zu begeben seien. Auf diese Weise könne das Entstehen von „Zwischengesamthandseigentum“ und damit einer Mitberechtigung i.S. des § 69 AktG vermieden werden.[1550] Andere betonen, das Vertragsarrangement müsse sicherstellen, dass auch die mit der Eintragung automatisch in der Person des jeweiligen Zeichners entstehenden Mitgliedschaftsrechte selbst nicht in Gesamthandseigentum übergingen. Hierzu sei es erforderlich, dass nicht das Konsortium (bzw. die Konsortialführerin für das Konsortium) zeichne, sondern die Parteien auf die Quote beschränkte gesonderte Zeichnungsscheine für jede Bank ausstellten.[1551]

Eine Analyse des Problems hat von dem Urteil auszugehen, auf das sich der BGH in seiner Entscheidung bezieht: BGHZ 78, 311.[1552] In diesem Fall ging es um die Beteiligung der GbR an der Errichtung einer GmbH. Das Gericht stellte zunächst fest (was bis dahin umstritten war), dass Gesellschaften bürgerlichen Rechts als Gründer

---

1546 *Timm/Schöne*, a.a.O., 133. *Timm/Schöne* sprechen von Alleineigentum, weil sie der Auffassung sind, der Emittent tausche kurz nach der Emission die Globalurkunde gegen Einzelurkunden aus, die an die Emissionsbanken verteilt würden. Das entspricht, wie gezeigt, nicht der Praxis. Unverständlich auch *Schücking*, Münch. Hdb. GesR I, § 26, Rdnr. 109, der ausführt: „Einzeleigentum ... an den neuen Aktien kann auch durch Mitberechtigung an einer einzigen Globalurkunde entstehen“.

1547 *Singhof*, a.a.O., S. 211.

1548 Zur Begründung nehmen *Timm/Schöne*, a.a.O., 135, einen Schuldnerwechsel an, den der Emittent und die Konsortialbanken gem. §§ 414, 415 BGB stillschweigend mit dem Inhalt vereinbarten, dass nun jede Konsortialbank alleine für ihre Einlagepflicht einzustehen habe. Diese Konstruktion erscheint recht umständlich und spekulativ. Es ist überzeugender, vom Wegfall der gesamtschuldnerischen Haftung kraft Gesetzes zu dem Zeitpunkt auszugehen, in dem die Voraussetzungen des § 69 AktG nicht mehr erfüllt sind, vgl. *Singhof*, a.a.O., S. 219 ff.

1549 § 65 AktG wird in Verbindung mit § 69 Abs. 2 AktG gelesen, so dass die Vormannhaftung eine gesamtschuldnerische ist, vgl. *Singhof*, a.a.O., S. 222 f.; *Timm/Schöne*, a.a.O., 135 f.

1550 *Timm/Schöne*, a.a.O., 141 f.

1551 *Schücking*, Münch. Hdb. GesR I, § 26, Rdnr. 109; *Singhof*, a.a.O., S. 235 ff. (der meint, zusätzlich müsse der vom Konsortium abgeschlossene Übernahmevertrag als Vertrag zugunsten Dritter gestaltet werden, der nicht das Konsortium, sondern die einzelnen Konsortialbanken zum Abschluss des Zeichnungsvertrags berechtige und verpflichte). Etwas anders BuB/*Groß*, Rdnr. 10/316b; Großk. AktG/*Wiedemann*, § 186, Rdnr. 205; *Henze*, Höchstrichterliche Rechtsprechung, Rdnr. 262; *Kümpel*, Bank- und Kapitalmarktrecht, Rdnr. 9.310, die der Auffassung sind, getrennte Zeichnungsscheine seien nicht notwendig, es genüge Nennung der zeichnenden Banken samt Quote auf dem von der Konsortialführerin über das ganze Emissionsvolumen ausgestellten Zeichnungsschein.

1552 Verweis bei BGHZ 118, 83, 100.

einer GmbH fungieren könnten. Sodann kam es auf die Parallelvorschrift des § 69 AktG im GmbH-Recht, § 18 GmbHG, zu sprechen: Ein Konflikt mit der Kapitalaufbringung entstehe durch die Beteiligung der GbR nicht, da alle Gesellschafter gesamtschuldnerisch für die Einlageschuld einstehen müssten. Das ergebe sich entweder unmittelbar aus § 18 Abs. 2 GmbHG oder als Folge der Kapitalschutzvorschriften. Mit ihrem Zweck vertrüge es sich nämlich nicht, „wenn die Mitglieder einer an der GmbH beteiligten BGB-Gesellschaft ihre Haftung für die gemeinschaftlich zu leistende Einlage ... auf das Gesamthandsvermögen beschränken dürften. Insofern ist die Rechtslage hier eine wesentlich andere als bei Mitgliedschaft einer Handelsgesellschaft ... Kapitalgesellschaften verfügen über einen gesetzlich garantierten Haftungsfond, der für Einlageleistungen bereit steht. Handelsrechtliche Personengesellschaften haben mindestens einen Gesellschafter, der kraft Gesetzes für Gesellschaftsverbindlichkeiten unbeschränkt persönlich haftet“[1553]. Die zitierte Passage zeigt, dass der BGH die Notwendigkeit der gesamtschuldnerischen Haftung auf zwei Überlegungen stützt: zum einen die (damals) fehlende persönliche Einstandspflicht der Gesellschafter der GbR für Gesellschaftsschulden, zum anderen die unzureichende Sicherung des Gläubigers bei Beschränkung der Haftung auf ein Vermögen, dass keinen Kapitalschutzvorschriften unterliegt. Diese Erwägungen begegnen wieder bei den neueren Entscheidungen des BGH zur GbR, insbesondere den Leitentscheidungen BGHZ 142, 315 und 146, 341, und haben das Gericht dort gerade dazu veranlasst, § 128 HGB auf die Gesellschaft bürgerlichen Rechts zu übertragen. Nachdem die geäußerten Bedenken durch die Rechtsprechungsänderung mithin behoben sind, besteht kein Grund, die rechtsfähige (hier: kollektivistische) Außengesellschaft bürgerlichen Rechts nicht ebenso wie die oHG zu behandeln, d.h. nicht an ihre Gesellschafter, sondern an die Gesellschaft selbst anzuknüpfen, und die Mitberechtigung mehrerer i.S. des § 69 AktG bzw. § 18 GmbHG abzulehnen.[1554] Sollte das Emissionskonsortium als GbR zeichnen (was in der Praxis indes so gut wie nie geschieht), ist § 69 Abs. 2 AktG folglich nicht einschlägig. Gleichwohl haften die Gesellschafter gesamtschuldnerisch – nur eben nicht aus aktienrechtlichen Grundsätzen, sondern gem. § 128 HGB.[1555]

1553 BGHZ 78, 311, 316.

1554 Nach ganz h.M. sind juristische Personen sowie oHG und KG nicht als „mehrere Berechtigte“ anzusehen, vgl. Großk. AktG/*Brändel*, § 2, Rdnr. 26; Großk. GmbHG/*Winter/Löbbe*, § 18, Rdnr. 12; *Hüffer*, § 69 AktG, Rdnr. 3; KK AktG/*Lutter*, § 69, Rdnr. 7; Michalski/*Ebbing*, § 18 GmbHG, Rdnr. 10f.; MüKo AktG/*Bayer*, § 69, Rdnr. 7; Roth/Altmeppen/*Altmeppen*, § 18 GmbHG, Rdnr. 3. Die Gleichstellung der GbR mit den Personenhandelsgesellschaften für Zwecke der §§ 69 AktG, 18 GmbHG befürworteten bereits Großk. AktG/*Brändel*, a.a.O., Rdnr. 28; Hachenburg/*Ulmer*, § 2 GmbHG, Rdnr. 80; *Koch*, ZHR 146 (1982), 118, 127 ff. Aus neuerer Zeit unter Berücksichtigung der Rechtsprechungsänderung zur (Außen-)GbR ebenso Großk. GmbHG/*Winter/Löbbe*, a.a.O., Rdnr. 6; *Hüffer*, § 2 AktG, Rdnr. 10, § 69, Rdnr. 3; Roth/Altmeppen/*Altmeppen*, a.a.O., Rdnr. 6; MüKo AktG/*Bayer*, a.a.O., Rdnr. 8; Lutter/Hommelhoff/*Lutter/Bayer*, § 18 GmbHG, Rdnr. 2. Die beiden letztgenannten Quellen wollen § 18 Abs. 1 und 3 GmbHG bzw. § 69 Abs. 1 und 3 AktG aufgrund der fehlenden Registerpublizität weiterhin zumindest analog auf die GbR anwenden.

1555 Das gilt im Übrigen unabhängig von der Art der Zeichnung – unter Nennung der einzelnen Konsorten bzw. auf getrennten Zeichnungsscheinen etc. – und würde deswegen die oben (Fn. 1551) wiedergegebenen Lösungsansätze konterkarieren.

Freilich lösen diese Überlegungen noch nicht das vorliegende Problem, da die Emissionsbanken die Zeichnung als rechtsfähige GbR gerade vermeiden wollen. Nun spricht BGHZ 118, 83 auf den ersten Blick dafür, das unter Ausschluss der gesamtschuldnerischen Haftung zeichnende Konsortium der Regelung des § 69 Abs. 2 AktG zu unterstellen. Allgemeiner formuliert: Wenn schon § 69 AktG nicht (mehr) auf die kollektivistische Gesellschaft bürgerlichen Rechts anwendbar ist, da es an der Berechtigung Mehrerer fehlt, so scheint die Rechtsprechung zumindest die Geltung der Vorschrift für die individualistische GbR nahe zu legen. Der BGH führt nämlich aus: Die Kapitalschutzvorschriften verbieten, dass „die Mitglieder einer an der Aktiengesellschaft beteiligten Gesellschaft bürgerlichen Rechts ihre Haftung für die von ihnen zu leistende Einlage auf das Gesamthandsvermögen beschränken *oder* ihre persönliche Haftung auf einen ihrer prozentualen Beteiligung entsprechenden Betrag begrenzen“[1556]. Andererseits zeigt BGHZ 78, 311, dass vor allem das möglicherweise fehlende und nicht durch Kapitalaufbringungs- und -erhaltungsvorschriften geschützte Gesellschaftsvermögen bei der rechtsfähigen GbR Anlass zur Sorge gibt (bzw. gab), während im Fall des Emissionskonsortiums Schuldner zur Verfügung stehen, die mit ihrem persönlichen Vermögen haften. Auch ist die Interessenlage vergleichbar mit der bereits erwähnten bei Zeichnung durch mehrere selbständige Zeichner und hierdurch entstehender kumulativer Schulden. Die Aktiengesellschaft ist nicht schutzbedürftiger (oder weniger schutzbedürftig), als wenn Banken gezeichnet hätten, die nicht in einer individualistischen GbR verbunden sind. Hält der Gesetzgeber eine solche Situation für bedenklich, muss er eine Ausfallhaftung entsprechend § 24 GmbHG einführen (die im Übrigen auch keine gesamtschuldnerische Haftung anordnet, sondern eine Nachschusspflicht nach dem Verhältnis der Geschäftsanteile, d.h. der Rechtslage entspricht, die die Emissionsbanken in der Regel ohnehin vertraglich vereinbaren[1557]).

Die Lösung der Problematik kann sich aber nicht nur auf diese rechtspolitischen Erwägungen stützen. Letztlich muss die Auslegung des § 69 Abs. 2 AktG Klarheit darüber verschaffen, ob die Emissionsbanken hier als Gesamtschuldner haften oder nicht. Die Vorschrift greift ein, wenn mehrere Personen an einer Aktienurkunde bzw. einem Mitgliedschaftsrecht als Gesamthands- oder Bruchteilsgemeinschaft berechtigt sind.[1558] Die oben vorgestellten Meinungen aus der Literatur, die annehmen, dass die Übernahme der Aktien im Normalfall zur Bildung von Gesamthandsvermögen führe, zeichnen sich größtenteils durch eine unzureichende Berücksichtigung der sachenrechtlichen Zusammenhänge und der in der Praxis ablaufenden Vorgänge aus. Wer der Auffassung ist, dass sich die Bildung von Gesamthandsvermögen durch die Ausgabe von getrennten Teilglobalurkunden vermeiden lasse,[1559] trennt nicht zwischen dem Mitgliedschaftsrecht und der Urkunde. Das Mitgliedschaftsrecht entsteht vor Begebung der Urkunde; die Aktienurkunde hat lediglich

---

1556 BGHZ 118, 83, 100 (Hervorhebung durch den Verfasser).
1557 Oben Fn. 1521.
1558 *Hüffer*, § 69 AktG, Rdnr. 2 f.; KK AktG/*Lutter*, § 69, Rdnr. 4; MüKo AktG/*Bayer*, § 69, Rdnr. 5.
1559 *Timm/Schöne*, ZGR 23 (1994), 113, 141 f.

deklaratorische Wirkung.[1560] Entscheidend ist mithin, ob die Konsortialbanken als Einzelpersonen die Mitgliedschaft erlangen oder das Konsortium als Gesamthandsgemeinschaft. Auch ist nicht ersichtlich, wieso es hierfür auf die Übermittlung getrennter Zeichnungsscheine ankommen soll.[1561] Ein Zeichnungsschein kann nach allgemeiner Meinung die Erklärungen mehrerer Zeichner enthalten, sofern die Identität der Zeichnenden und der Umfang der angestrebten Beteiligung erkennbar sind.[1562] Das Augenmerk hat sich folglich auf die Zeichnung zu richten. Sie wird üblicherweise durch die Konsortialführerin vorgenommen, die hierbei entweder im eigenen Namen, im Namen der einzelnen Konsortialbanken oder schlicht des Konsortiums handelt. In keinem der drei Fälle entsteht eine gesamthänderische Berechtigung an den Mitgliedschaftsrechten. Das ist in den ersten beiden Fällen offenkundig. Im dritten Fall ist die Zeichnung für das Konsortium in der Regel so auszulegen, dass auch hier die Konsortialbanken die Verpflichteten sind (und nicht das Konsortium). Maßgeblich ist die Sicht des Empfängers, der, falls eine ausdrückliche Erklärung im Zeichnungsschein fehlt, bereits aufgrund des Übernahmevertrags weiß, dass die Emissionsbanken nicht als rechtsfähige Gesellschaft bürgerlichen Rechts handeln und nur in Höhe ihrer – im Übernahmevertrag oder Zeichnungsschein ebenfalls genau aufgeschlüsselten – Quote für die Einlageforderung verantwortlich sein sollen.

Vergleichbares gilt für das Eigentum an den Wertpapierurkunden: In der Praxis erhält die Konsortialführerin die Globalurkunde (bzw. die mehreren Urkunden) und liefert sie an die Clearstream Banking AG. Dort wird (werden) sie in Sammelverwahrung genommen und im Wege des Effektengiroverkehrs an die Konsortialbanken im Verhältnis ihrer Quoten oder direkt an Investoren übereignet. Zu keinem Zeitpunkt kommt es zur Entstehung von Gesamthandseigentum.[1563] Zwar bilden die Emissionsbanken eine Gemeinschaft nach Bruchteilen gem. §§ 741 ff. BGB, die grundsätzlich auch die Rechtsfolgen des § 69 AktG nach sich zieht. Diese Gemeinschaft entsteht aber erst bei Einlieferung der Urkunde(n) bei der Wertpapiersammelbank.[1564] In einem solchen Fall findet § 69 AktG nach allgemeiner Meinung keine Anwendung:[1565] § 6 DepotG begründet lediglich „eine lose, technische Notgemeinschaft"[1566]; die Gefahrenlage, die § 69 AktG im Blick hat (z.B. die unterschied-

---

1560 Oben § 5 I 1 c cc (1).
1561 So *Schücking*, Münch. Hdb. GesR I, § 26, Rdnr. 109; *Singhof*, Außenhaftung, S. 235 ff.
1562 Großk. AktG/*Wiedemann*, § 185, Rdnr. 14.
1563 Diese Fragen sind oben ausführlich untersucht worden, vgl. § 5 I 1 c cc (3) (b), 2 b.
1564 Oben wurde ausgeführt, dass sie unter Umständen auch früher entstehen kann, nämlich wenn die Konsortialführerin den Begebungsvertrag in Vertretung für die Konsorten abschließt und ihnen bei Übergabe der Urkunde den Besitz mittelt (§ 5 I 1 c cc [3] [b] [bb]). Abgesehen davon, dass sich dieses Ergebnis, wie ebenfalls ausgeführt (§ 5 I 1 c cc [3] [b] [aa] am Ende), leicht durch Annahme einer antizipierten Einigung und Übergabe zum Zeitpunkt der Einlieferung der Papiere bei der Clearstream Banking AG beheben lässt, sollte das bei der Konsortialführerin entstehende Bruchteilseigentum, das lediglich transitorischer Natur ist, ebenso behandelt werden wie die Girosammelverwahrung (hierzu sogleich im Text).
1565 *Heinsius/Horn/Than*, DepotG, § 6 Rdnr. 53; *Hüffer*, § 69 AktG, Rdnr. 2; KK AktG/*Lutter*, § 69, Rdnr. 13; MüKo AktG/*Bayer*, § 69, Rdnr. 11.
1566 *Heinsius/Horn/Than*, a.a.O.

liche Ausübung des Stimmrechts aus einer Aktie durch mehrere Mitberechtigte), stellt sich bei der Sammelverwahrung nicht, da wirtschaftlich jeder Mitberechtigte Alleinaktionär in Höhe des ihm gem. § 7 DepotG gebührenden Nennbetrags ist.

Gewichtige Gründe sprechen demnach dafür, die teilschuldnerische Vereinbarung als rechtswirksam anzuerkennen, sofern die Konsorten – wie üblich – als individualistische Gesellschaft bürgerlichen Rechts auftreten.

b. Haftung für die Verletzung weiterer Pflichten

Neben der Haftung für die Einlageverpflichtung kann sich eine Verantwortlichkeit der Emissionsbanken gegenüber dem Emittenten insbesondere aus einer Verletzung von Beratungspflichten im Vorfeld der eigentlichen Emission (unter aa) oder von weiteren Leistungspflichten bei der Emissionsbegleitung (etwa einer nicht ordnungsgemäßen Marktpflege; hier unter bb) ergeben.

aa. Üblicherweise sagt nur die Konsortialführerin in der Mandatsvereinbarung Beratungsleistungen bei der Vorbereitung und Durchführung der Emission zu (Entwurf eines Zeitplans, Restrukturierung des Unternehmens, Entwicklung von Werbematerial, Abfassung der Emissionsunterlagen, Festlegung des Platzierungspreises etc.), während der Übernahmevertrag, an dem alle Konsortialbanken beteiligt sind, keine solchen Pflichten enthält. Schadensersatzforderungen gem. § 280 Abs. 1 BGB wegen einer Verletzung der Pflicht zur sorgfältigen Beratung richten sich deswegen zunächst gegen die führende Bank.

Vorschriften, die – auf der Grundlage der h.M. zur GbR – eine Einstandspflicht der sonstigen Mitglieder des Emissionskonsortiums für die Pflichtverletzung der Konsortialführerin begründen können, sind §§ 831, 278, 31 BGB, jeweils i.V.m. § 128 HGB. Die Anwendbarkeit des § 831 BGB ist bereits oben abgelehnt worden, da die Konsortialführerin nicht Verrichtungsgehilfin ist.[1567] § 278 BGB verlangt, dass die führende Bank als Erfüllungsgehilfin in Erfüllung einer dem Konsortium obliegenden Verbindlichkeit handelt. Hat die Gesellschaft für das Verschulden der Konsortialführerin einzustehen, greift die akzessorische Gesellschafterhaftung analog § 128 HGB. Anders als der Begriff des Verrichtungsgehilfen setzt der des Erfüllungsgehilfen keine Weisungsgebundenheit voraus.[1568] Es ist ausreichend, dass die Person „nach den tatsächlichen Umständen mit dem Willen des Schuldners bei der Erfüllung einer diesem obliegenden Verbindlichkeit als seine Hilfsperson tätig wird“[1569]. Grundsätzlich spricht mithin nichts dagegen, dass die Konsortialführerin

---

1567 2 a aa (2). Die Anwendung des § 831 BGB stößt hier auf ein weiteres Problem. Die Gesellschaft ist nicht schuldfähig; sie kann deswegen nicht als Geschäftsherr haften. Dieses Problem ließe sich aber überwinden; damit ist die Verrichtungsgehilfeneigenschaft der Konsortialführerin letztlich doch entscheidungserheblich: Für die GbR handeln ihre Organe – überwachen sie den Verrichtungsgehilfen unsorgfältig, ist die Gesellschaft analog § 31 BGB für den von dem Gehilfen verursachten Schaden verantwortlich. Auf diesem Weg könnte es mithin doch zur Haftung aller Gesellschafter analog § 128 HGB kommen.

1568 Z.B. BGHZ 100, 117, 122.

1569 BGH NJW 1996, 451 unter Bezugnahme auf BGHZ 13, 111, 113; 50, 32, 35.

als Erfüllungsgehilfin der anderen Emissionsbanken bzw. des Emissionskonsortiums auftritt.[1570] Die Beratungspflichten treffen indes nicht das Konsortium, das zum Zeitpunkt ihrer Erbringung in der Regel noch nicht existiert, oder die Mitglieder des Konsortiums, die ebenfalls noch nicht feststehen.[1571] Auch machen sich die anderen Emissionsbanken die Leistungen der Konsortialführerin nicht zu Eigen, da sie – anders als z.B. bei der Veröffentlichung des Wertpapierprospekts – nicht zur Erfüllung einer eigenen Verpflichtung auf Vorarbeiten der führenden Bank zurückgreifen. Die Tätigkeit der Konsortialführerin bewegt sich mithin nicht im Pflichtenkreis der anderen Banken. Diese Sichtweise steht im Einklang mit der h.L., die eine Anwendung des § 278 BGB in der vorliegenden Konstellation ablehnt.[1572] Vergleichbare Überlegungen müssen für § 31 BGB gelten:[1573] Ein Handeln des Gesellschaftsorgans in dem ihm zugewiesenen Wirkungsbereich kommt vor Errichtung des Konsortiums nicht in Betracht. Insoweit scheidet die Zurechnung des Verschuldens der Konsortialführerin unabhängig davon aus, ob man, der h.M. folgend, Emissionskonsortien als rechtsfähig ansieht oder sie, wie hier, als nicht rechtsfähige individualistische Gesellschaften bürgerlichen Rechts qualifiziert.

bb. Bei Pflichtverletzungen im Zusammenhang mit der Börsenzulassung, Marktpflege oder sonstigen Abwicklung der Emission stellt sich die Rechtslage anders dar. Solche Verpflichtungen sind – wenn die Konsortialbanken sie denn übernehmen[1574] – im Übernahmevertrag festgeschrieben. Zwar wird häufig nur die führende Bank als die für solche Maßnahmen verantwortliche Person bezeichnet.[1575] Auch ersetzen die Konsorten, wie erwähnt, die gesamtschuldnerische Haf-

---

1570 A.A. *Karsten Schmidt*, Gesellschaftsrecht, § 10 IV 3; Soergel/*Hadding*, 12. Aufl., § 718, Rdnr. 22, die auf Organverschulden nur § 31 BGB anwenden wollen. *Karsten Schmidt* bemerkt allerdings selbst, dass es „im Ergebnis meistens belanglos“ sei, über welche Vorschrift – § 278 BGB oder § 31 BGB – die Zurechnung vorgenommen wird. Eine weitere Ansicht will gerade umgekehrt § 278 BGB sowohl auf Organhandeln als auch das Handeln von Erfüllungsgehilfen erstrecken und hält damit die für eine analoge Anwendung des § 31 BGB erforderliche Regelungslücke nicht für gegeben, z.B. *Flume*, Personengesellschaft, § 16 IV 2; MüKo BGB/*Ulmer*, § 718, Rdnr. 30 m.w.N. Die Rechtsprechung schließlich stützt die Zurechnung mitunter alternativ auf beide Normen, ohne zwischen ihnen zu differenzieren, vgl. BGH NJW 1977, 2259 f.

1571 Abweichende Arrangements sind selbstverständlich möglich (so z.B. das von *DeMeo*, Bankenkonsortien, Kap. 5, Rdnr. 63, angeführte „Vorgründungs-Konsortium“), aber, wie ausgeführt, in der Praxis selten.

1572 *Canaris*, Bankvertragsrecht, Rdnr. 2266; *DeMeo*, a.a.O., Kap. 5, Rdnr. 57 f.; *Ekkenga/Maas*, Wertpapieremissionen, Rdnr. 358; *Hopt*, Verantwortlichkeit, Rdnr. 54 f.; Schimansky/Bunte/Lwowski/*Grundmann*, Bankrechtshandbuch, § 112, Rdnr. 102.

1573 Zur Anwendung neben § 278 BGB siehe bereits oben Fn. 1570.

1574 Ohne ausdrückliche Vereinbarung können über die Platzierung als solche hinausgehende Pflichten (insbesondere zur Kurspflege) in der Regel nicht angenommen werden. A.A. offensichtlich *DeMeo*, a.a.O., Kap. 3, Rdnr. 76, Kap. 2, Rdnr. 103: Kurspflege als vertragliche Nebenpflicht. Eine Verpflichtung zur Stabilisierung gegenüber dem Emittenten erfolgt in der Praxis eher selten, vgl. BuB/*Groß*, Rdnr. 10/341.

1575 Z.B. Klausel 5 IPMA Standardkonsortialvertrag, BuB/*Bosch*, Rdnr. 10/253a, 10/253b; § 6 Agreement among Underwriters, BuB/*Groß*, Rdnr. 10/333e: Die führende Bank ist der sog. *stabilisation manager*. Anders bezüglich der Börseneinführung Präambel (F) des bei BuB/*Groß*, Rdnr. 10/324 abgedruckten Übernahmevertrags: Alle Konsortialbanken betreiben zusammen mit der Gesellschaft das Börsenzulassungsverfahren. Ebenso Ziff. II Kapitalerhöhungsofferte, BuB/*Groß*, Rdnr. 10/325; Präambel (K), Art. 4 Übernahmevertrag, a.a.O., Rdnr. 10/326.

tung weitgehend durch eine teilschuldnerische. Diese beiden Kautelen führen jedoch nicht notwendig dazu, dass tatsächlich nur die führende Bank haftet oder die Banken Teilschuldner werden.

(1) Rechtslage gemäß h.M.: Bei Abschluss des Übernahmevertrags tritt das Konsortium als Ganzes dem Emittenten gegenüber. Der Emittent kontrahiert mit allen Emissionsbanken und hat, so ist zumindest für den Regelfall zu unterstellen, die Vorstellung, nicht nur bestimmte Banken mit einzelnen Pflichten zu betrauen (etwa Bank A mit der Platzierung bei einer bestimmten Gruppe von Anlegern, Bank B mit der Börsenzulassung, die Konsortialführerin mit der Marktpflege), sondern vom vollzähligen Konsortium die gesamte Begleitung der Emission verlangen zu können. Unter diesen Umständen ist nach ständiger Rechtsprechung – wiederum nur für den Regelfall; die Parteien können Abweichendes vereinbaren, wenn sie das nur ausdrücklich tun[1576] – davon auszugehen, dass der handelnde Gesellschafter die Verträge in Vertretung für die Gesellschaft und nicht einzelne Gesellschafter abschließt.[1577] Die Bezeichnung der Konsortialführerin als z.B. für die Erfüllung der Zulassungsfolgepflichten zuständige Bank mag Bedeutung dafür haben, wer nach Ansicht der Beteiligten innerhalb des Konsortiums diese Aufgaben übernehmen soll, sie hat indes keine Auswirkungen auf die Frage, mit wem der Übernahmevertrag zustande kommt, d.h. von wem der Emittent die Erfüllung der Pflichten verlangen kann.[1578] Wird das Emissionskonsortium als rechtsfähige Außengesellschaft aus dem Vertrag verpflichtet, haften alle Gesellschafter analog § 128 HGB akzessorisch für die Primärpflichten. Zur Erfüllung der Vertragspflichten bedient sich das Konsortium der jeweils handelnden Emissionsbank; es hat folglich für ihre Pflichtverletzung gem. §§ 278 bzw. 31 BGB einzustehen. Wiederum greift § 128 HGB ein, so dass die solidarische Haftung auch in Bezug auf die Sekundärpflichten gilt. Die Teilschuldvereinbarung ändert hieran jeweils nichts, sofern es den Banken nicht gelingt, durch individualvertragliche Vereinbarung mit dem Emittenten eine Modifikation oder Abbedingung des § 128 HGB zu erreichen,[1579] und man annimmt, dass

---

1576 Das ist z.B. der Fall, wenn sie die Dienste als Zahlstelle und Anleihetreuhänder nicht im Übernahmevertrag, sondern in separaten Vereinbarungen festschreiben, aus denen nur die führende Bank verpflichtet werden soll, vgl. BuB/*Bosch*, Rdnr. 10/251 (Zahlstellenvereinbarung), 10/252 (Treuhandvertrag). Anders für die Aktienemission Ziff. IV Kapitalerhöhungsofferte, BuB/*Groß*, Rdnr. 10/325: Zahlstellendienst an die Mitglieder des Bankenkonsortiums übertragen.

1577 Vgl. die Rechtsprechungsnachweise in Fn. 1520. Die dort aufgeführten Urteile sprechen von einer Verpflichtung aller Gesellschafter (aller Steuerberater, Anwälte, Ärzte einer Sozietät, Praxis etc.). Im Lichte der neuen Rechtsprechung des BGH zur GbR sind diese Urteile so auszulegen, dass der Handelnde die Gesellschaft verpflichtet (vgl. Erman/*Ehmann*, § 425, Rdnr. 17a; zu Sozietäten: *Karsten Schmidt*, NJW 2005, 2801, 2804 ff.).

1578 Vgl. zu einer ähnlichen Konstellation *Karsten Schmidt*, Gesellschaftsrecht, § 60 II 2 a. A.A. in Bezug auf die Kurspflege Schimansky/Bunte/Lwowski/*Grundmann*, Bankrechtshandbuch, § 112, Rdnr. 78: Verpflichtung nur der Konsortialführung.

1579 Die bloße Kenntnis des Emittenten von der Teilschuldabrede führt, wie erwähnt, nicht zum Ausschluss des § 128 HGB, vgl. oben § 5 III 1 b aa (3) (b) (bb). Selbst wenn die Parteien eine entsprechende Abrede in den Vertrag aufnehmen, stellt sich die Frage, ob die Ersetzung der gesamtschuldnerischen Haftung angesichts der Art der Schuld wirksam ist. Siehe hierzu sogleich im Text.

die hinsichtlich der Primäransprüche bestehende Vereinbarung teilschuldnerischer Haftung auf die Sekundärebene durchschlägt.[1580]

(2) Rechtslage nach der vorliegend vertretenen Auffassung: Da dem Emissionskonsortium keine Rechtsfähigkeit zukommt, kann die handelnde Konsortialbank den Übernahmevertrag nicht für die Gesellschaft abschließen. Gleichwohl entfaltet die erwähnte Rechtsprechung[1581] auch hier ihre Bedeutung: In der Regel ist davon auszugehen, dass alle Emissionsbanken aus dem Übernahmevertrag verpflichtet sein sollen (das ist gewöhnlich ohnehin eindeutig, da die Konsortialführerin ausdrücklich in Vertretung für die namentlich aufgezählten Mitglieder des Konsortiums handelt), sprich: die sich im Rahmen der Emissionsbegleitung ergebenden Pflichten zur Bezahlung des Übernahmepreises, Börseneinführung, Platzierung, Marktpflege etc. treffen alle Banken. Gem. § 427 BGB haften die Banken bei gemeinschaftlicher vertraglicher Verpflichtung als Gesamtschuldner, sofern sie nichts Gegenteiliges bestimmen. Eine abweichende Bestimmung, nämlich die Haftung als Teilschuldner gem. § 420 BGB, ist im Hinblick auf die Bezahlung des Übernahmepreises und Platzierung der Effekten (und bestimmter weiterer Abwicklungspflichten, z. B. der Zahlstellendienste) ohne weiteres möglich, denn hierbei handelt es sich um teilbare Leistungen (vgl. den Wortlaut der §§ 420, 427 BGB, die Teilbarkeit der Leistung voraussetzen). Sie gilt sowohl für die Primär- als auch etwaige Sekundäransprüche: Die Pflichtverletzung einer Bank in Erfüllung ihrer teilschuldnerischen Verpflichtung wirkt nicht für und gegen die anderen Teilschuldner.[1582] Der richterrechtliche Grundsatz, der in Fällen der Verletzung vertraglicher Pflichten in Umkehrung der Vermutung des § 425 Abs. 2 BGB grundsätzlich Gesamtwirkung bejaht,[1583] gebietet keine andere Beurteilung, da § 425 BGB hier erst gar nicht eingreift.

1580 Hierzu *DeMeo*, Bankenkonsortien, Kap. 5, Rdnr. 35.

1581 Fn. 1570.

1582 Vgl. bereits oben Fn. 1520 für die Haftung gegenüber dem Kapitalanleger. Ähnlich *Canaris*, Bankvertragsrecht, Rdnr. 2266, der der Auffassung ist, dass die vertraglichen Schutz- und Nebenpflichten aufgrund „der besonderen Natur des Konsortiums, das ... nur eine sehr lockere Gemeinschaft darstellt," generell nur die einzelnen Konsorten als solche träfen und die Verletzung deswegen nicht in Erfüllung einer Verbindlichkeit der übrigen Konsorten i.S. des § 278 BGB geschehe. *DeMeo*, a.a.O., Kap. 5, Rdnr. 46, weist mit Recht darauf hin, dass eine Einstandspflicht für fremdes Verschulden gem. § 278 BGB natürlich in Betracht kommen kann, wenn sich eine Bank zur Erfüllung ihrer (teilschuldnerischen) Verpflichtung einer anderen Bank als Erfüllungsgehilfin bedient. Dementsprechend will er die wechselseitige Einstandspflicht der Konsorten davon abhängig machen, ob die Konsortialstruktur zentralisiert oder dezentralisiert ist (a.a.O., Kap. 5, Rdnr. 69 ff.). Die zentralisierte Konsortialstruktur zeichne sich dadurch aus, dass die führende Bank die technisch-organisatorische Abwicklung des Konsortialgeschäfts übernehme, z. B. die Zahlungsabwicklung im Verhältnis zum Emittenten. In einem solchen Fall handele sie als Erfüllungsgehilfin der übrigen Mitglieder des Konsortiums; Pflichtverletzungen im Zusammenhang mit der zentralisierten Abwicklung seien den anderen Banken zuzurechnen. Insoweit die Konsortialstruktur dezentralisiert sei (sie könne in einigen Teilbereichen zentralisiert, in anderen dezentralisiert sein), d.h. die Banken eine teilschuldnerische Verpflichtung vereinbart hätten und diese Verpflichtung in Alleingeschäftsführung erfüllten, komme keine Zurechnung gem. § 278 BGB in Betracht.

1583 BGHZ 56, 355, 361 f.; 70, 247, 251 f.; 97, 273, 279.

Verpflichten sich die Banken zu einer unteilbaren Leistung, ist § 420 BGB indes unanwendbar. Für solche Fälle ordnet § 431 BGB die gesamtschuldnerische Haftung der Verpflichteten an. Zwei Punkte sind in diesem Zusammenhang von Bedeutung: Zunächst ist zu untersuchen, wo die Trennlinie zwischen teilbaren und unteilbaren Leistungen verläuft. Handelt es sich bei einigen der im Übernahmevertrag vereinbarten Verpflichtungen um unteilbare Leistungen, ist des Weiteren zu fragen, ob § 431 BGB zwingend ist oder die Parteien anderweitige Abreden treffen können.

Zum ersten Punkt: Der Begriff der teilbaren Leistung wird vom Gesetz nicht definiert; auch die Rechtsprechung entscheidet nur im Einzelfall und gibt keine allgemeine Begriffsbestimmung.[1584] Die Literatur formuliert, eine Leistung sei teilbar, wenn sie ohne Wertminderung in mehrere Einzelteile aufgespaltet werden könne.[1585] Diese primär auf physikalische Gegebenheiten abstellende Sicht ist dadurch zu ergänzen, dass sich die Unteilbarkeit auch aus dem Zweck der Leistung ergeben kann, z.B. daraus, dass der Schuldner ungeteilte Leistung an mehrere Gläubiger verspricht.[1586] Bei der Pflicht zur Börseneinführung handelt es sich nach den vorstehenden Grundsätzen um eine unteilbare Leistung: Gem. § 7 BörsZulV muss sich der Zulassungsantrag auf alle Wertpapiere derselben Emission beziehen. Für Aktienemissionen existieren gewisse Ausnahmen (§ 7 Abs. 1 Satz 2 BörsZulV). Diese Ausnahmen führen aber nicht dazu, dass die Emissionsbegleiter gesonderte Zulassungsanträge für die von ihnen jeweils übernommenen Teile der Emission stellen könnten. Ähnlich ist die Verpflichtung zur Kurspflege zu beurteilen: Sie zielt auf Stabilisierung des Börsenkurses durch Kauf oder Verkauf von Wertpapieren ab. Stabilisierung ist zwangsläufig nur durch konzertiertes Handeln der Banken möglich. Die Konsortialbanken können die Kurspflege nicht nur für ihre Quote übernehmen, da sich jede Transaktion auf den Kurs aller unter einer Wertpapierkennnummer geführten Papiere auswirkt. Zugleich würden nicht abgestimmte Maßnahmen den Erfolg der Stabilisierung in Frage stellen. Marktpflege durch selbständige Teilleistungen scheidet folglich aus.[1587]

Zum zweiten Punkt: Die Haftung als Gesamtschuldner gem. § 431 BGB wird als zwingend verstanden. Aus dem Anwendungsbereich der Vorschrift soll nach h.M. allerdings die (gesetzlich nicht geregelte) sog. gemeinschaftliche Schuld herausfallen, die sich dadurch auszeichne, dass die Schuldner die Leistung nur im Zusammenwirken erbringen könnten.[1588] Auf die Frage, ob die gemeinschaftliche Schuld

---

1584 Z.B. BGHZ 90, 194, 196: Teilbarkeit bei Anspruch auf Herausgabe des Zwangsversteigerungserlöses bejaht; verneint bei Herausgabe ein und derselben Sache durch zwei Mieter (BGHZ 65, 226, 227 f.; 131, 176, 183) oder Übertragung des Eigentums an einem Grundstück an mehrere Erwerber (BGH NJW 2003, 1120, 1121).

1585 Erman/*Ehmann*, § 420, Rdnr. 9; Palandt/*Grüneberg*, § 420, Rdnr. 1; Staudinger/*Noack*, § 420, Rdnr. 13.

1586 Vgl. BGH NJW 1984, 795, 796 als Beispiel für eine unteilbare Leistung im rechtlichen Sinn.

1587 So i.E. auch *DeMeo*, Bankenkonsortien, Kap. 3, Rdnr. 77.

1588 MüKo BGB/*Bydlinsky*, § 431, Rdnr. 3; Soergel/*Wolf*, Vor § 420, Rdnr. 11 ff.; § 431, Rdnr. 1. Das wichtigste Beispiel für eine gemeinschaftliche Schuld ist die Gesamthandsschuld.

als Rechtsinstitut anzuerkennen[1589] und wie zwischen beiden Schuldarten zu unterscheiden ist, muss nicht im Detail eingegangen werden. Es soll genügen, darauf hinzuweisen, dass die Emissionsbanken Börsenzulassung und Marktpflege veranlassen können, ohne gemeinsam zu handeln (vgl. § 32 Abs. 2 Satz 1 BörsG: der Zulassungsantrag muss nicht von allen Mitgliedern des Konsortiums zusammen, sondern lediglich von einem Emissionsbegleiter gestellt werden; für die Marktpflege folgt die Möglichkeit der Leistungserbringung durch eine Konsortialbank alleine – nach Abstimmung mit den übrigen Konsorten über das Vorgehen – schon aus der Natur der Sache[1590]). Der Emittent kann demnach von jedem Mitglied des Konsortiums als Gesamtschuldner die ganze Leistung fordern (§ 421 BGB).[1591] Für hier interessierende Zwecke, nämlich die Einstandspflicht für das Verschulden eines Konsorten, sind die Rechtsfolgen identisch: Auf beide Schuldarten findet § 425 BGB Anwendung.[1592] Jeder der Verpflichteten haftet vornehmlich für eigenes Verschulden. Bei gemeinschaftlicher vertraglicher Verpflichtung hat der Gläubiger aber die Vorstellung, nicht nur bezüglich der Primär-, sondern auch der Sekundärpflichten auf alle Schuldner zurückgreifen zu können. Entsprechend den Grundsätzen der Rechtsprechung[1593] ergibt sich in einem solchen Fall „ein anderes" i.S. des § 425 Abs. 1 BGB. Damit ist von einer Einstandspflicht der Mitglieder des Emissionskonsortiums für das Fehlverhalten der führenden (oder jeder anderen) Bank bei Erfüllung der (unteilbaren) Pflichten aus dem Übernahmevertrag auszugehen. Es zeigt sich, dass insoweit beide Auffassungen von der Rechtsnatur des Emissionskonsortiums – rechtsfähige Außengesellschaft einerseits, nicht rechtsfähige individualistische GbR andererseits – zum selben Ergebnis gelangen.

4. Ausgleichung und Freistellung

a. Ausgleichung

Da die Prospektverantwortlichen als Gesamtschuldner haften, vollzieht sich der Ausgleich im Innenverhältnis gem. § 426 BGB. Gem. Abs. 1 Satz 1 der Vorschrift sind die Gesamtschuldner grundsätzlich zu gleichen Teilen verpflichtet. Eine anderweitige Bestimmung kann sich aus Gesetz, Vertrag oder Natur der Sache ergeben.[1594] Der Übernahme- und der Konsortialvertrag enthalten nahezu immer eine

---

1589 Bejahend die in der vorstehenden Fußnote Genannten, ablehnend Erman/*Ehmann*, Vor § 420, Rdnr. 11; § 431, Rdnr. 1.

1590 Um die erforderliche Koordination zu gewährleisten, untersagt der Konsortialvertrag in der Regel ausdrücklich die Vornahme von Stabilisierungsmaßnahmen durch einen anderen als den *stabilisation manager* (üblicherweise die Konsortialführerin), vgl. Klausel 5(b) IPMA Standardkonsortialvertrag, BuB/*Bosch*, Rdnr. 10/253a; Klausel 5(c) IPMA Standardkonsortialvertrag, a.a.O., Rdnr. 10/253b; § 6(3) Agreement among Underwriters, BuB/*Groß*, Rdnr. 10/333e.

1591 A.A. nicht überzeugend *DeMeo*, Bankenkonsortien, Kap. 3, Rdnr. 78, der die Pflicht zur Kurspflege als gemeinschaftliche Schuld qualifiziert.

1592 Für die gemeinschaftliche Schuld vgl. BAG NJW 1974, 2255.

1593 Fn. 1583.

1594 BGHZ 47, 157, 165; 120, 50, 59.

solche abweichende Regelung (bei Aktienemissionen bezieht die Vereinbarung gegebenenfalls die Altaktionäre mit ein, die ihren Bestand zur Platzierung an die Banken abgeben). Gewöhnlich finden sich in den Vertragswerken zwei getrennte Normenkomplexe, die unterschiedliche Teilaspekte betreffen: Zunächst verpflichtet sich der Emittent im Übernahmevertrag den Konsortialbanken gegenüber zur Freistellung. Er übernimmt mithin im Innenverhältnis die gesamte Haftung.[1595] Für den Fall, dass die Konsortialbanken gleichwohl in Anspruch genommen werden, etwa weil der Emittent insolvent ist, enthält der Konsortialvertrag eine zusätzliche Bestimmung zur Ausgleichung im Verhältnis der Emissionsbanken untereinander. Die Banken können von den übrigen Mitgliedern des Konsortiums in Höhe der jeweiligen Übernahmequoten Ausgleich für die ihnen entstandenen Rechtsverfolgungskosten sowie die Begleichung der Klageforderung – abzüglich des vom Emittenten erlangten Betrags – verlangen.[1596] Eine solche Regelung ist sachgerecht, da sie sich an dem wirtschaftlichen Interesse der jeweiligen Konsortialbank an der Emission und der Verteilung sonstiger im Zusammenhang mit der Emissionsbegleitung anfallender Kosten orientiert, und begegnet keinen rechtlichen Bedenken.

Auch wenn es an einer Vereinbarung im Konsortialvertrag fehlt, ist in Abweichung von § 426 Abs. 1 Satz 1 BGB in der Regel nicht von einem kopfteiligen, sondern quotalen Ausgleich auszugehen. Haften Gesellschafter einer Personengesellschaft gesamtschuldnerisch, so ergibt sich nach allgemeiner Ansicht aus dem Inhalt und Zweck des Gesellschaftsverhältnisses, dass sich die Höhe des Ausgleichs gegenüber den Mitgesellschaftern an der jeweiligen Verlustbeteiligung orientiert.[1597] Die Verlustbeteiligung wiederum entspricht, sofern sie nicht ohnehin im Gesellschaftsvertrag ausdrücklich geregelt ist, gemäß der Zweifelsregel des § 722 Abs. 2 BGB der Beteiligung am Gewinn. Die Konsortialverträge enthalten immer Aussagen zur Verteilung des Gewinns (der Übernahmeprovision), die entsprechend der jeweiligen Übernahmequote den einzelnen Konsorten zugewiesen wird. Folglich stehen den Mitgliedern des Emissionskonsortiums in Höhe ihrer Quote Ansprüche auf Ausgleichung im Innenverhältnis zu.[1598]

b. Freistellung

Die Konsortialbanken vereinbaren in aller Regel im Übernahmevertrag mit dem Emittenten wechselseitige Ansprüche auf Freistellung. Der Anspruch der Banken gegen den Emittenten ist weitreichend; er umfasst eine allgemeine Freistellung von Verlusten oder Schadensersatzansprüchen, die durch Verletzung einer Verpflichtung des Emittenten aus dem Übernahmevertrag entstehen, und eine pauschale Freistellung von Haftung für fehlerhafte Angaben jeglicher Art in den Platzierungs-

---

1595 Mit gewissen begrenzten Ausnahmen. Vgl. zur Freistellungsvereinbarung zwischen Emittent und Emissionsbanken sogleich im nächsten Kapitel.

1596 Vgl. z.B. § 10(2) Agreement among Underwriters, BuB/*Groß*, Rdnr. 10/333e; Klausel 9 IPMA-Standardkonsortialvertrag, BuB/*Bosch*, Rdnr. 10/253a und 10/253b.

1597 Z.B. BGH MDR 2002, 593, 594 m.N.

1598 I.E. ebenso *Hopt*, Verantwortlichkeit, Rdnr. 121.

dokumenten. Er entfällt nur dann, wenn der Prospektfehler auf Informationen beruht, die die Konsortialbanken der Gesellschaft ausdrücklich zur Aufnahme in die Angebotsunterlagen zur Verfügung gestellt haben (hierbei handelt es sich gewöhnlich um Informationen, die sich auf die Emissionsbanken beziehen, z.B. ihre Konsortialquote).[1599] Die Banken können mithin laut Übernahmevertrag auch dann beim Emittenten Regress nehmen, wenn ihnen grob fahrlässiges oder gar vorsätzliches Verhalten anzulasten ist, sofern sich der Prospektfehler nicht auf die von ihnen stammenden Informationen zurückführen lässt.

Die Literatur diskutiert die Zulässigkeit solcher Klauseln üblicherweise im Zusammenhang mit § 57 AktG, der in Absatz 1 Satz 1 die Rückgewähr der Einlagen verbietet und in Absatz 3 nur die Ausschüttung des Bilanzgewinns an die Aktionäre gestattet.[1600] Nach allgemeinem Verständnis ist die Vorschrift nicht wörtlich zu nehmen. Sie bezieht sich nicht auf den Schutz des konkreten, als Einlage geleisteten

---

1599 Vgl. folgenden Auszug aus dem bei BuB/*Groß*, Rdnr. 10/324, abgedruckten Übernahmevertrag, Art. 8 (ähnlich a.a.O., 10/326, Art. 7; BuB/*Bosch*, Rdnr. 10/245, Art. 9[2]): „(1) Die Gesellschaft und [bei IPO mit gleichzeitiger Umplatzierung von Altaktien] jeder Abgebende Aktionär ist jeweils für sich verpflichtet, jede Konsortialbank und deren Leitungsorgane ...von jeglichen Verlusten, Ansprüchen, Schäden oder Haftungsverbindlichkeiten freizustellen, ... die aus, im Verhältnis zu oder in Verbindung mit entstehen: (a) tatsächlichen oder von Dritten geltend gemachten angeblichen Unrichtigkeiten der [im Vertrag enthaltenen, vom Emittenten abgegebenen] Gewährleistungen [insbesondere hinsichtlich der Rechtsmäßigkeit der Angebotsunterlagen und der in ihnen enthaltenen Jahresabschlüsse, der Emission und der im Zuge ihrer Durchführung abgeschlossenen Verträge und vorgenommenen Rechtsgeschäfte, wesentlicher Beeinträchtigungen der Geschäftstätigkeit des Emittenten seit dem Stichtag des letzten Jahresabschlusses, anderer Verträge oder Maßnahmen am Kapitalmarkt, die den Erfolg der Emission beeinträchtigen können] oder in Verbindung mit tatsächlichen oder von Dritten geltend gemachten angeblichen wesentlichen Falschangaben, welche in Angebotsunterlagen (mit Ausnahme von [bestimmten, abschließend aufgeführten] Angaben ..., die der Gesellschaft ausdrücklich zur Aufnahme in die Angebotsunterlagen schriftlich von einer Konsortialbank ... zur Verfügung gestellt wurden) enthalten sind, oder tatsächlichen oder von Dritten geltend gemachten angeblichen Unvollständigkeiten in Bezug auf eine wesentliche Tatsache, deren Angabe erforderlich gewesen ist oder zur Vermeidung einer Irreführung durch die übrigen darin enthaltenen Angaben erforderlich gewesen wäre, oder (b) Verletzungen ihrer aus diesem Vertrag erwachsenden Verpflichtungen. Neben der in Satz 1 genannten Freistellungsverpflichtung erstatten in jedem dieser Fälle die Gesellschaft und die abgebenden Aktionäre ... sämtliche erforderlichen Rechtsverfolgungskosten oder andere angemessenerweise in Zusammenhang mit der Untersuchung oder Abwehr von Klagen oder Ansprüchen verursachte Kosten ... (2) Die Gesellschaft und jeder Abgebende Aktionär erkennen ausdrücklich an, dass sie/er (a) durch den Umstand, dass die Gemeinsamen Globalen Koordinatoren bei der Abfassung der Angebotsunterlagen mitgewirkt haben bzw. mitwirken werden und dass die Angebotsunterlagen gegebenenfalls auch von den Gemeinsamen Globalen Koordinatoren oder von anderen Konsortialbanken unterschrieben werden, sowie (b) durch Untersuchungen (oder Angaben über die Ergebnisse von Untersuchungen , welche durch oder für die Konsortialbanken ... nach Absatz (1) durchgeführt werden, nicht von ihren/seinen Verpflichtungen aus Absatz (1) befreit wird.

1600 Die Zulässigkeit der Freistellungsabrede kann noch im Hinblick auf einen weiteren Gesichtspunkt in Zweifel gezogen werden: den Sinn und Zweck der Börsenprospekthaftung, die Prospektverantwortlichen zu einer sorgfältigen Prüfung der Emissionsunterlagen zu veranlassen. Für die Behandlung dieser Frage lassen sich Gedanken aus der US-amerikanischen Rechtsprechung und Literatur fruchtbar machen; sie soll deswegen erst im abschließenden Teil der Arbeit (§ 12 III) besprochen werden.

Vermögensgegenstands, sondern des Vermögens der Gesellschaft als Ganzes.[1601] Deswegen erstreckt sich das Verbot auf alle Zuwendungen, die ein Aktionär in seiner Eigenschaft als Gesellschafter außerhalb der ordnungsgemäßen Verteilung des Bilanzgewinns erhält (sog. offene Leistungen). Um Umgehungen zu vermeiden, untersagt die Rechtsprechung darüber hinaus Geschäfte, in denen der Aktionär der Gesellschaft vorgeblich wie ein Dritter gegenübersteht (Umsatzgeschäfte), aber nicht wie jeder Dritte behandelt wird, z.B. keine angemessene Gegenleistung erbringen muss (sog. verdeckte Leistungen bzw. verdeckte Gewinnausschüttung).[1602] Beispiele für solche verdeckten Leistungen sind die Gewährung eines Darlehens an den Aktionär zu nicht marktüblichen Konditionen und die Bereitstellung von Sicherheiten für Verbindlichkeiten der Gesellschafter oder Dritter gegen die Gesellschafter ohne Gegenleistung.[1603] Fraglich ist, ob das zugunsten der Emissionsbanken eingeräumte Freistellungsversprechen mit diesen Sachverhalten vergleichbar ist. Eine systematische Analyse des Problems macht es erforderlich, zwei Fälle zu unterscheiden: die Übernahme junger Aktien durch die Konsortialbanken (unter aa) und die Umplatzierung bereits bestehender Aktien von Altaktionären (unter bb).

aa. Übernahme junger Aktien

Bei der Übernahme junger Aktien hängt die Beurteilung der Rechtslage davon ab, ob die Emissionsbanken in die Stellung als Aktionär eintreten, d.h. das Mitgliedschaftsrecht und das Eigentum an der Aktienurkunde erlangen (was häufig – aber nicht zwingend – bei der Festübernahme geschieht), oder ob sie ohne Zwischenerwerb beim Anleger platzieren. Teilen die Banken die Emission direkt den Anlegern zu, ohne zumindest für kurze Zeit selbst die Aktien zu erwerben, ist die Anwendbarkeit des § 57 AktG schon deswegen fraglich, weil sich das Verbot nur auf die Rückgewähr der Einlage und verdeckte Leistungen *an den Aktionär* bezieht. Zwar kann die Vorschrift über den Wortlaut hinaus auch in bestimmten anderen Fällen herangezogen werden, z.B. wenn der Empfänger zum Zeitpunkt der schuldrechtlichen Absprache über die Leistung noch Aktionär war[1604] oder wenn die Leistung einem Aktionär zuzurechnen ist, etwa weil er Zahlung an eine ihm nahestehende Person veranlasst oder sonst einen mittelbaren Vorteil erlangt.[1605] Diese Ausnahmen greifen hier jedoch nicht ein. Die Emissionsbanken erlangen den Freistellungsanspruch nicht im Hinblick auf eine zukünftige oder frühere Aktionärseigenschaft oder sonstige Verbindung zu den Gesellschaftern des Emittenten, sondern aufgrund der Emissionsbegleitung.

1601 RGZ 107, 161, 168; 146, 84, 90; RG JW 3730, 3731 f.; BGHZ 90, 381, 386; OLG Koblenz, AG 1977, 231; OLG Hamburg, AG 1980, 275, 280.
1602 So bereits RGZ 149, 385, 400.
1603 OLG Koblenz, AG 1977, 231, 232; OLG Düsseldorf, AG 1980, 273, 274; OLG Hamburg, AG 1980, 275, 279.
1604 BGHZ 13, 49, 54 (zu § 30 GmbHG); OLG Frankfurt, AG 1996, 324, 325.
1605 BGH WM 1957, 61; OLG Hamburg, AG 1980, 275, 278 (der Aktionär ist lediglich Strohmann, wirtschaftlich nimmt der Hintermann die Gesellschafterstellung ein).

Übernehmen die Banken die Aktien zu Eigentum, ist die Rechtslage komplizierter. § 57 AktG ist seinem Wortlaut nach erfüllt. Folgt man der hier vertretenen Auffassung und bejaht den Vorrang der Prospekthaftung gegenüber den Kapitalerhaltungsvorschriften,[1606] ist die Bestimmung konsequenterweise gleichwohl nicht anzuwenden. Folge des Prospektmangels ist die Entstehung eines Gesamtschuldverhältnisses mit den Emissionsbanken und dem Emittenten als Schuldnern. Zwischen den Gesamtschuldnern kann der Anleger frei wählen, insbesondere kann er nach der vorliegenden Ansicht auch den Emittenten in Anspruch nehmen. Entscheidet er sich dagegen und richtet seine Forderung gegen die Banken, muss der Anwendungsvorrang der Prospekthaftung auf die Regressebene durchschlagen, sollen nicht die Regeln zur Gesamtschuld modifiziert und die Rechte der Schuldner verkürzt werden. Damit entfalten die vertraglich vereinbarten oder gesetzlichen Freistellungs- bzw. Ausgleichsansprüche Wirksamkeit.[1607]

Lehnt man einen generellen Vorrang der §§ 44, 45 BörsG ab, sprechen trotzdem die besseren Argumente dafür, dem Freistellungsanspruch nicht die Geltung zu versagen. Zum einen ist zu bedenken, dass die Emissionsbanken nicht die Stellung eines typischen Aktionärs einnehmen. Sie halten das Eigentum an den Aktien, wenn überhaupt, nur für kurze Zeit, bis die Zuteilung an die Anleger abgeschlossen ist. Weder üben sie Verwaltungsrechte aus, noch beziehen sie Dividenden.[1608] Sie veräußern die Aktien nicht zu eigenen Zwecken, sondern um den Emissionserlös umgehend an den Emittenten abzuführen. Dieser Befund hat Rechtsprechung und Literatur dazu veranlasst, von den Emissionsbanken als fremdnützigen Treuhändern ohne wirtschaftliches Eigeninteresse an der Gesellschaftsbeteiligung[1609] bzw. transitorischen Abwicklungs- und Zahlstellen[1610] zu sprechen. Das Gesetz erkennt ebenfalls die Sonderstellung an, wenn es in § 37 Abs. 3 Satz 1 GWB den Erwerb von Unternehmensanteilen durch (unter anderem) ein Kreditinstitut oder Finanzinstitut nicht als Zusammenschluss qualifiziert (sofern die Erwerber das Stimmrecht aus den Anteilen nicht ausüben und die Veräußerung innerhalb eines Jahres erfolgt), wenn es in § 186 Abs. 5 Satz 1 AktG die Übernahme durch Emissionsbanken nicht als Ausschluss des Bezugsrechts bezeichnet, und wenn es schließlich in § 3 Abs. 2 Satz 3 WpPG davon spricht, dass die Ausnahmen von der Prospektpflicht nicht im Verhältnis zur Emissionsbank, sondern den endgültigen Anlegern zu beurteilen sind. Um diesen Besonderheiten Rechnung zu tragen, wendet der BGH die Vorschriften des Sacheinlagerechts, insbesondere das Verbot verdeckter Sacheinlagen, im Wege der teleologischen Reduktion nicht auf Emissionsbanken an, sofern die Banken nach den Umständen des Einzelfalls tatsächlich nur als Abwicklungsstellen zur Platzierung fungieren. Das ist der Fall, wenn (1) die rasche Platzierung der Aktien im Zeitpunkt der Zeichnung unproblematisch erschien, (2) die Banken sich

1606 Siehe oben I 2 a gg.
1607 Ebenso Großk. AktG/*Henze*, § 57, Rdnr. 55.
1608 Jedenfalls im Regelfall; vgl. hierzu *Schnorbus*, AG 2004, 113, 121.
1609 BGHZ 118, 83, 97 (BuM III); *Canaris*, Bankvertragsrecht, Rdnr. 2270; *Groß*, AG 1991, 217, 225 f.; *Ulmer*, ZHR 154 (1990), 128, 142.
1610 *Schnorbus*, AG 2004, 113, 118.

bemühen, etwaige Spitzen und nicht bezogene neue Aktien zügig unterzubringen oder nach den Anweisungen des Emittenten zu verwerten, (3) wenn sie keine Aktionärsrechte wahrnehmen oder Aktien durch Selbsteintritt erwerben, d.h. die fremdnützige nicht in eine eigennützige Rechtsstellung umwandeln,[1611] und (4) für ihre Dienstleistung lediglich eine angemessene Vergütung erhalten.[1612] Die Literatur hält die Privilegierung der Emissionsbanken überwiegend für gerechtfertigt[1613] und befürwortet teilweise eine Fortentwicklung der Rechtsprechung – die lediglich zur Bezugsrechtsemission gem. § 186 Abs. 5 AktG erging – hin zu einem allgemeinen Bankenprivileg, das auch bei Kapitalerhöhungen unter Ausschluss des Bezugsrechts, Umplatzierungen und der Übernahme von Aktien zur Stabilisierung oder zur Erfüllung der Aufgaben als Designated Sponsor eingreifen soll.[1614] Inhaltlich soll es nicht nur von den Regeln über verdeckte Sacheinlagen befreien, sondern auch von anderen Kapitalaufbringungsvorschriften (z.B. den Substitutionsverboten gem. §§ 54 Abs. 2, 66 Abs. 1 Satz 2 AktG), der Vormannhaftung (§ 65 AktG), den Grundsätzen zum Eigenkapitalersatz[1615] und den Pflichten des WpÜG (z.B. der Pflicht zur Veröffentlichung der Kontrollerlangung gem. § 35 Abs. 1 WpÜG und zur Abgabe eines Pflichtangebots gem. § 35 Abs. 2 WpÜG).[1616] Eine solche rechtliche Behandlung der Emissionsbanken ist sinnvoll. Die aufgeführten Vorschriften des Aktienrechts berücksichtigen nicht die Erfordernisse einer effizienten Begebung von Wertpapieren am Kapitalmarkt, sondern haben Probleme einer gesellschaftsrechtlichen Natur im Blick, die von einer nicht nur vorübergehenden, von mehr als der formalen Rechtsinhaberschaft ohne wirtschaftliches Interesse geprägten Beziehung zwischen Gesellschaft und Gesellschafter ausgehen. Die Interessen der Gesell-

---

1611 Was unter dem Selbsteintritt zu verstehen ist und ob bzw. wie er nach außen hervortreten muss, lässt der BGH offen. Vgl. hierzu *Ekkenga/Maas*, Wertpapieremissionen, Rdnr. 330 m.N.

1612 BGHZ 118, 83, 98 f. Bestätigt in BGHZ 122, 180, 185 f. (co op); BGH NJW 1995, 2486 (BuM IV). Folge der Rechtsprechung ist, dass der Emittent die von den Konsortialbanken aufgebrachten Mittel z.B. zur Rückführung eines Darlehens an die Banken verwenden kann, ohne nach den Grundsätzen der verdeckten Sacheinlage zu haften.

1613 Vgl. die in Fn. 1609 und 1610 Genannten sowie BuB/*Bosch*, Rdnr. 10/20; *Frese*, AG 2001, 15, 20; *Groß*, AG 1993, 108, 115 f.; *Schanz*, Börseneinführung, § 9, Rdnr. 66; Schimansky/Bunte/Lwowski/*Grundmann*, Bankrechtshandbuch, § 112, Rdnr. 75; Schwark/*Heidelbach*, KMRK, § 30 BörsG, Rdnr. 60; *Timm/Schöne*, ZGR 23 (1994), 113, 114. Kritisch *Ekkenga/Maas*, a.a.O., Rdnr. 332: Die Banken seien nicht lediglich „materiellrechtlich unbeachtliche Durchgangsstationen", sondern „Garanten der Kapitalaufbringung bis zur Durchführung der Kapitalerhöhung." Das ist zwar bei der Festübernahme richtig; der BGH ist aber vorsichtig genug, das Bankenprivileg von einer voraussichtlich unproblematischen Platzierung abhängig zu machen und beim Auftreten von Schwierigkeiten weitere Unterbringungsbemühungen und eine Verwertung der nicht bezogenen Aktien innerhalb absehbarer Zeit (in BGHZ 118, 83, 98 spricht der BGH von einer Platzierung „unmittelbar im Anschluss an die nach Ablauf der Bezugsfrist gewährte Nachfrist") zu verlangen. Geschieht das nicht, verlieren die Banken ihre privilegierte Stellung und haften unter Umständen „in Höhe des für die maßgebenden [nicht platzierten] Aktien zu entrichtenden Ausgabekurses nach den Grundsätzen der verdeckten Sacheinlage" (a.a.O., 99). Damit erfolgt, entgegen *Ekkenga/Maas*, a.a.O., eben keine endgültige Befreiung von den Vorschriften zur Kapitalaufbringung.

1614 BuB/*Bosch*, a.a.O.; *Frese*, a.a.O., 20 ff.; *Schnorbus*, a.a.O., 115 ff.; *Schanz*, a.a.O., Rdnr. 75 ff.; Schwark/*Heidelbach*, a.a.O.

1615 BGHZ 90, 381.

1616 *Schnorbus*, a.a.O., 122 ff.

schaft und ihrer Gläubiger bleiben dadurch gewahrt, dass die Banken ihre privilegierte Stellung grundsätzlich verlieren, wenn die Emission scheitert.[1617] Diese Überlegungen lassen sich auf den Konflikt zwischen Freistellung und Kapitalerhaltung übertragen. Nicht die Emissionsbank, sondern der von ihr erwerbende Anleger ist Adressat des Verbots gem. § 57 Abs. 1 Satz 1, Abs. 3 AktG. Im Verhältnis Anleger und Gesellschaft dürfen keine Zuwendungen außerhalb der ordnungsgemäßen Verteilung des Bilanzgewinns erfolgen; die zugunsten der Konsortialbank versprochene Freistellung ist hingegen zulässig.

Der zweite Gesichtspunkt, der gegen eine Verletzung der Kapitalerhaltungsvorschriften spricht, ist folgender: Der Tatbestand des § 57 AktG setzt voraus, dass entweder eine offene oder verdeckte Rückgewähr der Einlagen erfolgt. Bei der Freistellungsabrede handelt es sich um eine verdeckte Leistung, da die Gesellschaft die Zuwendung im Hinblick auf eine von den Konsortialbanken zu erbringende Dienstleistung – die Begleitung der Emission – gewährt. Verdeckte Ausschüttungen verstoßen gegen § 57 AktG, wenn ein objektives Missverhältnis zwischen Leistung und Gegenleistung besteht.[1618] Für die Emissionsbegleitung erhalten die Konsortialbanken, abhängig von dem genauen Umfang ihrer Pflichten, eine Übernahme-, Verkaufs- und Börseneinführungsprovision. Das Freistellungsversprechen lässt sich als Teil der Vergütung der Banken verstehen. Ob die Zuwendungen in objektivem Missverhältnis zu den erbrachten Dienstleistungen stehen, kann nur anhand des Einzelfalls beurteilt werden, wobei neben dem Umfang der Freistellungsverpflichtung auch die Höhe der Provisionen zu berücksichtigen ist. Zu beachten ist, dass hier keine Überprüfung der inneren Rechtfertigung der Freistellungsabrede erfolgen darf, etwa dahingehend, dass sie eine angemessene Risikoverteilung bein-

---

1617 Die diesbezüglichen Ausführungen des BGH in den erwähnten Urteilen sind nicht ganz eindeutig, aber wohl in dem Sinne auszulegen, dass – auch wenn nicht sämtliche Aktionäre ihr Bezugsrecht ausgeübt haben müssen – die Platzierung zügig zum Abschluss zu bringen ist, vgl. bereits oben Fn. 1613.

1618 Zu §§ 30 ff. GmbHG z.B. BGH NJW 1987, 1194, 1195; 1996, 589 f. Zu § 57 AktG OLG Koblenz, AG 2007, 408, 409; AG 1977, 231 f.; OLG Frankfurt, AG 1992, 194, 196 (Hornblower Fischer – objektives Missverhältnis bei Kurspflegevereinbarung des Emissionsbegleiters); KG, AG 2000, 183. Umstritten ist, ob darüber hinaus eine subjektive Komponente zu fordern ist, d.h. ob die Gesellschaft ihre Leistung gerade aufgrund der Aktionärsstellung des Empfängers erbracht haben muss. Für Leistung *causa societatis* z.B. *Flume*, ZHR 144 (1980), 18, 19 ff.; Großk. AktG/*Barz*, 3. Aufl., § 57, Anm. 3; *Wilhelm*, FS Flume, Bd. II, S. 337, 382; bei der GmbH: Baumbach/Hueck/*Hueck/Fastrich*, § 30, Rdnr. 23. Teile der Literatur beziehen sich zur Begründung ihrer ablehnenden Haltung auf die beiden zitierten BGH-Entscheidungen, vgl. Großk. AktG/*Henze*, § 57, Rdnr. 47; *Hüffer*, § 57 AktG, Rdnr. 10 m.w.N. In den Urteilen behandelt der BGH allerdings nicht die Frage, ob *causa* des Geschäfts das Mitgliedschaftsverhältnis sein muss, sondern stellt lediglich fest, dass die irrtümliche Annahme der Geschäftsführung, Leistung und Gegenleistung seien ausgeglichen, nichts an dem Charakter der Leistung als verdeckte Einlagenrückgewähr ändert. Deutlicher OLG Koblenz, AG 2007, 408, 409: Die Frage, ob ein ordentlicher und gewissenhafter Geschäftsführer das Geschäft auch mit einem Nichtgesellschafter getätigt haben würde (was Kriterium für die Beurteilung des Verhältnisses zwischen Leistung und Gegenleistung ist), sei „lediglich im Sinne eines objektiven Pflichtmaßstabs zu verstehen, d.h. ohne Rücksicht auf die Frage eines subjektiven Verschuldens".

halten[1619] oder sich an den Verursachungs- oder Verschuldensbeiträgen der Beteiligten orientieren müsse[1620] (das tut sie in der Praxis üblicherweise nicht, vielmehr lassen sich die Emissionsbanken in gewissem Umfang auch für eigene Fehler freistellen[1621]). Stattdessen ist zu fragen, ob „ein gewissenhaft nach kaufmännischen Grundsätzen handelnder Geschäftsführer das Geschäft unter sonst gleichen Umständen zu den gleichen Bedingungen auch mit einem Nichtgesellschafter"[1622] abgeschlossen hätte. Es kommt mithin (zumindest für Zwecke des § 57 AktG) nur darauf an, ob die Freistellungsvereinbarung marktüblich ist, sprich: ob sie der Preis ist, den ein Emittent üblicherweise zahlen muss, um ein Kreditinstitut für die Emissionsbegleitung zu gewinnen. Das ist zu bejahen, wenn die Abrede den oben beschriebenen Beispielen entspricht.

Damit lässt sich die Vereinbarkeit von Freistellungsvereinbarungen mit § 57 AktG auf drei Wegen begründen: Nach hier vertretener Auffassung ist § 57 AktG bereits deswegen nicht verletzt, weil die Vorschrift im Rahmen der Abwicklung kapital-

---

1619 So *Groß*, Kapitalmarktrecht, §§ 44, 45 BörsG, Rdnr. 20, und *Technau*, AG 1998, 445, 456. Letzterer will die angemessene Risikoverteilung dann verneinen (und damit die Freistellungsvereinbarung wegen Verstoßes gegen § 57 AktG für unwirksam erklären), wenn sich die Banken auch für Prospektfehler freistellen lassen, die in ihrem Verantwortungsbereich liegen, was bei denjenigen Teilen des Prospekts der Fall sei, die „kapitalmarktspezifische[...] Risiken für den Anleger und Verkaufsbeschränkungen im Zusammenhang mit ausländischen börsenrechtlichen und wertpapieraufsichtsrechtlichen Vorschriften" beschrieben oder Angaben enthielten, deren Mangelhaftigkeit auf einer fehlerhaften Verarbeitung der vom Emittenten gelieferten Informationen durch die Banken beruhe. Ersterer hingegen hält Freistellung auch in diesen Fällen für zulässig, da den Emittenten die Pflicht treffe, über alle wesentlichen Angaben richtig und vollständig zu informieren (und er diese Pflicht – wohl verschuldensunabhängig – bei Vorhandensein eines Prospektmangels verletzt habe). Außerdem habe er eine Endkontrolle des Prospekts vorzunehmen und hierbei die korrekte Verarbeitung seiner Informationen durch die Banken zu überprüfen (a.a.O., Rdnr. 19 f.). Beiden Ansichten unterläuft der Fehler, dass sie die Angemessenheit der Freistellungsvereinbarung als eine in der Vereinbarung selbst begründete, unabhängig von anderen Faktoren bestehende Eigenschaft ansehen, d.h. immanente Fairness voraussetzen (anhand welchen Maßstabs sie zu beurteilen sei, bleibt offen, wobei *Technau*, a.a.O., eine mögliche Aufteilung nach Verantwortungsbereichen andeutet – hier kommen die zwei Meinungen dementsprechend auch zu unterschiedlichen Ergebnissen). Das mag vielleicht im Hinblick auf § 242 BGB von Bedeutung sein, hat aber mit § 57 AktG nichts zu tun. § 57 AktG will nicht unternehmerische Entscheidungen hinterfragen (es sei denn insoweit, als die Geschäftsführung eine betrieblich nicht gerechtfertigte Leistung bewilligt, die sie einem Nichtgesellschafter nicht gewährt hätte, vgl. BGH NJW 1987, 1194, 1995), sondern einer Minderung des Gesellschaftsvermögens vorbeugen. Die Angemessenheit der Freistellungsklausel bemisst sich folglich anhand der für das Versprechen erhaltenen Gegenleistung, die den eingetretenen Wertverzehr ausgleichen muss. Vgl. weiteres hierzu sogleich im Text.

1620 In diese Richtung *Ellenberger*, Prospekthaftung, S. 76, der sich auf *Technau*, a.a.O., bezieht.

1621 Zu pauschal *Groß*, a.a.O., Rdnr. 18, der der Auffassung ist, bei verschuldeten Prospektmängeln liege jedenfalls im Verhältnis zum Emissionsbegleiter generell das Verschulden bei der Gesellschaft. Zwar ist es richtig, dass der Emittent die Letztverantwortung für den Prospekt trägt. Gleichwohl treffen die Emissionsbanken wichtige eigenständige Prüfpflichten. Auch liefern sie Informationen und nehmen maßgeblich auf die Erstellung der Platzierungsdokumente Einfluss, so dass eine differenzierte und auf den Einzelfall abstellende Verschuldensabwägung angemessen erscheint.

1622 BGH NJW 1996, 589, 590. Fast wortgleich BGH NJW 1987, 1194, 1195; OLG Koblenz, AG 2007, 408, 409. Ähnlich OLG Frankfurt, AG 1992, 194, 196: Maßstab ist, ob die Leistung „als solche auch mit einem Dritten hätte geschlossen werden können".

marktrechtlicher Schadensersatzansprüche nicht zur Anwendung gelangt. Im Übrigen sprechen gute Argumente dafür, das vom BGH anerkannte Bankenprivileg auf die Vorschriften zur Kapitalerhaltung auszudehnen. Schließlich ist zweifelhaft, ob nach den Grundsätzen der Rechtsprechung im vorliegenden Fall von einer verdeckten Einlagenrückgewähr gesprochen werden kann.

bb. Umplatzierung

Die Problematik ist bei der Umplatzierung etwas anders gelagert. Auch wenn keine Kapitalerhöhung durchgeführt, sondern das Angebot allein mit Aktien der Altaktionäre bestritten werden soll (was in der Praxis die Ausnahme ist), können Emissionsbanken in den Prozess der Übernahme und Platzierung eingebunden sein. Sie kontrahieren mit den Altaktionären, wobei es sich je nach Ausgestaltung um einen Kauf-(Festübernahme) oder einen Maklervertrag bzw. eine entgeltliche Geschäftsbesorgung handelt (kommissionsweise Platzierung). Die Gesellschaft wird, jedenfalls wenn Börseneinführung der Papiere beabsichtigt ist, ebenfalls Partei des Vertrags, da sie die Zulassung zum Handel beantragen muss (§ 32 Abs. 2 Satz 1 BörsG). Sie übernimmt umfangreiche Garantien ähnlich denen bei der Emission junger Aktien, die neben die Gewährleistungen der Altaktionäre treten, und verpflichtet sich zur Freistellung der Emissionsbanken bei Inanspruchnahme wegen Prospektmängeln. Ein Teil der Literatur sieht hierin einen Verstoß gegen das Verbot der Einlagenrückgewähr. Das Freistellungsversprechen stelle eine Leistung an die abgebenden Aktionäre dar, die mit der Bereitstellung von Sicherheiten für Gesellschafterschulden vergleichbar sei. Da der Emissionserlös an die Altaktionäre ginge, fließe der Gesellschaft hierfür keine gleichwertige Gegenleistung zu, was den Tatbestand des § 57 Abs. 1 Satz 1 AktG erfülle.[1623]

Gegen diese Auffassung wenden Stimmen in der Literatur zweierlei ein: Zunächst führen sie für den Fall der kommissionsweisen Platzierung ohne Übernahme der Aktien zu Eigentum an, das Verbot der Einlagenrückgewähr wirke sich nur im Verhältnis zum (Alt-)Aktionär aus, nicht aber im Verhältnis zu Dritten (den Banken, die in diesem Fall nicht in die Aktionärsstellung eintreten).[1624] Dieses Argument ist nicht überzeugend. Zwar ist richtig, dass der Freistellungsvereinbarung hier eine Doppelnatur zukommt: Sie stellt eine Leistung sowohl an die abgebenden Aktionäre, die sich daneben in der Regel selbst zur Freistellung verpflichten, als auch an die Emissionsbanken dar. Weiter ist richtig, dass das Verbot der Einlagenrückgewähr die Gewährung einer Leistung an Dritte grundsätzlich nicht erfasst[1625]

1623 *Technau*, AG 1998, 445, 457. Die soweit ersichtlich einzige Gerichtsentscheidung, die das Problem behandelt, LG Bonn, ZIP 2007, 1267, konzentriert sich auf die (fehlende) Zulässigkeit der Vermögenszuwendung im Verhältnis zum Aktionär und deutet an, dass im Verhältnis zu den Emissionsbanken kein Verstoß gegen § 57 AktG vorliege (a.a.O., 1269). Vgl. zu dieser Trennung zwischen dem Rechtsverhältnis mit dem Aktionär und dem mit der Emissionsbank sogleich im Text.

1624 *Groß*, a.a.O., Rdnr. 22: Verstoß gegen § 57 AktG im Verhältnis zum Aktionär ändere nichts an der Wirksamkeit der Freistellung des Emissionsbegleiters. So wohl auch MüKo AktG/*Bayer*, § 57, Rdnr. 91.

1625 Zu Ausnahmen siehe oben aa.

und damit auch die Rechtsfolge des § 57 AktG – nach h.M. Nichtigkeit des Verpflichtungsgeschäfts (unter Umständen auch des Verfügungsgeschäfts) gem. § 134 BGB[1626] – nicht eingreift. Während der Aktionär die Leistung gem. § 62 Abs. 1 Satz 1 AktG zurückgewähren muss, ist das Rechtsgeschäft zwischen der Aktiengesellschaft und dem Dritten mithin wirksam.[1627] Das gilt freilich nicht ohne Ausnahme. Die Rechtsprechung hat lediglich festgestellt, „dass der Dritte *i.d.R.* nicht beurteilen kann, ob die mit ihm getroffene Vereinbarung nach dem Innenverhältnis zwischen der Gesellschaft und dem Aktionär eine verbotene Einlagenrückgewähr“[1628] darstellt, und dass es deswegen *grundsätzlich* nicht gerechtfertigt ist, dem Rechtsgeschäft die Wirksamkeit zu versagen. Das Vertrauen des Dritten auf den Bestand der Leistung ist nach verbreiteter Ansicht aber nicht schutzwürdig, wenn er „einverständlich“[1629] bzw. „bewusst“[1630] am Pflichtenverstoß des Gesellschafters und der Geschäftsführung zum Schaden der Gesellschaft oder der Gläubiger mitwirkt (Fall der Kollusion),[1631] bzw. wenn ihm Fahrlässigkeit[1632] oder grobe Fahr-

---

1626 OLG München, AG 1980, 272, 273; OLG Düsseldorf, AG 1980, 273, 274.

1627 BGHZ 138, 291, 298 (zur Kreditbesicherung im GmbH-Konzern); OLG Düsseldorf, a.a.O.; Großk. AktG/*Henze*, § 57, Rdnr. 215, 221; *Mülbert*, ZGR 24 (1995), 578, 603 f. jeweils m.w.N.

1628 OLG Düsseldorf, a.a.O. (Hervorhebung durch den Verfasser).

1629 *Schön*, ZHR 159 (1995), 351, 365 für die GmbH: Entgegennahme einer stammkapitalmindernden Sicherheit stelle einen eigenen Tatbestand der Gläubigergefährdung i.S. des § 138 BGB dar. Der Tatbestand sei bereits dann erfüllt, wenn dem Dritten (dem Sicherungsnehmer) das Gesellschaftsverhältnis zwischen Sicherungsgeber und Hauptschuldner bekannt sei und er wisse oder sich leichtfertig der Erkenntnis verschließe, dass die Zuwendung das Stammkapital angreifen könne, a.a.O., 366 f. Dagegen *Mülbert*, a.a.O., 607.

1630 BGHZ 138, 291, 298; BGH WM 1982; 1402.

1631 D.h. Sittenwidrigkeit gem. § 138 BGB, vgl. BGHZ a.a.O., 298 ff.; BGH WM a.a.O.; *Koppensteiner*, ZHR 155 (1991), 97, 106; Lutter/Hommelhoff/*Lutter/Hommelhoff*, § 30 GmbHG, Rdnr. 39; *Lutter/Wahlers*, AG 1989, 1, 15; *Messer*, ZHR 159 (1995), 375, 384 f.; *Sonnenhol/Groß*, ZHR 159 (1995), 388, 413 ff., die sich gegen die Heranziehung subjektiver Umstände im Rahmen des § 134 BGB, d.h. für Wirksamkeit des Drittgeschäfts „jedenfalls in den Normalfällen der Besicherung von Krediten Dritter an Konzernunternehmen“ (a.a.O., 409) aussprechen, aber darauf hinweisen, dass sich die Unwirksamkeit aus § 138 BGB ergeben könne, wenn der Dritte nicht nur Kenntnis von dem Verstoß gegen die Kapitalerhaltungsvorschriften habe, sondern planmäßig mit dem Gesellschafter zusammenwirke und besondere Umstände die Sittenwidrigkeit begründeten (z.B. BGHZ a.a.O., 300: Täuschungsabsicht oder Schädigungsvorsatz). Wohl etwas weiter, nämlich bloße Kenntnis ausreichen lassend, KK AktG/*Lutter*, § 57, Rdnr. 73 f. (der Empfänger müsse „in Kenntnis der Situation“ gehandelt haben); *Mülbert*, a.a.O., 608 (Sittenwidrigkeit, wenn „die Bank von den Umständen weiß, die eine verdeckte Einlagenrückgewähr … begründen“). In diese Richtung auch BGHZ 81, 365, 369 f., wobei hier zur Kenntnis noch ein Näheverhältnis zwischen Gesellschafter und drittem Empfänger kam. Die meisten der genannten Fundstellen beschäftigen sich mit § 30 GmbHG, die Argumentation lässt sich aber auf § 57 AktG übertragen. Vgl. zur Rechtslage bei der AG auch RGZ 149, 385, 400; 107, 161, 167 f.: Das mit einem Dritten abgeschlossene Geschäft, das den Aktionären zugute kommen soll, ist gem. § 134 BGB nichtig, wenn der Dritte die Sachlage („Sinn, Zweck und Inhalt der Vertragsbestimmungen zugunsten der Aktionäre“, a.a.O., 167) kennt.

Einen anderen Begründungsansatz verfolgen Großk. AktG/*Henze*, § 57, Rdnr. 217; MüKo AktG/*Bayer*, § 57, Rdnr. 171 f.: Entsprechend den Grundsätzen des Missbrauchs der Vertretungsmacht sei das mit dem Dritten abgeschlossene Rechtsgeschäft bei objektiv evidentem Kompetenzmissbrauch und Kollusion mangels Vertretungsmacht des Vorstands (Ausnahme zu § 82 Abs. 1 AktG) unwirksam. Bei der GmbH ebenso *Hager*, ZGR 18 (1989), 71, 101. Hiergegen *Abramenko*, GmbHR 1997, 875, 877; *Mülbert*, a.a.O., 605 f.; *Sonnenhol/Groß*, a.a.O., 407 ff.

1632 *Peltzer/Bell*, ZIP 1993, 1757, 1764.

lässigkeit[1633] hinsichtlich seiner fehlenden Kenntnis von der Unzulässigkeit der Zuwendung im Verhältnis Gesellschaft und Gesellschafter vorzuwerfen ist. Der Meinungsstreit muss hier nicht ausdiskutiert werden. Es soll der Hinweis genügen, dass die zugunsten der Emissionsbanken eingeräumte Freistellungsvereinbarung kein neutrales Geschäft ist, wie es der Rechtsprechung mitunter vorlag, wenn sie den Bestand der Drittleistung bejaht hat.[1634] Die Banken sind über das Innenverhältnis zwischen dem Emittenten und den abgebenden Aktionären aufgrund ihrer emissionsbegleitenden Tätigkeit eingehend informiert. Sie sind sich bewusst, dass der Aktionär für die Zuwendung keine Gegenleistung erbringt.[1635] Häufig werden es gerade die Konsortialbanken sein, die auf Abgabe des Freistellungsversprechens durch die Gesellschaft drängen, um das hohe Prospekthaftungsrisiko abzumildern und neben den Aktionären einen weiteren, solventen Ausgleichsverpflichteten zu erhalten. Vieles spricht mithin dafür, auch dem Drittgeschäft die Wirksamkeit abzusprechen, wenn erst einmal der Verstoß gegen § 57 AktG im Verhältnis zum Aktionär festgestellt worden ist.

Das zweite von der Literatur für eine Vereinbarkeit der Freistellungsabrede mit § 57 AktG vorgebrachte Argument ist überzeugender. Ihm kommt sowohl für den Fall der kommissionsweisen Platzierung als auch der Übernahme der Aktien zu Eigentum durch die Konsortialbanken Gültigkeit zu. Ein Verstoß gegen § 57 AktG setzt, wie oben ausgeführt, voraus, dass die Gesellschaft für die Zuwendung keine angemessene Gegenleistung erhält. Auch wenn die Banken den Emissionserlös nicht an die Gesellschaft ausschütten, kommt die Umplatzierung dem Unternehmen zugute: Soll eine erstmalige Börsennotierung erfolgen, wird sich das Unternehmen hiervon häufig einen höheren Bekanntheitsgrad, gesteigerte Liquidität des Eigenkapitals und damit einen leichteren Zugang zu Investoren und verbesserte Möglichkeiten der Kapitalaufnahme für die Zukunft versprechen.[1636] Es wird die Unterstützung der Umplatzierung durch Zusage der Freistellung, Mithilfe bei der Vermarktung der Aktien und ähnliche Leistungen üblicherweise gerade im Hinblick auf diese Vorteile – und nicht eine Begünstigung bestimmter Aktionäre – vornehmen. Wenn das Unternehmen bereits börsennotiert ist oder die Beteiligten keine Börseneinführung der Aktien beabsichtigen (aber ein öffentliches Angebot durchführen, das den Prospektzwang und damit das Risiko der Inanspruchnahme wegen Prospektmängeln auslöst), kann der mit der Emissionsbegleitung verbun-

1633 *Canaris*, FS Fischer (1979), S. 31, 45 ff., der auf die sachenrechtliche Lage abstellen will: Die Verfügung an den Dritten (im erörterten Fall Bestellung einer Kreditsicherheit) müsse als Zuwendung von der Gesellschaft an den Gesellschafter, sodann vom Gesellschafter an den Dritten beurteilt werden, um Wertungswidersprüche zu vermeiden. Da der Gesellschafter nicht Inhaber des Rechts wird, kann der Dritte nur gutgläubig erwerben, d.h. bei Grundpfandrechten scheitert die Verfügung an seiner Kenntnis (§ 892 BGB analog), bei beweglichen Sachen auch an grob fahrlässiger Unkenntnis (§ 932 BGB). Ebenso *Michalski*, AG 1980, 261, 268 f.
1634 OLG Düsseldorf, AG 1980, 273, 274.
1635 Vorausgesetzt, die Gegenleistung lässt sich nicht im Hinblick auf die Vorteile der Börseneinführung bzw. des öffentlichen Angebots der Aktien begründen, vgl. hierzu sogleich im Text.
1636 BuB/*Groß*, Rdnr. 10/293b.

dene Nutzen[1637] ebenfalls eine objektiv angemessene Gegenleistung für das Freistellungsversprechen darstellen,[1638] wobei es aber letztlich auf den Einzelfall ankommt.

Abgesehen von diesen beiden Argumenten ist auch hier wieder auf den generellen Vorrang der Prospekthaftung zu verweisen: Gehört der Emittent zum Kreis der Prospektverantwortlichen, was bei angestrebter Börsenzulassung gem. § 32 Abs. 2 Satz 1 BörsG zwingend der Fall ist, kann es keinen Unterschied machen, ob der geschädigte Anleger ihn direkt in Anspruch nimmt oder sich zunächst an die Emissionsbanken wendet, die bei der Gesellschaft Regress nehmen. Wird mit der vorliegenden Ansicht angenommen, dass §§ 57, 71 ff. AktG der prospektrechtlichen Haftung in Form der Übernahme der Aktien gegen Erstattung des Erwerbspreises durch den Emittenten nicht entgegenstehen, ist es nur konsequent, auch den gesamtschuldnerischen Ausgleich zur Verteilung der Prospektverantwortlichkeit im Innenverhältnis nicht als verbotene Rückgewähr der Einlagen (sei es an die Altaktionäre oder Konsortialbanken) zu qualifizieren.

Beabsichtigen die Beteiligten nicht, die Aktien zum Börsenhandel zuzulassen, trifft den Emittenten nur dann die Pflicht zur Unterzeichnung des Prospekts (und damit die Prospekthaftung gem. § 13 VerkProspG, die wiederum Voraussetzung dafür ist, dass die Kapitalerhaltungsvorschriften des Aktienrechts zurücktreten), wenn er Anbieter i.S. des § 3 Abs. 1 Satz 1 WpPG ist. Wie der Begriff auszulegen ist, wurde ausführlich besprochen.[1639] Die gefundenen Ergebnisse sind allerdings den Besonderheiten der Umplatzierung anzupassen. Der Emittent lässt sich – anders als bei der Neuemission – nicht zwangsläufig als Anbieter ansehen, da das Angebot nicht von seiner Initiative bzw. Mitwirkung abhängt. Es wird darauf ankommen, inwieweit er in den Prozess der Umplatzierung eingebunden ist, ob er z.B. an der Erstellung des Prospekts mitwirkt, an Werbeveranstaltungen teilnimmt und sonstige finanzielle und personelle Unterstützung erbringt. Hat er hiernach den Prospekt zu unterzeichnen oder übernimmt er durch Erklärung gem. § 5 Abs. 4 Satz 1 WpPG die Verantwortung für seinen Inhalt (Prospektverantwortlichkeit gem. § 44 Abs. 1 Satz 1 Nr. 1 BörsG[1640]), treffen ihn bei Prospektmängeln die Pflichten aus §§ 44, 45 BörsG und die hiermit einhergehende Pflicht zur Freistellung, ohne dass er sich (nach hier vertretener Auffassung) auf Kapitalerhaltungsvorschriften berufen kann.

1637 Vgl. z.B. BuB/*Groß*, a.a.O.: Erhöhung des free float zur Ermöglichung der Aufnahme in einen Aktienindex.

1638 BuB/*Groß*, a.a.O. A.A. LG Bonn, ZIP 2007, 1267, 1270; MüKo AktG/*Bayer*, § 57, Rdnr. 91. Zweifelnd *Fleischer*, ZIP 2007, 1969, 1975 f.; Großk. AktG/*Henze*, § 57, Rdnr. 56; *Technau*, AG 1998, 445, 457 (Abwägung im Einzelfall).

1639 Vgl. oben I 2 a bb (1) (a).

1640 Eine Verantwortlichkeit gem. § 44 Abs. 1 Satz 1 Nr. 2 BörsG kommt ebenfalls in Betracht, setzt aber, wie oben ausgeführt, voraus, dass der Emittent in herausgehobener Stellung auf Inhalt und Veröffentlichung des Prospekts Einfluss nimmt und zugleich ein wirtschaftliches Eigeninteresse an der Emission hat.

Dritter Teil: Verantwortlichkeit der Emissionsbanken nach US-amerikanischem Recht

§ 7 Rechtsquellen

In den USA finden sich die Vorschriften zur Regulierung und Überwachung des Kapitalmarkts in einer Vielzahl von Gesetzeswerken auf bundes- und einzelstaatlicher Ebene. Sowohl der Bundes- als auch die Landesgesetzgeber haben detaillierte und umfangreiche Regelungen erlassen, die kein homogenes Gesamtgefüge bilden, sondern mitunter erhebliche Unterschiede aufweisen,[1641] aber kumulativ anwendbar sind.[1642] Als interlokalprivatrechtliche Grundregel, die für die meisten Bundesstaaten repräsentativ ist, kann § 414(a) des Uniform Securities Act[1643] herangezogen werden, der bestimmt, dass das Recht eines bestimmten Bundesstaats anwendbar ist, wenn in seinem Gebiet der Verkauf oder das Angebot zum Verkauf von Wertpapieren erfolgt.[1644] Hierfür genügt es zwar nicht, dass in dem Bundesstaat Radio- oder Fernsehsendungen empfangen oder Zeitungen erworben werden können, in denen die Emission bzw. Sekundärmarkttransaktion besprochen wird. Aber jede Kommunikation, die von dem Bundesstaat ausgeht oder gezielt an die Bevölkerung des Staats gerichtet ist, um dort Investoren zu gewinnen, hat die Anwendbarkeit

---

1641 Ein entscheidender Unterschied besteht beispielsweise darin, dass einige der blue sky laws (inzwischen eine Minderheit) der Landesaufsichtsbehörde die Befugnis einräumen, die Emission zu untersagen, wenn nach ihrer Auffassung die Gefahr einer Schädigung von Investoren besteht, die Kosten unverhältnismäßig oder andere Vereinbarungen im Zusammenhang mit der Emission unbillig sind (sog. *merit requirements*), vgl. *Bloomenthal*, Going Public Handbook I, § 3:20 [5]. Nach Bundesrecht kann eine Emission hingegen nicht untersagt werden, sofern der Emittent die Wertpapiere registriert und bestimmte Offenlegungspflichten erfüllt.

1642 Dass die Bedeutung der Landesgesetze und die Regulierungsmöglichkeiten der Landesaufsichtsbehörden kaum überschätzt werden können, haben die Aktivitäten des ehemaligen New Yorker Generalstaatsanwalts Eliot Spitzer gezeigt, der in konsequenter Anwendung der ihm in den New Yorker blue sky laws (N.Y. Gen. Bus. Law, Art. 23-A, §§ 352 et seq., auch *Martin Act* genannt) eingeräumten Befugnisse seit dem Jahr 2002 die zehn führenden US-amerikanischen Investmentbanken, leitende Angestellte mehrerer großer Unternehmen sowie Broker und Börsenanalysten dazu zwang, Vergleiche mitunter in Milliardenhöhe abzuschließen. Die Auswirkungen dieser Vergleiche reichen weit über die Grenzen New Yorks hinaus und lassen Zweifel an einer sinnvollen Abgrenzung der Kompetenzen von Landes- und Bundesaufsichtsbehörde aufkommen, was sich in öffentlich ausgetragenen Machtkämpfen und verbalen Angriffen widerspiegelt, vgl. z.B. FAZ v. 07.11.2003, S. 25. Zu einer kritischen Würdigung des Martin Act und der in ihm enthaltenen umfassenden Eingriffsbefugnisse vgl. *McTamaney*, Legal Backgrounder der Washington Legal Foundation, Vol. 18 No. 5 v. 28.02.2003, der das Gesetz als ein „fearsome enforcement tool", „fierce sword" und „giant" bezeichnet.

1643 Vgl. zum Uniform Securities Act sogleich.

1644 So z.B. N.Y Gen. Bus. Law, Art. 23-A, § 359-e für New York und Corporate Securities Law 1968, §§ 25110 und 25130 für Kalifornien.

der landesrechtlichen Kapitalmarktgesetze zur Folge (§§ 414(c)–(d) Uniform Sec. Act).[1645] Will der Emittent seine Wertpapiere in mehreren Bundesstaaten platzieren, muss er somit eine Vielzahl verschiedener Regelungswerke beachten und setzt sich der Gefahr einer kumulativen Inanspruchnahme nach unterschiedlichen Rechtsordnungen aus.[1646]

Die Landesgesetze zur Regulierung des Kapitalmarkts werden als *blue sky laws* bezeichnet, ein Begriff, den US-amerikanischen Gerichte zu Beginn des 20. Jahrhunderts prägten und der auf den Zweck der Gesetze anspielt, nämlich spekulative Geschäftspraktiken zu unterbinden, die nicht mehr Substanz haben als *„so many feet of blue sky.“*[1647] Die Gesetzgebung in den Ländern geht zurück bis in das Jahr 1852, in dem Massachusetts ein Gesetz zur Regelung der Ausgabe von Eisenbahnaktien erließ.[1648] Die frühen Gesetze betrafen hauptsächlich öffentliche Unternehmen der Daseinsvorsorge und machten die Emission von Wertpapieren von der Bewilligung einer staatlichen Stelle abhängig.[1649] Mit Beginn des 20. Jahrhunderts erließen die Bundesstaaten zunehmend blue sky laws, die Aktien privater Unternehmen und Industrieobligationen erfassten, aber nur rudimentäre Offenlegungs- und Registrierungspflichten begründeten und zum Teil Unternehmen, die im eigenen Bundesstaat ansässig waren, von den Regelungen ausnahmen. Das erste umfassende Kapitalmarktgesetz stammt aus Kansas und trat im Jahr 1911 in Kraft.[1650] Es verbot den Verkauf von Wertpapieren ohne hoheitliche Genehmigung, legte Publizitätspflichten fest und stellte bei Nichtbefolgung strafrechtliche Sanktionen in Aussicht. Die Aufsichtsbehörde hatte ein weitgehendes Ermessen und konnte die zum Handel der Papiere erforderliche Genehmigung versagen, wenn sie der Auffassung war, dass die Satzung oder sonstige Vertragswerke des Emittenten Bestimmungen enthielten, die Investoren benachteiligten, oder dass der Emittent nicht die Voraussetzungen erfüllte, um einen seriösen und erfolgsversprechenden Geschäftsbetrieb zu gewährleisten.[1651] Die anderen Bundesstaaten folgten dem durch Kansas gesetzten Beispiel, so dass bis zum Erlass des ersten Bundesgesetzes zur Regulierung der Kapitalmärkte im Jahr 1933 mit einer Ausnahme in allen Staaten blue sky laws in

---

1645 Im Einzelfall ist die Abgrenzung schwierig, vgl. Benjamin v. Cablevision Programming Investments, 114 Ill.2d 150, 499 N.E.2d 1309, 102 Ill.Dec. 296 (Ill. 1986); Underhill Associates, Inc. v. Bradshaw, 674 F.2d 293 (4th Cir. 1982); Martin v. Steubner, 652 F.2d 652 (6th Cir. 1981).

1646 *Cox/Hillman/Langevoort*, Securities Regulation, p. 15, sprechen von einem „Alptraum“ für die Anwälte des Emittenten bei der Erstellung der Emissionsunterlagen.

1647 Hall v. Geiger-Jones Co., 242 U.S. 539, 550, 37 S. Ct. 217, 221 (1917) (Verfassungsmäßigkeit der blue sky laws vom US Supreme Court bejaht, da keine Beeinträchtigung des zwischenstaatlichen Handels erfolge).

1648 Mass. Acts & Resolves 1852, ch. 303.

1649 *Loss/Seligman/Paredes*, Securities Regulation, § 1-B-1 m.N.

1650 Kan. L. 1911, ch. 133.

1651 Kan. L. 1911, ch. 133, § 5. Das offensichtliche Bedürfnis nach einer staatlichen Regulierung des Kapitalmarkts macht der Bericht des mit der Durchsetzung des Gesetzes betrauten Bank Commissioner von Kansas deutlich: In den ersten 18 Monaten nach Erlass des Gesetzes gewährte er weniger als 100 von insgesamt 1.400 oder 1.500 Unternehmen die beantragte Genehmigung zur Ausgabe von Wertpapieren, vgl. *Mulvey*, 36 Can. L. Times 37, 38 (1916).

Kraft waren. Heute existieren in allen Bundesstaaten, dem District of Columbia und den Territorien Guam und Puerto Rico Kapitalmarktgesetze.

Auf Bundesebene ließen sich lange keine umfassenden Gesetzesinitiativen verzeichnen. Obwohl Vorschläge zur Schaffung einer Bundesaufsicht über Aktiengesellschaften bereits auf dem Verfassungskonvent im Jahr 1787 zur Sprache kamen,[1652] dauerte es bis zum Beginn des 20. Jahrhunderts, bevor erste Regulierungsansätze Eingang in Gesetze fanden. Wie schon auf Landesebene, bezogen sich diese Ansätze zunächst nur auf Einsenbahngesellschaften[1653] und Unternehmen der Daseinsvorsorge[1654] und machten die Ausgabe von Wertpapieren von einer staatlichen Genehmigung abhängig. Der Börsenkrach von 1929, der tausende Anleger ruinierte und einen Großteil des in den US-amerikanischen Aktien- und Anleihemarkt investierten Kapitals vernichtete,[1655] und die ihm folgende große Depression schufen schließlich das notwendige politische Klima, um weitreichende Reformen unter anderem auf den Gebieten des Bank-, Börsen-, und Kreditrechts durchzusetzen. Bestandteil der New Deal Gesetzgebung unter Theodor D. Roosevelt waren der Securities Act of 1933[1656] und der Securities Exchange Act of 1934,[1657] die bis heute das Herzstück des US-amerikanischen Kapitalmarktrechts bilden. Dem Erlass des Securities Act 1933 ging eine kontroverse Debatte über die ihm zugrunde zu legende Philosophie voraus. Befürworter einer rein repressiven Regulierungstechnik, die unlautere Wertpapiergeschäfte mit zivil- oder strafrechtlichen Sanktionen ahnden wollten, ohne den Handel durch staatliche Genehmigungs- oder Publizitätserfordernisse zu beschränken und mit zusätzlichen Kosten zu belasten,[1658] konnten sich nicht durchsetzen. Präsident Roosevelt entschied sich für eine Philosophie der Offenlegung zur präventiven Bekämpfung betrügerischer Handelspraktiken.[1659] Der Securities Act 1933 wurde nach Roosevelts Vorgaben und auf der

1652 *Brabner-Smith*, 24 Va. L. Rev. 159 et seq. (1937).

1653 Interstate Commerce Act, § 20a, 41 Stat. 494; nunmehr in geänderter Fassung 49 U.S.C.A. § 11.301.

1654 Federal Water Power Act von 1920, jetzt Federal Power Act, 16 U.S.C.A. §791a et seq., insbesondere § 824c.

1655 Vgl. bereits oben § 3 II 2 b und c.

1656 May 27, 1933, ch. 38, Title I, 48 Stat. 74 (15 U.S.C.A. § 77a et seq.); auch *Fletcher-Rayburn Securities Act of 1933* oder *Truth in Securities Act* oder *'33 Act* genannt.

1657 June 6, 1934, ch. 404, 48 Stat. 881 (15 U.S.C.A. § 78a et seq.); auch *'34 Act* genannt.

1658 Vgl. *Meeker*, 26 Colum. L. Rev. 318, 323 et seq. (1926), der Genehmigungserfordernisse für nicht vereinbar mit dem Geist der US-amerikanischen Verfassung hielt. Auch in neuerer Zeit stellen Wissenschaftler die Notwendigkeit und Zweckmäßigkeit eines Systems von Publizitätspflichten in Frage, vgl. *Stigler*, Public Regulation of the Securities Markets, 37 J. Bus. 117 (1964); *Benston*, 63 Am. Econ. Rev. 132, 134 et seq. (1973); *dens.*, Corporate Financial Disclosure in the UK and USA (1976); *dens.*, 33 U. Miami L. Rev. 1471 (1979); *Manne*, Insider Trading and the Stock Market (1966); *Manne/Solomon*, Wall Street in Transition (1974). Zu dieser Diskussion mit ausführlichen Nachweisen *Loss/Seligman/Paredes*, Securities Regulation, § 1-G.

1659 H.R. Rep. No. 85, 73d Cong., 1st Sess. 2. Großen Einfluss auf die Entscheidung Roosevelts hatten die Ansichten des Richters am US Supreme Court *Brandeis*, dessen einige Jahre vor dem Börsenkrach getätigter Ausspruch: „Sunlight is said to be the best of disinfectants; electric light the most efficient policeman," Other People's Money, p. 62, im Zusammenhang mit der Gesetzgebung zum Securities Act 1933 Berühmtheit erlangte.

Grundlage des englischen *Companies Act* von 1929 innerhalb weniger Monate verfasst und trat am 27. Mai 1933 in Kraft.[1660] Er betrifft hauptsächlich Primärmarkttransaktionen; sein Anliegen besteht in der Gewährleistung eines geregelten Ablaufs der Ausgabe von Effekten unter umfassender und sorgfältiger Information der Öffentlichkeit über alle Umstände, die für eine Anlageentscheidung von Bedeutung sein können. Die vorliegende Untersuchung hat ihn bereits mehrfach erwähnt und einige Vorschriften – insbesondere § 5 – sowie das Registrierungsverfahren und die Publizitätspflichten des Emittenten und der Emissionsbegleiter näher vorgestellt.[1661] In diesem Teil der Arbeit wird sich das Augenmerk auf die Schadensersatzbestimmungen richten, die der Securities 1933 Act für den Fall der Nichtbefolgung der Registrierungs- und Veröffentlichungspflichten bereithält.

Das zweite große Gesetz zur Regulierung des US-amerikanischen Kapitalmarkts ist der Securities Exchange Act, der 1934 erlassen wurde. In § 4 errichtet er die SEC, die mit der Aufgabe des Vollzugs des Securities Act 1933 – was bis dahin die Federal Trade Commission (FTC) wahrgenommen hatte – und des Securities Exchange Act 1934 betraut ist.[1662] Das Gesetz befasst sich mit Sekundärmarkttransaktionen und begründet, indem es wie der Securities Act 1933 der Philosophie einer umfassenden Publizität folgt, Mitteilungspflichten, die jährlich, vierteljährlich oder, bei wichtigen Ereignissen wie z.B. einem Wechsel in der Stimmrechtsmehrheit, der Eröffnung des Insolvenzverfahrens oder der Übernahme einer anderen Gesellschaft,[1663] ad hoc bestehen. Darüber hinaus enthält der Securities Exchange Act umfassende Haftungsvorschriften. Insbesondere § 10(b) wird von den Gerichten als zivilrechtliche Anspruchsgrundlage interpretiert, die bei jeglicher Täuschungshandlung mit Bezug zum Kapitalmarkt Schadensersatzpflichten und damit eine allgemeine Haftung für Kapitalmarktkommunikation begründet.[1664]

Sowohl im Securities Act 1933 als auch im Securities Exchange Act 1934 wurden der SEC umfassende Regelungsbefugnisse eingeräumt, z.B. in §§ 3(b), 7, 10, 19(a), 28 Sec. Act und 9(a)(6), (b), 10(b) Sec. Ex. Act. Die SEC hat gemäß diesen Vorschriften die Befugnis, Ausführungsbestimmungen zu den jeweiligen Normen zu erlassen, die allgemein verbindlich sind, aber von den Gerichten auf ihre Vereinbarkeit mit der Ermächtigungsgrundlage hin überprüft werden können. Sie hat weitgehenden Gebrauch von ihren Befugnissen gemacht und umfängliche Regelwerke geschaffen, die u.a. den Inhalt von registration statement und Börsenprospekt bestimmen, Ausnahmen von der Registrierungspflicht festlegen und die Haftungsvorschrif-

---

1660 Vgl. zur Entstehung des ersten Entwurfs des Gesetzes buchstäblich „über Nacht" den Bericht des späteren Chairman der SEC *Landis*, 28 Geo. Wash. L. Rev. 29, 34 (1959).
1661 Oben § 4 I 1 b bb.
1662 Weitere Kapitalmarktgesetze, für deren Vollzug die SEC zuständig ist, sind der Public Utility Holding Company Act 1935, der Trust Indenture Act 1939, der Investment Company Act 1940, der Investment Advisers Act 1940 und der Securities Investor Protection Act 1970. Diese Gesetze spielen für die vorliegende Untersuchung eine untergeordnete Rolle.
1663 Die Ereignisse, die eine ad-hoc Pubizitätspflicht auslösen, sind in Item 1–4 sowie 6 der von der SEC zum Securities Exchange Act 1934 erlassenen Form 8-K, 17 C.F.R. §249.308, aufgelistet.
1664 Zu § 10(b) Securities Exchange Act 1934 vgl. ausführlich unten § 9 I 5.

ten konkretisieren.[1665] Weitere Vorschriften zur Regulierung des Kapitalmarkts können von sog. Self-Regulatory Organizations (SROs), Zusammenschlüssen privater Unternehmen, erlassen werden. Die wichtigsten SROs in den USA sind die National Association of Securities Dealers (NASD) und die Wertpapierbörsen, insbesondere die New York Stock Exchange (NYSE) und die American Stock Exchange (AMEX). Wertpapierbörsen müssen sich gem. § 5 Sec. Ex. Act bei der SEC registrieren lassen. Sie sind dazu verpflichtet, durch Erlass entsprechender Bestimmungen die Integrität des Börsenhandels und den Schutz von Investoren sicherzustellen (§ 6 Sec. Ex. Act). Um eine Regulierung des OTC Marktes zu erreichen, bestimmt § 15(b)(8) Sec. Ex. Act, dass Broker und Dealer Wertpapiertransaktionen nur durchführen dürfen, wenn sie Mitglied einer nach § 15A Sec. Ex. Act bei der SEC registrierten National Securities Association sind. Gem. § 15A(b) Sec. Ex. Act sind National Securities Associations, ebenso wie Wertpapierbörsen, dazu verpflichtet, Vorschriften zu erlassen, die einen offenen Markt und fairen Handel gewährleisten, und betrügerische Tätigkeiten ihrer Mitglieder zu sanktionieren. Die NASD ist bislang die einzige Securities Association, die auf Grundlage von § 15A Sec. Ex. Act gebildet wurde. Ihr gehören nahezu alle in den USA tätigen Broker und Dealer an, da NASD Rule 2420, die in Ausführung zu § 15A(e)(1) Sec. Ex. Act ergangen ist, den Handel mit Brokern und Dealern, die nicht Mitglieder der NASD sind, nur zulässt, sofern er zu denselben Konditionen erfolgt wie der Handel mit der Allgemeinheit. Durch die Billigung selbstregulierender Organisationen gelang es dem Gesetzgeber, den börslichen und außerbörslichen Handel einer umfassenden Regulierung zu unterwerfen und zugleich die SEC durch Delegation von Verantwortung auf private Vereinigungen zu entlasten. Die von den Wertpapierbörsen und der NASD geschaffenen Bestimmungen sind nur für ihre Mitglieder verbindlich[1666] und werden von ihnen selbst durchgesetzt. Die SEC behält die Aufsicht über die Organisationen und kann Entscheidungen der Börsen bzw. der NASD aufheben oder abändern (§ 19 Sec. Ex. Act).[1667]

Bestrebungen nach einer Vereinheitlichung der zersplitterten Rechtslage waren nur zum Teil erfolgreich. Die *National Conference of Commissioners on Uniform State Law* und die *American Bar Association* (ABA) haben 1956 ein Mustergesetz, den *Uniform Securities Act*, erarbeitet.[1668] 36 Einzelstaaten sowie der District of Columbia und Puerto Rico setzten das Gesetz um, wichen hierbei aber mitunter so weit von den Vorschlägen ab, dass eine Vereinheitlichung nur in begrenztem Rahmen erzielt wurde. Die beiden wirtschaftsstärksten Staaten der USA, New York und Kalifornien, verzichteten ganz auf eine Umsetzung bzw. implementierten lediglich Bruchstücke in ihre eige-

1665 Die Ausführungsbestimmungen werden wie folgt zitiert: Rule x-y, wobei x die Gesetzesnorm angibt, zu deren Ausführung die Vorschrift erlassen wurde, und y die zu dieser Norm ergangenen Ausführungsbestimmungen fortlaufend durchnumeriert, z.B. Rule 10b-5 als fünfte Ausführungsbestimmung zu § 10(b) Securities Exchange Act 1934.

1666 Vgl. z.B. NASD Rule 0115(a).

1667 Vgl. zu SROs weiterführend *Brown*, Soderquist on the Securities Laws, § 14:2.

1668 Zum Mustergesetz s. *Loss*, Commentary on the Uniform Securities Act, der maßgeblich an dem Entwurf des Gesetzes beteiligt war.

nen Gesetze.[1669] Eine überarbeitete Fassung des Mustergesetzes von 1985 sah sich weitreichender Kritik der *North American Securities Administrators Association* (NASAA), einer Vereinigung einzelstaatlicher Aufsichtsbehörden, und der *American Bar Association* ausgesetzt und fand deswegen kaum Anklang.[1670] Die neueste Fassung des Uniform Securities Act stammt aus dem Jahr 2002. Den Erfolg dieser neuerlichen Revision wird die Zukunft zeigen.

1996 hat der Bundesgesetzgeber im Rahmen des *National Securities Market Improvement Act* § 18 des Securities Act 1933 abgeändert und bestimmte Wertpapiere, sog. *covered securities*, von den Registrierungs- bzw. Qualifizierungsbestimmungen der einzelstaatlichen Kapitalmarktgesetze, deren Einhaltung Voraussetzung für den Verkauf und das Angebot zum Verkauf von Wertpapieren sind, ausgenommen. § 18(b) Sec. Act definiert covered securities (unter anderem) als Wertpapiere, die an der New York Stock Exchange, der American Stock Exchange oder im System der NASDAQ zum Handel zugelassen sind,[1671] und, was Sekundärmarkttransaktionen anbelangt, die an einer der nationalen Börsen gehandelt werden oder von einer Aktiengesellschaft mit wenigstens 500 Aktionären und einem Kapital von mehr als $ 10 Mio. begeben wurden.[1672] Im Ergebnis sind die Registrierungspflichten der einzelstaatlichen Börsengesetze damit nur noch für kleine Emissionen von Bedeutung. Auch im Hinblick auf die landesrechtlichen Haftungstatbestände hat der Bundesgesetzgeber inzwischen eine bedeutende Ausnahme vom Grundsatz des Nebeneinanders von Bundes- und Landesrecht geschaffen. § 16 Sec. Act und § 28 Sec. Ex. Act, die einen Vorbehalt zugunsten weitergehender Haftungsvorschriften vorsehen (Absatz [a] der Vorschriften), wurden durch den *Securities Litigation Uniform Standard Act* von 1998 für class actions eingeschränkt. Mit in Absatz (f)(2) bzw. (f)(5)(B) der Vorschriften näher definierten class actions können Ansprüche aus Landesgesetzen oder landesrechtlichem common law weder in Bundes- noch Landesgerichten geltend gemacht werden, wenn sich die behauptete Täuschung oder Fehlinformation auf covered securities bezieht, vgl. § 16(b) Sec. Act bzw. § 28(f)(2) Sec. Ex. Act.[1673]

1669 Vgl. *Loss/Seligman*, Fundamentals, p. 10.
1670 Besprechung des *Revised Uniform Securities Act* bei *Sargent*, 14 Sec. Reg. L.J. 62 (1986).
1671 § 18(b)(1) Sec. Act. Zu den Voraussetzungen einer Notierung an der NYSE und im NASDAQ National Market vgl. *Bloomenthal*, Going Public Handbook I, § 8:12 und § 8:03.
1672 § 18(b)(4) Sec. Act.
1673 Der Bundesgesetzgeber hat auf dem Gebiet des Kapitalmarktrechts gem. Art. I § 8 der US Constitution (sog. *commerce clause*) grundsätzlich nur Gesetzgebungskompetenz, soweit der Handel der Staaten untereinander betroffen ist. Die Klausel wird weit ausgelegt und umfasst alle Sachverhalte, die substantielle Auswirkungen auf den zwischenstaatlichen Handel haben, selbst wenn sie nicht mit dem Transport von Gütern von einem Bundesstaat in einen anderen oder der Beteiligung von Personen aus verschiedenen Bundesstaaten einhergehen, US v. Darby, 312 U.S. 100, 61 S. Ct. 451 (1941). Macht der Bundesgesetzgeber von seiner Kompetenz Gebrauch, sind entgegenstehende landesrechtliche Regelungen unwirksam (Art. VI der US Constitution, sog. *supremacy clause*). Auch wenn die Zuständigkeit des US Kongresses nicht unbegrenzt ist, vgl. US v. Lopez, 514 U.S. 549, 115 S. Ct. 1624 (1995), wurde seit den 30er Jahren des letzten Jahrhunderts kaum mehr ein Bundesgesetz wegen Verstoßes gegen die commerce clause für verfassungswidrig erklärt. Da gerade auf dem Gebiet des Kapitalmarktrechts eine Vereinheitlichung von größter Bedeutung ist, könnte der Bundesgesetzgeber die landesrechtlichen Regelungen somit wesentlich

In den letzten Jahren ist der Gesetzgeber weiter aktiv gewesen. Die Securities Offering Reform 2005, die die Publizitätspflichten maßgeblich umgestaltet hat, ist bereits besprochen worden.[1674] Viel Aufmerksamkeit hat auch der Sarbanes-Oxley Act 2002[1675] erfahren, den das Parlament als Reaktion auf die großen Bilanzskandale der jüngeren Vergangenheit innerhalb kürzester Zeit verabschiedete. Das Gesetz dient der Verbesserung der Aufsicht über Wirtschaftsprüfer (hierzu errichtet es ein *Public Company Accounting Oversight Board*), der Steigerung ihrer Unabhängigkeit durch Entflechtung von Prüfungs- und Beratungstätigkeit und der Anordnung einer Rotation der die Prüfung durchführenden Partner. Außerdem sieht es (unter anderem) Änderungen in der Corporate Governance Struktur von Gesellschaften vor, die dem Securities Exchange Act 1934 unterstehen[1676] (diese Unternehmen haben insbesondere ein unabhängiges *audit committee* einzurichten), verschärft die Haftung für fehlerhafte Angaben im Jahresabschluss und in Zwischenberichten (gerade für die Leitungspersonen des Emittenten), erweitert die Publizitätspflichten gemäß dem Securities Exchange Act 1934 und bringt einige strafrechtliche Änderungen.[1677] Die meisten der Bestimmungen des Sarbanes-Oxley Act schlagen sich in Änderungen des Securities Exchange Act 1934 nieder. Ausländische Unternehmen, für die das Regime des Exchange Act gilt, sind mithin von der Novellierung betroffen.[1678] Anlass zu Kritik gab (und gibt) vor allem § 404 des Sarbanes-Oxley Act, der vorschreibt, dass jeder Jahresabschluss einen sog. *internal control report* zu enthalten hat, in dem über unternehmensinterne Mechanismen zur Kontrolle der Rechnungslegung zu berichten ist. Gem. § 404(b) hat der Wirtschaftsprüfer der Gesellschaft den Kontrollbericht zu zertifizieren.[1679] Auch wenn die Vorschrift in ihrem Wortlaut nicht eindeutig ist, verlangt sie nach der Interpretation des Public Company Accounting Oversight Board eine vollumfängliche Wirtschaftsprü-

---

weitgehender außer Kraft setzen, als bislang geschehen (der Securities Act 1933 nimmt in § 3(a)(11) beispielsweise ausdrücklich Wertpapiere von seinem Anwendungsbereich aus, die nur in einem Staat ausgegeben werden, selbst wenn Auswirkungen auf den zwischenstaatlichen Handel existieren). In der Tat wird von einigen Kommentatoren eine völlige Verdrängung der blue sky laws durch entsprechende Bundesgesetzgebung befürwortet, vgl. *Campbell*, 10 J. Corp. L. 553 (1985); *dens.*, 22 J. Corp. L. 175 (1997); *Jones/Stamm*, 22 Sec. Reg. L. J. 377 (1994) (in Bezug auf mutual funds). Zur Kompetenz des Bundesgesetzgebers unter der commerce clause im allgemeinen s. *Nowak/Rotunda*, Nowak and Rotunda on Constitutional Law, § 4.1 et seq., insb. § 4.8.

1674 § 4 I 1 b bb und cc.

1675 Public Company Accounting Reform and Investor Protection Act, Pub. L. 107–204 of July 30, 2002, 116 Stat. 745.

1676 Das sind gem. § 12(a) Sec. Ex. Act börsengelistete Gesellschaften und gem. § 12(g)(1) Sec. Ex. Act i.V.m. Rule 12g-1 (17 C.F.R. § 240.12g-1) sonstige Unternehmen mit einem Aktivvermögen von mindestens $ 10.000.000 und 500 oder mehr Aktionären. Darüber hinaus erfasst § 15(d) Sec. Ex. Act alle weiteren Emittenten, die ein wirksames registration statement gemäß dem Securities Act 1933 eingereicht haben.

1677 Weitere Einzelheiten zu den Änderungen bei *Coffee/Seligman/Sale*, Securities Regulation, p. 53–54, 579 et seq.

1678 Hierzu § 4 I 1 b cc.

1679 § 404(b) spricht von "attest to, and report on".

fung.[1680] Aus diesem Grund erwies sie sich als sehr kostenintensiv und dürfte mit dazu beigetragen haben, dass der Finanzplatz USA für ausländische Kapitalsuchende in den letzten Jahren an Attraktivität verloren hat.[1681]

§ 8 Rechtsverhältnisse beim Emissionsgeschäft nach US-amerikanischem Recht

Wie im deutschen Recht ergeben sich die Rechte und Pflichten der am Emissionsgeschäft beteiligten Parteien aus mehreren Vertragswerken. Die Emissionsbanken schließen untereinander den Konsortialvertrag, das *agreement among underwriters*, ab, in dem sie die Einzelheiten der Platzierung und die Aufgabenverteilung im Innenverhältnis festlegen. Die Ausführlichkeit des agreement among underwriters hängt von der Größe des Konsortiums ab. Setzt sich das Bankenkonsortium nur aus wenigen Banken zusammen, verzichten die underwriter häufig ganz auf den Abschluss eines förmlichen Vertrags und verständigen sich mündlich.[1682] Sollen an der Platzierung weitere Banken bzw. Broker-Dealer beteiligt werden, die nicht dem Konsortium angehören (die sog. *selling group*), weist die Konsortialführerin ihnen im *selected dealers agreement* einen Teil der Emission zu und bestimmt die Bedingungen, unter denen der Weiterverkauf zu erfolgen hat. Im Übernahmevertrag, dem *underwriting agreement*, verpflichten sich die Konsortialbanken gegenüber dem Emittenten zum Kauf der Wertpapiere. Oftmals geht dem Übernahmevertrag ein *letter of intent* voraus, in dem sich die Konsortialführerin und der Emittent schon vor der Zusammenstellung des Konsortiums auf die Betreuung des Börsengangs durch die führende Bank verständigen. Die Anleger schließlich gehen entweder mit den Mitgliedern des Konsortiums oder weiteren, zum Absatz herangezogenen Banken oder Broker-Dealern rechtgeschäftliche Beziehungen ein, wenn sie Wertpapiere aus der Emission kaufen. Das Rechtsverhältnis der Anleger zum Emittenten bestimmt sich nach der Rechtsstellung, die das erworbene Wertpapier vermittelt.[1683]

1680 SEC Release No. 49884 vom 17. Juni 2004, 2004 WL 1574003, das den Auditing Standard No. 2 – An Audit of Internal Control Over Financial Reporting Performed in Conjunction with an Audit of Financial Statements – des Public Company Accounting Oversight Board bestätigt. Um die Kosten insbesondere für kleinere und mittelständische Emittenten zu verringern, überprüft das PCAOB zur Zeit die audit standards und hat die SEC ihre Richtlinien in jüngster Zeit überarbeitet, vgl. SEC Press Release 2007-101 vom 23. Mai 2007.

1681 Vgl. *Coffee/Seligman/Sale*, Securities Regulation, p. 212–13. Als Reaktion weichen ausländische, aber auch kleine und mittelständische US-amerikanische Unternehmen vermehrt auf den OTC-Markt (Pink Sheets) aus, wo sich neue Handelssegmente herausbilden, um die soliden von den finanziell angeschlagenen Unternehmen und von den Mantelgründungen unterscheiden zu können, vgl. FT UK v. 11. April 2007, p. 18.

1682 *Johnson/McLaughlin*, Corporate Finance, p. 57.

1683 Dieser Satz gilt nach US-amerikanischem Recht nur eingeschränkt, da oftmals trotz des Kaufs eines Wertpapiers keine unmittelbaren rechtlichen Beziehungen zwischen Anleger und Emittenten entstehen, vgl. hierzu ausführlich unten I 2 b bb.

Zwar hängt die genaue Ausgestaltung der Verträge von den Besonderheiten des Einzelfalls und den Praktiken der jeweiligen Konsortialführerin ab. Im Laufe der Jahre haben sich aber bestimmte Usancen herausgebildet, so dass die Konsortial- und Übernahmeverträge weitgehend übereinstimmen.[1684] Die folgende Darstellung bezieht sich auf Beispielsverträge,[1685] deren Regelungen als üblich angesehen werden können.

Zur Untersuchung der Rechtsbeziehungen zwischen den Beteiligten ist auf allgemeine Grundsätze des US-amerikanischen Rechts über Schuldverhältnisse aus Verträgen (*contract law*) zurückzugreifen.[1686] Daneben sind das Delikts- (*tort law*) und das Gesellschaftsrecht (*partnership law, corporate law*) von Bedeutung. Das Kapitalmarktrecht ergänzt und überlagert das allgemeine Vertrags-, Delikts- und Gesellschaftsrecht und sieht z.B. umfangreiche Bestimmungen für außervertragliche Schädigungen vor, stellt aber keine abschließende Regelungsmaterie dar. Mitunter treten daher Abgrenzungsprobleme auf.[1687]

Das Vertrags- und Deliktsrecht ist Landesrecht. Es ist größtenteils nicht kodifiziert, sondern *common law*, d.h. die maßgeblichen Rechtssätze ergeben sich aus bindenden Gerichtsentscheidungen. Für einen wichtigen Teil des Vertrags- bzw. Handelsrechts, nämlich den Kauf und die Miete beweglicher Sachen, die Einräumung von Kreditsicherheiten sowie Bank- und Wertpapiergeschäfte, existieren gesetzliche Regelungen, die das common law verdrängen.[1688] Die heutigen landesrechtlichen Kodifizierungen auf diesen Gebieten beruhen auf dem *Uniform Commercial Code* (UCC), den federführend das *American Law Institut* und die *National Conference of Commissioners on Uniform State Laws* in den 40er Jahren des letzten Jahrhunderts entwarfen. Der UCC ist ein unverbindliches Mustergesetz, das sukzessive von fast allen Bundesstaaten umgesetzt wurde.[1689] Die Landesgesetzgeber hielten sich im Wesentlichen an die Vorgaben des UCC, Abweichungen beschränken sich meist auf bloße Änderungen des Wortlauts. Die einzelstaatlichen Rechtsordnungen sind damit auf den oben genannten Gebieten weitgehend vereinheitlicht.[1690] In Art. 8, der zweimal[1691] überarbeitet und von den Bundesstaaten mit nur geringen Änderungen

---

1684 *Johnson/McLaughlin*, Corporate Finance, p. 57.
1685 Abgedruckt bei *Bloomenthal*, Going Public Handbook II, app. 1 et seq.
1686 Sowohl Bundes- als auch Landesgerichte haben mehrfach entschieden, dass die grundlegenden Prinzipien des Vertragsrechts auf Wertpapiertransaktionen in gleicher Weise Anwendung finden wie auf sonstige Verträge, vgl. Ottenberg v. Ottenberg, 194 F. Supp. 98 (D. D.C. 1961); Brandt v. Buckley, 109 S.E. 692, 693 (1921).
1687 Einzelheiten würden den Rahmen dieser Arbeit sprengen, die sich auf die Haftungsnormen des Kapitalmarktrechts konzentrieren wird. Vgl. zu vertrags- und deliktsrechtlichen Instituten in diesem Zusammenhang *Loss/Seligman/Paredes*, Securities Regulation, § 9-A-2, § 11-A et seq.
1688 Vgl. aber § 1-103 UCC (vgl. zum UCC sogleich): Common law findet ergänzend Anwendung, soweit der UCC keine entgegenstehenden Bestimmungen trifft.
1689 Louisiana hat nur vier der insgesamt neun Artikel des UCC übernommen.
1690 Zum UCC vgl. *Perillo*, Calamari and Perillo on Contracts, Sec. 1.7 (p. 17 et seq.). Die durch die Bundesstaaten vorgenommenen Änderungen sind in den Kommentaren zum UCC – Uniform Laws Annotated – aufgelistet.
1691 1978 und 1994. Die im folgenden zitierten Vorschriften des UCC beziehen sich, soweit nicht anders gekennzeichnet, auf die 1994 revidierte Fassung.

übernommen wurde,[1692] behandelt der UCC den Kauf bzw. Verkauf von Aktien, Anleihen und anderen Wertpapieren.[1693] Die von Art. 8 UCC erfasste Materie kann, in Abgrenzung zum securities law als Regelungsgegenstand des Securities Act 1933 und des Securities Exchange Act 1934, als *securities transfer law* bezeichnet werden,[1694] da sich der Artikel hauptsächlich mit der Übertragung des Eigentums an bereits emittierten Wertpapieren beschäftigt.[1695]

Anders als das deutsche Recht kennt das US-amerikanische Schuldrecht grundsätzlich keine Einteilung der Verträge in eigenständige Typen, für die gesonderte Bestimmungen gelten. Nur der UCC trifft Vorschriften über Einigung, Erfüllung und die Folgen von Leistungsstörungen, die auf die von ihm geregelten, im Wirtschaftsleben häufig auftretenden Vertragstypen zugeschnitten sind. Die im common law enthaltenen zwingenden Vorschriften (*mandatory rules*) gelten für Verträge aller Art und regeln hauptsächlich Fragen des Vertragsschlusses[1696] sowie rechtshindernder[1697] oder -vernichtender[1698] Einwendungen.[1699] Auch das dispositive Recht (*default rules*) liefert kein Regelwerk für einzelne Verträge, sondern stellt allgemeine Grundsätze auf, die zur Auslegung des Parteiwillens herangezogen werden können.[1700] Deswegen kann die Arbeit weniger dogmatisch als im deutschen Recht vorgehen. Im Vordergrund soll nicht der Versuch stehen, die Vereinbarungen der am Emissionsgeschäft beteiligten Parteien einem bestimmten Vertragstyp zuzuordnen, sondern die jeweiligen vertraglichen Bestimmungen zu umreißen.

Das Gesellschaftsrecht schließlich ist von den Ländern kodifiziert.[1701] Die meisten Landesgesetze über Aktiengesellschaften (*corporations*) sind im 19. Jahrhundert ent-

---

1692 Lediglich Louisiana hat den Artikel nicht umgesetzt. Zwei Staaten, Alabama und New York, haben Art. 8 UCC substantiell geändert, vgl. *Lord*, Williston on Contracts, § 51:5 m.N.

1693 Der sachliche Anwendungsbereich wird in §§ 8-102(a)(15) und 8-103 UCC bestimmt. Zu Art. 8 UCC aus der deutschen Literatur *Donald*, WM 2008, 526.

1694 So z.B. *Merkt/Göthel*, US-amerikanisches Gesellschaftsrecht, Rdnr. 223.

1695 Die genaue Bestimmung des Anwendungsbereichs von Art. 8 UCC und sein Verhältnis zu den Vorschriften über die erstmalige Ausgabe (den Ersterwerb) von Wertpapieren (in Abgrenzung zum Zweiterwerb) ist im Einzelfall problematisch, siehe unten I 2 b aa.

1696 *Mutual consent, consideration*, vgl. hierzu *Murray*, Contracts, § 28 et seq. und § 54 et seq.; *Perillo*, Calamari and Perillo on Contracts, § 2.1 et seq. und § 4.1 et seq.

1697 *Defenses of formation*, z.B. *duress, mistake, misrepresentation, illegality*. Vgl. zu den Einwendungen im Einzelnen *Perillo*, Calamari and Perillo on Contracts, § 9.1 et seq.

1698 *Excuses of performance*, z.B. *impossibility* bzw. *impracticability, frustration of purpose*, vgl. *Perillo*, Calamari and Perillo on Contracts, § 13.1 et seq.

1699 Damit soll nicht verkannt werden, dass das case law im Hinblick auf bestimmte Verträge, z.B. Arbeitsverträge, umfangreiche Regelungen etwa zu den Haupt- und Nebenleistungspflichten der Parteien entwickelt hat.

1700 Oft ist unklar, ob das Gericht eine bestimmte im Vertrag existierende Lücke dadurch ausfüllt, dass es den Vertrag auslegt und nach dem Willen der Parteien forscht oder einen dispositiven Rechtssatz heranzieht, der mangels entgegenstehender vertraglicher Vereinbarungen anwendbar ist, vgl. die Beispiele bei *Rohwer/Skrocki*, Contracts, § 4.9.

1701 Z.B. Delaware: General Corporation Law, 8 Del. C. Ch. 1; Revised Uniform Partnership Act, 6 Del. C. Subt. II, Ch. 15; Limited Liability Company Act, 6 Del. C. Subt. II, Ch. 18; New York: Business Corporation Law; Partnership Law; Limited Liability Company Law; Kalifornien: California Corporation Code mit Regelungen u.a. zu corporations (s. 100 et seq.), partnerships (s. 16100 et seq.) and limited liability companies (s. 17000 et seq.).

standen. Sie waren zunächst sehr restriktiv gehalten und bürdeten Gesellschaften übermäßige Beschränkungen auf.[1702] Zu einer Liberalisierung[1703] und teilweisen Rechtsvereinheitlichung führte der in einer ersten Fassung 1950 erlassene *Model Business Corporation Act* (MBCA),[1704] auf dem inzwischen zahlreiche Aktiengesetze der Länder beruhen.[1705] Auch die Gesetze über Personengesellschaften (*partnerships*) gehen im Wesentlichen auf ein Mustergesetz, den *Uniform Partnership Act* (UPA) von 1914[1706] zurück, obwohl auf diesem Gebiet ebenfalls keine vollständige Rechtsvereinheitlichung erzielt werden konnte.[1707]

I. Rechtsverhältnis zwischen den Emissionsbanken und dem Emittenten

1. Mandatsvereinbarung

Die Mandatsvereinbarung (letter of intent)[1708] kann als nicht bindende Absichtserklärung des Emittenten und der potentiellen Konsortialführerin beschrieben werden, zu einem bestimmten Zeitpunkt ein öffentliches Angebot von Wertpapieren durchzuführen und hierzu gemeinsam die notwendigen Schritte (Erstellung des registration statement, Einholung von comfort letters etc.) einzuleiten. Freilich würde die Einstufung als rechtlich nicht bindend der ganzen Tragweite der Vereinbarung nicht gerecht werden. Zwar will die Konsortialführerin zu diesem Zeitpunkt noch keine Verpflichtung zur Emissionsbegleitung eingehen.[1709] Die Parteien treffen aber bereits umfangreiche vorbereitende Maßnahmen und machen

---

1702 Vgl. zur Geschichte des US-amerikanischen Gesellschaftsrechts *Gevurtz*, Corporation Law, § 1.1 (p. 20 et seq.); *Merkt/Göthel*, US-amerikanisches Gesellschaftsrecht, Rdnr. 1 ff.

1703 Die Liberalisierung wurde nicht nur begrüßt, vgl. z. B. *Brandeis* in seiner dissenting opinion im Fall Louis K. Liggett Co. v. Lee, 288 U.S. 517, 548 et seq., 53 S. Ct. 481, 490 et seq. (1933), und führte zu dem heute allgemein als *„race to the bottom"* bekannten Phänomen der Verlegung des Gesellschaftssitzes in Bundesstaaten mit liberalem Rechtssystem.

1704 1984 ist der MBCA grundlegend überarbeitet und in den nachfolgenden Jahren mehrfach novelliert worden. Werden in dieser Arbeit Bestimmungen des MBCA zitiert, beziehen sich die Zitate auf den MBCA 1984.

1705 Allerdings nicht die der wirtschaftlich stärksten bzw. für Aktiengesellschaften relevantesten Staaten Kalifornien, Delaware und New York.

1706 1992 vollständig und 1997 erneut überarbeitet. Für die revidierte Fassung wird oftmals die Abkürzung RUPA verwendet. In dieser Arbeit zitierte Vorschriften des UPA beziehen sich, soweit nicht anders gekennzeichnet, auf die Fassung von 1997. Zur Geschichte des UPA vgl. *Gregory*, Law of Agency and Partnership, § 174 (p. 260 et seq.).

1707 Zur Umsetzung in den Ländern s. Unif. Partnership Act 1997 Refs & Annos, General Notes.

1708 *Bloomenthal*, Going Public Handbook II, app. 1.

1709 Hierzu formulieren die Parteien z. B.(vgl. *Bloomenthal*, loc. cit., Art. 18): „The Underwriter reserves the right in its uncontrolled discretion (until a formal underwriting agreement has been negotiated and executed) to determine whether the offering can be successfully marketed through an underwriting syndicate, and may, without any obligation to the Company, for any reason, including, without limiting the generality of the foregoing, market conditions (both those relating to securities and commodities generally and those relating to the Company's stock) and the reaction of prospective members of the underwriting syndicate and selling group to the proposed offering, decline to proceed further with the offering."

Aufwendungen. Insoweit die Mandatsvereinbarung Regelungen zur Verteilung dieser Kosten enthält (die größtenteils dem Emittenten auferlegt werden), soll sie unabhängig vom Zustandekommen des Emissionsgeschäfts Wirksamkeit entfalten.[1710] Im Übrigen enthält die Vereinbarung Vorgaben zur gegenseitigen Information und zum sonstigen Verhalten der Parteien, sollten sie sich dazu entschließen, die Emission voranzutreiben. So ist z.B. der Emittent dazu verpflichtet, die Konsortialführerin zu konsultieren, bevor er den für die Erstellung des registration statement verantwortlichen Rechtsbeistand oder Wirtschaftsprüfer bestellt. Auch hat er der Bank die Emissionsunterlagen zur Prüfung vorzulegen und die sonstigen relevanten Informationen (Gründungsurkunde, Satzung, Protokolle der Vorstandssitzungen und Gesellschafterversammlungen, Bilanzen, wichtige Verträge) zugänglich zu machen.[1711] Schließlich skizziert der letter of intent bereits die Rahmenbedingungen der in Aussicht genommenen Emission: die voraussichtliche Zahl und den Preis der zu emittierenden Papiere, einen möglichen Greenshoe, lock-ups, Freistellungsansprüche, die Provision der Emissionsbegleiter etc.

2. Übernahmevertrag

Der Übernahmevertrag[1712] wird sowohl bei der Aktien- als auch der Anleiheemission als kaufrechtlich bzw. kaufrechtsähnlich (*purchase agreement*) qualifiziert.[1713] Die Konsortialführerin handelt den Übernahmevertrag in der Regel alleine aus. Der Abschluss erfolgt im Namen aller Mitglieder des Emissionskonsortiums, die im Anhang zum Vertrag mit ihrer jeweiligen Beteiligung aufgelistet sind.

a. *Rechte und Pflichten*

Die sich aus dem Übernahmevertrag ergebenden Rechte und Pflichten sind weitgehend vergleichbar mit den oben vorgestellten Klauseln, die in einem Übernahmevertrag deutscher Provenienz zu finden sind – schon aus dem Grund, weil sich die in Deutschland verwendeten Vertragswerke zu einem großen Teil an der anglo-amerikanischen Praxis orientieren.[1714] Hauptleistungspflicht der Konsorten ist danach der Kauf der Wertpapiere zum Zeitpunkt des Closing. Closing wird allgemein als Zeitpunkt der Lieferung der Papiere und Zahlung definiert.[1715] Bis zu diesem Zeitpunkt können die Banken unter bestimmten Voraussetzungen vom Vertrag Abstand nehmen (sog. *market out* Klausel).[1716] Wiederum haften die Emissionsbanken

---

1710 *Bloomenthal*, loc. cit., Art. 11, 15.
1711 *Bloomenthal*, loc. cit., Art. 1, 7.
1712 *Bloomenthal*, loc. cit., app. 2 (firm commitment), 6 (best efforts) und 47 (international underwriting agreement).
1713 Nachweise zur Rechtslage bei der Anleiheemission bei *Horn*, Recht der internationalen Anleihen, S. 137 (Fn. 148).
1714 Zum Inhalt eines typischen Übernahmevertrags in Deutschland vgl. § 5 I 1 b bb.
1715 Vgl. z.B. *Bloomenthal*, loc. cit., app. 2-6, § 3.02.02.
1716 Z.B. *Bloomenthal*, loc. cit., app. 2-15 et seq., §§ 8, 9: Die Verpflichtung der Konsortialbanken steht unter der Bedingung, dass alle Zusicherungen und Garantien, die der Emittent gemäß dem Übernahmevertrag abzugeben hat, vollständig und fehlerfrei vorliegen, dass der Emittent alle

für die Pflicht zur Übername der Emission nicht *jointly* oder *jointly and severally*,[1717] sondern *severally*,[1718] d.h. das Unternehmen kann den einzelnen Konsorten nur auf Übernahme seiner Beteiligung in Anspruch nehmen. Der Ausschluss der gesamtschuldnerischen Haftung hat nicht nur Auswirkungen auf das Verhältnis zum Emittenten, sondern auch zu Dritten. § 11 Securities Act 1933, der Anlegern einen Anspruch bei unrichtigen oder fehlerhaften Angaben im registration statement gibt,[1719] bestimmt in Abs. (e): „In no event shall any underwriter ... be liable in any suit ... for damages in excess of the total price at which the securities underwritten by him and distributed to the public were offered to the public." Müssten die Konsortialbanken für die Übernahme der ganzen Emission einstehen, wäre ihre Haftung gem. § 11 nicht auf den Betrag beschränkt, zu dem sie ihre Beteiligung platzieren. Obergrenze wäre der durch die Emission erzielte Gesamterlös.[1720]

---

weiteren Vertragspflichten ordnungsgemäß erfüllt, dass das registration statement zum festgelegten Zeitpunkt wirksam wird und nach Ansicht der Emissionsbanken keine wesentlichen Unrichtigkeiten enthält, dass die Banken comfort letters der Wirtschaftsprüfer, ihres Rechtsbeistands und des Rechtsbeistands des Emittenten erhalten, die alle für die Emission relevanten Umstände bestätigen (hierzu sogleich im Text), und schließlich dass keine neuen Entwicklungen nach Abschluss des Übernahmevertrags den Erfolg der Emission in Frage stellen. In Bezug auf den letzteren Punkt formulieren die Parteien häufig wie folgt: „[§ 8.03] Between the date [of conclusion of the underwriting agreement] and the Closing Date, the Company shall not have sustained any loss on account of fire, explosion, flood, accident, calamity or any other cause, of such character as materially adversely affects its business or property considered as an entire entity ... [§ 8.05] ... [E]xcept in the ordinary course of its business, the Company shall not have incurred any liabilities or obligations (direct or contingent) or disposed of any of its assets, or entered into any material transaction or suffered or experienced any substantially adverse change in its condition, financial or otherwise. At the Closing Date, the capital stock and surplus accounts of the Company shall be substantially the same as at the date of the last audited balance sheet included in the Registration Statement ... [§ 9.02] This Agreement may be terminated by the Underwriter ... if ... a war or other national calamity shall have occurred, crisis or change in political, financial, or economic conditions, the effect of which on the financial markets of the United States is such as it would be undesirable, impracticable or inadvisable in the judgment of the Underwriter to proceed or continue with this Agreement or with the public offering." Quelle: *Bloomenthal*, loc. cit. Die Zulässigkeit der abgedruckten market out clause sollte zu bejahen sein; einem weitergehenden Ermessen der Emissionsbanken, vom Vertrag zurückzutreten, steht die SEC bei Festübernahmen indes kritisch gegenüber, vgl. oben Fn. 423.

1717 Joint and several liabity unterscheidet sich von joint liability dadurch, dass bei ersterer drei oder mehr Verpflichtungen vorliegen: die Schuldner haften jointly und daneben jeder Schuldner severally. Schuldner, die jointly but not severally liable sind, haften hingegen als Einheit. Das hat z.B. zur Folge, dass joint and several Schuldner einzeln verklagt werden können, nicht aber joint Schuldner. Diese im common law bestehende Grundregel ist allerdings in vielen Bundesländern in unterschiedlicher Weise modifiziert und in einigen ganz beseitigt worden, vgl. Restatement 2d of Contracts, § 290. Zu den Einzelheiten, weiteren Unterschieden und den Änderungen, die die common law Regeln in den letzten Jahrzehnten erfahren haben, s. *Corbin*, Contracts, § 937. Sowohl joint als auch joint and several liability können mit der gesamtschuldnerischen Haftung im deutschen Recht verglichen werden, da jeder Schuldner in beiden Fällen auf die ganze Summe haftet.

1718 *Bloomenthal*, loc. cit., app. 2–5, § 3.01.

1719 Hierzu ausführlich unten § 9 I 1.

1720 Da der Securities Act 1933 Kommunalanleihen nicht erfasst, ist der Ausschluss der gesamtschuldnerischen Haftung bei solchen Emissionen von geringerer Bedeutung. Dementsprechend gehen Banken die Verpflichtung zur Übernahme von Kommunalanleihen regelmäßig jointly and severally ein, *Johnson/McLaughlin*, Corporate Finance, p. 78.

Die Hauptleistungspflicht des Emittenten besteht in der Zahlung der Provision. Die Provision berechnet sich beim firm-commitment underwriting wie folgt: Die Konsortialbanken übernehmen die Papiere zu einem bestimmten Preis und verpflichten sich dazu, sie zu einem ebenfalls im Übernahmevertrag fest vereinbarten (höheren) Preis auf den Markt zu bringen. Die Differenz zwischen dem Übernahme- und dem Platzierungspreis (sog. *gross spread*) stellt die Provision der Konsortialbanken dar. Sie bewegt sich je nach Risiko der Emissionsbegleiter, erforderlichen Absatzbemühungen und Kosten der Platzierung zwischen 1 % und 10 % des Platzierungspreises und teilt sich in eine management fee für den bzw. die führende(n) Bank(en), eine underwriting fee für die Übernahme des Risikos und eine selling fee auf.[1721]

Weitere Vertragsbestimmungen sehen vor, wie bei Nichterfüllung eines Konsorten zu verfahren ist, legen den Zeitrahmen für die Registrierung, Übernahme und Platzierung fest und verpflichten den Emittenten, die Legalität der Emission (ordnungsgemäße Erstellung der Emissionsdokumente, Legalität der auszugebenden Papiere, keine die Vermögenslage der Gesellschaft nachteilig beeinflussenden neuen Entwicklungen etc.) zuzusichern, eine ausreichende Anzahl an Verkaufsprospekten zur Verfügung zu stellen, das Registrierungsverfahren zu betreiben, den Emissionsbanken alle Nachträge und Berichtigungen zum registration statement sowie während einer näher bestimmten Zeitspanne (auch nach dem closing date) die Finanzberichte vorzulegen und alle Kosten im Zusammenhang mit dem Börsengang zu tragen. Die Emissionsbanken fordern mehrere comfort letters an: vom eigenen Rechtsbeistand, dem Rechtsbeistand des Emittenten und von den Wirtschaftsprüfern – von letzteren sowohl bei Abschluss des Übernahmevertrags als auch am Tag des closing, so dass die Parteien unter Umständen letzte Änderungen vornehmen können. Die comfort letters erfüllen zwei Funktionen: Zum einen ermöglichen sie es den Konsortialbanken, vom Übernahmevertrag zurückzutreten, sollten die Gutachten nicht zu ihrer Zufriedenheit ausfallen.[1722] Zum anderen sollen sie dazu beitragen, die gesetzlichen Anforderungen an ein sorgfältiges Handeln zu erfüllen, und den Banken damit eine Einwendung gegen Prospekthaftungsansprüche an die Hand geben. Ob sie dieser zweiten Funktion gerecht zu werden vermögen, ist im Hinblick auf die Entscheidungen der Gerichte zur Auslegung der Prospekthaftungstatbestände fraglich und wird in einem der nächsten Kapitel ausführlich untersucht.[1723] Schließlich regelt der Übernahmevertrag die Ausgleichs-

---

1721 Die management fee macht in der Regel 20 bis 25 % des gross spread aus, die underwriting fee 20 % und die selling fee, die sowohl Mitglieder des Konsortiums als auch selling agents erhalten, ca. 60 %, vgl. *Loss/Seligman/Paredes*, Securities Regulation, § 2-A-2. In deutschen Übernahmeverträgen findet sich eine vergleichbare Aufteilung, siehe oben Fn. 243. Die Kompensation der Konsortialbanken stellt den größten Teil der Kosten einer Börseneinführung dar. Eine Untersuchung des SEC Advisory Committee on the Capital Formation and Regulation Process, abgedr. unter 1996–1997 Fed. Sec. L. Rep. (CCH) ¶85.834, hat festgestellt, dass sie für Aktienemissionen in den USA in den Jahren 1993–1995 durchschnittlich 7 % des Erlöses bei IPOs und 5,3 % bei sonstigen Börseneinführungen betrug, id., app. A tbl. 1.

1722 Vgl. bereits oben Fn. 1716.

1723 § 9 I 1 e bb (2) (a).

und Freistellungspflichten des Emittenten gegenüber den Emissionsbegleitern und der Banken gegenüber dem Emittenten.[1724]

b. *Erfüllung*

Die Erfüllung der Pflicht des Emittenten zur Lieferung der Wertpapiere erfolgt durch Übertragung des Eigentums (*ownership right* bzw. *title*) an den Papieren. Um die Rechtsstellung der Emissionsbanken im Hinblick auf die zu liefernden Papiere und die sich hieraus ergebenden Implikationen für Haftungsfragen umfassend erörtern zu können, ist zunächst kurz auf die Rechtsnatur von Aktien (*shares*[1725]) und Anleihen (*bonds, debentures* oder *notes*[1726]) und auf die Möglichkeiten ihrer Übertragung nach US-amerikanischem Recht einzugehen.

aa. Entstehung der Wertpapiere

Die Ausgabe von Aktien ist im MBCA in §§ 6.01 et seq. geregelt.[1727] Die Satzung (*articles of incorporation*) muss Gattung und Zahl der Aktien angeben, die die Gesellschaft ausgeben darf (*authorized shares*).[1728] Die Zahl der tatsächlich ausgegeben Aktien (*issued shares*) darf die der zugelassenen nicht übersteigen,[1729] kann aber hinter ihr zurückbleiben. Die Ausgabe selbst erfolgt durch einen entsprechenden Beschluss des *board of directors*,[1730] den die Direktoren nur fassen dürfen, wenn sie festgestellt haben, dass die von den Investoren geforderte Gegenleistung angemessen ist (*adequate consideration*).[1731] Das US-amerikanische Recht unterscheidet, ebenso

---

1724 Hierzu § 9 II 1 b, 2.
1725 Der Begriff „stock“ wird im deutschen ebenfalls häufig mit „Aktie“ oder „Aktien“ übersetzt, vgl. z.B. *Dietl/Lorenz*, Wörterbuch für Recht, Wirtschaft und Politik. Genauer ist zwischen dem Kapital, das die Gesellschaft durch die Ausgabe von Aktien erlangt (stock) und den Einheiten, in die das Kapital zerlegt ist (shares), zu unterscheiden. Diese Unterteilung berücksichtigt der MBCA in § 1.40(21), indem er share definiert als „unit into which the proprietary interests in a corporation are divided.“ Mitunter wird stock aber auch im Englischen im Sinn von Mitgliedschaft oder Beteiligungsquote verwendet, vgl. *Fletcher*, Cyc. Corp., § 5079 (Perm. Ed.) m.N.
1726 Das Gesetz unterscheidet nicht zwischen bonds, debentures und notes. In der Praxis ist folgende Einteilung üblich: Als bonds werden Anleihen bezeichnet, die mit Sicherheiten unterlegt sind. Debentures und notes sind ungesichert. Während notes eine Laufzeit von zehn Jahren oder weniger haben, sind debentures langfristige Anleihen mit einer Laufzeit von regelmäßig mehr als zehn Jahren, vgl. *Bratton*, Corporate Finance, p. 175, zu den verschiedenen Formen von Industrieanleihen, sowie American Bar Foundation, Commentaries on Indentures, p. 7 et seq.
1727 § 6.21 MBCA ist insoweit nicht repräsentativ für die landesrechtlichen Regelungen, als er die Pflicht zur Angabe des *par value* (des Nennbetrags) der Aktien beseitigt, was in zahlreichen Bundesstaaten bislang nicht geschehen ist, vgl. *Fletcher*, Cyc. Corp., § 5181.11 (Perm. Ed.). Im Übrigen ist das im MBCA vorgesehene Verfahren zur Ausgabe von Aktien vergleichbar mit dem in den Ländern geltenden.
1728 § 6.01(a) MBCA.
1729 § 6.03(a) MBCA.
1730 § 6.21(b) MBCA.
1731 Während der MBCA in dieser Hinsicht großzügig ist, vgl. § 6.21(b), (c), lassen einige Landesgesetze Schuldverschreibungen oder das Versprechen zukünftiger Dienstleistung nicht genügen, z.B. § 409(a)(1) Calif. Gen. Corp. Law. Die Ausgabe ohne angemessene Gegenleistung kann Schadensersatzpflichten der Aktionäre oder Direktoren oder die Annullierung der Aktien zur Folge haben, vgl. *Gevurtz*, Corporation Law, § 2.1.2 b m.N.

wie das deutsche, zwischen dem Mitgliedschaftsrecht des Aktionärs und der Urkunde, in der das Recht verbrieft ist. Das Mitgliedschaftsrecht ist seiner Rechtsnatur nach *intangible personal property*,[1732] die Urkunde *tangible personal property*.[1733] Die Urkunde dient zum Beweis der Mitgliedschaft, ist aber nicht konstitutiv für den Erwerb des Rechts.[1734] Dementsprechend räumt der MBCA der Gesellschaft die Möglichkeit ein, Aktien in unverbriefter Form zu begeben.[1735] Unabhängig davon, ob die Gesellschaft von dieser Möglichkeit Gebrauch macht oder nicht, erlangt der Investor nach dem MBCA die Rechtsstellung als Aktionär, sobald die Aktien unter seinem Namen im Aktienbuch eingetragen werden.[1736] Auf die Ausstellung der Urkunde kommt es nicht an. Die Rechtslage in den Ländern ist weniger eindeutig. Es herrscht einige Unklarheit über die Voraussetzungen und den Zeitpunkt der Ausgabe (*issuance*[1737]) des Wertpapiers und damit Entstehung des Mitgliedschaftsrechts. In jedem Fall muss das Unternehmen zunächst einen Vertrag mit dem zukünftigen Aktionär über den Beitritt zur Aktiengesellschaft abschließen, sei es im Wege öffentlicher Subskription (*subscription*),[1738] durch direkten Kontakt mit Anlegern oder unter Einschaltung von Banken. Die Mitgliedschaftsrechte entstehen nach Auffassung einiger Gerichte in dem Zeitpunkt, in dem die Gesellschaft die Gegenleistung für die Aktien erlangt,[1739] nach anderer Auffassung bereits bei Ab-

---

1732 Kaiser v. Moulton, 631 S.W.2d 44, 48 (Mo. App. 1981); Jellenik v. Huron Copper-Mining Co., 177 U.S. 1, 11 et seq., 20 S. Ct. 559, 563 et seq. (1900); AFP Imaging Corp. v. Ross, 780 F.2d 202, 204 (2d Cir. 1985). Der Begriff „personal property" wird häufig mit dem der „beweglichen Sachen" in civil law Ländern gleichgesetzt, s. z.B. *Stoebuck/Whitman*, The Law of Property, § 1.4. Er geht aber darüber hinaus, indem er auch immaterielle Gegenstände erfasst.

1733 Registrar & Transfer Co. v. Director, Div. of Taxation, Dep., 166 N.J. Super. 75, 80 et seq. (1979).

1734 Kaiser v. Moulton, 631 S.W.2d 44, 48; Commissioner v. Scatena, 85 F.2d 729, 732 (9th Cir. 1936); für Nachweise zu Fällen zum New Yorker Recht vgl. 14 N.Y. Jur. 2d Business Relationships § 263; vgl. außerdem *Fletcher*, Cyc. Corp., §§ 5091 et seq. (Perm. Ed.); *Lord*, Williston on Contracts, § 51:2. Die Dichotomie von Mitgliedschaftsrecht und Urkunde wird vom Gesetz allerdings nicht immer konsequent durchgehalten, vgl. Castro v. ITT Corp., 598 A.2d 674, 681 (Del. Ch. 1991): „Article 8 ... attempts to merge the legal interest of stock into what might have been thought of as only evidence of that interest, the certificate."

1735 §§ 6.25(a), 6.26 MBCA.

1736 § 1.40(22) MBCA.

1737 *Rhodes*, Transfer of Stock, § 2:8, weist darauf hin, dass dieser Begriff ungenau ist: Aktien verstanden als die Gesamtheit der durch Mitgliedschaft verliehenen Rechte des Aktionärs gegenüber der Gesellschaft können nicht ausgegeben (*issued*), sondern nur geschaffen (*created*) werden.

1738 Die öffentliche Subskription war früher insbesondere zur Gründung einer Aktiengesellschaft gebräuchlich. Die Gründer (*promoter*) forderten Investoren auf, förmliche, nur unter bestimmten Voraussetzungen widerrufliche Versprechen zum Kauf der auszugebenden Anteile abzugeben. Gelang es ihnen, eine ausreichende Zahl an Interessenten zu gewinnen, gründeten sie die Gesellschaft und zogen den von den Investoren versprochenen Betrag ein, vgl. *Hamilton/Macey*, Corporations, p. 321 et seq. Heute ist es üblicher, Aktien durch formlosen Vertrag zu verkaufen. Unbekannte und zu gründende Gesellschaften stellen den Erfolg der Kapitalaufnahme durch die Beteiligung von Investmentbanken und den Abschluss von Verträgen zur festen Übernahme der Emission sicher. Die Möglichkeit der Ausgabe von Aktien im Weg der Subskription ist in den Aktiengesetzen aber weiter vorgesehen, z.B. in § 6.20 MBCA.

1739 New York: Flour City National Bank v. Shire, 88 App. Div. 401, 405 (1903); United States Radiator Corp. v. State, 208 N.Y. 144, 149 et seq. (1913). Delaware: *Balotti/Finkelstein*, Del. Law of Corporations, § 5.13 m.N.

schluss eines bindenden subscription agreements.[1740] Wieder andere Gerichte stellen fest, dass die Frage nur nach den Umständen des Einzelfalls beantwortet werden kann,[1741] oder dass das Mitgliedschaftsrecht (spätestens) durch Ausstellung der Wertpapierurkunde erworben wird, selbst wenn kein förmliches subscription agreement vorliegt oder die Gesellschaft die Gegenleistung nicht erhält.[1742] Diese Grundsätze stehen überwiegend in Konflikt mit Art. 8 UCC,[1743] der für den Erwerb von Rechten an Wertpapieren grundsätzlich die Übertragung des Besitzes an der Wertpapierurkunde verlangt.[1744] In manchen Landesgesetzen wird für den Fall eines Konflikts die Unanwendbarkeit der entsprechenden Vorschriften des UCC angeordnet.[1745] Auch in den übrigen Bundesländern dürfte das Aktienrecht als insoweit speziellere Regelungsmaterie vorgehen.

Bonds, debentures und notes können definiert werden als: „promise by the borrower to pay a specified amount on a specified date, together with interest at specified times, on the terms and subject to the conditions spelled out in a governing indenture or note agreement."[1746] Sie sind damit *promissory notes*, d.h. Wertpapiere, in denen der Aussteller dem namentlich Benannten oder jeweiligen Inhaber die Zahlung einer bestimmten Geldsumme verspricht. Sofern sie bestimmte weitere Voraussetzungen erfüllen,[1747] zählen sie zu den *negotiable instruments*, verkehrsfähigen und verbrieften Wertpapieren, die der Erleichterung des Zahlungsverkehrs oder dem Nachweis einer Zahlungsverpflichtung dienen und in Art. 3 UCC besonderen Regelungen unterworfen sind. Weisen Schuldverschreibungen sowohl die Merkmale von negotiable instruments (Art. 3 UCC) als auch von investment

---

1740 Louisiana: U.S. v. Parker, 376 F.2d 402, 406 (5th Cir. 1967).

1741 Kalifornien: People v. Beber, 104 Cal. App. 2d 359, 367 et seq. (1951) (es hängt vom Willen der Parteien und dem zwischen ihnen geschlossenen Vertrag ab, ob Wertpapiere bereits im Zeitpunkt des Vertragsschlusses, der Vornahme der Gegenleistung oder erst der Ausstellung der Wertpapierurkunde zur Entstehung gelangen).

1742 Washington: In re Grand Rapids Furniture Agency, 209 F. 483, 486 (4th Cir. 1913).

1743 Art. 8 UCC beschäftigt sich neben dem Zweiterwerb (Part 3 et seq. der Vorschrift) auch mit der Entstehung von Wertpapieren (Part 2: „Issue and Issuer"). Das ergibt sich auch aus der Definition von „Erwerb" i.S. des Art. 8: „A person acquires a security ..., if: (1) the person is a purchaser ..." „Purchaser" wird in § 1-201(33) UCC definiert als jemand, „who takes by purchase," wobei „purchase" beinhaltet: „taking by ... issue ... or any other voluntary transaction creating an interest in property" (§ 1-201(32) UCC). In Abgrenzung hierzu wird der Zweiterwerber als „subsequent purchaser" bezeichnet, z.B. in ULA UCC § 8-202, Official Comment at 3.

1744 § 8-301(a)(1) UCC.

1745 Z.B. § 201 Del. Gen. Corp. Law.

1746 *Bratton*, Corporate Finance, p. 175.

1747 § 3-104(a) UCC (2002): „unconditional promise or order to pay a fixed amount of money, ... payable to bearer or to order ... payable on demand or at a definite time ..." § 3-103(a) definiert *promise* als „written undertaking to pay money signed by the person undertaking to pay" (Abs. 9) und *order* als „written instruction to pay money signed by the person giving the instruction ... addressed to any person ..." (Abs. 6). Neben Leistungsversprechen im Rahmen von Zweipersonenverhältnissen (promissory notes) unterfallen somit auch schriftliche Aufforderungen zur Zahlung in Dreipersonenverhältnissen (sog. *drafts* oder *bills of exchange*, z.B. Schecks) der Begriffsbestimmung des § 3-104(a) UCC. Zu den Voraussetzungen von § 3-104(a) UCC vgl. auch *Miller/Harrell*, Payment Systems, ¶ 2.02.

securities (Art. 8 UCC) auf,[1748] gilt Art. 8 UCC.[1749] Auf die in Art. 3 zum Ausdruck kommenden Grundsätze und das Vertrags- bzw. Wertpapierrecht des common law kann aber zurückgegriffen werden, soweit Art. 8 UCC bestimmte Fragen nicht regelt.[1750]

Promissory notes sind Verträge, die besonderen Formvorschriften unterliegen.[1751] Zu ihrer Entstehung ist mithin zunächst erforderlich, dass Aussteller und Nehmer eine vertragliche Vereinbarung treffen, die Betrag, Verzinsung und Fälligkeit der geschuldeten Leistung festlegt. Sollen die Schuldverschreibungen am Kapitalmarkt gehandelt werden, ist es üblich, die Vereinbarung durch umfangreiche Vertragswerke, *indentures* oder *note agreements* genannt,[1752] zu ergänzen. Diese Verträge regeln Einzelheiten der Ausgabe der Anleihe sowie der Durchsetzung der Rechte der Anleihegläubiger und begründen Pflichten des Emittenten zum Schutz der Vermögensinteressen der Investoren.[1753] Der Vertrag zur Begründung der im Wertpapier zu verbriefenden Zahlungsforderung ist von der zugrunde liegenden Forderung, die Rechtsgrund für die Ausstellung der Schuldverschreibung ist, zu unterscheiden. Der zugrunde liegende Anspruch geht durch Eingehung der neuen Verbindlichkeit entweder unter (*discharge*) oder wird in seiner Durchsetzung gehemmt (*suspension*).[1754]

Die zweite Voraussetzung für die Entstehung der Schuldverschreibung ist die Erfüllung bestimmter Formerfordernisse. Das US-amerikanische Wertpapierrecht (Art. 3 UCC) verlangt Verbriefung.[1755] Die Begebung (*issuance*[1756]) der Urkunde ist nicht

---

1748 Das kann insbesondere dann der Fall sein, wenn sie in Stückelung verkauft und an einer Börse oder in einem außerbörslichen Handelssystem gehandelt werden, vgl. die Definition von investment securities in § 8-102(a)(15).

1749 §§ 3-102(a) und 8-103(d) UCC. Zur Abgrenzung von Art. 3 und 8 UCC vgl. ausführlich ULA UCC § 3-102, Official Comment at 2; sowie z.B. Victory National Bank v. Oklahoma State Bank, 1973 OK 161 (1973); Jones v. United Sav. & Loan Ass'n, 515 S.W.2d 869 (Mo. App. 1974).

1750 Gerichte wenden die Vorschriften des Art. 3 UCC auch bei Eröffnung des Anwendungsbereichs von Art. 8 UCC analog an, vgl. E. F. Hutton & Co. v. Manufacturers National Bank, 259 F. Supp. 513 (E.D. Mich. 1966); Mazer v. Williams Bros., 461 Pa. 587 (1975).

1751 *Miller/Harrell*, Payment Systems, ¶ 1.03[1][a].

1752 Beispiele für indentures in: American Bar Foundation, Commentaries on Indentures, app. B, C.

1753 Z.B. die Pflicht, alle im Eigentum des Emittenten befindlichen Vermögenswerte zu erhalten, vgl. § 1005 des in American Bar Foundation, Commentaries on Indentures, app. B, abgedruckten Mustervertrags. Während note agreements unmittelbar zwischen dem Emittenten und dem Anleihegläubiger abgeschlossen werden, ist im Fall von indentures ein Treuhänder (*trustee*), der als Zahlstelle fungiert und die Befolgung der Pflichten des Emittenten überwacht, Vertragspartner. Insoweit indentures Rechte für die Anleihegläubiger begründen, sind sie somit als Verträge zugunsten Dritter anzusehen, vgl. *Bratton*, Corporate Finance, p. 176 et seq. Sie können aber auch durch Bezugnahme im Wertpapier zu Anleihebedingungen, also Bestandteil des Rechtsverhältnisses zwischen Emittent und Anleger, werden, vgl. § 8-202(a) UCC. Der Trust Indenture Act 1939 stellt Voraussetzungen für die Tätigkeit als trustee auf und verlangt die Registrierung des indenture mit der SEC.

1754 Vgl. § 3-310 UCC und *Lewis/Resnicoff*, Negotiable Instruments, § 4-2.

1755 §§ 3-104(a), 3-103(a)(6), (9) UCC.

1756 Begebung ist die erstmalige, willentliche Übertragung des Besitzes an der Urkunde (*delivery*), §§ 3-105(a), 1-201(b)(15) UCC.

erforderlich,[1757] das Wertpapier entsteht, verkürzt dargestellt, mit Abfassung des Leistungsversprechens in Schriftform und Unterzeichnung.[1758] Ist das Wertpapier als investment security i.S. von Art. 8 UCC zu qualifizieren, hat der Emittent die Möglichkeit, anstelle von verbrieften (*certificated*) unverbriefte (*uncertificated*) Wertpapiere auszugeben.[1759] Verbriefte Wertpapiere sind entweder als Namens- (*registered form*)[1760] oder Inhaberpapiere (*bearer form*)[1761] auszustellen. Sie gelangen entsprechend der in Art. 3 UCC enthaltenen Grundregel zur Entstehung, wenn der Emittent die Urkunde abfasst und unterschreibt.[1762] Unverbriefte Wertpapiere unterliegen besonderen Regelungen, z.B. müssen die Inhaber in Büchern des Emittenten registriert sein.[1763] Wendet man die Vorschriften über verbriefte Wertpapiere sinngemäß an, genügt für die Entstehung der Papiere die schuldrechtliche Einigung zwischen Emittent und Nehmer, während die Registrierung, die hier an die Stelle der Übergabe des Besitzes an der Wertpapierurkunde (*delivery*) tritt,[1764] nur für den Zweiterwerb Voraussetzung ist.[1765]

Art. 3 und 8 UCC unterscheiden zwischen dem Recht am Papier und dem Recht aus dem Papier. Art. 3 UCC bezeichnet den Eigentümer der Wertpapierurkunde als *owner* des Wertpapiers, während die Rechte aus dem Papier dem *holder*[1766] zustehen.[1767] Eigentümer und Berechtigter müssen nicht in einer Person zusammen-

---

1757 § 3-105(b) UCC. Fehlende Begebung gibt dem Aussteller aber regelmäßig eine Einrede, es sei denn, bei dem Inhaber handelt es sich um einen sog. *holder in due course* (gutgläubigen Erwerber) gem. § 3-302 UCC.

1758 Zur Frage, welche Angaben die Urkunde enthalten muss, damit das Wertpapier als vervollständigt (*complete instrument*) angesehen, und wann das Leistungsversprechen auch bei unvollständigen Wertpapieren durchgesetzt werden kann, vgl. § 3-115 UCC und *Lewis/Resnicoff*, Negotiable Instruments, § 4-7(a).

1759 Vgl. ausführlich zu dem Hintergrund dieser Einteilung sogleich unter bb.

1760 §§ 8-102(a)(13), (15)(i) UCC.

1761 § 8-102(a)(2), (15)(i) UCC.

1762 Dass Schriftform erforderlich ist, ergibt sich auch aus § 8-205 UCC, der sich mit der Verbindlichkeit von gefälschten Unterschriften beschäftigt. Was Wertpapiere in registered form anbelangt, bestimmt § 3-102(a)(13)(ii), dass der Emittent ein Buch führen muss, in dem er Transaktionen über das Wertpapier verzeichnet. Für die Entstehung des Wertpapiers bzw. den Ersterwerb ist die Registrierung aber ebenso wenig von Bedeutung wie für die Übertragung des Papiers, vgl. *Hazen*, Securities Regulation, § 23.2. Sie erlangt insoweit Bedeutung, als sie den Emittenten bei Leistung an den registrierten Inhaber schützt, § 8-207 UCC. Die fehlende Begebung stellt, wie im Wertpapierrecht gem. Art. 3 UCC, unter bestimmten Voraussetzungen eine Einrede dar, vgl. § 8-202(d) UCC.

1763 § 8-102(a)(15)(i) UCC.

1764 § 8-301(b)(1) UCC.

1765 § 8-102(a)(15)(i) UCC verlangt nur für die Übertragung (*transfer*) eine Registrierung des Erwerbers in den Büchern des Emittenten, nicht aber für den Ersterwerb. Fehlende Registrierung gibt dem Emittenten, analog den Grundsätzen zur fehlenden Begebung verbriefter Wertpapiere (§ 3-105(a), (b) UCC), eine Einrede.

1766 *Holder* ist gem. § 1-201(20) UCC „... the person in possession if the instrument is payable to bearer or, in the case of an instrument payable to an identified person, if the identified person is in possession."

1767 Im Anwendungsbereich des Art. 8 UCC ist nicht bereits jeder holder i.S. des § 1-201(20) UCC zur Ausübung der verbrieften Rechte befugt. Es müssen weitere Voraussetzungen (gem. § 8-301 UCC, vgl. hierzu sogleich unter bb) erfüllt sein, damit der Erwerber die Rechte erlangt. Zu diesen Voraussetzungen gehört aber nicht die Übereignung der Wertpapierurkunde, so dass das fallen.[1768] Wer Berechtigter ist, bestimmt sich nach dem UCC. Die Eigentumslage folgt allgemeinen Grundsätzen des Sachenrechts.[1769] Gibt der Emittent verbriefte Wertpapiere aus, geht das Eigentum am Papier in der Regel – sofern die Parteien keine abweichenden Vereinbarungen treffen – mit Übertragung des Besitzes an der Urkunde auf den Nehmer über.[1770]

bb. Übertragung

Wie dargelegt, behandelt Art. 8 UCC die Übertragung von Wertpapieren. Er enthält Regelungen zu schuld- und sachenrechtlichen Aspekten.[1771] Nach den Gesellschaftsrechten der Länder vor Umsetzung des UCC 1978 bzw. 1994 und gemäß UCC (1958)[1772] war zur Übertragung des Mitgliedschafts- bzw. Forderungsrechts die Übergabe der Urkunde erforderlich.[1773] Dieses Erfordernis führte in den 60er Jahren des letzten Jahrhunderts angesichts eines Handelsvolumens von mehreren Millionen Wertpapiertransaktionen pro Tag an den US-Börsen zum sog. *paperwork crunch*. Die Clearing und Settlement Agenturen konnten die Menge an auszuliefernden Urkunden nicht mehr bewältigen, und die Börsen sahen sich schließlich dazu gezwungen, die Handelszeiten einzuschränken.[1774] Um die Funktionsfähigkeit des Börsenhandels wiederherzustellen, wurde Art. 8 UCC 1978 neu gefasst. Er eröffnet die Möglichkeit, unverbriefte Wertpapiere auszugeben, die besonderen sachenrechtlichen Vorschriften unterliegen. Während die Übertragung verbriefter Rechte weiterhin durch Übergabe der Urkunde an den Erwerber bzw. einen Dritten, der im Namen und Auftrag des Erwerbers handelt, erfolgt,[1775] werden unverbriefte Wertpapiere durch Buchung in Aktien- oder ähnlichen Büchern des Emittenten über-

---

Recht aus dem Papier auch im Rahmen des Art. 8 UCC nicht automatisch dem Recht am Papier folgt.

1768 So ausdrücklich § 3-301 UCC. Beispiele zum Auseinanderfallen von Eigentum und Berechtigung bei ULA UCC § 3-203, Official Comment at 1.

1769 ULA UCC § 3-203, Official Comment at 1.

1770 *Lord*, Williston on Contracts, § 51:47, zu Aktien.

1771 Dem US-amerikanischen Recht ist das Abstraktionsprinzip unbekannt. Es unterscheidet aber, auch wenn diese Unterscheidung nicht mit derselben formalen Strenge wie in Deutschland erfolgt, zwischen schuld- und sachenrechtlichen Geschäften. Bei beweglichen Sachen können die Parteien z.B. Vereinbarungen treffen, nach denen das Eigentum nicht schon bei Lieferung, sondern erst zu einem späteren Zeitpunkt übergehen soll, vgl. z.B. § 2-401(1) UCC. Das Gesetz kennt somit Rechtsgeschäfte, die rein sachenrechtliche Vorgänge zum Gegenstand haben. Noch deutlicher wird die Trennung zwischen obligatorischer und dinglicher Seite bei Grundstücksgeschäften, bei denen zur Eigentumsübertragung die Abfassung einer Urkunde (sog. *deed*) unter Beachtung bestimmter gesetzlicher Formvorschriften Vorraussetzung ist, vgl. *Stoebuck/Whitman*, The Law of Property, § 11.1 et seq.).

1772 § 8-313(1).

1773 Zur Rechtslage in den Ländern vor Umsetzung vgl. z.B. Parsons v. Lipe, 158 Misc. 32, 60 (N.Y. Sup. 1933), mit einer Diskussion der New Yorker Vorschriften. § 8-313(1)(b) UCC (1958), der zum Erwerb des verbrieften Rechts auch Besitzerlangung seitens des Brokers des Investors ausreichen ließ, stellte bereits eine Verbesserung im Vergleich zu der in den Ländern bestehenden Rechtslage dar, machte aber weiterhin zahlreiche Transporte der Wertpapierurkunden erforderlich.

1774 *Rogers*, 43 UCLA L. Rev. 1431, 1442 (1996).

1775 §§ 8-104(a)(1), 8-301(a) UCC.

tragen.[1776] Diese Methoden werden als *direct holding systems* bezeichnet, da der Erwerber in beiden Fällen in direktem rechtsgeschäftlichen Verhältnis zum Emittenten steht, indem er entweder Aktionär wird oder eine Forderung unmittelbar gegen den Anleiheschuldner erlangt. Obwohl das von Art. 8 UCC für unverbriefte Wertpapiere entworfene Regime alle Voraussetzungen erfüllt, um den Anforderungen des heutigen Börsenhandels an eine reibungslose und schnelle Abwicklung einer großen Zahl von Wertpapiertransaktionen gerecht zu werden, konnte es sich bislang nicht durchsetzen. Die große Mehrzahl zumindest der Aktien ist weiterhin verbrieft.[1777] Die Marktteilnehmer umgehen das Erfordernis der Auslieferung der Wertpapierurkunden, indem sie die Effekten nominell an die *Depository Trust Company* (DTC), ein zum Zweck der Wertpapierverwahrung errichtetes Unternehmen, übertragen[1778] und ihr die Urkunden – meist Globalurkunden – übergeben.[1779] Die DTC wird Eigentümerin der Urkunden und damit Inhaberin der in ihnen verbrieften Mitgliedschafts- bzw. Forderungsrechte. Sie verwaltet die Wertpapiere für mit ihr assoziierte Broker-Dealer und Banken,[1780] deren Beteiligungen sie in elektronisch geführten Büchern festhält.[1781] Die Broker-Dealer und Banken wiederum führen Register, in denen sie die Transaktionen vermerken, die sie für ihre Kunden, die eigentlichen Käufer und Verkäufer der Wertpapiere, vornehmen. Da die Anleger rechtsgeschäftliche Beziehungen nur zu Finanzintermediären, aber nicht zum Emittenten eingehen, wird dieses System des Effektenhandels *indirect holding system*

1776 §§ 8-104(a)(1), 8-301(b) UCC.

1777 ULA UCC Prec. § 8-101, Refs & Annos, Prefatory Note at I B. Das könnte sich ändern, nachdem z.B. die NYSE und NASDAQ ihre Listing Rules abgeändert und zum 1. Januar 2007 ein sog. *Direct Registration System* eingeführt haben, das die Ausgabe von Papieren verlangt, die in das Direct Registration Program eines Clearinghauses i.S. des § 17A Sec. Ex. Act (zur Zeit lediglich die DTC, vgl. hierzu sogleich im Text) einbezogen werden können, siehe NYSE Listed Company Manual § 501.00; NASDAQ Manual Rule 4350(l). Um diese Voraussetzung zu erfüllen, ist allerdings die Ausgabe unverbriefter Effekten nicht zwingend erforderlich, so dass abzuwarten bleibt, welche Auswirkungen die Regeländerungen haben werden. Zu Einzelheiten vgl. Securities Exchange Act Release No. 53912 vom 31. Mai 2006, 71 Fed. Reg. 33030; No. 53913 vom 31. Mai 2006, 71 Fed. Reg. 33024.

1778 In den Registern der Unternehmen wird regelmäßig Cede & Co., eine Personengesellschaft (*partnership*), die für die DTC handelt, als Aktionärin bzw. Anleiheinhaberin geführt. Die DTC hält auf diese Weise ca. 70% aller öffentlich gehandelten Aktien bzw. Effekten im Wert von mehr als $ 20 Billionen, vgl. *Hargrave/Ovington*, 16 Ann. Rev. Banking L. 397, 402 (1997), sowie die website der Muttergesellschaft der DTC, der *Depository Trust & Clearing Corporation* (DTCC), http://www.dtcc.com. Zu weiteren Clearinghäusern vgl. *Bloomenthal/Wolff*, Securities and Federal Corporate Law, § 24:16.

1779 Die DTC verwahrt Aktien, Industrie- und Kommunalanleihen. Andere, vergleichbare Institutionen existieren zur Verwahrung von Pfandbriefen und Bundesanleihen, vgl. *Facciolo*, 27 Fla. St. U. L. Rev. 615, 621 et seq. (2000).

1780 Die Broker-Dealer und Banken müssen, um die Serviceleistungen der DTC in Anspruch nehmen zu können, von ihr zugelassen werden. Zur Zeit nehmen ca. 800 Broker-Dealer und Banken am Clearing durch die DTC teil.

1781 Die einzelnen Transaktionen der Broker-Dealer bzw. Banken verfolgt die DTC nicht. Der Handel der Finanzintermediäre untereinander wird über ein eigenständiges Clearinghaus, die *National Securities Clearing Corporation* (NSCC), abgewickelt. Die NSCC verrechnet die im Laufe eines Tages erlangten Ansprüche und eingegangenen Verbindlichkeiten und gibt den Saldo am Ende des Handelstages an die DTC weiter, die ihre Bücher entsprechend aktualisiert, vgl. ULA UCC Prec. § 8-101, Refs & Annos, Prefatory Note at I C.

genannt. Die neueste, 1994 revidierte, Fassung des Art. 8 UCC widmet ihm einen ganzen Abschnitt.[1782] Der Artikel stellt klar, dass Anleger durch den Kauf unter Einschaltung von Finanzintermediären nicht Eigentümer der Papiere und damit weder Aktionäre noch Anleihegläubiger werden.[1783] Sie erlangen lediglich ein sog. *securitiy entitlement*, sobald der Finanzintermediär die Beteiligungen auf dem Konto des Anlegers gutschreibt.[1784] Das security entitlement ist eine vom Gesetz eigens für Wertpapiertransaktionen geschaffene Mischform aus absolutem und relativem Recht, das in der überkommenen Dogmatik der Schuld- (*claims in personam*) und Sachenrechte (*claims in rem*) keinen Platz findet.[1785] Was seine sachenrechtliche Komponente anbelangt, kann es als eigentumsähnlich, als „*sui generis form of property interest*,“[1786] bezeichnet werden. Seine Inhaber sind wirtschaftliche Eigentümer (*beneficial owner*) der Wertpapiere. Ihnen stehen keine Rechte aus den Wertpapieren unmittelbar gegenüber dem Emittenten zu. Sie müssen sich an ihre Vertragspartner halten, nämlich die Finanzintermediäre, von denen sie die Papiere erworben haben.[1787] Die Finanzintermediäre sind ihrerseits Inhaber von security entitlements gegenüber weiteren Intermediären, bis auf der letzten Stufe der Aktionär bzw. Anleihegläubiger (i.d.R. die DTC) das Vollrecht innehat. Die Verfasser des UCC haben mit diesem System indirekter Beteiligungen die Konsequenz daraus gezogen, dass traditionelle Formen der Übereignung den Erfordernissen des modernen Effektenhandels nicht gerecht werden.[1788]

cc. Subsumtion

Bei der Aktienemission erlangen je nach Gestaltung des Übernahmevertrags entweder zunächst die Emissionsbanken oder unmittelbar die Investoren Eigentum an den Effekten. Um letzteres zu erreichen, muss die Konsortialführerin dem Emittenten eine Liste mit den Namen der Investoren zur Verfügung stellen. Zwar ist die Eintragung der Investoren im Aktienbuch der Gesellschaft nach überwiegender An-

---

1782 Part 5, §§ 8-501 et seq.

1783 § 8-301 UCC. Bis auf einen eng begrenzten Ausnahmefall in § 8-301(a)(3) UCC ist der Erwerb des Eigentums (*legal title*) unter Einschaltung eines Stellvertreters nur möglich, wenn dieser kein *securities intermediary*, also gem. § 8-102(a)(14) weder ein Clearinghaus noch eine Bank oder ein Broker-Dealer ist.

1784 §§ 8-104(a)(2), 8-501(b)(1) UCC.

1785 Security entitlements weisen schuldrechtliche Aspekte auf, da sie ein gesetzliches Schuldverhältnis zwischen Finanzintermediär und entitlement-Inhaber begründen, aus dem sich Ansprüche gegen den Finanzintermediär ergeben (§§ 8-504 bis 8-508 UCC). Eine dingliche Komponente erlangen sie dadurch, dass die Gläubiger des Finanzintermediärs gem. § 8-503(a) UCC grundsätzlich nicht auf die von dem Intermediär verwalteten Vermögenswerte zugreifen dürfen.

1786 *Rogers*, 43 UCLA L. Rev. 1431, 1496 (1996).

1787 Z.B. haben sie gem. § 8-505(b) UCC einen Anspruch gegen den Finanzintermediär auf Weiterleitung von Dividendenzahlungen des Emittenten.

1788 Der deutsche Gesetzgeber hat in § 24 Abs. 2 Satz 1 DepotG ebenfalls einen neuen Tatbestand zur Eigentumsübertragung geschaffen, der allerdings kaum relevant wird, da die h.M. die Übertragung von Sammeldepotanteilen in zwar dogmatisch zutreffender, aber gekünstelt wirkender Weise unter § 929 Satz 1 BGB subsumiert, vgl. § 5 I 1 c cc (2) (b) (a.A. *Einsele*, WM 2003, 2349, 2352 f.). Zur Kritik an der Einordnung siehe z.B. *Canaris*, Bankvertragsrecht, Rdnr. 2022, der zutreffend von einer Übereignung de facto durch „Einigung und Buchung“ spricht.

sicht nicht Voraussetzung für die Begründung der Aktionärsstellung. Die Gesellschaft benötigt aber Kenntnis von der Person des zukünftigen Aktionärs, da die Entstehung des Mitgliedschaftsrechts auf einer vertraglichen Vereinbarung zwischen ihr und dem Investor beruht. In diesem Fall fungieren die Konsortialbanken somit als Vertreter (*agents*) des Emittenten bei der Schaffung der Aktien. Die Eigentumslage hat keinen Einfluss auf die Qualität der Übernahme als firm commitment underwriting. Entscheidend hierfür ist, dass die Banken zusagen, Effekten, die sie nicht platzieren können, ins eigene Portfolio zu übernehmen. Vereinbaren sie, die Papiere kommissionsweise zu platzieren, handeln sie in jedem Fall als Vertreter und veräußern die Effekten, ohne sie zuvor zu Eigentum zu übernehmen.[1789] Für Schuldverschreibungen gilt Entsprechendes: Wiederum können die Emissionsbanken die Effekten entweder selbst erwerben oder als Vertreter den Vertragsschluss zwischen dem Emittenten und den Anlegern herbeiführen.

Die Art des Erwerbs durch die Investoren (Direkt- oder abgeleiteter Erwerb) war bis in die 70er Jahre des letzten Jahrhunderts hinein für die Besteuerung der Transaktion von Bedeutung. Bei der Übertragung von Wertpapieren fiel ein *stock transfer tax* an, nicht aber bei ihrer Schaffung.[1790] Um den Wirtschaftsstandort USA zu stärken, hat der Bundesgesetzgeber die Bundessteuer auf Wertpapiertransaktionen 1965 aufgehoben. Auf Länderebene ist eine solche Steuer teilweise noch in Kraft, so z. B. in New York,[1791] die Steuerpflichtigen haben aber in der Regel das Recht, Erstattung der gezahlten Steuern zu 100% zu verlangen.[1792]

II. Rechtsverhältnis zwischen den Emissionsbanken und den Anlegern

Ob bzw. was für ein Rechtsverhältnis zwischen den Emissionsbanken und den Anlegern entsteht, hängt davon ab, in welcher Rolle die Banken den Anlegern gegenüber auftreten. Sind sie nicht selbst Inhaber der Wertpapiere, sondern handeln sie für den Emittenten, vermitteln sie einen zwischen Emittenten und Anleger zustande kommenden Beitrittsvertrag bzw. Vertrag zur Begründung der promissory notes. Verkaufen sie bereits existierende Wertpapiere, unterliegt der mit dem Anleger abgeschlossene Vertrag Art. 8 UCC. Im Übrigen unterstehen die Banken den Pflichten, die die Kapitalmarktgesetze, insbesondere der Securities Exchange Act 1934 und die Rules der SEC und der NASD, an Personen stellen, die Kapitalanlagen anbieten.[1793] Daneben kann sich der Anleger auf allgemeine Prinzipien des Vertrags- und Deliktsrechts stützen, um Ersatz für etwaige Schädigungen zu verlan-

1789 *Bloomenthal*, Going Public Handbook II, app. 6–9, Art. 3 Underwriting Agreement (best efforts).
1790 Zu der im Einzelfall schwierig zu beantwortenden Frage, wann der Verkauf der Emission als *transfer* und wann er als *original issue* anzusehen ist, vgl. *Rhodes*, Transfer of Stock, §§ 27:22, 27:31, 27:38, 27:55.
1791 § 270(1) NY Tax Law.
1792 § 280-a NY Tax Law.
1793 Hierzu *Cox/Hillman/Langevoort*, Securities Regulation, p. 1023 et seq.

gen. Diese Arbeit wird sich auf die kapitalmarktrechtlichen Rechtsbehelfe konzentrieren und auch hier nur die Vorgänge am Primärmarkt thematisieren.[1794]

III. Rechtsverhältnis der Emissionsbanken untereinander

Das Rechtsverhältnis der Emissionsbanken untereinander ist im Konsortialvertrag (*agreement among underwriters*) näher ausgestaltet.[1795] Der Konsortialvertrag bestimmt in der Regel, dass die Mitglieder des Konsortiums weder untereinander noch im Verhältnis zur führenden Bank in einer gesellschaftsrechtlichen Beziehung stehen und für die Verbindlichkeiten der Mitkonsorten nur insoweit haften, als im Vertrag ausdrücklich festgelegt.[1796] Soweit ersichtlich, existieren keine US-amerikanischen Gerichtsentscheidungen zur Frage der Rechtsnatur von Emissionskonsortien. Auch die Literatur problematisiert die Zulässigkeit der Abbedingung gesellschaftsrechtlicher Bindungen nicht.

Für nicht inkorporierte Unternehmensformen stellt das US-amerikanische Gesellschaftsrecht als Grundform die *partnership* zur Verfügung, eine Personengesellschaft, die, was Gründung und Auflösung der Gesellschaft und das Verhältnis der Gesellschafter zueinander, zur Gesellschaft und zu Dritten anbelangt, weitgehend mit der BGB-Gesellschaft vergleichbar ist. Der Uniform Partnership Act definiert partnership als *„an association of two or more persons to carry on as co-owners a business for profit.“*[1797] Die Gesellschafter (*partners*) handeln als Stellvertreter (*agents*) der Gesellschaft.[1798] Rechtsgeschäftliche Verbindlichkeiten, die sie eingehen, binden die Gesellschaft ebenso wie deliktische Handlungen, die sie im Rahmen der gewöhnlichen Geschäftstätigkeit (*in the ordinary course of business*) vornehmen.[1799] Für alle Schulden der Gesellschaft haften die Gesellschafter gesamtschuldnerisch (*jointly and severally*).[1800] Die gesamtschuldnerische Haftung kann nicht abbedungen wer-

---

1794 Ein Beispiel: SEC Rule 10b-5 (vgl. unten § 9 I 5) findet nicht nur bei Täuschungshandlungen Anwendung, die Investmentbanken im Zusammenhang mit der Emissionsbegleitung vornehmen, sondern auch bei Täuschungen gegenüber dem Investor im Rahmen des Anlagegeschäfts. Auf diesen letzteren Problemkomplex wird die Untersuchung, wie gesagt, nicht eingehen.

1795 Beispiele bei *Bloomenthal*, Going Public Handbook II, app. 3 (agreement among US underwriters), 47A (agreement among international underwriters) und 47C (agreement between US and international underwriters).

1796 *Bloomenthal*, loc. cit., app. 3–6, § 14 des Mustervertrags: „Nothing herein contained shall constitute the several underwriters partners with you [the manager] or with each others, or render any Underwriter liable for the commitment of any other Underwriter, except as otherwise provided in [this agreement].“

1797 § 101(6) UPA. Ähnlich die Gerichte, z.B. Meehan v. Valentine, 145 U.S. 611, 12 S. Ct. 972 (1892).

1798 § 301 UPA.

1799 § 305(a) UPA.

1800 § 306(a) UPA.

den.[1801] Sollten Emissionskonsortien nach US-amerikanischem Gesellschaftsrecht als partnership zu qualifizieren sein, besteht damit, ebenso wie im deutschen Recht, ein Konflikt zwischen der gesetzlichen Haftungsverfassung und den konsortialvertraglichen Regelungen.

1. Rechtsnatur der partnership

Nach im common law herrschender Auffassung kam einer partnership keine eigene Rechtspersönlichkeit zu (sog. *aggregate theory*).[1802] Die Gesellschaft war nicht als *legal person*, sondern als rechtlich unselbständiger Zusammenschluss mehrerer Personen anzusehen. Der aggregate theory steht die sog. *entity theory* gegenüber, die zunächst nur in dem vom französischen Recht stark beeinflussten Bundesstaat Louisiana vertreten wurde und partnerships als *„ideal beings"*, *„legal entities"* oder *„civil persons"* auffasst.[1803] Während die entity theory im 19. Jahrhundert auch in anderen Bundesländern an Einfluss gewann,[1804] zögerten die Verfasser des UPA (1914), eine klare Entscheidung zugunsten dieser Ansicht zu treffen.[1805] Vorschriften, die – insbesondere aus praktischen Erwägungen, z.B. um die Verkehrsfähigkeit von Gegenständen aus dem Gesellschaftsvermögen zu erhöhen – von der Rechtsfähigkeit der partnership ausgehen,[1806] waren mit Bestimmungen, denen die aggregate theory zugrunde liegt,[1807] in Einklang zu bringen. Die Folge war, dass in Rechtsprechung[1808] und Lehre[1809] lange Zeit keine Einigkeit darüber herrschte, wie die

---

1801 Eine partnership, in der die Haftung bestimmter Partner ausgeschlossen oder beschränkt ist, wird als *limited liability partnership* (LLP) bezeichnet. Die LLP ist eine eigenständige Gesellschaftsform, zu deren Gründung die Gesellschafter u.a. bestimmte Registrierungspflichten erfüllen müssen.

1802 Puerto Rico v. Russell & Co., 288 U.S. 476, 480, 53 S. Ct. 447, 448 (1933): „The tradition of the common law is to treat as legal persons only incorporated groups and to assimilate all others to partnerships." Vgl. auch Silliman v. Du Pont, 302 A.2d 327, 331 (Del. Super. 1972).

1803 State v. Morales, 256 La. 940, 944 (1970): „A partnership is a legal entity entirely separate and distinct from the persons who compose it."

1804 *Bromberg/Ribstein*, Partnership, § 1.03(b) m.N.

1805 Vgl. zum Hintergrund *Lewis*, 29 Harv. L. Rev. 158, 165 et seq. (1915).

1806 Z.B. kann die Gesellschaft gem. §§ 8(3), 10 (1) im eigenen Namen Grundeigentum erwerben. Gem. § 9 handeln die Gesellschafter als Stellvertreter der Gesellschaft, die durch Vertragsabschlüsse der Partner berechtigt und verpflichtet wird. Gem. §§ 13, 14 haftet die Gesellschaft für unerlaubte Handlungen der Gesellschafter.

1807 Gem. § 25 sind z.B. die Gesellschafter – und nicht die Gesellschaft – Eigentümer des Gesellschaftsvermögens (wenn auch ihre Verfügungsbefugnis stark eingeschränkt ist). Gem. § 29 muss die Gesellschaft bei Ausscheiden eines Partners aufgelöst werden.

1808 Darby v. Philadelphia Transp. Co., 73 F. Supp. 522, 524 (3rd Cir. 1947) („the jural entity of the partnership is recognized in the Uniform Partnership Act"); ebenso Dunbar v. Farnum, 109 Vt. 313, 321 (1937); differenzierend HB Gen. Corp. v. Manchester Partners, 95 F.3d 1185, 1192 (3rd Cir. 1996) (Del. law; „not ... either a pure aggregate or pure entity theory"); Silliman v. Du Pont, 302 A.2d 327, 332 et seq. (entity theory nur für unternehmenstragende Personenvereinigungen); Ford v. Mitcham, 53 Ala. App. 102, 105 (1974) („entity concept for some purposes but [that] does not change the common-law theory that the partnership is an aggregate of its individual members"); ähnlich Carlson v. Carlson, 346 N.W.2d 525, 526 et seq. (Iowa 1984).

1809 Vgl. zur Diskussion z.B. *Crane*, 28 Harv. L. Rev. 762 (1915); *ders.*, 29 Harv. L. Rev. 838 (1916); *Jensen*, 16 Vanderbilt L. Rev. 377 (1963); *Lewis*, 29 Harv. L. Rev. 158; *Rosin*, 42 Ark. L. Rev. 395 (1989).

Rechtsnatur von Personengesellschaften zu beurteilen sei. Der UPA (1997) versucht, die Widersprüche zu beseitigen. Er behält zwar die im UPA (1914) verwendete Definition von „partnership" bei, stellt aber ausdrücklich klar, dass es sich bei der Gesellschaft um eine eigenständige Rechtsperson handelt, die von ihren Gesellschaftern zu unterscheiden ist.[1810] Sie ist Zuordnungsobjekt des Gesellschaftsvermögens[1811] und der Gesellschaftsverbindlichkeiten,[1812] partei-[1813] und insolvenzfähig.[1814] Gleichwohl ist der UPA (1997) nicht frei von Unstimmigkeiten und inkorporiert Vorschriften, die in der Tradition der aggregate theory stehen, z. B. die gesamtschuldnerische Haftung der Gesellschafter[1815] oder die Auflösung der Gesellschaft bei Ausscheiden eines Partners.[1816] Partnerships sind somit auch nach der Reform durch den UPA (1997) als – wie manche Gerichte formulieren[1817] – „Hybriden" anzusehen, die die Rechtsprechung je nach Fragestellung und gewünschtem Ergebnis[1818] mehr der aggregate oder der entity theory zuordnet.

2. Voraussetzungen für die Entstehung einer partnership

a. *Bedeutung des Parteiwillens*

Voraussetzung für die Entstehung einer partnership ist zunächst, dass die Parteien den Willen haben, eine entsprechende gesellschaftliche Verbindung einzugehen.[1819] Dem Parteiwillen wird im US-amerikanischen Gesellschaftsrecht mehr Bedeutung beigemessen als im deutschen. Gleichwohl besteht keine unbeschränkte Privatautonomie.[1820] Ein Gericht hat die Grenzen wie folgt umrissen: „Where the contract ... contains the express or implied disavowal of an intention to assume the partnership relation, no partnership will be found to exist, unless such declaration is so at variance and so inconsistent with their engagement as to be irreconcilable. If the actual engagements are incompatible with the expression of intention, the latter must

---

1810 § 201(1) UPA (1997).

1811 § 203 UPA (1997). Vgl. ausführlich unten 2 b cc.

1812 Vgl. schon oben am Anfang dieses Abschnitts III.

1813 § 307(a) UPA (1997).

1814 Bankruptcy Code (11 U.S.C.) § 101(41).

1815 §§ 306, 307 UPA (1997). Ursprünglich wurde die beschränkte Haftung der Gesellschafter als eines der Charakteristika der entity theory verstanden, vgl. *Bromberg/Ribstein*, Partnership, § 1.03(b), (c)(4). Andererseits kann der Gläubiger seinen Anspruch gegen den Gesellschafter gem. § 307(d)(1) UPA (1997) nur durchsetzen, wenn er zuvor einen erfolglosen Zwangsvollstreckungsversuch gegen die Gesellschaft unternommen hat. Diese Einrede der Vorausklage gibt dem Gesellschafter eine bürgenähnliche Stellung, die nur auf Grundlage der entity theory zu erklären ist.

1816 § 801 UPA (1997). Diese Folge ist aber, anders als noch unter UPA (1914), nicht zwingend, sondern steht zur Disposition der Parteien.

1817 Gillespie v. Seymour, 19 Kan. App. 2d 754, 763 (1994).

1818 Z. B. berufen sich auch Gerichte, die sonst der entity theory folgen, auf Gesichtspunkte der aggregate theory, um die fehlende Anwendbarkeit der workers' compensation laws in Bezug auf die Gesellschafter zu begründen, vgl. hierzu und zu weiteren Beispielen *Bromberg/Ribstein*, Partnership, § 1.03(c)(7), (9), (10).

1819 *Bromberg/Ribstein*, Partnership, § 2.05(a).

1820 Falsch *Hartwig-Jacob*, Vertragsbeziehungen, S. 161.

yield to the former; but where they can be reconciled, the latter must govern."[1821] Andere Gerichte haben betont, dass die Bezeichnung, die Parteien einer bestimmten Personenvereinigung geben, nicht ausschlaggebend ist: „[A] duck which is called a horse does not become a horse; a duck is a duck."[1822] „Mere words will not blind us to realities. Statements that no partnership is intended are not conclusive. If as a whole a contract contemplates an association of two or more persons to carry on as co-owners a business for profit, a partnership there is."[1823] Der Uniform Partnership Act greift diese Rechtsprechung auf, indem er klarstellt, dass eine partnership bei Vorliegen der tatbestandlichen Merkmale zur Entstehung gelangt, „whether or not the persons intend to form a partnership."[1824] Als Grundregel lässt sich somit festhalten: Auch im US-amerikanischen Gesellschaftsrecht herrscht ein numerus clausus der Gesellschaftsformen. Erfüllen die Parteien wissentlich und willentlich alle Voraussetzungen, die das Gesetz an die Entstehung einer partnership stellt, ist die Abbedingung der Rechtsform unbeachtlich.[1825] Der Parteiwille ist insoweit von Bedeutung, als ihn die Gerichte zusammen mit anderen, objektiven Faktoren heranziehen, um in einer Gesamtabwägung festzustellen, ob die gesetzlichen Merkmale gegeben sind oder nicht.[1826]

b. *Objektive Voraussetzungen*

In objektiver Hinsicht knüpfen der UPA und ihm folgend die Landesgesetze die Entstehung einer partnership an drei Voraussetzungen: (1) Zwei oder mehr Personen (*two or more persons*) (hierzu unter aa) müssen (2) ein Erwerbsgeschäft (*a business for profit*) (unter bb) (3) als Mitinhaber (*as co-owners*) führen (unter cc).[1827]

1821 Canton Bridge Co. v. City of Eaton Rapids, 107 Mich. 613 (1895).

1822 Corpus Christi v. Bayfront Assoc., Ltd., 814 S.W.2d 98, 108 et seq. n. 4. (Tex. App. 1991).

1823 Martin v. Peyton, 246 N.Y. 213, 218 (1927). In diesem Fall liehen die Beklagten einem Broker, der als partnership organisiert war, Wertpapiere, die als Sicherheit bei der Aufnahme von Darlehen verwendet werden sollten. Als Gegenleistung beteiligte der Broker die Beklagten am Gewinn. Er räumte ihnen beschränkten Einfluss auf die Geschäftsführung (Vetorecht), aber keine Vertretungsmacht nach außen ein. Die Beklagten lehnten das Angebot, als Partner in die Firma aufgenommen zu werden, ausdrücklich ab. Das Gericht verneinte das Bestehen einer partnership, stützte sich hierbei aber weniger auf den zum Ausdruck gekommenen Parteiwillen als auf die Tatsache, dass die Beklagten keine *co-owners* des Unternehmens geworden seien.

1824 §202(a) UPA.

1825 Arnold v. Erkmann, 934 S.W.2d 621, 630 (Mo. App. 1996); West v. Kerr-McGee Corp., 586 F. Supp. 493, 497 et seq. (E.D. La. 1984), *revd. on other grounds* (der Vertrag zwischen den Parteien sah vor: „It is not the intention of the parties to create … a … partnership;" da die Parteien sowohl an Gewinn und Verlust als auch den Vermögenswerten gemeinschaftlich beteiligt waren, hielt das Gericht den Parteiwillen für unbeachtlich).

1826 *Bromberg/Ribstein*, Partnership, § 2.05(c) m.N. zu Fällen, in denen objektive und subjektive Faktoren in Widerspruch zueinander standen. Vgl. auch Federal Sav. & Loan Ins. Corp. v. Griffin, 935 F.2d 691 (5th Cir. 1991) (Parteiwille als „persuasive evidence"); Ringier Am. v. Land O'Lakes, 106 F.3d 825, 829 (8th Cir. 1997) („contractual disclaimer is not dispositive, [but] strong evidence"); Anderson v. Walker, 256 Iowa 1324, 1328 (1964) (Parteiwille „a significant factor," „not conclusive, but … very strong evidence"); Binkley v. Palmer, 10 S.W.3d 166, 169 (Mo. App. 1999) (Parteiwille als „primary criterion").

1827 § 202(a) UPA.

aa. Two or more persons

„Person" i.S. des UPA ist: „an individual, corporation, business trust, estate, trust, partnership, association, joint venture, government, governmental subdivision, agency, or instrumentality, or any other legal or commercial entity."[1828] Damit ergeben sich aus personengesellschaftsrechtlicher Sicht keine Bendenken gegen einen Zusammenschluss von Aktiengesellschaften zu einer partnerhsip. Nach traditioneller Auffassung widerspricht die gemeinschaftliche Geschäftsführung und gesamtschuldnerische Haftung der Partner aber kapitalgesellschaftsrechtlichen Grundsätzen, insbesondere der Verpflichtung des *board of directors* zu eigenverantwortlicher Leitung der Aktiengesellschaft. Der Beitritt zu einer partnership sei nicht vom Gesellschaftszweck gedeckt und könne in Anwendung der Grundsätze der Ultra-vires-Doktrin[1829] keine rechtlichen Wirkungen entfalten. Diese Ansicht wird zunehmend als nicht mehr sachgerecht empfunden, da sie die Realitäten des heutigen Wirtschaftslebens mit ihrem Bedürfnis nach Delegation von Kompetenz und ihrer Verlagerung der Leitungsbefugnisse vom board of directors auf *officers* oder andere Angestellte der Gesellschaft[1830] nicht ausreichend berücksichtigt. Deswegen gehen Gerichte – sofern die Aktiengesetze der Länder die Zulässigkeit einer entsprechenden Betätigung nicht ohnehin klarstellen[1831] – vermehrt dazu über, die Befugnis von Kapitalgesellschaften zur Beteiligung an partnerships zu bejahen.[1832] Im Übrigen behelfen sie sich damit, Zusammenschlüsse von corporations als joint ventures zu qualifizieren.[1833] Joint ventures haben nicht die Führung eines Erwerbsgeschäfts zum Gegenstand, sondern beschränken sich in der Regel auf eine einzelne Transaktion, so dass die Direktoren ihre Leitungsbefugnisse nach Ansicht der Rechtsprechung nicht in demselben Umfang aufgeben wie bei Gründung einer partnership.[1834] Da Gerichte die Bestimmungen über partnerships ohne wesentliche Ausnahmen – insbesondere im Hinblick auf gemeinschaftliche Geschäftsführung

---

1828 § 101(10) UPA.

1829 Die aus dem common law stammende Ultra-vires-Doktrin besagt, dass juristischen Personen die Rechtsfähigkeit zur Vornahme von Handlungen fehlt, die dem Gesellschaftszweck widersprechen. Heute wird die Doktrin in dieser strengen Form kaum mehr vertreten, vgl. z.B. § 124 Del. Gen. Corp. Law und § 3.04 MBCA, die bestimmen, dass ein Handeln außerhalb der von Gesetz oder Satzung gewährten Befugnisse wirksam und nur von den Gesellschaftern anfechtbar ist. Vgl. zur Ultra-vires-Doktrin *Fletcher*, Cyc. Corp., §§ 3399 et seq., zu landesgesetzlichen Modifikationen §§ 3439 et seq. m.N.

1830 Aktiengesetze enthalten zum Teil ausdrückliche Ermächtigungen zur Delegation von Leitungsbefugnissen, z.B. § 141(a) Del. Gen. Corp. Law.

1831 Z.B. § 122(11) Del. Gen. Corp. Law und § 3.02(6) MBCA.

1832 Altsuler v. Peters, 190 Neb. 113, 119 et seq. (1973); Frigidaire Sales Corp. v. Union Properties, Inc., 14 Wash. App. 634, 636 et seq. (1976) (unter Auslegung der partnerschaftlichen Bestimmungen ohne Diskussion kapitalgesellschaftsrechtlicher Grundsätze).

1833 Phillips v. Playboy Music, Inc., 424 F. Supp. 1148, 1152 et seq. (N.D. Miss. 1976); Luhrig Collieries Co. v. Interstate Coal & Dock Co., 281 F. 265, 273 et seq. (S.D.N.Y. 1922); Salem-Fairfield Tel. Ass'n v. McMahan, 78 Or. 477, 481 et seq. (1915); Nolan v. J. & M. Doyle Co., 338 Pa. 398, 403 (1940).

1834 Lurie v. Arizona Fertilizer & Chem. Co., 101 Ariz. 482, 484 (1966).

und gesamtschuldnerische Haftung – auf joint ventures anwenden,[1835] handelt es sich hierbei allerdings mehr um eine formal-ergebnisorientierte als inhaltlich gerechtfertigte Differenzierung.

Problematisch bleibt trotz der dargestellten Rechtsprechungs- bzw. Gesetzesänderungen der Zusammenschluss von Banken zu partnerships oder joint ventures. Gerichte sind der Auffassung, die gesamtschuldnerische Haftung der Gesellschafter einer partnership bzw. eines joint venture sei unvereinbar mit dem Schutz der Einleger.[1836] Sie haben deswegen den Erwerb von partnership-Anteilen durch Banken mehrfach für unwirksam erklärt.[1837] Die zitierten Urteile stammen zwar aus dem 19. bzw. Anfang des 20. Jahrhunderts. Sie sind aber noch geltendes Recht, und es ist zumindest fraglich, ob Gerichte von ihnen abweichen werden.[1838] Auch das Office of the Comptroller of the Currency (OCC), die Bankenaufsichtsbehörde auf Bundesebene, hat lediglich die Beteiligung von Banken an *limited liability companies* (LLCs) und LLPs – als *limited partner* – genehmigt. Nach Auffassung zeitgenössischer Literatur stehen einer Genehmigung der Beteiligung als *general*, also nicht haftungsprivilegierter, *partner* die genannten Präjudizien entgegen.[1839] Für eine Rechtsprechungsänderung könnte sprechen, dass die Banken nach Erlass des Glass-Steagall Act 1933[1840] gezwungen waren, ihr Einlagen- und Kreditgeschäft und ihr Investmentgeschäft zu trennen, so dass sich die Zulässigkeit des Handelns von Investmentbanken grundsätzlich nicht an Gesichtspunkten des Einlegerschutzes messen lassen muss.[1841] Indes ließ das Trennbankensystem schon immer Aus-

---

1835 S. z. B. Phillips v. Playboy Music, Inc., 424 F. Supp. 1148, 1153; Reece v. Rhoades, 25 Wyo. 91, 107 (1917); Rehnberg v. Minnesota Homes, Inc., 236 Minn. 230, 235 (1952); Binkley v. Palmer, 10 S.W.3d 166, 169 (Mo. App. 1999); United States v. Triangle Oil, 277 F.3d 1251, 1255 (10th Cir. 2002); vgl. auch Rev. Uniform Partnership Act § 202, Authors' Comments at 5 mit der Bemerkung, dass der UPA (1997) joint ventures ursprünglich als Unterfall von partnerships definieren wollte.

1836 Vgl. z. B. Birdsell Mfg. Co. v. Anderson, 20 F. Supp. 571, 572 et seq. (W. D. Ky. 1937); In re Kentucky Wagon Mfg. Co., 3 F. Supp. 958, 964 (W. D. Ky. 1932); Williams v. Merchants' Nat'l Bank, 42 F.2d 243, 247 et seq. (Minn. 1930). Zur Sonderrolle von Banken s.a. Lurie v. Arizona Fertilizer & Chem. Co., 101 Ariz. 482, 484 (1966) (Differenzierung gerechtfertigt, denn Banken sind „more closely connected with the public interest"), und *Shipley*, 60 A. L. R.2d 917, 3a (n. 12) (1958).

1837 Brand v. Fernandez, 91 S.W.2d 932, 938 et seq. (Tex. App. 1935); Merchants' Nat'l Bank v. Wehrmann, 202 U.S. 295, 301 et seq., 26 S. Ct. 613, 614 et seq. (1906) (Bank konnte erfolgreich auch gegenüber Dritten, nämlich den Gläubigern der partnership, geltend machen, nicht Gesellschafterin geworden zu sein); Marine Bank of Chicago v. Ogden, 29 Ill. 248 (1862) (Banken können gegenseitige Verpflichtungen nur durch Handeln als Stellvertreter (*agents*) füreinander begründen, nicht jedoch als Partner).

1838 Zweifelnd *Bromberg/Ribstein*, Partnership, § 2.04(e).

1839 *Brown/Cole/Smith*, 3 N.C. Banking Inst. 57, 111 (n. 71) (1999); *Douglas*, 4 N.C. Banking Inst. 57, 112 et seq. (2000); *Longstreth/Mattei*, 97 Colum. L. Rev. 1895, 1900 (1997); *Michie*, Banks and Banking, Ch. VIII, § 1 (n. 29), Ch. VII, § 15; *Smoot*, 46 DePaul L. Rev. 651, 695 et seq. (1997). Allerdings steht der Bank die Möglichkeit offen, eine nicht mit Bankgeschäften betraute Tochter in der Rechtsform einer AG zu gründen und an einer partnership zu beteiligen, vgl. Broadmoor Realty, Inc. v. First Nationwide Bank, 568 So.2d 779, 781 et seq. (Ala. 1990).

1840 Vgl. hierzu oben § 3.

1841 Vgl. z. B. Allen Chase & Co. v. White, Weld & Co., 311 F. Supp. 1253 (S. D. N. Y. 1970): Bei dem Beklagten handelte es sich um eine Investmentbank. Das Gericht verneinte das Bestehen einer partnership zwischen Kläger und Beklagtem mangels gemeinsamer Kontrolle über das Unternehmen und nicht wegen fehlender Kompetenz des Beklagten zur Gründung einer partnership.

nahmen zu[1842] und ist, wie erwähnt, vom Gesetzgeber 1999 teilweise abgeschafft worden.[1843] Es ist mithin fraglich, ob den Präjudizien unter diesem Aspekt ihre Bindungswirkung abzusprechen ist.

bb. Business for profit

Der UPA definiert „business" als „every trade, occupation, and profession."[1844] Hierunter verstehen Rechtsprechung und Literatur allgemein nur Aktivitäten, die über einen längeren Zeitraum hinweg aufrechterhalten werden und sich nicht in einer einmaligen Transaktion erschöpfen.[1845] Durch eine Qualifizierung von Gelegenheitsgesellschaften als joint ventures erreichen Gerichte aber – wie bei Zusammenschlüssen von Aktiengesellschaften – die Anwendbarkeit partnerschaftlicher Bestimmungen, auch wenn kein business i.S. des UPA betrieben wird.[1846]

Das Geschäft muss auf Gewinnerzielung ausgerichtet sein,[1847] was nach überwiegender Ansicht nicht schon bei jeder wirtschaftlichen bzw. kommerziellen Zwecksetzung der Fall ist,[1848] sondern nur dann, wenn die Mitglieder der Vereinigung einen vertraglichen Anspruch auf Beteiligung am Gewinn des Unternehmens haben.[1849] Damit sind grundsätzlich weder religiöse,[1850] karitative oder politische[1851] Vereinigungen noch solche Zusammenschlüsse, die sich zwar wirtschaftlich betätigen, aber keinen Gewinn an ihre Mitglieder ausschütten (z.B. berufliche Interessenverbände[1852] oder der Betrieb einer gemeinschaftlich gehaltenen Sache[1853]) als partnerships anzusehen.

cc. Co-ownership

Wichtigste objektive Voraussetzung ist, dass die Parteien Mitinhaber (*co-owners*) des Erwerbsgeschäfts sind. *Co-ownership* lässt sich an folgenden Indizien festmachen: Gemeinschaftliche Kontrolle (*joint control*), Beteiligung an Gewinn und Verlust

---

1842 Vgl. *Hazen*, Securities Regulation, § 22.6[2].
1843 Oben § 3.
1844 § 101(1) UPA.
1845 Walker, Mosby & Calvert, Inc. v. Burgess, 153 Va. 779, 787 (1930) („conduct of a business for a sustained period"), hierbei dem US Supreme Court in Cooper Mfg. Co. v. Ferguson, 113 U.S. 727, 734 et seq., 5 S. Ct. 739, 742 et seq. (1885), folgend; *Lewis*, 29 Harv. L. Rev. 158, 159. Vgl. auch ULA UPA (1914) § 6, Comment at Subdivision 1: „A business is a series of acts directed toward an end."
1846 Vgl. die oben, Fn. 1835, angegebenen Fundstellen.
1847 § 202(a) UPA und ULA UPA § 202, Official Comment at 2.
1848 So aber wohl ULA UPA (1914) § 6, Comment at Subdivision 1.
1849 *Bromberg/Ribstein*, Partnership, § 2.06(c).
1850 Teed v. Parsons, 202 Ill. 455, 460 et seq. (1903).
1851 Hale v. Hirsch, 205 A.D. 308, 310 (N.Y.A.D. 1st Dep. 1923); Fennell v. Hauser, 141 Or. 71, 81 (1932).
1852 Blair v. Southern Clay Mfg. Co., 173 Tenn. 571, 577 (1938); Marhsalltown Mut. Plate Glass Ins. Ass'n v. Bendlage, 191 N.W. 97 (Iowa 1922); Burt v. Lathrop, 52 Mich. 106, 107 et seq. (1883). Gewerkschaften sind ebenfalls keine partnerships, vgl. People v. Herbert, 162 Misc. 817, 819 (N.Y. Sup. 1937).
1853 Meinhart v. Draper, 133 Mo. App. 50, 51 et seq. (1908) (Bau und Betrieb eines Telefonnetzes); Kittrell v. Angelo, 170 Ark. 982, 984 (1926) (Bau und Betrieb eines Abwassersystems).

(*sharing of profits and losses*) und Existenz eines Gesellschaftsvermögens (*partnership property* bzw. *co-ownership of property*[1854]).[1855]

Die Kontrolle des Unternehmens zeigt sich in einer umfassenden Beteiligung an der Geschäftsführung, z. B. der Überwachung der Produktion, Führung der Finanzen, dem Abschluss von Verträgen oder der Einstellung von Arbeitnehmern.[1856] Grundsätzlich steht die Geschäftsführung den Gesellschaftern gemeinschaftlich zu.[1857] Die Gesellschafter müssen aber nicht zu gleichen Teilen mit der Leitung des Unternehmens betraut sein. Partnerschaftliche Kontrolle ist auch dann anzunehmen, wenn sie die Geschicke des Unternehmens zumindest in gewissem, maßgeblichen Umfang (mit-)steuern können oder – falls sie ihre Befugnisse auf einen Mitgesellschafter übertragen haben – vor der Delegation steuern konnten.[1858] Problematisch ist, wo die Grenze zwischen maßgeblicher und unmaßgeblicher Beteiligung an der Geschäftsführung zu ziehen ist. Gerichte fordern teilweise, dass der Unternehmer am täglichen Geschäftsbetrieb mitwirken muss,[1859] teilweise halten sie es für ausreichend, wenn ihm Inspektions- oder Vetorechte hinsichtlich bestimmter Transaktionen zustehen.[1860] Stimmen in der Literatur schlagen vor, eine Abgrenzung danach vorzunehmen, ob der Unternehmer in einer Position ist, in der er auf die Produktivität und die Ausgaben des Unternehmens Einfluss nehmen und damit das Risiko der eigenen Inanspruchnahme minimieren kann.[1861]

1854 Co-ownership of property unterscheidet sich von partnership property insoweit, als die Gesellschafter co-owners eines Vermögensgegenstandes sein können, ohne dass der Gegenstand Bestandteil des Gesellschaftsvermögens ist. Co-ownership ist aber ein Indiz dafür, dass der Vermögensgegenstand der Gesellschaft zustehen soll, und spricht mithin für die Existenz einer partnership, vgl. im Einzelnen sogleich im Text.

1855 *Bromberg/Ribstein*, Partnership, § 2.05(c) m. N.

1856 Vgl. z. B. Tarnavsky v. Tarnavsky, 147 F.3d 674, 678 (8th Cir. 1998); Norman v. Montgomery Wholesale Lumber, 678 So.2d 1110, 1113 (Ala. App. 1996).

1857 § 401(f) UPA.

1858 Gangl v. Gangl, 281 N.W.2d 574, 580 (N.D. 1979): „... a person may be a partner even though he has entrusted control of the business exclusively to his associates. The question then becomes whether or not the participant had the *Right* to exercise control in the management of the business" (Hervorhebung durch den Verfasser).

1859 Bernard McMenamy Contractor, Inc. v. Kitchen, 692 S.W.2d 817, 821 (Mo. App. 1985); Farmers Grain Co. v. Irving, 401 N.W.2d 596, 599 et seq. (Iowa App. 1986) (nicht ausreichend, wenn einer der Beteiligten die Geschäfte alleine führt und lediglich zum Verkauf von im Miteigentum stehenden Gegenständen die Zustimmung der anderen Beteiligten benötigt); Martin v. Peyton, 246 N.Y. 213, 221 et seq. (1927) (Vetorecht hinsichtlich aller Geschäfte, die nach Auffassung der Berechtigten spekulativ sind, begründet keine Kontrolle). Vgl. auch Ringier Am. v. Land O'Lakes, 106 F.3d 825 (8th Cir. 1997): Die Beklagte und der Vertragspartner des Klägers gaben gemeinsam ein Kochbuch heraus; die Beklagte stellte ihre Marken zur Verfügung und entschied über Inhalt und Zeitpunkt der Veröffentlichung, der Vertragspartner produzierte das Buch und war am Gewinn beteiligt. Das Gericht lehnte das Vorliegen einer partnership mangels gemeinsamer Kontrolle ab, id. at 828 et seq.

1860 West v. Kerr-McGee Corp., 586 F. Supp. 493, 499 (E. D. La. 1984) (Recht zur Bewilligung von Transaktionen im Wert von mehr als $10.000 und zur Inspektion der Betriebsstätten und Prüfung der Bücher ausreichend); Hillme v. Chastain, 75 S.W.3d 315, 320 (Mo. App. 2002).

1861 *Douglas*, 38 Yale L. J. 720, 724 et seq. (1929).

Von großer Bedeutung ist die Ausgestaltung der Gewinnverteilung. Nach der gesetzlichen Grundkonzeption haben die Gesellschafter einen Anspruch auf Beteiligung am Gewinn zu gleichen Teilen.[1862] Der Anspruch entsteht mangels abweichender Vereinbarung bei Auflösung der Gesellschaft,[1863] häufig enthalten die Gesellschaftsverträge aber Bestimmungen über eine regelmäßige Gewinnausschüttung. Der UPA definiert „profits" nicht. Üblicherweise verstehen Rechtsprechung und Lehre hierunter die Differenz zwischen den Aufwendungen und Erträgen während eines bestimmten Zeitraums.[1864] Als Beteiligung am Gewinn ist es mithin nicht anzusehen, wenn die Parteien die Bruttoeinnahmen untereinander aufteilen, ohne zuvor einen Saldo aus Gewinn und Verlust zu bilden.[1865] So ist z.B., wer als Kommissionär die Provision aus dem Erlös des Ausführungsgeschäfts erhält, nicht Partner des Kommittenten.[1866] Auch wenn Vorteile unmittelbar in der Person einer oder mehrerer der Parteien entstehen, d.h. nicht zunächst unter ihnen aufgeteilt werden müssen und somit nicht vom Gesamtertrag abhängen, fehlt es an einer Beteiligung am Gewinn der Gesellschaft.[1867] Ebenso wenig stellt die Vereinbarung, eine vorher festgelegte Summe aus den erwirtschafteten Erträgen, etwa als monatliche Vergütung, an die Parteien auszuschütten, profit sharing i.S. des UPA dar.[1868] Die Position des am Gewinn Beteiligten ist in diesem Fall mit der eines gewöhnlichen Gläubigers des Unternehmens vergleichbar. Über das von jedem Gläubiger zu tragende Insolvenzrisiko hinaus ist er nicht an Erfolg bzw. Misserfolg des Unternehmens beteiligt.[1869] Etwas anderes gilt nur, wenn die Parteien die Zuwendung als Voraus-

1862 § 401(b) UPA.

1863 § 807(b) UPA.

1864 *Bromberg/Ribstein*, Partnership, § 2.07(b)(4) m.N. Anders aber z.B. Norman v. Montgomery Wholesale Lumber, 678 So.2d 1110, 1113 (gelegentliche finanzielle und Sachzuwendungen ausreichend für profit sharing); City of Englewood v. Commercial Union Assur. Cos., 940 P.2d 948, 957 (das Gericht lehnt die Definition von Gewinn als „the 'gross proceeds of a business transaction less the costs of the transaction'" ab und zitiert stattdessen Webster: „profit ... as: ... [a] benefit or advantage accruing from the management, use, or sale of property from the carrying on of any process of production, or from the conduct of business ...").

1865 § 202(c)(2) UPA. Ringier Am. v. Land O'Lakes, 106 F.3d 825, 828 et seq. (8th Cir. 1997); Blankenship v. Hearst Corp., 519 F.2d 418, 425 (9th Cir. 1975); Stanley Gudyka Sales Co. v. Lacy Forest Products Co., 686 F. Supp. 1301, 1305 (N.D. Ill. 1988); Chaiken v. Employment Sec. Com., 274 A.2d 707, 710 (Del. Super. 1971).

1866 Beispiel nach *Callison/Sullivan*, Partnership Law, § 5:12.

1867 Dority v. Driesel, 75 Or. App. 180 (1985) (der Beklagte errichtete Wohnhäuser, sein Vertragspartner bewarb den Verkauf der Häuser sowie der von ihm erschlossenen und in seinem Eigentum stehenden, noch unbebauten Grundstücke; das Gericht verneinte ein joint venture, da die Parteien zwar einen gemeinsamen Zweck verfolgten, der Gewinn des Beklagten aber nicht davon abhängig war, ob bzw. in welcher Höhe sein Vertragspartner Gewinn erzielte: „The profits, in whatever form earned, must be the joint property of the parties before division." Id. at 184 et seq.); ähnlich A.P. & Sons Constr. v. Johnson, 657 N.W.2d 292, 296 et seq. (S.D. 2003); Leavell v. Linn, 884 P.2d 1364, 1368 (Wyo. 1994).

1868 Vgl. z.B. Batterman v. Wells Fargo Ag Credit Corp., 802 P.2d 1112, 1117 (Colo. App. 1990); Davis v. Loftus, 334 Ill. App. 3d 761, 770 (2002); Hull v. Comptroller of Treasury, Income Tax Div., 312 Md. 77, 90 et seq. (1988); Kellogg v. Kellogg, 185 A.D.2d 426, 428 (N.Y. A.D. 3rd Dep. 1992).

1869 *Bromberg/Ribstein*, Partnership, § 2.07(b)(4).

zahlung im Hinblick auf zukünftige Gewinnausschüttungen unter der Bedingung erhalten, dass bei unzureichendem Gewinn eine Rückzahlung zu erfolgen hat.[1870]

Der Anteil der Gesellschafter am Verlust der partnership entspricht ihrem Gewinnanteil.[1871] Bei Auflösung der Gesellschaf sind sie dazu verpflichtet, die Verluste entsprechend ihrer Beteiligung auszugleichen.[1872] Kommt ein Partner seiner Verpflichtung nicht nach, trifft die anderen Gesellschafter eine Nachschusspflicht.[1873] Der UPA enthält keine Bestimmung des Begriffs „losses“. Vereinzelt nehmen Gerichte an, loss sharing sei immer dann zu bejahen, wenn die Parteien Vermögenswerte in dem Bewusstsein in das Unternehmen einbringen, dass die Investition unter Umständen verloren sein könne.[1874] Die überwiegende Ansicht knüpft hingegen an die Definition von „profits“ an. Verluste liegen danach vor, wenn die Aufwendungen die Einnahmen übersteigen. Beteiligung am Verlust setzt voraus, dass die Parteien zusagen, für die Ausgaben der Gesellschaft auch über die von ihnen geleistete Einlage hinaus einzustehen.[1875] Die Verpflichtung zum Verlustausgleich im Innenverhältnis ist von der gesamtschuldnerischen Haftung im Außenverhältnis zu unterscheiden, was in der Rechtsprechung nicht immer konsequent geschieht.[1876] Während erstere Indiz für die Entstehung ist, handelt es sich bei letzterer um eine vom Gesetz angeordnete Folge der Existenz der Gesellschaft. Der Ausschluss der ge-

---

1870 Meyer v. Lofgren, 949 S.W.2d 80, 83 (Mo. App. 1997); Fuller v. Fuller, 518 S.W.2d 250, 251 (Tex. App. 1974).

1871 § 401(b) UPA.

1872 § 807(b) UPA.

1873 § 807(c) UPA.

1874 Singleton v. Fuller, 118 Cal. App. 2d 733, 742 (1953) (Beklagter sollte ein vom Kläger gewährtes Darlehen aus dem Erlös zurückzahlen, den er aus dem Verkauf von Grundstücken zu erzielen beabsichtigte; das Gericht bejahte loss sharing, da der Kläger seinen Rückzahlungsanspruch nur realisieren könne, wenn das Unternehmen Gewinn abwerfe); Florida Tomato Packers, Inc. v. Wilson, 296 So.2d 536, 539 (Fla. App. 1974) (loss sharing immer dann zu bejahen, wenn eine Partei Arbeitskraft oder Kapital einbringe, da die eingebrachten Vermögenswerte verloren seien, wenn das Unternehmen unprofitabel operiere); ebenso Wilkinson v. Higgins, 117 Or. App. 436, 441 (1992). Die Einbringung von Kapital oder Arbeitskraft kann aber insoweit Bedeutung erlangen, als das Kapital gemeinschaftliches Vermögen wird, vgl. z.B. Haney v. Copeland (In re Copeland), 291 B.R. 740, 771 (Bkrtcy. E.D. Tenn. 2003) („The fact that ... paychecks were intermingled with [the partnership's] monies means ... contributing to [the partnership].“); In re Marriage of Hassiepen, 269 Ill. App. 3d 559, 566 (1995); Stafford v. McCarthy, 825 S.W.2d 650, 655 (Mo. App. 1992); bzw. die Arbeitskraft nicht gegen Entgelt, sondern an Stelle einer Kapitaleinlage geleistet wird, vgl. Franklin Printing Co. v. Scott Fence of New Orleans, Inc., 392 So.2d 170, 172 (La. App. 1980) (keine partnership, da Arbeitskraft gegen Entgelt geleistet); Chaiken v. Employment Sec. Com., 274 A.2d 707, 709 (Del. Super. 1971); Johnson v. Wiley, 613 N.E.2d 446, 451 (Ind. App. 1993); da dies auf den Willen zur Begründung einer Gesellschaft hindeutet.

1875 Kosower v. Gutowitz, 2001 WL 1488440, p. 6 (S.D.N.Y. 2001) (der mögliche Verlust eingebrachter Arbeitskraft begründet kein loss sharing; hierfür ist vielmehr erforderlich, dass sich die Parteien verpflichten, für die Aufwendungen des Unternehmens aufzukommen); Federal Sav. & Loan Ins. Corp. v. Griffin, 935 F.2d 691, 699 (5th Cir. 1991) (die Gewährung eines Darlehens stellt auch dann kein loss sharing dar, wenn es nur teilweise durch Bürgschaft gesichert ist, der Darlehensgeber also in dem Bewusstsein handelt, den Rückzahlungsanspruch u.U. nicht durchsetzen zu können).

1876 Vgl. *Bromberg/Ribstein*, Partnership, § 2.07(d)(3) unter Hinweis auf Minute Maid Corp. v. United Foods, Inc., 291 F.2d 577 (5th Cir. 1961).

samtschuldnerischen Haftung im Außenverhältnis hat allenfalls insoweit Bedeutung, als hierdurch der Wille der Parteien zum Ausdruck kommt, keine partnership zu begründen.[1877]

Partnerships zeichnen sich des weiteren, wie Gerichte häufig betonen, durch eine „combination of ... property, labor, or skill",[1878] d.h. durch Bildung eines Gesellschaftsvermögens, aus. Gegenstände gelangen nach der Konzeption des UPA (1997) in das Vermögen der Gesellschaft, wenn sie im Namen der Gesellschaft,[1879] im Namen eines Partners unter Hinweis auf seine Stellung als Gesellschafter[1880] oder unter Einsatz von Gesellschaftsmitteln[1881] erworben werden. Sind diese Voraussetzungen erfüllt, wird (nur) die Gesellschaft Eigentümerin bzw. Inhaberin des Rechts (*legal owner*), die Gesellschafter sind nicht berechtigt.[1882] Oft nehmen die Parteien indes keine ausdrückliche Übertragung vor bzw. folgen nicht den Vorschriften, die der UPA für einen Rechtserwerb der Gesellschaft aufstellt.[1883] Dann ist es problematisch, zwischen der Einbringung von Gegenständen in das Vermögen einer zu gründenden bzw. gegründeten Gesellschaft (*contribution*) und der Zurverfügungstellung der Gegenstände zur Verfolgung eines gemeinsamen Zwecks, aber unter Belassung der bestehenden Eigentumslage und ohne Gründung einer partnership, z.B. im Rahmen eines Darlehens oder einer Leihe, zu unterscheiden. Grundsätzlich[1884] ist der Wille der Parteien maßgeblich.[1885] Sofern sie ihre Leistung als Einlage verstehen,

---

1877 So sind wohl auch *Bromberg/Ribstein*, Partnership, § 2.07(d)(3) zu verstehen, die der Auffassung sind, der Ausschluss der gesamtschuldnerischen Haftung „may be evidence against partnership."

1878 Harrell Oil Co. v. Case, 142 N.C. App. 485, 487 (2001); Cyrus v. Cyrus, 242 Minn. 180, 184 (1954); Hasday v. Barocas, 10 Misc. 2d 22, 28 (N.Y. Sup. 1952). Ähnlich Lyons v. Lyons, 396 So.2d 557, 559 (La. App. 1981): „... the property ... must form a community of goods in which each party has a proprietary interest."

1879 § 204(a)(1) UPA.

1880 § 204(a)(2) UPA.

1881 § 204(c) UPA (widerlegliche Vermutung).

1882 §§ 203, 501 UPA (1997). Nach alter Rechtslage waren die Gesellschafter selbst als sog. *tenants in partnership* Inhaber (*co-owners*) des Gesellschaftsvermögens, vgl. § 25(1) UPA (1914). Das Gesetz schränkte ihr Besitzrecht und ihre Verfügungsbefugnisse in § 25(2) UPA (1914) aber so weitgehend ein, dass eine – der gesamthänderischen vergleichbare – Bindung entstand, die die Gerichte dazu veranlasste, die partnership als eigentlich Berechtigte anzusehen, vgl. *Bromberg/Ribstein*, Partnership, § 1.03(c)(1) m.N. Die Verfasser des UPA (1914) entschieden sich dafür, das Gesellschaftsvermögen den Partnern zuzuordnen, da sie zögerten, die partnership – der entity Theorie folgend – als juristische Person (*legal person*) auszugestalten, vgl. oben 1.

1883 Die Übertragungsurkunde muss entweder – wenn die Verfügung im Namen der Gesellschafter vorgenommen wird – den Namen der Gesellschafter sowie den Hinweis, dass sie *als* Gesellschafter handeln (§ 204(a)(2) UPA), oder – wenn die Gesellschaft im eigenen Namen erwerben soll – den Namen der Gesellschaft enthalten (§ 204(b) UPA). Im übrigen ist § 204 UPA nur auf solche Verfügungen anwendbar, die sich eines „instrument transferring title" bedienen. Das ist jedenfalls bei Verfügungen über Grundstücke und über Kraftfahrzeuge, Schiffe und Flugzeuge der Fall, vgl. hierzu ULA UPA § 204, Official Comments at 2 und Authors' Comments at 6.

1884 Vgl. aber die Vermutungsregeln des § 204(c), (d) UPA.

1885 Jedenfalls soweit keine Drittinteressen betroffen sind, vgl. In re Belba, 226 B.R. 738, 742 (Bkrtcy. D. Mass. 1998); B & R Builders v. Beilgard, 915 P.2d 1195, 1198 (Wyo. 1996); Cyrus v. Cyrus, 242 Minn. 180, 187 (1954); ULA UPA § 204, Official Comments at 3 und Authors' Comments at 3 a; zu weiteren Nachweisen vgl. *Callison/Sullivan*, Partnership Law, § 7:3.

geht der geleistete Gegenstand in das Gesellschaftsvermögen über, wird also partnership property. Das gilt unabhängig davon, ob der Gesellschafter den legal title überträgt oder formal Eigentümer (legal owner) bleibt.[1886] In letzterem Fall erlangt die Gesellschaft den equitable title, d.h. sie ist als wirtschaftlich Berechtigte anzusehen und hat ein Recht auf Verschaffung des legal title. In Ermangelung einer ausdrücklichen Bestimmung ist der Wille der Parteien aus ihrem Verhalten abzuleiten. Indiz für die Begründung von Gesellschaftsvermögen ist die gemeinschaftliche Berechtigung[1887] an Vermögensgegenständen (*co-ownership of property*),[1888] während der Gebrauch von Gegenständen, die im Alleineigentum einer der Parteien stehen, darauf hindeutet, dass keine gesellschaftsrechtliche Verbindung gewollt ist.[1889]

Unklar ist, welche Bedeutung den Indizien beizumessen ist und ob sie kumulativ oder alternativ notwendig bzw. ausreichend für die Entstehung einer partnership sind. Das Gesetz gibt nur wenige Hinweise: Der UPA und die entsprechenden Landesgesetze enthalten die Vermutung, dass Personen bei Beteiligung am Gewinn des Unternehmens als Partner anzusehen sind. Diese Vermutung ist widerleglich und gilt z.B. nicht bei ratenweiser Rückzahlung eines Darlehens, Zahlung von Arbeitsentgelt oder Mietzinsen aus dem Gewinn.[1890] Auch stellen die Gesetze klar, dass die gemeinschaftliche Berechtigung an einem Vermögensgegenstand ohne Hinzu-

---

1886 Dass partnership property auch ohne Übertragung des legal title entstehen kann, ergibt sich z.B. aus § 204(c) UPA (Vermutung, dass ein mit Gesellschaftsmitteln erworbener Gegenstand partnership property ist, auch wenn ein Gesellschafter den legal title innehat) und § 302(b) UPA (Verfügungen des legal owner führen nicht zum Eigentumsverlust der Gesellschaft, es sei denn, der Erwerber ist gutgläubig). Vgl. hierzu im Übrigen re Estate of Palmer, 218 Mont. 285, 294 et seq. (Gemeinschaftskonto trotz Errichtung als joint tenancy account für partnership property gehalten); ULA UPA § 203, Authors' Comments at 2, 5, 8.

1887 Das US-amerikanische Sachenrecht kennt verschiedene Formen der Beteiligung mehrerer an einem Vermögensgegenstand (allgemein als *co-tenancy* oder *concurrent ownership* bezeichnet). Vgl. z.B. § 202(c)(1) UPA, der von „[j]oint tenancy, tenancy in common, tenancy by the entireties, joint property, common property, or part ownership…" spricht. Diese Begriffe sind nur schwer in Kategorien des deutschen Gesamthands- oder Bruchteilseigentums einzuordnen. Sowohl joint tenancy (joint property) als auch tenancy in common (common property) zeichnen sich – verkürzt dargestellt – dadurch aus, dass die Berechtigten über ihren Anteil durch Rechtsgeschäft unter Lebenden verfügen können. Verfügungen von Todes wegen über den Anteil sind hingegen nur bei der tenancy in common zulässig. Am ehesten kann die tenancy by the entireties mit dem gesamthänderischen Eigentum nach deutschem Recht verglichen werden, da sie jegliche Verfügungen über den Anteil am Vermögensgegenstand verbietet. Sie entsteht aber nur zwischen Ehepartnern. Anders, aber aus den genannten Gründen nicht überzeugend, Assmann/Bungert/*Heiss*, Handbuch des US-amerikanischen Handels-, Gesellschafts- und Wirtschaftsrechts, Bd. 1, 6. Kapitel, Rdnr. 94 ff., der joint tenancy mit dem Gesamthands- und tenancy in common mit dem Bruchteilseigentum gleichsetzt. Vgl. zu den verschiedenen Eigentumsarten *Stoebuck/Whitman*, The Law of Property, § 5.1 et seq. Zur Vereinfachung werden hier alle beschriebenen Formen der Mitberechtigung unter dem Begriff „gemeinschaftliche Berechtigung" zusammengefasst.

1888 Walsh v. Ellingson Agency, 188 Mont. 367, 372 et seq. (1980); Johnson v. Wiley, 613 N.E.2d 446, 451 (Ind. App. 1993); Lyons v. Lyons, 396 So.2d 557, 559 (La. App. 1981); Allied Steel Corp. v. Cooper, 607 So.2d 113, 117 (Miss. 1992).

1889 In re Schyma, 68 B.R. 52, 61 et seq. (Bkrtcy. D. Minn. 1985); Rigsby v. Rigsby, 346 Ark. 337, 343 (2001); Rivkin v. Coleman, 978 F. Supp. 539, 543 (S.D.N.Y. 1997); Wiberg v. 17 Bar, 241 Mont. 490, 498 et seq. (1990).

1890 § 202(c)(3) UPA.

treten weiterer Faktoren nicht ausreicht, um eine partnership zwischen den Berechtigten zu begründen.[1891] Schließlich ist hervorzuheben, dass gemeinschaftliche Geschäftsführung, Gewinn- und Verlustbeteiligung und Begründung eines Gesellschaftsvermögens abdingbar sind.[1892] Aus dem Fehlen der Merkmale kann somit nicht auf das Nichtvorliegen einer partnership geschlossen werden.[1893]

Gerichtsentscheidungen betonen, dass weder die gemeinschaftliche Kontrolle[1894] noch die Beteiligung an Gewinn und Verlust[1895] für sich genommen zwingend zur Entstehung einer partnership führen. Einem Angestellten können beispielsweise Geschäftsführungsaufgaben und damit Kontrollbefugnisse übertragen werden, ohne dass er hierdurch die Stellung eines Gesellschafters erlangt. Selbst wenn sowohl Kontrolle als auch Gewinnbeteiligung zu bejahen sind, zögern Gerichte mitunter, die Parteien ohne weiteres als Partner anzusehen.[1896] Z.B. heben sie hervor, dass die Vereinbarung, die Gewinne des Unternehmens aufzuteilen, unerheblich ist, wenn die Parteien nicht zugleich beschließen, sich auch an den Verlusten zu beteiligen.[1897] Auf der anderen Seite existieren Urteile, in denen Gerichte das Vorliegen einer partnership trotz fehlender Kontrolle angenommen haben[1898] bzw. die

---

1891 § 202(c)(1) UPA.

1892 § 103(a) UPA. Die gemeinschaftliche Beteiligung am Verlust der Gesellschafter kann nur mit Wirkung im Innenverhältnis ausgeschlossen werden, im Außenverhältnis gilt gem. § 306 UPA zwingend gesamtschuldnerische Haftung.

1893 Vgl. aber Harrell Oil Co. v. Case, 142 N.C. App. 485, 488 (2001); Wilder v. Hobson, 101 N.C. App. 199, 202 (1990) („co-ownership and sharing of any actual profits are indispensable requisites for a partnership"); Batterman v. Wells Fargo Ag Credit Corp., 802 P.2d 1112, 1117 (Colo. App. 1990) (profit sharing ist „necessary condition"); Swinehart v. Stubbeman, 48 S.W.3d 865, 879 (Tex. App. 2001) („A joint venture is not established if any one of the four elements [community of interest, agreement to share profits, agreement to share losses, mutual right of control] is not present."); Federal Deposit Ins. Corp. v. Claycomb, 945 F.2d 853, 858 (5th Cir. 1991) („Where any one of these elements [die vorerwähnten Merkmale] is absent, no joint venture or partnership exists.").

1894 Morrison v. Labor & Indus. Rels. Comm'n, 23 S.W.3d 902, 907 et seq. (Mo. App. 2000); Connor v. Great Western Sav. & Loan Asso., 69 Cal. 2d 850, 863 (1968) (keine Beteiligung an Gewinn und Verlust).

1895 Holman v. Dow, 467 S.W.2d 547, 551 (Tex. App. 1971); Tuxedo Beach Club Corp. v. City Federal Sav. Bank, 749 F. Supp. 635, 646 et seq. (D. N.J. 1990); Allen Chase & Co. v. White, Weld & Co., 311 F. Supp. 1253, 1269 et seq. (S.D.N.Y. 1970) (in diesem Fall hatte der Kläger die Beteiligung am Gewinn als Entgelt für geleistete Dienste erhalten, so dass die Indizwirkung ohnehin abgeschwächt war, vgl. § 202(c)(3)(ii) UPA). Anders die Rechtslage im 19. Jahrhundert, vgl. z.B. Leggett v. Hyde, 58 N.Y. 272, 278 et seq. (1874); Wessels v. Weiss, 166 Pa. 490, 494 et seq. (1895), die aber durch die genannten Regelungen im UPA überholt sind.

1896 Southex Exhibitions, Inc. v. R.I. Builders Ass'n, 279 F.3d 94, 99 et seq. (1st Cir. 2002) (trotz Gewinnbeteiligung und gemeinschaftlicher Kontrolle keine partnership; im Rahmen eines „totality-of-the-circumstances"-Tests müssten auch Faktoren wie das Auftreten unter einem gemeinsamen Namen, das Einreichen von partnership tax returns und die von den Parteien im Vertrag verwendete Terminologie berücksichtigt werden).

1897 Chanler v. Roberts, 200 A.D.2d 489, 491 (N.Y.A.D. 1st Dep. 1994); Steinbeck v. Gerosa, 4 N.Y.2d 302, 317 (1958). Anders aber die wohl h.M., vgl. Parks v. Riverside Ins. Co., 308 F.2d 175, 180 (10th Cir. 1962); Chowning v. Graham, 74 Okla. 232, 233 et seq. (1918); In re Medallion Realty Trust, 103 B.R. 8, 12 (Bkrtcy. D. Mass. 1989) („... an agreement to share losses is implied from an agreement to share profits or other indicia of a partnership.").

1898 West v. Kerr-McGee Corp., 586 F. Supp. 493, 499 et seq. (E.D. La. 1984); In re Western World Funding, Inc., 52 B.R. 743, 777 (Bkrtcy. D. Nev. 1985) (das *Recht* zur Kontrolle wird nicht durch fehlende Beteiligung am Gewinn angesichts des eindeutigen Parteiwillens[1899] oder der bestehenden gemeinschaftlichen Kontrolle für nicht ausschlaggebend hielten.[1900] Jedenfalls bei fehlender Gewinnbeteiligung wird sich ein solches Ergebnis aber nur dann rechtfertigen lassen, wenn die sonstigen Merkmale eindeutig für eine partnership sprechen.[1901] Im Übrigen ist davon auszugehen, dass Gerichte bei Fehlen der Mehrzahl der Kriterien die Existenz einer partnership ablehnen werden.[1902]

c. *Zusammenfassung*

Die vorstehende Analyse zeigt, dass die gesetzliche Voraussetzung für die Entstehung einer partnership, nämlich der Zusammenschluss mehrerer Personen zur Führung eines Erwerbsgeschäfts als Mitinhaber, von der Rechtsprechung mit Hilfe einer Reihe von Typenmerkmalen ausgefüllt wird. Diese Merkmale müssen nicht kumulativ vorliegen. Sie stellen lediglich Indizien dar, denen das Gericht, entsprechend der ihnen generell zukommenden Bedeutung und ihrer Ausprägung im zugrundeliegenden Lebenssachverhalt, unterschiedliches Gewicht beimisst. So sind z.B. die Beteiligung an Gewinn[1903] und Verlust[1904] und die gemeinschaftliche Kontrolle,[1905] aber auch der Parteiwille,[1906] von größerer Signifikanz als die Mitberechti-

---

Delegation von Geschäftsführungsaufgaben auf einen der Gesellschafter beseitigt); Parks v. Riverside Ins. Co., 308 F.2d 175, 180 (10th Cir. 1962) (Geschäftsführung kann auf einen Partner übertragen werden, ohne dass dies der Annahme einer partnership entgegensteht); Century 21 Deep S. Properties v. Keys, 652 So.2d 707, 715 (Miss. 1995).

1899 Holmes v. Lerner, 74 Cal. App. 4th 442, 453 et seq. (1999).

1900 John Nagle Co. v. Gokey, 799 A.2d 1225, 1227 et seq. (Me. 2002).

1901 Vgl. *Bromberg/Ribstein*, Partnership, § 2.07(b)(2) m.N.

1902 Harker v. Peterson , 316 Mont. 393, 398 et seq. (2003) (keine partnership bei Abgabe von Kontrolle und Gewinnbeteiligung); People v. Park, 87 Cal. App. 3d 550, 564 (1978) (keine partnership, wenn zwar Gewinnbeteiligung, aber keine Beteiligung am Verlust und keine Kontrolle); Prince v. O'Brien, 256 A.D.2d 208, 212 et seq. (N.Y.A.D. 1st Dep. 1998) (zwar Erwägung einer Beteiligung am Gewinn, aber nicht an den Verlusten, außerdem keine Kontrolle und keine Einbringung von Gegenständen in das Gesellschaftsvermögen); Federal Sav. & Loan Ins. Corp. v. Griffin, 935 F.2d 691, 699 et seq. (5th Cir. 1991) (Parteiwille sprach gegen partnership, außerdem keine ausdrückliche Vereinbarung, die Verluste zu teilen).

1903 Die herausgehobene Stellung der Beteiligung am Gewinn kann schon aus der Vermutung des § 202(c)(3) UPA abgeleitet werden, so auch Century 21 Deep S. Properties v. Keys, 652 So.2d 707, 715 (Miss. 1995); Batterman v. Wells Fargo Ag Credit Corp., 802 P.2d 1112, 1117 (Colo. App. 1990) (profit sharing als „primary attribute").

1904 Penrod v. Smith, 9 Ill. App. 2d 257, 259 et seq. (1956) (Bejahung einer partnership hauptsächlich gestützt auf die Vereinbarung, die Verluste gemeinsam zu tragen); Hayes v. Killinger, 235 Or. 465, 475 (1963) („sharing of losses ... is one of the major elements of a partnership"); Savers Federal Sav. & Loan Ass'n v. Amberley Huntsville, Ltd., 934 F.2d 1201, 1208 (11th Cir. 1991) (loss sharing als „significant factor"); Chanler v. Roberts, 200 A.D.2d 489, 491 (N.Y.A.D. 1st Dep. 1994) (loss sharing als „essential element").

1905 Vgl. z.B. ULA UPA (1914) § 6, Comment at Subdivision 1 („Ownership involves the power of ultimate control."); Dalton v. Austin, 432 A.2d 774, 777 (Me. 1981) („the right to participate in control of the business is the essence of co-ownership"); Gangl v. Gangl, 281 N.W.2d 574, 580 (N.D. 1979) („Control is an indispensable component of co-ownership which, when combined with profit sharing, strongly suggests the existence of a partnership."). Vgl. auch Hayes v. Killinger, 235 Or. 465, 471 (1963): profit and loss sharing und joint control als „earmarks of a partnership."

1906 Vgl. oben Fn. 1826.

gung an bzw. die Einbringung von Vermögensgegenständen oder das Auftreten unter einem gemeinsamen Namen. Die Entscheidung, ob eine Personengesellschaft entstanden ist oder nicht, trifft das Gericht sodann im Wege einer Gesamtabwägung unter Berücksichtigung aller Umstände des Einzelfalls.[1907] Der Supreme Court von New York hat das Zusammenspiel der Indizien und den bei der Abwägung zu berücksichtigenden Maßstab wie folgt umschrieben: „The ultimate inquiry is whether the parties have so joined their property, interests, skills and risks that for the purpose of the particular adventure their respective contributions have become as one and the commingled property and interests of the parties have thereby been made subject to each of the associates on the trust and inducement that each would act for their joint benefit."[1908]

3. Subsumtion

a. Emissionskonsortien als partnerships

Wie dargestellt, enthalten die Konsortial- (agreements among underwriters) und Übernahmeverträge (underwriting agreements) US-amerikanischer oder internationaler Aktien- und Anleiheemissionskonsortien Bestimmungen, die gesellschaftsrechtliche Bindungen abbedingen und die gesamtschuldnerische Haftung der Konsortialbanken ausschließen. Der eindeutige Parteiwille ist indes unbeachtlich, wenn der Zusammenschluss der Banken die objektiven Merkmale erfüllt, an die das Gesetz die Entstehung einer partnership knüpft.

Zunächst ist fraglich, ob die Beteiligung von Investmentbanken an Personengesellschaften vor Gericht Bestand haben wird. Hierbei ist weniger die mit der Gründung der partnership einhergehende Abgabe von Leitungsbefugnissen des board of directors problematisch als vielmehr die Beeinträchtigung des Einlegerschutzes durch die zwingende gesamtschuldnerische Haftung. Das neuere Fallrecht deutet darauf hin, dass Gerichte den Beitritt von Aktiengesellschaften zu einer partnership, sofern er durch Gesetz nicht ohnehin ausdrücklich gestattet ist, nicht (mehr) als Verstoß gegen den Grundsatz der unabhängigen Leitung der Gesellschaft durch das board of directors ansehen.[1909] Selbst wenn sie nicht zu einer ausdrücklichen Abkehr von der überkommenen Rechtsprechung bereit sind, bejahen sie die Rechtswirksamkeit des Zusammenschlusses, indem sie die Verbindung als joint venture qualifizieren. Was den Gesichtspunkt der Gefährdung von Einlegerinteressen anbelangt, ist zu unterscheiden. Handelt es sich bei der Konsortialbank um eine Investmentbank ohne Einlagengeschäft, bestehen keine Bedenken gegen die Gründung einer Perso-

1907 Vgl. nur Vance v. Huff, 568 So.2d 745, 748 (Ala. 1990): „There is no settled test for determining the existence of a partnership. That determination is made by reviewing all the attendant circumstances ..."

1908 Hasday v. Barocas, 10 Misc. 2d 22, 28 (N.Y. Sup. 1952).

1909 Z.B. Altsuler v. Peters, 190 Neb. 113, 119 et seq. (1973); Frigidaire Sales Corp. v. Union Properties, Inc., 14 Wash. App. 634, 636 et seq. (1976). Vgl. im Übrigen oben 2 b aa.

nengesellschaft. Das gleiche gilt, wenn Investment- und kommerzielles Bankgeschäft in der Weise getrennt sind, dass ersteres durch eine selbständige Tochtergesellschaft ausgeübt wird und die Muttergesellschaft nicht für Verbindlichkeiten der Tochter einstehen muss.[1910] Betreibt die Konsortialbank in einer Aktiengesellschaft sowohl Investment- als auch Einlagengeschäft,[1911] ist indes davon auszugehen, dass Gerichte den Zusammenschluss der Banken zu einer partnership unter Anwendung der einschlägigen Präjudizien aus Gründen des Einlegerschutzes für unwirksam erklären werden.

Die Definition von „business for profit“ umfasst nur Verbindungen, die auf gewisse Dauer angelegt sind. Bankenkonsortien finden sich üblicherweise zur Begleitung einer einzelnen Emission zusammen. Ihre Tätigkeit erschöpft sich in einer begrenzten Anzahl von Transaktionen und endet mit Platzierung der Effekten. Der Emittent bzw. die Konsortialführerin stellt das Konsortium bei jeder Emission neu zusammen. Die Konsortialbanken gehen keine Verpflichtung ein, eine unbegrenzte Zahl an Emissionen in gleichbleibender Zusammensetzung zu begleiten. Längerfristige Verbindungen bestehen, wenn überhaupt, nur auf informeller Ebene.[1912] Emissionskonsortien sind mangels Führung eines auf Dauer angelegten Erwerbsgeschäfts somit nicht als Personengesellschaften anzusehen. Die US-amerikanische Rechtsprechung bezeichnet Zusammenschlüsse wie den vorliegenden, die zeitlich und gegenständlich beschränkt sind und im deutschen Recht mithin als Gelegenheitsgesellschaften zu qualifizieren wären, als joint ventures.[1913] Joint ventures sind partnerships, wie gezeigt, in rechtlicher Hinsicht weitgehend gleichgestellt. Insbesondere sind sie – mit Ausnahme des Erfordernisses der Führung eines Erwerbsgeschäfts – in ihren Voraussetzungen und rechtlichen Folgen (z.B. der zwingenden

1910 In konsequenter Anwendung der einschlägigen Präjudizien ist zu präzisieren, dass die Muttergesellschaft nicht dazu verpflichtet sein darf, für die Verbindlichkeiten der Tochter einzustehen. Eine Durchgriffshaftung kommt nach den Grundsätzen des *piercing the corporate veil* in Betracht, wenn die Tochtergesellschaft in solcher Weise von der Mutter kontrolliert wird, dass sie als „instrumentality,“ „agency,“ „conduit,“ oder „adjunct“ der Mutter erscheint. Indizien hierfür sind z.B. Unterkapitalisierung oder Vermögensvermischung. Vgl. zu den Einzelheiten *Fletcher*, Cyc. Corp., § 43 (Perm. Ed.) m.N.

1911 Grundsätzlich sind Investment- und kommerzielles Bankgeschäft auf rechtlich getrennte Tochtergesellschaften verteilt, so z.B. im Fall des schon vor Inkrafttreten des Gramm-Leach-Bliley Act vollzogenen und somit zunächst gegen geltendes Recht verstoßenden Zusammenschlusses von Traverlers Corp. und Citicorp zur Citigroup Inc., deren Investmentsparte bei Smith Barney und deren kommerzielles Bankgeschäft bei der Citibank, N.A., angesiedelt sind. Die Verbindung von Investment- und kommerziellem Bankgeschäft in einer Gesellschaft ist auch nach Gramm-Leach-Bliley weitgehenden Restriktionen unterworfen. Das Gesetz beließ zwei wichtige Bestimmungen des Glass-Steagall Act unverändert. Gem. § 21 des Gesetzes (12 U.S.C.A. 378) ist es einem Unternehmen, das geschäftsmäßig an der Begebung, dem Kauf oder Verkauf von Wertpapieren mitwirkt, untersagt, fremde Gelder als Einlagen anzunehmen. Gem. § 16 (12 U.S.C.A. 24) ist eine kommerzielle Bank in ihrer Befugnis, Wertpapiere auf eigene Rechnung zu übernehmen, sehr eingeschränkt (zulässig ist z.B. die Übernahme von öffentlichen Anleihen).

1912 Dass mitunter längerfristige, informelle Bindungen bestehen, betont *Bloomenthal*, Going Public Handbook I, § 3:01 [1][4](c)(v).

1913 Vgl. oben 2 b aa.

gesamtschuldnerischen Haftung) vergleichbar,[1914] so dass die Abgrenzung für das hier zu untersuchende Problem nicht von Bedeutung ist.

Entscheidend für die rechtliche Einordnung von Emissionskonsortien – sei es als partnership oder joint venture – bleibt die Frage, ob die Konsortialbanken als Mitinhaber des betriebenen Geschäfts angesehen werden können.

Erstes Indiz für co-ownership ist die gemeinschaftliche Kontrolle des Unternehmens. Die Konsortialführerin ist mit der Strukturierung, Organisation und Durchführung der Emission betraut. Sie handelt den Übernahmevertrag mit dem Emittenten aus, ohne dass die Konsortialbanken auf den Inhalt Einfluss nehmen könnten. Sie lässt sich von den Mitgliedern des Konsortiums eine umfassende Vollmacht (*power of attorney*) einräumen, die sie dazu ermächtigt, den Konsortial- und Übernahmevertrag sowie alle weiteren im Zusammenhang mit der Emission erforderlichen Rechtsgeschäfte im Namen und mit Wirkung für und gegen die Konsorten abzuschließen.[1915] Sie ist dazu befugt, die genaue Höhe der Quote der Emissionsbanken, die im Einladungstelex zunächst nur ungefähr angegeben ist, sowie den Anteil an der Quote, den die Emissionsbanken zum Eigenverkauf erhalten (*retention*), festzusetzen.[1916] Den nicht zum Eigenbehalt gehörenden Teil der Emission verkauft sie an institutionelle Investoren oder Verkäuferbanken (dealers).[1917] Sie entscheidet in eigener Verantwortung, ob bzw. welche und wie viele Banken als dealers hinzugezogen werden.[1918] Zwar steht es auch den übrigen Konsorten frei, ihren Eigenbehalt an Verkäuferbanken zu übertragen. Die führende Bank vermindert die Attraktivität eines solchen Vorgehens aber dadurch, dass sie die Höhe der selling concession für Verkäuferbanken der Mitkonsorten (sog. *reallowance concession*)

1914 Vgl. z.B. Independent Energy Corp. v. Trigen Energy Corp., 944 F. Supp. 1184, 1201 (S.D.N.Y. 1996) (New Yorker Recht): „... in order to form a joint venture (1) two or more persons must enter into an agreement to carry on an enterprise for profit; (2) their agreement must evidence their intent to be joint venturers; (3) each must make a contribution of property, financing, skill, knowledge, or effort; (4) each must have some degree of joint control over the venture; and (5) there must be a provision for the sharing of both profits and losses." Zu weiteren Nachweisen siehe oben Fn. 1835.

1915 Beispiel zu einer power of attorney bei *Bloomenthal*, Going Public Handbook II, app. 3-9 et seq. Siehe auch app. 3-1, § 1(a) zur Ermächtigung der Konsortialführerin, den Übernahmevertrag in Vertretung für die Konsorten abzuschließen. Der Übernahmevertrag ist dem Einladungstelex in der Regel beigefügt, so dass die Konsorten über seinen Inhalt informiert sind. Die Konsortialführerin lässt sich aber die Befugnis einräumen, den Vertrag ohne Rücksprache mit den Konsorten abzuändern, vgl. z.B. *Bloomenthal*, loc. cit., app. 3-1, § 1 (a): Befugnis, „to enter into an agreement with the Company substantially in the form attached hereto as Exhibit A (the 'Underwriting Agreement'), but with such changes therein as in your judgement are not materially adverse to the Underwriters ..."

1916 *Bloomenthal*, loc. cit., app. 3-2, § 1(c). Die Höhe der Quote legt die Konsortialführerin bei Abschluss des Übernahmevertrags mit dem Emittenten fest. Hierbei darf sie von der im Einladungstelex in Aussicht gestellten Quote abweichen, sofern die Abweichung nicht wesentlich (*not substantial*) ist. Sie teilt die Quote der Emissionsbank, z.B. in einem Fax, kurz vor Beginn der Platzierung mit (sog. *finalizing*). In dem Fax bestimmt sie auch die Höhe der retention. Zu einem Beispielschriftsatz vgl. *Bloomenthal*, loc. cit., app. 3-15.

1917 *Bloomenthal*, loc. cit., app. 3-2, § 3.

1918 Beispiel für ein Selected Dealers Agreement: *Bloomenthal*, loc. cit., app. 4.

im Konsortialvertrag auf die Hälfte der concession der eigenen Verkaufsgruppe beschränkt.[1919] Des Weiteren obliegt es der Konsortialführerin, die Vergütung der Emissionsbanken festzulegen.[1920] Sie entscheidet, wann und zu welchem Preis die Platzierung beginnen soll[1921] und ob Stabilisierungsmaßnahmen vorzunehmen bzw. die Mehrzuteilungsoption (*over-allotment option*) auszuüben ist.[1922] Sie führt die Konten, leitet die Zahlungen der Konsortialbanken an den Emittenten und die vom Emittenten gelieferten Wertpapiere an die Konsorten weiter,[1923] führt Rechenschaft über die entstandenen Aufwendungen und bestimmt, in welcher Weise sie auf das Konsortium umzulegen sind.[1924] Diese Aufzählung macht deutlich, dass der Konsortialführerin weitgehende Leitungsbefugnisse hinsichtlich der Übernahme und Platzierung der Wertpapiere zukommen, während den Mitkonsorten weder Kontroll- noch Weisungsrechte verbleiben. Eine so einseitige Kompetenzverteilung spricht gegen die Existenz einer partnership. Indes ist zu berücksichtigen, dass die Delegation von Geschäftsführungsbefugnissen innerhalb einer Gesellschaft üblich ist. Deswegen können aus der Tatsache, dass die Konsortialbanken die führende Bank zu den beschriebenen Handlungen ermächtigen, nicht ohne weiteres Rückschlüsse abgeleitet werden.[1925] Andererseits besteht gegenüber dem Regelfall der Übertragung der Geschäftsführungsbefugnisse auf einen von mehreren Gesellschaftern die Besonderheit, dass die Konsortialführerin den Konsortialvertrag mit der dargestellten Aufgabenverteilung eigenverantwortlich entwirft, die Konsorten mithin nicht ursprünglich bestehende Befugnisse freiwillig delegieren, sondern nie Geschäftsführungsbefugnisse innehatten und bei fehlendem Einverständnis keine Aufnahme in das Konsortium gefunden hätten.

Weiteres Indiz für co-ownership ist die Beteiligung am Gewinn des Unternehmens. Der Gewinn der Konsortialbanken ergibt sich aus der Differenz zwischen dem Platzierungs- und dem Übernahmepreis (*underwriting discount* oder *gross spread*). Die Banken übernehmen die Effekten zu einem niedrigeren Preis als dem Preis, zu dem sie sie platzieren.[1926] Aus dem spread zahlen sie der führenden Bank die manager's concession (management fee)[1927] sowie – bei Einschaltung weiterer Verkäuferbanken – die dealer's concession (selling concession).[1928] Der Konsortialbank verbleibt –

1919 *Bloomenthal*, loc. cit., app. 3-1, Präambel (d).
1920 Der Konsortialvertrag gibt in der Regel den Mindestbetrag vor, vgl. z.B. *Bloomenthal*, loc. cit., app. 3-1, Präambel (b): „... compensation to members of the underwriting group ... shall be not less than fifteen percent (15 %) of the underwriting discount ..." Bis zu 20 % des discount sind aber üblicherweise von der Konsortialführerin eigenverantwortlich zuzuweisen.
1921 *Bloomenthal*, loc. cit., app. 3-2, § 2.
1922 *Bloomenthal*, loc. cit., app. 3-4, § 9.
1923 *Bloomenthal*, loc. cit., app. 3-3, § 5.
1924 *Bloomenthal*, loc. cit., app. 3-4, § 7.
1925 Vgl. oben 2 b cc.
1926 Vgl. z.B. *Bloomenthal*, loc. cit., app. 2-1, § 1; app. 2-5, § 3.01. Platzierungspreis: $ 10, Übernahmepreis: $ 9.50.
1927 *Bloomenthal*, loc. cit., app. 3-2, § 1.
1928 Die dealer's concession wird in der Regel nicht ausgezahlt. Die Konsortialbanken verkaufen der Verkäuferbank die an sie abzugebenden Wertpapiere zu einem Preis, der dem um die dealer's concession verminderten Platzierungspreis entspricht, vgl. *Bloomenthal*, loc. cit., app. 3-2, § 3.

neben einer etwaigen selling concession – die underwriting fee für die Übernahme des Risikos.[1929] Die Konsortialführerin stellt den Emissionsbanken die ihr bei Vorbereitung und Abwicklung der Übernahme und Platzierung der Wertpapiere entstehenden Kosten (z.B. Steuern und Gebühren, Honorar des Rechtsbeistands der Konsortialführerin, Kosten für die road show) in Rechnung, indem sie einen anteiligen Betrag von der underwriting fee der Konsortialbank abzieht.[1930] Die Gewinnverteilung ist mithin nicht in der Weise konzipiert, dass Aufwendungen und Erträge aller Banken gegeneinander aufgerechnet werden, um den Überschuss unter den Parteien zu verteilen. Die Konsortialbanken erzielen zwar einen Gewinn, dieser entsteht jedoch nicht als Gewinn der Bankengemeinschaft (des Konsortiums), sondern unmittelbar in der Person des jeweiligen Konsorten bei Verkauf der übernommenen Effekten. Die Gewinne der Mitglieder des Konsortiums sind unabhängig voneinander und bestimmen sich danach, inwieweit die einzelne Bank in ihren – in eigener Verantwortung vorzunehmenden – Platzierungsbemühungen erfolgreich war. Eine solche Ausgestaltung der Gewinnverteilung spricht nach herrschender Rechtsprechung gegen eine gesellschaftsrechtliche Verbindung.[1931]

Verluste liegen vor, wenn die Aufwendungen des Konsortiums die Einnahmen übersteigen. Zu den Aufwendungen zählen die an den Emittenten zu leistende Vergütung, Schadensersatzzahlungen bei Inanspruchnahme durch den Emittenten oder Dritte und die oben beschriebenen Organisations- und Abwicklungskosten. Im Konsortialvertrag vereinbaren die Konsorten gewöhnlich, letztere, insbesondere in der Person der Konsortialführerin entstehenden Aufwendungen im Verhältnis ihrer Übernahmeverpflichtungen auszugleichen.[1932] Gleiches gilt bei Inanspruchnahme eines Konsorten wegen Verletzung vertraglicher oder außervertraglicher Pflichten: Der Emittent kann bei den Banken Rückgriff nehmen, wenn er aus Prospekthaftung in Anspruch genommen wird und die unrichtige Angabe den Konsortialbanken zuzurechnen ist.[1933] In diesem Fall sind die Banken zur Ausgleichung im Innenverhältnis entsprechend ihrer Quoten verpflichtet.[1934] Sonstige Schadensersatzverpflichtungen einer Bank können ebenfalls im Innenverhältnis von den Mitkonsorten auszugleichen sein.[1935] Den Kaufpreis für die Effekten leisten die Emissionsbanken an den Emittenten, indem sie der Konsortialführerin eine Summe überweisen, die dem Platzierungspreis multipliziert mit der Anzahl der von ihnen übernommenen Effekten – abzüglich der selling concession für Papiere, die die Emissionsbank selbst (und nicht selected dealers) verkauft – entspricht. Die Konsor-

---

1929 Z.B. *Bloomenthal*, loc. cit., app. 3-1, Präambel (b); app. 3-2, § 3 (underwriting concession als „compensation for members of the Underwriting Group for assuming the underwriting risk ..."

1930 *Bloomenthal*, loc. cit., app. 3-4, § 7.

1931 Vgl. z.B. Dority v. Driesel, 75 Or. App. 180 (Fn. 1867).

1932 *Bloomenthal*, loc. cit., app. 3-4, § 7.

1933 *Bloomenthal*, loc. cit., app. 2-13, § 6.02: Zurechnung, „if such [the incorrect] statement or omission was made in reliance upon information peculiarly within the knowledge of the Underwriter and furnished in writing to the Company by the Underwriter specifically for use in connection with the preparation of the Registration Statement and Prospectus ..."

1934 *Bloomenthal*, loc. cit., app. 3-6, § 16.

1935 *Bloomenthal*, loc. cit., app. 3-4, § 8.

tialführerin leitet den Kaufpreis an den Emittenten weiter. Sie schreibt die underwriter's concession dem für die Emissionsbank geführten Konto gut[1936] und belastet das Konto mit den auf die Bank umzulegenden Aufwendungen. Zu einem bestimmten Zeitpunkt – in der Regel 30 Tage nach Wirksamwerden des registration statement[1937] – schüttet sie das Guthaben an die Konsortialbank aus oder erhebt bei negativem Saldo Nachforderungen.[1938] Aus dieser Schilderung ist ersichtlich, dass ein etwaiger Verlust nur teilweise, nämlich soweit die Aufwendungen der Konsortialführerin und die Inanspruchnahme einer Konsortialbank durch den Emittenten oder Dritte betroffen sind, auf die Mitglieder des Konsortiums umgelegt wird. Gelingt es einem der Konsorten nicht, seinen Teil der Emission vollständig zu platzieren, werden die hierdurch entstehenden Verluste nicht mit den Gewinnen verrechnet, die andere Konsortialbanken erzielt haben, um die Aufwendungen und Erträge des gesamten Konsortiums zu ermitteln und die Mitglieder an der Differenz zu beteiligen. Verluste entstehen vielmehr in der Person des einzelnen Konsorten. Insoweit entspricht die Ausgestaltung der Verlustverteilung nicht dem Bild, das die Rechtsprechung von der typischen US-amerikanischen Personengesellschaft zeichnet.[1939]

Was die Begründung von Gesellschaftsvermögen anbelangt, sind zunächst die Eigentumsverhältnisse an den zu emittierenden Wertpapieren zu untersuchen. Das US-amerikanische Recht unterscheidet zwischen dem Mitgliedschafts- bzw. Forderungsrecht und der Urkunde, in der es verbrieft ist. Zur Entstehung des Wertpapiers ist grundsätzlich weder Verbriefung noch Lieferung erforderlich.[1940] Die Untersuchung hat somit sowohl die Berechtigung bezüglich des Rechts als auch, falls sich der Emittent für Verbriefung entscheidet, bezüglich der Urkunde zu thematisieren. Aktien entstehen grundsätzlich bei Abschluss des Beitrittsvertrags, Anleihen bei Abfassung des Leistungsversprechens in Schriftform.[1941] Die Konsortialführerin übernimmt die Wertpapiere in Vertretung für die Konsortialbanken. Sollen neu zu schaffende Papiere emittiert und die Banken – und nicht unmittelbar die Investoren – Inhaber der Effekten werden, ist in der Übernahme der Abschluss des Beitrittsvertrags bzw. des Vertrags zur Begründung der in der Anleihe zu verbriefenden Zahlungsforderung enthalten. Diese Verträge kommen, ebenso wie der Übernahmevertrag, durch das Auftreten der führenden Bank als Vertreterin zwischen dem Emittenten und den Konsortialbanken – und nicht dem Konsortium – zustande.[1942] Die Mitgliedschafts- bzw. Forderungsrechte entstehen mithin in der Person der einzelnen Emissionsbanken.

Der Konsortialvertrag bestimmt üblicherweise, dass der Emittent die Wertpapiere an die führende Bank zu liefern hat. Die Konsortialführerin nimmt die Effekten in

1936 *Bloomenthal*, loc. cit., app. 3-3, § 5.
1937 *Bloomenthal*, loc. cit., app. 3-6, § 13.
1938 *Bloomenthal*, loc. cit., app. 3-4, § 7.
1939 Zu den einschlägigen Entscheidungen siehe oben 2 b cc.
1940 Siehe oben I 2 b aa.
1941 Sehr verkürzt, vgl. ausführlicher oben I 2 b aa.
1942 Vgl. z. B. *Bloomenthal*, loc. cit., app. 2-5, § 3.01.

Vertretung für die Mitglieder des Konsortiums an und liefert sie bei Verkauf, wiederum in Vertretung für die Konsortialbanken, an institutionelle Investoren oder selected dealers.[1943] Bei verbrieften Wertpapieren erfüllt der Emittent die Lieferpflicht durch Übergabe der Urkunden,[1944] bei unverbrieften Effekten durch Eintragung der Emissionsbanken als Berechtigte in das Aktien- bzw. Anleiheregister.[1945] Aktien sind in den USA als Namenspapiere auszugeben,[1946] Anleihen lauten auf den Inhaber (bearer form) oder auf Namen (registered form). Wertpapiere können, wie allgemein personal property, von mehreren gemeinschaftlich erworben werden. Bei Namenspapieren ist hierfür grundsätzlich Voraussetzung, dass die gemeinschaftlich Berechtigten und die Art der Berechtigung (tenancy in common, joint tenancy etc.) auf der Urkunde vermerkt werden,[1947] was in der Praxis selten geschieht. Bei Inhaberpapieren genügt eine entsprechende Vereinbarung der Parteien. Um die Umlauffähigkeit zu erhöhen, machen Emittent und Erstabnehmer häufig von der Möglichkeit Gebrauch, Aktien mit Blankoindossament in Umlauf zu bringen.[1948] In diesem Fall und bei der Emission von Inhaberpapieren ist es denkbar, dass die Konsortialbanken auch ohne ausdrückliche Vereinbarung eine gemeinschaftliche Berechtigung an den Effekten erlangen, z.B. indem die Konsortialführerin einen Teil der von den Konsorten übernommenen Quote zur Übertragung an institutionelle Investoren oder Verkäuferbanken einbehält (sog. *reserved securities*).[1949] Sind die Urkunden nicht im Namen der jeweiligen Emissionsbanken ausgestellt, und bewahrt die Konsortialführerin sie nicht getrennt auf,[1950] kann den Konsorten das Eigentum an der Urkunde und das in ihr verbriefte Recht gemeinschaftlich (in der Regel sind die Konsorten tenants in common[1951]) zustehen. Die Übertragung vollzieht sich z.B. wie folgt: Die Konsortialführerin nimmt die blankoindossierten, in ihrem Namen

1943 *Bloomenthal*, loc. cit., app. 3-3, § 5.

1944 Der Übernahme- bzw. Konsortialvertrag spricht in diesem Fall von „delivery", so z.B. in *Bloomenthal*, loc. cit., app. 3-3, § 5. § 1-201(b)(15) UCC definiert „delivery" als die willentliche Übertragung des Besitzes.

1945 Zu der Frage, wie unverbriefte Wertpapiere geliefert werden, vgl. oben I 2 b aa.

1946 So z.B. § 6.25(b)(2) MBCA; § 508(c)(2) NY Bus. Corp. Law. Beispiel für ein share certificate in: New York Forms Legal & Bus., § 17:367.

1947 Beispiel für einen entsprechenden Vermerk in: *Lord*, Williston on Contracts, § 51:49, n. 21.

1948 Vgl. *Lord*, Williston on Contracts, § 51:49. Diese Vorgehensweise ist gem. § 8-304(a) UCC zulässig. Zu beachten ist, dass das Indossament keine Voraussetzung für die Übertragung des Wertpapiers ist, auch wenn es sich um ein Namenspapier handelt (vgl. §§ 8-104(a), 8-301 UCC). Es ist aber für den gutgläubigen Erwerb von Bedeutung (§§ 8-106(b)(1), 8-303 UCC), vgl. ULA UCC § 8-304, Notes of Decisions at 2.

1949 Gegenbegriff sind die sog. *retained securities* (Eigenbehalt der Konsortialbank), über deren Verwendung die Bank frei entscheidet.

1950 Sondern in einem auch als „pot" bezeichneten syndicate account, vgl. *Johnson/McLaughlin*, Corporate Finance, p. 66 et seq.

1951 In allen Bundesstaaten existieren gesetzliche Vermutungen, dass bei einer Verfügung an zwei oder mehr Personen mangels abweichender Vereinbarung eine tenancy in common und keine joint tenancy entsteht, vgl. z.B. § 6-2.2(a) New York Est. Pow. & Trusts L. Teneancy in common setzt „unity of possession" voraus, d.h. alle Berechtigten müssen ein Recht zum Besitz haben. Für joint tenancy ist darüber hinaus „unity of time, title, and interest" zu verlangen. Insbesondere muss jedem der Empfänger durch die Verfügung das ganze Recht übertragen werden (unity of interest), eine Berechtigung nach Bruchteilen schließt joint tenancy aus. Zu den Voraussetzungen vgl. *Stoebuck/Whitman*, The Law of Property, § 5.2 et seq.

ausgestellten Aktien oder die Inhaberpapiere an und überträgt sie in Höhe der jeweiligen Beteiligungsquote im Wege einer dem deutschen Besitzkonstitut vergleichbaren Konstruktion[1952] an die Konsortialbanken. Eine weitere Möglichkeit, von der die Beteiligten häufig Gebrauch machen, ist die Hinterlegung der Urkunden bei der DTC.[1953] Bei Namenspapieren erfolgt dann Registrierung im Namen einer nur zu diesem Zweck gegründeten Tochtergesellschaft der Wertpapiersammelbank (*nominee* oder *street name registration*).[1954] Die Tochtergesellschaft der DTC wird Eigentümerin und unmittelbar berechtigte Aktionärin bzw. Anleihegläubigerin. Die DTC führt kein Wertpapierkonto des Konsortiums, sondern nur Konten der Konsortialbanken. Schreibt sie die Emission den Konten der Banken gut, erlangen diese hinsichtlich des für sie verbuchten Teils ein security entitlement,[1955] ohne dass es zu einer „combination of property" kommt. Vereinbaren die Beteiligten, die Effekten ohne Durchgangserwerb der Konsortialbanken an institutionelle Investoren oder Käuferbanken zu übertragen, stehen Rechtspositionen der Emissionsbanken ohnehin nicht in Frage.

Auch im Übrigen entsteht keine gemeinschaftliche Berechtigung der Konsorten (bzw. eine Berechtigung des Konsortiums als solchem) an eingebrachten Gegenständen oder Forderungen gegenüber Dritten. Der Anspruch gegenüber dem Emittenten auf Lieferung der Wertpapiere (Begründung der Mitgliedschafts- bzw. Forderungsrechte sowie Übergabe und Übereignung der Wertpapierurkunden) steht den einzelnen Emissionsbanken entsprechend ihrer Quote zu, da sich der Emittent „severally and not jointly" verpflichtet.[1956] Die Bezahlung des Emittenten vollzieht sich unter Zuhilfenahme einer Stellvertreterkonstruktion, die es erübrigt, die Finanzmittel der Konsortialbanken zusammenzulegen: Die Emissionsbank liefert der Konsortialführerin einen Scheck in Höhe des Platzierungspreises. Aus dem Erlös leitet die Konsortialführerin den Übernahmepreis im Namen der Bank an den Emittenten ab, um dessen gegen die Bank gerichteten Zahlungsanspruch zu begleichen, und schreibt den überschießenden Betrag dem Konto des Konsorten gut.[1957] Es lässt sich somit festhalten, dass allenfalls die übernommenen Wertpapiere, und

---

1952 Gem. § 8-301(a)(2) UCC.

1953 Vgl. *Johnson/McLaughlin*, Corporate Finance, p. 71 et seq., zu Erwägungen, die für die tatsächliche Auslieferung der Wertpapierurkunden im Gegensatz zur Sammelverwahrung sprechen können.

1954 Nominee bzw. street name Registrierung bezieht sich allgemein auf die Registrierung im Namen einer natürlichen Person oder Gesellschaft, die die Papiere nominell für die Kunden eines Brokers oder anderen Wertpapierdienstleistungsunternehmens hält, um Wertpapiertransaktionen ohne Indossierung und Übergabe der Urkunden zu ermöglichen, vgl. *Fletcher*, Cyclopedia of Private Corp., §§ 3:34, 5092.50 m. N.

1955 § 8-501(b)(1) UCC.

1956 *Bloomenthal*, loc. cit., app. 2-5, § 3.01. Soll die Berechtigung „severally and not jointly" in Termini des deutschen Rechts übertragen werden, ist sie mit der Teilgläubigerschaft (§ 420 2. Alt. BGB) und nicht der Mitgläubigerschaft (§ 432 BGB) gleichzusetzen, denn die erlangten Vermögenswerte sollen nach der Konzeption von Konsortial- und Übernahmevertrag kein Vermögen bilden, das den Konsorten gemeinschaftlich zusteht, und nur in geringem Umfang einer gemeinsamen Verwaltung unterliegen. Vgl. zur Abgrenzung Teil- und Mitgläubigerschaft *Larenz*, Schuldrecht I, § 36 I a, b.

1957 *Bloomenthal*, loc. cit., app. 3-3, § 5.

auch sie nur in bestimmten Konstellationen und vorübergehend, im Miteigentum der Konsorten stehen. Eine solche „combination of property" ist von geringer Aussagekraft und stellt jedenfalls keinen eindeutigen Hinweis darauf dar, dass eine Personengesellschaft entstehen und Eigentümerin der Wertpapiere[1958] werden soll.

Gegen die Annahme einer partnership spricht schließlich, dass die Konsortialbanken zu keinem Zeitpunkt unter einem gemeinsamen Namen auftreten. Zwar nehmen die Parteien in den Vertragswerken häufig auf das Emissionskonsortium als solches Bezug.[1959] Dies geschieht aber aus Gründen der Vereinfachung, da die einzelnen Konsorten nur einmal – im Anhang zum Übernahmevertrag – aufgelistet werden sollen.[1960] In denjenigen Bestimmungen des Übernahmevertrags, die Pflichten für die Konsorten begründen, verwenden die Parteien in der Regel Formulierungen, die deutlich machen, dass die führende Bank die Vertragspflichten nicht in Vertretung des Konsortiums (als rechtlich selbständiger Entität), sondern in Vertretung der Konsortialbanken eingeht. So betonen sie z.B., dass sich die *Mitglieder* des Emissionskonsortiums – und nicht das Emissionskonsortium selbst – dazu verpflichten, die Emission entsprechend ihrer jeweiligen Quoten zu übernehmen.[1961]

Die Untersuchung zeigt mithin, dass neben dem Parteiwillen auch die objektiven Kriterien überwiegend gegen das Vorliegen einer partnership sprechen.[1962] Aus diesem Grund ist davon auszugehen, dass US-amerikanische Gerichte die Verbindung der Emissionsbanken nicht als gesellschaftsrechtliche qualifizieren werden. Hierauf deutet auch die Analyse einer Reihe vergleichbarer Fälle hin, in denen das Fehlen eines oder mehrerer objektiver Indizien für die Existenz einer partnership mit dem Willen der Parteien zusammentraf, keine Gesellschaft zu begründen. Die Gerichte haben, jeweils unter Bezugnahme auf den Parteiwillen, die Existenz einer partnership verneint.[1963]

1958 Etwa gem. § 204(a), (c) UPA.

1959 Z.B. *Bloomenthal*, loc. cit., app. 2-1, § 1: „The company proposes to issue and sell to the *Underwriting Group* ..." (Hervorhebung durch den Verfasser).

1960 Vgl. z.B. die Präambel des bei *Bloomenthal*, loc. cit., app. 2, abgedruckten Übernahmevertrags: „... confirms its agreement with you (the "Underwriter" [die Konsortialführerin]) and *members* of the Underwriting Group (hereinafter the "Underwriting Group" or "Underwriters") ..." (Hervorhebung durch den Verfasser).

1961 *Bloomenthal*, loc. cit., app. 2-5, § 3.01: „... each member of the Underwriting Group ... agrees to purchase from the Company, severally and not jointly, the number of shares of Stock set forth opposite their respective names in Schedule I hereto ..."

1962 A.A., jedoch ohne Begründung, *Hartwig-Jacob*, Vertragsbeziehungen, S. 160 f.

1963 Howard v. Klynveld Peat Marwick Goerdeler, 977 F. Supp. 654 (S.D.N.Y. 1997) (Beklagter war ein Verbund rechtlich selbständiger Wirtschaftsprüfungsunternehmen, der Vertrag mit den Mitgliedsfirmen sah vor: „nothing contained herein shall be construed to place the parties in the relationship of ... partners or joint venturers ...," id. at 663 (n. 5); das Gericht stützte sich in seiner Entscheidung, keine partnership anzunehmen, unter anderem auf diese Bestimmung); Anderson v. Walker, 256 Iowa 1324 (1964) (Kläger bewirtschaftete eine im Eigentum des Beklagten stehende Farm; er stellte den Maschinenpark zur Verfügung, der Beklagte übernahm die Instandhaltungskosten; die Parteien waren zu je 50 % an Viehbestand, Gewinn und Ausgaben beteiligt; ihr Vertrag bestimmte: „It is particularly understood that this is not a Partnership agreement, nor is the relationship a Partnership." Id. at 1326; das Gericht verneinte das Vorliegen einer partnership mangels gemeinschaftlicher Kontrolle und angesichts des ausdrücklichen Parteiwillens). Vgl.

Auch die Kapitalmarktgesetze scheinen davon auszugehen, dass Emissionskonsortien keine gesellschaftsrechtlichen Zusammenschlüsse darstellen. § 11(e) Sec. Act, der Art und Umfang des bei der Prospekthaftung zu ersetzenden Schadens regelt, lautet: „In no event shall any underwriter ... be liable ... for damages in excess of the total price at which the securities underwritten by him and distributed to the public were offered to the public." Bei einer Haftung jointly and severally, wie es der Konzeption des UPA für partnerships entspricht, wären die Konsortialbanken für die Übernahme der gesamten Emission verantwortlich. Sie hafteten den Anlegern gegenüber somit immer in Höhe des Gesamtplatzierungspreises, die Haftungsbeschränkung gem. § 11(e) Sec. Act würde leer laufen.[1964]

b. Emissionskonsortien als agent-principal-Verbindung

Agent-principal-Verbindungen werden definiert als „... fiduciary relation[s] which result[...] from the manifestation of consent by one person to another that the other shall act on his behalf and subject to his control, and consent by the other so to act."[1965] Entscheidendes Merkmal ist ein „element of continuous subjection to the will of the principal",[1966] das, soweit der rechtsgeschäftlichen Vertretung ein Auftragsverhältnis zugrunde liegt, seine Entsprechung im deutschen Recht in der Bindung des Beauftragten an die Weisungen des Auftraggebers findet.[1967] Eine Person, die sich nicht dem Willen des Vertretenen unterwirft, ist nicht als agent anzusehen, auch wenn sie im Namen eines anderen auftritt und ihr die Berechtigung zukommt, Willenserklärungen mit Wirkung für und gegen den anderen abzugeben. Auf sie sind die Grundsätze des common law über agency nicht anwendbar. Das ist zunächst bei der gesetzlichen Stellvertretung der Fall. Pfleger (*guardians*), Zwangs- bzw. Insolvenzverwalter (*receivers* oder *bankruptcy trustees*) und Nachlassverwalter (*executors* bzw. *administrators*) handeln unabhängig vom Willen des Mündels, Schuldners oder Erben. Auch wenn sie nach deutschem Rechtsverständnis als (gesetzliche) Vertreter einzuordnen sind, erfüllen sie nicht die Merkmale eines agents i.S. des US-amerikanischen Rechts. Bei der gewillkürten Stellvertretung ist danach zu differenzieren, ob der Vertreter durch Ausübung der ihm eingeräumten Befugnisse ausschließlich eigene oder auch die Interessen des Vertretenen verfolgt. Rechtsprechung und Lehre nehmen die Abgrenzung anhand folgenden Kriteriums vor: Geht die Bevollmächtigung mit der Begründung dinglicher Rechte zugunsten des Vollmachtsempfängers einher und dient sie der Ausübung dieser Rechte (die einschlägigen Urteile sprechen von „power coupled with an interest in the subject

---

auch Rosenberger v. Herbst, 210 Pa. Super. 127, 131 et seq. (1967) (sind die übrigen Kriterien nicht eindeutig, gibt der Parteiwille den Ausschlag); Becherer v. Merrill Lynch, Pierce, Fenner & Smith, 799 F. Supp. 755, 772 (E.D. Mich. 1992) (Parteiwille für die Abgrenzung agency-partnership von entscheidender Bedeutung); Anthony Distribs. v. Miller Brewing Co., 882 F. Supp. 1024 (M.D. Fla. 1995) (Abgrenzung Vertragshändler- und Gesellschaftsvertrag anhand des Parteiwillens).

1964 So auch *Johnson/McLaughlin*, Corporate Finance, p. 78.

1965 § 1(1) Restatement (Second) of Agency.

1966 § 1(1) Restatement (Second) of Agency, Comment b on Subsection (1). Zu den Voraussetzungen i.Ü. vgl. §§ 15 et seq. Restatement (Second) of Agency.

1967 Im Rahmen des § 665 BGB.

matter“[1968]), entsteht keine agency-Beziehung. Die Erteilung der Vollmacht ist dann unwiderruflich, Vorschriften über Treuepflichten zwischen Vertreter und Vertretenem[1969] finden keine Anwendung.

Den Konsortialbanken kommt, wie gezeigt, keine Weisungsbefugnis gegenüber der führenden Bank zu. Auch bezeichnen die Konsorten die Vollmacht häufig als unwiderruflich.[1970] Andererseits sprechen mehrere Gründe dafür, das Rechtsverhältnis zwischen den Emissionsbanken und der Konsortialführerin als Stellvertretungsverhältnis i.S. des agency law zu qualifizieren: Zunächst ist der Parteiwille auf Begründung einer agency-Beziehung gerichtet, was sich an der Verwendung des Wortes „agent“ im Konsortialvertrag zeigt.[1971] Des Weiteren ist die Bevollmächtigung der führenden Bank nicht mit der Übertragung dinglicher Rechte an sie verbunden. Das mit der Geschäftsbesorgung verfolgte Interesse der Konsortialführerin richtet sich auf den Erwerb der manager's concession, nicht aber auf den Erwerb von Eigentums- oder sonstigen Rechten an Gegenständen, die Objekt der Rechtsgeschäfte sind, zu deren Vornahme sie ermächtigt wurde.[1972] Der vorstehend geschilderte Sonderfall, in dem mangels Wahrnehmung der Interessen des Vertretenen nicht von einer agent-principal-Verbindung gesprochen werden kann, greift somit nicht ein. Als Konsequenz dieser Sichtweise stehen den Emissionsbanken alle nach den Grundsätzen des agency law unabdingbaren Rechte des Vertretenen gegenüber dem Vertreter zu.[1973] Die Banken sind z.B. dazu befugt, entgegen einer im Konsortialvertrag häufig enthaltenen Bestimmung nicht nur bis zu einem bestimmten Zeitpunkt – in der Regel wird hier die Mitteilung der Konsortialführerin vom endgültigen Umfang der Übernahmeverpflichtung (*finalization*) genannt[1974] – durch Widerruf der Bevollmächtigung von der Emissionsbegleitung Abstand zu nehmen, sondern jederzeit. Die entgegenstehende Vereinbarung im Konsortialvertrag kann zwar Anknüpfungspunkt für Schadensersatzpflichten sein, vermag aber nicht die Befugnis zum Widerruf zu beschneiden.[1975]

1968 Vgl. zu Einzelheiten *Gregory*, Agency and Partnership, § 10, und zu einem Beispielsfall Nelson v. Consumers County Mut. Ins. Co., 326 S.W.2d 535 (Tex. App. 1959): Die Bestellung eines Pfandrechts war mit der Ermächtigung des Pfandgläubigers verknüpft, alle Rechte aus dem für das Pfand abgeschlossenen Versicherungsvertrag geltend zu machen, Klagen zu führen und Vergleiche abzuschließen. Das Gericht war der Ansicht, die Bevollmächtigung führe wegen des „interest in the subject matter“ des Pfandgläubigers (id. at 538) nicht zur Begründung einer gewöhnlichen agency-Beziehung.

1969 Zu den Pflichten des Vertreters vgl. z.B. Restatement (Second) of Agency §§ 379 (*Duty Of Care And Skill*), 380 (*Duty Of Good Conduct*), 381 (*Duty To Give Information*), 385 (*Duty To Obey*) sowie §§ 387 et seq. (*Duties of Loyalty*).

1970 Z.B. *Bloomenthal*, Going Public Handbook II, app. 3-9 (Power of Attorney): „the undersigned [the underwriter] hereby irrevocably constitutes and appoints ... [the lead manager] the true and lawful agents and attorneys-in-fact of the undersigned ...“

1971 Vgl. z.B. *Bloomenthal*, loc. cit., app. 3-6, § 14: „In taking action under this agreement, you shall act ... as agent of the several Underwriters.“ Siehe auch die Power of Attorney, a.a.O., app. 3-9.

1972 Zur Definition von „power coupled with an interest“ vgl. neben den oben (Fn. 1968) genannten Fundstellen Cox v. Freeman, 204 Okla. 138, 146 et seq. (1951).

1973 Eine wichtige abdingbare Pflicht des Vertreters ist z.B. die duty to obey, vgl. § 385(1) Restatement (Second) of Agency.

1974 Z.B. *Bloomenthal*, loc. cit., app. 3-11, No. 2, 3.

1975 § 118(b) Restatement (Second) of Agency.

Die deutsche Literatur hat einige Nachteile herausgearbeitet, die die vertretungs- und schuldrechtliche Konstruktion gegenüber einer gesellschaftsrechtlichen Qualifikation des Emissionskonsortiums haben soll. Zum einen entstünden Rechtsbeziehungen nur zwischen der einzelnen Emissionsbank und der Konsortialführerin, nicht aber im Verhältnis aller Banken untereinander. Zum anderen fehle es an gesellschaftsrechtlichen Mitwirkungs- und Treuepflichten, die im Hinblick auf die Aufgabenverteilung im Konsortium unabdingbar seien: Üblicherweise obliegt es der Konsortialführerin, die wirtschaftlichen Verhältnisse des Emittenten und die im Börsenprospekt und registration statement enthaltenen Angaben zu überprüfen. Ohne das Institut der gesellschaftsrechtlichen Treuepflicht hätten die Emissionsbanken – so Teile der Literatur – keine rechtliche Handhabe, nach Inanspruchnahme aus Prospekthaftung (oder ähnlichen Haftungsvorschriften) bei der führenden Bank wegen unsorgfältiger Prüfung Regress zu nehmen.[1976] Die praktische Relevanz einer solchen Konstellation zeigt sich an dem berühmten Fall *Escott v. BarChris Construction Co.*[1977] Entsprechend der üblichen Aufgabenverteilung hatten sich die Emissionsbanken hinsichtlich der Kontrolle der Bonität des Emittenten und der Prospektunterlagen auf die Dienste der Konsortialführerin und ihres Rechtsbeistands verlassen.[1978] Die führende Bank bzw. ihr Rechtsbeistand nahmen indes keine unabhängige und umfassende Überprüfung der finanziellen Situation des Unternehmens vor. Das Gericht war der Auffassung, das Fehlverhalten der führenden Bank sei den Mitkonsorten zuzurechnen, und verurteilte sämtliche Konsortialbanken zur Haftung gegenüber den Anlegern.[1979]

Die Zulässigkeit einer Regresshaftung in Fällen wie dem geschilderten wird im US-amerikanischen Kapitalmarktrecht sehr kritisch beurteilt.[1980] Schon aus diesem Grund wird es in der Regel nicht auf die Existenz von Treuepflichten ankommen, denen die Konsortialführerin unterliegt und die bei Verletzung Schadensersatzansprüche der übrigen Emissionsbanken begründen. Aber auch unabhängig von dieser Problematik greifen die in der deutschen Literatur gegen eine schuldvertragliche Qualifikation vorgebrachten Bedenken – zumindest in Bezug auf das US-amerikanische Recht – nicht durch: Zunächst lassen sich entsprechende Pflichten der Konsortialführerin, auch wenn sie nicht ausdrücklich im Konsortial- oder Übernahmevertrag festgeschrieben sind, als konkludent vereinbarte Nebenpflichten begründen, da es, wie auch die Beteiligten wissen, allgemeiner Praxis entspricht, dass die führende Bank die Prüfung der Emissionsunterlagen und der Bonität des Emittenten vornimmt, und die Konsorten hierbei auf ein sorgfältiges Vorgehen zur Vermeidung von Schadensersatzpflichten für das gesamte Konsortium vertrauen.[1981]

1976 *Hopt*, Verantwortlichkeit, Rdnr. 52; differenzierend *ders.*, a.a.O., Rdnr. 121.
1977 283 F. Supp. 643 (S.D.N.Y. 1968). Zu diesem Fall ausführlich unten § 9 I 1 e aa.
1978 Id. at 692.
1979 Id. at 697.
1980 Hierzu unten § 9 II 1 b.
1981 Zu den Voraussetzungen, unter denen Vertragsbestimmungen durch Auslegung ergänzt werden können, vgl. *Lord*, Williston on Contracts, § 31:5 et seq. Vgl. zu „implied fiduciary relationships" in einem Fall, in dem der Zusammenschluss mehrerer nicht als partnership zu qualifi-

Darüber hinaus zögern US-amerikanische Gerichte nicht, die Existenz von Treue- und Mitwirkungspflichten der an einer bestimmten Unternehmung Mitwirkenden auch dann zu bejahen, wenn der Zusammenschluss nicht als partnership bzw. joint venture zu qualifizieren ist. Treuepflichten (*fiduciary duties*) setzen zwar ein Treueverhältnis (*fiduciary relationship*) voraus, ein solches entsteht aber nicht nur in gesellschaftsrechtlichen Verbindungen, sondern – in unterschiedlichem Umfang – auch im Verhältnis Kommittent und Kommissionär bzw. Vertreter und Vertretener,[1982] in einer Bruchteilsgemeinschaft[1983] oder in Beziehungen, die hinreichende Gemeinsamkeiten mit einem joint venture aufweisen.[1984] Der Zusammenschluss von Banken zu einem Emissionskonsortium stellt kein joint venture dar, ist einem solchen aber angenähert und zeichnet sich durch eine treuhänderische Stellung[1985] der Konsortialführerin aus. Es erscheint deswegen gerechtfertigt, die in Bezug auf joint venturers anerkannten Treuepflichten auf die Mitglieder eines Emissionskonsortiums zu übertragen.

§ 9 Haftung nach US-amerikanischem Recht

I. Haftungstatbestände

In den folgenden Abschnitten werden die wichtigsten Haftungstatbestände des Securities Act 1933 und des Securities Exchange Act 1934 untersucht. Neben den bundesrechtlichen existieren einzelstaatliche Regelungen (blue sky laws[1986]), die weitere Voraussetzungen für die Registrierung von Wertpapieren aufstellen und Haftungstatbestände enthalten.[1987] Die einzelstaatlichen Regelungen bleiben hier außer Betracht, da ihre Anwendbarkeit seit Erlass des Securities Litigation Uniform Standard Act 1998 stark eingeschränkt ist. Auch soll keine systematische und umfassende Darstellung der Voraussetzungen aller einschlägigen bundesstaatlichen

---

zieren ist, auch Kindergartners Count, Inc. v. Demoulin, 249 F. Supp. 2d 1233, 1247 (D. Kan. 2003) (Denison State Bank v. Madeira, 230 Kan. 684, 692 [1982], zitierend): „A fiduciary relationship imparts a position of peculiar confidence placed by one individual in another. ... A fiduciary is in a position to have and exercise, and does have and exercise influence over another. A fiduciary relationship implies a condition of superiority of one of the parties over the other. Generally, in a fiduciary relationship, the property, interest or authority of the other is placed in the charge of the fiduciary.“

1982 Cusick v. Phillippi, 42 Wash. App. 147, 152 (1985): „[an agent] is bound to exercise the utmost good faith and loyalty toward the principal.“

1983 Mislosky v. Wilhelm, 130 Vt. 63, 69 (1971): „Mutual duties of fidelity, fair dealing and loyalty ... are not restricted to conventional partnership agreements.“

1984 Shain Inv. Co. v. Cohen, 15 Mass. App. 4, 11 (1982): „ ... even if the arrangements at issue fall short of a textbook joint venture, they [can be] sufficiently similar to such an endeavor to create a fiduciary relationship ... similar to that which exists among parties to a joint venture.“

1985 Entsprechend der Definition in Denison State Bank v. Madeira, 230 Kan. 684, 692 (Fn. 1981).

1986 Zur Herkunft dieses Begriffs vgl. oben § 7.

1987 Überblick bei *Loss/Seligman*, Fundamentals, p. 1111 et seq.

Haftungstatbestände erfolgen. Entsprechende Untersuchungen existieren in der deutschen Literatur bereits zur Genüge.[1988] Für die vorliegenden Zwecke ist es ausreichend, das Haftungsregime der kapitalmarktrechtlichen Bundesgesetze kurz vorzustellen und diejenigen Punkte herauszugreifen, die für die Haftung der Emissionskonsortien von Bedeutung sind.

Die Haftungstatbestände des Securities Act 1933 und des Securities Exchange Act 1934 lassen sich einteilen in Vorschriften, die – vergleichbar mit den §§ 44, 45 BörsG – auf fehlerhafte Informationen im Zusammenhang mit der Börsennotierung von Wertpapieren, insbesondere im registration statement oder Börsenprospekt, abstellen (z. B. §§ 11, 12[a][2] Sec. Act), und in allgemein gehaltene Bestimmungen, die betrügerische Handlungen (*fraud*[1989]) im Zusammenhang mit dem Angebot oder Verkauf von Wertpapieren untersagen (z. B. §§ 17[a] Sec. Act, 10[b] Sec. Ex. Act). Letztere Vorschriften sollten nach der Vorstellung des Gesetzgebers in erster Linie verwaltungsrechtliche Maßnahmen (z. B. gem. §§ 20[b] Sec. Act, 21[d] Sec. Ex. Act: die SEC kann gerichtliche Anordnungen oder Zivilstrafen erwirken, um die Verletzung von Vorschriften des Securities Act 1933 zu unterbinden) und strafrechtliche Verfolgung (z. B. gem. §§ 24 Sec. Act, 32[a] Sec. Ex. Act: die vorsätzliche Verletzung einer jeden Vorschrift des Securities Act 1933 bzw. des Securities Exchange Act 1934 stellt eine Straftat dar) ermöglichen. Als Grundlage für privatrechtliche Schadensersatzforderungen (*private causes of action*) wurden sie erst später von der SEC und der Rechtsprechung in Betracht gezogen.[1990]

1. Sec. 11 Securities Act 1933

Kommentatoren haben § 11 Sec. Act als „bête noir"[1991] der Kapitalmarktgesetzgebung bezeichnet, da die Vorschrift Emittenten und Investmentbanken in ihrer ursprünglichen Fassung einer weitgehenden Haftung für unrichtige oder unvollständige Angaben im registration statement unterwarf und Möglichkeiten zur Ex-

---

1988 Z. B. *Assmann*, Prospekthaftung, S. 93 ff.; *Fredebeil*, Übernahmevertrag, S. 124 ff.; *Gerber*, Prospekthaftung, S. 46 ff.

1989 Vgl. § 17(a) Sec. Act: "It shall be unlawful for any person in the offer or sale of any securities ... to employ any device, scheme, or artifice to defraud, or ... to engage in any transaction, practice, or course of business which operates or would operate as a fraud ..." § 10(b) Sec. Ex. Act: "It shall be unlawful for any person ... to use or employ, in connection with the purchase or sale of any security ... any manipulative or deceptive device or contrivance ..." Vor Inkrafttreten des Securities Act 1933 und des Securities Exchange Act 1934 bestand auf Bundesebene lediglich eine auf den ersten Blick sonderbar anmutende Möglichkeit, betrügerische Handlungen im Zusammenhang mit dem Kauf oder Verkauf von Wertpapieren strafrechtlich zu verfolgen: Anwendung der *mail fraud statute* (18 U.S.C. §§ 1341 und 1343), die die zwischenstaatliche Nutzung der Post- oder Telekommunikationsdienste zu betrügerischen Zwecken unter Strafe stellt. 18 U.S.C. §§ 1341, 1343 werden nicht etwa durch § 17(a) Sec. Act verdrängt, sondern bleiben anwendbar, vgl. Erdwards v. United States, 312 U.S. 473, 483 et seq., 61 S. Ct. 669, 675 (1941). Auf sie soll in dieser Arbeit nicht eingegangen werden.

1990 Vgl. im Einzelnen unten 4 und 5.

1991 *Loss/Seligman/Paredes*, Securities Regulation, § 11-C-2 d.

kulpation stark limitierte. Die Industrie machte geltend, das hohe Haftungsrisiko werde Investmentbanken davon abhalten, an Emissionen mitzuwirken, und damit zu einer Austrocknung des Kapitalzuflusses an Unternehmen führen. Aus diesem Grund entschärfte der Gesetzgeber die Bestimmung schon kurz nach Erlass des Securities Act 1933. Die Gesetzesnovelle aus dem Jahr 1934 führte unter anderem das Erfordernis eines (wenn auch eingeschränkten[1992]) Kausalzusammenhangs ein, erleichterte das Führen des Entlastungsbeweises durch die Haftungsverantwortlichen (mit Ausnahme des Emittenten) und verkürzte die Verjährungsfrist. Diese Änderungen zerstreuten nicht nur die Bedenken der Investmentindustrie, sie hatten zur Folge, dass § 11 Sec. Act für mehr als 30 Jahre ein Schattendasein fristete und in gerade einmal zwei Fällen von Investoren erfolgreich geltend gemacht wurde.[1993] Erst mit der Entscheidung des US District Courts des S.D. New York aus dem Jahr 1968 im Fall *Escott v. BarChris Const. Corp.*[1994] gewann die Vorschrift an Konturen. Die neuere Rechtsprechung hat gezeigt, dass die Bestimmung Investoren eine scharfe Waffe an die Hand gibt, mit der sie ihre Rechte – nicht zuletzt gegen die Emissionsbanken – effektiv durchsetzen können.

Heute enthält § 11 Sec. Act die folgenden Voraussetzungen: Anspruchsberechtigt ist, wer Wertpapiere erwirbt, die aufgrund eines fehlerhaften registration statement zum Handel zugelassen sind (*standing*, vgl. unter a). Anspruchsgegner (*defendants*, vgl. unter b) sind unter anderem der Emittent und alle weiteren Personen, die das registration statement unterzeichnet haben (§ 11[a][1] Sec. Act), sachkundige Dritte,[1995] die mit ihrer Zustimmung im registration statement namentlich genannt sind und einen Teil der Anmeldung vorbereitet oder geprüft bzw. bestätigt haben (§ 11[a][4] Sec. Act),[1996] und alle emissionsbegleitenden Banken (§ 11[a][5] Sec. Act). Des weiteren muss das registration statement eine unrichtige Angabe enthalten oder unvollständig sein (*untrue statement or omission*, vgl. unter c). Schließlich muss sich die unrichtige bzw. unvollständige Angabe auf Tatsachen beziehen, die für die Beurteilung der Wertpapiere wesentlich sind (*materiality*,[1997] vgl. unter d). Nicht erforderlich ist hingegen, dass der Anspruchsteller vorsätzliches (*scienter*) oder fahrlässiges Handeln (*negligence*) des Anspruchsgegners nachweist. Haftungsbegründende (*reliance*, d.h. Kausalzusammenhang zwischen der unrichtigen bzw. unvollständigen Angabe im registration statement und der Kaufentscheidung des An-

---

1992 Vgl. hierzu sogleich im Text.

1993 *Loss/Seligman/Paredes*, Securities Regulation, loc. cit.

1994 283 F. Supp. 643. Ausführliche Besprechung unten e aa.

1995 Im Gesetz definiert als „accountant, engineer, or appraiser, or any person whose profession gives authority to a statement made by him", vgl. §§ 7(a), 11(a)(4) Sec. Act.

1996 Die Haftung bezieht sich nur auf unrichtige Angaben in dem vom sachkundigen Dritten vorbereiteten bzw. geprüften Teil des registration statement.

1997 Die hier gewählte Übersetzung des Terminus *material fact* ist an die Formulierung des § 44 Abs. 1 Satz 1 BörsG angelehnt. Es ist jedoch zu beachten, dass die Merkmale nicht inhaltsgleich sind. Das hinter dem Begriff *materiality* stehende Konzept gehört zu den kompliziertesten und umstrittensten Problemen des US-amerikanischen Kapitalmarktrechts. Es ist nur unter Berücksichtigung einer umfangreichen Kasuistik zu verstehen und entzieht sich schon deswegen jeder bedeutungswahrenden Übersetzung.

spruchstellers) und haftungsausfüllende Kausalität (*loss causation*) stellen grundsätzlich[1998] ebenfalls keine anspruchsbegründenden Voraussetzungen dar. Sie können lediglich als Einwendungen vom Anspruchsgegner geltend gemacht werden, z.B. indem er nachweist, dass der Anspruchsteller die Unrichtigkeit bzw. Unvollständigkeit des registration statement im Zeitpunkt des Erwerbs kannte (§ 11[a] Sec. Act)[1999] oder dass die Minderung des Preises der Wertpapiere nicht auf den fehlerhaften bzw. unvollständigen Angaben beruht (§ 11[e] Sec. Act, sog. *causation defense*). Um das strenge Haftungsregime abzumildern, enthält § 11(b) Sec. Act. eine Reihe weiterer Einwendungen, die der Verantwortliche darzulegen und zu beweisen hat. Unter ihnen ist die sog. *due diligence defense* gem. § 11(b)(3) Sec. Act von größter Bedeutung, insbesondere im Hinblick auf die Haftung der emissionsbegleitenden Institute. Sie soll hier deswegen ausführlich erörtert werden (unter e). Als Rechtsfolge sieht § 11(e) Sec. Act grundsätzlich die Leistung von Schadensersatz (*damages*) in Höhe der Differenz zwischen dem Erwerbspreis und dem Wert der Effekten zur Zeit der Rechtshängigkeit der Klage auf Schadensersatz vor (unter f). Mehrere Verpflichtete haften als Gesamtschuldner, § 11(f)(1) Sec. Act.

a. Anspruchsberechtigung (Standing)

Wer ein registriertes Wertpapier erwirbt, kann den Anspruch aus § 11(a) Sec. Act geltend machen. Unerheblich ist, jedenfalls was den Wortlaut der Vorschrift betrifft, ob es sich um einen Erwerb am Primär- oder Sekundärmarkt handelt.[2000] Um den Erwerber von mitunter schwierigen Beweisfragen zu entbinden, kommt es außerdem nicht darauf an, ob er von dem registration statement Kenntnis hatte und sich auf die Vollständigkeit und Fehlerfreiheit der in ihm enthaltenen Informationen verließ. Etwas anderes gilt nur dann, wenn er die Wertpapiere erwirbt, nachdem der Emittent seinen Aktionären eine Gewinn- und Verlustrechnung für mindestens ein volles Geschäftsjahr, das nach dem Tag des Wirksamwerdens des registration statement begonnen haben muss, zugänglich gemacht hat. Auch in diesem Fall muss der Erwerber aber nicht darlegen und beweisen, dass er tatsächlich das registration statement gelesen hat.[2001] Im Regelfall beschränkt sich die Darlegungs- und Beweislast damit auf die unrichtige oder unvollständige Darstellung wesentlicher Angaben im registration statement.[2002]

1998 Ausnahme in § 11(a) Sec. Act. last par.

1999 Hierzu Mazer v. Oil Field Sys. Corp., 803 F.2d 749, 755 (2d Cir. 1986); Greenwald v. Integrated Energy, Inc., 102 F.R.D. 65, 71 (S.D. Tex. 1984).

2000 Gibb v. Delta Drilling Co., 104 F.R.D. 59, 69 et seq. (N.D. Tex. 1984). Vgl. zum Erwerb am Sekundärmarkt aber sogleich im Text.

2001 § 11(a) Sec. Act letzter Absatz. Vgl. auch In re Cendant Corp. Litigation, 60 F. Supp. 2d 354, 363 (D. N.J. 1999). Das Haftungsrisiko der Prospektverantwortlichen wird teilweise dadurch abgemildert, dass § 11(e) Sec. Act Kausalität zwischen Prospektmangel und beim Anleger entstandenem Schaden (d.h. Kursverlust des Wertpapiers) verlangt. Hierfür trägt aber der Haftungsadressat die Beweislast, vgl. unten f.

2002 Auch die Beweislast hinsichtlich der haftungsausfüllenden Kausalität ist umgekehrt, vgl. § 11(e) 1st Sentence Sec. Act.

Diese sehr weite Haftung hat die Rechtsprechung durch ein zusätzliches Erfordernis, das sie in § 11 Sec. Act hineinliest, ohne dass es in der Vorschrift ausdrücklich genannt wäre, wesentlich eingeschränkt: Der Kläger muss darlegen und beweisen, dass die Wertpapiere, die Grundlage der Schadensersatzklage sind, aus dem öffentlichen Angebot stammen, das unter Geltung des fehlerhaften registration statement platziert wurde. Mit anderen Worten: Der Kläger muss eine Verbindung zwischen seinen Papieren und der in Frage stehenden Emission herstellen (sog. *direct tracing requirement*).[2003] Das wird ihm beim Erwerb am Primärmarkt ohne weiteres gelingen. Auch Sekundärmarkttransaktionen stellen keine großen Schwierigkeiten dar, wenn sich keine weiteren Papiere des Emittenten in Umlauf befinden. Es macht Klagen gem. § 11 Sec. Act indes praktisch unmöglich, wenn der Anleger am Sekundärmarkt erwirbt und der Emittent bereits früher Wertpapiere derselben Art unter derselben ISIN platziert hat. Die Mehrzahl der Effekten in den USA wird nominell einer Wertpapiersammelbank, der *Depository Trust Company* (DTC), übertragen, die Eigentümerin der Wertpapierurkunden wird.[2004] Das Clearing erfolgt durch die *National Securities Clearing Corporation* (NSCC), die die Transaktionen der mit der DTC assoziierten Broker-Dealer verfolgt, die wechselseitigen Ansprüche am Ende eines Tages miteinander verrechnet und die Saldi an die DTC weitergibt, die ihre Konten entsprechend aktualisiert.[2005] Kauft oder verkauft ein Anleger Wertpapiere am Sekundärmarkt, wird er seinen Broker-Dealer kontaktieren, der die Transaktion (unter Umständen unter Einschaltung weiterer Intermediäre) über einen mit der DTC assoziierten Broker-Dealer abwickelt.[2006] Durch die Transaktion erlangt der Anleger nicht das Eigentum an einer bestimmten Wertpapierurkunde (ohnehin werden die Papiere in der Regel in Form von Globalurkunden verbrieft), sondern ein *security entitlement*,[2007] dessen dingliche Komponente[2008] (vereinfacht dargestellt, d.h. ohne Berücksichtigung weiterer zwischengeschalteter Intermediäre) in Miteigentumsanteilen an *allen* zum Sammelbestand des nominellen Eigentümers gehörenden Papieren derselben Art besteht.[2009] Der Erwerb des security entitlement vollzieht sich (unter anderem) durch Buchung zugunsten des Anlegers auf seinem Wertpapierkonto.[2010] Sind bereits Wertpapiere unter derselben ISIN in Umlauf, lässt sich kaum feststellen, ob die vom Anleger erworbenen Anteile aus der Neuemission

---

2003 Z.B. Hertzberg v. Dignity Partners, Inc., 191 F.3d 1076, 1080 (9th Cir. 1999); Abbey v. Computer Memories, Inc., 634 F. Supp. 870 (N.D. Cal. 1986); Barnes v. Osofsky, 373 F.2d 269 (2d Cir. 1967).

2004 Genauer: Cede & Co. wird, für die DTC handelnd, Eigentümerin.

2005 Siehe oben § 8 I 2 b bb.

2006 Instruktiv die Schilderung bei Abbey v. Computer Memories, Inc., 634 F. Supp. 870, 872 et seq.

2007 § 8-102(a)(17) UCC.

2008 Zur Doppelnatur des security entitltement vgl. oben § 8 I 2 b bb.

2009 § 8-503(b) UCC: „An entitlement holder's property interest with respect to a particular financial asset … is a pro rata property interest in all interests in that financial asset held by the securities intermediary, without regard to the time the entitlement holder acquired the security entitlement or the time the securities intermediary acquired the interest in that financial asset."

2010 § 8-501(b): „… a person acquires a security entitlement if a securities intermediary: (1) indicates by book entry that a financial asset has been credited to the person's securities account …"

herrühren oder nicht. Es ist nicht möglich, auf die laufende Nummer des Anteils, die auf der Urkunde vermerkt ist, zurückzugreifen. Darüber hinaus hat der Broker-Dealer, der die Transaktion ausführt, in aller Regel entweder neben den neuen Anteilen Wertpapiere des Emittenten aus der Zeit vor der Neuemission in seinem Bestand oder kauft, um die Kundenorder auszuführen, seinerseits bei einem Broker-Dealer, auf den dies zutrifft, so dass nicht ersichtlich ist, aus welcher Quelle die zugunsten des Anlegers verbuchten *security entitlements* stammen.[2011] Zwar kann der Anleger vorbringen, zu einem bestimmten Prozentsatz (der sich nach dem Verhältnis der Anzahl der bereits gehandelten zu den neu emittierten Aktien bzw. Anleihen richtet) Miteigentumsanteile (auch) an den jungen Papieren erworben zu haben. Der Erwerb von Miteigentumsanteilen an Wertpapieren, die unter Geltung eines fehlerhaften registration statement emittiert wurden, genügt nach Ansicht der Rechtsprechung jedoch nicht, um Anspruchsbefugnis gem. § 11 Sec. Act zu begründen.[2012]

Die Rechtsprechung vertritt diese restriktive Auffassung, da sie den Zweck des § 11 Sec. Act in erster Linie darin sieht, betrügerisches Handeln zu verhindern, das in engem Zusammenhang mit der Emission von Wertpapieren steht. Der Gesetzgeber habe den Investor gerade in dieser Phase für besonders schutzwürdig gehalten und ihm deswegen einen schlagkräftigen Rechtsbehelf an die Hand geben wollen. Gleichwohl ist der Anleger bei einem Erwerb am Sekundärmarkt nicht schutzlos gestellt. Er kann Schadensersatz gem. § 10(b) Sec. Ex. Act, Rule 10b-5 geltend machen, auch wenn diese Anspruchsgrundlage für ihn weniger vorteilhaft ist, da sie höhere Anforderungen an seine Darlegungs- und Beweislast stellt.[2013]

2011 Im Fall Abbey v. Computer Memories, Inc., 634 F. Supp. 870, argumentierte der Kläger, da sich zum Zeitpunkt des Kaufs eine bestimmte Anzahl neu emittierter und alter Wertpapiere im Umlauf befunden habe (zwei Millionen neu emittierte und neun Millionen alte Aktien), könne davon ausgegangen werden, dass er entsprechend dem Verhältnis junger Aktien zur Gesamtzahl der nach der Neuemission gehandelten Anteile ($^2/_{11}$, d.h. ca. 18 %) Aktien aus der Neuemission erworben habe (im Fall hatte der Kläger 9.000 Aktien gekauft, machte folglich hinsichtlich von 1.620 dieser Aktien Schadensersatz gem. § 11 Sec. Act geltend, id. at 874). Das Gericht wandte sich gegen die Argumentation des Klägers. Im Rahmen des § 11 Sec. Act genüge nicht die bloße Möglichkeit oder auch überwiegende Wahrscheinlichkeit, dass die Papiere aus der Neuemission stammten. Der Anspruchsteller müsse beweisen, dass dies tatsächlich der Fall sei, id. at 875. Ebenso In re Elscint, Ltd. Securities Litigation, 674 F. Supp. 374, 380 (D. Mass. 1987): Wahrscheinlichkeit, dass der Kläger junge Aktien erworben hatte, lag bei über 82%, trotzdem keine Anspruchsbefugnis. Kritisch zu dieser Rechtsprechung *Sale*, 75 Wash. L. Rev. 429 (2000).

2012 Die Rechtsprechung bezeichnet die Ansicht, die Anspruchsbefugnis bereits aufgrund Miteigentums (*comingled ownership*) an jungen Effekten bejaht, als „*fungible mass theory*", und lehnt sie als unvereinbar mit dem Zweck des § 11 Sec. Act ab, vgl. Abbey v. Computer Memories, Inc., loc. cit. at 875–876.

2013 Id. at 875: „The 'direct tracing' requirement … precludes a shareholder from taking advantage of section 11's relaxed liability requirements when the shareholder's connection to the relevant offering is so attenuated that he or she cannot directly trace his or her shares to the offering. In such cases, requiring a shareholder to pursue other remedies, which may require a showing of reliance, seems imminently reasonable." Zu § 10(b) Sec. Ex. Act, Rule 10b-5 vgl. unten 5.

b. Haftungsadressaten (Defendants)

§ 11(a)(1)–(5) Sec. Act listet die möglichen Anspruchsgegner auf. Hier sollen nur zwei Gruppen herausgegriffen und näher untersucht werden – die Unterzeichner des registration statement (§ 11[a][1] Sec. Act) und die Emissionsbanken (§ 11[a][5] Sec. Act). Gem. § 6(a) Sec. Act haben der Emittent (Definition in § 2[a][4]), sein principal executive officer, principal financial officer, Rechnungsprüfer (principal accounting officer) und die Mehrheit der Mitglieder des board of directors das registration statement zu unterzeichnen. Emissionsbanken sind aufgrund dieser Vorschrift nicht haftbar. Um die Lücke zu schließen, beschäftigt sich § 11(a)(5) Sec. Act mit der Haftung der sog. underwriters. Wie bereits ausgeführt, ist der Begriff „underwriter" nicht ohne weiteres mit dem der Emissionsbank gleichzusetzen. Die in § 2(a)(11) Sec. Act enthaltene Definition ist in den einführenden Abschnitten der Arbeit einer ersten Analyse unterzogen worden.[2014] Hiernach handelt die Emissionsbank, die Wertpapiere vom Emittenten kauft, um sie im Wege eines öffentlichen Angebots am Markt unterzubringen (firm commitment underwriting), unproblematisch als underwriter (vgl. den Gesetzestext – underwriter ist: „[a] person who has purchased from an issuer in connection with a view to ... the distribution of any security"). Auch Banken, die, entsprechend dem ursprünglichen Verständnis von der Rolle des underwriter, eine Emission kommissionsweise platzieren und die Übernahme nicht platzierter Wertpapiere garantieren (Begebungs- und Garantiekonsortium), sind erfasst, da sie, in den Worten des Gesetzes, „offer[...] or sell[...] for an issuer in connection with, the distribution of any security". Unabhängig von der Art der Emissionsbegleitung sind sämtliche Mitglieder des mit dem Emittenten kontrahierenden und das Emissionsrisiko übernehmenden Konsortiums mithin Adressaten der Haftung gem. § 11 Sec. Act. Im Hinblick auf weitere zur Unterstützung der Absatzbemühungen eingeschaltete Emissionshäuser ist eine differenziertere Betrachtung angebracht: Der 2. Halbsatz des § 2(a)(11) Sec. Act schränkt die weite Begriffsbestimmung des 1. Halbsatzes insoweit ein, als Institute nicht als underwriter anzusehen sind: „whose interest is limited to a commission from an underwriter or dealer not in excess of the usual and customary distributors' or sellers' commission."[2015] Die Ausnahmevorschrift ist insbesondere für Mitglieder eines Innenkonsortiums und die im Wege einer Unterbeteiligung an der Emission teilnehmenden Banken relevant. Bei ihnen ist zu fragen, ob sie als reine *selling agents* auftreten, d.h. für ihre Bemühungen lediglich eine selling fee erhalten (keine underwriter), oder ob sie wegen der Übernahme des Emissionsrisikos darüber hinaus Anspruch auf eine underwriting fee haben, was die Anwendung des § 2(a)(11) Sec. Act 1. Satz, 2. Halbsatz ausschließt.[2016]

2014 § 2 II.

2015 Securities Act Rule 141, 17 C.F.R. § 230.141, definiert die in der Ausnahmeregelung verwendeten Begriffe näher: „Commission" erfasst hiernach nicht nur die direkt gezahlte Provision, sondern auch eine Vergütung, die sich daraus ergibt, dass die Emissionsbank die Effekten zu einem niedrigeren als dem Platzierungspreis übernimmt, was insbesondere in den USA üblich ist.

2016 H.R.Rep. No. 85, 73rd Cong., 1st Sess. 13 (1933). Vgl. auch die Definition in Ingenito v. Bermec Corp., 441 F. Supp. 525, 536 (S.D.N.Y. 1977): „An underwriter buys securities directly or

c. *Untrue statement or omission*

Der Kläger muss beweisen, dass das registration statement eine unrichtige Angabe enthielt oder unvollständig war. Auslassungen können nur dann zur Haftung führen, wenn eine Pflicht zur Offenlegung (*duty to disclose*) existiert. Der Securities Act enthält in § 7 und Schedule A und B ausführliche Regelungen zum Inhalt des registration statement, die in SEC Regulation S-X[2017] für financial statements, in Regulation S-K[2018] für non-financial statements und in weiteren SEC Rules und Regulations näher ausgeführt sind.[2019] Insoweit Informationen nach diesen Regelwerken in das registration statement aufgenommen werden müssen, führt die Unterlassung zur Haftung gem. § 11 Sec. Act (vorausgesetzt, der ist Fehler *material*[2020]). Schwieriger zu beurteilen sind weitere Angaben, die nicht gem. SEC Regulation S-K offen gelegt werden müssen, insbesondere Prognosen, Gewinnerwartungen oder subjektive Bewertungen des Management (sog. *soft* oder *forward-looking information*).[2021] Fest steht, dass die Information nicht schon dann in das registration statement aufgenommen werden muss, wenn sie wesentlich für die Anlageentscheidung des Investors (d.h. *material*) ist.[2022] Daneben ist eine gesonderte Pflicht zur Offenlegung zu verlangen, die sich z.B. daraus ergeben kann, dass die im registration statement enthaltenen Angaben ohne Einbeziehung der zusätzlichen Information ihrerseits unrichtig oder irreführend wären (Verbot von Halbwahrheiten).[2023]

---

indirectly from the issuer and resells them to the public, or he performs some act (or acts) that facilitates the issuer's distribution. He participates in the transmission process between the issuer and the public.“ Ähnlich In re Laser Arms Corp. Sec. Litig., 794 F. Supp. 475, 484 (S.D.N.Y. 1989): erforderlich ist „a particular relationship to the offering“. Hierfür genügt es nicht, dass ein market maker Teile der Emission von einem an der Emission mitwirkenden broker-dealer kauft, um sie an Anleger weiterzuveräußern. Er muss vielmehr aufgrund vertraglicher Vereinbarung mit dem Emittenten oder einem underwriter in die Emissionsbegleitung eingebunden sein.

2017 17 C.F.R. § 210.

2018 17 C.F.R. § 229.

2019 Zum Inhalt des registration statement siehe übersichtsweise oben § 4 I 1 b bb.

2020 Hierzu sogleich unter d. Im Übrigen müssen selbstverständlich die sonstigen Voraussetzungen des § 11 Sec. Act erfüllt sein.

2021 Es ist zu betonen, dass Regulation S-K, Item 303, die Pflicht aufstellt, gewisse soft information (grundsätzlich aber nicht forward-looking information, vgl. SEC Instruction 7 to Item 303[a]) offenzulegen. Vgl. hierzu SEC Release No. 6835 vom 18. Mai 1989, 1989 WL 1092885, p. 4: „Both required disclosure regarding the future impact of presently known trends, events or uncertainties and optional forward-looking information may involve some prediction or projection. The distinction between the two rests with the nature of the prediction required. Required disclosure is based on currently known trends, events, and uncertainties that are reasonably expected to have material effects ... In contrast, optional forward-looking disclosure involves anticipating a future trend or event or anticipating a less predictable impact of a known event, trend or uncertainty. ... A disclosure duty exists where a trend, demand, commitment, event or uncertainty is both presently known to management and reasonably likely to have material effects on the registrant's financial condition or results of operation.“

2022 *Cox/Hillman/Langevoort*, Securities Regulation, p. 81: „[M]ateriality is a necessary, but not a sufficient condition.“

2023 Gerichte sind zurückhaltend, eine Pflicht zur Offenlegung anzunehmen, vgl. Panter v. Marshall Field & Co., 646 F.2d 271 (7th Cir. 1981); Walker v. Action Industries, Inc., 802 F.2d 703 (4th Cir. 1986); Kademian v. Ladish Co., 792 F.2d 614 (7th Cir. 1986); In re VeriFone Securities Litigation, 11 F.3d 865 (9th Cir. 1993) (Auslegung von Regulation S-K, Item 303). Für ein Beispiel, in dem eine unterlassene Angabe als fehlerbegründend angesehen wurde, vgl. Gerstle v. Gamble-Skogmo, *d. Materiality*

§ 11 Sec. Act spricht davon, dass die unrichtige Angabe bzw. die Auslassung *„material“* gewesen sein muss. Wie bereits erwähnt, lässt sich das Konzept der materiality nicht ohne weiteres mit der Voraussetzung einer *wesentlich* unrichtigen Angabe i.S. des § 44 BörsG, d.h. einer Angabe, die für die Anlageentscheidung eines verständigen Prospektlesers erheblich ist,[2024] gleichsetzen. Zumindest was den Grundgedanken anbelangt, stimmen beide Konzepte aber überein, wie Securities Act Rule 405[2025] deutlich macht: „The term ‘material’ [...] limits the information required to those matters to which there is a substantial likelihood that a reasonable investor would attach importance in determining whether to purchase the security registered.“ Mehr Substanz erlangt der Begriff durch verschiedene Gerichtsurteile, namentlich *TSC Industries, Inc. v. Northway, Inc.*,[2026] eine Entscheidung, die den im Folgenden weithin zur Akzeptanz gelangten „total mix of information“-test aufstellte: „[T]here must be a substantial likelihood that the disclosure of the omitted fact would have been viewed by the reasonable investor as having significantly altered the ‘total mix’ of information made available.“[2027] Diese Begriffsbestimmung fügt den in Rule 405 enthaltenen unbestimmten Rechtsbegriffen (*substantial likelihood, reasonable investor*) freilich lediglich weitere, ebenso unbestimmte Begriffe hinzu (*significantly altered, total mix*). Es ist deswegen nicht überraschend, dass im Einzelnen einige Unklarheit herrscht. So ist beispielsweise nicht abschließend geklärt, ob zur Ermittlung des reasonable investor-Maßstabs auf einen durchschnittlich verständigen Anleger abzustellen ist oder in bestimmten Situationen die Kenntnis, Erfahrung und Expertise des individuellen Käufers der Wertpapiere zu berücksichtigen sind.[2028] Auch zu der Frage, wann zukünftige Ereignisse und Prognosen den *total mix of information* maßgeblich abändern, existiert eine umfassende, nicht immer

---

Inc., 478 F.2d 1281 (2d Cir. 1973): Management verschwieg, dass es bestimmte Vermögensgegenstände der Zielgesellschaft nach erfolgter Verschmelzung zu liquidieren gedachte.

2024 So definiert z.B. Schwark/*Schwark*, KMRK, § 45, Rdnr. 24. Ein ähnlich gelagertes Problem besteht im deutschen Recht bei der Bestimmung der Eignung von Informationen zur erheblichen Kursbeeinflussung i.S. von § 13 Abs. 1 Satz 1 WpHG (Insiderinformationen).

2025 17 C.F.R. § 230.405.

2026 426 U.S. 438, 96 S. Ct. 2126 (1976).

2027 Id. at 449, 2132. Die Entscheidung erging im Zusammenhang mit Exchange Act Rule 14a-9, 17 C.F.R. § 240.14a-9, d.h. unrichtigen oder unvollständigen Angaben in einem proxy statement. US-amerikanische Gerichte stützen sich indes generell im kapitalmarktrechtlichen Kontext auf den Maßstab aus TSC Industries, vgl. z.B. Basic Inc. v. Levinson, 485 U.S. 224, 108 S. Ct. 978 (1988), zu § 10(b) Sec. Ex. Act, Rule 10b-5, Kronfeld v. Trans World Airlines, Inc., 832 F.2d 726 (2d Cir. 1987), und Akerman v. Oryx Communications, Inc., 609 F. Supp. 363, 367 (S.D.N.Y. 1984), *aff'd*, 810 F.2d 336 (2d Cir. 1987), zu § 11 Sec. Act.

2028 Thomas v. Duralite Co., Inc., 524 F.2d 577 (3d Cir. 1975): „... objective standard when the 10b-5 suit affects a large number of shareholders who may have had no direct or continuing contact with the corporation. But when the scene shifts to a situation where a single purchaser who is well known to the seller actively conceals facts, the distinction between objective materiality and subjective reliance becomes obscured.“ Vgl. auch Rorer Intern. Cosmetics, Ltd. v. Halpern, 502 F. Supp. 137 (E.D. Pa., 1980).

ganz widerspruchsfreie, Rechtsprechung.[2029] Auf Einzelheiten muss in dieser Arbeit nicht eingegangen werden. Es soll genügen, auf das Problem aufmerksam zu machen; der Schwerpunkt der Untersuchung wird im Folgenden darauf liegen, die Voraussetzungen einer Inanspruchnahme der Emissionsbanken bei unterstellter wesentlicher Unvollständigkeit bzw. Unrichtigkeit des registration statement zu erörtern.

e. *Due diligence defense*

Die Einwendungen des § 11(b) Sec. Act stehen nicht dem Emittenten, sondern lediglich den unter Absatz (a)(1)-(5) genannten weiteren Verantwortlichen zur Verfügung. Was den Emittenten anbelangt, handelt es sich bei § 11(a) Sec. Act um eine Garantiehaftungsnorm (*strict liability*). Einzige Ausnahmen sind die Einwendungen, dass der Erwerber Kenntnis von der Unrichtigkeit bzw. Unvollständigkeit des registration statement hatte und dass der Wertverlust der Effekten nicht auf der Fehlerhaftigkeit des registration statement beruht.

Die Untersuchung der due diligence defense ist in zwei Abschnitte zu untergliedern: Zunächst ist der Sorgfaltsmaßstab herauszuarbeiten (unter aa). Sodann ist danach zu fragen, ob sich die Haftungsverpflichteten, insbesondere die Emissionsbanken, durch die Übernahme von Angaben Dritter entlasten können (unter bb).

aa. Sorgfaltsmaßstab

§ 11(b) Sec. Act stellt ein fein austariertes System von Sorgfaltsanforderungen auf, das von der Person des Anspruchsgegners und der Art der fehlerhaften Angaben im registration statement abhängt. Stammen die unrichtigen oder unvollständigen Angaben nicht von einer öffentlichen Stelle (*public official document or statement*) oder

---

2029 Zu Strukturmaßnahmen vgl. z.B. Basic Inc. v. Levinson, loc. cit. (Fn. 2027): Bei mehrstufigen Entscheidungsprozessen, die Strukturmaßnahmen betreffen (im Fall: Verschmelzungsvorhaben), ist ein sog. probability/magnitude-Test anzuwenden, d.h. *materiality* hängt sowohl von der Wahrscheinlichkeit ab, mit der das zukünftige Ereignis eintritt, als auch von seinen Auswirkungen auf den Emittenten. Je höher die Wahrscheinlichkeit, desto weniger kommt es auf die Bedeutung des Ereignisses für die Gesellschaft an, und vice versa. Ähnlich Taylor v. First Union Corp. of South Carolina, 857 F.2d 240 (4th Cir. 1988); Rowe v. Maremont Corp., 850 F.2d 1226 (7th Cir. 1988); Kronfeld v. Trans World Airlines, Inc., 832 F.2d 726 (2d Cir. 1987).

Zu Prognosen, Gewinnerwartungen u.ä. des Management (von Bedeutung insbesondere im Hinblick auf den gem. Regulation S-K, Item 303, in das registration statement aufzunehmenden Abschnitt „Management's Discussion and Analysis of Financial Condition and Results of Operations“): In re Donald J. Trump Casino Securities Litigation-Taj Mahal Litigation, 7 F.3d 357 (3d Cir. 1993) (wenn die unzutreffenden bzw. zu optimistischen Prognosen von Hinweisen begleitet werden, die vor den Gefahren der Investition warnen [„meaningful cautionary language“, id. at 371], fehlt es in der Regel an der Wesentlichkeit der unrichtigen Angaben, sog. *bespeaks caution doctrine*). Vgl. auch § 27A Sec. Act, § 21E Sec. Ex. Act: Safe harbor Vorschriften für forward-looking statements bestimmter Emittenten, die großzügigere Kriterien als die Rechtsprechung aufstellen, aber für einzelne Transaktionen, z.B. IPO's, nicht gelten; und Securities Act Rule 175, 17 C.F.R. § 230.175: keine Haftung u.a. gem. § 11 Sec. Act, es sei denn, das forward-looking statement „was made or reaffirmed without a reasonable basis or was disclosed other than in good faith“, Rule 175(a).

einem sachkundigen Dritten (*expert*) und sind sie nicht Teil des Gutachtens eines sachkundigen Dritten oder von ihm geprüft bzw. bestätigt worden (*non-expertised portion*), handelt der Anspruchsgegner nicht sorgfaltswidrig, wenn er nach Durchführung angemessener Nachforschungen vernünftigerweise davon ausgehen durfte und tastsächlich davon ausging, dass die Angaben richtig und vollständig waren, § 11(b)(3)(A) Sec. Act.[2030] Stammen die unrichtigen oder unvollständigen Angaben von einem sachkundigen Dritten (*expertised portion*), so ist zu unterscheiden: Der sachkundige Dritte selbst muss nach Durchführung angemessener Nachforschungen vernünftigerweise davon ausgehen dürfen und tatsächlich davon ausgegangen sein, dass die Angaben richtig und vollständig waren, § 11(b)(3)(B)(i) Sec. Act. Von anderen Personen ist nicht zu verlangen, dass sie Nachforschungen durchgeführt haben. Sie handeln bereits dann sorgfältig, wenn sie vernünftigerweise davon ausgehen durften und tastsächlich davon ausgegangen sind, dass die Angaben richtig sind, § 11(b)(3)(C) Sec. Act (auch als *reliance denfense* bezeichnet[2031]). Gleiches gilt, wenn es sich bei den Angaben um öffentliche Urkunden oder sonstige Aussagen öffentlicher Stellen handelt, § 11(b)(3)(D) Sec. Act.

(1) Zunächst stellt sich die Frage, welche Teile des registration statement als *expertised* anzusehen sind. Aus §§ 7(a), 11(a)(4) Sec. Act lässt sich ableiten, dass in erster Linie solche Angaben unter § 11(b)(3)(B) bzw. (C) Sec. Act fallen, die von Wirtschaftsprüfern, Schätzern und Ingeneuren erstellt worden sind, d.h. Angaben über die Vermögens- und Finanzlage des Emittenten und Informationen technischer Natur. Zu beachten ist, dass nicht *jede* Aussage eines Experten als „expertised portion" einzustufen ist. Gutachten der Wirtschaftsprüfer über die Finanzlage des Emittenten unterfallen beispielsweise nur dann § 11(b)(3)(C) Sec. Act, wenn es sich um *geprüfte* Zahlen handelt, d.h. um *audit opinions*, die in Übereinstimmung mit den *Generally Accepted Auditing Standards* (GAAS) erstellt wurden und die Beachtung der *Generally Accepted Accounting Principles* (GAAP) durch das Unternehmen bescheinigen.[2032] Eine solche Prüfung ist grundsätzlich nur im Hinblick auf den Jahresabschluss (*year-end financial statement*) vorgesehen.[2033] Andere Unternehmens-

---

2030 Die Vorschrift lautet wörtlich: „... that (A) as regards any part of the registration statement not purporting to be made on the authority of an expert, and not purporting to be a copy of or extract from a report or valuation of an expert, ... he had, after reasonable investigation, reasonable ground to believe and did believe, at the time such part of the registration statement became effective, that the statements therein were true ..."

2031 Vgl. WorldCom, Inc. Securities Litigation, 346 F. Supp. 2d 628, 663 (S.D.N.Y. 2004); Worlds of Wonders Securities Litigation, 35 F.3d 1407, 1421 (9th Cir. 1994).

2032 Escott v. BarChris Construction Co., 283 F. Supp. 643, 683–684 (S.D.N.Y. 1968). Dementsprechend formuliert die Praxis z.B. wie folgt (Auszug aus dem registration statement der American Commercial Lines Inc. vom 19.07.2005, p. 128): „Our consolidated financial statements ... appearing in this prospectus have been audited by Ernst & Young LLP, independent registered public accounting firm, as set forth in their report thereon appearing elsewhere herein, and are included in reliance upon such report given on the authority of such firm as experts in accounting and auditing."

2033 Gem. § 7(a) Sec. Act i.V.m. Schedule A (25)-(26) setzt die Registrierung der Wertpapiere eine Prüfung der Bilanz (*balance sheet*) und der Gewinn- und Verlustrechnung (*profit and loss statement*) voraus.

berichte, insbesondere die gem. § 13(a)(2) Sec. Ex. Act, Exchange Act Rule 13a-13 bei der SEC einzureichenden Quartalsberichte (*interim financial statements*), werden in der Regel nicht auf ihre Vereinbarkeit mit den GAAP hin überprüft.[2034] Deswegen sind sie nach allgemeiner Ansicht nicht als Informationen anzusehen, die von sachkundigen Personen stammen, vgl. Securities Act Rule 436(c).[2035] Daran ändert sich auch dann nichts, wenn die Wirtschaftsprüfer den Emissionsbanken, wie in der Praxis üblich, einen sog. comfort letter ausstellen, in dem sie darlegen, welche Untersuchungen sie hinsichtlich der nicht geprüften Angaben durchgeführt haben, und bestätigen, dass keine Anhaltspunkte vorliegen, die auf einen Verstoß gegen die GAAP hindeuten.[2036]

2034 Vgl. aber Art. 10-01(d) SEC Regulation S-X und Item 310(b) SEC Regulation S-B: Quartalsberichte im Sinne dieser Vorschriften sind – auch wenn sie nicht audited sein müssen – von unabhängigen Wirtschaftsprüfern entsprechend bestimmter GAAS (AICPA Statement on Auditing Standards No. 100, vgl. hierzu sogleich Fn. 2036) zu prüfen.

2035 17 C.F.R. § 230.436(c). Siehe auch SEC Release No. 6173 vom 28. Dezember 1979, 1979 WL 169953, p. 3: In Rule 436(c) hat die SEC Wirtschaftsprüfer, die unaudited interim financial information prüfen, bewusst vom Anwendungsbereich des § 11(a)(4) Sec. Act ausgenommen, um ihre umfassende Beteiligung bei der Erstellung des registration statement zu unterstützen.

2036 Üblich ist z.B. folgende Formulierung (Ziff. 5 Sample Comfort Letter, abgedr. in SEC Accounting and Reporting Manual, § 14.101): „Nothing came to our attention ... that caused us to believe that: a. (i) Any material modifications should be made to the unaudited condensed consolidated financial statements ... included in the registration statement, for them to be in conformity with generally accepted accounting principles. (ii) The unaudited condensed consolidated financial statements ... do not comply as to form in all material respects with the applicable accounting requirements of the Act and the related rules and regulations adopted by the SEC. b. (i) At May 31, 20x6, there was any change in the capital stock, increase in long-term debt, or decrease in consolidated net current assets or stockholders' equity of the consolidated companies as compared with amounts shown in the March 31, 20x6, unaudited condensed consolidated balance sheet included in the registration statement or (ii) for the period from April 1, 20x6, to May 31, 20x6, there were any decreases, as compared with the corresponding period in the preceding year, in consolidated net sales or in the total or per-share amounts of income before extraordinary items or of statement ..." Die vorstehenden Zusicherungen werden, in Abgrenzung zu den *positive assurances* im Prüfungsbericht, die ausdrücklich die Einhaltung der GAAP bestätigen, auch als *negative assurances* bezeichnet. Die Wirtschaftsprüfer dürfen solche negativen Zusicherungen nur abgeben, wenn sie (und der in Frage stehende Emittent) bestimmten, unter anderem in AICPA Statement on Auditing Standards No. 100, Interim Financial Information (SAS 100, AU § 722), festgelegten Voraussetzungen genügen (die Wirtschaftsprüfer sind unabhängig, d.h. sie halten keine wesentliche Beteiligung am Emittenten; der jüngste Jahresabschluss des Emittenten ist durch Abschlussprüfer geprüft worden; die Wirtschaftsprüfer folgen bei Überprüfung der Finanzdaten einem bestimmten Verfahren, das, auch wenn es hinter den Anforderungen der GAAS i.S. des SAS No. 95 [AU § 150.02] zurückbleibt, einen Vergleich der interim financial information mit älteren Daten sowie Prognosen [sog. *analytical procedures*], Gespräche mit dem Management, Studium der Protokolle von Gesellschafterversammlungen, Vorstands- und Ausschusssitzungen, Untersuchung auffälliger Umstände, z.B. ungewöhnlicher Transaktionen bzw. Investments, Änderung wichtiger Verträge, Verwendung von Finanzderivaten oder Abschluss von Deckungsgeschäften, etc. umfasst, um mögliche Unstimmigkeiten und irreführende Angaben in den Quartalsberichten aufzudecken). Andernfalls sind die Zusicherungen weniger weitgehend, vgl. als Beispiel den bei SEC Accounting and Reporting Manual, § 14.103, abgedruckten Sample Comfort Letter. Richtlinien zum Inhalt eines comfort letter und weitere Beispiele enthält das AICPA Statement on Auditing Standards No. 72, Letters for Underwriters and Certain Other Requesting Parties (SAS 72, AU § 634), insbesondere app. Example A (Typical Comfort Letter) und Example O (Alternate Wording When the Procedures That the Underwriter Has Requested the Accountant to Perform on Interim Financial Information Are Less Than an SAS No. 100 Review).

Sachkundige Dritte i. S. der genannten Vorschriften sind darüber hinaus, wie bereits erwähnt, alle Personen, „whose profession gives authority to a statement made by [them]"[2037]. Die Definition umfasst ihrem Wortlaut nach auch Anwälte. Hieraus darf nicht abgeleitet werden, dass die gesamte Anmeldung, da sie üblicherweise von den Anwälten des Emittenten und der Konsortialbanken aufgesetzt wird, als expertised anzusehen ist.[2038] Anwälte sind vielmehr nur insoweit sachkundige Personen, als sie Aussagen über die Wirksamkeit von Rechtsgeschäften, insbesondere die Rechtmäßigkeit der Emission,[2039] treffen. Sonstige Angaben, z. B. über die Geschäftstätigkeit des Emittenten, Einzelheiten der Übernahme und Platzierung der Wertpapiere etc., sind keine Informationen, die von sachkundigen Dritten stammen. Die Emissionsbanken und sonstigen Beteiligten können somit nicht schon deswegen auf eigene Nachforschungen verzichten (und den Sorgfaltsmaßstab des § 11[b][3][C] Sec. Act für maßgeblich erklären), weil ihre Anwälte das registration statement vorbereitet haben.

(2) Problematisch ist des Weiteren, wann die Nachforschungen des Verantwortlichen *angemessen* sind und wann er *vernünftigerweise* von der Richtigkeit und Vollständigkeit der Angaben ausgehen durfte.[2040] § 11(c) Sec. Act gibt einen ersten Anhaltspunkt: Maßgeblich ist, was von einem „prudent man in the management of his own property" zu verlangen ist. Diese Definition ist dem *trust law* entlehnt und bestimmt dort die Sorgfaltspflichten des Treuhänders (*trustee*) gegenüber dem Begünstigten. Securities Act Rule 176 enthält weitere Hinweise. Die Sorgfaltsanforderungen hängen unter anderem von der Person des Emittenten und des Haftungsverpflichteten sowie der Art des emittierten Wertpapiers ab. Was die Haftung der Emissionsbanken anbelangt, kommt es gem. Rule 176(g) außerdem auf die Art der Übernahme, die Rolle der jeweiligen Konsortialbank im Rahmen der Emissionsbegleitung und die Verfügbarkeit von Informationen über den Emittenten an.[2041] Die Regelung gibt indes keinen Aufschluss darüber, in welcher Hinsicht diese Fak-

---

2037 11(a)(4) Sec. Act.

2038 Escott v. BarChris Construction Co., 283 F. Supp. 643, 683 (S.D.N.Y. 1968): „Neither the lawyer for the company nor the lawyer for the underwriters is an expert within the meaning of Section 11." In re Flight Transportation Corp. Sec. Litigation, 593 F. Supp. 612, 616 (D. Minn. 1984): „[T]he rendering of legal advice to an underwriter does not automatically 'expertise' the Registration Statement."

2039 Vgl. Item 601 Regulation S-K, 17 C.F.R. § 229.601: Registration statements müssen ein Gutachten enthalten, das die Rechtswirksamkeit der zu emittierenden Wertpapiere bescheinigt. In registration statements wird etwa wie folgt formuliert: „Sidley Austin Brown & Wood LLP, Chicago, Illinois, will pass upon the validity of the shares of common stock offered hereby. Legal matters relating to this offering will be passed upon for the underwriters by Latham & Watkins LLP" (registration statement der American Commercial Lines Inc. vom 19.07.2005, p. 128). Zu weiteren Einzelheiten siehe auch *Hazen*, Securities Regulation, § 7.4[2][A][2]; *Loss/Seligman/Paredes*, Securities Regulation, § 11-C-2 d (ii).

2040 Das Gesetz verwendet für beide Begriffe den Ausdruck „*reasonable*".

2041 Vorbild hierfür ist § 1704(g)(6) ALI Federal Securities Code, der auf diese Weise eine Differenzierung zwischen führenden Banken und weiteren Mitgliedern des Konsortiums ermöglichen will. Einzelheiten zu Rule 176 in SEC Release No. 33-6383 vom 3. März 1982, 1982 WL 90370, p. 34–35; Release No. 33-6335 vom 18. August 1981, 46 Fed. Reg. 42015. Vgl. auch unten § 12 II 1.

toren Einfluss auf den Sorgfaltsmaßstab ausüben und wie sie zu gewichten sind. Sie hilft deswegen nur bedingt weiter.[2042]

Die ersten umfassenden Ausführungen zur due diligence defense finden sich in der wegweisenden Entscheidung *Escott v. BarChris Construction Co.* aus dem Jahr 1968.[2043] Der Prozess richtete sich neben dem Emittenten gegen eine Reihe weiterer Beklagter, die sich allesamt auf die due diligence defense beriefen: unter anderem den CEO, CFO, *president* und *vice president* des (zur Zeit der Klage insolventen) Emittenten, einen *„outside" director,*[2044] den *director,* der das registration statement vorbereitet hatte, und die Konsortialbanken. Das Gericht teilte die Beklagten in verschiedene Gruppen ein, auf die es, abhängig von ihrer Beteiligung an der Erstellung des registration statement und ihrem Einblick in die betrieblichen Abläufe und die Finanzlage des Unternehmens, unterschiedliche Sorgfaltsmaßstäbe anwandte.[2045] Im Ergebnis hielt es die Einwendung in allen Fällen für unbegründet.

An die Führungskräfte des Unternehmens (z.B. *chief executive officer, chief financial officer, president, vice president*) sind die höchsten Anforderungen zu stellen. Von den Geschäftsführungsorganen kann erwartet werden, mit den innerbetrieblichen Geschehnissen, den maßgeblichen Geschäftsbeziehungen und Rechtsverhältnissen und der finanziellen Situation des Unternehmens vertraut zu sein. Versäumnisse, die ihnen im Rahmen ihrer Tätigkeit unterlaufen und die dazu führen, dass sie fehlerhafte Prospektangaben nicht bemerken, gehen zu ihren Lasten, sofern nicht außergewöhnliche Umstände vorliegen.[2046] Das gilt sowohl hinsichtlich der von einem sachkundigen Dritten stammenden als auch der sonstigen Informationen.[2047] Differenzierungen können allenfalls nach dem Grad der Beteiligung an der

---

2042 Zu einer Anwendung von Rule 176 vgl. WorldCom, Inc. Securities Litigation, 346 F. Supp. 2d 628, 682 et seq. sowie unten bb.

2043 283 F. Supp. 643 (S.D.N.Y. 1968).

2044 Die gesellschaftsrechtlichen Gesetze kennen den Begriff „outside director" nicht (anders § 11[f][2] Sec. Act). Allgemein ist hierunter ein director zu verstehen, der nicht zugleich officer oder ein sonstiger Angestellter des Unternehmens ist, vgl. *Fletcher*, Cyc. Corp., § 1035.20 (Perm. Ed.).

2045 *Hazen*, Securities Regulation, § 7.4[2][A][1], spricht von einer „sliding scale of liability".

2046 Das Gericht im Fall Escott v. BarChris Construction Co., 283 F. Supp. 643 (S.D.N.Y. 1968), hat hier einen strengen Maßstab angelegt: Den beiden Gründern des Unternehmens, Präsident und Vizepräsident, kam im entscheidungserheblichen Zeitraum nur noch ein eingeschränkter Verantwortungsbereich zu. Sie beschäftigten sich weniger mit unternehmenslenkenden oder finanziellen Fragen als vielmehr der schlichten Überwachung der Baumaßnahmen, die das Unternehmen gewerblich ausführte. Darüber hinaus betonte das Gericht: „[They] are each men of limited education. It is not hard to believe that for them the prospectus was difficult reading, if indeed they read it at all." Id. at 684. Fehlende Kenntnis ließ das Gericht jedoch nicht als Entschuldigungsgrund gelten: „The liability of a director who signs a registration statement does not depend upon whether or not he read [the registration statement] or, if he did, whether or not he understood what he was reading … [The defendants] could not have believed that the registration statement was wholly true and that no material facts had been omitted. And in any case, there is nothing to show that they made any investigation of anything which they may not have known about or understood." Id. at 684–685.

2047 Id. at 684–685.

Erstellung des registration statement vorgenommen werden.[2048] Je umfassender die Beteiligung ist, desto strenger ist der Sorgfaltsmaßstab. Hieraus lässt sich indes nicht ableiten, dass nicht oder nur in geringem Umfang beteiligte Personen schon aus diesem Grund ohne Verschulden handeln. Im Fall *BarChris* nahm das Gericht auch diejenigen Geschäftsführungsorgane in Anspruch, die nicht an der Abfassung der Emissionsunterlagen beteiligt waren.[2049] Die Haftung von Unternehmensinsidern nähert sich mithin der verschuldensunabhängigen Haftung des Emittenten an:[2050] Enthält das registration statement unzutreffende oder unvollständige Angaben, besteht die – nur unter Schwierigkeiten widerlegliche – Vermutung, dass der Insider nicht vernünftigerweise von ihrer Richtigkeit und Vollständigkeit ausgehen durfte.

Haftungsverantwortliche, die mit den Unternehmensabläufen weniger vertraut sind (z.B. ein *outside director* oder die Emissionsbanken), sind geringeren Anforderungen ausgesetzt. Sie können sich auf die Angaben von sachkundigen Personen verlassen, sofern keine Anhaltspunkte vorliegen, die Zweifel an der Zuverlässigkeit der Experten oder dem Gehalt der Informationen aufkommen lassen.[2051] Andere (nicht von Experten stammende) Aussagen müssen sie selbst nachprüfen, und zwar auch dann, wenn sie nur unter Schwierigkeiten einen Einblick in die finanzielle Lage des Unternehmens gewinnen können.[2052] Hierbei differenziert das Gericht nicht zwischen Personen, die dem Emittenten auf Dauer verbunden sind, z.B. (outside) directors, und Prospektverantwortlichen, die nur an einzelnen Transaktionen beteiligt sind (Emissionsbanken,[2053] Wirtschaftsprüfer etc.).

Drei Jahre nach *BarChris* hatte die Rechtsprechung erneut Gelegenheit, sich mit der due diligence defense auseinanderzusetzen. In dem Fall *Feit v. Leasco*[2054] bestätigte und erläuterte das Gericht die in *BarChris* aufgestellten Grundsätze. Es hielt an der Trennung zwischen Unternehmensinsidern und -outsidern, auf die jeweils unterschiedliche Sorgfaltsmaßstäbe anzuwenden seien, fest, lehnte aber eine schematische Einteilung der zugleich eine Führungsposition (als CEO, CFO etc.) einnehmenden Direktoren als Insider und der sonstigen Direktoren als Outsider ab.[2055] Auch ein Direktor, der den Emittenten als Anwalt vertrete, im Übrigen aber nicht vom

2048 Id. at 690: „[T]he unique position which [one of the defendants] occupied cannot be disregarded. As the director most directly concerned with writing the registration statement and assuring its accuracy, more was required of him in the way of reasonable investigation than could fairly be expected of a director who had no connection with this work."

2049 Z.B. id. at 684–685.

2050 Feit v. Leasco, 332 F. Supp. 544, 578 (E.D.N.Y. 1971): „[L]iability [of inside directors] will lie in practically all cases of misrepresentation. Their liability approaches that of the issuer as guarantor of the accuracy of the prospectus."

2051 Escott v. BarChris Construction Co., 283 F. Supp. 643, 688.

2052 Id. Der *outside director* im Fall BarChris war erst kurz vor Inkrafttreten des registration statement („on the eve of the financing") ernannt worden.

2053 Id. at 696: „The underwriters are just as responsible as the company if the prospectus is false."

2054 332 F. Supp. 544 (E.D.N.Y. 1971).

2055 Id. at 575–76.

Unternehmen angestellt sei, könne als Unternehmensinsider angesehen werden, wenn er in den betrieblichen Entscheidungsprozess eingebunden sei und eine zentrale Rolle bei der Durchführung der Emission spiele.[2056] Im Übrigen betonte das Gericht, der Sorgfaltsmaßstab variiere: „with the degree of involvement of the individual, his expertise, and his access to the pertinent information and data“[2057]. Nach diesem Grundsatz sei nicht nur zwischen verschiedenen Gruppen von Beklagten, z.B. Unternehmensinsidern und -outsidern, zu differenzieren, sondern auch innerhalb der jeweiligen Gruppen, d.h. zwischen den einzelnen Direktoren, Emissionsbanken, Wirtschaftsprüfern etc. Schließlich sei zu berücksichtigen, inwieweit das Anlegerpublikum dem Beklagten Vertrauen entgegenbringe.[2058] Auch wenn das Gericht auf letzteren Gesichtspunkt nicht weiter eingeht, ergibt sich aus der besonderen Rolle der Emissionsbanken, dass sie diesbezüglich eine gesteigerte Verantwortung tragen. Ihre Aufgabe ist es deswegen, „devil's advocate“[2059] zu spielen, d.h. die Emissionsunterlagen gezielt auf Unstimmigkeiten und Auslassungen hin zu untersuchen, die für die Investitionsentscheidung des Anlegers von Bedeutung sein könnten.[2060] Neuere Urteile folgen diesen Maßgaben.[2061]

(3) Als Zwischenergebnis ist festzuhalten: Im Anwendungsbereich des § 11(b)(3)(A) Sec. Act muss der Haftungsadressat zwei Voraussetzungen erfüllen, um in den Genuss der due diligence defense zu gelangen: (a) Er muss eine angemessene Untersuchung durchgeführt haben und (b) nach dem Ergebnis der Untersuchung vernünftigerweise darauf vertrauen können, dass die Angaben im registration statement richtig und vollständig sind. Der Sorgfaltsmaßstab ist für beide Voraussetzungen identisch, er hängt jeweils von der Stellung des Haftungsadressaten und der Möglichkeit des Zugriffs auf unternehmensinterne Daten ab. Häufig ist in diesem Zusammenhang von entscheidender Bedeutung, ob sich der Handelnde auf Angaben Dritter verlassen darf. Bei dem Dritten kann es sich entweder um einen Experten i.S. des § 11(a)(4) Sec. Act oder eine sonstige Auskunftsperson, z.B. einen Unternehmensinsider, handeln. Bezieht sich der Prospektverantwortliche auf Aussagen eines sachkundigen Dritten, entfällt die vorstehend unter (a) erwähnte Voraussetzung, ausschlaggebend ist gem. § 11(b)(3)(C) Sec. Act einzig, ob er die Informationen vernünftigerweise als zutreffend auffassen durfte. Wann das Vertrauen

---

2056 Id.: „deeply involved ... directly responsible for preparation of the registration statement“.
2057 Id. at 577.
2058 Id. at 578.
2059 Id. at 582.
2060 Id. at 581–82. Ebenso Software Toolworks, Inc. Securities Litigation, 38 F.3d 1078, 1088 (9th Cir. 1994).
2061 In re Livent, Inc. Noteholders Securities Litigation, 355 F. Supp. 2d 722, 733 et seq. (S.D.N.Y. 2005); WorldCom, Inc. Securities Litigation, 346 F. Supp. 2d 628, 671 et seq. (S.D.N.Y. 2004); Endo v. Albertine 863 F. Supp. 708, 728 et seq. (N.D. Ill. 1994); Laven v. Flanagan, 695 F. Supp. 800, 811 et seq. (D. N.J. 1988); In re Gap Stores Securities Litigation, 79 F.R.D. 283, 299 et seq. (N.D. Cal. 1978); Goldstein v. Alodex Corp., 409 F. Supp. 1201, 1203 (E.D. Pa. 1976); Competitive Associates, Inc. v. International Health Sciences, Inc. 1975 WL 349 at 18 et seq. (S.D.N.Y. 1975); Chris-Craft Industries, Inc. v. Piper Aircraft Corp., 480 F.2d 341, 371 et seq. (2d Cir. 1973) (in Bezug auf § 14[e] Sec. Ex. Act).

auf die Angaben Dritter gerechtfertigt ist und folglich zur Entlastung führt, lässt sich nicht ohne weiteres nach den vorstehend entwickelten, eher allgemein gehaltenen Grundsätzen beurteilen. Es soll nach Experten und anderen Auskunftspersonen aufgeschlüsselt im nächsten Abschnitt behandelt werden.

bb. Übernahme von Angaben Dritter

Eine unabhängige Überprüfung aller in Bezug auf das registration statement relevanten Daten durch sämtliche Haftungsverantwortlichen ist häufig wirtschaftlich nicht sinnvoll bzw. schlicht unmöglich. Die Emissionsbanken z.B. leiten nur teilweise unabhängige Untersuchungen ein und verlassen sich im Übrigen auf die Angaben des Emittenten (vgl. unter [1]) oder sachkundiger Dritter (unter [2]). Darüber hinaus übernehmen die Konsortialbanken oft ungeprüft die von der führenden Bank zur Verfügung gestellten Informationen (unter [3]). Die Auswirkungen dieser Verhaltensweisen auf die Sorgfaltsanforderungen des § 11 Sec. Act sind im Folgenden zu untersuchen. Im Anschluss (unter [4]) ist zu fragen, ob die Gründe, die den Gesetzgeber des Securities Act 1933 dazu veranlasst haben, die Konsortialbanken dem strengen Haftungsregime des § 11 Sec. Act zu unterstellen, im Hinblick auf neue Entwicklungen im Emissionsgeschäft noch gerechtfertigt sind.

(1) In dem vorerwähnten Fall *BarChris* führte die Konsortialführerin unabhängige Nachforschungen durch, und zwar in Form von Gesprächen, insbesondere mit dem CFO des Emittenten, und im Wege einer due diligence-Untersuchung. In den Gesprächen erhielt sie nur teilweise zutreffende Auskünfte, überwiegend stellte der CFO die Lage des Emittenten zu positiv dar. Die eintägige due diligence-Untersuchung beschränkte sich auf Durchsicht der Protokolle der Versammlungen des *board of directors*. Verträge und die Protokolle der *executive committee meetings*, die Aufschluss über die bedrohliche finanzielle Lage des Unternehmens hätten geben können, wurden den Rechtsanwälten der führenden Bank nicht zugänglich gemacht, auf Nachfrage bescheinigte man ihnen, sie enthielten lediglich „routine matters“[2062]. In ihrem Abschlussgutachten führten die Anwälte aus: „We are of the opinion that the data presented to us are accurately reflected in the Registration Statement and Prospectus and that there has been omitted from the Registration Statement no material facts included in such data. Although we have not otherwise verified the completeness or accuracy of the information furnished to us, ... we have no reason to believe that the Registration Statement or Prospectus contains any untrue statement of any material fact or omits to state a material fact required to be stated therein or necessary in order to make the statements therein not misleading.“[2063] Das Gericht war der Auffassung, hinsichtlich der von den Wirtschaftsprüfern stammenden Unterlagen genüge das Vorgehen der Konsortialführerin und ihrer Rechtsanwälte den Voraussetzungen des § 11(b)(3)(C) Sec. Act. Die führende Bank verletze jedoch die Sorgfaltsanforderungen des § 11(b)(3)(A) Sec. Act, indem sie sich damit begnüge, Auskünfte einzuholen, die, ihre Richtigkeit unterstellt, zwar

2062 Escott v. BarChris Construction Co., 283 F. Supp. 643, 695.
2063 Id. at 695–96.

befriedigend gewesen wären, aber nicht auf ihren Wahrheitsgehalt hin überprüft wurden. Die vom Emittenten zur Verfügung gestellten Informationen werden häufig nicht objektiv, sondern „unduly enthusiastic“[2064], unter Umständen sogar bewusst irreführend sein, da er ein Interesse daran hat, die Emissionsbank zur Übernahme der Wertpapiere zu einem für ihn günstigen Preis zu veranlassen. Die Investmentbank andererseits steht mit ihrem Namen für die Seriosität der Emission ein – für Investoren ist häufig ihre Reputation von größerer Bedeutung als die Angaben des Emittenten.[2065] Aus diesen Gründen darf sie die Auskünfte des Managements des Emittenten nicht unbestätigt hinnehmen, sondern ist dazu verpflichtet, eigene Nachforschungen zu betreiben. In den Worten des Gerichts: „To effectuate the statute's purpose [investor protection], the phrase 'reasonable investigation' must be construed to require more effort on the part of the underwriters than the mere accurate reporting in the prospectus of 'date presented' to them by the company. It should make no difference that this data is elicited by questions addressed to the company officers by the underwriters, or that the underwriters at the time believe that the company's officers are truthful and reliable. ... [T]he underwriters must make some reasonable attempt to verify the data submitted to them. They may not rely solely on the company's officers or on the company's counsel. A prudent man in the management of his own property would not rely on them. It is impossible to lay down a rigid rule suitable for every case defining the extent to which such verification must go. It is a question of degree, a matter of judgment in each case.“[2066]

Inwieweit insbesondere der letzte Satz der vorstehend zitierten Passage zutrifft, macht die Entscheidung in *Feit v. Leasco* deutlich: Die due diligence Untersuchung der Emissionsbanken umfasste die Durchsicht der Sitzungsprotokolle und wichtiger Verträge des Emittenten sowie eine unabhängige Revision seiner Bücher. Hinsichtlich bestimmter nicht in den Börsenprospekt aufgenommener Finanzdaten, die im Folgenden Anlass zur Schadensersatzklage gaben, begnügten sich die Banken hingegen mit der – nicht zutreffenden – Angabe der Unternehmensführung, eine Berechnung sei nach gegenwärtigem Stand nicht möglich: „This accorded with [the underwriters'] usual practice of relying upon the issuer or its counsel to produce

---

2064 Id. at 696–97.

2065 Vgl. *Hopt*, Verantwortlichkeit, Rdnr. 74, 189.

2066 Escott v. BarChris Construction Co., loc. cit. at 697. Ähnlich entschied das Gericht in der vergleichbaren Konstellation eines outside director, der sich auf Aussagen von Unternehmensinsidern verlässt (id. at 688): „[A] prudent man would not act in an important matter without any knowledge of the relevant facts, in sole reliance upon representations of persons who are comparative strangers and upon general information which does not purport to cover the particular case.“ Auch insoweit besteht mithin die Pflicht zur eigenständigen Nachprüfung. Vgl. zudem den vom Gericht zitierten englischen Fall Adams v. Thrift, [1915] 1 Ch. 557, *aff'd* [1915] 2 Ch. 21, der entsprechend gelagert ist.

Da die führende Bank ihre Sorgfaltspflichten nicht erfüllt hatte, musste das Gericht im Fall *BarChris* nicht mehr darüber entscheiden, ob die anderen Emissionsbanken auf die Tätigkeit der Konsortialführerin hätten verweisen können oder ob sie eigene Untersuchungen hätten durchführen müssen. Vgl. hierzu im selben Abschnitt unter (3).

relevant material from its files rather than to personally inquire into corporate developments“[2067]. Das Gericht bejahte die due diligence defense, auch wenn es betonte, dass die Emissionsbanken die Einwendung „just barely“[2068] begründet hätten, und dass „the finding might have gone the other way“[2069]. Der Grund für die Abweichung von *BarChris* ist wohl darin zu sehen, dass die Banken – mit Ausnahme des geschilderten Vorgangs – eine eigenständige und gründliche Überprüfung der Emissionsunterlagen vorgenommen hatten und kein Anlass bestand, den Wahrheitsgehalt der Aussagen des Emittenten in Zweifel zu ziehen.

Die derzeitige Position der US-amerikanischen Gerichte lässt sich mithin wie folgt zusammenfassen: Haben die Banken den Wahrheitsgehalt der vom Emittenten zur Verfügung gestellten Unterlagen weitgehend selbständig nachgeprüft, z.B. durch Gespräche mit Angestellten, Kunden, Zulieferern, Lizenznehmern, Wirtschaftsprüfern, durch Besichtigung der Betriebsstätten oder sonstiger Sachanlagen, durch Auswertung der Werthaltigkeit von Forderungen etc., wird die due diligence defense nicht daran scheitern, dass sie sich hinsichtlich solcher Informationen, die sie nicht ohne unverhältnismäßigen Aufwand verifizieren können, auf die Zusicherungen des Emittenten verlassen.[2070]

(2) Was die Übernahme von Angaben sachkundiger Dritter anbelangt, ist zwischen dem Sorgfaltsmaßstab des § 11(b)(3)(A) Sec. Act, der im Hinblick auf sog. non-expertised portions des registration statement angemessene Nachforschungen verlangt (due diligence defense, vgl. unter [a]), und dem des § 11(b)(3)(C) Sec. Act zu unterscheiden, der es in Bezug auf expertised portions genügen lässt, dass die Haftungsadressaten vernünftigerweise davon ausgehen durften und tastsächlich davon ausgegangen sind, dass das registration statement vollständig war und keine unrichtigen Angaben enthielt (reliance defense, vgl. unter [b]).

(a) Um ihrer Verpflichtung zur Durchführung einer „reasonable investigation“ i.S. des § 11(b)(3)(A) Sec. Act Genüge zu tun, lassen sich die Emissionsbanken von den Wirtschaftsprüfern des Emittenten in der Regel sog. comfort letter ausstellen, in denen die Prüfer auch hinsichtlich der nicht von ihrem Prüfungsbericht umfassten

---

2067 Feit v. Leasco, 332 F. Supp. 544, 562.
2068 Id. at 582.
2069 Id. at 583.
2070 Vgl. Software Toolworks Securities Litigation, 789 F. Supp. 1489, 1496 (N.D. Cal. 1992): „It is not unreasonable … to rely on management's representations with regard to information that is solely in the possession of the issuer and cannot reasonably be verified by third parties. Underwriters cannot be expected to ferret out everything that management knows about the company; they only need to reasonably attempt to verify and believe the accuracy of the information in the prospectus.“ Mit dieser Qualifizierung stellt sich das Gericht nicht in Widerspruch zu *BarChris*. Auch dort ist die Pflicht zur eigenständigen Überprüfung der Aussagen Dritter nicht unbegrenzt: „To require an audit would obviously be unreasonable. On the other hand, to require a check of matters easily verifiable is not unreasonable.“ Escott v. BarChris Construction Co., loc. cit. at 690. Zu weiteren Beispielen, in denen die im Text erwähnten Maßnahmen zur erfolgreichen Begründung der due diligence defense ausreichten, vgl. International Rectifier Securities Litigation, 1997 WL 529600 (C.D. Cal. 1997) at 3 et seq.; Weinberger v. Jackson, 1990 WL 260676 at 3 (N.D. Cal. 1990).

Angaben bestimmte, im allgemeinen negative, Zusicherungen machen.[2071] Wie erwähnt, verlangen die Banken üblicherweise die Ausstellung eines ersten Schreibens zum Zeitpunkt des Abschlusses des Übernahmevertrags (häufig der Tag, an dem das registration statement wirksam wird) und eines weiteren zum closing date.[2072] Die Schreiben beschäftigen sich insbesondere mit interim financial statements,[2073] capsule financial information[2074] und Veränderungen, die im Zeitraum zwischen Aufstellung der letzten Bilanz und dem im comfort letter angegebenen cut-off date (in der Regel fünf Arbeitstage vor Abschluss des Übernahmevertrags bzw. closing date) eingetreten sind.[2075] Die dokumentierten Untersuchungen haben nicht die Überprüfung der Finanzdaten des Emittenten anhand der GAAP zum Gegenstand. Die Wirtschaftsprüfer führen folglich keine audit durch, sondern beschränken sich auf weniger umfassende Nachforschungen. Was den genauen Umfang der Untersuchungen anbelangt, existieren keine verbindlichen Vorgaben.[2076] Es obliegt den Emissionsbanken, die gemäß § 11(b)(3)(A) Sec. Act erforderlichen Tätigkeiten abzuschätzen und entsprechende Vereinbarungen mit dem Emittenten und seinen Wirtschaftsprüfern zu treffen.[2077]

Fraglich ist, ob bzw. unter welchen Voraussetzungen die Erstellung eines comfort letter die Konsortialbanken von der Durchführung eigener Nachforschungen entbindet. Securities Act Rule 436(c) bestimmt, dass Prüfungsberichte, die sich auf unaudited financial statements beziehen und die Voraussetzungen des Absatzes (d) erfüllen,[2078] nicht als Informationen anzusehen sind, die von einem sachkundigen Dritten stammen. Gem. § 11(b)(3)(A) Sec. Act verlangt die due diligence defense mit-

---

2071 Siehe z.B. *Bloomenthal*, Going Public Handbook II, app. 2-18, Underwriting Agreement § 8.08.01. Zu den negativen Zusicherungen vgl. bereits oben Fn. 2036 sowie SEC Accounting and Reporting Manual, § 14.84.

2072 Vgl. oben § 8 I 2 a zum closing date und den comfort letters.

2073 Zu Einzelheiten vgl. AICPA Statement on Auditing Standards No. 72, Letters for Underwriters and Certain Other Requesting Parties (SAS 72), ¶¶37–38 (AICPA Professional Standards, AU §§ 634.37–38).

2074 SAS 72, ¶¶39–41.

2075 SAS 72, ¶¶45–53. Übersicht bei SAS 72, ¶22.

2076 Für die Zwecke der Registrierung der Wertpapiere gemäß dem Securities Act 1933 ist die Einreichung von comfort letters nicht erforderlich.

2077 Instruktiv SEC Accounting and Reporting Manual, § 14.88.

2078 Rule 436(d) lautet:

„The term report on unaudited interim financial information shall mean a report which consists of the following:

(1) A statement that the review of interim financial information was made in accordance with established professional standards for such reviews;
(2) An identification of the interim financial information reviewed;
(3) A description of the procedures for a review of interim financial information;
(4) A statement that a review of interim financial information is substantially less in scope than an examination in accordance with generally accepted auditing standards, the objective of which is an expression of opinion regarding the financial statements taken as a whole, and, accordingly, no such opinion is expressed; and
(5) A statement about whether the accountant is aware of any material modifications that should be made to the accompanying financial information so that it conforms with generally accepted accounting principles."

hin eigene Nachforschungen des Haftungsadressaten. Hieraus lässt sich ableiten, dass über die Prüfungsberichte hinausgehende Ermittlungen erforderlich sind, denn andernfalls wären die Sorgfaltsmaßstäbe gem. § 11(b)(3)(A) und (C) Sec. Act identisch, was Rule 436(c) widerspricht. Die SEC bestätigt diese Auslegung und hebt im Zusammenhang mit der Interpretation von Rule 436(c) und (d) hervor: „The Commission expects that ... underwriters will continue to exercise due diligence in a vigorous manner with respect to ... reports [within the meaning of Rule 436(d)]. ... [U]nderwriters should be required ... to demonstrate affirmatively under Section 11(b)(3)(A) that, after conducting a reasonable investigation, they had reasonable ground to believe, and did believe, that the interim financial data was true."[2079] Dementsprechend stellt auch das American Institute of Certified Public Accountants (AICPA) in seinen Hinweisen zur Erstellung von comfort letters klar: „An accountant issuing a comfort letter is *one of a number of procedures* that may be used to establish that an underwriter has conducted a reasonable investigation."[2080]

Gerichtsurteile, die diese Problematik behandeln, sind rar. Soweit ersichtlich, hat sich bislang lediglich eine der in den WorldCom-Verfahren ergangenen Entscheidungen umfassend mit der Frage auseinandergesetzt.[2081] Sie beschäftigt sich mit Anträgen der beklagten Investmentbanken auf Erlass eines *summary judgement*, d.h. eines Urteils, das den Rechtsstreit in einem verkürzten Verfahren ohne Mitwirkung der Jury entscheidet. Der Richter wies die Anträge in Bezug auf die hier interessierenden Punkte zurück, da er der Auffassung war, die Voraussetzungen für den Erlass des summary judgement (insbesondere: *no genuine issue of material fact*) lägen nicht vor. Zu einem abschließenden Urteil kam es nicht mehr, da die Kläger im Folgenden mit allen Emissionsbanken Vergleiche in Höhe von insgesamt über $ 6 Mrd. abschlossen.[2082] Trotzdem enthält die Entscheidung Hilfreiches zur näheren Konkretisierung der Sorgfaltsanforderungen des § 11(b)(3)(A) Sec. Act. Um die Erörte-

2079 SEC Release No. 6173 vom 28. Dezember 1979, 1979 WL 169953, p. 4.

2080 SAS 72, ¶2. Hervorhebung durch den Verfasser. Vgl. auch a.a.O., ¶35: „[T]he accountants should not make any statements, or imply that they have applied procedures that they have determined to be necessary or sufficient for the underwriter's purposes. If the accountants state that they have performed an SAS No. [100] [section 722] review, this does not imply that those procedures are sufficient for the underwriter's purposes."

2081 WorldCom, Inc. Securities Litigation, 346 F. Supp. 2d 628, 664 et seq., 681 et seq.

2082 Allein Citigroup und JP Morgan Chase erklärten sich damit einverstanden, $ 2,65 Mrd. bzw. $ 2 Mrd. an die Kläger zu zahlen. Zu den sonstigen Beteiligten zählten Bank of America ($ 460,5 Mio.), Deutsche Bank ($ 325 Mio.), WestLB ($ 75 Mio.), Lehman Brothers, Credit Suisse First Boston, Goldman Sachs, und UBS (insgesamt über $ 100 Mio.). Auch im zweiten großen US-amerikanischen Wirtschaftsskandal der jüngeren Zeit, Enron, der Investoren in Höhe von $ 40–45 Mrd. schädigte, haben sich zahlreiche Investmentbanken verglichen, z.B. Canadian Imperial Bank of Commerce ($ 2,4 Mrd.), JP Morgan Chase ($ 2,2 Mrd.), Citigroup ($ 2 Mrd.) und Lehmann Brothers ($ 222,5 Mio.). Mit einem Gesamtwert von mehr als $ 7 Mrd. handelt es sich um die höchste jemals in einem kapitalmarktrechtlichen Schadensersatzverfahren erzielte Vergleichssumme. Die Kläger machten hauptsächlich eine Verletzung von § 10(b) Sec. Ex. Act, Rule 10b-5 geltend, § 11 Sec. Act spielte nur eine untergeordnete Rolle, vgl. Newby v. Enron Corp., 235 F. Supp. 2d 549 (S.D. Tex. 2002). Weitere Einzelheiten zur Sammelklage sind der Seite des Lead Plaintiff zu entnehmen, vgl. http://www.universityofcalifornia.edu/news/enron/.

rungen des Gerichts würdigen zu können, ist es erforderlich, kurz auf den zugrunde liegenden Sachverhalt einzugehen: Die beklagten Konsortialbanken begleiteten den Emittenten WorldCom bei zwei Anleiheemissionen im Wert von insgesamt $ 16,9 Mrd. in den Jahren 2000 und 2001.[2083] Am 21. Juli 2002 meldete das Unternehmen Insolvenz an. Der für Investoren entstandene Schaden wurde auf ca. $ 180 Mrd. beziffert. Das Management des Emittenten hatte seit dem Jahr 2000 unzulässige Bilanzbuchungen durchgeführt, um das Verhältnis von Einnahmen zu Ausgaben (E/R ratio) zu verbessern, und entsprechende irreführende Jahres- und Quartalsberichte sowie Ad-hoc Mitteilungen bei der SEC eingereicht. Die Manipulationen hatte es erfolgreich sowohl vor der internen Revision als auch den externen Wirtschaftsprüfern und den Emissionsbanken verheimlicht. Spätestens im Jahr 2001 begannen die Emissionsbanken, die finanzielle Lage von WorldCom kritischer einzuschätzen. Sie nahmen eine Herabstufung des internen Kredit-Ratings des Unternehmens vor und sicherten sich bei der Restrukturierung von Krediten, die sie WorldCom gewährt hatten, durch credit default swaps ab, die sie im Hinblick auf die anstehende Emissionsbegleitung vertraulich behandelten.[2084] Trotz der Bedenken entschlossen sie sich zur Begleitung nicht nur des ersten, sondern auch des zweiten Börsengangs. Um ihre due diligence Verpflichtungen zu erfüllen, trafen sie im wesentlichen die folgenden Maßnahmen (Handelnde waren jeweils nur die führenden Banken[2085]): Sie ließen sich comfort letters ausstellen, die zumindest teilweise den in SAS 100[2086] vorgesehenen Anforderungen genügten,[2087] studierten die Protokolle der Versammlungen des board of directors und die bei der SEC eingereichten Mitteilungen und Presseveröffentlichungen. Außerdem führten sie Telefongespräche mit dem CFO von WorldCom, der ihnen gegenüber fehlerhafte Angaben machte, um die finanziellen Probleme des Unternehmens zu verschleiern.[2088]

Das Gericht begann seine Subsumtion mit einer Analyse von Securities Act Rule 176.[2089] Hiernach war bei Ermittlung des anzuwendenden Sorgfaltsmaßstabs zu berücksichtigen, dass es sich bei dem Emittenten um ein bekanntes Unternehmen handelte (Rule 176[a]), die emittierten Wertpapiere Investmentgrad waren (Rule 176[b]), die Emissionsbanken mit dem CFO des Emittenten gesprochen hatten (Rule 176[f]), die Emission unter Ausnutzung von Securities Act Rule 415 (shelf registra-

---

2083 Bereits die Emission aus dem Jahr 2001 ($ 11,9 Mrd.) stellte die größte Anleiheemission in der US-amerikanischen Geschichte dar, vgl. id. at 650.

2084 Vgl. den Auszug aus einem internen Email des bookrunners JP Morgan: „[I]f WCOM gets any sense that we're laying off exposure DURING the syndication process ..., it would not be good news." Id. at 651.

2085 Id. at 647, 652.

2086 Das Urteil bezieht sich auf die Vorläufervorschrift SAS 71, die zum damaligen Zeitpunkt in Kraft war. Für die hier interessierenden Zwecke bestehen keine wesentlichen Unterschiede zwischen SAS 71 und SAS 100. Deswegen wird im Text auf die aktuelle Bestimmung verwiesen. Zu SAS 100 vgl. oben Fn. 2036.

2087 WorldCom, Inc. Securities Litigation, loc. cit. at 649, 653 et seq.

2088 Z.B. id. at 653.

2089 17 C.F.R. § 230.176.

tion) erfolgte,[2090] und Emittent bzw. Wirtschaftsprüfer (und nicht die Emissionsbanken) für Erstellung und Prüfung der streitgegenständlichen Finanzdaten die Verantwortung trugen (Rule 176[h]).[2091] Selbst unter Berücksichtigung dieser grundsätzlich für eine Auslegung des § 11(b)(3)(A) Sec. Act im Sinne der Haftungsadressaten sprechenden Umstände erschöpfte sich die Pflicht der Emissionsbanken zur Durchführung angemessener Nachforschungen nach Ansicht des Gerichts – zumindest in Anbetracht der vorstehend geschilderten Umstände[2092] – jedoch nicht im Anfordern eines comfort letter (auch wenn das Schreiben den Richtlinien des SAS 100 entsprach): „In assessing the reasonableness of the investigation, [the underwriters'] receipt of the comfort letters will be important evidence, but it is insufficient by itself to establish the defense."[2093] Andererseits betont das Gericht, dass von der Konsortialbank nicht in jedem Fall die Vornahme einer vollständigen Revision durch eigene Wirtschaftsprüfer verlangt werden kann. Während ein solches Vorgehen angezeigt ist, wenn die Bank auf „aggressive or unusual accounting strategies regarding significant issues"[2094] aufmerksam wird, können in anderen Fällen das Führen von Gesprächen mit dem Management und die Durchsicht der Bücher des Emittenten durch Angestellte des Emissionsbegleiters ausreichen.[2095] Schließlich stellt das Gericht klar, dass die Pflicht zu einer „reasonable investigation" nicht schon deswegen entfällt, weil die due diligence-Untersuchung aller Voraussicht nach keine neuen Erkenntnisse hervorgebracht hätte. Ex post Beurteilungen wirken nicht entschuldigend.[2096]

Die Emissionsbanken sind mithin in jedem Fall, d.h. auch wenn die Wirtschaftsprüfer einen comfort letter erstellen, zur Vornahme eigener unabhängiger Untersuchungen verpflichtet. Die Untersuchungen müssen nicht notwendigerweise umfassend sein bzw. gar auf eine vollständige Rechnungsprüfung hinauslaufen, sofern sie der Situation angemessen sind. Wenn diese ersten (unabdingbaren) Untersuchungen Zweifel an der Richtigkeit bzw. Vollständigkeit der im registration statement enthaltenen Angaben aufkommen lassen, sind weitere Nachforschungen angezeigt, um die entstandenen Fragen zu beantworten. Gelingt es den Emissionsbanken nicht, sämtliche Zweifel auszuräumen, müssen sie sich von der Emissions-

---

2090 Zur Bedeutung von Rule 415 für die Ermittlung des Sorgfaltsmaßstabs siehe unten (4) im selben Abschnitt.

2091 WorldCom, Inc. Securities Litigation, loc. cit. at 682–683.

2092 Insbesondere: „[H]aving internally downgraded WorldCom's credit rating and having taken steps to limit their exposure as WorldCom creditors, the Underwriter Defendants were well aware that WorldCom was in a deteriorating financial position in a troubled industry …", id. at 683.

2093 Id. at 683. So aber die Emissionsbanken, id. at 681–82: Eigene Nachforschungspflichten entstünden nur, sofern sog. *red flags* (hierzu sogleich unter [b]) aufträten, die eine genauere Untersuchung der Finanzdaten nahe legten.

2094 Id. at 684.

2095 Id.

2096 Die Beklagten hatten angeführt, keine noch so sorgfältige Untersuchung hätte die unrichtigen Angaben aufdecken können, da das Management von WorldCom die Fakten bewusst vor allen Außenstehenden verborgen hätte, vgl. id. at 682, 683–684.

begleitung zurückziehen oder das Risiko einer möglichen Inanspruchnahme gem. § 11 Sec. Act tragen.[2097]

Diese Ausführungen gelten, wie die Entscheidung im Fall WorldCom gezeigt hat, für comfort letters, die den Anforderungen von Securities Act Rule 436(d) entsprechen, d.h. insbesondere für solche Schreiben, die im Einklang mit den Regelungen des SAS 100 erstellt wurden und negative Zusicherungen enthalten.[2098] Sie müssen damit erst recht für Schreiben der Wirtschaftsprüfer gelten, die hinter diesen Anforderungen zurückbleiben.

(b) Die Rechtslage ist anders zu beurteilen, wenn sich der Sorgfaltsmaßstab nach § 11(b)(3)(C) Sec. Act bemisst, d.h. den Haftungsadressaten die Angaben sachkundiger Dritter, insbesondere Prüfungsberichte der Wirtschaftsprüfer, zur Verfügung stehen. Die Prospektverantwortlichen sind nach dem Wortlaut des Gesetzes nicht dazu verpflichtet, eigene Untersuchungen durchzuführen, um die in den Berichten enthaltenen Informationen zu überprüfen. Sie handeln sorgfaltsgemäß, wenn sie vernünftigerweise davon ausgehen durften und tastsächlich davon ausgegangen sind, dass die Angaben richtig sind. Die Herabsetzung der Anforderungen ist sinnvoll, da entsprechend den gesetzlichen Voraussetzungen erstellte Prüfungsberichte per definitionem größeres Vertrauen in Anspruch nehmen als Informationen, die nicht von sachkundigen Dritten vorbereitet wurden.[2099] Auch trägt die Vorschrift dem legitimen Bedürfnis nach Arbeitsteilung Rechnung. Müssten alle an einer Emission mitwirkenden Personen die von den anderen Beteiligten vorgenommenen Handlungen und in Umlauf gebrachten Informationen auf ihre Gesetzeskonformität und Richtigkeit hin überprüfen, wären Kapitalmarkttransaktionen mit erheblichen zusätzlichen Kosten verbunden. Emissionsbanken würden entweder die Mehrkosten dem Emittenten in Rechnung stellen oder bei weniger profitablen Börsengängen von einer Emissionsbegleitung Abstand nehmen. Emittenten sähen sich mithin bei der Aufnahme von Kapital am Kapitalmarkt vermehrten Schwierigkeiten ausgesetzt.[2100]

Andererseits dürfen Konsortialbanken nicht blind auf die Richtigkeit der von sachkundigen Dritten stammenden Informationen vertrauen. Die Rechtsprechung fragt

---

2097 Id. at 684: „If red flags arise from a reasonable investigation, underwriters will have to make sufficient inquiry to satisfy themselves as to the accuracy of the financial statements, and if unsatisfied, they must demand disclosure, withdraw from the underwriting process, or bear the risk of liability."

2098 Z.B. comfort letters entsprechend AICPA SAS 72 (AU § 634), app. Example A.

2099 So auch Justice Powell in John Nuveen & Co., Inc. v. Sanders, 450 U.S. 1005, 1010, 101 S. Ct. 1719, 1721–1722 (1981); Worlds of Wonder, 35 F.3d 1407, 1421 (9th Cir. 1994).

2100 Vgl. John Nuveen & Co., Inc. v. Sanders, loc. cit. at 1010 (note 4): „Reliance upon facially unexceptionable certified financial statements, as to the correctness of the financial data shown therein, is essential to the proper functioning of securities marketing, to the trading in securities, to the lending of money by banks and financial institutions, and to the reliance by stockholders on the reports of their corporations. For the most part, certified public accountants faithfully have fulfilled the trust placed on them. But where breaches by accountants occur, it is the accountants themselves – not those who rely in good faith on their professional expertise – who are at fault and who should be held responsible."

im Allgemeinen, ob sog. *red flags* existieren, die die Verlässlichkeit der Informationen zweifelhaft erscheinen lassen.[2101] Sie hat diesen Test im Zusammenhang mit § 10(b) Sec. Ex. Act entwickelt. Dort definiert sie red flags (mitunter auch als *storm warnings* bezeichnet) zum einen als Umstände, die ein durchschnittlich intelligenter Anleger als Hinweis auf betrügerische Handlungen auffassen muss (Kenntnis von den betrügerischen Handlungen führt zum Beginn der Verjährungsfrist).[2102] Zum anderen spielen red flags bei der Prüfung des Verschuldens eine Rolle. § 10(b) Sec Act setzt vorsätzliches (*intent*) oder leichtfertiges Handeln (*recklessness*) voraus. Leichtfertig handelt, wer red flags missachtet. Das ist nicht schon dann der Fall, wenn der Beklagte eine Verletzung allgemein anerkannter Grundsätze der Rechnungslegung entdeckt, ohne hieraus Konsequenzen zu ziehen,[2103] sondern erst, wenn er ein Verhalten an den Tag legt, das „highly unreasonable"[2104] ist, „involving ... an extreme departure from the standards of ordinary care, and which presents a danger of misleading buyers or sellers that is either known to the defendant or is so obvious that the actor must have been aware of it."[2105] Es ist ohne weiteres ersichtlich, dass sich die beiden Ansätze nicht ohne Modifikationen auf § 11 Sec. Act übertragen lassen. § 10(b) Sec. Act stellt auf betrügerisches Verhalten ab. Die haftungsbegründende Schwelle ist somit höher als im Fall des § 11 Sec. Act, der unvorsätzliches, im Fall des Emittenten sogar sorgfaltsgemäßes, Handeln genügen lässt.[2106] Die zu § 10(b) Sec. Ex. Act ergangenen Entscheidungen können aber zumindest als Beispiele herangezogen werden, in denen das Vertrauen auf die Angaben sachkundiger Dritter i.S. des § 11(b)(3)(C) Sec. Act *in keinem Fall* gerechtfertigt ist.

2101 Software Toolworks Inc. Securities Litigation, 50 F.3d 615, 623 et seq.; WorldCom, Inc. Securities Litigation, loc. cit. at 672.

2102 Dodds v. Cigna Securities, Inc., 12 F.3d 346, 350 (2d Cir.1993): „[W]hen the circumstances would suggest to an investor of ordinary intelligence the probability that she has been defrauded ...". Ebenso LC Capital Partners, LP v. Frontier Ins. Group, Inc., 318 F.3d 148, 154 (2d Cir.2003); In re Ames Dep't Stores, Inc. Note Litigation, 991 F.2d 968, 979 et seq. (2d Cir.1993); Mosesian v. Peat, Marwick, Mitchell & Co., 727 F.2d 873, 877 et seq. (9th Cir.1984); Armstrong v. McAlpin, 699 F.2d 79, 88 (2d Cir. 1983).

2103 SEC v. Price Waterhouse, 797 F. Supp. 1217, 1240 (S.D.N.Y.1992).

2104 Sundstrand Corp. v. Sun Chemical Corp., 553 F.2d 1033, 1045 (7th Cir. 1977). Vgl. auch In re Complete Management Inc. Securities Litigation, 153 F. Supp. 2d 314, 334 (S.D.N.Y. 2001); Johnson v. Arthur Andersen & Co., 762 F. Supp. 599, 601 (S.D.N.Y. 1991); Goldman v. McMahan, 706 F. Supp. 256, 259 (S.D.N.Y. 1989): „an egregious refusal to see the obvious, or to investigate the doubtful"; Chill v. Gen. Elec. Co., 101 F.3d 263, 270 (2d Cir. 1996): „deliberate blindness". Ähnlich In re Global Crossing, Ltd. Sec. Litig., 322 F. Supp. 2d 319, 346–347 (S.D.N.Y. 2004); In re Philip Services Corp. Securities Litigation, 2004 WL 1152501, at 9–10 (S.D.N.Y. 2004).

2105 Sundstrand Corp. v. Sun Chemical Corp., loc. cit.

2106 Instruktiv Mosesian v. Peat, Marwick, Mitchell & Co., loc. cit. at 878: „Financial problems ... do not necessarily suggest accounting fraud. Sudden losses, ... a decline in stock price, suspension of trading, difficulty with creditors, and the resignation of top management may also be explained by financial mismanagement, cost overruns, general market conditions, or other events unrelated to accounting fraud." SEC v. Price Waterhouse, loc. cit.: „[A claim under § 10(b) Sec. Ex. Act requires that] the accounting practices were so deficient that the audit amounted to no audit at all". Solche strengen Voraussetzungen wären mit dem Zweck des § 11 Sec. Act nicht in Einklang zu bringen.

Entscheidende Hinweise zur Entwicklung eines eigenständigen Sorgfaltsmaßstabs für § 11 Sec. Act finden sich wiederum in der bereits erwähnten Entscheidung zum Fall *WorldCom*. Die beklagten Konsortialbanken waren der Auffassung, eine Sorgfaltspflichtverletzung durch Missachtung von red flags setze „'clear and direct notice' of an 'accounting' problem“[2107] voraus. „[O]rdinary business events“[2108] hingegen könnten von den Banken ignoriert werden. Das Gericht lehnte diese Argumentation ab: Zum einen ließen sich keine allgemeinverbindlichen Kriterien entwickeln, nach denen gewöhnliche von ungewöhnlichen Geschäftsvorfällen abgegrenzt werden könnten. Die Frage, wann ein Vorgang gewöhnlich sei und somit keinen Anlass zu weiteren Untersuchungen gebe, hänge von den Umständen des Einzelfalls ab. Zum anderen sei der Sorgfaltsmaßstab des § 11(b)(3)(C) Sec. Act eben der eines „prudent man in the management of his own property“ (§ 11[c] Sec. Act). Ein „prudent man“ könne auch bei Vorfällen, die kein accounting problem darstellten, Anlass zu Bedenken haben.[2109] Deswegen führte das Gericht aus: „Any information that strips a defendant of his confidence in the accuracy of those portions of a registration statement premised on audited financial statements is a red flag, whether or not it relates to accounting fraud or an audit failure.“[2110] „If a 'prudent man in the management of his own property,' ... would have questioned the accuracy of the figures [in the registration statement], then those figures constituted a red flag.“[2111] Erlangen die Emissionsbanken mithin Kenntnis von Umständen, die sich nicht ohne weiteres mit den geprüften Zahlen zur Finanzlage des Emittenten vereinbaren lassen, erfahren sie zum Beispiel von finanziellen Problemen, die sich nicht in den Finanzdaten widerspiegeln, können sie nicht zu ihrer Entlastung auf die von den Wirtschaftsprüfern geprüften Daten verweisen.[2112]

2107 WorldCom, Inc. Securities Litigation, 346 F. Supp. 2d 628, 679.

2108 Id.

2109 Id. at 679–680.

2110 Id. at 673.

2111 Id. at 679.

2112 Beispiele aus dem Fall WorldCom, in denen das Gericht das Vorliegen von red flags für möglich hielt (der Richter entschied die Frage nicht abschließend, sondern übergab sie, wie ausgeführt, der Jury als *trier of fact*): WorldCom's Einnahmen/Ausgaben Verhältnis (E/R ratio) war substantiell niedriger als das der nächsten Konkurrenten, id. at 678 et seq. Analysten hatten seit Ende der 90er Jahre vermehrt die Rentabilität von WorldCom's long-distance Netzwerk in Zweifel gezogen. Die Bilanzen des Unternehmens waren mit diesen Zweifeln nicht in Einklang zu bringen, id. at 680-681. Die Tatsache, dass das persönliche Vermögen des CEO zu einem großen Teil vom Börsenpreis des Unternehmens abhing, der CEO somit nach Ansicht der Kläger ein Interesse daran gehabt habe, die Bilanzen zu manipulieren, stellt hingegen keine red flag dar, sofern keine weiteren Umstände vorliegen, die auf seine fehlende Vertrauenswürdigkeit hinweisen, id. at 681. Im Fall Software Toolworks Inc. Securities Litigation, 50 F.3d 615, 623–624 (9th Cir. 1994) entschied das Gericht, dass die Zurückdatierung eines Vertrags, um Umsatz in einem anderen als dem eigentlich einschlägigen Geschäftsjahr zu realisieren, als red flag anzusehen ist (die beklagten Emissionsbanken verletzten gleichwohl nicht ihre Pflichten aus § 11[b][3][C] Sec. Act, da sie nach Entdeckung der Rückdatierung angemessene Nachforschungen durchführten: sie befragten den Wirtschaftsprüfer, der die entsprechende Bilanzbuchung geprüft hatte, und kontaktierten andere Prüfungsgesellschaften, um die Zulässigkeit der Vorgehensweise des Emittenten und seines Prüfers bestätigen zu lassen).

Folge der Existenz von red flags ist das Entstehen der Pflicht zur Vornahme eigener angemessener Nachforschungen. Insoweit können die zu § 11(b)(3)(A) Sec. Act entwickelten Grundsätze herangezogen werden.

(3) In der Praxis führt häufig lediglich die Konsortialführerin eine due diligence-Untersuchung durch. Comfort letters werden nur an die Adresse der führenden Bank gesandt. Die übrigen Konsortialbanken verlassen sich auf die Ergebnisse der Untersuchung, ohne eigene Nachforschungen zu betreiben.[2113] Die Rechtsprechung hatte bislang wenig Gelegenheit, sich mit der Zulässigkeit einer solchen Aufgabenverteilung auseinanderzusetzen. Häufig blieb entweder bereits die führende Bank hinter den an sie gestellten Sorgfaltsanforderungen zurück, was das Gericht im Fall *BarChris* zu der Schlussfolgerung veranlasste, die Einwendung des § 11(b)(3) Sec. Act könne erst recht nicht zugunsten der untätig bleibenden Konsorten eingreifen,[2114] oder die beklagten Konsortialbanken verglichen sich mit den Klägern, bevor das Gericht abschließend über die Verteilung der Verantwortung innerhalb des Konsortiums entscheiden konnte. Aus den erzielten Vergleichssummen lässt sich jedenfalls ableiten, dass Emissionsbanken von abgestuften Sorgfaltsanforderungen innerhalb des Konsortiums ausgehen, ohne die Pflicht der einfachen Konsortialmitglieder zur Überprüfung der Emissionsunterlagen gänzlich zu verneinen.[2115]

Der Wortlaut des § 11 Sec. Act ist eindeutig: *Sämtliche* Emissionsbegleiter sind für Prospektmängel verantwortlich.[2116] Auch die Entstehungsgeschichte der Vorschrift[2117] und die in den Leitentscheidungen zu § 11 Sec. Act aufgestellten Grundsätze sprechen dafür, einfache Konsortialbanken nicht aus der Haftung zu entlassen, zugleich aber bei Bestimmung des auf sie anwendbaren Sorgfaltsmaßstabs zu berücksichtigen, dass sie kaum Einblick in innerbetriebliche Abläufe des Emittenten haben und nicht an der Erstellung der Emissionsunterlagen mitwirken. Die SEC erkennt unter Bezugnahme auf *BarChris* und *Feit v. Leasco* eine solche abgestufte Verantwortlichkeit an: „The participating underwriter's reasonable investigation may not be as heavy a burden as that of the managing underwriter's"[2118]. Eine Wiederholung der due diligence-Untersuchung der führenden Bank durch alle

---

2113 So z.B. im Fall WorldCom, vgl. WorldCom, Inc. Securities Litigation, loc. cit. at 652.
2114 Escott v. BarChris Construction Co., 283 F. Supp. 643, 697 (n. 26).
2115 Vgl. die in Fn. 2082 angegebenen Vergleichssummen: Im Fall WorldCom waren Citigroup und JP Morgan Bookrunner der beiden streitgegenständlichen Anleiheemissionen. Sie zahlten die mit Abstand höchsten Vergleichssummen. Die sonstigen Konsortialbanken verglichen sich ebenfalls, hielten somit eine Verurteilung für möglich. Im Fall Enron zeigt sich ein vergleichbares Bild.
2116 § 11(a)(5) Sec. Act: „every underwriter".
2117 Vgl. H.R. Rep. No. 152, 73d Cong., 1st Sess. 26 (1933).
2118 SEC Release No. 5275 vom 27. Juli 1972, 1972 WL 125474, p. 6. Siehe auch die bereits besprochene Rule 176(g), die die Möglichkeit zulässt, die Sorgfaltsanforderungen des § 11(c) Sec. Act abhängig von der Rolle der Konsortialbank bei der Emissionsbegleitung individuell festzusetzen. Während die Bedeutung der Vorschrift für die Verteilung der Verantwortlichkeit innerhalb des Emissionskonsortiums nicht abschließend geklärt ist, dürfte unbestritten sein, dass sich mit ihrer Hilfe zumindest die Haftung derjenigen an einer Platzierung mitwirkenden Personen, die nur aufgrund der weiten Definition des Begriffs „underwriter" in § 2(a)(11) Sec. Act unter § 11(a)(5) Sec. Act fallen (von *Hicks*, Civil Liabilities, § 4:95, in Abgrenzung zum *traditional underwriter* als *statutory underwriter* bezeichnet), begrenzen lässt.

Konsortialmitglieder würde Mehrkosten verursachen, die außer Verhältnis zu möglichen Verbesserungen des Anlegerschutzes stehen. Deswegen können Emissionsbanken die sie treffenden Sorgfaltspflichten auf die Konsortialführerin delegieren. Hier macht die SEC jedoch eine wichtige Einschränkung: „[T]he delegation to the manager and the subsequent reliance on his investigation must be 'reasonable in light of all the circumstances.' This means that the participant may relieve himself of the task of actually verifying the representations in the registration statements, but that he must satisfy himself that the managing underwriter makes the kind of investigation the participant would have performed if he were the manager."[2119] Teile der Rechtsprechung haben diese zusätzliche Voraussetzung als widersprüchlich kritisiert, was einer gewissen Überzeugungskraft nicht entbehrt: Handelt die Konsortialführerin sorgfaltswidrig, wird eine Überprüfung ihres Verhaltens durch die Konsorten kaum zu dem Ergebnis führen, dass die due diligence-Untersuchung angemessen war, und zugleich dem Sorgfaltsmaßstab des § 11 Sec. Act entsprechen.[2120] Ist der Konsortialführerin andererseits kein Sorgfaltsverstoß anzulasten, wären Banken, die eine ergänzende Nachprüfung unterlassen, bei Vorliegen eines Prospektmangels haftbar, obwohl ihre Untersuchung nur ebenjenes gezeigt hätte: dass die führende Bank sorgfaltsgemäß gehandelt hat.[2121] Zusätzlicher Anlegerschutz lässt sich hierdurch nicht erreichen. Die Literatur folgt überwiegend ebenfalls nicht der Ansicht der SEC. Sie will Emissionsbanken immer dann freistellen, wenn die Konsortialführerin den Sorgfaltsanforderungen des § 11 Sec. Act genügt hat.[2122] Darüber hinaus billigt sie den Konsorten entgegen der Entscheidung in *BarChris* teilweise die Möglichkeit zu, sich auch bei sorgfaltswidrigem Handeln der führenden Bank auf eine sie entlastende Verteilung der Verantwortung im Konsortium zu berufen.[2123]

Es ist folglich zu konstatieren, dass einige Unsicherheit herrscht, was den auf einfache Konsortialbanken anzuwendenden Sorgfaltsmaßstab betrifft. Handelt die führende Bank sorgfaltsgemäß, ist das Konsortialmitglied nach überwiegender An-

---

2119 SEC Release No. 5275, loc. cit.; bestätigt in SEC Release No. 6335 vom 6. August 1981, 1981 WL 31062, p. 15.

2120 Denkbar ist sorgfaltsgemäßes Handeln des Konsorten trotz Vorliegens von Sorgfaltsverstößen der führenden Bank wohl allenfalls dann, wenn letztere das Konsortium bewusst täuscht, d.h. Durchführung einer angemessenen due diligence-Untersuchung vorspiegelt, und die Emissionsbanken die Täuschung nicht erkennen konnten. Praxisrelevant dürfte dieses Szenario nicht sein.

2121 Gap Stores Securities Litigation, 79 F.R.D. 283, 301 (N.D. Cal. 1978); Competitive Associates, Inc. v. International Health Sciences, Inc. 1975 WL 349 at 19 et seq. (S.D.N.Y. 1975) (das sorgfaltsgemäße Verhalten der Konsortialführerin führte zur Entlastung der Konsorten, obwohl nicht einmal alle Emissionsbanken am due diligence meeting teilnahmen); In re Consumers Power Co. Securities Litigation, 105 F.R.D. 583, 612 (E.D. Mich. 1985): „The underwriting syndicate members ... sink or swim with the lead underwriter in the usual case."

2122 *Folk*, 55 Va. L. Rev. 1, 56 et seq. (1969); einschränkend *Bromberg/Lowenfels*, Securities Fraud, § 13:13: grundsätzlich müssten die Konsortialbanken keine eigene due diligence-Untersuchung durchführen; Ausnahmen könnten aber dann angezeigt sein, wenn eine der Emissionsbanken über besonderes Wissen hinsichtlich des Emittenten verfüge, z.B. weil sie bei einer vergangenen Emissionsbegleitung als führende Bank fungierte. A.A. (der SEC folgend) *Hicks*, Civil Liabilities, § 4:106.

2123 In diese Richtung *Hazen*, Securities Regulation, § 7.4[2][C].

sicht in Rechtsprechung[2124] und Literatur[2125] ebenfalls von der Haftung freigestellt, ohne eigene Nachforschungen durchgeführt haben zu müssen (anderer Ansicht ist die SEC). Handelt die führende Bank sorgfaltswidrig, haftet die Konsortialbank nach allgemeiner Meinung jedenfalls dann, wenn sie keinerlei eigene Aktivität entfaltet. Welcher Grad an due diligence entlastend wirkt, ist indes unklar. Fest steht immerhin, dass die einfachen Emissionsbanken keine vollständige due diligence-Untersuchung durchführen müssen. Andererseits dürfte die Teilnahme an einem due diligence meeting, d.h. einem kurz vor Inkrafttreten des registration statement abgehaltenen Treffen der Konsortialbanken – unter Umständen in Anwesenheit von Vertretern des Emittenten –, nicht genügen.[2126] Häufig handelt es sich lediglich um Routinesitzungen, auf denen die Emissionsunterlagen nicht intensiv besprochen werden und die Banken keine Gelegenheit erhalten, das Management des Emittenten eingehend zu befragen.[2127]

(4) Der Gesetzgeber des Securities Act 1933 war der Auffassung, Emissionsbanken spielten eine entscheidende Rolle im Rahmen der Emission von Wertpapieren. Sie seien – neben dem Emittenten – am besten in der Lage, die Seriosität der Emission und die mit einer Investition verbundenen Risiken zu beurteilen.[2128] Sie könnten den Emittenten durch Verweigerung der Teilnahme an der Emission zu einer Modifikation der Emissionsbedingungen veranlassen und so sicherstellen, dass der Emissionspreis dem Risiko angemessen ist, das Anleger eingehen. Da sie mit ihrer Reputation für den Erfolg der Emission einstünden, hätten sie ein Interesse daran, die Vollständigkeit und Fehlerfreiheit der Emissionsunterlagen zu überprüfen. Sie nehmen damit, um mit den Worten der US-amerikanischen Literatur zu sprechen,[2129] eine sog. *gatekeeper*-Funktion wahr. Um finanzielle Nachteile (durch Inanspruchnahme seitens geschädigter Anleger oder Beschädigung der eigenen Reputation) zu vermeiden, stellen sie als außenstehende Dritte sicher, dass die an der Transaktion Beteiligten (hier: der Emittent) die einschlägigen rechtlichen Voraussetzungen einhalten.[2130] An anderer Stelle wird die Arbeit untersuchen, inwieweit

---

2124 Nachweise Fn. 2121.

2125 Nachweise Fn. 2122.

2126 Der Fall Competitive Associates, Inc. v. International Health Sciences, Inc., loc. cit., spricht nicht dagegen, da der Konsortialführerin dort gerade kein Sorgfaltsverstoß anzulasten war.

2127 SEC Release No. 5275 vom 27. Juli 1972, 1972 WL 125474, p. 7.

2128 SEC Release No. 7606A vom 17. November 1998, 1998 WL 792508, p. 91: „Congress recognized that underwriters occupied a unique position that enabled them to discover and compel disclosure of essential facts about the offering. Congress believed that subjecting underwriters to the liability provisions would provide the necessary incentive to ensure their careful investigation of the offering." So auch die Gerichte, z.B. Chris-Craft Industries, Inc. v. Piper, 480 F.2d 341, 370: „No greater reliance in our self-regulatory system is placed on any single participant in the issuance of securities than upon the underwriter. He is most heavily relied upon to verify published materials because of his expertise in appraising the securities issue and the issuer, and because of his incentive to do so."

2129 Z.B. *Choi*, 64 U. Chi. L. Rev. 567, 584 et seq. (1997); *Coffee*, 52 Bus. Law 1195, 1210 et seq. (1997); *Langevoort*, 63 Law & Contemp. Probs. 45, 56 et seq. (2000).

2130 Zur gatekeeper Theorie grundlegend *Kraakman*, 93 Yale L.J. 857 (1984); *ders.*, 2 J.L. Econ. & Org. 53 (1986).

die Banken besser als die sonstigen Teilnehmer am Emissionsgeschäft (etwa die Führungskräfte des Emittenten, die Wirtschaftsprüfer oder die Anwälte) dazu in der Lage sind, die Erwartungen der Rechtsprechung und des Gesetzgebers zu erfüllen.[2131] Hier soll es genügen, darauf hinzuweisen, dass in jüngerer Zeit vermehrt Kritik am Standpunkt der SEC und der Gerichte und den sich hieraus ergebenden haftungsrechtlichen Implikationen aufgekommen ist. Die Kritik hängt mit zwei neueren Entwicklungen im US-amerikanischen Kapitalmarktrecht zusammen, die die Geeignetheit der Banken als gatekeeper in Frage stellen: der Möglichkeit der sog. *short form registration* (auch: *integrated disclosure*) und der *shelf registration* gem. Securities Act Rule 415.

Um die Bedeutung dieser Entwicklungen für das Konsortialgeschäft der Banken zu verstehen, ist es erforderlich, kurz das Registrierungssystem des Securities Act 1933 und die Publizitätspflichten des Securities Exchange Act 1934 zu rekapitulieren:[2132] § 13(a) Sec. Ex. Act verpflichtet Emittenten von gem. § 12 Sec. Ex. Act zu registrierenden Wertpapieren, Jahres- und Quartalsberichte sowie Ad-hoc Mitteilungen bei der SEC einzureichen.[2133] Gem. § 12(a), (b) Sec. Ex. Act müssen (unter anderem) alle an einer inländischen Börse zum Handel zugelassenen Wertpapiere bei der SEC registriert werden. Damit unterliegen grundsätzlich alle in den USA börsengeführten Unternehmen dem Publizitätsregime des Securities Exchange Act 1934. Die SEC hat die Veröffentlichungspflichten in einer Ausführungsvorschrift[2134] konkretisiert und Inhalt und Form der Mitteilungen in detaillierten Formularen festgeschrieben.[2135] Das registration statement i.S. des § 12(b) Sec. Ex. Act und die zyklisch einzureichenden Berichte müssen hiernach Angaben über den Emittenten (z.B. Organisationsstruktur, Vermögens- und Finanzlage, Beschreibung der Geschäftstätigkeit), seine Wertpapiere, die Geschäftsführungsorgane, Beteiligungen, wichtige Vertragsabschlüsse etc. enthalten. Der Emittent muss die Bilanzen und Gewinn- und Verlustrechnungen der vergangenen Jahre beifügen. Alle Angaben sind regelmäßig zu aktualisieren. Handelt es sich beim Emittenten um ein börsengelistetes Unternehmen, sind damit bereits vor Anmeldung der neu zu emittierenden Wertpapiere bei der SEC gem. § 6 Sec. Act umfassende Informationen über ihn erhältlich. In den ersten Jahrzehnten nach Erlass der Kapitalmarktgesetze waren die Publizitätspflichten einerseits der §§ 12, 13 Sec. Ex. Act und andererseits der §§ 6, 7 Sec. Act nicht aufeinander abgestimmt, was dazu führte, dass Unternehmen häufig dieselben Informationen kurz nacheinander in unterschiedlicher Aufbereitung vorlegen mussten. Um diesen Missständen abzuhelfen und der Tatsache Rechnung zu tragen, dass der Informationsbedarf von Investoren auf dem Primär- und dem

---

2131 § 12 I 2.
2132 Vgl. zur Registrierung gemäß dem Securities Act 1933 bereits oben § 4 I 1 b bb.
2133 § 13(l) Sec. Ex. Act enthält zusätzliche, durch den Sarbanes-Oxley Act 2002, Pub. Law 107–204 (30. Juli 2002), eingefügte Voraussetzungen.
2134 Regulation 13A (17 C.F.R. § 240.13a).
2135 Die wichtigsten sind Form 10-K (17 C.F.R. § 249.310) für Jahresberichte, Form 10-Q (17 C.F.R. § 249.308a) für Quartalsberichte und Form 8-K (17 C.F.R. § 249.308) für bestimmte außergewöhnliche Ereignisse (z.B. Kontrollerwerb, Erwerb oder Veräußerung wesentlicher Wirtschaftsgüter).

Sekundärmarkt weitgehend identisch ist, begann die SEC in den späten 60er Jahren des letzten Jahrhunderts, die Anforderungen der beiden Gesetze zu verknüpfen und ein *integrated disclosure system* zu entwickeln.[2136] In den Jahren 1982 und 1992 schließlich novellierte sie das System zur Registrierung neuer Wertpapiere grundlegend und eröffnete Emittenten die Möglichkeit, bestimmte in das registration statement einzuarbeitende Informationen durch Bezugnahme auf Mitteilungen gem. §§ 13(a), 15(d) Sec. Ex. Act zu ersetzen.[2137] Die Neuregelung vereinfachte den Registrierungsprozess, beschleunigte die Börseneinführung und trug damit zu einer Senkung der Emissionskosten bei. Sie bewährte sich so sehr, dass die SEC ihr Regelwerk im Jahr 2005 erneut umfassend modifizierte, Anforderungen lockerte und (unter anderem) die Möglichkeit des Verweises auf Securities Exchange Act-Berichte ausdehnte.[2138]

Die Wirkungsweise der shelf registration ist bereits oben dargestellt worden.[2139] Sie ermöglicht es dem Emittenten, kurzfristig auf günstige Marktbedingungen zu reagieren und die Effekten im Wege des *bought deal* an meistbietende Investmentbanken oder institutionelle Investoren abzugeben. Auf Emissionsbanken haben short form und shelf registration nachteilige Auswirkungen: Zwischen Mandatierung der Banken und Platzierung der Papiere vergehen häufig nur wenige Tage, so dass die Konsorten den gesetzlichen Sorgfaltsanforderungen bei Prüfung der Emissionsunterlagen kaum genügen können.[2140] Einige Investmentbanken haben deswegen im Rahmen der Diskussion zur Verabschiedung von Rule 415 die Forderung erhoben, die Haftung gem. § 11(a)(5) Sec. Act einzuschränken.[2141] Die SEC ist diesen Rufen nicht gefolgt. Sie ist der Auffassung, Banken könnten ihre Funktion als gatekeeper bzw. *certifier* der Emissionsunterlagen weiterhin erfüllen, indem sie sich ein „reservoir of knowledge"[2142] aneigneten und „anticipatory and continuous due

---

2136 Z. B. durch die oben erwähnte Regulation S-K (17 C.F.R. 229) und Regulation S-X (17 C.F.R. 210), die sowohl den Inhalt des registration statement i.S. des § 6 Sec. Act als auch der Anmeldung und Berichte gem. §§ 12, 13 Sec. Ex. Act näher umschreiben.

2137 Es ist daran zu erinnern, dass inländischen Emittenten insbesondere zwei Formulare zur Verfügung stehen, die sie zur Registrierung verwenden können: Form S-1 und S-3 (vgl. § 4 I 1 b bb). Während Form S-1 (für alle Emittenten geeignet) die Offenlegung sämtlicher Informationen über den Emittenten und die Wertpapiere im Börsenprospekt erfordert, können gem. Form S-3 nicht transaktionsbezogene Informationen durch Bezugnahme auf Berichte i.S. der §§ 13(a), 15(d) Sec. Ex. Act beigebracht werden, ohne dass die Berichte selbst eingereicht werden müssen. Weitere Einzelheiten in SEC Release No. 6383 vom 16. März 1982, 47 Fed. Reg. 11,380; SEC Release No. 6964 vom 22. Oktober 1992, 52 S.E.C. Docket 2015.

2138 Oben § 4 I 1 b bb.

2139 § 4 I 1 b cc.

2140 Vgl. SEC Release No. 6335 vom 6. August 1981, 1981 WL 31062, p. 5: „Some commentators are fearful that this reduction in preparation time, together with competitive pressures, will restrict the ability of responsible underwriters to conduct what would be deemed to be a reasonable investigation, pursuant to Section 11, of the contents of the registration statement. They believe that issuers may be reluctant to wait for responsible underwriters to finish their inquiry, and may be receptive to offers from underwriters willing to do less."

2141 SEC Release No. 6499 vom 17. November 1983, 1983 WL 408321, p. 3.

2142 SEC Release No. 7606A vom 17. November 1998, 1998 WL 792508, p. 93.

diligence programs“[2143] implementierten. Short form und shelf registration stünden insbesondere großen, seit längerer Zeit am Kapitalmarkt aktiven Unternehmen (*seasoned issuers*) offen, die seit mindestens einem Jahr den Publizitätspflichten des Securities Exchange Act 1934 nachkämen.[2144] Auch würden diese Unternehmen üblicherweise genau von Wertpapieranalysten beobachtet. Es sei somit davon auszugehen, dass bereits umfassende Informationen über den Emittenten in Umlauf seien und sich im Börsenpreis des Unternehmens niedergeschlagen hätten. Damit sei das Anlegerpublikum weniger schutzbedürftig.[2145] Außerdem sei es den Emissionsbanken möglich, sich schon vor der Mandatierung durch Studium der bei der SEC eingereichten Unterlagen, der Empfehlungen der Wertpapieranalysten und sonstiger frei verfügbarer Informationen mit der finanziellen Lage potentieller Emittenten vertraut zu machen. Die weiterhin erforderliche due diligence-Untersuchung könne im Fall der Mandatierung sodann schneller durchgeführt werden. Hinzu komme, dass viele Unternehmen sog. *drafting sessions* abhielten, in denen Investmentbanken auch ohne Mandatierung im Hinblick auf eine mögliche zukünftige Emissionsbegleitung Einfluss auf die Emissionsunterlagen nehmen könnten.[2146] Schließlich konzediert die SEC unter Hinweis auf Rule 176, dass die an ein sorgfaltsgemäßes Handeln der Konsortialbanken anzulegenden Maßstäbe im Fall von short form und shelf registration nicht notwendigerweise identisch sein müssten mit den sonst geltenden Anforderungen. Sie macht indes nicht deutlich, inwieweit sich Abweichungen ergeben und unter welchen Voraussetzungen die Untersuchungen der Emissionsbanken noch als sorgfaltsgemäß anzusehen sind.[2147]

Die Rechtsprechung scheint der SEC zu folgen.[2148] Es ist mithin zu konstatieren, dass die dargestellten Entwicklungen zumindest de lege lata nur geringe Auswirkungen auf die Pflichtenstellung der Emissionsbanken und ihre Haftung gem. § 11(a)(5) Sec. Act haben und allenfalls im Rahmen von Rule 176 zu einer gewissen Lockerung der Nachforschungspflichten führen. Gleichwohl sind einige kritische Bemerkungen angebracht. Traditionelle Emissionen gestatten es den Konsortialbanken, über mehrere Wochen hinweg due diligence-Untersuchungen durchzuführen.[2149] Die Untersuchungen beinhalten üblicherweise die Durchsicht der Verträge des Emittenten, der Protokolle der Treffen seiner Geschäftsführungs- und Aufsichtsorgane, Gespräche mit Geschäftsführern und weiteren Angestellten, Überprüfung von Patenten, Beurteilung der Erfolgsaussichten von Rechtsstreitigkeiten und schließlich – unter Umständen – eine unabhängige Revision der Rechnungs-

---

2143 SEC Release No. 6499, 1983 WL 408321, p. 6.
2144 Vgl. Form S-3, General Instructions I A 3(a).
2145 SEC Release No. 6499, 1983 WL 408321, p. 5. Diese Ausführungen machen deutlich, dass die SEC zur Rechtfertigung von short form und shelf registration auf die efficient capital market hypothesis zurückgreift. Die Schlüssigkeit dieser Argumentationsweise ist allerdings keineswegs allgemein anerkannt, vgl. *Cox/Hillman/Langevoort*, Securities Regulation, p. 258–259.
2146 SEC Release No. 6499, 1983 WL 408321, p. 6.
2147 Id.
2148 Z. B. Shaw v. Digital Equipment Corp., 82 F.3d 1194 (1st Cir. 1996); WorldCom, Inc. Securities Litigation, 346 F. Supp. 2d 628, 666 et seq. (S. D. N. Y. 2004).
2149 SEC Release No. 6335 vom 6. August 1981, 1981 WL 31062, p. 5.

legung. Sie nehmen somit nicht nur einige Zeit in Anspruch, sondern sind auch mit erheblichen Kosten verbunden. Es erscheint zweifelhaft, dass Investmentbanken bereit sein werden, ohne sichere Aussicht auf Beteiligung an der Emission umfassende Untersuchungen vorzunehmen, die – und das verlangt § 11 Sec. Act – eine eigenständige, unabhängige Nachprüfung der Mitteilungen des Emittenten beinhalten.[2150] Darüber hinaus werden die Konsortialbanken vor Mandatierung häufig nicht in der Position sein, Einblick in vertrauliche Unterlagen des Emittenten zu erhalten. Die hinter der Verantwortlichkeit von Emissionsbanken als gatekeeper stehende Überlegung, die Befolgung der Veröffentlichungspflichten des § 7 Sec. Act kostensparender sicherzustellen, als das durch Inanspruchnahme der primär Verantwortlichen (des Emittenten und seiner Geschäftsführungsorgane) oder Stärkung der staatlichen Aufsichtsorgane möglich wäre,[2151] wird damit in Frage gestellt. Zum Zeitpunkt der Novellierung des Registrierungssystems im Jahr 1982 erfüllten ca. 1.600 Unternehmen die Voraussetzungen zur Verwendung von Form S-3,[2152] zehn Jahre später, nach nochmaliger Herabsetzung der Eingangsvoraussetzungen, war die Zahl bereits auf mehr als 2.000 angewachsen.[2153] Eine Untersuchung der SEC aus dem Jahr 1998 schließlich bezifferte die Zahl mit ca. 2.800.[2154] Andererseits wird nur ein Teil der fraglichen Unternehmen intensiv und kontinuierlich von Wertpapieranalysten beobachtet.[2155] Die Investmentbanken müssten mithin die eigene Rechercheabteilung fortlaufend mit der Bewertung einer erheblichen Anzahl an Unternehmen betrauen oder vor Übernahme der Emission zunächst eingehendere Nachforschungen beim Emittenten durchführen, was die Effizienzgewinne durch shelf registration und integrated disclosure nivellieren würde. Hier ist mithin weiterer Diskussionsbedarf gegeben.[2156] Wer einen lückenlosen Anleger-

---

2150 Vgl. den Befund bei *Coffee*, 52 Wash. & Lee L. Rev. 1143, 1170 (1995): „[A]dvance due diligence ... is more the exception than the rule."

2151 Die mögliche zivilrechtliche Haftung hat für den Emittenten und seine Geschäftsführungsorgane nicht dieselbe Anreizwirkung wie für außerhalb des Unternehmens stehende Dritte, die im Fall der Pflichtverletzung ebenso viel oder mehr zu verlieren (Pflicht zur Leistung von Schadensersatz sowie Beschädigung der Reputation, die für Finanzdienstleister, Anwälte und Wirtschaftsprüfer häufig eine größere Bedeutung hat als für die gewerbliche Industrie), aber weniger zu gewinnen haben als Unternehmensinsider, da ihre Interessen weniger eng mit dem Schicksal des Emittenten verknüpft sind. Vgl. zu diesen Erwägungen ausführlich *Kraakman*, 93 Yale L.J. 857, 867 et seq., 888 et seq. (1984) und unten § 12 I 2.

2152 SEC Release No. 6331 vom 6. August 1981, 1981 WL 30765, p. 14.

2153 SEC Release No. 6964 vom 22. Oktober 1992, 1992 WL 312442, p. 3.

2154 SEC Release No. 7606A vom 17. November 1998, 1998 WL 792508, n. 84.

2155 Die Untersuchung der SEC zeigte, dass erst ab einer Marktkapitalisierung von mindestens $ 100 Mio. und einem durchschnittlichen täglichen Handelsvolumen ab $ 1 Mio. ausreichendes Analysteninteresse besteht, vgl. id. at n. 87–90. Noch pessimistischer sind *Thomas/Cotter*, 63 Law & Contemp. Probs. 105 (2000). Sie berücksichtigen im Gegensatz zur SEC nur sell-side Wertpapieranalysten, die nicht von den Unternehmen bezahlt werden, die sie bewerten, und kommen zu dem Ergebnis, dass 38,3 % aller Unternehmen mit einer Marktkapitalisierung von $ 75–250 Mio. von weniger als drei Analysten beobachtet werden.

2156 Vgl. z.B. *Coffee*, 52 Wash. & Lee L. Rev. 1143, 1171, 1182 et seq. (1995), der weitere private Dritte (d.h. gatekeepers), insbesondere institutionelle Investoren bei Privatplatzierungen gem. Rule 144A, als Überwachungsorgane einsetzen möchte; und *Langevoort*, 63 Law & Contemp. Probs. 45, 66 et seq. (2000): Haftung der Emissionsbanken nur für *recklessness* (entsprechend der Haftung schutz gewährleisten will, wird aber wohl an dem Sorgfaltsmaßstab, wie er von der SEC entwickelt worden ist, festhalten müssen – auch wenn das bedeutet, höhere Kapitalkosten in Kauf zu nehmen.

f. Damages

Maßstab für den zu ersetzenden Schaden ist der Wertverlust der Effekten im Zeitraum zwischen Ausgabe und (grundsätzlich[2157]) Rechtshängigkeit der Klage.[2158] § 11(e) Sec. Act begrenzt die Höhe des Anspruchs in mehrerlei Hinsicht: Zum einen ist der Erwerbspreis nur insoweit maßgeblich, als er den ersten Ausgabepreis der Wertpapiere nicht überschreitet (§ 11[e] 1st Sentence Sec. Act).[2159] Zum anderen gilt eine Haftungsobergrenze für Emissionsbegleiter: Grundsätzlich haften sie nur in Höhe des Gesamtbetrages, zu dem die von ihnen übernommenen Papiere öffentlich angeboten wurden (§ 11[e] 2nd Sentence Sec. Act).[2160] Diese Einschränkung ist wichtig, da nicht nur der Ersterwerber, der mit der Emissionsbank kontrahiert, sondern auch Personen, die auf dem Sekundärmarkt kaufen, Schadensersatz geltend machen können (sofern sie das oben erläuterte *tracing requirement* erfüllen[2161]). Zumindest theoretisch könnte die Haftung ohne Obergrenze mithin unendlich sein. Die Vorschrift hat zur Folge, dass die Investmentbanken nun in aller Regel darauf achten, im Übernahme- und Konsortialvertrag *joint liability* auszuschließen und

---

gem. Exchange Act Rule 10b-5, vgl. Fn. 2294). A.A. *Partnoy*, 79 Wash. U. L.Q. 491, 540 et seq. (2001), der (nicht nur im Zusammenhang mit short form und shelf registration, sondern im gesamten Anwendungsbereich des § 11 Sec. Act) davon ausgeht, ein auf Verschulden beruhendes Haftungsregime sei wegen der damit einhergehenden Rechtsunsicherheit kostenineffizient. Er plädiert deswegen für eine verschuldensunabhängige Einstandspflicht aller gatekeeper. Hierzu siehe unten § 12 II 1.

2157 Andere Zeitpunkte können maßgeblich sein, wenn der Schaden durch rechtzeitigen Verkauf der Papiere hätte vermindert werden können, vgl. § 17(e)(2), (3) Sec. Act.

2158 Als Maßstab für den Wertverlust ist nicht notwendigerweise der Aktienkurs des Wertpapiers zum Zeitpunkt der Klageerhebung zu nehmen (vgl. § 11[e] Sec. Act, der von „value" und nicht von „market price" spricht). Gerichte berücksichtigen vereinzelt Börsentendenzen, Marktstimmungen, die sich etwa in Panikverkäufen niederschlagen, oder im Kurs noch nicht enthaltene zukünftige Ertragserwartungen des Emittenten, um zu einem „wahren", „inneren" Wert der Effekten zu gelangen, vgl. z.B. den viel kritisierten, da mit Erkenntnissen der Efficient Capital Market Hypothesis nicht in Einklang stehenden, Fall Beecher v. Able, 435 F. Supp. 397 (S.D.N.Y. 1977), oder Grossman v. Waste Management, Inc., 589 F. Supp. 395 (N.D. Ill. 1984).

2159 In dieser Hinsicht ist die Vorschrift identisch mit § 44 Abs. 1 Satz 1 BörsG.

2160 Haftungssumme ist somit höchstens das Produkt des Platzierungspreises und der Anzahl der übernommenen Papiere. § 11(e) 2nd Sentence Sec. Act legt zwei Voraussetzungen fest: (1) Die Wertpapiere müssen von der Emissionsbank übernommen worden sein (im Englischen Original „underwritten", d.h. genauer: die Emissionsbank muss sich zur Übernahme *verpflichtet* haben). (2) Sie müssen platziert worden sein. Sind diese Voraussetzungen erfüllt, dann gilt als Haftungsobergrenze der erwähnte Betrag. Es ist zu beachten, dass die Vorschrift nicht verlangt, dass die Effekten von derjenigen Konsortialbank, die sich zur Übernahme verpflichtet hat, platziert wurden. In der Praxis ergeben sich häufig Differenzen zwischen der Übernahmeverpflichtung und der tatsächlichen Zuteilung zur Platzierung, vgl. oben § 4 I 1 b bb. § 11(e) 2nd Sentence Sec. Act knüpft die Einstandspflicht an das übernommene Risiko, nicht an die Anzahl der tatsächlich gekauften und weiterverkauften Effekten. So auch *Hicks*, Civil Liabilities, § 4:134.

2161 Siehe oben unter a.

sich teilschuldnerisch zu verpflichten.[2162] Die gesamtschuldnerische Haftung gem. § 11(f)(1) Sec. Act ist in Bezug auf Konsortialbanken folglich modifiziert.[2163]

Eine Ausnahme von dem Vorgesagten stellt der Klammerzusatz in § 11(e) 2nd Sentence Sec. Act auf. Die Haftungshöchstgrenze kommt nicht zum Tragen, wenn: „[an] underwriter ... [has] knowingly received from the issuer for acting as an underwriter some benefit, directly, or indirectly, in which all other underwriters similarly situated did not share in proportion to their respective interests in the underwriting". Dieser Zusatz zielt auf die führenden Banken ab, die für ihre Tätigkeit ein zusätzliches Entgelt, die sog. *management fee* oder *manager's concession*, erlangen.[2164] Um der unbegrenzten Haftung zu entgehen, vereinbaren die Banken im Konsortialvertrag oft, dass die Konsortialführerin die *management fee* von den anderen Emissionsbanken und nicht dem Emittenten erhält, zahlbar als Prozentsatz des *underwriting discount*, den der Emittent den Banken bei Übernahme der Effekten einräumt.[2165] Ob eine solche Vereinbarung die Einstandspflicht für die gesamte Emission ausschließt, kann bezweifelt werden, da es gem. § 11(e) 2nd Sentence Sec. Act genügt, wenn der zusätzliche Vorteil indirekt vom Emittenten stammt („received from the issuer ... some benefit directly, or indirectly"). Gerichtsurteile zu dieser Frage existieren, soweit ersichtlich, nicht.[2166]

Schließlich kann sich der Beklagte gem. § 11(e) 1st Sentence Sec. Act entlasten, indem er nachweist, dass die Minderung des Preises der Wertpapiere nicht auf den fehlerhaften bzw. unvollständigen Angaben beruht, sondern auf Faktoren, die mit dem Fehler nicht in Zusammenhang stehen (*causation defense*). Hierzu kann er z.B. Vergleiche mit anderen Unternehmen derselben Branche anstellen und zeigen, dass diese Unternehmen vergleichbare Kursverluste hinnehmen mussten. Auch ist die

---

2162 *Loss/Seligman/Paredes*, Securities Regulation, § 11-C-2 d (iii), n. 186.
2163 Zu Einzelheiten der Modifikation vgl. unten II 1 a.
2164 *Hicks*, Civil Liabilities, § 4:134.
2165 Z.B. *Bloomenthal*, Going Public Handbook II, app. 3-1.
2166 Wenigstens eine Entscheidung hat eine Investmentbank mit herausgehobener Verantwortung für die gesamte Emission (einen sog. *qualified independent underwriter*) unbegrenzt haften lassen, vgl. Harden v. Raffensperger, Hughes & Co., Inc., 65 F.3d 1392, 1404 (7th Cir. 1995), obwohl die Bank weder Wertpapiere übernommen noch platziert hatte. Der Fall zeigt, dass übernommenes Risiko und Umfang der Haftung nicht zwangsläufig konform gehen müssen. Fraglich ist, ob sich die Entscheidung verallgemeinern lässt. Das Gericht stellte auf die besondere Rolle des *qualified independent underwriter* ab: Nach NASD-Regularien hat ein NASD-Mitglied, das Wertpapiere durch abhängige Unternehmen an den Markt bringen will, eine unabhängige Investmentbank mit der Vornahme einer due diligence und bei Anleiheemissionen der Empfehlung eines Mindestzinssatzes zu betrauen. Der *qualified independent underwriter* übernimmt mithin die Aufgaben eines *gatekeeper* und steht für die Ordnungsgemäßheit der Emission ein. In den Worten des Gerichts: „[The underwriter] performed the protective function envisioned by the 1933 Congress with respect to the entire ... distribution. In essence, then, all the ... notes were 'underwritten by [the defendant].'" Id. Insoweit unterscheidet sich seine Rolle aber nicht von der eines gewöhnlichen Emissionsbegleiters, jedenfalls eines solchen, der umfangreiche due diligence Untersuchungen unternimmt und in den Augen der Öffentlichkeit als Garant für die Emission in Erscheinung tritt. Ein solcher Emissionsbegleiter ist zumindest die Konsortialführerin. Diese Erwägungen könnten dafür sprechen, in Bezug auf den oder die führende(n) Bank(en) unter Anwendung des Klammerzusatzes in § 11(e) 2nd Sentence Sec. Act keine Haftungsobergrenze anzuerkennen.

Tatsache, dass der Börsenkurs unmittelbar nach Bekanntwerden der fehlerhaften Angabe nicht nachgibt, ein Indiz dafür, dass haftungsausfüllende Kausalität (*loss causation*) fehlt.[2167]

Die beiden letzteren Haftungserleichterungen sind durch die Novelle von 1934 in das Gesetz eingefügt worden.[2168] Sie gehen auf Bemühungen der Investmentindustrie zurück, die befürchtete, dass § 11 Sec. Act in seiner ursprünglichen Fassung die Aufnahme von Kapital in den USA über Gebühr erschweren und damit die US-amerikanische Wirtschaft schädigen könnte. Inwieweit diese Befürchtungen gerechtfertigt waren, lässt sich nur schwer beurteilen. Fest steht jedenfalls nach über 70jähriger Anwendung, dass § 11 Sec. Act in seiner jetzigen Fassung die Bemühungen von US-amerikanischen Unternehmen, Kapital aufzunehmen, nicht grundlegend behindert, zugleich aber Investoren im Zusammenspiel mit den sonstigen vom Securities Act 1933 und Securities Exchange Act 1934 bereit gestellten Rechtsbehelfen eine effektive Waffe an die Hand gibt, um Fehler im registration statement auszugleichen. Um dem Leser einen umfassenderen Überblick zu verschaffen, sollen nun die wichtigsten dieser anderen Rechtsbehelfe, ohne die das Haftungsregime der US-amerikanischen Kapitalmarktgesetze nicht in seiner ganzen Tragweite verständlich ist, kurz beleuchtet werden.

2. Sec. 12(a)(1) Securities Act 1933

§ 12(a)(1) Sec. Act begründet eine absolute Haftung für Verstöße gegen § 5 Sec. Act. § 5 Sec. Act, die zentrale Vorschrift des Securities Act 1933, verbietet (1) während der prefiling period[2169] jegliches Angebot zum Kauf oder Verkauf eines Wertpapiers (§ 5[c] Sec. Act) sowie den Verkauf bzw. die Lieferung von verkauften Wertpapieren (§ 5[a] Sec. Act), (2) während der waiting period ebenfalls Verkauf oder Lieferung von verkauften Wertpapieren (§ 5[a] Sec. Act), daneben schriftliche Kommunikation oder Radio- bzw. Fernsehübertragungen, die auf den Verkauf von Wertpapieren abzielen,[2170] es sei denn, die Kommunikation entspricht den Anforderungen an Wertpapierprospekte gem. § 10 Sec. Act (§ 5[b][1] Sec. Act), und (3) während der posteffective period schließlich die Lieferung von Effekten ohne Wertpapierprospekt i.S. des § 10(a) Sec. Act (sog. *final prospectus*).[2171] Damit handelt es sich bei § 12(a)(1) Sec. Act, im Gegensatz zu z.B. § 11 Sec. Act oder § 10(b) Sec. Ex. Act / Rule 10b-5, nicht um eine Vorschrift, die einen durch betrügerisches Handeln verursachten Schaden aus-

2167 Vgl. Akerman v. Oryx Communications, Inc., 810 F.2d 336 (2d Cir. 1987), ein Fall, in dem der Beklagte allerdings nur deswegen gewann, weil das Gericht die Beweislast für die haftungsausfüllende Kausalität entgegen der Regel des § 11(e) Sec. Act teilweise auf den Kläger übertrug.
2168 Vgl. hierzu bereits am Anfang dieses Abschnitts vor a.
2169 Zu den verschiedenen Zeitabschnitten siehe oben § 4 I 1 b bb.
2170 So definiert § 2(a)(10) Sec. Act „prospectus“ i.S. des § 5(b)(1) Sec. Act.
2171 Jeweils ist Voraussetzung für die Anwendbarkeit von § 5 Sec. Act, dass die Beteiligten Gebrauch machen von „any means or instruments of transportation or communication in interstate commerce or … the mails“ (vgl. den Wortlaut der Vorschrift), andernfalls ist der Anwendungsbereich des Bundeskapitalmarktrechts nicht eröffnet.

gleichen will (sog. *antifraud provision*), sondern eine Bestimmung, die vornehmlich zum Zweck der Abschreckung existiert und die Befolgung der Verbote des § 5 Sec. Act durchsetzen soll.[2172]

§ 12(a)(1) Sec. Act stellt keine weiteren Voraussetzungen auf als eben die vorgenannte: Der Kläger, der Käufer der Effekten, muss darlegen und beweisen, dass der Beklagte eine der Vorschriften des § 5 Sec. Act verletzt hat. Vorsätzliches oder fahrlässiges Handeln ist ebenso wenig von Bedeutung wie die Erheblichkeit der Verletzung (*materiality*) oder eine kausale Verbindung zwischen der Verletzung und dem Entschluss zum Kauf der Wertpapiere bzw. einem etwaigen entstandenen Schaden.[2173] Der Beklagte kann einer Inanspruchnahme gem. § 12(a)(1) Sec. Act nur entgehen, indem er darlegt, dass entweder das Wertpapier gem. § 3 Sec. Act oder die streitgegenständliche Transaktion gem. § 4 Sec. Act vom Anwendungsbereich des § 5 Sec. Act ausgenommen ist. Die Einwendung des § 12(b) Sec. Act greift nur bei Inanspruchnahme gem. § 12(a)(2) Sec. Act, der eine Haftung für Prospektmängel aufstellt.[2174] Gleichfalls lassen sich die Einwendungen des § 11(b) Sec. Act nicht auf § 12(a)(1) Sec. Act übertragen.[2175] Die strenge Haftung der Vorschrift wird einzig durch die relativ kurze Verjährungsfrist des § 13 Sec. Act (maximal drei Jahre) abgemildert. Sie ist indes gerechtfertigt, da es für die Haftungsadressaten – anders als im Fall von §§ 11 oder 12(a)(2) Sec. Act – in der Regel ohne größere Schwierigkeiten ersichtlich ist, ob sie im Rahmen des § 5 Sec. Act handeln oder nicht: Der Zeitpunkt der Einreichung und des Wirksamwerdens des registration statement wird den Beteiligten bekannt sein oder ist zumindest leicht feststellbar. Folglich stellt sich (grundsätzlich) auch nicht das Problem, im Emissionskonsortium nach abgestuften Verantwortlichkeiten zu suchen. Auch die nicht an der Erstellung des registration statement mitwirkenden Banken trifft die Pflicht, sich der Befolgung des § 5 Sec. Act zu vergewissern.

Diese Untersuchung will sich deswegen auf zwei Probleme im Zusammenhang mit § 12(a)(1) Sec. Act beschränken. Zum einen die Frage, wer gemäß der Vorschrift haftet: alle emissionsbegleitenden Banken, unter Umständen auch die nicht dem Konsortium angehörenden Verkäuferbanken? Kommt es daneben auf die Art des Konsortiums – Begebungs-, Übernahme- oder Einheitskonsortium – und die Intensität der Einbindung der Emissionsbank in den Prozess der Übernahme und Platzierung an? Zum anderen ist das Verhältnis von § 12(a)(1) Sec. Act zu §§ 11, 12(a)(2) Sec. Act zu untersuchen, die beide differenziertere Voraussetzungen aufstellen als § 12(a)(1) Sec. Act und weitergehende Einwendungen des Anspruchsverpflichteten vorsehen.

2172 Zum Telos der Norm vgl. *Loss/Seligman/Paredes*, Securities Regulation, § 11-C-2 a (i).
2173 Letzteres gilt nur, wenn der Kläger Rückabwicklung der Wertpapiertransaktion (*rescission*) verlangt. Macht er hingegen Schadensersatz (*damages*), die andere der zwei gem. §12(a) am Ende Sec. Act vorgesehenen Rechtsfolgen, geltend, muss er haftungsausfüllende Kausalität nachweisen.
2174 Hierzu unten sogleich unter 3.
2175 In Ausnahmefällen wendet die Rechtsprechung die zu Rule 10b-5 entwickelten Einwendungen, insbesondere *in pari delicto*, auf § 12(a)(1) Sec. Act an, vgl. Pinter v. Dahl, 486 U.S. 622, 638 et seq., 108 S. Ct. 2063, 2074 (1988); sowie *Hazen*, Securities Regulation, § 7.2[1].

a. Haftungsadressaten

§ 12(a)(1) Sec. Act verpflichtet bei wörtlicher Auslegung nur denjenigen, der Wertpapiere anbietet oder verkauft („who … offers or sells"). Die Vorschrift scheint mithin einen Verstoß gegen die in § 5(a)(2), 5(b)(2) Sec. Act niedergelegten Restriktionen im Hinblick auf die Lieferung der Effekten nicht zu erfassen, sofern das vorausgegangene Angebot und der Verkauf im Einklang mit § 5 Sec. Act standen. Die Rechtsprechung hat sich gegen diese Interpretation gewandt und legt „sale" i.S. des § 12(a)(1) Sec. Act unter Rückgriff auf die weite Definition des § 2(a)(3) Sec. Act in einer Weise aus, die auch die Lieferung umfasst.[2176]

Schwieriger zu beantworten ist die Frage, welche Personen unter die Begriffe des Verkäufers (*seller*) und des Anbieters (*offeror*) fallen: Nur diejenigen, die Eigentümer sind und das Eigentum an den Papieren übertragen wollen, oder auch Hilfspersonen, die werbend tätig werden, Angebote einholen und ähnliche auf die Herbeiführung eines Kaufvertragsabschlusses abzielende Tätigkeiten vornehmen? Sprich, übertragen auf Emissionskonsortien: Sind nur diejenigen Konsortialbanken Adressaten der Vorschrift, die Wertpapiere zu Eigentum übernehmen, oder auch die Banken, die die Platzierung ohne Durchgangserwerb organisieren, d.h. bei Übertragung der Effekten als Vertreter des Emittenten auftreten?[2177] Leading case für diese Frage ist *Pinter v. Dahl.*[2178] In der Entscheidung stellte der US-amerikanische *Supreme Court* zunächst fest, dass Anspruchsverpflichtete jedenfalls alle Personen sind, die mit dem Käufer in einer vertraglichen Sonderbeziehung stehen (*contractual privity*), d.h. sich dazu verpflichten, Eigentum an den Wertpapieren zu übertragen.[2179] Was Personen anbelangt, die an der Herbeiführung des Kaufvertragsabschlusses mitwirken, ohne Vertragspartei zu sein, herrschte bis zur Entscheidung des Supreme Court in der Rechtssache *Pinter* in Rechtsprechung und Literatur Streit: Teile der Rechtsprechung lehnten jede über den Wortlaut des § 12(a)(1) Sec. Act hinausgehende Interpretation ab, verlangten mithin *strict privity* zwischen Anleger und Anspruchsverpflichtetem.[2180] Andere Gerichte legten „Verkäufer" i.S. der Vorschrift weiter aus und suchten nach einer gewissen Nähebeziehung zwischen dem

---

2176 Schillner v. H. Vaughan Clarke & Co., 134 F.2d 875 (2d Cir. 1943).
2177 Zur Eigentumslage an den Effekten und den verschiedenen Gestaltungsmöglichkeiten vgl. oben § 8 I 2 b.
2178 486 U.S. 622, 108 S. Ct. 2063 (1988).
2179 Id. at 642.
2180 Sanders v. John Nuveen & Co., Inc., 619 F.2d 1222, 1226 (7th Cir. 1980); Collins v. Signetics Corp., 605 F.2d 110, 114 (3d Cir. 1979); McFarland v. Memorex Corp., 493 F. Supp. 631, 640–641 (N.D. Cal. 1980). Diese Ansicht bezog sich vor allem auf den letzten Absatz von § 12(a) Sec. Act, der festlegt: „Any person who offers or sells a security … shall be liale … to the person *purchasing* such security *from him*" (Hervorhebung durch den Verfasser). Nach ihr wären die Mitglieder des Emissionskonsortiums bei kommissionsweiser Platzierung (*best efforts underwriting*) nicht haftbar, wohl aber bei fester Übernahme der Effekten (*firm commitment underwriting*), vgl. z.B. Unicorn Field, Inc. v. Cannon Group, Inc., 60 F.R.D. 217, 222 (S.D.N.Y. 1973); Bailey v. Huntington Securities Co., 35 F.R.D. 169 (S.D.N.Y. 1963).

Dritten und dem Eigentümer der Effekten (sog. *participation test*[2181]) bzw. fragten nach dem Grad der Beteiligung des Dritten an der Wertpapiertransaktion (sog. *substantial factor* [*proximate cause*][2182] oder *extensive involvement test*[2183]).

Der Supreme Court in *Pinter* wandte sich gegen alle drei von den Untergerichten vorgeschlagenen Interpretationen. Er war der Auffassung, neben dem Eigentümer könne lediglich haftbar sein: „who successfully solicits the purchase, motivated at least in part by a desire to serve his own financial interests or those of the securities owner."[2184] Der Test des Supreme Court besteht mithin aus zwei Teilen: Zum einen muss der Anspruchsverpflichtete die Wertpapiertransaktion herbeigeführt haben (*solicitation*). Hierfür ist es ausreichend, dass er den Käufer dazu drängt,[2185] die Effekten zu erwerben, oder ihn in sonstiger Form von den Vorteilen der Transaktion

2181 Hierzu Katz v. Amos Treat & Co., 411 F.2d 1046 (2d Cir. 1969). Kommentatoren haben drei Voraussetzungen herausgearbeitet, die nach dem *participation test* für eine Haftung Dritter gem. § 12(a)(1) Sec. Act erfüllt sein müssen (nach *Hicks*, Civil Liabilities, § 5:23): „(1) The defendant must be an agent of the seller, (2) his participation must be significant, and (3) the participation must relate to the illegal sale to the plaintiff." Nicht erforderlich ist, dass der Dritte eigene finanzielle Interessen mit seiner Tätigkeit verfolgt.

2182 Lennerth v. Mendenhall, 234 F. Supp. 59, 65 (N.D. Ohio 1964): „We think that the line of demarcation must be drawn in terms of cause and effect: to borrow a phrase from the law of negligence, did the injury to the plaintiff flow directly and proximately from the actions of this particular defendant? If the answer is in the affirmative, we would hold him liable. But for the presence of the defendant [...] in the negotiations preceding the sale, could the sale have been consummated? If the answer is in the negative, and we find that the transaction could never have materialized without the efforts of that defendant, we must find him guilty." Diesem Urteil folgend Hill York Corp. v. American International Franchises, Inc., 448 F.2d 680 (5th Cir. 1971). Ähnlich Nicewarner v. Bleavins, 244 F. Supp. 261 (D. Colo. 1965). Der *substantial factor test* stellt damit eine vermittelnde Lösung zwischen der engen Auslegung, die auf *strict privity* abstellt, und dem sehr weiten *participation test* dar. Er führt allerdings zu großer Rechtsunsicherheit, da sich dem Begriff „substantial" nur schwer klare Konturen verleihen lassen, wie die Gerichte mitunter selbst erkannten, vgl. Pharo v. Smith, 621 F.2d 656, 667 (5th Cir. 1980): „We read [the precedents] as limiting Sections 12(1) and (2) sellers (i) to those in privity with the purchaser and (ii) to those whose participation in the buy-sell transaction is a substantial factor in causing the transaction to take place. Mere participation in the events leading up to the transaction is not enough. But beyond the words 'substantial factor,' we have no guideposts other than the factual situations presented in these [...] cases".

2183 Der Test unterscheidet sich geringfügig vom *substantial factor test*, indem er, vom Sinn und Zweck des Securities Act 1933 ausgehend, weniger auf die Kausalverbindung zwischen den Maßnahmen des Dritten und der Wertpapiertransaktion schaut als auf die Position, die der Dritte im Rahmen der Platzierung der Papiere einnimmt, vgl. Wasson v. SEC, 558 F.2d 879, 886 (8th Cir. 1977): „The Securities Act of 1933 was designed to provide investors with full disclosure of material information concerning public offerings of securities in commerce. ... To accomplish this end, registration and disclosure requirements were imposed on those with access to relevant information. ... [O]ne factor which ought to be considered in determining the 'sale' or 'offer to sell' issue is whether the defendant was uniquely positioned to ask relevant questions, acquire material information, or disclose his findings."

2184 Pinter v. Dahl, 486 U.S. 622, 647, 108 S. Ct. 2063, 2078. Um dieses Ergebnis zu erreichen, bediente sich das Gericht der in § 2(a)(3) Sec. Act enthaltenen Definition der Begriffe „sale" und „offer to sell": These terms „shall include every attempt or offer to dispose of, or *solicitation* of an offer to buy, a security or interest in a security, for value" (Hervorhebung durch den Verfasser).

2185 Id.: „a person who *urges* another to make a securities purchase" (Hervorhebung durch den Verfasser).

überzeugt.[2186] Voraussetzung ist aber in jedem Fall, dass es aufgrund seiner Tätigkeit tatsächlich zum Abschluss des Wertpapiergeschäfts kommt, d.h. eine Kausalverbindung zwischen der Einflussnahme auf den Käufer und dem Geschäftsabschluss existiert.[2187] Zum anderen muss der Anspruchsverpflichtete die Erzielung eines finanziellen Vorteils anstreben. Der finanzielle Vorteil kann in einer Gewinnbeteiligung, dem Erhalt einer Provision[2188] oder einem sonstigen, unter Umständen auch indirekten Vermögensvorteil bestehen.[2189] Damit fallen insbesondere Vertreter oder Kommissionäre des Eigentümers, z. B. Emissionsbanken, die sich zu einem *best efforts* Konsortium zusammengeschlossen haben,[2190] oder Broker in den Kreis der Haftungsadressaten des § 12(a)(1) Sec. Act.[2191] Haftbar ist darüber hinaus derjenige, der die Wertpapiertransaktion unentgeltlich herbeiführt, wenn er (auch) zum Zweck der Förderung der Vermögensinteressen des Eigentümers der Wertpapiere handelt.[2192] Durch das Erfordernis der Verfolgung finanzieller Interessen will der Supreme Court ein Ausufern der Garantiehaftung gem. § 12(a)(1) Sec. Act ver-

---

2186 *Hicks*, Civil Liabilities, § 5:34. In der Regel bedarf es hierfür eines direkten Kontakts zwischen Käufer und Anspruchsverpflichtetem. Es genügt indes nicht, wenn sich die Tätigkeit des Dritten darauf beschränkt, dem Käufer auf Ersuchen des Eigentümers bestimmte Angebotsunterlagen zur Verfügung zu stellen, vgl. Wilson v. Saintine Exploration and Drilling Corp., 872 F.2d 1124 (2d Cir. 1989) (im Fall hatte der Anwalt des Emittenten dem Kaufinteressenten das *private placement memorandum* übersandt). Vgl. auch In re Gas Reclamation, Inc. Securities Litigation, 733 F. Supp. 713, 723 (S.D.N.Y. 1990): Mitwirkung an einer Werbeveranstaltung in untergeordneter Rolle ist nicht ausreichend. Anders Flournoy v. Peyson, 701 F. Supp. 1370, 1373, 1379 (N.D. Ill. 1988): Leiter eines Investmentseminars, der auf dem Seminar eine Investitionsmöglichkeit empfiehlt, gehört zum Kreis der Haftungsadressaten gem. § 12(a) Sec. Act. Mitunter sprechen die Gerichte davon, dass die Haftung „direct and active participation in the solicitation of the immediate sale" voraussetzt, vgl. Craftmatic Securities Litigation v. Kraftsow, 890 F.2d 628, 636 (3d Cir. 1989). Weitere Einzelheiten bei *Hicks*, Civil Liabilities, § 6:96.

2187 *Hicks*, loc. cit., § 5:34.

2188 Pinter v. Dahl, 486 U.S. 622, 654, 108 S. Ct. 2063, 2082; Adams v. Hyannis Harborview, Inc., 838 F. Supp. 676, 686–687 (D. Mass. 1993).

2189 Der Anspruchsverpflichtete erlangt einen indirekten Vermögensvorteil, wenn er z.B. Aktionär des Emittenten ist, vgl. Cook v. Goldman, Sachs & Co., 726 F. Supp. 151, 155 (S.D. Tex. 1989). Siehe auch In re Keegan Management Co. Securities Litigation, 1991 WL 253003 (N.D. Cal. 1991) at 8: Die Leitungspersonen des Emittenten können gem. § 12(a) Sec. Act haften, wenn das Wertpapiergeschäft ihre Stellung innerhalb des Unternehmens festigt oder sich sonst positiv auf ihre Vergütung bzw. ihre eigene Beteiligung auswirkt.

2190 Übernehmen die Emissionsbanken die Effekten zu Eigentum (so häufig beim *firm commitment underwriting*), sind sie ohnehin Adressaten des § 12(a)(1) Sec. Act.

2191 Pinter v. Dahl, 486 U.S. 622, 644, 108 S. Ct. 2063, 2077: „A natural reading of the statutory language would include in the statutory seller status at least some persons who urged the buyer to purchase. For example, a securities vendor's agent who solicited the purchase would commonly be said, and would be thought by the buyer, to be among those 'from' whom the buyer 'purchased,' even though the agent himself did not pass title."

2192 Id. at 655, 2082: „[A] person who solicits the buyer's purchase in order to serve the financial interests of the owner may properly be liable under § 12(1) without showing that he expects to participate in the benefits the owner enjoys." Der Gehalt dieser Voraussetzung ist unklar: Jegliche Mithilfe bei der Platzierung der Wertpapiere fördert die Vermögensinteressen des Eigentümers. Um zu einer sinnvollen Begrenzung der Haftung gem. § 12(a)(1) Sec. Act zu kommen, muss die Förderabsicht des Dritten mithin eine bestimmte Intensität aufweisen. Der Supreme Court führt indes nicht aus, welche Kriterien hierfür maßgeblich sind. Soweit ersichtlich, fehlen bislang auch Entscheidungen der Untergerichte zu dieser Frage.

hindern: Wie sich aus der Betonung von „offer to sell" als „offer ... *for value*"[2193] in § 2(a)(3) Sec. Act ergebe, könne ein Rat, der *dem Käufer* ohne Gegenleistung, z.B. aus freundschaftlichen Gründen, gegeben werde, keine haftungsbegründende Handlung i.S. des § 12(a)(1) Sec. Act darstellen.[2194]

In einer Hinsicht wirkt das Erfordernis einer Sonderverbindung zwischen Käufer und Verkäufer auch in der Entscheidung des Supreme Court nach: Der zweiteilige *Pinter*-Test greift nur im Hinblick auf Personen, die auf „derselben Ebene" wie der Vertragspartner des Anspruchstellers (der Eigentümer der Effekten) stehen, d.h. in seinen Platzierungsprozess einbezogen sind, ohne selbst Partei des Wertpapiergeschäfts zu werden. Er gilt hingegen nicht für Ansprüche des Käufers gegen vorgelagerte Verkäufer oder andere Personen, die auf einer „höheren Ebene" gehandelt und die Effekten an den Vertragspartner des Anspruchstellers verkauft haben bzw. bei dem Verkauf unterstützend tätig wurden. Diese Personen haften nicht gem. § 12(a)(1) Sec. Act[2195].

Aus dem Gesagten ergibt sich, dass der Kreis der Haftungsadressaten gem. § 12(a)(1) Sec. Act[2196] einerseits weiter ist als der gem. § 11 Sec. Act: Die Anforderungen des § 5 Sec. Act müssen, wie § 4 Sec. Act zeigt, der Emittent, die Emissionsbanken (*underwriter*) sowie (mit Einschränkungen) Broker und Dealer befolgen. Diese Personen sind als Verkäufer i.S. des § 12(a) Sec. Act anzusehen, wenn sie an dem Verkauf als Vertragspartei beteiligt sind oder die Transaktion in anderer Weise in Verfolgung eigener Vermögensinteressen unterstützen. Folglich erfasst § 12(a) Sec. Act auch Verkäuferbanken (*selling agents*), die nicht Mitglieder des Emissionskonsortiums sind, keine underwriting fee erhalten, d.h. gem. § 2(a)(11) 1. Satz 2. HS Sec. Act nicht der Definition des „underwriter" unterfallen und mithin nicht gem. § 11(a)(5) Sec. Act haften. Andererseits richtet sich § 11 Sec. Act an Personen, die grundsätzlich nicht –

2193 Hervorhebung durch den Verfasser.

2194 Pinter v. Dahl, 486 U.S. 622, 647, 108 S. Ct. 2063, 2077. Aus diesem Grund gab der Supreme Court der Klage nicht statt: Der Beklagte (Dahl) hatte möglicherweise ohne eigenes finanzielles Interesse gehandelt (die endgültige Entscheidung blieb der Vorinstanz vorbehalten, an die der Gerichtshof zurückverwies). Nach dem *substantial factor test* hätte angesichts der umfassenden Beteiligung von Dahl anders entschieden werden müssen, id. at 648 et seq., 2079 et seq. Der Supreme Court hielt die oben vorgestellten Meinungen der Untergerichte nicht mit dem Wortlaut des § 12(a)(1) Sec. Act und dem Erfordernis der Rechtssicherheit für vereinbar. Auch führten sie dazu, dass Dritte, die lediglich ihre beruflichen Pflichten in Bezug auf das Wertpapiergeschäft ausübten, z.B. Rechtsanwälte und Wirtschaftsprüfer, einer möglichen Inanspruchnahme gem. § 12(a)(1) Sec. Act ausgesetzt seien, id. at 651 et seq., 2080 et seq.

2195 Id. at 644, 2077 (n. 21): „One important consequence of [the second clause of § 12(a)(1), which provides that only a defendant 'from' whom the plaintiff 'purchased' securities may be liable,] is that § 12[a](1) imposes liability on only the buyer's immediate seller; remote purchasers are precluded from bringing actions against remote sellers. Thus, a buyer cannot recover against his seller's seller."

2196 Gleiches gilt für § 12(a)(2) Sec. Act. Die Vorschrift umschreibt den Kreis der Anspruchsverpflichteten in identischer Weise („any person who offers or sells"), und die überwiegende Rechtsprechung bedient sich derselben Auslegungskriterien, vgl. z.B. Craftmatic Securities Litigation v. Kraftsow, 890 F.2d 628, 635 (3d Cir. 1989); Capri v. Murphy, 856 F.2d 473, 478 (2d Cir. 1988).

jedenfalls nicht schon kraft ihrer Stellung in Bezug auf den Emittenten[2197] – zum Kreis der Haftungsadressaten gem. § 12(a)(1) Sec. Act gehören: Leitungspersonen des Emittenten, die das registration statement unterschrieben haben (§ 11[a][1] Sec. Act), *Directors* (§ 11[a][2] Sec. Act) und Sachverständige i.S. von § 11(a)(4) Sec. Act. Auch der Emittent selbst ist – jedenfalls wenn er die Effekten im Rahmen eines *firm commitment underwriting* an die Emissionsbanken veräußert – nicht zwangsläufig Haftungsadressat des § 12(a) Sec. Act. Etwas anderes gilt nur dann, wenn sich seine Tätigkeit nicht auf die Erstellung des Verkaufsprospekts und Teilnahme an von den Banken organisierten Werbemaßnahmen beschränkt, sondern eigenständigen Absatzbemühungen gleichkommt.[2198]

b. Verhältnis zu §§ 11 und 12(a)(2) Sec. Act

Wie im ersten Absatz dargestellt, haften die Konsortialbanken, wenn sie die zeitlichen Restriktionen des § 5 Sec. Act nicht beachten (*gun jumping*), d.h. zum Beispiel vor Einreichung des registration statement bei der SEC Wertpapiere anbieten oder vor Wirksamwerden des registration statement Effekten verkaufen. Die Entscheidung *SEC v. Manor Nursing Centers, Inc.*[2199] zeigt einen weiteren, nicht ganz so offensichtlichen Anwendungsfall des § 12(a)(1) Sec. Act auf: Gem. § 5(b) Sec. Act ist der

---

2197 Sie können natürlich der Haftung gem. § 12(a) Sec. Act unterfallen, wenn sie entsprechend der in *Pinter* entwickelten Kriterien handeln. Vgl. z.B. in Bezug auf das Leitungspersonal des Emittenten In re Keegan Management Co. Securities Litigation, 1991 WL 253003 (oben Fn. 2189). Ausführlich zu dieser Problematik *Hicks*, Civil Liabilities, § 6:101 (*directors* und *officers*), § 6:103 (Rechtsanwälte), § 6:104 (Wirtschaftsprüfer), jeweils m.w.N.

2198 Das ist Folge der Einschränkung des Supreme Court in *Pinter*, dass der Anspruchsteller nicht gegen Personen auf einer höheren Ebene als derjenigen, auf der sein Vertragspartner handelt (z.B. den *seller's seller*), vorgehen kann, vgl. Lone Star Ladies Inv. Club v. Schlotzsky's Inc., 238 F.3d 363, 370 (5th Cir. 2001): „[T]here are unusual cases in which the issuer is sufficiently active in promoting the securities as to essentially become the vendor's agent. ... Virtually all issuers routinely promote a new issue, if only in the form of preparing a prospectus and conducting a road show. That said, Pinter holds that a plaintiff invoking section 12 may show that an issuer's role was not the usual one; that it went farther and became a vendor's agent." Ähnlich Shaw v. Digital Equipment Corp. 82 F.3d 1194, 1215–1216 (1st Cir. 1996): „Because the issuer in a firm commitment underwriting does not pass title to the securities, [the defendant] and its officers cannot be held liable as 'sellers' under Section 12[a](2) unless they actively 'solicited' the plaintiffs' purchase of securities to further their own financial motives, in the manner of a broker or vendor's agent. ... [N]either involvement in preparation of a registration statement or prospectus nor participation in 'activities' relating to the sale of securities, standing alone, demonstrates the kind of relationship between defendant and plaintiff that could establish statutory seller status"; Jackson v. First Federal Sav. of Arkansas, F.A., 709 F. Supp. 863, 883–884 (E.D. Ark. 1988). Es ist jedoch zu beachten, dass zahlreiche Gerichtsentscheidungen existieren, in denen der Emittent trotz *firm commitment underwriting* für haftbar angesehen wurde, z.B. In re American Bank Note Holographics, Inc. Securities Litigation, 93 F. Supp. 2d 424, 439 (S.D.N.Y. 2000): Ausreichend sei, „[if the issuer] actively solicited the sale of the shares through participation in preparation of the registration statement and prospectus and in road shows". Ebenso Dorchester Investors v. Peak Trends Trust, 2003 WL 223466 at 2 (S.D.N.Y. 2003); In re APAC Teleservice, Inc. Securities Litigation, 1999 WL 1052004 at 11 (S.D.N.Y. 1999): „Courts have concluded that because the prospectus itself is a document that solicits the purchase of securities, those who sign the registration statement should be deemed persons who solicited the purchase of the offered securities"; Schaffer v. Evolving Systems, Inc., 29 F. Supp. 2d 1213, 1223 (D. Colo. 1998).

2199 458 F.2d 1082 (2d Cir. 1972).

Verkäufer in bestimmten Fällen dazu verpflichtet, einen Wertpapierprospekt zu übermitteln (insbesondere bei Lieferung der Effekten, § 5[b][2] Sec. Act). Dieser Prospekt muss den Anforderungen des § 10 Sec. Act genügen. Das Gericht im Fall *Manor* schlussfolgerte, dass es sich bei einem Prospekt, der wesentliche Fehler enthält, nicht um einen Prospekt i.S. des § 10 Sec. Act handelt. Folge ist, dass der Verkäufer die Vorschrift des § 5(b) Sec. Act verletzt, mithin für den Prospektmangel gem. § 12(a)(1) Sec. Act einstehen muss.[2200] Eine solche verschuldensunabhängige Prospekthaftung steht offensichtlich in Widerspruch zu §§ 11, 12(a)(2) Sec. Act, die differenzierte Anforderungen an die Haftung der Prospektverantwortlichen stellen, vor allem Einwendungen verschiedener Art zulassen. Ein Teil der Rechtsprechung erkennt dieses Problem und wendet die in *Manor* aufgestellte Regel nicht auf Prospektmängel an, die bereits bei Wirksamwerden des registration statement vorlagen.[2201]

Fraglich ist, wie sich beide Strömungen der Rechtsprechung in Einklang bringen lassen. *Manor* und die Folgeentscheidungen beziehen sich auf Ereignisse, die *nach* Inkrafttreten des registration statement eintreten und die Fehlerfreiheit des Verkaufsprospekts in Frage stellen. Damit könnte wie folgt differenziert werden: Wenn der Wertpapierprospekt durch *nachträgliche* Umstände fehlerhaft wird, tritt § 12(a)(1) Sec. Act neben §§ 11, 12(a)(2) Sec. Act; bei anfänglichen Mängeln verbleibt es bei der Haftung gemäß letzteren Vorschriften. Mit anderen Worten: Es besteht eine Pflicht zur Aktualisierung des Verkaufsprospekts, deren Nichtbeachtung die Haftungsfolgen des § 12(a)(1) Sec. Act nach sich zieht.[2202] Eine Umgehung von § 11

2200 Id. at 1098: „We hold that implicit in the statutory provision that the prospectus contain certain information is the requirement that such information be true and correct. ... A prospectus does not meet the requirements of § 10(a), therefore, if information required to be disclosed is materially false or misleading. Appellants violated § 5(b)(2) by delivering Manor securities for sale accompanied by a prospectus which did not meet the requirements of § 10(a) in that the prospectus contained materially false and misleading statements with respect to information required by § 10(a) to be disclosed." Ebenso A. J. White & Co. v. S.E.C., 556 F.2d 619 (1st Cir. 1977); Jefferies & Co. Inc. v. Arkus-Duntov, 357 F. Supp. 1206 (S.D.N.Y. 1973).

2201 SEC v. Southwest Coal & Energy Co., 624 F.2d 1312, 1318 et seq. (5th Cir. 1980); Byrnes v. Faulkner, Dawkins and Sullivan, 413 F. Supp. 453 (S.D.N.Y. 1976).

2202 Diese Pflicht besteht unabhängig von der Diskussion über den Anwendungsbereich von § 12(a)(1) Sec. Act: Ereignisse, die nach Inkrafttreten des registration statement bzw. Erlass des Prospekts eintreten und zu einer wesentlichen Veränderung der in den Dokumenten dargestellten Lage führen, müssen dem Anlegerpublikum mitgeteilt werden. Die Nichtbeachtung dieser Aktualisierungspflicht durch die an der Emission Beteiligten (d.h. den Emittenten und die Konsortialbanken, aber auch den Rechtsbeistand, *directors* und *officers* des Emittenten etc.) stellt einen Verstoß gegen §§ 17(a) Sec. Act, 10(b) Sec. Ex. Act dar, sofern die weiteren Voraussetzungen dieser Vorschriften, insbesondere die Verschuldensanforderungen, erfüllt sind (hierzu in den nächsten Abschnitten, 4 und 5). Vgl. SEC v. Manor Nursing Centers, Inc., loc. cit. at 1095: „Post-effective developments which materially alter the picture presented in the registration statement must be brought to the attention of public investors." SEC v. Bangor Punta Corp., 331 F. Supp. 1154, 1160 n. 10. (S.D.N.Y. 1971): „The effect of the antifraud provisions of the Securities Act (§ 17[a]) and of the Exchange Act (§ 10(b) and Rule 10b-5) is to require the prospectus to reflect any post-effective changes necessary to keep the prospectus from being misleading in any material respect." Das geschieht, indem der Prospekt gem. Rule 424(c) ergänzt wird (sog. *prospectus supplement*). Zur Frage, wann der Prospekt ergänzt werden kann, wann ein neuer Prospekt erstellt werden muss und welche Auswirkungen dies auf das registration statement hat, vgl. *Loss/Seligman/Paredes*, Securities

Sec. Act ließe sich durch diese Interpretation vermeiden, da das registration statement nach ganz h.M. nicht zu aktualisieren ist, selbst wenn nachträgliche Ereignisse seine Aussagekraft beeinträchtigen.[2203] Gewisse Friktionen entstehen gleichwohl: Der Garantiecharakter des § 12(a)(1) Sec. Act hat zur Folge, dass Verkäufer von Wertpapieren für Mängel, die nach Wirksamwerden des registration statement eintreten, einer strengeren Haftung unterworfen werden als für Mängel, die bereits zu diesem Zeitpunkt bestehen. So sind etwa Personen, die weder zum Kreis der für das registration statement Verantwortlichen gem. § 11(a)(1)-(5) Sec. Act gehören noch von dem Prospektmangel Kenntnis hatten oder hätten haben müssen, zur Rückabwicklung des Wertpapiergeschäfts verpflichtet, sofern sie als Verkäufer i.S. des § 12(a)(1) Sec. Act anzusehen sind. Die Schwere des Verstoßes gegen die Vorschriften des Securities Act ist indes im letzteren Fall keineswegs als höher, eher als geringer einzuschätzen als bei originärer Fehlerhaftigkeit von registration statement und damit *zusätzlich* Verkaufsprospekt.

Darüber hinaus bestehen weiterhin Schwierigkeiten, §§ 12(a)(1) und 12(a)(2) Sec. Act in Übereinstimmung zu bringen. § 12(a)(2) Sec. Act zielt gerade auf Mängel des Verkaufsprospekts ab und erfasst innerhalb seines Anwendungsbereichs[2204] auch solche Fehler, die erst nach Inkrafttreten des registration statement – sofern ein solches überhaupt erstellt wurde, was § 12(a)(2) Sec. Act nicht voraussetzt – aufgetreten sind.

Eine befriedigende und abschließende Lösung des Problems ist der Rechtsprechung bislang, soweit ersichtlich, nicht gelungen. Die bereits oben zitierte Entscheidung *Byrnes*[2205] deutet zwei Gesichtspunkte an, nach denen sich § 12(a)(1) Sec. Act einerseits und §§ 11, 12(a)(2) Sec. Act andererseits voneinander abgrenzen lassen: Neben dem Zeitpunkt der Entstehung des Prospektmangels soll die Schwere des Fehlers von Bedeutung sein. § 12(a)(1) Sec. Act will schwerwiegende Verstöße, die sich in der Nichtbeachtung des von § 5 Sec. Act vorgegebenen Verfahrens niederschlagen, mit einer strengen, verschuldensunabhängigen Haftung ahnden, während § 12(a)(2) Sec. Act von der grundsätzlichen Beachtung des Verfahrens gem. § 5 Sec. Act ausgeht und bei Mängeln der im Rahmen dieses Verfahrens zum Einsatz gelangten Dokumente eine Schadensersatzpflicht aufstellt.[2206] Damit könne sich, so das Gericht, ein Käufer von Wertpapieren nur dann wegen unrichtiger Angaben im Verkaufspros-

---

Regulation, § 2-C-3 a. Zum Bestehen einer fortgesetzten Offenbarungspflicht gegenüber dem Anleger auch nach Abschluss der Wertpapiertransaktion siehe zudem Banc One Capital Partners Corp. v. Kneipper, 67 F.3d 1187 (5th Cir. 1995) (Voraussetzung ist ein „contingent commitment“: der Fortbestand der Transaktion ist abhängig von weiteren, zeitlich später eintretenden Ereignissen, z.B. im Fall eines *all or none offering*).

2203 Z.B. In Re Funeral Directors Manufacturing and Supply Co., 39 SEC 33, 34 (1959): „[T]he adequacy and accuracy of the disclosures in a registration statement are to be tested as of the date the registration statement becomes effective.“ Vgl. auch oben § 4 I 1 b bb, insbesondere Fn. 302.

2204 Hierzu sogleich unter 3.

2205 Fn. 2201.

2206 Byrnes v. Faulkner, Dawkins and Sullivan, 413 F. Supp. 453, 465 et seq. (S.D.N.Y. 1976).

pekt auf § 12(a)(1) Sec. Act stützen, wenn der Prospektmangel von solcher Bedeutung ist, dass er der Nichtbereitstellung eines Prospekts gleichkomme.[2207]

c. *Subsumtion und Zusammenfassung*

Abschließend ist noch einmal zusammenzufassen, welche Auswirkungen § 12(a)(1) Sec. Act auf die Haftung der Emissionsbanken hat. § 12(a)(1) Sec. Act gilt grundsätzlich nicht für Prospektmängel, sondern greift nur bei Verletzung der *gun jumping* Vorschriften des § 5 Sec. Act ein. Für den Fall eines Fehlers im registration statement oder Verkaufsprospekt halten §§ 11, 12(a)(2) Sec. Act die differenzierteren und deswegen vorrangigen Regeln bereit. Eine Ausnahme gilt nur, wenn der Prospekt erst nach Wirksamwerden des registration statement unrichtig geworden ist, und auch in diesem Fall wohl nur bei außergewöhnlich schweren Mängeln, die den Informationsgehalt des Verkaufsprospekts praktisch aufheben. Vollständig ist das Konkurrenzverhältnis noch nicht geklärt.

Die Haftung der Emissionsbanken hängt nicht davon ab, ob sie im Rahmen eines *best efforts* oder *firm commitment underwriting* tätig werden. Wie dargestellt,[2208] erwerben die Banken beim *best efforts underwriting* kein Eigentum, beim *firm commitment underwriting* nur dann, wenn im Übernahmevertrag Entsprechendes vereinbart worden ist. Werden die Investmentbanken Eigentümer und verkaufen sie an den Anspruchsteller, sind sie unzweifelhaft dem Kreis der Haftungsadressaten des § 12(a) Sec. Act[2209] zuzurechnen.[2210] Findet kein Durchgangserwerb der Banken statt, ist gemäß dem in *Pinter* entwickelten Test zu fragen, ob die Emissionsbegleiter den Kauf der Effekten vermittelt haben (*solicitation*). Das wird in der Regel nicht nur in Bezug auf diejenigen Mitglieder des Konsortiums zu bejahen sein, die für den Emittenten Zeichnungsangebote einholen und die Transaktionen als Kommissionäre oder Vertreter abwickeln, sondern auch in Bezug auf andere Banken, die in Kontakt zu den Anlegern treten und aktiv auf einen Vertragsabschluss hinarbeiten, indem sie z.B. im Verkaufsprospekt namentlich aufgeführt werden und an Road Shows teilnehmen oder sonstige Werbemaßnahmen organisieren bzw. mitfinanzieren.[2211]

2207 Id. at 466: „The discrepancy between the facts as presented in the prospectus ... and the facts as they actually exist[...] [has to be] so tremendous that a failure to amend the prospectus [can] be deemed an utter failure to provide a prospectus which conform[s] to s 10(a.)."

2208 § 8 I 2 b cc.

2209 Erfolgt Bezugnahme auf § 12(a) Sec. Act, ohne zwischen Unterabsatz (1) und (2) zu differenzieren, gelten die Ausführungen für beide Haftungsnormen.

2210 Vgl. z.B. In re WorldCom, Inc. Securities Litigation, 294 F. Supp. 2d 392, 409 (S.D.N.Y. 2003); In re Chambers Development Securities Litigation, 848 F. Supp. 602, 625 (W.D. Pa. 1994); Endo v. Albertine, 812 F. Supp. 1479, 1494 (N.D. Ill. 1993); Wiley v. Hughes Capital Corp., 746 F. Supp. 1264, 1280-1281 (D. N.J. 1990); In re Worlds of Wonder Securities Litigation, 694 F. Supp. 1427, 1435 (N.D. Cal. 1988).

2211 Solcherart waren z.B. die Aktivitäten, die die Konsortialbanken in In re ZZZZ Best Securities Litigation, Fed. Sec. L. Rep. (CCH) ¶94485, at 91,310, 1989 WL 90284 (C.D. Cal. 1989) entfalteten, und die nach Ansicht des Gerichts zumindest die Möglichkeit einer Haftung gem. § 12(a) Sec. Act begründeten (das Gericht hatte nicht abschließend über den Rechtsstreit, sondern nur über eine *motion to dismiss* zu entscheiden).

Im Einzelnen zu den Voraussetzungen des *Pinter*-Tests: (1) Sind die Banken als Zeichnungsstellen an der Platzierung beteiligt, d.h. gehen sie als Kommissionär bzw. Vertreter des Emittenten mit dem Anleger vertragliche Beziehungen ein oder vermitteln diese Beziehungen, gehören sie jedenfalls dann zum Adressatenkreis des § 12(a) Sec. Act, wenn sie auf die Willensbildung des Investors Einfluss nehmen. Schwieriger ist der Fall zu beurteilen, dass einzelne Banken nicht in den Prozess der Platzierung eingebunden sind, vielmehr lediglich versprechen, im Wege eines *standby underwriting* die nicht durch den Emittenten bzw. die anderen Banken platzierten Effekten zu übernehmen.[2212] Auch in diesem Fall werden sie in aller Regel nach außen als Mitglieder des Emissionskonsortiums in Erscheinung treten, und zwar, wenn nicht schon durch aktive Teilnahme an Werbeveranstaltungen, so doch zumindest durch Nennung auf dem Tombstone, in identifying statements[2213] oder im registration statement bzw. Verkaufsprospekt. Auch werden sie durch eine so geartete Mitwirkung, namentlich Einbringung ihrer Reputation, das Gelingen der Emission fördern und die Platzierung der Effekten am Markt erleichtern. Damit wird ihre Beteiligung häufig (mit-)ursächlich für den Verkauf einzelner Papiere sein. Gleichwohl lässt die Rechtsprechung[2214] darauf schließen, dass eine solche Beteiligung ohne das Hinzutreten weiterer Faktoren nicht ausreicht, um die Banken als Verkäufer i.S. des § 12(a) Sec. Act anzusehen. Erforderlich ist zumindest aktive Öffentlichkeitsarbeit, wohl in nicht ganz untergeordneter Stellung, die auf Unterstützung der Platzierung gerichtet ist und den Anspruchsteller tatsächlich dazu veranlasst, Effekten zu erwerben.

(2) Die Banken erstreben mit ihrer Teilnahme an der Emissionsbegleitung einen finanziellen Vorteil: Übernehmen und platzieren sie die Effekten, erhalten sie – neben der Übernahmeprovision (*underwriting fee*) – eine Verkaufsprovision (*selling fee*), d.h. ziehen aus der Vermittlungstätigkeit einen direkten finanziellen Vorteil.[2215] Gehen sie nur die Übernahmeverpflichtung ein, platzieren aber keine Papiere (bzw. haben sie nicht diejenigen Papiere platziert, bezüglich derer Rückgängigmachung verlangt wird), beschränkt sich ihre Vergütung auf die *underwriting fee*.[2216] Die *underwriting fee* ist nicht als Gegenleistung für die Vermittlung des Wert-

---

2212 Eine solche Vereinbarung stellt heute in der Praxis die Ausnahme dar, vgl. *Johnson/McLaughlin*, Corporate Finance, p. 59 et seq.

2213 Securities Act Rule 134; vgl. zu identifying statements oben § 4 I 1 b bb.

2214 Oben a. Vgl. aber andererseits In re APAC Teleservice, Inc. Securities Litigation, 1999 WL 1052004 at 11 (S.D.N.Y. 1999); In re Sirrom Capital Corp. Securities Litigation, 84 F. Supp. 2d 933, 945 (M.D. Tenn. 1999); Schaffer v. Evolving Systems, Inc., 29 F. Supp. 2d 1213, 1223 (D. Colo. 1998); Picard Chemical Inc. Profit Sharing Plan v. Perrigo Co., 940 F. Supp. 1101, 1133 (W.D. Mich. 1996). Die Urteile scheinen festzustellen, dass bereits das Unterzeichnen des registration statement als potentiell haftungsbegründende „solicitation" anzusehen ist.

2215 Die *selling fee* ergibt sich, wie bereits dargestellt, aus der Differenz zwischen dem Übernahme- und dem Platzierungspreis. Die Emissionsbanken erhalten diese Vergütung unabhängig davon, ob sie die Effekten als Eigentümer verkaufen oder in Vertretung für den Emittenten übertragen (bzw. in Vertretung für den Emittenten die zur Entstehung der Mitgliedschaftsrechte mit dem Investor erforderliche Vereinbarung abschließen).

2216 Wie erwähnt, wird es in der Praxis nur ausnahmsweise der Fall sein, dass Konsortialmitglieder an der Platzierung der Effekten in keiner Weise beteiligt sind. Es kommt aber häufig vor, papiergeschäfts (und das verlangt *Pinter*[2217]), sondern als Vergütung für die Übernahme des Emissionsrisikos anzusehen. Gleichwohl ist der zweite Teil des *Pinter*-Tests auch in diesem Fall zu bejahen: Die dargestellte Rechtsprechung zeigt, dass das finanzielle Interesse nicht notwendig in einer Gewinnbeteiligung bzw. Provision bestehen muss, sondern indirekter Natur sein kann. Konsortialbanken, die, ohne selbst Papiere zu platzieren, auf Anleger einwirken und hierdurch die Platzierung unterstützen, mithin den ersten Teil des *Pinter*-Tests erfüllen, erlangen einen (indirekten) vermögenswerten Vorteil in Gestalt der ausbleibenden Realisation des Emissionsrisikos: Wurden alle Wertpapiere erfolgreich platziert, sind sie nicht dazu gezwungen, verbleibende Effekten ins eigene Portfolio zu übernehmen. Darüber hinaus wirkt sich der Erfolg der Emission positiv auf ihre Reputation aus, die sich wiederum in vermehrter bzw. umfassenderer und damit lukrativerer Beteiligung an zukünftigen Emissionen niederschlägt.

(3) Fraglich ist, welche Auswirkungen die Bildung abgestufter Konsortien, z.B. die Einschaltung eines Platzierungskonsortiums, das die Effekten von dem (in der Regel kleineren) Übernahmekonsortium erwirbt, um sie am Markt unterzubringen, auf die Haftung gem. § 12(a) Sec. Act hat.[2218] Wie erwähnt, lässt *Pinter* die Inanspruchnahme eines vorgelagerten Verkäufers nicht zu.[2219] Auf abgestufte Emissionskonsortien bezogen hieße das: Der Anleger kann sich nur an die Platzierungsbank, seinen unmittelbaren Vertragspartner (z.B. einen *selling agent* oder *sub-underwriter*), halten, nicht aber an Konsortialbanken, die auf einer höheren Stufe in den Platzierungsprozess eingebunden sind. Rechtsprechung existiert zu diesem Problem, soweit ersichtlich, nicht. Zahlreiche Gerichte haben sich indes mit der Frage auseinandergesetzt, ob der Emittent als *seller's seller* im Rahmen eines *firm commitment underwriting* in Anspruch genommen werden kann, obwohl der Anleger von der Konsortialbank gekauft hat. Überwiegend bejahen sie eine mögliche Verantwortlichkeit des Emittenten. Die Entscheidungen differieren jedoch mitunter erheblich, was die Voraussetzungen der Haftung anbelangt.[2220] Teile der Rechtsprechung lassen es genügen, dass der Emittent an der Erstellung des Prospektes und der Durchführung von Werbemaßnahmen beteiligt war. Andere heben hervor, dass er nur ausnahmsweise, nämlich wenn seine Beteiligung an der Platzierung über das Übliche, sprich die Abfassung des Verkaufsprospekts, Teilnahme an Road Shows und ähn-

dass die *retention* nicht dem Umfang der Übernahmeverpflichtung entspricht, vielmehr die Konsortialführerin einen Teil des Anteils der Emissionsbank direkt institutionellen Investoren oder *selected dealers* zuteilt, vgl. *Loss/Seligman/Paredes*, Securities Regulation, § 2-A-2. Hinsichtlich *dieser* Papiere erhalten die Konsortialbanken keine *selling fee*.

2217 Pinter v. Dahl, 486 U.S. 622, 647, 108 S. Ct. 2063, 2078: „value *in exchange for* his suggestion ... value ... *in exchange for* the ultimate sale“ (Hervorhebung durch den Verfasser).

2218 Von solchen Konstruktionen wurde früher oft Gebrauch gemacht, vgl. *Loss/Seligman/Paredes*, Securities Regulation, § 2-A-2. Heute haben sie zwar an Bedeutung verloren, nach wie vor schalten die Konsortialbanken aber häufig Verkäuferbanken ein, die nicht dem Übernahmekonsortium angehören. In Bezug auf sie bleibt das Problem relevant.

2219 Oben unter a.

2220 Vgl. die Nachweise in Fn. 2198.

lichem, hinausgeht, dem Adressatenkreis des § 12(a) Sec. Act angehört.[2221] Sichere Erkenntnisse für die Haftung der Emissionsbanken im Fall abgestufter Konsortien lassen sich aus diesen Urteilen nicht ableiten. Zumindest die Verantwortlichkeit der Konsortialführerin sollte indes zu bejahen sein: Sie orchestriert die Platzierung und unterfällt damit nach allen in der Rechtsprechung vertretenen Ansätzen dem persönlichen Anwendungsbereich des § 12(a) Sec. Act. Die Haftung sonstiger Mitglieder eines vorgelagerten Konsortiums, das nicht unmittelbar mit den Anlegern in vertraglichen Beziehungen steht, dürfte von den Gerichten unterschiedlich beurteilt werden. Es steht aber zu vermuten, dass die Banken tendenziell einer weniger weitgehenden Haftung unterliegen als der Emittent, da sie von den Anlegern nicht in gleichem Maß als Verkäufer wahrgenommen werden. Die namentliche Nennung im Tombstone, Prospekt etc. und die bloße Teilnahme an Werbeveranstaltungen sollte jedenfalls keine Haftung begründen.

(4) Ein letzter Punkt sei kurz angesprochen: Wie ausgeführt, ist die Bestimmung des Adressatenkreises unproblematisch, wenn die Emissionsbanken die Effekten im Rahmen eines *firm commitment underwriting* zu Eigentum erworben haben. Passivlegitimiert ist aber selbstverständlich nur diejenige Emissionsbank, die an den Anleger verkauft hat. Will der Anleger neben seinem Vertragspartner eine weitere Konsortialbank, etwa die Konsortialführerin, in Anspruch nehmen, greift der *Pinter*-Test.[2222] Keinesfalls unterliegen die Investmentbanken allein aufgrund ihrer Mitgliedschaft im Emissionskonsortium der Haftung gem. § 12(a) Sec. Act. Die Notwendigkeit dieser Qualifizierung ergibt sich nicht erst aus den in *Pinter* aufgestellten Einschränkungen, sondern aus dem Zusammenspiel von § 12(a) Sec. Act mit anderen kapitalmarktrechtlichen Haftungsvorschriften, insbesondere § 11(e) Sentence 2 Sec. Act. Die Bestimmung sieht als Höchstgrenze für die Haftung der Konsortialbanken den Wert der jeweiligen Beteiligung, d.h. den Wert der von der

---

2221 Lone Star Ladies Inv. Club v. Schlotzsky's Inc., 238 F.3d 363, 370.

2222 Unter Geltung des *participation* Tests waren die Gerichte mitunter zögerlich, die Haftung der Konsortialführerin zu bejahen, wenn sie nicht selbst die Effekten an den Kläger verkauft hatte, vgl. z.B. Klein v. Computer Devices, Inc., 602 F. Supp. 837, 842 (S.D.N.Y. 1985): „The plaintiff alleges that [the managing underwriter] actively promoted the sale of shares to plaintiffs and all other members of the class through: a) its orchestration of the entire transaction, b) its placement of advertisements, c) its negotiation of compensation on behalf of the other underwriters, d) its processing of purchase orders received from members of the public by all other underwriters, e) its participation in preparing the Prospectus, and f) its administrative services to all other participating underwriters. … These allegations merely expand upon the definition of a managing underwriter contained in the regulations of the Securities and Exchange Commission. … Without more, Becker cannot be liable as a substantial participator." In re Activision Securities Litigation, 621 F. Supp. 415, 426 (N.D. Cal. 1985): „[T]he amended complaint alleges that the co-lead underwriters created and managed the underwriting syndicate, entered into a purchase agreement with the other defendants, varied the offering price to the securities, sold securities to retail customers on behalf of other class members, and determined the form and manner of the public advertising and agreements with dealers. … [T]hese claims do little more than seek to impose liability on the co-lead underwriters for their institutional involvement in the public offering … As such, the allegations are insufficient to support the § 12[a](2) claims". Vgl. andererseits die Entscheidung in Tirone v. Calderone-Curran Ranches, Inc., 1978 WL 1095 at 5 (W.D.N.Y. 1978), die eine Haftung unter vergleichbaren Umständen bejaht.

einzelnen Bank übernommenen Effekten an.[2223] Bereits unter Anwendung der vor *Pinter* geltenden (großzügigeren) Maßstäbe hatten die Gerichte eine Umgehung des § 11(e) Sec. Act mittels § 12(a) Sec. Act abgelehnt.[2224] Hieraus lässt sich schließen, dass § 11(e) Sec. Act für den Bereich des gesamten US-amerikanischen Kapitalmarktrechts gilt.[2225]

Die Diskussion macht deutlich, dass die Verteilung der Verantwortlichkeit gem. § 12(a) Sec. Act im Emissionskonsortium nicht abschließend geklärt ist. Immerhin ist zu konstatieren, dass das Risiko einer Inanspruchnahme grundsätzlich nicht nur die führende(n) Bank(en) trifft, sondern alle Mitglieder des Konsortiums. Abstufungen der Verantwortlichkeit können sich daraus ergeben, dass einzelne Konsorten weder am Marketing noch an der Platzierung der Effekten beteiligt sind.

3. Sec. 12(a)(2) Securities Act 1933

Bei § 12(a)(2) Sec. Act handelt es sich um die eigentliche Prospekthaftungsvorschrift des Securities Act 1933. Sie räumt dem Käufer von Wertpapieren einen Anspruch auf Schadensersatz oder Rückabwicklung des Kaufvertrags gegen den Verkäufer ein, wenn der Verkaufsprospekt unrichtige oder unvollständige Angaben enthält und der Fehler für die Beurteilung der Wertpapiere wesentlich ist. Der Gesetzgeber bezweckte mit Hilfe der Vorschrift, die Lücke zu schließen, die § 11 Sec. Act dadurch belässt, dass er den Kreis der Prospektverantwortlichen auf die in § 11(a)(1)–(5) Sec. Act genannten Personengruppen beschränkt.[2226] § 12(a)(2) Sec. Act gilt gleichwohl nicht nur ergänzend, sondern steht gleichberechtigt neben den anderen Haftungsvorschriften des Securities Act 1933 und greift auch dann ein, wenn einer der Verantwortlichen des § 11 Sec. Act handelt. Darüber hinaus setzt er – anders als § 11 Sec. Act – nicht die Existenz eines registration statement voraus, erfasst mithin Wertpapiere, die gem. § 3 Sec. Act nicht registriert werden müssen.[2227]

§ 12(a)(2) Sec. Act enthält folgende Voraussetzungen: (1) Der Anspruchsgegner muss die Wertpapiere dem Anspruchsteller angeboten oder verkauft haben. (2) Er (der Anspruchsgegner) übermittelt zum Zweck des Verkaufs einen Prospekt (*prospectus*) oder kommuniziert mündlich. (3) Der Prospekt bzw. die mündliche Kommunikation enthält unrichtige oder unvollständige Angaben, die für die Beurteilung der Wertpapiere wesentlich (*material*) sind. (4) Dem Anspruchsteller war der Prospektfehler nicht bekannt. (5) Es greifen keine Einwendungen ein: Der Anspruchsgegner kann sich entlasten, indem er nachweist, dass er weder von der unrichtigen bzw. unvoll-

---

2223 Der Wert wiederum richtet sich nach dem Platzierungspreis.
2224 In re Gap Stores Securities Litigation, 79 F.R.D. 283, 307 (N.D. Cal. 1978); Akerman v. Oryx Communications, Inc., 609 F. Supp. 363, 373–74 (S.D.N.Y. 1984). Vgl. auch *Hicks*, Civil Liabilities, § 6:68.
2225 Zu Einzelheiten im Zusammenhang mit § 11(e) Sec. Act vgl. oben 1 f.
2226 *Hicks*, Civil Liabilities, § 6:2.
2227 Eine Ausnahme gilt für Wertpapiere i.S. des § 3(a)(2) und (14) Sec. Act, vgl. § 12(a)(2) Sec. Act am Anfang.

ständigen Angabe wusste, noch sie bei Anwendung der erforderlichen Sorgfalt (*in the exercise of reasonable care*) hätte erkennen können (*defense of due care*). Wiederum sind haftungsbegründende und -ausfüllende Kausalität keine Anspruchsvoraussetzungen. Der Kläger muss mithin nicht darlegen, dass er bei Vornahme der Wertpapiertransaktion auf die irreführenden Angaben im Prospekt vertraut hat[2228] oder von der Existenz des Prospekts überhaupt nur wusste.[2229] Auch muss er nicht darlegen, dass der Wertverlust der Effekten auf der fehlerhaften Angabe im Prospekt beruht. Der Beklagte kann der Haftung aber entgehen, wenn er die Kausalität anderer Ursachen beweist (§ 12[b] Sec. Act).

Die Vorschrift bringt einige komplizierte rechtliche Fragen mit sich, die sich indes weniger auf die Haftung der Emissionsbegleiter im Speziellen als vielmehr auf kapitalmarktrechtliche Probleme im Allgemeinen beziehen. Der Vollständigkeit halber sollen diese Probleme – der Kreis der Haftungsadressaten (unter a), die Definition von „prospectus“ (unter b) und mögliche Einwendungen (unter c) – kurz angesprochen werden.

2228 Die überwiegende Zahl der Entscheidungen zu § 12(a)(2) Sec. Act folgert aus den Worten „by means of“, dass eine bestimmte Verbindung zwischen dem Prospektmangel und der Wertpapiertransaktion bestehen muss. Welcher Beschaffenheit diese Verbindung zu sein hat, ist freilich nicht abschließend geklärt. Einige Gerichte lesen, indem sie sich auf das Merkmal „by means of“ stützen, in die Vorschrift unter einem anderen Namen doch das Erfordernis haftungsbegründender bzw. haftungsausfüllender Kausalität hinein, auch wenn sie nicht zögern, ihre Ausführungen mit der Bemerkung einzuläuten, dass Kausalität keine Anspruchsvoraussetzung darstelle. Vgl. z.B. Ruszkowski v. Hugh Johnson & Co., 302 F. Supp. 1371, 1375 (W.D.N.Y. 1969): „[The misleading] statement [must be] the cause of the sale“. Eriksson v. Galvin, 484 F. Supp. 1108, 1121 et seq. (S.D.N.Y. 1980): Als Begründung für die Abweisung der Klage führt das Gericht u.a. an, „that neither the challenged communications nor the so-called omissions were responsible for the plaintiff's conduct.“ Id. at 1125. Das ist aber gerade *reliance* in einem anderen Gewand.

Im Lichte von Wortlaut, Systematik und Entstehungsgeschichte der Bestimmung ist der Ansatz in Jackson v. Oppenheim, 533 F.2d 826 (2d Cir.1976). überzeugend: „While appellant need not prove that the alleged 'misleading nature' of [the communication] 'caused' the eventual purchase of [defendant's] stock ..., he must still prove that the challenged sale was effected 'by means of' the communication viewed as a whole.“ Id. at 829. „Section 12(2) requires there to be some causal relationship between the challenged communication and the sale, even if not 'decisive.' In short, the communication must have been intended or perceived as instrumental in effecting the sale.“ Id. at 830 n. 8. Damit fehlt es an der notwendigen Beziehung zwischen dem Prospektmangel und der Wertpapiertransaktion, wenn der Verkäufer die irreführenden Angaben in einer Kommunikation macht, die nicht zum Zweck der Herbeiführung oder Durchführung der Wertpapiertransaktion erfolgt, sondern aus anderen, hiermit nicht in Verbindung stehenden Gründen (so in *Jackson v. Oppenheim*), oder wenn der Prospekt erst nach Abschluss des Wertpapierkaufs abgefasst wird (so in Brooks v. Land Drilling Co., 574 F. Supp. 1050, 1054–55 [D. Colo. 1983]). Andererseits ist der Tatbestand des § 12(a)(2) Sec. Act erfüllt, wenn ein fehlerhafter Prospekt existiert, der den Verkauf der Wertpapiere begleiten soll, der Käufer diesen Prospekt aber nicht erhalten hat (so in *Sanders v. John Nuveen*).

2229 So die h.M., vgl. z.B. Sanders v. John Nuveen & Co., Inc., 619 F.2d 1222, 1226 (7th Cir. 1980): „[A] plaintiff need not prove that he ever received the misleading prospectus. ... [S]tatements issued in connection with the sale of securities, although they may never actually have been seen by the prospective purchaser, because of their wide dissemination, determine the market price of the security which in the last analysis reflects those manifold causes that are the impelling motive of the particular purchase.“

a. Bezüglich der Haftungsadressaten kann auf die Ausführungen zu § 12(a)(1) Sec. Act verwiesen werden:[2230] Der Anspruchsverpflichtete muss Verkäufer (*seller*) oder Anbieter (*offeror*) eines Wertpapiers sein. Ausnahmen von dem Erfordernis einer vertraglichen Sonderbeziehung zwischen Anspruchsteller und Anspruchsgegner sind nach herrschender Ansicht im Rahmen der vom Supreme Court in *Pinter* entwickelten Maßgaben zuzulassen. Fehlerhafte Informationen, die dazu führen, dass der Inhaber von Wertpapieren *ver*kauft (der Anspruchsgegner ist mithin Käufer), fallen nicht in den Anwendungsbereich des § 12(a)(2) Sec. Act.

b. Das umstrittenste Problem im Zusammenhang mit § 12(a)(2) Sec. Act ist die Auslegung des Tatbestandsmerkmals „prospectus".[2231] Die Auseinandersetzung hat ihren Ursprung in der uneinheitlichen Verwendung des Begriffs im Securities Act 1933. Der Abschnitt über Begriffsbestimmungen definiert „prospectus" als „any prospectus, notice, circular, advertisement, letter, or communication, written or by radio or television, which offers any security for sale", § 2(a)(10) Sec. Act. § 10 Sec. Act beschäftigt sich mit dem notwendigen Inhalt eines „prospectus" und bestimmt unter anderem: „[A] prospectus ... shall contain the information contained in the registration statement"[2232]. Die Bezugnahme auf „registration statement" in § 10 Sec. Act macht deutlich, dass ein ausführlicher Prospekt im Sinne dieser Vorschrift nur dann zu veröffentlichen ist, wenn der Emittent die Wertpapiere bei der SEC registrieren muss, d.h. insbesondere dann, wenn der Emittent, ein *underwriter* oder ein *dealer* ein öffentliches Angebot durchführen will (§ 4[1] Sec. Act). Damit dreht sich der Kern des Meinungsstreits um folgende Frage: Greift die Haftung gem. § 12(a)(2) Sec. Act nur bei öffentlichen Angeboten oder auch bei Privatplatzierungen und Sekundärmarkttransaktionen ein? Mit anderen Worten: Handelt es sich bei § 12(a)(2) Sec. Act um eine Norm, die § 11 Sec. Act komplementiert,[2233] oder um eine

---

2230 Oben 2 a. Der Supreme Court hat in Pinter v. Dahl, 486 U.S. 622, 108 S. Ct. 2063 (1988), explizit nicht über den Kreis der Adressaten gem. § 12(a)(2) Sec. Act entschieden. Die ganz überwiegende Zahl der Untergerichte legt § 12(a)(1) und (a)(2) Sec. Act parallel aus, was die Anspruchsberechtigung anbelangt, z.B. Capri v. Murphy, 856 F.2d 473, 478 (2d Cir. 1988); Craftmatic Securities Litigation v. Kraftsow, 890 F.2d 628, 634–35 (3d Cir. 1989); Abell v. Potomac Ins. Co., 858 F.2d 1104, 1115 (5th Cir. 1988); Smith v. American Nat. Bank and Trust Co., 982 F.2d 936, 941–42 (6th Cir. 1992); Ackerman v. Schwartz, 947 F.2d 841, 844 (7th Cir. 1991); Moore v. Kayport Package Exp., Inc., 885 F.2d 531, 536 (9th Cir. 1989); Ryder Intern. Corp. v. First American Nat. Bank, 943 F.2d 1521, 1527 (11th Cir. 1991). Zu den Auswirkungen der verschiedenen von den Untergerichten vor *Pinter* vertretenen Ansichten auf die Haftung der Emissionsbanken vgl. *Hicks*, Civil Liabilities, §§ 6:68 (*firm commitment underwriting*), 6:69 et seq. (*best efforts underwriting*).

2231 Die zweite Alternative des § 12(a)(2) Sec. Act, „oral communication", wird von den Gerichten einheitlich so ausgelegt, dass sich die mündliche Kommunikation auf einen Verkaufsprospekt beziehen muss, vgl. Gustafson v. Alloyd Co., Inc., 513 U.S. 561, 567–68, 115 S. Ct. 1061, 1066 (1995) m. N. Der Anwendungsbereich der Vorschrift hängt somit wiederum von dem Begriff „prospectus" ab.

2232 § 10(a)(1) Sec. Act. Die Vorschrift fährt fort, dass der Prospekt nicht die gesamte, sondern nur einen Teil der im registration statement enthaltenen Informationen wiedergeben muss (Schedule A Items 1–27).

2233 Für Fälle, in denen, wie erwähnt, keine Registrierung erfolgen muss und deswegen § 11 Sec. Act nicht eingreift oder der Anspruchsgegner nicht zum Adressatenkreis des § 11(a)(1)–(5) Sec. Act gehört. Die genaue Reichweite von § 12(a)(2) Sec. Act nach der engen Auslegung ist umstritten. Es ist fraglich, ob die Vorschrift nur dann anwendbar ist, wenn ein öffentliches Angebot allgemeine Haftungsvorschrift für Fehlinformationen am Kapitalmarkt, die immer dann zur Anwendung gelangt, wenn die fehlerhaften Angaben im Zusammenhang mit dem Verkauf oder Angebot eines Wertpapiers und in der Form des § 2(a)(10) Sec. Act erfolgen?

Bis zur Entscheidung des Supreme Court in dieser Sache im Jahr 1995 wendete die herrschende Rechtsprechung § 12(a)(2) Sec. Act auf Privatplatzierungen an,[2234] während die Berufungsgerichte hinsichtlich der Behandlung von Sekundärmarkttransaktionen in zwei weitgehend gleich große Lager gespalten waren.[2235] Der Supreme Court, in einer umstrittenen, mit fünf zu vier Stimmen ergangenen Entscheidung, definierte „prospectus" wie folgt: „[T]he word 'prospectus' is a term of art referring to a document that describes a public offering of securities by an issuer or controlling shareholder."[2236] Die vom Gerichtshof übernommene Interpretation verschließt mithin – zumindest ihrem Wortlaut nach – sowohl Käufern am Sekundärmarkt als auch Adressaten einer Privatplatzierung den Weg über § 12(a)(2) Sec. Act. Diese Personen sind auf § 10(b) Sec. Ex. Act, Rule 10b-5 verwiesen, zwei Vorschriften, die ihnen eine höhere Darlegungs- und Beweislast auferlegen. Das

---

vorliegt und nur deswegen kein registration statement eingereicht werden muss, weil z.B. das Wertpapier bestimmte Voraussetzungen erfüllt (d.h. etwa gem. § 3[a][11] Sec. Act die Pflicht zur Registrierung entfällt), oder auch in Fällen anderer Ausnahmetatbestände der §§ 3, 4 Sec. Act, ohne dass die Effekten öffentlich angeboten werden (z.B. § 4[1] oder [4] Sec. Act). Vgl. hierzu sogleich im Text.

2234 Metromedia Co. v. Fugazy, 983 F.2d 350, 360–361 (2d Cir. 1992); Haralson v. E.F. Hutton Group, Inc., 919 F.2d 1014, 1032 (5th Cir. 1990); Nor-Tex Agencies, Inc. v. Jones, 482 F.2d 1093, 1099 (5th Cir. 1973); Pacific Dunlop Holdings Inc. v. Allen & Co. Inc., 993 F.2d 578, 587 (7th Cir. 1993); Adalman v. Baker, Watts & Co., 807 F.2d 359 (4th Cir. 1986). Die Gerichte subsumierten unter den Begriff „prospectus" nicht nur den bei registrierten Wertpapieren zu veröffentlichenden Verkaufsprospekt i.S. des § 10 Sec. Act, sondern auch ein Private Placement Memorandum (Bamco 15 v. Buchanan Residential Real Estate Ltd. Partnership 2410, 1986 WL 15333 at 3 [S.D.N.Y. 1986]), persönliche Schreiben (id.), Werbematerial gem. Securities Act Rule 482 (17 C.F.R. § 230.482, SEC Release No. 6454 vom 28. Februar 1983, 1983 WL 35845, p. 1), Broschüren (Johns Hopkins University v. Hutton, 422 F.2d 1124, 1128 [4th Cir. 1970]), Rundbriefe und Newsletter (Winter v. D. J. & M. Inv. & Const. Corp., 185 F. Supp. 943, 947 [S.D. Cal. 1960]), Rechtsgutachten bzw. Anwaltsschreiben (In re Professional Financial Management, Ltd., 692 F. Supp. 1057, 1062 [D. Minn. 1988]), und bei der SEC eingereichte Quartalsberichte (Ferguson v. Chromalloy American Corp., 1985 WL 1242 [S.D. Fla. 1985]).

2235 Vgl. einerseits Pacific Dunlop Holdings Inc. v. Allen & Co. Inc., 993 F.2d 578 (7th Cir. 1993), die Anwendbarkeit von § 12(a)(2) Sec. Act bejahend, und andererseits First Union Discount Brokerage Services, Inc. v. Milos, 997 F.2d 835, 842–844 (11th Cir. 1993); Ballay v. Legg Mason Wood Walker, Inc., 925 F.2d 682 (3d Cir. 1991), Anwendbarkeit verneinend. Während die District Courts zu einer restriktiven Interpretation tendierten, vgl. T. Rowe Price New Horizons Fund, Inc. v. Preletz, 749 F. Supp. 705, 709 (D. Md. 1990); Grinsell v. Kidder, Peabody & Co., 744 F. Supp. 931, 934 (N.D. Cal. 1990); Bank of Denver v. Southeastern Capital Group, Inc., 763 F. Supp. 1552, 1559 (D. Colo. 1991); Hedden v. Marinelli, 796 F. Supp. 432, 435 (N.D. Cal. 1992) (mit Einschränkungen), wurde die Gegenauffassung ebenfalls nicht nur vereinzelt vertreten, vgl. PPM America, Inc. v. Marriott Corp., 820 F. Supp. 970, 977 (D. Md. 1993): „§ 12(2) applies to *all* transactions and all securities, even those which are the subject of the § 3 and § 4 exemption"; Elysian Federal Sav. Bank v. First Interregional Equity Corp., 713 F. Supp. 737, 748 (D. N.J. 1989).

2236 Gustafson v. Alloyd Co., Inc., 513 U.S. 561, 584, 115 S. Ct. 1061, 1073–74.

Urteil ist in mehreren Punkten angreifbar.[2237] Weder die Auslegung anhand von Wortlaut,[2238] Gesetzessystematik[2239] und Entstehungsgeschichte[2240] noch die teleologischen Erwägungen des Supreme Court sind zwingend.[2241] Auf Einzelheiten muss hier nicht eingegangen werden; es soll genügen, auf die nach der Entscheidung weiterhin existierenden (bzw. zusätzlich entstandenen) Probleme hinzuweisen.

Nach einheitlicher Meinung findet § 12(a)(2) Sec. Act jedenfalls dann Anwendung, wenn die Pflicht zur Veröffentlichung eines Verkaufsprospekts besteht, was bei

---

2237 Und wurde von der Literatur in der Tat massiv kritisiert, vgl. z.B. *Bainbridge*, 50 Bus. Law 1231, 1231–32 (1995): „[T]he majority issued the most poorly-reasoned, blatantly results-driven securities opinion in recent memory." Zu der bereits vor *Gustafson* in der Literatur herrschenden Meinung, die eine weite Auslegung des § 12(a)(2) Sec. Act präferierte, vgl. die Nachweise bei Gustafson v. Alloyd Co., Inc., loc. cit. at 601, 1082.

2238 Id. at 573–76, 1069–70 (Argumentation der Mehrheitsmeinung); 585–87, 1074–75 und 589–90, 1076–77 (abweichende Meinung).

2239 Die Richter der Mehrheitsmeinung gehen, wie die abweichende Ansicht überzeugend kritisiert (id. at 597, 1080), nicht von dem Definitionsabschnitt des Gesetzes (§ 2 Sec. Act) aus, der sich als Ausgangspunkt der Auslegung wie selbstverständlich angeboten hätte und eine weite Bedeutung des Begriffs „prospectus" nahe legt, sondern von dem spezielleren, weil im Zusammenhang mit den Bestimmungen über registration statements (§§ 6–11 Sec. Act) stehenden § 10 Sec. Act. Vgl. id. at 568–69, 1066–67: „We begin with § 10. ... An examination of § 10 reveals that, whatever else 'prospectus' may mean, the term is confined to a document that, absent an overriding exemption, must include the 'information contained in the registration statement.' By and large, only public offerings by an issuer of a security, or by controlling shareholders of an issuer, require the preparation and filing of registration statements." Zu weiteren gesetzessystematischen Erwägungen vgl. 570–72, 1067–68, 576–78, 1070–71 (Mehrheitsmeinung); 587–589, 1075–76, 591–93, 1077–78 (abweichende Meinung). Es ist erwähnenswert, dass § 5(b) Sec. Act die Übersendung eines Prospekts nach Einreichung des registration statement verbietet, *es sei denn*, der Prospekt entspricht den Anforderungen des § 10 Sec. Act. Unter Zugrundelegung der Mehrheitsmeinung, die der Auffassung ist, dass der Securities Act 1933 den Begriff „prospectus" im gesamten Gesetz einheitlich verwendet (nämlich mit der Bedeutung, die ihm in § 10 Sec. Act zukommt), wäre die Bestimmung überflüssig, vgl. id. at 591, 1077.

2240 Id. at 578–84, 1071–73 (Mehrheitsmeinung); 599–601, 1081–82 (abweichende Meinung).

2241 Hauptgrund für die Entscheidung dürfte die Befürchtung gewesen sein, eine weite Haftung für Fehlinformationen bei jeglicher Art von Wertpapiertransaktionen, die weder Verschulden noch den Nachweis eines Ursachenzusammenhangs verlangt, könnte das Gleichgewicht zwischen Haftungsrisiko und Anlegerschutz stören und damit Transaktionskosten in den USA über Gebühr erhöhen, vgl. id. at 578, 1071: „It is not plausible to infer that Congress created this extensive liability for every casual communication between buyer and seller in the secondary market. ... Under [the purchaser's] view any casual communication between buyer and seller in the aftermarket could give rise to an action for rescission, with no evidence of fraud on the part of the seller or reliance on the part of the buyer. In many instances buyers in practical effect would have an option to rescind, impairing the stability of past transactions where neither fraud nor detrimental reliance on misstatements or omissions occurred." Gleichwohl erwähnt die Mehrheitsentscheidung diese teleologischen Erwägungen nur am Rande und konzentriert sich in den Urteilsgründen in wenig überzeugender Weise auf die anderen drei Auslegungskriterien, wohl um sich nicht in Widerspruch zu den eigenen, nicht einmal ein Jahr zuvor in Central Bank of Denver, N.A. v. First Interstate Bank of Denver, N.A., 511 U.S. 164, 114 S. Ct. 1439 (1994), geäußerten Worten zu setzen: „Policy considerations cannot override our interpretation of the text and structure of the Act, except to the extent that they may help to show that adherence to the text and structure would lead to a result so 'bizarre' that Congress could not have intended it." Id. at 188, 1453–54.

allen nicht gem. §§ 3, 4 Sec. Act ausgenommenen Wertpapieren bzw. Transaktionen gem. § 5 Sec. Act der Fall ist. Erfasst sind somit vor allem, wie auch der Supreme Court ausdrücklich in seinem Urteil hervorhebt, öffentliche Angebote durch den Emittenten oder eine sog. Kontrollperson[2242] und Platzierungen durch die Emissionsbanken. Wie aber sind Transaktionen zu beurteilen, die einer der Ausnahmen der §§ 3, 4 Sec. Act unterfallen? Der Verkauf von Wertpapieren, die gem. § 3(a)(3)–(13) Sec. Act nicht registriert werden müssen, kann schon kraft der Anordnung in § 12(a)(2) Sec. Act zur Prospekthaftung führen. Hinsichtlich der weiteren Ausnahmen werden die Ausführungen in *Gustafson* undurchsichtig: „[T]he liability imposed by § 12[a](2) cannot attach unless there is an obligation to distribute the prospectus in the first place (or unless there is an exemption)."[2243] Sicherlich ist dieser Satz nicht so zu verstehen, dass § 12(a)(2) Sec. Act unabhängig von dem Vorliegen einer der Ausnahmen gem. §§ 3, 4 Sec. Act *immer* Anwendung findet, denn dann wäre die Weite der Vorschrift wiederhergestellt, die der Supreme Court gerade zu vermeiden suchte.[2244] Andererseits sind Emissionen denkbar, die keine Pflicht zur Veröffentlichung eines Verkaufsprospekts nach sich ziehen, unter Umständen noch nicht einmal gegenüber einer Vielzahl von Investoren erfolgen, aber gleichwohl auf einem Schriftstück beruhen (*private placement memorandum* oder *offering circular* genannt), das bestimmten gesetzlichen Mindestanforderungen unterliegt und inhaltlich mit einem Prospekt i.S. des § 10 Sec. Act vergleichbar ist.[2245] Ob bzw. wann

---

2242 Die Definition von „controlling person" findet sich in § 2(a)(11) 2nd Sentence Sec. Act.

2243 Gustafson v. Alloyd Co., Inc., loc. cit. at 571, 1067.

2244 Es herrscht mithin jedenfalls insoweit Klarheit, als dass sich der Gerichtshof nicht auf die *private placement* Ausnahmevorschrift des § 4(2) Sec. Act bezogen hat (vgl. aber Fisk v. SuperAnnuities, Inc., 927 F. Supp. 718, 730 [S.D.N.Y. 1996] sowie die folgende Fußnote). Demgegenüber dürften öffentliche Angebote, die nicht unter § 3(a)(3)–(13) Sec. Act fallen, aber trotzdem von der Pflicht zur Registrierung und Herausgabe eines Verkaufsprospekts ausgenommen sind, und deswegen nicht ausdrücklich von § 12(a)(2) Sec. Act erfasst werden, Gegenstand der Prospekthaftung sein. Hierfür spricht zum einen die öffentliche Natur des Angebots, zum anderen die Tatsache, dass der Emittent ein Schriftstück, das Verkaufsprospekten ähnelt (sog. *offering circular*), in Umlauf bringen muss. Als Beispiel lassen sich Emissionen gem. § 3(b) Sec. Act i.V.m. SEC Regulation A anführen (*Conditional Small Issues Exemption*), 17 C.F.R. § 230.251–263. Der Inhalt des hiernach zu veröffentlichenden *offering circular* ist in Rule 253 i.V.m. SEC Form 1-A detailliert festgelegt.

Eine der beiden abweichenden Meinungen in *Gustafson* interpretiert die Mehrheitsentscheidung so, dass § 12(a)(2) Sec. Act neben den gem. § 5 Sec. Act zu registrierenden Emissionen Transaktionen erfasst, die gem. § 3 Sec. Act von der Pflicht zur Registrierung ausgenommen sind, nicht aber solche, die unter die Ausnahmetatbestände des § 4 Sec. Act fallen, id. at 596, 1089 (n. 1). Dieser Unterscheidung folgen im Allgemeinen die Untergerichte und die Literatur, vgl. z.B. Glamorgan Coal Corp. v. Ratner's Group PLC, 1995 WL 406167 at 3 (S.D.N.Y. 1995); ESI Montgomery County, Inc. v. Montenay Intern. Corp., 899 F. Supp. 1061, 1064 (S.D.N.Y. 1995); *Weiss*, 50 Bus. Law. 1209, 1219–20 (1995), obwohl sie kaum überzeugend ist: Ob eine Ausnahme in § 3 oder § 4 Sec. Act eingeordnet wird, folgt keiner inneren Logik. *Loss/Seligman/Paredes*, Securities Regulation, § 3-B-1 a, führen aus: „ The fact is that the present §§3(a)(9) and 3(a)(10) exemptions were originally §4(3), and that the present §3(a)(11) exemption was originally §5(c). It was essentially a legislative accident that placed these exemptions among the 'exempted securities'".

2245 Beispiele: Emissionen gem. § 3(b) Sec. Act i.V.m. SEC Regulation D, Rules 504, 505, 17 C.F.R. § 230.504, 505, oder gem. Rule 506, 17 C.F.R. § 230.506 (*Limited Offering Exemptions*). Rules 504 und 505 erkennen eine Ausnahme von der Pflicht zur Registrierung für Emissionen an, die solche Emissionen die Pflichten des § 12(a)(2) Sec. Act auslösen, ist nicht geklärt. Teile der Literatur halten eine Ausdehnung der Vorschrift auf die geschilderten Fälle für vereinbar mit Wortlaut sowie Sinn und Zweck von *Gustafson*.[2246]

Des weiteren ist umstritten, ob *Gustafson* kategorisch jegliche Sekundärmarkttransaktionen vom Anwendungsbereich des § 12(a)(2) Sec. Act ausnimmt oder zumindest die Klagen solcher Käufer zulässt, die nachweisen können, dass ihre Wertpapiere aus dem fraglichen öffentlichen Angebot stammen (*direct tracing requirement* entsprechend der gem. § 11 Sec. Act erforderlichen Verbindung zwischen Kläger und streitgegenständlicher Emission[2247]). Einige Gerichte ziehen eine Parallele zu § 11 Sec. Act und bejahen die Aktivlegitimation, wenn dem Kläger der Nachweis gelingt.[2248] Andere Gerichte halten sich enger an den Wortlaut von *Gustafson* und wenden § 12(a)(2) Sec. Act selbst dann nicht an, wenn der Kläger kurz nach Zuteilung am Sekundärmarkt gekauft und einen Preis gezahlt hat, der von den fehlerhaften Pros-

---

einen bestimmten Höchstbetrag nicht übersteigen. Rule 506 weitet den Anwendungsbereich des § 4(2) Sec. Act auf Transaktionen mit erfahrenen Investoren (sog. *accredited* oder *sophisticated investors*) aus. Der Inhalt der gemäß Regulation D bestehenden Veröffentlichungspflichten ist in Rule 502(b) festgelegt.

Im Hinblick auf eine weitere SEC Bestimmung, die eine Ausnahme von der Registrierungspflicht gem. § 5 Sec. Act durch Einschränkung des Begriffs „underwriter" in § 4(1) Sec. Act herbeiführt, nämlich Rule 144A, 17 C.F.R. § 230.144A (Verkauf an *qualified institutional buyer*), vertritt die SEC indes die Auffassung, dass § 12(a)(2) Sec. Act nicht anwendbar ist, obwohl die Vorschrift ebenfalls Veröffentlichungspflichten aufstellt, die vergleichbar mit den Anforderungen des § 10 Sec. Act sind, vgl. den Nachweis bei *Hazen*, Securities Regulation, § 7.6[2][D] (n. 134).

Die Komplexität und mitunter anzutreffende Inkonsequenz der nach *Gustafson* wohl geltenden Rechtslage macht folgendes Beispiel deutlich: Bei einer Privatplatzierung i.S. des § 4(2) Sec. Act gilt § 12(a)(2) Sec. Act nicht. Eine Privatplatzierung i.S. des § 4(2) Sec. Act ist zu bejahen, wenn an Investoren verkauft wird, die die in SEC v. Ralston Purina Co., 346 U.S. 119, 73 S. Ct. 981 (1953) aufgestellten Kriterien erfüllen („An offering to those who are shown to be able to fend for themselves is a transaction 'not involving any public offering'", id. at 125, 984). Sind die Voraussetzungen von *Ralston Purina* dagegen nicht erfüllt, ist der Anleger aber gleichwohl als *accredited* bzw. *sophisticated* i.S. von Regulation D Rule 506 anzusehen (was möglich ist, da Rule 506 weiter ist als *Ralston Purina*), greift § 12(a)(2) Sec. Act nicht ein. Eine gute Zusammenfassung gibt *Weiss*, 50 Bus. Law. 1209, 1222: „[S]ection 12[a](2) applies to sales pursuant to section 3(b) that, but for the fact they involved exempt securities, would have to be registered. Therefore, liability under section 12[a](2) can attach to an offering made pursuant to Rule 504 or 505 [or 506] unless the offering also is exempt from registration by reason of section 4(2)."

2246 Z.B. *Hazen*, Securities Regulation, § 7.6[2][D]. Es ist zu beachten, dass die überwiegende Rechtsprechung für die Anwendbarkeit von § 12(a)(2) Sec. Act verlangt, dass ein *public offering* vorliegt. Sie will „public offering" im Kontext von § 12(a)(2) Sec. Act ebenso definieren wie bei § 4(2) Sec. Act (SEC v. Ralston Purina Co., loc. cit.: ein Angebot ist dann öffentlich, wenn es sich an Personen richtet, die den durch Registrierung gewährleisteten Schutz benötigen, selbst wenn nur eine begrenzte Anzahl potentieller Investoren angesprochen werden). Damit setzt die Haftung gem. § 12(a)(2) Sec. Act in jedem Fall voraus, dass die Pflicht zur Registrierung nicht gem. § 4(2) Sec. Act ausgeschlossen ist, vgl. etwa Yung v. Lee, 432 F.3d 142, 149 (2d Cir. 2005); Lewis v. Fresne, 252 F.3d 352, 357–58 (5th Cir. 2001); Maldonado v. Dominguez, 137 F.3d 1, 8 (1st Cir.1998).

2247 Siehe oben 1 a.

2248 Z.B. Schoenhaut v. American Sensors, Inc., 986 F. Supp. 785, 789–90 (S.D.N.Y. 1997); In re U.S.A. Classic Securities Litigation, 1995 WL 363841, at 3 (S.D.N.Y. 1995).

pektangaben beeinflusst war.[2249] Ähnlich ist die Frage gelagert, ob ein Kauf am Sekundärmarkt dann die Prospekthaftung gem. § 12(a)(2) Sec. Act auslöst, wenn der Dealer einen Verkaufsprospekt hätte übermitteln müssen, was (mit gewissen Ausnahmen) innerhalb der ersten 40 bzw. 90 Tage nach der Emission der Fall ist.[2250] Wiederum werden in der Rechtsprechung beide Ansichten vertreten.[2251]

Schließlich ist problematisch, ob die Haftung gem. § 12(a)(2) Sec. Act voraussetzt, dass die fehlerhaften Angaben im Verkaufsprospekt enthalten sind, oder ob irreführende Informationen im Rahmen anderer Mitteilungen an den Investor genügen, sofern nur das Angebot bzw. der Verkauf „by means of a prospectus"[2252] erfolgt, d.h. entsprechend der Maßgaben in *Gustafson* die Pflicht zur Veröffentlichung eines Prospekts besteht. Teile der Literatur[2253] bejahen letzteres mit dem Hinweis darauf, dass der Verkaufsprospekt gem. § 10 Sec. Act einen Teil der im registration statement enthaltenen Informationen wiedergeben muss. Fehler im registration statement würden bereits von § 11 Sec. Act erfasst, so dass sich die Bedeutung von § 12(a)(2) Sec. Act nach der engen Auslegung darin erschöpfen würde, den Kreis der Haftungsadressaten zu erweitern.[2254] Gegen diese Ansicht spricht der Wortlaut des § 12(a)(2) Sec. Act. Die Vorschrift bezieht die fehlerhafte oder unvollständige Angabe ausdrücklich auf den Verkaufsprospekt: „a prospectus ..., *which* includes an untrue statement"[2255]. Wird „prospectus" einheitlich ausgelegt, was *Gustafson* verlangt, ist die Fehlinformation in einer anderen Kommunikation gegenüber dem Anleger nicht ausreichend.

c. Ein letzter Punkt ist zu erörtern: die dem Anspruchsgegner zustehenden Einwendungen. Wie erwähnt, kann der Beklagte der Haftung entgehen, wenn er nachweist, dass der Wertverlust der Effekten nicht auf der fehlerhaften Information beruht (negative haftungsausfüllende Kausalität).[2256] Wichtiger ist die sog. *defense of due care*, die sich am Ende von Absatz (a), Unterabsatz (2) des § 12 Sec. Act findet: Haftung tritt nicht ein, wenn der Anspruchsgegner beweist, „that he did not know, and in the exercise of reasonable care could not have known, of [the] untruth or omission". Die Ähnlichkeit mit der *due diligence defense* des § 11(b)(3) Sec. Act ist nicht zu übersehen. Andererseits sind gewisse Unterschiede festzustellen: § 11(b)(3) Sec. Act

---

2249 Z.B. In re Valence Technology Securities Litigation, 1996 WL 37788 at 4 (N.D. Cal. 1996); Murphy v. Hollywood Entertainment Corp., 1996 WL 393662 at 3, insbesondere n. 4 (D. Or. 1996). Eine ausführliche Besprechung dieser Problematik findet sich bei *Sale*, 75 Wash. L. Rev. 429 (2000).
2250 Vgl. § 4(3) Sec. Act und Rule 174. Ausführlich oben § 4 I 1 b bb.
2251 Bejahend: Feiner v. SS&C Technologies, Inc., 47 F. Supp. 2d 250, 253 (D. Conn. 1999). Ablehnend: Weinstein v. Jain, 1995 WL 787549 at 2 (N.D. Cal. 1995).
2252 § 12(a)(2) Sec. Act.
2253 *Hazen*, Securities Regulation, § 7.6[2][D]. Tendenziell ebenso in Bezug auf sog. *free writing* (zusätzliche Anlegerinformationen, die zusammen mit oder zeitlich nach einem Verkaufsprospekt i.S. des § 10 Sec. Act übersendet werden und unter den weiteren Voraussetzungen des § 2[a][10] 2. Halbsatz Sec. Act nicht als *prospectus* anzusehen sind) *Weiss*, 50 Bus. Law. 1209, 1226–27.
2254 *Hazen*, loc. cit.
2255 Hervorhebung durch den Verfasser.
2256 § 12(b) Sec. Act.

unterscheidet zwischen *expertised* und *non-expertised portions* des registration statement, § 12(a)(2) Sec. Act nimmt keine vergleichbare Differenzierung im Hinblick auf den Verkaufsprospekt vor. Außerdem spricht der Gesetzgeber bei § 11(b)(3) Sec. Act von „reasonable investigation" und „reasonable ground to believe", bei § 12(a)(2) Sec. Act hingegen von „reasonable care". Fraglich ist, ob, und wenn ja, welche Signifikanz diesen Unterschieden zukommt.

Ein umstrittenes Urteil des Seventh Circuit aus dem Jahr 1980[2257] hat das Verhältnis zwischen der *due diligence defense* des § 11(b)(3) Sec. Act und der *defense of due care* des § 12(a)(2) Sec. Act erstmals umfassend untersucht und Implikationen für die Haftung der Emissionsbanken dargelegt. In dem Fall hatte der Emittent über längere Zeit hinweg Bilanzfälschungen vorgenommen, Außenstände überbewertet und Verbindlichkeiten ausgelassen. Die Beklagte war alleiniger *underwriter* einer Emission von Schuldscheinen. Sie hatte keine Kenntnis von den Bilanzfälschungen, ging vielmehr davon aus, dass die von einem unabhängigen Wirtschaftsprüfer geprüften Zahlen korrekt waren. Hinweise auf die Fälschungen gab es nicht.[2258] Da gem. § 3(a)(3) Sec. Act keine Pflicht zur Einreichung eines registration statement bestand, stützten die Kläger ihre Schadensersatzforderung nicht auf § 11 Sec. Act, sondern auf § 12(a)(2) Sec. Act. Das Gericht stellte unter Hinweis auf die Entstehungsgeschichte des Securities Act 1933 fest, dass es trotz der Unterschiede im Wortlaut der beiden Vorschriften keine Anhaltspunkte dafür gebe, dass der Gesetzgeber gem. § 11 Sec. Act einen höheren Sorgfaltsmaßstab einführen wollte als gem. § 12(a)(2) Sec. Act.[2259] Es überträgt dementsprechend die im Rahmen des § 11 Sec. Act entwickelten Maßgaben auf § 12(a)(2) Sec. Act und zieht hieraus die folgenden Konsequenzen: Der Sorgfaltsmaßstab hängt von den Umständen des Einzelfalls, insbesondere der Art des Haftungsadressaten ab.[2260] Grundsätzlich beinhaltet „the exercise of reasonable care" die Vornahme einer „reasonable investigation". Der Anspruchsgegner hat für die Richtigkeit aller Informationen einzustehen, die er ohne unverhältnismäßigen Aufwand überprüfen kann.[2261] An Emissionsbanken sind aufgrund ihrer herausgehobenen Stellung und ihres engen Kontakts zum Emittenten höhere Anforderungen zu stellen als an andere Verkäufer von Wertpapieren, z.B.

2257 Sanders v. John Nuveen & Co., Inc., 619 F.2d 1222 (7th Cir. 1980).
2258 Id. at 1228 (n. 10): „[T]he audit reports of [the issuer's] independent accountant, on their face, gave Nuveen [the underwriter] no reason to question their accuracy."
2259 Id. at 1228: „The difference in language can be explained not as an attempt to impose different duties of care under ss 11 and 12, but by the fact that s 12(2) imposes the duty on all sellers of securities, while s 11 imposes liability only on specified groups of persons having such a close relationship with the registration statement that the 1933 Act, before it was amended the following year, treated them as fiduciaries. ... Thus the general duty of reasonable care, the specific requirements of which are determined by the circumstances of the case, was to be applied in s 11 only to persons who had a stronger connection with a registration statement than a seller necessarily has to a prospectus, so a more stringent articulation of the standard was appropriate."
2260 Id. at 1228, insbesondere n. 12.
2261 Das Gericht formuliert: Die Informationen müssen „reasonably ascertainable" sein, id. at 1227.

Broker-Dealer. Ihnen ist es eher zuzumuten, umfangreiche Nachforschungen anzustellen.[2262] Aus diesen Gründen gab das Gericht der Klage statt.

Gegen die Argumentation in *Sanders* lassen sich zwei Punkte anführen: Zum einen überträgt das Gericht eben nicht den Sorgfaltsmaßstab des § 11(b)(3) Sec. Act auf § 12(a)(2) Sec. Act. Es unterscheidet nämlich nicht zwischen Angaben im Prospekt, die von einem Experten i.S. des § 11(a)(4) Sec. Act stammen, und sonstigen Angaben. Nur bezüglich letzterer verlangt § 11 Sec. Act eine „reasonable investigation" *und* „reasonable ground to believe",[2263] ansonsten genügt, dass der Haftungsadressat vernünftigerweise keinen Grund hat, an der Richtigkeit und Vollständigkeit der veröffentlichten Informationen zu zweifeln.[2264] Das Gericht in *Sanders* setzt hingegen immer die Durchführung von Nachforschungen zumindest in gewissem Umfang voraus – so auch im entschiedenen Fall, in dem sich die Beklagte auf Wirtschaftsprüfertestate berief. Zum anderen spricht – neben dem Wortlaut[2265] – die Systematik des Gesetzes dafür, an „reasonable care" i.S. des § 12(a)(2) Sec. Act geringere, zumindest aber keine höheren, Anforderungen zu stellen als an ein sorgfältiges Handeln im Rahmen des § 11 Sec. Act. Mit der Registrierungspflicht hat der Gesetzgeber zum Ausdruck gebracht, dass bestimmte Wertpapiertransaktionen einer speziellen Prüfung unterliegen, weil hier das Schutzbedürfnis des Anlegerpublikums besonders hoch ist.[2266] In einem solchen Fall (und nur in einem solchen Fall) von einem genau bezeichneten Personenkreis die Durchführung eigener, unabhängiger Nachforschungen zu verlangen, d.h. einen strengeren Sorgfaltsmaßstab als bei anderen Transaktionen aufzustellen, passt sich stimmig in das regulative Gesamtgefüge des Securities Act 1933 ein.

2262 Id.: „In determining what Nuveen [the underwriter] could reasonably have been expected to do, … Nuveen's status as underwriter was significant … [A] greater quantity of information is 'reasonably ascertainable' by an underwriter than by a mere broker, and something more than published data must be analyzed if an underwriter is to discharge his duty of investigation."

2263 § 11(b)(3)(A) Sec. Act.

2264 § 11(b)(3)(C) Sec. Act. Die Pflicht zur Nachforschung entsteht dann, wenn sog. *red flags* existieren, vgl. oben 1 e bb.

2265 Vgl. *Douglas/Bates*, 43 Yale L. J. 171, 208 (n. 205) (1933): „'Investigation' commands a greater undertaking than 'care.'"

2266 So auch John Nuveen & Co., Inc. v. Sanders, 450 U.S. 1005, 1008, 101 S. Ct. 1719, 1720 (1981). In dieser Entscheidung lehnte der Supreme Court den Antrag auf Zulassung der Revision gegen das oben besprochene Urteil des 7th Circuit ab. In einer *dissenting opinion* machten zwei der Richter geltend, der Court of Appeals habe den Sorgfaltsmaßstab gem. § 12(a)(2) Sec. Act verkannt. Vgl. zudem den amicus-Schriftsatz der SEC in der Vorinstanz: „[B]ecause the registration process is integral and important to the statutory scheme, we are of the view that a higher standard of care should be imposed on those actors who are critical to its proper operations. Since Congress has determined that registration is not necessary in certain defined situations, we believe that it would undermine the Congressional intent – that issuers and other persons should be relieved of registration – if the same degree of investigation were to be required to avoid potential liability whether or not a registration statement is required." Zitiert nach John Nuveen & Co., Inc. v. Sanders, loc. cit. at 1009, 1721. Die SEC hat ihre Sicht nochmals bestätigt in SEC Release No. 8591 vom 3. August 2005, 2005 WL 1692642, p. 79: „We believe … that the standard of care under Section 12(a)(2) is less demanding than that prescribed by Section 11 or, put another way, that Section 11 requires a more diligent investigation than Section 12(a)(2)."

Die in *Sanders* vorgeschlagene Auslegung von „reasonable care“ scheint sich nicht durchsetzen zu können. Sowohl Literatur als auch SEC und herrschende Rechtsprechung stehen der Entscheidung jedenfalls insoweit ablehnend gegenüber, als sie impliziert, dass sorgfaltsgemäßes Handeln grundsätzlich die Durchführung einer eigenen Untersuchung voraussetzt.[2267] In einer Hinsicht lassen sich aus *Sanders* indes wertvolle und, soweit ersichtlich, allgemein akzeptierte Erkenntnisse gewinnen: Der Sorgfaltsmaßstab des § 12(a)(2) Sec. Act ist ein flexibler, er hängt unter anderem von der Art der Emission, der Natur der fehlerhaften Angaben (von Experten bestätigte Finanzdaten oder nicht überprüfte Informationen etc.) und der Rolle des Haftungsadressaten im Rahmen der Platzierung sowie seinem Verhältnis zum Emittenten ab.[2268] Hiernach *können* im Einzelfall weitergehende Untersuchungen erforderlich sein, müssen es aber nicht. Damit ergibt sich letztlich eine weitgehende Vergleichbarkeit der Sorgfaltsmaßstäbe gem. § 11(b)(3) Sec. Act und § 12(a)(2) Sec. Act.[2269] Oben[2270] erörterte Fragen wie die abgestufte Verantwortlichkeit („sliding scale of liability“), Zulässigkeit der Übernahme von Angaben Dritter oder Verteilung der Haftung innerhalb des Emissionskonsortiums dürften in Bezug auf § 12(a)(2) Sec. Act in ähnlicher Weise Bedeutung erlangen.

4. Sec. 17(a) Securities Act 1933

§ 17(a) Sec. Act enthält drei Tatbestände, die betrügerische Handlungen jeglicher Art im Zusammenhang mit dem Angebot oder Verkauf eines Wertpapiers verbieten. Ein Vergleich mit § 10(b) Sec. Ex. Act und Rule 10b-5, die im nächsten Abschnitt besprochen werden, zeigt die Verwandtschaft der Vorschriften. Insbesondere Rule 10b-5 stimmt fast wörtlich mit § 17(a) Sec. Act überein, was kein Zufall ist: Bei der Abfassung von Rule 10b-5 orientierte sich die SEC an der Bestimmung aus dem Securities Act.

Bei § 17(a) Sec. Act handelt es sich um die Generalklausel des Securities Act 1933. Sie ist nicht, wie § 11 Sec. Act, auf bestimmte Transaktionen (die das Einreichen eines registration statement verlangen), noch, wie § 12(a)(1) Sec. Act, auf einen begrenzten

---

2267 Vgl. die Nachweise in der vorstehenden Fußnote sowie Associated Randall Bank v. Griffin, Kubik, Stephens & Thompson, Inc., 3 F.3d 208, 213 (7th Cir. 1993) (zu beachten ist, dass diese Entscheidung ebenfalls vom Berufungsgericht des 7th Circuit stammt: das Gericht setzt sich über seinen eigenen Präzedenzfall hinweg); *Hicks*, Civil Liabilities, § 6:166.

2268 Dennis v. General Imaging, Inc., 918 F.2d 496, 505 (5th Cir. 1990); Davis v. Avco Financial Services, Inc., 739 F.2d 1057, 1068 (6th Cir. 1984). *Maynard*, 69 Notre Dame L. Rev. 57, 95 (1993), schlägt die Berücksichtigung folgender Kriterien zur Festlegung des Sorgfaltsmaßstabs vor: „In addition to the nature of the defendant-seller ...: i) the role of the defendant-seller in the selling process; ii) the relationship between the buyer and the seller; iii) the relationship between the seller and the issuer of the security, i.e., the availability of the corporation-issuer as the seller's source of information; iv) the circumstances under which the statements were made; and v) what the representation purports to state.“

2269 In re Software Toolworks Inc., 50 F.3d 615, 621 (9th Cir. 1994): „[S]ection 11's 'reasonable investigation' standard is similar, if not identical, to section 12(2)'s 'reasonable care' standard“.

2270 1e aa.

Sachverhalt (Verstöße gegen die Bestimmungen des § 5 Sec. Act), oder, wie § 12(a)(2) Sec. Act, auf bestimmte Kommunikationen (mit Hilfe eines „prospectus") beschränkt.[2271] Die Norm richtet sich nicht an einzelne Gruppen von Adressaten, sie stellt kein kunstvolles System von Sorgfaltsanforderungen auf und sieht keine Einwendungen vor, die dem Anspruchsgegner zur Verfügung stehen. Sie gilt gleichermaßen für den Primär- wie den Sekundärmarkt.[2272] § 17(a) Sec. Act ist damit umfassender als alle anderen Haftungsvorschriften des Securities Act 1933. Der Anwendungsbereich der Norm unterliegt lediglich einer Einschränkung: Anders als z.B. im Fall des § 10(b) Sec. Ex. Act erfasst er nur betrügerische Handlungen, die beim *Ver*kauf (oder Angebot), nicht hingegen solche, die beim Kauf eines Wertpapiers erfolgen.[2273]

Gleichwohl fristete § 17(a) Sec. Act lange Zeit ein Schattendasein, was daran lag, dass die Parallelvorschrift des Securities Exchange Act 1934, § 10(b), zum einen (zunächst) an dieselben Voraussetzungen gebunden, hierbei aber noch weiter gefasst war, zum anderen von der Rechtsprechung seit den 40er Jahren des letzten Jahrhunderts systematisch zu einer Anspruchsgrundlage ausgebaut wurde,[2274] so dass die Kläger auf ein genau umrissenes, etabliertes Haftungsinstitut zurückgreifen konnten. Auf § 17(a) Sec. Act gingen die Gerichte allenfalls en passant ein. Die Bestimmung hatte dem § 10(b) Sec. Ex. Act nichts hinzuzufügen. Das änderte sich im Jahr 1980, als der Supreme Court über den gem. § 17(a) Sec. Act einschlägigen Verschuldensmaßstab zu entscheiden hatte.[2275] Einigermaßen unerwartet differenzierte er zwischen dem ersten (§ 17[a][1] Sec. Act) und den anderen beiden Tatbeständen (§ 17[a][2] und [3] Sec. Act) der Vorschrift. Aus dem Wortlaut leitete er ab, nur der erste Tatbestand – und nicht, wie bislang angenommen, alle drei – setze vorsätzliches Handeln voraus (*scienter*), während im Übrigen Fahrlässigkeit genüge.[2276] Schlagartig erschien § 17(a) Sec. Act in einem neuen Licht: Nach der Auslegung in *Aaron* ließen sich mit Hilfe des § 17(a) Sec. Act die Vorteile des § 10(b) Sec. Ex. Act (die Weite der Haftung, das Fehlen von Einwendungen) fruchtbar machen, ohne den Nachteilen begegnen zu müssen (den strengen Verschuldensanforderungen sowie

---

2271 *Hazen*, Securities Regulation, § 7.11[1][A].

2272 U. S. v. Naftalin, 441 U.S. 768, 99 S. Ct. 2077 (1979).

2273 Mindestens ein Gericht will die im Rahmen von § 12(a) Sec. Act entwickelte Definition von „seller" auf § 17(a) Sec. Act übertragen, vgl. Meadows v. S.E.C., 119 F.3d 1219, 1225 (n. 9) (1997). Dieser Ansatz wird in der Literatur als zu restriktiv kritisiert, *Hazen*, Securities Regulation, § 7.11[1][A].

2274 Hierzu sogleich im nächsten Abschnitt unter 5.

2275 Aaron v. Securities and Exchange Commission, 446 U.S. 680, 100 S. Ct. 1945 (1980).

2276 Id. at 696, 1955: „The language of § 17(a)(1), which makes it unlawful 'to employ any device, scheme, or artifice to defraud,' plainly evinces an intent on the part of Congress to proscribe only knowing or intentional misconduct." Während es nachvollziehbar ist, dass der Gerichtshof keine entsprechende Andeutung in § 17(a)(2) Sec. Act sieht, der lediglich von dem Verbot spricht: „to obtain money or property by means of any untrue statement of a material fact", erscheint der Versuch, Unterabsatz (1) und (3) voneinander abzugrenzen, recht gezwungen. Beide beziehen sich auf „fraud". Der Supreme Court argumentiert: „[T]he language of § 17(a)(3) … quite plainly focuses upon the *effect* of particular conduct on members of the investing public ['which operates or would operate as a fraud'], rather than upon the culpability of the person responsible." Id. at 696–97, 1956.

weiteren Restriktionen, mit denen der Supreme Court sukzessive einem Ausufern der Haftung gem. Rule 10b-5 entgegenzuwirken suchte[2277]). Geschädigte Anleger begannen, ihre Schadensersatzklagen explizit auf § 17(a) Sec. Act zu stützen.

Es kam nunmehr auf eine weitere Frage – die entscheidende im Zusammenhang mit § 17(a) Sec. Act – an: Die Vorschrift eröffnet der SEC die Möglichkeit, über §§ 20, 24 Sec. Act gegen Personen vorzugehen, die die in § 17(a)(1)–(3) Sec. Act bezeichneten Handlungen vornehmen. Die Aufsichtsbehörde kann z.B. Untersuchungen durchführen und Klagen anstrengen, um Unterlassungsverfügungen oder Geldstrafen zu erwirken.[2278] § 17(a) Sec. Act sieht indes, im Gegensatz zu §§ 11, 12 Sec. Act, nicht die Gewährung von Schadensersatz zugunsten von Privatpersonen vor. Die Rechtsprechung hatte mithin zu entscheiden, ob in die Bestimmung eine private Klagebefugnis (sog. *implied private cause of action*) hineinzulesen ist. Traditionell sind US-amerikanische Gerichte nicht abgeneigt, Normen des Securities Act 1933, Securities Exchange Act 1934 oder anderer Gesetze als Anspruchsgrundlagen auszulegen, wenn die Vorschriften bestimmte Verhaltensweisen untersagen, ohne die Rechtsfolgen gegenüber geschädigten Privatpersonen bei Zuwiderhandlung festzusetzen.[2279] Berühmtestes Beispiel sind § 10(b) Sec. Ex. Act und Exchnage Act Rule 10b-5. Im Fall des § 17(a) Sec. Act waren die Gerichte jedoch zögerlich. Die Herabsetzung des Verschuldensmaßstabs auf Fahrlässigkeit führt dazu, dass Klägern in den meisten Fällen, für die §§ 11, 12 Sec. Act geschaffen wurden, über § 17(a) Sec. Act ein einfacherer Weg offen steht, um Schadensersatz zu erlangen. Vom Gesetzgeber mit Bedacht entwickelte Institute wie z.B. die *due diligence denfense* gem. § 11(b)(3) Sec. Act oder die kurze Verjährung gem. § 13 Sec. Act,[2280] mit deren Hilfe ein sachgerechter Ausgleich zwischen den Interessen der Emittenten und anderer professioneller Marktteilnehmer an Begrenzung des Haftungsrisikos und damit der Transaktionskosten einerseits und der Anleger am Schutz vor unseriösen Kapitalmarktprodukten und Praktiken andererseits erreicht werden soll, könnten ohne weiteres umgangen werden. Die §§ 11, 12 Sec. Act wären, um mit den Worten des 9th Circuit zu sprechen, „'entirely superfluous' and '[t]he complex scheme which Congress wove in

2277 § 10(b) Sec. Ex. Act setzt nach ganz h.M. *scienter* voraus, vgl. hierzu unten 5.

2278 Vgl. auch unten Fn. 2288.

2279 Die Voraussetzungen hat der Supreme Court in Cort v. Ash, 422 U.S. 66, 78, 95 S. Ct. 2080, 2088 (1975), festgelegt: „In determining whether a private remedy is implicit in a statute not expressly providing one, several factors are relevant. First, is the plaintiff 'one of the class for whose especial benefit the statute was enacted,' ... – that is, does the statute create a federal right in favor of the plaintiff? Second, is there any indication of legislative intent, explicit or implicit, either to create such a remedy or to deny one? ... Third, is it consistent with the underlying purposes of the legislative scheme to imply such a remedy for the plaintiff? ... And finally, is the cause of action one traditionally relegated to state law, in an area basically the concern of the States, so that it would be inappropriate to infer a cause of action based solely on federal law?" Vgl. auch Massachusetts Mut. Life Ins. Co. v. Russell, 473 U.S. 134, 145, 105 S. Ct. 3085, 3092 (1985).

2280 Lange Zeit ist die Rechtsprechung für die *implied private causes of action* von einer längeren Verjährungsfrist ausgegangen als gem. §§ 13 Sec. Act, 9(e), 18(c) Sec. Ex. Act für die ausdrücklichen Anspruchsgrundlagen maßgeblich war, vgl. *Cox/Hillman/Langevoort*, Securities Regulation, p. 853 et seq. m.N. Zumindest hinsichtlich § 10(b) Sec. Ex. Act besteht seit Lampf, Pleva, Lipkind, Prupis & Petigrow v. Gilbertson, 501 U.S. 350, 111 S. Ct. 2773 (1991) Gleichlauf.

the express civil liability sections would be totally undermined.'"[2281] Aus diesen Gründen interpretiert die inzwischen herrschende Meinung § 17(a) Sec. Act nicht als individualschützende Anspruchsgrundlage.[2282]

Emissionsbanken haben mithin im Securities Act 1933 vor allem drei Vorschriften zu fürchten, auf die sich Anleger zur Geltendmachung von Schadensersatz stützen können:[2283] §§ 11, 12(a)(1) und 12(a)(2) Sec. Act. Die Arbeit wird sich jetzt der Haftung gemäß dem Securities Exchange Act 1934 zuwenden, der den Securities Act 1933 auch im Hinblick auf Primärmarkttransaktionen komplementiert. In diesem Zusammenhang wird sie lediglich eine, aber eine der wichtigsten Vorschriften untersuchen – eine Vorschrift, die bereits mehrfach Erwähnung fand: § 10(b) Sec. Ex. Act.

5. Sec. 10(b) Securities Exchange Act 1934 und Rule 10b-5

Bei § 10(b) Sec. Ex. Act handelt es sich um die wohl bekannteste Vorschrift des US-amerikanischen Kapitalmarktrechts. Durch richterliche Rechtsfortbildung[2284] ist sie zu einem wichtigen anlegerschützenden Institut herangereift, das in den verschiedensten Zusammenhängen Anwendung findet: beim Handel am Primär- wie am Sekundärmarkt, bei Effektengeschäften und Transaktionen im Rahmen von Unternehmensumstrukturierungen, bei Insiderhandel und Marktpreismanipulation, um nur einige Beispiele zu nennen.[2285] Die weite Auslegung wird durch die wenig differenzierende Sprache der Bestimmung begünstigt: „It shall be unlawful for *any* person, directly or indirectly ... (b) To use or employ, in connection with the purchase or sale of any security ..., *any* manipulative or deceptive device or contrivance in contravention of such rules and regulations as the Commission may prescribe as necessary or appropriate in the public interest or for the protection of investors."[2286] Die Vorschrift ist in Verbindung mit Exchange Act Rule 10b-5 zu

---

2281 In re Washington Public Power Supply System Securities Litigation, 823 F.2d 1349, 1355–56 (9th Cir. 1987), Kimmel v. Peterson, 565 F. Supp. 476, 487 (E.D. Pa. 1983), zitierend.

2282 Neben den in der vorstehenden Fußnote genannten Entscheidungen Maldonado v. Dominguez, 137 F.3d 1, 6–8 (1st Cir. 1998); Finkel v. Stratton Corp., 962 F.2d 169, 174–75 (2d Cir. 1992); Newcome v. Esrey, 862 F.2d 1099, 1101–07 (4th Cir. 1988); Stephenson v. Paine Webber Jackson & Curtis, Inc., 839 F.2d 1095, 1100 (5th Cir. 1988); Schlifke v. Seafirst Corp., 866 F.2d 935, 942–43 (7th Cir. 1989); Deviries v. Prudential-Bache Securities, Inc., 805 F.2d 326, 328 (8th Cir. 1986); Zink v. Merrill Lynch Pierce Fenner & Smith, Inc., 13 F.3d 330, 334 (10th Cir. 1993); Currie v. Cayman Resources Corp., 835 F.2d 780, 784–85 (11th Cir. 1988).

2283 Die SEC hat weitergehende Möglichkeiten zur Durchsetzung der Kapitalmarktgesetze.

2284 *Larenz* würde hier von *gesetzesübersteigender* Rechtsfortbildung sprechen.

2285 Justice Marshall spricht, unter Bezugnahme auf Chiarella v. United States, 445 U.S. 222, 234–235, 100 S. Ct. 1108, 1117 (1980), von § 10(b) Sec. Ex. Act als einer „'catchall' antifraud provision", Herman & MacLean v. Huddleston, 459 U.S. 375, 382, 103 S. Ct. 683, 687 (1983); der damalige Justice Rehnquist führt anschaulich aus: „When we deal with private actions under Rule 10b-5, we deal with a judicial oak which has grown from little more than a legislative acorn." Blue Chip Stamps v. Manor Drug Stores, 421 U.S. 723, 737, 95 S. Ct. 1917, 1926 (1975).

2286 15 U.S.C. § 78j. Hervorhebung durch den Verfasser.

lesen.[2287] Rule 10b-5, von der SEC unter Ausnutzung der in § 10(b) Sec. Ex. Act enthaltenen Ermächtigungsgrundlage erlassen, soll dem Verbot betrügerischen Handelns Konturen geben und umschreibt den Begriff des „manipulative or deceptive device“: „... (a) ... any device, scheme, or artifice to defraud, (b) ... any untrue statement of a material fact or [omission of] a material fact necessary in order to make the statements made, in the light of the circumstances under which they were made, not misleading, or (c) ... any act, practice, or course of business which operates or would operate as a fraud or deceit upon any person“.

Die Lektüre der beiden Bestimmungen macht deutlich, dass es, wie schon bei § 17(a) Sec. Act, nicht um die Durchsetzung etwaiger Schadensersatzforderungen zugunsten geschädigter Anleger geht. § 10(b) Sec. Ex. Act und Rule 10b-5 enthalten – jedenfalls bei wörtlicher Auslegung – keine *private cause of action* – anders als z. B. §§ 9(e), 16(b) und 18 Sec. Ex. Act. Sie sollten ursprünglich lediglich die Befugnisse der SEC erweitern und die Überwachung der Marktteilnehmer bzw. die Verfolgung schädigenden Verhaltens erleichtern.[2288] Schon wenige Jahre nach der Verabschiedung des Securities Exchange Act 1934 begannen die Gerichte indes, in § 10(b) Sec. Act und Rule 10b-5 eine Anspruchsgrundlage hineinzulesen. Der Fall *Kardon v. National Gypsum Co.*[2289] leitete die Entwicklung ein. Um seine Entscheidung zu begründen, bezog sich der Richter auf Grundsätze des *common law* Deliktsrechts und den lateinischen Rechtssatz „ubi jus, ibi remedium“: Wer entgegen einem gesetzlichen Verbot handelt und hierdurch rechtlich anerkannte Interessen einer anderen Person beeinträchtigt, ist dem anderen auch ohne ausdrückliche Anspruchsgrundlage haftbar, wenn die verletzte Vorschrift individualschützenden Charakter hat und den Schutz gerade des beeinträchtigten Interesses bezweckt.[2290] Diese Voraussetzungen hielt der Richter im Fall *National Gypsum* für gegeben. Der Zweck des Securities Exchange Act und insbesondere des § 10(b) bestehe im Schutz der Anleger. Aus dem Fehlen einer ausdrücklichen Anspruchsgrundlage könne nicht darauf geschlossen werden, dass der Gesetzgeber Investoren in Situationen, die § 10(b) Sec. Act umschreibt, die Möglichkeit verschließen wollte, einen entstandenen Schaden ersetzt zu verlangen.[2291] Zahlreiche Gerichte folgten dem eingeschlagenen Weg, so dass der Supreme

---

2287 17 C.F.R. § 240.10b-5. Rule 10b-5 ist nur eine von zahlreichen Ausführungsregelungen, die § 10(b) Sec. Ex. Act konkretisieren, vgl. 17 C.F.R. § 240.10b-1 bis 10b-18.

2288 Vgl *Freeman*, 22 Bus. Law 793, 922 (1967), zur Entstehungsgeschichte von Rule 10b-5: „I never thought that twenty odd years later [Rule 10b-5] would be the biggest thing that had ever happened. It was intended to give the Commission power to deal with [fraudulent behaviour]. It had no relation in the Commission's contemplation to private proceedings.“ Die SEC ist – unter anderem – gem. § 21(a) Sec. Ex. Act dazu ermächtigt, „in its discretion, [to] make such investigations as it deems necessary to determine whether any person has violated, is violating, or is about to violate any provision of [the Securities Exchange] Act“. Sie kann eine Klage anstrengen, um bei Verstoß gegen das Gesetz oder eine Ausführungsbestimmung gem. § 21(d) Sec. Ex. Act den Erlass einer einstweiligen oder endgültigen Unterlassungsverfügung und gem. § 21A Sec. Ex. Act die Verhängung von Zivilstrafen zu erwirken. Unter den Voraussetzungen der §§ 21B, 21C hat die SEC die Befugnis, selbst Zivilstrafen zu verhängen und Unterlassungsanordnungen zu treffen.

2289 69 F. Supp. 512 (E.D. Pa. 1946).

2290 Id. at 513.

2291 Id. at 514.

Court im Jahr 1983 nur noch feststellen musste: „The existence of [an] implied remedy is simply beyond peradventure.“[2292]

Bis heute nicht ganz gelöste Fragen existieren allerdings im Hinblick auf die Reichweite und genauen Voraussetzungen der Vorschrift. Während die Entwicklung in den ersten Jahrzehnten nach Anerkennung von Rule 10b-5 als individualschützender Anspruchsgrundlage durch immer expansivere Auslegung gekennzeichnet war, hat der Supreme Court, beginnend im Jahr 1975, durch eine Reihe von Entscheidungen, auf die hier einzugehen sein wird, den Anwendungsbereich wieder eingeschränkt. Als gesichert darf folgendes gelten: Der Kläger muss, um mit einer Klage gem. Rule 10b-5 Erfolg zu haben, darlegen und gegebenenfalls beweisen, dass (1) der Beklagte eine betrügerische Handlung i.S. von Rule 10b-5(a), (b) oder (c) vorgenommen hat (für die vorliegende Untersuchung ist Absatz b von Bedeutung: Abgabe einer Erklärung, in der für die Beurteilung von Wertpapieren wesentliche Angaben unrichtig oder unvollständig sind),[2293] (2) hierbei vorsätzlich gehandelt hat (mit *scienter*[2294]), dass (3) der Kläger bei Vornahme der Wertpapiertransaktion auf

---

2292 Herman & MacLean v. Huddleston, 459 U.S. 375, 380, 103 S. Ct. 683, 686. Es ist zu beachten, dass die zeitlich nach *Kardon* vom Supreme Court in Cort v. Ash, 422 U.S. 66, 95 S. Ct. 2080 (besprochen oben, Fn. 2279) aufgestellten Voraussetzungen für die Anerkennung einer *private cause of action* strenger sind. Es ist fraglich, ob § 10(b) Sec. Ex. Act diesen neuen Test bestehen würde. Indes ist die ungeschriebene Anspruchsgrundlage gem. § 10(b) Sec. Ex. Act, Rule 10b-5 inzwischen so tief im US-amerikanischen Kapitalmarktrecht verwurzelt, dass sie schon gewohnheitsrechtlich zu nennen ist und deswegen nicht mehr der Begründung entsprechend *Cort* bedarf, vgl. *Cox/Hillman/Langevoort*, Securities Regulation, p. 670–71 m.N.

2293 Zur Reichweite der anderen Absätze von Rule 10b-5, insbesondere zur Bedeutung des Wortes „manipulation“, und zur Anwendbarkeit der Norm, wenn keine unrichtigen oder unvollständigen Angaben gemacht wurden, vgl. Santa Fe Industries, Inc. v. Green, 430 U.S. 462, 97 S. Ct. 1292 (1977) (Rule 10b-5 ist nicht anwendbar, wenn die Bedingungen einer Unternehmensfusion, z.B. das Umtauschverhältnis der Anteile, die Minderheitsaktionäre benachteiligen, aber die Folgen der Strukturmaßnahme zutreffend offen gelegt wurden).

2294 „Scienter“ definieren die US-amerikanischen Gerichte in der Regel wie folgt: „[It] refers to a mental state embracing intent to deceive, manipulate, or defraud.“ Ernst & Ernst v. Hochfelder, 425 U.S. 185, 193, 96 S. Ct. 1375, 1381 (1976) (n. 12). Die Untergerichte erkennen ohne Ausnahme an, dass nicht nur vorsätzliches Handeln, sondern auch *recklessness* den in *Ernst & Ernst* aufgestellten Standard erfüllt (der Supreme Court hat die Frage bislang nicht behandelt). Der Begriff *recklessness* lässt sich nicht ohne weiteres ins Deutsche übertragen. Er kann mit grober oder bewusster Fahrlässigkeit übersetzt werden, geht in den Urteilen vieler Gerichte aber darüber hinaus. Vgl. z.B. Broad v. Rockwell Intern. Corp., 642 F.2d 929, 961–962 (5th Cir. 1981): „[T]he requirement that the plaintiff prove scienter … is satisfied by proof that the defendants acted with severe recklessness. Severe recklessness is limited to those highly unreasonable omissions or misrepresentations that involve not merely simple or even inexcusable negligence, but an extreme departure from the standards of ordinary care, and that present a danger of misleading buyers or sellers which is either known to the defendant or is so obvious that the defendant must have been aware of it.“ Ähnlich Hollinger v. Titan Capital Corp., 914 F.2d 1564, 1569 (9th Cir. 1990); Sundstrand Corp. v. Sun Chem. Corp., 553 F.2d 1033, 1045 (7th Cir. 1977). Einfache Fahrlässigkeit genügt den Anforderungen von § 10(b) Sec. Ex. Act nicht, wie der Supreme Court in Ernst & Ernst v. Hochfelder, loc. cit. at 193, 1381 et seq., klargestellt hat: Die Begriffe „manipulative or deceptive device or contrivance“ implizierten, dass grundsätzlich nur wissentliches oder absichtliches Fehlverhalten verboten sei.

Mindestens ein Gericht hat eine Verbindung zwischen *scienter* gem. § 10(b) Sec. Ex. Act und der *due diligence defense* gem. § 11(b)(3) Sec. Act hergestellt: Wenn die Beklagten sorgfältig i.S. des die Richtigkeit der Angaben vertraute (*reliance*[2295]) und (4) ein kausaler Zusammenhang zwischen der Handlung und dem Schaden des Klägers besteht (*loss causation*[2296]).

Die Voraussetzungen zeigen, dass § 10(b) Sec. Ex. Act i.V.m. Rule 10b-5 höhere Anforderungen an den Kläger stellt als § 11 Sec. Act. § 11(e) Sec. Act enthält eine Beweislastumkehr, was die haftungsausfüllende Kausalität anbelangt; ein subjektives Element auf Seiten des Beklagten fehlt völlig und die haftungsbegründende Kausalität findet sich nur insoweit wieder, als der Anspruch auf Schadensersatz ausscheidet, wenn der Beklagte darlegen und beweisen kann, dass der Kläger bei Abschluss des Wertpapiergeschäfts von der Fehlerhaftigkeit des registration statement wusste (§ 11[a] Sec. Act). Andererseits ist § 11 Sec. Act enger als § 10(b) Sec. Ex. Act und Rule 10b-5, da sich die Vorschrift auf einen bestimmten Fall von *securities fraud* bezieht – das fehlerhafte registration statement – und die Gruppe der Anspruchsberechtigten und -verpflichteten genau umschreibt. Es kann für den Kläger mithin sinnvoller sein, gem. Rule 10b-5 vorzugehen.[2297]

---

§ 11(b)(3) Sec. Act gehandelt hätten, sei auch *scienter* abzulehnen, In re Software Toolworks, Inc. Securities Litig., 50 F.3d 615, 626–627 (9th Cir.1994).

2295 Hierzu Basic Inc. v. Levinson, 485 U.S. 224, 108 S. Ct. 978 (1988). Die Entscheidung schwächt das Erfordernis der haftungsbegründenden Kausalität insoweit ab, als sie den Nachweis genügen lässt, dass der Kläger in einem effizienten Markt gekauft hat, der den unverzüglichen Eingang irreführender Informationen in den Preis der Wertpapiere gewährleistet. In einem solchen Fall könne davon ausgegangen werden, dass der Kläger auf die Integrität des Marktpreises und damit indirekt auf die Richtigkeit der irreführenden Information vertraut habe (sog. *fraud on the market theory*), id. at 241, 988 et seq. Die fraud on the market Theorie stellt mithin eine tatsächliche Vermutung auf, die der Beklagte zurückweisen kann, indem er zeigt, dass der Börsenkurs im Einzelfall nicht beeinflusst wurde oder dass die Integrität des Preises der Effekten für den Anleger von keiner Relevanz war, z.B. weil er aus kartellrechtlichen Gründen verkaufen musste, id. at 248 et seq., 992 et seq. Vgl. zur fraud on the market theory bereits oben § 6 I 2 c (3)und unten § 12 I 3 b.

2296 § 21D(b)(4) Sec. Ex. Act, der 1995 die richterrechtlich entwickelte Regel kodifizierte. Vgl. zur Interpretation der Vorschrift aus neuerer Zeit Dura Pharmaceuticals, Inc. v. Broudo, 544 U.S. 336, 125 S. Ct. 1627 (2005); Lentell v. Merrill Lynch & Co., Inc., 396 F.3d 161 (2d Cir. 2005): Es genügt nicht, dass der Anleger angibt, er habe zu einem Preis gekauft, der durch die Falschmeldung künstlich überhöht („artificially inflated", vgl. Dura Pharmaceuticals, Inc. v. Broudo, loc. cit. at 347, 1634) gewesen sei. Vielmehr muss der Anleger nachweisen, dass seine Investition aufgrund der verschwiegenen oder fehlerhaft dargestellten Umstände – und nicht etwa aufgrund einer allgemeinen Abwärtsbewegung am Markt oder anderer Faktoren, die sich zum Nachteil des Emittenten auswirken – an Wert verloren und er *deswegen* einen Schaden erlitten hat. Dura Pharmaceuticals, Inc. v. Broudo, loc. cit. at 345, 1633: „The securities statutes [do not] seek to provide investors with broad insurance against market losses, but to protect them against those economic losses that misrepresentations actually cause." Lentell v. Merrill Lynch & Co., Inc., loc. cit. at 173: „[A] misstatement or omission is the 'proximate cause' of an investment loss if the risk that caused the loss was within the zone of risk concealed by the misrepresentations and omissions alleged by a disappointed investor. ... Thus to establish loss causation, 'a plaintiff must allege ... that the subject of the fraudulent statement or omission was the cause of the actual loss suffered,' ... i.e., that the misstatement or omission concealed something from the market that, when disclosed, negatively affected the value of the security."

2297 Vgl. z.B. Newby v. Enron Corp., 235 F. Supp. 2d 549 (S.D. Tex. 2002). Gerade wegen der Weite des § 10(b) Sec. Ex. Act legt der Supreme Court Wert darauf, die existierenden Voraussetzungen eng auszulegen. Er versteht das Erfordernis vorsätzlichen Handelns und die Restriktionen

Gerade der letzte Punkt – der potentiell weite Kreis der Anspruchsberechtigten und -verpflichteten gem. § 10(b) Sec. Ex. Act, Rule 10b-5 – war Gegenstand zahlreicher gerichtlicher Auseinandersetzungen. Er ist für hier interessierende Zwecke von Bedeutung, da nach der neueren Rechtsprechung nicht selbstverständlich ist, ob bzw. welche Emissionsbanken Haftungsadressaten sind. Die sonstigen Voraussetzungen enthalten, auch wenn sie im Einzelnen vielfältige Probleme aufweisen, keine der Haftung der Emissionsbanken eigentümlichen Fragen. Deswegen sollen nur die Anspruchsberechtigung (unter a) und der Kreis der Anspruchsgegner (unter b) näher untersucht werden; im Übrigen ist auf obige Fundstellen zu verweisen.[2298]

a. *Anspruchsberechtigung*

Da der Gesetzgeber § 10(b) Sec. Ex. Act nicht als Anspruchsgrundlage mit individualschützendem Charakter ansah, ist es nicht überraschend, dass sich in der Vorschrift keine ausdrückliche Bestimmung des Kreises der geschützten Personen findet. Die Rechtsprechung stützt sich als Anhaltspunkt auf den Beginn von Absatz (b), nämlich das Verbot, betrügerische Handlungen „in connection with the purchase or sale of any security" vorzunehmen.[2299] Der Supreme Court hat sich in mehreren Entscheidungen mit der Auslegung dieses Halbsatzes beschäftigt. Wegweisend war der Fall *Blue Chip Stamps v. Manor Drug Stores*[2300]. Hierbei handelte es sich insoweit um einen ungewöhnlichen Rechtsstreit, als die Kläger geltend machten, der Verkaufsprospekt stelle die Geschäftsaussichten des Emittenten nicht etwa zu positiv, sondern zu negativ dar. Im Zuge eines kartellrechtlichen Verfahrens waren die Eigentümer von Blue Chip dazu verpflichtet worden, das Unternehmen zu restrukturieren und eine beträchtliche Anzahl an Aktien des restrukturierten Unternehmens zu einem vorgegebenen Preis bestimmten außen stehenden, d.h. bislang nicht am Unternehmen beteiligten, Investoren anzubieten. Nach Ansicht der Kläger enthielt der Verkaufsprospekt irreführende Angaben, um die Kläger davon abzubringen, in das Unternehmen zu investieren, und die Aktien später zu einem höheren Preis dem breiten Anlegerpublikum anzubieten. Aufgrund der pessimistischen Darstellung der Finanzlage und Geschäftsaussichten entschieden sich die Kläger dafür, keine Investitionen vorzunehmen.[2301]

Der Supreme Court hatte mithin zu entscheiden, ob „in conncection with" in § 10(b) Sec. Ex. Act voraussetzt, dass tatsächlich ein Kauf oder Verkauf von Wertpapieren

---

hinsichtlich der haftungsausfüllenden Kausalität (vgl. die vorstehende Fußnote) und der Anspruchsbefugnis (der Kläger muss Käufer oder Verkäufer von Wertpapieren sein, hierzu sogleich im Text), als Mittel zum Schutz vor missbräuchlichen Klagen, siehe Dura Pharmaceuticals, Inc. v. Broudo, 544 U.S. 347, 125 S. Ct. 1634; Ernst & Ernst v. Hochfelder, 425 U.S. 185, 208 et seq., 96 S. Ct. 1375, 1388 et seq.; Blue Chip Stamps v. Manor Drug Stores, 421 U.S. 723, 95 S. Ct. 1917 (1975) (das Gericht spricht von: „the danger of vexatious litigation which could result from a widely expanded class of plaintiffs", id. at 740, 1927).

2298 Fn. 2293–2296.

2299 Ebenso Rule 10b-5 a.E.

2300 421 U.S. 723, 95 S. Ct. 1917 (1975).

2301 Id. at 726–27, 1921.

stattgefunden haben muss. Das bejahte er: anspruchsberechtigt sei nur ein Käufer bzw. Verkäufer von Wertpapieren.[2302] Zur Begründung bezog er sich auf Wortlaut[2303] und Entstehungsgeschichte der Vorschrift[2304] sowie die Systematik der Kapitalmarktgesetze, insbesondere einen Vergleich mit der teilweise parallelen Vorschrift des § 17(a) Sec. Act, die, anders als § 10(b) Sec. Ex. Act, von „offer or sale of any securities" spreche und damit deutlich mache, dass der Gesetzgeber zwischen einer abgeschlossenen Transaktion und dem Angebot zum Kauf bzw. Verkauf unterscheide.[2305] Vor allem haben den Gerichtshof aber teleologische bzw. ökonomische Erwägungen zu seiner Entscheidung veranlasst.[2306] Er war der Ansicht, eine Ausweitung der Gruppe der Anspruchsberechtigten auf Personen, die nicht Partei eines Wertpapiergeschäfts seien, könne das sorgfältig austarierte Gleichgewicht zwischen dem Schutz der Anleger vor fehlerhaften Kapitalmarktinformationen einerseits und dem Schutz der Emittenten vor rechtsmissbräuchlichen Klagen andererseits, das die Schadensersatzvorschriften des Securities Act 1933 und des Securities Exchange Act 1934 aufrechtzuerhalten suchten, stören. Nicht nur der gegenwärtige Teilnehmer am Kapitalmarkt, sondern jeder potentielle Anleger könnte mit der Behauptung, durch fehlerhafte Angaben in Verkaufsprospekten, Pressemitteilungen oder Zeitungsartikeln von einer Investitionsentscheidung abgebracht worden zu sein, Klage erheben. Während die Tatsache des Kaufs oder Verkaufs von Wertpapieren ohne größere Schwierigkeiten zu überprüfen sei, werde sich der Nachweis des Entschlusses, den Kauf bzw. Verkauf zu unterlassen, in aller Regel einzig durch Zeugen- oder Parteivernehmung führen lassen.[2307] Angesichts der mit subjektiven Vorgängen verbundenen schwierigen tatsächlichen Fragen werde der Richter den Rechtsstreit nur in Ausnahmefällen im Wege eines *summary judgement* ohne Jury entscheiden können.[2308] Jury trials seien wegen der häufig umfangreichen Beweis-

---

2302 Er folgt damit der fast ausnahmslos von den Untergerichten vertretenen sog. *Birnbaum rule*, die im Jahr 1952 von dem US Court of Appeals for the Second Circuit in Birnbaum v. Newport Steel Corp., 2d Cir., 193 F.2d 461 entwickelt wurde. Es ist zu beachten, dass dieses Problem von der Frage zu unterscheiden ist, ob eine *Vertragsbeziehung* zwischen Anspruchsteller und Anspruchsgegner bestehen muss, ob also der Anspruchsteller von dem Anspruchsgegner gekauft bzw. an ihn verkauft haben muss (*contractual privity*). Bereits vor *Blue Chip* war geklärt, dass eine solche Sonderbeziehung nicht vorliegen muss, vgl. das Grundlagenurteil in S.E.C. v. Texas Gulf Sulphur Co., 401 F.2d 833, insbesondere 858-61 (2d Cir. 1968), *cert. denied*, 394 U.S. 976, 89 S. Ct. 1454 (1969).

2303 A.A. die *dissenting opinion* von Mr. Justice Blackmun, vgl. Blue Chip Stamps v. Manor Drug Stores, loc. cit. at 733 (n. 5), 764–65, 1924 (n. 5), 1939.

2304 Id. at 732–33, 1924.

2305 Id. at 733–34, 1924–25. Außerdem zieht der Supreme Court mehrere der ausdrücklichen Anspruchsgrundlagen des Securities Act 1933 und des Securities Exchange Act 1934 heran, unter anderem §§ 11 und 12 Sec. Act, die verlangen, dass der Anspruchsteller Käufer oder Verkäufer eines Wertpapiers ist, id. at 735–36, 1925–26.

2306 Der Supreme Court spricht von „policy considerations", id. at 737, 1926.

2307 In den Worten des Gerichtshofs: „[T]he abolition of the Birnbaum rule would throw open to the trier of fact many rather hazy issues of historical fact the proof of which depended almost entirely on oral testimony." Id. at 743, 1929.

2308 Ein *summary judgement* ergeht unter den folgenden Voraussetzungen: „if ... there is no genuine issue as to any material fact and ... the moving party is entitled to a judgment as a matter of law", Fed.R.Civ.P. 56(c).

aufnahme zeit- und kostenintensiv. Sie stellten eine mitunter erhebliche finanzielle Belastung für das Unternehmen dar, das sich dazu veranlasst sehen werde, den Rechtsstreit kostengünstig durch Vergleich zu beenden.[2309] Anleger hätten folglich einen Anreiz, selbst bei zweifelhaften Erfolgsaussichten eine Klage anzustrengen. Um diese Gefahr des Rechtsmissbrauchs zu verringern, hielt es der Supreme Court für angezeigt, den Kreis der Anspruchsteller in der dargestellten Weise zu beschränken.[2310] Diese Interpretation hat das Gericht in Folgeentscheidungen bestätigt und ausgeführt.[2311]

Damit sind, wie der Supreme Court in *Blue Chip* hervorhebt, drei Gruppen von Personen denkbar, die durch eine gem. § 10(b) Sec. Ex. Act untersagte Tätigkeit geschädigt werden können, ohne anspruchsberechtigt zu sein: Personen, die aufgrund übertrieben negativer Angaben nicht kaufen, Wertpapierinhaber, die aufgrund übertrieben positiver Angaben nicht verkaufen, und Aktionäre oder sonstige Stakeholder, deren Investment aufgrund von Aktivitäten im Sinne des § 10(b) Sec. Ex. Act an Wert verliert.[2312] Die letzteren beiden Gruppen können unter Umständen im Wege einer *actio pro socio* vorgehen, wenn der Emittent als Käufer oder Verkäufer anzusehen ist.[2313] Die erste Gruppe ist nach derzeitiger Rechtslage hingegen schutzlos gestellt.[2314]

2309 Vgl. Blue Chip Stamps v. Manor Drug Stores, loc. cit. at 740, 1927: „[E]ven a complaint which by objective standards may have very little chance of success at trial has a settlement value to the plaintiff out of any proportion to its prospect of success at trial so long as he may prevent the suit from being resolved against him by dismissal or summary judgment." Ebenso Stoneridge Inv. Partners, LLC v. Scientific-Atlanta, 128 S. Ct. 761, 772 (2008).

2310 Der Gesetzgeber hat die Gefahr von sog. „blackmail" oder „strike suits" im Kapitalmarktrecht ebenfalls erkannt und den Gerichten in einigen Schadensersatzvorschriften, insbesondere § 11(e) 3rd Sentence Sec. Act, die Befugnis eingeräumt, von der rechtsmissbräuchlich handelnden Partei Sicherheitsleistung für die Kosten des Rechtsstreits zu verlangen und ihr die Kosten – einschließlich der Anwaltskosten des Gegners – aufzugeben (was grundsätzlich nach US-amerikanischem Recht nicht möglich ist). Maßstab für die Ausübung des richterlichen Ermessens ist der folgende Test: „[§] 11(e) … require[s] a specific finding that the action is brought in 'bad faith' or is so utterly lacking in merit as to 'border on the frivolous.'" Straus v. Holiday Inns, Inc., 460 F. Supp. 729, 732 (S.D.N.Y. 1978). Vgl. hierzu auch *Hicks*, Civil Liabilities, § 4:144 et seq., und zur Entstehungsgeschichte von § 11(e) 3rd Sentence Sec. Act Blue Chip Stamps v. Manor Drug Stores, loc. cit. at 741, 1928: „designed to deter 'strike' or nuisance actions".

2311 Z.B. S.E.C. v. Zandford, 535 U.S. 813, 122 S. Ct. 1899 (2002).

2312 Blue Chip Stamps v. Manor Drug Stores, loc. cit. at 737–38, 1926. Ein Beispiel für die dritte Fallgruppe ist Cowin v. Bresler, 741 F.2d 410 (D.C. Cir. 1984).

2313 Z.B. Alley v. Miramon, 614 F.2d 1372 (5th Cir. 1980).

2314 Der Gerichtshof gibt selbst zu, dass dieses Ergebnis „undesirable" ist, Blue Chip Stamps v. Manor Drug Stores, loc. cit. at 743, 1929. Er hält dennoch an der *Birnbaum rule* fest, da er, wie erwähnt, der Ansicht ist, dass die Vorteile einer restriktiven Auslegung der Anspruchsberechtigung ihre Nachteile überwiegen. Untergerichte versuchen mitunter, die recht willkürlich anmutende Differenzierung zwischen Käufern bzw. Verkäufern und anderen geschädigten Personen abzumildern, indem sie, wenn auch keinen Schadensersatz, so doch in manchen Fällen einen Anspruch auf Unterlassung (*injunctive relief*) zusprechen, vgl. Tully v. Mott Supermarkets, Inc., 540 F.2d 187 (3d Cir. 1976). Dagegen Cowin v. Bresler, 741 F.2d 410, 423–25 (D.C. Cir. 1984).

b. *Haftungsadressaten*

aa. Die Regel in Central Bank

Personen, die gem. § 10(b) Sec. Ex. Act und allgemein gemäß den im Securities Act und Securities Exchange Act enthaltenen Anspruchsgrundlagen verantwortlich sind, können in zwei Gruppen unterteilt werden: die sog. *primary violators*, d.h. Personen, die die vom Gesetz verbotene Handlung selbst vornehmen, und *secondary violators*, die durch unterstützende Tätigkeit zur Verwirklichung des gesetzlichen Tatbestands beitragen. Die Haftung der *secondary violators* geht auf Grundsätze des Strafrechts zu Anstiftung und Beihilfe (*aiding and abetting*) zurück.[2315] Diese Grundsätze haben schon seit langer Zeit Eingang in das common law Deliktsrecht gefunden.[2316] Sie sind von den Gerichten bis zur Entscheidung des Supreme Court im Fall *Central Bank of Denver, N.A. v. First Interstate Bank of Denver, N.A.*[2317] im Jahr 1994 regelmäßig auf Verletzungen von § 10(b) Sec. Ex. Act angewandt worden.[2318] Nach ständiger Rechtsprechung hafteten Personen, die vorsätzlich die Vornahme einer gem. § 10(b) Sec. Ex. Act, Rule 10b-5 verbotenen Handlung unterstützten, zusammen mit dem *primary violator* als Gesamtschuldner, wenn der eigene Tatbeitrag wesentlich (*substantial*) war.[2319]

Die Entscheidung in *Central Bank*, die mit fünf zu vier Stimmen ergangen ist, kam als allgemeine Überraschung. Der Supreme Court hielt sich eng an den Wortlaut des § 10(b) Sec. Ex. Act. Er betonte, dass die Vorschrift an keiner Stelle von „aiding and abetting“ spreche. Auch weigerte er sich, den Einschub „directly or indirectly“[2320] für Zwecke der Kläger fruchtbar zu machen. Die Gehilfenhaftung erstrecke sich eben nicht nur auf Personen, die direkt oder indirekt an der betrügerischen Hand-

---

2315 18 U.S.C.A. § 2.

2316 Vgl. Restatement (Second) of Torts, § 876 (1979): „For harm resulting to a third person from the tortious conduct of another, one is subject to liability if he ... (b) knows that the other's conduct constitutes a breach of duty and gives substantial assistance or encouragement to the other so to conduct himself“.

2317 511 U.S. 164, 114 S. Ct. 1439.

2318 Eine entsprechende erweiternde Auslegung lehnte (und lehnt) die überwiegende Rechtsprechung in Bezug auf die expliziten Haftungstatbestände des Securities Act 1933 ab: Die ausdrückliche Auflistung der Anspruchsverpflichteten in §§ 11 und 12(a)(2) Sec. Act nehme den Gerichten die Möglichkeit, im Wege der Auslegung weitere Personen als Gehilfen für verantwortlich zu halten, In re Equity Funding Corp. of America Securities Litigation, 416 F. Supp. 161, 181 (C.D. Cal. 1976). Vgl. auch Hagert v. Glickman, Lurie, Eiger & Co., 520 F. Supp. 1028, 1034 (D. Minn. 1981); McFarland v. Memorex Corp., 493 F. Supp. 631, 642 (N.D. Cal. 1980): Anderer Ansicht In re Caesars Palace Securities Litigation, 360 F. Supp. 366, 384 (S.D.N.Y. 1973).

2319 Z.B. Roberts v. Peat, Marwick, Mitchell & Co., 857 F.2d 646 (9th Cir. 1988). Aiding and abetting Haftung gem. § 10(b) Sec. Ex. Act setze voraus: „(1) the existence of an independent wrong, (2) actual knowledge by the alleged aider and abettor of the wrong and of his or her role in furthering it, and (3) substantial assistance in the wrong.“ Ähnlich Metge v. Baehler, 762 F.2d 621 (8th Cir. 1985); Moore v. Fenex, Inc., 809 F.2d 297 (6th Cir. 1987); Rudolph v. Arthur Andersen & Co., 800 F.2d 1040 (11th Cir. 1986). Zu weiteren Nachweisen vgl. *Hazen*, Securities Regulation, § 12.25[4], n. 148. Im Einzelnen herrschte einige Unklarheit, was die vorstehenden Voraussetzungen anbelangt, vgl. *Hazen*, loc.cit., § 12.25[4][A], [B] (knowledge of the wrong), § 12.25[4][C] (substantial assistance), jeweils m.N.

2320 § 10(b) Sec. Ex. Act am Anfang.

lung beteiligt seien, sondern auch auf Dritte, die in keiner Weise an der Handlung selbst mitwirkten, deren Beitrag sich vielmehr in der Erteilung von Ratschlägen oder Ähnlichem erschöpfe.[2321] Diese Differenzierung mutet gekünstelt an, insbesondere im Hinblick auf die ansonsten durchaus großzügige Interpretation der Vorschrift durch das Gericht.[2322] Der wahre Grund für die Entscheidung dürfte in einer rechtspolitischen Erwägung zu sehen sein, die der Gerichtshof erst gegen Ende des Urteils erwähnt und die darauf hindeutet, dass er die Geister, die er durch Ausbau von § 10(b) Sec. Ex. Act zur vielseitig anwendbaren *catchall* Vorschrift rief, nun selbst zu fürchten begann: Zum einen seien die Grundsätze, nach denen sich die Haftung für *aiding and abetting* richte, teilweise ungeklärt, was große Rechtsunsicherheit zur Folge habe.[2323] Zum anderen sei – wie vom Supreme Court bereits in anderem Zusammenhang ausgeführt[2324] – § 10(b) Sec. Ex. Act so unbestimmt gefasst, dass die Gefahr rechtsmissbräuchlicher Klagen höher sei als bei den ausdrücklich im Gesetz vorgesehenen Anspruchsgrundlagen.[2325] Diese ohnehin existierende Gefahr werde durch Einbeziehung von *aiders* und *abettors* in den Kreis der Haftungsadressaten noch verstärkt. Beide Aspekte trügen dazu bei, dass die Kosten für Marktteilnehmer stiegen: Aufgrund der Komplexität der einschlägigen Fragen und der häufig strittigen tatsächlichen Umstände werde eine Klageabweisung durch *summary judgement* nur selten in Betracht kommen. Um kostenintensive *jury trials* im Anschluss an die Zurückweisung der *motion to dismiss* im Vorverfahren zu vermeiden, sähen sich viele Unternehmen dazu gezwungen, Vergleiche einzugehen, auch wenn die Aussichten der Klage fraglich seien. Darüber hinaus würden potentielle *secondary violators*, z.B. Wirtschaftsprüfer, das erhöhte Haftungsrisiko durch höhere Gebühren auf ihre Klienten, die am Kapitalmarkt operierenden Unternehmen, abwälzen. Letztlich müssten mithin die Anleger für das Haftungsrisiko aufkommen, d.h. diejenige Gruppe, die der Securities Exchange Act 1934 schützen wolle.[2326]

bb. Meinungsstand nach Central Bank

Die Argumente des Supreme Court in *Central Bank* zeigen, dass umfassende Haftungsvorschriften keineswegs nur positive Implikationen haben. Andererseits führte die Absage an *aiding and abetting liability* – die sich ohnehin nur auf private Schadensersatzklagen bezieht und nicht auf strafrechtliche oder von der SEC einge-

---

2321 Central Bank of Denver, N.A. v. First Interstate Bank of Denver, N.A., 511 U.S. 164, 175 et seq., 114 S. Ct. 1439, 1147 et seq.

2322 Z.B. Anwendung von § 10(b) Sec. Ex. Act im Zusammenhang mit Insider Trading, obwohl die betrügerische Handlung in diesem Fall weniger „in connection with the purchase or sale of [a] security" vorgenommen wird, wie es die Vorschrift verlangt, als vielmehr im Vorfeld, nämlich bei treuwidriger Aneignung der Insiderinformation, vgl. (auch zur sog. *misappropriation theory*) U.S. v. O'Hagan, 521 U.S. 642, 117 S. Ct. 2199 (1997).

2323 Central Bank of Denver, N.A. v. First Interstate Bank of Denver, N.A., loc. cit. at 188, 1454.

2324 Blue Chip Stamps v. Manor Drug Stores, 421 U.S. 723, 739, 95 S. Ct. 1917, 1927. Vgl. oben a.

2325 Central Bank of Denver, N.A. v. First Interstate Bank of Denver, N.A., loc. cit. at 189, 1454.

2326 Id.

leitete Verfahren wegen einer Verletzung von § 10(b) Sec. Ex. Act[2327] – nicht notwendig zur Reduzierung von Rechtsunsicherheit, sondern lediglich zur Verlagerung der schwierigen Abgrenzungsfragen auf eine andere Ebene: die Ebene der *primary participants*. Anleger haben ein Interesse daran, neben dem Emittenten Finanzintermediäre zu verklagen, die in vielen Fällen zahlungskräftiger sind. Sie versuchen deswegen, *Central Bank* dadurch zu umgehen, dass sie eine entsprechend großzügige Auslegung des Erfordernisses des Supreme Court – der Anspruchsgegner müsse die betrügerische Handlung selbst vorgenommen haben – vorschlagen.[2328] Einige Untergerichte waren bereit, ihnen zu folgen. Die genaue Grenzziehung zwischen primärer (zum Schadensersatz führender) und sekundärer (nicht unter § 10[b] Sec. Ex. Act fallender) Verantwortlichkeit bleibt freilich weitgehend im Dunkeln.[2329] Die Gerichte stützen sich auf unterschiedliche Abgrenzungskriterien, häufig sind die Entscheidungen stark einzelfallbezogen.[2330] Hier soll eine Systematisierung anhand von drei Hauptpositionen versucht werden:

(1) Die engste Auffassung (als *bright line test* bezeichnet[2331]) wendet *Central Bank* wörtlich an. Der Beklagte müsse die irreführenden Angaben selbst gemacht haben, d.h. in den Augen des Empfängers Urheber der Erklärung sein, um als *primary violator* angesehen werden zu können.[2332] Mit Hilfe dieses klaren Merkmals wollen Ge-

---

2327 Während die strafrechtliche Verantwortlichkeit für Beihilfe angesichts der ausdrücklichen Regelung in 18 U.S.C.A. § 2 nie in Frage stand, war nach *Central Bank* zunächst unklar, ob die SEC weiterhin die Kompetenz hatte, Verfahren zur Verfolgung von Gehilfen und Anstiftern einzuleiten. Der Gesetzgeber stellte die Rechtslage 1995 klar: § 20(e) Sec. Ex. Act bestimmt, dass die SEC Gerichtsverfahren bei mutmaßlicher Verletzung der Vorschriften des Securities Exchange Act auch gegen eine Person einleiten kann, die „knowingly provides substantial assistance". Darüber hinaus greifen manche Gerichte auch nach *Central Bank* auf *aiding and abetting liability* zurück, wenn die Klage nicht auf § 10(b) Sec. Ex. Act, sondern auf *common law fraud* gestützt wird, vgl. ABF Capital Management v. Askin Capital Management, L.P., 957 F. Supp. 1308, 1328 (S.D.N.Y. 1997).

2328 Hierbei konnten sie sich auf den letzten Abschnitt des Urteils in *Central Bank* beziehen, in dem der Supreme Court hervorhob: „The absence of § 10(b) aiding and abetting liability does not mean that secondary actors in the securities markets are always free from liability under the Securities Acts. Any person or entity, including a lawyer, accountant, or bank, who employs a manipulative device or makes a material misstatement (or omission) on which a purchaser or seller of securities relies may be liable as a primary violator under 10b-5",Central Bank of Denver, N.A. v. First Interstate Bank of Denver, N.A., loc. cit. at 191, 1455.

2329 Bezeichnend *Bromberg/Lowenfels*, 52 Alb. L. Rev. 637, 640 (1988): „The dividing line between primary violation and aiding-abetting violation ... is indistinct and, in the minds of some courts, virtually nonexistent."

2330 Vgl. nur die Auflistung einschlägiger Urteile bei *Hazen*, Securities Regulation, § 12.25[3], die keinerlei Systematik erkennen lässt.

2331 Allgemein gebräuchliche Terminologie, vgl. z.B. *Chrisman*, 89 Ky. L.J. 201, 207 et seq. (2000).

2332 Shapiro v. Cantor, 123 F.3d 717 (2d Cir. 1997), In re MTC Elec. Techs. Shareholders Litig., 898 F. Supp. 974, 987 (E.D.N.Y. 1995), und Anixter v. Home-Stake Prod. Co., 77 F.3d 1215, 1226–27 (10th Cir. 1996), zitierend: „[I]f Central Bank is to have any real meaning, a defendant must actually make a false or misleading statement in order to be held liable under Section 10(b). Anything short of such conduct is merely aiding and abetting, and no matter how substantial that aid may be, it is not enough to trigger liability under Section 10(b). ... [W]e conclude that in order for [secondary participants] to 'use or employ' a 'deception' actionable under the antifraud law, they must themselves make a false or misleading statement (or omission) that they know or should know will reach potential investors." So u.a. auch Seippel v. Sidley, Austin, Brown & Wood, LLP, richte die in *Central Bank* angemahnte Rechtssicherheit erreichen. Sie werden ihren eigenen Vorgaben allerdings untreu, indem sie letztlich doch Ausnahmen zulassen: Neben (oder anstelle von) demjenigen, der die Erklärung in physischer Hinsicht abgibt (etwa dem Emittenten im Hinblick auf das registration statement), sind Dritte verantwortlich, die den Inhalt der Erklärung „kontrollieren“[2333] oder wissen, dass die von ihnen stammenden Informationen an Dritte weitergeleitet werden, die auf ihre Richtigkeit vertrauen.[2334] Hierin liegt der Nachteil des *bright line* Tests: Er macht die Anforderungen an eine Haftung gem. § 10(b) Sec. Ex. Act deutlich, erklärt aber nicht immer, *wann* diese Anforderungen erfüllt sind, sprich: *wie* der Beklagte zum Urheber wird. Er gibt mithin nicht für alle Fälle klare Richtlinien vor.

Bei fehlerhaften registration statements wirken sich die dargestellten Grundsätze folgendermaßen aus: Neben dem Emittenten haften Emissionsbegleiter, Wirtschaftsprüfer oder Anwälte nur dann, wenn sie einen Teil des registration statement verfasst haben *und* ihnen die Angaben zugerechnet werden können, d.h. die Öffentlichkeit von der Urheberschaft des Dritten weiß.[2335] Sie haften nicht, wenn sie von dem Emittenten stammende Angaben lediglich nachprüfen oder bestätigen, z.B. eine (nicht zu veröffentlichende) Abschlussprüfung durchführen,[2336] oder Teile des Börsenprospekts vorbereiten, ohne ihre Urheberschaft kenntlich zu machen.[2337]

(2) Ein weiterer Teil der Rechtsprechung fragt, ob die Mitwirkung der mittelbar beteiligten Personen an der betrügerischen Handlung wesentlich war (sog. *substantial*

---

399 F. Supp. 2d 283, 292 et seq. (S.D.N.Y. 2005); In re Rent-Way Securities Litigation, 209 F. Supp. 2d 493, 502 et seq. (W.D. Pa. 2002); In re Ikon Office Solutions, Inc., 131 F. Supp. 2d 680, 685 n. 5 (E.D. Pa. 2001), Washington Nat. Ins. Co. of New York v. Morgan Stanley & Co. Inc., 1999 WL 461796 at 12 (S.D.N.Y. 1999) (Haftung von Anwälten); Vosgerichian v. Commodore International, 862 F. Supp. 1371, 1378 (E.D. Pa. 1994).

2333 Picard Chemical Inc. Profit Sharing Plan v. Perrigo Co., 940 F. Supp. 1101, 1120 (W.D. Mich. 1996), Greenberg v. Compuware Corp., 889 F. Supp. 1012, 1020–21 (E.D. Mich. 1995), zitierend: „[T]he alleged violator need not directly communicate misrepresentations to plaintiffs for primary liability to attach. ... [He] may be held liable as a primary violator for the materially misleading statements made by others where [he] controlled the content of the statement.“

2334 Anixter v. Home-Stake Prod. Co., 77 F.3d 1215, 1226.

2335 Gerichte sprechen davon, dass die Erklärung „publicly attributable“ sein muss, vgl. z.B. In re Kendall Square Research Corp. Securities Litigation, 868 F. Supp. 26, 28 (D. Mass. 1994): „Because [accountants] did not actually engage in the reporting of the financial statements and Prospectuses, but merely reviewed and approved them, the statements are not attributable to [them] and thus [they] cannot be found liable for *making* a material misstatement.“ Wright v. Ernst & Young LLP, 152 F.3d 169, 175 (2d Cir. 1998): „[T]he misrepresentation must be attributed to [the] specific actor at the time of public dissemination, that is, in advance of the investment decision“ (im Fall verwies eine Pressemitteilung des Emittenten nicht auf die Wirtschaftsprüfer, die sie vorbereitet hatten; das Gericht lehnte demgemäß die Haftung der Wirtschaftsprüfer ab). Ebenso Ziemba v. Cascade Intern., Inc., 256 F.3d 1194, 1205 (11th Cir. 2001) (Haftung von Anwälten).

2336 In das registration statement oder andere Veröffentlichungen aufzunehmende *audit opinions* oder *certification letters* sind aber als Erklärungen anzusehen, die den Wirtschaftsprüfern zuzurechnen sind, vgl. Anixter v. Home-Stake Prod. Co., 77 F.3d 1215, 1227; In re Kendall Square, 868 F. Supp., 26, 28–29; In re MTC Elec. Techs. Shareholders Litig., 898 F. Supp. 974, 988.

2337 Auswirkungen auf die Haftung der Emissionsbanken im Speziellen werden unten, cc, ausführlicher dargestellt.

participation test[2338]).[2339] Der entscheidende Unterschied zum *bright line* Test besteht darin, dass Dritte ihre Mitwirkung nicht nach außen kenntlich machen müssen, um zu haften. Ob eine so weitgehende Entfernung von *Central Bank* noch mit dem Wortlaut des Urteils zu vereinbaren ist (der Supreme Court bestimmte: „[T]he statute prohibits only the *making* of a material misstatement“[2340]), erscheint fraglich.[2341]

Auch ist nicht abschließend geklärt, was unter „substantial participation“ zu verstehen ist. Die bloße Kenntnis von dem Verstoß gegen § 10(b) Sec. Ex. Act genügt jedenfalls nicht; der Beklagte muss *selbst* eine betrügerische Handlung, d.h. eine Handlung, der Täuschungswert zukommt, vorgenommen haben.[2342] Das soll der Fall sein, wenn er in den Vorgang des Abfassens der fehlerhaften Angaben „eng eingebunden“[2343] ist, wenn er eine „zentrale Rolle“[2344] spielt, die Erklärung „aktiv entwirft“[2345] oder als ihr „Autor bzw. Co-Autor“[2346] erscheint. Eine Zahl von Gerich-

---

2338 So die Terminologie in *Chrisman*, 89 Ky. L.J. 201, 212 et seq.; *Prentice*, 75 N.C.L. Rev. 691 (1997), bezeichnet die beiden Standpunkte (bright line und substantial participation Test) als „narrow“ respektive „broad view“.

2339 In re Software Toolworks, Inc. Securities Litig., 50 F.3d 615, 628 n. 3 (9th Cir.1994) (maßgebliche Beteiligung der Wirtschaftsprüfer an der Abfassung eines irreführenden Schreibens *des Emittenten* an die SEC ist ausreichend, um *primary liability* zu begründen); Carley Capital Group v. Deloitte & Touche, L.L.P., 27 F. Supp. 2d 1324, 1334 (N.D. Ga. 1998); Cashman v. Coopers & Lybrand, 877 F. Supp. 425, 432–434 (N.D. Ill. 1995); Adam v. Silicon Valley Bancshares, 884 F. Supp. 1398, 1400 (N.D. Cal. 1995); In re U.S.A. Classic Securities Litigation, 1995 WL 363841 at 5 (S.D.N.Y. 1995); In re ZZZZ Best Securities Litigation, 864 F. Supp. 960, 968 et seq. (C.D. Cal. 1994); Employers Insurance of Wausau v. Musick, Peeler & Garrett, 871 F. Supp. 381, 389–90 (S.D. Cal. 1994).

Darüber hinaus muss der Beklagte, wie bei allen Klagen, die sich auf § 10(b) Sec. Ex. Act stützen, mit *scienter* oder *recklessness* gehandelt haben.

2340 Central Bank of Denver, N.A. v. First Interstate Bank of Denver, N.A., loc. cit. at 177, 1448 (Hervorhebung durch den Verfasser).

2341 Ablehnend *Chrisman*, 89 Ky. L.J. 201, 215–216.

2342 Vgl. In re ZZZZ Best Securities Litigation, 864 F. Supp. 960, 969: Der Kläger muss darlegen „that [the defendant] not only provided ... assistance while it knew that [the issuer] and its officers were committing the fraud, but that its *own* acts were manipulative or its statements (omissions) were deceitful.“

2343 In re ZZZZ Best Securities Litigation, loc. cit. at 970: „[anybody] intricately involved in [the] creation [of misleading statements] ... should be liable under Section 10(b)/ Rule 10b-5“ (selbst wenn die irreführende Erklärung von einer anderen Person abgegeben wird).

2344 Cashman v. Coopers & Lybrand, 877 F. Supp. 425, 432–434: primary liability, if defendant „played a central role in the drafting and formation of the alleged misstatements“.

2345 Phillips v. Kidder, Peabody & Co., 933 F. Supp. 303, 316 (S.D.N.Y. 1996).

2346 Klein v, Boyd, 949 F. Supp. 280 (E.D. Pa. 1996), *aff'd*, 1998 WL 55245, Fed. Sec. L. Rep. (CCH) ¶90,136, at 90,325 (3d Cir. 1998) (zitiert nach Newby v. Enron Corp., 235 F. Supp. 2d 549, 586): „[W]hen a person participates in the creation of a statement for distribution to investors that is misleading due to a material misstatement or omission, but the person is not identified to the investors, the person may still be liable as a primary violator of section 10(b) and Rule 10b-5 so long as (1) the person knows (or is reckless in not knowing) that the statement will be relied upon by investors, (2) the person is aware (or is reckless in not being aware) of the material misstatement or omission, (3) the person played such a substantial role in the creation of the statement that the person could fairly be said to be the 'author' or 'co-author' of the statement“.

ten lassen den Emittenten für die irreführenden Berichte von Wertpapieranalysten haften, wenn er sich die Berichte „zu Eigen“[2347] macht.

Die von den Gerichten verwendeten Definitionen weisen mithin ihrerseits keine klaren Konturen auf. Fest steht, dass der Beklagte bei entsprechend herausgehobener Stellung im Rahmen des Emissionsprozesses gem. § 10(b) Sec. Ex. Act. haftet – unabhängig davon, ob es sich bei ihm um eine Führungsperson des Emittenten,[2348] einen Wirtschaftsprüfer,[2349] Anwalt[2350] oder Emissionsbegleiter[2351] handelt. In weniger eindeutigen Fällen hilft der *substantial participation* Test indes nicht weiter, wie die uneinheitliche Rechtsprechung zeigt.[2352] Er macht nicht deutlich, welcher Art die „zentrale Rolle“, „aktive Beteiligung“, „enge Einbindung“ oder das „zu Eigen Machen“ sein muss, um die Schwelle zur primären Verantwortlichkeit zu überschreiten.

2347 In re Boston Technology, Inc. Securities Litigation, 8 F. Supp. 2d 43, 55 (D. Mass. 1998): „[A]n issuer may be liable under the statute for failure to correct an analyst statement [if] ... (1) the issuer 'entangled' itself in the making of a statement by the analyst; (2) the issuer knew that the statement (commonly a prediction) was false or lacked a reasonable factual basis when made; and (3) the issuer failed to disclose the falsity or the unreasonableness to investors. ... The element of entanglement may be satisfied by the issuer having either 'fostered,' 'induced,' or otherwise caused the statement to be made in the first place, or having adopted, ratified, or otherwise 'endorsed' the statement after it was made.“ Vgl. auch Pilarczyk v. Morrison Knudsen Corp., 965 F. Supp. 311, 320 (N.D.N.Y. 1997); Shuster v. Symmetricon, Inc., 1997 WL 269490 at 7 (N.D. Cal. 1997); Weisburgh v. St. Jude Medical, Inc., 158 F.R.D. 638, 644 (D. Minn. 1994).

2348 Z.B. Kaufman v. Motorola, Inc., 1999 WL 688780 at 12 et seq. (N.D. Ill. 1999), Haftung von CEO und COO bejahend unter Bezugnahme auf eine unternehmensinterne Richtlinie, die bestimmte: „[T]he 'Chief Executive Office review[s] for accuracy and completeness, before dissemination to the public, annual reports, press releases ...'“; Haftung eines *outside directors* hingegen verneinend mit der Begründung: „[He] did not involve himself in the day to day operations ... [and] was not directly involved in the drafting, review or filing of the allegedly misleading statements.“

2349 Z.B. In re ZZZZ Best Securities Litigation, 864 F. Supp. 960.

2350 Z.B. Walco Investments, Inc. v. Thenen, 881 F. Supp. 1576, 1582–1583 (S.D. Fla. 1995); Klein v, Boyd, 949 F. Supp. 280 (E.D. Pa. 1996), *aff'd*, 1998 WL 55245, Fed. Sec. L. Rep. (CCH) ¶90,136, at 90,325. Vgl. auch *Bedrick*, 74 Ind. L.J. 1297 (1999); *Maxey*, 64 Fordham L. Rev. 2185 (1996).

2351 Z.B. Phillips v. Kidder, Peabody & Co., loc. cit.

2352 Vgl. z.B. die folgenden Entscheidungen, in denen die Gerichte den *substantial participation* Test – in der einen oder anderen Variante – anwenden und Haftung gem. § 10(b) Sec. Ex. Act jeweils bejahen: Kaufman v. Motorola, Inc., 1999 WL 688780 at 12 (N.D. Ill. [7th Cir.] 1999): „Although [defendant CEO and COO] may not have actually prepared the statements at issue, they did review and authorize their release.“ In re Software Toolworks, Inc. Securities Litig., 50 F.3d 615, 628 n. 3 (9th Cir.1994): Die irreführenden Angabe waren in zwei Briefen an die SEC enthalten. Einer der Briefe war „prepared [by the issuer] after extensive review and discussions with ... Deloitte [the defendant]' and actually referred the SEC to two Deloitte partners for further information.“ Carley Capital Group v. Deloitte & Touche, L.L.P., 27 F. Supp. 2d 1324, 1334 (N.D. Ga. 1998 [11th Cir., d.h. aufgrund des anderen Gerichtsbezirks entfaltet das Urteil in *Software Toolworks* keine Bindungswirkung]): „[A] secondary actor can be primarily liable when it, acting alone or with others, *creates* a misrepresentation ... Defendant 'specifically directed the inclusion of [certain misleading figures]' in the ... financial statements“ (Hervorhebung durch den Verfasser). Das Gericht in Carlyle ist selbst der Auffassung, dass der von ihm herangezogene Maßstab zwischen dem *bright line* Test des 2d Cir. und dem Test in *Software Toolworks* (9th Cir.) steht, id.

(3) In jüngster Zeit schien die Tendenz zunächst dahin zu gehen, die Einschränkungen aus *Central Bank* immer mehr zu lockern. Exemplarisch hierfür ist eine der Entscheidungen, die in den Verfahren zur Aufarbeitung des Enron-Skandals ergangen sind.[2353] Auch wenn der Richter in dem Urteil betont, die Abgrenzung zwischen Gehilfenhaftung und primärer Verantwortlichkeit auf Basis des *substantial participation* Tests sei nur dann bedeutungsvoll, wenn Kriterien wie „substantial participation" oder „intricate involvement" restriktiv ausgelegt würden,[2354] wird bei näherer Betrachtung deutlich, dass das Gericht nicht etwa eine zwischen den beiden oben dargestellten Auffassungen vermittelnde Position einnimmt, sondern die Anforderungen des *substantial participation* Tests noch lockert.

(a) Entscheidende Frage war wiederum die Definition des Wortes „make" in „[t]o make any untrue statement of a material fact …" (Rule 10b-5[b]; hierauf stellt auch der Supreme Court in *Central Bank* ab). Das Gericht schloss sich dem Vorschlag der SEC an, die in ihrem Schriftsatz anregte, „make" als „create" zu lesen: „[W]hen a person, acting alone or with others, creates a misrepresentation …, the person can be liable as a primary violator … if … he acts with the requisite scienter. … [I]t would not be necessary for a person to be the initiator of a misrepresentation in order to be a primary violator. Provided that a plaintiff can plead and prove scienter, a person can be a primary violator if he or she writes misrepresentations for inclusion in a document to be given to investors, even if the idea for those misrepresentations came from someone else. … [A] person who prepares a truthful and complete portion of a document would not be liable as a primary violator for misrepresentations in other portions of the document. Even assuming such a person knew of misrepresentations elsewhere in the document and thus had the requisite scienter, he or she would not have created those misrepresentations."[2355]

Der von dem Gericht in *Enron* zugrunde gelegte Maßstab ist mithin einerseits weiter als der *bright line* Test, da er nicht die öffentliche Zurechenbarkeit der Erklärung verlangt. Andererseits soll er – jedenfalls nach Ansicht des Richters – zu größerer Rechtssicherheit als der *substantial participation* Test führen, da er weit reichende und konturlose Kriterien vermeidet.[2356] Das Gericht legt indes nicht dar, wann eine Person als „creator" anzusehen ist, d.h. fehlerhafte Feststellungen hervorbringt bzw. entwirft. Gewöhnlich ist eine Vielzahl von Parteien an der Abgabe unrichtiger Erklärungen am Kapitalmarkt beteiligt. Es ist gerade Anliegen des *substantial participa-*

2353 Newby v. Enron Corp., 235 F. Supp. 2d 549 (S.D. Tex. 2002). Eine weitere Entscheidung in dieser Richtung ist In re Lernout & Hauspie Sec. Litig., 286 B.R. 33 (D. Mass. 2002). Aus der Literatur vgl. *Coffee*, 84 B.U. L. Rev. 301, 337 et seq. (2004).

2354 Newby v. Enron Corp, loc. cit. at 585: „This Court recognizes that without a clearer definition and a narrowing of the kind of conduct and circumstances required to constitute 'substantial participation' or 'intricate involvement,' the substantial participation test may fail to differentiate between primary liability and aiding and abetting".

2355 Id. at 588.

2356 Id. at 587 (n. 26): „The requirement that the secondary party, itself, allegedly make a misleading or false representation (or omission) or commit a deceptive act that violates § 10(b) brings the party within the primary liability definition of the statute and avoids aiding and abetting pitfalls of the too expansive 'substantial participation' test."

tion Tests mit seinen – zugegebenermaßen unbestimmten – Qualifizierungen, der unterschiedlichen Rolle der Beteiligten Rechnung zu tragen und die im Sinne des § 10(b) Sec. Ex. Act primär Verantwortlichen herauszufiltern. Das Gericht in *Enron* nimmt eine solche Qualifizierung nicht vor. Lehnt es die Haftung bestimmter Parteien ab, so in der Regel nur deswegen, weil den Klägern der Nachweis vorsätzlichen Handelns nicht gelang, nicht aber, weil schon die Handlung des Beklagten unterhalb der erforderlichen Intensitätsschwelle geblieben wäre.[2357]

(b) Um den Standpunkt des Gerichts zu illustrieren, ist eine kurze Schilderung der relevanten Tatsachen des Falls sinnvoll: Enron hatte in den Jahren 1997 bis 2001 umfangreiche Bilanzfälschungen vorgenommen, um kontinuierliches Wachstum und hohe Gewinne vorzutäuschen. Das Unternehmen errichtete zahlreiche sog. *special purpose entities* (SPEs).[2358] US-amerikanisches Bilanzrecht sieht SPEs unter bestimmten Voraussetzungen als unabhängig an, was die Muttergesellschaft dazu berechtigt, nur die Gewinne der Tochter, nicht aber ihre Verbindlichkeiten in die eigene Bilanz zu übernehmen.[2359] Sind die Voraussetzungen nicht erfüllt, muss die Mutter die Bilanzen konsolidieren. Enron verwendete Strohmänner, um den von ihr kontrollierten SPEs den Anschein der Unabhängigkeit zu verleihen. Das Unternehmen schloss mit den SPEs Geschäfte ab, die nicht *at arm's length* waren.[2360] Kurz vor den Bilanzstichtagen transferierte es Vermögensgegenstände, für die es keine unabhängigen Käufer fand, auf die SPEs. Zu Beginn des nächsten Geschäftsjahrs kaufte es die Gegenstände zu einem für die SPEs vorteilhaften Preis zurück, vermied so Wertberichtigungen und realisierte zugleich außergewöhnliche Erträge für die Investoren der SPEs.[2361] Es bediente sich einer Reihe weiterer unzulässiger Buchungstechniken, z.B. nahm es die Ausweisung zukünftiger unsicherer Gewinne vor (*mark-to-market*),[2362] unterließ erforderliche Abschreibungen[2363] oder struktu-

---

2357 Vgl. die Klagen gegen Lehman Brothers, Bank America und Deutsche Bank, id. at 703–04. Die Weite des in *Enron* entwickelten Maßstabs wird an den Präjudizien deutlich, auf die sich das Gericht beruft, um die eigene Entscheidung in Kontext zu setzen. Es zitiert z.B. (id. at 591–92) SEC v. U.S. Environmental, Inc., 155 F.3d 107 (2d Cir. 1998), in dem der Second Circuit den Angestellten eines Börsenmaklers für primär verantwortlich hielt, obwohl der Angestellte lediglich auf Anweisung bestimmte Wertpapiertransaktionen ausführte, mit Hilfe derer der Börsenmakler den Marktpreis von Wertpapieren manipulieren wollte.

2358 In re Enron Corp. Securities, Derivative & ERISA Litigation, loc. cit. at 613 et seq.

2359 Die Voraussetzungen sind wie folgt: „(i) [A]n owner independent of the company must make an equity investment of at least 3 % of the SPE's assets, and … 3 % must remain at risk throughout the transaction; and (ii) the independent owner must exercise control of the SPE." Id. at 614 (n. 48).

2360 In manchen Perioden generierten Transaktionen mit abhängigen SPEs knapp die Hälfte der verbuchten Erträge von Enron, vgl. id. at 618. Beispiele für solche Geschäfte: id. at 617 (n. 53), 630–31.

2361 Vgl. id. at 621–22, insbesondere n. 56. Ein Beispiel: „[W]hen it was unable to find an independent buyer before the end of 1999, Enron sold [one of the SPEs] a 75% interest in Nowa Sarzyna power plant for $ 30,000,000 (part loan, part equity). This transaction removed millions of dollars of debt from Enron's balance sheet and allowed Enron to record a gain of about $ 16 million from the sale." Id. at 621.

2362 Id. at 622 et seq.

2363 Id. at 630.

rierte und verbuchte Darlehen als Rohstoff- bzw. Derivatetransaktionen.[2364] Hierdurch gelang es Enron, das Ausmaß an Fremdkapital der Öffentlichkeit gegenüber zu verschleiern, die eigenen unrealistischen Ertragserwartungen noch zu übertreffen und über lange Zeit hinweg einen hohen Börsenkurs und investment grade Kredit-Rating beizubehalten.[2365]

Verschiedene Investmentbanken, die mit Enron in langjährigen, intensiven Geschäftsbeziehungen standen, erklärten sich dazu bereit, an der Gründung bzw. Restrukturierung der SPEs mitzuwirken, um Enron als lukrativen Kunden, der Gebühren in mehrstelliger Millionenhöhe generierte, nicht zu verlieren. Unter anderem vergaben sie Darlehen an Strohmänner, um ihnen das für die Gründung der SPEs erforderliche Kapital zu verschaffen.[2366] Enron versicherte sich der Kooperation der Investmentbanken, indem es ausgewählten Führungskräften die Möglichkeit zur Investition in bestimmte SPEs gab.[2367] Aufgrund der vollständigen Kontrolle der SPEs durch Enron und des Abschlusses zahlreicher manipulativer Geschäfte war es den Investoren – Bankmanagern und Führungskräften von Enron –

2364 Vgl. folgendes Beispiel (id. at 627–28): Eine der Hausbanken von Enron (JP Morgan Chase & Co.) gründete eine Gesellschaft (Mahonia), die in Termingeschäften von Enron Erdöl kaufte. Am selben Tag ging Enron einen Vertrag mit einer weiteren von der Hausbank gegründeten und kontrollierten Gesellschaft (Stoneville) zum Kauf der identischen Menge Erdöl ein, zu liefern zum selben zukünftigen Zeitpunkt. Der von Enron zu entrichtende Kaufpreis war um 7 % höher als der von Mahonia zu zahlende Preis. Im Gegenzug beglich Mahonia die Kaufpreisschuld am Tag des Vertragsschlusses, während Stoneville den geschuldeten Betrag bis zu einem bestimmten zukünftigen Termin stundete. Lieferung des Erdöls erfolgte nicht. Bei dem Arrangement handelte es sich mithin um die verschleierte Gewährung eines Darlehens von JP Morgan an Enron. Enron verbuchte die verschiedenen Darlehen der Hausbanken als „assets from price risk management" oder „accounts receivable", id. at 629. Zu anderen Techniken zur Verschleierung von Darlehen (z.B. prepaid swaps) vgl. id. at 628–29. Wegen der Größe der Darlehen ($ 4–6 Mrd. alleine durch Citigroup und JP Morgan) hätten bankinterne Regularien Syndizierung verlangt. Die Bildung eines Kreditkonsortiums hätte die Öffentlichkeit auf die finanziellen Probleme von Enron aufmerksam werden lassen. Um die hieraus resultierenden nachteiligen Folgen zu vermeiden, die Enron in seiner Existenz gefährdet hätten (vgl. die folgende Fußnote), entschieden sich die Banken gegen Einräumung eines um 2–3 % über dem Marktzins liegenden Premiums dazu, die Darlehen umzuqualifizieren, vgl. id. at 631–32.

2365 Der hohe Börsenkurs sowie das gute Kredit-Rating waren für Enron unentbehrlich: Es hatte die Mehrzahl seiner SPEs, um investment grade Kredit-Ratings für die abhängigen Unternehmen zu erlangen, mit eigenen Aktien kapitalisiert und mit Kreditgebern die Vereinbarung getroffen, dass es für Kredite an die SPEs einstehen würde, wenn der Aktienkurs unter einen bestimmten Wert sinkt oder die Ratingagenturen Enron herabstufen, id. at 616. Vgl. außerdem zu Hedging-Geschäften, für die der Börsenpreis von ausschlaggebender Bedeutung war, id. at 622.

2366 Id. at 614–15. Der Charakter der Zuwendungen als Darlehen wurde häufig verschleiert, da US-amerikanisches Bilanzrecht die Zuführung von Eigen- und nicht Fremdkapital verlangte. So wurden die Darlehensvereinbarungen von den Banken und Enron z.B. als „funding agreements" bezeichnet, die den Darlehensnehmer nicht dazu verpflichteten, Zinsen, sondern „yield" zu einem bestimmten Prozentsatz zu zahlen, id. at 615. Enron übernahm Bürgschaften für die Darlehen und stellte den Strohmännern im Gegenzug Gebühren in Rechnung, die in keinem Verhältnis zum übernommenen Risiko standen.

2367 Allein leitende Angestellte von JP Morgan investierten ca. $ 25 Mio., von Credit Suisse First Boston $ 22,5 Mio., von Merril Lynch $ 22 Mio. und von Citigroup $ 15 Mio. in die SPEs, id. at 639, 643, 644 und 650.

möglich, Renditen von bis zu 2.500 % zu erzielen.[2368] Zugleich erlangten diejenigen Banken, die in der geschilderten Art an den Transaktionen mitwirkten, weitgehende Einblicke in die finanzielle Verfassung Enrons.[2369] Trotzdem veröffentlichten sie bis kurz vor Enrons Zusammenbruch positive Analystenberichte,[2370] vergaben Darlehen an Enron und die SPEs, platzierten von Enron emittierte Wertpapiere oder begleiteten die Börsengänge von Tochtergesellschaften.[2371]

Die Darstellung macht deutlich, dass die primäre Verantwortlichkeit von Enron gem. § 10(b) Sec. Ex. Act und Rule 10b-5 außer Frage stand. Das Unternehmen gab unrichtige Angaben in registration statements, Jahres- und Quartalsberichten sowie Ad-hoc-Mitteilungen ab. Außerdem entwickelte es rechtliche Konstrukte mit dem Ziel, Investoren und den Markt im Allgemeinen zu täuschen. Es verstieß damit sowohl gegen Rule 10b-5(b) (misleading statements) als auch 10b-5(a) und (c) (device, scheme, or artifice to defraud bzw. act, practice, or course of business which operates as a fraud). Gleiches gilt für die Wirtschaftsprüfer (Arthur Andersen), die die gefälschten Bilanzen testierten.[2372] Nicht als Urheber der irreführenden Erklärungen traten die Anwälte von Enron in Erscheinung, die die Gründungsurkunden der SPEs aufsetzten, die Transaktionen mit ihnen strukturierten und zahlreiche Pressemitteilungen und SEC-Berichte verfassten,[2373] sowie (wenn man von den Sell-side Analystenberichten absieht) die Investmentbanken. Trotzdem sah das Gericht beide Gruppen von Beklagten gem. § 10(b) Sec. Ex. Act und Rule 10b-5 als primär verant-

2368 Id. at 617.
2369 Vgl. folgenden Auszug aus dem Urteil, id. at 634: „In June 2001, when Enron stock was trading at around $ 48.50 a share, statements made at a meeting between an Enron manager and two Credit Suisse First Boston managing directors reflected that Credit Suisse First Boston knew about the nature and extent of Enron's off-balance sheet exposure and Enron's falsification of its financial statements. The bank's directors made the following comments to the Enron manager: 'How can you guys keep doing this?', in reference to Enron's repeated statements to the market that its stock was undervalued. Even at $ 40 per share, Enron's stock was still overvalued in the bank directors' view, as reflected in their comments to the Enron manager: 'Do employees actually believe it's worth what management is saying?'; '[Y]ou guys are at a critical price point right now'; that if Enron's stock price continued to fall, that drop would cause [one of the SPEs] to unwind and the debt balance to come due; when the Enron executive stated that he thought Enron's off-balance sheet debt was between one and two billion dollars, the bank representatives responded, 'Try eight to 12 billion.'; and that if Enron's stock dips to $ 20 per share, things would come falling down and 'you guys are gonna be fucked.'"
2370 Credit Suisse First Boston z.B. bewertete Enron trotz der intern sehr negativen Einschätzung (vgl. vorstehende Fußnote) als „Strong Buy" mit einem potentiellen Börsenkurs von $ 84, id. at 634. Aus dem Urteil geht nicht hervor, inwieweit die Rechercheabteilung der Bank über die Interna von Enron informiert war. In die Einzelheiten der Bilanzmanipulationen waren offensichtlich nur einige höher stehende Bankangestellte aus den Bereichen lending und commercial banking eingeweiht. Wegen des Fehlens von Chinese Walls rechnete das Gericht die Kenntnis dieser Angestellten den Analysten aber zu, vgl. id. at 689.
2371 Id. at 626, 638. Z.B. fungierten JP Morgan, Citigroup und Credit Suisse First Boston als Konsortialbanken bei bis zu 15 öffentlichen Angeboten, syndizierten $ 4 Mrd. an Darlehen und strukturierten, wie dargestellt, Kreditgeschäfte mit SPEs als Derivatetransaktionen, id. at 640–41, 643. Zugleich sicherten sie sich hinter dem Rücken Enrons durch Hedginggeschäfte gegen eine mögliche Insolvenz des Unternehmens ab (vgl. z.B. id. at 643).
2372 Id. at 706–07.
2373 Id. at 704–05.

wortlich an. Was die Investmentbanken anbelangt, hielt das Gericht den Tatbestand von Rule 10b-5(b) für erfüllt, und zwar wohl nicht nur hinsichtlich der von den Banken veröffentlichten Analystenberichte, sondern auch der von Enron stammenden registration statements und sonstigen bei der SEC eingereichten Dokumente.[2374] Durch ihre Mitwirkung an der Strukturierung und Kapitalisierung der SPEs, Vergabe von Darlehen an Enron und verbundene Unternehmen und Verschleierung der wahren Natur der Transaktionen zwischen Enron und den SPEs ermöglichten die Banken Enron die Verwirklichung umfangreicher Bilanzfälschungen. Die Bilanzfälschungen schlugen sich in Jahresabschlüssen und anderen Finanzaufstellungen nieder, die wiederum Eingang in die bei der SEC einzureichenden Berichte fanden.

Daneben verwirklichten die Banken die Tatbestände von Rule 10b-5(a) und (c). Das Gericht legt Absatz (a) und (c) ähnlich wie Absatz (b) aus und verlangt für primäre Verantwortlichkeit, dass der Beklagte *selbst* die betrügerische Handlung vornimmt: „[A]ny Defendant that itself, with the requisite scienter, actively employed a significant material device, contrivance, scheme, or artifice to defraud or actively engaged in a significant, material act, practice, or course of business that operated as a fraud or deceit upon any person in connection with the purchase or sale of any security may be primarily liable.“[2375] Das Gericht versäumt es indes, die Voraussetzung des „aktiven Gebrauchs“ einer betrügerischen Maßnahme mit Substanz anzureichern. Es stellt lediglich fest, dass das Tatbestandsmerkmal erfüllt sei, da die Banken Enron durch ihre Beteiligung an den manipulativen Transaktionen in die Lage versetzt hätten, die Öffentlichkeit mehrere Jahre lang über die eigene Kreditwürdigkeit zu täuschen.[2376]

(c) Für die Haftung nach dieser Ansicht ist mithin nicht das Auftreten als Urheber der irreführenden Erklärung, nicht einmal die Mitwirkung an ihrer Erstellung in herausgehobener Position ausschlaggebend. Zwar hat der Beklagte die (oder Teile der) fehlerhaften Angaben nach der Formulierung des Gerichts selbst abzufassen

---

2374 Ganz genau geht das aus den Erörterungen des Gerichts nicht hervor, da es, wenn es die Handlungen der einzelnen Beklagten untersucht, pauschal von Rule 10b-5 spricht und nicht zwischen Absatz (b) einerseits und den Absätzen (a) und (c) andererseits (sog. *scheme liability*) differenziert. Es scheint die Verhaltensweisen der beklagten Banken unter alle drei Tatbestände fassen zu wollen. Bei einer solchen Vorgehensweise sei eine eingehende Analyse der irreführenden Erklärungen nicht notwendig, da zumindest die Voraussetzungen der Absätze (a) und (c) erfüllt seien: „[T]he legal basis of the claims [i.e. Rule 10b-5(a) and (c)] makes irrelevant a specific analysis of each statement, which would be required if [plaintiffs] were asserting only claims of a material misrepresentation or omission under Rule 10b-5(b).“ Id. at 689. Dieser Ansatz ist dogmatisch nicht befriedigend. Allerdings ist zu beachten, dass es sich bei der zitierten Entscheidung nicht um ein den Rechtsstreit endgültig entscheidendes Urteil handelt, sondern eine Verfügung, die über die *motion to dismiss* eines Teils der Beklagten (der sog. *secondary actors*) im Hauptverfahren entscheidet. In einem solchen Fall hat das Gericht lediglich zu überprüfen, ob der Vortrag des Klägers hinreichend substantiiert und schlüssig ist. Eine abschließende Würdigung in rechtlicher und tatsächlicher Hinsicht findet nicht statt, vgl. id. at 564 (n. 3). In diesem Sinne sind die Ausführungen in dieser Arbeit auszulegen, die zur Vereinfachung davon sprechen, das Gericht sehe den Tatbestand xy als erfüllt bzw. nicht erfüllt an, obwohl Beweisaufnahme und -würdigung bislang nicht stattgefunden haben.

2375 Id. at 693.

2376 Id. at 695 et seq.

oder sonst betrügerische Mittel zum Einsatz zu bringen. Das Handeln des Beklagten muss aber nicht direkt oder als alleiniger bzw. Haupttatbeitrag zur Täuschung des Anlegers führen. Das Urteil scheint nahe zu legen, dass das Setzen einer mitwirkenden oder vorbereitenden Ursache, die indirekt zur Schädigung des Investors beiträgt, ausreicht. Die weit reichenden Konsequenzen dieser Sichtweise zeigt die Behandlung bestimmter einzelner Banken, die in geringerem Umfang an den Geschäften mit Enron beteiligt waren (deren Verantwortlichkeit das Gericht allerdings im Ergebnis ablehnt):[2377] Laut Klageschrift hatten diese Banken an der Strukturierung und Finanzierung der SPEs mitgewirkt, und zwar durch Vergabe von Darlehen und Eigenkapitalinvestitionen ihrer Führungskräfte. Darüber hinaus fungierten sie als *underwriter* in einer Reihe von Aktien- und Anleiheemissionen, gewährten Enron Darlehen und beteiligten sich an der Syndizierung von Großkrediten.[2378] Ihre Rolle unterschied sich von der der anderen Banken insoweit, als dass ihre Geschäftsbeziehungen mit Enron weniger langfristig waren, sie offensichtlich keine Darlehen als Rohstoff- oder Derivatetransaktionen verschleierten,[2379] nicht mit den Einzelheiten der Restrukturierungen der SPEs betraut waren und nicht in engem Kontakt zu Enrons Geschäftsführung standen. Das Gericht verneint die Haftung der Banken nicht schon deswegen, weil ihre Tätigkeiten nicht die Schwelle zur primären Verantwortlichkeit überschritten. Es sieht lediglich den subjektiven Tatbestand von § 10(b) Sec. Ex. Act (*scienter*) als nicht erfüllt an: Die Kläger hätten keine konkreten Tatsachen vorgetragen, aus denen sich die wissentliche Abgabe irreführender Erklärungen oder die Vornahme sonstiger betrügerischer Handlungen ergebe. Anders als im Fall der für verantwortlich gehaltenen Investmentbanken, die aufgrund ihrer engeren Zusammenarbeit mit Enron einen besseren Einblick in die finanziellen Verhältnisse und Buchführungspraktiken des Unternehmens gehabt hätten, könne aus der bloßen Tatsache exorbitanter Gewinne bei Investition in die SPEs nicht auf *scienter* geschlossen werden.[2380]

Die Ausführungen des Gerichts besagen nichts anderes, als dass gewöhnliche Geschäftsvorgänge, nämlich die Restrukturierung abhängiger Unternehmen und wohl auch die Vergabe von Darlehen und die Emissionsbegleitung, zur primären Verantwortlichkeit gem. § 10(b) Sec. Ex. Act und Rule 10b-5 führen, wenn sie mit der entsprechenden subjektiven Haltung erfolgen. Die Vereinbarkeit eines solchen Tests mit *Central Bank* erscheint höchst zweifelhaft. Die geschilderten Handlungen erfüllen den klassischen Fall der Hilfeleistung, den der Supreme Court aus dem Anwendungsbereich des § 10(b) Sec. Ex. Act herausgenommen hat. Die in den SEC-Dokumenten enthaltenen Informationen zur Lage Enrons stammen eben nicht von

---

2377 Es handelt sich um Lehman Brothers, Bank America Corp. (Vorgänger der Bank of America) und Deutsche Bank, id. at 653 et seq.

2378 Id. Die Erstellung von Sell-side Analystenberichten soll hier unberücksichtigt bleiben. Die Banken sind als Herausgeber unzweifelhaft primär verantwortlich für fehlerhafte Angaben in diesen Berichten. Rechtlich problematischer ist ihre Verantwortlichkeit für die sonstigen Handlungen, auf die das Gericht zur Begründung der Haftung abstellt.

2379 Das trägt zwar die Klageschrift vor, vgl. id. at 653–55, ist aber anscheinend unsubstantiiert und wird vom Gericht nicht aufgegriffen, id. at 703–04.

2380 Id. at 703–04.

den Banken, sondern vom Emittenten bzw. von Experten, insbesondere den Wirtschaftsprüfern, die in den Berichten namentlich aufgeführt werden. Die Banken beschränken sich durch ihre Mitwirkung darauf, die Falsifizierung der Finanzdaten zu ermöglichen bzw. zu erleichtern.

Der Supreme Court hat den Anwendungsbereich von Rule 10b-5(a) und (c) in einer Entscheidung jüngeren Datums eingeschränkt und dürfte dem Ansatz des Gerichts in *Enron* damit zumindest zum Teil die Grundlage entzogen haben. In *Stoneridge Inv. Partners, LLC v. Scientific-Atlanta*[2381] betont der Supreme Court zwar, dass § 10(b) Sec. Ex. Act oder Rule 10b-5 nicht nur die mündliche oder schriftliche Kommunikation zur Grundlage der Haftung macht, sondern dass auch tatsächlichem Verhalten Täuschungswert zukommen kann. In letzterem Fall, d.h. für *scheme liability* gemäß Rule 10b-5(a) und (c), sei die notwendige Verbindung zwischen der Täuschungshandlung und dem Schaden für Investoren aber nur dann gegeben, wenn entweder das Verhalten des Beklagten den Investoren bekannt ist oder die Veröffentlichung der irreführenden Mitteilungen durch den Emittenten notwendige bzw. zwingende Folge der Handlungen des Intermediärs war.[2382] Die Entscheidung ist von den drei *dissenting judges* deutlich kritisiert worden, die herausstellen, dass weder *Central Bank* eine solch restriktive Interpretation gebietet, noch das Verständnis der Transaktionskausalität (*reliance*), das der Supreme Court seinen Ausführungen zugrunde legt, mit allgemein anerkannten Prinzipien zur Kausalität im Deliktsrecht im Einklang steht.[2383] Darüber hinaus vermag auch *Stoneridge* nicht die erforderliche Rechtssicherheit herzustellen. Das Urteil betrifft nicht die Frage, wann jemand, der eine Veröffentlichung vorbereitet, gemäß Rule 10b-5(b) haftet, und führt weitere unbestimmte Rechtsbegriffe ein (fehlerhafte Publizität als „notwendige" bzw. „zwingende" Folge der Täuschungshandlung), die bereits zu widersprüchlichen Entscheidungen der Untergerichte geführt haben.[2384]

cc. Subsumtion

Eine Entscheidung zwischen den Meinungen muss nicht erfolgen. Es soll genügen, die Auswirkungen der jeweiligen Ansicht auf die Haftung der Emissionsbanken zu verdeutlichen und zusammen zu fassen.

(1) *Bright line* Test: Aus Sicht der Anleger ist der Emittent der Verfasser des registration statement. Nur er und einzelne seiner *officers* und *directors*, nicht hingegen die Emissionsbegleiter, unterzeichnen den Bericht.[2385] Zwar sind die Konsortialbanken namentlich zu nennen. Aus dem registration statement ergibt sich aber nicht, ob

2381 128 S. Ct. 761 (2008).
2382 Id. at 770.
2383 Id. at 775–79.
2384 Vgl. In re DVI Inc. Securities Litigation, 249 F.R.D. 196, 216–18 (E.D. Pa. 2008) (Haftung des Anwalts verneinend); und Burket v. Hyman Lippitt, P.C., 560 F. Supp. 2d 571 (E.D. Mich. 2008); In re Bristol Myers Squibb Co. Securities Litigation, 586 F. Supp. 2d 148 (S.D.N.Y. 2008) (Haftung bejahend).
2385 Vgl. § 6(a) Sec. Act.

bzw. welche Abschnitte sie verfasst oder welche Informationen sie zur Verfügung gestellt bzw. überprüft haben.[2386] Damit können ihnen die fehlerhaften Angaben nach der ersten Ansicht nicht zugerechnet werden. Sie haften nicht schon deswegen, weil sie an der Erstellung des registration statement – unter Umständen in maßgeblicher Weise (wie die Konsortialführerin) – beteiligt waren. Eine Verantwortlichkeit gem. § 10(b) Sec Ex. Act kommt nur dann in Betracht, wenn sie im Zuge der Emissionsbegleitung Erklärungen im eigenen Namen abgeben.[2387]

(2) Die zweite Ansicht kommt zu einem anderen Ergebnis: Jedenfalls die führende Bank (bzw. die *joint bookrunners* bzw. *co-lead managers*, wenn das Konsortium von mehr als einer Bank geführt wird) nimmt eine zentrale Stellung bei der Abfassung des registration statement ein.[2388] Die verschiedenen von den Gerichten im Rahmen des *substantial participation* Tests herangezogenen Abgrenzungskriterien werden in ihrer Person im Regelfall ausnahmslos erfüllt sein: Sie arbeitet eng mit dem Emittenten zusammen, ihr Rechtsbeistand erstellt im Zusammenwirken mit den Anwälten des Emittenten die für das öffentliche Angebot erforderlichen Unterlagen, sie orchestriert die Vermarktung und Platzierung der Papiere und steht nach Ansicht

---

2386 Nur hinsichtlich der von Experten stammenden und entsprechend gekennzeichneten Angaben ist überhaupt die Urheberschaft anderer Personen als des Emittenten erkennbar.

2387 Vgl. z.B. In re MTC Elec. Techs. Shareholders Litig., 898 F. Supp. 974, 987: Konsortialführerin lediglich für einen irreführenden Bericht über den Emittenten verantwortlich, den sie selbst verfasst und herausgegeben hat.

Picard Chemical Inc. Profit Sharing Plan v. Perrigo Co., 940 F. Supp. 1101, 1120–21 (W.D. Mich. 1996): „The Complaint alleges that the Underwriters are liable for making materially misleading representations in the form of baseless predictions of growth for [the issuer] in their reports to the public. … [They] are alleged to have received the information contained in their fraudulent public statements from [the issuer]. However, whatever information was received from [the issuer] was invariably edited or incorporated in a broader analysis by the Underwriter defendant in question. As such, the Underwriter defendants are consistently alleged to have been the original source of each statement … Because [of this], they may be held primarily liable for securities fraud under *Central Bank.*“

2388 Phillips v. Kidder, Peabody & Co., 933 F. Supp. 303, 316: „[Underwriters] actively participated in formulating the language of the prospectus. It would be reasonable to conclude, therefore, that this conduct amounts to 'making' the statement, even though the Prospectus was published in the name of the issuer.“

In re U.S.A. Classic Securities Litigation, 1995 WL 363841 at 5: Für eine Haftung der Emissionsbanken ist es ausreichend, dass sie „engage[…] and participate[…] in a course of conduct … to conceal adverse material information[, employ] … deceptive devices, schemes, and artifices to defraud [and] …. participate[…] in the issuance of the Prospectus“ (nach diesem Urteil waren *alle* Konsortialbanken gem. § 10[b] Sec. Ex. Act verantwortlich).

Flecker v. Hollywood Entertainment Corp., 1997 WL 269488 (D. Or. 1997): Die Emissionsbanken waren an der Abfassung des registration statement beteiligt, ohne selbst irreführende Angaben zu machen. Das Gericht qualifizierte die Banken als primär verantwortlich (id. at 9) und begründete seine Entscheidung mit der Rolle der Konsorten im Rahmen der Emissionsbegleitung: „[T]he underwriters … [were] intimately involved in all aspects of the offering“, id. at 5. „[They] had long standing close connections to [the issuer] such that they either knew or should have known that [figures in the registration statement] were misstated“, id. at 7. Gegen die Entscheidung lässt sich einwenden, dass das Gericht zwei Aspekte vermengt: Die Frage, wer Adressat der Haftung gem. § 10(b) Sec. Ex. Act ist, und ob das Fehlverhalten dem Adressaten in subjektiver Hinsicht vorwerfbar ist (d.h. ob er mit *scienter* gehandelt hat).

der Investoren für die Qualität der Emission ein. Die sonstigen Konsortialbanken sind indes gewöhnlich nicht „eng eingebunden" in die Vorbereitung des Börsengangs. Sie entwerfen die im registration statement enthaltenen Angaben nicht „aktiv", ja bekommen sie häufig bis kurz vor Beginn des öffentlichen Angebots nicht einmal zu Gesicht und können aufgrund fehlender Nähe zum Emittenten nur schwer in der Kürze der verbleibenden Zeit ihren Wahrheitsgehalt überprüfen. Sie erscheinen damit nicht als „Autor oder Co-Autor" der Emissionsunterlagen, was durch ihr Auftreten nach außen exemplifiziert wird: Der Tombstone und andere Werbeunterlagen betonen die unterschiedliche Bedeutung und Beteiligung der Banken optisch, indem sie die führenden Banken an hervorgehobener Stelle nennen und die weiteren Emissionsbegleiter entsprechend ihrer Quote in mehreren nachrangigen *brackets* in kleinerer Schriftgröße aufführen.[2389] Im Verhältnis zum Anleger wird der teilweise mehr, teilweise weniger zentralen Rolle der Investmentbanken somit Rechnung getragen. Der *substantial participation* Test geht weitgehend mit der Sicht der Investoren konform, die entsprechend der Außendarstellung nur einen Teil der Banken als Garanten für die Bonität des Emittenten wahrnehmen. Eine annähernd klare Grenzziehung zwischen (haftenden) führenden Banken und (nicht haftenden) weiteren Konsortialmitgliedern erscheint nach dieser Ansicht möglich.

(3) Die durch *Enron* eingeläutete ausdehnende Interpretation von Rule 10b-5 ist vom Supreme Court in *Stoneridge* nur teilweise zurückgenommen worden. Nach wie vor führt die Veröffentlichung von Dokumenten mit unrichtigen oder unvollständigen Angaben (Fall von Rule 10b-5[b]) zur Haftung, sofern die Angaben dem Beklagten zurechenbar sind. Der Streit zwischen *bright line* und *substantial participation test* stellt sich mithin weiterhin. Insbesondere hat *Stoneridge* nicht die Frage beantwortet, ob die Urheberschaft des Beklagten offengelegt werden muss. Voraussetzung ist lediglich, dass die fehlerhafte Erklärung dem Anlegerpublikum (nicht dem konkreten Anleger, der sich zu seinen Gunsten auf die fraud-on-the-market Theorie stützen kann) mitgeteilt wurde.[2390] Sonstige Handlungen, denen im Sinne von Rule 10b-5(a) und (c) Täuschungswert zukommt, begründen nur dann eine haftungsrechtliche Verantwortlichkeit, wenn sie dem Anleger bekannt sind oder notwendigerweise zu den fehlerhaften Veröffentlichungen führen mussten. Das Strukturieren von Transaktionen oder die Restrukturierung verbundener Unternehmen durch die Emissionsbanken, die gegen gesetzliche Vorgaben verstoßen (wie in *Enron*), sind somit nur als (haftungsrechtlich nicht relevante) Gehilfenhandlungen zu qualifizieren, da es dem Emittenten überlassen bleibt, die Transaktionen zur Bilanzfälschung zu nutzen. Das gleiche muss für die Übernahme und Platzierung von Wertpapieren gelten, die mit einem fehlerhaften Börsenprospekt angeboten werden. Selbst wenn die Bank von dem Fehler weiß, haftet sie nicht, da die Täuschung durch den Prospekt und nicht die Transaktion erfolgt. Anders ist aber wohl zu urteilen, wenn die Emissionsbank am Abfassen des fehlerhaften Prospekts beteiligt war. Wenigstens ein Untergericht hat unter Anwendung der Grundsätze von

2389 Vgl. bereits oben § 2 II.
2390 Stoneridge Inv. Partners, LLC v. Scientific-Atlanta, 128 S. Ct. 761, 769 (2008).

Stoneridge die Haftung des Anwalts bejaht, der ein fehlerhaftes *stock subscription agreement* geprüft hatte.[2391] Die genauen Grenzen des Haftungstatbestands bleiben auch nach *Stoneridge* ungewiss.

6. Verhältnis der Haftungstatbestände zueinander

Die im Securities Act 1933 und im Securities Exchange Act 1934 ausdrücklich enthaltenen Anspruchsgrundlagen stehen nicht im Verhältnis der Subsidiarität zueinander. Sie können von den Klägern alternativ geltend gemacht werden, was in der Praxis häufig geschieht, da sich die Tatbestände in vielerlei Hinsicht überschneiden.[2392] Alle Haftungsnormen weisen für die Anspruchsberechtigten jeweils gewisse Vor- und Nachteile auf. Wie vorstehend erörtert, treffen die Kapitalmarktgesetze einen Ausgleich zwischen Ansprüchen, die dem Kläger eine sehr geringe Darlegungs- und Beweislast auferlegen und dem Beklagten nur wenige Einwendungen einräumen, z.B. § 12(a)(1) Sec. Act, der einzig die Verletzung der Bestimmungen des § 5 Sec. Act zur anspruchsbegründenden Voraussetzung erhebt, und Vorschriften, die einen weiteren Anwendungsbereich haben, die strengen Haftungsfolgen aber durch Kausalitätsanforderungen, subjektive Elemente oder ähnliches abmildern, z.B. §§ 11, 12(a)(2) Sec. Act. Hier zeigt sich ein das gesamte Kapitalmarktrecht durchdringendes Bedürfnis des Gesetzgebers, legitime Wirtschaftstätigkeit nicht unverhältnismäßig zu behindern, ohne zugleich den Anlegerschutz zu vernachlässigen.

Das Verhältnis der ausdrücklichen zu den ungeschriebenen Haftungstatbeständen ist – kaum überraschend – weniger eindeutig als das der §§ 11, 12(a)(1) und (a)(2) Sec. Act zueinander. Im Fall *Herman & MacLean v. Huddleston*[2393] hatte sich der Supreme Court zum ersten Mal mit der Frage zu beschäftigen, ob der Anspruch gem. § 10(b) Sec. Ex. Act, Rule 10b-5 auch dann geltend gemacht werden kann, wenn der sachliche Anwendungsbereich des § 11 Sec. Act eröffnet ist, d.h. wenn sich die Klage gegen fehlerhafte Angaben in einem registration statement richtet. Das Gericht hielt, indem es sich ausdrücklich über einen der Auslegungsgrundsätze des US-amerikanischen Rechts, *expressio unius est exclusio alterius*, hinwegsetzte,[2394]

2391 Burket v. Hyman Lippitt, P.C., 560 F. Supp. 2d 571 (E.D. Mich. 2008).

2392 Anleger berufen sich in der Klageschrift häufig auf eine Reihe von Anspruchsgrundlagen, die ihren Ursprung sowohl in den bundesstaatlichen Kapitalmarktgesetzen als auch den Gesetzen der Länder finden. Insbesondere § 10(b) Sec. Act wird wegen seiner Weite in der Regel neben anderen Vorschriften, etwa § 11 Sec. Act, zitiert. Das Gericht wird alle Anspruchsgrundlagen prüfen und dem Kläger den Anspruch unter Umständen nach mehreren Haftungsnormen zusprechen. Hieraus folgt indes nicht, dass die Ansprüche *kumulativ* sind – der Kläger kann z.B. nicht sowohl Schadensersatz als auch Rückabwicklung verlangen, vgl. *Loss/Seligman/Paredes*, Securities Regulation, § 11-C-2 (b) (i), n. 37. Er darf aber beide Ansprüche bis zum Urteil verfolgen, In re Gap Stores Securities Litigation, 79 F.R.D. 283, 307 (N.D. Cal. 1978): „[T]he plaintiff may pursue both remedies to judgment, electing his choice at the last possible moment."

2393 459 U.S. 375, 103 S. Ct. 683 (1983).

2394 Id. at 387, 690 (n. 23).

§ 11 Sec. Act für nicht abschließend. § 11 Sec. Act und § 10(b) Sec. Ex. Act seien zwei unabhängige Anspruchsgrundlagen, die unterschiedliche Voraussetzungen aufstellten und verschieden geartete Verhaltensweisen erfassten.[2395] Auch lasse sich der Schutzzweck der Kapitalmarktgesetze nur dann erreichen, wenn schädigende Handlungen umfassend untersagt seien.[2396] Zu diesem Ergebnis konnte sich der Gerichtshof aber wohl nur deswegen durchringen, weil er bereits einige Jahre zuvor deutlich gemacht hatte, dass der Anspruch gem. § 10(b) Sec. Ex. Act nur dann neben den expliziten Haftungstatbeständen des Securities Act 1933 Bestand haben kann, wenn die Vorschrift so konstruiert wird, dass eine Umgehung der differenzierten Anspruchsgrundlagen insbesondere von §§ 11, 12(a)(2) Sec. Act mit ihren besonderen Bestimmungen zu Beweislastverteilung, Einwendungen etc. ausgeschlossen ist.[2397] Es wird wieder deutlich, was schon in Bezug auf die geschriebenen Anspruchsnormen galt: Je weiter der Anwendungsbereich einer Vorschrift gefasst ist, desto höhere Anforderungen werden Gesetzgeber und Rechtsanwender an die vom Kläger darzulegenden und zu beweisenden Umstände stellen.[2398]

Die Argumente des Supreme Court lassen sich auf andere ungeschriebene Haftungstatbestände der Kapitalmarktgesetze übertragen,[2399] so dass grundsätzlich die Regel gilt: Auch wenn der streitgegenständliche Sachverhalt in den Anwendungsbereich

---

2395 Id. at 381, 687: „[T]he two provisions involve distinct causes of action and were intended to address different types of wrongdoing."

2396 Id. at 386, 689. Außerdem bezieht sich der Supreme Court auf §§ 16(a) Sec. Act, 28(a) Sec. Ex. Act, die bestimmen, dass die Anspruchsgrundlagen des Securities Act 1933 und des Securities Exchange Act 1934: „shall be in addition to any and all other rights and remedies that may exist at law or in equity". Id. at 383, 688.

2397 Ernst & Ernst v. Hochfelder, 425 U.S. 185, 208 et seq., 96 S. Ct. 1375, 1388 et seq. (1976): „We ... consider it significant that each of the express civil remedies in the 1933 Act allowing recovery for negligent conduct ... is subject to significant procedural restrictions not applicable under s 10(b). ... We think these procedural limitations indicate that the judicially created private damages remedy under s 10(b) ... cannot be extended, consistently with the intent of Congress, to actions premised on negligent wrongdoing. Such extension would allow causes of action covered by ss 11, 12(2), and 15 to be brought instead under s 10(b) and thereby nullify the effectiveness of the carefully drawn procedural restrictions on these express actions."

2398 Oben unter 5 wurde bereits angedeutet, in welcher Weise sich diese Entwicklung bei § 10(b) Sec. Ex. Act vollzogen hat: Zunächst beschränkte der Supreme Court die Anspruchsberechtigung auf Käufer und Verkäufer von Wertpapieren, Blue Chip Stamps v. Manor Drug Stores, 421 U.S. 723, 95 S. Ct. 1917 (1975). Ein Jahr später verlangte er den Nachweis, dass der Beklagte mit *scienter* gehandelt hat, Ernst & Ernst v. Hochfelder, 425 U.S. 185, 96 S. Ct. 1375. In Santa Fe Industries, Inc. v. Green, 430 U.S. 462, 97 S. Ct. 1292 (1977) schließlich erteilte er der Ansicht eine Absage, die jegliche (vorsätzliche) Treuepflichtverletzung, auch ohne Falschinformation oder Vornahme einer sonstigen Handlung mit Täuschungswert, unter § 10(b) Sec. Ex. Act subsumieren wollte (das Verhalten des Beklagten müsse immer „manipulative or deceptive" sein, id. at 474, 1301). In jüngeren Entscheidungen verneinte der Gerichtshof, wie erwähnt, die Gehilfenhaftung gem. § 10(b) Sec. Ex. Act, Central Bank of Denver, N.A. v. First Interstate Bank of Denver, N.A., 511 U.S. 164, 114 S. Ct. 1439 (1993) sowie Stoneridge Inv. Partners, LLC v. Scientific-Atlanta, 128 S. Ct. 761 (2008), und gestaltete die Konturen der Vorschrift im Zusammenhang mit Insider Trading aus, U.S. v. O'Hagan, 521 U.S. 642, 117 S. Ct. 2199 (1997) (Übernahme der sog. *misappropriation theory*, d.h. der Beklagte begeht Insider Trading, wenn er die Information unter Verletzung einer Treuepflicht erlangt bzw. gebraucht, die gegenüber der *Quelle* der Information, nicht notwendigerweise gegenüber dem Emittenten der gehandelten Papiere, besteht).

2399 Z.B. § 14(a) Sec. Ex. Act i.V.m. Rule 14a-9 (*proxy fraud*), § 14(d), (e) Sec. Ex. Act.

einer geschriebenen Anspruchsgrundlage fällt, kann der Kläger (daneben) auf ungeschriebene Haftungsinstitute zurückgreifen. Die dogmatische Begründung der Gerichte für diese Alternativität (die Institute erfassten unterschiedliche Verhaltensweisen) kann allerdings nicht ganz überzeugen. § 10(b) Sec. Ex. Act bezieht sich auf „*any* manipulative or deceptive device", den „*any* person" beim Kauf oder Verkauf von „*any* securities"[2400] vornimmt, d.h. auch auf (vorsätzlich abgegebene) fehlerhafte oder irreführende Angaben in registration statements. Damit besteht eben doch die Gefahr, dass die vielschichtigen Voraussetzungen des § 11 Sec. Act umgangen werden, was den Supreme Court dazu zwingt, die Reichweite des § 10(b) Sec. Ex. Act durch strenge Auslegung einzuschränken. Folge ist keine klare Abgrenzung der verschiedenen Haftungsinstitute, vielmehr ein kompliziertes Ineinandergreifen und Zusammenspiel, das aber zumindest ein Ziel erreicht: Anleger sind umfassend gegen schädigende Aktivitäten jeder Art geschützt; die Rechtsprechung kann durch Adaption der Generalklauseln flexibel auf neue Entwicklungen am Kapitalmarkt reagieren.

II. Art der Haftung

1. Gesamtschuldnerische Haftung

a. Grundsatz

Wie gezeigt, handelt es sich bei Emissionskonsortien nach US-amerikanischem Recht nicht um *partnerships*.[2401] Die Banken haften somit nicht schon aus diesem Grund (entsprechend § 306[a] UPA) als Gesamtschuldner. Bei einer Inanspruchnahme gem. § 11 Sec. Act ergibt sich die gesamtschuldnerische Haftung aus gesetzlicher Anordnung. § 11(f)(1) Sec. Act bestimmt: „[A]ll or any one or more of the persons specified in subsection (a) shall be jointly and severally liable". Im Zusammenhang mit § 11 Sec. Act wurden diese Vorschrift und ihre beiden Ausnahmen bereits besprochen.[2402] Die gesamtschuldnerische Haftung gilt gem. § 11(f)(2)(A) Sec. Act i.V. mit § 21D(f) Sec. Ex. Act nicht für sog. *outside directors*,[2403] die entsprechend ihres Verursachungs- und Verschuldensbeitrags haften,[2404] es sei denn, sie handeln vorsätzlich.[2405] § 11(e) 2nd Sentence Sec. Act entschärft die strengen Folgen der gesamtschuldnerischen Haftung für Emissionsbanken: Banken können nicht über den Betrag hinaus in Anspruch genommen werden, zu dem die von ihnen übernommenen Papiere öffentlich angeboten wurden. Da Konsortialbanken ihre Übernahmeverpflichtung teilschuldnerisch ausgestalten, ergibt sich eine entsprechende Deckelung ihrer Haftung gem. § 11 Sec. Act. Diese Deckelung bedeutet allerdings

---

2400 Hervorhebung jeweils durch den Verfasser.
2401 Oben § 8 III 3.
2402 Oben I 1 f.
2403 Zur Definition vgl. oben Fn. 2044.
2404 § 21D(f)(2)(B)(i) Sec. Ex. Act.
2405 § 21D(f)(2)(A) Sec. Ex. Act.

nicht, dass die Konsortialbanken auch im Rahmen des § 11 Sec. Act als Teilschuldner anzusehen sind. Da sich die übernommene Quote nicht notwendigerweise proportional zur Einstandspflicht verhält, entsteht kein Gleichlauf zwischen der (in der Regel teilschuldnerischen) Einstandspflicht für die Übernahmeverpflichtung gegenüber dem Emittenten und der Haftung gegenüber dem Anleger. Eine Konsortialbank, die beispielsweise $^1/_3$ der Emission übernommen hat, hat nicht immer nur für $^1/_3$ des entstandenen Schadens einzustehen. Wurde etwa die Emission zu einem Gesamtbetrag von $ 6 Mio. angeboten und beträgt der für Anleger entstandene Schaden $ 3 Mio., haftet die Konsortialbank nicht mit einem Höchstbetrag von $ 1 Mio., sondern $ 2 Mio. Der Anleger hat in diesem Fall die Wahl, welche von mehreren Haftungsverpflichteten er in welcher Höhe (bis zum Betrag von maximal $ 2 Mio. je Emissionsbank) in Anspruch nimmt. Die Anordnung gesamtschuldnerischer Haftung gem. § 11(f)(1) Sec. Act bleibt für die Konsortialbanken somit weiterhin verbindlich, § 11(e) 2nd Sentence Sec. Act ermöglicht lediglich eine bessere Abschätzung des Haftungsrisikos.

Die weiteren Haftungsnormen des Securities Act 1933 und des Securities Exchange Act 1934 sehen keine gesamtschuldnerische Haftung vor. Im Hinblick auf § 12(a) Sec. Act dürfte die Verantwortlichkeit mehrerer Schädiger nebeneinander weniger relevant sein als gem. § 11 Sec. Act, da grundsätzlich eine vertragliche Sonderbeziehung zwischen Anspruchsteller und -gegner zu fordern ist.[2406] Angesichts der weiten Auslegung von „seller“ in *Pinter v. Dahl*[2407] lässt sie sich aber nicht ausschließen. Bei § 10(b) Sec. Ex. Act kommt es häufig zur Haftung mehrerer Personen nebeneinander. Enthalten die Haftungsvorschriften der Kapitalmarktgesetze keine ausdrückliche Regelung zur Art der Haftung,[2408] greifen die Gerichte auf allgemeine Grundsätze des *common law* (hier solche des Deliktsrechts) zurück, die für den Fall der gemeinsamen Verursachung eines Schadens durch mehrere in der Regel die gesamtschuldnerische Haftung vorsehen, es sei denn, der Schaden lässt sich den einzelnen Verursachungsbeiträgen entsprechend aufteilen.[2409] Dieser Maßstab gilt auch im Rahmen des Securities Act 1933 und des Securities Exchange Act 1934.[2410]

2406 Musick, Peeler & Garrett v. Employers Ins. of Wausau, 508 U.S. 286, 296, 113 S. Ct. 2085, 2091 (1993): „§ 12 of the 1933 Act … [does] not often create joint defendant liability“.

2407 Eine Analyse dieser Entscheidung erfolgte oben I 2 a.

2408 Neben § 11(f)(1) Sec. Act findet sich eine ausdrückliche Anordnung gesamtschuldnerischer Haftung in § 15 Sec. Act: Sog. *Control Persons* der gem. §§ 11, 12 Sec. Act Verantwortlichen und die Verantwortlichen selbst haften als Gesamtschuldner. Ebenso im Anwendungsbereich des Securities Exchange Act § 20(a) Sec. Ex. Act.

2409 Vgl. Restatement (Third) of Torts, § A18: „If the independent tortious conduct of two or more persons is a legal cause of an indivisible injury, each person is jointly and severally liable for the recoverable damages caused by the tortious conduct.“ Unter „indivisible injury“ versteht die Regel einen Schaden, der nicht nach Verursachungsbeiträgen aufgeteilt werden kann. Die Rechtsfolgen von *joint and several liability* beschreibt Restatement (Third) of Torts, § 10: „When, under applicable law, some persons are jointly and severally liable to an injured person, the injured person may sue for and recover the full amount of recoverable damages from any jointly and severally liable person.“

2410 Vgl. z.B. Musick, Peeler & Garrett v. Employers Ins. of Wausau, loc. cit. Das Urteil setzt die Existenz von *joint and several liability* bei § 12(a) Sec. Act und § 10(b) Sec. Ex. Act voraus.

Die strengen Folgen der gesamtschuldnerischen Haftung wurden Ende des letzten Jahrhunderts zunehmend hinterfragt und als unbillig empfunden.[2411] Der Private Securities Litigation Reform Act 1995 (PSLRA), ein Gesetz, das insbesondere zur Verhinderung rechtsmissbräuchlicher Sammelklagen zwei Vorschriften in den Securities Act 1933 (§ 27) und den Securities Exchange Act 1934 (§ 21D) eingefügt hat,[2412] hat sich dieses Problems angenommen. Der Securities Exchange Act 1934 bestimmt nun in § 21D(f)(2)(B)(i): „[A] covered person ... shall be liable solely for the portion of the judgment that corresponds to the percentage of responsibility of that covered person". Eine solche Haftung wird im Englischen *proportionate liability* genannt.[2413] Das Maß der Verantwortlichkeit richtet sich nach dem Grad des Verschuldens.[2414] Zu beachten ist, dass diese Regel lediglich einen begrenzten Anwendungsbereich hat. Zum einen setzt sie voraus, dass der Haftungsadressat eine sog. „covered person" ist. Damit bringt das Gesetz zum Ausdruck, dass § 21D(f) Sec. Ex. Act nur in zwei Fällen eingreift: bei der klageweisen Durchsetzung eines Schadensersatzanspruchs, der sich aus dem Securities Exchange Act 1934 ergibt, oder bei der bereits geschilderten Situation eines gem. § 11 Sec. Act verklagten *outside director*.[2415] Bezüglich anderer Schadensersatzansprüche, d.h. für hier zu untersuchende Zwecke vor allem §§ 11 (mit Ausnahme der *outside directors*) und 12(a) Sec. Act, bleibt es beim Grundsatz der gesamtschuldnerischen Haftung. Zum anderen haftet der Beklagte dann *jointly and severally*, wenn er den Verstoß vorsätz-

---

2411 Vgl. den Bericht des Vermittlungsausschusses (*conference committee*) im Rahmen des Verfahrens zur Verabschiedung des Private Securities Litigation Reform Act 1995 (hierzu sogleich im Text), H.R. Conf. Rep. No. 104–369, 1995 U.S.C.C.A.N. 730, 736–37: „One of the most manifestly unfair aspects of the current system of securities litigation is its imposition of liability on one party for injury actually caused by another. Under current law, a single defendant who has been found to be 1 % liable may be forced to pay 100 % of the damages in the case. ... The current system of joint and several liability creates coercive pressure for entirely innocent parties to settle meritless claims rather than risk exposing themselves to liability for a grossly disproportionate share of the damages in the case. | In many cases, exposure to this kind of unlimited and unfair risk has made it impossible for firms to attract qualified persons to serve as outside directors. ... This result has injured the entire U.S. economy."

2412 Der PSLRA enthält z.B. Vorschriften zur Auswahl des *lead plaintiff* und seines Rechtsbeistands, zum Vergleichsverfahren und zur Darlegungslast des Klägers in bestimmten Verfahren. Daneben führt das Gesetz eine *safe harbor* Bestimmung für sog. *forward-looking statements* ein. Zu den Zielen des Gesetzes und den von ihm bedingten Änderungen vgl. ausführlich *Bloomenthal*, Going Public Handbook I, § 11:1 et seq.

2413 Vgl. z.B. H.R. Conf. Rep. No. 104–369, loc. cit. *Bloomenthal*, loc. cit. at § 11:94, bezeichnet die Haftung als „qualified several liability", da sich die teilschuldnerische Verantwortlichkeit in Bezug auf den uneinbringlichen Teil der Klageforderung unter bestimmten weiteren Voraussetzungen in eine gesamtschuldnerische umwandeln kann, § 21D(f)(4) Sec. Ex. Act.

2414 § 21D(f)(3)(A)(ii) Sec. Ex. Act: „[T]he percentage of responsibility of such person [shall be] measured as a percentage of the total fault of all persons who caused or contributed to the loss incurred by the plaintiff". Der Grad des Verschuldens wiederum ist unter Berücksichtigung des Verhaltens des Beklagten und der Art sowie des Ausmaßes seines Verursachungsbeitrags zu bestimmen, § 21D(f)(3)(C) Sec. Ex. Act.

2415 Die Definition von „covered person" findet sich in § 21D(f)(10)(C) Sec. Ex. Act. Der Grund dafür, dass gerade *outside directors*, aber nicht die anderen Haftungsadressaten des § 11 Sec. Act, von der gesamtschuldnerischen Haftung ausgenommen werden, ist in der bereits oben (Fn. 2411) erwähnten Befürchtung zu sehen, dass andernfalls qualifiziertes Personal für die Aufsichtsorgane der Unternehmen schwer zu finden sein wird.

lich (*knowingly*) begangen hat.[2416] Vorsätzliche Begehung i.S. der Vorschrift ist enger zu verstehen als das Tatbestandsmerkmal „scienter" in § 10(b) Sec. Ex. Act. Es setzt „actual knowledge" voraus.[2417] „Reckless conduct", was die Rechtsprechung für Zwecke des § 10(b) Sec. Ex. Act genügen lässt, führt nicht zur Haftung als Gesamtschuldner.[2418]

b. Ausgleichsanspruch

Sind die Emissionsbanken und sonstigen Anspruchsverpflichteten gesamtschuldnerisch verantwortlich, stellt sich die Frage, ob die in Anspruch Genommenen von den anderen Haftungsadressaten im Innenverhältnis Ausgleich (*contribution*) verlangen können. Im Anwendungsbereich des PSLRA besteht ein solcher Anspruch.[2419] Voraussetzung für seine Geltendmachung ist, dass der Anspruchsteller Gesamtschuldner ist, d.h. vorsätzlich gehandelt hat. Der Adressat des Ausgleichsanspruchs hingegen muss nicht gesamtschuldnerisch haften, Ausgleichung kann von *allen* Beteiligten verlangt werden. Der Anspruch geht noch weiter: Er richtet sich nicht nur gegen Streitgenossen, sondern auch gegen Personen, die nicht verklagt wurden, als Beklagte aber zur selben Schadensersatzleistung verurteilt worden wären. Die Höhe der Ausgleichung hängt vom Maß der Verantwortlichkeit der Beteiligten ab.[2420] Ein schwieriges und – jedenfalls bis zum Inkrafttreten des PSLRA – umstrittenes Problem stellt die Behandlung von Prozessvergleichen dar, die nur ein Teil der Beklagten abschließt. Können diejenigen Streitgenossen, die sich nicht vergleichen, ihre Ausgleichsansprüche gegen die anderen Beklagten weiterverfolgen, obwohl diese mit dem Vergleich eine Abgeltung aller gegen sie gerichteten Forderungen bezwecken? Wenn nein, wie ist der Vergleich beim Urteil gegen die nicht aus dem Prozess ausgeschiedenen Streitgenossen in Ansatz zu bringen? Die herrschende

---

2416 § 21D(f)(2)(A) Sec. Ex. Act.

2417 § 21D(f)(10)(A), (B) Sec. Ex. Act.

2418 Trotz der recht klaren Definition in § 21D(f)(10)(A) Sec. Ex. Act ergeben sich einige Auslegungsprobleme, vgl. *Bloomenthal*, Going Public Handbook I, § 11:93.

2419 § 21D(f)(8) 1st Sentence Sec. Ex. Act. Ähnliche Vorschriften enthalten §§ 9(e), 18(b) Sec. Ex. Act, die aber neben § 21D(f)(8) Sec. Ex. Act keine Bedeutung mehr haben. Vor Erlass des PSLRA war die Frage, ob bei Fehlen einer ausdrücklichen Regelung ein Ausgleichsanspruch im Wege richterlicher Rechtsfortbildung entwickelt werden könne, lange Zeit umstritten (Nachweise bei *Hazen*, Securities Regulation, § 12.27[3]). Der Supreme Court löste den Streit zwischen den Gerichtsbezirken, indem er einen solchen Anspruch im Rahmen des § 10(b) Sec. Ex. Act bejahte, Musick, Peeler & Garrett v. Employers Ins. of Wausau, 508 U.S. 286, 297, 113 S. Ct. 2085, 2091 (1993). Es ist zu beachten, dass diese Entscheidung keine Aussage darüber trifft, ob auch ausdrücklich im Gesetz vorgesehene Schadensersatznormen, z.B. § 12(a) Sec. Act, durch den Richter um einen Ausgleichsanspruch ergänzt werden können (vgl. hierzu sogleich im Text). Das Urteil bezieht sich nur auf die sog. *implied private causes of action*.

2420 § 21D(f)(8) 2nd Sentence Sec. Ex. Act: „A claim for contribution shall be determined based on the percentage of responsibility of the claimant and of each person against whom a claim for contribution is made." Die genaue Bedeutung dieses Satzes ist nicht ganz klar. *Bloomenthal*, Going Public Handbook I, § 11:95, ist der Auffassung, entscheidend sei nicht das relative Maß der Verantwortlichkeit im Verhältnis Ausgleichsberechtigter und -verpflichteter. Vielmehr habe jeder Gesamtschuldner einen Betrag zu leisten, der sich nach seiner Verantwortlichkeit für den Gesamtschaden richtet. Diese Lösung ist sachgerecht und entspricht der Rechtslage nach deutschem Recht.

Meinung ging davon aus, dass bei Abschluss des Vergleichs eine peremptorische Einrede entsteht, die den Ausgleichsansprüchen gegen die sich vergleichenden Streitgenossen sowie ihren Ansprüchen gegen die anderen Beklagten entgegensteht.[2421] Andernfalls, so war die Befürchtung, hätten die Beklagten keinen Anreiz, einen Vergleich abzuschließen.[2422] Der PSLRA übernimmt diese Regelung.[2423]

Die Gerichte waren sich darüber einig, dass die Vergleichssumme in diesem Fall als Abzugsposten in dem Urteil Berücksichtigung finden muss. Wie das zu geschehen hat, war indes nicht geklärt. Drei Lösungsansätze ließen sich unterscheiden: (1) Nach der *pro tanto* Regel wurde der im Urteil festgesetzte Betrag schlicht um die Vergleichssumme vermindert.[2424] Diese Lösung hat den Nachteil, dass die sich nicht vergleichenden Streitgenossen das Risiko der Vereinbarung einer unangemessen niedrigen Vergleichssumme zu tragen haben. Das Gericht muss den Vergleich

---

2421 Das Entstehen der Einrede setzt nach US-amerikanischem Recht voraus, dass das Gericht eine entsprechende Anordnung (sog. *contribution bar order*) in das Urteil aufnimmt. Bei dem im Text angegebenen Beispiel handelt es sich um eine sog. *mutual bar order*, die Ansprüche sowohl der als auch gegen die sich vergleichenden Streitgenossen ausschließt. Teilweise wurden auch einseitige *bar orders* verhängt, die nur die Ausgleichsansprüche *gegen* die ausscheidenden Beklagten zum Gegenstand hatten. Zu den Vor- und Nachteilen der jeweiligen Gestaltung vgl. Gerber v. MTC Electronic Technologies Co., Ltd., 329 F.3d 297, 307–09 (2d Cir. 2003).

2422 Z.B. In re U.S. Oil and Gas Litigation, 967 F.2d 489, 494 (11th Cir. 1992): „Defendants buy little peace through settlement unless they are assured that they will be protected against codefendants' efforts to shift their losses through cross-claims for indemnity, contribution, and other causes related to the underlying litigation." Eine Auswahl anderer Fälle, in denen die Zulässigkeit einer *bar order* bejaht wurde, jeweils m.w.N.: Eichenholtz v. Brennan, 52 F.3d 478, 486–87 (3d Cir. 1995); Jiffy Lube Securities Litigation, 927 F.2d 155, 160 (4th Cir. 1991); Franklin v. Kaypro Corp., 884 F.2d 1222, 1229 (9th Cir.1989). Einschränkend TBG, Inc. v. Bendis, 36 F.3d 916, 922–23 (10th Cir. 1994). Eine Reihe von Landesgesetzen sieht ausdrücklich die Möglichkeit vor, *contribution bar orders* in das Urteil aufzunehmen.

2423 § 21D(f)(7)(A) Sec. Ex. Act.

2424 Außerhalb des Bereichs des Kapitalmarktrechts z.B. Miller v. Apartments and Homes of New Jersey, Inc., 646 F.2d 101, 110 (3d Cir. 1981). Häufig wird Singer v. Olympia Brewing Co., 878 F.2d 596, 599 et seq. (2d Cir. 1989), als dasjenige Urteil zitiert, dass die *pro tanto rule* im Kapitalmarktrecht auf der Ebene der Bundesberufungsgerichte vertritt (so z.B. in Jiffy Lube Securities Litigation, 927 F.2d 155, 161). Das Gericht in *Singer* hatte indes nicht über Ausgleichung zu entscheiden, sondern nur über die Frage, inwieweit die Vergleichssumme in dem Urteil gegen den nicht ausgeschiedenen Beklagten zu berücksichtigen ist. Hierzu hatte das Gericht folgende Ausführungen zu machen, die, sollte Ausgleichung in Frage stehen, in der Tat eine Anwendung der *pro tanto rule* nahe legen: „[W]hen a plaintiff receives a settlement from one defendant, a nonsettling defendant is entitled to a credit of the settlement amount against any judgment obtained by the plaintiff against the nonsettling defendant", id. at 600. Hintergrund dieser Entscheidung ist, dass das Gericht eine Überkompensation des Klägers vermeiden will (sog. *one satisfaction rule*), was Folge einer Verteilung der Haftung im Innenverhältnis gemäß der relativen Verantwortlichkeit der Beteiligten für den Schaden sein kann (nämlich wenn sich später im Prozess gegen die nicht ausscheidenden Streitgenossen herausstellt, dass die Verantwortlichkeit derjenigen Beklagten, die sich verglichen haben, niedriger war als im Vergleich zunächst angenommen; da die relative Verantwortlichkeit der Beteiligten in der Regel von der Jury festgestellt werden muss, können Kläger und Beklagter dieses Kriterium im Zeitpunkt des Vergleichsabschlusses lediglich schätzen). *Singer* wurde in einer Nachfolgeentscheidung vom 2d Circuit selbst relativiert, der sich zwar für die *pro tanto rule* entscheidet, in gewissen Grenzen aber eine Berücksichtigung der relativen Verantwortlichkeit befürwortet, vgl. In re Masters Mates & Pilots Pension Plan and IRAP Litigation, 957 F.2d 1020, 1029, 1031–32 (2d Cir. 1992).

immer auf „Fairness" überprüfen, um eine Benachteiligung zu vermeiden, was den Rechtsstreit im Vorverfahren verzögert.[2425] (2) Die *pro rata* Regel sah im Innenverhältnis eine Haftung aller Beklagten zu gleichen Teilen vor. Der Anteil jedes sich vergleichenden Streitgenossen war – unabhängig von der tatsächlich erzielten Vergleichssumme – von dem als Schadensersatz zugesprochenen Betrag abzuziehen.[2426] (3) Ähnlich verfuhr die dritte Ansicht; sie bestimmte die Haftung im Innenverhältnis aber nicht nach gleichen Teilen, sondern entsprechend dem jeweiligen Grad der Verantwortlichkeit (*relative responsibility standard*). Die Haftungssumme war mithin gemäß der anteiligen Verantwortlichkeit der sich vergleichenden Streitgenossen herabzusetzen.[2427] Die beiden letztgenannten Auffassungen wurden mitunter deswegen kritisiert, weil sie den Kläger, je nachdem, ob er einen günstigen oder weniger günstigen Vergleich erzielt hat, über- oder unterkompensieren.[2428] Um die vorgenannten Nachteile zu vermeiden, kombiniert der PSLRA den ersten und den dritten Ansatz: Der höhere Betrag von Vergleichssumme und Anteil am Gesamtschaden, für den die sich vergleichenden Streitgenossen verantwortlich sind, ist in Ansatz zu bringen.[2429]

2425 Vgl. die Kritik bei Franklin v. Kaypro, 884 F.2d 1222, 1230 (9th Cir. 1989), Donovan v. Robbins, 752 F.2d 1170, 1181 (7th Cir.1985), zitierend: „[A] good faith hearing 'means bogging down the settlement process in a miniature trial before trial.' In order to be truly efficacious, the good faith hearing would require a full evidentiary hearing on all of the parties' relative culpabilities. This would negate many of the benefits of settlement. Furthermore, the very dynamics of settlement guarantee that, even with a good faith hearing, the offset scheme forces nonsettling defendants to pay more than the amount for which they are culpable. Settlement is attractive to parties because it reduces litigation costs. Therefore, plaintiffs are willing to settle for less than they might receive if a claim were fully litigated."

2426 Der Wortlaut der im Gesetz enthaltenen Ausgleichsansprüche (§§ 11[f][1] Sec. Act, 9[e], 18[b] Sec. Ex. Act) scheint für diese Lösung zu sprechen. Die Vorschriften räumen einen Anspruch auf Ausgleichung „as in cases of contract" ein. Im Vertragsrecht ist die *pro rata rule* maßgeblich, vgl. *Bloomenthal*, Going Public Handbook I, § 11:96 m.N. Obwohl einige ältere Entscheidungen nach dieser Methode vorgingen, z.B. Herzfeld v. Laventhol, Krekstein, Horwath & Horwath, 378 F. Supp. 112, 135–36 (S.D.N.Y. 1974), *rev'd on other grounds*, 540 F.2d 27 (2d Cir. 1976), wurde die *pro rata rule* schon bald als unbillig empfunden. Vgl. McLean v. Alexander, 449 F. Supp. 1251, 1275–76 (D. Del. 1978), *rev'd on other grounds*, 599 F.2d 1190 (3d Cir. 1979): „[F]undamental fairness dictates a departure from the simple pro rata division among parties. … [C]omparative fault more directly stimulates deterrence, is only minimally more difficult to administer and most importantly best serves justice." Ähnlich Gould v. American-Hawaiian Steamship Co., 387 F. Supp. 163, 170–71 (D. Del. 1974), vacated on other grounds, 535 F.2d 761 (3d Cir.1976). Das Gericht in Smith v. Mulvaney, 827 F.2d 558, 561 (9th Cir. 1987), schließlich versetzte der *pro rata rule* den Todesstoß, indem es die Existenz der Worte „as in cases of contract" folgendermaßen erklärte: „Congress more likely intended the phrase … to express a departure from the traditional no contribution rule of tort law, rather than to express the application of the pro rata measure of damages."

2427 So die vor Erlass des PSLRA wohl herrschende Meinung, z.B. Eichenholtz v. Brennan, 52 F.3d 478, 487 (3d Cir. 1995); Franklin v. Kaypro, 884 F.2d 1222, 1230–31 (9th Cir. 1989).

2428 Miller v. Apartments and Homes of New Jersey, Inc., 646 F.2d 101, 109. Die Nachteile des *relative responsibility standard* fasst das Gericht in In re Masters Mates & Pilots Pension Plan and IRAP Litigation, 957 F.2d 1020, 1029, zusammen.

2429 § 21D(f)(7)(B) Sec. Ex. Act.

§ 11(f)(1) Sec. Act sieht ebenfalls einen Anspruch auf Ausgleichung vor.[2430] Wiederum ist der Anspruch nicht auf Streitgenossen beschränkt.[2431] Er ist indes weniger detailliert als die Bestimmung des PSLRA und gibt weder vor, wie sich die Ausgleichspflicht der Höhe nach bemisst, noch, wie sich ein Teilvergleich auf die Verpflichtungen der übrig bleibenden Streitgenossen auswirkt. Im Zusammenhang mit § 11 Sec. Act ist der oben dargestellte Meinungsstreit mithin weiterhin von Relevanz. Die herrschende Meinung scheint dahin zu tendieren, auf den PSLRA als Richtlinie zurückzugreifen.[2432] Eine interessante Entscheidung im 3d Circuit geht

---

2430 Der Anspruch entfällt, wenn der zur Schadensersatzleistung verurteilte Gesamtschuldner vorsätzlich gehandelt hat, der auf Ausgleichung in Anspruch genommene hingegen nicht, vgl. § 11(f)(1) Sec. Act: „... unless the person who has become liable was, and the other was not, guilty of fraudulent misrepresentation." „Fraud" wird in § 11 Sec. Act nicht definiert. Es ist hier mit „Vorsatz" übersetzt worden, umfasst unter Umständen aber auch *recklessness*. Gerichtsurteile zu diesem Punkt existieren, soweit ersichtlich, nicht.

2431 Vgl. z.B. In re Worldcom, Inc. Securities Litigation, 308 F. Supp. 2d 214, 228 (S.D.N.Y. 2004).

2432 Das ist auch der Fall im 2d Circuit, der bislang der *pro tanto rule* folgte, vgl. oben Fn. 2424. In Gerber v. MTC Electronic Technologies Co., Ltd., 329 F.3d 297, 309 (2d Cir. 2003.), empfahl das Gericht der Vorinstanz, an die es den Fall zurückverwies, den PSLRA zu berücksichtigen, obwohl das Gesetz zum relevanten Zeitpunkt noch nicht in Kraft war. Das Gericht im Fall *WorldCom* genehmigte einen Vergleich mit einer *contribution bar order* sowie einer Anrechnungsmethode, die sich eng an die Vorgaben des PSLRA hielten, obwohl der Vergleich Ansprüche gem. § 11 Sec. Act gegen die Emissionsbanken betraf, d.h. nicht in den Anwendungsbereich des § 21D(f) Sec. Ex. Act fiel: „[T]he non-settling persons are hereby permanently BARRED, ENJOINED and RESTRAINED from commencing, prosecuting, or asserting any claim for indemnity or contribution against the Citigroup Releasees (or any other claim against the Citigroup Releasees where the injury to the Non-Settling Entity/Individual is the Non-Settling Entity's/Individual's liability to the Lead Plaintiff, Named Plaintiffs and other Class Members), arising out of or related to the claims or allegations asserted by Lead Plaintiff and the Named Plaintiffs in the Complaint. ... The Non-Settling Entities/Individuals will be entitled to judgment credit in the amount that is the greater of the amount allocated in the Settlement to claims for which a Non-Settling Entity/Individual may be found liable for common damages or, for each such claim, the proportionate share of the Citigroup Defendants' fault as proven at trial." In re WorldCom, Inc. Securities Litigation, 2004 WL 2591402 at 6 (S.D.N.Y. 2004).

In dem Parallelverfahren in Sachen *WorldCom*, das nicht die Verletzung der Kapitalmarktgesetze, sondern des Employee Retirement Income Security Act 1974 betraf und schon aus diesem Grund nicht vom PSLRA erfasst wurde, hielt das Gericht eine leicht abgewandelte Anrechnungsmethode für zulässig: Entsprechend der Grundformel war der höhere Betrag von Vergleichssumme und Anteil am Gesamtschaden, für den die sich vergleichenden Streitgenossen verantwortlich waren, in Ansatz zu bringen. Letzterer Betrag war um die fehlende Solvenz der sich vergleichenden Streitgenossen zu bereinigen, d.h. von der Schadenssumme, zu deren Zahlung das Gericht die im Prozess verbleibenden Beklagten verurteilen würde, war nicht der volle Anteil der sich vergleichenden Streitgenossen abzuziehen, sondern ein niedrigerer Betrag, der ihrem tatsächlichen Zahlungsvermögen entsprach. Den nicht am Vergleich beteiligten Beklagten sollte mithin nur ein Betrag in derjenigen Höhe zugute kommen, in der sie ihren Ausgleichsanspruch ohne die *bar order* auch tatsächlich hätten durchsetzen können. Vgl. In re WorldCom, Inc. ERISA Litigation, 339 F. Supp. 2d 561, 570–72 (S.D.N.Y. 2004). Im Anwendungsbereich des PSLRA lehnte das Gericht eine solche Modifikation im Hinblick auf den eindeutigen Wortlaut des § 21D(f)(7)(B) Sec. Ex. Act ab, In re WorldCom, Inc. Securities Litigation, 2005 WL 335201 at 12 et seq. (S.D.N.Y. 2005). Angesichts der Kritik, die es hierbei an der Regelung des PSLRA übte, id. at 14, ist zu vermuten, dass es bei Prospekthaftungsklagen gegen andere als „covered persons" i.S. des § 21D(f)(10)(C) Sec. Ex. Act der dargestellten solvenzbedingten Bereinigung des Anrechnungsbetrags wohlwollend gegenüberstehen wird.

darüber hinaus und will den PSLRA nicht nur als Orientierungshilfe verwenden, sondern auf § 11 Sec. Act direkt anwenden. Im Fall *In re Cendant Corp. Securities Litigation*[2433] hatte sich der Emittent (Cendant) in einem Vergleich die Möglichkeit vorbehalten, den nicht am Vergleich beteiligten Wirtschaftsprüfer (und andere Beklagte) auf Ausgleichung in Anspruch zu nehmen, sofern anwendbares Bundes- oder Landesrecht einen solchen Anspruch vorsieht.[2434] Beide Parteien – Emittent und Wirtschaftsprüfer – wurden gem. § 10(b) Sec. Ex. Act i.V.m. Rule 10b-5 und § 11 Sec. Act verklagt. Der Wirtschaftsprüfer ist für Zwecke des Anspruchs gem. § 10(b) Sec. Ex. Act i.V.m. Rule 10b-5 eine sog. „covered person" i.S. des PSLRA. Als Verpflichteter des Anspruchs gem. § 11 Sec. Act fällt er hingegen nicht in den Anwendungsbereich des PSLRA (insoweit sind, wie erwähnt, nur *outside directors* erfasst). Cendant argumentierte nun, lediglich hinsichtlich der Schadensersatzforderung gem. § 10(b) Sec. Ex. Act stehe der PSLRA[2435] Ausgleichsansprüchen entgegen. Den Anspruch gem. § 11(f)(1) Sec. Act könne das Unternehmen indes verfolgen. Das Gericht war anderer Auffassung: Wenn ein Beklagter bezüglich auch nur eines Anspruchs als *covered person* anzusehen sei, gelte die Einrede gemäß dem PSLRA für alle weiteren gegen ihn gerichteten Ausgleichsansprüche, denen ein einheitlicher Lebenssachverhalt zugrunde liege.[2436] Es komme nicht darauf an, ob diese weiteren

---

Eine weitere *WorldCom*-Entscheidung schließlich betraf ein ähnliches Problem. In dem Fall In re WorldCom, Inc. Securities Litigation, 2005 WL 591189 (S.D.N.Y. 2005) wollte eine der sich nicht vergleichenden Emissionsbanken eine Anrechnungsformel durchsetzen, die die fehlende Solvenz anderer, sich ebenfalls nicht vergleichender, Beklagter (des Emittenten, seiner *officers* und *directors* sowie des Wirtschaftsprüfers) nicht zugunsten des Klägers, sondern der solventen Streitgenossen (der Konsortialbanken) berücksichtigen würde. Zugunsten der Emissionsbanken sollte im Urteil ein Betrag in Ansatz gebracht werden, der sich aus folgenden Positionen zusammensetzt: (1) Der höhere Betrag von (a) Schadensanteil der sich vergleichenden Emissionsbanken oder (b) Vergleichssumme. (2) Ein Anteil an dem uneinbringlichen Teil der Ausgleichsforderung, die den nicht am Vergleich beteiligten Konsortialbanken gegenüber den insolventen Beklagten zusteht, wobei der anzusetzende Anteil der relativen Verantwortlichkeit der sich vergleichenden Banken gegenüber den anderen (sich nicht vergleichenden) Konsorten entspricht (nicht der absoluten Verantwortlichkeit am Gesamtschaden). Diese Methode orientiert sich an der in Restatement (Third) of Torts, § C21, vorgeschlagenen Umverteilung. Zu Beispielen vgl. loc. cit., Comment l, Illustration 8, und In re WorldCom, Inc. Securities Litigation, loc. cit. at 7, wobei letzteres Beispiel allerdings die Grundsätze des Restatement nicht korrekt umsetzt. Das Gericht sprach sich dagegen aus, die fehlende Solvenz eines sich nicht vergleichenden Beklagten zugunsten der anderen Streitgenossen in Ansatz zu bringen. Es gehöre gerade zur Natur der gesamtschuldnerischen Haftung, dass Schuldner über den eigenen Anteil hinaus für einen Schaden einzustehen hätten, wenn Streitgenossen zahlungsunfähig seien, id. at 8. Außerdem weise der (hier nicht anwendbare) PSLRA, der eine solche Umverteilung nicht vorsehe, auf die Unzulässigkeit der Regelung hin: „Although the Underwriter Defendants are not 'covered persons' under Section 21D(f) of the Exchange Act ... the Section provides guidance ... [T]he PSLRA may be accorded persuasive weight." Id. at 9.

2433 139 F. Supp. 2d 585 (D. N.J. 2001).

2434 Id. at 589: „The bar order precludes contribution against a settled party and claims brought by a settled party. However, Cendant expressly reserved the right to assert cross-claims against E & Y (and other defendants) 'otherwise permitted by any applicable federal or state statute or common law.'"

2435 § 21D(f)(7)(A) Sec. Ex. Act.

2436 Das Gericht formuliert: Die Ansprüche müssten „integrally related" sein, id. at 593. Das bedeutet: „The two claims arise out of practically the exact same factual environment and require

Ansprüche, separat eingeklagt, gem. § 21D(f) Sec. Ex. Act zu beurteilen gewesen wären oder nicht, sie seien in jedem Fall ausgeschlossen. Die Entscheidung könnte weit reichende Implikationen haben. Konsequenterweise müsste die Auslegung des Begriffs „covered person" in *Cendant* nicht nur im Zusammenhang mit *contribution bar orders*, sondern in allen Fällen ausschlaggebend sein, in denen der PSLRA solche Personen besonderen Regelungen unterwirft. Vor allem wären damit die Haftungsadressaten des § 11 Sec. Act *allesamt* teil- und nicht gesamtschuldnerisch verantwortlich, sofern der Kläger zusammen mit § 11 Sec. Act einen Anspruch gem. § 10(b) Sec. Ex. Act geltend machte.[2437] Das würde zwar die Behandlung des Rechtsstreits durch das Gericht vereinfachen, die Anordnung der gesamtschuldnerischen Haftung gem. § 11(f)(1) Sec. Act aber weitgehend leer laufen lassen.[2438]

Inwieweit *Cendant* in anderen Gerichtsbezirken (oder auch im 3d Circuit selbst) Akzeptanz finden wird, und welche Folgen spätere Entscheidungen dem Urteil beilegen werden, bleibt abzuwarten.[2439] Es ist festzuhalten, dass hinsichtlich der Reichweite des PSLRA und, wenn der PSLRA nicht einschlägig ist, hinsichtlich der Konturen des Ausgleichsanspruchs sowie der Auswirkungen eines Teilvergleichs auf die Verpflichtungen der übrigen Beklagten einige Unsicherheit herrscht. Die wenigen Urteile, die sich mit diesen Fragen beschäftigen, geben zumindest Anhaltspunkte, die sich in folgenden zwei Grundsätzen paraphrasieren lassen: (1) Auch außerhalb des Anwendungsbereichs des PSLRA richtet sich die Höhe der Ausgleichspflicht nach der relativen Verantwortlichkeit des Anspruchstellers.[2440] (2) Ein Teilvergleich ist im Urteil gegen die sich nicht vergleichenden Streitgenossen zu berücksichtigen. Hierbei ist – ähnlich den Bestimmungen des PSLRA – entweder nach der *pro tanto rule* oder dem *relative responsibility standard* vorzugehen, je nachdem, welcher Weg für die im Prozess verbleibenden Beklagten günstiger ist.[2441]

Bei § 12(a) Sec. Act fehlt ein ausdrücklicher Anspruch auf Ausgleichung. Die Rechtsprechung des Supreme Court, der die Entwicklung eines solchen Anspruchs im

---

nearly identical proofs." Id. Die Anwendung dieses Maßstabs durch das Gericht im weiteren Urteil ist nicht unproblematisch: Cendant machte neben dem Ausgleichsanspruch gem. § 11(f)(1) Sec. Act weitere Ansprüche aus landesrechtlichen Bestimmungen des Delikts- und Vertragsrechts gegen den Wirtschaftsprüfer geltend, die auf dasselbe Interesse wie der bundesrechtliche Anspruch gerichtet waren (*breach of contract, negligence, fraud, breach of fiduciary duty*). Das Gericht hielt diese Ansprüche nicht für ausgeschlossen, da Begehung einer unerlaubten Handlung und Verletzung eines Vertrags nicht mit Ausgleichung bzw. Freistellung (Freistellungsansprüche sind im Kapitalmarktrecht ebenfalls unzulässig, vgl. hierzu sogleich unter 2) gemäß den Kapitalmarktgesetzen gleich zu setzen, die Ansprüche mithin nicht „integrally related" seien, id. at 594–98.

2437 § 21D(f)(2)(B)(i) Sec. Ex. Act. Eine Ausnahme (d.h. gesamtschuldnerische Haftung) gilt gem. § 21D(f)(2)(A) Sec. Ex. Act lediglich für vorsätzlich handelnde Personen.

2438 Vgl. zu einer ausführlichen Diskussion dieses Problems *Bloomenthal*, Going Public Handbook I, § 11:96.

2439 Der 2d Circuit hat *Cendant* im *WorldCom*-Verfahren kurz erwähnt, ohne über Maßgeblichkeit oder Reichweite der Entscheidung zu befinden, vgl. In re WorldCom, Inc. Securities Litigation, 2005 WL 335201 at 9.

2440 So bereits vor Inkrafttreten des PSLRA für § 11(f) Sec. Act Franklin v. Kaypro, 884 F.2d 1222, 1226.

2441 Vgl. die Nachweise in Fn. 2432.

Wege richterlicher Rechtsfortbildung bei § 10(b) Sec. Ex. Act zugelassen hat,[2442] scheint die Möglichkeit nahe zu legen, auch in anderen Fällen Ausgleichsansprüche zur Ergänzung anerkannter Haftungsinstitute in das Gesetz hineinzulesen.[2443] Eine genauere Untersuchung des zitierten Urteils spricht indes dagegen, die vom Gerichtshof entwickelten Grundsätze auf § 12(a) Sec. Act zu übertragen. In zwei älteren Entscheidungen hatte der Supreme Court die Herleitung ungeschriebener Ausgleichsansprüche in einem anderen Zusammenhang abgelehnt.[2444] Nun war er bemüht, die früheren Urteile nicht zu verwerfen, sondern den gegenwärtigen Fall von ihnen zu unterscheiden: Hier ging es um die Ausgestaltung einer nicht bereits im Gesetz vorgesehenen, sondern durch die Rechtsprechung erst geschaffenen Haftungsnorm, wohingegen die älteren Entscheidungen zwei ausdrückliche gesetzliche Schadensersatzinstitute betrafen. Während die Gerichte im ersten Fall die Befugnis haben, das Rechtsinstitut auszuformen und mit Gehalt anzureichern,[2445] dürfen sie im zweiten Fall nur dann rechtsfortbildend tätig werden, wenn sich ein entsprechender Wille des historischen Gesetzgebers ermitteln lässt.[2446] Unter diesen Voraussetzungen lässt sich ein Ausgleichsanspruch im Rahmen des § 12(a) Sec. Act kaum begründen. Die historische Auslegung zeigt, dass der Gesetzgeber einen solchen Anspruch nicht in Erwägung gezogen hat. Andererseits macht ein Vergleich mit anderen Vorschriften des Securities Act 1933 und des Securities Exchange Act 1934 deutlich, dass er sich der Problemlage durchaus bewusst war. Hielt er die Einräumung des Anspruchs für angezeigt, zögerte er nicht, entsprechende Regelungen umzusetzen, etwa in §§ 11(f)(1) Sec. Act, 9(e), 18(b) Sec. Ex. Act.[2447] Dementsprechend versagt die herrschende Meinung in Rechtsprechung und Literatur einem gem. § 12(a) Sec. Act zur Zahlung von Schadensersatz verpflichteten Verkäufer die Möglichkeit, von anderen Haftungsadressaten Ausgleichung zu verlangen.[2448] Das

2442 Musick, Peeler & Garrett v. Employers Ins. of Wausau, 508 U.S. 286, 113 S. Ct. 2085 (1993). Vgl. hierzu schon oben Fn. 2419.

2443 Vgl. aber die zögerlichen Anmerkungen der *dissenting opinion* in Pinter v. Dahl, 486 U.S. 622, 658 et seq., 108 S. Ct. 2063, 2084 et seq. (1988).

2444 Northwest Airlines, Inc. v. Transport Workers, 451 U.S. 77, 101 S. Ct. 1571 (1981); Texas Industries, Inc. v. Radcliff Materials, Inc., 451 U.S. 630, 101 S. Ct. 2061 (1981).

2445 Vgl. die Worte des Gerichtshofs in Musick, Peeler & Garrett v. Employers Ins. of Wausau, loc. cit. at 292–93, 2089, Virginia Bankshares, Inc. v. Sandberg, 501 U.S. 1083, 1104, 111 S. Ct. 2749, 2764 (1991), zitierend: „'[W]here a legal structure of private statutory rights has developed without clear indications of congressional intent,' a federal court has the limited power to define 'the contours of that structure.'"

2446 Id. at 291, 2088. Vgl. Texas Industries, Inc. v. Radcliff Materials, Inc., loc. cit. at 645, 2069. Der Supreme Court lehnte die Herleitung eines Ausgleichsanspruchs mit folgender Begründung ab: „There is nothing in the statute itself, in its legislative history, or in the overall regulatory scheme to suggest that Congress intended courts to have the power to alter or supplement the remedies enacted." Noch deutlicher ist der Gerichtshof in Musick, Peeler & Garrett v. Employers Ins. of Wausau, loc. cit. at 292, 2088: „This argument [against the recognition of an implied right to contribution] ... would have much force were the duty to be created one governing conduct subject to liability under an express remedial provision fashioned by Congress".

2447 Baker, Watts & Co. v. Miles & Stockbridge, 876 F.2d 1101, 1005 (4th Cir. 1989).

2448 Baker, Watts & Co. v. Miles & Stockbridge, loc. cit.; *Hazen*, Securities Regulation, § 12.27[3]; *Hicks*, Civil Liabilities, § 6:162. Der dargestellte Grundsatz lässt sich über § 12(a) Sec. Act hinaus verallgemeinern: Hat der Gesetzgeber im Rahmen einer ausdrücklichen Anspruchsgrundlage einzige Bundesberufungsgericht, das diese Frage bislang behandelt hat, führt ein weiteres Argument an: Der Zweck des § 12(a) Sec. Act sei in erster Linie auf Abschreckung gerichtet, Kompensation des entstandenen Schadens sei daneben sekundär. Der abschreckende Effekt der Vorschrift lasse sich steigern, wenn jeder von mehreren Anspruchsgegnern fürchten müsse, für den gesamten Schaden verantwortlich zu sein.[2449]

Häufig enthalten die Konsortialverträge Ausgleichsansprüche, die den oben dargestellten Anforderungen nicht entsprechen. Sie sehen in der Regel keine Aufteilung der Haftung im Innenverhältnis nach Verschuldensgesichtspunkten vor, sondern entsprechend der jeweiligen Übernahmequote.[2450] In wenigstens einem Fall sind die Emissionsbanken zudem davon ausgegangen, dass sich diese vertraglich vereinbarten Ausgleichsansprüche gegenüber *contribution bar orders* durchsetzen, d.h. bei einem Teilvergleich gegen die aus dem Prozess ausscheidenden Konsorten weiter geltend gemacht werden können.[2451] Eine der in den *WorldCom*-Verfahren ergangenen Entscheidungen[2452] beleuchtet beide Punkte. Zum einen deutet das Gericht an, zumindest im Rahmen der Berechnung des Betrags, der bei einem Teilvergleich von der im Urteil zuzusprechenden Schadensersatzsumme abzuziehen ist, verliere die vertragliche Haftungsverteilung ihre Wirksamkeit. Dieser Betrag sei nicht anhand der jeweiligen Übernahmequoten zu berechnen, sondern anhand der Verantwortlichkeit für den Schaden, d.h. insbesondere des Verschuldensbeitrags.[2453] Auch

---

keinen Ausgleichsanspruch vorgesehen, wird sich ein solcher nur schwer im Wege richterlicher Rechtsfortbildung herleiten lassen. Ein ungeschriebenes (aber anerkanntes) Haftungsinstitut kann indes durch einen Anspruch auf Ausgleichung ergänzt werden, wenn Sinn und Zweck des Instituts sowie die Gesetzessystematik dafür sprechen. Die h.M. hat hinsichtlich der meisten ungeschriebenen Anspruchsgrundlagen des Securities Act 1933 und des Securities Exchange Act 1934 die Existenz eines Ausgleichsanspruchs bejaht, vgl. die Nachweise bei *Hazen*, loc. cit., n. 27.

2449 Baker, Watts & Co. v. Miles & Stockbridge, loc. cit. at 1005–06.

2450 Vgl. z.B. den Auszug aus dem bei In re WorldCom, Inc. Securities Litigation, 2005 WL 591189 at 4 (S.D.N.Y. 2005) abgedruckten Master Agreeement among Underwriters: „Contribution. … [Y]ou agree to pay upon request of the Manager, as contribution, your Underwriting Percentage of any losses, claims, damages or liabilities, joint or several, paid or incurred by any Underwriter, to any person other than an Underwriter, arising out of or based upon any untrue statement or alleged untrue statement of a material fact contained in the Registration Statement, any Preliminary Prospectus or Prospectus … or the omission or alleged omission to state therein a material fact required to be stated therein or necessary to make the statements therein not misleading (other than an untrue statement or alleged untrue statement or omission or alleged omission made in reliance upon and in conformity with information furnished to the Company in writing by the Underwriter on whose behalf the request for contribution is being made expressly for use therein) and your Underwriting Percentage of any legal or other expenses reasonably incurred by the Underwriter (with the approval of the Manager) on whose behalf the request for contribution is being made in connection with investigating or defending any such loss, claim, damage or liability of any action in respect thereof; provided that no request shall be made on behalf of any Underwriter guilty of fraudulent misrepresentation (within the meaning of Section 11(f) of the [Securities Act]) from any Underwriter who was not guilty of such fraudulent misrepresentation. …“

2451 So J.P. Morgan in In re WorldCom, Inc. Securities Litigation, 2005 WL 591189 at 4–5.

2452 Id.

2453 Entsprechend § 21D(f)(7)(B)(i) i.V.m. (3)(A)(ii) Sec. Ex. Act.

macht das Gericht deutlich, dass führende Banken in der Regel zu einem wesentlich höheren Grad Verantwortung tragen als die sonstigen Konsortialbanken.[2454] Zum anderen hält das Gericht eine *contribution bar order* auch dann für zulässig, wenn sie neben gesetzlichen vertragliche Ausgleichsansprüche ausschließt. In beiden Fällen sei die Interessenlage dieselbe: Der Beklagte könnte durch die Aussicht, in Nachfolgeprozesse auf Ausgleichung verwickelt zu werden, davon abgehalten werden, einen Vergleich abzuschließen. Entscheidend sei nicht, welcher Rechtsnatur der Anspruch sei (ob bundes- oder landesrechtlich, vertraglich vereinbart oder gesetzlich vorgesehen), sondern auf welches Interesse er sich richte. Eine *bar order* sollte alle diejenigen Ansprüche ausschließen: „where the injury is the non-settling defendants' liability to the plaintiffs."[2455] Damit sind die in Konsortialverträgen üblicherweise enthaltenen Ausgleichsansprüche in wichtigen Fällen nicht durchsetzbar.

2. Freistellung

Investmentbanken lassen sich im Übernahmevertrag vom Emittenten üblicherweise von Schadensersatzpflichten freistellen (*indemnification*).[2456] Ob eine solche

---

2454 Das gilt sowohl bei Geltung des PSLRA als auch außerhalb seines Anwendungsbereichs. In re WorldCom, Inc. Securities Litigation, loc. cit. at 8: „Since SSB and J.P. Morgan were the co-lead underwriters, and all other Underwriter Defendants acted as junior underwriters and relied on the due diligence performed by SSB and J.P. Morgan, it is likely that only SSB and J.P. Morgan will be allocated, in comparison to junior underwriters, any significant responsibility for the losses suffered by the class."

2455 Id. at 10, Gerber v. MTC Electronic Technologies Co., Ltd., 329 F.3d 297, 307 (2d Cir. 2003), zitierend.

2456 Z.B. *Bloomenthal*, Going Public Handbook II, app. 2–13 et seq., § 6.01: „The Company agrees to indemnify and hold harmless the Underwriters ... against any and all losses, claims, damages or liabilities, joint or several, to which they or any of them may become subject under the Act or any other statute or at common law and to reimburse persons indemnified as above for any legal or other expenses (including the cost of any investigation and preparation) incurred by them in connection with any litigation, whether or not resulting in any liability, but only insofar as such losses, claims, damages, liabilities and litigation arise out of or are based upon any untrue statement or alleged untrue statement of a material fact contained in the Registration Statement or any amendment thereto or any application or other document filed in order to qualify the Stock under the Blue Sky or securities laws of the states where filings were made, or the omission or alleged omission to state therein a material fact required to be stated therein or necessary to make the statements therein not misleading, all as of the date when the Registration Statement or such amendment, as the case may be, becomes effective, or any untrue statement or alleged untrue statement of a material fact contained in the Prospectus (as amended or supplemented if the Company shall have filed with the Commission any amendments thereof or supplements thereto), or the omission or alleged omission to state therein a material fact necessary in order to make the statements therein, in the light of the circumstances under which they were made, not misleading; provided, however, that the indemnity agreement contained in this subsection 6.01 shall not apply to amounts paid in settlement of any such litigation if such settlements are effected without the consent of the Company, nor shall it apply to the Underwriter or any person controlling the Underwriters in respect of any such losses, claims, damages, liabilities or actions arising out of or based upon any such untrue statements or alleged untrue statement, or any such omission or alleged omission, if such statement or omission was made in reliance upon information peculiarly within the knowledge of the Underwriter and furnished in writing to the Com-

Klausel zulässig ist, war Gegenstand gerichtlicher Auseinandersetzungen und akademischer Kontroversen.

Die SEC hat sich in Item 512(h) Regulation S-K[2457] zur Haftungsfreistellung von *directors, officers, controlling persons*[2458] und bestimmten Emissionsbanken[2459] durch den Emittenten geäußert. Während sie vertragliche Freistellungsvereinbarungen nicht untersagt, bringt sie zum Ausdruck, dass sie solche Klauseln grundsätzlich als sittenwidrig (*against public policy*) ansieht: Wenn der Emittent von den Vorteilen eines beschleunigten Prüfungsverfahrens und frühen Wirksamwerdens des registration statement[2460] Gebrauch machen will, muss er im Registrierungsformular angeben, dass die SEC die Position vertritt, die Freistellungsklausel verstoße gegen die guten Sitten und sei deswegen nicht durchsetzbar.[2461] Es ist zu beachten, dass der Standpunkt der SEC nicht auf Freistellungsklauseln einer bestimmten Art beschränkt ist, d.h. Freistellung im Rahmen aller Haftungsvorschriften des Securities Act,[2462] außerdem nicht nur in Fällen des vorsätzlichen, sondern auch des fahrlässigen oder ganz schuldlosen Handelns erfasst.

Gerichte beurteilen die Situation differenzierter. Die folgende Erörterung der Zulässigkeit von Freistellungsklauseln wird sich daran orientieren, dass sich der Anspruch auf Freistellung aus verschiedenen Quellen ergeben kann: aus dem Kapitalmarktrecht, d.h. insbesondere dem Securities Act 1933 oder dem Securities

---

pany by the Underwriter specifically for use in connection with the preparation of the Registration Statement and Prospectus or any such amendment or supplement thereto. …" Daneben enthält der Übernahmevertrag häufig eine Klausel, nach der sich die Emissionsbanken teilschuldnerisch (*severally*) entsprechend ihrer Quoten dazu verpflichten, den Emittenten freizustellen, wenn die Gesellschaft, ihre *directors* oder bestimmte weitere Personen aufgrund einer fehlerhaften Angabe im registration statement oder Verkaufsprospekt in Anspruch genommen werden und diese fehlerhafte Angabe auf Informationen von den Emissionsbanken zurückgeht (z.B. *Bloomenthal*, loc. cit., app. 2–14 et seq., § 6.02: „… if [the false or misleading] statement or omission was made in reliance upon information peculiarly within its knowledge and furnished in writing to the Company by the Underwriter on its behalf specifically for use in connection with the preparation [of the registration statement]").

2457 17 C.F.R. § 229.512.

2458 *Controlling persons* sind z.B. *officers* mit Leitungsfunktion oder Aktionäre mit einer Beteiligung, die ihnen bestimmenden Einfluss auf die Gesellschaft gibt. Vgl. auch § 15 Sec. Act, Securities Act Rule 405.

2459 Ein *director, officer* oder eine *controlling person* des Emittenten muss mit der Emissionsbank in näher umschriebener Weise assoziiert sein.

2460 Zum Wirksamwerden des registration statement (§ 8 Sec. Act) vgl. oben § 4 I 1 b bb. Sog. *requests for acceleration of the effective date* sind in Securities Act Rule 461, 17 C.F.R. § 230.461, geregelt.

2461 Auch wenn der Emittent kein beschleunigtes Prüfungsverfahren durchführen will, muss er gem. Item 510 Regulation S-K unter den Voraussetzungen von Item 512(h) eine kurze Erläuterung der Freistellungsvereinbarung und folgenden Satz in das registration statement aufnehmen: „[T]he registrant has been informed that in the opinion of the Securities and Exchange Commission [indemnification for liabilities arising under the Securities Act of 1933] is against public policy as expressed in the Act and is therefore unenforceable." Vgl. im Übrigen zur Position der Securities Exchange Commission SEC Release No. 6463 vom 21. April 1983, 27 S.E.C. Docket 916: ablehnend zur Freistellung von Anlageberatern im Licht von § 17(h) und (i) Invesmtent Company Act 1940.

2462 Nach dem Wortlaut von Item 512[h] sind indes Vorschriften des Securities Exchange Act 1934 nicht erfasst.

Exchange Act 1934, aus dem *common law* und schließlich aus vertraglichen Vereinbarungen zwischen den Parteien. Welche dieser Quellen in der zu untersuchenden Situation (Anspruch der Emissionsbanken gegen den Emittenten bei Inanspruchnahme aus Prospekthaftung[2463]) ein Recht auf Freistellung dem Grundsatz nach gewähren, wird unter a analysiert. Ob der Anspruch tatsächlich bzw. unter welchen Voraussetzungen und in Bezug auf welche Haftungsnormen er besteht, ist unter b zu besprechen.

a. Das Kapitalmarktrecht gewährt an verschiedenen Stellen ausdrücklich (z.B. § 11[f][1] Sec, Act) oder implizit (z.B. bis zum Erlass des PSLRA § 10[b] Sec. Ex. Act) ein Recht auf Ausgleichung. Ausdrückliche Regelungen existieren im Hinblick auf Freistellungsansprüche nicht. Auch waren die Gerichte nicht gewillt, einen impliziten Anspruch in §§ 11, 12(a) Sec. Act, 10(b) Sec. Ex. Act, Rule 10b-5 hineinzulesen.[2464] Ein Recht auf Freistellung widerspreche dem Zweck der kapitalmarktrechtlichen Haftungsvorschriften, der weniger in Kompensation des Anlegers als vielmehr Abschreckung vor Nichtbefolgung der Voraussetzungen des Securities Act 1933 und des Securities Exchange Act 1934 bestünde.[2465] Anders als Ausgleichung, das eine *Verteilung* der Haftung nach sich ziehe, führe Freistellung zu einer *Verlagerung* des gesamten Haftungsrisikos. Könne der Haftungsadressat von einer anderen Person Freistellung verlangen, habe er keinen Anreiz, die Einhaltung der kapitalmarktrechtlichen Sorgfaltsanforderungen sicherzustellen.[2466]

Stützt der Kläger seinen Anspruch auf Rechtsinstitute des *common law*, z.B. den Grundsatz *respondeat superior*,[2467] stellt sich die Frage, ob zumindest diese Rechtsinstitute – wenn schon nicht das Kapitalmarktrecht – Freistellungsansprüche zulassen. Hier greifen indes dieselben rechtspolitischen Überlegungen ein: Die abschreckende Wirkung einer Haftung für Prospektmängel oder sonstige manipulative Praktiken am Kapitalmarkt entfiele, wenn die Parteien auf dem Umweg über das *common law* doch eine Verlagerung der Verantwortlichkeit erreichen könnten. Deswegen stehen die Gerichte der Herleitung von Ansprüchen auf Freistellung aus dem *common law* ebenfalls zögerlich gegenüber.[2468]

2463 Es sei vorab angemerkt, dass sich die hier gefundenen Ergebnisse nicht verallgemeinern lassen. Abweichende Situationen, z.B. das Verhältnis *directors* und *officers* des Emittenten zur Gesellschaft, sind anders zu beurteilen, da andere rechtliche Gesichtspunkte (etwa solche des Arbeitsrechts) eingreifen.

2464 Zu § 12(a) Sec. Act: Baker, Watts & Co. v. Miles & Stockbridge, 690 F. Supp. 431, 434 (D. Md. 1988), *aff'd on other grounds*, 876 F.2d 1101, 1104 et seq. (4th Cir. 1989). Zu § 11 Sec. Act, § 10(b) Sec. Ex. Act: King v. Gibbs, 876 F.2d 1275, 1281–1282 (7th Cir. 1989); Alvarado Partners, L.P. v. Mehta, 723 F. Supp. 540, 549 (D. Colo. 1989). Allgemein zu Ansprüchen nach den Kapitalmarktgesetzen: Eichenholtz v. Brennan, 52 F.3d 478, 483–484 (3d Cir. 1995); Laventhol, Krekstein, Horwath & Horwath v. Horwitch, 637 F.2d 672, 676 (9th Cir. 1980).

2465 Z.B. Laventhol, Krekstein, Horwath & Horwath v. Horwitch, loc. cit.: „[T]he purpose of the Act is regulatory rather than compensatory, and permitting indemnity would undermine the statutory purpose of assuring diligent performance of duty and deterring negligence."

2466 Eichenholtz v. Brennan, loc. cit. at 485.

2467 Vergleichbar der Haftung für den Verrichtungsgehilfen nach deutschem Recht.

2468 Vgl. z.B. King v. Gibbs, 876 F.2d 1275, 1282; Eichenholtz v. Brennan, loc. cit. at 484 (n. 9).

Als Quelle des Anspruchs verbleiben mithin lediglich vertragliche Vereinbarungen. Im Übernahmevertrag vereinbaren der Emittent und die Konsortialbanken in aller Regel, dass die Gesellschaft die Banken bei Inanspruchnahme aus kapitalmarktrechtlichen Haftungsvorschriften in weitgehendem Umfang freizustellen hat. Häufig ist der Anspruch nicht auf schuldloses oder zumindest leicht fahrlässiges Handeln der Banken begrenzt, sondern greift auch bei grober Fahrlässigkeit oder sogar Vorsatz.[2469]

b. Die Rechtsprechung beurteilt die Zulässigkeit vertraglich vereinbarter Freistellungsklauseln größtenteils ablehnend. Im Einzelnen weichen die Standpunkte indes voneinander ab: Teilweise sprechen sich die Gerichte nur gegen solche Klauseln aus, die Freistellung auch bei vorsätzlichem Handeln oder *recklessness*[2470] zulassen.[2471] Teilweise untersagen sie Freistellung, wenn die Emissionsbank sorgfaltswidrig, d.h. zumindest fahrlässig, gehandelt hat.[2472] Macht die Bank erfolgreich ihre *due diligence defence* gem. § 11(b)(3) Sec. Act geltend, ist sie nach dieser Ansicht mithin berechtigt, ihren Freistellungsanspruch durchzusetzen (hinsichtlich der Prozesskosten).[2473] Eine dritte Ansicht schließlich erlaubt Freistellung, wenn den zur Leistung von Schadensersatz Verurteilten ein geringeres Verschulden trifft als den Freistellungsverpflichteten, insbesondere wenn er nur aufgrund einer gesetzlichen Zurechnungsnorm (z. B. *vicarious liability*[2474]) haftet.[2475]

2469 Vgl. das Beispiel oben Fn. 2456: Der Anspruch entfällt lediglich dann, wenn die fehlerhafte Angabe: „was made in reliance upon information peculiarly within the knowledge of the Underwriter and furnished in writing to the Company by the Underwriter specifically for use in connection with the preparation of the Registration Statement and Prospectus".

2470 Zur Bedeutung von *recklessness* oben Fn. 2294.

2471 Z.B. Heizer Corp. v. Ross, 601 F.2d 330, 334 (5th Cir. 1981) zu § 10(b) Sec. Ex. Act; Globus v. Law Research Service, Inc., 287 F. Supp. 188 (S.D.N.Y. 1968), zu §§ 11 (obiter dictum), 12(a)(2) Sec. Act: „[No] enforcement of the indemnity agreement, at least under circumstances where [the underwriter] has been found guilty of misconduct evincing actual knowledge or reckless disregard of the falsity of the offering circular"; ähnlich das Berufungsgericht im selben Rechtsstreit: „[No indemnification] where the underwriter has committed a sin graver than ordinary negligence", 418 F.2d 1276, 1288 (2d Cir. 1969).

2472 Eichenholtz v. Brennan, 52 F.3d 478, 484–485; Odette v. Shearson, Hammill & Co., Inc., 394 F. Supp. 946, 956–957 (S.D.N.Y. 1975), zu § 12(a)(2) Sec, Act, § 10(b) Sec. Ex. Act; Gould v. American-Hawaiian S. S. Co., 387 F. Supp. 163, 167–168 (D. Del. 1974), zu § 14(a) Sec. Ex. Act, der einfache Fahrlässigkeit voraussetzt.

2473 So, allerdings nicht in Bezug auf Emissionsbanken, sondern bei Klage gegen die *directors* des Emittenten, Goldstein v. Alodex Corp., 409 F. Supp. 1201, 1206 (E.D. Pa. 1976).

2474 Verantwortlichkeit für das Verhalten Dritter, z.B. bei Haftung gemäß dem Grundsatz *respondeat superior*.

2475 Thomas v. Duralite Co., Inc., 386 F. Supp. 698, 728 (D. N.J. 1974); deHaas v. Empire Petroleum Co., 286 F. Supp. 809, 815–816 (D. Colo. 1968). Es ist zu beachten, dass diese Urteile zwar in Bezug auf § 10(b) Sec. Ex. Act ergingen, aber nicht die Freistellung der Emissionsbanken oder anderer mit einer Gesellschaft kontrahierender Personen betrafen, sondern Ansprüche der Gesellschaft gegen Mitglieder der eigenen Leitungsorgane. Immerhin kann aus diesen Urteilen verallgemeinernd abgeleitet werden, dass Freistellung ausscheidet, wenn den Freistellungsverpflichteten und den in Anspruch Genommenen zu annähernd gleichen Teilen Mitverschulden trifft, vgl.

Zur Begründung der Einschränkung des Rechts auf Freistellung beziehen sich die Gerichte wiederum auf Sinn und Zweck der Haftungsvorschriften der Kapitalmarktgesetze: Um die Emissionsbegleiter zu sorgfältigem Handeln anzuhalten, müssten sie einem substantiellen Haftungsrisiko ausgesetzt sein. Es dürfe ihnen nicht gestattet werden, die gesamte Verantwortlichkeit auf den Emittenten abzuwälzen.[2476] Diese Argumente sprechen für die strengste der drei vorgenannten Ansichten, die jegliche Haftungsüberleitung ablehnt, es sei denn, der in Anspruch Genommene hat ohne Verschulden gehandelt:[2477] Wäre die Berufung auf den Freistellungsanspruch nur bei grob fahrlässigem oder vorsätzlichem Handeln verwehrt, könnten die Banken der Haftung durch Untätigkeit entgehen. Ein solches Ergebnis läuft der Intention des Gesetzgebers zuwider und enttäuscht das Vertrauen des Anlegerpublikums auf sorgfältige Überprüfung des Emittenten.[2478] Die dritte der oben erwähnten Meinungen, die nur denjenigen haften lassen will, den das überwiegende Verschulden trifft, würde den Zielen der so verstandenen kapitalmarktrechtlichen Haftungsvorschriften ebenfalls nicht gerecht werden. In aller Regel wird dem Emittenten, der mit der Emission und den Emissionsunterlagen vertrauter ist als die Investmentbanken (zumindest als die einfachen Konsortialmitglieder), das größere Verschulden anzulasten sein.[2479] Die Haftung der Emissionsbanken würde mithin weitgehend leer laufen. Demgemäß folgt die wohl überwiegende Zahl der US-amerikanischen Gerichte dem restriktivsten Ansatz[2480] und hält Freistellung selbst dann für unzulässig, wenn die Rolle der Banken im Rahmen der Emissionsbegleitung *de minimis* war und ihnen nicht mehr als einfache Fahrlässigkeit vorzuwerfen ist. Darüber hinaus differenziert sie nicht nach Anspruchsgrundlagen, geht mithin davon aus, dass sowohl § 10(b) Sec. Ex. Act als auch den im Securities Act 1933 enthaltenen Haftungsvorschriften dieselben rechtspolitischen Erwägungen zugrunde liegen, die Freistellungsklauseln entgegenstehen.[2481]

Handel-Maatschappij H. Albert De Bary & Co., N. V. v. Faradyne, 37 F.R.D. 357, 359 (S.D.N.Y. 1964); Behar v. Savard, 21 F.R.D. 367, 369 (S.D.N.Y. 1958): „[W]here the parties are not in pari delicto as where a principal is liable by operation of law for the affirmative tortious conduct of his agent the former is entitled to indemnification from the latter". Vgl. auch In re Crazy Eddie Securities Litigation, 740 F. Supp. 149, 151 (E.D.N.Y. 1990) (Freistellung im Rahmen von § 11 Sec. Act), im Ergebnis offen lassend, welcher Ansicht zu folgen sei.

2476 Globus v. Law Research Service, Inc., 418 F.2d 1276, 1289: „[T]he proper purpose of the Act is to encourage diligence, investigation and compliance with the requirements of the statute by exposing issuers and underwriters to the substantial hazard of liability for compensatory damages." Den Haftungsnormen des Securities Act 1933 und des Securities Exchange Act 1934 kommt damit ein pönalisierender Charakter zu, so ausdrücklich das Gericht in *Globus*, id. at 1288. *Loss/Seligman/Paredes*, Securities Regulation, § 11-D-7 (i), sprechen vom *„in terrorem"* Zweck der zivilrechtlichen Haftung.

2477 Was den Freistellungsanspruch zwangsläufig auf Ersatz der Prozesskosten beschränkt, wenn die Haftungsnorm (wie bei §§ 11, 12[a][2] Sec. Act, 10[b] Sec. Ex. Act der Fall) Verschulden verlangt.

2478 Eichenholtz v. Brennan, 52 F.3d 478, 485, In re Olympia Brewing Co. Securities Litigation, 674 F. Supp. 597, 613 (N.D. Ill. 1987), zitierend.

2479 So auch Globus v. Law Research Service, Inc., 418 F.2d 1276, 1288.

2480 Jedenfalls was den hier zu untersuchenden Fall – Freistellung der Emissionsbanken gegenüber dem Emittenten – betrifft. Andere Konstellationen werden mitunter abweichend beurteilt.

2481 Vgl. zu Nachweisen Fn. 2472.

Die Ausführungen machen deutlich, dass die Mehrzahl der in Übernahmeverträgen verwendeten Freistellungsklauseln vor Gericht keinen Bestand haben wird. Gleichwohl ist nicht ersichtlich, dass die Praxis aus der Rechtsprechung Konsequenzen zieht. Freistellungsklauseln nach Art der oben als Beispiel aufgeführten,[2482] die den Emissionsbanken umfassende Rechte einräumen, sind nach wie vor der Regelfall.

3. Versicherung

Obwohl die Versicherung gegen Prospekthaftungsansprüche ebenso wie die Vereinbarung von Freistellungsansprüchen zu einer Haftungsverlagerung führt, scheint die SEC solche Gestaltungen großzügiger zu bewerten. Sie verlangt nicht die Klarstellung im registration statement, dass die Versicherung gegen Inanspruchnahme aus kapitalmarktrechtlichen Haftungsvorschriften grundsätzlich als sittenwidrig anzusehen ist, und führt das beschleunigte Verfahren zur Prüfung des registration statement ohne Einschränkungen durch.[2483] Die unterschiedliche Behandlung ist nicht ganz konsequent, lässt sich aber vielleicht damit erklären, dass Versicherungsunternehmen eine vollständige Haftungsverlagerung nicht mittragen werden. In der Regel entfällt der Versicherungsschutz bei vorsätzlichem Handeln des Versicherten (sog. *dishonesty exclusion*) und ist außerdem durch Selbstbehalt und Deckungsgrenzen limitiert.[2484] Rechtsprechung zu dieser Problematik existiert, soweit ersichtlich, nicht. Bislang gehen Gerichte, wenn sie über versicherungsrechtliche Fragen im Rahmen einer Klage gemäß dem Securities Act 1933 oder dem Securities Exchange Act 1934 zu entscheiden haben, implizit von der Zulässigkeit der Versicherung aus.[2485] Relevant wird die Frage insbesondere in Bezug auf die Haftung der Gesellschaftsorgane, die im Rahmen ihrer D&O Versicherungen häufig gegen kapitalmarktrechtliche Haftungsrisiken abgesichert sind.[2486] Für Emissionsbanken ist spezieller Versicherungsschutz gegen Inanspruchnahme wegen eines fehlerhaften oder unvollständigen registration statement zwar weniger verbreitet, aber ebenfalls erhältlich.

2482 Fn. 2456.

2483 Vgl. Securities Act Rule 461(c), 17 C.F.R. § 230.461.

2484 Siehe z.B. *Olson/Hatch/Sagalow*, Director & Officer Liability: Indemnification and Insurance, § 12:12. Die nicht nur theoretische Bedeutung von Deckungshöchstgrenzen zeigt der vom *lead plaintiff* mit den *directors* im Enron-Prozess eingegangene Vergleich: $ 155 Mio. zahlte die D&O Versicherung, während die Beklagten $ 13 Mio. aus dem eigenen Vermögen beisteuerten, Pressemitteilung des Präsidenten der University of California vom 07. Januar 2005, abrufbar unter: http://www.universityofcalifornia.edu/news/2005/jan07.html.

2485 Z.B. Shapiro v. American Home Assur. Co., 616 F. Supp. 900 (D. Mass. 1984). Aus der Literatur vgl. etwa *Partnoy*, 79 Wash. U. L.Q. 491, 543 (2001): Versicherung gegen Inanspruchnahme wegen vorsätzlicher Verletzung der Kapitalmarktgesetze ist sittenwidrig und damit nichtig.

2486 So zumindest bei börsengelisteten Unternehmen, vgl. *Olson/Hatch/Sagalow*, loc. cit. at § 12:49.

Vierter Teil: Internationalprivatrechtliche Aspekte

§ 10 Anwendbares Recht

I. Qualifikation des Emissionskonsortiums

Bei einer internationalen Zusammensetzung des Emissionskonsortiums besteht die Notwendigkeit, die für den Konsortialvertrag und damit das Konsortium maßgebliche Rechtsordnung zu bestimmen. Das anwendbare Recht entscheidet über Fragen des Innenverhältnisses, z.B. die Geschäftsführung oder Ausgleichsansprüche einer in Anspruch genommenen Bank gegen die Mitkonsorten, aber auch vertretungsrechtliche Aspekte,[2487] die Außenhaftung (soweit sie auf gesellschaftsrechtlichen Prinzipien beruht[2488]) und die Möglichkeit ihrer Beschränkung durch Vereinbarung der Konsortialbanken im Innenverhältnis oder mit dem Vertragspartner. Traditionell hat die deutsche Literatur das Rechtsverhältnis der Emissionsbanken untereinander dem vom internationalen Gesellschaftsrecht berufenen Statut unterstellt, d.h. dem Recht am Ort der tatsächlichen Hauptverwaltung der Gesellschaft (so die in Deutschland ehemals herrschende Sitztheorie).[2489] Inzwischen mehren sich die Stimmen, die eine solche Anknüpfung unter Verweis auf die abweichende Rechtslage in zahlreichen anderen Ländern für abträglich halten und stattdessen eine vertragliche Qualifikation (nach deutschem Recht gem. Art. 27 ff. EGBGB) befürworten, was eine Rechtswahl ermöglicht (Art. 27 Abs. 1 Satz 1 EGBGB).[2490] Diese Ansicht trägt der Praxis Rechnung, die das anwendbare Recht im Konsortialvertrag regelmäßig ausdrücklich festlegt.[2491] Sie verstößt aber gegen die

---

2487 Grundsätzlich wird die Vertretung selbständig angeknüpft (Vollmacht: Recht des Wirkungslandes), vgl. *Kropholler*, Internationales Privatrecht, § 41 I. Bei organschaftlicher Vertretungsmacht folgt das Vollmachtsstatut aber dem für die Gesellschaft maßgeblichen Recht, BGH NJW 1992, 618.

2488 Die Maßgeblichkeit des Gesellschaftsstatuts hängt von der Qualifikation des entsprechenden Haftungstatbestands als gesellschaftsrechtlich ab. Das wird z.B. bei der Haftung nach den Prinzipien des Durchgriffs (im Englischen: *piercing the corporate veil*) bejaht, vgl. BGHZ 78, 318, 334; Staudinger/*Großfeld*, Int. Gesellschaftsrecht, Rdnr. 340 ff. (h.M.), ist in Bezug auf Institute mit vergleichbaren Rechtsfolgen aus dem Insolvenzrecht (z.B. § 214 des britischen Insolvency Act 1986 – *wrongful trading* – oder die französische *action en comblement du passif* bzw. *action de la résponsabilité pour insuffisance d'actif*, dazu Wiedemann, Gesellschaftsrecht I, § 10 III 2 b) aber lebhaft umstritten, Staudinger/*Großfeld*, a.a.O., Rdnr. 339.

2489 Z.B. MüKo BGB/*Kindler*, IntGesR, Rdnr. 269 ff.; Staudinger/*Großfeld*, Int. Gesellschaftsrecht, Rdnr. 778. Zur Sitztheorie siehe BGHZ 78, 318, 334; BayObLGZ 1985, 272, 279 ff. = IPRax 1986, 161.

2490 *Hopt*, Verantwortlichkeit., Rdnr. 222; *Horn*, Recht der internationalen Anleihen, S. 146; Staudinger/*Magnus*, Art. 28 EGBGB, Rdnr. 237.

2491 Vgl. *Schücking*, WM 1996, 281, 285; Klausel 10 der IPMA Standardkonsortialverträge, abgedr. bei BuB/*Bosch*, Rdnr. 10/253a, 10/253b; § 12(5) Agreement among Underwriters, BuB/*Groß*, Rdnr. 10/333e.

gewohnheitsrechtliche Regel, auf Personengesellschaften – jedenfalls wenn sie nach außen tätig werden, was bei Emissionskonsortien nach h. M. der Fall ist – das Gesellschaftsstatut anzuwenden (vgl. auch Art. 37 Nr. 2 und 3 EGBGB).[2492] Abweichende Vorschläge wollen das Innen-, nicht aber das Außenverhältnis dem Vertragsstatut unterstellen,[2493] das internationale Gesellschaftsrecht teleologisch einschränken[2494] oder Bankenkonsortien nicht nach der *lex fori*, also nicht entsprechend ihrer Einordnung im materiellen deutschen Recht, sondern funktionell qualifizieren.[2495]

Auf diesen Meinungsstreit kommt es hier nicht an. Ebenso wenig muss der Frage nachgegangen werden, ob das Gesellschaftsstatut, so es denn maßgeblich ist, tatsächlich nach dem Sitz der Hauptverwaltung der Gesellschaft zu bestimmen ist oder nicht vielmehr nach dem Gründungssitz, d.h. von der Wahl der Gesellschafter abhängt.[2496] Denn die reine Innengesellschaft bürgerlichen Rechts ohne körperschaftliche Organisation wird allgemein als schuldrechtliches Verhältnis angesehen und dementsprechend den Art. 27 ff. EGBGB unterstellt.[2497] Bei Emissionskonsortien handelt es sich gerade um Innengesellschaften bzw. – nach vorzugswürdiger Auslegung der §§ 705 ff. BGB – um individualistische (Außen-)Gesellschaften bürgerlichen Rechts. Für die kollisionsrechtliche Einordnung machen die terminologischen Differenzen keinen Unterschied: In beiden Fällen zeichnet sich der Zusammenschluss durch eine vorwiegend schuldrechtliche Natur aus, so dass die vertragliche Qualifikation angemessen erscheint. Für diese Lösung spricht zum einen, dass sie die Interessen der Bankenpraxis berücksichtigt, die ihre Entscheidung zur Teilnahme an der Emission in Erwartung der Geltung einer bestimmten (der gewählten) Rechtsordnung trifft, darauf ihre Risikokalkulation und damit die Berechnung der Gebühren stützt sowie die Vertragswerke entsprechend gestaltet. Die Rechtswahl gestattet eine Heranziehung der in der jeweiligen Situation am besten geeigneten Rechtsordnung, was gewöhnlich zu Effizienzgewinnen für die wahlberechtigte Partei führt und in jedem Fall der Rechtssicherheit dient. Zum anderen sind Drittinteressen nicht nachteilig betroffen. Während das Gesellschaftsstatut beachten muss, dass Gläubiger mitunter langfristige Geschäftsbeziehungen mit der Gesellschaft eingehen, deswegen an ihrer Kapitalausstattung und einer ordnungsgemäßen Geschäftsführung interessiert sind, erschöpft sich die Schutzbedürftigkeit des Anlegers gegenüber dem Bankenkonsortium in der Erfüllung der Pflichten aus dem Anlagegeschäft, d.h. dem Erhalt der erworbenen Papiere und gegebenenfalls einer interessengerechten Anlageberatung im Vorfeld. Beides betrifft nicht das Konsortium als solches, sondern die einzelne Bank, von der der Investor erwirbt. Die

---

2492 Für die OHG vgl. RGZ 23, 31, 33; 36, 172, 177; 124, 146, 148 f.; und allgemein Staudinger/*Großfeld*, Int. Gesellschaftsrecht, Rdnr. 686.
2493 MünchHdb. GesR I/*Schücking*, § 1, Rdnr. 31 ff.
2494 *Hopt*, Verantwortlichkeit, Rdnr. 225.
2495 *Schücking*, WM 1996, 281, 287 f.
2496 Im Anwendungsbereich der Art. 43, 48 EG ist die Sitztheorie weitgehend unanwendbar, vgl. bereits oben Fn. 233.
2497 BGH NJW 2004, 3706, 3708 (zur stillen Gesellschaft); *Kegel/Schurig*, Internationales Privatrecht, § 17 III 1; Palandt/*Thorn*, Art. 28 EGBGB, Rdnr. 20, Art. 37 EGBGB, Rdnr. 1; Staudinger/*Großfeld*, Int. Gesellschaftsrecht, Rdnr. 708 m.w.N.

eigentlich problematische Konstellation – die Fehlinformation des Anlegerpublikums durch einen unzutreffenden Börsenprospekt – ist nicht Gegenstand des Gesellschaftsstatuts (oder des Vertragsstatuts) und muss deswegen nicht in die Interessenabwägung einfließen.[2498]

Damit ist Gleichlauf mit der Rechtslage nach US-amerikanischem Recht erreicht. Dort werden Emissionskonsortien nicht als Personengesellschaften, sondern vertragliche Beziehungen (agent-principal-Verbindungen) qualifiziert.[2499] Hieraus ergibt sich ungezwungen eine entsprechende kollisionsrechtliche Einordnung. Gemäß §§ 291, 287 Restatement 2d of Conflict of Laws richten sich die Rechte und Pflichten zwischen Vertreter (Konsortialführerin) und Geschäftsherrn (Emissionsbanken) grundsätzlich nach der Rechtsordnung, die die Parteien wählen. Mangels Rechtswahl hat der Richter, ähnlich wie in Art. 28 Abs. 1 Satz 1 EGBGB, nach dem Recht zu suchen, mit dem der Vertrag die engste Verbindung aufweist (*the most significant relationship*).[2500] Hierzu sind der Ort der Vertragsverhandlungen und des Vertragsabschlusses, der Erfüllungsort, der gewöhnliche Aufenthalt bzw. Sitz der Parteien und vergleichbare Indizien zu berücksichtigen.[2501] Das Außenverhältnis (insbesondere die Wirkung des Vertreterhandelns für und gegen den Geschäftsherrn, d.h. die Wirksamkeit der gegenüber dem Emittenten eingegangenen Verpflichtungen) wird – wiederum wie im deutschen Recht[2502] – gesondert nach objektiven Kriterien angeknüpft, unter anderem dem Ort, an dem der Vertreter nach dem Willen des Geschäftsherrn von der Vollmacht Gebrauch machen soll.[2503] Fragen der Haftung im Verhältnis zum Anleger bestimmen sich nicht nach den §§ 291, 292 Restatement 2d of Conflict of Laws; das Kapitalmarktrecht hat hier eigene Regeln entwickelt.[2504]

II. Haftungsfragen – deutsches IPR

1. Meinungsstand

Komplexer ist die Anknüpfung der Haftungsfragen. Üblicherweise nähert sich die Literatur dem Problem, indem sie die einzelnen Haftungsinstitute des deutschen Rechts – die gesetzliche und die allgemeine zivilrechtliche Prospekthaftung, die Haftung aus Delikt (§ 826 BGB) und die vertragliche Haftung der Emissionsbanken wegen fehlerhafter Beratung des Emittenten und der Anleger oder sonstiger Verletzung der Vereinbarungen aus dem Übernahmevertrag, um nur die hier thematisierten Normen zu nennen – auf ihre Einordnung in bestimmte kollisionsrechtliche Kategorien hin untersucht, aus denen sich ihre Anwendbarkeit im jeweiligen Fall (durch Verweis der Kollisionsnorm auf das deutsche Recht) oder eben das Fehlen der

---

2498 Vgl. zur Anknüpfung dieser Frage sogleich unter II.
2499 Oben § 9 III 3 b.
2500 §§ 291, 288 Restatement 2d of Conflict of Laws.
2501 § 288(2) Restatement 2d of Conflict of Laws.
2502 Vgl. *Kropholler*, Internationales Privatrecht, § 41 I 1 a, 2.
2503 § 292(1) Restatement 2d of Conflict of Laws, vgl. Comment at d.
2504 Hierzu unter III.

Anwendbarkeit ergibt.[2505] Das Ergebnis der Untersuchung stellt sich gewöhnlich wie folgt dar: Die traditionell h.M. beurteilt die Börsenprospekthaftung gem. §§ 44, 45 BörsG nach dem Deliktsstatut.[2506] Das Deliktsstatut sieht eine Anwendung des Rechts am Tatort vor (*lex loci delicti commissi*). Tatort ist zunächst der Handlungsort, d.h. der Ort, an dem der Ersatzpflichtige die zur Tatbestandsverwirklichung maßgebende Ursache gesetzt hat (Art. 40 Abs. 1 Satz 1 EGBGB). Gemäß dem sog. Ubiquitätsprinzip, das seit dem 19. Jahrhundert gewohnheitsrechtlich galt[2507] und nun in Art. 40 Abs. 1 Satz 2 EGBGB seinen Ausdruck gefunden hat, kann der Verletzte alternativ das Recht am Erfolgsort wählen, wenn der Erfolg (die Rechtsgutsverletzung bzw. bei reinen Vermögensdelikten – z.B. den §§ 44, 45 BörsG – der Schaden am Vermögen) an einem anderen Ort als dem Handlungsort eingetreten ist. Für die Börsenprospekthaftung bedeutet das: Der geschädigte Anleger kann in jedem Fall auf sein Heimatrecht zurückgreifen – das Recht des Ortes, an dem sein Vermögen belegen ist, was in der Regel dem Recht des Marktes entsprechen wird, an dem der Emittent die Effekten anbietet. Der Handlungsort unterscheidet sich vom inländischen Markt (dem Heimatstaat des Anlegers), wenn der Emittent und die Konsortialführerin den fehlerhaften Prospekt in einem anderen Staat als dem Staat des öffentlichen Angebots veröffentlichen, z.B. im Herkunftsstaat des Emittenten i.S. des Art. 2 Abs. 1 lit. m der Prospektrichtlinie (Richtlinie 2003/71/EG), was im Anwendungsbereich der Richtlinie zur Folge hat, dass sie die Effekten in allen Mitgliedstaaten der EU öffentlich anbieten und dort die Zulassung zum Handel erwirken können (sog. Aufnahmestaaten i.S. des Art. 2 Abs. 1 lit. n der Richtlinie), ohne einen neuen Prospekt in der Landessprache veröffentlichen und billigen lassen zu müssen (Art. 17, 18 der Richtlinie; umgesetzt in §§ 17, 18 WpPG).[2508]

Eine im Vordringen befindliche Ansicht macht geltend, dass sich die solcherart entstehende Statutenkumulierung (neben dem Recht des Herkunftsstaates – um in der Terminologie der Prospektrichtlinie zu bleiben – bzw. an seiner statt findet das Recht des Aufnahmestaates Anwendung) in zweierlei Hinsicht nachteilig auswirkt: Zum einen führe sie zu Wettbewerbsverzerrungen, da Emittenten, die an mehr als einem Markt tätig wären, potentiell zusätzlichen Schadensersatz schuldeten. Zum anderen verstoße sie gegen das Prinzip der Gleichbehandlung der Anleger: Den Investoren im Herkunftsstaat des Emittenten stehe nur eine Gruppe von Haftungsnormen zur Verfügung, während Anleger im Aufnahmestaat das günstigere Recht

---

2505 Z.B. *Bischoff*, AG 2002, 489, 491 f.; *Einsele*, Bank- und Kapitalmarktrecht, § 7, Rdnr. 90 ff.; *Hopt*, Verantwortlichkeit, Rdnr. 226 ff.; *Schücking*, WM 1996, 281, 284 f.

2506 Assmann/Schütze/*Schütze*, Handbuch des Kapitalanlagerechts, § 8, Rdnr. 17; Schäfer/*Hamann*, 1. Aufl., §§ 45, 46 a.F. BörsG, Rdnr. 34. Wohl auch MüKo BGB/*Kindler*, IntGesR, Rdnr. 31.

2507 Z.B. RGZ 23, 305.

2508 Die Erstellung (d.h. Vorbereitung) der fehlerhaften Prospektangaben in einem anderen als dem Staat des öffentlichen Angebots und der Veröffentlichung des Prospekts dürfte mangels Auseinanderfallens von Handlungsort und Erfolgsort nicht zu einem Wahlrecht des Geschädigten gem. Art. 40 Abs. 1 Satz 2 EGBGB führen. Es bietet sich an, auf die Rechtsprechung des BGH zu Pressedelikten zurückzugreifen: Handlungsort ist der Erscheinungsort des Druckwerks (hier: der Prospekt), Erfolgsort sind alle Orte, an denen das Presseerzeugnis (der Prospekt) verbreitet wird (BGH NJW 1996, 1128), während vorbereitende Handlungen außer Betracht bleiben (Palandt/*Thorn*, Art. 40 EGBGB, Rdnr. 4).

wählen könnten.[2509] Vertreter dieser Ansicht weisen darauf hin, dass der BGH auch im Wettbewerbsrecht das Ubiquitätsprinzip ablehne, um für alle Mitbewerber die gleichen Voraussetzungen zu schaffen.[2510] Dementsprechend schlagen sie, wiederum in Anlehnung an das Wettbewerbsrecht (§ 130 Abs. 2 GWB), eine ausschließliche Anknüpfung an den betroffenen Markt vor.[2511] Die angeführten Argumente sind nicht ganz von der Hand zu weisen. Die Alternativität der Haftungsgrundlagen bevorzugt einerseits bestimmte Anleger und benachteiligt anderseits den Haftungsadressaten, der sich gegen Ansprüche aus verschiedenen Rechtssystemen verteidigen muss und gegebenenfalls unter Voraussetzungen Schadensersatz zu leisten hat, die für ihn ungünstiger sind als für seine Mitbewerber. Allerdings ist zu bedenken, dass der Zweck der Gesetze, die der BGH zum Anlass genommen hat, sich gegen das Ubiquitätsprinzip auszusprechen, ein genuin wettbewerbsrechtlicher ist, etwa der Schutz vor einer Verfälschung des Wettbewerbs gem. § 1 UWG (und gerade auf diesen Gesetzeszweck stellt die Rechtsprechung ab, wenn sie eine Modifikation der Grundregeln des internationalen Deliktsrechts vorschlägt[2512]). Der Zweck der Kapitalmarktgesetze andererseits ist nicht primär in der Sicherung gleicher Wettbewerbsbedingungen zu sehen, sondern dem Schutz der Anleger und der Marktintegrität[2513] – zwei Aspekte, die durch die Wahlfreiheit zwischen Handlungs- und Erfolgsort eher gefördert werden. Der haftende Emittent bzw. die Emissionsbank treten dem Anleger nicht grundsätzlich anders gegenüber als jeder Täter, der im Rahmen seiner Geschäftstätigkeit – d.h. während er mit anderen im Wettbewerb steht – eine unerlaubte Handlung begeht und sich zum Zwecke eines *favor laesi* der potentiellen Haftung gemäß mehreren Rechtsordnungen ausgesetzt sieht.[2514] Zudem kann angezweifelt werden, dass am Primärmarkt ein allgemeiner Rechts-

---

2509 *Grundmann*, RabelsZ 54 (1990), 283, 307 f.

2510 *Grundmann*, a.a.O., 307, unter Bezugnahme auf BGHZ 40, 391, 396 f.

2511 *Grundmann*, a.a.O., 308. Ihm folgend unter anderem Großk. AktG/*Assmann*, Einl., Rdnr. 703; *Hopt*, Verantwortlichkeit, Rdnr. 239; Schäfer/Hamann/*Hamann*, §§ 44, 45 BörsG, Rdnr. 75 f.; Schwark/*Schwark*, KMRK, §§ 44, 45 BörsG, Rdnr. 40; Vortmann/*Hauptmann*, Prospekthaftung und Anlageberatung, § 3, Rdnr. 96. *Kuntz*, WM 2007, 432, 436, qualifiziert zwar deliktsrechtlich, kommt aber über Art. 41 Abs. 1 EGBGB doch zu einer Anknüpfung an den Marktort. Die Bestimmung des betroffenen Marktes erfolgt nicht nach einheitlichen Kriterien und nicht notwendigerweise nach den zu § 130 Abs. 2 GWB entwickelten Grundsätzen, vgl. sogleich im Text.

2512 Um § 1 UWG ging es etwa im Fall BGHZ 40, 391.

2513 Allenfalls die europarechtlichen Einflüsse, denen sich das Kapitalmarktrecht ausgesetzt sieht, zielen darauf ab, den Wettbewerb durch Beseitigung von Hindernissen für den Binnenmarkt zu fördern. Das ist aber Gegenstand der Mehrzahl aller europäischen Rechtsakte (vgl. Art. 2 EG) und rechtfertigt es nicht, jegliche Unterschiedlichbehandlung der Wettbewerber als unzulässig anzusehen. Die Kapitalmarktrichtlinien machen deutlich, dass andere Ziele im Vordergrund stehen, etwa die Effizienz und Transparenz der Wertpapiermärkte, um auf diese Weise eine bessere Kapitalallokation und Senkung der Kosten zu erreichen und das Wachstum sowie die Schaffung von Arbeitsplätzen zu begünstigen (Erwägungsgrund 1 der Transparenzrichtlinie – Richtlinie 2004/109/EG).

2514 Das trifft z.B. auf den Verleger von ehrverletzenden Presseerzeugnissen zu, bei dem eine Anwendung des Ubiquitätsprinzips allgemein anerkannt ist, vgl. nur *Kropholler*, Internationales Privatrecht, § 53 V 4.

grundsatz der Gleichbehandlung der Anleger gilt. Art. 42 der Kapitalrichtlinie[2515] und Art. 17 Abs. 1, 18 Abs. 1 der Transparenzrichtlinie 2004[2516] (umgesetzt in §§ 53a AktG, 30a Abs. 1 Nr. 1 WpHG) beziehen sich auf einzelne mit der Stellung des Anlegers als Aktionär bzw. Anleihegläubiger verknüpfte Punkte, die der Emittent bei Erfüllung der Zulassungsfolgepflichten zu beachten hat. Allgemeinverbindliche Prinzipien, die auf andere Regelungsbereiche übergreifen, lassen sich aus ihnen nicht ableiten, wie z.B. die Zulässigkeit von Vorzugsvereinbarungen bei der Zuteilung von Wertpapieren aus Neuemissionen zeigt.[2517] Die deliktische Haftung steht in keinem inneren Zusammenhang mit den genannten Vorschriften, der es rechtfertigen würde, den Gleichbehandlungsgrundsatz auf sie zu erstrecken. Wenn man das Ubiquitätsprinzip anerkennt, liegt es in der Natur der Sache, dass einzelne von mehreren ansonsten gleich gestellte Anspruchsteller bevorzugt werden. Schließlich ist, wer die gesetzliche Prospekthaftung (für kollisionsrechtliche Zwecke) als deliktischen Tatbestand einordnet,[2518] an Art. 40 Abs. 1 Satz 1 und 2 EGBGB gebunden und wird nur unter Schwierigkeiten bei Veröffentlichung des haftungsbegründenden Prospekts in einem anderen Staat als dem des Anlagegeschäfts ein Auseinanderfallen von Handlungs- und Erfolgsort verneinen können.

Stimmen in der Literatur, die als Alternative zur deliktsrechtlichen Anknüpfung der (spezialgesetzlichen) Prospekthaftung auf das Marktstatut zurückgreifen wollen, sehen sich ihrerseits Problemen ausgesetzt. Abgesehen von der Notwendigkeit einer rechtspolitisch und dogmatisch tragfähigen Begründung stellt sich die Frage, nach welchen Kriterien der maßgebliche Markt zu ermitteln ist. Hierzu finden sich verschiedenartige Vorschläge. Ein Teil der Literatur fragt danach, wo der Anbieter tätig wird[2519] bzw. wo er die Aktien platziert und damit den Wertpapierprospekt ver-

---

2515 Zweite Richtlinie 77/91/EWG des Rates vom 13. Dezember 1976 zur Koordinierung der Schutzbestimmungen, die in den Mitgliedstaaten den Gesellschaften im Sinne des Artikels 58 Absatz 2 des Vertrages im Interesse der Gesellschafter sowie Dritter für die Gründung der Aktiengesellschaft sowie für die Erhaltung und Änderung ihres Kapitals vorgeschrieben sind, um diese Bestimmungen gleichwertig zu gestalten, ABl. L 26 vom 31.01.1977, S. 1.

2516 Richtlinie 2004/109/EG des Europäischen Parlaments und des Rates vom 15. Dezember 2004 zur Harmonisierung der Transparenzanforderungen in Bezug auf Informationen über Emittenten, deren Wertpapiere zum Handel auf einem geregelten Markt zugelassen sind, und zur Änderung der Richtlinie 2001/34/EG, ABl. L 390 vom 31.12.2004, S. 38.

2517 Die Zulässigkeit ergibt sich etwa aus Anhang III, Nr. 5.1, 5.2 Verordnung (EG) Nr. 809/2004. Weitere Einzelheiten hierzu bei *Ekkenga/Maas*, Wertpapieremissionen, Rdnr. 408. Auch aus der Pflicht zur gleichen Information aller (potentiellen) Anleger gem. § 15 Abs. 5 WpPG lässt sich kein allgemeiner Rechtsgrundsatz ableiten, da sich die Vorschrift mit einem Sonderfall beschäftigt.

2518 Eine deliktsrechtliche Einordnung würde zwar nicht der sachrechtlichen Klassifizierung folgen, wie sie von der h.M. vorgenommen wird (kraft Gesetzes eintretende Vertrauenshaftung, vgl. oben Fn. 1481). Ein solcher Gleichlauf zwischen Kollisionsrecht und Sachrecht ist aber – selbst bei einer Qualifikation nach der *lex fori* und erst recht bei der funktionellen Qualifikation – nicht erforderlich: Die Tatbestandsmerkmale der Kollisionsnorm gehen in der Regel über die entsprechenden materiellrechtlichen Begriffe hinaus und umfassen auch vergleichbare Rechtsinstitute, vgl. *Kropholler*, a.a.O., § 16 II 2.

2519 *Kiel*, Int. Kapitalanlegerschutzrecht, S. 308; Staudinger/*Großfeld*, Int. Gesellschaftsrecht, Rdnr. 413 (der allerdings nur bei „überwiegendem Marktbezug" eine Anknüpfung an den Transaktionsmarkt befürwortet – ohne deutlich zu machen, wann ein überwiegender Marktbezug zu bejahen ist – und im Übrigen das Gesellschaftsstatut für maßgeblich erklärt).

öffentlicht.[2520] Andere wollen auf das Aufeinanderstoßen von öffentlichem Anlageangebot und Annahme abstellen.[2521] Nach wieder anderer Ansicht sind die Maßstäbe der einseitigen Kollisionsnorm des § 130 Abs. 2 GWB fruchtbar zu machen, d.h. deutsches Prospekthaftungsrecht ist anwendbar, wenn sich die zum Schadensersatz führende Handlung im Sinne der zum Kartellrecht entwickelten Kriterien auf den deutschen Markt auswirkt.[2522] Schließlich soll es auf den gewöhnlichen Aufenthalt des Anlegers bzw. den Sitz des Anbieters ankommen, je nachdem, von welcher Partei die Initiative zum Abschluss des Effektengeschäfts ausgeht.[2523]

Die allgemeine zivilrechtliche Prospekthaftung wird, wie dargestellt, nach herrschender Meinung als quasivertragliche Vertrauenshaftung, nach abweichender Ansicht als deliktische Haftung eingeordnet.[2524] Bei deliktischer Einordnung entstehen die im vorstehenden Absatz skizzierten Probleme.[2525] Die Anknüpfung der quasivertraglichen Vertrauenshaftung war bislang sehr umstritten, ist aber nun einheitlich in Art. 12 der Rom II-Verordnung geregelt.[2526] Abs. 1 der Vorschrift verweist auf das Vertragsstatut, d.h. auf das Recht, das auf den in Aussicht genommenen Vertrag (das Anlagegeschäft) Anwendung finden würde. Gemäß der gesetzlichen Vermutung des Art. 28 Abs. 2 Satz 2 EGBGB untersteht das Anlagegeschäft dem Recht am Ort der Hauptniederlassung bzw. der Zweigniederlassung der Bank, bei der der Anleger zeichnet. Unklar ist, in welchem Umfang zwingende Vorschriften des deutschen Rechts, d.h. gegebenenfalls die anlegerschützenden Vorschriften des Kapitalmarktrechts und damit die allgemeine zivilrechtliche Prospekthaftung, bei ausländischem Vertragsstatut über Art. 29 oder 34 EGBGB zusätzliche An-

---

2520 *Bischoff*, AG 2002, 489, 494; Schäfer/Hamann/*Hamann*, §§ 44, 45 BörsG, Rdnr. 76.

2521 *Grundmann*, RabelsZ 54 (1990), 283, 308. So wohl auch GroßK. AktG/*Assmann*, Einl., Rdnr. 703 und Vortmann/*Hauptmann*, Prospekthaftung und Anlageberatung, § 3, Rdnr. 96. Letzterer spricht davon, dass es auf den Markt ankommt, „auf dem der Anleger seine Investition getätigt hat", lässt aber offen, was unter dem „Tätigen einer Investition" zu verstehen ist.

2522 *Köstlin*, Anlegerschutz, S. 190.

2523 *Zimmer*, Int. Gesellschaftsrecht, S. 60 f.

2524 Vgl. oben § 7 I 2 b.

2525 Für eine deliktische Einordnung insbesondere *Grundmann*, RabelsZ 54 (1990), 283, 310 f.; *Hopt*, Verantwortlichkeit, Rdnr. 240.

2526 Verordnung (EG) Nr. 864/2007 des Europäischen Parlaments und des Rates vom 11. Juli 2007 über das auf außervertragliche Schuldverhältnisse anzuwendende Recht (ABl. EU Nr. 199 S. 40). Zur kollisionsrechtlichen Behandlung der c.i.c. vor Rom II vgl. BGH JR 1987, 198, 199 f.; *Ahrens*, IPRax 1986, 355, 359 f.; *Schücking*, WM 1996, 281, 284. Auch die Differenzierung des OLG Frankfurt, IPRax 1986, 373, 377 f. (Debraco) (war eine künftige rechtsgeschäftliche Beziehung zwischen Anspruchsteller und Anspruchsgegner nicht Gegenstand der Verhandlungen, d.h. sollte der Anspruchsgegner nicht Vertragspartner werden, wie dies insbesondere bei der Vertreter- und Sachwalterhaftung für fehlerhafte Prospektangaben über Publikumspersonengesellschaften der Fall ist, wollte das Gericht die c.i.c. nicht entsprechend dem Schuldstatut, sondern dem Deliktsstatut anknüpfen) wird sich wohl nicht aufrechterhalten lassen. Erwägungsgrund 30 der Verordnung legt nahe, dass nur Schäden, die nicht in unmittelbarem Zusammenhang mit den Vertragsverhandlungen stehen, aus dem Anwendungsbereich von Art. 12 herauszunehmen sind, dass also die Haftung von Vertretern und Verhandlungsgehilfen der Vorschrift unterfällt. Ebenso Palandt/*Thorn*, Anh. zu EGBGB 38–42, Rom II 12, Rdnr. 2.

sprüche des Anlegers zu begründen vermögen.[2527] Schadensersatzansprüche gem. § 826 BGB schließlich richten sich nach allgemeiner Auffassung nach dem Deliktsstatut. Was die vertragliche Haftung anbelangt, ist folgendes zu bemerken: Sowohl die schuldrechtlichen Verträge zwischen dem Emittenten und den Konsortialbanken (Mandatsvereinbarung und Übernahmevertrag) als auch – falls ein solcher direkter rechtsgeschäftlicher Kontakt existiert – zwischen den Anlegern und den Banken folgen nach h.M. dem gem. Art. 27 ff. EGBGB zu bestimmenden Recht. Gem. Art. 32 Abs. 1 Nr. 3 EGBGB regelt das Vertragstatut auch Fragen der Nicht- und Schlechterfüllung der vertraglichen Pflichten und der sich daran anschließenden Sekundäransprüche.[2528] Die Gegenansicht will, jedenfalls was Geschäfte zwischen einem Anleger und einem professionellen Marktteilnehmer anbelangt, auf einen speziellen, von Art. 27 ff. EGBGB abweichenden, Katalog von Anknüpfungskriterien zurückgreifen, insbesondere den gewöhnlichen Aufenthalt des Anlegers und den Sitz bzw. die Niederlassung des Anbieters.[2529]

Die Kritik des aufgezeigten Meinungsspektrums soll hauptsächlich in zwei Schritten erfolgen:[2530] Zunächst (unter 2) sind einige grundsätzliche Erwägungen zum Gegenstand und zur Methodik der Qualifikation anzustellen. Sodann (unter 3) ist der Versuch zu unternehmen, sachgerechte Anknüpfungsmerkmale herauszuarbeiten. Jeweils hat die Untersuchung gewisse rechtspolitische und dogmatische Erwägungen im Auge zu behalten, die den Hintergrund für die folgenden Überlegungen bilden. In rechtspolitischer Hinsicht ist zu beachten, dass taugliche Anknüpfungsmerkmale einerseits dem Sinn und Zweck des Kapitalmarktrechts (bzw. der einzelnen zu qualifizierenden Problembereiche innerhalb des Kapitalmarktrechts) Rechnung tragen müssen,[2531] andererseits eine einheitliche Regelung gewährleisten sollten, die, soweit möglich, Normenmangel und Normenhäufung vermeidet und die Notwendigkeit der Anpassung des gefundenen Ergebnisses durch den Richter, die zwangsläufig zu Rechtsunsicherheit führt und damit die Transaktionskosten für die Beteiligten erhöht, auf ein Minimum beschränkt.[2532]

Des Weiteren darf, wer eine rechtsdogmatisch fundierte Lösung entwickeln will, die verstreuten ausdrücklichen gesetzlichen Bestimmungen, die das deutsche Kapitalmarktkollisionsrecht aufzuweisen hat, nicht außer Acht lassen, und zwar hier vor allem § 44 Abs. 3 BörsG, der den räumlich-persönlichen Anwendungsbereich der

---

2527 Für die Anwendbarkeit der allgemeinen zivilrechtlichen Prospekthaftung über Art. 29, 34 EGBGB *Hopt*, a.a.O., Rdnr. 241.

2528 BGH IPRax 1998, 108, 109 (Haftung des Anlagevermittlers aus Garantievertrag nach Vertragsstatut); JR 1987, 198, 199 f. (Anwendung der Grundsätze zum Vertragsstatut auf Wertpapiertransaktionen außerhalb der Börse); MüKo BGB/*Kindler*, IntGesR, Rdnr. 31.

2529 *Zimmer*, Int. Gesellschaftsrecht, S. 57 ff.

2530 Ein dritter Schritt wird an den zweiten anzuknüpfen sein, vgl. hierzu sogleich im Text.

2531 Hierzu instruktiv *Zimmer*, a.a.O., S. 48 ff.

2532 Anpassung wird erforderlich, wenn mehr als eine Rechtsordnung zur Anwendung berufen ist und die verschiedenen Rechtssätze zu widersprüchlichen Ergebnisses führen; ausführlich *Kropholler*, Internationales Privatrecht, § 34.

spezialgesetzlichen Prospekthaftung umschreibt.[2533] Die §§ 44, 45 BörsG stellen sog. selbstgerechte Sachnormen dar, d.h. Sachnormen, die zugleich eine Kollisionsnorm enthalten.[2534] Sie lassen sich auch als Eingriffsnormen bezeichnen, da sie unabhängig von einem etwaigen Vertrags-, Delikts-, Gesellschafts- oder – sofern ein solches anerkannt wird – Kapitalmarktstatut Geltung beanspruchen, wenn die tatbestandlichen Voraussetzungen des § 44 Abs. 3 BörsG erfüllt sind.[2535] § 44 Abs. 3 BörsG legt fest, dass ein Prospekthaftungsanspruch nach deutschem Recht nur dann gegen Emittenten mit Sitz im Ausland und ausländischer Börsenzulassung geltend gemacht werden kann, wenn die Wertpapiere aufgrund eines im Inland abgeschlossenen Geschäfts oder einer im Inland erbrachten Wertpapierdienstleistung erworben wurden.[2536] Aus der Bestimmung kann *a fortiori* zunächst geschlossen werden, dass die Anwendbarkeit deutschen (gesetzlich geregelten) Prospekthaftungsrechts einen Inlandsbezug voraussetzt, der zumindest (und immer) bei inländischer Börsenzulassung und Abschluss der Wertpapiertransaktion im Inland gegeben ist:[2537] Wenn schon bei Sitz des Emittenten im Ausland und dort zum Börsenhandel zugelassener Wertpapiere deutsches Recht unter den Voraussetzungen des § 44 Abs. 3 BörsG Anwendung findet, muss das erst recht gelten, wenn die internationalen Elemente des Sachverhalts weniger stark ausgeprägt sind, wenn z.B. die Börsenzulassung der Wertpapiere des ausländischen Emittenten nur im Inland erfolgt oder die für den Prospekt verantwortliche Emissionsbank im Ausland ansässig ist, nicht aber der Emittent, und die Effekten jeweils im Inland erworben werden. Die Vorschrift wirft drei Fragen auf: Zum einen definiert sie nicht das Tatbestandsmerk-

---

2533 A.A. (§ 44 Abs. 3 BörsG als Sachnorm) *Bischoff*, AG 2002, 489, 490. Nach allgemeinem Verständnis sind Bestimmungen, die den Anwendungsbereich einer Sachnorm (oder einer Gruppe von Sachnormen) räumlich begrenzen (so auch *Bischoff*, a.a.O., 494, zu § 44 Abs. 3 BörsG) aber gerade Normen des internationalen (oder interlokalen) Privatrechts. Neuere Gesetze gehen vermehrt dazu über, ihren räumlichen Anwendungsbereich selbst zu regeln, vgl. z.B. §§ 1 Abs. 2, 9 Abs. 1, 21 Abs. 2, 25 Abs. 2, 26, 31 Abs. 3, 32 Abs. 3, 37d Abs. 6 WpHG, §§ 1 Abs. 2 und 3, 2 Abs. 3, 7 WpÜG. Auch bei § 61 a.F. BörsG, der den Einwand der fehlenden Börsentermingeschäftsfähigkeit betraf, handelte es sich um eine Kollisionsnorm, vgl. hierzu BGHZ 86, 115, 117; 94, 262, 265 f.

2534 Zu diesem Begriff *Kegel*, GS Ehrenzweig, S. 51 ff.

2535 Zu Eingriffsnormen vgl. *Kegel/Schurig*, Internationales Privatrecht, § 2 IV 2.

2536 Wann ein Geschäft im Inland abgeschlossen wurde, ist streitig, vgl. *Bischoff*, AG 2002, 489, 496: Inlandsgeschäft bei Erwerb an einer deutschen Börse, bei außerbörslichem Erwerb, wenn die geschädigte Partei ihren gewöhnlichen Aufenthalt im Inland hat; *Canaris*, Bankvertragsrecht, Rdnr. 2284: Sitz der Börse bei einem Erwerb über die Börse, im Übrigen Geschäftssitz des Veräußerers; *Ekkenga/Maas*, Wertpapieremissionen, Rdnr. 446; *Groß*, Kapitalmarktrecht, §§ 44, 45 BörsG, Rdnr. 72; Schäfer/*Hamann*, 1. Aufl., §§ 44, 46 BörsG a.F., Rdnr. 133: Ort der Platzierung (Schäfer/*Hamann* modifizieren ihre Auffassung in der 2. Aufl., §§ 44, 45 BörsG, Rdnr. 136: Ort der Platzierung nur beim Primärmarktgeschäft maßgeblich, d.h. beim Erwerb vom Emittenten oder einer Emissionsbank, im Übrigen ist der Inlandsbezug zu bejahen, wenn sich der Erwerber im Inland befindet); *Meyer/Bremer*, § 46 BörsG, Anm. 1: Ort des Vertragschlusses; *Nußbaum*, § 46 BörsG, Anm. IV c: Erfüllungsort; Vortmann/*Hauptmann*, Prospekthaftung und Anlageberatung, § 3, Rdnr. 97: Ort, an dem die Erfüllungshandlung zu erbringen ist; *Schwark*, BörsG, 2. Aufl., §§ 45, 46, Rdnr. 33: Schuldrechtsstatut (in Schwark/*Schwark*, KMRK, §§ 44, 45 BörsG, Rdnr. 39, aufgegeben, stattdessen Abgrenzung nach Märkten); in diese Richtung auch *Hopt*, Verantwortlichkeit, Rdnr. 236.

2537 Bzw. gem. § 13 Abs. 1 Nr. 2 VerkProspG bei inländischem öffentlichen Angebot und inländischem Erwerb.

mal des im Inland abgeschlossenen Wertpapiergeschäfts bzw. der ganz oder teilweise im Inland erbrachten Wertpapierdienstleistung. Zum anderen lässt sie offen, wie der für §§ 44, 45 BörsG erforderliche Inlandsbezug beschaffen sein muss, wenn der Anleger im Ausland erwirbt – sofern deutsches Recht in diesem Fall überhaupt anwendbar ist.[2538] Schließlich ist zu überlegen, ob die – nach der hier befürworteten Interpretation – einseitige Kollisionsnorm zu einer allseitigen auszubauen ist, d.h. der Ort des Abschlusses des Effektengeschäfts zum allgemeinen Anknüpfungsmerkmal für die Börsenprospekthaftung zu erheben ist. Auf diese Fragen wird zurückzukommen sein (unter 4).

2. Gegenstand und Methodik der Qualifikation

Bei einem Studium der Literaturmeinungen fällt auf, dass die Diskussion häufig von den einzelnen Haftungstatbeständen des deutschen Rechts ausgeht und ihren Anwendungsbereich durch Subsumtion unter die entsprechenden kollisionsrechtlichen Vorschriften zu umgrenzen versucht[2539] – hieran hat sich die obige Darstellung des Meinungsbildes gehalten. Dieser Ansatz widerspricht der Methodik des Internationalen Privatrechts und scheint auch deswegen unglücklich gewählt, weil er die Interessen, an denen sich eine sachgerechte Bestimmung von Anknüpfungsmerkmalen auszurichten hat, verdeckt (er führt die Anknüpfung schematisch durch, indem er sich an den vorgefundenen Entscheidungen des Sachrechts orientiert, und versucht allenfalls in einem zweiten Schritt, korrigierend einzugreifen, wenn die Interessenlage ein anderes Ergebnis nahe legt), und das Auffinden einer Lösung durch Bezugnahme auf bereits durch Rechtsprechung und Wissenschaft umfassend konturierte und dogmatisch fest verankerte Rechtsinstitute unnötig verkompliziert.

Schon *Savigny* betonte, dass das Kollisionsrecht die Aufgabe habe, „die Verbindung der Rechtsregeln mit den Rechtsverhältnissen festzustellen",[2540] d.h. (im Fall des räumlichen Kollisionsrechts, dem das Internationale Privatrecht zuzurechnen ist) die örtlichen Grenzen der „Herrschaft der Regeln über die Verhältnisse"[2541] bzw. die örtliche Reichweite der „Unterwerfung der Verhältnisse unter die Regeln"[2542] zu

---

2538 Auch insoweit ist § 44 Abs. 3 BörsG nur in einem Fall eindeutig (dem Spiegelbild des oben erwähnten und *expressis verbis* geregelten Falls der Anwendbarkeit deutschen Rechts): §§ 44, 45 BörsG gelten nicht, wenn (1) der Emittent seinen Sitz im Ausland hat, (2) die Wertpapiere im Ausland zum Börsenhandel zugelassen sind und (3) die Wertpapiere nicht aufgrund eines im Inland abgeschlossenen Geschäfts oder einer im Inland erbrachten Wertpapierdienstleistung erworben wurden. Es bleibt mithin die Frage, wie zu entscheiden ist, wenn zwar die Voraussetzung zu (3) vorliegt, nicht aber die zu (1) oder (2) (oder beide fehlen), folglich ein stärkerer Inlandsbezug zu konstatieren ist.

2539 Vgl. z.B. die in Fn. 2505 Genannten oder Schäfer/Hamann/*Hamann*, §§ 44, 45 BörsG, Rdnr. 75 ff.

2540 System des heutigen Römischen Rechts VIII, S. 1.

2541 A.a.O.

2542 A.a.O.

ermitteln. Das habe auf die Weise zu geschehen, „dass bei jedem Rechtsverhältnis dasjenige Rechtsgebiet aufgesucht werde, welchem dieses Rechtsverhältnis seiner eigentümlichen Natur nach angehört oder unterworfen ist.“ [2543] Mit Rechtsverhältnissen meinte *Savigny* die Verhältnisse (Eigenschaften, Attribute) einer Person, d.h. gewisse tatsächliche Umstände, die rechtlich relevant sind, weil sie (unter der Geltung entsprechender Rechtsregeln) eine Rechtsmacht gewähren oder andere Rechtsfolgen zeitigen.[2544] Damit ist der entscheidende Punkt angesprochen, auch wenn ihn die Verwendung des Begriffs *Rechtsverhältnis* vielleicht zunächst verschleiert: Die örtlichen Grenzen der Herrschaft der Rechtsregeln ergeben sich (grundsätzlich) nicht daraus, dass diese Rechtsregeln untersucht und ausgelegt werden, sondern dass der in Frage stehende *Sachverhalt* nach den Grundsätzen des Kollisionsrechts bestimmten Rechtsregeln (einer bestimmten Rechtsordnung) zugeordnet wird. Mit anderen Worten: Der Sachverhalt ist unter die passende Kollisionsnorm zu subsumieren und nicht die sachrechtliche Vorschrift. Letztere (genauer: eine ganze Gruppe von sachrechtlichen Bestimmungen[2545]) soll gerade erst durch den Vorgang der Qualifikation (die Subsumtion des Sachverhalts unter die Kollisionsnorm) zur Anwendung berufen werden.[2546]

Es soll nicht bestritten werden, dass sich nur selten ein Sachverhalt einer Kollisionsnorm gänzlich ohne Rückgriff auf das Sachrecht wird zuordnen lassen können. Welche rechtlich relevanten Probleme das Lebensverhältnis aufwirft und wie diese für Zwecke des Kollisionsrechts zu qualifizieren sind, lässt sich in der Regel nur feststellen, wenn der Sachverhalt rechtlich durchdrungen und gewertet wird (deswegen spricht *Savigny* wohl auch von Rechts- und nicht Lebensverhältnissen). Hierzu müs-

---

2543 A.a.O., S. 28.
2544 A.a.O., S. 10 f.
2545 Hierzu *Kegel/Schurig*, Internationales Privatrecht, § 6 II 2: Kollisionsnormen verweisen auf eine Gruppe inhaltlich zusammengehöriger Normen eines Staates.
2546 Ganz h.M. Am deutlichsten *Rabel*, Conflict of Laws I, p. 45–46: „The starting point of analysis, as should be obvious, ought not to be the legal relation, e.g., an obligation, a property right, the relation between spouses. Any such relation must be based on a determinate legal system. Which system, when the applicable law is not even yet contemplated? At this stage, there is nothing but a factual or 'social' situation. ... Evidently, conflicts rules must operate as do all other rules, directly on the facts of life, not on a legally predicated, abstract subject matter.“ Ihm folgend z.B. *v. Bar/Mankowski*, Internationales Privatrecht I, § 7, Rdnr. 179 f.; *Kropholler*, Internationales Privatrecht, § 3 I („Vom Sachverhalt her wird gefragt, welche Rechtsordnung für den jeweils vorliegenden Fall maßgebend sein soll.“); *Zimmer*, Int. Gesellschaftsrecht, S. 46. Letztlich ebenso *Raape/Sturm*, Internationales Privatrecht I, § 6 I, § 15 II 5 (die das Aufsuchen der für die Falllösung maßgeblichen Kollisionsnorm – das seinen Ausgang auch nach ihrer Ansicht beim Lebenssachverhalt nimmt – allerdings nicht als Qualifikation bezeichnen möchten), und *Wengler*, FS Martin Wolff, S. 337, 343 ff., 356 ff. (Qualifikation der ausländischen und inländischen Rechtssätze, die möglicherweise dem Rechtsbegehren des Klägers stattgeben, und Überprüfung, ob diese Rechtssätze nach den Anknüpfungsmerkmalen des nationalen Kollisionsrechts zur Anwendung berufen sind; auch hier ist der Ausgangspunkt der Lebenssachverhalt, der dem Klägerbegehren zugrunde liegt). Übersicht über die verschiedenen Theorien zum Gegenstand der Qualifikation bei *Mistelis*, Charakterisierungen, S. 224 ff.; weitere Nachweise bei *Kegel/Schurig*, Internationales Privatrecht, § 6 II, der sowohl Sachverhalt als auch Rechtsnorm (Sachnorm) im Tatbestand der Kollisionsnorm ansiedelt und keinen qualitativen Unterschied zwischen dem Ansatz beim einen oder anderen Merkmal sieht.

sen zwangsläufig Methoden und Regeln eines bestimmten (möglicherweise nicht anwendbaren) Sachrechts oder rechtsvergleichend gewonnene materiellrechtliche Begriffe[2547] fruchtbar gemacht werden.[2548] Auch soll nicht geleugnet werden, dass bestimmte Sachnormen (sog. Eingriffsnormen) eine Qualifikation von der Norm her erfordern, da sie entweder ausdrücklich ihre Anwendung in internationalen Fällen unter gewissen Voraussetzungen verlangen (wie z.B. § 44 Abs. 3 BörsG) oder nach ihrem Sinn und Zweck immer, d.h. unabhängig von einer anderweitigen kollisionsrechtlichen Qualifikation, gelten wollen,[2549] und dass diese Normen besonders häufig im öffentlichen Wirtschaftsrecht begegnen, wo die Ordnungsinteressen des Staates im Vordergrund stehen. Für das Kapitalmarktrecht – und im Übrigen die meisten anderen Gebiete des öffentlichen Wirtschaftsrechts ebenso[2550] – gilt aber, dass die ordnungspolitischen Interessen des Staates Hand in Hand gehen mit dem Interesse der Parteien an einer sachgerechten Regelung ihrer Verhältnisse, und dass sich die gesetzlichen Bestimmungen teils auf die einen, teils auf die anderen Interessen konzentrieren.[2551] Gerade die hier in Frage stehenden Rechtsinstitute – Tatbestände, die den haftungsrechtlichen Ausgleich zwischen Privatrechtssubjekten regeln – dienen nicht (oder allenfalls sekundär) der Durchsetzung wirtschaftspolitischer Programme (der Sicherung eines effizienten Kapitalmarktes).[2552] Deswegen erscheint es sinnvoll, zunächst eine Qualifikation des Sachverhalts unter die maßgeblichen Kollisionsnormen vorzunehmen und in einem zweiten Schritt zu fragen, ob auch bei ausländischem Sachstatut einzelne Vorschriften des deutschen Kapitalmarktrechts angesichts ihres international zwingenden Charakters anzuwenden sind.

2547 So bei der funktionellen Qualifikation. Hierzu grundlegend *Rabel*, Das Problem der Qualifikation, RabelsZ 5 (1931), 241; *ders.*, Conflict of Laws I, p. 49 et seq.

2548 *Kropholler*, a.a.O., § 15 II 3, formuliert anschaulich: „Die Qualifikation erfordert ... ein Hin- und Herwandern des Blickes vom Sachverhalt zur Kollisionsnorm und zu den in Betracht kommenden Sachnormen."

2549 Das setzt einen gewissen Inlandsbezug voraus, vgl. *Kropholler*, a.a.O., § 3 II 2.

2550 Z.B. das Kartellrecht, wie *Kegel/Schurig*, Internationales Privatrecht, § 23 V 3, überzeugend darlegen. Ausnahmen stellen lediglich das Enteignungs- und das Währungsrecht dar.

2551 Vgl. nur *Hillman*, 55 Law & Contemp. Probs. 331, 343 (1992): „Securities law is neither wholly private nor wholly public, but is instead at times public, at times private, and at times a curious blend of the two."

2552 Die Grundsätze der allgemeinen zivilrechtlichen Prospekthaftung oder die Haftungsvorschrift des § 826 BGB etwa lassen sich kaum als Eingriffsnormen bezeichnen, die unabhängig vom Vertrags-, Delikts- oder Kapitalmarktstatut gelten wollten. Zu beachten ist, dass die Grenze zwischen Eingriffs- und sonstigen Sachnormen nicht entsprechend der Unterscheidung zwischen öffentlichem und privatem Recht (sofern eine solche überhaupt sinnvoll durchführbar ist) verläuft (so auch die Regierungsbegründung zum Gesetz zur Neuregelung des IPR, BT-Drs. 10/504, S. 83). Vorschriften, die nach den klassischen Abgrenzungstheorien dem öffentlichen Recht zuzuordnen sind, können gleichwohl Interessen der materiellprivatrechtlichen Gerechtigkeit verfolgen und sind damit im kollisionsrechtlichen Sinn keine Eingriffsnormen, und umgekehrt. Z.B. wird von Teilen der Literatur vertreten, dass die dem Privatrecht zugehörigen Bestimmungen des Aktienkonzernrechts (§§ 291 ff. AktG) aufgrund ihrer ordnungspolitischen Bedeutung gesondert anzuknüpfen seien (entsprechend § 130 Abs. 2 GWB). Vgl. zur Diskussion Staudinger/*Großfeld*, Int. Gesellschaftsrecht, Rdnr. 508 ff.

3. Anknüpfungsmerkmale

Hier soll eine vierfache Unterteilung kapitalmarktrelevanter Sachverhalte erfolgen. Die vier Gruppen weisen bei einem ersten, noch nicht rechtlich qualifizierten Blick inhärente Unterschiede auf, die eine kollisionsrechtlich differenzierte Behandlung nahe legen. (1) Zum einen lassen sich Sachverhalte herausgreifen, die Aspekte der Organisation des Kapitalmarkts betreffen, etwa die Frage, wie eine Börse aufzubauen sei – welche Organe zu bilden, welche Wertpapiere unter welchen Voraussetzungen zum Handel zuzulassen, welche Pflichten an die erfolgte Zulassung zu knüpfen seien, welchen Personen die Teilnahme am Börsenhandel in welcher Rolle (als Freimakler, Skontroführer, Designated Sponsor etc.) zu gestatten sei, wie die Ermittlung des Börsenpreises zu erfolgen, wer den Handel zu überwachen und schließlich wer die Aufsicht über die Börse und den gesamten Kapitalmarkt zu führen habe. Diese Sachverhalte unterschieden sich strukturell fundamental von Aktivitäten, die eine Interaktion der Marktteilnehmer zum Gegenstand haben. Solche Aktivitäten können wiederum unterteilt werden (2) in Vorgänge, die darauf abzielen, den Markt als solchen oder eine Vielzahl von Marktteilnehmern anzusprechen, z.B. Informationen zu veröffentlichen und die Ausgabe von Wertpapieren vorzubereiten, oder sonst auf den Markt einzuwirken (hierbei wird es sich häufig – aber nicht zwangsläufig – um Aktivitäten am Primärmarkt handeln), (3) in Vorgänge, die zu einem unmittelbaren (möglicherweise gemäß der zur Anwendung berufenen Rechtsordnung als vertraglich zu qualifizierenden) Kontakt zwischen zwei oder mehr Marktteilnehmern führen, und (4) schließlich in Aktivitäten, die ein Marktteilnehmer im Hinblick auf seine Mitglieder – und zwar gerade wegen ihrer mitgliedschaftlichen Stellung und nicht ihrer unter Umständen ebenfalls gegebenen Stellung als Marktteilnehmer – entfaltet.

Im Folgenden mögen einige Beispiele die Reichweite und den Inhalt der letztgenannten drei Sachverhaltsgruppen illustrieren. Zur zweiten Gruppe gehören die Information des Marktes im Rahmen der Primärmarktpublizität, d.h. die Veröffentlichung eines Börsenzulassungs- oder Verkaufsprospekts, von Umständen, die geeignet sind, den Marktpreis von Wertpapieren erheblich zu beeinflussen, von bestimmten Wertpapiertransaktionen und maßgeblichen Beteiligungen, von regelmäßigen Berichten über die Finanz- und Geschäftslage des Emittenten etc.,[2553]

2553 Unter Primärmarktpublizität fallen alle Publizitätspflichten, die durch die Markteinführung ausgelöst werden, d.h. neben der für die Zulassung der Wertpapiere zum Börsenhandel zu erfüllenden Publizität auch fortdauernde Veröffentlichungspflichten, die auf die Zulassung der Papiere zum Handel an einem organisierten Markt abstellen (wie z.B. die Pflicht zur Veröffentlichung der Jahres- und Halbjahresfinanzberichte, von Zwischenmitteilungen gem. §§ 37v bis 37x WpHG oder Insiderinformationen gem. § 15 WpHG). Im Gegensatz hierzu knüpft die Sekundärmarktpublizität an einzelne Transaktionen auf dem Sekundärmarkt an, vgl. *Grundmann*, Europäisches Gesellschaftsrecht, Rdnr. 726.

Die Abgrenzung zu den oben unter Fallgruppe (1) genannten Zulassungsfolgepflichten hat danach zu erfolgen, auf welches Verhältnis sich der zu untersuchende Sachverhalt bezieht. Die Anforderungen, die sich aus der Börsenzulassung gegenüber dem Emittenten ergeben (d.h. die Frage, welche Pflichten existieren und wie sie zu erfüllen sind), unterstehen Gruppe (1). Die *Folgen* des weiteren die Kontaktierung von anderen Marktteilnehmern zum Zwecke der Übernahme ihrer Beteiligung, sofern sie öffentlich erfolgt (d.h. sofern eine Vielzahl nicht persönlich bekannter und nicht lediglich einige individuelle Marktteilnehmer angesprochen werden; andernfalls wäre der erforderliche Marktbezug nicht gegeben), sowie die Einwirkung auf den Markt in anderer Weise als durch Information oder Kontaktaufnahme, etwa durch Vornahme von Stützungskäufen nach einer Emission oder durch den Handel auf der Basis von nicht öffentlich bekannten Umständen.[2554] Zur dritten Gruppe: Es sind zu nennen – in Bezug auf Primärmarktgeschäfte – die Beratung des Emittenten durch die Konsortialführerin bei der Vorbereitung der Emission, die Übernahme der Wertpapiere durch die Emissionsbanken, die Platzierung der Effekten bei Anlegern, die Einlieferung der Papiere bei einer Wertpapiersammelbank oder anderen Depotbank zur Verwahrung und Verwaltung, die Vereinbarung eines Kreditinstituts mit dem Emittenten, als Zahl- und Hinterlegungsstelle zu fungieren, die Bedienung der Rechte der Anleihegläubiger sowie – in Bezug auf Sekundärmarktgeschäfte – die Anschaffung und Veräußerung von Wertpapieren durch ein Kreditinstitut im Auftrag des Kunden, sei es im eigenen oder fremden Namen, sei es für eigene oder fremde Rechnung, sei es ohne oder mit Entscheidungsspielraum zur Verwaltung eines der Bank überlassenen Vermögens, die Effektentransaktion ohne Kundenauftrag, d.h. als Eigengeschäft, und sonstige mit Effektentransaktionen im Zusammenhang stehende Aktivitäten von Kreditinstituten, etwa die Beratung des Kunden oder die Gewährung eines Kredits zur Durchführung der Kapitalmarkttransaktion. Die vierte Gruppe umfasst Aspekte wie z.B. die gesellschaftsinternen Voraussetzungen der Schaffung der Emissionsware, das Verhältnis der Mitglieder der Gesellschaft (der Aktionäre) zur Emissionsware (etwa die Frage, ob die Mitglieder eine Beteiligung an der Emission entsprechend ihres Aktienbesitzes verlangen können), die Zahlung von Dividenden oder die Möglichkeiten der Gesellschaftsorgane, auf die Kontaktaufnahme seitens anderer Marktteilnehmer zum Beteiligungserwerb zu reagieren.

---

der Erfüllung der Pflichten sind dann (und insoweit) Gruppe (2) zuzuordnen, wenn (bzw. als) die Erfüllung in der Information des Marktes oder sonstigen Einwirkung auf den Markt besteht. Z.B. beurteilen sich mögliche Schadensersatzansprüche anderer Marktteilnehmer wegen fehlerhafter Information (etwa gem. §§ 37d, 37c WpHG) nach dem für Gruppe (2) zu ermittelnden Statut. Probleme im Zusammenhang mit den Folgen der Pflichterfüllung bauen zwar auf Fragen der Begründung und des Inhalts der Pflicht auf. Sie gehen aber über diese hinaus und betreffen nicht nur Aspekte, die funktionell der Organisation des Marktes zuzurechnen sind, wie die Diskussion um die Anknüpfung der Prospekthaftung (Folge der Schlechterfüllung der Zulassungsvoraussetzungen, die Gruppe [1] angehören) zeigt.

2554 Auch solche Aktivitäten haben eine Doppelnatur: Sie sind Gruppe (2) zuzuordnen, soweit sie den Markt beeinflussen, und Gruppe (3), soweit es um die näheren Merkmale des Mittels der Markteinwirkung geht (Mittel der Markteinwirkung ist die Effektentransaktion; Fragen zu ihrer Wirksamkeit, ihren Folgen etc. zählen zur zweiten Gruppe, sofern Voraussetzungen betroffen sind, die an jedes Effektengeschäft zu stellen sind und nicht lediglich an diese spezielle Transaktion wegen ihrer marktbeeinflussenden Wirkung). Sollten, was sogleich zu erörtern sein wird, die beiden Gruppen unterschiedlich anzuknüpfen sein, untersteht das Geschäft mithin zwei Rechtsordnungen: einer, was seine Zulässigkeit zur Markteinwirkung anbelangt, und einer anderen, was seine allgemeinen Zulässigkeits- und Wirksamkeitsvoraussetzungen betrifft.

Im nächsten Schritt sind passende Kollisionsnormen für die aufgezeigten Sachverhaltsgestaltungen zu suchen. Die Qualifizierung der Fälle der ersten Gruppe (organisationsrechtliche Fragen, oben unter [1]) stellt den Rechtsanwender vor keine großen Schwierigkeiten. Jeder Staat hat ein ordnungspolitisches Interesse daran, auf seinem Gebiet einen leistungsfähigen Kapitalmarkt zu errichten und zu erhalten. Er wird die entsprechenden Vorschriften zur Marktorganisation und -aufsicht auf alle in seinem Territorium abgehaltenen Märkte anwenden. Auf die Frage, wann die Gerichte eines anderen Staates die Eingriffsnormen des Sitzstaates anzuwenden haben, muss in diesem Zusammenhang nicht eingegangen werden.[2555] Es bleibt festzuhalten, dass organisierte Kapitalmärkte mit Sitz in Deutschland (aus der Sicht deutscher Gerichte) den Anforderungen des Börsengesetzes und der Aufsicht der BaFin unterstehen.[2556] Erweiterungen und Modifikationen, die Gesetze jüngeren Datums enthalten, ändern nichts an der Grundregel, dass an den Sitz der Börse anzuknüpfen ist.[2557]

Die zweite Fallgruppe (oben unter [2]) schließt das wichtigste der hier interessierenden Probleme mit ein, nämlich die Frage nach dem anwendbaren Recht für Fehlinformationen des Primärmarkts, d.h. einen unrichtigen oder unvollständigen Börsenprospekt. Dem internationalen Privatrecht liegt die Vorstellung zugrunde, dass diejenige Rechtsordnung zur Entscheidung über einen Fall zu berufen ist, die mit dem Sachverhalt die engste Verbindung aufweist.[2558] Diese Sicht beruht auf allgemeinen Gerechtigkeitserwägungen. Sie geht davon aus, dass die Regeln des Staates, in dem das Lebensverhältnis seinen Schwerpunkt hat, am sachnächsten und damit am besten in der Lage sind, die Besonderheiten des Falls zu berücksichtigen. Zudem werden die Beteiligten die sachliche oder territoriale Verortung des Falls häufig mit der Geltung bestimmter Rechtsregeln in Verbindung bringen und sich auf die Anwendung dieser Regeln einstellen. Freilich spielen noch weitere Überlegungen bei der Suche nach dem passenden bzw. angemessenen Recht eine Rolle, gerade wenn wirtschaftspolitische Interessen des Staates in den Vordergrund treten: Die Qualifi-

---

2555 Die internationalprivatrechtliche Dogmatik wurde lange von der Vorstellung beherrscht, dass ausländisches öffentliches Recht und ausländische Eingriffsnormen im Inland keinerlei Wirkung entfalteten. Dieses Dogma der Territorialität des öffentlichen Rechts kann in Deutschland als weitgehend überwunden gelten, vgl. *Kropholler*, Internationales Privatrecht, § 22 II 2; MüKo BGB/*Sonnenberger*, Einleitung IPR, Rdnr. 401 ff. m.N. Zur Anwendbarkeit ausländischen öffentlichen Kapitalmarktrechts vgl. *Zimmer*, Int. Gesellschaftsrecht, S. 69 ff. (bejahend).

2556 Allgemeine Meinung, z.B. *Zimmer*, a.a.O., S. 57 f.

2557 Eine Erweiterung stellen z.B. §§ 37i ff. WpHG dar, die eine Erlaubnispflicht für ausländische organisierte Märkte statuieren, die einem inländischen Handelsteilnehmer über ein elektronisches Handelssystem einen unmittelbaren Marktzugang gewähren wollen. Vgl. hierzu Schwark/*Beck*, KMRK, § 37i WpHG, Rdnr. 3, der folgerichtig herausstellt, dass organisierte Märkte sowohl das Recht des Staates zu befolgen haben, in dem sich ihr Sitz befindet, als auch die Regeln der Staaten, in denen ihre Handelsteilnehmer ansässig sind (sog. Zielmarktprinzip). Zu einem gewissen Abrücken vom Marktortprinzip führt auch die Umsetzung der Transparenzrichtlinie, hierzu sogleich in diesem Abschnitt.

2558 Im deutschen IPR kommt dieser Gedanke z.B. in Art. 28 Abs. 1 Satz 1, Abs. 5, 41, 46 EGBGB zum Ausdruck. Noch deutlicher das österreichische IPR-Gesetz, dem § 1 Abs. 1 des Gesetzes die folgende Zielbestimmung voranstellt: „Sachverhalte mit Auslandsberührung sind in privatrechtlicher Hinsicht nach der Rechtsordnung zu beurteilen, zu der die stärkste Beziehung besteht."

kation der Vorgänge am Kapitalmarkt hat zu berücksichtigen, dass das Kapitalmarktrecht (auch) dem Schutz der Funktionsfähigkeit und der Zwecke des Marktes zu dienen hat. Sinn und Zweck eines jeden Kapitalmarktes ist die Allokation von Kapital und von Risiken, die Erzeugung von Liquidität und die Verarbeitung von Informationen.[2559] Diesen Funktionen kann der Markt nur gerecht werden, wenn er die Transaktionskosten (die Kosten der Marktbenutzung) gering hält (bzw. er wird ihnen besser gerecht, je geringer die Transaktionskosten sind). Die Kosten steigen, wenn keine Rechtssicherheit herrscht: Die Parteien können das Haftungsrisiko weniger gut kalkulieren und werden deswegen von andernfalls vorteilhaften Transaktionen Abstand nehmen; sie bedürfen besonderer Rechtsberatung und mögen sich gezwungen sehen, zusätzliche Sicherungsgeschäfte abzuschließen. Rechtssicherheit setzt voraus, dass erstens klare Kollisionsregeln existieren und zweitens diese Kollisionsregeln Zusammengehöriges nicht auseinanderreißen, so dass der Richter eine zur Anwendung berufene Sachnorm modifizieren müsste, um Normwidersprüche auszugleichen (Anpassung), was die Unvorhersehbarkeit des Ausgangs von Rechtsstreitigkeiten steigern würde. Beiden Voraussetzungen genügt das derzeitige deutsche Kapitalmarktkollisionsrecht nicht. Zunächst herrscht weitgehend Unsicherheit, welche Anknüpfungsmerkmale ausschlaggebend und wie sie zu definieren seien. Zum anderen führt die oben dargestellte herrschende Ansicht bei fehlerhafter Information des Primärmarkts zur kumulativen Geltung von drei Statuten – Marktstatut, Vertragsstatut und Deliktsstatut. Damit kann unter Umständen eine der nach deutschem Recht einschlägigen Haftungsnormen – etwa § 826 BGB – zur Anwendung gelangen, während die anderen Haftungsinstitute – spezialgesetzliche und allgemeine zivilrechtliche Prospekthaftung – ausscheiden. Nun herrscht zwischen diesen Instituten eine weitgehende Interdependenz: Die Rechtsprechung hat z. B. § 826 BGB im Licht der Unzulänglichkeiten, die den §§ 44, 45 BörsG anhaften, zu einem anlegerschützenden Tatbestand ausgebaut. Weder lässt sich die Tragweite der Vorschrift ohne Rückgriff auf die übrigen genannten Haftungsinstitute erfassen, noch vermögen die Tatbestände, auf sich allein gestellt oder in eine fremde Rechtsordnung implantiert, das Ziel des Kapitalmarktrechts – Anleger- und Funktionenschutz – zu verwirklichen. Gerade in ihrem Zusammenwirken begründen sie ein in sich stimmiges, geschlossenes (oder in der Entwicklung hin zu einem stimmigen und geschlossenen System befindliches) Anlegerschutzrecht.[2560]

Die Anwendung der herausgearbeiteten Gesichtspunkte ergibt folgendes: Die Fälle der zweiten Sachverhaltsgruppe zeichnen sich dadurch aus, dass ein Bezug zum Markt als Ganzem und nicht zu bestimmten Transaktionen besteht. Das Prinzip der engsten Verbindung spricht deswegen für eine Anknüpfung an den Marktort und nicht an Merkmale wie z. B. die in Art. 28 Abs. 2 bis 4 EGBGB enthaltenen oder die

2559 Vgl. hierzu *Spremann/Gantenbein*, Kapitalmärkte, S. 20 ff.
2560 Das gilt entsprechend für andere Rechtsordnungen. Man denke nur an die US-amerikanischen Haftungstatbestände und die hervorgehobene Rolle, die Rule 10b-5 nur deswegen spielt, weil andere Normen für unzureichend gehalten wurden.

(eher zufällige) Belegenheit des geschädigten Vermögens. Der hier vorgeschlagene Ansatz beim Sachverhalt und nicht der Rechtsnorm, des Weiteren die Trennung von nicht vergleichbaren Sachverhalten und die Zusammengruppierung von sachlich Verwandtem[2561] gibt zugleich vor, wie die in der Literatur herrschenden Unstimmigkeiten hinsichtlich der Definition des Marktortes aufzulösen sind: Da die Einwirkung auf den Markt durch Information oder durch Vornahme von Geschäften für Zwecke des Kollisionsrechts von der Durchführung von Wertpapiertransaktionen zu unterscheiden ist,[2562] kann die Qualifikation der ersteren Sachverhalte nicht darauf basieren, wo öffentliches Anlageangebot und Annahme aufeinander stoßen oder wo der Anleger seinen gewöhnlichen Aufenthalt bzw. der Anbieter seinen Sitz hat. Entscheidend ist, auf welchen Markt die Handlung des Marktteilnehmers abzielt. In Bezug auf die Haftung für unrichtige oder unvollständige Zulassungs- oder Verkaufsprospekte bedeutet das: Der Anbieter unterliegt der Prospekthaftung an dem Markt, an dem er einen Prospekt veröffentlicht (bzw. an dem sein in einem anderen Staat des Europäischen Wirtschaftsraums gebilligter Prospekt gem. Art. 17 der Prospektrichtlinie gültig ist) oder in dem er eine erforderliche Veröffentlichung unterlässt. Die Prospekthaftung folgt damit der Pflicht zur Veröffentlichung eines Prospekts, die wiederum – da sie der oben als erstes erörterten Gruppe von Sachverhaltsgestaltungen zuzuordnen ist – von dem Recht an jedem Markt, an dem der Anbieter auftritt, selbst bestimmt wird. Prospekthaftung nach deutschem Recht gelangt mithin zur Anwendung, wenn der Marktteilnehmer in Deutschland die Zulassung der Wertpapiere zum Handel im regulierten Markt begehrt (§§ 32 Abs. 3 Nr. 2 BörsG, 3 Abs. 3 WpPG) oder Wertpapiere (§ 3 Abs. 1 Satz 1 WpPG) bzw. nicht in Wertpapieren verbriefte Vermögensbeteiligungen öffentlich anbietet (§ 8f Abs. 1 Satz 1 VerkProspG). Der Erwerber von Wertpapieren kann sich folglich (grundsätzlich[2563]) auch dann auf deutsches Prospekthaftungsrecht stützen, wenn er die Effekten im Ausland von einem Ausländer erwirbt, sofern sie in Deutschland zum Handel im regulierten Markt zugelassen oder im Wege eines öffentlichen Angebots erstmalig auf den Markt gebracht wurden.[2564]

2561 Die Bedeutung dieser analytischen Operation wird in der Literatur, soweit ersichtlich, nicht erkannt. Selbst *Zimmer*, Int. Gesellschaftsrecht, der, wie die vorliegende Arbeit, vom Sachverhalt und nicht der Rechtsnorm ausgeht und zwischen Sachverhalten unterscheiden will, die einerseits die Voraussetzungen für eine Marktteilnahme (a.a.O., S. 57 f.) und andererseits einzelne Rechtsgeschäfte betreffen (a.a.O., S. 59 ff.), fasst unter die letztgenannte Fallgruppe sowohl Fragen der Prospekthaftung als auch unmittelbare geschäftliche Kontakte, was das Auffinden angemessener Anknüpfungsmerkmale deutlich erschwert (vgl. z.B. die Ausführungen a.a.O., S. 64).

2562 Nochmals: Selbst wenn die Einwirkung auf den Markt durch Vornahme von Wertpapiertransaktionen geschieht (vgl. etwa den Fall der Marktpreismanipulation gem. § 20a Abs. 1 Satz 1 Nr. 2 WpHG), soll es hier nur um die Zulässigkeit der Einwirkung auf den Markt gehen, nicht um die Wirksamkeitsvoraussetzungen des Effektengeschäfts selbst.

2563 § 44 Abs. 3 BörsG wird zu Modifikationen führen; vgl. hierzu unter 4.

2564 Bei Notierung an mehreren Börsen und Erwerb im Ausland muss ein Anleger, der sich auf das deutsche Prospekthaftungsrecht stützt, gem. § 44 Abs. 1 Satz 1 BörsG nachweisen, dass die erworbenen Papiere aufgrund des in Deutschland veröffentlichten fehlerhaften Prospekts zum Börsenhandel zugelassen wurden. Das kann zu Schwierigkeiten führen, wenn sich die in Deutschland und im Ausland emittierten Papiere nicht nach Ausstattungsmerkmalen oder anhand der Wertpapierkennnummer unterscheiden. Die International Securities Identification Number

Diese Definition des Marktbegriffs gibt dem Rechtsanwender klare Kriterien an die Hand. Zugleich kann sie sich auf die im positiven Recht vorhandenen Ansätze eines Kapitalmarktkollisionsrechts stützen, die zwar im Einzelnen Differenzierungen vorsehen, aber deutlich machen, dass die Qualifikation der hier unter der zweiten Sachverhaltsgruppe zusammengefassten Konstellationen auf die finale Markteinwirkung abzustellen hat: Das nationale Recht zum Insiderhandel und zur Kurs- und Marktpreismanipulation etwa findet gem. Art. 10 lit. a der Marktmissbrauchsrichtlinie[2565] unabhängig vom Ort der Vornahme der verbotenen Handlung Anwendung, wenn die betroffenen Finanzinstrumente zum Handel auf einem im jeweiligen Hoheitsgebiet betriebenen organisierten Markt zugelassen sind.[2566] Das Übernahmerecht unterteilt, ähnlich wie die vorliegende Lösung, in marktbezogene Fragen, nämlich Fragen des Angebotsverfahrens, des Inhalts der Angebotsunterlage, der Bekanntmachung des Angebots und der Gegenleistung, die nach dem Recht des Staates zu beurteilen sind, in dem die Wertpapiere der Zielgesellschaft zum Handel zugelassen sind (auch wenn die Gesellschaft in diesem Staat nicht ihren Sitz hat), und in Fragen gesellschaftsrechtlicher Natur, z.B. betreffend die Kontrolle der Zielgesellschaft oder Handlungen des Vorstands, durch die der Erfolg des Angebots vereitelt werden könnte (hier unter Fallgruppe [4] aufgeführt), für die das Recht des Sitzstaates der Zielgesellschaft (d.h. das Gesellschaftsstatut) maßgeblich ist.[2567] Publizitätspflichten setzen in der Regel die Inanspruchnahme des inländischen (organisierten) Kapitalmarktes voraus. Das ergab sich nach alter Rechtslage in Deutschland bereits aus dem systematischen Zusammenhang der in § 39 Abs. 1 Nr. 3, Abs. 2 Nr. 1 BörsG a.F. i.V.m. §§ 63 ff. BörsZulV a.F., § 40 BörsG a.F. geregelten Folgepflichten der Börsennotierung mit den Voraussetzungen für die Zulassung von Wertpapieren zum Börsenhandel, die an den Marktort anknüpfen. Zwar greift das WpHG in Umsetzung der Transparenzrichtlinie[2568] nun auf das sog. Herkunftsstaatsprinzip zurück. Die Pflichten zur Veröffentlichung von Insiderinformationen

---

(ISIN) beginnt zwar mit einer aus zwei Buchstaben bestehenden Länderkennung; diese Kennung bezieht sich aber nicht auf den Ausgabestaat, sondern – abhängig von der Wertpapierart – z.B. auf den Registersitz des Emittenten (so bei Aktien), vgl. den International Standard ISO 6166: 2001 (unzutreffend *Bischoff*, AG 2002, 489, 494, Fn. 67, der offensichtlich der Auffassung ist, die Länderkennung hänge vom Emissionsort ab). Nach seinem Wortlaut hilft hier § 44 Abs. 1 Satz 3 BörsG: Ist deutsches Prospekthaftungsrecht anwendbar (d.h. hat der Anbieter für den deutschen Markt publiziert), muss folgerichtig auch die Haftungserweiterung des § 44 Abs. 1 Satz 3 BörsG eingreifen. Damit könnte der Anleger unter Umständen zur Forderung von Schadensersatz berechtigt sein, obwohl die von ihm erworbenen Wertpapiere im Ausland aufgrund eines fehlerfreien Prospekts ausgegeben wurden. Diese beträchtliche Erhöhung des Haftungsrisikos für Emittenten wird durch § 44 Abs. 3 BörsG auf ein akzeptables Maß reduziert.

2565 Richtlinie 2003/6/EG.

2566 Daneben findet es gem. Art. 10 lit. b der Richtlinie auf Finanzinstrumente Anwendung, die zum Handel auf einem geregelten Markt in einem anderen Mitgliedstaat zugelassen sind, sofern das Insidergeschäft im Inland vorgenommen wurde. Die Umsetzung der Bestimmungen ist in Deutschland in §§ 1 Abs. 2, 12, 20a Abs. 1 Satz 2 und 3 WpHG erfolgt.

2567 Art. 4 Abs. 2 lit. e Richtlinie 2004/25/EG (Übernahmerichtlinie), umgesetzt in §§ 1 Abs. 2 und 3, 2 Abs. 3 WpÜG.

2568 Durch das Transparenzrichtlinie-Umsetzungsgesetz vom 5. Januar 2007, BGBl. I 2007, S. 10.

gem. § 15 WpHG, von Veränderungen des Stimmrechtsanteils am Emittenten gem. §§ 21 ff. WpHG und von Finanzberichten gem. §§ 37v ff. WpHG (und weitere Pflichten) verlangen damit, dass ein Inlandsemittent i.S. des § 2 Abs. 7 WpHG, d.h. grundsätzlich ein Emittent mit Sitz im Inland, handelt.[2569] Das Herkunftsstaatsprinzip will aber nicht die Bedeutung des Marktbezugs nivellieren, sondern die Integration der europäischen Wertpapiermärkte fördern[2570] und dem Emittenten die Beachtung weitgehend inhaltsgleicher Transparenzpflichten in mehreren Mitgliedstaaten ersparen.[2571] Die Zulassung zum Handel an einem organisierten Markt in einem Mitgliedstaat der Europäischen Union ist Voraussetzung für die Geltung der Publizitätspflichten,[2572] für mehrere Vorschriften ist die inländische Marktzulassung von Bedeutung (z.B. §§ 2 Abs. 7 Nr. 2,[2573] 30d WpHG), und die relevanten Informationen sind europaweit zu verbreiten, d.h. die Pflichten dienen der Herstellung der Öffentlichkeit gerade auch am Marktort.[2574]

Schließlich wird die hier vertretene Anknüpfungsmethode der Maßgabe gerecht, Zusammengehöriges nicht auseinander zu reißen: Steht das Anknüpfungskriterium fest, ist das zur Anwendung berufene Sachrecht daraufhin zu untersuchen, welche konkreten Bestimmungen zur Beurteilung des Sachverhalts heranzuziehen sind (teilweise als Qualifikation zweiten Grades oder sekundäre Qualifikation bezeichnet[2575]). Nach überwiegender Ansicht erfasst die Verweisung alle Normen, die der inländischen Kollisionsnorm funktionell adäquat sind.[2576] Der Verweis auf deutsches Recht würde mithin alle jene sachrechtlichen Institute mit einschließen, die sich mit den Rechtsfolgen der Fehlinformation des Marktes in entsprechenden Fällen (hier: der Veröffentlichung eines unrichtigen Wertpapierprospekt) beschäftigen (spezialgesetzliche und allgemeine zivilrechtliche Prospekthaftung sowie § 826 BGB). Tatbestände, die den Sachverhalt unter anderen als marktrechtlichen Gesichtspunkten behandeln, d.h. nicht die rechtliche Beurteilung der Information des anonymen Kapitalmarktes in den Vordergrund rücken, sondern z.B. eine vertragliche Beziehung zwischen Anspruchsteller und Anspruchsgegner oder die gesellschaftsrechtliche Stellung des Anspruchsgegners als Organ des Emittenten, bleiben hingegen außer Betracht. Gleiches gilt für die ausländische *lex causae*: Jeweils gelangt das gesamte Anlegerschutzrecht zur Anwendung, soweit es auf kapitalmarktrechtlichen Erwägungen beruht und Sachverhalte betrifft, die der Sachverhaltsgruppe (2) zuzuordnen sind. Damit sollte in den meisten Fällen ein ausgebildetes

---

2569 So § 2 Abs. 6 Nr. 1 lit. a WpHG. Im Einzelnen ist die Bestimmung des Begriffs des Inlandsemittenten komplexer, vgl. die abgestuften Definitionen in den anderen Nummern des Abs. 6.

2570 Erwägungsgrund 1 der Richtlinie 2004/109/EG.

2571 Vgl. die Regierungsbegründung, BT-Drs. 16/2498, S. 27.

2572 Art. 1 Abs. 1 der Transparenzrichtlinie, § 2 Abs. 6 WpHG.

2573 Umsetzung von Art. 21 Abs. 3 der Transparenzrichtlinie.

2574 Die europaweite Verbreitung ist gem. §§ 3a ff. WpAIV vorzunehmen, der auf Art. 12 des Kommissionsentwurfs einer Richtlinie zur Durchführung der Transparenzrichtlinie (insbesondere zur Durchführung von Art. 21 Abs. 1) vom 24. Mai 2006 beruht.

2575 Vgl. *Kropholler*, Internationales Privatrecht, § 15 I 4.

2576 *Kegel/Schurig*, Internationales Privatrecht, § 6 II 2; *Kropholler*, a.a.O., § 17 II.

und weitgehend widerspruchsfreies Gefüge von Rechtsnormen zur Verfügung stehen, das keine Anpassung durch den Richter erfordert.

Zusammenfassend kann konstatiert werden, dass die genannten Argumente – Sachnähe, Klarheit des Anknüpfungsmoments, Anerkennung funktioneller Zusammenhänge, systematische Auslegung des internationalen Kapitalmarktrechts, soweit es existiert – dafür sprechen, nicht auf die überkommenen Normen des deutschen Kollisionsrechts (Vertragstatut, Deliktsstatut etc.) zurückzugreifen, sondern eine eigenständige allseitige Kollisionsnorm zu entwickeln, die – unter der Voraussetzung, dass keine speziellen Vorschriften eingreifen – das Recht des Ortes für anwendbar erklärt, an dem der Markt belegen ist, auf den der Marktteilnehmer final einwirkt. Unter finaler Einwirkung soll hier die bewusste Information eines bestimmten Marktes verstanden werden, weil der Marktteilnehmer dort Publizitätspflichten zu erfüllen hat, Kursbewegungen erreichen, Beteiligungen übernehmen oder andere Ziele verwirklichen will, sowie die Vornahme von Effektengeschäften an einem Markt, die sich auf den Markt als solchen auswirkt, etwa ein künstliches Preisniveau herbeiführt oder eine rege Handelsaktivität vortäuscht. Keine finale Einwirkung liegt bei der lediglich beiläufigen oder mittelbaren Beeinträchtigung der ungestörten Preisbildung vor, z.B. wenn der Emittent den Kapitalmarkt A fehlerhaft informiert, um dort bestehende Publizitätspflichten zu erfüllen, was sich auf den Kurs seiner am Markt B zum Handel zugelassenen Wertpapiere auswirkt.[2577]

Gruppe (3) betrifft hauptsächlich Vereinbarungen, die von zwei oder mehr Parteien in persönlichem Kontakt geschlossen werden. Ein Teil der Literatur möchte für Kapitalanlagedirektgeschäfte (d.h. Geschäfte zwischen einem Anbieter und einem Anleger) eine gesonderte kapitalmarktrechtliche Anknüpfung vornehmen. Grundsätzlich soll es auf den gewöhnlichen Aufenthalt bzw. Sitz von Anleger und Anbieter ankommen.[2578] Stimmen beide Faktoren überein, gelangt das Recht am entsprechenden Aufenthalts- bzw. Sitzort zur Anwendung. Bei Auseinanderfallen von Anleger- und Anbieterstaat, aber einem zum Vertragsschluss führenden Präsenz-

---

2577 Hiermit ist nicht gesagt, dass die Anleger am Markt B keine Ansprüche gegen den Emittenten haben, nur dass sich mögliche Ansprüche nach dem Recht am Ort des Marktes A richten. Zu einer Statutenkumulierung kommt es, wenn der Emittent, was nach Europarecht keine Seltenheit darstellt, mehr als einen Kapitalmarkt informieren muss, weil seine Papiere an mehreren Märkten zum Handel zugelassen sind. Wie bereits erwähnt, verlangen z.B. Art. 21 Abs. 1 der Transparenzrichtlinie (Richtlinie 2004/109/EG) und Art. 6 Abs. 1 der Marktmissbrauchsrichtlinie (Richtlinie 2003/6/EG), umgesetzt in §§ 3a, 5 WpAIV, dass (unter anderem) Insiderinformationen i.S. des § 15 WpHG europaweit zu veröffentlichen sind. Diese Publizitätspflicht bezieht sich mithin nicht lediglich auf einen Markt (den Markt des Herkunftsmitgliedstaates i.S. des Art. 2 Abs. 1 lit. i der Transparenzrichtlinie, der freilich gem. Art. 21 Abs. 1 der Richtlinie die Einhaltung der Pflicht sicherzustellen hat), sondern auf die Märkte aller Mitgliedstaaten. Das hat gemäß der oben aufgestellten Regel zur Folge, dass der Emittent bei Fehlinformation potentiell nach allen Rechtsordnungen haften muss. Die einschlägigen Ansprüche (nach deutschem Recht insbesondere §§ 37b, 37c WpHG) setzen allerdings üblicherweise voraus, dass die Wertpapiere des Emittenten im Inland zum Börsenhandel zugelassen sind, so dass sich hieraus eine Begrenzung der möglichen Schadensersatzforderungen ergibt.

2578 *Zimmer*, Int. Gesellschaftsrecht, S. 64 ff.

kontakt in einem der beiden Staaten (einem persönlichen Zusammentreffen der Parteien, auf dessen Grundlage der Vertrag entweder sofort oder zu einem späteren Zeitpunkt zustande kommt) ist das Recht dieses Staates heranzuziehen, sofern nicht der Anbieter die Reise des Anlegers herbeigeführt hat, um ihn zum Abschluss des Effektengeschäfts zu veranlassen. Im Fall eines grenzüberschreitenden Distanzgeschäfts schließlich kommt es darauf an, von wem die Initiative zu dem Geschäft ausging. Ist der Anbieter an den Anleger herangetreten, hat er sich gleichsam auf seinen Markt begeben und mithin dem Recht des Anlegers unterstellt. Begründet wird diese Ansicht (unter anderem[2579]) mit dem Zweck des Kapitalmarktrechts, eine effiziente Allokation von Kapital zu gewährleisten, d.h. den ungehinderten Fluss des Kapitals hin zum Ort seiner nutzbringendsten Verwendung zu ermöglichen. Der Schutzzweck habe Bezüge sowohl zum Ort der Kapitalverwendung (dem Sitz des Anbieters) als auch zum Ort der Herkunft des Kapitals (dem Sitz des Anlegers). Um den Schutzzweck zu fördern, sei deswegen auf beide Faktoren als Anknüpfungsmerkmale zurückzugreifen.[2580] Diese Argumentation ist wenig überzeugend. Es ist nicht ersichtlich, welcher kausale Zusammenhang zwischen der Wahl des Rechts am Ort, an dem das Kapital verwendet werden soll bzw. von dem es stammt, und der effizienten Allokation von Ressourcen besteht. Rationale Marktakteure werden durch Vornahme von Transaktionen eine Verteilung der Ressourcen erreichen, die Pareto-effizient ist,[2581] sofern die Transaktionskosten gegen null gehen.[2582] Die Aufgabe des Rechts muss es deswegen sein (sofern es sich Effizienz zum Ziel gesetzt hat), die Kosten der Marktnutzung zu senken. Das geschieht nicht dadurch, dass ein Recht zur Anwendung berufen wird, das Verbindungen zu bestimmten Kapitalströmen aufweist, sondern (auf internationalprivatrechtlicher Ebene) vor allem durch die Festlegung klarer Anknüpfungskriterien, so dass sich die Parteien auf die Geltung eines Rechtssystems einstellen können, unter Umständen auch durch Zulassung der Rechtswahl, um den Akteuren die Auswahl der für sie sachdienlichsten Regeln zu ermöglichen. Diesen Gesichtspunkten genügt bereits das im EGBGB enthaltene internationale Schuldrecht (Art. 27 ff. EGBGB). Es gestattet die Rechtswahl (Art. 27 EGBGB), berücksichtigt die oben erwähnten Gerechtigkeitserwägungen, indem es nach der engsten Verbindung sucht (Art. 28 Abs. 1 Satz 1, Abs. 5 EGBGB), und stellt im Übrigen eine Reihe von Kriterien zur Ermittlung des mangels Rechtswahl anzuwendenden Rechts zur Verfügung (Art. 28 Abs. 2 bis 4 EGBGB), die durch langjährige Rechtsprechungspraxis ausreichend klare Konturen erhalten haben, um handhabbar zu sein. Für den Fall des unzureichenden

---

2579 Daneben stellt *Zimmer*, a.a.O., S. 60 ff., auf den Individualschutz ab, der auf das Recht am Ort des gewöhnlichen Aufenthalts des Anlegers hindeute, und auf das Interesse des Sitzstaates des Anbieters an einer Kontrolle der von seinem Territorium aus operierenden Marktakteure, um die Reputation seines Finanzstandorts zu wahren.

2580 A.a.O., S. 60 f.

2581 Ein Zustand ist Pareto-effizient, wenn keine Person besser gestellt werden kann, ohne dass mindestens eine Person einen Nachteil erleidet. Vgl. hierzu *Schäfer/Ott*, Ökonomische Analyse des Zivilrechts, S. 26 ff.

2582 Und zwar unabhängig von der originären Verteilung der Handlungsrechte, vgl. *Coase*, The Problem of Social Cost, 3 J. Law and Econ. 1 (1960).

Schutzes inländischer Anleger nach ausländischem Recht sieht Art. 34 EGBGB die Geltung zwingender Vorschriften des deutschen Rechts vor. Zudem weist die hier vorgeschlagene Lösung, die die kapitalmarktrelevanten Sachverhalte entsprechend ihrer funktionellen Vergleichbarkeit gruppiert, den Vorteil auf, von vornherein nur solche Lebensverhältnisse den Art. 27 ff. EGBGB zu unterstellen, die den dort geregelten funktionell nahe stehen (nämlich solche der Gruppe [3]).[2583] Es erscheint deswegen nicht notwendig, einen eigenständigen Katalog von Anknüpfungsmerkmalen zu entwickeln, der ohnehin – wie jeder Versuch der rechtlichen Erfassung einer Vielzahl von Lebensverhältnissen – kaum jemals gänzlich frei von Zweifelsfragen und Abgrenzungsproblemen sein wird.[2584]

Danach ist die in den Verpflichtungsverträgen zwischen dem Emittenten und den Konsortialbanken (Mandatsvereinbarung und Übernahmevertrag) in der Regel enthaltene Rechtswahlklausel gem. Art. 27 Abs. 1 Satz 1 EGBGB zu respektieren. Haftungsfragen richten sich gem. Art. 32 Abs. 1 Nr. 3 EGBGB ebenso nach dem gewählten Recht wie Fragen des Zustandekommens, der Wirksamkeit und der Auslegung der Verträge. Mangels Rechtswahl kommt es gem. Art. 28 Abs. 2 EGBGB auf den Sitz bzw. die Hauptniederlassung der Partei an, die die charakteristische Leistung zu erbringen hat. Das sind sowohl bei der Mandatsvereinbarung als auch dem Übernahmevertrag die Konsortialbanken.[2585] Kommen die Emissionsbanken aus verschiedenen Staaten, ist der Sitz der Konsortialführerin maßgebend.[2586] Diese An-

2583 Aus diesem Grund geht *Zimmers* Kritik, a.a.O., S. 63 f., die den Art. 27 ff. EGBGB zugrunde liegende Interessenabwägung passe nicht für das Kapitalmarktkollisionsrecht, jedenfalls in Bezug auf die vorliegende Ansicht fehl.

2584 Vgl. z.B. die Schwierigkeiten, zu denen *Zimmers* Merkmal der Initiative zu dem Wertpapiergeschäft im Licht der möglichen Fallgestaltungen (Abschluss nicht des auf Initiative des Anbieters angebahnten, sondern eines anderen Geschäfts; Werbemaßnahmen des Anbieters als Initiative?) führt, a.a.O., S. 68 f. Die ganz h.M. knüpft dementsprechend Bank- und Börsengeschäfte gem. Art. 27 ff. EGBGB an (Nachweise bei Palandt/*Thorn*, Art. 28 EGBGB, Rdnr. 22 f.). Für Börseninnengeschäfte, d.h. an den Börsen von Börsenmaklern abgeschlossene Geschäfte, gilt das Recht am Börsenort, da das Geschäft zu ihm die engste Verbindung aufweist (Art. 28 Abs. 1 Satz 1 bzw. Abs. 5 EGBGB; im Einzelnen strittig, vgl. Nachweise bei Staudinger/*Magnus*, Art. 28 EGBGB, Rdnr. 581). Börsenaußengeschäfte, die börsengelistete Werte zum Gegenstand haben, aber außerhalb der Börse von nicht zugelassenen Handelsteilnehmern vorgenommen werden, folgen den für den jeweiligen Vertragstyp geltenden Grundsätzen. Handelt es sich um Kommissionsgeschäfte, ist mangels Rechtswahl in der Regel das Recht am Ort der Niederlassung des Kommissionärs anwendbar, Staudinger/*Magnus*, a.a.O., Rdnr. 270, 582. Zusätzlich sind die Sonderanknüpfungen gem. §§ 31 Abs. 3, 32 Abs. 3, 37d Abs. 6 WpHG zu berücksichtigen: Auch bei ausländischem Vertragsstatut muss das Wertpapierdienstleistungsunternehmen bzw. Unternehmen i.S. des § 37d Abs. 1 Satz 1 WpHG mit Sitz im Ausland die Wohlverhaltensregeln des WpHG respektive die Informationspflichten gem. § 37d Abs. 1 bis 3 WpHG beachten, wenn der Anleger seinen gewöhnlichen Aufenthalt im Inland hat und die Leistung nicht ausschließlich im Ausland erbracht wird. Zu den Anknüpfungskriterien im Einzelnen vgl. Schwark/*Schwark*, KMRK, § 37d WpHG, Rdnr. 99 ff. Das Depotgeschäft richtet sich nach dem Recht am Sitz der Depotbank, Staudinger/*Magnus*, a.a.O., Rdnr. 576 (vgl. aber die Eingriffsnorm des § 65 Abs. 4 DepotG für den Fall ausländischen Vertragsstatuts).

2585 Und zwar auch bei einem Übernahmekonsortium, das die Effekten käuflich erwirbt (grundsätzlich erbringt bei einem Kauf der Verkäufer die charakteristische Leistung), vgl. *Hopt*, Verantwortlichkeit, Rdnr. 223.

2586 *Schücking*, WM 1996, 281, 283; Staudinger/*Magnus*, a.a.O., Rdnr. 94, 237.

knüpfung versagt allerdings bei mehreren gleichberechtigten Führungsbanken (etwa dem Zusammenwirken von zwei oder mehr joint global bookrunners), deren Sitze nicht in demselben Staat liegen. In einem solchen Fall lässt sich die charakteristische Leistung nicht ermitteln; die Vermutungsregel des Abs. 2 greift gem. Art. 28 Abs. 2 Satz 3 EGBGB nicht ein, stattdessen sind die von Rechtsprechung und Literatur zu Abs. 1 entwickelten Indizien der engsten Verbindung heranzuziehen (Sitz der Mehrzahl der Führungsbanken und des Emittenten; Erfüllungsort, d.h. einerseits – was die Mandatsvereinbarung anbelangt – wiederum der Sitz des Emittenten, andererseits – im Hinblick auf den Übernahmevertrag – der Platzierungsort; Abschlussort; Vertragssprache etc.[2587]). Die zur Schaffung der Emissionsware erforderlichen Rechtsakte – bei Aktienemissionen der Zeichnungsvertrag, der mit Eintragung der Gesellschaft bzw. der Kapitalerhöhung in das Handelsregister die Mitgliedschaftsrechte begründet, sowie die Begebung der Urkunde(n), bei Anleiheemissionen der Begebungsvertrag – sind selbständig anzuknüpfen. Die geltende Rechtsordnung bestimmt sich nach internationalem Wertpapierrecht, das zwischen dem sog. Wertpapierrechtsstatut (Hauptstatut) und dem Wertpapiersachstatut unterscheidet. Während ersteres die für das verbriefte Recht maßgeblichen Regeln beruft, d.h. auch über Entstehung des Rechts und Verknüpfung von Recht und Papier (den Akt der Verbriefung) entscheidet, beherrscht letzteres das einmal entstandene Wertpapier in sachenrechtlicher Hinsicht.[2588] Das Wertpapierrechtsstatut

---

2587 Zu Inhalt und Gewichtung der jeweiligen Indizien Staudinger/*Magnus*, a.a.O., Rdnr. 38 ff.

2588 BGHZ 108, 353, 356. Auf die sachenrechtlichen Implikationen der Übertragung der Wertpapiere nach erfolgter Übernahme durch die Konsortialbanken soll hier nicht näher eingegangen werden, da sie nicht unmittelbar das Thema der Arbeit betreffen. Es sei nur soviel angemerkt: Fragen, die mit der Einlieferung der Wertpapiere zur Verwahrung bei einem Intermediär und der nachfolgenden Übertragung im Effektengiroverkehr in Zusammenhang stehen, haben sich seit einigen Jahren mehr und mehr von der traditionellen Grundregel des Wertpapiersachstatuts (Anwendung der *lex cartae sitae*) gelöst. Einen ersten Schritt in diese Richtung unternahm der europäische Gesetzgeber, indem er Sicherheiten in Form von im Effektengiroverkehr übertragbaren Wertpapieren dem Recht des Mitgliedstaats unterwarf, in dem sich das entsprechende Register, Konto oder zentrale Verwahrsystem befindet (Art. 9 Abs. 2 der Richtlinie 98/26/EG des Europäischen Parlaments und des Rates vom 19. Mai 1998 über die Wirksamkeit von Abrechnungen in Zahlungs- sowie Wertpapierliefer- und -abrechnungssystemen, ABl. L 166 vom 11.06.1998, S. 45). Art. 9 der Richtlinie 2002/47/EG des Europäischen Parlaments und des Rates vom 6. Juni 2002 über Finanzsicherheiten, ABl. L 168 vom 27.6.2002, S. 43, erweitert das Prinzip: Die dingliche Wirkung bestimmter Rechtsakte, die bei einem Intermediär verwahrte und als Finanzsicherheit i.S. des Art. 2 Abs. 1 lit. a bis c der Richtlinie dienende Wertpapiere betreffen, unterliegen dem Recht des Landes, in dem das maßgebliche Depotkonto geführt wird (sog. Place of the Relevant Account Approach, auch als PRACA abgekürzt, der anerkennt, dass das moderne Effektenwesen einerseits von einer Entkörperung der Wertpapiere und andererseits international operierenden Intermediären gekennzeichnet ist, was eine Modifikation des *lex rei sitae*-Prinzips erforderlich macht). Zu fast schon einem Paradigmenwechsel wird das Haager Übereinkommen über die auf bestimmte Rechte in Bezug auf Intermediär-verwahrte Wertpapiere anzuwendende Rechtsordnung vom 05. Juli 2006 führen, das auf einer Variante des sog. Place of the Relevant Intermediary Approach (PRIMA) basiert. Es versucht (jedenfalls primär) nicht, die Belegenheit des Wertpapierdepots, Intermediärs oder Wertpapiers zu bestimmen, sondern gestattet es den Parteien (dem Intermediär und dem Depotkunden), die für die Rechtsfolgen der Gutschrift von Wertpapieren auf einem Depotkonto, die Voraussetzungen und Folgen einer Verfügung und ähnliche Punkte (Art. 2 des Übereinkommens) maßgebliche Rechtsordnung in der Kontovereinbarung zu wählen (Art. 4 Abs. 1 Satz 1 Alt. 1). Mangels Rechtswahl beherrscht das Recht, dem die Parteien die Kontorichtet sich nach der Kollisionsnorm, die auf das zugrunde liegende Rechtsverhältnis Anwendung findet. Die Ausgabe von Aktien (Abschluss des Zeichnungsvertrags und Begebung der Aktienurkunden) unterliegt folglich dem Gesellschaftsstatut. Eine internationale Anleihe kann von den Parteien in den Anleihebedingungen nach internationalem Vertragsrecht einer beliebigen Rechtsordnung unterstellt werden.[2589] Machen der Emittent und die Konsortialbanken von dieser Möglichkeit keinen Gebrauch, ist nach der engsten Verbindung i.S. des Art. 28 EGBGB[2590] zu suchen. Der Emittent als Anleiheschuldner erbringt die charakteristische Leistung, so dass Art. 28 Abs. 2 EGBGB auf sein Heimatrecht hindeutet. Ist die Anleihe auf einen bestimmten Markt zugeschnitten – sie soll auf diesem Markt platziert werden, wird in der entsprechenden Währung ausgegeben, dort sind die Zahlstellen lokalisiert –, spricht einiges dafür, in Abweichung von der Vermutungsregel des Art. 28 Abs. 2 EGBGB gem. Abs. 5 der Vorschrift auf das Recht an diesem Markt abzustellen.[2591] Der Zeichnungsvertrag, den die Banken mit den Anlegern abschließen, hat nicht die Schaffung, sondern die Übertragung bestehender Wertpapiere zum Gegenstand. Er ist deswegen vertraglich anzuknüpfen, sprich gemäß den Grundsätzen der Art. 27 ff. EGBGB. Mangels Rechtswahl gilt das Recht des Staates, in dem sich der Sitz oder die Hauptniederlassung der jeweiligen Emissionsbank als Erbringerin der charakteristischen Leistung befindet. Für den Fall der Anwendbarkeit ausländischen Rechts haben die Emissionsbanken allerdings die Wohlverhaltensregeln der §§ 31, 32 WpHG zu beachten, wenn die Anleger ihren gewöhnlichen Aufenthalt oder ihre Geschäftsleitung im Inland haben und die Banken die Wertpapierdienstleistung wenigstens teilweise dort erbringen, §§ 31 Abs. 3, 32 Abs. 3 WpHG.

Schließlich zu Gruppe (4): Die genannten Sachverhalte beschäftigen sich mit den Kompetenzen und Pflichten der Gesellschaftsorgane, der Beziehung der Gesellschaft zu ihren Gesellschaftern und den gesellschaftsinternen Voraussetzungen der Begebung der Wertpapiere. Sie unterfallen mithin dem Gesellschaftsstatut, d.h. nach deutschem internationalen Gesellschaftsrecht dem Recht am Ort der Hauptverwaltung der Gesellschaft, sofern die Sitztheorie im Lichte der Art. 43, 48 EG noch anwendbar ist, andernfalls dem Recht am Registersitz.

---

vereinbarung unterstellt haben, auch die dinglichen Aspekte (Art. 4 Abs. 1 Satz 1 Alt. 2). Lediglich subsidiär stellt das Übereinkommen auf die Geschäftsstelle ab, über die der Intermediär die Kontovereinbarung geschlossen hat (Art. 5 Abs. 1), alternativ auf sein Personalstatut (zu bestimmen nach der Gründungstheorie, Art. 5 Abs. 2) oder seinen Hauptgeschäftssitz (Art. 5 Abs. 3). Damit entspricht das Übereinkommen weitgehend der Rechtslage in den USA, § 8-110(e) UCC. Bislang ist es nur von den USA und der Schweiz unterzeichnet worden. Die Kommission hat den Beitritt der EG empfohlen, vgl. den Vorschlag vom 15. Dezember 2003, KOM(2003)783 endgültig.

2589 RGZ 126, 196, 200 f., 205 ff.; BGHZ 99, 207 (Rechtswahl bei Orderkonnossements); *Mankowski*, AG 1998, 11, 20; Staudinger/*Magnus*, Art.28 EGBGB, Rdnr. 240; Staudinger/*Stoll*, Int. Sachenrecht, Rdnr. 416.

2590 Zur Anwendbarkeit des Art. 28 EGBGB im Lichte von Art. 37 Nr. 1 EGBGB vgl. *Mankowski*, a.a.O., 19.

2591 So auch *Rabel*, Conflict of Laws III, p. 13–14; Staudinger/*Magnus*, a.a.O., Rdnr. 241 m.w.N. A.A. *Mankowski*, a.a.O., 20.

4. Die Bedeutung von § 44 Abs. 3 BörsG

Nachdem nun die Grundzüge eines Kapitalmarktkollisionsrechts feststehen, sind die beiden oben offen gelassenen Probleme zu § 44 Abs. 3 BörsG aufzugreifen, die dogmatisch den dritten Schritt der Untersuchung ausmachen, nämlich die Frage, inwieweit das berufene Kapitalmarktstatut durch Sonderanknüpfungen oder Einschränkung der Kollisionsnorm zu modifizieren ist. Die verschiedenen Vorschläge zur Interpretation der Bestimmung, insbesondere zur Konkretisierung des geforderten Inlandsbezugs, sind bereits ausgebreitet worden.[2592] Ihre Würdigung kann nur im Licht der Erkenntnisse erfolgen, die die Überlegungen zur kollisionsrechtlichen Einordnung der Prospekthaftung hervorgebracht haben. § 44 Abs. 3 BörsG impliziert, dass deutsches Prospekthaftungsrecht anwendbar ist. Gemäß der hier vorgeschlagenen Lösung muss der Emittent mithin final auf den inländischen Markt eingewirkt haben. Soll Abs. 3 eine eigenständige Bedeutung haben, kann der Begriff des im Inland abgeschlossenen Wertpapiergeschäfts bzw. der im Inland erbrachten Wertpapierdienstleistung nicht mit der Inanspruchnahme des inländischen Markts, d.h. der Platzierung im Inland, gleichgesetzt werden, wie es ein Teil der Literatur befürwortet. Vielmehr kommt es auf die konkreten Umstände der jeweiligen Effektentransaktion an. Da nach der vorliegenden Anknüpfung, die insoweit mit der Systematik der §§ 44, 45 BörsG übereinstimmt, deutsches Prospekthaftungsrecht auch dann Anwendung finden kann, wenn sich der Erwerbsvorgang im Ausland vollzieht, muss der Emittent vor Ansprüchen von Anlegern geschützt werden, die in keiner Weise dem unrichtigen Prospekt ausgesetzt waren.[2593] Hierbei geht das Gesetz, wie die Regierungsbegründung (Prospekthaftungsansprüche seien nicht angebracht, wenn der Erwerbsvorgang „*keinerlei* Bezug zum Inland und somit zu dem unrichtigen inländischen Börsenzulassungsprospekt“[2594] aufweise) und auch die weite Formulierung des § 44 Abs. 3 BörsG („ganz oder teilweise im Inland erbrachte[…] Wertpapierdienstleistung“) verdeutlichen, davon aus, dass schon ein geringer Inlandskontakt die notwendige Nähe zum fehlerhaften Prospekt herstellt. Das Geschäft muss mithin in jedem Fall als im Inland abgeschlossen gelten, wenn der Erwerber dort seinen gewöhnlichen Aufenthalt hat. Bei gewöhnlichem Aufenthalt im Ausland kann der Anleger Ansprüche gem. §§ 44, 45 BörsG geltend machen, wenn er von einem Wertpapierdienstleistungsunternehmen mit Sitz im Inland oder über dessen inländische Niederlassung erworben hat. Dasselbe muss nach dem Wortlaut des § 44 Abs. 3 BörsG gelten, wenn der Veräußerer lediglich die Anlageberatung im Inland durchgeführt hat, der Vertragsabschluss aber in einer ausländischen Niederlassung stattfindet. Die Durchführung von Werbemaßnahmen im Inland, die der Anleger wahrgenommen hat, genügt indes nicht, da die Werbung nicht Teil der Erbringung einer Wertpapierdienstleistung ist.

2592 Fn. 2536.
2593 BT-Drs. 13/8933, S. 79. Durch diese Haftungsbegrenzung will der Gesetzgeber die Attraktivität des Finanzplatzes Deutschland fördern.
2594 A.a.O. Hervorhebung durch den Verfasser.

Als Ergebnis (und Antwort auf die offen gelassenen Fragen) bleibt festzuhalten: Deutsches Kapitalmarktrecht gelangt bei finaler Einwirkung auf den inländischen Markt zur Anwendung. Die Geltung der §§ 44, 45 BörsG (aber nur ihre Geltung – was die Anwendbarkeit anderer kapitalmarktrechtlicher Institute, z.B. der Haftung gem. § 826 BGB, anbelangt, ändert sich nichts an der Maßgeblichkeit deutschen Rechts[2595]) ist gem. § 44 Abs. 3 BörsG an weitere Voraussetzungen gebunden. Sie ist in jedem Fall zu bejahen, wenn der Erwerb der streitgegenständlichen Effekten im Inland oder aufgrund einer zumindest teilweise im Inland erbrachten Wertpapierdienstleistung erfolgt. Handelt es sich nicht um einen inländischen Erwerb entsprechend der Definition im vorstehenden Absatz, können die §§ 44, 45 BörsG gleichwohl anwendbar sein, da § 44 Abs. 3 BörsG die Prospekthaftung nur dann ausschließt, wenn der Anleger im Ausland erwirbt *und* der Sitz des Emittenten im Ausland liegt, wo zudem seine Wertpapiere zum Handel zugelassen sein müssen.[2596] Auch hier ist eine Modifikation der entwickelten Anknüpfungsregel nicht angezeigt. Fehlt die Börsenzulassung im Ausland, greift das Hauptbedenken nicht ein, auf das sich § 44 Abs. 3 BörsG zurückführen lässt: dass der Emittent eine Inanspruchnahme gem. §§ 44, 45 BörsG für Wertpapiertransaktionen im Ausland fürchten muss, die nur wegen der Regelung des § 44 Abs. 1 Satz 3 BörsG haftungsrechtlich relevant sind und keine Effekten zum Gegenstand haben, die aufgrund eines fehlerhaften Börsenprospekts zum Handel zugelassen wurden. Allenfalls bei aus- und inländischer Börsenzulassung von Wertpapieren eines inländischen Emittenten (oder ausländischer Börsenzulassung und einem öffentlichen Angebot im Inland) ist eine analoge Anwendung des § 44 Abs. 3 BörsG zu erwägen. Indem die Regierungsbegründung auf die berechtigte Erwartung des im Ausland börsennotierten Unternehmens abstellt, sich bei Fehlen von Handelsaktivitäten in Deutschland nur nach dem (*ausländischen*) Heimatrecht Prospekthaftungsansprüchen ausgesetzt zu sehen, legt sie aber nahe, dass der Anleger immer, wenn diese spezielle Situation nicht vorliegt (d.h. wenn es sich um einem inländischen Emittenten handelt), gem. § 44, 45 BörsG vorgehen kann.[2597]

Damit ist zugleich die letzte der oben gestellten Fragen beantwortet: § 44 Abs. 3 BörsG ist nicht zu einer allseitigen Kollisionsnorm auszubauen. Die Vorschrift führt zu einer Eingrenzung der vom Kapitalmarktstatut berufenen Sachnormen (nämlich – im Rahmen ihrer Voraussetzungen – zur Nichtanwendbarkeit der §§ 44, 45 BörsG), wenn Kapitalmarktstatut deutsches Recht ist. Ob das der Fall ist, bestimmt sich nach anderen Grundsätzen.

2595 Auf § 826 BGB lässt sich die Wertung des § 44 Abs. 3 BörsG nicht übertragen, da die Haftung wegen vorsätzlicher sittenwidriger Schädigung auf anderen (wesentlich strengeren) Voraussetzungen aufbaut, mithin der für § 44 Abs. 3 BörsG maßgebliche Ausgleich der widerstreitenden Interessen (des Emittenten an einer Begrenzung seiner Haftung und des Anlegers an effizientem Schutz) nicht zum Vorbild genommen werden kann. Auf die allgemeine zivilrechtliche Prospekthaftung ist nach hier vertretener Ansicht im Anwendungsbereich der §§ 44, 45 BörsG ohnehin nicht zurückzugreifen.

2596 Vgl. bereits die Ausführungen in Fn. 2538.

2597 BT-Drs. 13/8933, S. 79.

III. Haftungsfragen – Extraterritorialität des US-amerikanischen Kapitalmarktrechts

Die Überschrift dieses Kapitels war anders zu fassen als die des vorhergehenden: Während sich in Deutschland eine Bewegung hin zur Berücksichtigung ausländischen öffentlichen Rechts durch inländische Gerichte nach kollisionsrechtlichen Maßstäben verzeichnen lässt[2598] und die Literatur insbesondere für Sachverhalte, die nicht genuin öffentlich-rechtliche Fragen (etwa hoheitliche Eingriffsbefugnisse oder die staatliche Marktaufsicht), sondern den Interessenausgleich im Verhältnis der Privatrechtssubjekte untereinander betreffen (z.B. durch Haftungsregeln), die Entwicklung allseitiger Kollisionsnormen diskutiert, herrscht an US-amerikanischen Gerichten die Auffassung vor, dass die Anwendung ausländischen öffentlichen Rechts außerhalb der eigenen Zuständigkeit liege. Die Vorschriften des Securities Act 1933 und des Securities Exchange Act 1934 werden unter Hinweis auf die zugrunde liegenden ordnungspolitischen Interessen und den zwingenden Charakter der Gesetze dem öffentlichen Recht zugeordnet.[2599] Die Gerichte sehen sich mithin vor die Wahl gestellt, entweder die Erstreckung des US-amerikanischen Kapitalmarktrechts auf den konkreten Fall (und damit auch die eigene sachliche Zuständigkeit) zu bejahen oder die Klage abzuweisen. Sie stützen sich in ihren Entscheidungen folgerichtig nicht auf die im Restatement (Second) of Conflict of Laws zusammengefassten Prinzipien des internationalen Privatrechts, sondern – mangels einer ausdrücklichen Regelung in den Kapitalmarktgesetzen[2600] – auf die zur extraterritorialen Reichweite des US-Rechts entwickelten allgemeinen Grundsätze, mit denen sich das Restatement (Third) of Foreign Relations Law of the United States beschäftigt.

2598 Vgl. hierzu bereits oben Fn. 2555.

2599 Kritisch hierzu *Hillman*, 55 Law & Contemp. Probs. 331, 342 et seq. (1992).

2600 Der Securities Act 1933 und der Securities Exchange Act 1934 behandeln nur am Rande ihre Geltung in grenzüberschreitenden Fällen. So richtet sich z.B. § 30(a) Sec. Ex. Act an Broker und Dealer und untersagt es ihnen, über ausländische Börsen Effektentransaktionen vorzunehmen, die gegen SEC Regularien verstoßen, sofern der Emittent der Effekten der US-amerikanischen Gerichtsbarkeit untersteht (was der Fall ist, wenn er seinen Registersitz oder seine Hauptniederlassung innerhalb der USA hat). Abs. (b) der Vorschrift nimmt weitere Personen, die im Ausland handeln, vom Anwendungsbereich des Securities Exchange Act 1934 aus, ist aber nach allgemeiner Auffassung nicht so zu verstehen, dass Wertpapiergeschäfte insgesamt nicht an den Vorschriften der US-amerikanischen Kapitalmarktgesetze zu messen sind, sobald sie im Ausland vorgenommen werden, vgl. Schoenbaum v. Firstbrook, 405 F.2d 200, 207 et seq. (2d Cir. 1968). Die grenzüberschreitende Reichweite der Registrierungspflichten des Securities Act 1933 (§ 5 Sec. Act) untersteht ebenfalls expliziten Vorschriften (Regulation S, Rules 901–905, vgl. bereits oben § 4 I 1 b cc). Sie sollen nicht Gegenstand dieses Kapitels sein und können nicht auf die Frage der Haftung gemäß den Kapitalmarktgesetzen in internationalen Sachverhalten (insbesondere gem. § 10[b] Sec. Ex. Act) übertragen werden. Die Haftungsbestimmungen greifen unabhängig von etwaigen Registrierungs- oder Publizitätspflichten unter den im Folgenden näher darzulegenden Voraussetzungen ein, vgl. Bersch v. Drexel Firestone, Inc., 519 F.2d 974, 986 (2d Cir. 1975). Schließlich ist darauf hinzuweisen, dass einige Kapitalmarktgesetze der Bundesstaaten Kollisionsregeln enthalten, z.B. Cal. Corp. Code § 25008, der § 414 des (nicht bindenden) Uniform Securities Act, 7B U.L.A. 672 (1958), umsetzt (jetzt § 801 Uniform Securities Act 1985). Auch auf sie soll hier nicht eingegangen werden.

§ 402 des Restatement stellt die Grundregel auf: „[A] state has jurisdiction to prescribe law with respect to (1)(a) conduct that, wholly or in substantial part, takes place within its territory; (b) the status of persons, or interests in things, present within its territory; (c) conduct outside its territory that has or is intended to have substantial effect within its territory; (2) the activities, interests, status, or relations of its nationals outside as well as within its territory; and (3) certain conduct outside its territory by persons not its nationals that is directed against the security of the state or against a limited class of other state interests." Diese recht weit gefasste Kompetenz steht unter dem Vorbehalt, dass die Ausübung der gerichtlichen Zuständigkeit im Einzelfall nicht unbillig (*unreasonable*) ist (§ 403), sog. *jurisdictional rule of reason*. § 403(2) des Restatement (Third) of Foreign Relations Law gibt dem Richter einige Indizien an die Hand, nach denen er die Billigkeit zu beurteilen hat. Die Vorschrift erwähnt unter anderem die Schwere, Unmittelbarkeit oder Vorhersehbarkeit der Auswirkungen des streitgegenständlichen Verhaltens auf das Gebiet des Forums,[2601] die Verbindung des Adressaten der staatlichen Maßnahme bzw. des durch die Maßnahme Geschützten mit dem Inland, durch Staatsangehörigkeit, gewöhnlichen Aufenthalt oder Schwerpunkt der wirtschaftlichen Tätigkeit vermittelt,[2602] die Bedeutung der Maßnahme für das Forum und den Umfang, in dem andere Staaten das Verhalten entsprechend regeln und überwachen.[2603] § 416 des Restatement schließlich enthält spezielle Vorgaben für kapitalmarktrechtliche Sachverhalte. Danach sind die inländischen Gerichte sachlich zuständig: „with respect to (1)(a)(i) any transaction in securities carried out in the United States to which a national or resident of the United States is a party, or (ii) any offer to enter into a securities transaction, made in the United States by or to a national or resident of the United States; (b) any transaction in securities (i) carried out, or intended to be carried out, on an organized securities market in the United States, or (ii) carried out, or intended to be carried out, predominantly in the United States, although not on an organized securities market; (c) conduct, regardless of where it occurs, significantly related to a transaction described in Subsection (1)(b), if the conduct has, or is intended to have, a substantial effect in the United States; (d) conduct occurring predominantly in the United States that is related to a transaction in securities, even if the transaction takes place outside the United States; or (e) investment advice or solicitation of proxies or of consents with respect to securities, carried out predominantly in the United States." Auf den ersten Blick ist die Bestimmung, jedenfalls was Abs. 1(a), (b) und (e) anbelangt, weitgehend vergleichbar mit § 44 Abs. 3 BörsG. Entscheidender Bezugspunkt ist nach beiden Vorschriften der Abschluss bzw. die Durchführung eines Wertpapiergeschäfts oder die Erbringung einer Wertpapierdienstleistung ganz oder teilweise im Inland. Der US-amerikanische Ansatz geht aber, was seine Reichweite anbelangt, über den des deutschen Rechts hinaus, und zwar nicht erst aufgrund der offenen Tatbestände des Abs. (1)(c) und (d). Zu berücksichtigen ist nämlich, dass die Prospekthaftung deutschen Rechts die Veröffent-

2601 § 403(2)(a).
2602 § 403(2)(b).
2603 § 403(2)(c).

lichung eines fehlerhaften Börsenprospekts voraussetzt, womit ein inländischer Prospekt gemeint ist.[2604] Eine solche Voraussetzung stellt die Generalklausel des US-amerikanischen Kapitalmarkt-Haftungsrechts, § 10(b) Securities Exchange Act 1934 i.V.m. SEC Rule 10b-5, nicht auf. Unter das Tatbestandsmerkmal des *manipulative* oder *deceptive device* lassen sich ohne weiteres im Ausland verbreitete fehlerhafte Informationen, die z.B. in ausländischen Börsenzulassungsprospekten enthalten sind, subsumieren.[2605] Eine noch allgemeiner gefasste Zuständigkeitsvorschrift sieht § 416(2) des Restatement vor. Liegt kein Fall des Absatzes (1) vor, können die Gerichte gleichwohl unter Rückgriff auf die Grundsätze der §§ 402, 403 zur Bejahung der eigenen Zuständigkeit gelangen. Der hiernach maßgebliche *reasonableness*-Test hat sich an folgenden Umständen zu orientieren: „(a) whether the transaction or conduct has, or can reasonably be expected to have, a substantial effect on a securities market in the United States for securities of the same issuer or on holdings in such securities by United States nationals or residents; (b) whether representations are made or negotiations are conducted in the United States; (c) whether the party sought to be subjected to the jurisdiction of the United States is a United States national or resident, or the persons sought to be protected are United States nationals or residents."

Die §§ 402, 403, 416 des Restatement (Third) of Foreign Relations Law stellen – wie alle Restatements – keine verbindlichen Rechtssätze dar, sondern eine Zusammenfassung der Rechtslage, wie sie sich nach Sichtung des Fallrechts ergibt. Sie sind deswegen in Beziehung zu den entsprechenden Gerichtsentscheidungen zu setzen und zeigen bereits das grundlegende Problem auf, mit dem sich der Rechtsanwender bei der Bestimmung des Anwendungsbereichs des US-amerikanischen Kapitalmarktrechts konfrontiert sieht: Den Gerichten ist es bislang nicht gelungen, klare, für die Praxis handhabbare Kriterien zu entwickeln. In § 416(1) des Restatement finden sich die beiden Ansätze, nach denen die Richter ihre Zuständigkeit festlegen: Entweder muss sich die streitgegenständliche Handlung auf das Inland auswirken (*jurisdiction based upon effects*), oder sie muss ganz oder teilweise im Inland vorgenom-

---

2604 Allgemeine Auffassung, vgl. nur BT-Drs. 13/8933, S. 79. Die Veröffentlichung des Prospekts im Ausland (bzw. die Vornahme des öffentlichen Angebots im Ausland) kann nicht für die entsprechende inländische Rechtserscheinung substituiert werden (zur Substitution allgemein *Kropholler*, Internationales Privatrecht, § 33). Das ergibt sich, wenn auch nicht zwingend aus dem Wortlaut, so aus dem Sinn und Zweck des § 44 Abs. 3 BörsG, der schon bei Mehrfachzulassung und fehlerhaftem inländischen Prospekt, d.h. wohl erst recht für den Fall ordnungsgemäßer inländischer Publizität, eine Haftungsbeschränkung erreichen will. Andernfalls wäre die Folge eine Häufung von Schadensersatzansprüchen nach verschiedenen Rechtsordnungen. Der Anleger könnte (unter den Voraussetzungen des § 44 Abs. 3 BörsG) einen Anspruch nach deutschem Recht geltend machen, auch wenn nicht der deutsche, sondern ein ausländischer Börsenprospekt fehlerhaft wäre. Zugleich wäre gemäß der hier entwickelten Kollisionsregel das Prospekthaftungsrecht am in Anspruch genommenen ausländischen Markt anwendbar, das in der Regel ebenfalls Rechtsfolgen an die Fehlerhaftigkeit des dort veröffentlichten Prospekts knüpfen wird.

2605 So in Bersch v. Drexel Firestone, Inc., 519 F.2d 974 (2d Cir. 1975). Einen ähnlich weiten sachlichen Anwendungsbereich weist § 826 BGB auf. Die hier vorgeschlagene deutsche Kollisionsnorm führt aber zu restriktiveren Ergebnissen, da das Kriterium der finalen Markteinwirkung enger ist als die maßgeblichen Merkmale des US-amerikanischen Rechts.

men worden sein (*jurisdiction based upon conduct*). Die zwei Fallgruppen lassen sich nicht immer eindeutig voneinander abgrenzen, mitunter bedient sich die Rechtsprechung beider Methoden alternativ bzw. kumulativ.[2606] Der erste Ansatz geht auf das Urteil in Sachen *Schoenbaum v. Firstbrook*[2607] zurück, in dem ein kanadisches Unternehmen eigene Aktien (*treasury stock*) aufgrund einer in Kanada abgeschlossenen Transaktion einem kanadischen Mehrheitsaktionär und anderen ausländischen Käufern übertrug. Die Aktien des Unternehmens waren sowohl in Kanada als auch den USA zum Börsenhandel zugelassen. Der Kläger, ein US-amerikanischer Staatsbürger und Aktionär des Unternehmens, war der Auffassung, die Aktien seien zu einem künstlich niedrigen Preis abgegeben worden, während die Beteiligten im Besitz von Insiderinformationen gewesen seien. Er machte Ansprüche gem. § 10(b) Securities Exchange Act und SEC Rule 10b-5 gegen die Mitglieder des Vorstands und die Käufer geltend. Das Gericht hielt sich für zuständig: „We hold that the district court has subject matter jurisdiction over violations of the Securities Exchange Act although the transactions which are alleged to violate the Act take place outside the United States, at least when the transactions involve stock registered and listed on a national securities exchange, and are detrimental to the interests of American investors."[2608] Andere Urteile sind der Regel in *Schoenbaum* gefolgt, so dass als gesichert gelten kann: Wenn eine Handlung, die den Tatbestand einer *antifraud*-Bestimmung des US-amerikanischen Kapitalmarktrechts verwirklicht, Wertpapiere zum Gegenstand hat, die an einem organisierten Kapitalmarkt in den USA zum Handel zugelassen sind, werden US-amerikanische Gerichte die eigene Zuständigkeit bejahen, sofern sich die Transaktion nachteilig auf US-amerikanische Investoren auswirkt.[2609]

2606 Itoba Ltd. v. Lep Group PLC, 54 F.3d 118, 122 (2d Cir. 1995): „There is no requirement that these two tests be applied separately and distinctly from each other. Indeed, an admixture or combination of the two often gives a better picture of whether there is sufficient United States involvement to justify the exercise of jurisdiction by an American court." Selzer v. Bank of Bermuda, Ltd., 385 F. Supp. 415, 418 (S.D.N.Y.1974) verlangt die kumulative Erfüllung beider Tests: „The Securities Exchange Act is applicable to securities transactions where (1) there is some significant connection in the violations with the United States, and (2) the effects of the violations are detrimental to American investors." Nach h.M. begründen sowohl der *effects*- aus auch der *conduct*-Test die sachliche Zuständigkeit, vgl. Robinson v. TCI/US West Communications Inc., 117 F.3d 900, 905 (5th Cir.1997).

2607 405 F.2d 200 (2d Cir. 1968). *Schoenbaum* wiederum bedient sich der Prinzipien, die Richter zur extraterritorialen Reichweite des US-amerikanischen Kartellrechts entwickelt haben, insbesondere in U.S. v. Aluminum Co. of America, 148 F.2d 416 (2d Cir. 1945) (Auswirkungsprinzip). In der deutschen Literatur ist die Rechtsprechung bei *Jäger*, Prospekthaftungsstatut, S. 270 ff., besprochen worden.

2608 Id. at 208.

2609 Der letzte Teil der Definition gibt freilich Anlass zu Bedenken: Der Handel mit in den USA gelisteten Papieren allein genügt eben nicht, um die Zuständigkeit US-amerikanischer Gerichte zu begründen, wie SEC. v. Unifund SAL, 910 F.2d 1028 (2d Cir. 1990), deutlich macht: „[N]ot every causal connection between action abroad and ultimate injury to American investors will suffice", id. at 1033. Erforderlich ist: „a rather direct and an unmistakably foreseeable effect within the United States", id. Solche unmittelbaren Auswirkungen sind jedenfalls dann zu bejahen, wenn die streitgegenständliche Handlung in einem Verstoß gegen das Insiderhandelsverbot besteht und die Wertpapiere ausschließlich in den USA zum Handel zugelassen sind, id. Ähnlich Des Brisay v. Goldfield Corp., 549 F.2d 133, 136 (9th Cir. 1977) (Übernahme eines kanadischen Unternehmens

Weniger eindeutig (so es denn gerechtfertigt ist, im Hinblick auf den ersten Test von einer eindeutigen Regel zu sprechen) ist die Rechtslage zur *jurisdiction based upon conduct*. Hier lassen sich drei Strömungen in der Rechtsprechung unterscheiden: Der restriktivste Ansatz verlangt, dass die in den USA vorgenommene streitgegenständliche Handlung selbst den Tatbestand der Schadensersatznorm verwirklicht, auch wenn der Erfolg der Handlung im Ausland eintritt.[2610] Der Third, Eigth und Ninth

---

durch ein US-amerikanisches; die Übernahme verletzte Vorschriften des Securities Act 1933, als Folge brach der Handel in Papieren des US-Unternehmens zusammen); Selzer v. Bank of Bermuda Ltd., 385 F. Supp. 415, 418 (S.D.N.Y. 1974). Weiter Tamari v. Bache & Co. (Lebanon) S.A.L., 547 F. Supp. 309, 313 (N.D. Ill. 1982) (zum Commodities Exchange Act, für den dieselben Grundsätze gelten wie für den Securities Act 1933 und den Securities Exchange Act 1934): „[T]he need for plaintiffs to demonstrate a particularized harm to domestic interests only arises when domestic investors or exchanges are not directly involved. Conversely, in a case such as this, where the challenged transactions involve trading on domestic exchanges, harm can be presumed, because the fraud alleged implicates the integrity of the American market" (in dem Fall ging es um irreführende Angaben einer libanesischen Gesellschaft gegenüber drei im Libanon ansässigen libanesischen Staatsangehörigen, die Warentermingeschäfte an zwei Börsen in Chicago zum Gegenstand hatten), *affd.*, 730 F.2d 1103, 1108 (7th Cir. 1984); unterschieden von Mak v. Wocom Commodities Ltd., 112 F.3d 287 (7th Cir. 1997): Sachverhalt vergleichbar mit *Tamari*; allerdings wurden die Geschäfte, die an der Chicago Mercantile Exchange gehandelte Warenterminkontrakte betrafen, nicht dort ausgeführt, sondern vom ausländischen Broker mit anderen Kundenordern verrechnet, sog. *bucketing*. Dieser Unterschied veranlasste den Seventh Circuit, die internationale Zuständigkeit abzulehnen.

Nachteilige Auswirkungen auf den US-amerikanischen Kapitalmarkt, z.B. durch Insolvenz eines internationalen Unternehmens, was das Vertrauen in die Integrität des nationalen Marktes erschüttert und die Kapitalaufnahme von heimischen Unternehmen erschwert, ohne dass die fraglichen Papiere im Inland gelistet sind, genügen für Zwecke des *effects*-Tests nicht, vgl. Bersch v. Drexel Firestone, Inc. 519 F.2d 974, 988 (2d Cir. 1975): „Part of the attraction of American securities to foreigners has been the superior disclosures afforded by SEC registration requirements. The collapse of IOS after the offering undermined this confidence since IOS was 'identified as an American company in the minds of investors', the ... underwriting was led by an American firm and the accountants ... were American. ... Nevertheless we conclude that the generalized effects described ... would not be sufficient to confer subject matter jurisdiction over a damage suit by a foreigner under the anti-fraud provisions of the securities laws." Noch deutlicher id. at 989: „[T]here is subject matter jurisdiction of fraudulent acts relating to securities which are committed abroad only when these result in injury to purchasers or sellers of those securities in whom the United States has an interest, not where acts simply have an adverse affect on the American economy or American investors generally." Ebenso Recaman v. Barish, 408 F. Supp. 1189, 1199 (E.D.Pa.1975); IIT v. Vencap, Ltd., 519 F.2d 1001, 1017 (2d Cir. 1975): „[T]he losses ... to these 300 American investors, owning only some .5% of a foreign investment trust ... and the shares of which apparently were not intended to be offered to American residents or citizens, is not the 'substantial' effect within the territory of which the Restatement of Foreign Relations Law ... speaks." Vgl. auch den bekannten Fall Leasco Data Processing Equipment Corp. v. Maxwell, 468 F.2d 1326, 1334 (2d Cir. 1972): Die Tatsache, dass eine US-amerikanische Gesellschaft durch irreführende Angaben eines britischen Unternehmens dazu veranlasst wird, über ihre ausländische Tochtergesellschaft Effekten einer weiteren britischen Gesellschaft zu erwerben, die nicht in den USA börsengelistet sind, begründet nicht die Zuständigkeit der US-amerikanischen Gerichte (der Richter bejahte seine Zuständigkeit aber unter Rückgriff auf den *conduct*-Test). Kritisch zur gesamten Problematik *Langevoort*, 55 Law & Contemp. Probs. 241 (1992).

2610 Zoelsch v. Arthur Andersen & Co., 824 F.2d 27, 33 (DC Cir. 1987) (in Bezug auf § 10[b] Sec. Ex. Act und SEC Rule 10b-5): „[J]urisdiction is appropriate when the fraudulent statements or misrepresentations originate in the United States, are made with scienter and in connection with the purchase or sale of securities, and 'directly cause' the harm to those who claim to be defrauded,

Circuit sind großzügiger. Sie fragen danach, ob das relevante Verhalten zumindest *teilweise*[2611] bzw. zu einem *bedeutsamen* Teil[2612] in den USA angesiedelt ist. Hierbei lassen sie sich vor allem von rechtspolitischen Erwägungen leiten: Sie betonen, dass die USA ein Interesse daran hätten, die Täuschung von Anlegern von ihrem Boden aus zu verhindern.[2613] Der Second, Fifth und Seventh Circuit nehmen eine mittlere Position ein. Der Beklagte müsse für die Erfüllung der Haftungsvorschrift *wesentliche* Handlungen im Inland vorgenommen und den Schaden unmittelbar herbeigeführt haben.[2614] Lediglich vorbereitende Maßnahmen begründeten nicht die

---

even if reliance and damages occur elsewhere. Indeed, we believe this test is only a slight recasting, if at all, of the traditional view that jurisdiction will lie in American courts only over proscribed acts done in this country." Der District of Columbia Circuit folgt in diesem Fall nach eigenem Bekunden den Maßstäben, wie sie vom Second Circuit entwickelt wurden (hierzu sogleich im Text), dürfte aber in seinen Anforderungen über diese Maßstäbe noch hinausgehen. So auch Kauthar SDN BHD v. Sternberg, 149 F.3d 659, 666 n. 10 (7th Cir. 1998).

2611 SEC v. Kasser, 548 F.2d 109, 114 (3d Cir. 1977): „The federal securities laws … grant jurisdiction in transnational securities cases where at least some activity designed to further a fraudulent scheme occurs within this country." Das Gericht bejahte den *conduct*-Test auf der Basis folgender Fakten: Der Kläger, eine kanadische Fondsgesellschaft, erwarb Wertpapiere von zwei Gesellschaften, die zu dem Zweck gegründet worden waren, eine bestimmte Geschäftstätigkeit vorzuspiegeln und auf diese Weise die Fondsgesellschaft zu Investitionen zu veranlassen. Kontakte zu den USA bestanden darin, dass eine der Gesellschaften ihren Sitz in Delaware, die andere eine Geschäftsstelle in New Jersey hatte, mehrere Verhandlungen in den USA stattfanden, ein Investmentkontrakt in New York abgeschlossen und schließlich das investierte Geld über die New Yorker Filiale einer Schweizer Bank transferiert wurde.

2612 Continental Grain (Australia) Pty. Ltd. v. Pacific Oilseeds, Inc., 592 F.2d 409, 421 (8th Cir. 1979): „[W]here defendants' conduct in the United States was in furtherance of a fraudulent scheme and was significant with respect to its accomplishment … the district court has subject matter jurisdiction." In dem Fall hatten die Beklagten, ein US-amerikanischer Staatsangehöriger und eine Gesellschaft mit Sitz in Kalifornien, dem australischen Kaufinteressenten einer australischen Gesellschaft, an der sie beteiligt waren, wesentliche Informationen vorenthalten, um die Übernahme nicht zu gefährden. Im Zuge der Vorbereitung der Transaktion kommunizierten sie von den USA aus mit ihrem Bevollmächtigten in Australien, ohne unmittelbar mit dem Kaufinteressenten in Kontakt zu treten. Auch der Vertragsabschluss und die Zahlung des Übernahmepreises erfolgten in Australien. Das Gericht hielt sich für zuständig, um über den Anspruch gem. § 10(b) Sec. Ex. Act zu entscheiden: „[T]he scheme of fraudulent nondisclosure devised in the United States by use of the mail and other instrumentalities of interstate commerce, is conduct significant enough to establish subject matter jurisdiction", id. at 415. Ebenso Grunenthal GmbH v. Hotz, 712 F.2d 421, 424–25 (9th Cir. 1983).

2613 Anschaulich SEC v. Kasser, 548 F.2d 109, 116: „We are reluctant to conclude that Congress intended to allow the United States to become a 'Barbary Coast,' as it were, harboring international securities 'pirates.'"

2614 Der Second Circuit hatte aufgrund seines Zuschnitts (Gerichtsbarkeit unter anderem über den Bundesstaat New York) häufig Gelegenheit, sich um die Entwicklung und Konkretisierung des *conduct*-Tests zu bemühen. Eine frühe Entscheidung, die sich mit der Frage beschäftigt, ist der bereits erwähnte Fall Leasco Data Processing Equipment Corp. v. Maxwell, 468 F.2d 1326 (2d Cir. 1972). In dem Fall hatte der Kläger, eine US-amerikanische Gesellschaft, über eine ausländische Tochter Effekten einer britischen Gesellschaft an der London Stock Exchange erworben, um ein öffentliches Übernahmeangebot vorzubereiten. Leasco machte geltend, der Beklagte Maxwell – ein britischer Staatsangehöriger – habe ihn über den wahren Wert der Zielgesellschaft getäuscht, und zwar zunächst im Rahmen von später gescheiterten Verhandlungen über ein Joint Venture, die in den USA stattfanden, dann von Übernahmeverhandlungen in London, die – nach weiteren Treffen sowohl in London als auch den USA sowie Telefongesprächen von Großbritannien in die USA – zwar nicht zu der avisierten Übernahme führten, aber Leasco veranlassten, die schädigen-

Zuständigkeit der inländischen Gerichte; die Verwirklichung des gesamten Haftungstatbestands in den USA sei indes nicht erforderlich.[2615] Zuständigkeitsbegründend wirken nach dieser Ansicht z.B. die fehlerhafte Information des Geschäftspartners in den USA, entweder in Gesprächen vor Ort oder unter Nutzung des Post- und Fernmeldewesens aus dem Ausland, sofern die Falschangaben die andere Partei zum Abschluss des schädigenden Effektengeschäfts veranlassen,[2616] die Ausführung einer im Ausland unter Täuschung von einem ausländischen Kunden eingeholten

---

den Wertpapiertransaktionen vorzunehmen. Das Gericht stellte fest, dass sich § 10(b) Sec. Ex. Act (die Vorschrift, auf die Leasco seine Ansprüche stützte) nicht nur auf Effekten US-amerikanischer Emittenten bezieht, id. at 1336, sondern auch bei Wertpapiergeschäften an ausländischen Märkten (potentiell) eingreift, id. at 1337, und zudem ausländische Anleger schützt, id. at 1338. Es hielt die Aktivitäten in den USA für bedeutsam genug, um sich als zuständig anzusehen, obwohl die für den Schaden maßgebliche Täuschung in London stattfand: „[I]f defendants' fraudulent acts in the United States significantly whetted Leasco's interest in acquiring Pergamon shares, it would be immaterial, from the standpoint of foreign relations law, that the damage resulted, not from the contract whose execution Maxwell procured in this country, but from interrelated action which he induced in England or, for that matter, which Leasco took there on its own", id. at 1335.

Leitentscheidung im Second Circuit ist bis heute Bersch v. Drexel Firestone, Inc., 519 F.2d 974, 993 (2d Cir. 1975), in dem das Gericht *Leasco* präzisierte und eine dreistufige Prüfung entwickelte, die danach unterscheidet, ob US-amerikanische oder ausländische Staatsangehörige geschädigt wurden: „[T]he anti-fraud provisions of the federal securities laws: (1) Apply to losses from sales of securities to Americans resident in the United States whether or not acts (or culpable failures to act) of material importance occurred in this country; and (2) Apply to losses from sales of securities to Americans resident abroad if, but only if, acts (or culpable failures to act) of material importance in the United States have significantly contributed thereto; but (3) Do not apply to losses from sales of securities to foreigners outside the United States unless acts (or culpable failures to act) within the United States directly caused such losses." Damit führt *Bersch* letztlich zu einer Kombination des *effects*- und des *conduct*-Tests. *Bersch* folgend aus neuerer Zeit: Europe and Overseas Commodity Traders, S.A. v. Banque Paribas London, 147 F.3d 118, 128–29 (2d Cir. 1998); In re Parmalat Securities Litigation, 376 F. Supp. 2d 472, 510 et seq. (S.D.N.Y. 2005) (*subject matter jurisdiction* bejahend im Hinblick auf Erwerber von Parmalat-Wertpapieren mit gewöhnlichem Aufenthalt in den USA). Mehr auf das in den USA entfaltete Handeln konzentrierend Psimenos v. E.F. Hutton & Co., Inc., 722 F.2d 1041, 1046 (2d Cir. 1983): „[C]onduct material to the completion of the fraud [must have] occurred in the United States."

Der Fifth Circuit eignete sich explizit die vom Second Circuit entwickelten Maßstäbe an: Robinson v. TCI/US West Communications Inc., 117 F.3d 900, 906 (5th Cir.1997). Schließlich folgte im Jahr 1998 auch der Seventh Circuit dem eingeschlagenen Weg, vgl. Kauthar SDN BHD v. Sternberg, 149 F.3d 659, 667 (7th Cir. 1998): „[F]ederal courts have jurisdiction over an alleged violation of the antifraud provisions of the securities laws when the conduct occurring in the United States directly causes the plaintiff's alleged loss in that the conduct forms a substantial part of the alleged fraud and is material to its success."

2615 IIT v. Vencap, Ltd., 519 F.2d 1001, 1018 (2d Cir. 1975): „Our ruling on this basis of jurisdiction ... does not extend to mere preparatory activities or the failure to prevent fraudulent acts where the bulk of the activity was performed in foreign countries". Ebenso Psimenos v. E.F. Hutton & Co., Inc., 722 F.2d 1041, 1046; Kauthar SDN BHD v. Sternberg, 149 F.3d 659, 667. Aber zu beachten ist die in Bersch v. Drexel Firestone, Inc., 519 F.2d 974, 990 et seq. eingeführte Differenzierung: „While merely preparatory activities in the United States are not enough to trigger application of the securities laws for injury to foreigners located abroad, they are sufficient when the injury is to Americans so resident", id. at 992. Vorbereitende Handlungen führen damit nach Ansicht des Second Circuit erst recht zur Zuständigkeit der US-Gerichte, wenn sie US-amerikanische Staatsbürger schädigen, die ihren gewöhnlichen Aufenthalt in den USA haben.

2616 Leasco Data Processing Equipment Corp. v. Maxwell, 468 F.2d 1326, 1335.

Order an einer inländischen Börse[2617] oder der Kauf von Effekten, der zwar – was die Transaktion selbst anbelangt – keine Verbindungen zu den USA aufweist (die Papiere stammen von einem ausländischen Emittenten, werden nur im Ausland gehandelt und von einer ausländischen Gesellschaft erworben), aber auf einem Verkaufsprospekt beruht, der gänzlich in den USA abgefasst wird und Finanzinformationen enthält, die ihren Ursprung in den USA haben.[2618] Die Abgrenzung ist allerdings eine feine: Ist der Fall nur ein wenig anders gelagert, erfolgt etwa nicht die gesamte Prospekterstellung in den USA, sondern bereiten die Parteien dort lediglich Teile vor, mag die im Übrigen im Ausland zu verortende Transaktion (ein ausländischer Emittent bietet Wertpapiere im Ausland öffentlich an und veröffentlicht dort den fehlerhaften Verkaufsprospekt, ausländische Staatsangehörige werden geschädigt) den Ausschlag dafür geben, dass sich die inländischen Gerichte für unzuständig erklären.[2619] Daran wird sich auch dann nichts ändern, wenn einige der Emissionsbanken, ihre Rechtsbeistände und die Wirtschaftsprüfer ihren Sitz im Inland haben, dort Verhandlungen über die Strukturierung der Emission und die Konditionen der Übernahme abhalten und die Konten führen, über die sie die Emission abwickeln.[2620] Schließlich werden US-amerikanische Gerichte die internationale Zuständigkeit ablehnen, wenn sich zwei ausländische Staatsangehörige in den USA treffen, dort ein Geschäft über Wertpapiere abschließen, die nicht an einer Börse in den USA gelistet sind, und eine Partei die andere im Zuge der Verhandlungen täuscht.[2621]

2617 Tamari v. Bache & Co. (Lebanon) S.A.L., 547 F. Supp. 309, 315 (N.D. Ill. 1982): „[T]he execution of those orders on the Chicago exchanges were the final steps in the alleged scheme. ... [T]he 'lawfulness' of [defendant's] execution of the orders, as found by the arbitrators, does not cure any prior fraud in defendant's solicitations from the plaintiffs, nor does it prevent the execution of the orders from being a necessary and foreseeable step in a scheme to defraud, and thus substantial conduct within the United States." Der Entscheidung folgen Psimenos v. E.F. Hutton & Co., Inc., 722 F.2d 1041, 1047; Kauthar SDN BHD v. Sternberg, 149 F.3d 659, 666.

2618 IIT v. Cornfeld, 619 F.2d 909, 919 et seq. (2d Cir. 1980). Das Gericht sah es als entscheidend an, dass der ausländische Emittent die hundertprozentige Tochtergesellschaft eines US-amerikanischen Unternehmens war, dass die Muttergesellschaft die streitgegenständliche (ausländische) Emission als Teil einer umfassenden Finanzierungsstrategie mit anderen (inländischen) Emissionen abgestimmt hatte, des weiteren das Mutterunternehmen die Anleihen der Tochter garantierte und schließlich, da die Tochter über kein eigenes Betriebsvermögen verfügte, die gesamte Bilanzprüfung in den USA erfolgte, vgl. id. at 920.

2619 Bersch v. Drexel Firestone, Inc., 519 F.2d 974, 986–87. Die Rechtslage ist wiederum anders zu beurteilen, wenn US-amerikanische Staatsangehörige zu den Investoren und damit den Geschädigten zählen, vgl. Stufen (1) und (2) des *Bersch*-Tests, oben Fn. 2614.

2620 Id. Zur Abgrenzung dieses Beispiels von dem vorigen vgl. IIT v. Cornfeld, 619 F.2d 909, 920.

2621 Beispiel nach Leasco Data Processing Equipment Corp. v. Maxwell, 468 F.2d 1326, 1338. Vgl. auch Europe and Overseas Commodity Traders, S.A. v. Banque Paribas London, 147 F.3d 118, 130–31 (2d Cir. 1998): Um die Zuständigkeit US-amerikanischer Gerichte zu begründen, ist es nicht ausreichend, dass der ausländische Verkäufer das Angebot zum Abschluss des Geschäfts über Wertpapiere eines französischen Fonds über das Telefon in die USA übermittelt, während sich der ausländische Käufer zu Urlaubszwecken dort aufhält, und dass der Erwerber die Kauforder von den USA aus platziert.

Die Analyse macht zwei Punkte deutlich. Zwar erklären die Gerichte: „[The US] are not to be a haven for scoundrels; nor should we be a host for the world's victims of securities fraud."[2622] Gleichwohl führt die expansive Auslegung der Grundsätze zur extraterritorialen Geltung des US-amerikanischen Rechts dazu, dass die Reichweite des Securities Act 1933 und des Securities Exchange Act 1934 weit über das hinausgeht, was dem deutschen Verständnis von einer angemessenen Bestimmung des Anwendungsbereichs der Kapitalmarktgesetze entspricht. Insbesondere hat sie, anders als die hier vorgeschlagene Anknüpfung an den Markt und die sonstigen in der deutschen Literatur vertretenen Lösungen, nicht die Suche nach der engsten Verbindung zum Ziel, sondern den Schutz US-amerikanischer Interessen – ein Unterschied, der sich aus der abweichenden dogmatischen Verankerung der Ansätze – Frage nach dem Geltungswillen öffentlichen Rechts einerseits, nach der Sachnähe verschiedener potentiell den Sachverhalt beherrschender und mit Hilfe kollisionsrechtlicher Prinzipien zu berufender Rechtsordnungen andererseits – erklärt. Diese Differenzen sind allerdings zunächst einmal nicht problematisch. Sie haben mitunter zur Folge, dass der geschädigte Anleger zwischen verschiedenen Foren wählen und nach dem für ihn günstigsten Recht vorgehen kann – eine Situation, die auch in rein internationalprivatrechtlichen Sachverhalten keine Seltenheit darstellt (die nämlich auftritt, wenn sich die Gerichte verschiedener Staaten für international zuständig halten und Kollisionsnormen heranziehen, die auf unterschiedliche Rechtsordnungen verweisen) und keine Bedenken, etwa im Hinblick auf rechtsmissbräuchliches Verhalten, aufwirft. Sie können aber Konflikte nach sich ziehen, wenn die Regelungsinteressen verschiedener Staaten divergieren und einer der beteiligten Staaten sein rechtliches Regime auf einen Sachverhalt anwendet, der seinen Schwerpunkt in einem anderen Staat hat und nach den dort herrschenden Vorstellungen einer anderen (oder keiner) Regelung unterworfen sein soll. Auf dem Gebiet des Kartellrechts, auf dem die USA ähnlich expansiv vorgehen, hat diese Problematik zu teilweise heftigen internationalen Spannungen und gesetzgeberischen Gegenreaktionen anderer Staaten geführt (sog. *claw-back* Gesetze).[2623] Die extraterritoriale Geltung US-amerikanischer kapitalmarktrechtlicher Haftungsnormen hat bislang nur wenige internationale Kontroversen ausgelöst, wohl weil die meisten Staaten mit dem Zweck der Vorschriften des Securities Act 1933 und des Securities Exchange Act 1934 konform gehen und vergleichbare Interessen verfolgen.

Der zweite noch anzusprechende Punkt wiegt schwerer. Wie die Analyse der zahlreichen Fälle zum *conducts*- und *effects*-Test zeigt, lässt sich die Behandlung der sachlichen Zuständigkeit durch die Gerichte – abgesehen von einigen eindeutigen Ausnahmefällen – kaum vorhersagen. Nicht nur verfolgen die verschiedenen Circuits unterschiedliche Ansätze zur Konkretisierung der Tests, auch sind die gewählten Kriterien zu vage, um Rechtssicherheit zu schaffen: Handlungen haben *significant, substantial, material* zu sein; zusätzlich wird danach unterschieden, ob es sich bei

2622 Butte Min. PLC v. Smith, 76 F.3d 287, 291 (9th Cir. 1996).
2623 Vgl. hierzu *Pettit/Styles*, 37 Bus. Law. 697 (1982).

dem Emittenten und den Geschädigten um US-amerikanische Staatsbürger mit gewöhnlichem Aufenthalt in den USA oder im Ausland oder um Ausländer mit gewöhnlichem Aufenthalt im Inland bzw. im Ausland, ob es sich bei den Papieren um im Inland oder im Ausland gelistete Effekten, bei den angegriffenen Maßnahmen um Vorbereitungshandlungen oder unmittelbare Ursachen der Schädigung handelt etc. Hier scheint eine einfache Regelung, wie die in dieser Arbeit vorgeschlagene, sinnvoller. Sie beschränkt zwar die Reichweite der inländischen anlegerschützenden Vorschriften, lässt den Anleger durch Verweis auf ausländische Rechtsordnungen aber nicht ohne Schutz zurück und ermöglicht es zugleich dem Emittenten und den Finanzintermediären, das für sie maßgebliche Regime vorherzusehen und damit das Haftungsrisiko besser abzuschätzen.[2624]

2624 Abhilfe schafft zu einem gewissen Grad die Praxis der Gerichte in jüngerer Zeit, Gerichtsstands- und Rechtswahlklauseln für zulässig zu erachten, vgl. z.B. Bonny v. The Society of Lloyd's, 3 F.3d 156 (7th Cir. 1993). Bei entsprechender Fassung der Klausel bestimmen sich damit nicht nur vertragliche Ansprüche, sondern auch solche nach deliktsrechtlichen und ähnlichen Grundsätzen (vergleichbar mit § 10[b] Sec. Ex. Act oder der spezialgesetzlichen Prospekthaftung) nach dem gewählten Recht. Die Klauseln dürften allerdings nur im Verhältnis der Vertragspartner untereinander und nicht gegenüber Dritten (etwa gegenüber den Anlegern bei einem öffentlichen Angebot) Wirkung entfalten, vgl. *Hillman*, 55 Law & Contemp. Probs. 331, 342 et seq. (1992). Einen innovativen neuen Ansatz schlägt *Romano*, 107 Yale L. J. 2359 (1998), vor: Sie will – entsprechend der Lage im Gesellschaftsrecht in den USA, die sich dadurch auszeichnet, dass Gesellschaften das Regime wählen können, dem sie unterstehen (Gründungstheorie) – die Befolgung des Bundes-Kapitalmarktrechts (d.h. insbesondere des Securities Act 1933 und des Securities Exchange Act 1934) freiwillig ausgestalten und alternativ – mit gewissen Einschränkungen – die Wahl des einzelstaatlichen Rechts am Registersitz des Emittenten oder eines Drittstaates zulassen, das nicht nur über Rechtsfragen am Primär-, sondern auch am Sekundärmarkt entscheiden soll (unabhängig davon, wo die streitgegenständliche Wertpapiertransaktion stattgefunden hat), z.B. über Registrierungs- und Publizitätspflichten oder Ansprüche geschädigter Anleger, id. at 2401 et seq. Der Vorschlag hat eine Diskussion ausgelöst, die der Kontroverse um regulativen Wettbewerb im Gesellschaftsrecht gleicht und zu den von dort bekannten Voraussagen – *race to the bottom* bzw. *race to the top* – geführt hat. Zu kritischen Stimmen vgl. *Cox*, 99 Colum. L. Rev. 1200 (1999); *Fox*, 85 Va. L. Rev. 1335 (1999); *Kitch*, 41 Va. J. Int'l L. 629 (2001).

Fünfter Teil: Rechtsvergleich

§ 11 Rechtsnatur des Emissionskonsortiums

I. Problemlage

Gegen eine Qualifizierung von Emissionskonsortien als Gesellschaften bürgerlichen Rechts wird mitunter vorgebracht, dass sie der internationalen Praxis und der Erwartungshaltung anglo-amerikanischer Konsortialmitglieder widerspreche, die nicht davon ausgingen, „ein Konsortium deutschen Rechts [sei] etwas anderes … als ein solches z.B. nach englischem Recht."[2625] Abgesehen davon, dass die englische oder US-amerikanische Investmentbank sicherlich nicht ohne weiteres annimmt, deutsche Rechtsinstitute seien mit den Instituten ihres Heimatrechts identisch, hat die Untersuchung gezeigt, dass die rechtliche Einordnung US-amerikanischer Emissionskonsortien keineswegs unproblematisch ist. Insbesondere ist auch das US-amerikanische Gesellschaftsrecht – entgegen der Auffassung mancher Stimmen in der deutschen Literatur[2626] – nicht der Vertragsautonomie unterworfen. Eine *partnership* entsteht, wie in Deutschland, unter Umständen gegen den Willen der Parteien, wenn die entsprechenden gesetzlichen Voraussetzungen erfüllt sind. Es ist allerdings richtig, dass das US-amerikanische Personengesellschaftsrecht für Emissionsbanken insoweit günstiger ist, als es dem Parteiwillen zumindest eine gewisse Indizwirkung beimisst.[2627]

Entscheidender Unterschied zwischen beiden Gesellschaftsrechtssystemen (und im Übrigen zwischen dem deutschen und dem anglo-amerikanischen Rechtskreis insgesamt) ist aber der größere Pragmatismus des US-amerikanischen Rechts einerseits und die größere dogmatische Verschachtelung des deutschen Rechts andererseits. Betrachtet man die Voraussetzungen für die Entstehung einer Gesellschaft bürgerlichen Rechts und einer partnership, ergibt sich zunächst folgender Befund: Die GbR entsteht, wenn sich zwei oder mehr Personen zusammenschließen, um einen gemeinsamen Zweck zu verfolgen.[2628] Die partnership setzt voraus, dass zwei oder mehr Personen vereinbaren, ein Erwerbsgeschäft als Mitinhaber zu führen.[2629] Die Voraussetzungen für die Gründung einer *partnership* sind mithin strenger als die gem. § 705 BGB, da nicht jeder beliebige gemeinsam zu verfolgende Zweck genügt. Andererseits geht das Erfordernis des Betreibens eines Erwerbsgeschäfts i.S. des

2625 BuB/*Bosch*, Rdnr. 10/33.
2626 *Hartwig-Jacob*, Vertragsbeziehungen, S. 161.
2627 § 8 III 2 a.
2628 § 5 III 1 c aa (1).
2629 § 8 III 2 b.

§ 202(a) UPA („to carry on … a business for profit“) über den Begriff des Handelsgewerbes gem. § 1 Abs. 2 HGB hinaus.[2630] Damit stellt sich in den USA ein Problem nicht, dem sich das deutsche Recht ausgesetzt sieht: die aus traditionellen Gründen enge Definition des Handelsgewerbes, die den entsprechend restriktiven Anwendungsbereich der §§ 105 ff. HGB bedingt, zu überwinden und auch solche Zusammenschlüsse dem Regime der oHG zu unterstellen, die strukturell mit der offenen Handelsgesellschaft vergleichbar sind, aber keinen Gewerbebetrieb zum Gegenstand haben. Zugleich sind die Voraussetzungen des § 202(a) UPA fein genug konturiert, um bestimmte Zusammenschlüsse zum Zweck des Betreibens eines Erwerbsgeschäfts, für die die Vorschriften des UPA unpassend wären, namentlich Emissionskonsortien, nicht zu erfassen.[2631]

In einer weiteren Hinsicht entstehen für das deutsche Recht Probleme, die das US-amerikanische Personengesellschaftsrecht nicht kennt. In der Absicht, sämtliche Fallgestaltungen, die das Zusammenwirken mehrerer Personen zur Erreichung eines gemeinsamen Ziels zum Gegenstand haben, auf einheitliche dogmatische Grundlagen zu stellen, hat die deutsche Jurisprudenz, maßgeblich durch *v. Gierke* beeinflusst, zwei Arten von personenrechtlichen Verbindungen entwickelt, die sich ihrer Natur nach fundamental unterscheiden und jeweils (mit gewissen Überschneidungen) eigenen Regeln folgen: die Verbandsperson (so *v. Gierke*; heute: Körperschaft) und die Gesamthandsgesellschaft.[2632] Alle Gesellschaftsformen müssen sich in dieses Schema (mit seinen beiden paradigmatischen Typen Verein und Gesellschaft bürgerlichen Rechts) einordnen. Das führt zwar zu einer mitunter hilfreichen Systematisierung, aber auch zu dogmatischen Zwängen und Unterscheidungen, die nicht immer als gerechtfertigt bezeichnet werden können. Wichtigstes – und hier vornehmlich interessierendes – Beispiel ist die Frage nach der Rechtsfähigkeit. Während sie für die Körperschaft außer Zweifel steht, beschäftigt die Natur der Gesamthandsgesellschaft Wissenschaft und Praxis seit mehr als hundert Jahren.[2633] Derzeitiger Stand der noch nicht abgeschlossenen Entwicklung ist der folgende: Die Körperschaft ist in der Regel juristische Person und damit „als solche[…]“[2634] rechtsfähig. Die Gesamthandsgemeinschaft *kann* ebenfalls rechtsfähig sein (unter welchen Voraussetzungen sie Rechtsfähigkeit erlangt, ist, wie ausgeführt, umstritten[2635]); wenn sie rechtsfähig ist, dann aber jedenfalls nur „als Gruppe ihrer gesamthänderisch verbundenen Mitglieder“[2636], und nicht „als solche“. Des Weiteren handelt es sich bei der juristischen Person um einen Zusammenschluss mit Rechtspersönlichkeit, bei der Gesamthandsgesellschaft (sofern sie rechtsfähig ist) dagegen lediglich

---

2630 Vgl. § 8 III 2 b bb.
2631 Vgl. § 8 III 3 a.
2632 Nachweise bei *Karsten Schmidt*, Gesellschaftsrecht, § 7 I 2 a.
2633 Siehe oben § 5 III 1 c aa (2).
2634 BGHZ 146, 341, 347.
2635 Sie muss Außengesellschaft sein, wobei nicht geklärt ist, wann eine GbR zur Außengesellschaft wird, vgl. § 5 III 1 c aa (2).
2636 BGHZ 146, 341, 347.

um einen solchen, dem „Teilrechtsfähigkeit" zukommt.[2637] All das gilt für die oHG ebenso wie für die GbR, obwohl das Gesetz für erstere anordnet: „[Sie] kann unter ihrer Firma Rechte erwerben und Verbindlichkeiten eingehen, Eigentum und andere dingliche Rechte an Grundstücken erwerben, vor Gericht klagen und verklagt werden."[2638] Eine Formulierung, die sich nicht wesentlich unterscheidet von der Aussage des Gesetzes zur Rechtsfähigkeit der GmbH, bekanntlich einer Körperschaft und juristischen Person: „Die Gesellschaft mit beschränkter Haftung als solche hat selbständig ihre Rechte und Pflichten; sie kann Eigentum und andere dingliche Rechte an Grundstücken erwerben, vor Gericht klagen und verklagt werden."[2639] Die abweichende Behandlung erklärt sich dadurch, dass die oHG auf die GbR zurückzuführen ist, die GmbH aber auf den Verein. Eine inhaltliche Rechtfertigung dieser Differenzierung fehlt. Ohnehin wird nicht deutlich, worin der sachliche Unterschied zwischen Rechtspersönlichkeit und Teilrechtsfähigkeit, zwischen einem Träger von Rechten und Pflichten „als solchem" und einem Rechtsträger, dem der Status einer juristischen Person fehlt, bestehen soll.[2640] Auch die juristische Person ist selbstverständlich nicht umfassend rechtsfähig in dem Sinne, dass sie Träger jeglicher Rechte zu werden vermag, die nach der Rechtsordnung denkbar sind.[2641] Insoweit kommt auch ihr nur Teilrechtsfähigkeit zu.

Es soll nicht verkannt werden, dass diese Streitfragen größtenteils terminologischer Natur sind. In der Literatur wird mit Recht darauf hingewiesen, dass sich „[e]in Erkenntnisgewinn ... aus der Nivellierung des Unterschieds zwischen juristischer Person und Gesamthand"[2642] nicht erwarten lässt. Die Gleichstellung der Gesamthandsgesellschaft mit der juristischen Person würde an den durch einzelne Gesetzesbestimmungen vermittelten Unterschieden nichts ändern. Die Mitgliedschaft wäre weiterhin anders verfasst und die innere Struktur anders organisiert.[2643] Darum geht es hier jedoch nicht. Entscheidend ist, dass die unklare Rechtslage bei der GbR, das Untätigbleiben des Gesetzgebers und der Wunsch der Wissenschaft, die Lösung der praktischen Probleme an den überkommenen dogmatischen Feinheiten auszurichten (anstelle – umgekehrt – die Dogmatik an die Bedürfnisse der Praxis anzupassen), über Jahrzehnte hinweg Kräfte gebunden, durch immer wie-

---

2637 Der Begriff der Teilrechtsfähigkeit ist von der Literatur geprägt worden, vgl. insbesondere *Flume*, Personengesellschaft, § 7 II; MüKo BGB/*Ulmer*, 3. Aufl., § 705, Rdnr. 131 (inzwischen von *Ulmer* aufgegeben in ZIP 2001, 585, 588 f.; in MüKo BGB/*Ulmer*, 4. Aufl., Vor § 705, Rdnr. 12, hält er aber an der Unterscheidung zwischen Verbänden mit Rechtspersönlichkeit und Personengesellschaften ohne Rechtspersönlichkeit fest). Die Gerichte stehen – auch nach der durch BGHZ 142, 315 eingeleiteten Rechtsprechungsänderung – der Lehre von der Teilrechtsfähigkeit nahe, wenn sie davon sprechen, dass sich die GbR durch „*beschränkte*[...] Rechtssubjektivität" (BGHZ 146, 341, 344) auszeichne, dass sie rechtsfähig sei, „[*s*]*oweit sie* ... eigene Rechte und Pflichten begründe[...]", a.a.O., 343 (Hervorhebungen durch den Verfasser).

2638 § 124 Abs. 1 HGB.

2639 § 13 Abs. 1 GmbHG.

2640 Kritisch hierzu bereits oben Fn. 883.

2641 Man denke nur an die eingeschränkte Grundrechtsfähigkeit gem. Art. 19 Abs. 3 GG.

2642 MüKo BGB/*Ulmer*, Vor § 705, Rdnr. 13.

2643 Zu den Unterschieden zwischen Gesamthands- und Kapitalgesellschaften im Einzelnen vgl. nur *Karsten Schmidt*, Gesellschaftsrecht, § 8 IV.

derkehrende Streitfragen und Abgrenzungsprobleme Rechtsunsicherheit hervorgerufen und damit den Rechtsverkehr erschwert und Transaktionen verteuert haben.

Auch in den USA sahen sich Wissenschaft und Praxis mit dem Problem konfrontiert, welche Rechtsnatur der partnership zukommt.[2644] Die Verfasser des Modellgesetzes, des UPA (und ihnen folgend zahlreiche Landesgesetzgeber), haben sich dazu entschlossen, der Gesellschaft Rechtspersönlichkeit beizugeben: „A partnership is an entity distinct from its partners."[2645] Hierbei störten sie sich weder daran, dass die Personengesellschaft damit denselben Status erlangt wie eine Aktiengesellschaft,[2646] noch dass die Gesellschafter persönlich und als Gesamtschuldner für die Verbindlichkeiten der Gesellschaft verantwortlich sind[2647] oder andere Vorschriften weiterhin Geltung beanspruchen, die in der Tradition der partnership als eines rechtlich unselbständigen Zusammenschlusses natürlicher Personen stehen.[2648] Für ein solches Konzept spricht vielleicht nicht die restlose dogmatische Durchdringung, aber in jedem Fall Praktikabilität.

II. Lösung

Das erste der genannten Probleme – die sachgerechte Erstreckung der Vorschriften über die oHG auf manche (aber nicht alle) Gesellschaften bürgerlichen Rechts – versucht die vorliegende Arbeit dadurch zu lösen, dass sie im Rahmen der §§ 705 ff. BGB zwischen zwei Gesellschaftsformen unterscheidet: der kollektivistischen und der individualistischen Gesellschaft bürgerlichen Rechts. Beide Gesellschaftsformen sind weitgehend eigenständig und unterliegen verschiedenartigen Regelungen in Bezug auf Gründung, Rechtsfähigkeit und Haftung. Auf die Einzelheiten ist die Arbeit an früherer Stelle eingegangen;[2649] hier soll nur der wichtigste Punkt wiederholt werden: Bei der kollektivistischen GbR handelt es sich um eine gesamthänderische Gemeinschaft, die als solche (als Gesamthandsgemeinschaft) nach außen auftritt. Die Gesellschafter haften für die Schulden der Gesellschaft persönlich, unbeschränkt, unmittelbar und primär als Gesamtschuldner analog §§ 128 ff. HGB. Die individualistische GbR stellt demgegenüber eine rein schuldrechtliche Verbindung dar, die nur bei gemeinschaftlicher Verpflichtung die gesamtschuldnerische Haftung der Handelnden nach sich zieht (sofern nicht die jeweilige Interessenlage auf Teilschulden hindeutet, vgl. § 427 BGB). Die Gesellschafter können frei zwischen beiden Gesellschaftsformen wählen, ohne gegen den Numerus Clausus der Gesellschaftsformen oder den zwingenden Charakter des Gesellschaftsrechts zu verstoßen.

2644 Vgl. zu den beiden Positionen – *aggregate* und *entity theory* – oben § 8 III 1.
2645 § 201(a) UPA (1997).
2646 Was im Übrigen auch in anderen Ländern der Fall ist, z. B. in Schottland (§ 4[2] Partnership Act 1890) oder in Frankreich (Art. 1842 Code Civil, Art. L210-6 Code de Commerce).
2647 § 306(a) UPA (1997).
2648 Z.B. § 801 UPA (1997), der die Auflösung der Gesellschaft bei Ausscheiden eines Gesellschafters anordnet.
2649 § 5 III 1 c aa (2) und (3).

Diese Lösung erreicht einerseits Rechtssicherheit, da sich die vormals problematische Grenzziehung zwischen der Gesellschaft bürgerlichen Rechts, die nur den §§ 705 ff. BGB untersteht, und der (nach h.M. als Außengesellschaft bezeichneten) GbR, auf die darüber hinaus die §§ 128 ff. HGB anwendbar sind, nach dem Parteiwillen richtet. Andererseits wird der Anwendungsbereich der §§ 128 ff. HGB nicht unterschiedslos auf sämtliche nach außen auftretende Gesellschaften bürgerlichen Rechts erstreckt, sondern nur auf diejenigen, bei denen der Rückgriff auf die Bestimmungen der oHG gerechtfertigt ist – nämlich weil es die Parteien so wünschen. Damit wählt diese Arbeit zwar einen anderen Weg, als er in den USA beschritten wurde, sie fügt sich aber, wie gezeigt, stimmig in die vorgefundene Gesetzessystematik ein[2650] und sollte die Nachteile, die durch den engen Gewerbebegriff des § 1 Abs. 2 HGB und die Weite des § 705 BGB entstanden sind, kompensieren können.

Das zweite Problem – die nach wie vor unklare Rechtsnatur der Personengesellschaften im Allgemeinen und der GbR im Besonderen – kann nur beschränkt ohne gesetzgeberische Intervention bewältigt werden. Die Zweiteilung der deutschen Gesellschaftsrechtsformen in Personengesellschaften und Körperschaften ist *de lege lata* unabweisbar.[2651] Durch die Einführung von kollektivistischer und individualistischer GbR wird dem Problem dort, wo es die größte Unsicherheit hervorgerufen hat – bei der Frage nach der rechtlichen Behandlung der GbR – zwar einiges von seiner Schärfe genommen, eine Klarstellung des Gesetzgebers wäre aber gleichwohl wünschenswert.

§ 12 Haftung

I. Haftungsadressaten

In der Arbeit klang mehrfach an, dass die Emissionsbanken neben der ihnen (nach deutschem Recht) vom Gesetz zugedachten Rolle, den Antrag auf Zulassung der Wertpapiere zum Börsenhandel zu stellen (§ 32 Abs. 2 Satz 1 BörsG), eine Garantiefunktion gegenüber dem Investor erfüllen und dazu beitragen, die informationelle Lücke zwischen Emittent und Anlegerpublikum zu überbrücken.[2652] Diese Interpretation der Rolle der Emissionsbanken ist nicht neu. Schon in den Anfangstagen des Emissionsgeschäfts wies die deutsche Literatur darauf hin, dass das Emissionshaus „durch Einsetzung seines Emissionskredites wie seines guten Rufes überhaupt beim Publikum in Anbetracht der aleatorischen Natur der Aktien vorhandene Be-

---

2650 Vgl. oben § 5 III 1 c bb (1) und (2).
2651 Die Einfügung der §§ 191 Abs. 2 Nr. 1, 202 Abs. 1 Nr. 1 UmwG hat hieran nichts geändert, da die Vorschriften lediglich zum Ausdruck bringen, dass sich das Zuordnungssubjekt der Rechtsverhältnisse bei Formwechsel nicht ändert, aber nichts darüber aussagen, ob der Rechtsträger unter Wahrung seiner *Identität*, d.h. seiner Verfassung, weiter besteht, vgl. Großk. HGB/*Habersack*, § 124, Rdnr. 2.
2652 § 2 III.

denken leichter zu zerstören vermag."[2653] Auch die Rechtsprechung erkennt an, dass die Emissionsbanken aufgrund ihrer Stellung besondere Pflichten treffen, die mit den Pflichten sonstiger Mittelspersonen – etwa den Pflichten i.S. der §§ 311 Abs. 3 Satz 1 i.V.m. 241 Abs. 2 BGB – nicht identisch sind. Die Auffassung von der Sonderstellung der Emissionsbanken ist freilich in kein stimmiges Gesamtkonzept eingebunden. Sie klingt in einigen Urteilen an, üblicherweise im Zusammenhang mit Einzelfragen zum Sorgfaltsmaßstab gem. § 45 Abs. 1 BörsG[2654] oder zur Bedeutung des § 32 Abs. 2 Satz 1 BörsG. Aus letzterer Bestimmung (bzw. der Vorgängerregelung des § 71 Abs. 2 Satz 1 a.F., die für die Zulassung von Wertpapieren zum geregelten Markt einen Antrag des Emittenten und der Emissionsbank verlangte) hat der BGH z.B. in der bereits zitierten Entscheidung *Elsflether Werft* abgeleitet: „Für die Haftung der emissionsbegleitenden Bank ... spricht auch der Sinn und Zweck des Gesetzes. ... Die emissionsbegleitende Bank setzt ihr Ansehen ein, erweckt damit beim Anlegerpublikum Vertrauen und wird in die Pflicht genommen."[2655] Was fehlt, ist der Versuch, aus den Erkenntnissen ein umfassendes Haftungsregime für Emissionsbanken oder – vorzugsweise – Finanzintermediäre allgemein zu entwickeln.[2656]

Die US-amerikanische Literatur und Rechtsprechung sind hier weiter. Die Diskussion, in der Wissenschaft allgemein unter dem Begriff *gatekeeper theory* bekannt,[2657]

2653 *Heim*, Rechtsstellung des Emissionshauses, S. 2 (1909). Aus neuerer Zeit *Ellenberger*, Prospekthaftung, S. 25: „Die Einbeziehung der Emissionsbank in den Haftungsverbund rechtfertigt sich aus der über eine reine Sachverständigenfunktion hinausgehenden Garantenstellung für die Seriosität der Aktienemission. Die Bank setzt beim Going Public gerade ihr eigenes Standing ein ... Die Anleger vertrauen darauf, dass die Bank ihrem guten Ruf entsprechend die Emission und den Emittenten eingehend geprüft hat."

2654 Vgl. z.B. OLG Frankfurt, ZIP 1999, 1005, 1007 (MHM Mode); WM 1994, 291, 297 (Bond I), mit Verweis auf den besonderen Informationsstand der Emissionsbank.

2655 BGHZ 139, 225, 230. Es ist nochmals zu betonen, dass sich das Zitat auf das Problem der Haftung für den (nach damaligem Recht erforderlichen) Unternehmensbericht trotz fehlender Unterzeichnung durch die emissionsbegleitende Bank bezieht (vgl. bereits oben § 6 I 2 a bb [2] [c]). Seine Tragweite ist deswegen fraglich. Aus der Stellungnahme des BGH kann jedenfalls nicht geschlossen werden, dass alle Konsortialbanken schon kraft ihrer Teilnahme an der Emissionsbegleitung haften sollten.

2656 Da das Kapitalmarktrecht einen umfassenden Anlegerschutz anstrebt, darf die zu erörternde Frage nicht lauten: Sollen Emissionsbanken für Fehlinformationen am Kapitalmarkt einstehen? Oder: Sollen Wirtschaftsprüfer für Fehlinformationen am Kapitalmarkt einstehen? Sondern: Sind für einen umfassenden Schutz der Anleger am Kapitalmarkt die Finanzintermediäre in die Pflicht zu nehmen? Wenn ja: Wie beeinflussen sich die einzelnen Intermediäre, was ihre haftungsrechtliche Verantwortung betrifft? Mit anderen Worten: Sind im Außenverhältnis jeweils alle beteiligten oder nur einzelne Intermediäre verantwortlich und wie weit reicht ihre Verantwortung im Innenverhältnis? Die folgenden Abschnitte der Arbeit werden diese Fragen behandeln; sie werden sich hierbei allerdings auf die Emissionsbanken konzentrieren.

2657 Der Begriff geht zurück auf *Kraakman*, Gatekeepers: The Anatomy of a Third-Party Enforcement Strategy, 2 J.L. Econ. & Org. 53 (1986). Vgl. auch *dens.*, 93 Yale L.J. 857 (1984); sowie aus neuerer Zeit *Black*, 48 UCLA L. Rev. 781, 793 et seq. (2001); *Choi*, 92 Nw. U. L. Rev. 916 (1998); *dens.*, 64 U. Chi. L. Rev. 567, 584 et seq. (1997); *Coffee*, Gatekeepers: The Professions and Corporate Governance (2006); *dens.*, 84 B.U. L. Rev. 301 (2004); *dens.*, 57 Bus. Law. 1403 (2002); *dens.*, 52 Bus. Law. 1195 (1997); *Griffith*, 154 Univ. Pa. L. Rev. 1147 (2006); *Hamdani*, 77 S. Ca. L. Rev. 53 (2003); *Langevoort*, 63 Law & Contemp. Probs. 45 (2000); *Partnoy*, 79 Wash. U. L.Q. 491 (2001); *Sher*, 4 DePaul setzt bei der Beobachtung an, dass den Investmentbanken häufig ein größerer Bekanntheitsgrad zukommt als den Unternehmen, deren Aktien und Anleihen sie übernehmen. Die Investoren erwerben die Papiere im Vertrauen auf das Ansehen des Intermediärs und nicht des Emittenten.[2658] Zugleich hängt der Erfolg des Intermediärs bei der Akquise neuer Geschäfte von seiner Reputation ab. Er hat mithin ein Interesse daran, die Belange der Investoren zu schützen und hierdurch seinen Ruf zu festigen bzw. auszubauen. Der große amerikanische Privatbankier John Pierpont Morgan hat die Auswirkungen dieser Interessenlage 1933 mit folgenden Worten zusammengefasst: „In the process of time there has grown up a code of professional ethics and customs, on the observance of which depend [the private banker's] reputation, his fortune, and his usefulness to the community in which he works. Some private bankers, as indeed is the case in some of the other professions, are not as observant of this code as they should be; but if, in the exercise of his profession, the private banker disregards this code, which could never be expressed in legislation, but has a force far greater than any law, he will sacrifice his credit. This credit is his most valuable possession; it is the result of years of fair and honorable dealing and, while it may be quickly lost, once lost cannot be restored for a long time, if ever."[2659] Das US-amerikanische Rechtssystem macht sich die geschilderten Anreize zunutze: Der Gesetzgeber bestätigt in § 11(a)(5) Sec. Act, dass die Emissionsbanken für den Inhalt der Emissionsunterlagen verantwortlich sind. Die SEC konzentriert sich bei der Durchsetzung der Kapitalmarktgesetze ebenso auf den Emittenten wie auf die Emissionsbegleiter. Die Gerichte betonen, dass die Konsortialbanken bei der Wahrung der Integrität des Primärmarktes und beim Schutz der Anleger eine zentrale Rolle spielen.[2660]

Dieses Kapitel wird untersuchen, ob die Grundsätze der gatekeeper theory die Erstreckung der Haftung für Fehlinformationen am Kapitalmarkt auf Finanzintermediäre, insbesondere die Emissionsbanken, verlangen (unter 1), ob neben oder anstelle der Konsortialbanken andere Intermediäre haftungsrechtlich belangt werden sollten (unter 2) und inwieweit die gegenwärtigen deutschen und US-amerikanischen Vorschriften zur Haftung am Primärmarkt den gewonnenen Erkenntnissen gerecht werden (unter 3). In den nächsten Kapiteln ist sodann die Frage zu erörtern, wie die Haftung – unterstellt, eine solche ist angezeigt – auszugestalten ist, d.h. welcher Sorgfaltsmaßstab anzulegen (unter II) und wie das Verhältnis mehrerer Haftungsadressaten zueinander und zu den geschädigten Anlegern zu bewerten ist (unter III).

Bus. & Com. L.J. 451 (2006). In der deutschen Literatur ist der US-amerikanische Ansatz bislang nur vereinzelt aufgegriffen worden, insbesondere von *Hopt*, Verantwortlichkeit., Rdnr. 65 ff.

2658 So bereits US v. Morgan, 118 F. Supp. 621, 638 (S.D.N.Y. 1953).

2659 Zitiert nach US v. Morgan, loc. cit. at 744.

2660 Vgl. oben § 9 I 1 e bb (4) m. N.

1. Gründe für die Haftung der Finanzintermediäre

a. *Unzulänglichkeit der Haftung des Emittenten*

Der gatekeeper-Theorie liegt die Frage zugrunde, ob es für die Durchsetzung bestimmter rechtlicher Pflichten, etwa des Publizitätsregimes am Kapitalmarkt, ausreichend ist, den Adressaten der Pflichten (den Emittenten) in Anspruch zu nehmen, d.h. sein Zuwiderhandeln an privatrechtliche Haftungsfolgen zu knüpfen (die Prospekthaftung gegenüber dem Anleger), oder ob sich das Gesetz darüber hinaus dritter Personen (der gatekeeper) zur Durchsetzung der Pflichten bedienen sollte, indem es von diesen Dritten die Überprüfung des Verhaltens des primär Verantwortlichen verlangt und sie bei einem Pflichtverstoß haften lässt.

Das Ziel der Pflicht zur Offenlegung emittentenbezogener Umstände ist die Überwindung der informationellen Unterlegenheit des Anlegers und die Kontrolle der Führungspersonen des Emittenten, die ihren Informationsvorsprung nicht auf Kosten des Investors ausnutzen sollen. Letztlich geht es demnach um nichts anderes als das hinlänglich bekannte Problem der Abstimmung der Interessen der Geschäftsführung mit denen des Unternehmens (sprich: der Anleger als – nach Umsetzung der Investitionsentscheidung – Eigentümer des Emittenten) bzw. seiner Gläubiger (im Fall der Anleiheemission).[2661] Das Gesetz hält, auch ohne die Haftung Dritter in Anspruch zu nehmen, verschiedene Mechanismen bereit, um die Interessenkonflikte zu beheben. Zu nennen sind etwa – um einen lediglich groben Überblick zu geben – die Treuepflichten der Mitglieder des bzw. der Verwaltungsorgane (Aufsichtsrat und Vorstand in Deutschland, *board of directors* in den USA) gegenüber der Gesellschaft, geknüpft an Schadensersatzpflichten für den Fall der Zuwiderhandlung, die direkte Kontrolle der Geschäftsführung durch die Gesellschafter im Wege der Bestellung und Abberufung der Organmitglieder bzw. im Wege des Erfordernisses, bei bestimmten Transaktionen einen zustimmenden Beschluss der Hauptversammlung einzuholen, die Regeln über die Kapitalaufbringung und -erhaltung, die umfangreichen Veröffentlichungspflichten gesellschaftsrechtlicher oder kapitalmarktrechtlicher (d.h. auf die Börsennotierung abstellender) Provenienz und schließlich Vergütungsmethoden, die Anreize schaffen, indem sie den Umfang der Bezüge der Geschäftsführer an den wirtschaftlichen Erfolg des Unternehmens binden.[2662] Wieso sollte es nun angesichts dieser Vielzahl von

2661 Sog. *agency problems*: Die Anteilseigner bzw. Gläubiger (Prinzipale) sind nicht vollständig über die Intentionen und das Handeln der Manager (Agenten) informiert. Durch die Informationsasymmetrie und ein Handeln der Manager entgegen den Interessen der Anteilseigner entstehen Kosten (*agency costs*). Das Ziel eines effizienten Gesellschafts- und Kapitalmarktrechts muss es sein, diese Kosten zu minimieren. Vgl. zu weiteren Einzelheiten z.B. *Kraakman* et al., The Anatomy of Corporate Law, p. 21 et seq.; *Mahoney*, 78 Va. L. Rev. 623, 634 (1992).

2662 Erst 1998 hat beispielsweise der deutsche Gesetzgeber mit Hilfe des Gesetzes zur Kontrolle und Transparenz im Unternehmensbereich (KonTraG) vom 27. April 1998, BGBl. I 1998, S. 786, versucht, die deutschen Unternehmen durch eine Modernisierung des gesellschaftsrechtlichen (in Abgrenzung zum kapitalmarktrechtlichen – sofern eine solche Unterscheidung überhaupt sinnvoll durchführbar ist) Kontrollsystems auf die Öffnung der Finanzmärkte und die wachsende Bedeutung des Kapitalmarktes bei der Unternehmensfinanzierung vorzubereiten. Vgl. zu dieser Zielsetzung die Regierungsbegründung, BT-Drs. 13/9712, S. 11 f.

Rechtsbehelfen erforderlich sein, die Befolgung der primärmarktrechtlichen Pflichten durch Einschaltung dritter Personen sicherzustellen?

Eine erste Antwort gibt ein Blick in die Vergangenheit: Dem Erlass des deutschen Börsengesetzes und der US-amerikanischen Kapitalmarktgesetze gingen zahlreiche Manipulations- und Korruptionsskandale voraus.[2663] Insbesondere die Geschehnisse in den USA in den 20er Jahren des letzten Jahrhunderts zeichnen ein beredtes Bild von der unzureichenden Schutzwirkung des klassischen Gesellschaftsrechts.[2664] Zwar lässt sich einwenden, dass die Aktiengesetze zum damaligen Zeitpunkt nicht ausgereift waren. Das ist teilweise richtig, etwa was die Transparenz und Publizität der unternehmensinternen Abläufe anbelangt, darf aber nicht darüber hinwegtäuschen, dass schon damals umfangreiche Treuepflichten existierten, die teilweise restriktiver ausgestaltet waren als heute.[2665] Zudem gibt die Welle jüngerer Unternehmensskandale – Enron, WorldCom etc. in den USA,[2666] der Zusammenbruch des Neuen Marktes in Deutschland – Anlass, die Reformbedürftigkeit der derzeitigen Rechtslage zu thematisieren. Geht man davon aus, dass die Häufung des betrieblichen Fehlverhaltens in Europa und den USA Ende der 1990er Jahre und Anfang des neuen Jahrtausends nicht auf einen plötzlichen Abfall der Geschäftsmoral, auf ein vorübergehendes Aufwallen krankhafter Gewinnsucht, auf „infectious greed", wie der ehemalige Vorsitzende der Federal Reserve Alan Greenspan formulierte,[2667] zurückzuführen ist, müssen die Gründe in der corporate governance Struktur der Unternehmen zu suchen sein.

Es können mehrere Entwicklungen herausgearbeitet werden, die die Zeit ab 1990 von den Jahren davor unterscheiden und die nahe legen, dass die oben erwähnten Schutzmechanismen alleine nicht in der Lage sind, die aufgezeigten Interessenkonflikte in allen Fällen zu beseitigen. Zunächst hat sich die Anreizstruktur gewandelt, der die Unternehmensführung unterliegt. Mit Änderung der rechtlichen Rahmenbedingungen durch das KonTraG im Jahr 1998 machen Unternehmen in Deutschland zunehmend von der Möglichkeit Gebrauch, Vorstandsmitgliedern Aktienoptionen zu gewähren.[2668] In den USA sind Aktienoptionen als Vergütungs-

---

2663 Vgl. z.B. *Mues*, ZBB 1997, 15, 16.

2664 Siehe oben § 3 II 2 b und c.

2665 Das betrifft namentlich die sog. *duty of loyalty*. Zum Umfang der Pflicht vgl. die Leitentscheidung Meinhard v. Salmon, 249 N.Y. 458, 463 et seq. (1928). Nähere Einzelheiten bei *Choper/Coffee/Gilson*, Corporations, p. 113 et seq.

2666 *Coffee*, 84 B.U. L. Rev. 301, 303 (2004), weist darauf hin, dass in der zweiten Hälfte der 1990er Jahre nicht nur vorsätzliche Bilanzfälschungen vermehrt auftraten, sondern Unregelmäßigkeiten in der Rechnungslegung insgesamt sprunghaft anstiegen. Z.B. haben in den Jahren 1997 bis 2002 ca. 10% aller börsennotierten Unternehmen in den USA wenigstens einmal ihre Bilanzen korrigiert.

2667 Zitiert nach *Coffee*, id.

2668 Laut einer Umfrage des DAI hatten 1996 aus dem DAX 100 lediglich 6% der Unternehmen Aktienoptionspläne eingeführt. 1997 waren es bereits 15%, hinzu kamen einige jüngere Unternehmen am neuen Markt, vgl. die DAI-Studie „Aktienoptionspläne für Führungskräfte in Deutschland" vom 1. Mai 1998, S. 6 und passim, abrufbar unter http://www.dai.de/internet/dai/dai-2-0.nsf/dai_publikationen.htm. In den folgenden Jahren zogen die meisten Unternehmen nach. 2006 hatten sämtliche Gesellschaften des DAX 30 mit Ausnahme von drei Unternehmen bestandteil seit langer Zeit bekannt. Aber erst in den letzten 15 Jahren, nämlich mit einer Lockerung der gesetzlichen Anforderungen, insbesondere einer Verkürzung der Haltefrist, haben sie an Bedeutung gewonnen. Während Optionsprogramme 1990 lediglich 8 % der Gesamtvergütung darstellten, ist ihr Anteil inzwischen auf knapp zwei Drittel angestiegen.[2669] Im Jahr 2000, als der Börsenboom seinen Höhepunkt erreichte, betrug der Wert aller Aktienoptionen, die Unternehmen des Standard & Poor's 500 Index an ihre Führungskräfte ausgaben, $119 Mrd.[2670] Auch in deutschen Aktiengesellschaften überwiegt die erfolgsabhängige Vergütung. Hierbei spielen Aktienoptions- oder vergleichbare Programme (*mid-term* und *long-term incentives*) bislang zwar keine so dominante Rolle wie in den USA. Häufig fungieren primär Tantiemen, d.h. vom Gewinn abhängige Barzuzahlungen, als anreizschaffende Instrumente.[2671] Gleichwohl ist zu konstatieren, dass das Aufkommen von Aktienoptionsplänen die Vergütungsstruktur der deutschen Unternehmen im Laufe der letzten zehn Jahre nachhaltig verändert hat. Grundsätzlich ist diese Verlagerung hin zur aktienbasierten Vergütung nicht nachteilig. Sie ist vom Deutschen Aktieninstitut schon vor längerer Zeit angemahnt worden[2672] und dient dazu, die Interessen der Führungskräfte mit denen der Eigentümer an einer Maximierung des Shareholder Value in Einklang zu bringen, mithin die mit der Trennung von Eigentum und Kontrolle einhergehenden Probleme zu verringern. Sie führt jedoch zu neuen Interessenkonflikten: Die einseitige Konzentration auf eine Steigerung des Aktienkurses kann den Interessen der Aktionäre an nachhaltigem, aber vielleicht langsamerem Wachstum zuwiderlaufen. Der Konflikt verschärft sich, je geringer die Restriktionen sind, denen die Führungskräfte bei Ausübung der Optionen unterliegen. Nach deutschem Recht ist eine Wartezeit von zwei Jahren für die erstmalige Ausübung zu beachten (§ 193 Abs. 2 Nr. 4 AktG). Teilweise gehen die Gesellschaften über die gesetzlichen Anforderungen hinaus und sehen eine drei- oder vierjährige Frist und, dem Corporate Governance Kodex folgend, eine Begrenzung des zu realisierenden Gewinns oder die Verwirklichung bestimmter Marktbedingungen (z.B. das Übersteigen des Referenzkurses um eine Mindestprozent-

---

(BMW, Postbank und Hypo Real Estate Holding) Aktienoptionsprogramme aufgelegt oder vergleichbare, vom Börsenkurs der Aktie abhängige Vergütungskomponenten (virtuelle Aktien, Wertsteigerungsrechte etc.) bewilligt (Quelle: Jahresabschlüsse 2006 der Unternehmen). Auch zahlreiche kleinere und mittelgroße Unternehmen (z.B. solche des TecDAX) geben Aktienoptionen aus.

2669 *Coffee*, 84 B.U. L. Rev. 301, 327. *Choper/Coffee/Gilson*, Corporations, p. 6, teilen die heute übliche Vorstandsvergütung in folgende Komponenten auf: ca. 10 % Grundvergütung, 20 % oder mehr Jahresbonus und ca. 60 % Aktienoptionen.

2670 *Brealey/Myers/Allen*, Corporate Finance, p. 579.

2671 Bei der Daimler AG z.B. setzte sich die Vorstandsvergütung im Jahr 2006 zu 36,6 % aus fixen Vergütungskomponenten (Grundvergütung und Sachbezüge), zu 44,9 % aus Tantiemen (dem Jahresbonus) und zu 18,5 % aus virtuellen Aktien, deren Wert sich nach dem Aktienkurs bei Ende der Haltefrist richtet, zusammen, vgl. den Geschäftsbericht 2006, S. 122. 2007 betrugen die entsprechenden Zahlen 15 %, 52 % und 33 %, 2008 wegen des eingebrochenen Gewinns 29,7 %, 10,3 % und 60 %, siehe den Geschäftsbericht 2008, S. 124. Diese Zahlen sind repräsentativ, wie die zwischen verschiedenen Ländern vergleichende Übersicht bei *Brealey/Myers/Allen*, loc. cit., p. 307, deutlich macht.

2672 DAI-Studie „Aktienoptionspläne für Führungskräfte in Deutschland" vom 1. Mai 1998, S. 3.

zahl) vor.[2673] Die US-amerikanischen Vorschriften zeichnen sich durch noch größere Flexibilität aus. Gem. § 16(b) Sec. Ex. Act sind Gewinne, die ein director oder officer durch Aktientransaktionen erzielt, an die Gesellschaft abzuführen, wenn Erwerb und Verkauf (bzw. Verkauf und Erwerb) innerhalb eines Sechs-Monats-Zeitraums liegen (sog. *short-swing profits*). Gemäß Exchange Act Rule 16b-3(d)(3)[2674] gilt als Erwerb der Aktie auch der Erwerb einer Option auf das Papier, als Veräußerung aber nicht die Ausübung der Option. Die Führungskräfte können die Option mithin jederzeit ausüben, sofern sie den Basiswert nicht vor Ablauf von sechs Monaten veräußern, oder die Aktien sofort verkaufen, wenn sie die Option mindestens sechs Monate gehalten haben.

Mit der veränderten Anreizstruktur gingen in den USA Änderungen der Rechtslage einher, die das Risiko der Inanspruchnahme auf Schadensersatz für die Führungskräfte (und auch die Finanzintermediäre) verringerten. In einer Leitentscheidung aus dem Jahr 1991 verkürzte der Supreme Court die Verjährungsfrist für Ansprüche aus Rule 10b-5 auf ein Jahr, indem er nicht, wie zuvor die Untergerichte, auf vergleichbare Haftungsnormen des Landesrechts des Forums, sondern auf § 9(e) Sec. Ex. Act zurückgriff.[2675] In *Central Bank* (1994) schränkte er den Anwendungsbereich von Rule 10b-5 auf Personen ein, die die tatbestandswidrige Handlung selbst vornehmen.[2676] Der Private Securities Litigation Reform Act 1995 (PSLRA) führt für Direktoren ohne Managementverantwortung (outside directors) die teilschuldnerische Haftung nach Maßgabe des Verschuldensbeitrags ein,[2677] erhöht die Darlegungslast bei Sammelklagen[2678] und bringt einige weitere Haftungserleichterungen, z.B. einen *safe harbor* für *forward-looking statements*.[2679] Der Securities Litigation Uniform Standard Act von 1998 erschwert die Durchsetzung von Ansprüchen aus Landesrecht.[2680]

Schließlich ist zu bedenken, dass die Schadensersatzhaftung im Verhältnis zu den Führungskräften des Emittenten ohnehin nur bedingt präventive, d.h. abschreckende, Wirkung entfaltet. Im Ergebnis müssen die Mitglieder des Verwaltungsorgans nur ausnahmsweise persönlich für Schäden einstehen. Häufig werden die Anwälte bei den Vergleichsgesprächen darauf drängen, dass ihre Mandanten freigestellt werden und das Unternehmen die Hauptlast der Schadensersatzforde-

---

2673 DCGK, Nr. 4.2.3.

2674 17 C.F.R. § 240.16b-3(d)(3).

2675 Lampf, Pleva, Lipkind, Prupis & Petigrow v. Gilbertson, 501 U.S. 350, 111 S. Ct. 2773 (1991). Inzwischen hat der Sarbanes-Oxley Act die Verjährungsfrist wieder verlängert, und zwar auf zwei Jahre ab Kenntnis, jedoch nicht mehr als fünf Jahre seit Vornahme der betrügerischen Handlung (§ 804).

2676 § 9 I 5 b bb.

2677 Hierzu oben § 9 II 1 a.

2678 § 21D Sec. Ex. Act.

2679 § 21E Sec. Ex. Act. Weitere Einzelheiten zum PSLRA bei *Coffee/Seligman/Sale*, Securities Regulation, p. 1042 et seq.

2680 Vgl. § 7.

rungen trägt.[2681] Für den Fall einer Verurteilung lassen sich die Manager im Innenverhältnis in der Regel Ausgleichsansprüche gegen das Unternehmen einräumen. Alternativ nehmen sie ihre D & O Versicherung in Anspruch, für die wiederum der Emittent zahlt.[2682] Hinzu kommt, dass sie unter dem Druck stehen, ein gutes Betriebsergebnis zu erzielen. Zur Sicherung ihrer Position können sie daher dazu neigen, die Wirtschaftslage trotz der drohenden zivilrechtlichen Haftung (und der strafrechtlichen Verantwortlichkeit) übertrieben positiv darzustellen.[2683] Zudem pflegen Menschen im Allgemeinen die Wahrscheinlichkeit des für sie positiven Ausgangs einer risikobehafteten Unternehmung übertrieben hoch zu bewerten, negative Folgen hingegen zu verdrängen.[2684] Für Manager bedeutet das: Die Möglichkeit einer Entdeckung und Verfolgung unzulässiger Geschäftspraktiken wird tendenziell unterschätzt, die Aussicht auf Gewinnerzielung überschätzt.

Diese Ausführungen sollen nicht etwa nahe legen, dass die gesellschaftsrechtlichen Kontrollmechanismen unzureichend entwickelt und die Anleger dem unredlichen Verhalten der Führungskräfte schutzlos ausgeliefert wären. Das Corporate Governance System hat sich in Deutschland und den USA über Jahrzehnte bewährt und führt in vielen Fällen zu sachgerechten Ergebnissen. Es offenbart aber in bestimmten Situationen Schwächen, nämlich wenn die Personen, die in rechtsgeschäftliche Beziehungen mit dem Unternehmen eintreten (d.h. im hier interessierenden Zusammenhang: die Anleger[2685]), das Risiko ihrer Investition nur schwer einschätzen können, etwa weil sie mit Intermediären und nicht der Gesellschaft selbst verhandeln, und wenn die Anreize zu opportunistischem Verhalten der Unternehmensführung besonders stark ausgeprägt sind, sprich: wenn es um Investitionen am Kapitalmarkt geht und sich aufgrund der Marktentwicklung durch Aktienspekulationen hohe Gewinne erzielen lassen.

Bilanzfälschungen und andere Manipulationen häufen sich gerade während eines Börsenbooms. Zur Zeit der Korruptionsskandale der 20er Jahre des letzten Jahrhunderts fehlte es in den USA an einem funktionstüchtigen Kapitalmarkrecht; das

---

2681 In der Mehrzahl aller Fälle kommt es entweder zur Klageabweisung oder zum Vergleich, vgl. *Alexander*, 43 Stan. L. Rev. 497 (1991).

2682 Untersuchungen in den USA haben gezeigt, dass der Emittent im Durchschnitt jeweils für mehr als 99 % der Schadensersatzsumme aufkommt, vgl. *Langevoort*, 38 Ariz. L. Rev. 639, 648 (1996). Dieser Befund hat *Grundfest* in einem Vortrag an der UC Berkeley im Jahr 2003 dazu veranlasst, einen Vergleich zur Geschichte von der *„tooth fairy"* zu ziehen, die Eltern ihren Kindern erzählen, um die Herkunft der Münze zu erklären, die das Kind jeweils nach Verlust eines Milchzahns unter seinem Kopfkissen findet: Entgegen der Vorstellung des Kindes wird die Familie nicht reicher, das Geld wird lediglich umgeschichtet. Vgl. hierzu auch *Arlen* & *Carney*, 1992 U. Ill. L. Rev. 691, 699 et seq. (1992): Der Markt reagiert auf die Schadensersatzklagen mit einem Abschlag auf den Börsenpreis der Wertpapiere, der sich in seiner Höhe nach dem voraussichtlichen Ausgang der Verfahren richtet. Damit verliert der eine Teil der Anleger, was der andere (bzw. unter Umständen derselbe) Teil – abzüglich der Rechtsverfolgungskosten – gewinnt.

2683 *Langevoort*, 63 Law & Contemp. Probs. 45, 55 (2000).

2684 Die Auswirkungen solcher Tendenzen auf wirtschaftliche Zusammenhänge werden von Vertretern der sog. *behavioural economics* untersucht. Zum hier interessierenden Phänomen des übertriebenen Optimismus vgl. z.B. *Jolls* et al., 50 Stan. L. Rev. 1471, 1524–25 (1998).

2685 Allgemeiner formuliert: die Prinzipale i.S. der *agency-theory* (oben Fn. 2661).

Gesellschaftsrecht stellte offensichtlich kein ausreichendes Korrektiv dar. Ebenso wenig vermochte es die Skandale der 90er Jahre zu verhindern. Freilich existierte in den 90er Jahren (in den USA) ein ausgereiftes Kapitalmarktrecht, das zur Wahrung der Integrität des Marktes nicht nur dem Emittenten, sondern auch dritten Personen (unter anderem den outside directors, Wirtschaftsprüfern und Emissionsbanken[2686]) Pflichten auferlegte. Die Unabhängigkeit einiger dieser Personen war aber durch das Aufkommen verschiedener Praktiken beeinträchtigt worden,[2687] so dass sie ihrer Rolle als gatekeeper nicht mehr gerecht wurden, vielmehr die Emittenten bei der Verwirklichung breit angelegter Marktmanipulationen unterstützten.[2688] Auch hier zeigt sich mithin, dass die „klassischen" Mechanismen des Gesellschaftsrechts (sowie die staatliche Aufsicht) nicht ausreichen, um die Funktionsfähigkeit des Kapitalmarktes zu gewährleisten, wenn die Finanzintermediäre als Kontrollorgan ausfallen.[2689] Ein leistungsfähiges Rechtssystem wird folglich eine sinnvolle Verteilung von Kontrollpflichten auf Intermediäre anstreben und zugleich einen rechtlichen Rahmen bereitstellen, der ihre Unabhängigkeit sichert. Die vom US-amerikanischen Gesetzgeber nach den Bilanzskandalen im Sarbanes-Oxley Act eingeleiteten Reformen haben größtenteils diese Ziele im Blick. Sie konzentrieren sich allerdings auf die Stellung der Wirtschaftsprüfer und entwerfen kein umfassendes System gegenseitiger Kontrolle der Marktakteure.[2690]

Die Situation in Deutschland ist ähnlich zu beurteilen: Erst in den 90er Jahren des letzten Jahrhunderts hat sich ein moderner Kapitalmarkt entwickelt, den viele nicht nur etablierte, sondern auch junge Unternehmen als primäre Quelle zur Befriedigung ihrer Kapitalbedürfnisse zu nutzen lernten. Erst zu dieser Zeit fanden

---

2686 Vgl. nur § 11(a)(1)–(5) Sec. Act.

2687 Hierzu sogleich unter 2.

2688 Vgl. z. B. die Schilderung der Tätigkeiten der Emissionsbanken und der Wirtschaftsprüfer in Newby v. Enron Corp., 235 F. Supp. 2d 549, 637 et seq. (S.D. Tex. 2002). Um exorbitante Gebühren realisieren zu können, beteiligten sich die Banken an Transaktionen zur Verschleierung der prekären Finanzlage von Enron; die Wirtschaftsprüfungsgesellschaft Arthur Andersen bestätigte die Einhaltung der GAAP, obwohl ihr die zweifelhaften Bilanzierungsmethoden des Unternehmens nicht verborgen blieben. Die Klageschrift verdeutlicht die Verstrickung von Arthur Andersen: „To generate … more fees, Arthur Andersen pressured, and provided incentive compensation to, its audit partners to solicit and market non-audit consulting services, which were far more lucrative, from Enron as well as other clients. … [T]he pressures on partners to generate more fees created a conflict of interest for auditors on the Enron engagement and were a substantial factor in Arthur Andersen's abandonment of its independence, objectivity, and integrity on the Enron financial statement audits and reviews." Id. at 673. Zu weiteren Fällen siehe *Coffee*, 84 B.U. L. Rev. 301, 311 et seq. Nicht nur die Banken und die Wirtschaftsprüfungsgesellschaften selbst, auch zahlreiche Beschäftigte der Intermediäre ließen sich durch die Aussicht, mit privaten Investitionen hohe Gewinne zu erzielen, dazu verleiten, von ihren Berufsstandards abzuweichen, vgl. oben § 9 I 5 b bb (3) (b).

2689 Ebenso ein großer Teil der US-amerikanischen Literatur, der bei der Suche nach den Gründen für die Bilanzskandale auf die unzureichende Einbindung der Finanzintermediäre in den Prozess der Marktüberwachung verweist (vgl. die in Fn. 2657 zitierten, nach 2001 erschienenen Quellen). Am deutlichsten *Coffee*, 57 Bus. Law. 1403 (2002): „It's about the gatekeepers, stupid".

2690 Insoweit der Sarbanes-Oxley Act die Stärkung der Unabhängigkeit der Wirtschaftsprüfer bezweckt, ist er weitgehend auf Zustimmung gestoßen, vgl. z. B. *Coffee*, 84 B.U. L. Rev. 301, 336.

breite Bevölkerungsschichten den Weg zurück an die Börse.[2691] Die wirkliche Bewährungsprobe für die deutsche Finanzmarktregulierung begann somit erst vor ca. 15 Jahren. Wenn den Ereignissen im Zusammenhang mit der bislang einzigen in diese Zeit fallenden außergewöhnlichen Marktsituation – dem Technologieboom und dem rasanten Wachstum des Neuen Marktes Ende der 1990er Jahre – zumindest eine beschränkte Aussagekraft zukommt, wenn sie auf mehr zurückzuführen sein sollten als ein zufälliges, unerklärliches Aufeinandertreffen zahlreicher Geschäftsleute mit betrügerischen Intentionen, das nicht hätte verhindert werden können, dann liegt der Gedanke nahe: Das deutsche Recht hat die Probe nicht bestanden.

Die Betrugsfälle waren nicht die Folge struktureller Mängel des Neuen Marktes. Auch wenn es sich beim Neuen Markt um ein Segment des Freiverkehrs handelte, setzte die Aufnahme der Notierung ein Durchlaufen des Zulassungsverfahrens zum geregelten Markt voraus. Die Transparenzstandards entsprachen damit denen der öffentlich-rechtlichen Handelssegmente bzw. gingen teilweise über sie hinaus, um internationale Akzeptanz und einen verbesserten Anlegerschutz zu erreichen.[2692] Die Zulassungsfolgepflichten des WpHG und des BörsG fanden Anwendung. Gleichwohl warnten die Emissionsprospekte nicht ausreichend vor den bestehenden Risiken. Die Banken begleiteten Unternehmen mit zweifelhaftem Geschäftsmodell an die Börse und platzierten Aktien zu überhöhten Emissionspreisen.[2693] Die Emittenten verstießen gegen Rechnungslegungsvorschriften und veröffentlichten irreführende Unternehmensinformationen.[2694] Hieraus lässt sich schließen, dass die derzeitige Rechtslage keine angemessenen Kontrollmechanismen vorsieht, um bei einer entsprechenden Marktsituation – einer Spekulationsblase, die gesteigerte Anreize zu opportunistischem Verhalten gibt – das gehäufte Auftreten betrügerischen Verhaltens zu verhindern.

Die Reaktion des Gesetzgebers kann nicht (nur), wie nach dem Zusammenbruch des Neuen Marktes teilweise gefordert, in einer Ausweitung der staatlichen Überwachung oder gar einer hoheitlichen Seriositätsprüfung der Emissionen bestehen.[2695] Zum einen stellt ein hoheitlicher Genehmigungsvorbehalt – selbst wenn es sich um ein präventives Verbot mit Erlaubnisvorbehalt ohne Ermessen der Behörde handelt – einen schwerwiegenderen Eingriff in die Freiheit der Wirtschaftsbetätigung dar als das Erfordernis der Erfüllung von Publizitätspflichten. Die Aufsichtsbehörde müsste einheitliche Maßstäbe zur Bewertung der Emission anlegen. Sie

---

2691 Vgl. oben § 3 I.

2692 *Lenenbach*, Kapitalmarkt- und Börsenrecht, Rdnr. 3.64.

2693 Vgl. z. B. FT Deutschland vom 09.07.2001: „Aktionärsschützer fordern Rettungsaktion für Neuen Markt".

2694 Es existieren mehrere Untersuchungen, die zu dem Schluss kamen, dass eine große Zahl von Konzernabschlüssen gegen Vorschriften der IAS bzw. GAAP verstieß, obwohl fast alle Abschlüsse einen uneingeschränkten Bestätigungsvermerk erhielten. Siehe *Ballwieser*, ZfbF 2001, 840; *Glaum/Street*, Rechnungslegung der Unternehmen am Neuen Markt (Studien des DAI, Heft 17 vom 13. Mai 2002), abrufbar unter http://www.dai.de/internet/dai/dai-2-0.nsf/dai_publikationen.htm.

2695 Vgl. Manager Magazin vom 31.08.2001: „Ein Tummelplatz für Betrüger".

würde damit gerade unbekannten Unternehmen die Kapitalaufnahme erschweren und dem Anleger die Möglichkeit nehmen, bewusst ein erhöhtes Risiko einzugehen, um eine höhere Rendite zu erzielen.[2696] Die rechtlichen Grundlagen der behördlichen Entscheidung kämen angesichts der Vielfältigkeit der wirtschaftlichen Konstellationen nicht ohne unbestimmte Rechtsbegriffe aus, was das Genehmigungsverfahren mit zusätzlicher Unsicherheit belasten und die Kosten der Kapitalaufnahme erhöhen würde.[2697] Zum anderen wäre ein einseitiges Abstellen auf die Marktaufsicht zur Verhinderung von Betrugsfällen unpraktikabel: Die Ressourcen der Aufsichtsbehörde müssten erheblich aufgestockt werden, um neben der laufenden Marktüberwachung und der sich in einer Vollständigkeitsprüfung erschöpfenden Billigung von Zulassungsprospekten gem. § 13 WpPG[2698] eine inhaltliche Überprüfung der Prospekte – die auch eine Untersuchung der Vermögenssituation des Emittenten bis hin zur Vornahme einer due diligence erfordert – zu ermöglichen. Abgesehen davon, dass es fraglich ist, ob die Behörde in der Lage wäre, die Seriosität der Emission mit derselben Qualität zu überprüfen wie private Akteure (insbesondere die Finanzintermediäre),[2699] würde das Genehmigungserfordernis den Börsengang zeitlich verzögern und verteuern. Andere (private) Marktteilnehmer sind besser zur inhaltlichen Kontrolle der Emissionsunterlagen geeignet: Die unternehmensinternen Kontrollorgane (der Aufsichtsrat bzw. die outside directors), die Wirtschaftsprüfer und die Emissionsbanken haben durch ihre Teilnahme an der Vorbereitung bzw. Begleitung der Emission bereits einen Einblick in die Finanzlage des Emittenten erlangt und sind mit den Einzelheiten der Transaktion vertraut.

2696 Treffend ist in diesem Zusammenhang der Ausspruch des ehemaligen SEC Vorsitzenden Jerome Frank in Guttmann v. Illinois Cent. R. Co., 189 F.2d 927, 930 (2d Cir. 1951): „[T]he preferred stockholders are not – like sailors or idiots or infants – wards of the judiciary." *Loss/Seligman/Paredes*, Securities Regulation, § 1-B-4, haben das Zitat auf den Kapitalmarkt übertragen: „In a similar vein, it can be argued that investors need not be wards of a state securities administrator." Eine ähnliche Überlegung liegt dem Securities Act 1933 zugrunde, der, wie gezeigt, keine Prüfung der Seriosität der Emission vorsieht, sondern stattdessen umfangreiche Publizitätspflichten aufstellt. *Loss/Seligman/Paredes*, loc. cit., § 1-G: „Congress did not take away from the citizen 'his inalienable right to make a fool of himself.' It simply attempted to prevent others from making a fool of him."

2697 So z.B. in den USA im Fall einiger blue-sky laws, die sog. merit requirements verwenden und danach fragen, ob eine Emission „fair, just and equitable" ist, *Loss/Seligman/Paredes*, loc. cit., § 1-B-4.

2698 Genauer: Gem. § 13 Abs. 1 Satz 2 WpPG hat die Bundesanstalt eine Vollständigkeitsprüfung einschließlich einer Prüfung der Kohärenz und Verständlichkeit der Informationen durchzuführen. Eine Prüfung der inhaltlichen Richtigkeit und der Bonität des Emittenten erfolgt nicht, vgl. die Regierungsbegründung, BT-Drs. 15/4999, S. 34; aus der Literatur *Groß*, Kapitalmarktrecht, § 13 WpPG, Rdnr. 8 m.w.N.

2699 Hier geht es nicht um die Frage, ob die privaten Marktakteure in der Praxis tatsächlich eine ebenso sorgfältige Überprüfung vornehmen wie die Aufsichtsbehörde (oder sogar eine sorgfältigere), sondern ob sie die notwendige Kompetenz und Erfahrung aufweisen. Ist die Frage zu bejahen, was z.B. in Bezug auf die großen Emissionshäuser, die sich seit Jahrzehnten im Investmentbanking betätigen, der Fall ist, sind in einem zweiten Schritt die einschlägigen Rechtsregeln daraufhin zu untersuchen, ob sie die erforderlichen Anreize setzen, um eine verlässliche Kontrolle durch die Intermediäre zu gewährleisten.

b. Der Markt für Finanzintermediäre

Berücksichtigt man, dass der Emittent ein Interesse daran hat, Finanzintermediäre einzusetzen, und dass die Intermediäre auch ohne das Risiko einer haftungsrechtlichen Inanspruchnahme darauf bedacht sein sollten, ihre Zertifizierungsaufgabe sorgfältig zu erfüllen, da ihr zukünftiger geschäftlicher Erfolg zu einem großen Teil von ihrer Reputation abhängt, drängt sich die Frage auf, ob ein zwingendes Haftungsregime für gatekeeper notwendig ist.[2700] In der Tat finden sich in der US-amerikanischen Literatur Stimmen, die gesetzlich festgeschriebene, haftungsbewehrte Sorgfaltspflichten für unflexibel und nicht sinnvoll halten.[2701] Ein System, das zur Durchsetzung der gatekeeper-Pflichten ausschließlich auf die Wirkung der Marktkräfte vertraut, setzt indes voraus, dass diese Kräfte ungestört wirken, d.h. dass auf dem Markt weitgehende Konkurrenz herrscht – andernfalls würde sich ein Reputationsverlust nicht notwendigerweise in einem Rückgang des Marktanteils niederschlagen und wäre der Anreiz für Intermediäre, hohe Qualitätsstandards beizubehalten, folglich gemindert.[2702] Der Grad der Konkurrenz auf einem Markt hängt von der Anzahl der Anbieter und Nachfrager, dem Marktanteil der einzelnen Anbieter, der Homogenität der Güter (der Frage, ob Präferenzen für bestimmte Anbieter oder Nachfrager existieren) und schließlich der Markttransparenz (der verfügbaren Information über die Güter und Preise) ab.[2703]

Der Markt für Dienstleistungen von Finanzintermediären erfüllt diese Voraussetzungen nur teilweise. Hier soll keine umfassende Untersuchung der Struktur des Finanzdienstleistungssektors im Hinblick auf sämtliche Intermediäre erfolgen; zwei Beispiele mögen genügen: Der Wirtschaftsprüfermarkt ist in hohem Maße konzentriert. Nach der Auflösung von Arthur Andersen bleiben vier international tätige Wirtschaftsprüfungsgesellschaften zurück, die den größten Teil des Marktes unter sich aufteilen.[2704] Der Bankensektor weist eine geringere Konzentration auf,

---

2700 Vgl. das Zitat von John Pierpont Morgan am Anfang dieses Abschnitts I.

2701 Z.B. *Choi*, 92 Nw. U. L. Rev. 916 (1998). *Choi* schlägt vor, dass Intermediäre eine Einstandspflicht für die sorgfältige Überprüfung der Angaben des Emittenten übernehmen können (aber nicht müssen) und zugleich selbst das Sorgfaltsniveau festlegen, zu dessen Einhaltung sie sich gegenüber den Anlegern verpflichten, id. at 951 et seq.

2702 Die Konkurrenz bezieht sich auf zwei Verhältnisse: einerseits das Verhältnis zwischen Anleger und Bank, andererseits das zwischen Bank und Emittent. Die Anleger müssen die Möglichkeit haben, zwischen mehreren Emissionsbanken zu wählen, was voraussetzt, dass sie zwischen sorgfältiger und weniger sorgfältiger Pflichterfüllung seitens des Emissionshauses unterscheiden können. Ist diese Voraussetzung gegeben, werden die Emittenten bei Mandatierung einer Emissionsbank mit schlechter Reputation einen Preisabschlag hinnehmen müssen, da die Nachfrage der Anleger zurückgeht. Gleichwohl wirkt sich dies nur dann auf den Anteil der Bank am Markt für Emissionsbegleitungen aus, wenn der Emittent die Emissionsbank seinerseits ohne Schwierigkeiten austauschen kann.

2703 *Begg/Ward*, Economics for Business, p. 101.

2704 In den USA prüften die vier großen Wirtschaftsprüfungsunternehmen (Ernst & Young, Deloitte & Touche, KPMG und PricewaterhouseCoopers) im Jahr 2002 ca. 80% aller US-amerikanischen Aktiengesellschaften und damit 99% des Umsatzes aller Gesellschaften, vgl. den Bericht des Government Accountability Office (GAO) „Public Accounting Firms: Mandated Study on Consolidation and Competition“ vom 30. Juli 2003, GAO-03-864, abrufbar unter http://www.gao.gov/new.items/d03864.pdf. Erschwerend kommt hinzu, dass nicht alle Prüfungsunternehzeichnet sich aber ebenfalls durch oligopolistische Tendenzen aus.[2705] Im Einzelfall kann es einem Emittenten, der Zweifel an der Qualität der vom Emissionshaus bzw. Wirtschaftsprüfer angebotenen Dienstleistungen hat, deswegen schwer fallen, den Intermediär zu wechseln. Zudem sind Finanzintermediär und Emittent häufig durch verschiedenartige, über die konkrete Leistungserbringung hinausgehende Beziehungen miteinander verbunden. Z.B. mögen Positionen in der Finanz- oder Revisionsabteilung des Emittenten mit ehemaligen Angestellten der Emissionsbank bzw. des Wirtschaftsprüfers besetzt sein.[2706] Auch stehen Emittenten nicht selten mit einzelnen Banken in langjährigen Geschäftsbeziehungen, die neben der Emissionsbegleitung die Kreditvergabe oder die Inanspruchnahme anderer Finanzdienstleistungen umfassen. Um diese Verhältnisse nicht zu kompromittieren, mag ein Emittent zögern, die Emissionsbegleitung einer anderen Bank anzutragen. Schließlich ist zu berücksichtigen, dass bei der Zusammensetzung der Konsortien keine hohe Fluktuation herrscht, auch wenn der Wettbewerb um Beteiligungen an Emissionen in den letzten Jahren zugenommen hat.[2707] Die Zusammenstellung des Konsortiums hängt nicht nur von den Präferenzen des Emittenten ab, sondern

---

men in allen Branchen aktiv sind. Es herrscht mithin nicht einmal unter den „Big Four" freier Wettbewerb. Abhängig von der Branche haben Kunden mitunter keine oder nur eine sehr eingeschränkte Wahl zwischen verschiedenen Wirtschaftsprüfern, vgl. den GAO-Bericht, p. 110 et seq., sowie *Bloom/Schirm*, CPA Journal, June 2005, abrufbar unter http://www.nysscpa.org/cpajournal/2005/605/infocus/p22.htm. In Europa stellt sich die Lage ähnlich dar. Eine Studie der EU hat die Marktkonzentration im Jahr 2004 untersucht. Hiernach prüfen die vier größten Firmen in der Mehrzahl der Mitgliedstaaten über 80 %, in einigen 100 % der in den Hauptauswahlindizes enthaltenen Gesellschaften (Deutschland: 97 %) und über 70 % (Deutschland: 55 %) aller börsengelisteten Unternehmen, vgl. Studie über die Haftung von Prüfungsunternehmen und Abschlussprüfern (MARKT/2005/24/F) vom September 2006, S. 20 ff.

2705 In Deutschland waren z.B. im Jahr 2006 lediglich drei Investmentbanken an fünf oder mehr Emissionen in führender Position beteiligt (bei insgesamt 34 Neuemissionen an der Frankfurter Wertpapierbörse), nämlich die Deutsche Bank, Sal. Oppenheim jr. & Cie. und UBS. Für diese drei Institute ergibt sich ein Marktanteil von mehr als 33 % (berechnet als Anzahl der von den drei Banken übernommenen Führungspositionen im Verhältnis zu sämtlichen im Jahr 2006 vergebenen Mandaten zur Konsortialführung; eine Beteiligung an Emissionskonsortien in anderen Funktionen, etwa als Co-Manager, bleibt hier außer Betracht). Bei Berücksichtigung der vier größten Banken beträgt die Konzentration 39 %, d.h. sie befindet sich knapp unterhalb der Schwelle von 40 %, die üblicherweise eine oligopolistische Industrie indiziert. Bei Berücksichtigung der sechs größten Banken schließlich ist sie mit knapp 51 % zu beziffern. Zur Marktlage in den USA vgl. *Cetorelli* et al., FRBNY Economic Policy Review, Vol. 13 No. 1 (March 2007), p. 33, 38: Die fünf größten Emissionshäuser begleiteten in den Jahren 1990 bis 2004 mehr als 60 % aller IPOs und ca. 56 % aller Anleiheemissionen. Der Artikel ist auf der Webseite der Federal Reserve Bank of New York unter http://www.newyorkfed.org/research/epr/07v13n1/0703hirt.pdf erhältlich. Die Finanzkraft der Industrie ist ebenso konzentriert, vgl. *Cox/Hillman/Langevoort*, Securities Regulation, p. 125.

2706 Vgl. den folgenden Bericht aus Newby v. Enron Corp., 235 F. Supp. 2d 549, 673–74: „Arthur Andersen's close relationship with Enron's management ... impaired the auditor's independence and objectivity in its audits of Enron during the Class Period. The complaint points to more than three hundred accounting and finance positions at Enron, many in mid-level and senior management, that were filled with former Arthur Andersen auditors and professionals. The complaint comments that Enron Defendants were comfortable with this fact because they knew the Arthur Andersen auditors were less likely to question improper accounting if done by their former co-workers and bosses, who were now officers and managers at Enron."

2707 Vgl. oben § 3 II 2 c.

ebenso von den Verbindungen der Banken untereinander, etwa von dem Bedürfnis, sich für die Berücksichtigung bei einer früheren Emission durch Aufnahme in ein Konsortium unter eigener Führung zu revanchieren.[2708] Alle diese Umstände deuten darauf hin, dass die erste der oben genannten Voraussetzungen – eine Marktsituation ausreichender Konkurrenz – nicht vorliegt. Jedenfalls wäre es vorschnell, ohne ausführliche Untersuchung der Marktbedingungen mit dem bloßen Hinweis auf die anreizschaffende Wirkung der eingesetzten Reputation die Notwendigkeit einer gesetzlichen Regelung zu verneinen.

Ein weiteres Argument wiegt noch schwerer: Die Markttransparenz ist unzureichend – und zwar sowohl was die Information des Emittenten als auch der Anleger über die Qualität der Leistungen der Intermediäre betrifft. Bei der Emissionsbegleitung wie auch der Abschlussprüfung handelt es sich um Leistungen, deren Merkmale für den Emittenten nur eingeschränkt und für den Anleger gar nicht nachvollziehbar sind.[2709] Der Anleger weiß zwar beispielsweise, dass bestimmte Banken den Emittenten bei der Emission begleiten. Der Wertpapierprospekt informiert ihn über Name und Anschrift der Konsortialführerin und der weiteren Mitglieder des Konsortiums. Im Prospekt sind die Hauptmerkmale des Übernahmevertrags einschließlich der Quoten und des Gesamtbetrags der Provisionen angegeben.[2710] Dem Anleger ist aber nicht bekannt, ob, und wenn ja, mit welchen Maßnahmen und mit welcher Sorgfalt das Emissionshaus die Seriosität der Emission und die Veröffentlichungen des Emittenten überprüft hat – ob es sich etwa auf die Angaben des Emittenten verlassen oder eine vollumfängliche due diligence durchgeführt hat. In der Annahme, dass das Gesetz eine Haftung nur für den Emittenten und nicht die Intermediäre vorsieht, wird der geschädigte Anleger nicht feststellen können, ob das Fehlverhalten des Emittenten von den Emissionsbegleitern oder den Wirtschaftsprüfern hätte erkannt und verhindert werden können.[2711] Schadensersatzprozesse werden nur das Verhalten des Emittenten und (wenn eine solche Haftung existiert) seiner Führungskräfte analysieren, so dass die Intermediäre ihre Reputation durch Bestreiten der eigenen Verantwortung wahren können. Die Aufbereitung der Betrugsfälle am Neuen Markt ist ein gutes Beispiel hierfür. Untersuchungen legen nahe, dass die Finanzintermediäre bei der Überwachung der Unternehmen niedrige Standards anlegten und hierdurch die Täuschung des Anlegerpublikums ermöglichten oder zumindest erleichterten.[2712] Gleichwohl wurde – mangels ausgereifter Haftungsvorschriften – kein Versuch unternommen, die Angemessenheit ihres Verhaltens in konkreten Fällen zu ermitteln. Anders in den USA: Mögliche Sorgfalts-

---

2708 *Cox/Hillman/Langevoort*, Securities Regulation, p. 127, sprechen von weit verbreitetem „mutual back scratching".

2709 Der Markt für Finanzintermediäre ist folglich, ebenso wie der Markt für die Kapitalmarkttitel selbst (vgl. oben § 2 III), ein potentieller *market for lemons*, um mit den Worten von *Akerlof*, 84 Q.J. Econ. 488, zu sprechen, auf dem das Risiko der Antiselektion (*adverse selection*) besteht.

2710 Anhang III Nr. 5.4 Verordnung (EG) Nr. 809/2004. Schedule A (28) zum Securities Act 1933 i.V.m. Item 601 Regulation S-K verlangt, darüber hinausgehend, die Einreichung einer Kopie des Übernahmevertrags als Anlage zum registration statement.

2711 Deswegen nennt *Kraakman*, 2 J.L. Econ. & Org. 53, 97, die Reputation ein „noisy signal".

2712 *Glaum/Street*, Rechnungslegung der Unternehmen am Neuen Markt (Studien des DAI, Heft 17 vom 13. Mai 2002), S. 53, 55 ff.

verstöße der Emissionsbegleiter und Wirtschaftsprüfer sind Gegenstand ausführlicher Erörterung in den einschlägigen Gerichtsentscheidungen.[2713] Auch wenn die Verfahren, wie im Regelfall, nicht mit einem Urteil enden, sondern durch Vergleich, ergehen üblicherweise gerichtliche Verfügungen (z.B. zur Behandlung einer *motion to dismiss*), die eine Anwendung der Rechtslage auf die einzelnen Beklagten enthalten und dem Anleger einen guten Eindruck geben, wie der Grad der Verantwortung des jeweiligen Intermediärs zu beurteilen ist.

Die Individualisierung der Verantwortung durch Geltendmachung von Ansprüchen oder (notfalls) in Prozessen ist noch aus einem anderen Grund wichtig: In einem Markt mit geringer Transparenz tendieren die Nachfrager dazu, nicht zwischen einzelnen Anbietern zu unterscheiden, sondern den gesamten Markt im Hinblick auf die durchschnittliche Leistung aller Teilnehmer zu beurteilen.[2714] Am Kapitalmarkt ist dieser Effekt besonders signifikant: Bereits nach dem Börsencrash von 1929 geriet die gesamte Investmentindustrie in Misskredit, obwohl die Gray-Pecora-Untersuchung ergab, dass sich das Fehlverhalten auf die inkorporierten Großbanken konzentrierte und die Privatbankiers ihren Sorgfaltsstandards weitgehend treu geblieben waren.[2715] Andere Börsenkrisen, z.B. die Bilanzskandale der jüngeren Vergangenheit in den USA, bestätigen die Beobachtung. Jeweils führten die Täuschungshandlungen einiger Marktteilnehmer zu einem allgemeinen Verlust des Vertrauens in die Integrität der Investmentindustrie. Diese Interdependenzen nivellieren den verhaltenssteuernden Effekt, den die drohende Beschädigung der Reputation in einem Markt mit vollständiger Konkurrenz haben mag.

Darüber hinaus ist die Kompensationsfunktion der Schadensersatzhaftung zu berücksichtigen. Der Emittent wird in Betrugsfällen häufig insolvent sein, und große Schadenssummen werden die finanziellen Möglichkeiten der Führungskräfte des Unternehmens (sofern Ansprüche gegen sie überhaupt anerkannt werden) übersteigen. Es handelt sich um ein Gebot der Gerechtigkeit, den Anlegern in solchen Fällen die Möglichkeit zu geben, von denjenigen Personen Entschädigung zu verlangen, die von der schädigenden Handlung profitiert haben und an ihr beteiligt waren.[2716] Ein Austrocknen des Primärmarktes aufgrund des erhöhten Haftungsrisikos und damit der steigenden Kapitalkosten ist – unter dem Vorbehalt, dass die Ausgestaltung der Haftung, etwa die Bestimmung des Sorgfaltsmaßstabs, diese Bedenken berücksichtigt – unwahrscheinlich. Bei Erlass des Securities Act 1933 hatte die Investmentindustrie in den USA gerade diese Befürchtung. Wie dargestellt, hat sie sich in keiner Weise bewahrheitet, obwohl § 11 Sec. Act eine Haftung für alle am Emissionsgeschäft mitwirkenden Intermediäre anordnet.[2717]

2713 Vgl. z.B. die oben, § 9 I 1 e bb und 5 b bb (3), besprochenen Entscheidungen in den Verfahren WorldCom und Enron.

2714 Nachweise zu entsprechenden Untersuchungen bei *Kraakman*, 2 J.L. Econ. & Org. 53, 98.

2715 § 3 II 2 c.

2716 Der Frage, welche Art der Beteiligung für eine Haftung zu verlangen ist (objektiver Beitrag, fahrlässiges oder vorsätzliches Handeln), soll hier nicht weiter nachgegangen werden. Sie wird an anderer Stelle (unter II) aufgegriffen.

2717 Siehe oben § 9 I 1 am Anfang.

Es lässt sich mithin festhalten, dass gute Gründe dafür sprechen, den Finanzintermediären die Pflicht zur Nachprüfung der vom Emittenten veröffentlichten Informationen zu übertragen und diese Pflicht mit einem Anspruch der Anleger auf Schadensersatz abzusichern.

2. Geeignetheit verschiedener Marktakteure als gatekeeper

Dem Gesetzgeber steht es frei, private Parteien durch Einführung von Mitwirkungs- oder Zertifizierungspflichten als gatekeeper einzusetzen.[2718] Wenn der primär Verantwortliche auf die Mitwirkung eines Intermediärs (gatekeeper) angewiesen ist, kann der Intermediär einen Verstoß des Verantwortlichen gegen gesetzliche Pflichten verhindern, indem er seine Beteiligung an der Tätigkeit, z.B. an der Emission von Wertpapieren, versagt. Dieser Begründungsstrang setzt voraus, dass der gatekeeper in der Lage ist, eine Verletzung der Pflichten des primär Verantwortlichen festzustellen. Nicht alle Personen sind indes in gleicher Weise dazu geeignet, mögliches Fehlverhalten aufzudecken. Ein effizientes Regelungsregime hat insbesondere zwei Kriterien zu berücksichtigen: zum einen die Mehrkosten, die dadurch entstehen, dass dem Dritten Überwachungsaufgaben – etwa die Kontrolle der Emissionsunterlagen auf Richtigkeit und Vollständigkeit hin – übertragen werden. Die Inanspruchnahme des Marktteilnehmers ist umso sinnvoller, je mehr er mit der zu beaufsichtigenden Materie vertraut ist, z.B. bereits kraft Vertrages in Tätigkeiten eingebunden ist, die ihm nun auch per Gesetz aufgegeben werden, oder aufgrund seiner Insiderstellung kostengünstig die notwendigen Informationen erlangen kann. Zum anderen wird eine gesetzliche Regelung wirkungsvoller sein, wenn sie sich bestehende Anreizstrukturen zunutze macht und diejenigen in die Pflicht nimmt, die bei sorgfaltswidrigem Handeln (unsorgfältiger Überwachung oder Zertifizierung trotz vorhandener Bedenken) neben der haftungsrechtlichen Verantwortung weitere Kosten zu fürchten haben – etwa die Finanzintermediäre, deren geschäftlicher Erfolg zumindest teilweise[2719] von einer makellosen Reputation abhängt.

Was die am Emissionsgeschäft beteiligten Personen angeht, ergibt sich danach folgendes: Auf die Geschäftsführer des Emittenten ist die Arbeit bereits im vorstehenden Abschnitt eingegangen. Sie handeln bei der Durchführung der Emission für den Emittenten (den primär Verantwortlichen) und eignen sich angesichts der aufgezeigten Interessenkonflikte nur eingeschränkt dazu, eine ordnungsgemäße Er-

---

2718 Gatekeepers sind nach *Kraakman*, 2 J.L. Econ. & Org. 53, „private parties who are able to disrupt misconduct by withholding their cooperation from wrongdoers." Hiernach wäre jede Person, die in die zur Schädigung führende Kausalkette eingebunden ist und die Kette unterbrechen könnte, als gatekeeper anzusehen, z.B. der Waffenhändler, der die zur Begehung einer Straftat verwendete Waffe verkauft. Teilweise wird der Begriff enger verstanden, z.B. von *Coffee*, 84 B.U. L. Rev. 301, 302. Er bezeichnet gatekeepers als „independent professionals who pledge their reputational capital", d.h. als Personen, die ihre Reputation einsetzen und schon aus diesem Grund auf eine sorgfältige Erfüllung ihrer Pflichten bedacht sein werden.

2719 Vgl. zu den Einschränkungen im vorhergehenden Kapitel.

füllung der Publizitätspflichten sicherzustellen. Die Interessenlage stellt sich bei den nicht geschäftsführenden Mitgliedern des Verwaltungsorgans der Gesellschaft (bzw. *der* Verwaltungsorgane bei einer zweistufigen Führungsstruktur) etwas anders dar. Nicht geschäftsführend sind in den USA die *outside directors*, in Deutschland die Mitglieder des Aufsichtsrats. Deutsche Aufsichtsräte erhalten häufig keine erfolgsabhängige Vergütung.[2720] In den USA sind Aktienoptionspläne für outside directors zwar zulässig, aber weniger üblich oder zumindest weniger umfangreich als im Fall der geschäftsführenden Direktoren.[2721] Börsennotierte Unternehmen haben weitere Vorschriften zu beachten, die die Unabhängigkeit der nicht geschäftsführenden Direktoren verbessern sollen.[2722] Die Aufsichtsräte bzw. outside directors unterliegen folglich einem geringeren Anreiz zu opportunistischem Verhalten als die Mitglieder des Vorstands und die *executive directors* (in der Regel der CEO, CFO etc.) sowie die sonstigen *officers*. Andererseits werden sie gewöhnlich vom CEO vorgeschlagen.[2723] In Deutschland ist es nicht unüblich, dass Vorstandsmitglieder bei Auslaufen ihres Mandats in den Aufsichtsrat wechseln. Persönliche Verbundenheit kann mithin die Effektivität der unternehmensinternen Kontrolle beeinträchtigen. Außerdem ist zu berücksichtigen, dass die nicht geschäftsführenden Direktoren bzw. Aufsichtsräte mit den innerbetrieblichen Abläufen weniger vertraut sind als die Geschäftsführung. Ihnen kommt zwar die Aufgabe zu, das Management zu überwachen.[2724] Sie sind aber nicht in die Entscheidungen des laufenden Geschäfts eingebunden und treten nur in größeren Abständen als Gesellschafts-

2720 Eine erfolgsabhängige Vergütung in der Form von Tantiemen wäre möglich, wie sich aus § 113 Abs. 3 AktG ergibt. Die Zulässigkeit von Aktienoptionen für Aufsichtsratsmitglieder ist umstritten, vgl. *Hüffer*, § 192 AktG, Rdnr. 21; gem. § 192 Abs. 2 Nr. 3 AktG können sie jedenfalls nicht im Wege der bedingten Kapitalerhöhung gewährt werden. Der Deutsche Corporate Governance Kodex regt eine variable Vergütung an, die auch auf den langfristigen Unternehmenserfolg bezogene Bestandteile enthalten soll (Nr. 5.4.6 Abs. 2). Das deutsche Recht steht damit in Widerspruch zur Empfehlung der EG-Kommission vom 15. Februar 2005 zu den Aufgaben von nicht geschäftsführenden Direktoren/Aufsichtsratsmitgliedern börsennotierter Gesellschaften sowie zu den Ausschüssen des Verwaltungs-/Aufsichtsrats (2005/162/EG), ABl. L 52 vom 25.02.2005, S. 51, die Aktienoptionen und andere erfolgsbezogene Vergütungskomponenten untersagen will, um die Unabhängigkeit der Aufsichtsratsmitglieder zu sichern (Annex II, Nr. 1 lit. c).

2721 *Choper/Coffee/Gilson*, Corporations, p. 9.

2722 Für Direktoren, die dem *audit committee* angehören, vgl. § 301(3) Sarbanes-Oxley Act (umgesetzt in § 10A[m][3] Sec. Ex. Act). Für andere Direktoren haben die US-amerikanischen Börsen nach den Bilanzskandalen der Jahre 2000–2002 strengere Zulassungsvorschriften eingeführt, die verlangen, dass outside directors in den letzten fünf Jahren vor ihrer Berufung nicht als Arbeitnehmer in der Gesellschaft beschäftigt waren und mit der Gesellschaft kein Geschäftsverhältnis von bedeutendem Umfang unterhalten haben, *Choper/Coffee/Gilson*, loc. cit., p. 11. Insoweit entspricht die Rechtslage Annex II, Nr. 1 lit. b und e Empfehlung 2005/162/EG, sie bleibt aber insgesamt hinter der Kommissionsempfehlung zurück, da sie Aktienoptionspläne nicht verbietet.

2723 *Choper/Coffee/Gilson*, loc. cit., p. 12.

2724 In Deutschland: § 111 Abs. 1 AktG. In den USA: z. B. §§ 8.01(b) („the business and affairs of the corporation [shall be] managed ... under the direction of, its board of directors"), 8.31(a)(2)(iv) MBCA. Vgl. auch In re Caremark Intern. Inc. Derivative Litigation, 698 A.2d 959, 967 et seq. (Del.Ch. 1996), die Leitentscheidung zu den Kontrollpflichten der Direktoren gegenüber dem Management.

organ zusammen.[2725] Deswegen werden sie die Fehlerfreiheit der Emissionsunterlagen nicht beurteilen können, ohne sich zuvor über die Einzelheiten der Geschäftslage und der Finanzverfassung der Gesellschaft zu informieren. Der zusätzliche Zeitaufwand wird in vielen Fällen außer Verhältnis zu ihrer niedrig bemessenen Vergütung stehen.[2726] Zudem weisen Mitglieder des *board of directors* bzw. des Aufsichtsrats teilweise nicht die notwendige Kompetenz auf, um komplexe bilanzrechtliche Fragen zu bewerten.[2727] Sicherlich gelten diese Einwände nicht für alle Direktoren bzw. Aufsichtsräte. Die *audit committees* z.B. werden nach Qualifikation besetzt, die Mitglieder überprüfen fortlaufend die Finanzberichterstattung des Unternehmens und erhalten im Gegenzug (jedenfalls in US-amerikanischen Gesellschaften) oft eine höhere Vergütung als ihre Direktorenkollegen.[2728] Ein pauschaler Rückgriff auf die outside directors bzw. den Aufsichtsrat als Kontrollorgan bei Emissionen erscheint aber nur begrenzt erfolgversprechend.[2729]

Die Wirtschaftsprüfer sind, zumindest was die Finanzinformationen in den Emissionsunterlagen betrifft, am besten positioniert, um die Richtigkeit der Angaben zu kontrollieren. Sie werden vom Gesetzgeber auch außerhalb des primärmarktrechtlichen Kontextes zur Zertifizierung der Handelsbücher bestimmter Gesellschaften herangezogen.[2730] Es wäre mithin nur konsequent, an diese Pflichten anzuknüpfen und ihnen die Aufgaben eines gatekeeper am Primärmarkt zu übertragen.[2731] Allerdings sind, gerade in den letzten Jahren, Zweifel an ihrer Unabhängigkeit auf-

2725 Vgl. § 110 Abs. 3 AktG: mindestens zwei Sitzungen im Kalenderhalbjahr. Untersuchungen aus den USA haben ergeben, dass sich die nicht geschäftsführenden Direktoren ca. 15 Stunden im Monat mit Angelegenheiten im Zusammenhang mit ihrem Mandat beschäftigen, vgl. *Choper/Coffee/Gilson*, Corporations, p. 9 m. N. Die Direktoren müssen nur die grundlegenden Entscheidungen (Strukturmaßnahmen, Bestellung und Vergütung des CEO etc.) als Organ treffen und können sonstige Aufgaben an die officers delegieren, In re Caremark Intern. Inc. Derivative Litigation, 698 A.2d 959, 968. Vgl. auch *Hamilton/Macey*, Corporations, p. 710: „The board of directors may not be aware of specific decisions until many months later."

2726 Zur Vergütung deutscher Aufsichtsräte vgl. die DAI-Studie „Aufsichtsratsvergütung bei deutschen börsennotierten Unternehmen" vom 30. Januar 2003, S. 57, abrufbar unter http://www.dai.de/internet/dai/dai-2-0.nsf/dai_publikationen.htm: Die DAX-Unternehmen zahlen den Aufsichtsratsmitgliedern zwischen € 10.000 und € 233.000. In den USA liegt die Vergütung für outside directors ebenfalls deutlich unter der für officers: Eine Studie aus dem Jahr 2002 hat die durchschnittliche Vergütung in den 200 größten Industrieunternehmen mit ca. $ 154.000 beziffert. Nachweise bei *Choper/Coffee/Gilson*, loc. cit., p. 9.

2727 Aus diesen Gründen ist die Leistungsfähigkeit der Kontrolle des Managements durch nicht geschäftsführende Mitglieder der Verwaltungsorgane sowohl in Deutschland (vgl. nur *Karsten Schmidt*, Gesellschaftsrecht, § 28 III 1 a) als auch den USA (*Choper/Coffee/Gilson*, loc. cit., p. 12–13 m. N.) in den letzten Jahren vermehrt angezweifelt worden.

2728 Deutschland: Nr. 5.3.2 DCGK. USA: *Choper/Coffee/Gilson*, loc. cit., p. 10.

2729 Bezeichnend ist, dass die nicht geschäftsführenden Direktoren von Enron und WorldCom die fehlerhaften Veröffentlichungen nicht verhindern konnten, obwohl die Gesellschaften bei der Zusammensetzung des board of directors bereits erhöhte Standards in Bezug auf Unabhängigkeit beachtet hatten, vgl. *Choper/Coffee/Gilson*, loc. cit., p. 12.

2730 Deutschland: § 316 HGB. In den USA löst die Registrierung bei der SEC die Pflicht zur Zertifizierung durch einen unabhängigen Buchprüfer aus, § 13(a)(2) Sec. Ex. Act. Gesellschaftsrecht verlangt in der Regel keine Abschlussprüfung, vgl. z. B. § 16.20 MBCA.

2731 Was auch geschieht, in Deutschland jedoch in unvollkommener Weise, da es an Haftungsvorschriften gegenüber den Anlegern fehlt. Vgl. hierzu sogleich unter 3.

gekommen. Im Zuge der Bilanzskandale in den USA und in Deutschland sahen sie sich vermehrt Kritik ausgesetzt, die auf das Bestehen verschiedenartiger Interessenkonflikte hinwies: Die Wirtschaftsprüfer sind dem Emittenten häufig durch lange Geschäftsbeziehungen verbunden, die ihnen, nicht zuletzt zur Sicherstellung zukünftiger Mandatierung, einen Anreiz zur Erstellung positiver Testate geben.[2732] Zudem machen Unternehmen mitunter von der Möglichkeit Gebrauch, einen weiteren Wirtschaftsprüfer zu beauftragen, wenn der erste Bericht zu negativ ausfällt – auch wenn diese Option durch die mit der Auswechslung des Wirtschaftsprüfers verbundenen Kosten und negativen Publizität in praktischer Hinsicht eingeschränkt ist.[2733] Ende der 90er Jahre des letzten Jahrhunderts hat die Bündelung von Wirtschaftsprüfungs- und Beratungstätigkeiten den Einfluss des Emittenten auf die Wirtschaftsprüfer weiter ausgedehnt. Die Beratungstätigkeit war für das Wirtschaftsprüfungsunternehmen oftmals um ein Vielfaches lukrativer als die eigentliche Rechnungsprüfung.[2734] Gleichzeitig zog die Beendigung des Beratungsverhältnisses keine Offenlegungspflichten nach sich und unterlag keiner staatlichen Aufsicht. Der Emittent konnte mithin durch die Drohung, eine andere Unternehmensberatung zu mandatieren, Einfluss auf den Inhalt des Prüfberichts nehmen.[2735] In den USA hat der Gesetzgeber auf die Kritik reagiert und, wie bereits erwähnt, versucht, mit dem Sarbanes-Oxley Act die Unabhängigkeit der Wirtschaftsprüfer zu steigern.[2736] In der Annahme, dass diese Maßnahmen die Interes-

2732 So z.B. die Beziehung zwischen Arthur Andersen und Enron, vgl. Newby v. Enron Corp., 235 F. Supp. 2d 549, 673: „Arthur Andersen was economically dependent on Enron, which generated approximately $ 50 million in fees annually for Arthur Andersen and expectations for more in the future. Indeed Arthur Andersen estimated internally that its fees for services for Enron could increase to $ 100 million per year."

2733 USA: Form 8-K, Item 4.01(a) (17 C.F.R. § 249.308) i.V.m. Regulation S-K (17 C.F.R. 229) bzw. S-B (17 C.F.R. 228), jeweils Item 304(a)(1) und (3), verlangen die Offenlegung der näheren Umstände der Auswechslung des Wirtschaftsprüfers, insbesondere etwaiger negativer Prüfvermerke. Europa: Anhang I, Nr. 2.2 (und weitere Anhänge) EG-Prospektverordnung.

2734 *Coffee*, 57 Bus. Law. 1403, 1411: Laut einer Studie aus dem Jahr 2002 zahlten Unternehmen im Durchschnitt das Dreifache der Prüfgebühren für Beratungsleistungen. Vgl. auch das Zitat aus der Enron-Entscheidung in Fn. 2688.

2735 *Coffee*, loc. cit. at 1412, weist darauf hin, dass die Kausalbeziehung zwischen der Zunahme der Beratungsdienstleistungen und dem Sinken der Qualität der Buchprüfung in der Realität schwer zu belegen ist. Allerdings ist festzustellen, dass die Wirtschaftsprüfer in den US-amerikanischen Bilanzbetrugsfällen der Jahre 2000–2002 in der Regel auch als Berater für die Unternehmen tätig waren. Auch existieren empirische Daten, die auf eine Korrelation hindeuten. Nachweise id., n. 41.

2736 § 201 des Sarbanes-Oxley Act untersagt weitgehend die gleichzeitige Erbringung von Prüfungs- und anderen Dienstleistungen, und zwar nicht nur für US-amerikanische Unternehmen, sondern für alle SEC-registrierten Gesellschaften unabhängig vom Ort, an dem die Dienstleistungen erbracht werden. Damit können Wirtschaftsprüfungsunternehmen z.B. auch für die Deutsche Bank in Deutschland nicht mehr gleichzeitig Prüfungs- und Beratungstätigkeiten vornehmen. Ferner schreibt § 203 vor, dass die Wirtschaftsprüfungsgesellschaften den federführenden Partner auszutauschen haben, wenn er fünf Jahre für denselben Emittenten tätig war. Gem. § 206 hat der Wirtschaftsprüfer das Mandat abzulehnen, wenn eine Führungskraft des Emittenten (CEO, CFO, CAO etc.) im letzten Jahr beim Wirtschaftsprüfungsunternehmen angestellt war und den Emittenten geprüft hat. Alle Beziehungen zwischen dem Unternehmen und dem Wirtschaftsprüfer sind auf Unternehmensseite vom unabhängigen audit committee (vgl. oben senkonflikte zu beseitigen vermögen, ist es sinnvoll, Wirtschaftsprüfer als gatekeeper für die Finanzinformationen im Emissionsprospekt einzusetzen.

Für andere Sachverständige (z.B. den Rechtsbeistand des Emittenten, Ingenieure oder Gutachter) gelten ähnliche Erwägungen. Sie können die Fehlerfreiheit derjenigen Teile der Emissionsunterlagen, die auf ihren Angaben beruhen, am besten beurteilen. Mehrkosten, die durch ihre Einschaltung als gatekeeper entstehen, werden deswegen minimal sein. Anreize zu opportunistischem Verhalten, die die Effektivität der Inanspruchnahme in Frage stellen könnten, sind nicht stark ausgeprägt, da die Geschäftsverbindungen der Experten mit dem Emittenten gewöhnlich von kürzerer Dauer sind und gegenseitige Abhängigkeiten oder personelle Verflechtungen die Ausnahme darstellen. Um etwaige im Einzelfall trotzdem bestehende Interessenkonflikte zu beheben, könnte der Gesetzgeber die Unabhängigkeit der Experten gewährleisten und z.B. Erklärungen von Personen untersagen, die gegenwärtig oder innerhalb eines bestimmten Zeitraums vor der Emission Führungsaufgaben beim Emittenten wahrgenommen haben. Im Übrigen müsste er zur Begründung einer Verantwortlichkeit des Experten die Identifizierung der Erklärungen des Sachverständigen im Emissionsprospekt verlangen.[2737] Außerdem wäre den Investoren aus den oben[2738] genannten Gründen ein direkter Anspruch auf Schadensersatz gegen den Experten für den Fall der Verbreitung fehlerhafter Informationen einzuräumen.

Es ist zu beachten, dass sich sowohl die Wirtschaftsprüfer als auch die sonstigen Sachverständigen nur in Bezug auf die von ihnen stammenden Angaben als gatekeeper eignen. Die weiteren Informationen können sie häufig schon mangels fachlicher Kenntnis und jedenfalls aufgrund fehlenden Zugangs zur Quelle der Information (den Insidern des Emittenten) nicht überprüfen. Die Emissionsbanken nehmen eine grundlegend andere Stellung ein: Sie (bzw. die konsortialführenden Institute) betreuen die Emission von der Vorbereitung bis zur Marktpflege nach abgeschlossener Börseneinführung der Effekten. Sie stehen mit den Führungskräften des Emittenten jederzeit in engem Kontakt und sind mit allen Aspekten des Börsengangs vertraut: nicht nur mit den Finanzdaten des Unternehmens oder einzelnen Expertenäußerungen, z.B. den Erklärungen der Anwälte zur Gesetzmäßigkeit der Emissionsware, sondern auch mit der Struktur, Geschäftstätigkeit und allgemeinen Verfassung des Emittenten, den Einzelheiten des Angebots und der Platzierung, die sie in Zusammenarbeit mit dem Emittenten festlegen, den mit einer Investition einhergehenden Risiken und schließlich den Kosten der Emission. Sie sind die einzi-

---

Fn. 2722) abzuwickeln: Das audit committee ist für die Mandatierung, Vergütung und Aufsicht über die Tätigkeit des Buchprüfers zuständig (§ 301). Es hat alle Leistungen des Prüfers vorab zu genehmigen (§ 202). Der Wirtschaftsprüfer hat dem audit committe Bericht zu erstatten (§ 204). Schließlich stellt die betrügerische Beeinflussung der Arbeit des Wirtschaftsprüfers („any action to fraudulently influence ... any independent public or certified accountant") durch die Führungskräfte des Emittenten einen Gesetzesverstoß dar und befähigt die SEC zum Einschreiten (§ 303).

2737 Das entspricht bereits der gegenwärtigen Rechtslage, vgl. Fn. 2887.

2738 1 c.

gen, die eine vollständige Untersuchung des Emittenten bis hin zur due diligence durchführen. Zugleich kommt ihnen den Anlegern gegenüber eine hervorgehobene Position zu: Die Banken organisieren die Marketingkampagne und nehmen mit potentiellen Investoren Verbindung auf. Sie achten darauf, in Veröffentlichungen, etwa dem Tombstone, aufgeführt zu werden. Der Emissionsprospekt nennt sie auf einer der ersten Seiten. Die Investoren lassen sich bei ihrer Anlageentscheidung eher von der Zusammensetzung des Bankenkonsortiums als von der Mandatierung bestimmter Wirtschaftsprüfer oder anderer Sachverständiger leiten.

Aus all dem folgt, dass die Reputation der Emissionsbanken in höherem Maße vom Gelingen der Emission abhängt als die der sonstigen Beteiligten (mit Ausnahme des Emittenten). Schließlich sind die Banken als Außenstehende in der Regel nicht denselben Interessenkonflikten ausgesetzt wie die Führungskräfte des Emittenten.[2739] Alle diese Faktoren – die Kenntnis der Banken vom Emittenten, die fachliche Befähigung zur Beurteilung des Inhalts der Emissionsunterlagen, die Anreizstruktur und die Vermeidung von Interessenkonflikten – machen deutlich, dass es in der Tat zutrifft, wenn die SEC formuliert: „underwriters occup[y] a unique position [in the context of offerings]“[2740]; wenn die US-amerikanischen Gerichte betonen: „[n]o greater reliance in our self-regulatory system is placed on any single participant in the issuance of securities than upon the underwriter“[2741]; und wenn die Literatur konstatiert: „[T]he underwriter is the only participant in the registration process who ... is able to make the kind of investigation which will protect the purchasing public.“[2742] Die Emissionsbank ist die zentrale Gestalt am Primärmarkt, sie vermittelt zwischen Kapitalnachfragern und -anbietern, hat die Möglichkeit, durch Vorenthaltung ihrer Mitwirkung unseriöse Emissionen zu unterbinden und durch Einsatz ihrer Platzierungskraft seriösen Emissionen zum Erfolg zu verhelfen. Ein Regelungsregime, das sich nicht mit einer Inpflichtnahme des Emittenten begnügen möchte, hat deswegen bei der Emissionsbank anzusetzen.

Bislang haben die Ausführungen nur von „der Emissionsbank“ oder „dem Bankenkonsortium“ gesprochen. Den vorstehenden Argumenten kommt nicht dieselbe Überzeugungskraft in Bezug auf sämtliche Mitglieder des Konsortiums zu. An

---

2739 Es soll nicht verkannt werden, dass in einzelnen Fällen Konflikte durch Beteiligung der Beschäftigten der Konsortialbanken an den Operationen des Emittenten auftreten können, so z. B. im Fall Enron, in dem die Banken sich weit von ihrer Idealrolle als unabhängige und objektive Mittler zwischen Emittent und Anlegerpublikum entfernt hatten (vgl. das Beispiel in Fn. 2688 am Ende).

2740 SEC Release No. 7606A vom 17. November 1998, 1998 WL 792508, p. 91.

2741 Chris-Craft Industries, Inc. v. Piper, 480 F.2d 341, 370 (2d Cir. 1973).

2742 Comment, 68 Colum. L. Rev. 1411, 1421 (1968). Die Fortsetzung des Zitats stellt eine gute Zusammenfassung der in diesem Abschnitt vorgenommenen Überlegungen dar: „Management may be so hard pressed for cash and so incorrigibly optimistic that they will accept or undervalue the risk of civil liability. The directors, as noted above, are not free to assume an adverse role, and in any event they are not entirely free from the pressures on and optimism of management. The SEC simply does not have the staff to verify independently even the more dubious registration statements. Only the underwriter and the accountant are free to assume an adverse role, have little incentive to accept the risk of liability, and possess the facilities and competence to undertake an independent investigation.“

früherer Stelle hat die Arbeit dargelegt, dass sich nur die führende Bank (bzw. die Führungsgruppe) an der Vorbereitung der Emission beteiligt, dass nur sie eine umfassende Prüfung der Verhältnisse des Emittenten vornimmt und sich die sonstigen Mitglieder des Konsortiums auf ihre Erkenntnisse verlassen.[2743] Fraglich ist, ob der Gesetzgeber dieser Aufgabenverteilung Rechnung tragen und die einfachen Mitglieder des Emissionskonsortiums nicht als gatekeepers in Anspruch nehmen sollte. Der erste der oben genannten Gesichtspunkte scheint dafür zu sprechen: Die erst kurz vor der Platzierung benachrichtigten Konsortialbanken sind nicht in der Lage, den gesamten Inhalt der Emissionsunterlagen detailliert zu überprüfen, ohne die Emission zu verzögern und die Kosten der Kapitalaufnahme erheblich zu erhöhen. Die anderen Argumente (fachliche Qualifikation, Anreizstruktur, Inanspruchnahme von Vertrauen gegenüber dem Investor) treffen indes ebenso auf die Konsortialführung wie die einfachen Konsorten zu. Hinzu kommt, dass nicht pauschal beurteilt werden kann, ob eine Konsortialbank tatsächlich keine Möglichkeit hat, die (oder zumindest Teile der) Angaben im Prospekt ohne unverhältnismäßigen Aufwand nachzuprüfen. Sie mag mit den Verhältnissen des Emittenten aus früheren Geschäftsbeziehungen vertraut sein. Viele Einzelfragen – z.B. zu den Merkmalen der Wertpapiere, den Angebotsbedingungen oder Risikofaktoren – wird sie ohne langwierige Nachforschung beim Emittenten einschätzen können. Es ist daher nicht überzeugend, die Stellung als gatekeeper von der Position der Bank im Konsortium abhängig zu machen. Vielmehr sollte die im Einzelfall möglicherweise zu bejahende Unverhältnismäßigkeit der Durchführung von Untersuchungen im Rahmen des Verschuldens berücksichtigt werden.[2744]

3. Untersuchung des gesetzlichen Haftungsregimes

a. *US-amerikanisches Recht*

Die Haftung für fehlerhafte Angaben in den Emissionsunterlagen kann sich nach US-amerikanischem Recht insbesondere aus vier Vorschriften ergeben, die ausführlich besprochen wurden: §§ 11, 12(a)(1), 12(a)(2) Sec. Act und § 10(b) Sec. Ex. Act (i.V.m. Exchange Act Rule 10b-5).

§ 11 Sec. Act zählt, anders als §§ 12 Sec. Act und 10(b) Sec. Ex. Act, die Verpflichteten abschließend auf: Neben dem Emittenten und seinen in § 6(a) Sec. Act genannten Führungskräften haften die Direktoren,[2745] die Emissionsbanken[2746] und die Sachverständigen, letztere für die mit ihrem Einverständnis in das Registrierungsformular aufgenommenen Angaben.[2747] § 11 Sec. Act kommt den in der gatekeeper Theorie entwickelten Grundsätzen mithin sehr nahe: Entsprechend der hervorge-

2743 § 4 I 1 a; § 6 I 2 a ee (2); § 9 I 1 e bb.
2744 So bereits oben § 6 I 2 a bb (1) (a).
2745 § 11(a)(2) und (3) Sec. Act.
2746 § 11(a)(5) Sec. Act.
2747 § 11(a)(4) Sec. Act.

hobenen Stellung, die die Konsortialbanken im Rahmen der Emissionsbegleitung auszeichnet, haften sie (und zwar alle Mitglieder des Konsortiums) als Gesamtschuldner für sämtliche Schäden, die den Anlegern durch Fehler in den Emissionsunterlagen entstehen.[2748] Die Inanspruchnahme der Sachverständigen ist ebenfalls sinnvoll, sofern sich ihre Verantwortlichkeit – wie im Securities Act – auf die von ihnen stammenden Erklärungen beschränkt. Die outside directors sind andererseits, wie oben dargelegt, nur eingeschränkt als gatekeeper geeignet. Eine vollumfängliche Haftung würde deswegen weder den Anlegerschutz verbessern noch (wegen gesteigerter Kapitalkosten[2749]) die Kapitalaufnahme erleichtern. Der Securities Act 1933 trägt dieser Problemlage Rechnung, indem er die gesamtschuldnerische durch eine teilschuldnerische Einstandspflicht ersetzt, deren Umfang sich nach dem Maß des Verursachungs- bzw. Verschuldensbeitrags des jeweiligen Direktors richtet.[2750]

Eine ähnlich differenzierte Inanspruchnahme der Beteiligten am Emissionsgeschäft ist den anderen Haftungsnormen fremd. Das liegt bei Exchange Act Rule 10b-5 schon an der Natur der Vorschrift als (ursprünglich) einzig im öffentlichen Interesse ergangener Ermächtigungsnorm für die SEC. Zudem ist unklar, ob sie nach der gegenwärtig herrschenden Auslegung Zwecke im Sinne der gatekeeper Theorie verfolgt, d.h. die Inanspruchnahme Dritter zur Unterbindung des Fehlverhaltens der primär verantwortlichen Marktakteure beabsichtigt. Hiergegen sprechen die Entscheidung des Supreme Court in *Central Bank of Denver, N.A. v. First Interstate Bank of Denver, N.A.*[2751] und *Stoneridge Inv. Partners, LLC v. Scientific-Atlanta*,[2752] in denen das Gericht lediglich *primary violators* für verpflichtet hielt.[2753] Haftbar ist danach nur, wer die tatbestandsmäßige Handlung (die Verwendung eines betrügerischen Mittels, Verbreitung einer irreführenden Angabe etc.) selbst vornimmt. Überwachungspflichten, die ihrerseits bei Verletzung zur Haftung führen, existieren nicht. Die Untergerichte sind von dieser Grundregel in ihren Entscheidungen wieder abgerückt und nehmen – in unterschiedlichem Umfang – auch Intermediäre in Anspruch, die den Tatbestand nicht in eigener Person verwirklichen, aber den zur Schädigung führenden Kausalverlauf kontrollieren (*bright line test*) oder aktiv beeinflussen (*substantial participation test*).[2754] Solche mittelbar beteiligten Personen sind die klassischen gatekeeper. Die Gerichte machen ihre Verantwortlichkeit allerdings

---

2748 Ein gewisses Zugeständnis an die Investmentindustrie enthält § 11(e) 3rd Sentence Sec. Act (hierzu § 9 I 1 f). Die Haftungsobergrenze ist für Zwecke der gatekeeper Theorie nicht unbedingt notwendig; sie dürfte aber dazu beitragen, die Kapitalkosten durch Limitierung des Haftungsrisikos der Banken niedrig zu halten. Für Anleger stellt sie in der Praxis keinen Nachteil dar, da der Umfang der Einstandspflicht der einzelnen Banken (der Gesamtbetrag, zu dem die von ihnen übernommenen Papiere öffentlich angeboten werden) in der Regel einen ausreichenden Schutz gewährleistet.

2749 Durch höhere Kosten für die D&O-Versicherung oder eine höhere Vergütung, die der outside director verlangen wird, um das von ihm nicht kontrollierbare Haftungsrisiko abzufedern.

2750 §§ 11(f)(2)(A) Sec. Act, 21D(f) Sec. Ex. Act. Vgl. näher oben § 9 II 1 a und unten III.

2751 511 U.S. 164, 114 S. Ct. 1439.

2752 128 S. Ct. 761 (2008).

2753 Hierzu § 9 I 5 b aa.

2754 Zu den verschiedenen Ansichten § 9 I 5 b bb.

nicht davon abhängig, inwieweit sie in der Lage sind, Pflichtverletzungen der primären Schädiger aufzudecken. Stattdessen fordern sie (um nur einige Beispiele zu nennen), die Beklagten müssten die irreführenden Erklärungen „erschaffen“[2755], „aktiv entworfen“[2756] oder als „Autor bzw. Co-Autor“[2757] abgegeben haben. Auf diese Weise wollen sie einen offenen Widerspruch zu *Central Bank* vermeiden, verdunkeln aber, dass es letztlich (unter anderem) um die Inanspruchnahme dritter Parteien – sogenannter „reputational intermediaries“[2758], d.h. der Wirtschaftsprüfer, Anwälte und Emissionsbegleiter[2759] – geht, und versäumen es folglich, die nach der gatekeeper theory maßgeblichen Kriterien anzusprechen. Am nächsten kommen den Grundsätzen der Theorie noch diejenigen Gerichte, die auf die Nähe des Intermediärs zum Emittenten abstellen[2760] und damit zumindest implizit die wichtigste Voraussetzung für den Rückgriff auf gatekeeper in den Mittelpunkt rücken: die Möglichkeit, die Einhaltung der Rechtspflichten durch den primär Verantwortlichen verlässlich und ohne hohe Kosten sicherzustellen.

Auch § 12(a)(1) Sec. Act hat weniger die Kontrolle des Emittenten durch Einschaltung privater Dritter zum Gegenstand, als vielmehr die Prävention von Verstößen gegen die Pflichten aus § 5 Sec. Act, die *alle* Marktteilnehmer (als insoweit primäre Verantwortliche) treffen.[2761] § 12(a)(2) Sec. Act schließlich erfasst zwar ebenfalls potentiell beliebig viele am Kapitalmarkt auftretende Personen; bei näherer Betrachtung liegt dieser Vorschrift aber der zentrale Gedanke der gatekeeper Theorie zugrunde: Die in der Bestimmung angesprochenen Verkäufer („[a]ny person who offers or sells a security“[2762]) sind nichts anderes als Personen, die der Gesetzgeber einsetzen möchte, um die von ihnen weitergegebenen (aber nicht notwendigerweise von ihnen stammenden) Informationen zu kontrollieren und gegebenenfalls die zur Schädigung führende Kausalkette durch Abstandnahme von der Wertpapiertransaktion zu unterbrechen. Diesen Grundgedanken setzt § 12(a)(2) Sec. Act freilich nicht sonderlich sachgerecht um. Die Vorschrift macht nicht deutlich, wer als Verkäufer anzusehen ist, was bis zur Entscheidung des Supreme Court in *Pinter* – und noch danach – zu großer Rechtsunsicherheit geführt hat.[2763] Außerdem fragt sie nicht danach, ob der Haftungsadressat (der Verkäufer) in der Lage ist, die Fehlerfreiheit der von ihm übermittelten Informationen einzuschätzen. Das mag bei manchen der von § 12(a)(2) Sec. Act erfassten Personen der Fall sein, z.B. den Konsortialbanken, die die Effekten zu Eigentum übernehmen. Selling agents und Broker, die

---

2755 Im Original: „create[...] a misrepresentation“, Newby v. Enron Corp., 235 F. Supp. 2d 549, 588 (S.D. Tex. 2002).
2756 Phillips v. Kidder, Peabody & Co., 933 F. Supp. 303, 316 (S.D.N.Y. 1996).
2757 Klein v, Boyd, 949 F. Supp. 280 (E.D. Pa. 1996), *aff'd*, 1998 WL 55245, Fed. Sec. L. Rep. (CCH) ¶90,136, at 90,325 (3d Cir. 1998).
2758 *Coffee*, 84 B.U. L. Rev. 301, 302.
2759 Vgl. die Urteile in Fn. 2349 bis 2351.
2760 Z.B. In re ZZZZ Best Securities Litigation, 864 F. Supp. 960, 970 (C.D. Cal. 1994): „intricately involved in [the] creation [of misleading statements]“. Weitere Nachweise oben § 9 I 5 b bb (2).
2761 Vgl. zu § 12(a)(1) Sec. Act oben § 9 I 2.
2762 § 12(a)(2) Sec. Act am Anfang.
2763 § 9 I 2 a und c.

auf einer weiteren Stufe an der Platzierung der Papiere beteiligt sind und ebenfalls als Anspruchsgegner in Betracht kommen, stehen indes üblicherweise in keinem Kontakt zum Emittenten. Obwohl sie der Haftung entgehen, wenn die Einwendung des § 12(a)(2) Sec. Act a.E. zu ihren Gunsten eingreift, sind sie bei Vorliegen eines Prospektfehlers *prima facie* schadensersatzpflichtig, ohne dass der Kläger Verschulden, haftungsbegründende oder -ausfüllende Kausalität nachweisen müsste.[2764] Die Existenz des § 12(a)(2) Sec. Act verursacht folglich Kosten (durch Rechtsunsicherheit hinsichtlich des Kreises der Haftungsadressaten sowie ein erhöhtes Haftungsrisiko, das sich nicht immer vom Verpflichteten beherrschen lässt), denen nicht in allen Fällen ein Nutzen (in Form einer zusätzlichen Überprüfung der Prospektunterlagen) gegenübersteht.

Zusammenfassend lässt sich festhalten, dass § 11 Sec. Act einerseits durch Umgrenzung des persönlichen und sachlichen Anwendungsbereichs, andererseits durch abgestufte Anforderungen, die der unterschiedlichen Stellung der Adressaten gerecht werden, eine angemessene Verteilung der Verantwortlichkeit für Fehlinformationen im Registrierungsformular erreicht und die Maßgaben der gatekeeper Theorie weitgehend umsetzt. Die anderen Vorschriften, die einer Komplettierung des Anlegerschutzes am Primärmarkt sowie einer Haftung für irreführende Erklärungen am Sekundärmarkt dienen, sind hingegen zu offen formuliert, um den Gerichten und den Marktteilnehmern klare Richtlinien an die Hand zu geben. Die zahlreichen Abgrenzungs- und Auslegungsprobleme, die hieraus resultieren, sind angesprochen worden. Auch fehlt es an der notwendigen Differenziertheit, um nur diejenigen Personen in Anspruch zu nehmen, die kosteneffizient die ihnen gestellten Aufgaben lösen können.

b. Vergleich mit dem deutschen Recht

Die spezialgesetzliche Börsenprospekthaftung nach deutschem Recht bestimmt den Kreis der Haftungsadressaten nicht so präzise wie § 11 Sec. Act. § 44 Abs. 1 Satz 1 Nr. 1 und 2 BörsG sprechen von „denjenigen, die für den Prospekt die Verantwortung übernommen haben“, und „denjenigen, von denen der Erlass des Prospekts ausgeht“. Es überrascht nicht, dass die Auslegung der beiden Tatbestandsmerkmale umstritten ist und jede der oben[2765] erwähnten Gruppen möglicher Haftungsadressaten mit einer Vielzahl von Meinungen aufwarten kann, die ihre Haftung gem. §§ 44, 45 BörsG teils ablehnt, teils befürwortet und teilweise auf einzelne Fälle beschränkt – ein Zustand, der in höchstem Maße unbefriedigend ist und dazu beigetragen haben dürfte, dass die praktische Bedeutung der spezialgesetzlichen Börsenprospekthaftung bislang gering geblieben ist. Was die Emissionsbanken betrifft, gehen die Meinungen in der Literatur darüber auseinander, ob sich ihre Verantwortlichkeit nur nach § 44 Abs. 1 Satz 1 Nr. 1 BörsG oder auch (bzw. stattdessen) nach Nr. 2 richtet. Manche wollen nur diejenigen Konsortialbanken in Anspruch nehmen, die den Prospekt unterzeichnen, andere alle Banken, die einen Vertrauenstat-

2764 § 9 I 3.
2765 Oben 2.

bestand gegenüber den Anlegern schaffen.[2766] Nach hier vertretener Ansicht kommt eine Haftung der Konsortialbanken nur als Prospekterlasser (Nr. 1), nicht als Prospektveranlasser (Nr. 2) in Betracht. Die Banken sind Prospekterlasser, wenn sie den Emissionsprospekt unterzeichnen oder durch ausdrückliche Erklärung für seinen Inhalt einstehen wollen. Ob sie zur Unterzeichnung verpflichtet sind, hängt davon ab, ob der Emittent eine Zulassung der Papiere zum regulierten Markt anstrebt oder die Effekten im Freiverkehr handeln will. Ist ersteres der Fall, hat zumindest eines der emissionsbegleitenden Institute den Zulassungsantrag gem. § 32 Abs. 2 Satz 1 BörsG zusammen mit dem Emittenten zu stellen und damit den Prospekt zu unterzeichnen (§ 5 Abs. 3 Satz 2 WpPG). Anders bei einem Handel der Emissionsware außerhalb der organisierten Märkte: Gem. § 5 Abs. 3 Satz 1 WpPG trifft die Pflicht zur Unterzeichnung den Anbieter. In Literatur und Rechtsprechung ist nicht geklärt, was unter dem Begriff des Anbieters zu verstehen ist. Hier wird – entgegen vielfach vertretener Meinung – nicht auf das Auftreten nach außen abgestellt und nicht danach unterschieden, ob die Banken das Platzierungsrisiko übernehmen oder nicht. Vielmehr sind sämtliche Mitglieder des Konsortiums – aber nicht die Verkäuferbanken und Unterbeteiligungen – als Anbieter prospektverantwortlich.[2767]

Für diese Lösung spricht die Klarheit der Abgrenzungskriterien. Auch kommt es für die Geeignetheit der Banken als gatekeeper weniger auf die Verantwortung für die Koordination der Vertriebsaktivitäten oder die Art der Emissionsbegleitung (Übernahme- bzw. Begebungskonsortium) an,[2768] als vielmehr auf ihre Möglichkeit, die Emissionsunterlagen zu überprüfen, und auf das Vorhandensein von Anreizen, um diese Aufgabe sorgfältig zu erfüllen. Die Möglichkeit der Nachprüfung steht – in unterschiedlichem Maße – allen Mitgliedern des Konsortiums offen, aber nicht den sonstigen unter Umständen in den Vertriebsprozess eingeschalteten Instituten, die mit dem Emittenten in keinerlei Kontakt treten. Das US-amerikanische Recht erkennt die Relevanz dieser Unterscheidung, indem es in § 2(a)(11) Sec. Act nur die dem Konsortium angehörenden Emissionshäuser zu den *underwriters* zählt.[2769]

Gegen die hier vorgetragene Ansicht lässt sich einwenden, dass der Kreis der haftenden Banken bei Zulassung der Wertpapiere zum organisierten Markt potentiell kleiner ist (nur die Zulassungsantragsteller) als bei Handel im Freiverkehr oder *over the counter* (alle Mitglieder des Konsortiums), obwohl sich gerade der organisierte Markt durch eine höhere Regelungsdichte und damit einen gesteigerten Schutz der Anleger auszeichnen sollte. In der Tat ist hierin eine gewisse Inkonsequenz zu sehen, die ihren Grund aber nicht in der fehlerhaften Auslegung des Begriffs des Anbieters, sondern in der zu restriktiven Konzeption der §§ 44, 45 BörsG findet. Wie im außerbörslichen Handel, so ist der Anleger auch am organisierten

2766 Einzelheiten zu den verschiedenen Meinungen oben § 6 I 2 a bb.
2767 § 6 I 2 a bb (1) (a).
2768 Diese Kriterien werden von den unter § 6 I 2 a bb besprochenen Meinungen in den Mittelpunkt gestellt.
2769 Zu § 2(a)(11) Sec. Act ausführlich oben § 9 I 1 b.

Kapitalmarkt auf die regulierende Tätigkeit der Emissionsbanken angewiesen. Eine Haftung aller Konsortialbanken entsprechend § 11(a)(5) Sec. Act wäre deswegen wünschenswert. Um sie zu begründen, ließe sich daran denken, in Weiterentwicklung der Entscheidung des BGH im Fall *Elsflether Werft* einer Auslegung des § 44 Abs. 1 Satz 1 Nr. 1 BörsG den Vorzug zu geben, die nicht zwingend die Unterzeichnung des Prospekts oder die Abgabe einer Erklärung i.S. der §§ 5 Abs. 4 Satz 1 WpPG, 3 VermVerkProspV verlangt, sondern die bloße Nennung in den Emissionsunterlagen genügen lässt, wenn der Haftungsadressat den Anlegern gegenüber den Eindruck erweckt, für den Inhalt verantwortlich zu sein.[2770] Alternativ könnten die Banken als Personen angesehen werden, von denen der Erlass des Prospekts ausgeht, die „hinter dem Prospekt stehen, seine eigentlichen Urheber [sind]“[2771] und folglich gem. § 44 Abs. 1 Satz 1 Nr. 2 BörsG seine Richtigkeit und Vollständigkeit garantieren.[2772] Beide Wege sind indes problematisch. Der Fall *Elsflether Werft* bezieht sich auf eine überholte Rechtslage, und sowohl der Wortlaut des Gesetzes als auch die Entstehungsgeschichte weisen darauf hin, dass sich der Anspruch gem. §§ 44, 45 BörsG nicht an sämtliche Emissionsbanken richtet.[2773] Hinzu kommt, dass eine erweiternde Auslegung, um konsequent zu sein, nicht bei den Konsortialbanken halt machen dürfte, sondern alle Personen umfassen müsste, die in vergleichbarer Weise an der Erstellung der Emissionsunterlagen mitwirken, d.h. insbesondere die Sachverständigen und die Führungskräfte des Emittenten.[2774] Eine solche Ausdehnung des Kreises der Haftungsadressaten entspräche der Rechtslage in den USA und wäre aus ökonomischen Gründen zu begrüßen.[2775] *De lege lata* fehlt es aber an Mechanismen zur sinnvollen Ausgestaltung der Haftung. Aus dem Gesetz ergeben sich weder die genauen Voraussetzungen, unter denen eine Person in Anwendung der erweiternden Auslegung verantwortlich wäre, noch erforderliche Differenzierungen hinsichtlich des Umfangs der Haftung und des einschlägigen Sorgfaltsmaßstabs, wie sie § 11 Sec. Act für Direktoren und Sachverständige vorsieht. Die Folge wäre große Rechtsunsicherheit – ein Zustand, der dem Anlegerschutz ebenfalls nicht dienlich wäre. Hier ist der Gesetzgeber gefragt.

2770 Diese Auffassung ist oben unter § 6 I 2 a bb (1) (c) vorgestellt worden.

2771 So umschreibt Schwark/*Schwark*, KMRK, §§ 44, 45 BörsG, Rdnr. 9, den Begriff des Prospektveranlassers.

2772 Auch diese Ansicht wird in der Literatur vertreten, vgl. die Nachweise oben § 6 I 2 a bb (2).

2773 Die den Prospekt nicht unterzeichnenden Banken übernehmen für ihn nicht die Verantwortung i.S. des § 44 Abs. 1 Satz 1 Nr. 1 BörsG; zudem geht der Erlass des Prospekts im Sinne einer Einflussnahme auf seinen Inhalt und seine Veröffentlichung nicht von allen Konsortialbanken aus (Nr. 2).

2774 Zu diesen Argumenten oben § 6 I 2 a bb.

2775 Was die Führungskräfte anbelangt, wäre darauf zu achten, dass sich die Haftung insbesondere an diejenigen Personen richtet, die mit der Erstellung des Prospekts betraut sind, d.h. die Mitglieder des Vorstands. Zweifel an der Effektivität einer Haftung der Aufsichtsratsmitglieder wurden oben (2) aufgeworfen. Anreizsteigernd würde eine solche Haftung sicherlich wirken; der Gesetzgeber hätte aber dafür Sorge zu tragen, dass das Haftungsrisiko kontrollierbar bleibt und nicht dazu führt, dass qualifizierte Personen nicht mehr für den Posten des Aufsichtsratsmitglieds zu gewinnen sind.

Dass der Anwendungsbereich der Prospekthaftung zumindest *de lege ferenda* ausgedehnt werden sollte, zeigen die Aktivitäten der Rechtsprechung. In jüngerer Zeit ist sie dazu übergegangen, bei Fehlinformationen am Kapitalmarkt auf § 826 BGB zurückzugreifen. Die Urteile konzentrieren sich zwar bislang auf die Haftung der Vorstandsmitglieder des Emittenten und thematisieren nicht die Verantwortlichkeit der Intermediäre. Die Tatbestandsmerkmale des § 826 BGB sind aber so weit gefasst, dass die Konsortialbanken und die anderen an der Emission beteiligten Dritten als mögliche Anspruchsgegner in Betracht kommen, sofern der geschädigte Anleger nachweisen kann, dass sie ihre Pflichten zur Nachprüfung des Emissionsprospekts bzw. Bereitstellung von Sachverständigengutachten oder ähnlichen in den Prospekt aufzunehmenden Erklärungen in einer gravierenden, auf die Interessen der Anleger keine Rücksicht nehmenden Weise vernachlässigt haben. Auch ohne Verletzung eigener Pflichten haften die Intermediäre als Gehilfen gem. § 830 Abs. 2 BGB, wenn sie die Emission in Kenntnis des Prospektmangels begleiten.[2776] Deswegen scheint es nur eine Frage der Zeit zu sein, bis die ersten auf § 826 BGB gestützten Klagen gegen die Intermediäre bei Gericht eingehen werden.

Hier deutet sich eine Entwicklung an, die in den USA im Hinblick auf § 10(b) Sec. Ex. Act und Rule 10b-5 schon vor etwa 60 Jahren eingesetzt hat. Die Parallelen sind bemerkenswert: Beide Tatbestände – § 826 BGB und Rule 10b-5 – setzen die Vornahme einer Handlung voraus, die mit einem gewissen Unwert behaftet ist – die einerseits als sittenwidrig zu beurteilen ist, andererseits als betrügerisch.[2777] Beide Vorschriften verlangen nach der Konzeption des Gesetzes Vorsatz[2778] sowie den Nachweis eines kausalen Zusammenhangs zwischen der Handlung, der Investitionsentscheidung des Anlegers und dem Schaden. In beiden Fällen handelt es sich um Vorschriften, die ursprünglich nicht auf den haftungsrechtlichen Ausgleich von Schäden durch fehlerhafte Kapitalmarktinformation zugeschnitten waren und erst durch innovative Auslegung seitens der Rechtsprechung zu einem anlegerschützenden Rechtsinstitut herangereift sind, weil die Gerichte die existierenden, ausdrücklichen Haftungsnormen für unzureichend hielten. In beiden Fällen ist die Rechtsprechung dem geschädigten Anleger durch verschiedene Konstruktionen entgegen gekommen. Trotz des eindeutigen Wortlauts des § 826 BGB verlangt der BGH Vorsatz (d.h. zumindest billigende Inkaufnahme) nur hinsichtlich der Schädigung des Anlegers. Die Tatsachen, aus denen sich die Sittenwidrigkeit ergibt, d.h. gerade das hier in Frage stehende Verhalten (die Aufnahme fehlerhafter Informationen in den Emissionsprospekt, die Veröffentlichung von Erklärungen ohne ausreichende Prü-

---

2776 Nähere Einzelheiten hierzu oben § 6 I 2 c.

2777 Vgl. die in Rule 10b-5(a)-(c) aufgezählten Alternativen: „any device, scheme, or artifice to defraud", „any untrue statement of a material fact", „any act, practice, or course of business which operates … as a fraud or deceit".

2778 Für § 10(b) Sec. Ex. Act ergibt sich das nach Ansicht des Supreme Court (unter anderem) aus den Worten „manipulative", „device" und „contrivance": „terms that make unmistakable a congressional intent to proscribe a type of conduct quite different from negligence. Use of the word 'manipulative' is especially significant. It is and was virtually a term of art when used in connection with securities markets. It connotes intentional or willful conduct designed to deceive or defraud investors", Ernst & Ernst v. Hochfelder, 425 U.S. 185, 199, 96 S. Ct. 1375, 1384 (1976).

fung etc.), müssen nicht vom Vorsatz umfasst sein. Für die Haftung gem. § 826 BGB genügt es, dass der Anspruchsgegner rücksichtslos handelt, dass er sich z.B. über bestimmte Anhaltspunkte für die Unrichtigkeit des Wertpapierprospekts hinweggesetzt, oder dass er Angaben ohne jede Überprüfung der tatsächlichen Grundlagen in den Prospekt aufnimmt.[2779] Ähnlich stellt sich die Rechtslage in den USA dar: Die Untergerichte lassen den Nachweis von *recklessness* (Rücksichtslosigkeit), definiert als „extreme departure from the standards of ordinary care"[2780], für eine Klage gem. Rule 10b-5 ausreichen.

Eine weitere Beweiserleichterung erkennt die US-amerikanische Rechtsprechung in Bezug auf den Kausalzusammenhang an: Der Kläger kann geltend machen, die unrichtige Information sei im Börsenkurs der Wertpapiere eingepreist gewesen und hätte damit seine Anlageentscheidung auf diesem Weg beeinflusst (fraud on the market theory).[2781] Deutsche Gerichte tendierten zunächst in dieselbe Richtung. Der BGH hat nun klargestellt, dass der Anleger nicht davon befreit ist, in jedem Einzelfall seine Kenntnis von der fehlerhaften Veröffentlichung und sein Vertrauen auf ihre Richtigkeit zu beweisen. Er begründet diese restriktive Sicht mit der andernfalls übermäßigen Ausdehnung der Haftung gem. § 826 BGB. Überzeugend ist dieses Argument kaum: Will die Rechtsprechung die derzeit existierenden Lücken im Anlegerschutzrecht mit Hilfe des § 826 BGB schließen, muss sie bei der Auslegung der Vorschrift die Besonderheiten des Kapitalmarktes berücksichtigen und darf nicht bei den althergebrachten deliktsrechtlichen Grundsätzen verharren.[2782] Der Kapitalmarkt zeichnet sich durch Transaktionen aus, die weitgehend automatisiert und ohne direkten Kontakt zwischen den Kapitalnachfragern und den Kapitalanbietern ablaufen. An die Stelle der persönlichen Verhandlungen von Käufer und Verkäufer, deren Ausgang durch Täuschung nur dann beeinflusst wird, wenn ein ursächlicher Zusammenhang zwischen der Täuschungshandlung der einen Partei und dem Willensentschluss der anderen Partei zu bejahen ist, tritt die Preisfindung durch den Markt, die bei entsprechender Marktstruktur auf allen öffentlich verfügbaren Informationen beruht – und damit auch auf Informationen, die dem Kläger nicht selbst bekannt sind.[2783] Die Begründung der Kausalität ent-

---

2779 Näher oben § 6 I 2 c.

2780 Broad v. Rockwell Intern. Corp., 642 F.2d 929, 962 (5th Cir. 1981). Weitere Nachweise oben in Fn. 2294.

2781 Fn. 2295.

2782 So der US Supreme Court schon im Jahr 1988: „The modern securities markets, literally involving millions of shares changing hands daily, differ from the face-to-face transactions contemplated by early fraud cases, and our understanding of Rule 10b-5's reliance requirement must encompass these differences", Basic Inc. v. Levinson, 485 U.S. 224, 243–44, 108 S. Ct. 978, 990 (1988).

2783 Vgl. aus den USA etwa In re LTV Securities Litigation, 88 F.R.D. 134, 143 (N.D. Tex. 1980): „In face-to-face transactions, the inquiry into an investor's reliance upon information is into the subjective pricing of that information by that investor. With the presence of a market, the market is interposed between seller and buyer and, ideally, transmits information to the investor in the processed form of a market price. Thus the market is performing a substantial part of the valuation process performed by the investor in a face-to-face transaction. The market is acting as the unpaid agent of the investor, informing him that given all the information available to it, the sprechend der fraud on the market Theorie ist mithin sachgerecht. Sie hat sich in den USA bewährt, um den Anlegerschutz zu verbessern, ist darüber hinaus dogmatisch stimmig – sie liegt z.B. § 45 Abs. 2 Nr. 4 BörsG zugrunde[2784] – und stellt nicht lediglich eine rechtliche Fiktion dar: Die Anleger gehen von der Integrität des Preisbildungsprozesses, d.h. der Fehlerfreiheit der in den Preis eingegangenen Informationen aus. Sie nehmen die Investition (in der Regel[2785]) deswegen vor, weil sie der Überzeugung sind, dass der Börsenkurs den Wert der Beteiligung widerspiegelt, so wie er sich bei Berücksichtigung aller bekannten, für die Beurteilung der Kapitalanlage wesentlichen Umstände ergibt.[2786] Zu einer „uferlosen Ausweitung"[2787] der Haftung hat die Anerkennung der fraud on the market Theorie in den USA durch restriktive Interpretation der anderen Tatbestandsmerkmale von Rule 10b-5 nicht

---

value of the stock is worth the market price." Wie in § 6 I 2 c ausgeführt, ist die fraud on the market Theorie aber nur dann anwendbar, wenn der Markt in einer Weise beschaffen ist, die zur zeitnahen Einpreisung der Informationen führen kann. US-amerikanische Gerichte haben mehrere Faktoren herausgearbeitet, die bei der Behandlung dieser Frage zu beachten sind: „(1) [A] large weekly trading volume; (2) the existence of a significant number of reports by securities analysts; (3) the existence of market makers and arbitrageurs in the security; (4) the eligibility of the company to file an S-3 Registration Statement; and (5) a history of immediate movement of the stock price caused by unexpected corporate events or financial releases", Freeman v. Laventhol & Horwath, 915 F.2d 193, 199 (6th Cir. 1990).

2784 Der Anspruch aus §§ 44, 45 BörsG ist ausgeschlossen, wenn der Emittent eine deutlich gestaltete Berichtigung veröffentlicht. Auf die Kenntnis des Anlegers von der Berichtigung kommt es nicht an, da „die Berichtigung ... eine Marktreaktion in Form einer Preisanpassung auslöst, die denjenigen, der nach diesem Zeitpunkt erwirbt, so stellt, als ob der Prospekt von vornherein nicht fehlerhaft gewesen wäre", BT-Drs. 13/8933, S. 80.

2785 Eine Widerlegung der tatsächlichen Vermutung der fraud on the market Theorie durch den Beklagten ist möglich, vgl. oben Fn. 2295.

2786 Hiergegen wendet sich Justice White in seiner dissenting opinion im Fall Basic Inc. v. Levinson, 485 U.S. 224, 255–6, 108 S. Ct. 978, 995–7: „At the bottom of the Court's conclusion that the fraud-on-the-market theory sustains a presumption of reliance is the assumption that individuals rely 'on the integrity of the market price' ... To define the term 'integrity of the market price,' the majority quotes approvingly from cases which suggest that investors are entitled to 'rely on the price of a stock as a reflection of its value.' ... But the meaning of this phrase eludes me, for it implicitly suggests that stocks have some 'true value' that is measurable by a standard other than their market price. ... Even if securities had some 'value' – knowable and distinct from the market price of a stock – investors do not always share the Court's presumption that a stock's price is a 'reflection of [this] value.' Indeed, 'many investors purchase or sell stock because they believe the price inaccurately reflects the corporation's worth.'" Justice White ist insoweit zuzustimmen, als viele Investoren deswegen kaufen, weil sie der Auffassung sind, ein bestimmtes Wertpapier sei „unterbewertet", oder verkaufen, weil sie befürchten, es sei „überbewertet". Inwieweit solche Vorstellungen an semi-effizienten Märkten gerechtfertigt sind, muss hier nicht erörtert werden (Untersuchungen weisen darauf hin, dass sie nicht gerechtfertigt sind, vgl. z.B. *Samuelson/Nordhaus*, Economics, p. 534; *Spremann/Gantenbein*, Kapitalmärkte, S. 64 ff., wobei die Kursbewegungen am Markt insgesamt allerdings zyklisch zu verlaufen scheinen, *Samuelson/Nordhaus*, loc. cit., p. 535). Der fraud on the market theory geht es nämlich nicht darum, das Vertrauen der Investoren in die Angemessenheit des Börsenkurses im Lichte der Fundamentaldaten des Unternehmens zu schützen, sondern die Richtigkeit der *Grundlagen* der Unternehmensbewertung (d.h. der relevanten Informationen über die Gesellschaft) zu gewährleisten – unabhängig davon, ob die auf Grundlage dieser Informationen vorgenommene Bewertung des Emittenten durch den Markt begründet ist oder nicht.

2787 BGH ZIP 2007, 326 (Comroad).

geführt.[2788] In Deutschland kann einem unangemessenen Ergebnis auf ähnliche Weise begegnet werden: Zunächst sorgen die hohen Verschuldensanforderungen und die Voraussetzung der Sittenwidrigkeit dafür, dass das Haftungsrisiko überschaubar bleibt. Außerdem könnte sich die Rechtsprechung dazu entschließen, vom Wahlrecht des Anlegers zwischen Naturalrestitution (d.h. Erstattung des gezahlten Kaufpreises gegen Rückgabe der Wertpapiere) und dem Differenzschaden (der Differenz zwischen dem tatsächlich gezahlten Transaktionspreis und dem hypothetischen Preis, wie er sich bei pflichtgemäßer Aufklärung gebildet hätte) abzurücken und den Anspruch auf den Wertverlust zu begrenzen, der auf die sittenwidrige Handlung zurückzuführen ist.[2789] Ein solches Ergebnis entspricht der Rechtslage in den USA[2790] und der h.M. zu §§ 37b und c WpHG.[2791] Es ist im Übrigen auch der Sache nach gerechtfertigt, da die Schadensersatzhaftung andernfalls den Charakter einer Versicherung für nachteilige Kursentwicklungen annehmen würde. Will der Gesetzgeber vom Anleger nicht den – unter Umständen schwierig zu führenden – Nachweis verlangen, dass (und in welchem Umfang) der Wertverlust der Investition auf der Fehlinformation beruht (haftungsausfüllende Kausalität), könnte er den durchschnittlichen Börsenkurs des Papiers während eines bestimmten Zeitraums nach Richtigstellung der Angaben als Richtwert nehmen und beiden Parteien die Möglichkeit eröffnen, einen höheren bzw. niedrigeren Schaden geltend zu machen.[2792]

De lege lata ist § 826 BGB besser als andere Rechtsinstitute dazu geeignet, die Grundsätze der gatekeeper Theorie umzusetzen. Die Defizite der spezialgesetzlichen Prospekthaftung sind oben besprochen worden. Auch die allgemeine zivilrechtliche Prospekthaftung ist nicht in der Lage, den Anlegerschutz in der erforderlichen Weise zu komplettieren. Zwar ist sie flexibel genug, um alle relevanten

2788 Vgl. Fn. 2297.

2789 Zum Wahlrecht oben § 6 I 2 c (4).

2790 Dura Pharmaceuticals, Inc. v. Broudo, 544 U.S. 336, 125 S. Ct. 1627 (2005); Lentell v. Merrill Lynch & Co., Inc., 396 F.3d 161 (2d Cir. 2005). Einzelheiten oben Fn. 2296.

2791 Siehe z.B. Schwark/*Zimmer*, KMRK, §§ 37b, 37c WpHG, Rdnr. 86 ff. m.N.

2792 Eine solche Regelung sah das KapInHaG in §§ 37a Abs. 4 WpHG-E und 44a Abs. 1 Satz 1 bis 3 BörsG-E vor. Der Text von § 37a Abs. 4 des Entwurfs lautet wie folgt: „Als Schaden ist dem Gläubiger der Unterschiedsbetrag zwischen dem Kauf- oder Verkaufspreis und dem gewichteten durchschnittlichen inländischen Börsenpreis des Finanzinstruments während der ersten 30 Tage nach dem öffentlichen Bekanntwerden der Unrichtigkeit der Angabe oder der verschwiegenen Umstände zu ersetzen. Der Ersatzpflichtige kann geltend machen, dass durch die Handlung oder Unterlassung im Sinne des Absatzes 1 ein Schaden des Gläubigers in dieser Höhe nicht eingetreten ist. Die Geltendmachung eines über Satz 1 hinausgehenden Schadens ist nicht ausgeschlossen.“ Zu einer anderen Möglichkeit der Schadenspauschalierung siehe *Schäfer/Weber/Wolf*, ZIP 2008, 197 (um dem Beklagten nicht das allgemeine Marktrisiko aufzuerlegen, sei der Schadensersatz anhand der Differenz zwischen dem durchschnittlichen Börsenkurs während der letzten zehn Handelstage vor Bekanntwerden der Fehlinformation und der ersten zehn Handelstage nach vollständiger Aufklärung des Marktes zu berechnen, unter Umständen bereinigt um die allgemeine Marktentwicklung). Die Frage der sachgerechtesten Berechnung des Kursdifferenzschadens ist noch nicht abschließend geklärt, siehe *Casper*, Der Konzern 2006, 32, 35; *Fleischer*, BB 2002, 1869, 1873 f.; *Maier-Reimer/Webering*, WM 2002,1857, 1861 f. Kritisch zur Schadenspauschalierung *Duve/Basak*, BB 2005, 2645, 2648 f.; *Zimmer*, WM 2004, 9, 17 f.

Fallgestaltungen am Primärmarkt (und auch am Sekundärmarkt) – Schädigung des Anlegers durch andere als die in § 44 Abs. 1 Satz 1 Nr. 1 und 2 BörsG aufgezählten Personen, Schädigung durch andere Erklärungen als solche, die in Wertpapierprospekten des WpPG, Verkaufsprospekten des VerkProspG oder prospektersetzenden Informationsschriften i.S. des § 44 Abs. 4 BörsG enthalten sind – zu erfassen. Auch bietet sie durch anlegerfreundliche Konstruktion der anspruchsbegründenden Voraussetzungen – Verschuldensmaßstab gem. § 276 BGB, tatsächliche Vermutung der Kausalität des Prospektfehlers für den Abschluss des Anlagegeschäfts – effektiven Schutz gegen mangelhafte Information.[2793] Sie weist aber zwei entscheidende Nachteile auf: Zum einen ist die Reichweite der bürgerlich-rechtlichen Prospekthaftung, die insbesondere von dem insoweit maßgeblichen Prospektbegriff abhängt, völlig ungeklärt.[2794] Zum anderen lässt sich die Anwendbarkeit der allgemeinen zivilrechtlichen Prospekthaftung neben den §§ 44, 45 BörsG (d.h. im Fall von Erklärungen, die sich auf Wertpapiere im Anwendungsbereich der §§ 3 Abs. 1, Abs. 3 WpPG, 8f Abs. 1 VerkProspG beziehen) dogmatisch kaum begründen. Der Rückgriff auf ein ungeregeltes Rechtsinstitut setzt die Existenz einer Regelungslücke voraus, die aber am Primärmarkt nicht besteht. Ohnehin müssten die Voraussetzungen der bürgerlich-rechtlichen Prospekthaftung mit den Tatbestandsmerkmalen der §§ 44, 45 BörsG in Einklang gebracht werden, um ein kohärentes Haftungssystem zu erreichen.[2795] Auch die Rechtsprechung wendet die ungeregelte Prospekthaftung dementsprechend nicht auf Transaktionen am organisierten Kapitalmarkt an.

Die vorstehenden Ausführungen sollen indes nicht den Gedanken nahe legen, dass § 826 BGB das *richtige*, oder auch nur ein *gutes* Mittel wäre, um die Mängel des deutschen Anlegerschutzrechts zu beseitigen. Wie gezeigt, deutet einiges darauf hin, dass § 826 BGB zur deutschen Rule 10b-5 werden könnte. Sollte sich diese Vermutung bestätigen, sollten in den nächsten Jahren auf § 826 BGB gestützte Klagen erhoben werden, die sich nicht nur gegen den Emittenten und seine Führungskräfte, sondern auch gegen die Intermediäre richten, und sollten diese Klagen weniger eindeutige Fälle der sittenwidrigen Schädigung zum Gegenstand haben als die bislang entschiedenen, wird der Rechtsprechung die Aufgabe obliegen, schwierige Abgrenzungsfragen zu beantworten und auf diese Weise die Konturen eines an die Besonderheiten des Kapitalmarktes angepassten § 826 BGB zu entwickeln. Wenn die Erfahrungen aus den USA einen verlässlichen Anhaltspunkt darstellen, dann wird die Herausbildung eines stimmigen Haftungsinstituts eine lange Zeit in Anspruch nehmen, nicht geradlinig verlaufen, unbefriedigende Kompromisse erfordern und, bis die Entwicklung abgeschlossen ist, zu großer Rechtsunsicherheit führen.

2793 Zu den Voraussetzungen siehe § 6 I 2 b.

2794 Die Vorschläge in der Literatur zur Bestimmung des Prospektbegriffs reichen von schriftlichen, umfassend informierenden Beschreibungen bis hin zu Erklärungen jeglicher Art in schriftlicher, elektronischer oder mündlicher Form, die einen gewissen Marktbezug aufweisen. Nachweise oben Fn. 1372.

2795 Weitere Argumente oben § 6 I 2 b.

Rule 10b-5 kann als Paradigma für die Nachteile einer richterlichen Rechtsfortbildung dienen. Die ersten Jahrzehnte nach Anerkennung des individualschützenden Charakters der Vorschrift im Jahr 1946 waren durch eine stetige Ausdehnung ihres Anwendungsbereichs gekennzeichnet.[2796] 1975 erfolgte die Kehrtwende (in der Entscheidung *Blue Chip Stamps v. Manor Drug Stores*[2797]). Dem Gerichtshof traten die Gefahren rechtsmissbräuchlicher Klagen immer deutlicher vor Augen. Er schränkte sukzessive verschiedene Tatbestandsmerkmale ein, bis die Bestimmung ihre heutige Gestalt erhielt.[2798] Das Ergebnis ist freilich keineswegs befriedigend. Teilweise hat der Supreme Court um der Vermeidung nicht gerechtfertigter Klagen willen Abgrenzungsmerkmale gewählt, die eines sachlichen Grundes entbehren – z.B. die Einschränkung des Kreises der anspruchsberechtigten Personen auf Käufer und Verkäufer von Wertpapieren (sog. *Birnbaum rule*), was Anleger, die aufgrund irreführender Mitteilungen von einer Transaktion Abstand nehmen, weitgehend schutzlos lässt.[2799] Auch hat die Wandlung der Norm nach mehr als 60 Jahren noch immer keinen Abschluss gefunden. Die Frage der Passivlegitimation stellt weiterhin eines der umstrittensten Probleme des US-amerikanischen Kapitalmarktrechts dar. Die einschlägigen Gerichtsurteile wenden eine so große Vielzahl verschiedener Kriterien an, dass sich Aussagen über die Zulässigkeit von Handlungen, die lediglich mittelbar oder in untergeordneter Weise zur Schädigung der Anleger beitragen, nur mit großer Mühe treffen lassen.[2800]

Die Verwerfungen sind nicht überraschend. Zwangsläufig kann die Rechtsprechung nur punktuell regelnd tätig werden – nämlich dann, wenn sich ihr in einem Rechtsstreit die Möglichkeit bietet – und kein geschlossenes, harmonisches Regelwerk vorlegen. Wiederum ist zu konstatieren, dass der Gesetzgeber gefragt ist. In Deutschland stellte der inzwischen zurückgezogene Entwurf eines Gesetzes zur Verbesserung der Haftung für falsche Kapitalmarktinformationen (KapInHaG)[2801] einen ersten Schritt in die richtige Richtung dar. Der Entwurf sah eine Haftung nicht nur für unrichtige Börsen- und Verkaufsprospekte, sondern für alle öffentlichen Mitteilungen über die geschäftlichen Verhältnisse eines börsengelisteten Emittenten in schriftlicher oder elektronischer Form vor. Auch mündliche Erklärungen waren erfasst, wenn sie auf der Hauptversammlung oder auf einer vom Emittenten veranlassten Informationsveranstaltung (z.B. einer Roadshow oder einer Analystenkonferenz) abgegeben wurden. Die Haftung richtete sich an den

---

2796 Vgl. nur aus der Rechtsprechung des Supreme Court SEC v. National Securities, Inc., 393 U.S. 453, 89 S. Ct. 564 (1969); Superintendent of Ins. of State of N. Y. v. Bankers Life & Cas. Co., 404 U.S. 6, 92 S. Ct. 165 (1971); Affiliated Ute Citizens of Utah v. U. S., 406 U.S. 128, 92 S. Ct. 1456 (1972).

2797 421 U.S. 723, 95 S. Ct. 1917 (1975).

2798 Die Phasen der einschränkenden Auslegung skizziert Fn. 2398.

2799 § 9 I 5 a. So auch §§ 37b, c WpHG, vgl. *Fleischer*, ZIP 2005, 1805, 1808; Schwark/*Zimmer*, KMRK, §§ 37b, 37c WpHG, Rdnr. 75. Im Hinblick auf § 826 BGB ist der BGH großzügiger, vgl. § 6 I 2 c am Ende.

2800 § 9 I 5 b.

2801 Erster Entwurf vom 16.08.2004, zweiter Entwurf vom 07.10.2004; beide Entwürfe sind unveröffentlicht. Die folgenden Ausführungen im Text beziehen sich auf den zweiten Entwurf.

Emittenten[2802] und die Mitglieder seines Leitungs-, Verwaltungs- oder Aufsichtsorgans.[2803] Der Adressatenkreis der Börsenprospekthaftung wurde ebenfalls erweitert, und zwar auf für die Prospekterstellung verantwortliche Führungskräfte des Emittenten[2804] und Dritte, die bei der Erstellung einzelner Prospektangaben mitgewirkt und hierfür im Prospekt ausdrücklich die Verantwortung übernommen haben.[2805] Ausweislich der Begründung des Referentenentwurfs zielte die letztere Bestimmung auf die Wirtschaftsprüfer, Rechtsanwälte und sonstigen Experten ab, die an der Prospekterstellung beteiligt sind. Schließlich enthielt der Entwurf einige Beweiserleichterungen für geschädigte Anleger, nämlich eine Beweislastumkehr im Hinblick auf das Verschulden,[2806] einen Verzicht auf den Nachweis der Kausalität zwischen der Falschinformation und der Anlageentscheidung, wenn der Kläger innerhalb einer Frist von drei Monaten nach Vornahme der schädigenden Handlung gekauft bzw. verkauft hat,[2807] und die bereits erwähnte Schadenspauschalierung, die den Anleger von dem Erfordernis befreit, die Auswirkungen der unrichtigen Information auf den Kursverlauf des Wertpapiers darzulegen.[2808]

Trotz der guten Ansätze, z.B. der Vorschriften zur Haftung der Experten, berücksichtigt der Referentenentwurf nur unvollkommen die oben aufgezeigte, am Kapitalmarkt vorherrschende Anreizstruktur. Eine Novellierung des Anlegerschutzrechts sollte die zentrale Rolle der Finanzintermediäre, und hier insbesondere der Emissionsbanken, in den Mittelpunkt der Reformbemühungen stellen. Sie sollte, ähnlich wie § 11 Sec. Act, durch differenzierte Anforderungen die unterschiedliche Stellung der Akteure am Primärmarkt (ihre Nähe zum Emittenten, Kenntnis von den und Möglichkeit des Zugriffs auf die Informationen, auf deren Grundlage die Emissionsunterlagen erstellt wurden, Qualifikation zur Beurteilung der Richtigkeit der Unterlagen, das Vorhandensein oder Fehlen von Interessenkonflikten etc.) berücksichtigen. Schließlich sollte sie eine klare Umgrenzung der Reichweite der einschlägigen Normen anstreben, etwa durch Auflistung der einzelnen Haftungsadressaten, um Auslegungsprobleme wie im Fall von § 12(a)(1) und (2) Sec. Act (wer ist Verkäufer,[2809] was ist ein Prospekt?[2810]) und zu Widersprüchen führende Überschneidungen der Tatbestände (wie im Verhältnis von § 12[a][1] Sec. Act zu §§ 11, 12[a][2] Sec. Act[2811]) zu vermeiden.

2802 § 37a Abs. 1 WpHG-E.
2803 § 37a Abs. 1 WpHG-E.
2804 § 44 Abs. 1 Satz 1 Nr. 3 BörsG-E.
2805 § 44a Abs. 1 BörsG-E.
2806 §§ 37a Abs. 1 Satz 1 WpHG-E, 45 Abs. 1 BörsG-E.
2807 § 37a Abs. 3 Satz 1 und 2 WpHG-E.
2808 Fn. 2792.
2809 Vgl. § 9 I 2 a und c.
2810 § 9 I 3 b.
2811 § 9 I 2 b.

II. Sorgfaltsanforderungen und Verteilung der Verantwortlichkeit im Konsortium

1. Sorgfaltsanforderungen allgemein

Die US-amerikanische und die deutsche Literatur diskutieren lebhaft, welche Sorgfaltsanforderungen an Finanzintermediäre zu stellen sind, die mit der Überwachung der Pflichten des Emittenten am Primärmarkt betraut werden. Die Vorschläge reichen von grob fahrlässigem Handeln[2812] über einfache Fahrlässigkeit[2813] bis zu einem System der Gefährdungshaftung.[2814] Vertreter der letzteren Ansicht befürworten Haftungshöchstgrenzen, um das Risiko der Inanspruchnahme für die Intermediäre überschaubar zu halten und einem Marktversagen (Intermediäre werden insolvent oder bieten ihre Dienstleistungen wegen des hohen Haftungsrisikos nicht mehr an) vorzubeugen. In den Einzelheiten bestehen einige Unterschiede. Manche wollen ein Vielfaches der höchsten Jahreseinnahmen, die der Intermediär durch Geschäfte mit dem Emittenten innerhalb einer näher zu definierenden Zeitspanne in der Vergangenheit erzielt hat, als Mindesthaftsumme festsetzen.[2815] Auf diese Weise soll die mögliche Einstandspflicht in Bezug zum Gewinn aus der Überwachungs- bzw. Zertifizierungstätigkeit gesetzt und so eine optimale Abschreckung erreicht werden, ohne den Intermediär finanziell zu überfordern.[2816] Ein ähnlicher Ansatz lässt die Intermediäre die Haftungshöchstgrenze durch Vereinbarung mit dem Emittenten frei wählen, sofern zwei Voraussetzungen erfüllt sind: Die Haftungssumme entspricht mindestens einem bestimmten, vom Gesetzgeber festzulegenden Prozentsatz der Summe, die der Emittent als Schadensersatz zu leisten hat, und die Beschränkung der Haftung ist den Anlegern mitzuteilen, z.B. im Wertpapierprospekt.[2817] Sie fungiert damit als Indiz für die Seriosität der Emission und die aufgewendete Sorgfalt der Intermediäre bei Nachprüfung der Emissionsunterlagen: Die Anleger werden davon ausgehen, dass das Risiko eines Verlustes umso geringer ist, je eher die Intermediäre dazu bereit sind, eine über den gesetzlichen Mindestbetrag hinausgehende Haftung zu übernehmen. Zugleich werden die Konsortialbanken einen Anreiz haben, die eigene Beteiligung hoch anzusetzen, da sich die Emission besser vermarkten lassen und folglich der Gewinn für die Emissionsbegleiter höher ausfallen wird.[2818]

2812 Hopt/Voigt/*Schäfer*, Prospekt- und Kapitalmarktinformationshaftung, S. 161 ff.; *Langevoort*, 63 Law & Contemp. Probs. 45, 67 et seq. (für recklessness).

2813 *Sher*, 4 DePaul Bus. & Com. L.J. 451.

2814 *Coffee*, 84 B.U. L. Rev. 301; *Partnoy*, 79 Wash. U. L.Q. 491.

2815 *Coffee*, loc. cit. at 350.

2816 Id. at 351–53.

2817 *Partnoy*, 79 Wash. U. L.Q. 491, 540 et seq.

2818 Die Wirkung der Anreizstruktur wird allerdings durch die hohe Konzentration am Markt für Dienstleistungen von Finanzintermediären wieder abgeschwächt (vgl. oben I 1 c). Es besteht die Gefahr, dass die Emissionsbegleiter grundsätzlich die niedrigste vom Gesetz gestattete Selbstbeteiligung wählen, da sie mangels ausreichender Konkurrenz keine Gewinneinbußen zu fürchten haben. Vgl. hierzu *Coffee*, 84 B.U. L. Rev. 301, 351.

Diese Vorschläge mögen, gerade vor dem Hintergrund des deutschen Rechts, radikal anmuten. Sie sind jedoch durchaus ernst zu nehmen. Es ist seit langem anerkannt, dass die Gefährdungshaftung in bestimmten Fällen Vorteile gegenüber der Verschuldenshaftung aufweist. Sie gibt einen Anreiz zur Entfaltung optimaler Sorgfalt.[2819] Um diese Überlegung nachzuvollziehen, ist es angebracht, kurz auf das Konzept der erforderlichen Sorgfalt im Schadensrecht einzugehen: Rechtsprechung und Lehre (insbesondere) in den USA verstehen die Minimierung der sozialen Kosten von schädigenden Ereignissen als eines der Ziele des Schadensrechts.[2820] Den Handelnden trifft die Pflicht, Vorsorgemaßnahmen zur Anwendung zu bringen, um die Wahrscheinlichkeit des Eintritts eines Schadens oder das Ausmaß des Schadens zu verringern. Die Vorsorgemaßnahmen sind ihrerseits mit Kosten verbunden, die außer Verhältnis zu ihrem Nutzen (in der Form verminderter Schadenskosten) stehen können. Es ist mithin Aufgabe der am Rechtsverkehr teilnehmenden Personen, das optimale (effiziente) Verhältnis zwischen beiden Positionen – den Vorsorgekosten einerseits und den Schadenskosten andererseits – zu ermitteln. In einem System der Verschuldenshaftung geben die Gerichte einen Anreiz zur Kostenminimierung, indem sie die „im Verkehr erforderliche Sorgfalt“[2821] als ein Handeln definieren, das die Vornahme der effizienten Verhütungsmaßnahmen zum Gegenstand hat.[2822] Die deutsche Rechtsprechung bezieht sich zwar nicht explizit auf eine Kosten-Nutzen-Abwägung, letztlich liegen den einschlägigen Urteilen aber dieselben Gesichtspunkte zu Grunde.[2823] Können die Gerichte die mit

---

2819 Darüber hinaus kann sie unter bestimmten weiteren Voraussetzungen (der Schaden entsteht außerhalb von Marktbeziehungen, das Schadensereignis kann nur vom Kläger beeinflusst werden und die schädigende Tätigkeit erzeugt keine sonstigen Externalitäten) dazu dienen, den Schädiger zur Entfaltung eines optimalen Aktivitätsniveaus zu veranlassen. Das Aktivitätsniveau ist nicht optimal, wenn die gesamtgesellschaftlichen Kosten der zum Schaden führenden Handlung – bestehend etwa aus Vorsorgekosten und erwartetem Schaden – größer sind als ihr Nutzen, der Schädiger die Handlung aber gleichwohl vornimmt. Dieser Fall tritt mitunter bei der Verschuldenshaftung auf: Da der Geschädigte den Schaden zu tragen hat, wenn der Schädiger sorgfaltsgemäß handelt, wird letzterer seine Tätigkeit solange nicht einstellen, wie die (sorgfaltsgerechten) Vorsorgekosten den Nutzen für ihn nicht übersteigen. Die Schadenskosten bleiben hierbei unberücksichtigt. Vgl. grundlegend *Shavell*, Strict Liability versus Negligence, 9 J. of Legal Studies 1 (1980); aus der deutschen Literatur *Schäfer/Ott*, Lehrbuch der ökonomischen Analyse des Zivilrechts, S. 177 f., 208 ff.

2820 Z.B. United States v. Carroll Towing, 159 F.2d 169 (2d Cir. 1947); *Posner*, A Theory of Negligence, 1 J. of Legal Studies 29 (1972).

2821 § 276 Abs. 2 BGB.

2822 Sog. Learned-Hand-Formel: Eine Handlung ist dann sorgfaltswidrig, wenn die Vorsorgekosten geringer sind als der erwartete Schaden, d.h. als die Wahrscheinlichkeit des Schadenseintritts multipliziert mit der Schadenshöhe. In ihrer korrekten marginalisierten Form fragt die Formel danach, wann die Kosten, die durch eine zusätzliche Einheit an Vorsorgeaufwand entstehen, den Kosten des Schadens entsprechen, der durch die zusätzliche Einheit abgewendet wird. Die Sorgfaltsanforderungen sind so festzusetzen, dass vom Haftungsadressaten die Vornahme entsprechender Verhütungsmaßnahmen verlangt wird. Vgl. zu weiteren Einzelheiten *Posner*, Economic Analysis of Law, p. 168; *Schäfer/Ott*, a.a.O., S. 175.

2823 Vgl. z.B. BGHZ 80, 186, 191 f., 193 (Apfelschorf I): „Inhalt und Umfang [von Vorsorgemaßnahmen] und auch ihr Zeitpunkt werden wesentlich durch das jeweils gefährdete Rechtsgut bestimmt und sind vor allem von der Größe der Gefahr abhängig … [Außerdem] ist darauf abzustellen, ob und in welchem Maß für ein sachkundiges Urteil im Zeitpunkt des zu beurteilenden einer Erhöhung des Sorgfaltsniveaus einhergehenden zusätzlichen Vorsorgeaufwendungen und ersparten Schadenskosten präzise bestimmen, ergeben sich keine Effizienzunterschiede zwischen der Verschuldens- und der Gefährdungshaftung. Häufig wird der Schädiger indes besser in der Lage sein, die Gefahren seiner Tätigkeit, die Möglichkeiten einer Senkung der Risiken und die hierdurch verursachten Kosten zu beurteilen. Handelt er rational, wird er unter einem Regime der Gefährdungshaftung diejenigen Verhütungsmaßnahmen treffen, die die Summe aus Vorsorge- und Schadenskosten minimieren, während ein durch die Gerichte zu hoch oder zu niedrig angesetzter Sorgfaltsmaßstab die sozialen Kosten erhöht.

Bei Fehlinformationen am Primärmarkt tritt diese Problematik besonders deutlich hervor: Die Schilderung der unterschiedlichen Rollen der am Emissionsgeschäft beteiligten Finanzintermediäre hat gezeigt, dass der Gesetzgeber keine für alle Fallgestaltungen und sämtliche Parteien gültigen Anforderungen erlassen kann. Entscheidet er sich für ein System der verschuldensabhängigen Haftung, muss er einen unbestimmten, flexiblen Sorgfaltsmaßstab verwenden. Ein solcher Sorgfaltsmaßstab führt, bis die Rechtsprechung klare Kriterien herausgearbeitet hat, zu großer Unsicherheit bei allen Beteiligten. Die Haftungsadressaten können nicht genau einschätzen, welche Vorsorgemaßnahmen von ihnen verlangt werden. Die Folgen lassen sich sowohl in den USA als auch in Deutschland beobachten: In beiden Ländern bedienen sich die Gesetze unbestimmter Rechtsbegriffe, um die Anforderungen an die Finanzintermediäre zu umschreiben.[2824] In beiden Ländern ist in Rechtsprechung, Lehre und Praxis eine heftige Diskussion darüber entbrannt, wie die Begriffe auszulegen sind.[2825] Trotz zahlreicher Bemühungen der Gerichte und der Finanzaufsicht[2826] konnte bislang keine Rechtssicherheit gewonnen werden, so dass die Intermediäre die sozialen Kosten entweder durch nicht ausreichende bzw. übermäßige Verhütungsmaßnahmen steigern oder Zweifel an der Angemessenheit der durchgeführten Kontrollen haben und deswegen kostenintensive Vergleiche eingehen. In diesem Zusammenhang ist bemerkenswert, dass die überwiegende Zahl der US-amerikanischen Schadensersatzprozesse wegen Fehlinformationen am Kapitalmarkt durch Vergleich endet, was darauf hindeutet, dass die Parteien die Erfolgsaussichten der Klage schwer abschätzen können. Zugleich steigt aus diesem Grund die Wahrscheinlichkeit, dass rechtsmissbräuchliche Klagen eingereicht werden, was die Kosten der Kapitalaufnahme weiter erhöht.[2827]

Verhaltens die naheliegende Möglichkeit bestand, dass Rechtsgüter anderer gefährdet werden konnten, wenn Sicherungsmaßnahmen unterblieben". Ähnlich BGHZ 113, 297, 303; BGH NJW 1972, 903, 904; 1997, 2047, 2048. Weitere Nachweise und Diskussion bei *Schäfer/Ott*, a.a.O., S. 160 ff.

2824 § 11(b)(3)(A), (B)(i) Sec. Act: „reasonable investigation, reasonable ground to believe", (C), (D): „reasonable ground to believe"; § 45 Abs. 1 BörsG: „die Unkenntnis [des Anspruchsgegners darf] nicht auf grober Fahrlässigkeit" beruhen.

2825 USA: § 9 I 1 e aa (2); Deutschland: § 6 I 2 a ee (1) und (2).

2826 Hier ist insbesondere SEC Rule 176 zu nennen, siehe oben § 9 I 1 e aa (2) und bb (2) (a).

2827 Insbesondere diese Argumente haben *Coffee*, 84 B. U. L. Rev. 301, und *Partnoy*, 79 Wash. U. L. Q. 491, dazu veranlasst, einen Übergang zur Gefährdungshaftung zu fordern. Vgl. *Coffee*, loc. cit. at 347: „[S]trict liability spares both courts and regulators the need to descend into the Serbonian bog of defining precise standards of care, thereby reducing transaction costs and increasing predictability."

Wenn die Rechtsprechung den Sorgfaltsmaßstab präzisiert hat, stellt sich die nächste Schwierigkeit: Wie ist zu überprüfen, ob die Intermediäre den einschlägigen Anforderungen gerecht wurden? Die Diskussion in den vorstehenden Absätzen und in früheren Kapiteln hat aufgezeigt, dass das Maß der erforderlichen Sorgfalt von der Möglichkeit der Finanzintermediäre abhängt, kosteneffizient Informationen über den Emittenten zu erlangen.[2828] Hierfür wiederum sind viele Faktoren von Bedeutung, die komplexe Erwägungen erfordern: der Grad der Einbindung des Intermediärs in die Emissionsbegleitung (d.h. für die Emissionsbank: welche Stellung nimmt sie innerhalb des Konsortiums ein, mit welchen Aufgaben wurde sie betraut, welche Implikationen hat ihre Stellung im Emissionskonsortium für die Nachprüfung der Emissionsunterlagen?), etwaige bereits vorhandene Verbindungen zum Emittenten und schließlich die Kompetenz, das Vorwissen und die Ressourcen, die bei einem Intermediär in der Position des Beklagten üblicherweise vorausgesetzt werden können. Diese Erwägungen sind größtenteils tatsachenspezifisch, d.h. sie erfordern eine umfassende Beweisaufnahme und eine Untersuchung der inneren Struktur des Intermediärs, der rechtlichen Verhältnisse der Beteiligten untereinander, zurückliegender Geschäftsbeziehungen etc. Die oben[2829] besprochenen Entscheidungen machen deutlich, dass die Gerichte vor so weitgehenden Ermittlungen bislang zurückschrecken. Sie beschränken sich in der Regel auf allgemein gehaltene Formulierungen, die zwar auf Faktoren wie „the degree of involvement of the individual, his expertise, and his access to the pertinent information and data"[2830] aufbauen, aber nicht den Versuch einer Quantifizierung der Kostenfolgen der möglichen Vorsorgemaßnahmen unternehmen.[2831] Die Beweiswürdigung des Gerichts ist mithin zwangsläufig durch eine gewisse Unbestimmtheit und Subjektivität gekennzeichnet, die, selbst wenn die Intermediäre auf einen klar definierten Sorgfaltsmaßstab zurückgreifen und ihr Verhalten präzise an dem Maßstab ausrichten könnten, die Vorhersehbarkeit des Ausgangs eines Rechtsstreits in Frage stellt. Auch dieses Problem trägt dazu bei, die mit einem Regime der Verschuldenshaftung verbundenen Transaktionskosten zu steigern.

Andererseits darf nicht vergessen werden, dass die Einführung der Gefährdungshaftung ebenfalls mit zusätzlichen Kosten verbunden ist. Da die Intermediäre selbst nach eingehender Untersuchung nicht mit absoluter Sicherheit von der Fehlerfrei-

---

2828 Genauer, da der Maßstab ein verobjektivierter ist: Das Maß der erforderlichen Sorgfalt hängt von der Möglichkeit eines objektiven Intermediärs in der Position des jeweiligen Haftungsadressaten ab, den Emittenten in kosteneffizienter Weise zu überwachen.

2829 § 9 I 1 e aa (2).

2830 Feit v. Leasco, 332 F. Supp. 544, 577.

2831 Vgl. z.B. die recht vagen Aussagen id. at 582: „Dealer-managers cannot, of course, be expected to possess the intimate knowledge of corporate affairs of inside directors, and their duty to investigate should be considered in light of their more limited access. Nevertheless they are expected to exercise a high degree of care in investigation and independent verification of the company's representations. ... The evidence indicates a thorough review of all available financial data ..." Vergleichbar Escott v. BarChris Construction Co., 283 F. Supp. 643, 690 (in Bezug auf einen der Direktoren des Emittenten): „To require an audit would obviously be unreasonable. On the other hand, to require a check of matters easily verifiable is not unreasonable. ... There were things which [the defendant] could readily have checked ...".

heit der Emissionsunterlagen ausgehen können, wird sich das zusätzliche Haftungsrisiko in ihren Gebühren niederschlagen. Auch kann die Gefährdungshaftung eine wichtige Funktion der Verschuldenshaftung nicht erfüllen: Mangels einer objektiven (nämlich in einem Schadensersatzprozess stattfindenden) Analyse der Vorsorgemaßnahmen sowie eines gerichtlichen Ausspruchs ihrer Angemessenheit bzw. fehlenden Angemessenheit findet eine Individualisierung der Verantwortlichkeit der Intermediäre nicht statt. Damit ist die Reputation der Emissionsbegleiter nur eingeschränkt mit dem Gelingen der Emission verknüpft und entfaltet keine optimale Anreizwirkung.[2832] Auf diese Argumente stützen Teile der US-amerikanischen Literatur ihre Forderung, ein System der verschuldensabhängigen Haftung beizubehalten.[2833] Beide Seiten – die Befürworter der Gefährdungs- und die der Verschuldenshaftung – gründen ihre Schlussfolgerungen allerdings mehr auf theoretische Erwartungen an eine bestimmte Rechtslage als auf empirische Daten. Eine abschließende Entscheidung zwischen den beiden Haftungssystemen kann erst dann erfolgen, wenn die angesprochenen Kostenpositionen beziffert worden sind. Hierzu sind umfangreiche Erhebungen bei Emittenten, Finanzdienstleistungsunternehmen, der Finanzaufsicht und dem Anlegerpublikum erforderlich. Die vorliegende Arbeit kann eine solche Untersuchung nicht leisten, sondern lediglich die Faktoren aufzeigen, auf die es bei der Gestaltung der Haftungstatbestände ankommt. Der Gesetzgeber sollte durch Konsultationen, öffentliche Anhörungen und die Einholung technischer Stellungnahmen das notwendige Datenmaterial beschaffen.

Entscheidet er sich für ein Haftungssystem, das auf die individuelle Sorgfalt der Intermediäre abstellt, kann der in den USA beschrittene Weg zwar nicht als vollkommenes, aber doch als zweckmäßiges Vorbild herangezogen werden. Der Gesetzgeber sieht sich vor die Aufgabe gestellt, einen Mittelweg zu finden zwischen einerseits einem notwendigerweise flexiblen Regime, das auf die Umstände des Einzelfalls, Entwicklungen am Finanzmarkt und Variationen in der Stellung und der Rolle der Haftungsadressaten einzugehen vermag, und andererseits einem System, das den Verpflichteten klare Kriterien an die Hand gibt, so dass Rechtssicherheit gefördert und Transaktionskosten gesenkt werden. § 11 Sec. Act vereint beide Gedanken. Die Vorschrift enthält einen dreifach abgestuften Sorgfaltsmaßstab. Der Emittent haftet verschuldensunabhängig.[2834] Die sonstigen Adressaten können sich entlasten, indem sie nachweisen, dass sie eine angemessene Überprüfung (*reasonable investigation*) der Emissionsunterlagen vorgenommen haben und danach keinen vernünftigen Grund zur Annahme hatten (*no reasonable ground to believe*), dass die Unterlagen Fehler aufweisen könnten, sofern die unrichtigen Angaben in einem Teil des Registrierungsformulars enthalten sind, das nicht von einem Sachverständigen stammt (*not purporting to be made on the authority of an expert*).[2835] Schließlich müssen Verpflichtete, die keine Sachverständigen sind, im Hinblick auf die von einem Experten zertifizierten Angaben nur zeigen, dass sie ohne Fahrlässigkeit von der Rich-

2832 Hierzu oben I 2 c.
2833 Z.B. *Hamdani*, 77 S. Ca. L. Rev. 53, 106; *Sher*, 4 DePaul Bus. & Com. L.J. 451, 470 et seq.
2834 § 11(b) Sec. Act.
2835 § 11(b)(3)(A), (B)(i) Sec. Act.

tigkeit und Vollständigkeit der Angaben ausgehen durften.[2836] Diese Abstufung spiegelt zumindest in Ansätzen die Nähe der Haftungsadressaten zur fehlerhaften Information wider: Der Emittent als Urheber der Emissionsunterlagen und Nutznießer der Emission trägt die größte Verantwortung. Auf der anderen Seite des Spektrums stehen die Intermediäre und die Direktoren des Emittenten, die keine eigenen Nachforschungen entfalten müssen, wenn die Angaben im Prospekt nicht von ihnen (als Sachverständige handelnd) stammen, und wenn den Informationen eine gewisse Verlässlichkeit zukommt, z.B. weil sie von den Wirtschaftsprüfern bestätigt wurden. Im Übrigen verlangt das Gesetz von den Parteien ein aktives Tätigwerden, um die Fehlerfreiheit des Wertpapierprospekts sicherzustellen. Den (starren) rechtlichen Rahmen füllen Rechtsprechung und Finanzaufsicht durch einzelfallbezogene Kriterien aus, die zwar naturgemäß wenig bestimmt sind, aber Gelegenheit bieten, die Verschiedenartigkeit der Sachverhalte zu berücksichtigen.[2837]

Für die Emissionsbanken (und auch die sonstigen Intermediäre, sofern die folgenden Ausführungen nicht speziell auf die Banken abstellen) gilt danach: Die Anforderungen steigen, wenn es sich beim Emittenten um ein unbekanntes Unternehmen handelt, wenn das Geschäftsumfeld, in dem der Emittent operiert, schwierig ist oder wenn die Gesellschaft mit finanziellen Problemen zu kämpfen hat.[2838] Sie hängen von der Art der zu emittierenden Wertpapiere ab: Ein höheres Risiko legt eine eingehendere Untersuchung nahe. Anleihen mit kurzer Laufzeit verlangen z.B. nur nach der Auswertung der derzeitigen Geschäftslage und der Geschäftsaussichten für die nahe Zukunft, während die Ausgabe von Aktien eine Bewertung der langfristigen Geschäfts- und Finanzlage erfordert.[2839] Sonderwissen über den Emittenten oder Umstände, die für die Beurteilung der Emissionsunterlagen von Belang sind, wirkt sorgfaltserhöhend.[2840] Für die *Konsortialführerin*[2841] ist der Sorgfaltsmaßstab strenger als für die sonstigen Emissionsbanken.[2842] Sofern nicht außergewöhn-

---

2836 § 11(b)(3)(C) Sec. Act.
2837 Siehe oben § 9 I 1 e aa (2).
2838 SEC Rule 176(a). Vgl. zu einer Interpretation der Vorschrift SEC Release No. 6335 vom 18. August 1981, 46 Fed. Reg. 42015, 42021–22.
2839 Rule 176(b). Siehe SEC Release No. 6335, loc. cit. at 42022.
2840 So Rule 176(e) in Bezug auf die Direktoren. Für die Emissionsbanken kann nichts anderes gelten. Vgl. auch SEC Release No. 6335, loc. cit.
2841 Zu den einfachen Konsortialmitgliedern vgl. unter 2.
2842 Rule 176(g). Darüber hinaus sieht die Bestimmung eine Differenzierung nach der Art des underwriting agreement vor. Hiermit ist nicht gemeint, dass bei der Festübernahme andere Sorgfaltsanforderungen maßgeblich seien als bei der kommissionsweisen Platzierung. Die SEC bezweckt vielmehr zweierlei: Zunächst will sie erreichen, dass nur die „traditionellen" underwriter, d.h. die Mitglieder des Emissionskonsortiums, und nicht sämtliche aufgrund der weiten Definition gem. § 2(a)(11) Sec. Act dem Begriff des underwriter unterfallenden Personen denselben strengen Anforderungen unterliegen, vgl. SEC Release No. 6335, loc. cit. Außerdem hält sie eine Berücksichtigung der Besonderheiten für angebracht, die sich daraus ergeben, dass die Emissionsbanken die Wertpapiere mitunter erst kurz vor der Platzierung im Wege des competitive bidding erwerben, hierzu SEC Release No. 6335, loc. cit. at 42019. Allerdings bedeutet diese Auflockerung nach der Interpretation der SEC nicht, dass sich die Emissionsbanken in solchen Fällen (bought deal und dutch auction) mit einer Plausibilitätskontrolle zufrieden geben könnten. Vgl. nochmals SEC Release No. 6335, loc. cit. at 42020: „In order to make the underwriter's participation in this enterprise of any value to the investors, the underwriters must make some reasonable attempt to

liche Umstände vorliegen, darf sie sich (im Hinblick auf die Teile des Registrierungsformulars, die nicht von Experten stammen[2843]) nicht mit einem Studium der Emissionsunterlagen und einer Befragung der Führungskräfte des Emittenten bzw. seiner Anwälte begnügen, sondern muss eigene Nachforschungen einleiten.[2844] Wie weit sie hierbei zu gehen hat, hängt von den Umständen des Einzelfalls ab. Die SEC und die Gerichte weigern sich, eine Liste von Maßnahmen – im Sinne eines *safe harbor* – anzuerkennen, bei deren Abarbeitung die due diligence defence *prima facie* zu bejahen ist.[2845] Aus den einschlägigen Entscheidungen lässt sich aber ableiten, dass die Gerichte geneigt sind, zugunsten der Konsortialführerin zu entscheiden, wenn sie nach Vornahme der folgenden Schritte keine Anhaltspunkte für die Fehlerhaftigkeit der Emissionsunterlagen hat: Die führende Bank sollte (1) eigene Mitarbeiter in das Unternehmen entsenden, um vor Ort die Betriebsanlagen, Bücher, Verträge und die sonstigen für die Einschätzung der Finanzlage des Emittenten relevanten Informationen zu überprüfen; (2) mit den leitenden Angestellten des Emittenten (und unter Umständen weiteren Angestellten und Arbeitern) sowie den Kunden, Zulieferern, Zwischenhändlern etc. Kontakt aufnehmen; (3) vom Emittenten die schriftliche Garantie verlangen, dass die Prospektangaben über das Unternehmen richtig und vollständig sind; (4) comfort letters von den Wirtschaftsprüfern und etwaigen weiteren vom Emittenten beauftragten Sachverständigen einholen; (5) den jeweiligen Industriezweig analysieren und Trends bzw. Entwicklungen identifizieren, die Einfluss auf das Geschäft und die Gewinnaussichten des Emittenten haben können; und (6) ein due diligence Meeting mit allen beteiligten Parteien (d.h. sämtlichen Emissionsbanken, den Führungskräften des Emittenten, den Wirtschaftsprüfern sowie den Rechtsbeiständen) abhalten, in dem die noch offenen Punkte geklärt werden können. Fehlt der Konsortialführerin das erforderliche Fachwissen, hat sie unabhängige Experten mit der Durchführung der genannten Untersuchungen zu betrauen.[2846] Die Pflichten der Konsortialführerin sind mithin weitreichend; sie

---

verify the data submitted to them. ... The Commission specifically rejects the suggestion that the underwriter needs only to read the incorporated materials and discuss them with representatives of the registrant and named experts." Einzelheiten zur Art und Weise einer angemessenen Untersuchung in diesem Kontext und zu den hiermit verbundenen Problemen oben § 9 I 1 e bb (4).

2843 Bezüglich der Angaben von Sachverständigen siehe unter 2.

2844 SEC Release No. 6335, loc. cit. at 42020.

2845 SEC Release No. 5998 vom 17. November 1978, 1978 WL 196203 at 3–5; SEC Release No. 6335, loc. cit. at 42018. Aus der Rechtsprechung z.B. Picard Chemical Inc. Profit Sharing Plan v. Perrigo Co., 1998 WL 513091 at 15 (W.D. Mich. 1998).

2846 Die nachstehenden Entscheidungen geben einen guten Eindruck von den Anforderungen, die US-amerikanische Gerichte an die Tätigkeit der Konsortialführerin stellen. In International Rectifier Securities Litigation, 1997 WL 529600 (C.D. Cal. 1997), beschrieb das Gericht zunächst die Faktoren, die es zur Prüfung der due diligence defence berücksichtigte: „(1) whether the Underwriters were familiar with [the issuer's] finances, management, and operations ...; (2) whether the Underwriters possessed knowledge of the industry in which [the issuer] is involved ...; (3) whether the Underwriters conducted interviews of [the issuer's] employees ...; (4) whether the Underwriters conducted interviews of and/or confirmed data with [the issuer's] customers or other third parties ...; (5) whether the Underwriters obtained written verification from [the issuer] and/or outside accountants that the information contained in the prospectus was accurate", id. at 8. Nach diesen Grundsätzen war das Verhalten der führenden Bank als sorgfaltsgemäß zu beurteilen: „[T]he Underwriters ... (1) reviewed [the issuer's] internal financial forecasts, contracts, übernimmt, wie bereits erwähnt, während der gesamten Emissionsbegleitung die Rolle eines „devil's advocate"[2847] und hat die Emissionsunterlagen – nach dem Emittenten und den Unternehmensinsidern – am sorgfältigsten zu prüfen.

§§ 44, 45 BörsG (sowie die sonstigen Haftungstatbestände des US-amerikanischen Rechts, insbesondere Exchange Act Rule 10b-5) werden dem Erfordernis nach einer differenzierten Behandlung der verschiedenen Haftungsadressaten bei Aufstellung handhabbarer Kriterien für die Praxis nicht gerecht. Die §§ 44, 45 BörsG schreiben einen einheitlichen Sorgfaltsmaßstab für alle Anspruchsgegner vor, der zudem hin-

---

and other important documents, and inspected [the issuer's] major facilities; (2) employed analysts who were knowledgeable of the ... industry [in which the issuer operated]; (3) conducted interviews with eleven of [the issuer's] senior and middle management employees, inquiring about numerous aspects of [the issuer's] operations; (4) conducted interviews with [the issuer's] major customers, [the issuer's] outside quality consultants, the public accounting firm responsible for auditing [the issuer], [the issuer's] patent attorney, and [the issuer's] outside environmental counsel; (5) obtained written verification from [the issuer's] management that the information in the prospectus was correct and a 'cold comfort' letter from [the issuer's] outside accountants indicating that there had been no material changes in [the issuer's] financial position since its last audit", loc. cit. at 8.

In Competitive Associates, Inc. v. International Health Sciences, Inc. 1975 WL 349 (S.D.N.Y. 1975) wies das Gericht die Klage gegen die Konsortialführerin ab, nachdem sie die folgenden Untersuchungen durchgeführt hatte (id. at 18): „[A] complete analysis of the company, its finances, management and future plans, as well as an analysis of the state of the industry ... [An outside] adviser to the underwriting syndicate[...] made an extensive study of the medical and health care fields ... Investigations were made of opportunities for acquisitions which was the stated use to which the proceeds of the offering would be applied ... [The lead underwriter] and counsel visited [the issuer's] clinical laboratory and acquainted themselves with its operation ... Immediately prior to the effective date, a due diligence meeting was held."

Ähnlich in Weinberger v. Jackson, 1990 WL 260676 at 3 (N.D. Cal. 1990): „[The] investigation of [the issuer] ... was conducted by experienced people, who were assisted by attorneys and accountants. The underwriters reviewed the industry, the company, the company's management, and the company's past and projected manufacturing, sales and financial performance. The underwriters had over twenty meetings with various management personnel, covering all aspects of the company's business. Company personnel were specifically questioned about the development and scheduled availability of products, related operating systems and applications software. The underwriters also contacted many of [the issuer's] suppliers, customers, and distributors, who were asked extensive questions about the company's operations. The underwriters reviewed company documents including operating plans, product literature, corporate records, financial statements, contracts, and lists of distributors and customers. They examined trade journals and other industry-related publications to ascertain industry trends, market trends and competitive information. They also made physical inspections of the company's facilities. When any negative or questionable information was developed as a result of their investigation, the underwriters discussed it with the appropriate persons and arrived at informed decisions and opinions. The underwriters also obtained written representations from the selling stockholders and the company that as of the closing date of the public offering, there were no misstatements or omissions."

Weitere Beispiele für einen gelungenen Entlastungsbeweis finden sich in Picard Chemical Inc. Profit Sharing Plan v. Perrigo Co., 1998 WL 513091 at 11 et seq.; Feit v. Leasco, 332 F. Supp. 544, 582 et seq. (E.D.N.Y. 1971); hierzu oben § 9 I 1 e aa (2) und bb (1).

Zu vergleichbaren „Checklisten" aus der deutschen Literatur siehe *Hopt*, Verantwortlichkeit, Rdnr. 191 f.; *Schwark*, ZGR 12 (1983), 162, 165.

2847 Feit v. Leasco, loc. cit. at 582.

ter den Anforderungen anderer westlicher Industrienationen zurückbleibt.[2848] Das ist in zweifacher Hinsicht angreifbar:

Zunächst kann die Begrenzung der Haftung auf grobe Fahrlässigkeit (§ 45 Abs. 1 BörsG) nicht überzeugen. Angesichts der Rechtsprechung zum Begriff der groben Fahrlässigkeit im Allgemeinen und der Urteile zu den §§ 44, 45 BörsG im Besonderen wird den Emissionsbanken eine Verletzung der erforderlichen Sorgfalt „in ungewöhnlich großem Maße"[2849] unter Nichtbeachtung desjenigen, was „jedem hätte einleuchten müssen"[2850], bereits dann nicht mehr vorzuwerfen sein, wenn sie die Emissionsunterlagen studieren, das Management des Emittenten befragen und auf keine Widersprüche oder sonstigen Verdachtsmomente stoßen.[2851] Erst recht handeln sie nicht grob fahrlässig, wenn sie sich auf comfort letters der Wirtschaftsprüfer oder Rechtsgutachten über die Fehlerfreiheit und Vollständigkeit des Prospekts verlassen.[2852] Eine solche eingeschränkte Prüfpflicht mag in Bezug auf Angaben im Prospekt, denen eine besonders hohe Verlässlichkeit zukommt, z.B. die *geprüften* Finanzdaten, angebracht sein. Insoweit ist die Rechtslage in Deutschland mit der in den USA vergleichbar, wo gem. § 11(b)(3)(C) ebenfalls die Pflicht zur Nachforschung entfällt. Die Haftungsbegrenzung greift aber zu weit, wenn sie sämtliche Angaben über den Emittenten und die Emissionsware umfasst bzw. sich auf alle Informationen bezieht, die Gegenstand von comfort letters oder Gutachten unabhängiger Sachverständiger sind – denn das sind gewöhnlich nicht nur die zertifizierten Finanzdaten aus dem Prospekt.[2853]

Diese Ausführungen legen den Schluss nahe, dass das deutsche Recht die Stellung der Konsortialführerin missversteht. Es verkennt, dass es für einen wirksamen Anlegerschutz nicht ausreicht: „to ask questions, to obtain answers which, if true, would be thought satisfactory, and to let it go at that, without seeking to ascertain from the records whether the answers in fact are true and complete"[2854]. Die Interessenlage in Deutschland und in den USA ist insoweit vergleichbar: In beiden Ländern stellt sich das Problem, dass der Emittent und sein Management einen Anreiz dazu haben, Risiken zu verschweigen und die Lage des Unternehmens übertrieben positiv darzustellen. In beiden Ländern ist die Konsortialführerin, was ihre Kompetenz, Ressourcen und Einbindung in die Emissionsbegleitung betrifft, am besten dazu

---

2848 In den USA sind sowohl § 11 Sec. Act als auch § 12(a)(1) und (2) Sec. Act strenger. In Frankreich genügt gem. Art. 1382, 1383 Code Civil einfache Fahrlässigkeit. Britisches Recht fragt, ähnlich wie § 11(b)(3) Sec. Act, ob der Haftungsadressat „reasonably believed (having made such enquiries, if any, as were reasonable) that … the statement was true and not misleading", Schedule 10, ¶1(2) zu § 90(2) und (5) FSMA 2000.

2849 BGHZ 10, 14, 16.

2850 A.a.O.

2851 RGZ 80, 196, 199; BGH WM 1982, 862, 864 (BuM); OLG Frankfurt, ZIP 1999, 1005, 1007 (MHM Mode).

2852 So auch Marsch-Barner/Schäfer/*Krämer*, Handbuch börsennotierte AG, § 10, Rdnr. 217, 349; Schwark/*Schwark*, KMRK, §§ 44, 45 BörsG, Rdnr. 45.

2853 Vgl. zu comfort letters sogleich unter 2.

2854 Escott v. BarChris Construction Co., 283 F. Supp. 643, 696 (S.D.N.Y. 1968).

geeignet, als anlegerschützendes Korrektiv einzugreifen.[2855] In den USA hat sich die Inpflichtnahme der Emissionsbanken über viele Jahrzehnte hinweg (größtenteils) bewährt. In Deutschland haben die Emissionshäuser den an sie gestellten Erwartungen bereits während der ersten kritischen Phase seit Modernisierung des deutschen Finanzmarkts – dem Technologieboom am Neuen Markt – nicht entsprochen. Schließlich zeigen die Aktivitäten am US-amerikanischen Primärmarkt, dass die Befürchtungen des deutschen Gesetzgebers und der Industrie, ein strengerer Haftungsmaßstab könnte zu einer Verminderung der Bereitschaft von Finanzdienstleistungsinstituten führen, Emissionen zu begleiten, unbegründet sind.[2856] Das gilt umso mehr, als das Haftungsrisiko in Deutschland mangels einer dem § 10(b) Sec. Ex. Act entsprechenden Vorschrift (jedenfalls solange die Rechtsprechung an einer restriktiven Auslegung des § 826 BGB festhält) und mangels der Möglichkeit, Sammelklagen nach Art der US-amerikanischen class action einzureichen,[2857] selbst bei Verschärfung des Sorgfaltsmaßstabs weiterhin geringer ist als in den USA. Deswegen sollten die Anforderungen des § 45 Abs. 1 BörsG zumindest für die Konsortialführerin auf einfache Fahrlässigkeit heraufgesetzt werden. Zur Konkretisierung dessen, was von der führenden Bank zu leisten ist, können die von der US-amerikanischen Rechtsprechung entwickelten und oben ausführlich besprochenen Kriterien herangezogen werden.[2858]

Der zweite Kritikpunkt: § 45 Abs. 1 BörsG differenziert weder danach, welchen Einfluss die jeweiligen Haftungsadressaten auf den Inhalt der Emissionsunterlagen nehmen können, noch nach der Art der Informationen im Prospekt, die es zu überprüfen gilt. Zwar ist der Begriff der groben Fahrlässigkeit weit genug, um in gewissem Rahmen den Besonderheiten des Einzelfalls Rechnung zu tragen.[2859] Gleichwohl ist zu beachten, dass das Gesetz eine besonders schwerwiegende Pflicht-

---

2855 Insbesondere kann es nicht überzeugen, von den deutschen Investmentbanken wegen geringerer personeller und technischer Möglichkeiten weniger zu verlangen als von den US-amerikanischen Banken (zu diesem Argument *Hopt*, Verantwortlichkeit, Rdnr. 197 m.N.). Abgesehen davon, dass auch an Emissionen in Deutschland vielfach US-Banken in herausgehobener Position mitwirken, haben einige der deutschen Emissionshäuser in den letzten Jahren stark expandiert. Im Übrigen kann von den Emissionsbegleitern erwartet werden, dass sie zur Beurteilung der Qualität der Emissionsware in der Lage sind, wenn sie Effekten beim Anlegerpublikum zu platzieren wünschen.

2856 Hierzu oben § 6 I 2 a ee (1).

2857 Zu den Unterschieden der class action gem. Rule 23 der Federal Rules of Civil Procedure und dem am 1. November 2005 in Kraft getretenen Kapitalanleger-Musterverfahrensgesetz (Gesetz vom 16. August 2005, BGBl. I 2005, S. 2437) vgl. die Begründung des Regierungsentwurfs, BT-Drs. 15/5091, S. 17 ff. Insbesondere erstreckt sich die Rechtskraft einer Entscheidung im deutschen Musterverfahren nicht auf am Verfahren unbeteiligte Anleger. Die Probleme, zu denen die US-amerikanische class action führt, erläutern *Coffee/Seligman/Sale*, Securities Regulation, p. 1042 et seq.; *Cox/Hillman/Langevoort*, Securities Regulation, p. 753 et seq.

2858 Damit steht die hier vertretene Auffassung in der Nähe von Vorschlägen, wie sie von *Hopt*, Verantwortlichkeit, Rdnr. 191; Marsch-Barner/Schäfer/*Krämer*, Handbuch börsennotierte AG, § 10, Rdnr. 350; Schimansky/Bunte/Lwowski/*Grundmann*, Bankrechtshandbuch, § 112, Rdnr. 57; Vortmann/*Hauptmann*, Prospekthaftung und Anlageberatung, § 3, Rdnr. 105, vorgetragen werden. Überblick über den Meinungsstand oben § 6 I 2 a ee (2) (c) (aa).

2859 Vgl. § 6 I 2 a ee (2) (d).

verletzung, ein Außerachtlassen „ganz naheliegende[r] Überlegungen“[2860] verlangt. Wer unter diesen Umständen, um zu sachgerechten Ergebnissen zu gelangen, davon spricht, dass der Emittent „bis zur Garantiehaftung verantwortlich“[2861] sei, dass die Entlastungsmöglichkeit des § 45 Abs. 1 BörsG für ihn „eine *probatio diabolica*“[2862] darstelle, der argumentiert *contra legem*. Diese Ansätze aus der Literatur machen deutlich, dass eine Novellierung der §§ 44, 45 BörsG angezeigt ist. Die hier vorgeschlagene Modifizierung des Sorgfaltsmaßstabs würde die notwendige zusätzliche Flexibilität erreichen und z.B. sowohl eine Auslegung im Sinne einer *probatio diabolica* für den Emittenten als auch leichter zu führende Entlastungsbeweise für die anderen Haftungsadressaten zulassen. Vorzugswürdig, da die zahlreichen Streitfragen in der Literatur[2863] beseitigend und damit die Rechtssicherheit fördernd, ist allerdings eine explizite Abstufung der Anforderungen, etwa nach folgendem Muster: Der Emittent hat für Fehler im Wertpapierprospekt verschuldensunabhängig einzustehen, die Konsortialführerin (und die Führungskräfte des Emittenten sowie – im Hinblick auf die von ihnen stammenden Angaben – die Sachverständigen, falls sich der Gesetzgeber dazu entschließt, den Kreis der Anspruchsgegner entsprechend zu erweitern) haften für jede Fahrlässigkeit, die weiteren Konsortialbanken sind angesichts ihrer eingeschränkten Möglichkeiten, die Emissionsunterlagen wirksam zu überprüfen, nur für grob fahrlässiges Handeln verantwortlich. Darüber hinaus sollte der Gesetzgeber hervorheben, dass die weitgehenden Nachforschungspflichten, wie sie oben skizziert wurden, nur für diejenigen Teile des Prospekts gelten, denen keine gesteigerte Glaubwürdigkeit zukommt. Wie hinsichtlich der sonstigen Angaben zu verfahren und welche Bedeutung den Auskünften Dritter beizumessen ist, wird im nächsten Abschnitt erörtert.

2. Übernahme von Angaben Dritter

Drei Fälle sollen unterschieden werden: (1) Kann sich die Konsortialführerin auf die Angaben des Emittenten verlassen oder muss sie immer Aktivitäten entfalten, die über eine Plausibilitätskontrolle hinausgehen? (2) Können die einfachen Mitglieder des Konsortiums darauf vertrauen, dass der Emittent und die führende Bank einen fehlerfreien Prospekt erstellen oder müssen sie eigene Nachforschungen einleiten? (3) Dürfen die Parteien die Informationen von Sachverständigen, insbesondere den Wirtschaftsprüfern des Emittenten, ungeprüft hinnehmen?

Zu (1): Diese Fallgruppe wird nur der Vollständigkeit halber nochmals aufgeführt. Bereits im vorstehenden Kapitel wurde dargelegt, dass die Konsortialführerin entgegen Teilen der deutschen Literatur und den – recht knappen – Hinweisen in der Regierungsbegründung zum 3. FMFG und wohl auch der Rechtsprechung,[2864]

2860 BGH NJW 1994, 2093, 2094.
2861 *Köndgen*, AG 1983, 120, 126.
2862 *Fleischer*, Gutachten F für den 64. Deutschen Juristentag 2002, S. F 62.
2863 Vgl. § 6 I 2 a ee (2).
2864 § 6 I 2 a ee (2) (a)-(d)

aber in Übereinstimmung mit der Rechtslage in den USA,[2865] eigene, umfassende und eingehende Untersuchungen durchführen muss. Die Maßnahmen müssen zwar nicht notwendigerweise in einer vollständigen (wirtschaftlichen, technischen, finanziellen, rechtlichen und steuerrechtlichen[2866]) due diligence bestehen, wie sie in M & A Transaktionen vorgenommen wird, aber eine gründliche Kontrolle der Bücher, Verträge, Sitzungsprotokolle, Betriebsanlagen etc. umfassen, d.h. über Gespräche mit der Geschäftsführung des Emittenten hinausgehen.[2867] Das gilt nicht nur, wenn konkrete Anhaltspunkte für die Unrichtigkeit oder Unvollständigkeit der Angaben des Emittenten vorliegen, sondern in jedem Fall. Darüber hinaus darf die führende Bank nicht ohne Überprüfung von der Richtigkeit von Ad-hoc Mitteilungen i.S. des § 15 WpHG, von ungeprüften Halbjahresfinanzberichten i.S. des § 37w WpHG und von ungeprüften Zwischenmitteilungen gem. § 37x WpHG ausgehen[2868] oder positive Rating- und Analystenberichte bzw. den guten Ruf des Unternehmens zum Anlass nehmen, die Prüfungsintensität zu vermindern.[2869]

Es soll nochmals betont werden, dass ein so umfassender Pflichtenkanon nur schwer mit dem Wortlaut des Gesetzes (§ 45 Abs. 1 BörsG) in Einklang zu bringen ist. In der Literatur wird mit Recht darauf hingewiesen: „[E]s geht um grobe Fahrlässigkeit."[2870] In jedem Fall sind die vorstehenden Ausführungen *de lege ferenda* ernst zu nehmen, um den Anlegerschutz in Deutschland auf ein angemessenes Niveau zu bringen. Aber auch *de lege lata* wird sich ein Sorgfaltsverstoß begründen lassen, wenn die unternommenen Nachforschungen angesichts des Risikograds des Emittenten (Börsengang eines unbekannten Unternehmens, high yield Bonds etc.) offensichtlich unangemessen sind oder die Banken konkreten Verdachtsmomenten nicht nachgehen.

Zu (2): Welche Sorgfaltspflichten die einfachen Mitglieder des Konsortiums treffen, ist in der deutschen Literatur umstritten. Oben wurden drei Meinungen vorgestellt: Die erste Ansicht will einen identischen Sorgfaltsmaßstab auf alle Mitglieder des

---

2865 § 9 I 1 e bb (1).

2866 Zum Inhalt der due diligence im Einzelnen Habersack/Mülbert/Schlitt/*Nägele*, Unternehmensfinanzierung, § 27, Rdnr. 12 ff.; Marsch-Barner/Schäfer/*Krämer*, Handbuch börsennotierte AG, § 10, Rdnr. 4 ff.; *Schanz*, Börseneinführung, § 8, Rdnr. 3 ff.

2867 Einen realistischen Überblick gibt Marsch-Barner/Schäfer/*Krämer*, a.a.O., Rdnr. 51 ff. Allerdings ist zu bemerken, dass es bei der Kapitalerhöhung – auch wenn die Prüfungsdichte insoweit geringer ist als bei IPOs – entgegen *Krämer*, a.a.O., Rdnr. 69, nicht ausreicht, die Kapitalmaßnahmen seit dem Börsengang einer genaueren Prüfung zu unterziehen und auf vorangegangene due diligence Untersuchungen zu verweisen. Auch hier ist eine Verifizierung der Angaben der Unternehmensführung zu fordern. Die in der Praxis vorherrschende eingeschränkte due diligence bei der Emission von Investment-Grade-Anleihen – in der Regel lediglich Gespräche mit dem Management (vgl. Marsch-Barner/Schäfer/*Krämer*, a.a.O., Rdnr. 76) – entspricht ebenfalls nicht den hier aufgestellten Standards. Fälle wie FlowTex (Deutschland) und WorldCom (USA) zeigen, dass bei Investment-Grade-Emittenten nicht auf eine sorgfältige Prüfung verzichtet werden darf.

2868 Anders bei geprüften Jahres- oder Zwischenabschlüssen. Hierzu sogleich unter (3).

2869 A.A. Marsch-Barner/Schäfer/*Krämer*, a.a.O., Rdnr. 80 f.: Plausibilitätsprüfung ausreichend, wenn Ertragslage, Verschuldungsgrad und Eigenkapitalquote solide sind und dies durch externe Ratings bestätigt wird.

2870 *Groß*, Kapitalmarktrecht, §§ 44, 45 BörsG, Rdnr. 81.

Konsortiums anwenden, die Gegenposition lässt es bei einer Plausibilitätskontrolle bewenden, und eine vermittelnde Ansicht hält ein aktives Tätigwerden der einfachen Emissionsbanken nur bei außergewöhnlichen Umständen oder Anhaltspunkten für eine Fehlerhaftigkeit des Prospekts für erforderlich.[2871] Zieht man den hier empfohlenen Grundsatz heran, die Reichweite der Pflichten der Konsorten abhängig von ihrer Stellung im Konsortium und der Nähe zur veröffentlichten Information, d.h. abhängig von der Möglichkeit zur verlässlichen und kosteneffizienten Überprüfung des Prospekts, individuell zu bestimmen,[2872] ergibt sich folgendes: *Grundsätzlich* genügt es, wenn die nicht der Konsortialführung angehörenden Banken die Emissionsunterlagen auf Vollständigkeit und Plausibilität hin überprüfen. Alles andere wäre unpraktikabel und würde die Emission beträchtlich verzögern, da die Konsorten, wie ausgeführt, gewöhnlich erst kurz vor der Platzierung benachrichtigt werden. Allerdings sind zwei wichtige Einschränkungen zu machen: Ist eine Bank, obwohl sie nicht zur Führungsgruppe gehört, an der Vorbereitung der Emission beteiligt, nimmt sie z. B. an Roadshows oder anderen Werbeveranstaltungen teil, dann werden ihr gewisse Nachforschungen in der Regel möglich sein. Genauer: Von ihr sind solche Maßnahmen zu verlangen, die einen Informationsgewinn für den Anleger versprechen, ohne die Kosten der Kapitalaufnahme zu sehr zu erhöhen. Idealerweise sollten beide Positionen – die bei durchgeführter Nachprüfung zusätzlich anfallenden Kapitalkosten und die andernfalls steigenden Schadenskosten auf Seiten der Anleger (berechnet als Produkt aus der gestiegenen Schadenswahrscheinlichkeit und dem Schadensumfang) – verglichen werden.[2873] Da sich die letztere Position nur schwer wird quantifizieren lassen, muss es genügen, wenn das Gericht prüft, ob die Bank ohne unverhältnismäßigen Aufwand sinnvolle Kontrollen hätte durchführen können. Das ist häufig zu verneinen, wenn sie erst einen unabhängigen Sachverständigen beauftragen, mit Kunden des Emittenten sprechen, Verträge einsehen oder Betriebsstätten inspizieren müsste. Es ist zu bejahen, wenn sie bereits über Kenntnisse vom Emittenten verfügt, etwa aus früheren Geschäftsbeziehungen oder durch Teilnahme an Analystentreffen, selbst wenn die Informationen in anderen Abteilungen der Bank entstanden sind.[2874] Sie hat die Kenntnisse einzubringen, d.h. zu überprüfen, ob die Angaben im Prospekt angesichts der vorhandenen Informationen stichhaltig sind. Auch ist den einfachen Mitgliedern des Konsortiums Gelegenheit zu geben, in einem due diligence Treffen mit dem Emittenten (nicht nur mit der Konsortialführerin) kurz vor der Platzierung Fragen zu stellen und offenen Punkten nachzugehen.

Die zweite Einschränkung: Bestehen Anhaltspunkte dafür, dass die Prospektangaben fehlerhaft sind,[2875] darf sich auch die einfache Konsortialbank nicht mit einer

---

2871 § 6 I 2 a ee (2) (c) (bb).
2872 So bereits oben § 6 I 2 a ee (2) (d).
2873 Vgl. § 6 I 2 a ee (2) (d).
2874 So auch *Ellenberger*, Prospekthaftung, S. 53 f.; Schäfer/Hamann/*Hamann*, §§ 44, 45 BörsG, Rdnr. 238; Schwark/*Schwark*, KMRK, §§ 44, 45 BörsG, Rdnr. 50; Vortmann/*Hauptmann*, Prospekthaftung und Anlageberatung, § 3, Rdnr. 107. A.A. *Groß*, Kapitalmarktrecht, §§ 44, 45 BörsG, Rdnr. 79.
2875 Zu Beispielen für solche Anhaltspunkte vgl. Fn. 2112.

Befragung des Emittenten begnügen, sondern muss, notfalls durch Einschaltung eigener Fachleute, versuchen, Klarheit zu gewinnen. Hierzu sollte auch der Fall zu zählen sein, dass die Konsortialführerin keine ordnungsgemäße Prüfung vorgenommen hat.[2876] Da die Wahrscheinlichkeit der Fehlerhaftigkeit des Prospekts unter diesen Umständen höher ist, sind – entsprechend der im vorhergehenden Absatz skizzierten Abwägung – auch höhere Emissionskosten in Kauf zu nehmen. Können die Banken die Bedenken nicht beseitigen, müssen sie die Emissionsbegleitung unterlassen oder das Risiko einer Haftung gem. §§ 44, 45 BörsG tragen. Diese Grundsätze lassen sich bereits *de lege lata* gut vertreten, denn das Übergehen von Hinweisen auf Prospektmängel stellt in der Regel grobe Fahrlässigkeit dar.

Das Verhalten der führenden Bank beeinflusst die Stellung der anderen Mitglieder des Konsortiums somit wie folgt: Entgegen der Auffassung einiger US-amerikanischer Gerichte[2877] sind die Positionen der Banken (grundsätzlich) nicht voneinander abhängig. Hat die führende Bank sorgfaltswidrig gehandelt, kann das einfache Konsortialmitglied der Haftung entgehen, indem es nachweist, dass es die erwähnten Vorsorgemaßnahmen getroffen hat. Umgekehrt müsste, wird dieser Ansatz konsequent weitergedacht, der Konsorte trotz fehlenden Sorgfaltsverstoßes der Konsortialführung haften, wenn er keine Plausibilitätskontrolle durchgeführt, nicht an due diligence Treffen teilgenommen oder etwaige zusätzlich erforderliche Maßnahmen unterlassen hat.[2878] Hiergegen lässt sich nicht schon einwenden, dass ein Schadensersatzanspruch gem. §§ 44, 45 BörsG mangels Kausalität zwischen der Pflichtverletzung und dem Schaden ausscheidet, da der Konsorte bei eigener Prüfung nur das festgestellt hätte, was schon die due diligence der Konsortialführerin ergeben hat: dass keine Prospektmängel erkennbar waren.[2879] Denn Kausalität ist keine anspruchsbegründende Voraussetzung der §§ 44, 45 BörsG.[2880] Ein anderes Argument wiegt schwerer: In der Praxis wird es nur selten zu einer Situation kommen, in der die Konsortialführerin sorgfaltsgemäß handelt, mithin eine weitreichende due diligence vornimmt, und das einfache Emissionshaus in Erfüllung der eigenen (weniger umfangreichen) Pflichten einen Informationsvorsprung erlangt. Den Konsorten wird folglich kein Verhalten angelastet, das zumindest in manchen Fällen eine Schädigung der Anleger hätte verhindern können (auch wenn

2876 Wie erläutert, lässt sich aus § 831 BGB keine Überwachungspflicht der Konsorten gegenüber der Konsortialführung ableiten, vgl. § 6 II 2 a aa (2) (a.A. die unter § 6 I 2 a ee [2] [c] [bb] vorgestellte Meinung). Eine mangelhafte Überprüfung des Prospekts durch die führende Bank sollte aber Anlass für die weiteren Mitglieder des Konsortiums sein, ihrerseits Nachforschungen einzuleiten. Die Emissionshäuser müssen sich folglich vergewissern, dass die Maßnahmen der Konsortialführerin zufriedenstellend waren.

2877 Oben Fn. 2121: „The underwriting syndicate members ... sink or swim with the lead underwriter", In re Consumers Power Co. Securities Litigation, 105 F.R.D. 583, 612 (E.D. Mich. 1985).

2878 So in den USA in der Tat der Standpunkt der SEC, vgl. oben § 9 I 1 e bb (3).

2879 So aber *Groß*, Kapitalmarktrecht, a.a.O., Rdnr. 84; *ders.*, AG 1999, 199, 207.

2880 Fn. 1271. So auch die Position in den USA, vgl. WorldCom, Inc. Securities Litigation, 346 F. Supp. 2d 628, 661 n. 40: „[T]he Underwriter Defendants ... must shoulder the burden of establishing their due diligence even if that due diligence would not have revealed the existence of fraudulent conduct."

es sich bei diesem kausalen Zusammenhang nicht um eine Anspruchsvoraussetzung handelt), sondern ein Verhalten, bei dem – wenn die Konsortialführung ihren Pflichten nachgekommen ist – oft schon die *theoretische* Möglichkeit ausgeschlossen ist, dass es zu einer Verbesserung des Anlegerschutzes führt. Aus diesem Grund spricht einiges dafür, der in den USA herrschenden Meinung zu folgen und die Verantwortlichkeit auch der übrigen Mitglieder des Emissionskonsortiums abzulehnen, wenn die Konsortialführerin alles ihrerseits Notwendige veranlasst hat.[2881] Allerdings ist auch hier wieder eine Einschränkung zu machen: Das Argument verliert an Überzeugungskraft, wenn die Emissionsbank nach den oben entwickelten Grundätzen nicht nur zur Plausibilitätskontrolle, sondern zu eigenständigen Nachforschungen verpflichtet ist. In einem solchen Fall ist es nicht von vornherein ausgeschlossen, dass der Konsorte Prospektmängel entdeckt, die der Konsortialführerin ohne Fahrlässigkeit verborgen geblieben sind. Dann bleibt es bei der getrennten Beurteilung des Verschuldens der Banken: Die führende Bank kann sich entlasten, während das einfache Konsortialmitglied haftet.

Zu (3): In der deutschen Literatur findet sich häufig die Behauptung, im Hinblick auf Informationen von Fachleuten, z.B. den Wirtschaftsprüfern, Rechtsanwälten, Steuerfachleuten oder technischen Sachverständigen, bestehe eine Nachprüfungspflicht der Emissionsbanken nur, wenn sich Zweifel an der Fehlerfreiheit der Angaben aufdrängten.[2882] An dieser Ansicht ist einerseits richtig, dass die Emissionsbanken nicht zur „Kontrolle der Kontrolleure“[2883] verpflichtet sein sollten. Eine solche Duplizierung der Prüfung wäre wenig effizient, abgesehen davon, dass den Banken mitunter die erforderliche fachliche Qualifikation fehlt. Andererseits unterlassen es die zitierten Stimmen in der Literatur, die wichtigste Frage anzusprechen: Welche Angaben sind als solche von Sachverständigen anzusehen? Diese Frage findet ihr US-amerikanisches Gegenstück in dem Problem der Abgrenzung zwischen § 11(b)(3)(A) und (B) Sec. Act, der sog. due diligence defense, und § 11(b)(3)(C) Sec. Act, der reliance defense, auf die *non-experts* zurückgreifen können, wenn sie sich auf *expertised portions* des Registrierungsformulars stützen.[2884] Zur Abgrenzung hatte das Gericht im Fall *BarChris* zu sagen: „The defendants do not agree among themselves as to who the ‘experts’ were or as to the parts of the registration statement which were expertised. Some defendants say that [the auditor] was the expert, others say that BarChris's attorneys [...] and the underwriters' attorneys [...] were also the experts. On the first view, only those portions of the registration statement purporting to be made on [the auditor's] authority were expertised portions. On the other view, everything in the registration statement was within this category, because the two law firms were responsible for the entire document. The first view is the correct one. To say that the entire registration statement is expertised because some lawyer prepared it would be an unreasonable construction of the statute.

2881 Vgl. zu der Ansicht aus den USA § 9 I 1 e bb (3).

2882 Z.B. *Groß*, a.a.O., Rdnr. 82; Schäfer/Hamann/*Hamann*, a.a.O., Rdnr. 234, 237; Schwark/*Schwark*, a.a.O., Rdnr. 48; Vortmann/*Hauptmann*, a.a.O., Rdnr. 105.

2883 *Groß*, a.a.O., Rdnr. 81.

2884 Vgl. oben § 9 I 1 e bb (2).

Neither the lawyer for the company nor the lawyer for the underwriters is an expert within the meaning of Section 11. The only expert, in the statutory sense, was [the auditor], and the only parts of the registration statement which purported to be made upon the authority of an expert were the portions which purported to be made on [the auditor's] authority."[2885] Diese Auslegung ist, wie das Gericht ausführt, die einzig vernünftige. Sie verlangt im deutschen Recht ebenso nach Zustimmung wie im US-amerikanischen. Die für den Anlegerschutz notwendige Pflicht zur Nachforschung würde bedeutungslos, wenn sämtliche von Fachleuten stammenden Äußerungen ungeprüft übernommen werden könnten.[2886]

Damit ist festzustellen, dass bestimmte Teile des Emissionsprospekts nicht schon deswegen zu einer „expertised portion", zur Erklärung eines Sachverständigen werden, weil sie z.B. von den Anwälten des Emittenten erstellt wurden. Die Frage, wann eine Angabe, um mit den Worten des Gerichts zu sprechen, „purport[s] to be made upon the authority of an expert", ist indes noch nicht beantwortet. Hier bieten sich zwei Lösungen an, eine formelle und eine materielle. Wer der formellen Lösung folgt, wird nur diejenigen Angaben als Sachverständigenerklärung werten, die im Prospekt als solche gekennzeichnet sind.[2887] Die materielle Lösung stellt auf den Inhalt der Erklärung ab. Hat sich der Sachverständige zur Informationsgewinnung besonderer Techniken bedient, hat er z.B. ein Verfahren befolgt, das die Zuverlässigkeit und Genauigkeit der Informationen gewährleistet, ist es gerechtfertigt, den Emissionsbanken eine weitere Prüfung zu erlassen. Die deutsche Literatur tendiert in Richtung der materiellen Lösung. Sie ist allerdings recht großzügig, was die Voraussetzungen anbelangt, unter denen die Erklärung erstellt worden sein muss. Oben ist darauf hingewiesen worden, dass die wohl h.M. grob fahrlässiges Handeln der Haftungsadressaten verneint, wenn die Banken von eigenen Nachforschungen absehen, weil die Angaben im Prospekt auf das Rechtsgutachten einer namhaften Anwaltskanzlei oder den comfort letter des Wirtschaftsprüfers zurückgehen.[2888] *De lege lata* ist diese Einschätzung überzeugend.[2889] Umfassender Anlegerschutz lässt sich auf diese Weise indes nicht verwirklichen: Nach überwiegender Ansicht in Rechtsprechung und Literatur haften die Sachverständigen nicht für Prospektmängel. Es entstehen folglich Schutzlücken, wenn sie ihren Bericht unsorgfältig abfassen, den Emissionsbanken aber der Entlastungsbeweis gelingt, da sie auf die Richtigkeit der Expertenangaben vertrauen durften. Um diesen Mangel zu beheben, sind folgende Änderungen zu erwägen: Erstens sollte der Gesetzgeber, wie in den USA, die Verantwortlichkeit der Sachverständigen für solche Angaben einführen, die zugunsten anderer Marktteilnehmer eine Einschränkung der Nachfor-

---

2885 Escott v. BarChris Construction Co., 283 F. Supp. 643, 683.

2886 Anders Vortmann/*Hauptmann*, a.a.O.: Die Emissionsbank könne sich „auf die von Sachverständigen Dritten ... in deren Berufsfeld gemachten Angaben verlassen". *Hauptmann* erklärt nicht, was er mit „Berufsfeld" meint. Nimmt man den Grundsatz wörtlich, würden wohl sämtliche Prospektangaben erfasst sein, da Rechtsanwälte den Prospekt in Ausübung ihrer beruflichen Tätigkeit erstellen.

2887 Gem. EG-Prospektverordnung, Anhang I, Nr. 23.1, Anhang III, Nr. 10.3 etc.

2888 Fn. 2852. Weitere Angaben zum Meinungsstand § 6 I 2 a ee (3) (c).

2889 Vgl. den Text zu Fn. 2852.

schungspflicht zur Folge haben. Zweitens sollten Rechtsprechung, Finanzaufsicht oder Lehre klar definieren, was unter der Erklärung eines Sachverständigen (einer „expertised portion") zu verstehen ist. Drittens, und das greift den Gedanken aus dem vorhergehenden Abschnitt auf, ist der Sorgfaltsmaßstab für die sonstigen, nicht von einem Experten stammenden Teile des Prospekts auf leichte Fahrlässigkeit heraufzusetzen, jedenfalls für den Emittenten und die Konsortialführerin.[2890]

Die vorliegende Arbeit kann versuchen, die für den zweiten Schritt maßgeblichen Kriterien herauszuarbeiten. Zunächst müssen die Sachverständigenerklärungen, wie von der EG-Prospektverordnung vorgeschrieben, im Prospekt gekennzeichnet werden, um den Anleger davon in Kenntnis zu setzen, welche Angaben nicht von den Emissionsbanken überprüft wurden. Diese formelle Voraussetzung ist mit materiellem Gehalt anzureichern. Als Beispiel mögen die Erklärungen der Wirtschaftsprüfer dienen. Die Erklärungen können in drei Gruppen eingeteilt werden: die Abschlussprüfung,[2891] die prüferische Durchsicht[2892] und den comfort letter. Die größte Prüfungsdichte wird bei der Abschlussprüfung erreicht, die mit einem Bestätigungs- oder Versagungsvermerk endet.[2893] In der prüferischen Durchsicht stellt der Wirtschaftsprüfer demgegenüber lediglich fest, dass er keine Hinweise auf einen Verstoß gegen die relevanten Rechnungslegungsgrundsätze gefunden hat.[2894] Der Inhalt eines comfort letter schließlich hängt von den Vereinbarungen der Parteien ab. In der Regel sollen die in den Bericht eingehenden Untersuchungen werterhellende Ereignisse identifizieren. Die Grundsätze zur Erstellung des comfort letter sind seit 2004 im IDW Prüfungsstandard 910[2895] festgeschrieben. Die Wirtschaftsprüfer beschränken sich danach auf eine Befragung des Managements, ein Studium etwaiger Monatsberichte oder der Protokolle aktueller Vorstands- und Aufsichtsratssitzungen. Sie erteilen keinen positiven Bestätigungsvermerk, sondern, ebenso wie bei der prüferischen Durchsicht, eine *negative assurance*. Damit sind sowohl die prüferische Durchsicht als auch der comfort letter mit Berichten nach

---

2890 Der für die Kontrolle der Expertenangaben maßgebliche Sorgfaltsmaßstab kann entweder, entsprechend § 11(b)(3)(C) Sec. Act, gesondert geregelt (und z.B. bei grober Fahrlässigkeit belassen) werden. Alternativ bietet der Begriff der (einfachen) Fahrlässigkeit ausreichende Flexibilität, um zwischen Sachverständigenangaben und den übrigen Prospektteilen zu unterscheiden.
2891 Erforderlich gem. §§ 37v Abs. 2 Nr. 1 WpHG, 316 Abs. 1 Satz 1 HGB.
2892 Fakultativ bei Halbjahres- und Quartalsfinanzberichten, vgl. §§ 37w Abs. 5 Satz 1, 37x Abs. 3 Satz 3 WpHG.
2893 § 317 HGB. Einzelheiten sind in den IDW Prüfungsstandards niedergelegt, vgl. z.B. IDW PS 200: Ziele und allgemeine Grundsätze der Durchführung von Abschlussprüfungen, WPg 2000, 706; IDW PS 201: Rechnungslegungs- und Prüfungsgrundsätze für die Abschlussprüfung; WPg 2006, 850; IDW PS 240: Grundsätze der Planung von Abschlussprüfungen, WPg 2000, 846, WPg 2006, 218; IDW PS 400: Grundsätze für die ordnungsmäßige Erteilung von Bestätigungsvermerken bei Abschlussprüfungen, WPg 2005, 1382.
2894 Siehe IDW PS 900: Grundsätze für die prüferische Durchsicht von Abschlüssen, WPg 2001, 1078. Die prüferische Durchsicht enthält dementsprechend kein Testat, sondern nur eine *negative assurance* nach folgendem Muster: „... besteht für uns kein Anlass zu der Annahme, der Zwischenabschluss xyz sei in wesentlichen Belangen nicht in Übereinstimmung mit den anwendbaren Rechnungslegungsgrundsätzen aufgestellt worden." Zitiert nach Marsch-Barner/Schäfer/*Krämer*, Handbuch börsennotierte AG, § 10, Rdnr. 258.
2895 WPg 2004, S. 342.

SAS 100 vergleichbar,[2896] die gemäß der US-amerikanischen Rechtsprechung[2897] und dem Regelwerk der SEC[2898] keine Sachverständigenerklärungen darstellen. Der Standpunkt der SEC und der Gerichte ist sachgerecht: Die Untersuchungen nach SAS 100 und IDW PS 910 erschöpfen sich größtenteils in Plausibilitätskontrollen.[2899] Sie sind nicht darauf angelegt, die tatsächliche Vermögens- und Finanzlage des Unternehmens zu bestimmen oder verdeckte Risiken offenzulegen. Die Einholung eines comfort letter kann deswegen eine von *mehreren* Maßnahmen sein, die zum Nachweis der gebotenen Sorgfalt erforderlich sind, die Emissionsbanken dürfen sich aber nicht darauf (oder auf eine prüferische Durchsicht) beschränken.[2900]

Wird die Sachverständigenerklärung den hier umrissenen hohen Anforderungen gerecht, handelt es sich z.B. um eine Abschlussprüfung i.S. der §§ 316 ff. HGB oder um ein technisches Gutachten, das anerkannten Standards der jeweiligen Industrie entspricht, sind gleichwohl (ausnahmsweise) weitergehende Überprüfungshandlungen angezeigt, wenn Anhaltspunkte für die Fehlerhaftigkeit des Berichts vorliegen. Insoweit herrscht Einigkeit in Rechtsprechung und Literatur.[2901] Problematisch sind wiederum die Details: Wann existieren Anhaltspunkte, die weitere Untersuchungen notwendig machen? Die deutsche Literatur geht auf diese Frage häufig nicht ein. Teilweise finden sich Beispiele wie „eine verschachtelte und nicht ohne weiteres plausible Konzernstruktur“[2902] oder „die Abhängigkeit des Unternehmens von einer einzigen Lizenz“[2903]. Die Gerichte sprechen davon, dass die Unzulänglichkeiten des Prüfberichts „offen zutage“[2904] treten, dass die Angaben „ersichtlich unzureichend“[2905] sein müssten. Allgemeinverbindliche Kriterien lassen sich sicherlich schwer entwickeln. Hilfreich ist ein Blick auf die US-amerikanische Praxis, wo das Problem umfassender behandelt worden ist als in Deutschland. Das folgende, bereits oben wiedergegebene Zitat aus einer der *WorldCom*-Entscheidungen fasst die maßgeblichen Aspekte gut zusammen und kann als Richtlinie dafür

2896 IDW PS 910 ist in enger Anlehnung an SAS 100 entwickelt worden. Zum SAS 100 vgl. Fn. 2036.

2897 WorldCom, Inc. Securities Litigation, 346 F. Supp. 2d 628, 683.

2898 Securities Act Rule 436(c). Hierzu ausführlich § 9 I 1 e bb (2) (a).

2899 So im Hinblick auf die prüferische Durchsicht ausdrücklich Marsch-Barner/Schäfer/*Krämer*, a.a.O., § 10, Rdnr. 258.

2900 Der Zweck des comfort letter besteht folglich in erster Linie darin, die entsprechenden Überprüfungshandlungen für den Fall eines Rechtsstreits zu dokumentieren und den Banken die Möglichkeit des Regresses gegen die Wirtschaftsprüfer zu geben (so auch Schäfer/Hamann/*Hamann*, §§ 44, 45 BörsG, Rdnr. 248). Zu der umstrittenen Frage, ob die Emissionsbanken bei Inanspruchnahme gem. §§ 44, 45 BörsG aus dem comfort letter gegen die Prüfer vorgehen können, vgl. Marsch-Barner/Schäfer/*Krämer*, a.a.O., § 10, Rdnr. 229 ff.

2901 Vgl. zu Nachweisen aus Deutschland § 6 I 2 a ee (3) (b) und (c); aus den USA § 9 I 1 e bb (2) (b).

2902 *Hopt*, Verantwortlichkeit, Rdnr. 119.

2903 A.a.O. *Hopt* diskutiert diese Beispiele zwar im Zusammenhang mit der Pflichtenstellung der einfachen Konsortialbank, seine Argumente lassen sich aber auf die hier interessierende Problematik übertragen, da es jeweils darum geht, wann eine Plausibilitätskontrolle ausreicht und wann die Banken eingehendere Ermittlungen einleiten müssen.

2904 OLG Frankfurt, WM 1994, 291, 298 (Bond I).

2905 A.a.O.

dienen, wann „red flags“ das Vertrauen auf die Äußerungen von Sachverständigen als nicht mehr gerechtfertigt erscheinen lassen: „Any information that strips a defendant of his confidence in the accuracy of those portions of a registration statement premised on audited financial statements is a red flag, whether or not it relates to accounting fraud or an audit failure.“[2906]

III. Gesamtschuldnerische Haftung und Haftungsfreizeichnung

In beiden untersuchten Rechtsordnungen haften mehrere für den Börsenprospekt verantwortliche Personen als Gesamtschuldner.[2907] Das im Vergleich zum deutschen Recht größere Haftungsrisiko in den USA kompensieren der Securities Act 1933 und der Securities Exchange Act 1934 dadurch, dass sie in begrenztem Umfang Ausnahmen von der gesamtschuldnerischen Haftung zulassen, und zwar für Personen, die nur einen geringen Einfluss auf den Inhalt der Emissionsunterlagen nehmen können (die *outside* directors[2908] und die einfachen Mitglieder des Konsortiums[2909]), und im Bereich des Securities Exchange Act 1934,[2910] wo die Schadensersatzansprüche (insbesondere Rule 10b-5) den Kreis der Haftungsadressaten besonders weit ziehen. Für die outside directors und die gem. Securities Exchange Act Verklagten tritt – unter der Voraussetzung, dass sie nicht vorsätzlich gehandelt haben – an die Stelle der gesamtschuldnerischen Haftung die Haftung nach dem Maß der Verantwortlichkeit (*proportionate liability*).[2911] Diese Regelungen verdeutlichen einmal mehr das Bemühen des US-amerikanischen Gesetzgebers, ein ausgewogenes Verhältnis zwischen einerseits einem wirksamen Anlegerschutz und andererseits einer Erleichterung der Kapitalaufnahme durch Senkung der Kapitalkosten zu erreichen. Auch setzen sie fort, was in den vorhergehenden Kapiteln erörtert wurde: Das Gesetz versucht, den Haftungsumfang an die Bedeutung des Verpflichteten im Rahmen der Emissionsbegleitung und seine Nähe zu den fehlerhaften Dokumenten anzupassen. Sollte sich der deutsche Gesetzgeber dazu entscheiden, die §§ 44, 45 BörsG im hier vorgeschlagenen Sinne abzuändern, könnte er einer zu starken Ausweitung des Haftungsrisikos durch Einführung der teilschuldnerischen Haftung nach Maßgabe der Verantwortungsbeiträge begegnen. Eine solche teilschuldnerische Haftung sollte aber in jedem Fall auf bestimmte Gruppen von Haftungsadressaten beschränkt sein. So sollten z.B. der Emittent und die Emissionsbanken nicht als Teilschuldner verpflichtet sein, da eine Aufteilung der Haftung nach Maßgabe der Verantwortungsbeiträge andernfalls zu einer weit überwiegenden Verantwortlichkeit des Emittenten führen und die Anleger bei Insolvenz des Unternehmens

2906 WorldCom, Inc. Securities Litigation, 346 F. Supp. 2d 628, 673. Ausführlich zu diesem Zitat § 9 I 1 e bb (2) (b). Dort (Fn. 2112) finden sich auch zahlreiche Beispiele zu red flags.
2907 § 45 Abs. 1 Satz 1 BGB, § 11(f)(1) Sec. Act.
2908 § 11(f)(2)(A) Sec. Act i.V. mit § 21D(f) Sec. Ex. Act.
2909 § 11(e) 2nd Sentence Sec. Act. Der Konsortialführerin kommt die Ausnahme nicht zugute, da sie für ihre Tätigkeit ein zusätzliches Entgelt („some benefit … in which all other underwriters similarly situated did not share“) erhält. Vgl. hierzu § 9 I 1 f.
2910 § 21D(f)(2)(B)(i).
2911 Vgl. § 9 II 1 a. Dort auch zu den Modifikationen in Bezug auf die Konsortialbanken.

schutzlos lassen würde. Es ist vorzugswürdig, die verschiedenen Gruppen von Haftungsadressaten – z.B. den Emittenten, seine Führungskräfte und die Emissionsbanken – jeweils auf den vollen Betrag haften zu lassen. *Innerhalb* der Gruppen kann an eine teilschuldnerische Haftung entsprechend der Verursachungsbeiträge und des Verschuldens gedacht werden.[2912]

Während einige Haftungsvorschriften des US-amerikanischen Kapitalmarktrechts einen Anspruch auf Ausgleichung zulassen, d.h. der in Anspruch genommene Prospektverantwortliche von den übrigen Haftungsadressaten Erstattung eines Teils der Schadensersatzleistung verlangen kann,[2913] sind die Gerichte zögerlich, außerhalb des Anwendungsbereichs der ausdrücklich geregelten Anspruchsgrundlagen einen Ausgleich im Innenverhältnis zu gestatten. So weigern sie sich, im Zusammenhang mit § 12(a) Sec. Act einen ungeschriebenen Ausgleichsanspruch anzuerkennen. Auch tendieren sie dazu, vertraglich vereinbarten Ansprüchen, die zur Verteilung der Verantwortung im Innenverhältnis nicht auf das Maß der Verursachung und des Verschuldens, sondern, wie bei Emissionskonsortien üblich, auf die Emissionsquote abstellen, im Rahmen eines Teilvergleichs die Wirksamkeit zu versagen.[2914] Noch deutlicher wird die ablehnende Haltung der Rechtsprechung, was Freistellungsvereinbarungen anbelangt, wie sie z.B. die Konsortialbanken im Verhältnis zum Emittenten eingehen. Freistellungsansprüche sieht das geschriebene Recht nicht vor, und die Gerichte versagen vertraglichen Vereinbarungen jedenfalls dann die Durchsetzbarkeit, wenn der Freistellungsgläubiger sorgfaltswidrig, d.h. zumindest fahrlässig gehandelt hat.[2915] Schließlich sehen Teile der Literatur – aber nicht die Rechtsprechung – die Versicherung gegen Prospekthaftungsansprüche unter bestimmten Voraussetzungen als sittenwidrig und damit nichtig an.[2916] Die Begründung ist in allen Fällen dieselbe: „[T]he proper purpose of the [Securities Acts] is to encourage diligence, investigation and compliance with the requirements of the statute by exposing issuers and underwriters to the substantial hazard of liability for compensatory damages.“[2917] „[T]he purpose of the [Acts] is regulatory rather than compensatory, and permitting indemnity would undermine the statutory purpose of assuring diligent performance of duty and deterring negligence.“[2918]

2912 Dieses Konzept verfolgt auch § 11 Sec. Act: Die Grundregel – gesamtschuldnerische Haftung – findet sich in § 11(f)(1) Sec. Act. Für einzelne Gruppen, nämlich die Direktoren und die Emissionsbanken, lassen weitere Bestimmungen Ausnahmen in der beschriebenen Weise zu.

2913 §§ 11(f)(1) Sec. Act, 21D(f)(8) 1st Sentence Sec. Ex. Act. Die Höhe des Ausgleichsanspruchs richtet sich nach dem Grad der Verantwortlichkeit der Beteiligten.

2914 Zu beiden Punkten – § 12(a) Sec. Act und vertraglich vereinbarten Ausgleichsansprüchen – ausführlich oben § 9 II 1 b.

2915 So die h.M., vgl. § 9 II 2 b.

2916 § 9 II 3.

2917 Globus v. Law Research Service, Inc., 418 F.2d 1276, 1289 (2d Cir. 1969).

2918 Laventhol, Krekstein, Horwath & Horwath v. Horwitch, 637 F.2d 672, 676 (9th Cir. 1980). Die im Vergleich zu Freistellungsansprüchen etwas großzügigere Behandlung von Ausgleichsansprüchen hat ein Gericht wie folgt begründet: „[A]pportioning a plaintiff's loss among joint wrongdoers ensures that the deterrent effect of a judgment is felt by all culpable parties“, In re Nucorp Energy Securities Litigation, 661 F. Supp. 1403, 1406 (S.D. Cal. 1987), unter Bezugnahme auf Heizer Corp. v. Ross, 601 F.2d 330, 332 (7th Cir. 1979).

Es stellt sich mithin die Frage, ob diese Begründung auch für das deutsche Recht Geltung beansprucht, sprich: ob die Haftungsfreizeichnung im Innenverhältnis, wie sie deutsche Konsortien ebenfalls in aller Regel vorsehen, mit dem Sinn und Zweck der §§ 44, 45 BörsG vereinbar ist.[2919] Sinn und Zweck der spezialgesetzlichen Börsenprospekthaftung ist nicht lediglich die Kompensation des Anlegers, sondern (auch) die Schaffung eines Anreizes für die Haftungsadressaten, die Emissionsunterlagen sorgfältig zu prüfen. Freistellungsvereinbarungen deutscher Herkunft intendieren, wie ihre US-amerikanischen Vorbilder, das Haftungsrisiko der Emissionsbanken weitgehend auf den Emittenten zu verlagern.[2920] Die Problemlage im deutschen und im US-amerikanischen Recht ist folglich vergleichbar. Trotzdem sprechen gewichtige Gründe dafür, die Durchsetzbarkeit der vertraglichen Ausgleichs- und Freistellungsvereinbarungen im deutschen Recht (und damit konsequenterweise auch im US-amerikanischen Recht) zu bejahen. Zunächst ist zu beachten, dass selbst die weitreichenden Freistellungsvereinbarungen, wie sie in Übernahmeverträgen üblich sind, das Haftungsrisiko nicht gänzlich auf den Emittenten verlagern. Die Konsortialbanken tragen weiterhin das Insolvenzrisiko, das nicht zu vernachlässigen ist, wie die Bilanzskandale der jüngeren Vergangenheit bewiesen haben. Auch sind Freistellungsvereinbarungen für die Konsortialbanken nicht kostenneutral. Der Emittent berücksichtigt das Risiko einer möglichen Inanspruchnahme auf Freistellung als Teil der Kosten, die ihm von den Emissionshäusern in Rechnung gestellt werden. Er wird mithin versuchen, entsprechend geringere Übernahmegebühren auszuhandeln bzw. auf dem Markt für Emissionsbegleitungen ein Konkurrenzangebot einzuholen, das seine Kostenkalkulation besser reflektiert. Schließlich dienen Freistellungsvereinbarungen (und auch Ausgleichung und Versicherung) einer effizienten Verteilung von Haftungsrisiken. Der Gesetzgeber hat, wie die vorstehenden Diskussionen gezeigt haben, mitunter Schwierigkeiten, ein kosteneffizientes Haftungsregime zu entwickeln. Die Haftungsverlagerung im Innenverhältnis kann zu Effizienzsteigerungen beitragen, ohne den Schutz der Geschädigten zu verringern. Der Freistellungsschuldner wird das zusätzliche Haftungsrisiko nur akzeptieren, wenn er eine Gegenleistung erhält, die seine Kosten ausgleicht (und ihm einen Gewinn verspricht). Diese Gegenleistung kann der Freistellungsgläubiger erbringen, wenn das Haftungsrisiko beim Freistellungsschuldner geringer ist als bei ihm selbst: In einem solchen Fall ist er in der Lage, ein Entgelt zu entrichten, das dem übernommenen Risiko des Freistellungsschuldners entspricht, aber unter den Kosten liegt, die er selbst bei nicht zustande kommender Haftungsverlagerung zu tragen hätte. Hieraus folgt, dass die Verantwortung für den Schaden – vorausgesetzt, die Transaktionskosten sind niedrig – bei der Person zur Ruhe kommen wird, die den Eintritt des Schadens am besten

2919 Zur diesbezüglichen Praxis deutscher Emissionskonsortien vgl. § 6 II 4.

2920 Siehe § 6 II 4 b: Laut Übernahmevertrag ist der Emittent häufig zur vollständigen Freistellung der Emissionsbanken verpflichtet, selbst wenn die Banken fahrlässig oder gar vorsätzlich gehandelt haben.

verhindern kann.[2921] Aus diesen Gründen sollte der Gesetzgeber die Verlagerung des Haftungsrisikos im Verhältnis der Prospekthaftungsadressaten untereinander nicht unterbinden.[2922]

2921 So auch *Coase*, The Problem of Social Cost, 3 J. Law and Econ. 1 (1960), allerdings nicht zu vom Gesetz auferlegten Haftungspflichten, sondern zu Handlungsrechten. Das hier beschriebene Ergebnis ist am Primärmarkt gut zu beobachten: Der Emittent ist in der Regel besser dazu geeignet, die Emissionsunterlagen auf Fehlerfreiheit und Vollständigkeit zu überprüfen als die Konsortialbanken. Er übernimmt folglich ihnen gegenüber Freistellungspflichten. Von der Freistellungsvereinbarung nicht erfasst sind diejenigen Informationen, die von den Emissionshäusern zur Verfügung gestellt werden (vgl. § 6 II 4 b), d.h. von ihnen besser nachgeprüft werden können. Mit der Einholung eines comfort letter von den Wirtschaftsprüfern verfolgen die Emissionsbanken denselben Zweck: Sie wollen sich die Möglichkeit des Rückgriffs gegenüber Personen offen halten, von denen Informationen stammen, deren Fehlerfreiheit sie (die Banken) schlecht einschätzen können.

2922 So auch die h.M. in der deutschen Literatur, z.B. *Ellenberger*, Prospekthaftung, S. 55 f.; Schäfer/Hamann/*Hamann*, §§ 44, 45 BörsG, Rdnr. 230; Schwark/*Schwark*, KMRK, § 45 Rdnr. 70.

Zusammenfassung

I. Problemstellung

Die Emissionsbank nimmt am Primärmarkt eine zentrale Stellung ein. Sie berät den Emittenten bei der Vorbereitung und Strukturierung der Emission, dem Entwurf der Emissionsunterlagen, der Festlegung des Emissionspreises und der Methode der Platzierung. Sie übernimmt die Emissionsware, d.h. sie erwirbt die Effekten käuflich oder verpflichtet sich dazu, Unterbringungsbemühungen zu entfalten. Sie bewirbt die Emission, nimmt Zeichnungsangebote entgegen und überträgt die Papiere. Schließlich übt sie zur Nachbereitung des Börsengangs die Dienste einer Zahl- oder Hinterlegungsstelle aus und betreibt Kurspflege.[2923] Darüber hinaus zeigt sich die Bedeutung der Emissionsbank an ihrer informationellen Stellung. Aufgrund der Betreuung der Emission, die häufig eine Untersuchung der Vermögens-, Finanz- und Ertragslage des Emittenten beinhaltet, verfügt sie über Informationen zur Bewertung der Emissionsware, die den Anlegern nicht zur Verfügung stehen.[2924] Zugleich ist in aller Regel sie – und nicht der Emittent – die Partei, mit der die Anleger kontrahieren. Sie kann mithin am besten das Gebot der umfassenden Transparenz am Kapitalmarkt, wie es für den Primärmarkt im Wertpapierprospektgesetz zum Ausdruck kommt,[2925] umsetzen.[2926]

Die Arbeit untersucht rechtsvergleichend, inwieweit das gesetzliche Haftungsregime im deutschen und US-amerikanischen Kapitalmarktrecht dieser besonderen Stellung der Emissionsbanken gerecht wird, d.h. angemessene Anreize setzt, um sie dazu zu veranlassen, ihren Informationsvorsprung zugunsten der Anleger zu verwenden, und den Anlegern wirksame Rechtsbehelfe bei Falschinformation gewährt. Hierbei versucht sie, Anlegerschutz und Haftungsrisiko sachgerecht abzuwägen, um die Kapitalkosten für den Emittenten gering zu halten.

In der Arbeit werden drei (Haupt-) Problemkomplexe identifiziert, die für eine abschließende Behandlung der Ausgangsfrage von Bedeutung sind:

(1) In der Regel schließen sich Investmentbanken, die eine Emission begleiten möchten, zu Konsortien zusammen, um das Risiko der unvollständigen Platzierung

---

2923 Zur Funktion der Emissionsbank vgl. § 4 der Arbeit.
2924 § 2 III.
2925 Für den Sekundärmarkt vgl. z.B. §§ 15 f., 21 ff., 30a ff., 37v ff. WpHG, §§ 10 ff. WpÜG.
2926 Diese Ansicht teilt die Rechtsprechung, wie z.B. der BGH im Fall Elsflether Werft deutlich macht: „Die emissionsbegleitende Bank setzt ihr Ansehen ein, erweckt damit beim Anlegerpublikum Vertrauen und wird in die Pflicht genommen ... Sie soll die Angaben des Emittenten überprüfen." BGHZ 139, 225, 230.

besser zu verteilen und größere Anlegerschichten ansprechen zu können. Innerhalb des Konsortiums übernehmen eine oder mehrere Banken die beschriebenen organisatorischen Aufgaben und erstellen die Emissionsdokumente (die Konsortialführer oder lead manager bzw. bookrunner), die anderen Banken beteiligen sich lediglich am Risiko. Die Arbeit fragt, ob alle Mitglieder des Konsortiums *de lege lata* haftbar sind und ob sie *de lege ferenda* haftbar sein sollten (als sog. gatekeeper[2927]).[2928] Die Antwort auf den ersten Teil der Frage (Rechtslage *de lege lata*) hängt zum einen davon ab, wie die entsprechenden Haftungsvorschriften abgefasst sind und ausgelegt werden können, zum anderen davon, ob im Konsortium eine Zurechnung des Verschuldens erfolgt, sofern wenigstens ein Konsortialmitglied verantwortlich ist. Letzterer Punkt ist im US-amerikanischen Recht wenig problematisch (eine Zurechnung findet nur in Ausnahmefällen statt, die hier vernachlässigt werden können), im deutschen Recht hingegen höchst umstritten.

Eine Zurechnung des Verschuldens kommt vor allem über § 128 HGB in Betracht, nachdem der BGH die analoge Anwendung der Vorschrift auf bestimmte Gesellschaften bürgerlichen Rechts bejaht hat.[2929] Für Emissionskonsortien würde das bedeuten: Alle Mitglieder des Konsortiums haften zwingend akzessorisch und als Gesamtschuldner für vertragliche und gesetzliche Verbindlichkeiten des Konsortiums. Das steht in diametralem Gegensatz zu den Interessen der Parteien und den Bestimmungen in den einschlägigen Vertragswerken. Die Beteiligten vereinbaren im Konsortialvertrag und Übernahmevertrag regelmäßig, dass eine Gesellschaft bürgerlichen Rechts nicht entstehen soll und die Parteien lediglich teilschuldnerisch – im Verhältnis der Übernahmequoten – für Verbindlichkeiten gegenüber dem Emittenten und den Anlegern verantwortlich sind.[2930] Diese teilschuldnerische Haftung wird als „einer der Elementarbausteine“[2931], als „herausragendes Kennzeichen des Emissions-Konsortiums“[2932] bezeichnet. Eine Anwendung der §§ 128 ff. HGB würde das Haftungsrisiko für die Banken signifikant erhöhen, gerade für Ban-

---

2927 Der Begriff geht zurück auf die US-amerikanische gatekeeper Theorie, begründet von *Kraakman* in den beiden Aufsätzen „Corporate Liability Strategies and the Costs of Legal Controls“, 93 Yale L.J. 857 (1984) und „Gatekeepers: The Anatomy of a Third-Party Enforcement Strategy“, 2 J.L. Econ. & Org. 53 (1986). Zur gatekeeper Theorie in der Arbeit § 9 I 1 e bb, § 12 I. Die Funktion des gatekeeper ist die Durchsetzung von Pflichten (z.B. Publizitätspflichten), die das Gesetz einem anderen Marktteilnehmer auferlegt hat. Der gatekeeper überprüft die Erfüllung der Pflichten des primär Verantwortlichen im eigenen Interesse, z.B. um seine Reputation zu wahren oder seinerseits Schadensersatzforderungen zu entgehen.

2928 Für das deutsche Recht: § 6 I 2 a bb, b–d, II 2 a aa, bb und passim. Für das amerikanische Recht: § 9 I 1 b, 2 a, 3, 5 b. Rechtsvergleich: § 12 I.

2929 BGHZ 142, 315; 146, 341; 150, 1; 154, 88; 154, 370. Damit wendet sich der BGH gegen die in der Literatur viel diskutierten und auch nach den Urteilen noch vertretenen Modelle von der GbR als einer rein schuldrechtlichen Verbindung (traditionelle Gesamthandslehre, auch als Vielheitstheorie bezeichnet) und eines zwar eigenständigen Rechtssubjekts, auf das aber, was die Haftung der Gesellschafter betrifft, nicht die Regeln der oHG, sondern allgemeine Grundsätze des Stellvertretungsrechts Anwendung finden (Lehre von der Doppelverpflichtung).

2930 § 1 I.

2931 *Timm/Schöne*, ZGR 23 (1994), 113, 119.

2932 A.a.O.

ken mit kleiner Quote die Rentabilität der Emissionsbegleitung in Frage stellen und in jedem Fall die Kapitalkosten für den Emittenten steigern.

Die Rechtsprechung des BGH ist für Emissionskonsortien relevant, wenn es sich bei ihnen um Außengesellschaften bürgerlichen Rechts handelt.[2933] Die Emissionsbegleiter erfüllen den Tatbestand des § 705 BGB und gründen damit – entgegen der Regelung im Konsortialvertrag – eine GbR.[2934] Die Abgrenzung zwischen Außen- und Innengesellschaft ist in der Literatur umstritten[2935] und in der Rechtsprechung bislang nur lückenhaft behandelt worden.[2936] Die ganz h.M. ordnet Emissionskonsortien als Außengesellschaften ein.[2937] Als Argument führt sie häufig an, dass die Emissionsbanken die Wertpapiere vom Emittenten zu Gesamthandseigentum übernähmen und dass ihnen Forderungen aus dem Übernahmevertrag in gesamthänderischer Berechtigung zustünden. Schon hieraus ergebe sich, dass nicht die Banken als einzelne Gesellschafter, sondern das Konsortium „als solches", d.h. als Außengesellschaft bürgerlichen Rechts, handele. Soweit ersichtlich, wird diese These ohne Widerspruch hingenommen, nur selten überprüft und dann – nach hier vertretener Ansicht – jedenfalls unter Verkennung der sachenrechtlichen Prinzipien behandelt. Es sind folglich drei Vorfragen zu besprechen, bevor die Hauptfrage beantwortet werden kann: (a) Bilden die Emissionsbanken zu irgendeinem Zeitpunkt während des Übernahme- und Platzierungsvorgangs Gesamthandseigentum an den Effekten oder eine gesamthänderische Berechtigung an den Rechten aus dem Übernahme- bzw. Zeichnungsvertrag?[2938] (b) Sind sie im Lichte des Ergebnisses zu (a) und der sonstigen Umstände des Sachverhalts als Außen- oder Innengesellschaften zu beurteilen?[2939] (c) Welche haftungsrechtlichen Implikationen hat die Einordnung als Außen- bzw. Innengesellschaft (analoge Anwendung des § 128 HGB oder allgemeiner schuldvertraglicher Prinzipien des BGB)?[2940]

(2) Steht fest, wer haftet, stellt sich als nächstes die Frage: Wie wird gehaftet? Hier zeigen sich interessante Unterschiede zwischen deutschem und amerikanischem Recht. Die wichtigste Prospekthaftungsvorschrift des US-amerikanischen Kapitalmarktrechts, § 11 des Securities Act of 1933, sieht ein ausdifferenziertes Haftungssystem vor, das den Emittenten verschuldensunabhängig für Prospektfehler einstehen lässt;[2941] die sonstigen Beteiligten können sich entlasten, wenn sie vernünftigerweise davon ausgehen durften, dass das registration statement keine Fehler enthält, und erforderliche Untersuchungen durchgeführt haben, um sich von der

2933 BGHZ 146, 341, Leitsatz a.
2934 § 5 III 1 c aa (1).
2935 Meinungsstand in § 5 III 1 c aa (2).
2936 BGHZ 146, 341 stellt lediglich fest, soweit die Gesellschaft eigene Rechte und Pflichten begründe, sei sie rechtsfähig (und damit Adressat der §§ 128 ff. HGB), a.a.O., S. 343.
2937 § 5 III 1 a aa.
2938 § 5 I 1 c cc, 2 b.
2939 § 5 III 1 c aa (2).
2940 § 5 III 1 c aa (3).
2941 § 11(b).

Fehlerfreiheit zu überzeugen.[2942] Stammen die unrichtigen Informationen von einem Experten, z.B. den Wirtschaftsprüfern, sind eigene Nachforschungen nicht erforderlich, es sei denn, konkrete Verdachtsmomente legen einen Prospektmangel nahe.[2943] Zusätzlich differenzieren Rechtsprechung und Kapitalmarktaufsicht (SEC) bei Bestimmung der erforderlichen Sorgfalt danach, in welchem Verhältnis der Anspruchsverpflichtete zum Emittenten steht, wie gut er Einblick in die betrieblichen Abläufe und die Finanzlage des Unternehmens hat und damit den Prospektinhalt überprüfen kann, und welche Rolle er bei der Prospekterstellung gespielt hat.[2944]

Dem deutschen Prospekthaftungsrecht sind solche Abstufungen fremd. Gem. § 45 Abs. 1 BörsG haften alle Prospektverantwortlichen für Vorsatz und grobe Fahrlässigkeit. Das ist wenig sachgerecht. Der Emittent kann die Fehlerfreiheit des Prospekts wesentlich einfacher sicherstellen als die Emissionsbegleiter, und auch innerhalb des Emissionskonsortiums sind Differenzierungen angebracht. Während die führende Bank eng in die Erstellung der Emissionsunterlagen eingebunden ist, werden die sonstigen Mitglieder oft erst wenige Tage vor der Platzierung hinzugezogen und haben schon aus diesem Grund keine Möglichkeit, eigenständige Nachforschungen durchzuführen. Das erkennt die deutsche Literatur. Sie rückt § 45 Abs. 1 BörsG für den Emittenten in die Nähe der Garantiehaftung[2945] und streitet im Fall der Emissionsbanken darüber, ob eine bloße Plausibilitätskontrolle der Prospektangaben genügt oder von manchen oder allen Banken eine intensivere Prüfung zu verlangen ist.[2946] Die genauen Konturen der Sorgfaltspflicht sind weiterhin ungeklärt. Ungeklärt ist (im deutschen Recht) auch, wann Angaben Dritter, denen eine gewisse Verlässlichkeit zukommt, weil sie z.B. gemäß einem gesetzlichen Verfahren erfolgen und weil der Dritte über besondere Sachkunde verfügt, ungeprüft übernommen werden dürfen. Die Arbeit problematisiert, wer als sachkundiger Dritter anzusehen ist, wann die Vermutung der Richtigkeit der Sachverständigeninformation eine Nachforschungspflicht entfallen lässt und wann im Einzelfall trotzdem die Pflicht zur Einholung eigener Erkundigungen entsteht.[2947]

(3) Emissionskonsortien setzen sich häufig nicht nur aus Banken aus einem Land zusammen. In Deutschland operieren zahlreiche US-amerikanische Investmentbanken, und zumindest einige der größeren deutschen Institute haben Zugang zum amerikanischen Markt erlangt. Die Arbeit untersucht deswegen, wann deutsches bzw. US-amerikanisches Haftungsrecht zur Anwendung kommt. Die Anknüp-

2942 § 11(b)(3)(A), sog. *due diligence defense*.

2943 § 11(b)(3)(C).

2944 § 9 I 1e. Ein Kommentator spricht deswegen in Bezug auf den Sorgfaltsmaßstab des § 11(b)(3)(A) Securities Act of 1933 von einer „sliding scale of liability", vgl. *Hazen*, Securities Regulation, § 7.4[2][A][1].

2945 *Köndgen*, AG 1983, 120, 126. Ähnlich *Fleischer*, Gutachten F für den 64. Deutschen Juristentag 2002, S. F 62: die Entlastungsmöglichkeit stelle eine *probatio diabolica* dar.

2946 § 6 I 2 a ee (2).

2947 Deutsches Recht: § 6 I 2 a ee (3). Amerikanisches Recht: § 9 I 1 e bb. Rechtsvergleich: § 12 II 2.

fungskriterien sind in beiden Ländern umstritten. In Deutschland bezieht sich der Meinungsstreit sowohl auf die Qualifikation des Konsortialvertrags (gesellschaftsrechtlich oder vertraglich)[2948] als auch der verschiedenen Haftungstatbestände.[2949] Die Anwendbarkeit des US-amerikanischen Rechts bestimmt sich nicht nach kollisionsrechtlichen Grundsätzen, sondern ist eine Zuständigkeitsfrage. Die Gerichte erklären sich für unzuständig, wenn der Fall aus dem (extraterritorialen) Anwendungsbereich des US-Rechts herausfällt. Die entsprechenden Regeln sind allerdings so unbestimmt, dass zahlreiche kontroverse Entscheidungen und konkurrierende Auslegungsansätze existieren.[2950]

II. Lösung

1. Haftungsadressaten

Die Arbeit konzentriert sich auf die gesetzlich geregelte Prospekthaftung als den relevantesten Haftungstatbestand. Im deutschen Recht wird daneben kurz besprochen, ob eine allgemeine zivilrechtliche Prospekthaftung nach den Grundsätzen der culpa in contrahendo anzuerkennen ist. Angesichts der Wertung (unter anderem) des § 47 Abs. 2 BörsG lehnt die Arbeit dies im Anwendungsbereich der §§ 44, 45 BörsG ab.[2951] Auch erwähnt sie, dass die Rechtsprechung im Zuge der rechtlichen Aufarbeitung des Zusammenbruchs des Neuen Marktes vermehrt auf § 826 BGB ausweicht, um Ansprüche der geschädigten Anleger gegen andere als die in § 44 Abs. 1 BörsG genannten Haftungsadressaten zu begründen.[2952] Im US-amerikanischen Recht greifen neben § 11 Securities Act 1933 vor allem drei weitere Vorschriften bei Prospektfehlern ein: § 12(a)(1) und (2) des Securities Act und § 10(b) des Securities Exchange Act 1934 in Verbindung mit Exchange Act Rule 10b-5. Diese Vorschriften sind weniger präzise gefasst als § 11, was zu komplizierten Auslegungsproblemen und unbefriedigenden Versuchen der Rechtsprechung geführt hat, einer uferlosen Ausdehnung der Haftung entgegenzuwirken.[2953]

§ 11 Securities Act zeichnet sich dadurch aus, dass er den Kreis der Haftenden nicht auf den Emittenten beschränkt und die Adressaten ausdrücklich benennt. Folge ist, dass den Anlegern in der Regel solvente Schuldner zur Verfügung stehen und weitgehende Rechtssicherheit erzielt wird, was die Transaktionskosten senkt.[2954] Dagegen ist die Auslegung der Merkmale des Prospekterlassers und -veranlassers i.S. des § 44 Abs. 1 Satz 1 Nr. 1 und 2 BörsG umstritten. Aus Gründen der Rechtssicherheit wendet sich die Arbeit gegen Stimmen in der Literatur, die neben demjenigen, der den Prospekt unterzeichnet oder durch ausdrückliche, im Prospekt enthaltene

2948 § 10 I.
2949 § 10 II.
2950 § 10 III.
2951 § 6 I 2 b.
2952 § 6 I 2 c.
2953 § 9 I 2–5.
2954 § 9 I 1 b.

Erklärung Verantwortung übernommen hat, etwa solche Personen haften lassen wollen, die im Prospekt namentlich genannt werden und deren Nennung einen Vertrauenstatbestand schafft.[2955]

Die Arbeit betont aber, dass *de lege ferenda* eine Prospekthaftung weiterer Personen sinnvoll ist. Verfahren wie EM.TV oder Comroad haben gezeigt, dass die gesetzlichen Haftungstatbestände im Kapitalmarktrecht nicht ausreichend sind. Die Anleger am Neuen Markt konnten häufig keinen Schadensersatz erlangen, obwohl die Finanzintermediäre (insbesondere die Emissionsbanken und Wirtschaftsprüfer) die Erfüllung der Publizitätspflichten durch den Emittenten nicht sorgfältig überprüft hatten.[2956] § 826 BGB vermag hier keinen Ausgleich zu schaffen. Nach derzeitiger Auslegung durch den BGH ist die Darlegungslast für den Anleger so hoch, dass er seinen Anspruch nur in klaren Betrugsfällen durchsetzen kann – und auch dann nur gegen den betrügerisch Handelnden und nicht die Intermediäre. Erkannte man andererseits Beweiserleichterungen an, wie es einige Untergerichte in den EM.TV- und Comroad-Verfahren vorgeschlagen haben, bestünde die Gefahr, dass sich § 826 BGB zur deutschen Rule 10b-5 entwickelte, die ebenfalls im Deliktsrecht ihren Ursprung hat und einen ähnlich unbestimmten Tatbestand aufweist. Die eklatante Rechtsunsicherheit, die Rule 10b-5 ausgelöst hat und von der zahlreiche Rechtsprechungsänderungen und sich widersprechende Theorien zur Haftung Zeugnis ablegen, ist in Deutschland zu vermeiden. Die Arbeit vertritt deswegen die Auffassung, dass der Gesetzgeber handeln und einen Kreis von Haftungsadressaten entsprechend § 11 Securities Act festlegen sollte, der unter anderem alle Mitglieder des Emissionskonsortiums umfasst. Hierdurch könnte ein sachgerechter Anreiz gesetzt werden, der die Emissionsbanken (und anderen Intermediäre) zu einer sorgfältigeren Ausübung ihrer Kontroll- und Überwachungsfunktion gegenüber dem Emittenten anhalten würde.[2957]

Das Problem der Zurechnung und gesamtschuldnerischen Haftung der Emissionsbanken löst die Arbeit wie folgt.

(1) In sachenrechtlicher Hinsicht vollziehen sich Verfügungen am Primärmarkt durch Vereinbarung mehrstufigen mittelbaren Besitzes (im Verhältnis Wertpapiersammelbank – Depotbank – Anleger) gem. §§ 929 Satz 1, 930 BGB. Die Arbeit zeigt, dass die Voraussetzungen des § 868 BGB entgegen Auffassungen in der Literatur erfüllt sind,[2958] dass das sachenrechtliche Bestimmtheitsgebot trotz der üblichen Lieferung der Wertpapierurkunden nur an die Konsortialführerin bei Annahme von Bruchteilseigentum aller Emissionsbanken nicht verletzt wird und schließlich die vom BGH und der herrschenden Lehre vorgebrachte These der Unzulässigkeit des Nebeneinanders von Eigen- und Fremdbesitz auf derselben Stufe (zu der Bruchteilseigentum mit der Konsortialführerin als Besitzmittlerin führt) nicht überzeu-

2955 § 6 I 2 a bb (1).
2956 Zu diesem Ergebnis sind mehrere unabhängige Untersuchungen gelangt, vgl. § 12 I 1 a.
2957 § 12 I 3 b. In diese Richtung, aber nicht weit genug, ging der Entwurf eines Kapitalmarkt-Informationshaftungsgesetzes.
2958 § 5 I 1 c cc (2) (b).

gend ist. Es bedarf mithin nicht der Konstruktion gesamthänderischen Eigentums des Konsortiums, um eine Verfügung über die Effekten im Rahmen der §§ 929 ff. BGB zu begründen.[2959]

(2) Die Fragen im Zusammenhang mit der analogen Anwendung der § 128 ff. HGB auf die GbR gehören zu den strittigsten des gesamten Gesellschaftsrechts. Lösungen sind nur dann überzeugend, wenn sie sich stimmig in die Struktur der §§ 705 ff. BGB einfügen, was wiederum voraussetzt, dass zunächst Klarheit über die Natur der GbR gewonnen wird. Die Arbeit versucht sich dementsprechend an einer neuen Konzeptualisierung der GbR. Die Argumentation lässt sich in drei Schritten ausbreiten: (a) Rechtssubjekte im deutschen Zivilrecht können die natürliche Person, die juristische Person und in bestimmten Fällen (nämlich im Fall der Außen-GbR) die Gesamthand sein. Dem deutschrechtlichen Institut der gesamten Hand liegt die Vorstellung zugrunde, dass gerade die gesamthänderische Bindung dem Zusammenschluss mehrerer Personen die Fähigkeit verleiht, Zuordnungssubjekt von Rechten und Pflichten zu sein.[2960] Rechtsfähigkeit der GbR muss somit davon abhängen, ob die Gesellschafter in ihrer gesamthänderischen Verbundenheit handeln. Mit anderen Worten: Die Gesellschaft – als Rechtssubjekt – entsteht, wenn die Gesellschafter gesamthänderisch gebundene Rechte und Gesamthandsschulden begründen. (b) Die gesamthänderische Bindung (§ 719 BGB) ist nach einhelliger Ansicht abdingbar. Hieraus folgt, dass die Gesellschafter die Wahlmöglichkeit haben, ob sie eine rechtsfähige GbR begründen wollen oder in Form eines anderen Zusammenschlusses auftreten möchten, der nach den Begriffsbestimmungen der überkommenen Ansicht wohl als Innengesellschaft zu bezeichnen wäre. (c) In beiden Fällen – bei einem Auftreten in gesamthänderischer Verbundenheit und unter Abbedingung von Gesamthandseigentum – können die Tatbestandsmerkmale des § 705 BGB erfüllt sein. In beiden Fällen entsteht eine vollwertige GbR, in beiden Fällen tritt sie nach außen hervor und nimmt am Rechtsverkehr teil. Es ist deswegen nicht sinnvoll, von der Innengesellschaft einerseits und der Außengesellschaft andererseits zu sprechen. Vielmehr handelt es sich um zwei verschiedenartige Außengesellschaften, die in der Arbeit als kollektivistische und individualistische Gesellschaft bürgerlichen Rechts bezeichnet werden. Erstere ist die rechtsfähige Gesamthandsgesellschaft, die die h. L. im Sinn hat, wenn sie von der Außengesellschaft spricht, letztere eine nicht rechtsfähige, rein schuldrechtliche Verbindung.[2961]

Dass beide Gesellschaftsformen in den §§ 705 ff. enthalten sind, macht die historische Auslegung der Vorschriften deutlich. Im ersten Entwurf des BGB war die GbR als römischrechtliche Sozietät, d.h. als obligatorisches Rechtsverhältnis konzipiert. Aus dieser Zeit stammt z.B. § 714 BGB, der von der Befugnis zur Vertretung der Gesellschafter (und nicht der Gesellschaft) spricht. Erst im zweiten Entwurf wurde

2959 § 5 I 1 c cc (3) (b).

2960 So formuliert z.B. *v. Gierke*: „Kraft der gesamten Hand ist die verbundene Personenmehrheit als solche rechtsfähig." Deutsches Privatrecht Bd. 1, § 80 V 4. Siehe hierzu in der Arbeit § 5 III 1 c aa (2).

2961 § 5 III 1 c aa (2).

das Gesamthandsprinzip eingefügt, ohne alle Vorschriften im Hinblick auf die mögliche Rechtsfähigkeit der GbR anzupassen.[2962]

(3) Die Gesellschafter können frei zwischen beiden Gesellschaftsformen wählen. Sie üben die Wahl aus, indem sie gegenüber dem Vertragspartner deutlich machen, entweder in gesamthänderischer Verbundenheit, d.h. für die GbR als Rechtssubjekt, oder als schuldrechtlicher Zusammenschluss natürlicher bzw. juristischer Personen haften zu wollen. Die Rechtsprechung des BGH zu §§ 128 ff. HGB ist nur für die kollektivistische GbR von Relevanz. Auf die individualistische, d.h. schuldrechtliche Gesellschaft sind mangels Haftungssubjekts weder § 31 BGB noch § 128 HGB anzuwenden. Stattdessen greifen die allgemeinen Prinzipien des Schuldrechts, d.h. gesamtschuldnerische Haftung i.S. des § 427 BGB nur im Zweifel, ansonsten teilschuldnerische Haftung gem. § 420 BGB.[2963] Durch diese Unterscheidung lassen sich sachgerechte Ergebnisse erzielen, und zwar nicht nur in Bezug auf Emissionskonsortien, sondern auch die anderen in Literatur und Rechtsprechung kontrovers diskutierten Problemfälle, etwa Bauherrengemeinschaften. Zugleich vernachlässigt sie nicht den Schutz der Gläubiger, denen weiterhin mehrere Haftungssubjekte zur Verfügung stehen – die Gesellschafter, die unbeschränkt mit ihrem persönlichen Vermögen haften. Es stellt sich mithin nicht das Problem, dass den BGH überhaupt erst dazu veranlasst hat, § 128 HGB auf die GbR zu erstrecken: Dass die Gesellschafter die Haftung auf ein Sondervermögen – das Vermögen der GbR – beschränken konnten, das nicht durch Kapitalaufbringungs- und Kapitalerhaltungsvorschriften gesichert war.[2964]

Emissionsbanken machen deutlich, dass sie sich nicht als Gesamthänder verpflichten wollen. Auch ergibt sich, wie unter (1) gezeigt, aus der Struktur der Verfügungen am Primärmarkt nicht, dass zwingend Gesamthandseigentum des Übernahmekonsortiums entstehen muss. Damit sind Konsortien als individualistische Gesellschaften bürgerlichen Rechts zu qualifizieren; die in den Verträgen vereinbarte teilschuldnerische Haftung hat folglich Bestand.

2. Sorgfaltsanforderungen

Ausgangspunkt des hier vertretenen Ansatzes ist die Überlegung, dass das Anlegerschutzrecht nur dann effizient ist (im Sinne einer Vermeidung übermäßiger Kapitalkosten bei gleichzeitig ausreichendem Schutz der Anleger), wenn es von Personen, die mit dem Prospektinhalt vertraut sind und seine Richtigkeit ohne große Kosten überprüfen können, die größte Sorgfalt verlangt, an entfernter Beteiligte hingegen geringere Anforderungen stellt. In der Theorie ließe sich ein optimales Ergebnis erzielen, indem vom Haftungsadressaten solange die Vornahme von Maßnahmen zur Schadensvermeidung verlangt wird, bis die Kosten, die durch eine zu-

2962 § 5 III 1 c bb (1).
2963 § 5 III 1 c aa (3).
2964 § 5 III 1 c bb (3).

sätzliche Einheit an Vorsorgeaufwand entstehen, den Kosten des Schadens entsprechen, der durch die zusätzliche Einheit abgewendet wird.[2965] In der Praxis lässt sich eine solche Berechnung nur schwer durchführen. Auch lässt der Begriff der groben Fahrlässigkeit in § 45 Abs. 1 BörsG nicht genügend Spielraum, um die erforderlichen Abstufungen in den Sorgfaltsanforderungen umzusetzen. Deswegen argumentiert die vorliegende Arbeit *de lege ferenda*. Sie nimmt wiederum die Regelung des § 11 Securities Act zum Vorbild und will den Emittenten verschuldensunabhängig haften lassen, die führenden Banken für jede Fahrlässigkeit und die einfachen Emissionsbanken für grobe Fahrlässigkeit.[2966] Sie wertet die einschlägige US-amerikanische Rechtsprechung aus, um Richtlinien zu entwickeln, die sorgfältiges Handeln indizieren, und kommt zu dem Ergebnis, dass zumindest die führende Bank sich nicht, wie dies in der Praxis häufig geschieht, mit einem Studium der Emissionsunterlagen und einer Befragung des Emittenten zufrieden geben darf, sondern z.B. eigene Mitarbeiter in das Unternehmen entsenden und vor Ort die Betriebsanlagen, Bücher etc. überprüfen muss.[2967]

Ist der Prospektfehler in einem Sachverständigengutachten enthalten, können die Prüfpflichten geringer sein. Die Arbeit betont zunächst, dass nicht sämtliche von Fachleuten stammenden Äußerungen eine Reduzierung der Sorgfaltspflichten auslösen. Vielmehr kommt den Angaben erhöhte Verlässlichkeit nur dann zu, wenn sich der Sachverständige eines Verfahrens bedient, dass die Richtigkeit der gewonnenen Informationen mit ausreichender Wahrscheinlichkeit gewährleistet. Nach hier vertretener Ansicht ist diese Voraussetzung bei Wirtschaftsprüfergutachten nicht erfüllt, wenn die Wirtschaftsprüfer lediglich eine *negative assurance*, aber keinen positiven Bestätigungsvermerk erteilen, da sich die Prüfung in einem solchen Fall entsprechend IDW Prüfungsstandard 910 größtenteils in einer Plausibilitätskontrolle erschöpft. Folge ist, dass nur die Abschlussprüfung die Konsortialführerin von der Durchführung eigener Untersuchungen entbindet, nicht aber die prüferische Durchsicht oder der comfort letter. Auch entfällt die Pflicht zu selbständiger Nachforschung nicht, wenn Anhaltspunkte für die Fehlerhaftigkeit des Berichts (sog. *red flags*) vorliegen. Entscheidungen der amerikanischen Gerichte, z.B. aus den WorldCom-Verfahren, besprechen ausführlich, was unter red flags zu verstehen ist, und können für das deutsche Recht herangezogen werden.[2968]

3. Kollisionsrecht

Im kollisionsrechtlichen Teil wendet die Arbeit die zur Rechtsnatur der GbR gewonnenen Erkenntnisse auf die internationalprivatrechtliche Qualifikation an. Sie beurteilt die individualistische GbR als rein schuldrechtliche Verbindung nach Ver-

2965 Marginalisierte Learned-Hand-Formel, vgl. § 6 I 2 a ee (2) und § 12 II 1, 2.
2966 § 12 II 1.
2967 A.a.O.
2968 § 12 II 1.

tragsstatut, die kollektivistische GbR nach Gesellschaftsstatut.[2969] Was Haftungsfragen anbelangt, spricht sie sich unter Hinweis auf die Ausführungen von *Savigny* und *Rabel* zum Gegenstand der Qualifikation gegen die in der Literatur vorherrschende Methode aus, die Haftungstatbestände des deutschen Rechts einzeln zu betrachten und jeweils passenden kollisionsrechtlichen Vorschriften zu unterstellen. Sie hebt hervor, dass sich die Qualifikation von den Systembegriffen des nationalen Rechts zu lösen und stattdessen vom Sachverhalt auszugehen habe.[2970] Nach diesem Grundsatz unterteilt die Arbeit in vier Bereiche, denen kapitalmarktrechtliche Fragen zuzuordnen sind, und entwickelt eigene Anknüpfungsmerkmale für die vier Sachverhaltsgruppen. Der hier interessierende Fall – die fehlerhafte Information des Primärmarktes – wird Vorgängen zugeordnet, die sich durch einen Bezug zum Kapitalmarkt als Ganzem und nicht zu bestimmten Transaktionen auszeichnen. Solche Vorgänge will die Arbeit dem Recht des Marktes unterstellen, auf den die Handlung des Marktteilnehmers abzielt (Kriterium der finalen Markteinwirkung). Die Emissionsbank unterliegt somit der Haftung für Prospektfehler nach dem Recht des Marktes, an dem der Prospekt veröffentlicht wird.[2971]

2969 § 10 I.
2970 § 10 II 2.
2971 Oder an dem der Prospekt gem. Art. 17 der Prospektrichtlinie gültig ist. Vgl. § 10 II 3.

Literaturverzeichnis

A History of Banking in all the Leading Nations, ed. by the editor of the journal of commerce and commercial bulletin, 4 vols., New York, NY 1896.
Abramenko, Andrik: Die Sicherheitsleistung einer GmbH für Gesellschafter und der Kapitalerhaltungsgrundsatz (§§ 30, 31 GmbHG), GmbHR 1997, 875.
Ahrens, Hans Jürgen: Wer haftet statt der zusammengebrochenen Abschreibungsgesellschaft? – Zur Sachwalterhaftung im Kollisionsrecht, IPRax 1986, 355.
Akerlof, George A.: The Market for „Lemons": Quality Uncertainty and the Market Mechanism, 84 Q.J. Econ. 488 (1970).
Alexander, Janet Cooper: Do the Merits Matter? A Study of Settlements in Securities Class Actions, 43 Stan. L. Rev. 497 (1991).
Altmeppen, Holger: Haftung der Gesellschafter einer Personengesellschaft für Delikte, NJW 1996, 1017.
– Deliktshaftung in der Personengesellschaft, NJW 2003, 1553.
– Verfassungswidrigkeit der akzessorischen Haftung in der GbR?, NJW 2004, 1563.
Andréadès, André Michel: History of the Bank of England 1640 to 1903, 4th ed., London 1966.
Arlen, Jennifer H. / *Carney*, William J.: Vicarious Liability for Fraud on Securities Markets. Theory and Evidence, 1992 U. Ill. L. Rev. 691 (1992).
Assmann, Heinz-Dieter: Entwicklungstendenzen der Prospekthaftung, WM 1983, 138.
– Prospekthaftung als Haftung für die Verletzung kapitalmarktbezogener Informationsverkehrspflichten nach deutschem und US-amerikanischem Recht, Köln 1985.
– Zur Haftung von Konsortien für das rechtsgeschäftliche Handeln ihrer Vertreter, ZHR 152 (1988), 371.
– Die Prospekthaftung beruflicher Sachkenner de lege lata und de lege ferenda, AG 2004, 435.
Assmann, Heinz-Dieter / *Bungert*, Hartwin (Hrsg.): Handbuch des US-amerikanischen Handels-, Gesellschafts- und Wirtschaftsrechts, Bd. 1, München 2001.
Assmann, Heinz-Dieter / *Lenz*, Jürgen / *Ritz*, Corinna: Verkaufsprospektgesetz, München 2001, mit Nachtrag 2002.
(zit.: Assmann / Lenz / Ritz / *Bearbeiter*, ...)
Assmann, Heinz-Dieter / *Schneider*, Uwe H.: Wertpapierhandelsgesetz (WpHG), 4. Aufl., Köln 2006.
(zit.: Assmann / Schneider / *Bearbeiter*, ...)
Assmann, Heinz-Dieter / *Schütze*, Rolf A.: Handbuch des Kapitalanlagerechts, 3. Aufl., München 2007.
(zit.: Assmann / Schütze / *Bearbeiter*, Kapitalanlagerecht, ...)
Bainbridge, Stephen M.: Securities Act Section 12(2) after the Gustafson Debacle, 50 Bus. Law. 1231 (1995).
Ballwieser, Wolfgang: Rechnungslegung und Prüfung am Neuen Markt, ZfbF 2001, 840.
Balotti, R. Franklin / *Finkelstein*, Jesse A.: The Delaware Law of Corporations and Business Organizations, 3rd ed., New York, NY 1998–2008.
Bamberger, Heinz Georg / *Roth*, Herbert (Hrsg.): Kommentar zum Bürgerlichen Gesetzbuch, Bd. 2, 2. Aufl., München 2008.
(zit.: Bamberger / Roth / *Bearbeiter*, ...)
Bankrecht und Bankpraxis, hrsg. von Thorwald Hellner und Stephan Steuer, Köln, Stand: 78. Ergänzungslieferung 10/2008.
Bankrechts-Handbuch, hrsg. von Herbert Schimansky, Hermann-Josef Bunte, Hans-Jürgen Lwowski, 3. Aufl., München 2007.
(zit.: Schimansky / Bunte / Lwowski / *Bearbeiter*, Bankrechtshandbuch, ...)

v. Bar, Christian / *Mankowski*, Peter: Internationales Privatrecht Bd. 1. Allgemeine Lehren, 2. Aufl., München 2003.
Battes, Robert: Rechtsformautomatik oder Willensherrschaft?, AcP 174 (1974), 429.
Baumbach, Adolf (Begr.): ZPO, s.u. Zivilprozessordnung.
Baumbach, Adolf / *Hefermehl*, Wolfgang / *Casper*, Matthias: Wechselgesetz und Scheckgesetz. Mit Nebengesetzen und einer Einführung in das Wertpapierrecht, 23. Aufl., München 2008.
Baumbach, Adolf / *Hopt*, Klaus J.: Handelsgesetzbuch,
31. Aufl., München 2003;
33. Aufl., München 2008.
(zit.: Baumbach/Hopt / *Bearbeiter*, ...)
Baumbach, Adolf / *Hueck*, Götz: GmbH-Gesetz. Kommentar, 18 Aufl., München 2006.
(zit.: Baumbach / Hueck / *Bearbeiter*, ...)
Baumann, Horst: Rechtsnatur und Haftungsverfassung der Gesellschaft bürgerlichen Rechts im Spannungsfeld zwischen Grundrechtsgewährleistung und Zivildogmatik, JZ 2001, 895.
Baums, Theodor: Haftung wegen Falschinformation des Sekundärmarktes, ZHR 167 (2003), 139.
Baur, Fritz: Gestufter Mitbesitz am Brief bei Teilgrundpfandrechten, NJW 1967, 22.
Baur, Jürgen F. / *Stürner*, Rolf: Sachenrecht, 17. Aufl., München 1999.
Beck, Heiko: Das neue elektronische Handelssystem Xetra der Frankfurter Wertpapierbörse, WM 1998, 417.
Beck'sches Handbuch der AG, hrsg. von Welf Müller und Thomas Rödder, München 2004.
(zit.: Beck Hdb. AG / *Bearbeiter*, ...)
Beck'sches Handbuch der Personengesellschaften, hrsg. von Welf Müller und Wolf-Dieter Hoffmann, 2. Aufl., München 2002.
(zit.: Beck Hdb. Personengesellschaften / *Bearbeiter*, ...)
Bedrick, Cynthia A.: Defining the Duty: Attorneys' Obligations under Rule 10b-5, 74 Ind. L.J. 1297 (1999).
Begg, David / *Ward*, Damian: Economics for Business, 2nd ed., London [et al.] 2007.
Benston, George J.: Required Disclosure and the Stock Market: An Evaluation of the Securities Exchange Act of 1934, 63 Am. Econ. Rev. 132 (1973).
– Corporate Financial Disclosure in the UK and USA, Farnborough 1976.
– Required Periodic Disclosure under the Securities Acts and Proposed Federal Securities Code, 33 U. Miami L. Rev. 1471 (1979).
Bergmann, Andreas, Die fremdorganschaftlich verfasste offene Handelsgesellschaft, Kommanditgesellschaft und BGB-Gesellschaft als Problem des allgemeinen Verbandsrechts, Berlin 2002.
Beuthien, Volker: Die Haftung von Personengesellschaften, DB 1975, 773.
Bischoff, Kai: Internationale Börsenprospekthaftung, AG 2002, 489.
Black, Bernard S.: The Legal and Institutional Preconditions for Strong Securities Markets, 48 UCLA L. Rev. 781 (2001).
Bloom, Robert / *Schirm*, David C.: Consolidation and Competition in Public Accounting – An Analysis of the GAO Report, CPA Journal, June 2005, abrufbar unter http://www.nysscpa.org/cpajournal/2005/605/infocus/p22.htm.
Bloomenthal, Harold S. / *Wolff*, Samuel: International Capital Markets and Securities Regulation (Vols. 10, 10A, 10B, 10C, 10D, 10E, 10F, 10G, and 10H Securities Law Series), St. Paul, Minn. 1982 (Latest supplement: December 2008).
– Securities and Federal Corporate Law (Vols. 3, 3A, 3B, 3C, 3D, 3E, 3F, 3G, 3H, and 3I Securities Law Series), 2nd ed, St. Paul, Minn. 1998 (Latest supplement: December 2008).
– Going Public Handbook, St. Paul, Minn. 2008–2009 Edition.
Böhmer, Martin: Die Vereinbarung eines gemeinsamen Zwecks bei der Gesellschaft bürgerlichen Rechts, JZ 1994, 982.
Boin, Kai T.: Die Rechtsfähigkeit der BGB-Gesellschaft – eine never ending Story?, GmbHR 2001, 513.
Bonner Kommentar zum Grundgesetz, hrsg. von Rudolf Dolzer, Klaus Vogel und Karin Graßhof, Heidelberg 2007 (Stand: 129. Aktualisierung).
(zit.: BK GG / *Bearbeiter*, ...)

Bornemeyer, Manfred: Die Finanzierung der westdeutschen Industrie, Köln 1962.
Bosch, Ulrich: Expertenhaftung gegenüber Dritten – Überlegungen aus der Sicht der Bankpraxis, ZHR 163 (1999), 274.
Brabner-Smith, John W.: Federal Incorporation of Business, 24 Va. L. Rev. 159 (1937).
Brandeis, Louis D.: Other people's money, and how the bankers use it, Washington D.C. 1933.
Bratton, William W: Corporate Finance, 5th ed., St. Paul, Minn. 2002.
Brealey, Richard / *Myers*, Stewart C. / *Allen*, Franklin: Principles of Corporate Finance, 8th ed., New York, NY [et al.] 2005.
Bremer, Heinz: Grundzüge des deutschen und ausländischen Börsenrechts, Berlin [u.a.] 1969.
Breuninger, Gottfried: Die BGB-Gesellschaft als Rechtssubjekt im Wirtschaftsverkehr, München 2001.
Bromberg, Alan R. / *Lowenfels*, Lewis D.: Aiding and Abetting Securities Fraud: A Critical Examination, 52 Alb. L. Rev. 637 (1988).
– Bromberg and Lowenfels on Securities Fraud and Commodities Fraud, 2nd ed., St. Paul, Minn. 1994–2008.
(zit.: *Bromberg / Lowenfels*, Securities Fraud, ...)
Bromberg, Alan R. / *Ribstein* Larry E: Bromberg and Ribstein on Partnership, Boston, Mass. 1988–2008.
Brown, David E. / *Cole*, Kathryn M. / *Smith*, Joseph A., Jr.: Strategic Alliances: Why, How, and What to Watch For, 3 N.C. Banking Inst. 57 (1999).
Brown, Gary.: Soderquist on the Securities Laws, 5th ed., New York, NY 2007.
Buck-Heeb, Petra: Kapitalmarktrecht, 2. Aufl., Heidelberg 2007.
Busby, J.K.: Competitive Bidding in the Sale of Public Utility Bonds, 50 Yale L.J. 1071 (1941).
Callison, J. William / *Sullivan*, Maureen A.: Partnership Law and Practice: General and Limited Partnerships, St. Paul, Minn. 2008.
Campbell, Rutherford B., Jr.: An Open Attack on the Nonsense of Blue Sky Regulation, 10 J. Corp. L. 553 (1985).
– Blue Sky Laws and the Recent Congressional Preemption Failure, 22 J. Corp. L. 175 (1997).
Canaris, Claus-Wilhelm: Die Rückgewähr von Gesellschaftereinlagen durch Zuwendungen an Dritte, in: Festschrift für Robert Fischer, Berlin [u.a.] 1979, S. 31.
– Bankvertragsrecht, 2. Bearbeitung, Berlin [u.a.] 1981.
– Die Übertragung des Regelungsmodells der §§ 125–130 HGB auf die Gesellschaft bürgerlichen Rechts als unzulässige Rechtsfortbildung contra legem, ZGR 33 (2004), 69.
Carosso, Vincent P.: Investment Banking in America. A History, Cambridge, Mass. 1970.
Carter, Richard / *Manaster*, Steven: Initial Public Offerings and Underwriter Reputation, 45 J. Fin. 1045 (1990).
Casper, Matthias: Haftung für fehlerhafte Information des Kapitalmarktes, Der Konzern 2006, 32.
Cetorelli, Nicola, et al., Trends in Financial Market Concentration and Their Implications for Market Stability, FRBNY Economic Policy Review, Vol. 13 No. 1 (March 2007).
Choi, Stephen J.: Company Registration: Toward a Status Based Antifraud Regime, 64 U. Chi. L. Rev. 567 (1997).
– Market Lessons for Gatekeepers, 92 Nw. U. L. Rev. 916 (1998).
Choper, Jesse / *Coffee*, John C. / *Gilson*, Ronald J.: Cases and Materials on Corporations, 6th ed., New York, NY 2004.
Chrisman, Rodney D: „Bright Line," „Substantial Participation," or Something Else: Who is a Primary Violator Under Rule 10b-5?, 89 Ky. L.J. 201 (2000).
Claussen, Carsten Peter (Hrsg. und Autor): Bank- und Börsenrecht,
3. Aufl., München 2003;
4. Aufl., München 2008.
(in der 4. Aufl. zit. als: Claussen / *Bearbeiter*, ...)
Coase, Ronald H: The Nature of the Firm, 4 Economica 386 (1937).
– The Problem of Social Cost, 3 J. Law and Econ. 1 (1960).

Coffee, John C.: Re-Engineering Corporate Disclosure: The Coming Debate Over Company Registration, 52 Wash. & Lee L. Rev. 1143 (1995).
– Brave New World? The Impact(s) of the Internet on Modern Securities Regulation, 52 Bus. Law. 1195 (1997).
– Understanding Enron: It's About the Gatekeepers, Stupid, 57 Bus. Law. 1403 (2002).
– Gatekeeper Failure and Reform: The Challenge of Fashioning Relevant Reforms, 84 B. U. L. Rev. 301 (2004).
– Gatekeepers: The Professions and Corporate Governance, Oxford 2006.
Coffee, John C. / *Seligman*, Joel / *Sale*, Hillary A.: Securities Regulation: Cases and Materials, 10th ed., New York, NY 2007.
Comment (keine Autorenangabe): BarChris: Due Diligence Refined, 68 Colum. L. Rev. 1411 (1968).
Corbin, Arthur L. (Begr.): Corbin on Contracts, rev. ed., St. Paul, Minn. 1993–2006.
Cox, James D.: Regulatory Duopoly in U.S. Securities Markets, 99 Colum. L. Rev. 1200 (1999).
Cox, James D. / *Hillman*, Robert W. / *Langevoort*, Donald C.: Securities Regulation. Cases and Materials, 5th ed., New York, NY 2006.
Crane, Judson A.: The Uniform Partnership Act – A Criticism, 28 Harv. L. Rev. 762 (1915).
– The Uniform Partnership Act and Legal Persons, 29 Harv. L. Rev. 838 (1916).
Derleder, Peter / *Knops*, Kai-Oliver / *Bamberger*, Heinz Georg (Hrsg.): Handbuch zum deutschen und europäischen Bankrecht, 2. Aufl., Berlin [u.a.] 2009.
Deutsche Börsengeschichte, hrsg. im Auftrag des Wissenschaftlichen Beirats des Instituts für Bankhistorische Forschung von Hans Pohl, Frankfurt am Main 1992.
Dietl, Clara-Erika / *Lorenz*, Egon: Wörterbuch für Recht, Wirtschaft und Politik, 6. Aufl., München 2000.
Donald, David C.: Die Übertragung von Kapitalmarktpapieren nach dem US-amerikanischen Uniform Commercial Code (UCC), WM 2008, 526.
Dorton, Katina J.: Auctioning New Issues of Corporate Securities, 71 Va. L. Rev. 1381 (1985).
Douglas, John L.: Cyberbanking: Legal and Regulatory Considerations for Banking Organizations, 4 N.C. Banking Inst. 57 (2000).
Douglas, William O.: Vicarious Liability and the Administration of Risk, 38 Yale L. J. 584 (1929).
Douglas, William O. / *Bates*, George E.: The Federal Securities Act of 1933, 43 Yale L. J. 171 (1933).
Duve, Christian / *Basak*, Denis: Welche Zukunft hat die Organaußenhaftung für Kapitalmarktinformationen? Bestandsaufnahme und Ausblick nach der Rücknahme des Gesetzentwurfs eines Kapitalmarktinformationshaftungsgesetzes und dem EM.TV-Urteil des BGH, BB 2005, 2645.
Dworkin, Ronald M.: Is Wealth a Value?, 9 J. of Legal Studies 191 (1980).
Ebenroth, Carsten Thomas / *Boujong*, Karlheinz / *Joost*, Detlev (Hrsg.): Handelsgesetzbuch, Bd. 2: §§ 343–475h, Transportrechtliche Nebenbestimmungen, Bank- und Börsenrecht, München 2001.
(zit.: Ebenroth / Boujong / Joost / *Bearbeiter*, …)
Ederington, Louis H.: Negotiated versus Competitive Underwritings of Corporate Bonds, 31 J. Fin. 17 (1976).
Einsele, Dorothee: Wertpapierrecht als Schuldrecht, Tübingen 1995.
– Wertpapiere im elektronischen Bankgeschäft, WM 2001, 7.
– Das Haager Übereinkommen über das auf bestimmte Rechte im Zusammenhang mit zwischenverwahrten Wertpapieren anzuwendende Recht, WM 2003, 2349.
– Bank- und Kapitalmarktrecht. Nationale und Internationale Bankgeschäfte, Tübingen 2006.
Ekkenga, Jens / *Maas*, Heyo: Das Recht der Wertpapieremissionen, Berlin 2006.
Ellenberger, Jürgen: Prospekthaftung im Wertpapierhandel, Berlin [u.a.] 2001.
Emmerich, Volker: Prospekthaftung beim Vertrieb junger Aktien außerhalb geregelter Märkte: Hornblower Fischer-Urteil, JuS 1994, 77.
Erman, Walter: Handkommentar zum Bürgerlichen Gesetzbuch, hrsg. von Harm Peter Westermann, 12. Aufl., Münster 2008.

Fabozzi, Frank J. / *West*, Richard R.: Negotiated Versus Competitive Underwritings of Public Utility Bonds: Just One More Time, 16 J. Fin. & Quant. Analysis 323 (1981).
Facciolo, Francis J: Father Knows Best: Revised Article 8 and the Individual Investor, 27 Fla. St. U. L. Rev. 615 (2000).
Fama, Eugene F.: Efficient Capital Markets. A Review of Theory and Empirical Work, 25 J. Fin. 383 (1970).
– Efficient Capital Markets II, 46 J. Fin. 1575 (1991).
Fikentscher, Wolfgang: Zu Begriff und Funktion des „Gemeinsamen Zwecks" im Gesellschafts- und Kartellrecht, in: Festschrift für Harry Westermann, Karlsruhe 1974.
Fleischer, Holger: Informationsasymmetrie im Vertragsrecht. Eine rechtsvergleichende und interdisziplinäre Abhandlung zu Reichweite und Grenzen vertragsschlußbezogener Aufklärungspflichten, München 2001.
– Empfiehlt es sich, im Interesse des Anlegerschutzes und zur Förderung des Finanzplatzes Deutschland das Kapitalmarkt- und Börsenrecht neu zu regeln?, Gutachten F für den 64. Deutschen Juristentag, München 2002 (auch: NJW-Beilage 23/2002, S. 37 ff.).
– Der Inhalt des Schadensersatzanspruchs wegen unwahrer oder unterlassener unverzüglicher Ad-hoc-Mitteilungen, BB 2002, 1869.
– Zur deliktsrechtlichen Haftung der Vorstandsmitglieder für falsche Ad-hoc-Mitteilungen. Zugleich eine Besprechung der Infomatec-Entscheidung des BGH vom 19.07.2004, DB 2004, 2031.
– Konturen der kapitalmarktrechtlichen Informationsdeliktshaftung, ZIP 2005, 1805.
– Umplatzierung von Aktien durch öffentliches Angebot (Secondary Public Offering) und verdeckte Einlagenrückgewähr nach § 57 Abs. 1 AktG, ZIP 2007, 1969.
Fletcher, William M. (Begr.): Fletcher Cyclopedia of the Law of Private Corporations, perm. ed., St. Paul, Minn. 1931–2009.
(zit.: *Fletcher*, Cyc. Corp., …)
Flume, Werner: Allgemeiner Teil des bürgerlichen Rechts, Bd. 2. Das Rechtsgeschäft, Berlin [u.a.] 1965.
– Gesellschaft und Gesamthand, ZHR 136 (1972), 177.
– Gesamthandsgesellschaft und juristische Person, in: Festschrift für Ludwig Raiser, Tübingen 1974, S. 27.
– Schuld und Haftung bei der Gesellschaft des bürgerlichen Rechts, in: Festschrift für Harry Westermann, Karlsruhe 1974, S. 119.
– Allgemeiner Teil des bürgerlichen Rechts, Bd. 1, Teil 1. Die Personengesellschaft, Berlin [u.a.] 1977.
– Der Gesellschafter und das Vermögen der Kapitalgesellschaft und die Problematik der verdeckten Gewinnausschüttung, ZHR 144 (1980), 18.
Folk, Ernest L. III: Civil Liabilities under the Federal Securities Acts: The Barchris Case Part I – Section 11 of the Securities Act of 1933, 55 Va. L. Rev. 1 (1969).
Fox, Merritt B.: Retaining Mandatory Securities Disclosure: Why Issuer Choice is not Investor Empowerment, 85 Va. L. Rev. 1335 (1999).
Fredebeil, Uta: Aktienemissionen: Das underwriting Agreement (der Übernahmevertrag) und seine spezifischen Klauseln, Frankfurt am Main 2002.
Freeman, Milton (et al.): Conference on Codification of the Federal Securities Laws, 22 Bus. Law 793 (1967).
Frese, Michael: Kredite und verdeckte Sacheinlage – Zur Sondersituation von Emissionsbanken, AG 2001, 15.
Geibel, Stefan J.: Folgeprobleme der Rechtsfähigkeit von Gesellschaften bürgerlichen Rechts, WM 2007, 1496.
Gerber, Olaf: Die Prospekthaftung bei Wertpapieremissionen nach dem Dritten Finanzmarktförderungsgesetz, Baden-Baden 2001.
Geßler, Ernst / *Hefermehl*, Wolfgang / *Eckardt*, Ulrich / *Kropff*, Bruno (Hrsg.): Aktiengesetz. Kommentar, Bd. 4: §§ 179–240, München 1994.
(zit.: Geßler / Hefermehl / Eckardt / Kropff / *Bearbeiter*, …)

Gevurtz, Franklin A.: Gevurtz' Hornbook on Corporation Law, St. Paul, Minn., 2000.
Ghosh, Arvin: Pricing and Performance of IPOs in the US, New Brunswick, NJ 2006.
v. Gierke, Otto: Deutsches Privatrecht Bd. 1, Nachdr. d. Ausg., Berlin 1895, 2001.
Gilson, Ronald J. / *Kraakman*, Reinier H.: The Mechanisms of Market Efficiency, 70 Va. L. Rev. 549 (1984).
Glaum, Martin / *Street*, Donna: Rechnungslegung der Unternehmen am Neuen Markt, Studien des Deutschen Aktieninstituts, Heft 17 vom 13. Mai 2002.
Graaf, Frank: Euromarket Finance: Issues of Euromarket Securities and Syndicated Eurocurrency Loans, Deventer 1991.
Gravenhorst, Joachim: Platzierungsverfahren bei Aktienemissionen und der Anspruch auf Zuteilung, Baden-Baden 2002.
Gregory, William A.: The Law of Agency and Partnership, 3rd ed., St. Paul, Minn. 2001.
Griffith, Sean J: Directors' and Officers' Liability Insurance Policies, 154 Univ. Pa. L. Rev. 1147 (2006).
Groß, Wolfgang: Die Lehre von der verdeckten Sacheinlage, AG 1991, 217.
- Verdeckte Sacheinlage, Vorfinanzierung und Emissionskonsortium, AG 1993, 108.
- Bookbuilding, ZHR 162 (1998), 318.
- Die börsengesetzliche Prospekthaftung, AG 1999, 199.
- Kapitalmarktrecht. Kommentar zum Börsengesetz, zur Börsenzulassungs-Verordnung, zum Verkaufsprospektgesetz und zur Verkaufsprospekt-Verordnung, 2. Aufl., München 2002.
- Kapitalmarktrecht. Kommentar zum Börsengesetz, zur Börsenzulassungs-Verordnung, zum Wertpapierprospektgesetz und zum Verkaufsprospektgesetz, 3. Aufl., München 2006.
- Kapitalmarktrecht. Kommentar zum Börsengesetz, zur Börsenzulassungs-Verordnung, zum Wertpapierprospektgesetz und zum Verkaufsprospektgesetz, 4. Aufl., München 2009.

Großkommentar zum Aktiengesetz, hrsg. von Klaus J. Hopt und Herbert Wiedemann,
Bd. 1, 1. Halbband: §§ 1–75, 3. Aufl., Berlin [u.a.] 1973;
Bd. 1: Einleitung; §§ 1–53, 4. Aufl., Berlin [u.a.] 2004;
Lieferung 15: §§ 54–66, 4. Aufl., Berlin [u.a.] 2001;
Bd. 6: §§ 150–220, 4. Aufl., Berlin [u.a.] 2006.
(zit.: Großkomm. AktG / *Bearbeiter*, ...)
Großkommentar zum Gesetz betreffend die Gesellschaften mit beschränkter Haftung (GmbHG), hrsg. von Peter Ulmer, Mathias Habersack und Martin Winter,
Bd. 1: Einleitung; §§ 1–28, Tübingen 2005.
(zit.: Großk. GmbHG / *Bearbeiter*, ...)
Großkommentar zum Handelsgesetzbuch, begr. von Hermann Staub, in der 4. Aufl. hrsg. von Claus-Wilhelm Canaris, Wolfgang Schilling und Peter Ulmer,
Bd. 1: Einleitung; §§ 1–104, 4. Aufl., Berlin [u.a.] 1995,
Bd. 2: §§ 105–237, 4. Aufl., Berlin [u.a.] 2005.
(zit.: Großk. HGB / *Bearbeiter*, ...)
Grundmann, Stefan: Deutsches Anlegerschutzrecht in internationalen Sachverhalten – Vom internationalen Schuld- und Gesellschaftsrecht zum internationalen Marktrecht, RabelsZ 54 (1990), 283.
- Konsortien, Gesellschaftszweck und Gesamthandsvermögen. Typendehnung oder Typenmischung im Gesellschaftsrecht?, in: Festschrift für Karlheinz Boujong, München 1996, S. 159.
- Europäisches Gesellschaftsrecht, Heidelberg 2004.

Grundmann, Stefan / *Selbherr*, Benedikt: Börsenprospekthaftung in der Reform – Rechtsvergleichung, Europarecht, Interessenbewertung mit ökonomischer Analyse, WM 1996, 985.
Grunewald, Barbara: Gesellschaftsrecht, 6. Aufl., Tübingen 2005.
Grunewald, Barbara / *Schlitt*, Michael, Einführung in das Kapitalmarktrecht, München 2007.
Gurksy, Karl-Heinz: Wertpapierrecht, 3. Aufl., Heidelberg 2007.
Habersack, Mathias: Die Anerkennung der Rechts- und Parteifähigkeit der GbR und der akzessorischen Gesellschafterhaftung durch den BGH, BB 2001, 477.

Habersack, Mathias / *Mayer*, Christian: Globalverbriefte Aktien als Gegenstand sachenrechtlicher Verfügungen? – Ein (weiteres) Plädoyer für die Ablösung der Globalurkunde durch Wertrechte, WM 2000, 1678.

Habersack, Mathias / *Mülbert*, Peter O. / *Schlitt*, Michael (Hrsg.): Handbuch der Kapitalmarktinformation, München 2008.

– Unternehmensfinanzierung am Kapitalmarkt, 2. Aufl., Köln 2008.

Hachenburg, Max: Gesetz betreffend die Gesellschaften mit beschränkter Haftung (GmbHG), hrsg. von Peter Ulmer,
Bd. 1: Allgemeine Einleitung; §§ 1–34, 8. Aufl., Berlin [u.a.] 1992.
(zit.: Hachenburg / *Bearbeiter*, ...)

Hadding, Walther: Zur Rechtsfähigkeit und Parteifähigkeit der (Außen-)Gesellschaft bürgerlichen Rechts sowie zur Haftung ihrer Gesellschafter für Gesellschaftsverbindlichkeiten, ZGR 30 (2001), 712.

Hager, Johannes: Die verdeckte Gewinnausschüttung in der GmbH, ZGR 18 (1989), 71.

Hamdani, Assaf: Gatekeeper Liability, 77 S. Ca. L. Rev. 53 (2003).

Hamilton, Robert W. / *Macey*, Jonathan R.: Cases and Materials on Corporations – Including Partnerships and Limited Liability Companies, 9th ed., St. Paul, Minn. 2005.

Hargrave, Mark / *Ovington*, Mark: A Practitioner's Guide to Secured Lending under Revised Article 8: Everything is Under Control, 16 Ann. Rev. Banking L. 397 (1997).

Hartwig-Jacob, Mauricio: Die Vertragsbeziehungen und die Rechte der Anleger bei internationalen Anleiheemissionen, München 2001.

Hasenkamp, Annabel: Die Haftungsbeschränkungen bei der Gesellschaft bürgerlichen Rechts, Baden-Baden 2003.

Hazen, Thomas Lee: Treatise on The Law of Securities Regulation, 6th ed., St. Paul, Minn. 2009.

Heil, Hans-Jürgen: Parteifähigkeit der GbR – der Durchbruch der Gruppenlehre?, NZG 2001, 300.

Heim, Richard: Die Rechtsstellung des Emissionshauses bei der Einführung von Aktien in den Verkehr, Marburg 1909.

Heinrichs, Helmut: Die Entwicklung des Rechts der Allgemeinen Geschäftsbedingungen im Jahre 1996, NJW 1997, 1407.

Heinsius, Theodor: Bezugsrechtsausschluss bei der Schaffung von Genehmigtem Kapital. Genehmigtes Kapital II, in: Festschrift für Alfred Kellermann, Berlin [u.a.] 1991, S. 115.

Heinsius, Theodor / *Horn*, Arno / *Than*, Jürgen: Depotgesetz. Kommentar zum Gesetz über die Verwahrung und Anschaffung von Wertpapieren vom 04.02.1937, Berlin 1975.

Heißel, Siegfried / *Kienle*, Christopher: Rechtliche und praktische Aspekte zur Einbeziehung vinkulierter Namensaktien in die Sammelverwahrung, WM 1993, 1909.

Henze, Hartwig: Aktienrecht – Höchstrichterliche Rechtsprechung, 5. Aufl., Köln 2002.

Hickman, Walter B.: Statistical Measures of Corporate Bond Financing since 1900, Princeton, NJ 1960.

Hicks, William J.: Civil Liabilities: Enforcement and Litigation under the 1933 Act (Vol. 17 Securities Law Series), St. Paul, Minn. 1989 (Latest supplement: November 2008).

Hillman, Robert W: Cross-Border Investment, Conflict of Laws, and the Privatization of Securities Law, 55 Law & Contemp. Probs. 331 (1992).

Hohner, Georg: Zur Beteiligung von Personengesellschaften an Gesellschaften, NJW 1975, 718.

Holzborn, Timo / *Israel*, Alexander: Das neue Wertpapierprospektrecht, ZIP 2005, 1668.

Hommelhoff, Peter: Wider das Akzessorietätsdogma in der Gesellschaft bürgerlichen Rechts, ZIP 1998, 8.

Hopt, Klaus J.: Der Kapitalanlegerschutz im Recht der Banken. Gesellschafts-, bank- und börsenrechtliche Anforderungen an das Beratungs- und Verwaltungsverhalten der Kreditinstitute, München 1975.

– Handelsgesellschaften ohne Gewerbe und Gewinnerzielungsabsicht? – Abgrenzungsprobleme zum handelsrechtlichen Gewerbebegriff, ZGR 16 (1987), 145.

– Emissionsgeschäft und Emissionskonsortien. Recht und Praxis in Deutschland und der Schweiz, in: Festschrift für Alfred Kellermann, Berlin [u.a.] 1991, S. 181.

– Die Verantwortlichkeit der Banken bei Emissionen. Recht und Praxis in der EG, in Deutschland und in der Schweiz, München 1991.
Hopt, Klaus J. / *Voigt*, Hans-Christoph: Prospekt- und Kapitalmarktinformationshaftung, Tübingen 2005.
Horn, Norbert: Das Recht der internationalen Anleihen, Frankfurt am Main 1972.
– Die Erfüllung von Wertpapiergeschäften unter Einbeziehung eines Zentralen Kontrahenten an der Börse – Sachenrechtliche Aspekte, WM 2002, Sonderbeilage Nr. 2.
Huber, Ulrich: Einwendungen des Bezogenen gegen den Wechsel, in: Festschrift für Werner Flume, Bd. 2, Köln 1978, S. 83
– Rechtsfähigkeit, juristische Person und Gesamthand, in: Festschrift für Marcus Lutter, Köln 2000, S. 107.
Hueck, Alfred / *Canaris*, Claus-Wilhelm: Recht der Wertpapiere, 12. Aufl., München 1986.
Hueck, Götz: Gesellschaftsrecht, 19. Aufl., München 1991.
– Drei Fragen zur Gesamthandsgesellschaft, in: Festschrift für Wolfgang Zöllner, Bd. 1, Köln [u.a.] 1998, S. 275.
Hueck, Götz / *Windbichler*, Christine: Gesellschaftsrecht, 21. Aufl., München 2008.
Hüffer, Uwe: Aktiengesetz. Kommentar, 8. Aufl., München 2008.
Hummel, Jörg-Dieter: Gleichstufigkeit bei Mitbesitz?, MDR 1967, 967.
Immenga, Ulrich: Einlagenschutz beim mittelbaren Bezugsrecht, in: Festschrift für Karl Beusch, Berlin [u.a.] 1993, S. 413.
Jacobs, Arnold S.: Disclosure and Remedies under the Securities Laws, St. Paul, Minn. 2001 (Latest supplement: December 2008).
Jäger, Stefan: Das Prospekthaftungsstatut, Baden-Baden 2007.
Jakobs, Horst-Heinrich / *Schubert*, Werner (Hrsg.): Die Beratung des Bürgerlichen Gesetzbuchs: in systematischer Zusammenstellung der unveröffentlichten Quellen, Berlin 1978.
Jauernig, Othmar (Hrsg.): Bürgerliches Gesetzbuch: BGB, 12. Aufl., München 2007.
Jensen, A. Ladru: Is a Partnership under the Uniform Partnership Act an Aggregate or an Entity?, 16 Vanderbilt L. Rev. 377 (1963).
John, Uwe: Die organisierte Rechtsperson, Berlin 1977.
Johnson, Charles J. / *McLaughlin*, Joseph: Corporate Finance and the Securities Laws, 2nd ed., New York, NY 1997.
Jolls, Cristine / *Sunstein*, Cass R. / *Thaler*, Richard: A Behavioral Approach to Law and Economics, 50 Stan. L. Rev. 1471 (1998).
Jones, Sheldon A. / *Stamm*, Richard A: Education not Regulation: Funding Investment Education Through the Partial Preemption of Blue Sky Laws, 22 Sec. Reg. L. J. 377 (1994).
Jütten, Herbert: Einbeziehung vinkulierter Namensaktien in die Girosammelverwahrung, Die Bank 1997, 112.
Kant, Immanuel: Die Metaphysik der Sitten, 2. Aufl., Königsberg 1798.
Kaser, Max: Handbuch der Altertumswissenschaft, Abt. 10, Teil 3, Bd. 3: Das Römische Privatrecht, Abschnitt 1: Das altrömische, das vorklassische und das klassische Recht, 2. Aufl., München 1971; Abschnitt 2: Die nachklassischen Entwicklungen, 2. Aufl., München 1975.
Kegel, Gerhard: Die selbstgerechte Sachnorm, in: Gedächtnisschrift für Albert A. Ehrenzweig, Karlsruhe 1976.
Kegel, Gerhard / *Schurig*, Klaus: Internationales Privatrecht: ein Studienbuch, 9. Aufl., München 2004.
Keunecke, Ulrich: Prospekte im Kapitalmarkt, Berlin 2005.
Kidwell, David S. / *Marr*, M. Wayne / *Thompson*, G. Rodney: SEC Rule 415: The Ultimate Competitive Bid, 19 J. Fin. & Quant. Analysis 183, (1984).
Kiel, Peter: Internationales Kapitalanlegerschutzrecht. Zum Anwendungsbereich kapitalanlegerschützender Normen im deutschen, europäischen und US amerikanischen Recht, Berlin [u.a.] 1994.
Kitch, Edmund: Proposals for Reform of Securities Regulation, 41 Va. J. Int'l L. 629 (2001).
Koch, Arwed: Banken und Bankgeschäfte unter besonderer Berücksichtigung der Rechtsverhältnisse, Jena 1931.

Koch, Ulrich: Die Beteiligung einer Gesellschaft bürgerlichen Rechts an der GmbH-Gründung – Kritische Bemerkungen zur Entscheidung BGHZ 78, 311, ZHR 146 (1982), 118.
Kölner Kommentar zum Aktiengesetz, hrsg. von Wolfgang Zöllner,
Bd. 1: §§ 1–75 AktG, 2. Aufl., Köln [u.a.] 1988;
Bd. 5, Lieferung 1: §§ 179–240 AktG, 2. Aufl., Köln [u.a.] 1995.
(zit.: KK AktG / *Bearbeiter*, ...)
Köndgen, Johannes: Zur Theorie der Prospekthaftung (I), AG 1983, 85.
– Zur Theorie der Prospekthaftung (II), AG 1983, 120.
– (Hrsg.): Neue Entwicklungen im Bankhaftungsrecht, Köln 1987.
Köstlin, Ulrich: Anlegerschutz und Auslandsbeziehungen, Bonn, 1985.
Koller, Ingo: Der gutgläubige Erwerb von Sammeldepotanteilen an Wertpapieren im Effektengiroverkehr (1. Teil), DB 1972, 1857.
Koppensteiner, Hans-Georg: GmbH-rechtliche Probleme des Management Buy-Out, ZHR 155 (1991), 97.
Kort, Michael: Neuere Entwicklung im Recht der Börsenprospekthaftung (§§ 45 ff BörsG) und der Unternehmensberichterstattung (§ 77 BörsG), AG 1999, 9.
– Die Haftung von Vorstandsmitgliedern für falsche Ad-hoc-Mitteilungen, AG 2005, 21.
Kraakman, Reinier H.: Corporate Liability Strategies and the Costs of Legal Controls, 93 Yale L.J. 857 (1984).
– Gatekeepers: The Anatomy of a Third-Party Enforcement Strategy, 2 J.L. Econ. & Org. 53 (1986).
Kraakman, Reinier H. (et al.): The Anatomy of Corporate Law. A Comparative and Functional Approach, Oxford 2004.
Krämer, Lutz / *Baudisch*, Matthias: Neues zur Börsenprospekthaftung und zu den Sorgfaltsanforderungen beim Unternehmenskauf, WM 1998, 1161.
Kraft, Alfons / *Kreutz*, Peter: Gesellschaftsrecht, 11. Aufl., München 2000.
Krause, Rüdiger: Ad-hoc-Publizität und haftungsrechtlicher Anlegerschutz, ZGR 31 (2002), 799.
Kreditwesengesetz: KWG, hrsg. von Karl-Heinz Boos, Reinfrid Fischer, Hermann Schulte-Mattler, 3. Aufl., München 2008.
Kropholler, Jan: Internationales Privatrecht, 6. Aufl., Tübingen 2006.
v. Kübel, Franz Philipp: Vorentwürfe, Schuldrecht Teil 3, Berlin [u.a.] 1876–1883.
Kümpel, Siegfried: Der Bestimmtheitsgrundsatz bei Verfügungen über Sammeldepotguthaben – Zur Theorie des Bruchteilseigentums sui generis, WM 1980, 422.
– Bank- und Kapitalmarktrecht, 3. Aufl., Köln 2004.
Kümpel, Siegfried / *Hammen*, Horst / *Ekkenga*, Jens (Hrsg.): Kapitalmarktrecht, Berlin 2007.
Kung, Felicia H.: The Regulation of Corporate Bond Offerings: A Comparative Analysis, 26 U. Pa. J. Int'l Econ. L. 409 (2005).
Kuntz, Thilo: Internationale Prospekthaftung nach Inkrafttreten des Wertpapierprospektgesetzes, WM 2007, 432.
Lander, Guy P.: US Securities Law for International Financial Transactions and Capital Markets, 2nd ed., St. Paul, Minn. 1999 (Latest supplement: November 2008).
Landis, James M.: The Legislative History of the Securities Act of 1933, 28 Geo. Wash. L. Rev. 29 (1959).
Landmann, Kai: Die Haftung für Comfort Letters bei der Neuemission von Aktien, Frankfurt [u.a.] 2007.
Langebucher, Katja: Aktien- und Kapitalmarktrecht, München 2008.
Langevoort, Donald C.: Schoenbaum Revisited: Limiting the Scope of Antifraud Protection in an Internationalized Securities Marketplace, 55 Law & Contemp. Probs. 241 (1992).
– Capping Damages for Open Market Securities Fraud, 38 Ariz. L. Rev. 639 (1996).
– Deconstructing Section 11: Public Offering Liability in a Continuous Disclosure Environment, 63 Law & Contemp. Probs. 45 (2000).
Larenz, Karl: Lehrbuch des Schuldrechts Bd. II: Besonderer Teil, 12. Aufl., München 1981.
Lehrbuch des Schuldrechts Bd. II/1: Besonderer Teil/ 1. Halbband, 13. Aufl., München 1986.

– Lehrbuch des Schuldrechts Bd. I: Allgemeiner Teil, 14. Aufl., München 1987.
– Allgemeiner Teil des Deutschen Bürgerlichen Rechts, 7. Aufl., München 1989.
– Methodenlehre der Rechtswissenschaft, 6. Aufl., Berlin 1991.

Larenz, Karl / *Canaris*, Claus-Wilhelm: Lehrbuch des Schuldrechts Bd. II/2: Besonderer Teil / 2. Halbband, 13. Aufl., München 1994.

Larenz, Karl / *Wolf*, Manfred: Allgemeiner Teil des Bürgerlichen Rechts, 9. Aufl., München 2004.

Lenenbach, Markus: Kapitalmarkt- und Börsenrecht, Köln 2002.

Leuschner, Lars: Zum Kausalitätserfordernis des § 826 BGB bei unrichtigen Ad-hoc-Mitteilungen, ZIP 2008, 1050.

Lewis, Wayne K. / *Resnicoff*, Steven H.: The New Law of Negotiable Instruments, Charlottesville, Va. 1996 (Latest supplement: 2004).

Lewis, William D.: The Uniform Partnership Act – A Reply to Mr. Crane's Criticism, 29 Harv. L. Rev. 158 (1915).

Liappis, Dimitrios: Das System der Haftung der Banken bei Aktienemissionen über die Börse, Berlin 2003.

Longstreth, Bevis / *Mattei*, Ivan E.: Organizational Freedom for Banks: The Case in Support, 97 Colum. L. Rev. 1895 (1997).

Lord, Richard A.: Williston on Contracts, 4th ed., St. Paul, Minn. 1990 (Latest supplement: October 2008).

Loss, Louis: Commentary on the Uniform Securities Act, Boston, Mass. 1976.

Loss, Louis / *Seligman*, Joel / *Paredes*, Troy: Securities Regulation, 3rd ed., New York, NY 1989 (Latest supplement: November 2008).
– Fundamentals of Securities Regulation, 5th ed., New York, NY 2004 (Latest supplement: October 2008).
(zit.: *Loss/Seligman*, Fundamentals)

Lutter, Marcus / *Hommelhoff*, Peter: GmbH-Gesetz, 16. Aufl., Köln 2004.
(zit.: Lutter / Hommelhoff / *Bearbeiter*, ...)

Lutter, Marcus / *Wahlers*, Henning: Der Buyout: Amerikanische Fälle und die Regeln des deutschen Rechts, AG 1989, 1.

Mahoney, Paul G.: Precaution Costs and the Law of Fraud in Impersonal Markets, 78 Va. L. Rev. 623 (1992).

Maier-Reimer, Georg / *Webering*, Anabel: Ad hoc-Publizität und Schadensersatzhaftung – Die neuen Haftungsvorschriften des Wertpapierhandelsgesetzes, WM 2002, 1857.

Mankowski, Peter: Optionsanleihen ausländischer Gesellschaften als Objekt von Börsenaußengeschäften – Qualifikation und Internationales Privatrecht, AG 1998, 11.

Manne, Henry G: Insider Trading and the Stock Market, New York, NY 1966.

Manne, Henry G / *Solomon*, Ezra: Wall Street in Transition: The Emerging System and its Impact on the Economy, New York, NY 1974.

Marsch-Barner, Reinhard / *Schäfer*, Frank A. (Hrsg.): Handbuch börsennotierte AG. Aktien- und Kapitalmarktrecht, 2. Aufl., Köln 2009.

Maxey, Ann: Competing Duties? Securities Lawyers' Liability after Central Bank, 64 Fordham L. Rev. 2185 (1996).

Maynard, Therese H.: The Affirmative Defense of Reasonable Care under Section 12(2) of the Securities Act of 1933, 69 Notre Dame L. Rev. 57 (1993).

McTamaney, Robert A.: New York's Martin Act: Expanding Enforcement in an Era of Federal Securities Regulation, Legal Backgrounder der Washington Legal Foundation, Vol. 18 No. 5 v. 28.02.2003.

Meeker, J. Edward: Preventive v. Punitive Security Laws, 26 Colum. L. Rev. 318 (1926).

Mentz, Alexander / *Fröhling*, Viviane: Die Formen der rechtsgeschäftlichen Übertragung von Aktien, NZG 2002, 201.

de Meo, Francesco: Bankenkonsortien. Eine Untersuchung zum Innen- und Außenrecht von Emissions-, Kredit- und Sanierungskonsortien sowie zu deren Haftung für das Handeln von Konsortialvertretern, München 1994.

Merkt, Hanno / *Göthel*, Stephan R.: US-amerikanisches Gesellschaftsrecht, 2. Aufl., Frankfurt a.M. 2006.
Meschkowski, Alexander: Zur Rechtsfähigkeit der BGB-Gesellschaft: die Verpflichtungs- und Vermögensfähigkeit, Frankfurt am Main [u.a.] 2006.
Messer, Herbert: Kreditbesicherung im Konzern, ZHR 159 (1995), 375.
Meyer, Oscar / *Bremer*, Heinz: Börsengesetz, 4. Aufl., Berlin 1957.
Michalski, Lutz: Ungeklärte Fragen bei der Einlagenrückgewähr im Aktienrecht, AG 1980, 261.
– (Hrsg.): Kommentar zum Gesetz betreffend die Gesellschaften mit beschränkter Haftung (GmbH-Gesetz),
Bd. I: Systematische Darstellungen, §§ 1–34, München 2002.
(zit.: Michalski / *Bearbeiter*, ...)
Michie, A. Hewson: Michie on Banks and Banking, Charlottesville, Va. 1931–2007.
Michie, Ranald Cattanach: The London Stock Exchange, Oxford [et al.] 2001.
Miller, Frederick H. / *Harrell*, Alvin C.: Miller and Harrell's Hornbook on The Law of Modern Payment Systems, St. Paul, Minn. 2003.
Mistelis, Loukas: Charakterisierungen und Qualifikation im internationalen Privatrecht. Zur Lehre einer parteispezifischen Qualifikation im Kollisionsrecht der privaten Wirtschaft, Tübingen 1999.
Möllers, Thomas M. J. / *Rotter*, Klaus (Hrsg.): Ad-hoc-Publizität. Handbuch der Rechte und Pflichten von börsennotierten Unternehmen und Kapitalanlegern, München 2003.
(zit.: Möllers / Rotter / *Bearbeiter*, Ad-hoc-Publizität, ...)
Mülbert, Peter O.: Sicherheiten einer Kapitalgesellschaft für Verbindlichkeiten ihres Gesellschafters, ZGR 24 (1995), 578.
Mülbert, Peter O.: Die rechtsfähige Personengesellschaft, AcP 199 (1999), 39.
Müller, Klaus: Schadensersatzpflicht verbundener Anwälte, NJW 1969, 903.
Münchener Handbuch des Gesellschaftsrechts,
Bd. 1: BGB-Gesellschaft. Offene Handelsgesellschaft. Partnerschaftsgesellschaft. Partenreederei. EWIV, hrsg. von Hans Gummert, Bodo Riegger und Lutz Weipert, 2. Aufl., München 2004;
Bd. 4: Aktiengesellschaft, hrsg. von Michael Hoffmann-Becking, 3. Aufl., München 2007.
(zit.: Münch. Hdb. GesR I bzw. IV / *Bearbeiter*, ...)
Münchener Kommentar zum AktG, hrsg. in der 3. Aufl. von Wulf Goette und Mathias Habersack, in der 2. Aufl. von Bruno Kropff und Johannes Semler,
Bd. 1: §§ 1–75, 3. Aufl., München 2008;
Bd. 6: §§ 179–221, 2. Aufl., München 2005.
(zit.: MüKo AktG / *Bearbeiter*, ...)
Münchener Kommentar zum BGB, in der 5. Aufl. hrsg. von Franz Jürgen Säcker und Roland Rixecker, in der 4. Aufl. von Kurt Rebmann, Franz Jürgen Säcker und Roland Rixecker, in der 3. Aufl. von Kurt Rebmann und Franz Jürgen Säcker,
Bd. 1, 1. Halbband: §§ 1–240, 5. Aufl., München 2006;
Bd. 2: §§ 241–432, 5. Aufl., München 2007;
Bd. 5: §§ 705–853, 3. Aufl., München 1997;
Bd. 5: §§ 705–853, 4. Aufl., München 2004;
Bd. 6: §§ 854–1296, 4. Aufl., München 2004;
Bd. 10: Internationales Privatrecht, 4. Aufl., München 2006;
Bd. 11: Internationales Wirtschaftsrecht. Art. 50–245 EGBGB, 4. Aufl., München 2006.
(zit.: MüKo BGB / *Bearbeiter*, ...)
Münchener Kommentar zum HGB, hrsg. von Prof. Dr. Dres. h.c. Karsten Schmidt,
Bd. 5: §§ 343–367. Recht des Zahlungsverkehrs, Effektengeschäft, Depotgeschäft, Ottawa Übereinkommen über Internationales Factoring, München 2001.
(zit.: MüKo HGB / *Bearbeiter*, ...)
Mues, Jochen: Hundert Jahre deutsches Börsengesetz, ZBB 1997, 15.
Mugdan, Benno (Hrsg.): Die gesammten Materialien zum Bürgerlichen Gesetzbuch für das Deutsche Reich. Bd. 2: Recht der Schuldverhältnisse, Berlin 1899.
(zit.: Motive II bzw. Protokolle II bzw. Denkschrift II, S. ... = Mugdan II, S. ...)

Mulvey, Thomas: Blue Sky Law, 36 Can. L. Times 37 (1916).
Murray, John Edward, Jr.: Murray on Contracts, 4th ed., Newark, NJ 2001.
Nash, Bradley D.: Investment Banking in England, Chicago, Ill. [et al.] 1924.
Nowak, John E. / *Rotunda*, Ronald D.: Nowak and Rotunda Hornbook on Constitutional Law, 7th ed., St. Paul, Minn. 2004.
Nußbaum, Arthur: Kommentar zum Börsengesetz für das Deutsche Reich, München 1910.
Olson, John F. (et al.): Recent Developments in Federal Securities Regulation of Corporate Finance, SF05 ALI-ABA 763 (American Law Institute – American Bar Association Continuing Legal Education Course of Study, August 24, 2000).
Olson, John F. / *Hatch*, Josiah O. III / *Sagalow*, Ty R.: Director & Officer Liability: Indemnification and Insurance, St. Paul, Minn. 1990 (Latest supplement: December 2008).
Opitz, Georg: Depotgesetz. Gesetz über die Verwahrung und Anschaffung von Wertpapieren vom 4. Februar 1937, 2. Aufl., Berlin 1955.
Orsingher, Roger: Banks of the World, London 1967.
Palandt, Otto: Bürgerliches Gesetzbuch,
66. Aufl., München 2007;
68. Aufl., München 2009.
(zit.: Palandt / *Bearbeiter*, ...)
Partnoy, Frank: Barbarians at the Gatekeepers? A Proposal for a Modified Strict liability Regime, 79 Wash. U. L.Q. 491 (2001).
Pecora, Ferdinand: Wall Street under Oath: The Story of Our Modern Money Changers, London 1939.
Peifer, Karl-Nikolaus: Rechtsfähigkeit und Rechtssubjektivität der Gesamthand – die Gesellschaft bürgerlichen Rechts als offene Handelsgesellschaft?, NZG 2001, 296.
Peltzer, Martin / *Bell*, Martin: Besicherung von Gesellschafterkrediten mit dem GmbH-Vermögen?, ZIP 1993, 1757.
Perillo, Joseph M.: Calamari and Perillo's Hornbook on Contracts, 5th ed., St. Paul, Minn. 2003.
Peters, Klaus: Wertpapierfreies Effektensystem: Eine Untersuchung der faktischen und rechtlichen Möglichkeiten einer Weiterentwicklung des herrschenden Effektenwesens, Baden-Baden 1978.
Petersen, Jens / *Rothenfußer*, Christoph: Privatautonomie und Verkehrsschutz bei der GbR m.b.H., GmbHR 2000, 757.
Pettit, P.C.F. / *Styles*, C.J.D.: The International Response to the Extraterritorial Application of United States Antitrust Laws, 37 Bus. Law. 697 (1982).
Pohl, Hans (Hrsg.): Deutsche Börsengeschichte, Frankfurt am Main 1992.
Poliakoff, Abba D.: SEC Review. Comfort or Illusion?, 17 U. Balt. L. Rev. 40 (1987).
Posner, Richard A.: A Theory of Negligence, 1 J. of Legal Studies 29 (1972).
– Utilitarianism, Economics, and Legal Theory, 8 J. of Legal Studies 103 (1979).
– Economic Analysis of Law, 7th ed., New York, NY 2007.
Powell, Ellis T.: The Evolution of the Money Market 1385–1915: An Historical and Analytical Study of the Rise and Development of Finance as a Centralised, Co-ordinated Force, London 1916.
Preissler, Tino: Wahrnehmung der Aktionärsrechte in der Hauptversammlung einer deutschen Aktiengesellschaft mit globalen Namensaktien durch in den USA ansässige Aktionäre, WM 2001, 113.
Prentice, Robert A.: Locating that „Indistinct" and „Virtually Nonexistent" Line between Primary and Secondary Liability under Section 10(b), 75 N.C.L. Rev. 691 (1997).
Raape, Leo / *Sturm*, Ursula: Internationales Privatrecht I, 6. Aufl., München 1977.
Rabel, Ernst: Das Problem der Qualifikation, RabelsZ 5 (1931), 241.
– The Conflict of Laws. A Comparative Study, 3 vols., 2nd ed., Ann Arbor, Mich. 1958–1964.
Raisch, Peter: Geschichtliche Voraussetzungen, dogmatische Grundlagen und Sinnwandlung des Handelsrechts, Karlsruhe 1965.
Raiser, Thomas: Gesamthand und juristische Person im Licht des neuen Umwandlungsrechts, AcP 194 (1994), 495.
– Der Begriff der juristischen Person. Eine Neubesinnung, AcP 199 (1999), 104.

Reichsgerichtsrätekommentar: Das Bürgerliche Gesetzbuch mit besonderer Berücksichtigung der Rechtsprechung des Reichsgerichts und des Bundesgerichtshofes, hrsg. von den Mitgliedern des Bundesgerichtshofes,
Bd. 2, Teil 4: §§ 631–811, 12. Aufl., Berlin [u.a.] 1978.
Bd. 3, Teil 1: §§ 854–1011, 12. Aufl., Berlin [u.a.] 1979.
(zit.: RGRK / *Bearbeiter*, ...)
Reinicke, Wolfgang H.: Banking, Politics, and Global Finance. American Commercial Banks and Regulatory Change, 1980–1990, Aldershot [et al.] 1995.
Rhodes, Mark S.: The Transfer of Stock, Rochester, N.Y. 1985 (Latest supplement: 2003).
Rice, Denis T.: Offering Securities on the Internet – Part II, 18 No. 5 Computer & Internet Law. 19 (2001).
Rogers, James S.: Policy Perspectives on Revised U.C.C. Article 8, 43 UCLA L. Rev. 1431 (1996).
Rohwer, Claude D. / *Skrocki*, Anthony M.: Rohwer and Skrocki's Contracts in a Nutshell, 6th ed., St. Paul, Minn. 2006.
Romano, Roberta: Empowering Investors: A Market Approach to Securities Regulation, 107 Yale L.J. 2359 (1998).
Rosenberg, Kate / *Hopkins*, Robert T.: The Romance of the Bank of England, London 1933.
Rosin, Gary S.: The Entity-Aggregate Dispute: Conceptualism and Functionalism in Partnership Law, 42 Ark. L. Rev. 395 (1989).
Roth, Günter H. / *Altmeppen*, Holger: Gesetz betreffend die Gesellschaften mit beschränkter Haftung, 5. Aufl., München 2005.
Rützel, Stefan: Der aktuelle Stand der Rechtsprechung zur Haftung bei Ad-hoc-Mitteilungen, AG 2003, 69.
Sale, Hillary A: Disappearing Without A Trace: Sections 11 and 12(2) of the 1933 Securities Act, 75 Wash. L. Rev. 429 (2000).
Samuelson Paul A. / *Nordhaus*, William D.: Economics, 18th ed., Boston, Mass. 2004.
Sargent, Mark A.: Some Thoughts on the Revised Uniform Securities Act, 14 Sec. Reg. L.J. 62 (1986).
Saunders, Mark A.: American Depositary Receipts: An Introduction to U.S. Capital Markets for Foreign Companies, 17 Fordham Int'l L. J. 48 (1993).
von Savigny, Friedrich Carl: System des heutigen Römischen Rechts, Bd. 8, Berlin 1849.
Schäfer, Carsten: Offene Fragen der Haftung des BGB-Gesellschafters, ZIP 2003, 1225.
Schäfer, Carsten / *Weber*, Martin / *Wolf*, Peter: Berechnung und Pauschalierung des Kursdifferenzschadens bei fehlerhafter Kapitalmarktinformation, ZIP 2008, 197.
Schäfer, Frank A.: Grundzüge des neuen Börsenrechts, ZIP 1987, 953.
– Emission und Vertrieb von Wertpapieren nach dem WertpapierverkaufsprospektG, ZIP 1991, 1557.
– (Hrsg.): Wertpapierhandelsgesetz, Börsengesetz, Verkaufsprospektgesetz, Stuttgart [u.a.] 1999. (zit.: Schäfer / *Bearbeiter*, 1. Aufl., ...)
– Stand und Entwicklungstendenzen der spezialgesetzlichen Prospekthaftung, ZGR 35 (2006), 40.
Schäfer, Frank A. / *Hamann*, Uwe (Hrsg.): Kapitalmarktgesetze, 2. Aufl., Stuttgart [u.a.] 2006. (zit.: Schäfer / Hamann / *Bearbeiter*, ...)
Schäfer, Hans-Bernd / *Ott*, Claus: Lehrbuch der ökonomischen Analyse des Zivilrechts, 4. Aufl., Berlin 2005.
Schanz, Kay-Michael: Börseneinführung. Recht und Praxis des Börsengangs, 3. Aufl., München 2007.
Schippel, Helmut: Die Leistung der Bareinlage bei der Erhöhung des Kapitals von Aktiengesellschaften, in: Festschrift für Ernst Steindorff, Berlin [u.a.] 1990, S. 249.
Schlüter, Uwe: Börsenhandelsrecht, 2. Aufl., München 2002.
Schmidt, Karsten: Ehegatten-Miteigentum oder „Eigenheim-Gesellschaft"?, AcP 182 (1982), 481.
– Zur „Außenhaftung der Innengesellschaft", JuS 1988, 444.
– Mobilisierung des Bodens: Grundbuch und Gesellschaftsrecht, NJW 1996, 3325.
– Handelsrecht, 5. Aufl., Köln [u.a.] 1999.

– Die BGB-Außengesellschaft: rechts- und parteifähig, NJW 2001, 993.
– Gesellschaftsrecht, 4. Aufl., Köln [u.a.] 2002.
– Die Arbeitsgemeinschaft im Baugewerbe: als oHG eintragungspflichtig oder eintragungsfähig?, DB 2003, 703.
– Die Gesellschafterhaftung bei der Gesellschaft bürgerlichen Rechts als gesetzliches Schuldverhältnis, NJW 2003, 1897.
– Die Sozietät als Sonderform der BGB-Gesellschaft, NJW 2005, 2801
Schmidt, Karsten / *Lutter*, Marcus (Hrsg.): Aktiengesetz
Bd. 1: §§ 1–149, Köln 2008.
(zit.: K. Schmidt / Lutter / *Bearbeiter*, AktG, …)
Schnorbus, York: Die Rechtsstellung der Emissionsbank bei der Aktienemission, AG 2004, 113.
Schön, Wolfgang: Kreditbesicherung durch abhängige Kapitalgesellschaften, ZHR 159 (1995), 351.
Schönle, Herbert: Bank- und Börsenrecht: Ein Studienbuch, 2. Aufl., München 1976.
Schöpflin, Martin: Der nichtrechtsfähige Verein, Berlin [u.a.] 2003.
Scholz, Franz, Kommentar zum GmbH-Gesetz,
Bd. I: §§ 1–34, 10. Aufl., Köln 2006.
(zit.: Scholz / *Bearbeiter*, …)
Scholze, Herbert: Das Konsortialgeschäft der deutschen Banken, Berlin 1973.
Schubert, Werner / *Schmiedel*, Burkhard / *Krampe*, Christoph (Hrsg.): Quellen zum Handelsgesetzbuch von 1897, Frankfurt a.M. 1988.
Schücking, Christoph: Das Internationale Privatrecht der Banken-Konsortien, WM 1996, 281.
Schulz, Wolfgang: Hundert Jahre modernes Börsenrecht, AG 1996, 260.
Schulze, Jan-Hendrik: Die akzessorische Haftungsverfassung der Außengesellschaft bürgerlichen Rechts, Berlin 2006.
Schulze-Osterloh, Joachim: Der gemeinsame Zweck der Personengesellschaften, Berlin [u.a.] 1973.
Schwark, Eberhard: Anlegerschutz durch Wirtschaftsrecht. Entwicklungslinien, Prinzipien und Fortbildung des Anlegerschutzes, zugleich ein Beitrag zur Überlagerung bürgerlich-rechtlicher Regelung und gewerbepolizeilicher Überwachung durch Wirtschaftsrecht, München 1979.
– Zur Haftung der Emissionsbank bei Aktienemissionen – börsen-, bilanz- und gesellschaftsrechtliche Aspekte, ZGR 12 (1983), 162.
– Das neue Kapitalmarktrecht, NJW 1987, 2041.
– Voraussetzungen und Grenzen der persönlichen Gesellschafterhaftung in der GbR, in: Festschrift für Theodor Heinsius, Berlin [u.a.] 1991, S. 753.
– Börsengesetz. Kommentar zum Börsengesetz und zu den börsenrechtlichen Nebenbestimmungen, 2. Aufl., München 1994.
(zit.: *Schwark*, BörsG, 2. Aufl., …)
– Prospekthaftung und Kapitalerhaltung in der AG, in: Festschrift für Peter Raisch, Köln [u.a.] 1995, S. 269.
– Wirtschaftsordnung und Sozialstaatsprinzip, Antrittsvorlesung vom 25. Januar 1996, Humboldt-Universität zu Berlin, Öffentliche Vorlesungen Heft 69, Berlin 1996.
– (Hrsg.): Kapitalmarktrechtskommentar. BörsenG, VerkaufsprospektG, WertpapierhandelsG, Wertpapiererwerbs- und ÜbernahmeG, 3. Aufl., München 2004.
(zit.: Schwark / *Bearbeiter*, KMRK, …)
– Kapitalmarktbezogene Informationshaftung, in: Festschrift für Walther Hadding, Berlin 2004, S. 1117.
Schwintowski, Hans-Peter / *Schäfer*, Frank A.: Bankrecht. Commercial Banking – Investment Banking, 2. Aufl., Köln 2004.
Scott, Hal S. / *Wellons*, Philip A.: International Securities Regulation, New York, NY 2002.
SEC Accounting and Reporting Manual, bearb. von Robert F. Richter, hrsg. von Thomson Tax & Accounting, St. Paul, Minn. 2009.
Seibert, Ulrich: Der Ausschluß des Verbriefungsanspruchs des Aktionärs in Gesetzgebung und Praxis, DB 1999, 267.

– Aktienrechtsnovelle NaStraG tritt in Kraft – Übersicht über das Gesetz und Auszüge aus dem Bericht des Rechtsausschusses, ZIP 2001, 53.
Seidenzahl, Fritz: 100 Jahre Deutsche Bank, Frankfurt am Main 1970.
Selb, Walter: Handbuch des Schuldrechts in Einzeldarstellungen, Bd. 5. Mehrheiten von Gläubigern und Schuldnern, Tübingen 1984.
Shavell, Steven: Strict Liability versus Negligence, 9 J. of Legal Studies 1 (1980).
Sher, Noam: Negligence versus Strict Liability: The Case of Underwriter Liability in IPO's, 4 DePaul Bus. & Com. L. J. 451 (2006).
Shipley, W. E.: Corporation's power to enter into partnership or joint venture, American Law Reports, 60 A. L. R.2d 917 (1958).
Singhof, Bernd: Die Außenhaftung von Emissionskonsorten für Aktieneinlagen, Berlin 1998.
Sittmann, Jörg W.: Die Prospekthaftung nach dem Dritten Finanzmarktförderungsgesetz, NZG 1998, 490.
Smoot, James R.: Bank Operating Subsidiaries: Free at last or More of Same?, 46 DePaul L. Rev. 651 (1997).
Soergel, Hans Theodor: Bürgerliches Gesetzbuch, in der 11. Aufl. neu herausgegeben von Wolfgang Siebert, ab der 12. Aufl. von Wolfgang Siebert, Jürgen F. Bauer et al.
Bd. 1: §§ 1–103, 13. Aufl., Stuttgart [u.a.] 2000;
Bd. 2: Schuldrecht 1 (§§ 241–432), 12. Aufl., Stuttgart [u.a.] 1990;
Bd. 4: §§ 705–853, 11. Aufl., Stuttgart [u.a.] 1985;
Bd. 5/1: §§ 705–822, 12. Aufl., Stuttgart [u.a.] 2007;
Bd. 14: Sachenrecht 1 (§§ 854–984), 13. Aufl., Stuttgart [u.a.] 2002.
(zit.: Soergel / *Bearbeiter*, ...)
Sonnenhol, Jürgen / *Groß*, Wolfgang: Besicherung von Krediten Dritter an Konzernunternehmen, ZHR 159 (1995), 388.
Spindler, Gerald: Persönliche Haftung der Organmitglieder für Falschinformationen des Kapitalmarktes, WM 2004, 2089.
Spindler, Gerald / *Stilz*, Eberhard: Kommentar zum Aktiengesetz
Bd. 1: §§ 1–178, München 2007.
(zit.: K. Spindler / Stilz / *Bearbeiter*, AktG, ...)
Spoors, Douglas B.: Exploring American Depositary Receipts: The International Augmentation of U.S. Securities Markets, 6 Transnat'l Law. 181 (1993).
Spremann, Klaus / *Gantenbein*, Pascal: Kapitalmärkte, Stuttgart 2005.
v. Staudinger, Julius (Begr.): Kommentar zum Bürgerlichen Gesetzbuch mit Einführungsgesetz und Nebengesetzen,
Buch 1, Allgemeiner Teil 2: §§ 21–79, Neubearb. 2005, Berlin [u.a.] 2005;
Buch 1, Allgemeiner Teil 3 und Beurkundungsverfahren: §§ 90–133; §§ 1–54, 63 BeurkG, Neubearb. 2004 (§§ 90–103) und 13. Bearb. 2004 (§§ 104–133), Berlin [u.a.] 2004;
Buch 2, Recht der Schuldverhältnisse: §§ 249–254, Neubearb. 2005; Berlin [u.a.] 2005;
Buch 2, Leistungsstörungsrecht I: §§ 255–304, Neubearb. 2004, Berlin [u.a.] 2004;
Buch 2, Recht der Allgemeinen Geschäftsbedingungen: §§ 305–310; UKlaG, Neubearb. 2006, Berlin [u.a.] 2006;
Buch 2, Erlass, Abtretung, Schuldübernahme, Mehrheit von Schuldnern und Gläubigern: §§ 397–432, Neubearb. 2005, Berlin [u.a.] 2005;
Buch 2, Werkvertragsrecht: §§ 631–651, Neubearb. 2003, Berlin [u.a.] 2003;
Buch 2, Gesellschaftsrecht: §§ 705–740, 13. Bearb., Berlin [u.a.] 2003;
Buch 2: §§ 741–764, Neubearb. 2002, Berlin [u.a.] 2002;
Buch 2: §§ 779–811, Neubearb. 2002, Berlin [u.a.] 2002;
Buch 2: §§ 826–829; Produkthaftungsgesetz, Neubearb. 2003, Berlin [u.a.] 2003;
Buch 3: Einleitung zum Sachenrecht; §§ 854–882, Neubearb. 2007, Berlin [u.a.] 20007;
Buch 3: §§ 925–984; Anhang zu §§ 929 ff.: Sonderformen der Übereignung, Neubearb. 2004, Berlin [u.a.] 2004;
EGBGB/IPR: Art. 27–37 EGBGB; Anhänge, 13. Bearb., Berlin [u.a.] 2002;

EGBGB/IPR: Internationales Sachenrecht, 13. Bearb., Berlin [u.a.] 1996;
EGBGB/IPR: Internationales Gesellschaftsrecht, Neubearb. 1998, Berlin [u.a.] 1998.
(zit.: Staudinger / *Bearbeiter*, ...)

Steckhan, Hans-Werner: Die Innengesellschaft, Berlin 1966.

Stein, Friedrich / *Jonas*, Martin (Begr.): Kommentar zur Zivilprozessordnung, Bd. 2: §§ 41–127a, 22. Aufl., Tübingen 2004.
(zit.: Stein / Jonas / *Bearbeiter*, ...)

Stigler, George J.: Public Regulation of the Securities Markets, 37 J. Bus. 117 (1964).

Stoebuck, William B. / *Whitman*, Dale A.: Stoebuck and Whitman's Hornbook on the Law of Property, 3rd ed., St. Paul, Minn. 2000.

Stoltenberg, Ulrich: Rechtsfähigkeit nichtrechtsfähiger Vereine, MDR 1989, 494.

Stürner, Rolf: Anmerkung zu BGH, Beschluß v. 18.2.2002 – II ZR 331/00, JZ 2002, 1108.

Sydow: Ueber Consortien oder sogenannte Syndicate zur Actienbegebung, ZHR 19 (1874), 427.

Technau, Konstantin: Rechtsfragen bei der Gestaltung von Übernahmeverträgen („Underwriting Agreements") im Zusammenhang mit Aktienemissionen, AG 1998, 445.

Than, Jürgen / *Hannöver*, Martin: Depotrechtliche Fragen bei Namensaktien, in: Die Namensaktie, Lengerich 2000, S. 279.

Thomas, Randall S. / *Cotter*, James F.: Measuring Securities Market Efficiency in the Regulatory Setting, 63 Law & Contemp. Probs. 105 (2000).

Timm, Wolfram: Die Rechtsfähigkeit der Gesellschaft bürgerlichen Rechts und ihre Haftungsverfassung, NJW 1995, 3209.

Timm, Wolfram / *Schöne*, Torsten: Zwingende gesamtschuldnerische Haftung der Mitglieder eines Übernahmekonsortiums?, ZGR 23 (1994), 113.

Ulmer, Peter: Verdeckte Sacheinlagen im Aktien- und GmbH-Recht, ZHR 154 (1990), 128.
– Die Gesamthandsgesellschaft – ein noch immer unbekanntes Wesen?, AcP 198 (1998), 113.
– Gesellschafterhaftung in der Gesellschaft bürgerlichen Rechts: Durchbruch der Akzessorietätstheorie?, ZIP 1999, 554.
– Unbeschränkte Gesellschafterhaftung in der Gesellschaft bürgerlichen Rechts, ZGR 29 (2000), 339.
– Die höchstrichterlich „enträtselte" Gesellschaft bürgerlichen Rechts, ZIP 2001, 585.

Ulmer, Peter / *Steffek*, Felix: Grundbuchfähigkeit einer rechts- und parteifähigen GbR, NJW 2002, 330.

Unzicker, Ferdinand: Haftung für fehlerhafte Kapitalmarktinformationen – Aktuelle Bestandsaufnahme drei Jahre nach „Infomatec", WM 2007, 1596.

Veil, Rüdiger: Die Ad-hoc-Publizitätshaftung im System kapitalmarktrechtlicher Informationshaftung, ZHR 167 (2003), 365.

Velli, Joseph: American Depository Receipts: An Overview, 17 Fordham Int'l L. J. S38 (1994).

Vortmann, Jürgen (Hrsg.): Prospekthaftung und Anlageberatung, Stuttgart 2000.
(zit.: Vortmann / *Bearbeiter*, Prospekthaftung und Anlageberatung, ...)

Waldeck, Werner Michael / *Süßmann*, Rainer: Die Anwendung des Wertpapier-Verkaufsprospektgesetzes, WM 1993, 361.

Weber-Grellet, Heinrich: Die Gesamthand – ein Mysterienspiel?, AcP 182 (1982), 316.

Weiss, Elliot J.: Securities Act Section 12(2) after Gustafson v. Alloyd Co.: What Questions Remain?, 50 Bus. Law. 1209 (1995).

Weiss, Markus K.: Rechtsfähigkeit, Parteifähigkeit und Haftungsordnung der BGB-Gesellschaft nach dem Grundlagenurteil des Bundesgerichtshofs vom 29.1.2001, Würzburg 2005.

Wengler, Wilhelm: Die Qualifikation der materiellen Rechtssätze im Internationalen Privatrecht, in: Festschrift für Martin Wolff, Tübingen 1952, S. 337.

Westermann, Harm Peter: Das Emissionskonsortium als Beispiel der gesellschaftsrechtlichen Typendehnung, AG 1967, 285.
– Vertragsfreiheit und Typengesetzlichkeit im Recht der Personengesellschaften, Berlin 1970.

Westermann, Harry (Begr.): Sachenrecht, 7. Aufl., Heidelberg 1998.

Graf von Westphalen, Friedrich: Zusammenhang zwischen Prospekthaftung und der Haftung aus der individuellen Anlageberatung, BB 1994, 85.
Wiedemann, Herbert: Die Legitimationswirkung von Willenserklärungen im Recht der Personengesellschaft, in: Festschrift für Harry Westermann, Karlsruhe 1974, S. 585.
– Ausgabekurs und Bezugskurs beim mittelbaren Bezugsrecht, WM 1979, 990.
– Gesellschaftsrecht,
Bd. I: Grundlagen, München 1980;
Bd. II: Recht der Personengesellschaften, München 2004.
– Die Personengesellschaft – Vertrag oder Organisation?, ZGR 25 (1996), 286.
– Erfahrungen mit der Gestaltungsfreiheit im Gesellschaftsrecht, ZGR-Sonderheft 13 (1998), 5.
– Anmerkung zu BGH, Urteil v. 29.1.2001 – II ZR 331/00, JZ 2001, 661, 664.
Wieling, Hans: Voraussetzungen, Übertragung und Schutz des mittelbaren Besitzes, AcP 184 (1984), 439.
Wilhelm, Jan: Die Vermögensbindung bei der Aktiengesellschaft und der GmbH und das Problem der Unterkapitalisierung, in: Festschrift für Werner Flume, Bd. II, Köln 1978, S. 337.
– Sachenrecht, 3. Aufl., Berlin 2007.
Willamowski, Marcus: Bookbuilding: Die marktorientierte Emission von Aktien nach deutschem und U.S.-amerikanischem Recht, Köln [u.a.] 2000.
Wittmann, Arno: Zivilrechtliche Prospekthaftung beim Vertrieb von steuerbegünstigten Kapitalanlagen, DB 1980, 1579.
Wössner, Jörg: Akzessorische Gesellschafterhaftung und „Vielgestaltigkeit" der Gesellschaft bürgerlichen Rechts – ein Widerspruch?, ZIP 2003, 1235.
Zimmer, Daniel: Internationales Gesellschaftsrecht, Heidelberg 1996.
– Verschärfung der Haftung für fehlerhafte Kapitalmarktinformation – Ein Alternativkonzept, WM 2004, 9.
Zimmer, Daniel / *Cloppenburg*, Matthias: Haftung für falsche Information des Sekundärmarktes auch bei Kapitalanlagen des nicht geregelten Kapitalmarktes? Ein Beitrag zur Systembildung im Kapitalmarktrecht, ZHR 171 (2007), 519.
Zimmermann, Walter: Zivilprozessordnung, 8. Aufl., Münster 2008.
Zivilprozessordnung: ZPO, begr. von Adolf Baumbach, fortgef. zunächst von Wolfgang Lauterbach, und sodann von Jan Albers und Peter Hartmann, nunmehr verf. von Peter Hartmann, 59. Aufl., München 2001.
(zit.: Baumbach / Lauterbach / *Bearbeiter*, …)
Zöller, Richard (Begr.): Zivilprozessordnung, 22. Aufl., Köln 2002.
Zöllner, Wolfgang: Die Zurückdrängung des Verkörperungselements bei den Wertpapieren, in: Festschrift für Ludwig Raiser, Tübingen 1974, S. 249.
– Wertpapierrecht, 14. Aufl., München 1987.
– Rechtssubjektivität von Personengesellschaften?, in: Festschrift für Joachim Gernhuber, Tübingen 1993, S. 563.
– Rechtsfähigkeit der BGB-Gesellschaft – ein Sachverstands- oder Kommunikationsproblem?, in: Festschrift für Alfons Kraft, Neuwied 1998, S. 701.
Zöllner, Wolfgang / *Winter*, Martin: Folgen der Nichtigerklärung durchgeführter Kapitalerhöhungsbeschlüsse, ZHR 158 (1994), 59.
Zweigert, Konrad / *Kötz*, Hein: Einführung in die Rechtsvergleichung, 3. Aufl., Tübingen 1996.

Stichwortverzeichnis

FSC
www.fsc.org
MIX
Papier | Fördert
gute Waldnutzung
FSC® C083411

Kolibri 360 GmbH
Ferdinand-Jühlke-Straße 7
99095 Erfurt, Deutschland
produktsicherheit@kolibri360.de